编委会

主任

杨贵平

副主任

郭志军　郑正春　瞿小华　肖建国　刘　星　沈　辉

成员

涂　民　高如坤　吴安辉　傅敏华　叶文新　甘增海
陈松青　汪细云　张秦春　杨章跃　梅　娜

主编

杨章跃

副主编

张启堂　余建华　李　炎　周振浪　曹捷生

砺剑

——江西军工的辉煌历程

杨章跃 主编

江西人民出版社
Jiangxi People's Publishing House
全国百佳出版社

1954年7月3日,新中国第一架国产飞机(雅克—18)在南昌首飞成功,毛泽东主席亲书嘉勉信

1966年2月6日,朱德委员长视察洪都

1961年9月19日,周恩来总理视察洪都

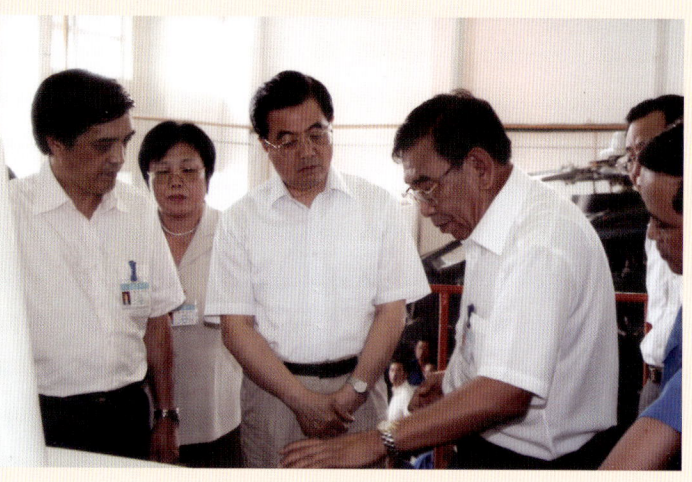

2005年8月20日，胡锦涛总书记视察昌飞公司

2001年6月1日，江泽民总书记视察洪都

1992年1月6日，李鹏总理接见全国功勋队代表，前排左四为261大队大队长刘涤非

2009年9月25日，时任中共中央政治局常委、国务院副总理李克强视察洪都时坐在猎鹰高教机的座舱中

我党我军创办的第一个大型综合性兵工厂——兴国官田"中央兵工厂"旧址

官田兵工厂军工教育基地竣工典礼仪式现场

洪都建厂初期厂区全貌图

掩隐在大山深处的三线建设旧址
——安福陈山沟9394厂旧址

新中国第一架自制飞机——初教五

洪都研制的我国第一枚海防导弹

我国自行设计的第一架超音速喷气式飞机——强五飞机

新中国第一架多用途民用飞机——安2运输机

江新造船厂建造的新中国第一艘鱼雷快艇

江西航海仪器厂研制开发出国内第一台陆地导航产品——78式炮兵测地车

新中国第一辆军用摩托车——长江750

2006年3月13日，洪都集团公司研制的L15高教机首飞成功

江州联合造船公司建造的我省首艘自行建造、自营出口万吨散货船下水

同方江新公司建造的世界最大清漂船——三峡清漂1号

核地质勘探队员人拉肩扛搬运钻机

昌飞直升机总装现场

高标准、智能化的昌河汽车生产线

南昌航空工业城洪都产业区效果图

千磨万击还坚韧
（代序）

如果说军事实力是一个国家亮出的"倚天长剑"，那么军事工业无疑就是为国铸剑的良工巧匠。

江西历来是孕育和推动革新的地方，这片物华天宝的红土地不仅孕育了中国革命，孕育了人民军队，也孕育了人民军工。1931年10月，历经生死考验的共产党人在兴国县官田村创办"中央军委兵工厂"，开启了中国共产党独立自主发展武器装备的序幕。从此，人民军工同人民军队始终心手相依、戮力同行。官田兵工厂源源输出的枪炮子弹，带着革命的无畏气势呼啸着射向敌人，为武装红军、支援革命战争作出了重要贡献。其所凝练的经验影响深远，所孕育的军工血脉至今仍汩汩流淌。

中华人民共和国建立后，江西军工薪火相传、续写辉煌。1951年洪都机械厂的建立，掀开了江西现代国防工业的崭新篇章。随着国家布局的69个军工及配套"小三线"项目陆续建成，江西军工发展进入鼎盛时期，江西成为我国重要的国防军工大省，新中国第一架飞机、第一枚海防导弹、第一艘鱼雷快艇、第一辆军用摩托、第一架超音速喷气式飞机、第一架具有完全自主知识产权的军民用直升机均诞生在赣鄱大地。江西军工还为我国第一颗原子弹爆炸提供了基础核原料，为我国低纬度探空火箭的研制、南极科考、载人航天和探月工程、"辽宁号"航母入列等国家重大科研项目作出了重要贡献、立下了不朽功勋。江西军工人的忠诚誓言，书写在蓝天大海、太空星辰。

豪情背后难掩世事无常。二十世纪八十年代开始的"军转民"改革，一夕之间把江西军工从计划经济"空降"到市场经济。交通不便、资金短缺、人才流失……前所未有的压力让"天之骄子"般的军工企业瞬间陷入困境。阵痛之余的江西军工人来不及蹉跎、顾不上彷徨，不让荣耀褪色的呼声急迫而坚定，渴望"浴火重生"的步履蹒跚却坚实。

苦心人天不负。倔强的江西军工能够徜徉在政策臂弯，同样能够逡巡于市场海洋。他们拼命开发产品，他们坚持改革脱困。十载卧薪尝胆，江西军工经历凤凰涅槃，焕发出新的生机和活力。江西军工现有企事业单位220多家，职工10万余人，行业门类覆盖航空航天、船舶工业、核工业、兵器工业、汽车工业、民爆器材、军工电子、民口配套等军工所有领域。2015年，江西军工经济一举突破1000亿元大关，其中军品产值位居全国十强之列。

改革脱困不仅给江西军工带来经济总量的递增,更带来了发展观念的递进,使江西军工人重整旗鼓、重拾信心,主动融入地方经济,积极参与国际竞争,在我国国防事业和地方经济社会发展中扮演着不可替代的重要角色。

时光荏苒,岁月有痕。弹指一挥间,江西军工走过了86年风雨兼程、励精图治的奋斗历程。一部江西军工史,就是一段党的领导下人民军队发展壮大的光辉历程,彰显了人民军队忠诚于党、忠诚于人民的精神追求;一部江西军工史,就是一部人民军工的成长发展史,折射了人民军队装备由小米加步枪向高精尖转变的艰辛探索;一部江西军工史,就是一本生动翔实的教科书,字里行间洋溢出一种壮志凌云的博大情怀、以国家利益至上的无私胸襟;一部江西军工史,就是一首跌宕起伏的壮丽诗篇,写意了人民军工波澜壮阔的发展图景;一部江西军工史,就是一幅浩如烟海的人物图谱,记录和书写了军工人曾经的沧桑岁月,定格了几代人走过的热血之路、青春之路。

党的十八大以来,习近平总书记多次强调:"必须把装备建设放在国际战略格局和国家安全形势深刻变化的大背景下来认识和筹划,放在实现两个一百年奋斗目标、实现中华民族伟大复兴中国梦的历史进程中来认识和筹划,放在国防和军队现代化建设优先发展的战略位置来抓。"我们总结江西军工史,弘扬江西军工精神,就是为了学习贯彻习近平总书记系列重要讲话精神,传承人民军工的革命传统,展现军工人创新超越、勇攀高峰、为国争光的雄心壮志,推动江西军工按照党中央战略部署,突出保军任务,突出能力建设,突出军民融合,突出改革创新,把江西军工打造成为引领江西科技创新的骨干力量,支撑江西中高端制造业发展的主导力量,培育战略性新兴产业的先导力量,推动江西发展升级的重要力量,促进国防武器装备跨越发展的有生力量,最终实现从军工大省向军工强省的新跨越。

《砺剑——江西军工的辉煌历程》以深长的镜头和凝重的笔墨定格历史、凝固岁月,生动记录了江西军工发展进程中一个个感人至深的场景、一幅幅气韵生动的画面、一曲曲流光溢彩的颂歌、一座座熔铸历史的丰碑。翻阅这部浓缩岁月精华的书籍,追寻前人不懈探索的足迹,不仅能够唤起人们对江西军工发展的亲切记忆,真诚地向一代代江西军工的创业者、建设者表达敬意,更能从中汲取智慧、砥砺精神,使江西国防工业前行的步伐更加稳健、更加坚实。

是为序。

目 录

千磨万击还坚韧（代序）
岁月峥嵘   001
  人民军工发祥地——记官田中央兵工厂   003
  甲子洪都——共和国的骄傲   010
  从瓷都崛起的直升机制造基地——中航工业昌飞巡礼   017
  高天起旋风——中航工业直升机所发展历程纪实   026
  征程漫漫——江西景航航空锻铸有限公司发展历程纪实   032
  勇立潮头唱大风　直挂云帆济沧海
      ——第三机械工业部409站发展纪实   038
  为我国第一颗原子弹提供核燃料的713矿   043
  推着独轮车起步的功勋地质队   046
  天南地北任驰骋   053
  半个世纪话沧桑——从721矿到金安铀业   062
  从科技创新之路走来金瑞铀业公司   068
  解密6214厂——从破产核潜艇厂到新造船公司的华丽转身   074
  浴火重生　再铸辉煌——9318厂重生记   084
  一家船舶配套企业的阵痛与嬗变——国营第491厂发展纪实   091
  风雨沧桑四十八载　艰苦奋斗铸就辉煌
      ——记江西朝阳机械厂建厂发展史   097
  砥砺奋进五十载　科技创新谱新篇
      ——中国船舶工业集团公司第六三五四研究所掠影   101
  辛勤耕耘绘蓝图　继往开来谱新篇——中船九江工业公司发展纪实   105
  星火燎原小三线——江西地方军工建设往事   113

创新求发展　军工展新篇
　　——江西钢丝厂（新余国科科技股份有限公司）创新发展纪实　　117
人民厂史话　　124
飞入千家万户的"飞鱼"——永远留在人们记忆中的"飞鱼"自行车　　128
志愿军江东军械修理厂的变迁　　145
峥嵘岁月五十载　服务国防铸辉煌
　　——国营第八三四厂艰苦创业五十周年掠影　　147
兵器工业园地上的一朵奇葩
　　——5727厂研制非金属兵器复合材料纪实　　155
为国防添彩　让泰豪出彩
　　——江西清华泰豪三波电机有限公司走军民融合发展之路纪实　　158
潮起潮落　不忘初心
　　——同方电子科技有限公司（国营第七一三厂）发展掠影　　163
上下求索　砥砺前行——江西省国防科工办六二〇单位历史回顾　　170
奉献无言　成就有声
　　——江西省国防科技情报研究所三十年发展纪实　　175
深山里的航天梦——江西星火航天新材料有限公司发展纪实　　180
联合创新　声音更宏亮——联创宏声（国营第四三八〇厂）发展简述　　186
铸剑先锋再崛起——江西先锋机械厂发展历程　　191
不忘初心　破浪前行——九江中船仪表公司的昨天、今天和明天　　198
江风浩荡舞台新　蓝天铸剑梦想飞——南昌航空大学发展纪实　　204
红土地上的中国核地学人才摇篮——东华理工大学发展纪实　　209
五秩风雨　重舸德行——九江职业技术学院发展纪实　　214
在希冀和积淀中跨越——江西省兵器高级技工学校发展纪实　　219
新中国第一架自制飞机诞生始末　　226
新中国第一架强击机的诞生——强5飞机研制纪实　　230
空中李向阳——歼12飞机研制秘闻　　236
碧海腾蛟龙——中国"上游"系列海防导弹研制简记　　246
我国第一架民用飞机诞生纪实　　255
K8飞机研制的前前后后　　260
不尽长江滚滚来
　　——新中国第一辆军用边三轮摩托车"长江750"诞生记　　268
鹰击长空展雄姿——L-15（猎鹰）高级教练机研制纪实　　271
中国自行研制的第一架直升机——直11　　282
希望从这里起飞——我国首架大型民用直升机AC313诞生记　　286

| 目录 |

历史可以作证——我国首制某型鱼雷快艇诞生侧记 …… 291
江新船厂造出新中国第一艘现代游艇 …… 294
初教六往事钩沉 …… 297
崇仁与小三线建设 …… 300

记忆永恒 …… 307

兵工先驱——忆官田中央兵工厂首任厂长吴汉杰 …… 309
官田"第一锤"
　　——记述江南工业集团有限公司原副厂长、老红军赵俊的故事 …… 311
刘信品：七次请求终到官田 …… 314
徐盛久：从官田走出来的山歌大师 …… 316
初教5：敢为航空写第一
　　——追忆新中国第一架飞机研制的激情岁月 …… 318
难忘的教诲——毛主席在中南海与我握手 …… 321
老一代中央领导视察洪都简记 …… 323
邵式平关心"洪都"创建二三事 …… 326
洪都建厂初期的那些往事 …… 329
建厂初期接待苏联专家趣忆 …… 333
火红的年代火红的事 …… 337
我国第一枚氢弹甩投成功的前前后后 …… 340
L15高教机首次技术飞行二三事 …… 345
在01架L15高教机总装调试的日子里 …… 351
名机足迹——猎鹰L15高教机的国际化之路 …… 354
振翼起航：洪都的转型升级发展之路 …… 357
中惟进取也，故日新——中航工业直升机所的前世今生 …… 361
我与直升机的情结 …… 372
雄鹰展翅　飞向蓝海
　　——中航工业直机所自主研制大型直升机AC313纪实 …… 375
而今迈步从头越——AC313高原试飞挑战"世界屋脊"纪实 …… 382
忆直8铆接二三事 …… 388
老伴为我当闹钟 …… 392
我的五十年地质队生活 …… 394
青春无悔天山情 …… 396
尘封了一辈子的往事 …… 399
地质队员的幸福观——江西省核工业地质局二六一大队找铀记 …… 403

探矿找铀　钻头为先	410
上海市化工局支援江西"小三线"建设	412
为了神剑出鞘	414
难以忘却的记忆	417
从双板桥到妙智铺	420
我的爸爸和我的童年、我的青春	423
找矿员被当特务抓	425
家有珍品	426
化蝶当空舞翩跹	428
二机精神放光彩	431
超常运作铸就历史丰碑	
——亲历江西省属军工改革脱困职工安置过程	433
我国航空工业技术工人的摇篮——回忆中南247技校	440
沧桑巨变：从小"马棚"到小"洋楼"	443
感悟实现江西铀矿大基地梦的"核"动力	445
万水千山总是情——忆闽北普查找矿	448
永远难忘人民厂	453
我在人民厂的日子	456
流动的不变情怀	460
二机寻梦人	464
犹记雏鹰衔红旗　振翅扶摇在江西	
——回忆370厂江西建厂发展始末	469
小鱼雷快艇击沉蒋家大军舰——忆击沉国民党军舰"太平"号	473
父亲和蓝图	477

媒体聚焦　　　　　　　　　　　　　　　　　　　　483

江西军工八十年　筚路蓝缕写华章	485
励精图治铸辉煌	
——江西国防科技工业改革发展成就系列报道之综述篇（一）	491
凤凰涅槃展新姿	
——江西国防科技工业改革发展成就系列报道之改革脱困篇（二）	494
军民结合谱新曲	
——江西国防工业改革发展成就系列报道之民用产业篇（三）	497

蓝天铸剑逞英豪
　　——江西国防工业改革发展成就系列报道之航空篇(四) ——— 500
铀矿勘采树丰碑
　　——江西国防工业改革发展成就系列报道之核工业篇(五) ——— 503
乘风破浪正扬帆
　　——江西国防工业改革发展成就系列报道之船舶篇(六) ——— 506
寓军于民铸精华
　　——江西国防工业改革发展成就系列报道之军工电子、民口配套篇(七)
 ——— 509
整合重组拓新路
　　——江西国防工业改革发展成就系列报道之民爆篇(八) ——— 512
超越——江西航空工业蓝天奏凯 ——— 515
金奖背后的故事——我国自主研制的第一架初级教练机诞生纪实 ——— 518
飞向金字塔的雄鹰——K-8E飞机背后的故事 ——— 528
团结拼搏奏凯歌——教八研制纪实 ——— 532
猎鹰飞行表演风采录 ——— 538
开凿生命通道 ——— 545
一个功勋地质队的军工文化洗礼 ——— 548
为昌九架起一道"彩虹"
　　——江西省核工业地质局二六七大队建桥小记 ——— 551
黄陂山下,那一片坟茔 ——— 553
洪灾中更显军工本色——江西国防科技工业2010抗洪救灾侧记 ——— 555
江西省省属军工企业3.5万困难职工得到妥善安置 ——— 559
军企改革脱困有"车"可鉴
　　——访江西省国防科技工业办公室主任李贤书 ——— 560
积极开展国际合作　促进洪都协调发展 ——— 567
从保国强军到强国富民——国防科技工业八十年发展综述 ——— 571
江西红色摇篮再添新景
　　——官田中央兵工厂军工教育基地竣工典礼隆重举行 ——— 574
融入地方经济江西军工改革中再造辉煌 ——— 577
揭秘中国首艘航母"辽宁舰"上的江西元素 ——— 581
中航工业昌飞:立足创新驱动加快转型升级 ——— 584
让人民军工的摇篮——江西重新焕发新光芒和活力 ——— 590
在广阔蓝天翱翔——中航工业自主研制生产民用直升机纪实 ——— 594

蓄势待发打造千亿航空产业
　　——专访江西省国防科学技术工业办公室主任杨贵平　　598
从神一到神十　江西军工助神舟飞天　　602
开启由军工大省向军工强省的跨越
　　——江西国防科技工业改革创新发展纪实　　603
推进军民融合　助力发展升级
　　——江西省军民结合产业发展成就与展望　　606
军民品并重　集群式发展　军民互促共进
　　——我省军民融合发展渐入佳境　　611

英模风采　　613

强五之父——陆孝彭　　615
蓝天魂——记中国工程院院士、K-8/教8飞机总设计师石屏　　619
如海人生——记海防导弹设计师彭历生　　627
拳拳报国心　殷殷航空情
　　——记全国劳动模范、洪都集团公司党委书记张波　　633
蓝天交响的总指挥——记L15飞机总设计师张弘　　637
"铣王"马跃辉的那些事　　641
大哥是这样炼成的
　　——记江西省劳动模范、中航工业洪都数控机加厂职工徐明　　644
直升机研究所的一杆旗——记全国劳动模范吴希明　　647
霜重枫愈红
　　——记全国劳模、中航工业昌飞公司原董事长、总经理余枫　　653
全国劳模、计算力学专家刘夏石　　661
硕果累累报神州——记全国劳模、工学博士刘英卫　　662
胸前缀满劳模奖章的人——记洪都集团公司老劳模徐禾根　　665
榔头声中的人生——记全国劳模、洪都公司钣金工梁木森　　669
"铣工王"的技术人生
　　——记全国技术能手、江西省劳动模范、洪都机加厂铣工龚仲斌　　675
"目标正确,结果才能正确"
　　——记全国"五一劳动奖章"获得者、中航工业昌飞原总经理、
　　　 总工程师周新民　　678
巾帼"铆枪手"
　　——记全国技术能手、中航工业飞机铆装钳工首席技能专家林丽　　681
技术大拿——记中航工业昌飞装配钳工工种首席技能专家谢应煌　　684

杨金槐：蓝天大地铸辉煌 —— 686
一片丹心系直八——记全国"五一劳动奖章"获得者赵春佑 —— 691
袁耀辉：引领昌飞翱翔的头雁 —— 693
首届李四光地质科学奖获得者——蒋兴泉 —— 698
全国劳模、"铁人式"的工人工程师——张荣祥 —— 701
余根密：从赣南山野走出的全国劳模 —— 703
党旗在岗位上飘扬
　　——记国资委优秀共产党员、中船航仪装配调试工文维民 —— 706
明星工人
　　——记中国船舶工业集团公司劳动模范、江西中船航仪高级技师李兵
　　 —— 709
态度决定高度
　　——记江西省"五一劳动奖章"获得者、6354所技师陈童诗 —— 712

附录

江西军工大事记 —— 716
江西省国防科学技术工业办公室关于授予饶伟生等80名同志功勋模范奖和突出贡献奖的决定 —— 743

后记 —— 747

岁月峥嵘

一百多年来，历经磨难的中国人民刻骨铭心地感知到"落后就要挨打"，"强国必先强军，强军必先强国防"的硬道理，渴望国家建立强大的国防工业。

八十多年前，中国共产党在江西中央苏区，远见卓识地揭开了这艰难的一页。

新中国成立不久，党中央运筹帷幄，在全国布局军工建设。江西军工由此走上了举步维艰但又屡创辉煌的漫漫征程……

人民军工发祥地
——记官田中央兵工厂

丁志操　黄健民

江西,是人民军队的摇篮,而江西兴国县官田村,则可称为人民军工的发祥地。1931年10月,中央红军第一个大型兵工厂——中央兵工厂就诞生在这里。这是我党我军最早独立创立的第一个大型综合性兵工厂,被誉为"人民兵工的始祖,人民军工的摇篮"。

从此,人民军工以官田中央兵工厂为开端,从无到有、从弱到强,伴随着武装斗争和红色革命根据地的发展而不断成长、壮大,以星星之火,渐成燎原之势。人民军工不仅在革命时期为中国革命的胜利提供物质保障,更在新时期为祖国的国防建设和促进社会经济发展发挥着极其重要的作用。

让我们追根溯源,拨开历史的迷雾,重温和见证那段激情燃烧的岁月,感悟其中闪光的精神,一起走近那朵微小但璀璨的星星之火——官田中央兵工厂。

在烽火岁月中诞生

1931年9月,中央红军取得第三次反"围剿"的胜利,赣南和闽西地区连成了一片。面对中央革命根据地进一步巩固和发展,蒋介石也加紧对红军的下一轮"围剿"。一方面,我军缴获了不少战利品,需要加以维修利用;另外一方面,面对日益严峻的革命形势,人民武装急需武器装备。1931年10月,中央革命军事委员会遂决定,将兴国县城岗乡白石红军修械处、红三军团后方军械处以及江西苏区修械处三个单位合并,组建一个规模较大的兵工厂,担负日益繁重的枪械修理和弹药生产任务。该兵工厂对内称"中央军委兵工厂",对外称"中央红军兵工厂"或"中央苏区红军兵工厂",兵工厂的厂址由红军总司令朱德确定在距离兴国县城约45公里处的莲塘乡(今兴莲乡)官田村,故又称为"官田兵工厂"。统一将枪支和其他军用设备进行整合修复,以装备部队使用。

官田地处高山偏僻之所,交通闭塞,丛林密布,利于防空防特防敌偷袭。此外,官田与三次反"围剿"主战场莲塘、十万洲、半迳和良村战场相距很近,便于缴获的武器搬运集中。同时,官田属于江西红军独立二、四团的主要根据地,又是中央苏区中心腹地,有着较好的党组织和群众基础。这也是朱总司令早已物色好的、建立红军兵工厂的理想之地。

中央兵工厂属团级建制,设立政治委员制,但由于其重要性,它又直属中央革命军事委员会和中国工农红军总司令部双重领导。具体由中革军委兵站部(又称后方办事处)和红一方面军总司令部供给部管理。

根据中央革命军事委员会的决定,吴汉杰统筹组建了中央兵工厂并任第一任厂长。兵工厂是在兴国东村机械小组的基础上筹建的。该小组开始只有郑煌德和赵生顺两个铁匠,后逐渐成为修械所、修械处。吴汉杰首先将各地的主要修械组织陆续迁到官田。最先到来的是位于兴国白石的红军修械厂,接着于都平安的江西省修械处、三军团的修械处、东固的养金山修械处、赣县的龙头修械处,以及其他一些地方的修械组织也先后迁到。

合并后,管理人员和工人增加到了250来人。分为枪炮科和弹药科两部分。枪炮科科长刘球。设有:(1)制造股。主要是制造枪炮的零部件。(2)木壳股。专门制造各种枪支的木托和木壳。(3)牛皮股。专门负责制革和缝制各种军械用具,如皮带、炮盒、马鞍等。(4)刺刀股。专门打制刺刀。弹药科科长王赞。设有:(1)炸弹股。主要任务是制造马尾炸弹,另外也制造一些地雷和火药。(2)子弹股。大部分是从养金山修械处来的女工人。

当时的条件十分困难,生产工具共有200多把锉刀,100多把老虎钳子,4座打铁炉。

这,就是被誉为"人民兵工的始祖,人民军工的摇篮"的官田兵工厂建立时所拥有的全部家当!

打开封锁,中央兵工厂在困境中崛起发展壮大

中央兵工厂建立之初,在敌人的重重封锁之下,生产设备和原料物质十分落后和紧缺。

为了解决生产设备和原料物质的难题,官田兵工厂的工人可是"无所不用其极",费尽心思,绞尽脑汁,硬是闯出了一条路子。

开动脑筋,自己生产。他们自己打制铁砧、铁锤、锉刀等造弹工具;买不到油,兵工厂就在后山管山下造了水轮车,利用山溪水力资源来发电带动机器工作,利用水力来发动机器;造子弹的硝酸买不到,就用腐烂木头,磨成粉和白药配成火药;没有做底火的铜皮,就用弹壳打成薄铜片来代替。这样,子弹的效力不仅没有减低,反而大大降低了成本。当初,造弹科的主要任务是翻造子弹,后来发展到自造子弹,而且造的子弹比国民党的子弹还厉害,进口细出口大,伤口阔,而且炸得烂,敌军被炸后很难医治。

发动群众,依靠群众。由于紧缺金属材料,苏维埃中央政府国民经济部还颁布告示,要求广大工农群众将拾到和保存的子弹壳及铜、铝、铁等物品,作价卖给或捐给红

军,不到两个半月,即收到铜4.1万余公斤,锡2.4万余公斤,生铁7.9万余公斤,子弹14万多发,子弹壳6.6万多公斤,白硝7500多公斤,洋铁筒3600多个,洋镐1970把,洋锹7172把。打过的弹壳会变形,工人们就通过手工整形,使它跟原来的弹壳一模一样,重新添加火药后照样好用。冲锋枪弹壳比步枪弹壳短,工人们便对步枪弹壳进行手工整形,做成冲锋枪弹壳使用。

向敌人要。1932年4月初,红一军团攻下了国民党钟绍奎军的巢穴岩前,缴获了敌人兵工厂的机器设备。4月20日,红军又攻克福建的重镇漳州、厦门,缴获了国民党军卢兴邦和张贞的修械厂的两部机床、一个30马力的发电机、一批汽油和其他一些修械材料。这些均被运送到了兵工厂,使兵工厂的设备得到大大改善。

每次打了胜仗,在清缴战利品时,兵工厂都要求后勤部门务必特别注意搜寻紧缺的军工生产原料。缴获的武器拿不下时,就把枪机卸下来,装在衣兜里,多了就串起来背上,枪杆叫俘虏或老乡扛下来。

去敌占区搞。1931年9月,马文等42名广东五华县青年工人前往中央苏区参加筹建中央兵工厂时,自己凑钱在白区购买了二十多担兵工生产所需的台钳、钢锯、钻刀、锉铁等工具,冒着敌机轰炸的危险,穿越烽火线前往瑞金来到官田,无偿捐献给了党。这42位工人,成为官田兵工厂创建的第一批工人。

后来,工厂又在大埔、赣州、吉安等白区周边设立了采购站,专门购买白药(洋硝)、硝酸、棉花和做子弹底火的铜皮与雄精等原料。

总供给部还派出由300多名老战士组成的特务队在有经验的后勤干部带领下,分头行动,多次秘密潜入白区,接运从福建厦门、漳州等城市采购的原材料。

苦练技术,开展生产竞赛

当时生产上困难重重,除了生产设备和原材料的紧缺,工人的整体素质也参差不齐,大部分人进工厂前还是农民、木匠、铁匠,不要说修理和制造枪支,甚至不少人还没有摸过枪。但是,在乐观的兵工人面前,他们什么困难都能克服。

为了掌握技术,全厂掀起了一股学习技术的热潮。厂长吴汉杰跟大家商量后,决定把力量配搭起来,让懂技术的人教不懂技术的人,并要求大家好好教,好好学,同时提出口号:"虚心学、快快学,我们多流汗,阶级弟兄少流血!"

大家都抱定决心,白天,丢下饭碗就跑去干活,夜里没有灯就摸着黑研究技术,躺上床了,还琢磨着怎样找窍门。为了研制一个零件,大家拜师学艺,想尽办法,攻克了一个又一个难关。

经过一段时间,终于掌握了初步技术,制造出一些零件,安装了一批枪支、子弹送往前线。不料,这些枪支、子弹却很快被送了回来。原来是零件的硬度不够,修理过的枪,有好多不能用,一打,不是抓子钩坏了就是撞针断了。有的子弹弹头出了枪膛就横着身走,打不准又打不远,还损伤枪的来复线。

大家心里沉甸甸的,这些问题,不仅会影响红军作战,甚至会带来不必要的牺牲。

经过大家仔细检查,终于把毛病找出来了。原来,一是火候没有掌握好;二是铜铸成的弹头,手工锉得不圆滑,有大有小,不端正,造出后,又没有经过严格检查。于是吴汉杰叫有经验的工人做样子给大家看,把制成的零件烧红在药水里浸后再使用;还做了弹头模型,逐一检查。后来有个工人出主意,弹头改用铜币冲成圆壳,内灌铅锡,质量更是得到了提高。前方战士满意地说:"我们自己造的子弹也不比白军的洋子弹差哩!"

从此,大家不但摸到了窍门,而且还从初步的成绩中认识到了自己的力量,工作的劲头更大,信心更强。

官田中央兵工厂创建时期,条件极为艰苦,缺乏机械设备,全部是手工工具,工人们发扬自力更生、开拓进取的精神,在"一切为了革命战争的胜利"口号下,克服重重困难,开展军工生产。工人们领到一件工具,哪怕它是翻修过几次的,就好像战士领到一支枪,非常爱惜。

为了提高生产效率,各单位之间经常进行劳动竞赛。"多造一颗子弹就等于多消灭一个敌人!""多修一支枪等于多消灭 10 个敌人!"成为鼓励工人高产的行动口号。在劳动竞赛的高潮中,职工家属思想上也与职工一样争先恐后,谁的丈夫落后,谁就觉得难过;谁的丈夫先进,谁就觉得光荣。兵工们彼此互相关心,互相鼓舞,生产热情非常高涨。

为了发展和壮大人民兵工事业,红色兵工人甚至献出了青春年华,献出了宝贵生命。校枪工人马木松,是牺牲在官田兵工厂的第一个红色兵工英雄。1931 年冬的一天,年仅 18 岁的马木松,在对别处送来的几箱新子弹试枪时,试子弹的枪支被炸坏,零件被炸得七零八落。那时,红军战士们把武器看得比自己生命还重要,每个红军战士都记得当时流行的说法:"一个革命战士有三条生命。一条是政治生命(入党入团),一条是肉体生命,一条是武器生命——枪支弹药。"马木松看到枪械零件都散落在水田里,就不顾天寒地冻跳下田里把零件捞上来,不想由于在水田里打捞的时间太久了,得了重感冒高烧昏迷,而当时又缺医少药,最后终因救治不及而献出了年轻的生命。

像这样的例子很多。现在,官田兵工厂的第一代五六百位红色兵工中,我们能找到姓名的只有一百来位,其他兵工连姓名都无法找到,成了无名英雄。

红军高层领导对中央兵工厂的亲切关怀

中央兵工厂是在老一辈无产阶级革命家力主和直接关怀下建立的。毛泽东、朱德、彭德怀、刘少奇、叶剑英、陈云、杨立三、高自立、杨至诚、叶季壮等领导同志都经常过问其生产和建设,关怀备至。

毛泽东教育兵工厂干部尊重人才,做好职工的政治思想工作。1933 年,上海地下党组织动员六位造枪技工师傅来到官田兵工厂。按照当初的协议,六人的工资每人每月 60 元,这比苏区工人的工资要高好几倍。他们担心得不到工资。又因刚从国统区来,身上沾染了一些旧习气,再加上生活和工作环境上的不习惯,他们的工作情绪很消极。当时兵工厂的苏区工人对他们的这种表现很有意见,还有同志提议处分或开除他们。

为了正确处理好这六个技工的问题,时任兵工厂职工委员会委员长的马文,就带着大家的意见去请示毛泽东。毛泽东听了马文的汇报后,就耐心地教导马文。他说:"工厂应当对这些人要有耐心,要通过说服教育,多重用他们的技术,启发他们的阶级觉悟,把他们争取过来,和大家一样进步。处分或开除的办法完全用不得,对我们是没有好处的。""这件工作能不能搞好,不完全取决于这六个工人和其他工人,主要是看你们领导上的认识和努力争取的程度。"而且还指示要按上海地下党谈好的每月60元的工资发给他们,并亲自给这六个工人写了一封信。在毛泽东同志的教育下,兵工厂的干部们转变了工作方法。

三个月以后,这六个工人同大家一样积极地工作,还主动地提出减低工资,要与苏区工人一样按规定享受待遇,有两人还光荣地加入了中国共产党。在一次募捐大会上,六个工人还提出将半年的工资全部捐献出来慰劳红军。毛泽东同志对这件事情的正确处理,使红军兵工厂的领导干部在思想上、工作上进了一大步,对兵工厂以后的管理工作起着巨大的指导作用。

朱德热情欢迎五华工人。朱德总司令当时是中国工农红军总司令兼中国工农红军一方面军总指挥,对筹划成立兵工厂的事情十分重视和急迫。1931年9月,在瑞金叶坪红军总司令部,他在接见五华县42位投奔苏区并集体参加红军的工人时,亲切地说:"我代表中国工农红军热烈地欢迎你们参加红军。希望你们很快地到兴国官田去和那里的工人同志一起,把红军兵工厂迅速建立起来。我们红军在一、二、三次反'围剿'战争中,缴获了国民党军队的几万支枪,堆积如山不能使用,希望你们很快地把这些枪械修理好,装备红军,以便迅速打垮国民党的'围剿'。"

刘少奇关心兵工厂民主管理。刘少奇同志当时是中央政治局委员、中华全国总工会委员长,他对兵工厂的管理工作也非常关心。他说:"管理工厂不同于管理军队。在厂里应该强调依靠工人阶级自己管好工厂,充分发扬民主,使工人认识到自己是工厂的主人。在经济条件许可下,要适当地改善工人的生活。更重要的是要提高工人的政治觉悟和文化、技术水平。"原来兵工厂的管理制度基本上是和军队一样,由于刘少奇同志的多次指示,工厂逐步地改变了做法,使其得以迅速发展。

陈云秉公断案。陈云同志当时是中央政治局委员、全国总工会党团书记。1933年9月,在反"围剿"战斗十分紧张的情况下,他来到兴国古龙岗寨上杂械厂视察工作。在杂械厂,陈云同志亲自找了许多工人和干部谈话,并且对生产、质量、成本计算、节约、发明创造、克服困难以及加强民主管理等方面作了重要指示。经过调查,在全厂职工大会上,陈云同志指出了该厂厂长存在的严重问题,提议给厂长撤职处分。全厂职工热烈鼓掌拥护,大家纷纷议论:"这是哪里派来的'包公'?"工人们对陈云同志秉公办事、光明磊落的作风十分称赞,生产热情一下子爆发出来。

中央和部队领导同志的指示,给兵工厂的生产建设、政治工作指明了方向。全厂上下自力更生,艰苦奋斗,为红军反"围剿"的胜利和革命根据地的发展壮大奠定了物质基础。

官田中央兵工厂的历史地位及其贡献

1933年第四次反"围剿"战争胜利后,中央苏区虽然得到进一步的巩固和扩大,但国民党随即又组织了对红军更大规模的第五次"围剿",仅在中央苏区外围部署的兵力就达50万。党中央根据实际情况,考虑兵工厂已不宜集中在一个地方,于是决定将位于官田的中央红军兵工厂中的弹药科和枪炮科迁往于都的银坑和兴国的寨上。后中央军委为了便于领导和调配弹药,又决定官田兵工厂遗部、银坑弹药科、寨上枪炮科陆续迁往瑞金冈面。1934年9月,中央军委将在冈面兵工厂的工人和干部,编成一个工人师。

第五次反"围剿"失败后,中央苏区红军被迫于1934年10月进行战略转移,兵工厂也随之突围北上。第一批出发的60余名工人都是技术较好的,他们带走了各自的修理工具和两部较好的机器。11月间,第二批200名工人出发时,带走了全部可带走的机器,坏的和没有装好的机器则被全部埋掉。12月底,第三批工人临走时,为不让敌人今后在这里制造镇压革命的武器,烧毁了兵工厂厂房。至此,兵工厂完成了它的历史使命。

官田中央兵工厂是中国共产党和人民军队历史上首次创办的大型军工厂,是第二次国内革命战争时期,随着红军、地方武装和根据地的发展而发展起来的军事工业。它经历了白手起家,从无到有,由少到多,由修配到制造的发展过程。兵工厂的广大工人在国民党对根据地实行军事"围剿"与经济封锁的极其艰难的恶劣环境中,发扬自力更生、艰苦奋斗的革命精神,自盖厂房,自造机器,因地制宜,就地取材,土洋结合,建立修造各种武器的兵工厂,修理、制造了大量武器弹药。

兴国官田兵工厂旧址

据厂长吴汉杰回忆,中央兵工厂在官田期间,取得了辉煌的成绩:共为红军配制了四万多支步枪、四十多万发子弹,修理了一百多门迫击炮、两门山炮、两千挺机枪,制造六万多枚手雷炸弹、五千多个地雷,为红军反"围剿"胜利和革命根据地的发展壮大提供坚实的物质保障,有力地支援了红军的革命斗争。对官田中央兵工厂所作出的贡献,时任红军总政委的周恩来曾作出高度评价:"这支兵工队伍创造了有史以来的空前成绩!"

不仅如此,官田兵工厂还为我党我军培养造就大批军工人才,他们为红军长征以及之后的革命战争各阶段赢得无数战斗提供了坚实的技术支撑。这些人才,如同科学和技术的"火种"一样,散落到军工行业的各个领域,作出了突出贡献,很多人后来成为我军各个历史时期军工企业的栋梁和骨干。比如在延安八路军兵工厂任职工委员会主任的马文;在山东滨海军工部修械厂任厂长的刘愈忠;在湖南湘潭江南机器厂担任副厂长、五机部驻厂观察员等职的赵俊;还有建国后任少将的陈熙、萧学林将军;等等。他们都曾在官田兵工厂工作过。

官田兵工厂广大兵工人,在生产和革命中展现"把一切献给党"的爱党、爱国、爱军之心。他们向党和人民所贡献的不仅仅是巨大的物质财富,更给我们留下了一份珍贵的精神财富。从官田兵工厂开始,逐渐形成了"自力更生、艰苦奋斗,军工报国、甘于奉献,为国争光、勇攀高峰"的二十四字军工精神。

为了传承和发扬这种精神,1987年12月,官田中央兵工厂旧址群被江西省人民政府列为江西省省级文物保护单位,2001年6月被中宣部批准公布为全国第二批百个爱国主义教育示范基地,2006年5月被国务院批准公布为全国重点文物单位,2009年10月被国家国防科技工业局授予首批全国军工文化教育基地。

甲子洪都
——共和国的骄傲

许 珊

1935 年,中华民国国民政府军事委员会与意大利在南昌共同成立"南昌中央飞机制造厂"。抗战爆发后,该厂迁至四川南川县天然山洞海孔洞,更名为"国民政府航空委员会第二飞机制造厂",自行设计制造"中运一号""中运二号"系列运输机。1947 年底,该厂迁回南昌。1948 年,国民党将重要物资、人员迁往台湾,这里留下一幅破败不堪的残局……

1951 年,当朝鲜战场激战正酣,新中国第一代领导人以过人的气魄和胆识酝酿着一项气势恢宏的千秋伟业。4 月 17 日,新中国的航空工业在战火中诞生了。六天后,刚刚成立的航空工业管理局正式通知南京 22 厂迁往南昌,新建南昌飞机制造厂,也就是今天的洪都公司。历史定格在 1951 年 4 月 23 日,从这一天开始,一个充满传奇色彩的航空企业开始了六十余年辉煌壮丽的征程。

怀揣着革命理想与信念,首批创业者们从祖国四面八方汇聚于此。纵然残瓦废墟、荆棘丛生,也阻挡不了他们前进的步伐,"修理飞机,支援朝鲜"是每一个人心中的崇高追求。短短几年时间,在这里修理好的几百架战机,被源源不断地输送至前线。

火热的岁月,燃烧着火热的信念。在举国办航空的时代背景下,在党和国家领导人的殷切关怀下,南昌飞机制造厂被列为国家 156 项重点建设项目之一,企业开始第一轮大规模经济建设。各类专业技术人才汇聚于此,成为支撑洪都奋发进取的核心力量。基建项目优先上马,省政府"要物给物,要人给人",为企业发展壮大提供坚强的后盾。苏联专家全面援助,逐步建立以苏联为样板的航空工业体系。通水、通电、盖厂房、修铁路、添设备,这里发生着翻天覆地的变化,红土地上焕发着勃勃生机,一座颇具规模的飞机制造厂拔地而起。

热血沸腾,心潮澎湃,献身航空的信念将人们的心烧得滚烫。不满足教练机制造厂定位的人们,开始谱写几十年不安于现状、寻求突破的壮丽诗篇。

他们不满足于修理,要制造配件,要仿制整机,还要自行设计制造;光有螺旋桨机不够,还要上喷气式机;有了喷气式教练机,还要上喷气式战斗机;仅有教练机还不够,还要有运输机、摩托车,还要研制导弹,开辟新的生产战线……

据史料记载,仅1958年一年,洪都人便积极争取过四种新飞机的研制、仿制任务,敢于承担、航空报国的精神品质与这个企业同生共长、绵绵相系。

不知疲惫的人们夜以继日地奋斗着、拼搏着,或许他们并不知道,在不知不觉的忙碌中,他们已

洪都建厂初期厂区全貌图

经创造了新中国航空工业史上一项项伟大的业绩,也完成了洪都一个个历史性的转折:

1954年7月3日,新中国第一架飞机初教五实现首飞,毛主席亲笔嘉勉,盛赞:这在建立我国飞机制造业和增强国防力量上都是一个良好的开端。

1957年12月,我国第一辆长江750三轮摩托车试制成功。

1957年12月10日,第一架多用途民用飞机运五运输机成功首飞。

1958年8月27日,我国第一种自行设计制造的飞机初教六成功首飞。

1960年3月,仿制海防导弹,工厂开辟出一条全新的生产线。

随着初教五、运五、初教六先后进入批生产以及导弹事业的起航,洪都人甩开膀子,开创了属于自己的第一个黄金发展期。

逆境图强　责任如歌

1958年,强5项目的落户为洪都带来了新的希望,上级计划以强5为牵引,使洪都由螺旋桨飞机制造厂跨越为喷气式飞机制造厂。

正当洪都人蓄势待发,准备大干一场的时候,全国掀起"大跃进"高潮,刚刚走上正轨的航空工业出现严重偏差。为了扭转局面,航空工业作出缩短基本建设战线的重大调整,集中精力保少数几个航空企业的返修和加固,其余多个大型建设项目或缓或停。这对于在困难时期坚守三年、已完成75%零件制造、即将进入装配阶段的强5来说,是致命一击,研制工作遭受重挫。

紧接着,党中央提出一、二、三线战略布局和加速三线建设的方针,洪都位于地处中部地区的南昌,因而错失国家政策倾斜的发展机遇。

挫折接踵而至,然而,艰难岁月磨砺出洪都人顽强的韧性。强5总设计师陆孝彭一遍又一遍写报告,请求上级支持强5研制。他亲自推着板车跑零件,在库房角落里搜寻着可以装配的零件,14人的研制小组"见缝插针"坚持研制强5一年多……

14人研制世界先进喷气式强击机,何等惊世传奇,何等荡气回肠!这是洪都人与命运抗争的真实写照,这是对洪都人精神品质的最高礼赞!

与命运抗争的何止强 5?！十年动乱,给这支队伍带来更严峻的考验,处境艰难,洪都人抛却个人安危,以高度的主人翁责任感,力排干扰,继续着各种航空产品的研制。政治洪流动摇不了洪都人肩负使命的强烈责任感。"文革"期间,超声速喷气式战斗机歼 12 飞机诞生,上游一号舰舰导弹问世,海鹰一号岸舰导弹研制成功⋯⋯

1965 年 6 月 4 日,十年磨剑、九死一生的强 5 在绵绵细雨中奔向蓝天的怀抱,"天之骄子"终于成为国内同时期与世界先进航空技术最接近的一代名机。直到今天,人们仍然因为它曾经创造的辉煌而自豪。

艰难的岁月考验着航空人的责任与良知。航空人肩负着国家使命,这个身份本身便是对祖国的庄重承诺。面对发达国家对航空技术的严密封锁和技术堵截,洪都人以不服输的精神,奋力鏖战,挑战尖端科技,不断探索出一条完善的创新体系,研发能力走在了行业前端,科技之花全面绽放——

建成我国第一台可供实际使用的起落架落震试验台;设计制造我国第一个燃油系统模拟试验台;设计制造成功全国第一台模拟鸟撞试验用的空气炮;成立飞行试验室,为推进飞机型号研制及各种空测创造良好条件;等等,尤其是复合材料、优化设计、飞机性能计算、疲劳定寿、噪声环境对结构的影响等研究工作,都在国内享有较高声誉。

研发新机受挫,我们不抱怨;型号拓展受阻,我们不抱怨;缺乏国家扶持,我们也不抱怨。逆境中挺立,逆境中坚守,只为道义在肩、责任在心,纵使暗礁丛生,也要勇立潮头,践行对祖国国防建设的庄重承诺,而这也是洪都精神的灵魂所在。

改革如潮　创新如歌

1978 年,冰雪消融,万物复苏。借势改革开放,航空工业面向市场,迈上"军民结合、以民养军"的发展之路。这是思想的大冲击、观念的大碰撞,裂变成惊人的能量。民用飞机一改长期滞后的局面,研制与改进改型二十多个型号;非航空产品生产迅速崛起,销售额每年递增 30% 以上。洪都人借着业已成熟的军工体制,利用优势资源、技术、人才等,创造性地走出了一条民品发展的康庄大道。

曾经名震九州的洪都摩托车,是一代人心中口碑载道的名牌产品,它曾服务于 1990 年的北京亚运会,它所带来的收益曾支撑着一个在后来名震世界的机种——K8（教八）飞机渡过难关,这也成为洪都乃至中航工业"以民养军"最经典的案例之一。

面对 20 世纪 80 年代军品订货量急剧下降和发动机国内选型所带来的压力,洪都人顺势而变,另寻出路。改革开放的春风里,洪都人看到,国外引进发动机和开展国际经济技术合作可能为 K8 飞机的研制提供了关键的技术和资金保障。

几经辗转,在中国航空技术进出口公司的积极促成下,1986 年,中国与巴基斯坦签订《中巴合作研制新一代教练机总协议》。这在中国航空工业史上写下浓墨重彩的一笔,开创了一种全新的自主创新模式。自此,新中国第一款与国外合作研制、以外销为主的教练机进入人们的视野。紧随其后,1989 年,我国首款农林飞机农 5 实现首飞,并获得民航总局适航司颁发的生产许可证和 FAA 证,这成为洪都航空民品的一次成功的探索。

K8取得的巨大商业成功。1999年,中国和埃及签约80架K8,后又续约40架,第一次实现了中国飞机生产总装线、飞机研发中心、飞机综合保障系统出口国外,被誉为"金字塔之鹰"。如今,K8已出口300多架,占据了国际基础教练机市场75%以上的份额。从世界回归中国,再从中国走向世界,K8实现了完美靓丽的转身。

因国际市场美誉盛传,K8获得国内军方的认可,被部队采购列装,成为国内教练机的主力机型之一,更为重要的是,K8的出现促成了我国人民空军训练体制的转型。K8登上中国航空工业教练机历史舞台是时代赋予的契机,也是中国建立一支适应现代空战要求的飞行员队伍的必然选择。

在不断创新商业模式,探索自身发展的道路上,洪都人的步伐越来越坚定,也越来越自信。1999年12月27日,江西洪都航空工业股份有限公司正式挂牌成立,一年后江西洪都航空工业股份有限公司6000万A股股票在上海证券交易所正式挂牌,成为我国资本市场飞机以整机为主营业务的第一股,募集资金9.1亿元,成为洪都走向资本市场最为重要的一步。

公司历届班子殚精竭虑,着眼百年航空,牵引一切资源,荫泽后人。从国外市场到国内市场,从"以内销为主"到"以外销为主",几届领导人锐意改革、轮番拓路,逐步走出了一条自力更生、自主创新、自筹资金开展型号研制的生存发展之路。

这条路荆棘密布、异常悲壮,洪都人承受了急速工业化进程中许多的痛苦和煎熬,但创新的明灯始终闪亮,指引着洪都人在民族工业振兴的道路上滑翔、腾飞!

转型发展　激情如歌

精心培育,梦总有开花结果的一天。猎鹰L15就是洪都人处在世纪之交的梦想,这个梦在2006年3月13日这一天,终于蓓蕾初现,含苞待放。猎鹰L15——世界最先进的高级教练机,这是几代航空人的梦想,也是几代航空人渴望攀登的高度,而这个高度,洪都人在心底默默丈量了千次万次。"这是生命工程""把猎鹰打造成世界又一款名机",多少人用热切的眼眸默默地注视着她啊!

然而,洪都人深深明白,猎鹰带来的希望与契机如过眼云烟,稍纵即逝。靠自筹资金研制生产,我们包袱沉重、步履蹒跚。为了抓住一代洪都人十年心血培育的市场先机,一向不服输的洪都人该出手时就出手,勇敢而决绝地吹响了变革再造的号角。

2010年,两家专业咨询机构受聘进行全面诊断,问卷显示,94%的员工支持咨询公司协助推动洪都改革。94%——多么醒目的数字!它的背后是一颗颗对洪都未来寄予期望的热热烫烫的心!改革已是大势所趋、民心所向。

用激情唤醒沉睡的生机。收缩战线,精干主业,强化管理,攥紧拳头重磅出击。调整优化企业内部管理资源或管理要素,构建"谋事有法,立事有章,行事有序"的法人治理结构和人本为先的新型企业管理保障体系。

2010年,是改革启动的元年。公司一次性通过一级保密资格现场审查,洪都航空顺利通过二级保密资格认证。洪都航空非公开发行取得圆满成功,募集资金25亿元;洪都一口气投入6000万元,进行信息化建设,实现十大系统整体上线;围绕教练机、大飞机等直段、转包生产等科研生产所需项目及七个国家专项,国拨固定资产投资预算完成率达100%;江西洪都商用飞机股份有限公司揭牌成立;南昌航空工业城(民机部件装配厂)项目顺利开工,进展顺利;C919大型客机铝锂合金机身等直段部段样件按节点下线交付;突破技术关口,正式成为波音特种工艺全球供应商;猎鹰06架成功实现首飞;初教5、L7、K8、猎鹰L15高教机组成教练机体系成功参加第八届珠海航展。

2011年,公司进入强基固本、管理创新之年。企业组织架构体系调整,干部素质盘点,岗位体系梳理,绩效体系启动,薪酬体系优化,"三年质量提升计划"提上日程,"制造技术振兴工程"适时上马,"经济增加值EVA、综合平衡计分卡IBSC、全价值链"……新鲜的字眼冲击着传统的思维,更新着陈旧的知识库,激发着洪都人的求知热情。

高教机总装生产线

大刀阔斧,摧枯拉朽,一个传统的以行政管理为模式的企业正在悄然消亡,一个新兴的以业务运营为模式的企业正在屹立崛起。这是怎样的激动人心! 这是怎样的真切渴望!

改革没有平坦之路,但却功在当代,利在千秋。洪都人的顽强拼搏,洪都人的不甘落后,洪都人的创业激情,将在越来越坚实的改革步伐中全面再现,用争锋天下的魄力谋求发展。

担当使命　忠诚如歌

六十三年来,洪都人励精图治、砥砺奋进,自行研制生产并累计交付五大系列二十多个型号5000多架飞机以及多个系列数千枚导弹,逐步把洪都建设成为专业门类齐全,集科研、试验、生产配套的高科技工业体系,研制出一批具有自主知识产权的航空武器装备,并储备了一大批高精尖专业技术人才……六十三年的积累,六十三年的硕果,见证了洪都人经历的从无到有、由小到大、由弱到强、从航空救国到航空报国再到航空强国的圆梦之旅。

八角亭只是一间普通的厂房,但它已然经历七十余载风雨,记载了中国航空工业和洪都的全部生命历程。无论世事如何变化,它依然八辐向心、钢骨铮铮。犹如一座丰碑,激励着一代又一代洪都人献身航空,忠诚使命。

它不会忘记,白手起家的洪都人用汗水、智慧和生命捍卫着报国强军的誓言,披荆斩棘捧出一座座丰硕的奖杯——

三个月,拿出新中国第一架飞机;教八飞机当年发图、当年试制、当年首飞成功;

L15新机采用数字化设计制造,从详细设计到首飞,仅花了一年多时间;为了前线,为了国防,为了荣誉,工人师傅们日夜奋战,不让自己耽误一个节点……担当,源于忠诚。这份忠诚,从先驱们夯下第一锤地基开始,就代代相传,铿锵而行。

不论是艰难创业,还是挫折苦涩,或是凯歌高唱,火红的事业历经寒暑,从学生到老师,从学步到竞技,从低级打工到全面合作,从望尘莫及到赶超世界一流,忠诚都始终灌注在洪都人的热血中,开创出教练机产品的谱系,并不断拓展壮大,铸剑于长空,担当中挺起了共和国的脊梁。

基业长青　丹心如歌

甲子飞越,新的征程再度开启。

丹心碧血,百年洪都不是梦想。

天空亘古的深邃,总是把人们飞翔的渴望激响。

从研发到市场销售,飞机的生命周期一般都在二十到三十年。今天的洪都,面向未来,雄心勃勃地勾画着蓝图,用多元化的思路进行规划组合:向上衔接空天,向下冲刺海陆,向左投身大型飞机,向右攻坚微型产品,战略的布局在迭代中固本体、拓结构。航空专业化、军民融合、资本运作、战略性并购、建立全价值链,已经成为洪都战略跨越

南昌航空城效果图

的核心要素。不停探索的洪都人已经获悉了自己的生命密码和发展规律,百年优秀基因已经不断凝结。

为了把洪都牵引到三代机、四代机平台,迎接工业信息化浪潮转型升级的挑战,洪都开始了洪都第三次创业征程。

高起点谋划战略定位和产品占位,认真梳理发展模式,深入挖掘价值贡献点,进行顶层设计,规划"十二五"发展战略:在航空装备领域构建训效、攻击、打击三大核心能力;打造国内外知名的机身段一级供应商,做大做强民品,确立了"引领飞训、军民共进、惠泽员工、跨越发展"的企业使命。

沿着战略蓝图一路走来,制造能力提升为洪都撬动战略落地的有力杠杆。面对二

代工艺体系与现代工艺设计、制造不对称的问题,洪都大力启动"制造技术振兴工程",首次把建设平台、提升承接设计能力列为制造技术振兴的首要任务。

2014年,结合L15"猎鹰"高教机、C919大飞机等重大项目研制需要,洪都开展包含大型蒙皮镜像铣工艺、车铣复合数控加工、铝锂合金铬酸阳极氧化工艺、面向大型复杂壁焊接件的机器人自动焊接系统等在内的34项研究课题,全力冲击国内外领先技术。

2014年8月15日,中航工业洪都承办的2014中国智能博览会在昌成功举办,洪都凭借其智能轮椅、L15飞行模拟器等智能产品的首次亮相,成为该次展会的一大亮点,标志着洪都在航空智能民品领域的发展进入到新的阶段。

2013年,中航工业洪都先进智能工程研究中心正式成立。这是洪都实施非航空民品发展战略规划的重大举措之一。事实上,围绕先进智能技术做产业,才是终极目标。比如,洪都推出的智能移动控制器,它是智能服务机器人的核心控制部件,可用于控制各种智能移动机器人。洪都在南昌市重大专项资助下已开展面向机器人的嵌入式通用化智能移动控制器开发。目前,已进入控制板、驱动板以及智能移动控制器的核心技术攻关阶段,已完成硬件电路的设计与仿真测试,电机参数辨识以及嵌入式控制技术研究。未来准备依托智能移动技术,延伸可量产的各种消费类智能产品。

2009年,洪都正式成为C919大型客机前机身/中后机身两大机体结构部件的唯一供应商。型号研制以来,洪都始终坚持把制造技术创新摆在突出位置,全面推进新工艺、新材料、新设备的应用,组建技术攻关队,攻克关键技术十多项,成为国产大型客机攻坚场上的"国家队"。

伴随着洪都承制C919大飞机项目,南昌航空工业城高起点建设,成为洪都制造能力升级的全新动力,推动企业高速发展。

南昌东郊,瑶湖之畔,曾是一片荒僻的湖乡野径。总投资300亿,总占地面积25平方公里的南昌航空工业城从2009年12月开始紧锣密鼓的建设,全速推进。基于满足大客飞机研制能力需求的大部件装配厂房、大钣金厂房、表面处理厂房、数控机厂房,已于2013年陆续竣工;总投资2300万美元的自动化装配生产线、投资6300万元的蒙皮镜像铣设备以及数控蒙皮滚弯机、喷丸强化机12米阳极化生产线、12米退火实效炉等重大技改设施也迅速到位;建成钛合金零件新型环保阳极氧化生产线,成为行业新型环保钛合金阳极氧化示范基地;数字化机加、钣金生产线进入调试阶段,标志着洪都各专业数字化制造生产线的技术能力和水平全面得到升级。不久的将来,一座高起点的现代化国家航空高新技术产业基地将在这里拔地而起。

登高壮观天地间,倚剑云霓竞百年。六十余载,信念、责任、创新、激情和忠诚,汇聚出洪都人航空报国的赤子丹心。告别历史,在新的历史跑道上,我们正孕育着宏伟梦想,积蓄力量,向着辉煌的前景激情迸发、亮剑云霄……

从瓷都崛起的直升机制造基地
——中航工业昌飞巡礼

卞荣祺

景德镇,一座蜚声中外的江南名镇,誉满全球的中国瓷都,其千年窑火烧制的陶瓷文明生生不息,熠熠生辉。

四十多年前,一个大型直升机科研生产基地——昌河机械厂在这里悄然诞生,并从这里傲然崛起,唱响全国,走向世界。

从此,瓷都人与航空人结下情缘,景德镇这张金色名片与现代化航空企业交相辉映,谱写出了一曲荡气回肠而又波澜壮阔的蓝天交响乐章。

艰难创业路

20世纪70年代初。在"三线"建设的热潮中,经周恩来总理亲自批示"同意",中央军委和三机部决定布局景德镇,建立一座直升机制造厂。

于是,在瓷都昌江畔的南河之滨,一场创业攻坚大会战全面铺开。

1970年春节刚过,由来自哈尔滨市伟建厂、滨江航校、福空部队转业退伍军人以及国家分配的大中专毕业生和当地选送的职工等所组成的各路建设大军,操着各种不同口音,陆续会师景德镇。

一时间,厂区内车水马龙,人声鼎沸,让这座以产瓷而著称于世的瓷都,首次零距离感受到大工业文明所带来的现代气息。然而,要在一块几乎没有任何基础的土地上,短时间内创建起一个现代化的飞机制造企业,其艰难困苦程度可想而知。

会战指挥部发出了"节约闹革命,勤俭办工厂""先生产后生活"的口号,在厂房、办公室、库房和职工宿舍的建设上,一律坚持因陋就简、就地取材的原则,"一把稻草一把泥",用"干打垒"的方法,建造简易的生产生活设施。即便如此,还是有许多人连起码的住房都没有。有的职工寄宿在远离工厂十几里的村民家里,有的甚至两三户人家同挤在陶院的一间教室里,而大批单身职工就只能栖身在简易的工棚和仓库里……

正当工厂的建设按照规划井然有序地推进时,却出现了意料不到的变化。在当时极"左"思潮泛滥的情形下,上级有人提出"当年建厂、当年设计、当年出飞机"的口号,冒进地要求工厂当年"十一"交出飞机。

崛起的直升机工业城

大凡搞过飞机的人都知道，飞机制造属于科技含量很高的技术密集型行业，对每一个零部件，都有着严格的质量要求，必须按科学规律办事。人们想象不出就当时工厂仅有的生产能力和条件，怎样去实现所谓的"三个当年"，但这个死命令却不得不执行。这样的盲动，使昌河厂起步时就走了一段曲折的艰辛之路。

5月，一场"与时间赛跑、抢干直6试制零件"的生产大会战开始了。然而，高昂的干劲终究无法超越严酷的现实。仓促开工，让整个生产步履维艰。两个月下来，首批计划2180种零件制造任务，只勉强完成了不到200种，离计划要求的差距太远。工厂将制约试制任务完成的各种不利因素，向上级部门作了汇报，却并未能改变既定的要求，工厂陷入危机之中。

为了化解这场危机，8月，将一架直6所需的全套大部件空运到南昌。由工厂十几辆卡车将这些部件拉回到厂里。

此时已进入8月底，距"当年出飞机"的规定期限仅剩30多天。昌飞人就在极其简陋的厂房和一些临时修建起的工棚中，顶烈日、冒酷暑，昼夜不停地进行飞机部件的最后总装。所有参战的干部职工全都是舍小家为大家，每天吃住在生产现场，挥汗如雨地做着最后的冲刺。

历时一个月的苦战，终于换来了直6型机的总装完成，随后马上转入调整试飞阶段。由工厂总装的这架直6型机最终如期地实现了首飞。但深谙该架直6型机先天不足的昌飞人，也始终为这个因拔苗助长的"早产儿"揪着一颗心。

两年后的8月，由伟建厂生产的一架同状态的直6型机，在一次试飞途中，因发动机出现故障而失事，酿成机毁人亡的严重后果。以鲜血和生命为代价的惨剧发生，终于促使上级部门发文撤销了昌河厂总装直6型机的计划，此后也不再安排直6的试制。随着直6型号的被迫下马，也宣告了这一历时七年、耗资几千万元昂贵学费的项目试制工作正式停产。

直升机研制遭受重创,人们一时间陷进了无奈与迷茫之中……

新的崛起

在困境中,昌飞人做梦都想造飞机。"什么时候才能生产出我们自己的直升机?""一个飞机厂多年干不出一架自己生产的飞机,这不仅无颜向国人交代,而且也对不起我们自己不甘言败的决心!"这是回响在每一个昌飞人心中的声音。

而要彻底一雪重负在人们心头的耻辱,尽快改变这种不堪回首的苦涩现状,摆在昌飞人面前的只有"华山一条路"——奋勇拼搏,二次创业。

从学习和引进国外的先进技术做起。1974年,工厂开始直8型直升机的研制,历经十二年的艰辛探索和起伏波折,到1985年成功实现首飞。

直8试制于1976年3月得到国务院、中央军委的正式确认。新的崛起开始了。为确保直8研制进度,工厂全面加快基本建设的扩建步伐。1977年,用于铆接和总装的厂房破土兴建。各种辅助项目建设也陆续展开。1980年,直8项目被正式列入国家研制计划。从1977年到1981年,工厂先后试制出主起落架和尾梁等二十个部件,累计完成零件试制6000多种,01架静力试验机总装条件已经具备。

但命运多舛的直8,因受资金紧缺等影响而多次出现起伏沉浮。在变幻莫测而又前途未卜的直8研制上,昌飞人一次又一次地面临着艰难的抉择与考验。然而无论形势如何严酷,昌飞人都没有丧失信心,始终坚持不懈地努力争取。即便是工厂财力已处于非常困难之际,他们仍然不舍不弃,硬是勒紧裤腰带,挤出有限的资金,投入到直8生产线的建设上。当时,全厂上下一条心,干部职工纷纷表示:"直8是工厂千辛万苦争取来的项目,也是能否实现昌飞腾飞梦的希望所在。我们绝不能眼看着它面临夭折的厄运。即使没有上级部门的拨款,我们自己省吃俭用,节衣缩食,也要维系直8的研制进程。"公司一面加速转民,开发生产昌河牌微型汽车,增创效益,积聚资金;一面向上级争取政策扶持。

总装车间

老北门

航空工业部、空军司令部和国防科工委的领导先后来厂调研,一致认为,直8国家需要,部队和民用都很需要;这个型号不能下马,一定要搞;尽管旋翼桨叶、桨毂、尾桨、自动倾斜仪等关键动部件的研制进度滞后,但从整个研制情况看,工厂只要再加把劲就能搞出来,不能前功尽弃;为解决部队使用的急需,可走混装的道路,再逐步发展到全机国产。

经费解决了,昌飞人便甩开膀子奋力抢干。1985年10月15日,直8-02架机完成总装进入到交付试飞阶段。12月7日—9日,在工厂召开直8首飞评审会。

12月11日,这是一个令全体昌飞人永远铭记和激动不已的难忘时刻,也是一个必将载入中国航空工业发展史册并值得纪念的日子。直8首次飞行仪式当天在吕蒙机场举行。下午3点,随着一颗绿色信号弹闪亮空中,海航独六团副参谋长

新北门

霍效才亲自驾驶直8-02架机开车起动,轰鸣般拔地而起,分别作垂直上升、空中悬停、前后飞、侧飞以及悬停自转360度等飞行动作。之后,又完成了几个预定试飞科目,最后,准确而安全地降落到地面。

直8的首飞成功,不仅宣告中国人自己研制生产的第一架大中型直升机的诞生,而且也标志着我国具备自行研制直升机的能力,并因此成为世界上少数几个能研制大型直升机的国家之一。可以说:中国直升机事业的崛起,正是以直8的研制成功为标志的。

首飞成功后,直8又经历了一系列不平凡的后续发展历程,几乎是一年上个台阶。1986年,完成调整试飞;1987年,完成了转场南昌、北京等地的汇报飞行表演;1988年,通过了各项鉴定试飞;1989年4月,通过了国家级技术鉴定。同年8月,首次实现交付部队,并落户到海航正式列装,海军由此第一次装备我国自行研制的大型运输直升机。直8的研制还获得1990年航空航天部科技进步一等奖。1991年至1993年,先后完成尾桨毂、自动倾斜仪、主桨叶和主桨毂四大动部件研制,并实现国产化;1994年通过国家设计定型评审,整个型号终于实现了设计定型。

尽管直8自1989年后陆续有多架机交付部队,但因其基本型为海军通用运输型,难以在更广的领域满足各军兵种和民用的装备需求。在幅员广阔的我国内陆疆土上,迫切需要多型"战鹰"来担负空中护卫和运输保障的重任。于是,昌飞公司对直8开始了一机多型的研制进程。

1995年12月22日,直8陆用型机首飞获得成功。此时与直8当年成功实现首飞刚好相距整整10年,昂首阔步地迈出拓展直8系列化的第一步,也为实现一机多型创造良好的开局。完成首飞后的直8陆用型机,此后又转战南北,在茫茫戈壁和雪域高原上,先后完成全部鉴定试飞科目,主要飞行性能均达到战术技术要求。1999年,顺利通过国家技术鉴定。

正当直 8 机节节推进的时候,昌飞决策者们敏锐意识到:我国直升机工业将迎来大发展的春天。1983 年 10 月,昌飞便向部里提交《昌飞关于民用飞机发展规划的报告》。1991 年,生产两吨级直 11 型机的研制任务书终于得到了上级部门的批准,直 11 由直升机所和昌飞公司联合研制,直升机所主要进行型号设计,昌飞主要从事型号产品试制。由此直 11 的研制工作全面展开。

直 11 是作为军民两用型直升机而研制的,公司在研制之初便明确提出要瞄准国内军民两个市场。尽管由于研制经费不足,只能先从军用型着手,但为使该机今后能走向民用领域在研制伊始便纳入到适航管理的轨道,从而确保直 11 做到始终处于适航管理部门严格的控制之中。

由于直 11 研制经费有限,昌飞继续坚持走"以民养军"的道路,把民品赚来的钱用在直 11 研制上。仅 1991 年至 1993 年,就自筹资金 5300 多万元,1994 年又自筹 2200 万元用于复合材料、厂房、设备及各种测试仪器的新建和添置,建成带温控的精密加工厂房,进口包括三坐标数控加工中心在内的一系列高精尖数控加工和检测设备。

1994 年 3 月,31 车间首先打响了五大部件的铆接第一枪,拉开了直 11 - 02 架机铆接阶段的序幕。经过五个月的奋战,到 8 月 25 日,02 架机进入总装。于是 36 车间总装现场便成了人们昼夜连轴转的试制主战场。11 月 27 日,直 11 - 02 架试制接力棒交到担负最后冲刺重任的试飞站手上。

12 月 22 日的吕蒙机场,晴空依旧。上午 10 时,随着指挥员铿锵有力的起飞令,02 架机轻盈地腾空而起,一系列飞行科目完成得轻松洒脱,随心所欲,犹如闲庭信步,又好似蜻蜓戏水。经过一番畅快淋漓的飞行演练后,飞机圆满结束了此次首飞"处女秀",稳稳着落在机场跑道上。昌飞人又一次走向了成功,又一次创造了新中国航空工业史上的一项全国第一。昌飞人亲手研制的我国第一架两吨级最轻型直升机直 11 成功诞生!

两年后,顺利通过了技术鉴定。1997 年,直 11 又成功地完成了首次自转下滑着陆的一级风险试飞科目。据此,该型机总设计师朱其宝自豪地对外界表示:"这一风险科目的试飞成功,充分证明了直 11 具有良好的可靠性,也标志着我国轻型机的研制生产能力已达到了国际同类直升机的水平。"航空工业总公司在贺电中指出:"它的成功填补了我国直升机科研试飞的一个空白,也为今后的研制工作、市场开发创造了更加有利的条件。"

1998 年 7 月 16 日,时任总参陆航局装技部部长的特级飞行员马湘生,亲自驾驶直 11 进行多项具有很大难度的性能验证适应性飞行。历时 40 分钟的飞行结束后,他一走出机舱便兴奋地说:"直 11 在机动性和加速性等方面的能力比我预想的要好得多,国外同类直升机能做的动作,直 11 都能做。我对中国直升机工业充满信心,对直 11 充满信心。"一个月后,首批 9 架直 11 正式交付陆航使用,并因其具有良好的出勤率而深得部队的高度评价。

世纪之交,直 10 专用武装直升机的研制拉开了国产直升机争锋世界的征程。

直 10 的横空出世极大地扭转了我国直升机的落后局面，将我国直升机技术水平向前推进了二十年，基本实现了我国直升机技术与世界先进直升机技术接轨，达到世界第三代直升机的先进水平。

直 10 引发了国内外媒体的热议和好评。在其背后艰辛的发展历程中，全体参研人员发扬"特别肯吃苦、特别能攻坚、特别有韧性、特别讲奉献"的精神，通过多方协同，顽强拼搏，共同奋斗，圆满完成了具有自主知识产权和国际第三代直升机技术水平的武装直升机研制。

2013 年 11 月，直 10 在天津国际直博会上表演了精彩的"筋斗""螺旋升降""俯冲旋转""莱维斯曼"等飞行特技，惊艳世界。直 10 设计定型后，即开始批产交付部队，并迅速形成战斗力。近年来，以直 10 为代表的多型国产直升机出色地完成了一系列重大军事演习。

与此同时，昌飞紧盯市场，切实加大民用直升机研制力度。民用直升机在国民经济建设和社会公共服务领域的独特作用已逐渐显露，民用直升机可应用于公安执法、抢险救灾、紧急救护、线路勘探、行政公务、空中观光、航空拍摄等各种领域。

2008 年汶川大地震发生后，昌飞决策层愈发认识到发展民用直升机的重大意义，迅即将民机研发制造摆上战略发展日程，仅用两年时间就推出 AC313 大型民用直升机和 AC311 轻型通用直升机，此后又按照最新适航标准，先后组织进行了高原、高寒试验试飞，取得多项第一，并获得中国民航总局颁发的型号合格证，完成 AEG（航空器审查）工作，打开了国产民用直升机进入市场的大门。

2014 年，AC311 直升机在珠海航展期间签订几十架机构销合同。此前，AC311 直升机还售出 10 架，包括北京航翔广告有限公司、天津滨海公安局和云南驼峰飞机销售有限公司，以及昆明市公安局等用户。在 AC311 基础上改进升级的新型号 AC311A，经过一年的攻关，于 2014 年 8 月实现首飞，随后开展了高原试飞，实现了在海拔 5300 米地域的起降，完成了一系列高原风险科目飞行。通过这些高原试验，证明 AC311A 直升机具有优良的高原性能，2 吨级国产民机性能跃上了新高度，与阿古斯特韦斯特兰的 AS350B3、贝尔的 BELL206L4 和 BELL407 等机型性能相当，而在起飞重量与使用升限等参数上还更胜一筹。

此外，我国第一型大型多用途民用直升机 AC313 在珠峰创造了 9008 米的升限世界纪录，已可以完全覆盖我国全疆域，其安全性、舒适性、维修性也都得到充分验证。

走向世界

随着直 8、直 11、直 10 等机型的相继研制成功，昌飞公司把目光投向了国际航空市场，期盼着能成为世界级直升机大家庭的一员。从 1986 年起开始积极寻求航空领域的国际合作伙伴，曾先后与美国、法国、俄罗斯等十几家国外公司就谋求相互合作展开过商洽。

首先抛来"绣球"的是声名显赫的美国西科斯基公司。西科斯基公司不仅有着近

60年研制生产直升机的历史,在当时就已生产了各种型号直升机6000余架,而且技术实力雄厚,尤其是在中型直升机的研制领域,更是代表着当今全球直升机制造业的最高水平。20世纪90年代初,出于对中型民用直升机市场需求可能会有较大增长的预测,该公司决定研制开发一种面向21世纪的军民通用新型直升机,即S-92型机。经过多方调研考察,该公司对昌飞人所表现出的干事创业精神和发展活力产生了良好印象,最终决定选择昌飞作为合作伙伴。虽然在此次合作中,昌飞参与的S-92尾斜梁和水平面生产仅占整机研制份额的1.4%,但昌飞的决策者们最为看重的却是借助这个平台,使公司能由此迈上跻身世界直升机制造企业行列的台阶。因为只有通过与世界先进的直升机公司进行合作,才能使昌飞真正走上一条实现自我快速发展的捷径,实现弯道超车。

1995年9月21日,昌飞与美国西科斯基公司正式举行S-92项目合作协议签字仪式,由此开始了公司在直升机领域对外合作的新纪元。按照协议规定,首架份尾斜梁产品要求在1997年4月份交付。1997年4月27日,S-92项目01架尾斜梁经美方严格检验后,顺利实现下架。5月3日,完成交付验收,装箱发运美国。至此,昌飞在承担该项目研制的6家国际合作公司中,排在首架份部件生产交付的第二位。美国联合技术公司总裁兼首席执行官乔治·大卫,高级顾问、美国前国务卿黑格将军,西科斯基公司总裁巴克利等,在察看昌飞生产的首架份尾斜梁后,非常满意。他们在首架份尾斜梁运抵美国总装现场不到一周,就破例专门从纽约乘专机取道北京飞抵景德镇,前来昌飞进行友好访问,并对昌飞在S-92项目上取得的佳绩表示由衷地祝贺。回国后,乔治·大卫在分别写给景德镇市市长和昌飞领导的信中高度称赞道:"昌飞为西科斯基公司制造的第一架原型机部件达到了世界水平,绝对是世界水平!昌飞严格按照进度和质量要求完成首架斜梁的制造,给我们留下了深刻的印象。"昌飞董事长、总经理余枫曾感言道:"我们为公司在全球整个S-92团队的供应商中保持产品交付最及时的荣誉而感到自豪。"

一花引来春满园。随着S-92项目历经多年合作,昌飞与西科斯基公司不仅增进了相互了解和信任,而且也为拓展更广泛的合作奠定了基础,合作范围相继扩大到S300、S-76、S333等多个机型。2006年以来,昌飞还先后与西科斯基公司签订S300C/S300Cbi轻型直升机和S-76++中型直升机转包生产合作协议,扩大了S-92项目转包生产份额,并参股上海西科斯基公司。

昌飞实施全方位、深层次、多元化的国际合作发展战略,走向世界,路子越走越宽。2006年,又与意大利阿古斯特公司签订组建合资公司组装、生产、销售CA109直升机的合同,成为在我国本土上生产的一种轻型双发直升机,填补了我国3吨级直升机的空白,并形成年产24架的能力。2007年底,合资公司向北京公安交付两架CA109警用机,执行2008年北京奥运会安保任务;向中央电视台交付一架CA109中继航拍机,执行航拍、信号中继、传送及大型节目转播等任务。此外,还与阿古斯特公司签订包机生产A109E的机体和尾梁的合作合同。2008年9月,昌飞与美国波音公司正式签署了波音767－300BCF飞机零部件转包合同,成为波音新的供应商。

在不断努力融入世界航空产业链的奋斗中,昌飞还积极引进国际先进管理方法和管理经验,迅速向国际先进水平靠拢,提高国际知名度。2000年,获得阿古斯特公司的质量认证。2007年以来,获得波音公司特种工艺认证和质量体系认证,成为世界顶级航空制造企业波音公司的合格供应厂家。

1983年2月28日昌河俱乐部建成,图为1985年6月1日,庆祝六一儿童节,孩子们排队入场

开创美好未来

作为我国直升机科研生产基地的昌飞公司,在四十多年的奋进历程中,走过了漫长的"军民结合、以民养军"的创业发展之路,形成了具有昌飞特色的直升机、微型汽车生产格局,为国防现代化建设和国民经济发展作出了重大贡献。

在2008年5月12日汶川大地震的抢险救灾中,昌飞生产的直8机,是飞抵灾区参与救灾的各类直升机中唯一的国产"钢铁雄鹰",代表着国产直升机的旗帜在灾区上空高高飘扬。

在国庆60周年的盛大阅兵式上,10架直8机作为参阅武器装备,分两组呈箭头形编队,飞越天安门上空,接受党和国家领导人的检阅,令昌飞人深感自豪和欣慰。

面对骄人的成绩,昌飞人不骄不躁,拿出百尺竿头、更进一步的干劲了,继续优化管理,加强经营。2004年11月,昌飞公司开始实施飞机、汽车生产分业经营,各自展开二次创业发展新征程。

自2006年起,公司彻底摒弃"靠山、隐蔽、分散"陈旧落后的生产布局,重新全面规划新的生产区域,公司分为两大块:一块为公司的老厂区,设行政管理中心、零件制造中心、物流和仓储中心；一块设在吕蒙部厂区，为直升机部装、总装、特设维修、整机喷漆、试飞、客户培训中心。新布局调整还包括对老厂区生产流程的进一步优化，以达到制造链最短、制造过程最简洁、经济性最好的目标。

通过几年的建设与改造，现已形成吕蒙和本部两个布局合理的生产厂区，建成数控加工、复合材料生产、热表处理和喷漆、特设维修和售后服务四条先进的专业化生产线，直8、直11、A109、S92、S300、S76等六条专业产品装配线。现在，昌飞公司已形成从一吨级到十三吨级多平台系列机型产品的立体格局。在中航工业直升机公司的统一指挥和直升机所的全力配合下，拥有自主知识产权、寄予新希望的13.8吨级大型民用直升机AC313又于2010年首飞成功，为昌飞开创未来掀开浓墨重彩的一页。

如今，一座崭新的、国内一流、世界先进的现代化航空生产工业园，傲然屹立在古老瓷都的红色热土上，昌飞公司全体干部职工将以更加自豪、更加自信的热情，去迎来快速发展的又一个春天，并不断开创昌飞直升机事业更加美好而绚丽的明天。

高天起旋风
——中航工业直升机所发展历程纪实

韩景昌

引 言

2010年9月,倍受世人关注的AC313直升机身披七彩吉祥鸟的涂装飞向青藏高原,飞越海拔5231米的唐古拉山口,横跨昆仑山脉和可可西里无人区,在海拔5200米的珠峰登山大本营成功起降。此次高原试飞航程约12000公里,单架次飞行达到1160公里,创造了国产直升机最大飞行高度和最大起降高度等一系列飞行记录,展示了AC313直升机卓越的高原性能。

这架走过二十二年不平凡的艰苦历程、凝聚着参研人员无数心血的飞机试飞成功,标志着中国直升机研制全面跨入三代机时代。

这是中航工业直升机所取得许多辉煌成果的一个缩影,它折射出直升机所四十多年来,历经坎坷、不屈不挠、艰苦奋斗、不断创新立业的可贵精神风貌。

艰难中跋涉的前十年

1969年12月15日,那是一个载入中国航空史的日子。在这一天,原中国人民解放军第604研究所设计的直6型机首飞成功;同日,中国人民解放军第六研究院行文604所南迁至景德镇,与第二歼击机设计研究所——原602所合并,正式成立新中国唯一的直升机设计研究机构——602所,也就是今天的中航工业直升机所。

南迁的命令一下达,直升机所首批创业者们抛下妻儿老小,背起背包就出发,在一个星期之内,马不停蹄地把"家"从被誉为"东方莫斯科"的繁华都市哈尔滨以及南昌、北京、西安、洛阳等地搬到了地处偏僻山区的景德镇湖田村,开始了向大自然开战、向科学进军的奋斗历程。

602所建立不久,基础设施十分简陋,602所的创业者们不得不一边开展基础建设,一边坚持不懈地进行型号研制。除了少数科技人员继续留在哈尔滨从事原有的直六研制任务外,大多数科技人员投入了紧迫的直七研制任务。

602 所科研设计大楼全景

直七研制是中国的工程技术人员进行的自行研制全新直升机的首次尝试。当时直升机所一无所有,为了让自行研制的直七早日上天,南迁的创业者和从祖国四面八方支援直升机新所汇聚到景德镇的各路大军立足未稳,就北上西进奔赴西安、北京、上海等地,投入了紧张的现场设计和跟产。到1975年,直七研制工作由"立足院内"转到"立足所内"。直升机所的创业者们憋着一股劲,开始了一个研究所承担一个直升机型号全部设计研究、生产、试验的艰难路程。

经过创业者们多年的艰苦劳动,直升机所基本完成了基本生活设施和主要厂房、实验室的主体工程建设,使一个茅草盖地的荒山野岭逐渐显露出中国直升机设计研究所的雏形。为形成现实的科研生产能力,创业者们发扬大庆工人阶级"有条件要上,没有条件创造条件也要上"的精神,开展一系列的科研生产试验工作。在极其简陋的科研试验条件下,创业者们圆满完成直升机改装设计,为我国向太平洋地区发射运载火箭的成功作出了贡献,受到国防科委通令嘉奖。

中航工业直升机所,这是被党和国家领导人誉为"直升机摇篮"的直升机研制领军单位。在创业前期十年,直升机所人满怀激情、艰难跋涉,为直升机研制苦撑苦熬,从未停止前进的脚步。

实际上,直七研制工作最终并没有走完科研验证全过程,但它锻炼了队伍,特别是在研制过程中表现出来的艰苦奋斗、无私奉献的精神成为直升机所前进的动力。

开创直升机所的改革开放时期

80年代初,由于国家的调整整顿,直升机所被列入缓建单位,直升机发展处于低谷,但直升机所的创业者们没有放弃,他们团结一致、奋发图强,在进行调整、整顿之后,参加"超黄蜂"测绘设计,组织直九反设计,开展武装直升机论证研究和技术攻关,有效地提高了队伍的科研设计水平。

经过十几个春秋的苦撑苦熬,直升机所的创业者们终于迎来直升机事业的转机。1985年国务院、中央军委批复《关于直升机发展系列和"七五"规划的请示》,明确我国直升机系列化发展的思路,从而使我国直升机行业的发展走出困境,迎来直升机大发展的机遇。

海军航空兵的飞速发展,给中国的直升机科研生产注入新的动力。直升机的创业者没有辜负党和人民的期望,成功地进行了第二次创业。

机加车间工人聚精会神工作

吊装直升机机身

1985年12月,602所与372厂共同研制的直八型机首飞上天,翻开我国直升机发展史上新的一页。直八型机的研制成功,结束了我国没有自行研制的型号设计定型并生产装备部队的历史。

在直升机所的第二次创业中,应该大书一笔的是"鱼叉"机的研制。

为了提高我国海军的装备水平,当时的海军司令员刘华清提出:要解决直升机上舰问题。直升机所的领导和科技人员以敏锐的眼光紧紧抓住这个难得的机遇,在一无样品、二无技术资料的情况下,知难而进,经过五年的艰苦攻关,成功地设计研制了"鱼叉"装置,并仅用54天时间就改装成功我国第一架舰载训练机,从直升机起降场飞上了祖国的蓝天,拉开了直升机从低谷向上攀登的序幕。"鱼叉"装置研制及鱼叉着舰训练机的改装成功,标志着我国直升机由岸基到舰载的转变,再次用事实证明了直升机所具有自行设计的实力,赢得上级领导机关和兄弟单位的赞誉和信任。

直升机大发展的机遇变成了现实,直升机事业的春天终于到来!

直8改型机、直9型号及其改型机、直11型机……一个个型号在直升机人的手中由构想变成现实,直升机所人已经基本掌握直升机的自行设计研制技术,使我国开始进入自主研制直升机的大国行列。

进入20世纪末,直升机产业面临着前所未有的战略发展机遇。党和国家赋予直升机所加速直升机研制的神圣使命和引领直升机技术进步、推进军民通用直升机产业化进程的重要职责。

在认真分析审视研究所现状,准确把握国内外直升机产业和外界环境的新变化、新趋势的基础上,直升机所提出"引领直升机技术进步,推动直升机产业发展,打造国际一流直升机研发机构"的发展愿景和以"构建一个体系、突出两大重点、完善三项机制、推进四大工程、实现五个转型"为内涵的"12345"发展战略,努力建设原始创新型、军民融合型、任务能力型、集约精益型、文化管理型研究所,实现了型号大发展、技术大进步、能力大提升、环境大改变、实力大增强,开创了各项工作新局面,谱写出直升机事业跨越腾飞的崭新篇章。

作为引领中国直升机技术发展的"领头雁",直升机所坚持走自主创新之路,着力加强直升机专业发展和关键技术预先研究,引领中国直升机技术不断向世界先进技术水平迈进。经过十年奋力攻关,他们掌握了以球柔性桨毂、先进复合材料桨叶、大开口大模块整体复合材料壁板、先进综合航电等为代表的直升机关键技术。国家重大基础研究课题预先研究也取得重大成果。

"十五""十一五"期间,直升机所承担多项国家重点工程研制任务,全所干部职工以强烈的政治责任感和历史使命感,众志成城的凝聚力奋战型号任务,铸就"大力协同,无私奉献;攻坚破难,不辱使命;勇于创新,追求卓越"的精神,型号研制不辱使命,成绩卓著,将我国直升机技术水平向前推进整整二十年。

直升机所在坚持自主创新发展直升机技术的同时,积极融入世界直升机产业链,先后与法国、俄罗斯、美国、德国、意大利等国家进行了卓有成效的技术合作和交流。尤其是S-92、直15等项目的国际合作,使科技人员掌握了国外先进的直升机设计技术、理念和方法,促进了具有中国特色的现代直升机研发体系的构建。

直15对法合作,开创了中国与国外"共同投资、共担风险、共同研制、共享市场、共享收益、对等合作"研制直升机的历史先河,是我国航空工业国际合作的成功范例。

2009年10月1日,在国庆六十周年阅兵式上,直升机所设计的直-8、直-9系列机群气势磅礴地飞过天安门上空,接受党和国家领导人的检阅。

直11型机,2000年完成设计定型,2001年通过适航符合性审查,取得型号合格证。为开拓更广阔的国内外市场,直升机所与昌飞公司一起自行投入开发多种机型。直11高原型机应邀到南美某国进行飞行表演,获得圆满成功,赢得国内外的广泛关注。

2005年,直升机所自筹经费自行研发200 kg级无人直升机,历经六年多刻苦攻关,取得阶段性重要成果。无人直升机的美好明天值得期待。

研究所自行设计的 AC313 型机、AC311 型机研制取得重大突破,通过适航取证后即将进入民用直升机市场。

研究所先后获得国家级科技进步奖、发明奖 27 项,部省级科技成果奖 300 余项。获部省级以上立功 1401 人次,其中一等功 84 人次;集体立功 21 项。在中国直升机技术创新和发展中,确立了主导和核心地位。

近年来,直升机所在中航工业集团公司和中航直升机公司的正确领导下,大力实施"两融、三新、五化、万亿"发展战略,迈出"打造国际一流直升机研发机构"的坚实步伐;制定国家《2030 年直升机型号发展规划》和《2030 年直升机技术发展规划》,成为加速我国直升机产业科学发展的纲领和指南。

在全力完成型号研制任务的同时,直升机所抓住机遇,全面奠定直升机所的技术、条件、队伍基础,全面推进任务能力型研究所建设,打造跨越发展高新平台。

研究所通过多个型号特别是通过重点工程研制保障条件建设,构建覆盖直升机全部专业、适应直升机技术创新需求的直升机研发平台,拥有覆盖 13 吨级以下军、民用直升机常规设计、试验的手段和设施,形成第三代直升机自主研发和新一代直升机研制共用支撑条件,设计和试验手段与国际先进水平接轨,极大提高研究所的核心竞争力和综合实力,为实现直升机产业跨越发展提供强有力的保障条件。

研究所大力加强党的建设、领导班子和人才队伍建设以及企业文化建设。所领导班子已经锻炼成长为"政治坚定,业务精湛,作风过硬,奋发有为"的坚强领导集体,首批进入集团公司"四好"领导班子行列。

用汽车转运直升机到吕蒙试飞站

研究所大力实施"人才强所"战略,打造创新型团队,一支理论功底深厚、学术造诣较深、有丰富工程实践经验的新一代总设计师群体和一支"结构合理、专业配套、素质优良"的专业技术人才队伍已经成功地担负起直升机事业承前启后、继往开来的历史重任。

近十年来,研究所各项建设如火如荼地开展。数字化工程建设成就斐然,为决战决胜重点工程任务、引领直升机技术进步提供强有力的支撑;包括自主研制的航天员超重训练设备、航天座椅以及舰面设备等在内的军工经济,在近五年来始终保持总量年均以两位数的比例增长,壮大了研究所的整体实力。

研究所已建立一套完整高效的组织、技术、质量管理体系;直升机发展形成"探索一代、预研一代、研制一代、生产一代"的合理格局和"一机多型、系列发展、军民互动"的良好态势,具备满足军民用户不同需求的直升机研发能力。

今天的直升机所,已经成为加速直升机事业发展、人才成长的沃土,职工幸福生活的美好家园!

尾　记

"昨日花香今犹在,抬头观果满枝头",现在,直升机所平地高楼的科研设计大楼,层峦叠嶂的山沟中生产区,到处是火热的工作场面,到处呈现出欣欣向荣的景象。在军民结合、寓军于民的思想指引下,直升机所以型号为牵引,以"引领直升机技术进步,推动直升机产业发展"为目标,驶入又好又快发展的快车道,随着重点型号的有力推进,把研究所建设成"国际领先、国内一流"的宏伟目标正在逐步实现。

大鹏一日同风起,扶摇直上九万里。

在金色阳光的照耀下,一架架直升机如旋风一般在碧海蓝天上飞翔。

面对新形势、新机遇、新战略,站在新的历史起点下的直升机所,参与的是一场世界级的赛跑,谁赢得先机,谁就拥有未来。直升机人有信心、有决心、有能力勇立时代的潮头,谱写中国直升机事业创新发展的辉煌篇章!

征程漫漫
——江西景航航空锻铸有限公司发展历程纪实

袁 文

创建于1970年的中航工业江西景航航空锻铸有限公司隶属于中航重机股份有限公司,坐落在中国瓷都——景德镇,是中国航空工业锻铸专业化企业,主要从事航空飞行器结构部件、发动机零部件、民用机械零部件的锻造、铸造及其深度加工业务。

公司占地68万平方米,员工1000余人,拥有8000KN电动螺旋压力机等精密锻压设备,同时还有锻造、热处理加热炉30余台,大型龙门铣、龙门刨等模具制造和产品深加工设备100余台,专业生产各种碳结钢、合结钢等自由锻件、模锻件及其产品的深度精加工。

建厂由来

1969年,遵照党中央、毛主席"备战备荒为人民"的战略方针,原国家第三机械工业部决定在江西景德镇市和乐平地区建设一套直升机生产基地。

1970年,三机部两次下文,确定工厂筹建领导小组及成员、工厂的代号(3347)、产品方案、生产规模等,要求力争于1970年底完成厂区工程建设。

根据三机部文件精神,1970年8月,拉开了3347厂建设发展的帷幕,之后,数以千计的第一代景航人,响应党中央、毛主席建设三线的号召,怀着创业报国、扎根三线、献身航空的理想从繁华都市、从五湖四海云集在景德镇南郊这个叫作汪家坞的地方,安营扎寨。

在这遍地棘藜、杂草丛生的山沟沟里,他们搭席为棚、铺地为床,克服了难以想象的困难,以战天斗地的革命豪情开始了工厂的基本建设工程,也开始了景航公司四十多年的艰难跋涉,谱写着国防三线建设的壮丽凯歌。

3347厂(今江西景航航空锻铸有限公司)应运而生,1971年,建成投产。

艰苦创业

建厂初期,厂房基本建设是艰苦创业的第一步,职工们住的是油膜帐篷、喝的是昌江水，条件极端艰苦。他们洗澡用木桶木盆，家家都种菜，户户有茅棚，用于养鸡鸭、放农具、存肥料，猪、狗也不少，早晚鸡鸣犬吠、春夏蛙声不断……

当时没有现代化的机械设备，干部职工每天都是白天一顶草帽，干着挖山、修路、盖房、搬运的重体力活，用的工具是镐头、铲子、竹筐加扁担；晚上一盏油灯，孩子在灯光下学习，爸妈在灯光下忙家务。

建厂第一任领导班子核心王毓鑫同志是解放军师级干部，因操劳过度，心脏病突发，刚过不惑之年就献身在这里。正是这一代人为工厂的建设作出了艰苦卓绝的奉献。

在上级领导的关心支持以及建设者们的艰苦努力下，工厂前期基本建设进展较快，但由于工厂是在"文化大革命"这个特殊的历史时期诞生和建设的，建设过程受到很大的干扰和影响，走过了一条曲折而又漫长的道路。

计划一到二年完成的基础工程建设，经过八年的艰难跋涉，通过1975年至1977年期间组织的三次基建大会战，才基本完成。计划于1971年形成的生产能力，直到1978年6月才初步形成试生产的能力。同年底，工厂就利用这个初步的生产能力为132厂成功试制歼-7飞机二十二项5T模锻件，这也标志着工厂基本建设初步完成和初步生产能力基本形成，完成了工厂发展历程中第一段艰苦创业历程。

自力更生

1978年底，党的十一届三中全会胜利召开的喜讯，让全厂上下信心倍增，工作热情高涨，然而就在此时，国家在1979年根据战略需要，进行政策调整，制定"调整、改革、整顿、提高"的八字方针，对国家建设项目进行全面调整，3347厂却被这次改革春风吹进了停缓建项目之列，即国家停止对企业拨付计划的建设款，仅拨付少量的基建维护费。

当时已形成的生产能力只有一吨、三吨、五吨三台模锻锤和两台铝合金坩埚熔化炉，许多配套设施还没到位，却要养活全厂职工及家属3000余人，困难可想而知。

但就是在这样的条件下，全场职工砥砺前行，奋勇拼搏，成功开发军品锻铸件50多项、民品锻铸件30多项，铝合金等温精锻件的科研成功还获得国家科技进步二等奖，特别值得一提的是出口到德国的吊环锻件质量免检。

虽然有这么多项产品，但批量小，任务不足，流动资金依旧十分紧张，经常有了任务愁着没钱买料干。这种情况持续了好多年，时任工厂厂长的包成章同志在中干会上说："买上吊绳的钱都没有……"

这让景航人第一次站在了历史抉择面前：要么坐吃国家拨给的少量基建维护费，最终走向项目"下马"、企业关门走人的绝境；要么就是不等不靠，走出一条自力更生、自我发展之路。虽然这条自我发展之路必定是无比艰辛的，但景航的开创者们果断做出决策，义无反顾地选择这条艰辛的道路，自强不息地开始了自力更生谋发展的历程。

1980年，在国家下达的指令性生产任务只有11万元的情况下，3347厂积极"找米下锅",想尽千方百计,费尽千言万语,踏遍千山万水,历尽千辛万苦,争取市场,全年共完成工业总产值116.5万元,在产品进度、质量、最终交付时间以及服务态度等方面,均得到用户的好评,初步打开了生产局面。

"时势造英雄、思路决定出路",景航人早在改革开放初期,就具有高度的市场经济意识,明确以市场为导向的经营方针。这种意识,才使企业成为自己命运的主宰,并战胜"关门走人"的宿命,开启不断发展的命运之门。

改革脱困

进入90年代,由于国有企业机制不灵活等固有的"先天不足",加之国家总体关于航空业政策的变化,市场竞争进一步激烈,企业连年亏损,负债沉重,生产乏力,再一次陷入了绝境。

景航改革脱困最终伴随着整个九十年代的痛苦挣扎,在灰暗中谢幕。

充满艰辛与坎坷的创业梦,景航人为之奉献了辛勤的汗水和艰苦的努力,虽然没有实现辉煌腾飞的梦想和夙愿,但艰苦创业也为企业带来了丰硕的成果:

一是在一个荒草丛生的山沟里,建成了一个企业,并让一个缓建项目发展成为一个具有一定实力和规模的航空锻铸专业化企业。1993年7月,当时的华东第一锤——景航10吨模锻锤安装调试成功,为企业的后续发展奠定了坚实的基础,江西省副省长张云川、航空部和省工办等致贺电,市委常委汪宗达及副市长柯尔荣前来祝贺;

二是几十年的发展历程,铸就了企业最可宝贵的企业精神。这种精神就是团结拼搏、艰苦创业、自强不息的创业精神,就是顾全大局、忠诚事业、勇于牺牲的奉献精神,就是坚韧不拔、勇为人先、与时俱进的开拓精神,就是理解尊重、以人为本、同舟共济的和谐精神。这些宝贵的精神财富,铸就了景航的历史,影响了一代代景航人,也成了景航发展和前进的巨大力量。

破产改制

1999年初,面对当时企业连年亏损,银行负债沉重的惨淡现实,新一任厂领导下定决心,一定要将前辈们创下的这份基业发扬光大,一定要实现让景航辉煌的夙愿。

1999年起,工厂先后开展以精简机构、减员增效、夯实基础管理为思路的管理探索和改革。在改革中加强管理,以加强管理深化改革,向管理要效益;积极探索二级单位模拟法人经营模式,下放二次分配权,使得二级单位更加机动灵活,增强企业竞争力;准确把握市场信息及市场机遇,创新营销手段,拓展市场份额,以良好的服务为企业赢得相应的市场份额,不断确定景航这个品牌在客户心中的地位。

1999年当年,经过全厂上下的共同努力,实现工业产值3100万元,减亏200万元,随后的几年,企业一步一个台阶向上发展,到2005年,公司产值首次破亿元,达到1.03亿元。

2005年,景航又一次站在历史性抉择的路口。在企业正处于向上发展阶段,干部职工振兴企业的信心及热情正空前高涨的时候,企业被集团公司列入享受政策性结构调整企业名单。

面对"破产"这一现实,对景航而言,实在是一种打击,况且,一旦政策执行到位,企业就必须告别已有的三十多年航空军工的历史,步入民营企业的行列,这在感情上也是难以接受的。

然而,在上级领导的开导以及对政策的学习研究、对企业今后长远发展的思考,企业还是选择积极接受这一政策的抉择。2005年3月17日,原景德镇航空锻铸公司(代号为3347厂)隶属于原中航工业第二集团公司,经景德镇市中级人民法院宣告破产;由原景德镇航空锻铸公司(以下称原企业)职工出资组建的景德镇景航锻铸有限责任公司(以下称景航公司)通过竞拍,购买原企业的全部破产资产,安置原企业的职工,承接原企业的军民品销售业务。

2005年12月31日,随着职工安置费发放工作的顺利完成,企业的政策性结构调整工作也基本完成,在甩掉积压多年的累累负债的同时,景航公司也告别三十五年航空军工的历史,改制成为股份制民营企业,难舍的航空情结让景航人心情沉重,"轻装上阵"的步伐对景航人而言也并不轻松,因为企业必须要面对在全新的体制下,该如何继续企业的发展之路这一无可回避的课题。

回归中航

2006年初,在对企业发展客观条件及机遇与挑战的深入分析的基础上,企业提出"围绕一个目标、培育两个基地、抢占三个优势、实现四个转变、实施五大工程、提高六大能力"的发展战略规划,这也是被称为重组后的景航公司的第一个五年发展战略规划,我们计划在这五年内,利用前两年打好各项基础,在后三年实现企业的快速发展,打造一个军民结合型、创新型、节约型、成长型、和谐型强企,为打造景航百年基业奠定坚实的基础。

从2006年到2009年,我们紧紧围绕这个战略规划,以科学发展观为指导,通过公司上下的共同努力,战胜全球金融危机等诸多不利因素的影响,基本实现每年增长30%的计划发展速度,在2009年实现工业总产值达到2.2亿元,开创了景航公司新的历史篇章,景航公司驶入跨越式发展的快车道,景航腾飞的梦想正在起航。

虽然自2006年开始,景航公司离开航空军工序列,但景航人从来没有割断自己的航空情结,而是继续秉承"服务于军工、诚信于市场、造福于员工、奉献于国家"的企业宗旨,进一步强化与航空主机厂的合作,以自身优质的服务,进一步赢得老大哥们的信任与支持。

同时,中航工业集团关注的目光也始终未离开过我们,继续给予我们有力的支持和帮助,这也使景航公司能够回归中航工业成为必然。

2009年12月,由中国航空工业集团公司的直属企业——中航重机股份有限公司(以下称中航重机)和景航公司合资组建江西景航航空锻铸有限公司,注册资本1.81

亿元,其中:中航重机股份为51%;景航公司为49%。

融入中航重机,回归中航工业,我们的航空情结得以延续的同时,航空报国的理想再次插上腾飞的翅膀。

加速融合、快速成长,立足自身核心锻造业务,致力于中高端民用锻造业务市场的开拓,构建景航百年基业、打造一流强企业是我们在新时期的新任务。

再创辉煌

新的形势、新的任务,新的机遇、新的起点,作为中航重机核心锻铸业务中的一员,面对其他兄弟单位已有的能力优势及强劲的发展势头,企业领导班子在保持高度自信的同时,正视自身的不足与差距,着力打造企业发展的市场平台、资质能力平台、基础管理平台、人才平台和企业文化平台,提升企业综合竞争力:

——以航空军品市场为基础,致力于国际民用航空产品市场的拓展。以国内广泛涉及的优势民用产品市场为基础,致力于同类产品国际市场的开拓。以现有产品为基础,致力于中高端特别是高端民用产品市场的开拓。以"军民共进、内外兼修、追求卓越"的市场理念,不断拓展市场份额;

——以现有资质和生产能力的优化与完善为基础,借力8000吨电动螺旋压力机生产线的建设,进一步提升基本生产能力,同时加强产、学、研相结合的开放式技术创新体系的建设,实现技术能力的有效提升;以ISO9000标准体系正常运转为基础,完善企业质量体系各项认证取证工作,充分满足各类产品市场的准入资质要求;

10T锤敲响第一锤

3347厂首届党代会现场

——以推行6S管理、信息化建设为契机,加强企业内部基础管理,提升企业整体管理水平;

——实施人才强企战略,以大力引进重点名校优秀毕业生为核心,加强企业人才储备,多措并举为人才提供优质的平台,为企业发展增添后劲;

——以加速景航企业文化与中航重机企业文化融合为依托,培育企业优秀文化来提升企业的核心竞争力,为企业又好又快的发展提供有力的精神支撑。

辉煌之门永远为奋斗者敞开。在全球经济持续疲软、锻造行业竞争日趋白热化的时期,景航人用智慧和汗水谱写了一曲腾空崛起的胜利凯歌,并让这股恢宏的气势持续涌动——公司销售收入连续四年以年均增长15%的速度快速发展,在2013年实现营业收入31181万元。

锻名企精魂,铸华夏风采。景航人正发挥着新区(浮梁)和老区(鱼山)两个生产基地的力量,在中航工业"两融、三新、五化、万亿"的战略方针的指引下,秉承"航空报国、强军富民"集团宗旨,践行"敬业诚信、创新超越"集团理念,满怀信心、科学决策、开拓进取,再创辉煌,努力实现景航公司的健康快速发展,为国防现代化建设、地方经济发展和航空事业作出新的更大贡献。

勇立潮头唱大风　直挂云帆济沧海
——第三机械工业部409站发展纪实

杨品宁

蓝天白云写春秋

四十二年前,当一个身材魁梧、两鬓如霜的男子高举着一块牌匾,轻轻地挂在南昌市第四交通路一幢并不起眼的二层青砖楼门口,无声宣告了中国航空工业供销江西有限公司(原409站)的成立。

作为409站历史变迁的亲历者,我们有责任将这段四十二年波澜壮阔的历史记录下来,循着409站一路走来的足迹,采撷其艰苦奋斗、勇攀高峰的点滴片段,还原荣誉背后的历史,以告慰筚路蓝缕、艰苦创业的前辈们,感恩承上启下、继往开来的耕耘者们,激励风华正茂、朝气蓬勃的继承者再创辉煌。

创业艰难百战多

四十多年前,一场席卷全国的"三线"建设如火如荼地在各地展开,江西这块红土地以其良好的区位优势和深厚的历史积淀,成为南方"三线"建设的主战场。一时间,在江西的青山绿水之间,按"进山、分散、进洞"的原则,星罗棋布地点缀着各类国防工厂和与之配套的工厂。

1972年4月,为了适应江西地区航空工业企事单位大发展的形势,第三机械工业部正式发文同意设立第三机械工业部江西地区物资供应站(代号409站),将原由华东地区物资供应站负责的江西地区航空工业企、事业单位物资供应管理工作,转交江西地区物资供应站承担。

为使江西站能够早日开展工作,原江西省和南昌市革命委员会,对江西站的筹建给予大力支持,将坐落于南昌市第四交通路的、原江西省银行干校的房产划归江西站,决定在浙赣铁路沿线的南昌县横岗划出360亩土地用于仓库和生活设施的配套建设并选调部分干部骨干支援江西站的工作。

一支刚从抗美援越战场上凯旋的工程兵部队的指战员们,还来不及拂去额头的汗水,抖落满身的沙尘,顾不上探视远方的父老、妻子,就风尘仆仆地开赴建设供应站的战场。

开山的炮声,唤醒了沉睡的土地,隆隆的机器声,打破了乡间的寂静,江西公司的第一次创业,就在这荒僻的远郊拉开序幕。

彼时,正值"文化大革命"时期,各项工作百废待兴,然而,困难并没有吓到经历过抗日烽火考验的余静明和以他为首的领导班子。新班子上任的第一件大事,就是在抓好仓库建设的同时,派出二路人马,分别前往四川、贵州选调业务干部。不久,一批年富力强、朝气蓬勃的业务骨干陆续来到。1972年9月,江西站正式全面开展工作。1976年,仓库的各项基本建设全面竣工,一座占地300余亩、库房面积15 000平方米、露天货场16 500平方米、铁路专用线962米、两座室外大型龙门吊的大型现代化仓库横空出世,屹立在南昌的南大门。

"文化大革命"期间,江西站和系统内其他各站一样历经浩劫,各项工作徘徊不前,效益低下,职工生活十分困苦,各项工作陷入半停顿,人心思变,民心呼唤着变革,江西站期盼着变革。

忽如一夜春风来

党的十一届三中全会,如同一夜春风吹醒长城内外,如同一抹春晖暖透大江两岸,江西站的广大职工被压抑许久的激情重新迸发。

沐浴着改革开放的雨露春风,江西站迎来了搏击市场经济大潮的第二次创业。

为了适应市场经济发展的需要,1979年,江西站更名为"中国航空器材供销公司南昌分公司",从此,江西站就以南昌分公司名义,在完成系统内保军供应任务的同时,开始在市场经济的大潮中蹒跚学步。

八十年代,正是江西地区航空工业各厂、所高速发展的黄金时期,对各种原材料的需求大幅增加,为了满足航空行业快速发展的需要,江西站的职工一方面积极争取国家计划的支持,另一方面,大力发扬物资人的光荣传统,以"说千言万语、想千方百计、走千山万水、吃千辛万苦"的精神,为航空行业的发展解决燃眉之急。

例如,320厂生产的强五机所用的30crmnsiA空速管,承制厂家因工艺落后,成品合格率很低,无法交付,制约了320厂的修理和新机的交付工作。为了保交付,江西站的同志想方设法,在部里的大力支持下,商请冶金部下达生产指令,同时派员常驻承制厂,协调解决各种问题。江西站同志孜孜不倦的敬业精神深深感动了承制厂的领导和工人,承制厂的相关领导专程赴上海,请回懂得这项技术的退休老师傅,启动封存多年的老设备,在无利可图的情况下,仍然开足马力生产,以满足320厂生产和储备的需要。

八十年代也是江西地区民品生产大发展的时期。江西地区320厂生产的长江750三轮摩托车在相当长的时间里,曾是部队的独家装备。因部队经费限制,不能大量装备,导致市场需求减少,工厂产能不能充分释放。而随着经济的快速发展,地方公安、森林、邮电等部门对交通工具的需求如饥似渴，翘首企盼。江西站率先打破限制，把长江750摩托车推介给公安、森林和邮电系统，引来大批订单，既满足各系统的需求，又使工厂产能得以释放，自身也取得了明显的效益。此后十余年，长江750摩托车及配件已成为航空供销系统民品销售的支柱，这其中江西站功不可没。

关山初度路犹长

1982年，江西站（南昌分公司）更名为"中国航空工业供销总公司江西分公司"。

引人瞩目的成绩，纷至沓来的荣誉，并没有使江西站的领导和职工骄傲自满，相反，更激发了江西站的同志们搏击市场经济大潮的信心和决心。1985年，江西站以敢为天下先的胆略和气魄，率先联合港商和江西工业大学成立"中外合资新世界电子有限公司"，开创了供销系统与港商和系统外单位合组公司的先河。

新世界电子有限公司成立后，利用自主开发的卫星天线配以东芝卫星接收机推向市场，很快占领全国卫星接收系统的绝大部分市场，荣毅仁等党和国家领导人都先后成为新世界公司的用户。到八十年代末，江西站已从建立初期单一的计划调拨、系统内部供应服务转变为系统内部供应服务为主、面向市场、自主经营的法人主体。销售收入也从建站时的区区几十万元，跃上千万台阶。

在业务经营工作取得丰硕成果的同时，江西站的思想政治工作、党组织的建设和职工的思想面貌也发生了巨大变化，先后被中共江西省委评为"整党工作先进单位""江西省文明单位"；被南昌市委授予"南昌市文明单位"；被部党组授予"航空工业四十年有重大贡献单位"的荣誉称号。

1989年，江西站（江西分公司）再度更名为"中国航空工业供销江西公司"。

进入九十年代，江西地区航空企、事业单位的军、民品生产突飞猛进，一路凯歌。其中尤以昌河厂从生产的微型面包车一枝独秀，为世人青睐和追捧。此时，较早冲破计划经济藩篱束缚、经历过市场经济血与火洗礼的江西公司的领导们以敏锐的目光、超人的胆略果断地抓住了这一转瞬即逝的商机，在该项目尚处在襁褓之中的时候，即强力介入，在资金、材料等方面给予昌河厂大力支持，在昌河厂资金最紧张、即将面临"无米之炊"的时候，公司领导及时"雪中送炭"，送去了二百万元，有效缓解了昌河厂的燃眉之急，也为日后双方结成稳固的战略同盟打下了基础。

在昌河微型面包车生产线全面引进日本铃木公司技术，完成升级改造，形成规模批量后，江西站承担起车辆销售的重任，销售量和销售收入屡创新高，最高年销售量达3000余台。在稳定一般用户的同时，江西公司利用经销长江750摩托车在公安、检察、法院系统积累的客户和渠道，牵头工厂成功开发了公检法司系统、工商、技术监督、邮电等系统的专用车，有效地避开了市场的同质化竞争，取得了可观的效益，成为供销系统连续多年的创利大户。

纵观整个九十年代，江西公司最令人瞩目的亮点在民品销售。江西公司在保证地区企事业单位生产、基建和科研任务完成的同时，也是民品销售大跃进的阶段。

江西公司在探索掌握市场经济的规律的磨砺之中，也是付出了高额的学费和惨痛的代价，这种代价之惨痛，甚至使得公司一度走到破产的边缘。江麓案件和微车销售中的多起案件，是江西公司遭遇"滑铁卢"重大挫折的典型缩影。

九十年代中期，公司与兵器工业湘潭江麓机械厂签订了供应宝钢无缝钢管的合同。在合同正式执行前，有关人员对该厂进行考察并作了试探性的业务尝试。当合同货物发到江麓厂后，风云突变，江麓厂拒不付款，公司多次派人前往催讨，均无果而终。无奈起诉到法院，赢了官司但却拿不到钱。经办此单业务的领导和同志以高度负责的精神，孜孜不倦、锲而不舍盯紧此案不放松，想尽各种办法，最终通过以江麓厂的产品压路机抵款的方式解套，教训非常深刻。

与江麓案相比，众多的昌河微车销售案则没有这么幸运了。由于未能及时转换机制，自身存在的体制机制问题难以克服，管理粗放，纲纪废弛，一味强调数量领先，忽视风险管控，不仅公司多年的积累血本无归，公司也险遭灭顶之灾。

所幸总公司及时调整了公司领导班子。以刘高倡同志为总经理的新团队在职工群众的翘首企盼中，开始了艰难的中兴之路。

新班子授任于存亡之际，奉命于危难之间、生死关头，挽狂澜于既倒、扶大厦于将倾，在极其困难的条件下，不等不靠、负重奋进，从濒临倒闭的状态中昂然奋起，终于带领大家度过命悬一线的危险期，保住企业，谱写了一曲重振国企雄风的嘹亮凯歌。

在这一过程中，班子成员始终身先士卒，带领职工群众干，做给职工群众看，成为带领职工群众奋进拼搏的中流砥柱和坚强堡垒，成为职工群众心中一面不倒的旗帜。

在度过危机之后，为了实现优势互补，谋求公司更大发展的目的，领导班子高瞻远瞩、果断行动，在2004年完成站、库的合并，结束了几十年站、库分治的局面。

虽然江西公司同心同德，战胜了生存危机，各项业务也渐入佳境。但前行之路并非一马平川，我们仍然要面对"物竞天择、适者生存"法则的挑战，大战就摆在我们面前，我们无可选择！

一期油罐区

二期油罐区

百折再看高潮来

在新时期，江西公司人决心在困难中崛起、在追赶中超越，走出过去，再出发，再超越,为实现集团党组提出的"两融、三新、五化、万亿"的宏伟愿景、凝聚精神力量,再攀高峰。

在中航国际物流的大力支持下,加速推进南方航油储存基地建设。油库二期改扩建设全面竣工后,将达到 11 000 平方米的储油能力,保军服务水平和能力将大幅提高。围绕南方储油基地建设,大力吸引油品生产企业和经营企业利用既有设施,打造油品中转、储备基地平台,延长业务链,适度介入油品销售终端,活跃市场,打造市场竞争新优势。以江西全面建设鄱阳湖生态经济区为契机,以现有条件依托,以自身优势为载体,以项目为抓手,打造功能完备的区域性物流中心,加速推进与区域经济的融合。

四十二年来,江西公司经受了一次又一次变革考验和洗礼,实现了一次又一次的超越与提升,凭着敢为天下先的精神,成功创造了中航供销的多个第一。

回首江西公司发展的曲折历程,可谓是紧紧抓住了天时、地利、人和三个关键性因素。天者,顺势而为,解放思想,积极适应新形势;地者,因地制宜,结合工作实际;人者,民心向背,依靠职工、重视职工。

江西公司能九死而不倒、屡经磨难而弥坚最终实现高速发展,得益于自老一辈传承下来的不甘人后、自强不息的拼搏精神。这种精神早已融入全体干部职工的血脉之中,成为共同的精神支柱;得益于与地区航空厂、所的良好关系;得益于不断解放思想,开拓进取。

迎来四十周岁生日的江西公司,必将扬鞭催马、乘势而上,立志为"航空报国、强军富民"再攀新的高峰,续写新的辉煌。

为我国第一颗原子弹提供核燃料的713矿

路振升　魏良真

国营713矿是核工业部第一批四个上马建设和我国"二五"期间156项重点工程之一,是由苏联专家设计的我国第一个铀矿采冶联合企业。

713矿地处上饶地区,总占地面积116万余平方米,建筑面积12万余平方米,由水冶场、自备电厂(6000千瓦)和三个铀采矿场组成,有职工2640余人,其中工程技术人员426人。它的前身是第二机械工业部"江西三矿",1958年筹建时称"413工程处"。1959年动工兴建,1961试生产,1962年11月13日经国家验收后正式投产,成功地解决了我国原子能原料问题,曾经为我国第一颗原子弹提供核燃料。自1962年投产到1986年停产时,共采矿数百万吨,生产铀金属数千吨,1980年被江西省命名为大庆式企业,为我国原子事业作出了重要的贡献。

调兵遣将,成立建矿大队

1958年,党中央、国务院决定在江西上饶成立四一三工程处,建矿采铀,发展核地质采矿业,为制造原子弹准备粮草。很快,从全国各地选调的大批优秀人才纷纷从四面八方来到矿山。他们中有领导干部、工程技术人员、工人,有转业军官、退伍战士,也有刚参加工作不久的大中专毕业生和学徒工。1959年元月,四一三工程处组建了建矿大队,建矿大队下设办公室和八个小队,大队部办公室配秘书一人,人事干事一人,行政生活管理员一人,支部干事一人,是一个较为精悍的办事机构。4月份,大队发展到500余人,成为一支建矿的生力军。

有啥干啥,服从建矿需要

矿山的建设是当时工作的中心。建矿大队成立后,提出"鼓足干劲,以矿为家,不计报酬,有啥干啥"的口号。这一口号深入人心,得到500余名职工的热烈响应,成为大家的自觉行动,在实际工作中起到了积极作用,影响深远。

建矿初期,大量的重型设备和钢材、木材、水泥等都卸在远离工地的枫岭头和坑口火车站,将这些设备和原材料运回矿区是建矿工作的当务之急。那时,全矿建设已经

七一三矿铁路专运线

七一三矿铁路专运线旁酸库

铺开,仅有解放牌的大板汽车、翻斗汽车各一辆,还要担负其他的运输任务,因此人手不够,运力不足。我们服从建矿的需要,愉快地承担了这一任务。无论是白天还是夜晚,也无论是晴天还是雨天,只要有货物就立即出发。

4月的一天晚上,建矿大队接到有两车皮水泥到站的通知,立即组织了一批工人连夜卸车。当时气温还比较低,大队干部和工人又没有工作服,就只好穿着自己的衣服去干,一直干到深夜12点多才拖着疲乏的身子回到宿舍。当时没有澡堂,只得顶着寒风在自来水下冲洗。尽管身体很冷,但心里还是热乎乎的。为了尽快把三矿建成,早日把原子能事业搞上去,大家以苦为甜,毫无怨言。

随后,大批水冶厂设备陆续到达火车站,有的重达5吨、10吨、15吨,有的体积庞大难以搬运,加之当时缺乏机械吊装设备,运回矿区就更加困难了。记得枫岭头火车站当时到了一根直径377毫米、长9米、重2.114吨的水冶厂分级机大轴,要运到厂区,这又是一项艰巨的任务。大队召开了工程技术人员和老工人座谈会,请大家出主意,想办法,群策群力。经过热烈的讨论,决定采用蚂蚁搬家的办法,在设备下面垫钢管,用人推动自制的铁架绞磨,一点一点地滚回厂区,每天30人,用了20天时间,终于安全地将大轴由7.5公里外的火车站运到了厂区。此后,十个13.5吨重的吸附塔,一个25吨重的球磨机等大型设备,都是用这种蚂蚁搬家的土办法,一个一个地从火车站安全运到厂区。

在贯彻建矿大队"以矿为家,有啥干啥"的原则下,无论是什么工作,只要是建矿的需要,职工们都积极地担负起来,没有一句怨言。抬红石、修公路、砌石桥、造"干打垒"宿舍、建生活储水池等等,都完成得很出色。

大家那时候很乐观,苦中作乐,在辛勤工作之余,也开展丰富多彩的文体生活,自己设计平整土地,修建篮球场,开展职工篮球赛;还组织业余文艺队自编自演,受到全矿职工欢迎。

群策群力,完成主厂安装

"四一三"工程项目很多,在众多的项目中,水冶厂是主体工程。1960年水冶厂土建工程告一段落,二月矿党委决定组建三个安装大队,开展全面的安装工作。整个安装工作以电厂为"龙头",水冶厂为"龙身",尾矿库为"龙尾"。电厂由毛树新同志负责,尾矿由轩辕德同志负责,魏良真负责水冶厂的设备安装,任党支部书记。安装大队下设机械设备安装工段、电器安装工段、管道安装工段和通风制作安装组、材料供应组、技术组、生活后勤组。安装大队203名职工有168名技术工人是从湖南、甘肃等兄弟单位借调来的,本矿只有40名技术工人。

原核工业七一三矿水冶厂主厂房一角——吸附塔

安装工作任务繁重,时间紧迫,其中设备工作量为3094台件,管道工作量为20593米,电缆敷设量为9240米。为了打好设备安装这一仗,矿党委提出了:"全矿总动员,实干加巧干,狠狠抓关键,大破技术关,速度快快赶,质量摆当先,力争试生产,元旦把礼献!"安装大队响应矿党委的号召,掀起了"争分夺秒保质保量完成任务"的竞赛高潮,积极投身到水冶设备安装的工作中去。

水冶厂的安装是在极端困难的情况下进行的。第一,安装力量薄弱,安装队人员来自四面八方,57.7%的人是三级以下的工人和徒工。第二,施工工具缺乏,没有大型起吊设备。第三,土建安装交叉进行。面对这些困难,安装大队没有退却,而是知难而进。在部党组和省、地委的指导下,解放思想,艰苦奋斗,自力更生,土法上马,发挥群众的集体力量,攻克安装过程中的各种技术难关。

在吸附塔的安装中,老工人李兴才提出用钢丝绳绞磨吊装的方法,没有得到苏联专家的同意,我们就利用晚间苏联专家回上饶休息的时候吊装。在厂房二楼的梁上加上木墩,用自制滑轮车绞磨工具,四分钢丝绳合股使用的土办法吊装,安全地把10个每个重13.5吨的吸附塔一个一个地吊装在基础上。第二天苏联专家了解到情况后,大加赞扬,再三讲"哦琴哈啦索、哦琴哈啦索"(直译"很好、很好"),称赞中国人真了不起!在安装1542米长的不锈钢管道过程中,全国"群英会"代表唐守财同志带领大家自制土车床、土刨床、土弯管机、砂轮机,改装液压机等工具,突破不锈钢的翻边、冷弯、切割等技术关,解决施工的困难。在安装过程中,为了补充不能到货的紧缺设备,七一三人自制土设备30种,共112件,保证安装的进度,于1961年4月完成安装任务,开始联动试车。

水冶厂建成后,七一三矿筹建工作基本完成。紧接着进入采矿、水冶、初出核燃料的整个生产过程。

1964年10月16日,我国第一颗原子弹爆炸成功,有七一三矿提供核燃料的一份功劳。

推着独轮车起步的功勋地质队

李久涵　谢兰华

公元1991年7月的一天,一个平淡的日子,对核工业华东地勘局二六二大队来说,却是一个需要大写的日子。

这一天,在中国核工业总公司铀矿储量委员会的办公室里,现代化的电子计算机很快推出全国几十个铀矿地质队角逐的名次:华东地勘局二六二大队夺魁,摘取了提交铀储量全国第一的桂冠。

就是这支队伍,30多年来,在江西这块红色土地上,为发展原子能工业,先后探明各类铀矿床27个,其中大型矿田1个,中型矿床4个。

为了表彰二六二大队建树的功绩,1992年1月8日,中国核工业总公司授予他们"核工业功勋地质队"的光荣称号。

地质队员用人力车和牛车搬运设备

推着独轮车起步

二六二大队是推着独轮车起步的。

刚刚从苦难中站立起来的年轻共和国,要恢复经济,要大规模建设,要巩固国防,太需要矿产了,特别是铜、铁、钨、煤、铀。就这在时,一支肩负特殊使命的地质队伍——三〇九队下属的一个小队,从湖南挥师东进,进驻赣东北深山中的一个叫坑口的地方。

这是1956年9月末。这个小队东进之前,兄弟队通过航测,已在这片地区发现高强度异常,经地面检查,伽马反映强度也非常高。三〇九队决定将这个小队扩建为十三分队(华东地勘局二六二大队前身),对该地区进行揭露、勘探。

一切都在争分夺秒地进行着。一群群山地工人、工程技术人员、管理干部,还有成建制从各地调来的钻探人马,迅速汇集到上饶枫头岭车站后,顾不上歇口气,又马不停蹄地向西挺进。他们有的推着独轮车,有的挑着担子,所运送的东西,从仪器设备到锅碗瓢盆,一应俱全。人流中,那不同地方的口音,各式各样的穿着打扮,特别是还夹杂着几个高鼻子、卷头发的洋人,引来络绎不绝的村民追赶着看新鲜。

人流随着独轮车向前涌动。

"坑口到了!"有人喊叫。

火红的晚霞冲洗着这片蛮荒之地,特殊年代的荒凉叠加着特殊年代的繁荣。

原子能工业的前潮,冲开了革命老区赣东北的大门。

坑口异常的揭露、追索,比航测时预测的还好。消息传到了长沙,传到了北京。

三〇九队队长康日新进京作了汇报,带回了中央有关部委的指示。中共上饶地委、专员公署同时接到了省委、省政府的电报:要组织各级各部门,像当年支援革命战争那样支援铀矿地质工作……

1956年10月22日,在20号工地的山头上,热闹非凡。1号钻机就要开钻了,四邻八乡的村民们,要亲眼看看那长长的坚硬钢管,是如何伸向大山深处的。

队长王毅,30来岁,上穿褪色的绿军装,下穿斜纹马裤。他精神抖擞,气派十足,站在黑蚂蚁乱窜的土坡上为二六二大队第一钻开动员会。他打着强有力的手势:"不论东北来的,中南来的,不论是工人还是干部,我们一切的一切,都是为了从这里拿出日思夜盼的矿来!……"

探矿序幕刚刚拉开时,缺水成为一个很大的难题。水是钻机的血液,是钻机的命脉。钻杆一转动,就需要水、水、水!在广丰二工区的5号钻机开钻后,机台同样离水源远,也常常闹水荒。水,困扰着各位机长和每个工人,也困扰着队长王毅!

王毅一咬牙:"钻机一刻不能停,不惜一切代价供水!"二工区以硐探槽探为主,钻机当时只上了一台。工人大多数是从云南川东地质队、湖南锡矿山和东北煤矿来的生产骨干。看着工地上有这么雄厚的实力,队领导又有这样大的决心,家属们也感动了。杨梅英挨家逐棚作动员,果然把职工的妻子、孩子、老爹、老娘全动员上了。这支紧跟职工队伍的家属队伍,挑桶的、端盆的,从山脚到山顶,布下一字长蛇阵。尤其在夜晚,松明火把,那壮观景象,比正月十五耍龙灯还热闹。

创业艰难百战多。矿口坑床从组队上马,到全面开展勘探,前后不过3个月,二六二大队从推着独轮车起步,很快发展到有两个工区、6个职能科室、有400名职工的县团级建制的县团级地质找矿队伍。

找矿工作由点到面,迅速展开。1957年5月,坑口矿床中部及东部均见到20多米厚的铀矿层。为尽快落实储量,大队集中九台钻机以80×80米的网距,加密进行勘探。到这年年底,全部控制了坑口矿床的储量。

作为中国首批铀矿床,从发现到探明,前后只用了一年零三个月的时间,这是二六二大队的一个壮举。特别是该矿床矿体集中,埋藏浅,适合露天开采,这对急需铀矿资源的国家来说,意义多么重大啊!

储量报告送到了北京。1958年5月,当时任党中央书记处总书记、国务院副总理的邓小平,亲自批准建立赣东北铀矿采冶联合企业。这是我国第一批建设的三个铀矿山之一。

问鼎相山

创业者的脚步时刻不会停歇。二六二大队还来不及等到联合企业诞生所举行的奠基典礼,便奉命挥师向赣中的相山挺进。

相山,位于乐安、崇仁之间的大山区,从坑口到这里的全程280多公里,甭说那成百上千吨勘探设备器材,全队人马吃的、喝的、住的、睡的,就让王毅一班人操碎了心。

二机部部长宋任穷从北京赶来了。他召集中层以上党员干部,传达中央领导和部党组的指示。王毅、樊国平在老祠堂主持召开的党委扩大会,整整开了两天两夜。确立的新战略是:随着队伍和找矿区域的扩大,以勘探为主的大军必须加强地质普查,建立自己的普查队伍,实现地质找矿的新突破。

不久,从安徽队、华东六○八队五队各调入一批普查力量,组建起第二、第三普查小队,目标放在相山⋯⋯

为了加强外围工作,同时还组建了两个轻型揭露队。大队驻地设在湖溪。这个几十户人家的小山村沸腾了。山下热闹,成了新的世界。但大山依旧是大山。不过,这里的山,正是以其大、以其高,在中国革命的历史上,以中央苏区的北门户,震撼着全世界,给大山留下过光辉的一页。

今天,这里又有了新的辉煌。继在湖港、居隆庵、石洞等矿带发现后,邹家山、东堆、牛脑上、石嘴下、河元背都频频传来捷报,仅普查一小队进入的招携、罗山,就发现260多处矿化点,46条异常带⋯⋯

数千人的筑路大军开进杏坊、湖溪,开山炸石,爆声震天。山口,冒出了许许多多的绿色帐篷,钻机,大吊车,发电机,各种钢铁庞然大物塞满了进山路口的空间。

队伍重新调整,重新集结。十一台钻机,耸立在相山的湖港、邹家山、居隆庵、东山、石洞、书堂等矿点上。

河元背的第一个竖井在大山深部掘进。现代化的先进技术设备同原始的手工劳动在这里交汇着进行。

康玉发的一号机在横峰打完最后一个钻孔被搬到邹家山。

王毅平时不发火,火爆脾气上来了可不得了。那几天他正在为邹家山勘探成果不好而着急。那天正好碰到地质科副科长王从周从山上下来,望着浑身沾满泥浆的王从周,王毅本想说几句体贴的话,可话到嘴边又变了词:"山上情况怎么样?"

"还是不太妙。邹家山的东区地表露头很好,可接连打了几个孔,见矿都不理想。工区主任提出到底该不该继续在那里干下去。"

王毅一听,几乎要同王科长吵起来:"是上,是下,工区主任说的能算数?!你不要问他,也不要问我。"

"那⋯⋯"王科长本想征求他的意见。

"要问你自己,你手下那么多人,南大的,北地的,长地的,你要找他们。"

王科长睁大两只眼睛不说话了。他知道王队长一贯对职工很关心,但对工作要求非常严格。

王毅见他不说话,反而软了下来,一把拽着王科长:"算了,是上是下,我们先不争。你去把技术上的头头全喊来,听听大家的意见。"

会议当晚在一个帐篷里召开。极为紧张也极为严肃,人人都知道这个会对这个队伍的整体意味着什么。争论进入到最关键的时刻,技术员朱惠中接住了王科长的话:"我同意王科长的意见。从西部、北部矿带的见矿情况看,东部矿带深部有探矿隐伏构造,应当坚持探索。有没有现在结论为时过早,只有通过工作,才能最后证实。"

王从周、朱惠中等的战略构思被大家接受了。后来果然出现奇迹,接连在各个钻孔见了又厚又富的矿体。这个奇迹,验证了邹家山 3 号断裂旁侧"舌状"灰色带中的富矿体,发现了 4 号,进而得出了"好矿主要产于两种不同岩性接触面变陡部位"的规律,使邹家山矿床远景迅速扩大。

在邹家山两翼和外围取得了决定胜利后,大家迅速调集兵力向东部的云际矿床打歼灭战。

寻找"盲矿体"的范围迅速扩大、延伸⋯⋯

世间有许许多多的科学发现含有偶然,又扭结着必然。王从周、朱惠中当时捕捉住那个近乎偶然又被忽略的地质现象,初步剖析邹家山"构造控矿"的现象,并由此解开了该地区大面积与微花岗斑岩构造控造有关的地质规律。

特殊年代的苦和难

二六二职工不论走到哪里安营扎寨,荒凉都陪伴着他们,每当他们移向新点时,带走的是荒凉,留下的却是繁荣。

我们的原子弹上天了,我们的氢弹爆炸了,我们的核潜艇下水了⋯⋯中国核工业的每一步前进,无不凝聚着铀矿勘查职工的心血。

人人都知道中国有个"三年困难"的特殊年代。这对于担负着历史赋予过重负荷的二六二大队职工来说,是一个更为严峻的考验。

职工的粮食定量减少,缺少油水。人常说,粮不够瓜菜凑,然而在困难的时候,瓜菜同样紧缺。但二六二大队的职工没有叹息,没有消沉。他们知道,日子再苦,事业不能耽搁。他们响应大队党委提出的"一手抓生产,一手抓生活"的号召,一连上山刨葛根、挖野菜,采橡子做代食品,一边怀着六成饱的肚子,顽强地拼搏着。尽管不少人得了浮肿病、夜盲症、贫血病,但遇到突击性的劳动或处理钻机事故,大家照样几天几夜不下山。队长王毅曾在一次施工中摔坏过腿,加上日夜操劳,营养又跟不上,他的腿肿得像木桶一样。地方政府按规定每月照顾他的面粉、肉,他一点不沾,都让管理员送给医院的病号,他自己则和大家一样吃野菜,喝稀饭。

艰苦的岁月压不垮创业的人。二六二大队干部工人团结一心,共渡难关,终于挺了过来。他们用自己的汗水和热血,开辟了一个新天地。邹家山告捷后,矿冶筹备处的车队,就从新修的公路上烟尘滚滚开进来。望着这一切,职工们更感到欣慰和自豪。

1965年秋,大规模的勘探已进入预期的尾声,储量计算报告的编写不亚于勘探会战的大战役。大队地质科里的灯光彻夜透明。那时,没有今天的高灵敏电脑,一切都得靠算盘、蜡纸、打字机、油印……报告几十份,图纸上百张,每一个数字都要经过几道测算,核算时还得再经过两三次。

还没等这年的第一场雪落下来,在麻木了的疲劳和复苏了的智慧里,蕴涵着二六二大队职工艰苦奋斗、严谨求实的几十万字工业储量报告,又一次诞生在极其简陋的土屋灯光下。

背水战桃山

正当铀矿开采大军浩浩荡荡开进相山地区时,功勋卓著的二六二大队,又扬起一路灰尘,来到宁都的桃山,开始新的更大的探索……

天地寥廓,一支未完的乐章,一代接一代。

1970年早春3月,乍暖还寒。二六二大队决策者们此时陷入了苦苦的思索。桃源地区异常点多,多数连不成;地表反映好,深部往往又消失,而且品位低。这些现象是认识桃源地质本来面目的难点,它带给人们不同的认识。大队领导又一次面临着重大抉择。

二六二大队职工决心背水一战!他们选择了成矿条件较好的大府上矿点展开重点探索。地质组长颜裕民等技术人员,逐步查明桃山岩体内部北东向"多字"形断裂构造是赋矿的主要场所,其次级构造是控矿的主要因素,红色蚀变是矿化的主要标志。以此规律指导大府上、坪上和大布矿点的扩大,几乎孔孔见矿,形势喜人。可是,深部揭露却扑了空。地质技术人员把成百上千箱的岩芯翻了出来,逐节核查,通过浅孔见矿部位及其产状与深孔资料进行对比、分析,终于找到了矿体的产状与分布规律。按照总结的规律,颜裕民和他的伙伴们精心设计,将名孔方位由原来的150°变为0°,结果深孔揭露见到了好矿。

1970年6月至1982年12月,他们以桃山断裂中段的大布为中心,部署四个钻探工区,一个机掘工区,三个普查小队,开动17个钻机,职工千余人,前后开展三次大规模的勘探会战。

桃山会战,十里战区一片沸腾。

九号机机长、总工劳模刘长根是个"铁人式"的机长。一次钻机灌水泥,搅拌机突然坏了,眼看速水泥要凝固,他毫不犹豫地跳进齐腰深的水泥池中,用手和身体搅拌。钻孔顺利灌好了,可刘长根却变成了"水泥柱子"。他带领的一台钻机,刷新了华东地勘局小口径芯钻探月进尺最高纪录,成为威震桃山的钻机机长。

测量女工程师马敢英也是一个女强人。她25岁结婚,怀孕8个月还在山上跑测线、钻坑道。坑道窄小,进去要勾着腰,她弯不下腰,只有半蹲着走,直到临产才被人送到医院。孩子生下了,那么瘦小,从来没有哭过的她,这回却哭了,感到难为了孩子。

艰难的拼搏,熬出烈火真金;众多刘长根、马敢英式的有功之臣,撑起了二六二大队的脊梁。1981年4月,二机部部长刘伟来队时称赞道:"二队是个老队伍、好队伍,能打硬仗的队伍,是在原子能事业上作出重大贡献的队伍……"

桃山,终于被二六二大队揭去神秘的面纱,露出了我国目前最大的花岗岩型铀矿田的容颜。

茅排苦斗

历史以它固有的步伐走进了1985年。改革开放把核工业推向了第二次创业的征途,二六二大队又面临着一场新的严峻的考验,由重点保护的单位变成了调整对象。

不回避困难,不惧怕挑战!二六二职工坦然面对未来,从阵痛中奋起,从封闭中冲出,在国家地勘费锐减后,大队领导毅然带领广大职工,去寻找国家最需要的黄金!

从长期找铀一下子改为找金,困难接踵而来:无经验,少技术,缺资料,他们经过踏勘选定的茅排工区,山高路陆上,偏僻闭塞。有什么办法呢?扩矿有规律可循,但无条件可讲。成矿的有利地不可能因你有困难而移东挪西。

二六二大队不愧是一到勇往直前的队伍。进山无路,他们就一锄一铲地挖,硬是开出了一条十多公里的山路。钻机上山时没有运输工具,他们就人拉肩扛一步一爬地拖上,电缆、水管也全靠人力一根一节地铺架上去,工作区灌木丛生,蚊虫肆虐,不少职工被山虫、土蜂叮咬,脖子肿得歪几天,但大家仍然坚守岗位。

施工的艰辛,职工们无所畏惧。令人头疼的是,开展找金后,生产、生活经费出现了从未有过的缺口。第一年,职工们没有一分钱的资金,连防暑降温费也是拖到冬天才发,有时甚至连发工资都困难。对此,他们不怨天尤人,他们懂得,第二次创业与第一次创业一样,大家都应吃点苦。

1989年春节过后,由于工地费用缺口大,开工遇到困难。坐等拨款势必影响工期,怎么办？职工们表示，只要找金工作能顺利进行，我们苦点累点，日子过得紧点也心甘情愿。一分队的同志首先发出集资的倡议，全队职工积极响应，你30元，我50元，集资13万余元，保证了探矿工程的正常进行。

在集资问题上，职工们表现出崇高的思想境界。他们为了黄金开发事业奉献的并不仅仅在"钱"上。他们生活在深山里，渴望得到美好的享受、生活的欢乐。遗憾的是，他们没有享受快乐的条件。一年到头，连一场电影、录像都看不到，更不要说逛公园、进舞厅。对此，他们默认了。这里的人们对生活从不讲究，但干起活来却毫不含糊。就说送料吧，驻地距工地较远，空手上下山都要走两个小时，照理说该配几个送料工。但大家懂得，增加人就要增加国家的支出，坚持自己带料上山。他们说，天天这样，也习惯了。

二六二大队职工经过四年的艰苦努力，先后找到岩金矿床（点）八个，控制详查储量13.8吨。江西省专家到茅排考察后感叹地说："能在如此困难的条件下用这么短的时间找到这么好的金矿，不容易，不简单啊！这是华财褶皱系找金的重大突破。"

岁月如流，来去匆匆。三十多年来，二六二大队曾经四改队名，五易基地，所到之处一路雄风，所向披靡，前前后后为共和国提交27个铀矿床，仅桃山会战，用钢铁在坚硬的岩体打下的钻硐探总进尺就相当于钻透了154座珠穆朗玛峰；已查明的各类铀矿床中，有我国第一个残积型铀矿床，有一个大型铀矿田。提交的铀矿床有五个已被开采利用，提交的各项科研成果173项，其中有12项获国家、省、部级奖。

这一切，宛如一座矗立在大山深处的无字丰碑，是二六二大队全体职工以自己全部的深情和爱恋为祖国的核工业地质发展所谱写的激越、高亢的乐章！

天南地北任驰骋

王晰家　李中柏　邱学亮

1992年1月8日,核工业航测遥感中心礼堂。

在激昂欢快的乐曲声中,和着掌声的节拍,核工业的几位老部长为十一个功勋地质队授奖开始了。华东地勘局二六四大队队长和党委书记,庄重地从老部长的手中接过镌刻着"核工业功勋地质队"的奖杯,心中涌起阵阵波澜。

怎能不激动啊?这金光闪闪的奖杯,铭刻着二六四大队全体职工的艰辛和荣耀,铭刻着他们从新疆到浙江再到江西,征战万里的历史足迹……

第一章　遥远的巴什布拉克

戈壁中走来一支神秘的队伍

1956年5月,一辆苏制卡车,打破了新疆乌恰县一个小镇的宁静。十几个汉族年轻人提着行李，扛着像枪不是枪的奇怪"武器"，在维吾尔族牧羊人惊奇的目光中，走进这个小镇。他们草草安顿下来，便匆匆忙忙向戈壁深处走去。镇子里的人不知道他们来干什么，也猜不出他们是干什么的。每天只见他们进进出出，忙忙碌碌。有几个维吾尔族青年禁不住好奇地问："你们到这个地方干什么？"他们笑笑，巧妙而不失礼貌地搪塞过去。

难怪呀，维吾尔族兄弟，这是一支肩负着特殊使命的队伍。他们从事的工作，连家人都不能告诉，当然对你们也只能保密。

这支神秘的队伍是来寻找铀矿的。

几个月前，担负铀矿普查任务的五一九队第十二分队在这一带发现了铀异常点。五一九队的领导和苏联专家根据地质资料分析，认为这一带地质条件好，应该组织力量尽快勘探。于是决定成立第九分队（二六四大队前身）进驻该区，开展揭露和普查工作。

接到命令，分队长葛程福立即带领十几个人，冒着大雪，来到这里筹备建队。

三个月后，这里突然热闹起来，操着各种口音的 900 多名热血青年从祖国的四面八方涌进小镇。

从江西出发的队伍中，多数是十七八岁刚刚毕业的中学生。出发前两天，他们才知道是去新疆，参加秘密工作。许多人大吃一惊，怎么也不敢相信，有的人甚至打起了退堂鼓。但青年毕竟是青年，一阵躁动后，他们决定走出家门，到遥远的新疆看个新鲜。

新疆可真远。从韶关坐上火车，几经中转，到了乌鲁木齐，路上整整走了 20 天。接着，他们又上卡车，由东向西翻越天山山脉，颠簸了一个多星期才到达驻地，满目的沙漠、戈壁、骆驼和葡萄干。

从东北、华北等地赶来的人们，同样也不轻松。他们当中有的是工人，有的是转业的志愿军。一些人已成了家。在送别的车站上，许多人眼睛通红，噙满了泪水。火车徐徐开动了，一双双握别的手还舍不得松开。

队部住在离小镇 20 公里外的巴什布拉克矿点上。这里位于天山南麓、塔里木盆地的边缘，海拔 3800 米，空气稀薄，昼夜温差大，"早穿皮袄午披纱，围着火炉吃西瓜"一点不假。尤其是那一望无际的戈壁滩，砾石遍地，偶尔还能看到枯死的骆驼草和动物的尸骨，更给人们心中增添了几份恐怖和荒凉。

在这个寒冷的季节，没有树林，没有青草，只有狂风带着砂石不停地吼叫着，仿佛要把这里的一切生命从它的领地赶走。职工们来到这里，生活上遇到了难以想象的困难。

吃饭，没有食堂。他们就在戈壁滩上垒了几块石头搭灶烧饭。为了照顾少数民族的生活习惯，大队还特意搭了一个维吾尔族灶。

没有房子住，十几个人挤在一顶帐篷里。女同志不敢在狼嗥四起的荒原上单独住，就挤在男同志中间，四周用帘布拉上。还有 30 多户带家眷的职工，没帐篷住，就在山坡上挖一个三面靠土的地窝子,上面盖上油毛毡,前面再做一扇门,这就成了他们休养生息的家。

能安居就能乐业。4月中旬的一天,晴朗的天空下,旷野雪光闪闪,远处高大的雪山露出了晶莹洁白的身躯,第一台钻机安装完毕。队领导和工人们来到这高高耸立的钻塔旁,站在残存着积雪的砾石上,等待着第一台钻机开钻。

上午九点整,机长一声令下,飞速旋转的钻头带着人们的希望和觉悟,向着古老的地球深部伸去。职工们齐声欢呼,互相拥抱,犹如母亲听到婴儿的第一声啼哭那样激动。

是的,职工们应该感到激动,因为他们在极其艰难困苦的条件下,迈出了创业的第一步。

在"死亡之海"边缘穿行

在巴什布拉克矿点揭露和勘探的同时,普查小队的找矿员也扬起一路风沙,开始艰难的跋涉。

他们为扩大远景,首先在巴什布拉克外围进行普查,而后渐渐远离队部,穿过乌恰、喀会、叶城、和田、于田等地一直向东,工作区很快扩延到塔克拉玛干沙漠的边缘。

塔克拉玛干沙漠被当地人称为"死亡之海"。普查小队在这里工作,有土匪出没,还有野兽困扰。更大的危险还是缺水。水是生命之源,缺水就意味着生命的枯竭。因此,普查小队不论走到哪里,都要找到有水的地方安营扎寨。

一个烈日炎炎的下午,一位姓朱的水文技术员完成了工作任务,在茫茫的沙滩上艰难地往营地走去。他身上的水壶早已没水了,干裂的嘴唇也渗出了血丝。帐篷边的人影已能看见,再走几百米就要到家了,可他却一步也走不动了。他想呼喊,喉咙干的怎么也发不出声音。他用尽最后一点力气,挥了挥手,便一头栽倒在沙滩上。多亏帐篷外的同志发现,才把他救了回来。

大队在新疆工作的日子里,像这样死里逃生的事还有很多很多。有一年夏天,几位普查队员坐着汽车外出找矿,行至半路汽车水箱烧干了。这下可急坏了他们。环顾四周,浩瀚的沙海漫无边际,火球似的太阳挂在天空,阳光下,每一颗沙粒都显示着酷热的淫威,干燥的空气似乎要把他们每个毛孔的水分吸干。人们的汗早已流干了,浑身起了鸡皮疙瘩,想喝尿也撒

地质队员奔驰在茫茫戈壁

不出来。他们只好在地下扒个坑,把脸贴在坑内,吸吮着从地下散出的一点微微湿气,等待着同志们援救……

比起死去的战友,这些队员算是幸运的。他们永远不会忘记有几名队员外出找矿,走的时候还有说有笑,可他们再也没有回到队伍中来,茫茫沙漠戈壁吞噬了他们宝

贵的生命……

危险和牺牲没有吓倒地质队员。他们胸怀大志，顽强拼搏，与干渴寒冷搏斗，与饥饿死亡抗衡。一次，大雪封山，住在山上的一个普查分队粮食很快就吃完了，饥饿和寒冷把他们推到了死亡的边缘。为了寻找食物，分队只好冒险派人下山。天无绝人之路，他们终于找到了一户维吾尔族牧民，买来了几只绵羊。鲜美的羊肉虽然好吃，便一个星期顿顿吃它，也就令人反胃。直到以后很长一段时间，那些同志一提到羊肉还想呕吐。

大队在新疆奋战了几个春秋，他们曾走过"和田玉"的产地，却没有带回名贵的玉石；路过吐鲁番的瓜园，却很少吃到甜蜜的哈密瓜和吐鲁番葡萄；他们有汽车，却无暇领略边疆的风情。但是，他们有着最崇高的信念，有着最惊人的毅力，有着最丰厚的成果。在巴什布拉克，他们提交了一个大型铀矿床，成为中国第一批提交的大型铀矿床之一。

第二章 鏖战白面

打开"鸡窝团"之谜

光阴似箭，日月如梭。1964 年，他们首战新疆告捷后，挥师东进，跋涉几千公里，来到沙漠衢县，接受新的使命。

创业者的脚步总是匆匆忙忙的。他们在衢县经过四年的拼搏，很快提交了白虎岩矿床。接着，大队人马又日夜兼程赶赴赣南，参加三局组织的诸广山大会战。

诸广山位于广东、湖南、江西交界的粤北地区。二六四大队的会战地区就在战区的东端白面石。

这是一个面积达 22 平方公里的山间盆地。盆地中一座座突兀陡峭的孤峰，如同一颗颗棋子镶嵌在棋盘中。这里到处是茂密的茅草。盆地边缘是连绵起伏的山峦，山顶上笔直高大的杉树直插蓝天。

南方的 5 月，阴雨连绵。

二工区主任、地质组长、技术员们围坐在木条钉起的会议桌前，静静地深思着。满屋的烟雾和着潮湿的霉味，可大家仿佛没有闻到，地下的泥土被人们的鞋跟刨起了一个个小坑。

天擦黑了，在那天的会上，地质技术员对白面石中部的 6711 矿床成因谈了各自的观点，谁也说服不了谁。

原来，前一段为难见矿孔的含矿质量和分布规律，他们设计了一批水平坑道，掘进结果，发现只有钻孔处有一团矿，钻孔与钻孔之间的地段却没有矿，就像"鸡窝团"一样。

为什么钻孔见矿面而坑道无矿？用当时教科书上的理论来断定：这个矿床是"滤淋型"的——没希望。

一石激起千层浪。

职工们听说后,纷纷到地质组打听原因,技术人员更是心急如焚。

消息传到了大队部,大队领导带着地质科的同志来到了工区。队领导与技术人员反复座谈讨论,进行集体"会诊"。渐渐地,人们的心情平静下来,认识统一到了一点:采取地质、物探、水文、测量等多专业联合攻关的办法,一定要把"鸡窝团"迷雾揭开。

有了新的起点,就会有新的希望。二工区的职工感到心里踏实多了。他们摩拳擦掌,很快打响了联合攻关的战役。

各专业组按照部署,兵分几路,有的进行地表填图,有的进行坑探编录,还有的在绘制盆地基底等高图和矿化分布图。

三个多月过去了,随着一份份资料的收集、分析、对比,他们终于找到了"含矿层位随基底的起伏而变化的规律","鸡窝团"之谜被二工区的职工揭开了。

探矿工程迅速扩大、延伸……

尽管工作区山高、林密、坡陡,每次钻机搬迁都要靠人拉肩扛,但一个个矿点的突破,使大家精神振奋,干劲倍增。一次,为把一吨多重的柴油机从半米宽的山路上运到机台,工区组织了一支30多人的突击队,十几个人抬机器,其他人站在小道下面,人贴着人靠在山坡上,搭成一段人墙,让抬机器的人们从自己肩上踩过。

二工区的职工们就是凭着这钢铁般的意志和岩石般的身躯,闯过了一道道难关,不仅使6711矿点发展为一个中型矿床,而且还先后攻下白面石西部的双坑、马荠塘两个矿床。

苦战之后的胜利,给人们带来了无尽的喜悦和欢乐,职工们又恢复了往日的潇洒和豪放。爱开玩笑的,又说起了一个个笑话,喜欢运动的又活跃在布满石子的篮球场上,能歌善舞者又排练起了大型歌剧《江姐》……

生活就像一杯美酒,只有在反复酝酿中才会更加醇美甘甜。

降龙伏虎镇黑风

在二工区揭开"揭窝团"的同时,一工区,这支同样能打硬仗的队伍直插龙坑,驻在"抬头见青天,出门就爬坡"的桐梓大山坡上,打响了另一场战斗。

龙坑,这个神威的名字,职工们没有时间去考察它的出处,他们只知道每天起早贪黑地在这连绵起伏、酷似龙脊的山梁上奔波着。

战斗打响后,工区用"切西瓜"战术,在盆地中心一切四瓣。钻机由边缘向中心部位施工。

然而,效果却很不理想。

设计的59个钻孔只有两个见到矿,与原来预料的出入太大了。如此之低的见矿率像一支凶猛的拦路虎横卧在职工面前。怎么办?一工区的职工陷入了苦苦的思索之中。

陈然志,这位长春地质学院的高才生,一工区的地质组长,此刻更是焦急万分。他看上去少言寡语，一副书生气，但胸中却装着一颗热爱铀矿地质事业的火热的心。他知道自己肩负的重任，他不能不压制内心的烦躁，强迫自己冷静地思考。

"要起飞，必须先插上翅膀。"

"突破龙坑，不仅要苦干，更要靠科学。"

"现在队伍人心浮动，作为技术人员必须尽快拿出行之有效的施工方案来。"

一次又一次的野外调查，一回又一回的深夜攻关，陈然志和地质组的同志运用辩证思维的方法，对掌握的第一手资料反复研究分析，在广泛吸取和总结生产实践经验基础上，选择了盆地最凹处的黑风口作为突破口，重新进行探索。

新的设计方案拿出来了。工区主任刘立扬调集五台钻机主攻黑风口。这位主任晴天一身汗，雨天一身泥，钻机缺人他顶班，缺料他去磅，生产现场就是他的办公室。他已经四年没有回湖北老家探亲了。他恨不得使出全身力气拼杀一番，打出日思夜盼的铀矿来。在他的带领下，生产进度直线上升，经过55天的奋战，第一个孔终于见到了富矿，接着又连连打了三个孔，孔孔见矿。

奇迹出现了，有的人感到奇怪：同在一个盆地，为什么挪动一下孔位结果却大不相同呢？仔细想想，也并非偶然。中国有句成语叫差之毫厘，失之千里。地质找矿尤其如此，它有很强的规律可循。偶然中包含着必然。陈然志和他的伙伴们用自己的智慧和汗水找到了龙坑矿床的探矿规律，并用通俗的语言总结出了"一槽二碳三覆盖……"的找矿经验，运用这把"芝麻开门"的金钥匙，使矿床不断扩大，使许多原来认为无矿的地段恢复了生机。

深部勘探点由面逐渐拉开。

钻探工人不畏艰辛、顽强拼搏的精神融化在一个个找矿成果之中。冬天，大雪覆盖了整个工区，山顶上的输水管和高压线都结上了碗口粗的冰溜子。为了保障钻机供水，一位老工人背着盐袋爬上了山顶，砸开水池中厚厚的冰层，投进食盐。然而，寒风凛冽，池面很快又结起了一层冰，投进深池的盐很难化开。眼看钻机就要断水了，这位老工人毫不犹豫地跳入了刺骨的水池中，迎着风雪，用自己的血肉之躯来回搅拌着……

水池解冻了，那顺流而下的，不仅仅是带着体温的盐水，也是工人阶级沸腾的热血。

经过十三年的拼搏，终于向国家提交了白面石这座迄今为止中国最大的砂岩型铀矿田。

1972年，二机部三局在二六四大队召开全国性"沉积矿床经验交流现场会"，会议整整开了18天。他们的经验对于我国沉积铀矿工作起了有力的推动作用。

拼搏总是与奉献，与牺牲联系在一起的。

1974年，在突破龙坑取得胜利的前夕，日日夜夜指挥在现场的刘立扬却倒下了，他再也享受不到创业者胜利时的喜悦了。他和队上许许多多的先驱者一样，带着对铀矿地质事业的一片赤诚走了。这年他才42岁，他再也不会老，他永远永远……

岁月悠悠,神圣而光荣的事业,一代接着一代。

第三章 攻克草桃背

搏出一个新天地

时势造就了英才。

白面石取得突破性的进展后,二六四大队的领导和技术负责人深谋远虑,放眼更远的未来。

他们根据"勘一备二"的找矿原则,将七个普查和揭露分队部署在江西瑞金、会昌县和广东平远县的仁居、差干等地区,寻找新的后备基地。大队长李清说,那叫作"嘴里吃着一个,袋里放着一个,眼睛盯着一个"。

这个决策,使二六四大队的地质找矿工作极其主动。

然而,战场总是弥漫着硝烟。

1968年,五分队进入瑞金、会昌地区刚开始工作就遇到了挫折。

他们的任务是对该地区的松山排、坳子背、草桃背三个矿点进行揭露。首先选择矿化较好的松山排作为突破口,但没有找到工业远景。转入坳子背后,虽然发现一些工业矿体,但因矿体小,仍无多大希望。

两年过去了,在这个地区施工54个孔,打了13个坑道,结果都不理想。剩下最后一个草桃背,还有继续揭露的必要吗?

夕阳西下,天边一片残红。五分队技术员刘秦京坐在一块光秃秃的岩石上,心里十分沉重。

前几天,大队组织技术人员"会诊",查看地质资料,认为草桃背继续揭露的意义不大,而其他一些好点急需探索,因而决定五分队撤出松山排移往他处。

大队的决定自然有道理。但刘秦京的心里却无法平静。他在这个地段当了两年的技术负责人,掌握了大量第一手资料,虽然没有找到好的矿体,但不利中还有许多有利因素。该地区矿化控制因素明显,蚀变强烈,品位高的富矿团块密集,有找到大矿的希望。他反复向领导陈述自己的观点。最后,终于留下了一台钻机、十多名钻工,还有他和三名技术员。

往日的喧闹消失了,钻机的轰鸣声停止了,空阔的山谷忽然间静得出奇,仿佛有无数的暗力从周围袭来。他明白,打不到矿将意味着什么。但是对于勇敢者,探求和追求早已将个人的荣辱抛到九霄云外。

谁也没有料到,刘秦京和他的战友们在草桃背的最后一搏,竟为二六四大队地质发展开辟了一个新天地。

钻机拉上草桃背后,第一个孔便打出了厚5—6米的矿体,而且是从未发现过的新类型——砾岩型。接着,顺藤摸瓜,撒网扩面,找到了较好的盲矿体。草桃背由揭露点迅速上升为初勘点。

刘秦京他们笑了,笑得那么开心,那么动人。

斗转星移四春秋。1973年,五分队重上草桃背,仅用一年时间就使草桃背有了突破性的发展,由初勘点变成了勘探基地。砾砠岩开始引起了人们的重视。

此后,五分队又在该地段用很短的时间连续提交三个勘探基地。在松山排一带形成了由草桃背、河草坑、坳子绊脚、上寮、岭下组成的新矿田。

突破火山口

草桃背的勘探工作虽然进展很快,但人们对草桃背的砾成岩因认识却不统一。有人说是构造砾岩,有人判断这里有一个火山口。只有搞清砾岩的成因,才能弄清矿规律。这是一个关键性的问题。

面对多种意见,已届中年的地质组长陈然志又一次感受到肩上担子的沉重。他必须尽快和大家一起弄清砾岩的性质。

地质工作是一门实践性很强的科学,光坐在办公室是发现不了问题的。他给地质组布置了任务:查阅一万米的岩芯资料,逐个描述100个砾岩点的6000块砾石,绘制综合图。

"这要多少工作量啊!"技术员们听了感到吃惊。

科学就是实实在在的东西,不苦哪能出成果。

陈然志一马当先,每天都要到十几里外收集地质资料,无论到哪里,他都仔细观察,就像在地上找针一样,不,比找针还认真。他研究了一万多条裂隙,许多岩石上头发丝细的裂痕也不放过。好多次为了观察地质构造,他用一根绳子拴在树干上,把自己吊在陡壁上,一点一点地用放大镜观察,这种严谨求实的科学态度,使他发现了一个又一个别人不曾注意到的问题,形成了自己独到的见解。他记完了80本笔记,加上总结报告,垒起来比他还高。这是他的心血,他真正的财富。随着日历的翻动,岩芯一米一米查看了,砾石一块一块描述了,图纸也一张张绘制出来了。

面对办公室里四壁的地质图,陈然志又一次组织大家围绕砾岩成因开展大辩论。这已是第四次大辩论了。每辩论一次,问题就解决一些,观点就接近真理一步。那一张张的图纸,就像一张张X光片,把神秘的地下深处的地层清清楚楚地展示在人们面前。陈然志和一部分技术人员断定:草桃背砾岩,不是沉积岩,也不是构造砾岩,而是火山成因的"隐爆砾岩"。

不久他和同事们又总结了草桃背成矿规律。运用这个规律指导找矿,使矿床储量连增数倍。

这个成矿理论越来越引起铀矿地质界的极大关注,并不断得到验证。彼时不久前,原苏联的远东地区和澳大利亚在相同的地质条件下也都找到了大型、特大型矿床。

运用这一理论,在中国,特别是华东、华南的火山活动区都显示着良好的找矿前景。

严谨、求实、创新的精神,给陈然志和二六四大队的探矿工作插上了奋飞的双翅。

陈然志成为华东地勘局总工程师,并获得有突出贡献的国家级专家称号。

博大精深的铀矿地质事业,造就了一支大智大勇的队伍。十分队安装队长、全国劳动模范余根密就是这支队伍的优秀代表。这位中年汉子,为了矿床的突破,整天穿着工作服,后屁股袋里揿着一副手套,随时准备干活,从那"噔噔"有劲的脚步中可以感到他浑身有使不完的力量。

1977年元月的一天清晨,当人们打开房门时,都吃了一惊。只见满山遍野盖上了厚厚的一层积雪,远处的山峦白雪皑皑,树枝上挂满了一束束长长的冰凌。寒风夹着雪花从山口一阵阵"呜呜"地袭过,一股寒意直朝人们的脖子里钻来。

这是一场罕见的冰冻。

望着窗外的大雪,余根密心想:"生产会不会受影响?"

果然,从钻机上下来的同志说,输水管道和开关都冻住了,钻机被迫停钻了。

余根密一听,披上棉袄,腰间上系上绳子,对安装队的同志喊道:"走,快抢修水管去!"话音未落,他便消失在风雪中。

有的提着火炉一节一节地烤,有的抢起榔头一根一根地敲,人与大自然展开着一场顽强的搏斗。

冰雪是冷酷无情的,刺骨的寒风更像无数根钢针,不停地扎着他那伤愈不久的小腿。上一年,在一次钻机事故中他的右小腿被打断了。治疗出院后,工区领导给他安排了一个轻便的工作,他听后一再回绝说:"工伤不是铁饭碗,能走就要上一线。"

他伤残的腿在颤抖,他的身子在倾斜,一会儿,他倒在了雪野中,"钻机需要水,生产不能停!"他的心在呼唤着。他用力揉搓着疼痛的伤腿,撑着膝盖,扶着树枝站了起来。刚走一步,又摔倒在地。他横下一条心,上山时就双腿跪在地上,拖着水管一步一步往前爬;下山时就坐在雪地上朝下滑,这位"硬骨头"身后留下了一条长长的雪痕……

一分耕耘一分收获。二六四大队职工用自己的心血和汗水、智慧和力量,胜利突破了草桃背,向国家提交了又一个大型矿床,而且还填补了我国中基性火山东口类型控制铀矿床的空白。

丰硕的找矿成果,构筑了二六四大队辉煌的历史。他们曾先后十多次荣获国家、省、部级先进单位称号。在荣誉面前,广大职工没有满足,没有停步,他们和着时代前进的脚步,踏上了核工业第二次创业的征途。近几年来,他们又在赣南找到了新的铀矿基地,并提交了两个沙金矿床,三个稀土矿床。同时,还落实了一个岩金矿床,更令人欣喜的是,他们已走出了山门,搬到了新兴的工业城市赣州,投身到市场经济的大潮中,广大职工正满怀信心地去开创一个更加灿烂的明天。

半个世纪话沧桑
——从721矿到金安铀业

刘经龙

前 言

中核抚州金安铀业有限公司（原721矿），地处江西省乐安县和崇仁县交界的相山群峰之间，是我国第一批开发建设的最大铀矿山之一。矿区面积约400平方公里，南北相距22公里，东西相距28公里。现已成为我国为核电大发展提供原料的重要基地。

721矿于1958年12月开始建设，经过五十多年的生产和开采，已逐步建设形成集科研开发、生产经营于一体的，并具有采、选、冶综合生产能力的大型铀矿联合企业。公司于2001年在核工业矿冶系统率先通过标准质量管理体系论证。2007年，金安公司被江西省人民政府授予"全省科学利用矿产资源企业"称号。2010年，山南工区被江西省安监局授牌，在铀矿冶系统率先通过了三级矿井安全标准化验收。2006年、2008年、2009年、2010年，金安公司被中华全国总工会、国家安全生产监督总局联合授予"安康杯"优胜企业。

艰苦创业　敢教日月换新天

从万里云天之上，俯瞰赣东的西南角，相山雄峰，层峦叠嶂，摩天遏云，横亘南天。1957年7月21日，"903坐标航测异常！"航测员惊喜的大叫声盖过了飞机的轰鸣，让飞行员也笑逐颜开。他们立即空投下作为地面醒目标志的石灰包和纸屑。这是公陂乡横涧村的一方热土。10时47分，这个历史性的时刻，便纪录在核工业厚重的史册上。

从此开始，石马山下，公溪河畔，矿区的首批建设者们，闯进了这一片蕴藏着宝藏的神奇土地，吹响了创业的号角！曾经人烟稀少，野兽出没，荆棘丛生，一片蛮荒的寂静山区，顿时热闹起来。

为响应毛泽东主席"我们也要搞原子弹"的伟大号召，1959年，近千名北京、上海、天津、南昌等大中城市的军官、干部、大中专毕业生、技术工人满怀一腔报国豪情,操着南腔北调,从祖国的天南地北汇聚到四二一矿(721矿原名)。早年的创业者以复转军人为主。1959年,已有中国人民志愿军54军的300余人在这里安营扎寨。此后,每年都有数以千计的复转官兵来到这里。到1964年,这里已经聚集了4000余名复转官兵。他们都是经过组织上从家庭出身、政治面貌等方面严格挑选出来的:100%是贫农出身,90%是党、团员,80%是班长、副班长。

南腔北调式的普通话,在这里交响;来自天南地北的人们,在这里相聚。艰难困苦没有动摇先驱者们创业的钢铁意志。为了早日建成铀矿山,先驱者们不叫一声苦,不喊一声累,他们风餐露宿,遇山开路,逢水架桥,沐雨栉风。他们自己动手,丰衣足食,垦荒地,挖鱼塘,养鸡鸭,为建设最初的家园奋斗着。

住是大问题。当时全矿只盖了屈指可数的几栋房子。专家们都只住在平房里。一般的职工只能自寻住处。好点的住进了农民家的厅堂里,有些人则住进了农民的牛棚里、猪圈里。刚分来的近百名复转官兵则住进一间用毛竹搭建的屋子,雨天漏雨、四面透风。床铺也是用毛竹搭建的,一字排开几十米。

吃也是大问题。由于蔬菜供应不上。大家只能用食盐、酱油拌饭。日用品也奇缺,他们只能用毛竹筒盛饭。因为饮水困难,他们只能喝山泉水或农田里的水。粮食不够,他们只好挖野菜来补充粮食。

三年自然灾害困难时期,他们每个月只有31元的工资。每月30斤大米的定量,

水冶厂大门

远远不够吃,他们只好挖野菜来补充粮食的不足。

1961年春天,正是青黄不接时节。为了生存,三工区的一些职工用气味刺鼻的机油拌糠充饥。结果造成了食物中毒,体弱多病的职工还险些送命。当时,有149名干部、103名职工、23名家属因饥饿引起全身浮肿。可以说,为了矿区建设,老一辈矿山人付出了青春、汗水、理想、鲜血乃至生命。

1964年,721矿生产大发展,国家要求尽快兴建云际、沙洲、湖港三个矿点。莲塘矿部通往三个矿点的公路也必须尽快修通。土石方达30多万立方的艰巨任务交给了刚进矿的1200多名退转军人。并从矿属各单位抽调25名干部,组建了"721矿筑路指挥部"。筑路队伍组建了9个连队。没有住处,就住在老乡家,住不下便住牛栏、毡房。1965年5月,罗湖、新云两线公路开通,形成了矿区公路网。

70年代初,一批批知识青年也加入到了矿山工人的队伍,到70年代中期,721矿职工总数近万人。

20年的光阴,弹指一挥间。四通八达的公路网形成了;向(西)乐(安)铁轨专线铺进来了;工人新村、中小学校、职工医院、水冶厂房,如雨后春笋般在矿区建起来了。

一座生机勃勃的、为共和国锻冶"倚天神剑"的万人大矿,在赣东的莽莽山区横空出世。

保军转民　跨过坎坷前面就是坦途

随着国家计划经济体制向市场经济体制的转变,从20世纪80年代中期开始,中国的核工业进入了保军转民、第二次创业时期。

由于军品价格是计划经济的限价政策,而材料、能源、动力已经逐步迈上市场经济的轨道,721矿已经由盈利变为政策性亏损,每年从亏损几百万到1000多万、2000多万,到1996年亏损竟然达到3390.8万元。

在危机面前,721矿的干部职工,不等不靠不要,在市场经济大潮中乘风破浪,奋勇前行,凭借自己的聪明才智,加强管理,开拓市场,取得了可喜成绩。

军品方面

——采取以提高供矿品位和水冶处理品位、提高铀金属回收率为主的质量优化措施,开展"三优"(优质分层、优质采场、优

邹家山矿井

质工程)、"两降低"(降低贫化率、降低损失率)、"三提高"(提高爆破率、提高水冶回收率、提高尾矿出率)的竞赛活动。通过合理控制采幅,加大手选废石、机选废石、严格控制水冶工艺参数、集中时间优化水冶生产等一系列有效措施,取得明显效果。

——采取节能降耗、收废利旧措施,每年在核定的政策性亏损数额的基础上,实现一定量的减亏。

——依靠科技进步,如堆浸工业试验、改进采矿工艺、矿井技术;开拓新的矿点,上马新的721-15基建工程,力求推进生产发展和获得效益。

民品方面

民品开发、生产和劳务输出呈现"上下努力,多向发展,大、中、小结合"的快速发展趋势。

1988年,将民品办改为科技开发处,集中精力抓好民品开发前期工作,已有的民品生产和在建项目像军品一样纳入机关各处室的常规管理范围。在继续抓好原有的民品项目的基础上,又快速相继调研或开发十几个民品项目。此外,还组织建筑安装、机械加工、汽车修理、水工堵漏、防腐处理及职工医院医务人员医疗服务等劳务输出。

1993年,总结前一阶段转民效果不显著的经验和教训,他们开始把民品当作大事来抓,突破就地就近的框框,将民品项目建到外地城市去,"千山万水搞调研,千方百计找市场,千辛万苦筹资金",使民品得到更快的发展。

2002年,经审视民品生产发展现状,采取"有进有退""有所为有所不为"的原则,决定对所有民品项目一律不再投入资金。有盈利的依靠自我力量发展,对长期亏损、扭亏无望的民品项目实施关停。探索股份制,出租、转让、拍卖变现的办法,解决民品中碰到的巨大困难。

在这十二年里,盈亏基本持平,但民品的开发、生产和劳务的输出,在当时开拓了就业渠道,安置富余人员,安抚人心,稳定大局,让721矿平稳度过了军品限产的困难期。

又遇波折　金安公司横空出世

2004年10月26日,江西省抚州市中级人民法院宣告721矿依法破产。破产后,离退休人员实行社会化管理,参加抚州市直单位基本养老和医疗保险;公安、学校、医院等移交给地方政府;其他人员根据双向选择的原则,有的与金安公司重签劳动合同,有的自谋职业。在关闭破产过程中,广大职工始终做到思想不散、队伍不乱,关闭破产和生产经营两不误。

2005年底,中核抚州金安公司正式独立运行,原721矿进入新体制、新思路、新发展的阶段。

——转换体制、机制。按照现代企业公司的模式成立金安公司董事会、监事会、经理层的管理体制并开始运行。

——建立人事、用工、分配机制。用工实行聘用制,坚持双向选择,公开竞聘上岗。

在三个井下生产工区探索新的用工形式,除技术、安防和重大机电设备管理岗位外,对井下直接生产和有关辅助作业岗位,向社会招聘有资质的承包施工队伍。公司管理机构和员工队伍大为精简。

——改革薪酬制度。公司对管理、专业技术人员实行岗位工资加绩效工资制,一般员工实行岗位工资加效益工资制。薪酬分配一是向管理、技术岗位倾斜,管理技术岗工作人员工资,与一般员工比收入差距为2.5倍;二是向生产一线倾斜,同等技术职称,基层工作人员的收入高于机关和后勤工作人员。实现生产效率和职工收入的双提高。

——加强财务成本核算。公司撤销了所属单位的财务机构和其银行账户,资金统一核算,集中管理。推行矿冶生产目标成本预算管理,基层单位节约成本,可提取节约资金的50%—70%作为员工效益工资。

——依靠科技人才走科技创业之路。2011年9月,金安公司隆重召开年度科技创新工作暨荣获国务院特别津贴奖人员表彰大会。

研究员级高级工程师、生产技术处处长李符斌以其突出的科技贡献成为国务院批准享受政府特殊津贴的专家。这是金安公司正式独立运转以来第一位获国务院批准享受政府特殊津贴的领军人才。

此外,降低产品中杂质钛含量的研究,使产品杂质钛的合格率由2008年的徘徊在60%~70%提高并稳定到2010年的95%,产品合格率达100%;居隆庵矿石搅拌浸出试验研究为矿床开发的进一步工业试验提供了技术基础,加快了居隆庵矿床的开发;细菌渗滤浸出工业化应用研究,强化堆浸工业化应用研究,相山铀矿低酸耗快速微生物浸铀技术工业化试验研究,提高了公司生产能力,降低水冶生产成本,提高经济效益。三个铀矿山通过一系列的技术基础性工作,达到储备技术、锻炼队伍的目的。

——努力提高相山铀矿田产能。几年来,为提高矿井生产能力,公司投入资金,积极实施综合技术改造、危机矿山勘探、军品生产能力调整等多项举措,进一步完善生产系统,改善了安全生产条件,挖掘了矿产资源的潜力,为提高矿点生产能力奠定了坚实基础;对部分矿点施行了地质勘探及生产探矿、补充探矿,扩充了现有矿山的地质资源,延长了山南矿井的服务年限;实施精细化、可持续化管理措施,坚持大小、贫富兼采的技术原则,克服了以往择优生产、肥水快流的短期行为,使矿产资源得到充分保护和利用。

——721-15采铀工程投产。该工程于2003年1月开工建设,经过六年多艰苦努力,至2010年11月,工程竣工投产庆典在邹家山铀矿工地举行。该工程是中核集团公司"十一五"期间重要的基本建设项目之一,开采对象是邹家山矿床Ⅳ号带。它是中核集团公司掘砌井筒最深、单井储量最多、设计产量最大的矿井,为相山铀矿大基地建设奠定了坚实的基础。

——加快绿色矿山、和谐家园的建设。三个矿井和水冶厂的工业建筑和场地已进行全面改造,绞车房、信号房、调度室、检测站等工作场所宽敞明亮,配置现代化的电视监控设备;井下生产场所标准化建设卓有成效,安全文明生产条件大有改善;四通八达的矿区自营公路,均为成混凝土路面。矿山"脏、乱、差"的面貌得到明显改观。绝大部分员工已经搬迁入住到南昌、抚州、鹰潭等城市。建设"绿色矿山,和谐家园"的希望,正在变成现实。

曾经,这里蓬蒿满地,野兽乱走,人迹罕至,是一片荒山野地。如今,矿山青春重新焕发。一批批新人在这里凿山开矿,为核电建设奉献青春和智慧。他们用汗水和热血,为建成相山铀矿冶大基地书写着新的辉煌!

从科技创新之路走来金瑞铀业公司

刘顺贵

中核赣州金瑞铀业有限公司（原719矿）于1969年3月筹建，是我国第二批开发建设的铀矿山之一，原处于江西省赣州崇义县和湖南省郴州汝城县交界的崇山峻岭中，后经"战略东移"发展成"以赣州为中心，以东部草桃背矿床、西部鹿井矿床、北部大布矿床为重点，辐射周边规模矿点"的铀矿采冶企业。从由艰苦建矿创出的719矿"国家银质奖章"工程，到带来铀矿冶水冶工艺革命的"万吨级铀矿地表堆浸"技术，再到战略东移自主开发新矿点，金瑞（719矿）人发扬"热爱矿山、艰苦奋斗、注重科学、团结奉献"的719矿精神，一路走来，一路创新，让这座南方硬岩铀矿山焕发出蓬勃的生命力，结出了累累硕果，为我国铀矿发展史添上浓墨重彩的一笔又一笔。

艰苦创业　建成国家银质奖章工程

1959年，原第二机械部309地质大队发现鹿井矿点（322矿田），后十队及二队进行勘探及扩外。

1969年2月初，二机部决定，由711矿筹建719矿，并于当年3月成立筹建组。同年5月，于振铎同志带着二机部的指示同筹建组的同志一道正式进入矿区。

1970年，第一批800多名军人从全国各地来到赣南这片革命的红土地上，汇聚到崇义县丰州乡719矿这个崇山峻岭间的山沟里。他们带着满腔热血、满怀青春梦想，用火热的激情唤醒沉睡的荒山。

此后几年，又有成百上千的知识青年加入到这支矿山建设的队伍之中。从此，古亭、大河背、小河背、兑子下，响起了一声声威武雄壮的劳动号子，在山路中、井巷里汇聚成一首首激昂有力的战歌。

为了早日建成矿区，他们克服种种困难，风餐露宿，披荆斩棘，搭木为棚，锯墩为桌，建出简陋的生活设施；多少个日日夜夜，他们手挽手肩并肩，筑道路、建厂房、架电线，为建设矿区而奋斗。

洪水暴发，大批建筑材料被冲散，他们顶着暴雨，冒着被洪水冲走的危险，展开了抢木大战。

大型设备来了,进入厂房和井巷的道路不通车,他们顶烈日、踏月光、肩扛人拉,及时运送到位,保证设备顺利安装。

挖坑道时,机械设备有限,他们手锤打眼,锹挖肩挑,一点点拉运矿石和废料……

在这片曾经燃烧过革命之火的红土地上,他们不喊苦、不喊累,尽情地燃烧着如火的青春,挥洒着如雨的汗水,厂房里是他们那日夜忙碌的身影,井巷中印满了他们多拉快跑的足迹。艰苦创业、无私奉献是创业先驱们的精神主旋律。

20世纪60年代末,中国仍处于西方敌对势力包围中,且经济形势依然严峻。1969年6月,原国防科工办在给719矿的工程项目批复中批示:生活设施从简,以集中力量将矿山建成投产。面对生活条件艰苦、生活资料匮乏的挑战,创业先驱们坚持"自己动手,丰衣足食",积极改善生活条件。给养不够,他们组建了"五七连",养猪种菜,自给自足;住房不够,建造干打垒住房、竹棚房,打通铺;运动场地和设施不足,他们自行平整场地,自焊篮球筐,打造了一个简易"半边式"篮球场。面对艰苦的生活,他们坚信的是"办法总比困难多",面对重重的险阻,他们想的是"千磨万击还坚韧"。

岁月如白驹过隙,14年的光阴弹指一挥间。在党和国家的高度重视下,在上级主管部门的坚强领导和悉心指导下,经过广大创业先驱们的艰苦卓绝的奋斗,一条条通向远方的公路从山沟里延伸而出,一道道井巷也从山林的地下交错贯通,水冶厂、竖井、食堂、宿舍、中小学校、职工医院、发电站、供电线路也如画卷般在这片深山里呈现,一座凝聚了广大创业先驱们无数心血和汗水的铀矿山正蔚然成型。

1983年6月,719矿工程通过核工业部验收,被核工业部批准为"部级优秀工程设计",并获国家银质奖章。

最低品位　逼出万吨级铀矿地表堆浸技术

20世纪80年代,在719矿即将建成投产之际,国际铀价低迷,产量供大于求,我国关闭了一批铀矿山,未关闭的矿山也被限产。719矿因矿石品位低而采用常规水冶工艺,生产成本较高,此时陷入了进退维谷的尴尬境地。面对日益严峻的生产经营形势,为了在夹缝中求生存,719矿领导班子下定决心走技术创新之路。

堆浸可以处理低品位矿石——这项在国外已经投入工业应用的技术,引起了时任719矿副总工程师龚延勋的关注,他提出了进行地表堆浸试验的建议,得到了矿领导和上级部门的支持。

1981年5月,堆浸试验拉开序幕。缺乏系统资料,他们靠搜集到的点滴零星资料再三琢磨,举一反三,触类旁通。试验从柱浸、井下天井堆浸到地表堆浸,共进行过几十次;试验规模从几十公斤级到吨级、百吨级、千吨级、万吨级、十万吨级。万吨级堆浸遇到过许多挫折与失败,不知道有多少个试验都以一无所获而告终。但课题组主要负责人贺守中、陈正球和课题组技术人员并不气馁,他们没日没夜地加班,全身心地投入,不把问题解决誓不罢休。

"千淘万漉虽辛苦,吹尽狂沙始到金",年复一年的努力终于换来了累累硕果。历时八年,堆浸试验研究技术终于获得成功,取得了建设大型堆浸场的设计、施工和生产管理的一整套经验。1989年,719矿停止了常规水冶,全部矿石采用堆浸法处理,吨金属生产成本下降了三分之一,年创效益300万元以上。在当时大部分铀矿冶企业亏损时,铀矿冶系统原矿品位最低的719矿还有利润。

1990年7月,《光明日报》登载719矿"万吨级铀矿石地表堆浸"获1990年度国家科技进步一等奖的消息。1990年12月,719矿"万吨级铀矿石地表堆浸"获国家科技进步一等奖。贺守中、陈正球二位同志和全国科技大会代表一起,在首都人民大会堂受到党和国家领导人的会见和表彰。

1991年5月15日,《人民日报》以第三版的头条位置刊载记者文章《贺守中等勇于攀登 填补国内一项处理贫矿新技术》,文章称:719矿铀矿堆浸技术规模超10万吨,跨入世界先进行列。

719矿铀矿堆浸试验的成功,打破堆浸只处理低品位矿石的桎梏,创新堆浸堆设计及施工技术,在堆浸场垫层设计上有具重大突破,有效降低生产成本,赋予这座"低品位""进退两难""夹缝中求生存"的矿山新的生机与活力。

扩大成果　自力更生开发草桃背

为扩大堆浸成果,同时也为了开发矿山接续点,1989年10月9日,719矿上报对草桃背矿床矿石进行地表堆浸工业性试验的申请报告。11月3日,核工业总公司批准了申请报告,但试验资金由矿自行解决。

719矿立即安排现场取样。12月中旬,四吨多试验矿样运至丰州实验室,进行从草桃背矿床矿石中生产"131"产品的工艺流程试验,仅用五个多月时间就完成搅拌浸出、柱浸条件试验、两吨柱浸扩大试验、浸出液除杂、萃取、反萃取、沉淀、转化结晶等试验,1990年7月就提交了工艺流程试验报告。

719矿设计室根据小型试验提供的工艺流程和工艺参数,于5月份提交了工艺和土建等设计,6—7月进行施工,7—8月设备安装,9月初进行设备调试。同时,1320平方米堆浸场于4月份建成,5月开始进矿,到9月中旬共上堆矿石8561吨,9月21日加酸开始试验,至1990年底,共生产金属6.118吨,实现了"当年开工、当年出产品、当年见成效"的目标。这种不要国家投资,自力更生、艰苦奋斗的精神,被时任核工业矿冶局局长杨金华同志誉为"草桃背精神"。草桃背矿点的开发,使719矿跻身于铀矿冶"八矿一厂"的行列。

1998年,与核工业第六研究所合作,在草桃背进行原地爆破就地筑堆浸出试验并获得成功。该项目获2001年国防科技进步二等奖。

2000年,与核工业北京化工冶金研究院合作,在草桃背进行细菌强化堆浸试验并获得成功。该项目获2006年国防科技进步二等奖。

2003年,又与原六所陈祥标同志在草桃背进行增粒剂沉淀产品试验并获得成功,使产品水分大幅度降低,产品质量提高,将难于控制的产品沉淀工艺变成了简单易行的"傻瓜"操作。

一系列科研成果的应用,使草桃背矿井焕发出蓬勃生机,很快就发展成为719矿支柱性矿井。此后多年,草桃背矿点依然是承担了金瑞铀业公司过半生产任务的骨干矿点。

保军转民　实现"战略东移"发展目标

随着国家计划经济体制向市场经济体制的转变,核工业总公司矿冶局(原十二局)向全国铀矿冶系统提出了调整改革计划,一场以铀矿冶结构调整主题的改革如闪电般降临,719矿除草桃背停产外,其余矿井全都关闭。

面对严峻的形势,当时的719矿领导班子有一个非常统一的理念:一方面努力开发民品项目,留住骨干和技术中坚,另一方面加快战略转移,为企业振兴打下基础,其次是千方百计寻求军品发展机遇。

民品方面:为了加快结构调整,实现保军转民目标,719矿多方寻求项目资金技术,先后陆续开发了杨梅机砖厂、春海木制品公司、胶合板厂、高效化肥厂、机械厂、涂料厂、异型铜管厂、物资供销公司、土石方工程公司等民品项目。他们采取"有进有退""有所为有所不为"的原则,有盈利的项目依靠自我力量发展,对长期亏损、扭亏无望的民品项目实施关停。民品项目的开发、生产,发挥开拓就业渠道、安置富余人员、稳定人心的作用,帮助719矿比较平稳地度过军品限产的困难期。

工人正在安装机械设备

原矿办公楼

战略东移:因市场需要,大量民品公司建在赣州市内,而新开发的草桃背工区也距离崇义县古亭镇的矿本部较远,1992年,719矿审时度势提出"以赣州为中心""逐步实现战略东移"发展目标,着手筹建赣州核工大厦和赣州职工住宅。1994年,赣州核工大厦落成,719矿在赣州成立了基地建设指挥部。1999年初,矿机关正式自崇义古亭搬迁到赣州城区,719矿也通过职工集资建房的方式先后在赣州城区建成住房21栋,大部分职工入住了赣州城区,"以赣州为中心""逐步实现战略东移"的发展框架基本形成。

军品方面：从2000年开始，719矿与六所进行技术合作，对大布矿点进行原地爆破浸出就地筑堆浸出试验，为大布铀矿工程的开工建设创造了条件。

破而后立　翻开金瑞发展新篇章

2003年9月，赣州市中级人民法院宣告719矿关闭破产，并于同年年底终结破产程序。719矿将军品有效资产进行剥离分立，组建中核赣州金瑞铀业有限公司，承担军品生产任务，并于2004年4月1日起正式运行。破产改制后，离退休人员实行社会化管理，公安、学校、医院等社会职能机构成建制地移交给地方政府，其他人员根据双向选择的原则，有的被金瑞公司聘用，有的自谋职业。从此，719矿进入发展的新时代，翻开了改革创新的新篇章。

——体制机制改革。金瑞铀业公司成立后，按照现代企业制度成立董事会、监事会、经理层，形成产权清晰、权责明确、政企分开、管理科学的管理体制。一方面强化激励机制，用工实行全员聘用制，管理人员竞聘上岗，实行岗位工资、绩效工资以及"一岗三薪"等薪酬制度改革；另一方面重视成本控制，井下生产用工形式，除技术、安防和重大机电设备管理岗位外，井下直接生产及辅助作业岗位，向社会有资质的施工队伍承包，公司管理机构和员工队伍大为精简，成本大幅下降；他们重视人才队伍建设，从各大学院校招收大学毕业生，技术工人由南昌核工业技校等学校委培，大量新鲜血液的加入改善了员工结构，为企业发展增添了新的活力。

——加快项目建设，提升天然铀产能。随着核电的大发展，铀矿冶产业也迎来复苏，金瑞铀业公司也加大资金投入，先后实施草桃背矿井深部开拓技术改造、综合技术改造、军品生产能力调整、大布铀矿冶、鹿井技术改造等项目工程。一系列工程项目建设，完善生产系统，提高生产机械化水平，完善基础设施，加快新技术和新工艺的推广应用，改善安全环保条件，挖掘矿产资源的潜力，提高矿山生产能力，延长了矿井服务年限，使老矿山焕发出新的生机和活力。同时，新开发的位于宁都县东山坝镇的大布铀矿冶工程和"十二五"期间实施的鹿井技术改造工程，又为企业发展增添了新的动力。

多年来，金瑞铀业公司连续全面完成上级下达的军品生产任务，经济效益节节攀升，屡创历史新高，员工收入稳步增长，安全生产态势平稳良好。

秉承创新理念走好科技兴企之路。金瑞铀业公司成立后，秉承科技兴企理念，以南方

绿色环保的草桃背工区

面硬岩铀矿冶试验中心为科研机构,积极开展技术创新,先后开展湖南718项目、白面石矿床矿石浸出工艺试验、铀矿废水中除镭实验研究等技术试验,并取得成功。其中,"铀矿石强化堆浸技术"是继铀矿石地表堆浸、细菌强化浸出技术后,在铀矿石浸出工艺领域的新突破,该技术主要针对卸堆渣品位偏高进行试验研究,经强化堆浸技术处理的渣品位降至十万分之六,使有限的铀资源得到更充分的利用。除回收铀金属带来直接经济效益外,更加深远的意义在于更大程度上减少了铀矿尾渣对环境的污染,为更低品位铀资源的开发利用提供了更有力的技术保障。该技术于2011年5月取得国家专利,并在铀矿冶系统推广应用,取得良好的经济效益和社会效益。

推进绿色矿山、和谐企业建设。通过一系列工程的实施,矿区面貌焕然一新。矿区生产和生活区路面全部改造成混凝土路面,改变了过去晴天一身灰,雨天一身泥的状况。矿井、水冶厂、办公室等建筑和场地也进行全面改造,统一外观和色彩的一栋栋厂房、宏伟气派的科技信息大楼、整齐划一的宿舍楼与矿区优美的自然环境相得益彰,形成一道亮丽的风景线。车间、信号房、调度室、计量站等工作场所配置了现代化的电视监控设备,井下生产场所标准化建设卓有成效,安全文明生产条件大有改善。

四十五载春华秋实,金瑞人经历了艰苦创业、矿山停产关闭、"保军转民"、企业亏损、战略性结构调整等众多挣扎与坎坷。但是,他们踏平坎坷成大道,创造了一个个令人叹为观止的辉煌成就。

四十五载风雨兼程,金瑞人用自己对事业的忠诚和百折不挠的意志,给历史留下了一份厚重的精神典藏。

四十五载沉浮变迁,金瑞人孜孜以求的执着深情感动了赣南大地,更是核工业"四个一切"精神的生动体现和现实写照。

回眸峥嵘岁月,我们壮怀激烈;展望未来,我们踌躇满志。辉煌的历史照耀前进的脚步,伟大的事业召唤精彩的人生。新的时代,新的起点,改革、发展的号角再次吹响,金瑞人正昂首挺胸向新的目标扬帆起航!

解密 6214 厂
——从破产核潜艇厂到新造船公司的华丽转身

崔金泰　崔玉平

长江中游一个神秘的工地

20世纪60年代末,外部形势日益严峻,毛主席发出"备战备荒为人民"和"时刻准备打仗"的号召。而建设强大的海军是备战的当务之急,其中海军装备现代化又是建设强大海军的关键。

1969年2月14日,毛泽东主席在圈阅中央军委办事组的请示报告中,指示"在长江中游另建一个核潜艇生产基地"。这一重要批示迅速传达到六机部。六机部很快于同年3月份下发文件,决定筹建以"09"(核潜艇代号)厂为重点的五大船厂。5月25日,在海军的配合下,由六机部副部长边疆带队,从上海乘船沿长江选点建厂。经过沿途调查、考察,初步认为长江中游湖北省与江西省毗邻的下巢湖地区适合"09"厂的建造。

江川造船舾装码头全景

1969年11月5日，国防工业军管小组、国务院国防工办下达筹建长江核潜艇厂设计任务书。11月7日，六机部在"09"厂工程基本建设及包建厂会议上，正式确定"09"厂建在江西瑞昌县的下巢湖地区，由六机部第九设计院设计，武昌造船厂包建，这些决定在当时是国家最高机密。会议还议定厂名为"国营长江核潜艇厂"（此厂名从未公开使用过），代号6214厂。为保密起见，厂名对外称"国营武卫金属结构厂"（后又更名为"国营燎原机械厂"）。

至此，神秘而颇受重视的"6214厂"便正式诞生了（代号6214有来由，其中6表示六机部，214为纪念毛泽东主席1969年2月14日批示）。

基建工程大会战

1969年11月21日，六机部下文指示：6214厂于1970年开始基建，1974年正式投产，年产第二代核潜艇6艘。很快，由武昌造船厂技管人员组成的6214厂筹备组抵达下巢湖，开始工厂的筹建工作。同年11月25日，六机部军管会批复长江核潜艇厂设计任务书和生产纲领。

1970年2月25日，工厂成立工地筹建领导小组和党的核心领导小组，开始"通路、通水、通电、平地"的"三通一平"工作。同年9月，经6214工程指挥部批准，成立福州军区6214工程长江核潜艇厂工地会战指挥部，负责工厂的基建和生产建设。

6214厂的基建工程项目达110项，总投资2.1亿。下巢湖区为总厂区，码头一带为分厂区。由国家建委一大队、交通部一航局和三航局、工程兵等单位组成的施工大军，在闽赣两省1万多民工的协同下，按照"先生产，后生活；先厂房，后宿舍"、"边设计，边施工，边安装，边生产"的"两先两后"和"四边"的施工原则，动工上马开始了基本建设，其组织的三次大会战，则把建厂工作推向高潮。

首次大会战于1970年9月21日打响，建工部一大队、三航局、天津挖泥船队、江西省重工业地质队、解放军6696部队以及闽赣民工共11 900余人，投入到热火朝天的施工中。这次大会战的基本任务是：要求在1970年12月底以前完成自制件分厂、总厂工具库以及机修车间、降压站和材料码头，完成部分仓库、宿舍、食堂的建设等。同时开工的工程项目还有黄鸭泉耐压加工车间、303船台、舾装码头等。大会战的口号是"苦战一百天，誓夺第一个战役大会战的全面胜利"。

施工会战一开始，由于机械和车辆不足，大批土建材料积压在码头。施工人员、民工和职工组织起来，用板车推、扁担挑和脸盆端，只用几天时间就把上万吨土建材料运到施工现场。当时常遇风雨天，给施工造成很大困难，如水泥无法浇筑，运输用板车在泥泞的路上难以行走，滂沱大雨还会使已完工的工程遭受毁坏。

这些困难吓不倒施工人员，雨天拉下的工程，晴天加班补上。当时工地"白天一片人，夜里万盏灯"，几千人昼夜奋战。在施工人员的共同努力下，提前十三天，圆满完成首次大会战任务，在这次会战中，自制件分厂超额完成七个项目，总厂区完成立体结构面积达48 000平方米，几项重大工程如303船台、舾装码头、黄鸭泉耐压加工洞体车间和总厂区材料码头等都已动工兴建。

第二次基建大会战从1971年1月开始,其任务是在7月1日前完成十二个项目,计50 800平方米的基础及预制件相应的厂内外给排水、动力管道、电力照明网络等;4月底完成分厂建筑工程收尾和到厂设备安装工作,争取5月1日分厂基本建成投产,以保证工地基建施工的需要。

江川造船分段搭载合拢船台

会战集中国家建委第一施工大队三区队和民工2000多人,采用"分批上马,各个击破"的战术。到5月1日,分厂按期投产;7月,枣树垄所有厂房包括规模宏大的303主体结构全部完工;总厂江边材料码头、由工程兵负责施工的黄鸭泉耐压加工洞体车间等也于7月1日前胜利竣工。与此同时,东里湾公路基本通车。至此,第二次大会战取得了辉煌战果。

第三次大会战又叫"黄鸭泉工程大会战",从1971年7月20日开始。黄鸭泉工程建筑面积达6万多平方米,其中有3个1万多平方米的大厂房,是6214厂基建工程的关键,被称为难啃的"硬骨头"。

为了做到上得快、速战速决,保质保量地完成这次大会战的任务,在会战现场成立了指挥部,指挥员到第一线直接指挥。在会战中,施工员创造了几个大工号分段突击、流水作业的施工方法,大大加快了施工进程。

全厂最大的207车间,面积达13 000平方米,立柱每根高30多米,重70多吨。在打桩作业中,集中几十台车辆和1000多名施工人员,昼夜施工,15天完成54个大基础,预制好全部立柱。在短短的三个月中,将所有的立柱吊装完毕,整个工区的厂房主体结构全部完成,质量完全符合施工要求。

职工队伍来自四面八方

由于6214厂是一个保密性和技术性很强的单位,对职工的政治、思想和文化素质都有较高的要求,加之计划定员多达12 000人,因而职工队伍建设成为急需解决的重要问题。在中央领导重视和全国各有关单位大力支援下,从1969年底到1972年12月,工地的党政组织认真细致地展开职工队伍的建设工作。

6214厂的职工队伍主要来源于全国造船厂、研究所、大学分配的学生、新招青工和部队复转人员等。1969年11月19日,武昌造船厂派出36名先遣队员之后,又支援6214厂700多名职工。随后,408厂、425厂、426厂、431厂、441厂、872厂、874厂、青岛造船厂等也给予大力支援。这些老厂来的职工有技术熟练的老工人,有管理经验和政治思想工作经验丰富的党政干部,有受过高等教育的工程技术人员……这些人员是6214厂的骨干力量,在基建和转入生产的准备工作中,为6214厂的建设和发展作出了重要贡献。

随后,北京压缩机械研究所,六机部一、二、三研究所和"五七"干校,江西省"五七"干校,青岛海军潜艇学校等,也都积极支援6214厂部分科研人员、医生、干部和教师等。1970年3月,清华大学30名毕业生分配到厂;同年8月,上海交通大学、哈尔滨军事工程学院、北京航空学院、北京医学院等又有242名毕业生分配来厂。这些年轻大学生来到工厂后,给工厂注入了新鲜血液,增添了新的力量。

1970年3月,工地党组识派人到井冈山地区接受600名退伍战士。同年4月,江西军区独立营等部队又分配400多名退伍战士来厂。这些经部队大熔炉培养锻炼的退伍军人大部分是党员、团员,他们是工厂生产和建设的主力军和带头人。

六机部于1970年6月和9月先后又给6214厂下达3000名招工指标。为贯彻执行这些文件指示,6214厂从1970年8月底开始由厂筹备小组组成四个招工小组,分别到九江、星子、修水、庐山、瑞昌、上饶、波阳、乐平、万年、余干和余江等地招工。到1972年上半年,共接收新工人3900多名。这些青工陆续被送往北京、青岛、福州、南昌、南京、镇江、武汉、广州、天津、上海、哈尔滨、大连等15个地区35家工厂培训。接着,原435厂在江南造船厂培训的364名青工于1972年9月转入6214厂。到1972年年底为止,6214厂的职工人数已达5864人。

为了使进厂青年工人很快能承担起高新技术产品的生产任务,培养青工成为具有高度社会主义觉悟、熟练的生产技术、严格的组织纪律和良好的道德风尚的一代新人。指挥部高度重视,特别选派了一批素质好的老工人、干部和解放军政工人员到各培训点负责培训管理工作。工地负责人对青工培训工作提出的要求是:紧紧依靠培训厂的领导和师傅,提高为人民服务的思想,恭恭敬敬、老老实实地向老师傅学技术;学技术要精益求精,干工作要不怕苦,不怕累;具有良好的道德风尚,严格的组织纪律性,反对自由主义。

由于各培训点都认真贯彻落实对青工培训的要求,使青工的精神面貌发生了明显的变化。许多青工积极要求进步,严格要求自己,并申请加入党团组织。各培训点都在青工中发展了一批共青团员,而南京和北京培训点于1973年还将表现突出的青工发展为共产党员。如北京培训点发展的青工党员尹国华,其先进事迹曾发表在《北京日报》上。在天津一家工厂培训的15名青工为了保护国家财产,奋不顾身地救火,受到培训工厂的表扬;大连培训点的青工为了挽救危重病人,主动献血;武汉培训点由五个复退战士组成的起重班,被评为先进集体。培训的一个重要成果是涌现了许多技术尖子。如北京培训点青工邓浔阳的钳工水平已达钳工五级;大连培训点女青工訾巧云学徒不到一年,就被选为参加万吨轮试航。

从1972年5月开始,在全国各地培训的青工陆续返厂。这些经过技术培训的青工很快投入了生产,成为独当一面的技术能手。直到现在,他们中很多人仍是工厂的骨干。

艰苦创业　变缓建为再上马

经过近两年的基本建设施工,6214 厂的面貌日新月异,一幢幢厂房、宿舍大楼拔地而起,一台台崭新的设备安装就位,一条条公路通向厂区四面八方全国各地支援的技术工人和干部已陆续进厂,在外地培训的青工也一一返厂⋯⋯一个具有战略意义的现代化的舰船制造企业已初具规模,不久将投入试生产,人们期待着这一天早日到来。

然而,全国的经济形势发生了变化。1972 年召开的全国计划会议,根据国家财力不足的实际情况,中央提出了"缩短基本建设战线"的方针。六机部按照这一精神,做出"确保重点,缩短战线,集中力量打歼灭战,充分发挥投资效果"的决定,并在这一年10 月上旬召开的所属单位参加的会议上宣布:6214 厂工程缓建,还明确指出,6214 厂缓建后两年主要是进行生产性建设和竣工收尾,相应进行生活区的建设,并利用已经形成的生产能力,组织技术练兵,开展过渡产品的生产和试制工作。缓建令发出后一个月,国家建委一大队、交通部三航局、上海 101 和 104 施工队、上海打桩公司、福州军区生产建设兵团、福州军区工程兵、六机部安装公司、天津航道局挖泥船队、水电部船舶电站以及闽赣两省民工等施工单位和人员相继撤离工地。至此,6214 厂工程进入缓建阶段。昔日喧腾繁忙的工地,如今显得格外寂静。6214 厂领导和广大职工面临着对工厂前途和个人命运的思考和选择。

不是"等、看、要"　而是"争、闯、干"

工厂的缓建,不啻是颗重磅炸弹爆炸,震动了所有职工,整个工厂陷入人心涣散和思想混乱之中。当时,"工厂下马""职工调到'三岛一市'(秦皇岛、青岛、葫芦岛、上海市)"的谣言满天飞,职工们没有心思上班,上班时间打麻将、去野外钓鱼的现象到处可见,无政府主义思潮泛滥成灾。6214 厂向何处去?这个十分严肃的问题摆到了厂党委和全厂职工面前。以王序卿为首的厂党委及时分析形势,明确提出:6214 厂工地不是下马搬迁,而是要跃马扬鞭;不是"等、看、要",而是要"争、闯、干"。

1973 年 3 月,由于施工队伍的撤离,6214 厂工地基本建设停顿下来。而刚进来的江西省建筑公司拒绝承担基建"尾巴工程"。面对这种困难局面,6214 厂工地党委教育职工,要放长眼光,要坚持学大庆,发扬自力更生、艰苦创业的精神,自己动手搞基建,自己完善生产手段,自力更生变缓为上,为国家做出贡献;并响亮提出"围墙自己砌,厂房自己盖,设备自己装"的口号,动员全体职工自己动手建厂护厂。

在 1974 年 6 月的一次党委会上,党委书记王序卿按照"建厂先建人,建人先建思想"的原则,提出实行"三三"制的建议,即三分之一的职工参加生产,三分之一职工参加学习,三分之一职工参加基建。这样,有利于培养政治觉悟高、技术熟练、敢打硬仗的职工队伍。

在艰苦创业,自己动手为工厂缓建后做贡献的群众活动中,6214厂工地党委及时树立"分厂三连"成功建造钢引桥的先进典型,从而找到激励广大职在缓建后为国家做贡献的路子。分厂三连共有职工89人,其中只有15名老工人,技术力量薄弱。他们主要承担加工25毫米以下薄板的装焊工作。但是,他们敢想、敢干,敢于迎接挑战。他们在主要设备和施工场地都比较差的情况下,承担了生产30米长钢引桥的任务。接受任务后,分厂三连党支部先后召开了四次支委会、六次骨干会,统一思想认识。他们认为建造钢引桥是"炼思想,炼作风,培养新生力量,为今后生产打基础的好机会"。随后,连队召开誓师大会。全连职工在连长的率领下,发扬"自力更生,艰苦创业"的精神,没有吊车就用人肩扛,没有"洋"设备就土法上马;车间工作场地狭小,就在露天场地摆开战场。当时正值盛夏炎热季节,全连职工顶着烈日露天工作,仅用了一个半月的时间就保质保量地完成了钢引桥的建造任务。钢引桥的建造成功,极大地增强了广大职工自力更生变缓为上的自信心,也使工地党委看到了群众艰苦创业的积极性。党委及时抓住这个先进典型,开展"全工地学三连"的活动,从思想上纠正"下马""搬迁"等冷风造成的混乱。"一花引来万花开",整个工厂很快出现了厂子缓建心不散,誓为国家作贡献的生动局面。

风雨之后见彩虹

1973年至1977年是6214厂艰难地变缓为上时期,这五年中,全厂职工自己动手完成37项基建工程,总面积达12 250平方米,自己安装设备273台,自制非标准设备471台,自制各种工具52 753件,安装各种管道10 000余米,铺设电缆线14 000多米。开通了工程兵部队急需的特种舟桥生产线和3000吨以下民用船舶生产线,累计完成产值6346万元,年全员劳动生产率已达6000元,6214厂从而结束了吃"基建饭"的历史。

这五年中,厂党委高举鞍钢宪法大旗,坚持自力更生、艰苦创业精神,在上级领导的关怀和支持下,全厂职工用自己勤劳的双手和无穷的智慧,取得了基建和生产的双丰收,赢得了上级党委的信任和重视,并连续两年被江西省委表彰为"工业学大庆先进企业"。

这五年中,全厂职工在变缓为上的崎岖道路上,蹚过了一道道的急流险滩,经受住了严峻的考验和磨炼,终于拨开乌云见到了希望的阳光。

转产船舶的闪亮业绩

6214厂通过变缓为上阶段后,完善生产手段,打通生产线,练就一支思想好、作风硬、敢打敢拼,技术上得到较大提高的职工队伍,标志着工厂开始进入全面正常的生产时期。1979年,六机部对6214厂(1980年被六机部正式命名为"国营江州造船厂")的生产纲领进行调整,由原来生产"09"产品(核潜艇)调整为生产3000吨级以下军民用船舶。

1978年，工厂接到为工程兵部队制造特种舟桥和中小型船舶的生产任务，同时，已开工的五条2640马力推轮的生产也在加紧进行。接着，又有两条2640马力推轮开工生产。工厂的生产出现欣欣向荣的局面。

为了在1979年12月完成4条2640马力推轮生产，船厂成立推轮生产指挥部，并开始进行推轮生产大会战。全厂干部和工人日夜奋战，在短短的3个月内就完成所有推轮的生产任务，创造了船厂短期内完成生产任务的历史最好水平。1980年，全厂完成总产值3438万元，占年度计划总产值的107%，开创了建厂以来完成生产任务的新纪录。

根据中国船舶工业总公司制订的"国内为主，积极出口，船舶为主，多种经营"的战略方针，新生的江州造船厂在船舶建造和新产品开发方面不懈努力，并取得丰硕的成果。为工程兵部队建造的6套特种舟桥属国内首创，1984年获部优产品奖。

自1980年以来，先后建造635C中型海道测量船、5000吨油轮、2300吨江海直达货轮、90米囤船等各类船舶170余艘，总吨位累计15万吨。其中，拖轮、江海直达货轮和甲板驳船获部优、省优产品称号。

1983年，江州造船厂和上海交通大学联合设计并建造我国最大的沿海双体客轮"瑞昌"号，在经济上实现扭亏为盈。为使双体客轮顺利下水和为满足此后建造5000吨船舶所需，江州造船厂自行设计建造了总长110米，宽27.5米，举力为2000吨的"庐山"号简易浮船坞。

1986年，江州造船厂承接景德市压湾沙金矿采金船的建造任务。为了适应世界船舶市场发展的需要，船厂瞄准石油液化气船等特种船舶的发展前景，并派技术人员到国外实地考察。

1991年，工厂率先进入国际船舶市场，承接出口船建造。

1993年，成功建造了出口新加坡230TEU集装箱船和我国最大的内河油船——16 000吨自航自卸原油船。这两种船的成功建造，有力地提高了工厂的信誉和建造出口船的能力。按照英劳氏船级社规范建造的230TEU集装箱船先后打入东南亚和香港市场，为国家创汇1200万美元，并进入中国银行公布的机电行业500户创汇大户行列。

1994年，承接了4艘出口德国的4800DWT多用途船，要求两年内建成……

通过各种新船型的开发和生产，江州造船厂实现了由单一船舶产品到开发生产多种新产品的跨越，从生产5000吨级船舶到生产万吨级船舶的跨越，从国内市场走向国际市场的跨越。与此同时，产品质量和生产效率进一步提高，造船技术人才得到培养和锻炼，从而增强了工厂在国内外船舶市场上的竞争力。

多种经营　开创新路

江州造船厂以造船主，在大力开发和生产各种军民用船舶的同时，还积极在非船舶产品方面进行开发和生产，并获得可喜的成果。

1981年,江州造船厂为港商生产的铸铁管,深受港商的好评。

1982年为美国PIN公司生产了外贸法兰,质量获得用户肯定。

1984年,船厂与南昌县汽车修配厂联合生产130汽车。

1985年,为鄱阳啤酒厂生产啤酒罐,承接工程兵重型桁架桥的生产任务,并攻克重型桁架精度要求高和加工难度大等技术难关,圆满完成了生产任务。为开发和生产发电站锅炉,船厂先后和美、英、西德等国的巴布科克公司,以及西德的斯特米勒公司、兰杰斯公司等洽谈过联合生产电站锅炉业务,并于1985年6月派船厂总工程师对丹麦、西德和英国等国的6家公司进行考察。与此同时,船厂还多次派人到国内电站锅炉企业调研,并设置锅炉、压力容器设计室,还委派工程技术人员到华中工学院学习锅炉设计与制造,使工厂取得一、二类压力容器设计制造许可证。1986年以来,船厂先后承接宝山钢铁厂的房柱、房架、行车架等钢结构件7000吨左右,总造价达1300多万元;承接大冶钢厂洗涤塔、焦油器、钢水包以及冶金工矿配件,产值460万元;承接鄱阳、南丰、广济的啤酒罐和柠檬酸罐等250万元。此外,还承接东方锅炉厂的汽轮机部套和沙大铁路的土方工程……

开展多种经营,促进了工厂的体制改革和技术开发,锻炼和造就了技术队伍,并形成一支经营开发力量,同时提高经济效益(1987年,船厂多种经营收益已占全厂总产值的一半),从而为进一步开展多渠道、多层次、多品种的开发工作打下基础,也为从单纯船舶产品到多种经营,从单纯生产型转变为生产经营性企业创造了有利条件。

经历阵痛的华丽转身

随着改革的不断深入,在当时的形势下,由于种种原因江州造船厂与许多军工企业一样,背上了沉重的债务及企业办社会等历史包袱,越来越不适应市场经济发展要求,工厂生产经营举步维艰。

2004年4月,江州造船厂被国务院全国企业兼并破产和职工再就业工作领导小组列入全国军工破产计划项目。

2005年2月3日被九江市中级人民法院宣告破产,2005年12月31日破产终结。这意味着,全厂职工又面临着一个严峻乃至痛苦的抉择和考验,刚刚热闹起来的漫漫江岸是否会又一次冷寂下来?

江州造船厂破产后,原企业800多名职工自筹股金,成立江州联合造船有限责任公司,注册资金3000万元。公司从此轻装上阵,首先投资技改,立稳根基。2006年,根据市场的发展趋势,为了可持续发展,与中船第九设计院合作,委托九院对公司未来20年的发展方向进行科学规划,公司投资4亿多元建设年造船30万吨生产线。

然而造船是一个资金、技术和劳力密集型的行业,特别是融资和担保是制约船厂承接订单的瓶颈。公司创建初期的股权结构和家底既不利于内部管理,又不可能融资或由银行出具保函,企业无法承接出口订单。早在2004年开始,为稳定职工队伍保持生产不停队伍不散,在无担保无法融资的情况下承接了武汉聚友公司的两艘12 000吨多用途船的来料加工制造。但对新公司来说没有新订单,意味着没有后续发展动力。在江州联合造船公司成立初期为有效破解这一难题,经慎重考虑,公司领导果断决定靠大联强进行股权置换,有效解决了造船合同担保和融资的难题。经省领导及有关部门的积极协调,中国瑞联实业集团子公司江西天宇科技有限公司同意为企业提供担保,这不仅提高了企业的市场竞争力和抵御风险能力,同时也破解了企业无法接单难题。

江西首艘自行建造、自营出口万吨散货船下水

在不到一年的接触中,江州联合造船公司与瑞联实业集团之间了解不断加深,进一步加深的合作意向日趋强烈,虽然当时企业破产了,但瑞联集团具有深远的战略眼光,他们看中了公司"与生俱来"的潜质:拥有大型造船生产线设备,有良好的管理团体和优秀的技术产业工人,还有一个与长江相连的天然湖泊。不仅如此,瑞联集团还预测到了国际船舶有需求量大增、市场景气周期拉长、船舶产业利润好的发展趋势。为谋求企业更大的发展空间,瑞联集团有意涉足国际船舶业,而原江州造船厂正苦于没有资金扶持,所以双方一拍即合,洽谈进展十分顺利。

2006年10月,经过双方多次洽谈,中国瑞联实业集团有限公司、香港INPAX公司、江西天宇科技有限公司联合收购江州联合造船公司全部股权,注册资本增加至1250万美元。由此,瑞联实业集团正式入主江州联合造船公司,当年就完成工业总产值4.08亿元,实现销售收入1.74亿元,上缴税金1140万元,创下历史新高。2007年5月,为抓住发展机遇,夯实发展基础,提升造船能力,公司全面启动出口船基地技改扩能项目,该项目总投资4亿多元,以扩建两座两万吨级船台为核心,以接长舾装码头、平整预舾装堆场等为重点,努力将公司年造船能力提升到30万载重吨。同年9月,通过股权置换,公司成为英属维尔京群岛INPAX公司全资的外资企业。2007年,完成工业总产值75 083万元,同比增长84%,完成工业增加值18 775万元、同比增长104%,出口创汇8743万美元。

经过几年的快速发展,公司现有员工1200余人,其中大专以上学历人员300余人,各类专业技术人员200余人,持有国家职业资格证书(中高级技术等级证)技术工人700余人。公司享有自营进出口经营权,取得了ISO9001:2000质量体系认证证书,具备一级Ⅰ类钢质船舶生产条件,具有设计制造20 000吨级、年造船30万载重吨的生产能力,尤其在20 000吨以下的集装箱船、多用途船、重吊船、化学品船等产品上形成了自己的品牌优势,在国内和国际市场上享有较高的声誉和影响力。先后成功建造了 60 多艘出口欧亚地区的多种船舶,主要船型有 230TEU 和 670TEU 集装箱船、4800 吨和 12 000 吨多用途船、14 000 吨重吊船、16 500 吨成品油／化学品船 12 500 吨多国用途造船等。

新的公司被授予一级 I 类船舶制造企业、江西省首批六家船舶重点企业之一,被评为九江市企业 30 强,九江市优秀企业,江西省企业 100 强,江西省优秀企业,并连续三年被评为省国防科工系统先进单位。2008 年、2009 年连续两年分别获瑞昌市委市政府颁发的贡献奖、税收上台阶奖。2009 年还获九江市人民政府颁发的贡献奖。在 2012 年 3 月由江西省国资委、江西省工信委指导,江西省生产力学会主办,国家统计局江西调查总队调查的首届"江西最具影响力企业"评选活动中,江西江州联合造船有限责任公司获评"江西最具影响力企业"。

经受了阵阵历练,昔日濒临绝境的旧厂,终于以一个全新的英姿呈现在世人面前。一座座曾经落寞的生产工房,又热火朝天。漫漫雄阔的江岸,又欢声笑语,顽强的江州造船人,再度挺立起来,并以更豪迈的步伐迈入全国造船先进行列。

自强的江州造船人,乘改革春风,漂亮地完成了一次华丽的转身!

浴火重生　再铸辉煌
——9318 厂重生记

陈庆华

艰辛的起点

20 世纪 60 年代中叶,华东局国防工办为贯彻中央三线建设"靠山、分散、隐蔽"六字方针,决定在长江中部建设一座军用小型舰艇厂。

1966 年 7 月,由上海求新造船厂 11 名专家骨干组成的包建筹备组,从上海抵达南昌,在江西宾馆受到省委书记白栋才的亲切接见,随后前往九江湖口,并于次日抵达鄱阳湖与长江交汇处的湖口东北 3 公里处七里冲。由此,拉开了三线军工企业——江西内河小艇厂(原江新造船厂前身)的建设序幕。

很快,昔日野兽出没、人迹罕至的深山沟,响起了筑路建厂的开山炮声和辛勤创业者的阵阵劳动号子。从大上海及其他各地来到江西支援三线军工建设的创业者们,住的是"干打垒",啃的是冷馒头,喝的是池塘水,点的是煤油灯,经过 3 年多的艰苦创业,他们硬是靠肩扛手抬,建成了一座修造船生产能力较强的三线军工厂。

1969 年 12 月 26 日正式验收达产,也就在这同一天,工厂纲领产品"968"班艇开工建造。

1970 年 4 月 20 日首艘登陆艇胜利完工,在我国内地班排艇生产线上,造出了第一艘钢质快艇。

不久,根据上级部门部署,江西内河小艇厂与上海求新厂正式脱离,更名为江新机械厂(代号国营 9318 厂)。按照总体规划要求,当期建设投资为 250 万元,生产纲领规模建设为全年制造班艇 60 艘、排艇 20 艘,并中修排艇 20 艘的生产能力。但该规划中的 12 个工建及技术改造项目,在 1977—1997 年的 20 年间,实际完成的项目仅 2.5 个。后总投资增加至 800 余万元,扩建有 500 吨级下水滑道及码头设施,在满足以上纲领产品规模不变的前提下,平时可转换建设内河拖轮和驳船,以解决江西、安徽两省内河运输问题。

首制鱼雷快艇

70年代初,上级部门将试制鱼雷快艇的光荣任务交给9318厂。

1972年3月12日,我国首制某型"R704"钢制双管鱼雷快艇正式在江新厂下料开工。

1973年3月20日,第一艘"R704"钢制双管鱼雷快艇建成下水;1973年12月,经过半年多的码头系泊试验、海上扩大性试航等,首艘"R704"钢制双管鱼雷快艇(滑行艇)在南海舰队顺利交付海军某部使用。

1974年3月,改进后的第一艘026水翼型鱼雷快艇正式开工建造。

1976年11月,建造完工的水翼型鱼雷快艇首艇,航行试验获得圆满成功,其航速及水翼性能系全国第一,填补了国内空白,不久后还荣获"全国科学大会奖"。同年6月,改进型鱼雷快艇(026系列)水翼艇通过了由六机部、海军装备部牵头组织的部级技术鉴定,正式成批量生产建造并按计划列装部队。快艇交付海军使用后,受到部队官兵一致好评。

1981年12月20日,工厂大批量建造的也是最后一艘026系列水翼型鱼雷快艇点火开建,于1983年8月3日如期交付。

此后,026系列鱼雷快艇在保持母艇高速巡航和鱼雷突击作战等特点之外,还成功加装雷达系统、渔政系统等多项先进技术设备,各项技战术性能通过中船总公司、总装备部的技术鉴定和使用单位的高度认可。在此基础上,026系列鱼雷快艇进一步升级为026G型高速巡逻艇和026H型高速巡逻艇。

舾装码头

1993年2月，根据上级主管部门和军方要求，江新造船厂又批量开工建造多艘026H型高速巡逻艇。

1994年11月，外观优美、性能完备的多艘026H型高速巡逻艇，胜利完工交付海军驻港部队使用。

至此，9318厂为我国南海、东海、北海舰队以及援外任务，在近十年间，共建造完工、批量交付该系列026水翼型鱼雷快艇多达几十艘，为我国海军建设和国防事业作出了突出贡献。

曾经的辉煌

20世纪80年代中期，工厂的生产经营全面开花，硕果累累，可谓是鼎盛时期而足以载入史册。这一时期可以说是江新船厂历史上最为辉煌的阶段，也是所有江新人最值得自豪和骄傲的日子。

1998年之后，为提高市场竞争力，工厂自筹资金2000多万元，对室内船台二跨、横移区、机电安装车间等造船生产线的部分主体设施进行了改造，使工厂承造船舶单船吨位能力提高到3000吨级。勤劳智慧、自强不息的江新造船人在艰苦条件下团结拼搏，先后为海军建造有包括新型扫雷艇在内的各型军辅船120余艘，极为有力地支援了海军及国防现代化建设。

1986年7月13日，工厂隆重召开建厂二十周年纪念大会。国防科工委副部长陈丹淮、原海军副参谋长林真、海军科技委副主任原北京市市长焦若愚、中船总公司副总经理徐志坚、潘曾锡先后莅临指导并为建厂二十周年题词。

这一年，708所、710所、704所、驻厂军代表室、接艇部队等单位在工厂联合举行"082"军民共建大会暨某新型扫雷艇下水典礼。

这一年，80客位内河玻璃钢气垫船成功下水；来自全国各地的造船系统、海军系统、交通部系统、大专院校系统、省市交通航运系统、九省一市水运情报网系统的60家单位、117名代表应邀参加下水庆典。工厂玻璃钢气垫船研制成功下水的宣传报道被船舶工业杂志、江西电视台列为1986年重要新闻。

这一年，英国女皇伊丽莎白的丈夫菲利普亲王，乘坐工厂制造的"茶花"号玻璃钢气垫船游览鄱阳湖，欣赏候鸟区。工厂建造的供港湾及沿海进行水上游览和娱乐活动的家用高级豪华玻璃钢游艇，在香港成交销售，首开我国玻璃钢游艇打入大陆外市场纪录。

这一年，九江市委、市人民政府隆重召开"五四三"活动先进集体和个人表彰大会，工厂荣获"文明工厂"光荣称号。当年，工厂还被评为江西省安全生产先进单位。

我们将铭记江新船厂的辉煌历史：

从海军第一艘鱼雷快艇的成功建造到世界上最大容量的300立方清漂船的完工交付；

从高速工作艇参加太平洋海域发射运载火箭试验成功，到全封闭式耐火型救生艇

翻转180度后自动扶正,填补我国造船工业空白;

从某型侦察渔轮技术、战术性能达到国内先进水平,到某新型港湾扫雷艇荣获中船总优质产品奖和科技进步二等奖;

从援助非洲布隆迪海军批量高速巡逻艇建造成功,到多艘高速巡逻艇如期交付海军驻港部队使用;

从"大庆式"企业,到荣获全国科学大会奖。

正是通过一代代江新人的不懈努力,铸就了"团结、自强、务实、创新"的江新精神和敢打硬仗、善打硬仗,特别能吃苦、特别能战斗的军工造船人优良传统和作风。

浴火重生,凤凰涅槃

为适应三线建设而诞生的江西江新造船厂,有其无法克服的弊端:

一是工厂建设布局不合理,先天不足。"靠山、分散、隐蔽"的建厂方针使工厂总体布局变成了瓜蔓式、村落化,相对偏僻的地理位置,使企业内外协作困难,大大增加了生产成本。

二是企业办社会包袱沉重,厂办职工医院、子弟学校、托儿所等社会职能一应俱全,工厂办社会的后勤服务人员曾占到职工总人数的1/3之多。沉重的负担制约了企业的竞争力。

三是机制不活、观念滞后、人浮于事、效益低下。在中国改革开放全面走向市场化的经济大潮中,深深烙上计划经济时代印痕的江西江新造船厂的种种弊端暴露无遗,积重难返的连年亏损和资不抵债,使企业的信誉严重下降,融资困难,窒息了工厂的生存发展空间,正常的生产经营陷入恶性循环,难以为继。

在经历了长达4年之久的痛苦抉择,江西江新造船厂终于走向一条理性选择的不归路——军工企业政策性破产改制。

2006年7月14日,九江市中级人民法院依法裁定:江西江新造船厂破产清算工作结束,终结破产程序。至此,整整走完四十年风雨历程的原江新造船厂完成了她的历史使命,正式悲情谢幕,退出了国字号船企的历史舞台。

浴火重生,凤凰涅槃。在中船集团公司与清华同方签订合作框架协议基础上,2005年12月4日,同方股份有限公司以整体竞买方式成功收购江西江新造船厂破产财产,并妥善安置原造船厂500余名职工。清华同方收购原江新造船厂破产资产进行重组,旨在以技术和资本相结合,大力发展造船实业,为军方提供高端技术和精良装备。从此,有着优良军工传统的江新造船事业加盟清华同方后,以崭新方式获得凤凰涅槃般的新生。

"承担、探索、超越,忠诚、责任与价值等同"的同方理念,在与9318厂军工企业的优良传统价值观有机融合过程中,同方江新人已逐步形成"观念、能力、眼界、队伍、质量、安全"是促进同方江新造船事业又好又快发展的关键因素之共识。与此同时,同方江新人第一次响亮地提出:把职业当事业,把企业当家业;第一次把事情做好,每一次把事情做好;做好每一天的事,做好每一件事;工作不在我这中断,差错不在我这发生,客户不在我这失望,形象不在我这损坏。

经过军工企业政策性破产改制的洗礼,浴火重生后的同方江新造船事业焕发出蓬勃向上的生机和活力。军品优先,民品优选,不断提高市场开拓攻关能力;转模建制,苦练内功,不断提升船舶生产建造水平。开拓创新,与时俱进,抢抓机遇,乘势而上,致力于做精做强,谋求长远发展,走向国际市场;致力于结构调整,开发高技术、高附加值的船舶产品。

2006年开局之年,公司生产经营实现突破,取得了令人振奋的好成绩。在当年江西省百业龙头企业综合评定中,同方江新一举跨入江西省金属船舶制造业三大龙头企业。

2007年同方江新各项工作再上新台阶,当年承接船舶订单合同额28.3亿元,为年计划的近5倍,实现净利润为年计划的一倍多;当年圆满完成海军装备专项计划(多艘某新型扫雷艇)全部生产任务,被江西省国防科工办授予"江西省国防科技工业先进单位"荣誉称号。

随着公司首次承接出口德国的12 000吨多用途系列船首制船的顺利下水和成功交付,同方江新造船生产能力一举实现从3000吨级到20 000吨级的大幅度跃升和历史性跨越。

2010年10月,随着该系列万吨级多用途出口船的全部完工交付,创下了同方江新造船全年交船11艘、年工业总产值超7.5亿元(相当于原江新厂历史近10倍)的历史骄人业绩。

搏击风浪,再铸辉煌

沧海横流,方显英雄本色。在金融危机席卷全球,船舶市场复苏尚需时日的行业环境中,让我们共同见证同方江新造船事业发展的历史足迹,感受一下她强有力律动的脉搏:

2007年9月,江西省常务副省长凌成兴视察公司在建的万吨级船舶生产线工程项目。

2008年7月,江西省副省长洪礼和专程来公司调研。

2009年元月,江西省发改委批复核准了同方江新造船有限公司扩建船台、码头建设项目,即达产后形成8万/年载重吨船舶生产能力。

2010年4月,国资委副主任李伟来公司实地考察,江西省副省长谢茹等陪同。

2007年9月,同方股份公司董事长荣泳霖一行来公司视察和指导工作。

2008年4月,同方股份公司总裁陆致成一行来公司视察和指导工作。

2008年8月,公司顺利通过海军装备承制单位资格审查现场审核。

2009年第四季度,公司荣获中国人民解放军总装备部《装备承制单位》注册授牌,成为江西省目前唯一一家获此殊荣的船舶制造总装企业。

拥有江西省造船行业当时最大起吊能力达320吨的1.65万吨级干船坞工程项目,于2007年4月奠基动工,2008年5月顺利通过交工验收。

2007年7月,总长185米,配备有30吨门座起重设备、变配电所安装容量达1600余千瓦的万吨级船舶舾装码头工程开建,2008年6月顺利通过交工验收。

2007年9月,江西省第一个"海关船企合作模式"在同方江新举行授牌仪式。

2008年2月,装载有大型船用进口主机的"申洋1号"外轮,从韩国蔚山港直达公司专用码头,开创了国际航行船舶直达江西九江非开放水域码头先河。

2009年4月,江西九江海关在全国率先尝试出口船舶"属地申报、口岸验放"的区域通关新模式,该公司建造的5000匹马力平台供给船快速办妥了出口新加坡的一切报关手续。

2009年2月,公司成功中标两艘渤海油田多功能环保船;2010年6月,该环保船首制船"海洋石油252"如期建成离厂,创造了公司首制船舶产品船台建造周期历史新纪录并提前48天顺利离厂起航。2010年7—8月,建成后的海洋石油252、253姊妹船紧急驰援大连实施海面溢油应急清理任务作业,在大连海面溢油海域大显身手,该船的首次出色"亮剑"就赢得大连市委市政府、国家海洋局等有关部门的高度评价。

2009年10月,公司首次出口德国的12 000吨多用途船首制船成功交付,实现了同方江新有史以来建造成功万吨轮的历史性跨越。

2010年10月,江西省最大吨位的17 000吨多用途船首制船"克利帕·拿骚"号顺利下水。

2011年1月,该系列多用途船"克利帕·纽瓦克"号,仅用60余天有效作业时间即实现出坞下水,创同方江新造船成立以来下水吨位最大、船坞建造周期最短的历史新纪录;2011年7月上旬,该船交船团队仅用短短不到2天的时间,就圆满完成了最为关键的航行试验项目——海试。

2010年12月,从国家商务部援外工程项目传来好消息,同方江新造船从多家船企中胜出,成功中标总价近亿元的我国政府援圭亚那2艘渡船,首次跻身于我国政府对外商务援助领域。2011年10月中旬,该2艘渡船仅用10个来月的生产周期即成功建造,圭亚那共和国驻华大使亲临现场出席了"援圭亚那2艘渡船竣工典礼"并致以热情洋溢的贺词。

2011年11月上旬,同方江新造船有限公司为海装某部成功批量建造的某型28米军用船艇,顺利离开公司江边码头,自航编队前往我海军某舰队目的地交船。

江西省人民政府在《关于加快船舶工业发展的若干意见》中强调,同方江新造船公司作为正式列入全省船舶工业"三大基地"的中小船舶制造基地骨干企业之一,进一步充分发挥现有中小船舶制造的基础优势,实行错位竞争,以做精做强为目标,重点发展高技术含量、高附加值船舶产品,优先发展多用途散货船、集装箱船、化学品船、成品油船、拖轮、中高档游艇、高技术含量赛艇及海洋工程配套产品等,努力将九江船舶制造打造成为国内知名、国际具有影响力的中小船舶制造基地,把船舶工业培育成为中部地区崛起的新兴支柱产业。

在新一轮船舶市场重新洗牌和良性发展的进程中,同方江新人为把自身打造成为同方股份公司麾下的高技术含量的一流造船企业,勇立潮头、搏击风浪、开拓创新、做精做强、再创佳绩、再铸辉煌而奋斗!

一家船舶配套企业的阵痛与嬗变
——国营第491厂发展纪实

梅 干　柯 可

国营第四九一厂（代号491厂）创建于1970年3月,隶属于中国船舶工业集团公司（CSSC）。现注册地为九江市经济技术开发区九瑞大道79号,生产基地分瑞昌夏畈老厂区和九江城西港区新厂区。占地总面积32.1万平方米;建筑面积10.5万平方米（其中瑞昌老厂区6.5万平方米;九江新厂区4万平方米）。工厂拥有各类设备526台,总装机容量1.7万KVA,装备复杂系数8308。各类专业技术人才400余人。

国营第四九一厂建厂第一厂名为江西特种装置厂,第二厂名为井冈山机械厂,1981年更名为九江船用机械厂,是一家三线军工企业。40多年来,491厂为我国国防建设和瑞昌经济发展作出突出的贡献,为当地的文明进步和共同繁荣留下深深的足迹。但由于地理位置偏僻、职工生活条件艰苦、人才流失严重、社会包袱沉重,企业发展波澜曲折。回首44年风雨路,重视3000余人奋斗史。491厂经历4次剧烈阵痛和一次嬗变后重现生机,取得长足进步和飞速发展,并创造多项辉煌业绩,现已步入国家重点保军企业行列。

第一次阵痛:应对纲领产品下马

为落实毛泽东主席"214"工程建设指示精神,加强造船工业区域配套工作,1969年4月六机部军管会召开"造船工业区域配套"会议以后,以六机军字（69）592号文下达了江西特种装置厂设计任务书,确定由大连426厂包建,设计任务由六机部第九设计院完成,建设任务由国家建委第一施工大队承担,厂址选在原瑞昌县南阳公社夏畈大队王家。

1970年2月25日,六机部以六机军字（70）099号文下达《关于成立四九一厂筹建领导小组的通知》,成立由魏治国、李芙莱、周祥奎、王普林、赵永福5位同志组成的筹建领导小组,海军代表魏治国任第一副组长、周祥奎任副组长。来自大连426厂的首批骨干8人和江西首批退伍战士20人开始进驻工地,3月26日筹建领导小组召开进点誓师大会,九江地区指挥部、瑞昌人武部、县国防工办、南阳公社及当地社员300多人参加大会,拉开491厂的三线建设序幕。

1970年3月,由军民代表组成的领导班子,发扬"艰苦奋斗、自力更生"的创业精神,带领来自全国各地支援三线的建设者和参加工程建设的各路大军,豪情进入深山峡谷开始轰轰烈烈的三线建设。建设者们以喝溪水、住草棚、啃干粮为荣,在崇山峻岭之间修路架桥、平基建房、购置设备、完善设施,仅用两年多时间,就在瑞昌夏畈石溪冲建起了一座大型军工企业,很快结束了靠基建补贴吃饭的历史。后经省六机局批复,"三支两军干部撤回部队安置意见",党委工作移交给周祥奎负责。工厂党政20多个职能管理部门和子弟学校、职工医院、食堂、商店、粮站、幼儿园等三产服务机构应运而生,工厂成了一个"小而全""大而全"的小社会,在其特定的历史条件下发挥着积极的作用。

1971年4月13日,原六机部以六机规字(71)296号下达《关于四九一厂扩初设计批复》,491厂生产纲领为:年产双筒结构某导弹发射装置100套。刚完成基本建设的491厂,迅速承担起我国某发射装置筒盖系统专业骨干生产企业责任。先后完成国家下达的重点型号研制任务,所研制的某筒盖系统和某生命维持系统分别荣获国家科技成果特等奖和中国人民解放军总后勤部二等奖,为我国国防建设作出积极贡献。

改革开放前后,随着国际局势的变化和国家产业结构的调整,国家一批重点型号缓建。对491厂来说,意味着纲领设计产品下马。没有军品生产计划的危机是企业将全面停产,军品生产相关配套资金也会取消。491厂和3000多职工家属第一次面临着生存选择,企业何去何从引起人心浮动。工厂党政领导班子审时度势,在党委书记周祥奎,党委副书记、革委会主任(厂长)王普林等老领导的带领下,一方面稳定职工队伍,开展职工教育培训,完成职工技能变轨;另一方面根据企业设备能力,组织骨干力量深入市场调查,全力向民品市场进军,1985年3月在原中国船舶工业总公司第一家取得三类压力容器设计制造资格。企业经历了从"找米下锅"到客户上门、从饥不择食到择优接单的转变。

经过第一次阵痛后的491厂赢得了军转民的发展空间。凭借自身的研制能力和拼搏精神,在产品定位上取得质的飞跃,产品遍及全国20多个省和市。1986年YSP15KG压力钢瓶获部优产品奖;1988年GYQ-高压氧舱荣获江西省优质产品银质奖。企业也成为江西省为数不多的国家一级计量单位、国家二级企业、国家三类压力容器设计制造单位。1990年人均产值、利润和职工收入等主要经济指标在地区公司十多家企事业中名列前茅,是同行业的佼佼者。

第二次阵痛:经受市场经济考验

在党的十三大以后,我国开始建立市场经济体制,全面实现"两个根本转变"。国有大中型企业和沿海开放地区企业逐步建立现代企业制度,迅速适应市场经济体制需求。而先天不足、后天不良的491厂在经济体制转轨过程中显得格外蹒跚和十分迟缓。主要症状表现如下:

一是职工思想观念滞后,对市场经济认识不足,仍以国家职工自居,缺乏危机感和紧迫感;

二是企业社会包袱沉重,小而全、大而全的社会服务性非生产成本开支过大;

三是机构臃肿,人浮于事现象较严重,生产工作效率不高;

四是企业地理位置偏僻,运输费用偏高;

五是国家指令供应计划取消,原材料采购随行就市,加大了企业的生产成本和流动资金投入;

六是急于求成、盲目扩张,对外设置五家分支机构,管理上又鞭长莫及,分散了企业竞争力。

由于上述原因,491厂在同行业竞争中日渐落伍,逐步陷入困境,从1994年开始出现潜亏,以后又是连年亏损,企业发展举步维艰。

压力容器制造车间

面对竞争日益激烈的市场大潮,491厂又一次面临着生死存亡的抉择。产品市场萎缩,生产任务严重不足;资金捉襟见肘,职工工资无法按时足额发放;人心思走,专业人才纷纷跳槽。企业濒临崩溃的边缘。

以倪志同志为代表的新一届领导班子接手后,清醒地认识到企业转轨失利的严重性,并针对企业存在的问题及时采取有力措施。首先,利用集团公司安排广船国际对口帮带的机会,选派干部到广船国际学习和挂职锻炼,聘请专家来厂诊断和授课,不断提高干部职工的思想认识,增强干部职工的市场意识、质量意识和竞争意识;其次,在职工中开展"企业发展怎么办？我为企业做什么？"的大讨论，上下形成扭亏脱困共识，并提出了"不靠天、不靠地、企业振兴靠自己,学广船、重质量、重塑企业形象"的奋斗口号；第三，深化企业内部改革，开展精简机构、定员定编、裁减冗员工作；第四，收缩战线、精干主体，集中力量扭亏脱困；第五，建立经营承包责任制，提高经营人员待遇，充分调动经营人员积极性。

经过全厂艰苦不懈的努力，企业开始止滑爬坡，生产经营形势逐渐好转。

2000年初，企业在激烈的市场竞争中争取到一套企业断线多年的原纲领产品研制任务。该项目工期紧、难度大、技术要求高、政治责任大，是承接后续批量研制任务的"身份证"。全厂职工齐心协力，特事特办，仅用6个月的时间圆满完成过去要用20个月才能完成的研制任务，赢得军方的信任，消除了军方的疑虑。军方首长以"特别能战斗、特别能吃苦、特别能攻关、特别能奉献"的赞誉评价企业。由于该研制任务完成出色，后续军品签约超过2.5亿元，军品项目由一个系列扩展到四个系列，同时，获得国拨重点工程保障条件建设资金8500余万元，通过保障条件建设，企业发展后劲和竞争实力明显增强。

经历第二次阵痛后的491厂深知市场竞争的艰辛，倍加珍惜来之不易的发展机遇，坚持"保军促民、军民并举"的发展战略。在确保军品研制顺利完成的前提下，大力推进民品结构调整，几年内开发50余种规格型号的船用配套产品。船用配套产品从无到有，从小到大，从国内到国外，达到年产5000万元规模，成为企业新的经济增长点。企业先后通过了中国新时代认证中心质量体系认证，军方质量体系认证，获得七个国家船级社的资格认可，企业管理水平不断提升。

第三次阵痛：完成军民分立改制

为了保证保军企业轻装上阵、长远发展，根据原国防科学技术工业委员会科改[2003]1031号《关于九江船用机械厂实行军民品分立的批复》，同意491厂实施"军民分立、主辅分离"政策。军品科研从九江船用机械厂剥离出来，组建九江海天设备制造有限公司，沿用491厂代号，承担保军责任。社会服务机构和三产部门从九江船用机械厂中分离出来，移交地方管理或进行市场化动作。九江船用机械厂从事民品生产经营，并实行政策性破产。军民分立改制无疑是优惠政策，是党中央、国务院对三线军工企业的关怀。但涉及企业和职工的眼前利益与长远利益、局部利益与整体利益的取舍矛盾和调整冲突。谁到军品公司，谁到民品企业，谁去谁留都是棘手的难题。怎么改都会触及部分职工家属的眼前利益和局部利益；怎么改也会影响部分职工对国防工业的深厚情感。做人的工作是万难之首，491厂再一次面临改制成败的艰难选择。

面对企业改制成败的十字路口，企业领导班子未雨绸缪，明确提出企业改制的总体要求：既要以人为本，又要平稳推进；既要坚持原则，又要保持稳定；既要发展生产，又要完成改制。同时制定出具体的落实措施。

一是成立改制工作机构，学习兄弟单位的成功经验，制定切合企业实际的改制方案。

二是举办各类学习班,学习法律法规和改制政策,让职工统一思想认识,明白一个道理:三线企业不改制会失去持久竞争力,长痛不如短痛。

三是充分听取广大职工意见,将企业改制方案提交各代表组反复讨论,最终,厂职代会一次全票通过改制方案。

四是制定各项工作预案,最大限度地保护职工的根本利益,确保改制工作稳步推进。

五是实施阳光操作,按照公开、公平、公正的原则推进改制工作。

六是设立改制接待部门,做好深入细致的思想政治工作,帮助职工家属解疑释惑,稳定职工队伍。

经过第三次剧烈阵痛后的491厂已步入良性发展轨道。生产经营每年以30%左右的速度递增,2008年产值过亿元,利税过千万,产值、利润和职工收入等主要经济指标是1978年的十倍以上,企业发展前景广阔,竞争能力明显增强。2003—2007连续五年得获江西省"高新工程"研制先进生产单位称号;2006年获得九江市"当好主力军,建功'十一五',和谐奔小康"竞赛优胜单位和全国"安康杯"竞赛优胜单位称号;2007年,解放军总装备部等五部委授予企业"高技术武器装备发展建设工程突出贡献奖",2008—2009年分别获得江西省企业景气调查先进单位、经济技术创新先进单位和省优秀企业荣誉符号。企业竞争实力明显增强。

第四次阵痛:实现异地建设搬迁

为了优化发展环境,扩大生产能力,更好地承担保军责任,增强企业发展后劲。2009年根据中国船舶工业集团公司规划整合要求和国家国防科技工业局关于491厂"高新工程二期"和重点武器装备生产能力建设项目批复,工厂首期投资3.6亿元在九江城西港区兴建船舶机械设备项目,30个月内建成一个新的制造基地,老厂区部分生产能力调整至九江新区,老厂区保留制造基地能力,两个制造基地相互补充。总体要求是:军工任务不能减,生产经营不能停,建设周期不能拖,职工队伍不能乱。除要完成正常的生产经营任务以外,还要组织力量完成异地建设和调迁工作。任务极其繁重,压力十分巨大,矛盾异常突显。谁到新区、谁留老区难平衡,交通问题、住房问题难解决,用餐不易、倒班不便难破局……这对491厂来说又是一次空前的考验和抉择。

面对前所未有的挑战和机遇。以倪志、余平为主的党政领导迎难而上、激情进取,干部职工团结一心、顽强拼搏。工厂及时调整组织机构、设立专业小组,选择优秀合作队伍,在确保军工任务顺利完成和生产经营稳定增长的前提下,全力推进九江新区建设和调迁工作。经过两年多的艰辛奋战,九江新区于2011年12月开始投产,2012年上半年完成全线达产,三季度实现了功能完善、人员转稳与总量增长的同步推进,生产经营和各项管理工作逐步走上正轨,保证了新厂区和老厂区的有效衔接,形成了两个制造基地同时生产的良好格局。标志着491厂发展历史翻开了新的一页。

经过第四次阵痛后的491厂抢抓机遇求突变,按照现代企业制度要求锐意改革,苦练内功,努力塑造新形象、开创新局面、迈上新台阶、实现新发展。企业领导班子运筹帷幄,放眼长远,科学制定未来发展规划,着力打造三大板块:即海军装备XX装置研制生产板块、船舶配套产品研制生产板块和船用锅炉研制生产板块,形成三足鼎立的产品支撑发展格局。

2011年工厂与日本三菱重工签订了《三菱船用锅炉许可协议》,产品市场推介与营销取得实质性进展。2012年首单首制顺利完成,交付船厂使用。至2014年6月,工厂签订三菱锅炉合同达20船套,总价超过5000多万元,表明九江三菱船用锅炉已成为工厂民品纲领。与此同时,工厂大力推进灰罐散料系统集成工作,积极与上海611所联合开发散料系统,为企业拓展海工市场奠定基础。

近几年来,491厂通过创新制度建设、调整产品结构、转变增长方式、增强发展后劲,实现跨越发展的华丽转身,完成企业成长期的有机嬗变,形成自身独特的技术优势与良好的产品结构。产品涵盖水下和水面、船用和陆用、军用和民用,各类资质齐全,已成为具备较强综合实力的现代制造企业。2013年完成工业总产值1.3亿元,实现销售收入1.04亿元,上缴税530万元。

海阔凭鱼跃,天高任鸟飞。浴火重生的491厂在赣北大地这片沃土上茁壮成长,已驶入快车道,将乘新一轮改革东风,突飞猛进、一路高歌。491厂的明天会更加美好!

风雨沧桑四十八载 艰苦奋斗铸就辉煌
——记江西朝阳机械厂建厂发展史

李德全 汪海保 刘元莲

时光荏苒,岁月如梭,在经历近半个世纪的风雨洗礼,江西朝阳机械厂已建厂四十八周年。在历史的长河中,四十八年的光阴,只不过是短暂的一瞬间,但对于朝阳人来说,却是走过一段曲折与光明相伴、迷茫与期望相间、欢笑与泪水相随的漫长历程。朝阳厂从建厂初期的选址、建厂、搬迁、停缓建,到转产起步、艰苦创业、成长壮大,整个过程无不倾注着朝阳人的心血与汗水、智慧与力量。

一、1966—1972年,建厂之初四川、德安两地建设回顾

江西朝阳机械厂的前身是1966年原建于四川涪陵的向阳农业机械厂,当时国家根据加强军工三线建设的规划,于1966年1月由当时的农业机械部确定建立。1966年8月,经国家计委批准,将上海柴油机厂生产的12V-180型柴油机的设备和人员全部内迁,并在此基础上进行建设,由上海柴油机厂包建,选址定在四川涪陵。同年11月成立涪陵建厂指挥部,开始三通一平的工作。

尽管当时环境和条件都极为艰苦,但朝阳厂的第一批创业者还是勇敢地开始了工厂的建设工作,很快建起两栋职工宿舍和一个简易的职工食堂。1966年底到1968年这两年间,由于受"文化大革命"武斗的影响,民工跑回家,只留下守在工地的老一辈朝阳人,他们自动担负起保卫工厂的责任,在多次解除当地造反派对工地的围攻打砸后,有效地保护了国家财产。

1969年国家正式成立六机部,批准向阳农业机械厂转交六机部领导和建设,改名为涪陵高速柴油机厂,内部代号为国营第401厂。

就在工厂积极恢复建设之际,1971年1月,国家根据海军建设的需要,六机部在北京召开造船工业基本建设计划会议,确定401厂缓建,人员和物资全部迁往江西船用燃气轮机厂(对外厂名朝阳机械厂,内部代号6301厂)。

新厂址定在江西省德安县狮子公社紫金大队,这是一个距德安县城约五公里的地方,地势较为平缓,且四面环山。新厂址确定下来后,如火如荼的工厂建设开始了。

工地指挥部使用的房屋是建筑工地的临时搭建房,厨房是利用干打垒房,职工食堂则设在露天,职工煮饭烧水都利用地灶。面对如此艰难的条件,朝阳人在全国上下学习大庆精神的鼓舞下,不怕苦、不怕累,出大力、流大汗,开始自力更生,艰苦创业。他们在土岭上奠基,开山筑路、挖沟排管引水、挖坑树杆架线、手搬肩挑运石头、装卸建设材料、搭建临时厂房、住房和其他生产生活设施、安装设备等。开工仅半年多时间,就修路4.2公里、排放水管2.1公里、架电线4.5公里,并在位于德安县城的德安拖拉机厂旁建立了工厂机修车间,为工厂解决建设中的一般机修和机加工问题。职工食堂和四栋三层楼的内外走廊职工宿舍、单身职工宿舍也陆续建成投入使用。

在此期间,6301厂招集大量的员工。除原401厂搬迁过来的人员外,407厂的支内人员、全国各地调配到工厂的干部和工人、被安置的大批复员退伍军人、上山下乡的知识青年以及从全国各地陆续进入的员工,形成6301厂建厂初期的主要职工队伍,到1971年底工厂职工总数已超过千人。

他们时刻都为开工生产做准备,在进行基础设施建设、员工召集的同时,还积极开展员工培训。大量的人员被相继派往上海、成都、西安、无锡等地培训,学习燃气轮机制造加工的各类技术、技能,为工厂建成投产做好技能准备。

在此期间,他们还根据六机部的文件接收401厂的绝大部分的物资、设备及生产材料。这些物资与设备对6301厂以后的生产建设发展发挥积极作用。

正当6301厂在德安工地紧张建设施工的时候,六机部于1971年12月25日在河北保定召开的造船工业基建计划会议上,决定6301厂再次缓建,等待搬迁。

厂大门

科技管理大楼

1972年9月,六机部转发国家计委、军委办公《关于调整大型基建项目建设方案的批复》,决定6301厂搬迁到江西省彭泽县原435厂厂址建设。

二、1972—1985年,企业辉煌奠基的13年

1972年11月1日,召开了435厂与6301厂交接大会,6301厂工地指挥部正式在彭泽工地办公。至此,6301厂有了一个长期稳定的厂区,开始步入从小到大,奋力拼搏的新历程。为了纪念这一特殊日子,"7211"也被定为当时工厂的电报挂号。

工厂搬迁至彭泽厂区后,由于受计划经济影响,纲领产品很长时间无生产任务,

1972—1982年每年靠上级拨出的100万左右经费维持1000多名员工的生活和工厂建设,企业面临着人心涣散、人心思走的局面。在6301厂党委、厂部正确领导下,全体职工不畏艰难、奋发图强,自力更生搞建设,开发多种民品,广开渠道改善职工生活,不仅稳定了职工队伍,还为企业未来发展奠定了坚实的基础。

自力更生搞建设,为基本建设打基础

1972—1982年这停缓建的十年间,工厂不等、不靠,全体干部职工自力更生完成了青峰变电站、江边码头建设、架设供电线路12公里、铺设供水管道15公里,修筑公路3.5公里、平整场地10万平方米。同时,建起了14栋职工家属宿舍楼、一栋单身宿舍楼、职工子弟学校、幼儿园、职工食堂、商店、招待所楼、水泥库、发电房、锅炉房、浴室。在这10年的企业基本建设中,所有的土建和水电工程设计均由工厂相关技术人员自己完成,施工任务凡是职工自己能干的,全由职工自己干。特别是工厂码头工程大会战,全厂总动员,从党委书记、工地总指挥到普通职工;从头发花白的老同志到刚刚毕业进厂的年轻职工,都投入到热火朝天的码头会战中,仅用两个月时间,在没有重型机械的情况下,职工靠双手完成挖运土石方6800立方、浇混凝土260立方米,砌堡坎护坡820平方米的工程量。就在1976年这一年间,工厂自建14JHJ、19JHJ两栋宿舍楼,完成了机加工、热加工两个车间施工用砖瓦、沙浆的运送,他们手搬肩挑,共运砖75万块、拌运沙浆280立方米。政工保卫组的40名同志,起早摸黑苦干两个多月,制作水泥预制件2100余件,按时完成两栋楼的自建任务。

开发多种民品,为技术力量打基础

是坐以待毙、人散厂散,还是"找米下锅"、生产自救?在厂党委、厂部领导下,全体职工发挥自力更生、艰苦奋斗精神,克服重重困难,自行开发生产出多种民用产品。如:生产硬质合金刃磨机9台、电风扇43281台、折叠床36 820张、洗衣机182台、罐头划线机5台。

产品都是根据当时的市场需要开发的,加之经过职工的精心设计制作,所生产的产品一经投放市场,很快就销售一空。特别是工厂生产的龙宫牌电风扇,在1981年江西省经贸委组织的对全省43家电扇生产企业鉴定考评中,名列第二。

朝阳人通过生产自救,达到为国家分忧,为社会创造财富(企业从1982年开始为国家创造一定的税收),同时也提高了职工技术,增加了职工收入,稳定了职工队伍,为工厂后续发展积聚了力量。

改善职工生活,为稳定职工队伍打基础

工厂作为地处三线区域的停缓建企业,职工面临住房难、喝水难、吃饭难、洗澡难、燃料难等问题,物质十分匮乏。为稳定职工队伍,工厂党政重视职工生活的改善,千方百计为职工办实事。

十年间,工厂利用国家十分有限的基建拨款,共建职工家属楼14栋,改善职工住宿条件;新建职工医院、子弟学校、托儿所、煤气站、浴室、开水房等,较好地改善了职工家属看病难、洗澡难、喝开水难以及子女上学和入托难等生活困难。

他们还发展农副业生产,满足职工对副食品需求。1975年5月成立厂"五七农

场",全厂各单位职工先后有 250 多人次轮流到农场劳动,种菜、种瓜、种果树、养鱼、养猪、养鸡鸭等等。仅 1975 到 1979 年的 5 年中,生产蔬菜地瓜 2 万余斤,西瓜等水果 1.4 万斤、产鱼 5 万余斤;1985 年 2 月成立养殖公司,生产鸡万余斤,鸡蛋 2.5 万斤,这些农副产品全部供应给职工,较好地满足了职工群众的需要。

积极转产扩建,为企业步入辉煌打基础

漫长 11 年的停缓建期,朝阳人并没有人心涣散、队伍懈怠,生产自救等艰难历程反而激发出职工的更加昂扬的斗志。所以当国家对部分企业实行"关、停、并、转"和"八字方针"出台后,决定 6301 厂作为复合岩棉板舱室防火系统定点生产厂时,全厂上下又紧锣密鼓地投入新品上马的攻坚战斗中。

在刚接到转产文件时,厂内根本没有几个人听说过"复合岩棉板舱室防火系统",没有一张产品技术图纸,没有一台专用设备,没有新品生产车间。面对重重困难,坚韧不拔的朝阳人,没有任何胆怯和犹豫,全厂上下拧成一股绳,从 1983 年开始,用不到 3 年时间,完成了转产起步、试烧鉴定、实船安装、批量生产,引进扩建,到 1985 年底,基本形成年生产复合岩棉板 10 万平方米、2000 扇防火门的生产能力,为朝阳厂的腾飞奠定了坚实的基础。

三、1985 年至今,继承光荣传统再创朝阳辉煌

四十八年风雨沧桑,四十八年艰苦创业,四十八载征程跋涉,朝阳人用勤劳和智慧,谱写了一曲曲灿烂辉煌、催人奋进的凯歌。

经过几任班子的正确领导,通过朝阳职工的艰苦创业,工厂发生了翻天覆地的变化:先后购置一批批先进设备,新建厂房和办公大楼,工厂面貌焕然一新。

1995 年,工厂生产总值达到 4000 万元,产值翻了 30 倍,职工人均年收入达 5000 元。"十一五"期间,厂部和厂党委英明决策,抓住机遇,先后新建涂装车间、防火门总装车间和卫生单元总装车间,并购置数控转塔冲床等一批高新设备,使工厂进入持续高速发展的快车道。2005 年,工业总产值翻一番,达到 7000 多万元;2010 年再翻一番,工业总产值超过 1.5 亿,比 1985 年增长 113 倍,职工年收入从 1995 年的 5000 元上涨到 2.3 万元。

如今的朝阳厂占地面积 46 万平方米,建筑面积 15 万平方米,拥有职工近千人,其中中高级技术人员近 300 人。他们生产的船用复合岩棉板、防火门等产品具有防火、隔声、隔热、美观、易于组装等优良性能,产品质量达到国际同类产品先进水平,各项技术指标符合国际海上人命安全公约(SOLAS)的要求,产品已取得 CCS、LR 等多国船级社的认可。

他们的产品在国内各大船厂建造的 500 余艘船舶(其中出口船舶近 300 艘)上装备,并已出口美国、德国、丹麦、挪威等国和东南亚地区,产品使用领域现已扩大到医疗、生化、电子等陆用净化工程、家电等行业。

四十八年的创业,四十八年的精彩。四十八年来的朝阳历史犹如一幅壮美的历史画卷,抒写着朝阳人的骄傲与自豪。我们坚信,它必将伴随着祖国的繁荣和昌盛,走向更加辉煌的明天!

砥砺奋进五十载　科技创新谱新篇
——中国船舶工业集团公司第六三五四研究所掠影

吴　恒

巍巍匡庐，清新秀丽，逶迤长江，奔涌东流，在这物华天宝的千年古城九江，一颗闪耀着科技光芒的璀璨之星正冉冉升起，一艘满载科技力量的梦想之舟正扬帆起航。她就是中国船舶工业集团公司第六三五四研究所。

创业篇　报国保军功勋赫

六三研究所的初期名称为航海仪表工艺研究所，于1963年8月1日在上海航海仪器厂工艺室的基础上组建成立。1965年，在国家三线建设的召唤下，第一代创业者们从上海辗转千里来到了庐山脚下的蛇头岭，开启了报国保军的光荣事业。1966年1月代号改为六机部六三研究所。1979年12月，六机部下发通知，六三所、五四所合并为"九江精密测试技术研究所"，代号为"六机部六三五四研究所"，开始了专业从事惯性导航精密测试技术研究设计、精密检测试验与技术研究设计、配套仪器设备研发与精密制造的征程。

五十多年来，六三五四所凭着一份敢为天下先的勇气和决心，始终将服务国防、奉献社会作为自己的使命，艰苦创业、不断创新、积极开拓、不懈奋斗，取得了辉煌的业绩。形成了精密惯导测试、精密计量检测、精密机械制造研发核心能力，产品广泛应用于我国的航空、航天、部队等领域中，为我国经济发展和国防科技工业进步做出了积极贡献。

现在，六三五四所已经形成九江市经济开发区的科研区、庐山区生态工业园区试验试制区和庐山莲花乡、蛇头岭老所区一所三区的发展格局，科研生产建筑面积92 800多平方米，资产总值为2.26亿元。

创新篇　厚积薄发筑根基

五十年的长足发展，奠定了该所雄厚的科研、人才、技术和物质基础。现在，全所有职工450余人，其中，省部级突出贡献专家3人，享受政府特殊津贴专家12人，硕士以上学历占在编人员16%,高级职称人员占15.4%,形成了以机、光、电、计算机为主的多种专业的科技人才队伍。该所先后通过了 GJB-9001A 质量体系认证、武器装备科研生产许可证审核、国家二级保密资格认证、国家进出口企业资格证书。是江西省高新技术企事业单位、中国船舶工业精密机械产品检测中心、中国惯性协会理事单位、中国仪器仪表协会理事单位、中国环境保护产业协会水污染治理委员会单位委员、清华大学、上海交通大学、哈尔滨工程大学等知名高校学生实践基地。

经过几代人的努力,六三五四所的科技创新能力厚积薄发,实现跨越式发展。设计手段全面实现三维建模及仿真,产品数据实现集中管理并逐步向标准化、数字协同化发展。建有设备齐全、功能完善的研发中心、惯导测试工程技术中心、检测与校准实验室、产品检测试验室等。试验验证设施条件不断得以拓展,拥有一批精密加工和生产先进设备,形成了以五轴加工为核心的大型精密机械制造能力,产品装备生产实现集中装配和调试。累计完成科研项目170余项,获得国家、省部及其他重大科研成果奖80余项,取得国家专利30余项。一批科技成果已逐步转化为高新技术产品,广泛应用于我国航海、航空、航天、兵器、电子等行业的科研院所、高校和工矿企业,取得显著的经济和社会效益。

科研大楼

拓展篇　开疆拓域书壮志

天道酬勤,宝剑锋成。从创业到创新,六三五四所立足市场竞争,立志改革开放,致力于把科技创新成果转化为市场竞争力,实现了持续、跨越发展。从 7197 - Ⅰ 型转台的研制成功,到各类位置转台、速率转台、模拟转台、仿真转台的研制生产。从 CGPT - Ⅰ 双轴陀螺漂移转台荣获国家科技进步奖到各类惯测组合标定系统、惯导自标定伺服系统的装备研发批产,六三五四所已建设成为国内惯导测试技术领域具有显著技术优势和特有核心能力的专业研究所。

从利用真空浇注工艺的精密导电滑环成功应用于测试转台,到空间精密导电滑环研发成功,装备于我国"神舟"及"天宫"系列飞船,连续助梦"飞天"11 次,为六三五四所赢得了莫大的荣誉和骄傲。

从潜艇园度测量仪、高精度多齿分度台系列、数显自准直仪、CCD 激光自准经纬仪检测台、光学经纬仪检测台等产品的研发成功,到各类通用动平衡机自动曲轴动平衡、动力调谐陀螺激光光电动平衡机等,产品的投放市场,六三五四所的市场竞争能力不断增强,经济效益持续增长。

六三五四所深化体制机制改革、尝试公司化运营,成立全资子公司——精达公司。六年创业,风电滑环产业化,弹载惯导滑环批量配套,检测技术产品市场份额逐步增长,已成为六该所经济跨越发展的重要支柱。

六三五四所坚持科技创新,承担的国防基础科研、军工预先研究项目等顺利完成,为该所军工能力打下坚实基础。电液伺服阀测试台、智能关节坐标测量机、纺织变频器、激光船用罗经等自主研发产品抢占市场,为该所做大规模提供有力支撑。

员工们在精心装配导电滑环

近年来,六三五四所贯彻落实集团公司全面转型发展战略,果断进入船舶压载水处理装备产业,依靠科技创新、勇于拼搏,现通过了国际海事组织产品最终认证,为六三五四所实现转型跨越发展目标提供了强有力保障。

文化篇　和谐发展催奋进

五十年的创业拼搏,创新发展,企业文化作为六三五四所生存和发展的内在推动力,成为研究所核心竞争力的重要组成部分。六三五四所以"忠诚国家、建设国防、关爱员工、回报社会"为企业使命,发扬"诚信、务实、团结、创新"的企业精神,倡导"创造一流业绩,超越顾客需求"的企业核心价值观和"爱岗敬业、团结奉献、所兴我荣、所衰我耻"的员工荣辱观。大力推进先进企业文化建设,不断促进三个文明的协调发展。坚持开展拔河、植树、登山、国庆会演、员工培训教育、创新争优、帮学促、QC小组创建等形式多样的文体活动。内涵丰厚的文化原动力激励了全体干部职工在科研、生产、经营、管理工作中不断激情进取,奋勇争先,先进模范和先进典型层出不穷。

近年来,该所被江西省委、省政府连续授予"省级文明单位"称号;多个集体和个人获得国防科技工业系统、集团公司先进集体和先进个人称号。一块块闪亮的奖牌见证了六三五四所的奋勇争先,一面面鲜红的锦旗凝聚了职工的聪明才智。

愿景篇　激情追梦新跨越

迎风旌旗招云卷,勇立潮头逐浪高。卓著的成绩,离不开党和国家、地方政府及军方各级领导的高度关怀和热情支持;离不开集团公司、九江公司两级公司的领导和上级机关的科学谋划与悉心指引;离不开研究所领导班子和广大干部职工的拼搏进取和无私奉献。六三五四所一代又一代科技工作者不懈追求、顽强拼搏、无怨无悔、默默奉献,以扎实精湛的技术、慎严细实的作风、朴实无华的人格展现着科技报国、科技强军、科技兴所的赤子之心。

光荣使命在身,神圣职责在心。随着国家产业结构调整和创新型国家战略的深入推进,六三五四所又迎来深化改革、转型发展的重要战略机遇期。六三五四所将以成为国内惯性测试技术领域一流研究所为愿景,沿着"立足市场、保军促民、科技创新、做大做强"的战略思路,积极融入集体公司六大板块业务,贯彻落实集团公司全面转型发展战略,推进九江公司资源整合发展,实现六三五四所转型跨越发展的战略目标。

站在新的起点,我们志存高远、豪情满怀。面对民族伟大复兴的中国梦,我们勇担责任,激情进取,六三五四研究所正以坚毅的步伐迈向全面转型跨越发展的新征程,抒写更加华美绚丽的新篇章!

辛勤耕耘绘蓝图　继往开来谱新篇
——中船九江工业公司发展纪实

王光伟　吴　恒　王小英

古代,江西江州(九江市)地区,就有建造战船的悠久历史,而今,在这片肥沃的土地上,一家走过五十六年光辉历史的现代化造船企业——中船九江工业公司,如同一颗璀璨的明珠,镶嵌在滚滚长江岸边,与烟波浩渺的八里湖交相辉映,流光溢彩,引人瞩目。

奠基者　一段感人的记忆

1969年2月14日,毛泽东主席在圈阅中央军委办事组的请示报告中指示:"在长江中游另建一个核潜艇生产基地。"这一重要批示迅速传达到六机部。

1970年2月16日,国务院、中央军委造船工业领导小组批复同意六机部九江地区建设指挥部成立(同年6月改为214工程领导小组),统一负责领导九江地区造船基地基本建设工作,标志着中船集团九江船舶公司的前身的成立。

九船人的造船梦并非一路坦途,早在1958年,一机部在九江小校场成立九船新厂联合筹备处,筹备组经过调研、分析、比较,决定在九江地区筹建长江第一造船厂和九江船用仪表厂。

1959年2月7日,中国和苏联签订科技协议,九江船用仪表厂设计任务委托苏联承担。4月,九江船用仪表厂(441厂)动工兴建,6月九江技工学校开始筹建,九船人挥洒汗水与热血,投入到热火朝天的建设中……

然而,天有不测风云,1960年后,中苏关系恶化,苏联撤走在华专家,停止供应已采购设备、器材和技术资料,建设陷入困境。

次年1月,三机部第九工业管理局做出决定:撤销九江新厂联合筹备处,长江第一造船厂停建,九江船用仪表厂缓建,九江技工学校停课,580名学生下放地方支援农业生产,九江船用仪表厂基建改由一机部第九设计院承担,工厂改称九江仪表厂。

九江仪表厂在缓建期间,根据备战要求,按照"靠山、分散、隐蔽"的建厂方针,组织人员确定将原厂设计方案分成七个专业厂和一个型式实验站,分散在十里铺和沿庐山北、西、南麓地带的40余公里范围的山谷中建设。

1963年8月,中共中央、国务院决定进一步加大造船工业发展力度,九江仪表厂恢复建设,并从上海江南造船厂、大连造船厂等厂抽调大批管理和技术骨干参加建设。

1967年,九江仪表厂(441)全部建成投产。

而江新造船厂,则可以追溯到1965年华东局下达江西省地方军工23个建设项目之一的内河小艇厂。

1966年开始,根据华东局建设小三线规划,内河小艇厂在湖口县七里冲开始建设,设计纲领为生产内河班用968型、排用969型侦察艇,对外厂名永新修造厂,配套建设的还有船用附件厂和操舟机厂。

1969年,六机部第九设计院调整永修造船厂设计方案,投资增加到1072万元,年底,工厂建成投产。

1970年,六机部九江地区建设指挥部的成立,标志着九江船舶工业建设的新起点。6月3日,指挥部改称214工程领导小组,下设工程建设指挥部(214工程指挥部)开始统一负责领导九江地区造船基本建设工作。此后,在庐山脚下,长江岸边,响起雄浑有力的劳动号子,开始了轰轰烈烈的214工程建设工作。

来自祖国四面八方的创业者们,满怀革命豪情,离开故土,齐聚千年古城浔城,开始了建设。214工程指挥部成立时,各厂、站领导班子,由海军派遣的干部和包建厂派出干部组成。1970年,中央军委决定撤走300多名海军干部,由福州军区选调100多名营级以上军队干部充实各级领导班子,参加214工程建设的单位和人员来自全国30多个单位,人数最多时达到3万。

在浔阳湖畔,长江岸边,他们披星戴月,风餐露宿,靠着肩扛人挑,抢晴天、战雨天、抗酷暑、斗严寒,建设工作开得轰轰烈烈。214建设初期,各主要厂址在无电无公路的山沟,各厂先遣人员额外争取早日进点,没有运输车辆,就步行几十公里,用板车把物资、行李运进工地,做好施工准备工作。为了争取早日完成建设,施工队伍不等"三通一平"完成就进驻现场。在施工中,由于机械设备缺乏,工人们自制建设工具,大型施工设备无法搬动,便化整为零,一个部件一个部件搬到现场再拼装。

长江核潜艇厂,在第一次会战时,机械、车辆不足,大批土建材料压在码头运不进来,职工就用板车推、肩膀挑、脸盆端,几天时间就把十几万吨材料运到施工现场。下巢湖是血吸虫泛滥地区,为抢工期,等不到湖水下降,施工人员冒着感染血吸虫病的危险,下水挖湖,架设管道。彭泽地区军代表、老工人、复员战士在疫区为了抢救国家资材,患血吸虫病者达到100多人。

特种装置厂在山顶架设高压线铁塔,山陡无路,职工把铁塔一节一节抬上山。浇注铁塔基础没有水,他们就用雨裤装水背上山,在这样恶劣的工作条件下,建设者们克服种种困难,硬是竖起15个铁塔,架通5公里高压线。运输大型行车时,没有载重汽车,他们就动手改装拖车。为争取进度,利用夜间行驶,运一台行车要走60公里,通宵行驶十几个小时。他们用5吨位的普通汽车把大型行车一台一台地运进工地……

就这样，奠基者们凭着一股报国热血和对祖国的忠诚，扎根九江这片热土，白手起家，克服物质、文化条件极其匮乏的困难，用勤劳的双手，青春的热血，无穷的智慧，到1973年底，基本完成长江核潜艇厂（6214厂，后更名为江州造船厂）、特种装置制造厂（船用机械厂）、舰艇惯性导航仪器厂、舰艇武备指挥仪厂、船用阀门厂、闽赣物资供应站五厂一站的土建工程，与之前建成的九江仪表厂（441厂）、江西江新造船厂（9318厂）一起，奠定了中船九江公司的基础，开启了江西船舶工业建设、发展的新时代。

奉献者　一曲砥砺的赞歌

1972年底，六机部决定长江核潜艇厂（6214厂）缓建，在缓建期间，职工们自己搞基建和设备安装，克服种种困难形成生产能力，实现变缓为上。到1973年，工厂基本完成了国家投资的9409万元，基建军工36.9万平方米，主要厂房初步建成，部分设备已经安装。但是，由于调查研究和建设前期准备不足，工程在防止核扩散污染和在长江内解决反应堆实验的安全措施等方面存在严重问题。如果按照第二代核潜艇的要求，还需要补充很多工程项目和设备，技术问题成堆，投资缺口很大。不能生产核潜艇这一纲领产品，长江核潜艇厂（6214厂）刚刚建设完成，就面临"没米下锅"的困境。

这并不是长江核潜艇厂一家的问题，事实上，经过1969—1973年的建设，五厂一站初具规模，形成一定的生产能力，但技术力量依旧很薄弱，设备不配套，尤其是大型关键设备没解决，供电也没有落实，生产能力不完善，纲领产品科研试制没定型等成为普遍现象。这些厂家从诞生之日起，就走上了一条荆棘密布坎坷崎岖的发展道路。

但是，面对困境，九船人矢志报国，不辱使命，不等不靠，主动作为，以建设发展强大的船舶工业为己任，无私奉献，顽强拼搏，取得了令人瞩目的辉煌成就，为我国国防事业和船舶装备现代化建设，促进地方经济发展做出了不可磨灭的贡献。

1972年，江新造船厂根据国家对外军援计划安排，按照701研究所提供的设计图纸研制钢质双管鱼雷滑行快艇，型号改称R704型。

1976年11月，建造完工的水翼型鱼雷快艇首艇，航行试验获得圆满成功，其航速及水翼性能系全国第一。

1977年，钢质双管鱼雷滑行快艇和双关鱼雷单水翼通过部级技术鉴定，开始批量生产，装备海军舰队。1984年，在滑行艇和小V型水翼艇上换装了752型雷达、62型电台、增装357-ZLT-5型鱼雷射击指挥仪，使观察、通信战位与指挥人员的联络更加准确可靠，能在夜间或者能见度很低的情况下准确进行单艇鱼雷攻击，提高战术技术性能和鱼雷攻击命中率。至1983年停产，江新造船厂累计建造鱼雷快艇60艘，并受到部队官兵一致好评。

九江仪表厂生产的CDY型电液伺服阀与不同型号自动操舵仪配套，解决堵、卡现象和零位漂移问题，1976年，通过部级技术鉴定，获准投入批量生产，大量装备于舰、艇试验和使用。

1965年，九江仪表厂在仿制苏联产品的基础上，开始改进设计，研制出航舵-5型系列自动操舵仪和随动操舵仪等新产品,实现产品系列化。在仿制、改进自动舵第一代产品时,工厂应用电子技术,采用分立式晶体管和阻容元件,成功研制自动舵第二代产品。与第一代产品相比,自动舵第二代产品机械零部件和微电子数量减少了一半,航向灵敏度达到要求。新的集成运算放大器电路取代晶体管电路,简化系统结构和线路,方便各控制信号综合。80 年代末,他们又研制出第三代产品,JY6000 系列自适应操舵仪,具有高集成、高运算速度,能定时对舰船真航向、航速转舵角信号等进行采样处理、计算,以提供最佳操舵信号。

由九江仪表厂研发、设计、生产的产品 WP－1 型海洋重力仪陀螺平台,装船使用后,在国家安排的远洋火箭发射、同步卫星发射等重大异物测量中发挥作用。1984 年 10 月—1985 年 4 月,随"向阳红"10 号到南极考察,开展各项地质测量。

由江西航海仪器厂、九江船用机械厂、江西浔阳电子仪器厂联合研制的 78 式炮兵测地车,1979 年 2 月随部队参加中越边境自卫反击战。利用测地车提供的数据,仅用 20 余发炮弹,我军摧毁了越军一个榴弹炮营。

九江精密测试研究所(6354 所)的导电滑环组件,解决了机加、浇注成型表面处理和可靠性、稳定性等技术难题,具有道数最多、长度最长、尺寸精密、电流大等特点,广泛应用于航空、航天等技术领域。导电滑环产品还被运用到"神舟"系列飞船上。6354 所在 2008 年国家召开的航天工作表彰会上受到表彰。

四十六年春华秋实,四十六年硕果盈枝。公司先后获得国家专利授权 100 余个,省部级奖励 80 多项,多个成果荣获国家科技进步和国防科技进步一、二、三等奖和国家重点新产品奖等荣誉称号。组建成立了院士工作站、江西省惯性工程技术研究中心、江西省消防工程技术研究中心和省级企业技术中心,并长期与清华大学、上海交通大学等知名院校和科研院所开展合作,充分发挥双方资源优势,共赢发展。四十六年甘苦备尝矢志不渝,中船九江工业公司所取得的成就,所做的贡献,无论是从国防建设,还是从我国船舶工业发展,从促进地方经济建设的角度来看,都是一个奇迹。

改革者　一部拼搏的史诗

20 世纪 70 年代末 80 年代初,国际形势发生了转折性的变化。尽管战争的威胁依然存在,但和平力量有了很大发展,世界正逐步从对抗走向对话。为了争取一个较长时期的和平建设的国际环境,中国政府在不断加强同第三世界国家团结合作的同时,积极改善和稳定同美国的关系,签订中日和平友好条约,加强同西欧各国的友好合作。随着国际形势的重大变化,九江地区原来为准备战争突然爆发而建立起来的一些船舶企业,面临着军品任务锐减、生产线闲置、经济效益下降、企业亏损严重、职工队伍不稳等诸多困难。

与此同时,由于特定的历史背景,一些船舶企业是在国家急于备战的情况下匆促上马,并且受到"文革"动乱的冲击和"左"的指导思想影响,致使一些企业先天不足,留下了比较严重的后遗症。比如,由于当初选址过于匆忙,没有很好地进行工程地质勘察,只是片面强调"靠山、分散、隐蔽",使一些企业建在地质气候有灾害隐患、不宜居住的地方,造成了严重的后果。又如,由于工厂大多建在远离城市的偏远山区,交通不便影响生产、信息交流和科研技术的发展,职工生活和子女升学、就业困难等等。到80年代初、特别是改革开放后社会主义计划经济向市场经济的转变过程中,船舶企业已经到了无法维持下去的地步。

面对市场经济大潮的冲击,许多工厂并不退缩,而是主动搏击风浪,做市场经济的弄潮儿。因三次搬迁,十余年停建、缓建,朝阳厂没有形成生产能力和纲领性产品,靠六机部拨款维持生存。他们积极开展生产自救,利用向阳农业机械厂和长江水面舰艇厂配合基建施工使用的设施,生产硬质合金磨刀机、洗衣机、电风扇、钢塑折叠床、羽绒服等产品,累计生产电风扇32556台,落地扇10725台,折叠床76646张,羽绒服8774件。

1979年后,九江船用机械厂成为六机部第一批对外开放13个单位之一,工厂派出九批24人次到美国、日本等国家学习、培训、考察和洽谈商务。开发出液化石油气钢瓶等民用产品外,还与476厂合作生产西德利布赫尔公司的船用克令吊,与美国斯潘契克公司来料加工不锈钢牛奶接头,引进美国克莱顿公司的船用辅锅炉专利技术。

1981年,江州造船厂为港商生产的铸铁管,深受港商的好评。1982年为美国PIN公司生产了外贸法兰,质量获得用户肯定。1984年,船厂与南昌县汽车修配厂联合生产130汽车。1985年,为鄱阳啤酒厂生产啤酒罐,承接了工程兵重型桁架桥的生产任务,并攻克了这种重型桁架精度要求高和加工难度大等技术难关,圆满地完成了生产任务。为开发和生产发电站锅炉,船厂先后和美、英、西德等国的巴布科克公司,以及西德的斯特米勒公司、兰杰斯公司等洽谈过联合生产电站锅炉业务,并于1985年6月派船厂总工程师对丹麦、西德和英国等国6家公司进行考察。与此同时,船厂还多次派人到国内电站锅炉企业调研,并设置了锅炉、压力容器设计室,委派工程技术人员到华中工学院学习锅炉设计与制造,工厂取得了一、二类压力容器设计制造许可证。1986年以来,船厂先后承接了宝山钢铁厂的房柱、房架、行车架等钢结构件7000吨左右,总造价达1300多万元;承接大冶钢厂洗涤塔99万元,焦油器88万元,钢水包70万元,以及冶金工矿配件200多万元;承接鄱阳、南丰、广济的啤酒罐和柠檬酸罐等250万元。此外,还承接了东方锅炉厂的汽轮机部套和沙大铁路的土方工程等等。

通过开展多种经营,向市场要效益,这些企业度过军品任务减少的困难时期,稳定职工队伍,留住人才,形成了一些原始资本积累。

但随着改革开放的不断深入,由于背负沉重的债务及企业办社会等历史包袱,以及地理位置偏僻,机构臃肿,人浮于事,激励与约束机制不到位等原因,九江地区的很多船企还是陷入了经营困境,出现了潜亏,甚至连年亏损,企业发展步履艰难。

2003年开始,根据中国船舶工业集团公司对九江地区工作指示和九江地区实际情况,按照原国防科工委和中船集团公司破产改制工作目标,公司领导班子确定"以维护稳定为前提、改革脱困为重点、生产经营为中心、调整发展为方向"的工作方针,千方百计维护稳定,以改革、脱困、发展为阶段性工作目标,积极稳妥推进各项工作。九江地区原有八家企业中有原6214厂、原9318厂、441厂、6502厂四家企业列入国家军工企业政策性整体破产改制计划;458厂、491厂两家企业列入国家军工企业政策性军民分线、分立破产计划;6301厂实施"债转股";459厂进行公司化改制。

  九江地区破产改制工作政策性强、任务重、时间跨度长、涉及面大。从2004年开始,九江船舶工业公司认真贯彻中船集团公司对九江地区工作的指导思想,牢牢把握"维护稳定为前提,改革脱困为重点,生产经营为中心"工作方针,坚定不移地按照既定方针开展脱困、调整发展工作。2010年前,九江地区八厂一所中有六家企业要破产,两家企业要改制,破产改制使得职工安置、维护稳定、思想政治工作量大增,破产改制同时还有3家企业面临着由山沟搬迁至九江城区的任务,复杂的环境对地区和企业的生产经营产生了很大影响。但在中船集团公司领导和江西省相关部门指导下,各项工作取得了不错的成绩,完成了破产改制任务。其中,江西江州造船厂、江西江新造船厂实行政策性整体破产改制重组,江西浔阳电子仪器厂、九江船用机械厂实行军民分立改制重组,江西航海仪器厂完成公司制改制,九江仪表厂、江西船用阀门厂实行政策性整体破产重组,成立九江中船仪表有限责任公司(非控股)和九江中船长安消防设备有限公司。

  九江地区破产改制、改革脱困工作基本做到紧张、稳妥、有序、有效。国家国资委授予九江船舶工业公司"企业改革脱困先进集体"称号,授予陈长松、王朋松、王凤霞、贺金顺等同志"破产改制先进个人"称号。

整合者　一个崭新的起点

  九江地区企事业单位基本上均为三线建设的半拉子工程,在舰船总装及配套体系中没有明确的纲领产品,各企事业单位的生产经营是在十分困难条件下逐步发展的。由于历史和政策因素,九江地区新建企业建厂均未建成(即建厂不久就缓建或停建),纲领产品基本上都已调整,现有的绝大多数产品均是各单位自行开发和引进的,加上"三线"建设需要,绝大多数企业处于偏远山沟,交通不便,信息不灵,生活设施条件差,先天明显不足;建厂至"九五"以前近三十年,九江地区企业基本上没有得到国家专项计划的投入,后天严重营养不良。但各单位广大干部职工在上级的关怀领导下,咬紧牙关,发扬艰苦创业精神,经过两代人的艰苦奋斗,已基本形成较强的生产、研制、开发军民结合、船陆结合、船与非船相结合的导航设备及仪器、仪表、火灾报警与灭火系统、耐火舱室系统和防火内装材料、锅炉及燃烧器装置、压力容器、甲板机械、精密测试、仪器仪表设备等主要军民产品的能力。

  中船集团公司成立后,随着国家加快军工企业改革脱困政策的实施和重点工程的投入,九江地区一些企业甩脱历史包袱,生产经营开始有了起色。2003年以后生产经营处于持续稳定的发展态势,全地区生产总值年平均增幅已达18%,其中:年平均增幅超过25%以上的有459厂、491厂、441厂,2006年全地区首次实现扭亏为盈。2007年完成工业总产值6.11亿元,比2002年增长204%;工业增加值1.81亿元,比2002年增长了227%;销售收入5.39亿元,比2002年增长了231%;实现利润1524万元,比2002年增加了2000多万元。但生存和发展仍然面临严重的危机和挑战。

根据中国船舶工业集团公司创新思路,调整结构,稳中求进,着力实现破局发展的工作要求和集团公司党建工作会对九江船舶工业公司加速推进整合的重要部署,九江公司解放思想,创新模式,统筹规划,集成优势,坚持产品转型、结构转型和资源整合相结合,着重在船舶配套和非船产品发展上实现新突破。

经过多年推进,2012年4月,中国船舶工业集团公司党组对九江中船消防设备有限公司与九江中船长安消防设备有限公司进行整合,6月18日,以船工[2012]445号文正式批复同意两单位整合方案。

同年7月,九江船舶工业公司实施459厂与6354所的科研整合工作。按照两单位人员的编制、档案工资、退休关系等都维持不变的原则,将两单位惯性导航方向的专业人员整合在一起,成立九江中船导航产品研发中心。6354所的人才、技术优势和459厂工艺、产品优势得到较好结合,光纤陀螺导航系统顺利研制出样机,且技术指标比较理想。

经过整合,企业效益明显提升。2012年,九江船舶工业公司实现工业总产值7.3亿元,较上年同期增长7.15%;新签合同8.3亿元,较上年同期增长14.91%;销售收入7亿元,较上年同期增长6.07%;实现利润1906万元。经济总量稳中有升。

2013年5月,中国船舶工业集团公司在九江船舶工业公司的基础上,改制组建中船九江工业有限公司。

原九江船舶工业公司是中船集团公司派出机构,主要职能是按中船集团公司授权,对中船集团公司九江地区企事业单位进行"管理、监督、协调、服务",同时对直属子公司中国船舶贸易九江公司(以下简称"贸易公司")实行领导和管理。2013年5月21日,集团公司下发《关于将所持九江海天设备制造有限公司、九江中船消防设备有限公司及江西中船航海仪器有限公司股权划转给中船九江工业有限公司的通知》(船工经[2013]331号),将持有的九江海天设备制造有限公司、九江中船消防设备有限公司及江西中船航海仪器有限公司等三家公司的100%股权无偿划转给中船九江公司。同时委托管理江西朝阳机械厂、六三五四研究所。

整合后的中船九江公司主要经营中小船舶、船用机械及配套产品、阀门、导航仪器、电子产品、电器机械设备制造、销售,消防产品研发与销售。设立董事会、监事会,在董事会的领导下,由总经理负责公司全面行政工作,并开始了体制机制和职能转变,承担起九江地区经济发展和国有资产保值增值的直接责任。根据新公司承担的任务,公司明确了职能机构的职责及新公司的管控模式,促使职能从"管理、监督、协调、服务"向"决策、经营、管理、服务"转变,管理从粗放向精益型转变,以战略控制型管控模式为基本,逐步过渡到战略控制型管控与操作控制型管控相结合的管理模式。与此同时,2013年7月,推动了中船九江公司职能部门与六三五四所相关职能的复合。2013

年12月,以原六三五四研究所为主体,成立中船九江科技研发中心。

整合后的中船九江公司进入新的历史阶段,在"大九江,一盘棋"战略指引下,深化改革,整合转型取得实质性进展,经济运行也得到快速发展。2014年营业收入首次突破10亿元大关,较2013年增长44.85%,工业总产值同比增长42.6%,军民品比例结构进一步优化,风险防控能力不断增强。同时,从产业规划入手,重点开展面向2020年的规划论证,提出九江公司"1236"建设工程。即建设一个中船九江科技研发中心,打造中船海洋装备配套产品和国防电子信息装备两个产业区,发展机电、信息控制和生产性现代服务业三大板块业务。"1236"建设工程的提出,为九江公司未来整合做实指明前进方向,九江地区体制机制创新、产业发展也迎来新的历史时期。

抚今追昔,旨在登高望远;知往鉴今,志在继往开来。奋斗的历程已经载入史册,九船人更在意新的创造,进入转型升级的新常态,进而实现新一轮崛起的关键时期,面临的任务无比艰巨,肩负的使命无上光荣。

站在新的历史起点上,九船人豪情满怀,信心倍增,将在中船工业集团和江西省相关部门的领导和指导下,与时俱进,继往开来,乘势而上,抢抓我国船舶工业迎来的新的历史机遇,主动适应新常态,支持有市场、有发展潜力的产品,提升现有产品的品质与档次,注重产品成本控制与效益提高,不断谱写舰船现代化新篇章,不断创造中船九江发展新辉煌,为国防海洋工程建设和地方经济社会发展作出新贡献!

星火燎原小三线
——江西地方军工建设往事

蒋落成　徐贞权

引　子

江西地方军工建设如同星火燎原，生产出的武器装备可以武装二十多个师，小三线建设书写了一部可以载入史册的壮丽诗篇⋯⋯

江西历来是个孕育和推动革新的地方。

1927年"八一"南昌起义，中国共产党打响了武装反抗国民党反动派的第一枪，江西成为人民军队的诞生地；1931年10月，官田中央兵工厂建立，江西成为人民军工发祥地；新中国成立后，航空工业基地、核工业铀矿勘、采、冶基地在江西建立，造出了我国第一架飞机、第一辆军用摩托，还为我国第一颗原子弹提供了核燃料。

江西的小三线建设起步于1964年，以常规兵器和船舶为主。当时江西负责的军工建设项目占了全国地方项目的将近七分之一，生产出的武器装备可以武装二十多个师，为巩固国防、遏制外敌入侵都发挥了不可替代的作用。

外忧外患——催生地方小三线快速上马

20世纪60年代初期开始，我国受到外忧外患的强大压力。在北面，苏联出兵蒙古，在我国边境陈兵百万；在南部，美帝国主义悍然发动北部湾事件，企图把越南战火烧到我国南大门；在西南，印度妄图进犯我国西藏地区；在东北，日、韩允美驻军，敌视我国；在沿海边境，蒋介石蠢蠢欲动，不放弃"反攻大陆"的妄想。前后夹击之下，大力发展国防工业，成为保家卫国的必由之路。毛泽东提出，三线建设现在不为，后悔无及。中央决定，要做好"省之为战"的准备。于是，中央抓大三线，地方抓小三线。江西军工就由此筹建起来。

江西的小三线建设于1964年7月起步。7月20日，江西省成立由省委书记白栋材、副省长黄先、省军区司令吴瑞山、政委林忠照等领导同志组成的"中共江西省委国防工业领导小组"，具体领导江西省地方军工建设。11月18日，省委批准成立"江西省国防工业领导小组办公室",具体负责全省国防工业的管理和协调工作。11月20日,省委又批准成立"江西省军工局"(对外称江西省机械厅二局),协同省国防工业领导小组办公室,直接负责全省地方军工厂的生产和建设管理。有地方军工建设任务的地、市、县也成立了相应的组织机构。组织机构搭建以后,江西的小三线建设便紧锣密鼓,全面展开。

选项——江西占全国小三线项目七分之一

根据中共中央、国务院、中央军委统一部署,1964—1965年间确定的全国第一批小三线建设项目202个,江西选项23个军工项目。围绕这23个军工项目,1965年7月,中共中央华东局又给江西下达了46个配套项目,总计69个,投资3.6亿元,计划三年左右建成。配套的46个项目中,工业17个(内含冶金3个、化工3个、机械5个、电力3个、煤炭1个、林木业1个、其他1个),交通20个,通信9个。

江西小三线建设项目基本敲定后,开始了轰轰烈烈的建设工作。历经四五年的时间,建有工厂41个,水电站2座,输电线路676公里,通信线路2246公里,地下通信枢纽站6个,公路800余公里。按省地方军工厂设计能力,半自动步枪生产每年约可装备5个师左右,轻重机枪、高射机枪可装备10个师左右,火炮(含部属双管37、57高炮)约可装备6个师。

选址和布局——靠山、分散、隐蔽

中央决定小三线建设的选址和布局要坚持"靠山、分散、隐蔽"的方针。总参根据中央的部署将全国六大行政区划了九大片,华东局大区占三个片,即山东为一片,江、浙、沪、皖为一片,赣、闽为一片。赣闽片以江西老苏区为中心,辐射到湘鄂纵深山区,建成东南沿海战略后方基地,亦称华东区战略后方基地。这就是江西小三线。

建立江西小三线,是根据当时的军事战略要求、地理条件、供给条件、群众基础而决定的。江西幅员广大,有17万平方公里的面积,是华东区面积最大的省份,地势条件好,赣抚平原、鄱湖平原只占全省面积的29%,其余均为大山大丘陵,纵深大,好机动,战略回旋余地大;农业潜力大,能提供充足粮食保障供应;矿产资源丰富,山林多,河流多,可常年通航;山峦起伏,森林茂密,符合靠山、隐蔽要求;老苏区,群众基础好;等等。基于这些考虑,江西小三线选址和布局分为六大块:

第一块——以万载、宜丰、新余、铜鼓县为中心,安排了以高射武器为重点的9个项目,还安排了钢管、专用设备、标准件、弹簧等四个搬迁项目。第二块——以吉安、永新、泰和县为中心,安排了以步兵武器为重点的13个项目。第三块——以崇仁县为中心,安排了60、82迫击炮厂,60、82迫击炮弹厂,60、82迫击炮弹引信厂,手榴弹、地雷厂及木制件厂等五个项目。第四块——以德兴县、景德镇市为中心,安排了有色冶炼加工厂、磺胺、青霉素厂三个项目。第五块——以瑞昌县为中心,安排了中口径炮弹体厂、中口径炮弹装药厂、中口径炮弹引信厂三个项目。第六块——以瑞昌、九江、湖口、彭泽的150公里长江沿线为基础,安排内河小艇项目。

江西省国防工业领导小组成立不久,就开始了地方军工厂的选址工作。1964年10月2日,江西省副省长黄先带队,先后九批13次,踏遍九岭、罗霄、武夷各大山脉,察看100多个点,重点地区做了水文、地质测量工作。在选择半自动步枪厂厂址时,黄先脚穿草鞋,手拄拐杖,身带干粮,从秋溪开始溯水沟而上,跋山涉水进入深山老林,察看地形,最后确定工厂生产区建在永新县秋溪公社黄竹冲。1965年4月,省里又组织了百余人分组踏看湘鄂赣的80余个场地,选出25处作为建厂厂址。4月下旬,国务院副总理李富春来江西视察时,也亲自察看了重点军工厂厂址。1965年5月,为加快选址进度,华东局书记韩哲一、省委书记白栋材、福州军区副司令员邓克明、五机部副部长杨昌曾、上海市副市长李广仁等进一步实地察看了幕阜山脉、九岭山脉和罗霄山脉一带地形,然后在江西宾馆召开会议,敲定了江西小三线工厂的选址和布局。从此开始,江西小三线工厂如同星火燎原,在江西大地一个一个地建了起来。

艰苦创业——边设计、边建设、边投产

江西是个农业大省,缺乏工业基础。江西的小三线建设是在我国兵器和船舶工业部指导下,在上海人民的大力援建下,轰轰烈烈地开展起来的。选项和选址确定下来后,1965年5月,成立了第一基本建设指挥部和第二基本建设指挥部。第一指挥部由江西省副省长黄先任指挥,负责江西自建项目基本建设的组织管理工作;第二指挥部由上海市副市长李广仁任指挥,负责上海包建包产项目的组织管理工作。

为了加快小三线建设上马进度,采取了边设计、边建设、边投产的方针。

建在大山深处的老军工厂房

当时,严重缺乏设计力量。每建一个工厂都是临时抽调人员,工种不全,东拼西凑。为了扭转这种局面,采取了一些强制办法。对上海包建包产项目,组织十多个单位300多人的设计队伍。江西方面,在省内动员了六个设计院,从全省十一个单位抽调442人为小三线项目的建设进行突击设计。

1965年11月,召开省国防工业建设设计、施工现场座谈会,提出厂房设计标准,除特殊要求外,尽量不采用钢筋混凝土结构;宿舍造价每平方米不超过35元;厕所造价每平方米不超过20元。同时强调设计厂房要注重隐蔽。

1966年6月,在南昌召开设计、施工座谈会,提出学习浙江,建设起来的工厂,远看

像村庄,近看像民房,进院才知道是工厂。

建筑安装工作随着设计工作的开展而紧接着跟进展开。1965年6月起,上海建工局承建了18个,设备安装厂17个。初期,他们就派出了总数一万多人承担并胜利完成了建设任务。

江西基建施工力量不足,就发动群众参建。设备安装和土建施工同步进行。有的公路还未修好,就要把设备运进厂房安装。9399厂一种大型设备从上海运回上高,在南昌至上高的路段,重量超过桥梁负载,公路部门声称不采取措施不能通过。为了设备能顺利运进厂,工厂组织人员自带材料,请养路工人配合,一座桥一座桥进行加固,好不容易把几台大设备运到厂里。为了尽快建成工厂,形成生产能力,早出产品,江西军工人开山炸石,修桥筑路,洒尽汗水,贡献青春,历尽千辛万苦,把一个个工厂、一座座电站建了起来,把一条条公路、一道道桥梁修了起来,把万米电线和通信网线架了起来。

上海包建项目实行对口包建直至上马,于1965年5月开工,1969年建成投产,移交给江西。

1965年11月,国家计委、国务院国防工办发出通知,要求小三线1966年不仅要抓好基本建设,并且要抓好试制和生产。12月,省工办、省计委正式下达1966年小三线基本建设、试制与生产计划通知,首批列入计划的试制和生产产品是56式7.62枪弹、12.7高射弹、56式7.62半自动步枪、硝铵炸药。试制和生产必须有工装设备作保证。1966年2月,省工办、省经委在南昌专门召开了全省地方军工产品试制和工装制造会议。会上,表彰洪都机械厂、南昌柴油机厂、省农机修配厂、豫章机床厂、南昌市农机厂等单位完成工装制造任务配合好。会议确定,为了加强产品试制和工装制造的组织领导,成立"零字号产品办公室",由工办和经委领导,程希文任办公室主任,高振业任副主任。"零办"设在机械厅二局,负责安排任务,掌握进度,供应技术图纸资料,解决和调剂材料余缺,以及技术上的具体组织协作,交流经验和产品验收工作。

至1969年前后,江西小三线建设基本形成规模和较完整的体系,常规兵器产品和内河小舰艇源源不断地开发生产制造出来。

江西小三线建设作为一个历史阶段已经过去。这段历史在江西地方军工史上具有重要的地位。经过这段三线建设的光辉历程,首先,锻炼了江西人民乃至全国人民"不怕鬼"的精神。中国人民完全有智慧、有能力、有胆略战胜外敌的图谋。其次,树立了江西军工人"艰苦创业"的宝贵精神并留下了这笔宝贵财富。建设者们踏破青山,蹚过河沟;大地为床,苍穹当被;开山炸石,逢水架桥;饥肠辘辘,奋斗不止;汗水流淌,青春不惜。为的是"人家有的我们要有,人家没有的我们也要有"。最后,为江西的现代化建设留下了宝贵的物质遗产,推进了江西的经济建设,促进江西基本形成了钢铁、交通、电力、煤炭、化工、建材、电子、民爆、船舶、航天、航空、核能工业生产体系。

改革开放以来,江西地方军工经过调整、破产、重组、改制,现在步入了科学发展轨道,发生了巨大变化,取得了令人瞩目的新成就。江西军工人正走在中国特色社会主义大道上,在省委、省政府领导下,为建设和谐富裕秀美江西作出更大贡献。

创新求发展　军工展新篇
——江西钢丝厂（新余国科科技股份有限公司）创新发展纪实

邓　涛　宋巧玲

山川秀美、人杰地灵的江西新余，是一座充满生机与活力的城市，一座孕育无限希望与潜力的城市，她是镶嵌在赣中西部的一颗璀璨明珠。

江西钢丝厂（江西新余国科科技股份有限公司，以下简称"公司"）就坐落在这风光秀丽、景色迷人的沃土上。工厂深深植根于这块开放创新的热土，以开阔的发展视野、强劲的技术力量和科学的管理，续写着这块富饶土地上的一个又一个的经济传奇故事，为我国国防事业、人工影响天气产业和地方经济建设做出了重大贡献。

20世纪90年代中期起，企业经济效益逐年下滑，企业一度处于资不抵债的困境，全厂上下人心惶惶，职工纷纷外出寻找出路，企业处于风雨飘摇之中。2002年，金卫平同志被任命为厂长，临危受命，面对困局，用他的智慧和胆魄，带领企业浴火重生，闯出了一条新路，经过十四年的艰苦努力，使企业一举扭亏为盈，生产经营跃上新台阶，产品结构调整取得新进展，科技创新总体进展顺利，改革改制有了新突破，经济效益、职工收入获得新增长，各项工作取得了令人瞩目的巨大成就，主要经济指标均创下了历史最高纪录。截至2015年6月底，公司资产总额3.18亿元，净资产1.2亿元，2014年实现工业总产值、销售收入1.5亿元，利润总额3200万元，为企业的改革、发展和稳定工作做出了突出贡献。企业2002—2014年连续十多年获得江西省优秀企业、新余市优秀企业、江西省国防科技工业先进单位等称号。公司2010年1月被授予"2009年度全国'安康杯'竞赛活动优胜企业"称号。

艰苦创业夯基石

1965年上半年，江西省委、省政府根据中央部署和有关国防工业建设的"靠山、分散、隐蔽"的六字方针，选定在距安福县城西南60多公里远的陈山沟内兴建几个三线单位，其中之一为火工品生产专业厂——即后来定名的江西钢丝厂。由此，这个几经兴衰变迁的企业从大山深处诞生，历经近50年时代沧桑巨变，感受国家经济发展的风云际会。

难忘1965年那个枫叶渐红、硕果累累的10月,第一辆汽车开进了这个山高林密、野兽出没的陈山沟林场,来自全国四面八方的初期建设者们,特别是工厂筹建的领导不是来自洪都机械厂这样的大军工,就是来自县市级政府的副县级以上领导,他们放弃城市的优越条件,满怀报效祖国,支援国家军工建设的理想和热情,来到生活、交通极为不便的陈山沟。60年代的大学生可谓像大熊猫一样珍稀宝贵,而国家除每年正常毕业分配大学生外,曾经一次性分配100余名大学生到企业,可见当年这个名不见经传的企业承载了多少党和国家的期望。这些大学生绝大部分在这里成家立业,为企业奉献了终身,直至今日,仍有许多他们的子女在工厂就业,真可谓是:献了青春献子孙啊!

工厂沿着一条弯弯曲曲长达五公里的山沟修建主马路,生产车间、科室、工房像树枝般建造在分支道路上,甚至几里路上不见房屋和人影。按照靠山、分散原则,工厂按小山沟摆布生产线等设施,生产单位从半成品生产到制药、装配以及电、汽供应等自成体系;按照隐蔽的要求,很多砖木结构的主要工房和生活设施都采用当地古老的民房外形;为了尽可能节约资金,建筑物尽可能"干打垒"。

工厂规划在一条条的山沟里,一层层的梯坎上,需要开山放炮、挖沟排水,筑上几米高的护墙,给施工带来几倍的造价和困难。建设者们怀着对三线建设的责任感和紧迫感,不辞辛苦、夜以继日地奋战在工地上,吃住在简易的工棚里,就为了给国家节约开支。

经过三年的艰苦创业,工厂初具规模,一排排生活住房拔地而起,一幢幢的防爆工房像春笋般在每个山沟里冒出,像战争年代的堡垒一样。"文化大革命"期间,工厂的建设时断时续,为了早日建成投产,工厂成立了投产大会战指挥部。寒冬腊月,大雪纷飞的日子,为了解决生活吃水、用水问题,建设者们不畏严寒,吃苦耐劳。有的打着赤脚,有的穿着衬衣,挑沙运石头,搬砖拌水泥,热火朝天、汗流浃背。有的同志脚冻肿了,手磨破了,也毫无怨言。为了解决用电困难问题,干部职工精打细算,为国家节约资金,尽量缩短用电缆的距离。爬高山过峭壁,不管山高路滑,手脚划破,硬是把一条条上千米长,几吨重的大电缆拉进山沟,拉进车间厂房和住地。为了解决蒸汽控制生产工房的湿度、烘干、制药问题,在没有吊车等机动搬运设备的情况下,大家用几根铁管、几根撬棍,从几十米远的地方,把几十吨重的大锅炉一米一米地搬进锅炉房……

基础建设完成后,新厂面临的是产品生产工艺技术的许多困难。导火索棉线需要烘干,没有烘房就搭个土炕,把炕烧热了烘线。涂料、沥青、硫黄等原材料都是想土办法解决。陈山沟满山的木材,技术人员翻山越岭吃了不少苦头,采集了十几种木材样品,送到军工大厂分析化验,结果确定冬瓜木可取代杨柳木烧制木炭,而且燃烧性能好,为导火索棉线烘干解决了大问题。这算得上是新厂的第一项发明创造,全国独一无二。经过四年多的摸索尝试,当第一根导火索正式生产出来的时候,同志们敲锣打鼓地向厂党委报喜,全厂职工深受感动,鼓舞了各条生产线加快上马步伐。又经过将近一年的奋战,生产区几根高大的烟囱开始冒出了浓浓的白烟,车间里传出了机器的轰鸣声。工人们穿上整齐的蓝色工作服,开始了产品生产。钢丝厂沸腾了,投产成功了。工厂在生产出第一个产品——工业导火索后,又生产出了底-18式底火、小粒黑药等军民用火工产品。

在20世纪60年代中期三线建设"靠山、隐蔽、分散"方针的指导下,工厂分布在远离城市的深山林区,交通不便、信息闭塞、职工生活艰苦、企业文化单调,而地形地质条件差等不利因素也严重危及安全生产,就地调整改选很困难等诸多因素制约了工厂的发展。经上级主管部门同意后,正式确定搬迁至新余西郊。1984年9月破土动工,企业自筹资金,历经五年时间,顺利完成搬迁任务。

在整体搬迁到新余市的最后日子里,工厂组建了护厂队,一是为了确保国家财产不受损失;二是由于工厂生产的产品是易燃易爆物品,不能无序流入社会。而当地百姓不舍得工厂离他们而去,其中的一些村民开始阻挠企业搬迁,甚至发生围攻、哄抢财物等不法行为,当地村民甚至与护厂队兵戎相见,以致县政府出动特警进行维持秩序,留守护厂人员提心吊胆地等来了最后班师回厂的车辆,可是当最后一拨十多辆大卡车满载设备即将离去的时候,当地老百姓自发排起长长的队伍夹道欢送,他们点燃了爆竹,敲锣打鼓。

是啊,二十五个春秋的共同生活,年轻人在一起读书成为同学,许多人家的孩子也进入工厂成为钢丝厂的一员,许多家庭的亲人也永远地安息在这片青山绿水之间,钢丝厂和这片土地有太多的故事,永远地连在了一起。

经过六年的艰苦努力,工厂完全靠自筹资金于1990年顺利搬迁到新余市西郊,开始新的创业。

改革机制增活力

2005年,江西省属地方军工企业改制被中央、省委省政府提上议事日程,江西钢丝厂在省国防科工办的精心指导下,按照"职工安置一步到位,关闭破产改制分步实施"的总体思路,一方面对原在岗职工1568人、离退休人员818人进行妥善安置,职工身份得到置换。另一方面积极争取政府政策支持,将学校、医院、检测中心成建制地剥离给政府成为事业单位;对企业的水电进行改造,实行企业、政府、供水(电)公司"三家抬",在减轻企业负担的同时开辟职工安置新途径,并单独成立政府管理的渝水区袁河街道办钢丝厂社区居委会,离退休职工实行社会化管理,营造一个和谐、稳定、发展的良好环境。同时,职工身份进行置换,职工重新竞聘上岗,建立起新型和谐的劳动关系和分配机制,公平效率、多劳多得的激励机制,使广大职工受益匪浅,2006年至2008年职工收入分别比上年增长21%、28.9%、32%,2009年至2014年增长幅度基本保持在30%以上,职工收入大大高于同行业和本地区的平均水平。

2008年根据江西省国防科工办有关文件精神,江西钢丝厂下设新余国科科技股份有限公司和新余国泰公司。同时,新余国泰公司从江西钢丝厂剥离加入江西国泰公司,成为其子公司。目前新余国科科技股份有限公司(2015年6月25日由"新余国科公司"整体更名为"新余国科科技股份有限公司")通过资产重组下设了新余国科特装公司和新余国科爆破公司两个全资子公司。公司是国家高新技术企业,国家工业和信息化部两化融合贯标管理体系试点企业,江西省知识产权试点单位、江西省创新型企业、江西省"两化"融合示范企业、江西省军民结合产业基地,也是省国资委、省国防科工办、江西大成国资公司重点培育的拟上市公司。

十四年来,在厂长金卫平的亲自领导和精心组织下,江西钢丝厂的改革改制工作取得了突破性进展,并按照《中华人民共和国公司法》和现代企业制度的要求,新余国科科技股份有限公司初步建立了以股东大会、董事会、监事会和执行机构为主要内容的企业法人治理结构,转换运行机制和经营机制,监督约束体系逐步建立,企业各项管理工作得到进一步加强,正在有序展开,企业改革取得了阶段性成果,为企业发展增添了新的动力,为下一步企业股份上市和做大做强企业打下坚实的基础。

深度融合促发展

企业始终坚持"军民并重、军民融合"的发展方针,把大力发展军民两用技术和推动军民两用产业,把建设军民融合、寓军于民的科技创新体系作为推动企业发展的重要战略,形成了"军民并重、军民融合、两翼齐飞"的发展局面,促进了企业持续发展。

50年来,企业累计研制、生产的军民用产品近五百个品种,荣获国家、省、部级科技奖励20多项,获国家专利32项。在军用火工品、民用爆破器材、人工影响天气作业装备三大领域都具有很重要的地位,处于国内同行业领先水平。目前工厂已成为国内军用火工品、民用爆破器材、人工影响天气作业装备等产品的重要研发和生产基地,除军用火工品配套外,民爆产品在省内市场占有率为50%以上,人工影响天气产品(降雨弹及其发控系统)在全国市场占有率为40%以上。

企业充分发挥五十年军、民用火工的技术优势,积极实施军工技术成果向民用产品转化使民品性能和质量明显改善,新产品比例显著上升,占工业总产值的50%以上,形成了企业新的经济增长点。同时为了适应市场需求和企业创新发展,公司利用军用火工品、军用火箭技术开发了民用矿用火箭、军民两用气象火箭,截至2014年底工厂自主研发的人工影响天气系列民用新产品每年创产值7000万元以上。近几年企业在发展军民产品方向上不偏不废,军品产值和民品产值基本上维持各占一半的形势。民用产品的开发,使得企业由主要依靠军品为主的生产经营模式发展为军民品齐头并进、两条腿走路的新格局,增强企业适应市场和抗击风险的能力,促进企业持续、平稳、快速发展。

科技创新结硕果

工厂坚定不移地实施"科技兴企"战略,始终坚持"以质量求生存、以品种求发展、以科技为导向"的方针,把科技创新摆在企业发展的重要位置。公司设有江西省企业技术中心、江西省危险品特种装备工程技术研究中心和江西省博士后创新基地。江西省企业技术中心下设了特种器材（军品）、特种装备（人影产品）、新材料和药剂制造三个工程技术研究中心，专门从事新产品开发和生产技术管理。由于在科技创新方面不断加大了人、财、物的投入，新产品开发呈现出多品种、系列化、专业化的可喜局面。先后成功开发研制出 BL 系列各种型号增雨防雹火箭弹及各种车载、地面的发射控制系统，工厂已累计销售各种发射控制系统 3000 余套、各类型增雨防雹火箭弹 20 余万枚，分布在全国二十六个省、市、自治区近千个县（区），实现销售收入 4 亿多元，为国家创造巨大的社会效益和经济效益。

近年来，企业实施工业化和信息化深度融合战略，又陆续开发了全自动发射架、人工影响天气作业指挥平台、人影燃爆器材信息管理平台、人影作业装备信息管理平台、激光雨滴谱仪应用观测系统等新产品。公司人影与气象装备基本上覆盖到人工影响天气从作业前气象条件的探测、火箭弹发射、现场作业指挥、作业全过程监控、火箭弹储存、作业效果评估、人影作业装备信息管理以及售后服务全产业链。其中数字化气象卫星接收机、低空探空火箭、自动气象站等气象装备还在部队得到大量应用，为国防现代化建设及人工影响天气事业做出了新的贡献。

企业实施知识产权战略，在知识产权管理方面，公司非常重视且做了大量卓有成效的工作，企业先后被列为全国十四家首批军工企业事业知识产权试点单位、江西省知识产权试点单位和全国第一批知识产权管理体系认证单位。企业先后获国家专利三十二项（其中发明专利三项），计算机软件著作权三项。特别是近十年来在人工影响天气燃爆器材、人工影响天气专用装备、气象设备、特种装备、民用特种器材系列新产品方面取得二十多项国家专利，大大提高了企业的自主创新能力和核心竞争力，并产生显著的经济效益和社会效益，促进了企业的可持续发展。专利项目的实施，累计实现销售收入 4 亿多元，利税 1 亿多元。多项专利产品被鉴定为省级科技新产品和国家级新产品，其中防雹增雨火箭弹专利 2008 年被评为第十届中国专利优秀奖，该专利产品被评为国家级新产品并列为国家火炬计划项目。工厂生产的人工影响天气系列产品积极参与国家重大活动的气象保障，在 2008 年北京奥运会、2009 年的国庆六十周年阅兵式、第十一届全运会、2014 年南京青奥会和 2015 年"9·3"中国人民抗日战争暨世界反法西斯战争胜利七十周年纪念日阅兵式气象保障活动中书写了精彩的篇章，不仅创造了较好的经济效益，而且树立了企业的良好形象，产生了巨大的社会效益。

军工文化创和谐

50 年来，江西钢丝厂（新余国科科技股份有限公司）人励精图治、艰苦创业、扬军工雄威，铸民品精华，打造以"团结务实、开拓奉献、拼搏进取、优质高效"的企业精神以及"尽心尽力、尽职尽责"的企业准则。工厂十分注重企业文化建设，经常开展丰富多彩的文体娱乐活动，创办了厂报《百灵通讯》和厂网站，满足了职工的精神文化需求，增强了企业的凝聚力，激发了职工爱岗敬业的热情，有力地促进了工厂精神文明、物质文明和政治文明的协调发展。

这种特色文化已成为企业攻坚克难的巨大力量，2008年罕见的冰雪灾害和国际金融危机给众多企业带来前所未有的严峻考验。在这种艰难与风险叠加的经济环境下，工厂克服了金融危机带来的不利因素，化危机为生机，保持快速发展，取得较好的经济效益。2008年"5·12"四川汶川大地震，2010年"4·14"青海玉树地震，给人民生命财产造成了巨大损失，工厂及职工、家属纷纷踊跃捐款捐物计30多万元，为灾区人民奉献一份爱心。

在企业发展过程中涌现了一批先进的典型人物，他们发扬"自力更生、艰苦创业、精益求精、无私奉献、忘我牺牲"和"把一切献给党"的伟大军工精神，为企业各个时期的发展作出了卓越的贡献，他们是以军工精神为核心内涵的先进军工文化的代表，是企业职工学习的楷模，他们当中的杰出代表主要有："全国劳动模范"、人民军工八十周年"功勋模范奖"获得者刘学日，全国"五一劳动奖章"、人民军工80周年"功勋模范奖"获得者彭作论，多次荣获"江西省优秀厂长""省优秀创业企业家""省优秀企业家""省劳动模范"等荣誉的新余国科科技股份有限公司党委书记、董事长金卫平。他们的先进事迹激励着一代又一代钢丝人自强不息、勇于创新，把企业建设得更加美好。

如今江西钢丝厂（新余国科科技股份有限公司）全体员工在公司领导的正确领导下，认真贯彻落实党的十八大，十八届三中、四中、五中全会精神和习近平总书记一系列讲话精神，先后开展了党的群众路线教育实践活动和"三严三实"专题教育活动，着力解决"四风"问题，充分调动广大干部群众的积极性、主动性、创造性，破解制约企业发展的重大问题，推动企业"生产经营、科技创新、异地搬迁、股份上市"四大任务不断发展，致力打造创新创业升级版，以改革的气魄、创新的精神、开放的情怀，着力建设新型和谐企业，续写军工企业的新篇章。

回顾过去，薪火相传，展望未来，前程似锦、任重而道远。江西钢丝厂（新余国科科技股份有限公司）人信心百倍，豪情满怀，与时俱进，开拓前进，以军品、人影作业装备、气象探测设备、特种爆破器材业务为核心，实施军民融合、"两化"融合和知识产权战略，加大企业改革改制力度，强化企业基础管理，加快企业科技创新、异地搬迁和股份上市的步伐，适应新常态，主动作为，开拓进取，扎实工作，将在更大范围、更广领域、更高层次上主动融入市场经济大潮，力争"十三五"时期主要经济指标要实现翻番的目标，到2020年实现工业总产值、销售收入3.2亿元以上，利润8000万元以上，比2015年翻一番，尽快将企业打造成为国家军用火工品骨干企业和全国人工影响天气作业装备领先企业，努力为我国国防事业和新型人影作业装备以及新型烟花爆竹机械设备产业作出更大的贡献，创造更加辉煌的业绩。

五十年的岁月沧桑，五十年的征程跋涉，江西钢丝厂几代人靠着顽强进取的精神和百折不挠的意志，胜利走过了"创业、搬迁、奋进"三个阶段的光辉历程，实现了企业的跨越式发展，企业的生产能力大幅提升，管理水平持续加强，市场业绩不断提高，三个文明建设同步发展。目前已经建设得像花园式的企业，因城市的发展和企业自身发展的需要，江西钢丝厂面临着第二次搬迁。但勤劳勇敢的钢丝厂人以大局为重，正在紧锣密鼓地进行着再次搬迁工作。正如厂长金卫平所说："第一次搬迁，我们靠贷款、靠节衣缩食完成了，工厂干部职工为此背上了很沉重的负担，但我们扛过来了，经过二十多年的努力，将工厂建设得十分美丽。那么，第二次搬迁，我们已经有足够的实力和能力，我们将以更高的标准和要求，用我们的辛勤和智慧，赋予企业更大的发展空间，同时将我们的新厂区建设得更加现代化，更加美丽。"

人民厂史话

毛小兵

1964年三四月间,华东地区各省市三线建设会议召开。中共中央华东局决定把江西建设成为能向华东乃至全国提供整套常规武器的军工生产基地。9333厂作为炮弹药筒生产暨全弹总装企业,就是这个规划中的一个项目。会议决定,由上海市包建包产,而上海则将这个任务交给了机电一局下属的上海重型机器厂。

1966年5月选定厂址为:九江市瑞昌县洪下人民公社张家铺大队。厂址处于幕阜山脉东段的尾部,山岭海拔500—1065米,厂区四周山岭相对高度300米以上。厂区外围有东西走向的沟谷(乌石河)穿过,属喀斯特地貌,溶洞较为发育,山泉也较多,为乌石河主要补给水源。地下水质良好,为低矿化度淡水。厂区东距瑞昌县城18公里,距长江22公里,西面8公里处与湖北省交界。

人民厂1976年工业学大庆代表大会先进代表合影

1966年7月,9333厂开始筹建。由此,工厂经历了诞生、成长、发展、中兴、衰退阶段的40年历史。

1966年9月,成立工地指挥部和工地党委,李济任书记,方萍根、于耕野(地方派遣)任副书记,统一领导筹建工作,并明确第一厂名9333厂,第二厂名人民农具厂,邮箱代号九江825信箱。

1969年9月,第二厂名改为人民机械厂,10月成立厂革命委员会,顾永泉任主任。同年11月上旬,通过四天五夜的奋战,完成冲压设备安装,拿出57高炮榴弹钢药筒半成品毛坯。1970年4月中旬,奋战45天基本打通57产品全厂生产线,进入试生产阶段。1971年1月,第一款军品——59式57毫米曳杀榴弹,经国家鉴定合格。次月正式投入生产。自此,宣告人民厂克服"文化大革命"动乱带来的干扰,已经建成投产。(与人民厂配套的有弹体生产厂爱民厂,引信、底火生产厂新民厂,包装箱生产厂三木厂,曳光管生产厂江西钢丝厂等)

当时厂区分为三块:生产备料车间在瑞昌县城。工厂主体在张家铺,其中西坑的两条支沟中有冲压车间和设备动力科、锻工车间;阳坑主沟和各条支沟中分布着厂部办公室、食堂、礼堂、车库、检验、工具、部装、总装、机加与表面处理等车间以及靶场。而成品仓库则在厂西面10公里处的许家垄山沟中。

工厂职工队伍也已形成,1971年末职工总数2167人,其中工人平均人数1721人,管理人员148人,工程技术人员25人,服务人员242人。他们主要来自上海重型机器厂,东北、西北对口厂,福建复员军人,上海下放工人,上海大中专毕业生、初高中毕业生,江西生产建设兵团与农村插队知青等。

1971—1979年,是人民厂的成长期。在这九年中,经过工程技术人员和工人长时期的实践与摸索,57产品生产工艺日趋成熟,产品质量不断提高。九年里,共生产57产品195.2万发,57药筒综合良品率从81.5%提高到89.13%,57全弹一次交验合格率从85%提高到99.38%。全员劳动生产率从每人4051元提高到每人11 791元。特别是57药筒以钢代铜工艺是技术上的重大突破,获得1978年全国科学大会奖。

1972年2月,成立中共9333厂党委(党委书记王克功,副书记张树田),1978年省工办任命厂长,1979年召开首届职工代表大会。企业逐步纳入党委领导下的厂长负责制轨道。"工业学大庆",建立岗位责任制,企业管理有所加强。在这九年里,先后建成一批"石打垒"和砖木结构的职工宿舍,形成以"程家"为主的家属区。具有县级水准的子弟学校、职工医院陆续建立。工厂还办起职工喜闻乐见的图书馆、电视转播台,组织电影放映队、文艺宣传队和男女篮球队,开办脱产的职工大学,行政科食堂服务到家属区等。职工的精神生活与物质生活都得到了改善。

1978年,企业第二个军品——85破甲弹钢质药筒转入生产。1979年,五机部下达紧急战备生产任务,工厂成立以厂长孙家炮为组长的生产联合指挥组,带领全厂职工满负荷生产,全年完成57产品40万发,85药筒10万个,成为企业的"成人"标志,并受到江西省省长白栋材的嘉奖。

实行厂长负责制组阁大会

实行厂长负责制组阁全体人员

1980—1990年初,是人民厂发展期。从1980年起,由于国家压缩国防军费,三线企业进入"军民结合,以民养军"调整时期。当时工厂开发两个主导民品,一是为连胜机械厂"飞鱼牌"自行车配套的"三钻牌"自行车飞轮;二是与我厂军品技术相关联的工程起爆药柱。在57、85产品任务萎缩的不利条件下,企业军品民品兼顾,努力挖潜,1981、1982年保持盈利,再次受到省长的嘉奖。1982年,工厂抓住"适当加以补充扩建,轮换生产66式152加榴炮榴弹"的机遇,迎来了企业的大发展。在党委书记秦学义,厂长杨洪生、章荣生的领导下,152药筒、152全弹先后转产成功,并取得很好的经济效益。进而又在瑞昌城郊征地343亩,建设新厂区。

在近十年里,企业在经过全面整顿的基础上,1984年领导班子新老交替,实行了厂长负责制(厂长章荣生,党委书记徐长林,工会主席刘宪庭,总工程师邓嵩生,总会计师张国海,总经济师丁厚礼)。工厂积极推行现代企业管理制度,发展职工教育与培训,提高素质,连续三年获得江西省六好企业称号,成为省属军工企业中的利税大户。

1989年开始,工厂陆续先生产后生活分批搬迁。至1990年初,全厂搬至新厂区。那时工厂也分为三块:主要生产生活区在丁家山,距县城1.5公里;起爆具车间在鸡公岭,距县城4公里;原生产备料车间已改建为生活区。截至1989年底,新厂区累计投资7000余万元,完工建筑面积近12万平方米。由于生产经营形势的变化,生产区已按转产氧气瓶和钻杆接头(坯)两大主导民品进行了调整。新建职工宿舍,大多为五层楼房,并严格按制度打分分配,绝大多数老职工改善了住房条件,受到欢迎。

1990年,迁入新厂区后,人民厂迎来民品开发第二个高潮。一是在上海高压容器厂无私帮助下,建立钢质无缝气瓶生产线,并顺利取得生产许可证。二是承接了宝钢石油钻杆接头(坯)的批量生产任务。从而使工厂技术设备优势得到发挥。但是,这些产品又是用钢大户。为了保证钢材有可靠的来源,又能稳定宝钢石油钻杆接头(坯)生产任务,工厂产生加强与宝钢合作的意向。

1992年,在江西省委和省政府领导关心过问下,人民厂加入了宝钢集团,成为其全资紧密层企业。宝钢集团向工厂派遣干部,解决生产资金,推广先进的管理模式,给企业增添了活力。第二年,企业就扭亏为盈,成为江西省"搞活中小型企业的一个很好范例"。不久工厂运用军工产品成熟工艺,开发小容积合金钢无缝气瓶。这样的势头一直延续到20世纪90年代中期,使企业得以振兴。

20世纪90年代中后期,通货膨胀,原材料价格上涨,社会经济不景气,气瓶销售不畅,企业生产经营遇到了前所未有的困难。尽管工厂削减非生产人员,增强销售力量,仍不能扭转亏损局面,人民厂进入了衰退期。到了1999年,中共中央十五届四中全会对于国有企业改革和发展作出若干决定,提出"从战略上调整国营经济布局","坚持有进有退,有所为有所不为"的意见。人民厂与许多小三线厂一样,为中央的这一决策大局作出了牺牲与奉献。集团领导拟对工厂实行改制,1999年底—2000年初,经与职工代表大会多次协商,通过了工厂改制方案和"富余"人员安置的相关文件。除了被新公司聘用的人员外,到一定年龄的"离岗退养",未到年龄的与工厂"协解"。2001年,人民厂改制为:九江三钻机械有限责任公司、九江久安公司、新安民爆器材有限公司、人民冲压件有限公司。生活区移交瑞昌政府管理;工厂进入破产程序,直至2005年1月被九江市中级人民法院裁定"破产终结"。

同其他江西小三线军工企业一样,人民机械厂顺应潮流诞生、发展,创造了一段可歌可泣乃至辉煌的历史。今天这个企业的实体已不复存在,但是她在四十年历程中所形成的艰苦奋斗、自力更生的革命精神,争时间、抢速度的拼命精神,吃苦耐劳、不计个人得失的奉献精神,同志朋友间相濡以沫、提携共进的团队精神,以及严肃认真、一丝不苟的踏实作风,质量第一、安全为先的工作理念,上下求索、格物致知的学习劲头……已经成为人民厂几代军工人的宝贵传统,也是许多朋友离开人民厂后能安身立命的法宝。正是由于这种精神财富和充沛的正能量,使得人民厂人有着强大的凝聚力,五十年后,人们仍然怀念着她,在历史的册页中书写着她。

飞入千家万户的"飞鱼"
——永远留在人们记忆中的"飞鱼"自行车

陈山,逶迤连绵的山岭,悄无声息地横卧在井冈山下。

高大的树木郁郁葱葱,参天矗立。从安福县城出发,往西南车行一百二十里,一半左右的路径在绿海中穿行。曲折的路、坎坷的路,绕过一座座山脚,越过一道道山梁,一条带状的山沟赫然入目;几乎清一色的干打垒式平方,整齐地从沟口一直排列到沟底;烟囱,水塔,一条主干道连着数不清的阡陌小路,把车间和仓库、办公室连成了一体;家家一样的小屋,门连着门,舍挨着舍。大山丛中深藏着的一个小世界,安宁、静谧,同繁华的城镇、喧闹的市井遥遥相隔。

这就是代号9396的连胜机械厂——华东小三线中一个专门生产轻机枪的军工企业。如同那安静的陈山一样,这个军工厂也是在外人毫无所知的情况下悄悄地建设起来的。据说,60年代初期,毛泽东在一次中央会议上说过:"小三线建设不好,我睡不着觉。"在那以后,全国的大小三线建设展开了。由上海轻工业局及所属上海自行车三厂、上海自行车链条厂等单位为主包建的连胜机械厂,从1965年初开始筹建。一批批干部、技术人员和工人,为了让老人家睡好觉,毅然告别了大上海,在陈山沟安营扎寨。十五个春秋,十五年艰苦创业,把沉睡的陈山唤醒,在荆棘中建成了一个年产轻机枪五万挺的中型军工企业。

可是,连胜人还来不及回顾创业的艰辛、品味其中的甘苦,就在他们陆续举家迁移到山沟、仔细筹划着安居乐业的时刻,一个闷天雷在陈山炸响了。

诞生于危难之际的飞鱼自行车

那是1979年9月,全国军品订货会在长沙召开。连胜厂的副厂长张丁龙稳坐钓鱼台,直到开会头一天才风尘仆仆地赶到。兵器工业部老领导脸上熟悉的笑容不见了,军方的一些老主顾见了张丁龙,匆匆握手寒暄之后便各自回了各自房间。张丁龙感到诧异,连胜厂新研制的74式7.62毫米班用机枪已经国家轻武器定型委员会批准投产,难道在设计性能上发现了新问题?一年一度的订货会他参加多次了,头一回感受到这么严峻的气氛。揣着一颗悬心,当时他找到了部领导。

"明年你们厂没有任务,军品订单是零!"

"什么？零？"张丁龙惊愕地瞪大眼睛，他以为自己耳朵没听清。

"零。56–1式机枪要淘汰了，74式机枪何时批量生产还没有确定。"

"那我们怎么办？一千二百人端着空碗，找谁要饭吃？"

"找你们自己！整个国民经济都在调整，国防经费缩减了，军工企业要加快发展民品生产。'军民结合''以民养军'，不走这条路不行！"

长途电话接通了陈山，不啻是一个晴天霹雳！

连胜厂的党委书记盛葆初接完电话，一声不吭。两道浓黑的剑眉蹙在一起，好像在脸上沉下了一条黑色的横杠。瘦削的脸庞上乌云密布。这个平时不苟言笑的老干部，此刻更显得冷峻、严肃。

干打垒的一间大屋，是厂里几位领导共用的办公室。盛葆初从外间放下电话踱进来，抬眼扫视一遍，大家都眼睁睁地盯着他。那互相交换的眼神中，充满了惊讶、焦灼、疑虑和不安。刚才张丁龙从长沙挂来的紧急电话，每个人都听到了，用不着细问，都知道了面临的一切。屋里的空气沉闷而干涩，低矮的屋顶好像压得人透不过气来。江南特有的"秋老虎"令人燥热难耐，那摇头电扇单调的"呼呼"声更是扰人心烦。

"意想不到，意想不到，太突然了！"厂长韦梦良像是有意打破这种难堪的沉默，连连摇头叹道。

大家坐不住了，不知是谁，一下站起来，猛捶了一下桌沿："这怎么成？辛辛苦苦建起了厂，一句话就甩了？"

总工程师顾罗林，一个五十岁出头的精瘦汉子，满脸憋得通红，操着一口浓重的江苏泰兴口音吼起来："咋办？盛书记，你倒是拿个主意呀！"

盛葆初不作声，独自在那狭小的空间踱来踱去。这个上海市轻工业局的团委书记，做过多年青年工作，但待人处事却一贯老成持重。他不吸烟，也不喝酒，好像从来也没开过玩笑。办起事来一板一眼，就像他一年四季穿的中山装从风纪扣到五个扣眼都整整齐齐扣着一样，从来没有半点儿马虎。全厂的干部职工尊敬他、信赖他。他是连胜厂的主心骨。

可是现在的他，确实一下子也拿不出办法。老韦说的是，太突然了。"军转民"的招呼虽然几个月前就传达下来了，总以为像连胜这样有74式新机枪做后劲的军工厂，起码还能维持几年时间，哪知道一转眼就面对个"零"呢？从军品生产转民品，话好说，怎么转？往哪转？市场呢？原材料呢？能竞争得赢地方企业吗？生产上不去，1200多人吃饭都成问题，还谈什么为国家多作贡献？难哪，难哪！真没想到，一个电话竟把连胜厂逼入了绝境，背水而战，连退路也没有了。作为指挥员，能不知道自己肩上担子的分量？

然而他沉得住气。内心焦躁火爆，外表仍平静如常。不紧不慢地踱着步，对屋内的议论声一句不答。一个成熟的党的工作者在长期斗争实践中磨炼出来的性格！一个忠于事业的老布尔什维克形象！可只有他自己清楚，此刻心潮的激荡丝毫不亚于当年他和其他领导干部一道率领大队人马从上海奔向陈山。创业艰难。第一次踏上陈山的土地,目睹的是怎么一种荒凉的景象啊!没有路,没有房;没有水,没有人。有的只是广阔的山野,满山的荆棘和藤蔓。硬是用双手在这里开拓了一个新天地,连胜人在这里洒下了多少汗水,埋葬了多少辛酸,播种了多少希望!他站在窗口向外看,厂区的一草一木,一砖一石,都令人倍感亲切。把这么多人千里迢迢从黄浦江畔带到这个穷乡僻壤安家兴业,容易吗?可现在,事业刚刚有了个头绪,工厂刚刚站稳了脚跟,突然又要来一次大转弯,又要面临第二次创业,这步棋怎么走?

其实,这何止是盛葆初一个人的心情这样复杂?韦梦良、刘来宝、张丁龙、顾罗林……同盛葆初一道从荆棘中走过来的战友,谁的心头不是一样感受到压力?不是一样在为连胜厂的命运和前途悬着一颗心,捏着一把汗?

新的转折,新的考验。连胜厂面对着一个崭新的80年代。

原来每周厂里要召开一次职工大会,向全厂通报情况、布置任务,这是盛葆初立下的规矩。但自从长沙的会议召开后,一连两个月过去了,大会一次没开。厂领导们穿梭般跑南昌、跑北京、跑上海,回厂便关在干打垒办公室里开会商议对策。为稳定军心,长沙会议精神没有向工人传达。但是,从领导们焦虑的神色和匆匆的行程中,大家也慢慢揣摩到厂里面临的处境,各种各样的议论、牢骚,沸沸扬扬在全厂传播开来。盛葆初感到了情况的严重,几次向部里交涉都无济于事,省里更是无能为力。从头开始,转产民品,铁下心,只有往这条道上闯下去。

11月的最后一周,连胜厂召开全厂职工大会。礼堂里座无虚席,家属工也自动赶来了。会场静得出奇,大家有听到了盛葆初那浑厚有力的声音:

"军品订货暂时没有了,我们不能坐等国家养活。好不容易建起来这么一个厂,不给国家做贡献,还能给国家当包袱?"

"连胜厂能有今天,靠的是大伙团结一致,艰苦奋斗。现在要转产民品,而今迈步从头越啊,大伙还得艰苦奋斗三年五年。"

"厂党委多次开会研究了,根据市场信息,根据我们自己的实际情况,决定民品生产上自行车!新式的自行车!"

台下,一千多双眼睛齐刷刷地一起盯着盛葆初,大家竭力从他的眼神、他讲话的语气、他的每一个细微的动作,来捉摸信心、意志和力量,卜测连胜的前途、发展和未来。

"我们能行吗?"绝大多数连胜人的心里还是一个问号。

转产自行车,这点子并不是盛葆初一个人出的,连胜厂一千多人,从领导到工人,百分之八十以上原来在上海就是跟自行车生产打交道,可谓熟门熟路。不光搞自行车有技术,而且对自行车有特殊的感情。一谈到民品生产,大家不约而同自然都想到了自行车。

当时的全国自行车市场,是"凤凰""永久""飞鸽"三大名牌一统天下,但在那时,产量少,满足不了需要。刘来宝、顾罗林带人到几个大城市调查了市场,摸清了底牌,看准了26型自行车是个短线档。"就钻这个空子,攻26!"盛葆初当机立断拍了板。

被逼进绝境的连胜厂,从上到下围绕着生产自行车忙了起来。搞设计的,跑材料的,做样品的,几路人马,全线出击。冷清了一阵子的工厂又风风火火地热闹起来。省国防工办批准了连胜厂转产自行车的报告,决定投资730万,贷款200万,建设自行车生产线。

转折,关键的转折。连胜厂的兴衰荣辱,在此一举。

曙光,在前头吗?

那里绵亘的陈山,委实太高了,它挡住了连胜的视线。当年建军工厂,造机枪,越是隐蔽的山沟越往里钻。可现在,生产自行车,与千千万万人生活联系在一起的自行车,与市场、城市联系在一起的自行车,信息难越关山,原材料和产品运输困难,山沟的优势陡然变成了劣势。山沟里飞出金凤凰,毕竟是罗曼蒂克的遐想,在激烈的瞬息万变的市场竞争中,不冲上第一线前沿如何去纵横驰骋?转产自行车刚刚起步,便遇到了新的困扰。

这当儿,水的忧患,像一根导火索,一下子把连胜人渴望冲出山沟的热情点燃了。

食堂门口,贴出了一张大字报,醒目的黑字写着:"看,我们喝的是什么水!"大字报旁边,不知是谁,还慢慢装了一瓶水吊起来。那是水吗?黄混混的,分明像酱油汤,铁锈的颜色透过玻璃瓶在太阳下泛着光。食堂里的一间小餐厅,已经备好饭菜招待省里来的几位干部,大字报和水瓶显然是冲着他们来的。

正是中午,当顶的太阳火辣辣的,煤渣路的路面炙烤得烫人。食堂前贴出了大字报的消息不胫而走,一会儿工夫便黑压压地聚满了人群。

"贴的好,让上面领导看看!"

"喝这样的水,怎么过日子?还造自行车呢!"

"厂里得癌症的人一年比一年多,还不是因为水!"

"当地老人家早说了,这条沟住不得。一百年前这里有七十多户人家,听说解放时只剩五家了!"

"原来沟里还有尼姑庵哩,近来尼姑全死光了!"

……

叽叽喳喳,七嘴八舌,食堂前闹哄哄的,乱成了一锅粥。省里来的干部看到这样的局面,临时决定不在这里吃饭了,马达一响,小汽车嗖地开出了厂门。

盛葆初走来了。那威严的眼光一扫,沸腾的人群顿时安静了下来。他一句话没说,刚才还叫嚷的人一个个都偃旗息鼓悄悄走开了。他直愣愣地盯着那个荡来晃去的水瓶,像是一个小锤在心里撞击。是啊,这就是连胜厂喝的水、用的水!多少年了,怎么今天才感到它这样浑浊难耐,连自己都觉得恶心,直想吐。连胜厂建厂选址的时候,怎么没有考虑到这一层呢?那弯弯曲曲的肖水河从陈山沟流过,上游不远处却建了一个钢丝厂。钢丝厂的生产越发展,废水污染的情况越严重,肖水河由清变浑、变黑、变臭。连胜厂请水文大队四处勘测,先后挖井23口,口口井水一样浑。挖深井,装水泵,建过滤池,能想的办法都想了,依然摆脱不了水的困境。

这次职工大字报事出有因,省地质局试验中心实验室取样化验结果传出去了:23

个水样镉含量超过标准,少则一倍,多则五倍,还有铅汞等有毒元素。大字报上写的,句句是真实。

十年动乱早已成了历史,盛葆初没想到大字报这个凶悍的"武器"此时又被使了出来,而且是当着上级领导的面。他顶着太阳站在那儿,背着手,锁着眉,抿着嘴,一动不动,像一尊雕像。

"这事儿得查一查,谁带的头儿,谁搞的鬼!"韦梦良不知什么时候已立在了他的身边。

"嗯!"盛葆初应了一声。

"这弄得多难堪,上面都知道了,连胜厂从来以苦为荣,以苦为乐,现在要产自行车了,反而不安心在穷山沟里待了……"

"这陈山沟,是不能待了!"盛葆初没等韦梦良说完,大声打断了他:"工人们的意见是对的。不光是水的问题,交通、通信、厂房、设备……现有的物质条件根本不能适应发展自行车生产的需要。光靠艰苦奋斗就能竞争得赢人家吗?搞军品,得隐蔽,搞民品,再蜷缩在这山洼里,非憋死不可!"

韦梦良感觉有点突然,他没有想到盛葆初会站在这个角度提出问题。

平心而论,搬迁出山的念头他可能想得更早,只是没说出口罢了。

盛葆初招呼他:"走,下午开党委会,研究迁厂问题。要快,马上向省里打报告。生产自行车,出山干去!"

这是盛葆初领导的党委做出的又一个大胆的、正确的、及时的决策。事情过去多年了,连胜厂的干部职工至今对此记忆犹新,并从心底对当时的决策者表示敬佩和感激。

那位贴大字报的人是谁呢?无人去查。他的这一行为功过,自然也没有任何人去进行评说。

一辆崭新的26型样车,陈列在9号宿舍前的灯光球场上。车身锃亮,前后轮的钢圈在阳光下像两道白色的光环。钢丝网和后衣架镶嵌着华丽的装饰板,车座和车身的颜色搭配得恰到好处,车头上特意临时扎上了红绸……啊,连胜厂的第一辆样车,它像是一个刻意梳妆打扮待嫁闺中的姑娘,那么艳若桃李,那么娇羞迷人。全厂的干部、工人、家属、小孩,都闻讯赶来了,灯光球场上比任何一次紧张激烈的篮球赛还要热闹。

"真漂亮!"

"是我们自己造的?"

"别挤,别挤,小心把车碰坏了!"

"哪儿能一碰就坏?骑上,兜一圈,试试!"

……

十多年没见到自己造的自行车了。现在哪怕只是一辆,毕竟是自己的。连胜人像久别重逢的亲人一样激动万分。有的站在一边仔细端详,像是欣赏一件精雕细琢的珍宝；有的三三两两聚在一起对自行车评头论足，摆着老行家的架势说长道短；有的则拼命挤到车前，这儿摸摸，那儿按按，像是对自己的宠爱的孩子那样亲昵动情……

盛葆初也挤在人群当中，眼睛闪动着泪花。他紧紧地握住顾罗林的手，握着参加设计制造样车的每一位同志的手，频频点头致谢，嘴里还一边说道："好，好，真是我们的车！漂亮，漂亮，好！"

天黑了，人群还不愿意散去，球场上的灯光刷地一起亮了起来。掌声、笑声、说话声、孩子的嬉戏打闹声，在夜空中汇成了一片。连胜厂这天简直跟过年过节一样。

连胜人对自行车的特殊的感情，似奔腾的激流，一起倾注在这第一辆样车上。这不仅仅是一辆样车啊，这是连胜厂的光明和希望。

还是这双手，这双摆弄过无数自行车零部件的手，在制造装配了成千上万挺机枪之后，重新操起了老行当。

十五年，历史又来了一次循环。可这是一个简单的循环往复吗？

当年是在上海，如今却是在陈山；当年是在设备、技术第一流的大企业，如今却是在一无专用设备、二无技术资料的军工厂。这第一辆车是怎样造出来的？

从上海买来的零部件毛坯，一件一件在车床、磨床上加工。没有电镀槽，就收掀着浸在铁镍镀液中镀光。那薄薄的挡泥板，硬是用手锤一下一下敲出来的。试制小组十来个人，在顾罗林的指挥下，足足忙乎了三个来月，才造出了这辆车。这实实在在是心血和汗水的结晶啊！

有了第一辆，自然也就有了第二辆、第三辆……1980年2月，第一批10辆样车送到了南昌。1980年7月，100辆样车投放市场。车子的设计以"凤凰"为基础，按照"轻、巧、美、新"的要求，大胆作了改进，比第一辆车更美观、更实用，质量也更好。

盛葆初和韦梦良满心欢喜，隔天便往试制车间跑，站一站，瞧一瞧，心里也甜滋滋的。顾罗林更是笑挂眉梢，见到车，一双小眼睛简直眯成一条缝。

"给我们的车取个名吧！金龙腾飞，就叫'金龙'牌怎么样？"韦梦良建议。

"不好，不好。咱这车仿制'凤凰'，又比'凤凰'更漂亮，叫它'双凤'。"顾罗林说，固执中显露出自豪。

商标的报告呈送到北京，没想到商标检验总局卡住了。生产"凤凰"的上海自行车三厂提出了意见：仿"凤凰"，怎么竟能称双凤凰？取名字莫非比生孩子还要难？书记、厂长们的办公室里，一次又一次争论不休。得取个好名字，大家都这么想。"双凤"不行，叫"杜鹃"吧，井冈山的杜鹃红哪。不成，当即有人驳倒了：自行车怎能跟山联系在一起？

"北斗"怎么样？有人刚刚提出，又被人给否决了：还要给车子再抹上"文化大革命"色彩？

"我们这车，最大的特点就是美观、轻便，叫它'飞鱼'，既雅致，又活泼，还是'飞向宇宙'的谐音。"

这个高见得到了一致的赞赏。

"飞鱼"在山沟里孕育,终于脱离了襁褓。

当100辆样车敲锣打鼓送到南昌试销时,韦梦良率领着18人组成的先遣队,开进了位于弋阳的信江化工厂。确定搬迁出山之后,经过几次选点踏勘,最后由省国防工办批准,连胜机械厂与信江化工厂合并,在信江化工厂的原址上,建设新厂。

韦梦良来到这儿,才感到原来的陈山沟实在是太狭窄了。绕着红石围墙走一圈就有10多里地。陈山沟才4万多平方米的面积,而这儿,966 040平方米,正好是我们共和国的一千万分之一。距离弋阳县还不到2.5公里,距离浙赣铁路不到两里,呼啸的列车几乎是擦着厂沿奔驰,便利的交通似乎一下子把连胜厂从时代的远镜头推向了特写。

这是一块红色的土地,方志敏烈士等第一代精英曾在这里浴血奋战,地下也许长眠着先烈的忠骨。然而,几十年过去了,此时展现在韦梦良面前的,却依然是满目的荒丘、坟冢和稀疏的松林。江信化工厂原是一个生产烈性炸药的军工厂。建设者们在这儿披荆斩棘,含辛茹苦,建成了一批厂房和宿舍,为连胜厂的搬迁创造了条件,奠定了基石。但是,这地方实在是太大了,大片的山野还尚未开发。铲平山冈、开通道路、装修管道、修建厂房……韦梦良带来打头阵的"十八勇士",依靠原信江化工厂的干部职工、艰苦紧张地开展了新的战斗。

连胜厂的第二次创业并不比第一次轻松。随着经济建设重心的转移,全国有近20家军工厂转产民品自行车,地方轻工业系统生产自行车的厂家也风起云涌般出现。时间,就是效益,就是生命。机遇不可失。面对广阔的竞争市场,稍一懈怠,将会痛失良机。按照计划,1980年底要确保生产"飞鱼"自行车2千辆,实现当年搬迁当年投产;1981年生产1万辆,形成大批量生产能力。留给韦梦良的时间十分有限的。短短几个月内,要将主要设备从陈山辗转搬来新厂,要在新厂迅速建成简易生产线,还要解决一千多人的吃、住问题,这是多么大的压力!

毕业于上海几期工业学校的韦梦良,是单身一人来到江西参加连胜厂建设的。一晃十来个年头,和老婆、孩子分居两地,似乎早已经习惯了"光棍汉"的生活。他自告奋勇挑起了搬迁建厂的重担。四个人一间的集体宿舍,一个被卷,一只旅行袋,安下了"家"。顾罗林是先遣队的副队长,设备安装、生产线建设少不了他。陆德华、徐恒昌……这些当年最早从上海奔赴陈山的"开厂功臣",又义不容辞充当了建厂先锋。

从1980年1月18日,开进弋阳,到这年底,经过日夜苦战,抢运抢建,终于建成了车架、车把、泥板、链条、油漆、电镀等简易生产线,几个车间挤在一个大工房开始生产,十几幢职工宿舍也雨后春笋般地矗立起来。两百多火车车皮、八百多汽车车次,陈山沟的万贯家当浩浩荡荡地转移到了浙赣线上。

在新厂大门上,第一次挂上了"连胜自行车厂"的耀眼铜牌。

连胜厂胜利地完成了具有历史意义的大转折,以崭新的姿态、雄健的步伐,迈入了光辉灿烂的80年代。

火红的年代　暖心的娘家人

　　世界上任何一个国家的伦理学家都不否认,血缘关系对维系人与人之间感情具有决定性的作用。父母养育了儿女,儿女对父母至亲至尊;本是同根生的兄弟,大都情同手足;姑侄之间、舅甥之间、爷孙之间、表亲之间……只要有血缘的成分中有一星半点基因的联系,感情上就自然而然亲近了许多。这是遗传基因所产生的向心力,还是传统道德的影响,抑或是人类的一种本能？没有人下结论。但是谁都明白,这是血缘的关系网,在任何社会、任何时代,都是绝对牢不可破的。

　　连胜自行车厂和上海自行车三厂之间,就存在着这样一种亲密的血缘关系。在来弋阳之前,连胜厂60％的人员来自上海自行车三厂。当年,为了支援华东三线建设,三厂挑选了自己最优秀的干部、最出色的技术骨干和最过硬的工人,组成了一支能征善战的队伍开赴陈山。在三厂召开的欢送大会上,他们一个个胸戴大红花坐在台上,全厂职工为他们鼓掌,为他们祝福,此起彼伏的锣鼓声和鞭炮声为他们壮行。那是多么难舍难分的激动人心的时刻！

　　"他们是代表我们三厂去江西的,要为三厂争光啊！"

　　"我们在上海造自行车,他们去江西造机枪,一个军,一个民,军民本是一家人！"

　　亲切的话别,殷殷的嘱托,远行的游子心头,滋润着无线的恋情。

　　但是他们没想到,十五年后,时代的车轮又载着他们回到了三厂的大门。

　　刘来宝、顾罗林……这些三厂的老领导、老骨干,如今被作为远方的客人请进了会议室。他们环顾四周墙壁上挂着的奖状和锦旗,从窗口向外眺望密密麻麻布满了厂房的新厂区,感到既熟悉、又陌生。

　　"转产自行车,好啊！你们个个都是老行家,造自行车驾轻就熟。缺什么,上这儿来拿,要啥给啥,只要三厂有的,开个口就行啦！"当年的供销科长现在当上了三厂的厂长,一见面就谈了这样的爽快话。

　　当年的生产科长是顾罗林的老搭档,现在是三厂的党委书记。他往顾罗林肩上重重一拍,打哈哈道："还客气个啥？你老顾来三厂,不等于就是回家？"

　　总工程师当年是检验科长,对刘来宝说："你是我们老领导,吩咐一声就得了,还用得着亲自上门？"

　　一席热乎乎的家常话,刘来宝他们捧在手里觉得暖,搁在心里觉得甜。是啊,亲不亲,娘家人,割不断的血缘情分！一个共同的目标,把他们紧紧地同娘家联系在一起。嫁出去的女儿,并不是泼出去的水,还是与娘家心连着心。

　　上海自行车三厂是当今全国技术力量最雄厚、设备最完整、最先进的自行车大厂,生产的凤凰牌自行车在全国市场当之无愧坐第一把交椅。有这样一个强有力的大厂做后盾,连胜厂岂不是如虎添翼？在全国各地竞相上马的自行车新厂中,像连胜厂这样的后台优势是绝无仅有的。

　　刚上"飞鱼"自行车时,连胜厂一无所有。虽说同属机械行业,造机枪和造自行车毕竟不是一码事儿。没有产品图和工艺装配图,顾罗林说:"找三厂要去!"没有专用设备,顾罗林说:"开个单子,叫三厂造,造不出来就先搬他们的过来!"一台钢圈成型机从上海运来了,一个环形电镀槽由三厂派人来安装了,浸焊机、车把弯管机、泥板成型机、链条拉丝机……各项主要设备一应俱全。"女儿嫁出去这么些年,还陪送这么多嫁妆,好个老顾头,美得你!"三厂的干部说。顾罗林嘿嘿一笑,眯缝着眼,摇摇头:"嫁出去的女,亲的还是娘。我们不找三厂找谁去?"

现在来说当然已经不是秘密:连胜厂第一批生产的两千辆"飞鱼"车,连毛坯、零件都是由上海自行车三厂提供的。外表是"飞鱼",骨子里实际是"凤凰",连胜厂不过是将毛坯加工、油漆、电镀而已。三厂支援连胜的毛坯和各种材料,总共加起来近千吨。

顾罗林和刘来宝他们那几年跑了多少趟上海,谁也说不清。他们进了三厂确实也像是到了家,熟面孔便是介绍信,张开口便是订货单。刘来宝原来就是三厂的副厂长,顾罗林是老资格的技术科长,这样身份的"女儿""娘家"谁敢怠慢?三厂的车间、办公室任他们闯,最新的设计图纸任他们看。顾罗林和刘来宝可是"身在曹营心在汉",虽说原来是三厂的人,却恨不得一口气把三厂的宝贝一齐端回连胜去。

连胜厂生产自行车的一整套设备,基本上由三厂帮助迅速武装了起来。

连胜厂的所有技术骨干,都对口在三厂学习取经,一批又一批的工人进了三厂培训。

人来人往,穿梭不息。没等连胜厂开口,三厂的领导作出决定:在平凉路的厂部办公楼腾出房间,设立连胜自行车厂办事处;在延安路的"凤凰"车维修站,设立"飞鱼"自行车维修站。

这是一种闪耀着时代光华的血肉真情,这是一片体现出工人阶级莘莘胸怀的赤胆红心!

没有"凤凰",哪来"飞鱼"?"飞鱼"借"凤凰"之胎,托运转世。

"闺女"对"娘家"的报答

在上海自行车三厂,连胜人屈尊充当"嫁出去的女",可事实上心里并不甘于俯首称臣,永远处于"晚辈"的地位。你造自行车,我也造自行车,"飞鱼"为什么就赶不上"凤凰"呢?

1984 年,连胜厂调整领导班子,盛葆初等一批建厂元勋退下来了,年富力强的高级工程师雷国升接任厂长,江西师院毕业的程初命接任党委书记。抚今思昔,盛葆初感慨万千。他向雷国升交接工作时,第一句话就是:"'飞鱼'仿'凤凰'出了名,但是比'凤凰'还是有差距,'飞鱼'什么时候赶上了'凤凰',我们才甘心。"

连胜厂的会议室里,摆着最新式的"凤凰"车。厂领导和技术人员一次又一次围着它评头论足,仔细分析质检科送来的一大堆质量检测数据。你挑毛病,他出主意,取其所长、补其所短,一心要使自己的"飞鱼"款式更新,花色更美,更受消费者欢迎。"凤凰"的车把手是老式的,他们别出心裁为"飞鱼"设计了燕式把手,车头显得更灵巧、更精美。"凤凰"车的衣架是平伸的,让"飞鱼"的衣架尾部翘起,再装上回光灯,不是更有气势吗?"凤凰"车的挡泥板是黑色的,太单调了,"飞鱼"改成了不锈钢本色的,前后车轮飞转起来愈加光彩夺目。从小轿车的尾灯得到启示,他们又给"飞鱼"车装上了尾灯,晚上百米之内从后面都能看到忽闪忽闪的红光,新颖而美观,独特又别致。后来在脚蹬与前后轮上又嵌上了装饰板,一眼看去,轻巧之中更增添几分华丽。

秀美、灵巧,成了"飞鱼"的特色。在全国百余种牌号的自行车中,"飞鱼"以此独树一帜,同"凤凰"摆在一块,它像是经过巧手妆点的新娘,逗人喜爱。翘衣架、尾灯、装饰板等新工艺,很快为"凤凰"和其他品牌的自行车所吸取,竞相媲美。

上海自行车三厂的副总工程师王培元,带着几位技术员专程赶到连胜来了。他们一个车间一个车间看,一个工序一个工序问。外行看热闹,内行看门道,在他们眼里,"飞鱼"的点点滴滴自然一览无余。

"好你个老雷,花招还真不少啊!"王培元冲着雷国升说。

雷国升狡黠地眨眨眼,客气地回答:"不行,不行,关公面前玩大刀,算不上什么玩意。"

"算不上什么玩意?"王培元拿起两个前后花鼓筒,在雷国升面前晃了晃:"这算是什么?瞒得了别人?瞒得了我?你们把造机枪的那套本事用上来了,加了弹子槽,用辊压的办法搞的,是不是?"

雷国升不得不佩服人家懂行,一点新工艺都像是碟子里盛水——一眼便被看透了。

王培元把"飞鱼"车的花鼓筒工艺带回了上海,很快"凤凰"车的花鼓筒上也装上了弹子槽。花鼓筒工艺提高了,而且更加光洁。

雷国升心里明白,"飞鱼"虽然逐年都做了一些改进,但要在质量上赶超"凤凰",绝非易事。"凤凰"车油漆锃亮,光可鉴人,而且经久不褪。别说"飞鱼",就是"永久""飞鸽"在这一招上也望尘莫及。雷国升多次派人去三厂取经,在油漆车间从头一道工序到最后的工序盯着学,把"凤凰"油漆的配方也弄来了。照着三厂的样子干,漆出来的"飞鱼"车架也和"凤凰"一样鲜艳、明亮,但是几个月以后便显出了差距,颜色由亮变暗,时间越久,光泽褪得越快。一辆"凤凰"车骑上三两年,擦一擦,还有半成新,"飞鱼"便有点像旧车了。奥秘在哪里?雷国升和顾罗林为此伤透了脑筋。

"油漆要上去,生产线不改造不行。得下本钱,上 Ω!"顾罗林当机立断,提出了建议。

"Ω 得从国外引进呀,没上百万美元还行?"雷国升问。

"引进喷头就行。二十万美元足够了!动力头、传送带、烘道,这些都可以由我们自己设计安装。"

"能成功吗?"

"准能!"顾罗林胸有成竹,"这事交给我,我包了!"

连胜厂原有的油漆生产线实在是太落后了。喷头靠手工操纵,一个简易的烘焙箱,一次只能推进去不到三十个车架,喷漆不匀,烘漆不干。更差劲的是,只能漆单一的黑色,其实颜色的光亮度更低。全国自行车产量大幅度增加后,仅次于质量的是花色的竞争,黑色车销路趋疲,花色车蜂拥而至。油漆生产线的改造刻不容缓,成了决定"飞鱼"车命运的一个关键。

"Ω,我们自己的Ω!"连胜厂从上到下在呼唤。

1986年,一套从联邦德国引进的油漆自动生产线喷头设备运进了连胜厂。顾罗林带着机动科长、技术科工程师等十来个技术人员,组成了一支突击队,开进了油漆车间。全厂翘首以待。

顾罗林虽说跟自行车生产打过几十年交道,接触这个Ω生产线还是头一遭。喷头怎么安装,传送带如何布控,整体工艺流程的安排都是新课题。顾罗林索性把办公室的门锁了,天天穿着工作服到车间上班,指挥这、吆喝那,自己也整天跟工人滚在一块儿干。一身油渍一身汗,他不在乎,熟悉他性格的人都知道,越是在技术上碰到难关,他浑身越来劲儿。他平时待人挺随和,可是搞技术却倔得令人可怕,说怎么干就得怎么干,叫你在哪儿干就得在哪儿干。他冥思苦想设计了个方案,把Ω生产线装成两层的,楼上是彩色喷漆,楼下是黑色喷漆,用传送带送进烘箱。工艺复杂,传动带和烘道摆布了几次都不理想,改过来改过去,很多工作人员都有点烦了:"顾总,还是照着人家三厂的图纸办吧,何必花那么多的脑筋?"

顾罗林眼一瞪,开口就叫了起来:"什么话?想偷懒,别干!照葫芦画瓢有啥出息?十五万美元引进这套宝贝,咱为啥不能比三厂装得更好?"

技术员、工人们都不敢吱声了。整个生产线的设计都装在顾罗林脑袋里,只有老老实实地围着他转,跟着他干。

将近三个月,顾罗林没下火线,眼圈都是一道黑。他在雷国升面前许了愿的,说什么也要把生产线建成、建好。试车的那天,雷国升和其他厂领导差不多都来了,顾罗林好像当众展示自己得意的佳作,兴高采烈。按动电钮,机器轰鸣,成排的车架似接受检阅般整齐地通过喷头,经过面漆、照光、烘干、贴花,好像穿上了新装,光灿灿,耀眼夺目。整个工艺流程全部自动化,电泳以后八十分钟便油漆完毕。油漆车间以前用手工喷漆车架一年至多三万辆,有了Ω,可以喷漆五十至六十万辆,而且花色齐全,油漆的亮度和色泽耐久不变。

雷国升激动地拉着顾罗林的手:"顾总,该给你记一功!"

"小意思,这算啥?"顾罗林脸上挂着笑容:"Ω人家三厂早有了,我们跟在后面撵呢!"

"飞鱼"能撵上"凤凰"吗?

学"凤凰",仿"凤凰",却又处处比"凤凰",时时想着赶"凤凰"——这就是连胜厂这个"嫁出去的女",对"娘家"上海自行车三厂的报答。

让"飞鱼"与"凤凰"比翼齐飞,连胜人为此孜孜不倦,梦寐以求。

飞向全国的"飞鱼"

1984年春节，上海徐家汇。

天气有点反常，料峭的冬寒尚未过去，却吹起了阵阵南风了。阳光和煦，肇家浜大道两旁的树木已经绽出了星星点点的绿苞。这年的春天似乎来的格外早。

连胜厂主管销售的陆德华、唐福兴和杨曙光，挤上26路无轨电车，急匆匆向徐家汇赶来。大年初一的早上，电车里就挤满了乘客。从车窗望出去，街上的行人熙熙攘攘。一个个穿着新衣、满面荣光，是去向亲友拜年，还是去西郊动物园观赏？

陆德华他们可没有这种兴致，他们的目光老远就盯着终点站旁边的上海市第六百货商店。今天，"飞鱼"自行车头一次在上海展销，前天刚刚运到二百六十辆。上海是"凤凰""永久"的故乡，这里的消费者素来眼光高、出手巧。"飞鱼"能受到青睐吗？像是小学生做出了作文交给老师评判，内心忐忑而焦急。车子运到时，六店的总经理说得很坦诚："能卖掉60辆就算是成功啦，前些天四川峨眉牌的一天只卖了不到三十辆。"陆德华的心里有点凉。

走下车，店门前的景象，确实一下子使他蒙了：一溜串长队全是冲着自行车专柜来的，柜前人头攒动，门外引颈向望，闹闹嚷嚷的喧哗汇成了一股扑面的热浪。陈列着"飞鱼"车的临街橱窗前，里三层外三层挤满了人。那昂起的车头披红挂彩，好像是在顾客面前显露骄傲。陆德华激动得难以自持，情不自禁地挤进人群看热闹。"你挤什么挤？还没见过？"杨曙光扯了他一把。陆德华不听，还是一个劲儿往里钻："你也来。听听，大家都说啥。"

第一次在沪展销的结果出人意料：二百六十辆"飞鱼"一天销光。唐福兴急忙回厂，星夜用卡车又运来了二百四十辆。来不及装配了，只好卖预售票，又是一天全部销售告罄。

消息传到连胜厂，厂里的大喇嘛一天三次作为重要新闻向全厂广播。首战告捷，连胜厂的神经被极大地振奋了。工人向厂长道喜，厂长向工人祝贺，到处喜气洋洋。

看到江西省政府驻沪办事处的简报，钱家铭副省长发话了："徐家汇的影响还不够大。既然有真本事，把牌子亮到南京路上，在中百一年打响！"

中百一店是当时中国最大的百货商店，名不见经传的"飞鱼"车能挤进去吗？雷国升斩钉截铁："六店的大门能捅开，一店为什么就不能？上海人识货，咱们车质量好，到哪里也可以闯一闯。"吃了豹子胆，敢拔老虎毛。经过紧张的联系洽谈，调兵遣将，陆德华风尘仆仆地再赴上海。

虎视着南京路西藏路口繁华闹市的中百一店，毕竟牌子大，气度不凡。陆德华来到位于地下室的自行车柜时，柜组的负责人和营业员对这位身材矮小、穿着有点邋遢的主顾不冷不热，不屑一顾。"杂牌车，展销啥！""浪头大，梅花头！"唐福兴领着人张罗挂横幅时，坐在柜台里聊天的几位女营业员袖手旁观，冷言冷语不断。

"同志，得写个牌子告诉顾客在哪儿排队，你看挂在哪合适？"陆德华和言细语地问一位女营业员。

"排队？侬想得美。勿是'凤凰''永久'，啥人来排队？侬晓得此地行情？"

劈面一阵数落，陆德华窝了一肚子气。产销合作，没办法，有气也得憋着。心里却在嘀咕：明朝看，走着瞧。

4月7日一大早，陆德华带人赶到，原以为门口会像六店那样排起了长龙，一看傻了眼，门前稀稀拉拉的，不要说排队，连正门台阶上也没见到几个人。怎么回事儿？砸了？不会呀，"飞鱼"在六店展销成功，已经在上海市场小有名气，不信一店的门槛会有那么高？陆德华的心里像是有一只小鹿在乱撞。

在空空荡荡的地下室里一直等到八点半，营业的时间到了。陆德华摁灭最后一根烟头，站起身，只见通向地下室的五道门，忽然潮水般涌进人来。没人指挥，没人招呼，五道人流不约而同都往自行车柜台跑。柜组前的一块场地，一会儿工夫就挤得水泄不通，一时秩序大乱，几位营业员手足无措。柜组负责人急得不知如何是好，赶忙电话报告保卫科，执勤的人员纷纷赶来了。陆德华却乐不可支，斜着眼睛盯着那几位营业员看热闹，昨天受的窝囊气一吐为快。

展销第一天，250辆"飞鱼"车没到中午便一售而空。日夜加班组装车，原定展销的800辆，两天销光。"飞鱼"轰动了上海。《文汇报》《解放日报》《新民晚报》都以专稿形式报道了这则新闻。

上海中百一店等几家大商场的经理们接踵而至，带来了订货单，竞相同连胜厂签订合同。雷国升和陆德华好不春风得意。除了三大名牌车，像"飞鱼"车这样在上海走俏，还是破天荒的第一回。陆德华欲擒故纵，和销售科的同志商量，不能要多少给多少，适当端端架子，吊吊胃口，更刺激销售的热情。好说歹说，每个店供应三千辆。

雷国升总结了上海销售战的经验，提出了"飞鱼"销售的总体战略：瞄准大城市，盯紧大商场，一炮打响。当上海自行车市场还沉浸在"飞鱼"热的时候，连胜厂早已调枪换炮，把进攻的目标定在武汉、北京、沈阳、广州……

同年4月底，"飞鱼"在武汉商场展销，商场门前出现了通宵达旦排队争抢的场面。

在北京，万股风景百货大楼、东风市场和西单商场互相竞争销售"飞鱼"车，连胜厂坐收渔翁之利。

在广州，南方大厦展销"飞鱼"车，佛山、江门、台山的顾客闻讯，成批专程赶来。

在哈尔滨，虽是冰天雪地，顾客争购"飞鱼"车的热情不减，全市最大的第一百货商场一天销售近百辆。

……

"飞鱼"车飞到哪里，哪里便出现争购的热潮。不到两年时间，"飞鱼"足迹遍布除西藏外的二十八个省、市、自治区，西到新疆阿克苏，北到佳木斯，南到海口，都先后设立了"飞鱼"车的销售点。

"瞄准大市场，盯住大商场"的战略获得了空前的成功。"飞鱼"名声大振，飞向了全国市场。

眼下,"飞鱼"自行车对"凤凰""永久""飞鸽"来说,尚不是竞争对手。"飞鱼"的主要竞争对手和最大威胁,来自常州自行车厂的"金狮"。

说来有趣。常州自行车厂和连胜厂一样,也是在上海自行车三厂的协作支持下兴建发展起来的。"飞鱼"模仿"凤凰","金狮"也是模仿"凤凰",主要部件的设计和技术参数基本一样,内在质量彼此难分伯仲。常州自行车的许多技术骨干,原来就是连胜厂顾罗林、陆德华他们的师兄弟,你有多大本事,他有多大能耐,互相一清二楚,了如指掌。可是,80年代是竞争的时代,自行车作为一种商品,依托的是市场。同一种产品在同一个市场面前,不可避免地要产生生存竞争,商品的这种固有的排他性有时候会发展到捉对厮杀、生死相拼的地步。"飞鱼"和"金狮"之战就是这种情况。

"本是同根生,相煎何太急",可是没有法子呀!"金狮"1979年就投产了,哪曾想到两年后背后杀上来个"飞鱼"?看着"飞鱼"比自己还要显得轻巧、漂亮,就像姐姐嫉妒年轻貌美的妹妹一样,常州自行车厂很快便把连胜厂视作威胁对手。为了在花色上压住"飞鱼",常州市投资200万美元引进了Ω生产线,"金狮"的年产量很快达到了140万辆,以大覆盖把"飞鱼"甩在了后面。

雷国升急了,连续召开几次厂长办公会紧急磋商对策。

形势很清楚:"金狮"在花色上有优势,"飞鱼"在造型上有特点;质量一样,售价一样,但是长江以南"飞鱼"比"金狮"俏,长江以北"金狮"则略胜一筹。

会议室里烟雾缭绕。与会人员中的老烟枪一支接着一支猛吸,在吞云吐雾中苦思良策。顾罗林的一双小眼快眯成了缝。陆德华在一边凝望着天花板,看似漫不经心,实则心急如焚。雷国升手里拨弄着一支铅笔,不动声色地睃巡着每个人。他沉得住气,一派大将风度,尽管他心里比谁都着急。

"我们在生产能力上短时间内还不可能赶上'金狮',但是在质量上完全可以搞得比他们更好些。据说'金狮'有些新招,要赶快弄到手,以新制新,争取在质量上领先。"顾罗林喜欢说话,开会讨论的时候,往往都是他先发言。

"跟我们争市场怎么办?现在我们的车销到哪里,他们的车跟着也销到哪里,有时候还同时在一个地方展销,敲起了对台锣鼓!"雷国升说,口气严肃得像是宣读檄文:"我们决不能消极应战。市场竞争,光靠挤能行吗?要争,要夺,要抢。靠争夺来稳住我们的阵脚,同时全力扩大势力范围。上海、武汉等地的脚跟我们已经站稳了,对方暂时撵不上来。我的意见,要乘着这个势头主动出击,把销售的重点放到南京去……"

陆德华不禁"啊"了一声,惊讶地望着雷国升:"南京?那可是'金狮'的根据地啊!"

雷国升似笑非笑地抿了抿嘴唇,手上的铅笔往桌子上轻轻敲个不停:"根据地又怎么着?就是要从背后杀它一枪,往心窝子上攻。顾总不是说了么?关键在质量。我们的质量并不比'金狮'差,为什么不能搬到他们家门口去比试比试?"

这是1986年底的事,连胜厂Ω生产线胜利投产,在同"金狮"的竞争中增添了实力。

次年4月，雷国升自己带领人马进了南京。他看准了新街口附近的人民商场最繁华、最有影响力，先在这里参加全国百家企业名牌产品联销，作为一个楔子，把"飞鱼"车在南京打出去。

常州自行车厂当然早就得到了这个消息，雷国升还没驾到，他们一批销售精兵已经抢先进入了阵地。自持南京市是自己省会，又有省政府制定的保护地方产品的政策作为护身符，不免有些麻痹轻敌。联销开始后，"飞鱼"车并不像在上海、武汉那样一上柜就十分抢手，起初两天形势平平，但是从第三天起，销售势头猛增。南京人认识了"飞鱼"，上海出现的抢购风潮又在人民商场重现了。

等常州自行车厂回过头来研究对策，雷国升已经策马前奔，在南京打响了一个又一个漂亮精彩的攻坚战：

联销尚未结束，雷国升以连胜自行车的名义，在南京召开大型工商联谊会。南京各大商场的经理们都来了。产销见面，工商联谊，雷国升谈笑风生，觥筹交错间，一笔又一笔的合同达成了协议。

南京师范学院附中是雷国升的"母校"。凭这层关系，雷国升专程送去了10辆"飞鱼"车，向亲爱的校长和老师表示衷心的慰问。如此尊师重教，其不值得大书特书？消息"透露"出去，报社的记者赶来了，电视台的摄像机开动了。南师大附中千余名学生在老师的带领下列队学校大门，欢迎远方的校友，一时鼓乐大作，号角雷鸣。雷国升从来没有经历过这样盛大的场面，腼腆得心跳加速、脸色发红，但是心里却为这成功的一幕窃喜万分。个人登上了报纸，上了电视，他并不稀罕，难得的是为"飞鱼"做这样的宣传，比什么样的大广告都灵。雷国升一不做二不休，索性把文章继续做下去。他与学校商定，设立"飞鱼"奖学金，由连胜厂每年提供五辆"飞鱼"车，奖励这个学校的优秀老师。南师附中的报答是：每年接受连胜厂子弟学校的两名优秀学生借读，并欢迎连胜厂子弟学校的老师前往进修。

交易是自然而相互的。但站在"飞鱼""金狮"之战的角度看，显然，雷国升为"飞鱼"赢了分。

南京也一炮打响了。这一年，"飞鱼"车在南京市场销售达到一万四千多辆。"金狮"若会咆哮，大概一定会大声长吼。

要问"飞鱼"有何销售秘诀，雷国升总是两手一摊，笑而不答："谈不上啥秘诀啊！商品买卖，还不是那一套！越灵活，越有应变能力，销售的势头也是越好！"

"飞鱼"车的销售，一直跟售后服务连在一起，车子销到哪，售后服务跟到哪。后来担任总经济师的陆德华，长期分管销售工作，在连胜厂所有的干部和技术人员眼里，出差数他最多了。他喜欢跑。"坐在厂里抓销售，有什么事好干呀？"各个城市的展销，他差不多都到了场。他别出心裁地出了个点子：售出一辆"飞鱼"车，给用户发一张质量评议卡。凡是收回的质量评议卡上写明车子有问题的，该修的修，该退的退，该换的换，半点不含糊。一次到武汉，他打听到汉阳有一位工人刚买不久的"飞鱼"自行车坏了，就连夜赶去了，发现主要是运输途中的零件脱落，第二天又亲自登门把零件送去。

那位工人感动极了,说不完的感激不尽,还自动当上了"飞鱼"的义务宣传员。在连胜厂销售科,每天从全国各地收到的评议卡都分门别类,逐一处理。一张张评议卡,实际上是信誉的累积。

连胜厂在全国设有十四个维修站,有的是专设的,有的是特约的,上海的维修站有几十人,专门负责维修"飞鱼"车。厂部大门口一幢显眼的房子是用来接待用户的,事情并不多,有人建议撤了,陆德华硬是不同意:"没事干是好事,说明我们的车子质量过得硬。维修站的事情若忙不过来,那就糟糕了。没事也得把维修站的牌子撑着,人家有了保险的感觉才会买你的车,这个道理还不懂?"

在商品经济勃兴的时代,市场每时每刻都在变化,人们的消费观念、消费心理也随之不断变化。1986年,国家决定对自行车市场放开价格,同时取消名牌车的凭票供应,"飞鱼"面对着两个来自市场的威胁:一是一些非名牌车可以低于"飞鱼"车的售价来争夺市场;二是名牌车"敞开"供应的假象在客观上稳定了消费者的心理,他们可能不像过去那样急切,买不到"凤凰"就买"飞鱼",而转向持币待购名牌车。在这种情况下,"飞鱼"如何重新制定自己的销售对策?是提价,还是压价?提价又提多少?全国上百家自行车厂家都在为定价而惶惶不安,千方百计互相摸底,力图掣肘对方,自己克敌制胜,既经得起市场的摔打,又争取获得可观的经济效益,"飞鱼"怎么办?

雷国升当然知道下好这盘棋的分量。价格调整得及时、恰当,"飞鱼"车将可以保持并扩大销售的势头。定价高了或低了,销售顿时可能一蹶不振,在市场竞争中败下阵来。这可是对"飞鱼"一个生死攸关的考验。

五路人马分兵各地,探查对口厂的底,摸市场的信息,一个月后陆续回了厂。带回来的信息是:除了三大名牌车外,大多数厂家按兵不动,紧盯着"飞鱼"车的动作。

"'飞鱼'质量好,在全国市场已经享有一定的信誉,不提价,将会在消费者心中失去信任。"陆德华力陈己见。

"万一其他车不提价,或者压价呢?我们能承受得了吗?"有人从另外一个方面提出了自己的疑虑。

一次又一次的开会,一次又一次的争论。再举棋不定将错失良机。分析市场,权衡利弊,算盘划拉来划拉去,雷国升认定要抢先把牌子打出去。

"飞鱼"提价14%!在非名牌厂家犹豫观望时刻,连胜厂率先发起了进攻。

这是冒着极大风险的决策。

厂内厂外,上上下下,都为"飞鱼"捏着一把汗。

但是事实证明这步棋下到了点子上。各地市场迅速反馈来的信息表明:"飞鱼"仍在旺销,在价格战中旗开得胜。"金狮"紧随也提价了14%,彼此心照不宣。

"飞鱼"和"金狮",继续牢牢占据着市场,证明自己无愧为三大名车之外的自行车的佼佼者。

雷国升松了一口气。事后谈起这场价格战,他还有点心有余悸:"知己知彼,才能攻无不克。我们抢先提价,是因为对自己的车在市场竞争中充满了自信。我们了解市场,了解顾客,相信14%能够在消费者心中承受得住。当然,冒了很大的风险,心也是悬着的。但是搞经营不冒点风险行吗? 有七分把握,就得干!"

连胜厂是怎么了解市场,把自己同广大消费者紧紧联系在一起的呢? 雷国升没有和盘托出的一个秘密——"贸联会"的网。早在1984年,连胜自行车厂就和全国16家百货商场、104家企业一起,发起组织了全国大型百货零售企业贸易联合会。这个"贸联会"囊括了京、津、沪、穗、沈和西安、武汉等大城市的大百货商场,104家企业则全部是被全国用户委员会确认为生产的产品属名、特、新、优的厂家。"贸联会"一年联合举行一次展销会,由入会的厂家提供产品,入会的商场提供销售场地,一次展销十几个城市同时展开,声势浩大,影响遍布全国。1985年"贸联会"上,16家大商场联合展销"飞鱼"车,连胜厂为每家商场提供1000辆,统一宣传,同时销售。四天内,16家商场的1.6万辆"飞鱼"全部销售完。尔后每年一次,次次大获成功。连胜厂通过这张工贸结合的大网,让"飞鱼"迅速"飞"到全国去。16家大商场,等于为"飞鱼"车设立了16个大窗口,沟通了"飞鱼"车和广大消费者的密切联系。

1986年底,轻工业部评选全国最受消费者欢迎的轻工产品,"飞鱼"自行车金榜题名。这是连胜厂几年锲而不舍努力在消费者中建立的良好信誉的结晶。

"飞鱼"真的"飞"起来了。1987年生产47万辆,其中30万辆以上销往省外各地,飞进了千家万户。"飞鱼"蜚声全国,作为"江西的一枝花",开遍了大江南北。

(王光纬根据西璘著《出山虎》摘编)

志愿军江东军械修理厂的变迁

田智生

位于南昌市青云谱区徐家坊地段的江东机床厂,始建于1958年,其前身是志愿军后方勤务司令部江东军械修理厂。番号是280部队94分队。

1950年6月,美帝国主义悍然发动侵略朝鲜的战争;10月,中国人民志愿军高举"抗美援朝,保家卫国"的旗帜,"雄赳赳气昂昂"地跨过了鸭绿江。

在这支大军中,有200多名官兵和100多名职工,为保障部队作战装备的修复供给,在朝鲜的江东郡不顾飞机的轰炸和扫射,把机器设备搬进山洞,创办军械修理厂。

为了配合前线作战,全厂官兵和职工,昼夜轮班作业,有时还将机械设备安装在军用卡车上,开往前沿阵地抢修各种武器装备。尤其是上甘岭战役期间,军械修理任务特别繁重,全厂官兵和职工废寝忘食夜以继日地工作,为战役胜利提供了保障。

1953年7月《朝鲜停战协议》在板门饭店签订,但军械厂的工作尚未结束,江东军械修理厂继续承担大量军械修理任务,仅1958年上半年就修理火炮299门、枪械6396支(挺),生产枪炮零件91104件。同时,全体官兵和职工以高昂的政治热情,积极投入当地的抗洪抗旱、植树造林等各项工程,帮助朝鲜人民重建家园。

为了改善工作和生活条件,他们自己动手丰衣足食,自己种菜养猪,上山采石伐木建设厂房,改善生产生活条件。至1957年,先后建成车间、礼堂和办公室,面积达千余平方米。机器设备全部搬出山洞,安装在整洁明亮的厂房中。

1958年6月29日,江东军械修理厂接到撤军回国的命令。全厂官兵和职工合力把营房、厂房粉刷一新,移交给当地的朝鲜政府,然后将机器设备装上回国的列车。

7月5日,江东军械修理厂抵达江西省南昌市,转为地方国营企业。为纪念中朝人民友谊,经上级主管部门批准,命名为江东机床厂。同时,保留了一个车间,继续为部队修理军械,并生产半自动步枪。江东军械修理厂官兵集体转业、退伍。从此,他们投身社会主义建设事业,开始了艰苦的创业历程。

建厂初期,徐家坊还是一片荒凉的土地,职工们来到这里,既无厂房也无住房。他们一边建设,一边借用兄弟企业的厂房组织生产。用仅有的41台小型机械设备,生产水泵、车床等简单机械产品。同年底,招收500名学徒工进厂,经过几年的培训,他们成为企业发展的一支主力军。

1960年1月17日,《江西日报》以专版的形式,发表了一组职工写的通讯及文艺作品,全面介绍江东机床厂自力更生的事迹,赞扬江东职工艰苦创业精神。同年2月4日,《人民日报》在八版头条位置转载陈楚安写的通讯《江东风格》,同时发表了长征老红军、厂党委书记陈建章的手记《建设．打仗》。他高度赞扬江东职工敢于打硬仗,打胜仗的创业精神。

企业的发展,日新月异。大、中专院校毕业生陆续分配进厂,给企业注入新鲜的血液;厂里还开办了工业劳动大学,招收学员200多名,培养了专业人才,江东机床厂逐步成为现代化机床制造企业。厂里保留的军械车间,20世纪70年代后期,停止了军械修理和半自动步枪的生产。80年代初期,军械车间更名为09分厂,为坦克部队制造履带零部件。

2004年8月,根据上级部署,企业改制。江东机床厂与时俱进地和上海华源投资发展有限公司签订企业重组合同,在南昌建立凯马机电园。

江东机床厂完成了历史使命,退出了历史舞台。至此,江东机床厂共研制升降台铣床、数控铣床等七个系列,历年累计销售机床12 109台。历年累计向坦克部队提供服务和零部件3000多(次)件(套)。

现在企业已完成搬迁,腾出生产用地131亩。虽然志愿军江东军械修理厂不存在了,江东机床厂也不存在了,但是军工战士自力更生、艰苦奋斗的精神,以及生产的军械产品和生产的一万多台机床,继续在为国防建设服务,为社会主义建设服务,进入凯马机电园的职工,仍然在为社会主义建设添砖加瓦。

峥嵘岁月五十载 服务国防铸辉煌
——国营第八三四厂艰苦创业五十周年掠影

李俊冲 刘 妙

国营第八三四厂是经原国家四机部批准、1964年由南京国营第七三四厂（南京有线电厂）通信产品部分内迁江西省吉安市建立的三线企业，地方厂名江西有线电厂，后隶属于电子工业部；1986年下放改归江西省电子工业局（后改名为江西省电子集团公司）直属管理；2001年企业改制后，工厂主体业务搬迁至南昌国家高新技术产业开发区，注册地方厂名

北方联创通信有限公司（2013年南昌）

"江西联创通信有限公司"；2013年6月，工厂完成股权重组，融入中国兵器工业集团公司，成为北方信息控制集团有限公司控股子公司；2013年9月，经工商行政管理部门核准，公司更名为"北方联创通信有限公司"。

公司长期从事通信指控产品的研制与生产，为电信、煤炭、公安行业和装备信息化建设提供大量指挥调度系统、交换传输设备和通信终端。近十多年，公司经过组织实施"产品市场体系、内外人力资源体系和资产资本结构体系"三大体系全面提升、同步推进、协调发展战略，迅速完成从产品单一配套到系统总体，从有线设备向炮防指控、侦察指挥车、边海防系统和检测维修、模拟训练，服务领域从通信兵到炮兵、防空兵、工程兵等陆军各兵种以及军贸出口的全方位突破，初步形成以陆军信息指挥、专用指控软件、武器平台综合保障、军贸出口装备和矿用安全调度系统为主体的五大产品系列，实现了由长期从事单体配套设备生产工厂向承担陆军信息化改造和主战装备综合保障主体业务的科技创新型企业转型升级。

通过加强内外部培训、疏通人才发展渠道以及与各科研院所建立战略合作伙伴关

系等举措,员工综合素质不断提升,培养造就一支爱国爱军、锐意进取的技术管理骨干队伍,形成了一个内外兼合、虚实相容的人力资源体系。

生产经营规模逐步扩大,各项经济指标稳步增长,在保持人均产值利润居行业领先水平的前提下,用三个五年的跨越,以年均40%的速度增长,完成了主营收入从一千万到一个亿,从一个亿突破十个亿的发展目标。

公司具有较完善的质量控制体系和科研生产资质,通过了中国新时代认证中心组织的质量管理体系认证,被认定为"高新技术企业""软件企业""省级企业技术中心",并具有国家计算机信息系统集成企业资质,多次获得"江西省优秀企业""江西省优秀高新技术企业""江西省软件产业十强企业"等荣誉称号,先后有两百余项产品(项目)获得国家、省部级及军队的奖励和表彰。

站在新的发展起点,公司将充分发挥国有军工集团控股的多元化股权结构优势,继续弘扬革命老区艰苦奋斗的传统精神,秉承"军工品质、立世之本"的企业宗旨,积极融入兵器工业集团发展体系,践行军工企业的政治使命、社会责任、经济使命,为国防建设和国民经济发展做出更大的贡献。

三线建设　建立赫赫军功(1964—1980年)

1964年10月31日,第四机械工业部以四计字(64)5150号文命令将南京有线电厂(七三四厂)的军用电话机和交换机生产线,全部迁至江西省吉安市,利用吉安农业机械厂改建成部直属军用电话机和交换机的专业生产厂"国营江西有线电厂",工厂代号为"国营第八三四厂"。

从1964年建厂到1980年,是工厂的纯军品生产时期,主要生产仿苏产品0743型、59型磁石电话机、10门、40门磁石交换机及海军舰艇指挥系统。同时根据国家计划安排,工厂开始新品的研制生产,1965年底研制出我军第一代电话机(65型)、20门磁石交换机,并在部队沿用至今;1966年研制出舰船用新型指挥电话系统,1968年仅用半年时间就研制出适用于高炮、二炮实战要求的作战指挥机。1975年工厂开始研

60门电话交换机在老山前线实现120万次无差错,受到中央军委嘉奖(摘自1985年《解放军日报》)

制数字式保密通信网,1978年获全国科学大会奖,数字通信的开发生产及工程塑料的应用在国内均处于领先地位。1978年,工厂研制的60JCX-6型磁石电话交换机,获

1980年四机部科技成果一等奖,并在1985年老山前线实现了接转120万次无差错,受到中央军委的嘉奖。

军民融合　成就华声辉煌(1980—1995年)

1980年,工厂军品计划任务相对减少,只相当于正常年份的30%左右。面对新形势,工厂迅速实施军转民战略,确立军民结合、以民为主、以民养军的指导思想,走适应工厂发展的新路子。工厂在保证军品生产和军品试制任务的同时,开发出第一代民品"海棠"牌两波段晶体管交直流收音机,并进行录音机芯的开发,1980年7月完成第一批样机,这是第一个国内铁塑录音机芯,因而获得国家级产品奖——金龙奖,并在此基础上开发出音响系列产品。

1982年1月,工厂承担程控交换机的研制任务。

1983年,承担船用程控交换机的研制。

1984年底试制出第一台128/256程控交换机功能样机。

1985年,设计试制出HSC-1型船用声力电话系统及HYC-1型船用有线对讲机。

1989年,工厂HD-1B型按键电话机荣获了国家首次电话机"银质奖"

电话机的研制和生产迅速发展,工厂1984年开始研制民用按键电话机,当年研制出HA-3型电话机,1985年研制出多功能电话机及普及型电话机,其中HD-1B型按键电话机独获了国家首次电话机"银质奖"。

1986年3月,被电子部、邮电部、外贸部、海关总署定为"引进用户程控交换机生产技术择优定点厂家"。

1986年8月完成32/64型船用程控交换机研制任务,12月通过部级定型。

1986年,由工厂与738厂共同设计试制的"矿用自动电话调度通信系统"通过设计定型,从而改变了我国长期以来煤矿井下通信设备落后的面貌。

军品在维持老产品生产的同时,研制出地炮射击指挥系统、3180系统和舰船程控等新产品。

1988年开始,工厂加快产品结构调整步伐,建立以通信产品为主体的产品发展方向,大力发展电话机等终端通信产品,重点发展程控交换机,积极开拓新的服务领域,逐步由国内市场走向国际市场。1988年至1992年期间,工厂先后开发出几十个品种的电话机系列产品和32/40/80/128/256模拟程控交换机、64、C128/1024数字程控交换机、公安、煤矿、党政机要、工业用调度指挥系统,优化了产品结构,重点发展技术密集型的高技术通信产品,同时继续保持一定的军品研制、生产能力,较好地满足了部队现代化需求。

1993年,工厂加快了产品更新速度,全年共完成新品研制34项,数字程控交换机的试制应用取得突破性进展,我厂第一台农话数字程控端局交换机于1993年6月顺利开通割接,标志着我厂程控交换机发展进入一个新的阶段。

在调整产品结构的同时,转换企业内部经营机制。1991年4月,工厂做出了"关于搞活内部分配制度完善干部考核和进一步整顿劳动纪律的决定",在企业内部实行以"奖票"为核心的分配制度改革,极大地调动了职工的积极性,增强了职工的竞争意识。实施科技兴厂策略,大力表彰技术人员及其科技成果,在分配上制定了向科技人员倾斜的政策。1992年1月,工厂提出在市场经济形势下,企业改革发展必须增强市场意识、风险意识、竞争意识、质量意识、效益意识和团队意识。"六个意识"的建立,是企业及全体职工解放思想、更新观念的重要内容,是企业转换经营机制实现快速发展的重要保证。1993年4月初,根据全国通信市场超常规发展的新形势,面对瞬息万变的市场,工厂提出了"珍惜机遇,抓住机遇,用好机遇"的工作方针,全厂生产经营活动进入快节奏运行轨道;9月份职工代表大会上,工厂第一次提出"销售以提高市场占有率为中心、内部管理以提高资金运营效果为中心、工厂发展以招商引资培育新的经济增长点为重点"的新形势下的经营思想。

江西华声通信集团有限公司(1995年吉安)

同时,工厂积极走外向型发展道路,1985年在浙江嘉兴市建立从事舰船内部通信产品研制与生产的嘉兴分厂;1988年在深圳蛇口和中国通广电子公司、加拿大北方电讯公司合资组建"通广——北电有限公司",形成年产数字程控交换机三十万线的生产规模;1993年在深圳南头全资组建了"深圳安吉利电子实业公司",专门从事出口产品的接单、生产与交货;1993年在南昌高新技术产业开发区与香港3C电脑控制有限公司合资组建了"南昌华声通信有限公司",开发和生产局用数字程控交换机;1994年在吉安本部与香港峰威公司、中国电子进出口公司江西公司合资组建了由工厂控股的"江西华声峰威电子有限公司",主要生产答录机、录音电话和无绳电话;1994年在深圳组建了深圳华声利讯电子有限公司。至此,工厂逐步清晰了窗口建设带动本部发展的思路,实现了以与国际市场接轨为目标的新一轮产品结构调整,形成了南昌"系统通信产品发展中心"、深圳"国际市场开拓中心"、吉安本部"通信终端产品发展中心"的发展格局,达到了程控、终端、出口"三分天下、同步发展"的目标。

1991年7月,工厂组建了出口话机生产车间,从来料加工做起,组装起步,培养提高工厂及职工的素质,提高管理水平,为争取大宗产品出口创造了良好的开端。1993年工厂获得英国BABT认证,1994年一批批外商陆续访厂。1994年2月14日,英国迪声公司、香港诚威公司访厂;3月份起,日本奥林帕斯公司、奥林帕斯(OLYMPS)德国公司、英国峰威公司及美国AT&T公司相继访厂,考察工厂的生产能力及产品质量保证能力。1994年11月15日,两千部A400G答录机通过世界最大商检机构SGS国际公司(香港)的验机,这批产品是我厂为奥林帕斯德国公司生产的高档产品,其质量要求之高、验机之苛刻,前所未有。这批订单的顺利交付,进一步推进了工厂与国际市场的接轨步伐。

1995年,工厂按照现代企业制度的要求建立新的管理体制,提出"尽善尽美、用户满意"的质量目标和"目标100(产品100%合格、工作100%达标、服务100%满意)、零缺陷管理"的质量方针,对内强化指令调控,明确职责分工,按经济规律分工设置机构,强化事业部、分厂对制造成本的责任,实现专业分工、规模生产;对外适应市场,提高应变能力,高起点参与国际竞争,积极稳定地向国际市场迈进。

1995年10月,经江西省经济体制改革委员会、江西省电子工业总公司批准,同意我厂组建华声通信集团。将工厂已有的五个全资、控股子公司——嘉兴有线电厂、深圳安吉利电子实业公司、深圳华声利讯电子有限公司、南昌华声通信有限公司、江西华声峰威电子有限公司与本部母公司江西华声通信(集团)有限公司(国营八三四厂)从组织上连成一体,实行高度专业化分工协作,建成为集电话机、程控交换机、专用通信网、多媒体及光通信等多品种、多门类通信产品的开发、生产、营销、服务于一体,技工贸结合,以通信产品为主向数字化、智能化和个性化方向发展,并在应用光纤通信技术、多媒体技术和SMT技术等领域实现更大突破的现代化企业集团。经过转换经营机制,特别是华声集团的组建,工厂在企业管理、市场开拓、工厂布局、产品发展、技术更新等诸多方面为今后稳定、持续、快速发展奠定坚实基础。

濒临破产　突围重组获新生(1995—2001年)

1997年,工厂体制问题凸显,军品订货逐年下降。

1998年,华声通信集团(国营第八三四厂)银行负债1.5亿元,内部职工集资欠款2500万元,1000多名退休职工未交社保费仍由企业自身承担,军品订货仅500万元,民品市场也急剧萎缩,这些问题束缚着工厂发展,企业举步维艰,面临全面停产的危机。

1999年,由于受"无产品、负债高、负担重、收支差距、资不抵债"的现实所困,在濒临破产之际,依据国企改革有进有退的方针,经营班子果断实施"整体退出、分兵突围、参与上市、再图复兴"的战略方针,集中优良资产和精干人员参与发起组建江西联创光电科技股份有限公司,并在1999年到2000年逐步实施。经过一系列剥离重组的措施,不仅成功地解决了不良资产剥离、企业冗员分流和体制初步转换等国营企业历史性问题,还在保证工厂稳定的前提下,创造一个和谐的发展空间。

2001年,工厂积极争取到参与组建江西电子唯一一个上市公司"联创光电"的机会,通过运作上市,华声通信集团(国营第八三四厂)改制重组,2001年底在南昌高新技术开发区重新注册成立"江西联创通信有限公司",工厂重获新生!

从头迈步 艰苦创业结硕果(2001—2015年)

(一)求生存、谋发展

2002年,公司秉承"军工品质 立世之本"的企业宗旨和"责任是力量之源,创新是发展之路,细节是成败关键"工作指导思想,按照"立足现有领域,充分发掘潜力,用足每次机会,形成全新格局"的市场发展方针,紧紧抓住台海局势紧张的机遇,不断加大新品研发投入,逐渐恢复军品科研生产,确定以军用指控通信和民用指控专网为主体的两大产品市场方向。同时加强公司内部管理,建立和完善各项规章制度,逐步形成规范;强化新研项目的管理与考核,按项目制订详细任务计划,并加大对相关人员的绩效挂钩考核,健全完善项目绩效考核激励约束机制;加强市场销售人员素质和业务能力的培养,大力开拓市场,以期解决公司的生存问题。

2003年3月,按照联创光电"一主两翼三基地"总体发展战略,依据军用产品"四个统一"的原则,公司以自有资金收购联创光电线缆分公司终端厂军品相关资产,成立了吉安分公司;同年9月,公司搬入南昌高新技术产业开发区联创光电科技园。

2004年,公司研制的"数字式车内通信系统"定型,形成车通产品系列,配套于多项"XXX工程"项目和多种型号的武器系统。公司研制的"XXX工程"配套项目"军师光端机",获得"2005年华东地区优质军械产品"称号。

2002—2006年,公司经过5年的恢复发展,通过融入上市公司联创光电,生产经营、经济效益逐年大幅递增,企业从求生存的原始积

军工检测生产线(2006年南昌)

累阶段顺利跨入谋发展阶段。截至2006年底,公司主营业务收入达到1.19亿元,利润2418万元,资产总额从2000万元激增至1.13亿元,净资产增加至5513万元。公司产品结构也从单一电话机、程控交换机逐步发展到以车通为代表的车内通信系统、以军用光端机为代表的光通信设备、炮兵通用指挥机以及新一代野战终端等四大产品系列;结构模式从传统生产制造型企业逐步调整为以市场、研发为主体兼备中试总装总调综合生产制造能力、产品附加值较高的"哑铃型企业",为企业持续健康稳定发展做了良好铺垫。

(二)加快发展步伐、促进转型升级

2006年,公司紧紧抓住武器装备信息化建设的有利时机,以董事长曾涌为核心的新一届公司领导班子提出并组织实施"产品市场架构、公司内外人力资源体系和公司资产资本结构体系调整"发展战略,明确"十二五"期间争取进入国家军工主流队伍的奋斗目标。2007年,公司"开设式指挥系统"定型,标志着企业已完成从单体配套向分系统项目研制的转变,并开始介入多种武器平台指控分系统、通信分系统的研制生产,同时进入检测维修、模拟训练等新兴领域。

2008年5月12日,《公司未来三至五年发展纲要及实施计划》经公司二届三次董事会审议批准,明确了公司提前两年完成"三大体系调整"战略工作路线图,确定了公司指控通信、检测维修、模拟训练、指控软件和民用专网五大产品发展方向。

2009—2012年,随着承担的海防系统、一体化、120P指挥车等系统项目陆续落实,公司完成了从单体配套、分系统项目向系统总体项目研制的转变。2008年,公司通过122L机电检测维修车、122H电子设备检测维修车、100T检测维修车等五型转产项目的生产,不断消化、吸收、改进已有的检测维修技术,逐渐形成检测维修流程开发以及装车设计等技术,并于2009—2012年先后独立承担了"XXX工程"电子检测维修车、舟桥旅团检测车、远火检测车以及通用检测系统等产品项目的研制生产,逐渐具备批生产能力。

2012年,随着海防、一体化、舟桥旅团等一批重点模拟训练系统的研制生产,公司逐步介入武器平台模拟训练领域,并向武器系统模拟训练和作战指挥整体模拟训练市场发展。

2013—2015年,随着重点军贸出口项目炮兵营连通用指挥侦察车、W86式120迫击炮指挥设备、车通、通用检测仪、野战维修车的启动,公司业务领域拓展至军贸出口市场。

2014年,公司董事长曾涌提出"3521"发展规划,指明专注军用指控保障、矿用专网和军贸出口三个市场,做精做强军用指控通信/武器平台综合保障/指控专用软件/军贸出口配套装备/矿用安全调度系统五大产品方向,形成公司未来产品市场发展的需求来源体系和先进技术资源体系,全面完成把一个50年的三线军工老厂建设成为一个既有军工历史文化传承、又能适应现代市场经济竞争要求、敢于创新不断进取的新型军工企业的历史使命,确保"十三五"期间实现年均增长15%—20%,到2020年实现主营业务收入不低于20亿元、利润不低于3亿元的目标。

2015年,公司圆满完成了极为艰巨的14亿元产值生产交付任务和为期5个月1200人次的首次大规模部队跟产接装培训工作,实现陆军信息化建设主战装备轻型指挥车全军首次大批量规模化生产交付,公司经营规模和效益成倍增长,取得了八三四厂历史上主营业务收入突破10亿元的良好业绩。同时先后在便携式通控器实物竞标、一体化L车和轮式轻型PBFKB指挥车改的竞争性谈判、XXX车通方案招标以及YH电子设备检测车、XXX机电检测维修车线缆检测仪等六型线缆检测设备竞争性采购谈判中均以夺魁的成绩击败行业强手,牢牢守住了公司核心产品阵地,赢得了良好的市场口碑。

公司重视人力资源体系建设,通过以推行项目合作、派出人员工作学习等方式,广泛建立和军内科研院所及国内外一流院校的战略合作伙伴关系,并分别于2006年7月与总装炮兵防空兵技术研究所签订战略合作伙伴关系协议、2007年与中国人民解放军炮兵学院合办工程硕士班。与此同时,积极推进科研院所成果转化和技术资源共享平台建设,初步形成了内外部人力资源体系,为企业健康长远发展提供了有力支撑。

公司资产资本结构调整成果显著,资产结构渐趋合理。资产结构方面,2008年,吉安分公司新厂区4500平方米厂房建设、设备改造等工作全面完成,并于2008年12月搬迁投入正常使用。

2009年3月,北京技术研发中心成立,为公司的长远发展建立了一个支点和技术资源融合平台。

2011年,公司新建18 000平方米的电子装配大楼投入使用,并购置了数批生产试验设备和测试仪器、开发软件,改善设计手段和生产试验条件,有效提升工艺技术水平和综合技术实力。

资本结构方面,2008年,联创光电以联创光电科技园内XXX亩土地使用权折价XXX万元,单向增资扩股,注册资本增至XXX万元,其中联创光电出资XXX万元,占97.93%。2010年,根据江西省电子集团公司和联创光电的发展规划以及江西省国资委、国家有关军工管理部门的指示精神,公司按国家规范程序完成股权重组工作,形成了以江西省电子集团公司直接控股的多元化股权结构;2013年6月,公司再次顺利完成股权重组工作,成为中国兵器工业集团下属北方信息控制集团控股子公司,地方厂名变更为"北方联创通信有限公司"。至此,公司产品市场架构初成格局,人力资源体系粗具雏形,资产资本结构趋于合理,基础科研生产能力和总体设计能力不断提高,并顺利融入国家军工主流队伍行列,为公司未来的健康持续发展奠定坚实基础。

"雄关漫道真如铁,而今迈步从头越"。站在新的历史起点,新一代834人将以更加奋发有为的精神,在瞬息万变的市场大潮中不断夯实内部管理基础,提升企业核心竞争力,全面完成第三次转型升级,为国防建设做出更大的贡献!

兵器工业园地上的一朵奇葩
——5727厂研制非金属兵器复合材料纪实

刘运山　徐莉苇　张　平

古人云："兵越精,器越利,越能慑敌于不战,屈人之兵而非战。"武器的精良在战争中是非常重要的。新中国成立后,为了保家卫国、巩固国防,我国也加快了现代兵器的研制,而研制现代非金属兵器复合材料尤其重任在肩。

1958年9月,在江西这块红土地上,兵器工业部唯一一家被定位为开发、研制、生产非金属兵器复合材料军工企业在九江创立,这就是中国兵器装备集团公司国营第5727厂,又名九江玻璃纤维厂,即今日的江西长江化工有限责任公司。

50多年来,5727厂依靠科技进步共研制各种军品100多项,其中有68项分别获国家发明二、三等奖、国家科技进步一等奖,为我国非金属复合材料在国防科技工业上的应用作出了开创性贡献。我国第一颗人造卫星、海底发射火箭、洲际导弹、通讯卫星和"银河"亿次巨型计算机等尖端项目上都有她的烙印。

5727厂生产的防弹头盔更是蜚声国内外,先后装备了驻港部队、驻澳部队、2008年北京奥运会安保部队,并在2009年国庆60周年阅兵、2010年上海世博会和广州亚运会安保等一些大型活动中亮相。

上世纪80年代初,该厂已经成为全省工交战线上的一面旗帜。当时,兵器工业部杨绍曾副部长亲临该厂进行了认真考察,并形成书面考察报告,回京后呈送给了时任中共中央总书记胡耀邦。胡总书记看过后欣然提笔作了批示："希望九江玻璃纤维厂一年好过一年。"

覆铜层压板的诞生

5727厂的科研人员从来不满足于现有的成绩,富有开拓精神和创新精神,在立足于现有领域的科研工作的同时,始终不忘开拓新的科研领域。

覆铜层压板是航空、航天、电子计算机等高新技术领域不可或缺的高科技材料。1964年6月,该厂科研人员就着手研发这种材料。起初,他们采用酸酐型湿法两次成型工艺;该工艺流程基本为手工操作,且从进料到形成板子有上百道工序,劳动强度大、生产周期长、合格率低。研发虽有成果,但他们不满足这种状况。1969年,他们又组织攻关组,决心变湿法生产工艺为干法生产工艺。

当时干法工艺在全国同行业中被视为禁区,消息传出立刻引来无数质疑声,但他们坚信"世上无难事,只要肯登攀"。经过一次又一次的试验,一年过去了,酸酐型干法一次成型工艺终于被攻克。新工艺减轻了工人的劳动强度,缩短生产周期,而且产品性能超过部颁标准。

我国第一颗人造地球卫星和第一台300万次电子计算机使用了这种覆铜层压板,获得成功。国家科委为此专门发来贺电和感谢信。

然而,攻关组人员对酸酐型干法一次成型工艺生产出的覆铜层压板存有弱点仍不满足。要提高产品质量只有改性转型。1979年,他们又大胆用酚醛树脂改性双氰胺,一口气试验了100多天,试制出一种全新的固化剂,应用于覆铜层压板获得成功,这是国内第一块双氰胺覆铜层压板。

但是,生产中板子的合格率仅在70%上下浮动。对这个合格率,他们仍不满意。1981年,他们又在一个月时间的研制中获得了数据2000多个,经过比较鉴别,选出最佳配方,经过反复的破坏性试验,结果表明覆铜层压板的外观和质量远远超过国家标准。中共中央、国务院、中央军委特此祝贺它运用于同步卫星等尖顶科技领域。1986年1月,5727厂从北京捧回国家覆铜层压板的"金质奖"。

玻璃钢筒体的面世

现代军事装备的竞争关键是科技水平的竞争,谁的装备科技含量高,谁就能在战场上占主动权。按照国防科工委和中国人民解放军三总部的要求,5727厂于20世纪90年代初期进入了一个崭新的时代,决心在高科技含量高的产品上有所突破。

"250"特品项目是从国外引进的高科技产品,5727厂承担了该项目上的玻璃钢筒体的研制任务。玻璃钢筒体是"250"项目的三大关重件之一,它的研制对"250"项目举足轻重。

接到这一艰巨而光荣任务的5727人欢欣鼓舞,可是,外国专家来厂考察时,对5727厂现有工艺设备及科研条件能否研制出合格的玻璃钢筒体表示怀疑。

5727厂科研人员自信不疑,说干就干。攻关组先后设计了数种方案,从玻璃布的取材、树脂体系的改进,直到卷制、缠绕、固化工艺摸索,现有工艺设备的改造,每个环节都做到精心设计、试验。仅仅半年多,经过无数次研制,样品终于试制出来了,经过测试,各项技术指标均达到外国专家的要求。

2001年4月,该武器系统顺利通过首批鉴定,确定当年装备部队,以提高部队作战水平。

562军品改材制造获得成功

在研发"250"玻璃钢筒体的同时,该厂又对"562"特品改用非金属复合材料制造进行研发。用非金属复合材料制造的"562"产品不但重量轻,而且能贮运发一体化,国内目前是个空白,至今世界上也只有少数军事强国能研制生产。

2001年,经过艰苦的努力,该项目终于取得了突破性进展,当年在太原成功地进行单管实弹射击试验。同年10月,在上级主管单位的主持下进行多管实弹试验,均取得圆满成功。部队首长高度称赞5727厂领导和科研人员说:"你们研制开发的'562'项目是对火箭武器的一次革命性的突破。"

"562"项目的研制成功,不仅为我国国防科技事业做出了较大贡献,而且还填补了国内在该领域的空白。

防弹头盔亮相军营

1994年5月,5727厂在总后军需装备研究所的协助下,又开始了崭新一代防弹头盔的研制工作。为了选择粘结剂的配方和摸索特种纤维的压制工艺,科研人员们翻阅了上百册国内外资料,作了近5万字的笔记。经过日夜攻关,很快拿出了样品,经过测试,达到世界先进水平。

同年6月,总后军需装备研究所从北京来电,要求工厂必须在年底拿出300顶新一代防弹头盔交付部队试戴。可是,原定9月份到厂的模具,拖到11月底才到。时间紧任务重,科研人员急得连觉都睡不着,这防弹头盔生产任务是和总后军需装备研究所立了"军令状"的,必须保质保量地完成任务。非常时期,非常办法,于是,一场与时间赛跑的攻坚战打响了!科研小组的同志们都全身心地投入到工作中去,吃住都在工作地点,饿了就吃方便面,困了就找个地方打会儿盹。

几分艰辛几分收获,经过科研小组20多天苦战,他们终于在12月23日将300顶防弹头盔交付了试戴部队,受到了总后军需装备研究所的高度称赞。而且,新一代防弹头盔因为其卓越的性能,现已装备驻港、驻澳部队和其他安保部队,亮相军营。

近年来,曾经连年亏损的5727厂依靠科技创新促发展取得了可喜成绩,2010年,工厂打了翻身仗,实现产值2.84亿元,创利润1450万元。而且,该厂的子公司九江福莱克斯公司、江西长江玻璃纤维有限责任公司均被江西省科技厅授予"高新技术企业"荣誉称号。

为国防添彩 让泰豪出彩
——江西清华泰豪三波电机有限公司走军民融合发展之路纪实

杨卫国

习近平主席在十二届全国人大二次会议解放军代表团会议上强调:"实现强军目标,必须同心协力做好军民融合深度发展这篇大文章。"坚定不移地走军民融合式发展之路,是习主席站在时代发展的高度,着眼实现中国梦、强军梦推出的重大战略思想,是"富国与强军相统一"思想的生动体现。江西清华泰豪三波电机有限公司(简称公司)作为泰豪科技股份有限公司(股票代码:600590)全资军品子公司暨民企配套参军企业,以强烈的使命意识和责任担当,始终坚持走军民融合创新发展之路,致力于国防装备配套产品的科研生产工作,取得了良好的经济效益和社会效益。

近年来,公司顺利完成"08 抗冰雪救灾""5.12 抗震救灾""北京奥运安保""国庆六十周年庆典""上海世博会安保"等重大活动的保障任务,连续五年在全军军用发电机组集中采购中排名第一。先后荣获国家"国防科技工业协作配套先进单位"、华东地区军械产品"科研工作先进单位""质量工作先进单位"江西省国防科技工业"科技工作科技创新先进单位""经济效益先进单位""高新工程先进单位""新闻宣传工作先进单位""安全保密工作先进单位"等荣誉称号。

民企参军服务国防 军民融合寻求发展

江西清华泰豪三波电机有限公司的前身是江西三波电机总厂,集产品研发、中试生产、技术准备和销售于一体,是国家原机械工业部定点设计、制造各类中小型同步发电机、机组(电站)、军工电源的重点企业,已有四十多年的历史,具有各类工频、中频、双频、特殊电源的综合设计、制造能力,是国内唯一自行开发系列化三波谐波励磁无刷发电机的企业,并已批准为江西省高科技企业。

1998 年 7 月,江西三波电机总厂由清华同方股份有限公司控股的泰豪科技股份有限公司整体兼并,改制为江西清华泰豪三波电机有限公司,成为专业生产军用电源生产企业,并按照清华同方战略规划,军民用生产能力整体进入清华同方体系,由传统的机电工业向智能化电气产业方向调整。新公司成立后,拓展产品与服务范围,通过信息技术的应用,提升传统机电产品技术档次,开拓计算机系统及软件产品的研制与服务,成为清华同方的南方智能化机电产业基地。

泰豪军工大厦

1998年改制以后,公司加快军品市场的开拓,积极参与军品市场竞争。在全面调研部队武器系统现役军用电源后,针对当时传统电站在部队使用中存在的可靠性低、技术性能落后,可使用性差以及运行经济性差等问题,公司在全国率先进行新型换代系列军用电站的技术研究,提高军用电站的可靠性、技术性能和使用性。

由于提前介入市场,我们对部队的需求了解更为深入,掌握市场的主动权,收到了预期效果,市场开拓成绩显著。

公司军用电源市场不断得到拓展扩大,销售额从1998年不足1000万,发展为现在年销售额超过3.5亿元。

公司电源产品的先进性和可靠性得到部队用户的高度认可,一批一批性能可靠技术优良的电站产品列装服役,为部队装备建设作出了突出贡献。

今天,公司电站产品承担着祖国高山远海的戍疆任务,公司研制的某型高原无人值守遥控、遥测型电站已在海拔5400米的高原上可靠运行超过30 000小时;公司是历次重大演习、高原作战唯一指定的军用电站技术保障单位;公司生产的某防空导弹国产化电源车主要技术性能指标优于俄制电站,经部队使用后完全能够满足XXX引进导弹战备工作需求;我国第一艘航母也融入了泰豪元素,公司军用空调产品成功装备辽宁舰,实现了公司军用空调产品服务我国科技集成度最高海装设备的目标。

为进一步做强做大军用电源市场,公司在北京建立了市场开发部,把市场开发的重点从南昌转移到北京,加强了同部队直属机关和装备科研院所的联系,及时了解掌握武器装备需求和技术发展趋势。在接到装备研制任务后,公司自筹资金开展项目科研生产,满足武器装备不断发展的要求。

同时,加强了与总体科研单位的交流和合作,在武器装备总体科研单位较多及部队装备配置较多的地域,分别建立北京、厦门(广州)、西安、南京、成都、沈阳等六个售后服务站,方便及时与科研总体单位交流,了解市场需求及市场信息,也确保了服务工作直接面对陆、海、空三军各兵种的基层部队,直接了解部队对武器装备的使用需求,为公司研制生产满足部队作战需求的配套装备打下了良好的基础。

目前公司军用电源产品已覆盖陆、海、空三军及二炮等各军兵种市场,保有量达到22亿,军用电源市场占有率达到30%以上。公司已成为国内品种最全、规格型号最多、生产规模最大的军用电源科研生产企业。

大力开展技术创新 提升装备技术水平

技术创新是军品生命力的保证,是开发市场的源泉。面对竞争日益激烈的军工市场,公司坚持技术创新,开发技术含量高、自动化程度高、性能优异稳定、可靠性高的军工产品。公司重视科研经费的投入,明确规定每年必须按照企业当年销售收入的4%提取经费,作为次年的科研和技术创新费用;如果经费还不够,母公司再补贴3%。至今,公司每年用于技术创新的研发经费都不少于1000万。

1999年,公司开始研发新型军用电站,替代部队现役配套电站产品。为此,公司自筹资金,自主研发康明斯系列、493系列、道依茨系列、斯太尔系列、小功率(LBD、HATZ)系列等新型换代自动化军用电站,并运用自动化控制、计算机、网络通信等信息化技术,开展军用电站自动化控制系统的研制,研制开发多机自动控制、自动并联、现场总线、嵌入式控制、控制软件等系统技术。下一步,公司将从发

清华泰豪兼并三波电机公司签字仪式

电机组单体产品的研制向汽车电站、方舱电站、拖车电站、低噪声电站、多机电源供电系统等集成产品研制跨越。正是由于公司领先进行换代新型电站的研制,使公司走在军用电站行业的前列。

公司始终跟踪现代武器装备的发展趋势,了解国外军用电站技术发展情况,以部队装备发展需求为牵引,规划公司未来技术发展方向,从部队作战需求、环境适应性、可靠性、信息化、新能源运用等方面,确定未来新的技术预研项目。通过预研项目的技术创新,适应装备新的发展需求。通过自主技术创新,提升公司在发电机、电站数字化控制、电站降噪等方面的技术水平和竞争力,尤其是公司近年来开发研制的车载行进取力发电系统、现代移动电源系统技术研究与应用、3GF－YPW－01宽频宽压逆变电源、俄制120KVA高速中频发电机等创新产品,对提升公司整体科研技术水平和产品竞争力有着积极重大的意义。2000年以来,公司共完成各种型号武器系统配套电源的

科研项目计 468 项,其中 63 项技术和产品获得国家、省部级奖项,300 余项技术获得国家专利(其中发明专利 30 多项),形成了以发明专利为核心的现代移动电源专利技术群,提高武器装备配套电站的技术水平,推进军用电站行业的技术发展。

2014 年,公司作为民营企业参军的代表性企业,参加总装备部等四部委在京主办的全国首届民企高科技成果展览暨军民融合高层论坛会。在展会上,公司的高新技术和军用产品得到部队领导的好评和认可。

加大基础设备改造投入　提升装备生产能力

随着公司承担的装备生产任务的增加,投入大量资金进行技术改造,提升装备生产能力,成为公司做强做大的一项重要工作。

1998 年开始,公司全面规划军品科研生产能力的建设,在母公司支持下,筹资 1.2 亿,建立一个与国际接轨,国内一流的花园式现代化工厂。在此基础上,2003 年又投资 5000 万,建成军工研发大厦,同步投资 2000 多万,构建了数字化研发管理平台,建立了具有高度保密性的专用网络系统,配备了先进的计算机辅助设计研发手段和现代管理平台——PLM/PDM/CAD/CAE 体系,建立了用于研发的仿真试验室、电子试验室、磁分析室等。

早在 2001 年,公司就采用信息化管理技术,实现军用产品科研生产管理,应用法国达索公司的 Smarteam,建立生产研发的 PLM(产品全生命周期管理)系统,从而保障实现对军工产品终身(全生命周期)管理。

2008 年,公司承担了某重点型号电站研制任务,在省工办的支持和协助下,得到国防科工委研制保障条件建设资金的支持,

时任国防科工局局长许达哲在泰豪考察调研

购买 ANSYS、MATLAB 等仿真软件,建立电子实验室、仿真实验室、磁分析室等,建立军用电站、军用发电机综合设计计算分析平台,进一步提升了科研生产能力。

2009 年,公司升级 Pro-E 三维设计软件,实现产品实体结构造型的真实再现,大幅度提高设计效率和设计质量。

2012 年,公司购买 CFD 流体软件,实现电站流场仿真分析和温度场分析。

2014 年,公司借助母公司资源,联合清华大学成立"清华大学－泰豪联合装备研究院—野战电源研究所",运用清华大学的技术,进一步提升公司装备科研生产能力。

公司还特别注重研发手段的升级,产品研发由过去依靠经验逐步上升到理论计算分析,使公司军用产品的研发工作,跨上一个新的台阶,综合科研能力得到进一步

提升。

目前按照产品分线、专业化生产的原则,公司已建有军用发电机生产线、军用电源生产线、控制屏装配流水线和小功率电站试验站、发电机组试验站、移动电源试验站、控制屏检测试验室、发电机试验站等。配置电机和电站微机自动化试验系统,可以进行容量为 1-3200 千瓦各种类型的军用电站的试验检测。

公司为提高电机绝缘等级和质量,配置了新的浸漆设备;为保证各类元器件、组件的质量控制,提高控制器件的可靠性,购置元器件老化筛选设备、高低温冲击箱和振动试验台。

在优化产品设计的同时,公司还购置水帘式和水旋式喷漆设备,使产品外观提高到一个新的水平。迄今为止,公司累计投入技术改造资金达 3 亿元,通过全面技改,已形成工频、中频、双频、变频 2000 千瓦以下电机和电站、年产量百万千瓦的装备科研生产能力。

随着国家武器装备科研生产许可准入资质的放开,民企参军服务国防将迎来更多的机会。在全国首届民企高科技成果展览暨军民融合高层论坛会议上,泰豪集团董事局主席黄代放在发言中说:"现在,装备主管部门下决心破除行业垄断,进一步推进装备采购制度改革,规范竞争行为,推动分系统及配套产品竞争,让我们再也不担心输在起跑线上。"

百尺竿头更进一步,面对成绩,清华泰豪三波公司从未满足。未来,公司将继续坚持创新发展之路,坚持"以作战为牵引、以科技为发展、以质量为生命、以发展为目标"的装备配套服务宗旨,坚持"着眼市场、服务战场"军品经营理念,坚持体制创新、技术创新、管理创新,不断研制符合形势发展的高技术创新型军用产品服务部队装备建设,服务国防事业,继续努力做好军民融合这篇大文章,为国防添彩,让泰豪出彩。

潮起潮落　不忘初心
——同方电子科技有限公司(国营第七一三厂)发展掠影

赖远冬　陈志军

驰援三线

自 1964 年起,我国中西部三线地区进行大规模的军工企业"三线厂"建设。在 1964 年至 1980 年,贯穿三个五年计划的 16 年中,国家在属于三线地区的 13 个省和自治区的中西部投入了 2052.68 亿元巨资;400 万工人、干部、知识分子、解放军官兵和成千万人次的民工,在"备战备荒为人民""好人好马上三线"的时代号召下,打起背包,跋山涉水,来到祖国的深山峡谷、大漠荒野,风餐露宿、肩扛人挑,不畏艰辛,用血汗和生命,建起了 1100 多个大中型工矿企业、科研单位和大专院校,称为"三线厂"。

国营第七一三厂(又名同方电子科技有限公司,曾用名江西无线电厂)就是这 1100 多个"三线厂"的其中之一。1965 年 6 月,根据四机部第 2628 号文件精神,经周恩来总理批准,决定由南京国营第七一四厂的 56 型短波一级接收机产品及其配套人员(约 570 名)迁往江西省景德镇市筹建国营第七一三厂。经选址,建厂于距景德镇市区 28 公里的原政治学习校址(兴溪桥)。

713 厂老厂位于江西景德镇兴溪桥

1966年建厂后,工厂克服环境恶劣、生活艰苦、"文化大革命"干扰等一系列不利因素影响,不仅年年超额完成国家下达的军品生产计划,年年都有利税上交国家,还自行研制、开发了多个军民品产品,其中70年代中期研制成功的短波单边带接收机,填补了国内空白;80年代中期开发的微机控制的单边带接收机被国家列为替代进口产品。

同方电子科技有限公司(713厂)现位于九江市

同时,企业贯彻"保军转民、军民并举"的方针,发挥军工通信技术优势,积极开发投资类和消费类民用电子产品,使工厂逐步形成了以气象接收机系列为代表的投资类产品,以收录机、电子琴系列为代表的消费类产品等两大类民用电子产品格局,产品共30多个品种,70多个型号。其中QJS-89、QJS-90气象接收机先后获得省级优秀产品奖、优秀新产品奖,产品广泛应用于全国各地气象(台)站;收录机、电子琴具有了年产30万台的生产能力,并逐步在全国23个省、市、自治区建立销售网点,产品曾一度成为全国十大著名商场的热销品种。

战略转移

十一届三中全会以后,市场开始活跃,七一三厂地处山区,交通不便,信息不灵,人才进不来,产品出不去。1980年2月,工厂有搬迁到城市的想法,反映到第四机械工业部,刘寅副部长会同江西省国防工办李伟民主任、九江地委王泽书记商议:提议七一三厂可在九江设点,工厂接受了这一提议。

1981年11月,刘敏学厂长正式提出在九江"开窗口"。其目的一是扩大七一三厂的生产能力,特别是民品,可以规模化、专业化;二是可以了解市场、接近市场、预测市场,给山沟里的人看到外面世界的机会;三是增加企业财源,为七一三厂创造效益,解决山区交通不便、信息不灵、管理费用高的困难;四是窗口是七一三厂的"试验田"、是改革的"试验田"、是管理体制的"试验田"。

1982年1月17日,九江业务部开业,民品收音机、收录机生产线开始生产。1982年至1983年初,有20户46名职工陆续由老厂搬迁到九江。

1983年4月,电子工业部根据工厂的申请,批准七一三厂在九江扩建年产20万台收录机生产线。工厂根据这个技改项目,于1983年9月征地86亩,建5层生产大楼9440平方米。

1986年12月生产线通过电子部验收,同期建职工宿舍7幢160户,基本与生产线同时完成。1986年12月19日,省政府办公厅以赣府厅字(86)182号抄告单称:经省人民政府研究,同意七一三厂200户980名职工和家属从景德镇迁往九江落户。具体手续请按有关规定报公安、粮食部门办理。

1987年1月,省电子工业公司以(87)赣电字第06号文批准七一三厂在九江设立分厂。同时工厂的第一设计所、第二设计所、六车间(民品)以及八车间、技术科部分人员和其他配套人员共165户、590名职工和家属迁往九江。1987年5月20日,九江分厂举行了开工典礼,随后908收音机、31键、61键电子琴开始在九江生产。

1988年初,根据两地生产的实际困难,工厂做出重大决策,即全迁九江,这能否得到政府的支持?经过多次努力,景德镇市政府舒圣佑市长决定同意七一三厂全迁九江。通过汇报、申请、沟通,其他有关单位对七一三厂全迁九江也都给予支持,并下达批文。

1989年5至10月,四、五车间以及厂部、党群部门、配套科室和单位共141户539名职工和家属迁往九江。在办好户口关系后,由运输科车辆安排先运送机器设备等公物,再运送住户。为解除在山区职工的担心,厂长、书记的户口等关系放在全厂最后一批迁往九江。

为尽快结束两地生产的局面,工厂决定1991年把主要生产单位基本转移到九江,只留有少数配套单位(如电镀、劳动服务公司等生产单位)及各单位留守人员、保卫人员、部分退休人员。

1991年6月6日,工厂在景德镇市老厂召开了全体职工(含退休职工)大会,厂长孙广利、书记王义龙作了搬迁动员,强调在七一三厂转折的关键时刻,要求每一个干部和职工都要从全局出发,艰苦奋斗,勇于奉献,服从安排。要努力抓好当前生产,生产完成了,搬迁才有可能顺利。同时对搬迁机器设备、产成品、半成品、库存物资和办公用品等,以及职工家属搬迁、宿舍分配、车辆等都作了详细安排。

从1991年6月中旬开始,按照先搬迁机器设备等公物,后搬迁单位住户的原则,一直到1992年12月底全部迁完,全厂大转移顺利结束。

资产重组

为时6年的大转移,自费搬迁,耗尽了人力、财力、物力,终于成功搬迁到城市,那么,工厂到了城市,路又该怎么走?摆在全厂干部职工面前的课题是"风险依然存在,机遇如何把握"。自1992年底完成从景德镇市兴溪桥整体搬迁九江市之后,由于是利用银行贷款和自筹资金建设厂房和职工宿舍等生产、生活设施,因而工厂包袱沉重,加之民品收录机、电子琴销售货款回笼难,企业逐步面临困难,企业职工思想开始不稳定,资产负债率已高达80%,工厂曾多次请示电子工业部,希望给予七一三厂搬迁的优惠政策,但由于国家对小三线企业搬迁没有优惠政策,所以这些请示也就落空。

杨志明厂长在1996年提出"在困境中求生存,在生存中抓机遇,在机遇中争发展,在发展中创效益"的发展思路。在当时情况下,有人认为七一三厂只靠自己走不出困境,必须借助外力才能激发七一三厂的内因,发挥其优势求得发展。七一三厂已处于一个特殊的时期,是生存与发展的关键时期,全厂干部职工必须同舟共济,求大同存小异,埋头苦干,争取机遇来改变企业困境。在此思想指导下,杨志明厂长从1995年3月开始先后与南京熊猫集团、电子部电科院、清华同方、深圳桑达等多家知名企业进行艰苦沟通、谈判与联系。

功夫不负有心人,1997年8月20日,清华同方总裁陆致成与杨志明厂长会谈并达成了清华同方股份有限公司整体兼并七一三厂的意向。

9月4日,杨志明厂长、王义龙书记在南昌江西省电子工业总公司会同虞中一总经理、杨文娟副总经理与清华企业集团副总裁龙大伟、清华同方副总裁朱德权等会谈关于兼并七一三厂有关事宜。在谈到人事问题时,工厂表示兼并后资产已是清华同方的,只要工厂能发展,职工不推向社会,工厂的干部可由清华同方派出或重新任命,对现任主要领导用不用都无所谓。双方很快达成了几点共识:

一是双方同意整体兼并七一三厂,争取国家给予兼并的优惠政策;

二是兼并批准后进行产权、债权划转手续;

三是行业归口省电子工业口、军工、技改、税务渠道不变;

四是用人原则上主要依靠工厂现有干部职工,但在企业管理、劳动、人事、市场拓展等方面,按照清华企业方法运作;

五是工厂被兼并后由清华同方运营,同方将尽快向工厂投入新产品;

六是加快兼并速度,同方将派专人来厂调研评估,工厂积极配合;

七是清华方面于10月中旬提出方案与省电子工业总公司一起报省政府,力争纳入1998年度《破产、兼并、减人增效》计划等。

虞中一、龙大伟代表双方签订《江西电子工业总公司与清华企业集团关于兼并七一三厂有关事宜的会谈纪要》。

会谈纪要签订后,在工厂广大干部职工中引起强烈反响。这毕竟是一次重大重组,关系到企业的命运和每一职工的切身利益,兼并方案能否被多数职工接受,是决策者关注的焦点之一,兼并方案由职工代表大会半数以上通过,也是兼并的程序之一。为此,工厂党委、厂部多次召开大会、座谈会,说明情况听取意见,沟通思想,并于1997年9月15日召开职工代表、班组长以上干部大会。杨志明厂长在大会上作了学习十五大报告宣讲,讲解十五大召开的伟大历史意义和迈向二十一世纪的现实意义,特别宣讲社会主义初级阶段基本理论和经济体制改革和发展战略,重点结合国家对国有企业实行三年解困中提出的《规范破产,鼓励兼并》的改革,讲解工厂为什么要走由清华同方兼并这条路,如果企业破产对不起职工,如果"减员增效"不能解决企业长远问题,兼并是工厂解困的唯一的一条出路。同方兼并七一三厂,工厂可以享受优惠政策,在资金、技术上得到支持,人才引进得到保证,同方承诺兼并后职工不推向社会,就业有保证,收入会逐步提高,兼并是一个共赢的方案。大会以后,职工进行了热烈的讨论,从思想上统一了认识,一致同意清华同方兼并七一三厂这一方案。

由于七一三厂是军工企业,涉及国防资产,军工机密,军工科研和军工市场等问题,必须得到军方的支持。为此工厂与省电子工业总公司一道,恳请江西省人民政府出面,与国家有关部门协商,力争国家有关部委支持这次兼并,江西省人民政府于1997年12月25日以赣府文(1997)13号向国防科工委行文《关于恳请批准清华同方股份有限公司兼并七一三厂有关问题的函》。为确保兼并事宜顺利,杨志明厂长不间断往返于南昌与北京38天,几经家门而不入。最终,经多方努力,1998年1月13日,国防科工委、电子工业部发文同意清华同方兼并七一三厂。文中称:由一个国家控股的上市公司兼并军工企业,目前尚属首例,这是军工企业贯彻十五大精神,进行国防工业运行机制的有益探索,希望七一三厂在新的形势下,不断总结经验在调整改革中开创新局面。

1998年2月20日,在南昌由清华同方总裁陆致成、江西电子工业总公司程德保总经理代表双方签订《清华同方兼并七一三厂合同》。凌成兴省长助理、杨志明厂长出席签字仪式,从这一刻起,工厂正式加盟清华同方,成为清华同方的一员。

转制振兴

七一三厂重组成功后,杨志明厂长指出,如果说兼并前七一三厂单靠自己力量无法走出困境的话,那么兼并后七一三厂不靠自己的努力也是无法走向发展的。首先必须用新的思想观念来认识七一三厂,加盟清华同方前工厂是国有企业,现在是公司制企业;服务主体变了,机构设置由过去围绕生产,现在要围绕市场;择业观念变了,现在是双向选择竞争上岗,干部实行聘任制,一级对一级负责。

1998年3月23日,工厂召开干部大会,宣布工厂转制方案:

一是按照同方《转换机制、转变观念、调整企业结构,把企业全面推向市场》的工作方针,使企业从计划经济体制下形成的观念解放出来,焕发出敢于和善于参与市场竞争的蓬勃生机。

二是机构调整着眼于"突出军品、发展民品",力求机构精简,减少层次,着眼长远,兼顾当前。

三是员工聘用引入竞争机制,各部门要定编、定岗,定责,与干部签订岗位责任书,执行《干部八条行为规范》。

四是再就业培训,通过定岗定编,竞争上岗下来的富余人员,进行脱产培训,使其尽快掌握实用技能,重新走上就业岗位。

五是用同方的"承担、探索、超越""忠诚、责任与价值等同"的企业理念,与七一三厂传统价值观结合起来,突出工厂新的企业文化,形成"忠诚厚道,精明能干,耐劳进取"的企业精神。

1998年是不平凡的一年,一场百年不遇的特大洪涝灾害,九江人民与之搏斗了整整3个月,九江处在新闻焦点上,九江长江大堤决口闻传海内外,而七一三厂就坐落在离决口不远的长江河岸边。工厂被洪水围困,不少厂房和道路被淹,为了实现生产、抗洪两不误,工厂一面组织近6000人次参加抗洪抢险,一面组织职工转移设备、物资,搭建临时生产场地,厂内搭建了3座人行桥,并派汽车接送职工上下班,保证水退到哪里生产就及时恢复到哪里,不但保证抗洪、生产两不误,还保证了兼并后首次技改任务顺利完成。

兼并后的七一三厂首次在1998年10月军品订货会上,签定订货合同4608.85万元,创订货会历史最好水平,比上年同期增长34.75%,工厂开始进入扭亏为盈、良性发展的轨道。

自1998年至2008年的10年里,经济效益实现了连续10年不断增长,2008年销售收入是1998年的10.42倍;2008年的利润是1998年的77.74倍;职工钱袋子逐步殷实。企业不仅进入了江西省经济效益"百强"企业,还获得了由中央组织部、人事部、国防科工委、总政治部、总装备部联合颁发的"高技术武器装备发展建设工程突出贡献奖"。

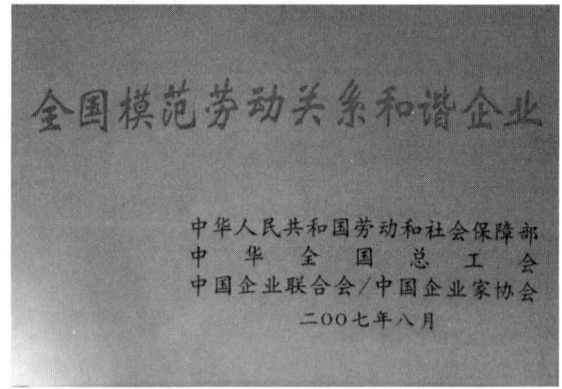

工厂获得荣誉奖状

更名转型

兼并后工厂的发展不可谓不快速,但2008年以后,随着国家先后颁布的《关于非公有制经济参与国防科技工业建设的指导意见》以及《深化国防科技工业投资体制改革的若干意见》,在非公有制经济大举进入军工领域以及大型科研院所集团化作战的压力下,工厂在军工产业的原有领域被进一步压缩。

2010年，为了由传统生产型企业向现代高科技企业转型，工厂由江西无线电厂更名为同方电子科技有限公司，并提出工厂未来的战略发展定位，即具备现代高科技公司特征的国内一流的军工电子企业。2月7日，工厂召开中层以上干部会议，宣读由国家工商总局核准的更名决定。

回首七一三厂与清华同方重组的这些年，七一三厂从一个濒临破产的企业发展到国内比较有名的军工电子企业，是七一三厂几代干部员工共同努力的结果。更名让企业在形式上由工厂变成了公司，更重要的意义在于由传统生产型企业向现代高科技企业转型升级，从形式上、组织结构上、体制上真正向高科技公司迈进。

从2010年至今，公司的转型升级之路虽然有崎岖、有坎坷，但从未停下脚步。2016年，经同方股份有限公司研究决定，将对同方电子科技有限公司实施拆分股改，目的是让企业能够有更好的发展，让员工有更好的收益。

如今的七一三厂，早已不复当年山沟里的模样，实现了从一个销售收入不足百万元的三线工厂到年销售规模数亿元企业的飞跃。企业的科研水平不断进步，工艺技术不断更新，管理能力不断提升，产品门类不断拓展，市场领域不断扩大，完成了一个以单一短波接收机为主业的工厂到集通信、技侦、对抗、导航、频管、探测和多种应用机电产品的研发、制造和系统集成为一体的高新技术企业的演变，企业的实力显著提升，经济效益和职工生活都有了质的变化。

2016年是七一三厂建厂50周年，回顾七一三厂50年的发展史，自当年在景德镇山沟里的"兴溪桥"扎根的那一刻起，七一三人心中就一直有一个梦，这个梦扎根在瓷都山水，扎根在浔阳江畔，更深深扎根在每一个七一三人心中，在代代七一三人之间薪火相传，这就是富国强军，振兴中华，永攀高峰。

上下求索　砥砺前行
——江西省国防科工办六二〇单位历史回顾

前　言

2016年6月20日,已走过46年风雨坎坷的江西省国防科工办六二〇单位,用"献身航天"高尚精神、用46个坚实脚印,默默地走进壮年期。

从1970年6月20日至今,江西六二〇单位用46年的历史述说着"上下求索,砥砺前行"。46年来,从完成航天产品配套科研与生产指令性任务到主动参与市场化竞争,江西航天工业事业在曲折坎坷中变化、发展。几代江西航天人不辱使命,不断开拓江西航天工作领域,在导弹配套生产线建设与运营、现代信息技术服务、探空火箭科研开发等方面开展了大量卓有成效的工作。尤其是1999年以来,江西省国防科工办六二〇单位,投资跻身于信息技术服务领域,以超预期、爆炸式增长方式,成为航天工业科技运用于江西税务行业信息化的平台,成为航天科工集团控股的航天信息的全国性营销与服务网络体系中一员,为国家航天事业、江西国防工业、科技、经济和社会发展作出了突出的贡献。

应运而生

20世纪60年代末,在"要准备打仗"的背景下,"好人好马上三线"。应当时形势的需要,为形成海防导弹研制生产线,研制舰舰导弹新产品"上游"2号,有关方面提出了"上游"2号导弹新方案设想。1970年5月,中央军委国防工业领导小组批复海军造船工业领导小组办公室报告,原则同意舰舰导弹"上游"2号在江西地区研制并生产配套,要求在已有"上游"1号研制生产线安排"上游"2号研制任务。

1970年6月20日,在南昌召开了"上游"2号成件定点配套及技术协调会议,海军船办主任刘华清主持会议,会议商定定型、小批生产装备部队时间;初步明确由十一家配套厂承担生产配套,1972年达到年产300发能力;配套生产线的管理和领导,建议在省国防工办领导下,由科研、生产、使用部门派人组成,负责计划管理与技术协调工作。8月,在省国防工办领导下,成立负责江西地区海防导弹配套研制生产的管理机构——620单位。由此,620单位便应运而生。

历经沧桑

1971年5月,中央军委将620舰舰导弹配套生产线划归六机部管理,11家配套厂调整为9个生产配套厂。在建设过程中,几经撤并,江西地区舰舰导弹配套生产线,最后确定为"七厂一库"。

1975年,江西620单位编报620舰舰导弹配套生产线初步设计方案。1976年,第八机械工业总局(简称八机总局)下发《关于江西地区海防导弹配套产品620生产线扩初设计的批复》,明确规定配套产品能力、职工总数、工程总建筑面积、建设总投资。

620舰舰导弹配套生产线,自1970年6月开始筹建,曾先后由海军三院、六机部、三机部、八机总局、八机部主管。1979年,国民经济调整,620舰舰导弹配套生产线缓建,缩小规模,至1981年,"三厂一库"隶属620单位管理,自筹资金逐步完善,又由七机部归口管理。1987年起划归省国防科工办管理。

46年来,江西620单位的命途多舛,但是,始终生死攸关地维系于国家航天事业。一路走来,历经沧桑,所作所为,可圈可点:

1970年5月8日,中央军委国防工业领导小组批复海军造船工业领导小组办公室报告,原则同意在江西地区组织"上游"2号导弹生产配套。

1970年6月20日,海军船办主任刘华清在南昌主持会议,确定"上游"2号导弹九项配套产品生产厂点,审定年产300发生产线规模和投资4000万元的概算;同意组建负责生产、建设管理的机构——620单位,由海军管理。

1972年10月13日,620单位组织完成三套"上游"2号末制导雷达开放性试验工作。

1973年1月15日,620单位完成"上游"2号弹载电源鉴定试验工作。

1975年10月,620单位组织研制的"上游"2号固体火箭发动机助推器及装药、在海军基地参加"上游"2号模拟弹飞行试验获得成功。

1980年12月,620单位组织研制的"上游"2号(固)发动机及复合推进剂装药、参加"上游"2号导弹对海飞行试验,取得三发三中成绩。

自力更生

1987年,探索单位科研开发定位、经济开发之路,主动试水市场化项目。几经曲折,以江西航天工业技术开发中心、江西航天工业贸易公司为平台,筚路蓝缕,自力更生,开展物业经营、军贸项目、商业贸易等。由此,在思想意识上突破传统观念。

1989年下半年,620单位与长沙国防科技大学、江西长征机器厂和江西经纬化工厂合作,联合研制织女3号探空火箭。

2005年9月23日,我国自主研制的探空一号(TK-1)气象火箭探测系统在南昌通过设计定型审查,这一系统达到了国际同类产品的先进水平,其研制成功标志着我国数字式气象火箭探测系统进入实用阶段。为实时探测20千米至60千米高空的气象环境具有重要意义。来自中国气象局、中国科学院、中国航天科工集团等单位的专家认为:TK-1气象火箭探测系统总体性能处于国内领先地位,达到国际同类产品的先进水平。

开拓创新

1994年国家税制改革背景下,620单位积极利用行业管理渠道,密切关注作为国家"金税工程"的重要组成部分——增值税防伪税控系统推广应用的进展,抓住弯道超车的时机,开拓创新,以超常的驾驭力,介入了江西地区的增值税防伪税控系统的信息技术服务业务。

1999年8月,通过股权投资,参股增值税防伪税控系统推广应用业务运营实体——江西航天金穗科技有限公司(后更名为江西航天信息有限公司),这是江西省国防科工办620单位和航天信息股份有限公司共同出资,在江西省工商局注册成立的国有股份制公司,是航天信息股份有限公司当年遍布全国的36个子公司之一。

江西航天信息公司作为航天信息控股子公司,承担国家"金税工程"的重要组成部分——增值税防伪税控系统在江西的推广应用和技术服务,技术服务网络覆盖全省11个设区市,除金税及企业市场产业板块外,公司同时在金融电子支付及服务产业与物联网技术及应用产业板块、计算机信息系统集成、财税领域等方面推出一系列新产品和解决方案。

公司在致力于"防伪税控系统"推广应用和技术服务的同时,积极拓展其他业务。2001年4月,公司顺利通过国家密码管理委员会办公室考察,成为江西省唯一的商用密码产品销售许可单位。2013年通过信息安全管理体系的第三方认证。

公司凭借航天的人才和技术优势,秉承"航天人"严谨务实的质朴精神,倡导"全面客户服务"的企业经营理念,遍布全省的技术服务网络以ISO9001质量管理体系、ISO20000服务管理体系、航天信息服务规范为指引,为全省防伪税控企业和广大客户提供优质、高效的服务。

公司"以人为本、协同创新",注重企业自我完善机能的建立,关注人才培养模式和激励机制的改进,使公司成为一个持续发展的高科技企业,按照"诚实守信、完美服务,走高科技发展之路"的原则,不断创造新的辉煌。

1999年6月,单位派出5名同志作为公司的首批创业者,其中3位奔赴常州参加航天金穗举办的增值税防伪税控系统的3天技术培训。返回后,立马开展对江西区域的防伪税控企业的技术培训、系统安装、技术服务等业务活动。在任务重、时间紧、压力大的情况下,他们克服重重困难,带领团队战高温、斗酷暑,勤奋敬业,无私奉献。如有的同志顾不上照顾刚入初中的子女,终日奔波在外;有的病倒在工作岗位上,住院身体尚未康复,就吵着出院,投入到工作中;等等。他们用实际行动诠释了什么叫顾全大局,什么叫迎难而上,什么叫无私奉献,什么叫淡泊名利,涌现了不少不忘初心、航天报国的爱国情怀和感人事迹。

公司创建前两年,任务重、人手少,派出人员在公司营运中发挥着先锋模范作用,承担了许多"从零到一"的持续增长的开拓性工作与任务。如:在公司的建章立制上引进航天管理先进的计划能力,形成"十二五""十三五"规划、转型升级专项规划及期间年度经营计划与预算;从工作周报告与计划、技术服务表单设计等细节中折射出基于在航天事业单位培育的无私奉献、万无一失的严谨职业操守下的创新素养与创业基因,并沉淀入公司文化。承担第一笔业务收入是新余三期技术培训,效果获得税务部门高度肯定和用户的普遍认可。承担第一单现场服务是奉新烟草分公司,奠定了一次必须解决问题、避免二次重复现场服务的自觉要求,培养了高质量、低成本、快速度的技术服务能力。承担九江地区的技术服务及相关业务开拓性工作。2001年设区市基层服务单位成立后,承担建设性技术服务的监督管理工作。在全体系近50家三级公司中,2004年创技术服务最好排名16位,作为全体系内十家单位之一,2007年参加了航天信息服务规范的总体架构的设计与通则、细则的编制工作,贡献并融入了8年信息技术服务的经验积累。在全省建立11家基层服务单位同时,大力推动企业视觉识别系统,树立"信心服务"服务品牌,建设各地的客户服务中心、技术培训教室、技术服务队伍。承担依据ISO9001建立和认证的公司管理体系运行,工作成果进入全体系前五水平;之后又根据主营业务的需要,建立和认证了信息技术服务管理体系等资质认证与保持,同时根据国资委与证监委对国有企业和上市公司的要求,建立和运营了公司风险管理与内部控制体系。这些运用国际与国家先进管理标准建立的管理体系等方式方法,为持续提升公司管理水平发挥了积极的作用,提高了公司的核心竞争力。基于上述日复一日的坚守实践成果,2001年关于信息技术服务的经验总结论文,在全体系的70多篇征文中,经公开评选,获得了唯一的一等奖;2011年基于10余年的信息技术服务日积月累的技术服务经历,纪事性的《服务之路》,在全体系纪念中国共产党成立90周年征文活动中,获得二等奖。在服务创品牌的工作中,2011年获全体系第6名。

功夫不负辛勤劳动,开拓创新成果累累。该公司主营业务从创业之初的一千余防伪税控企业,发展到2015年的10万余户;从业人员从13人发展到现在的502人;营业收入从不足1000万元,发展到2015年的2.4亿元,利润总额从不足100万元,发展到2015年的2500万元。18年来年年盈余并持续稳定增长,为单位的生存提供了强有力的经济基础支持。

与此过程同步,增值税防伪税控系统的升级发展,也从最初的DOS版,直至如今的电子发票、税控开票服务器系统、A9。

之后,又控股江西航天海虹测控技术有限责任公司,该公司成立于2002年8月1日,拥有完善的质量保证体系和保密管理体系,通过了新时代认证中心的GJB9001B-2009国军标质量体系认证、三级武器装备保密资格和江西省高新技术企业资格审查,已取得国防科工局颁发的《武器装备科研生产许可证》。2011年8月9日公司进行资产重组,注册资本2100万元,注册地址位于南昌经济技术开发区,办公、生产场所总面积8000余平方米。主要产品有：航空、航天遥测设备、综合检测设备、地面保障设备、地面测控设备、特种专测设备、机（弹）载设备等。公司的发展努力融入江西地区经济发展圈，体现专业化整合和产业化发展的思路，进一步推进市场改革和资本化运作，力争大幅度地提高公司的创新能力和核心竞争力。

结　语

　　追忆这段艰苦卓绝、激情燃烧的岁月，具有很强的历史厚重感。历史是事实链，事实不容否定、忽视，正确的态度就是正视。是的，我们不能忘记历史：我们从何而来，又如何过来，应当平静、客观地回顾，才能明白我们应到哪里去。才能休戚相关地融入国家与人民利益之中实现组织、个人的价值，才能将前辈开创的事业创造性地接力下去，永葆活力；回顾历史，铭记江西航天人为党和国家做出的贡献，以领会航天特色文化、传承无私奉献精神；总结经验教训，使我们认知更符合发展规律，展望前程未来，使我们对美好生活充满期待！

奉献无言　成就有声
——江西省国防科技情报研究所三十年发展纪实

彭靖华

引　言

2014年12月25日,江西省国防科技情报研究所在南昌市艾溪湖畔的国防科技大厦庆祝建所三十周年。情报所在职职工和离退休老同志欢聚一堂,共同回顾情报所走过的风风雨雨,三十年春秋相依,三十年砥砺奋进,三十年欣欣向荣。从1984年12月江西省国防科技情报研究所成立至今,情报所用三十年的发展铸就了一座国防科技情报的历史丰碑。三十年来,江西国防科技情报事业不断发展,几代国防科技情报工作者不辱使命,不断开拓国防科技情报工作领域,深化国防科技情报理论研究,提升国防科技情报服务能力,在情报资源共享、信息网络平台建设、信息咨询与服务等方面开展了大量卓有成效的工作。江西省国防科技情报所也成为全国国防工业仅有的三所国防情报信息单位之一,为江西国防工业、科技、经济和社会发展作出了自己的贡献。

江西省国防科技情报研究所走过的每一步,都走得扎实、从容、辉煌:从完成指令性任务到参与市场化竞争,从一个小情报研究室到建立国家级示范生产力促进中心,从昔日坐等客人上门到如今抢占市场制高点,从仅为江西省服务到为华中地区大量企事业单位提供信息资源、成立高分辨率对地观测系统江西应用与数据中心……国防情报所一步一个脚印坚实地走来!

建所初期

1978年3月18日,全国科学大会的召开,吹响了科技界改革开放的号角,使广大的科技工作者迎来了《科学的春天》,江西省国防科技情报研究所就是在这个春天的号角中诞生的。1984年12月,为加强省国防工业科技情报工作的领导,强化科技情报管理机构,在省国防工业科技情报研究室基础上成立省国防科技情报研究所。建所初期,吕宏、杨发等第一代情报所人,在物资极度匮乏,物质条件异常艰苦,待遇极其微薄的年代里,以献身国防的豪情和勇气,自力更生,艰苦创业,勤俭建所,无私奉献,建立了江西省第一家国防科技情报研究机构。建所初期,情报所实施人才强所战略,坚持做到以人为本,把促进发展作为人才工作的根本出发点,紧紧抓住培养、引进、用好人才三个环节,大力加强人才队伍建设。通过建立培养体系、完善制度,进行开放式培养,努力形成人才辈出、人尽其才的新局面。经过全所上下的共同努力,情报所已经锻造了四支过硬的队伍:一支团结进取、群策群力的领导班子队伍;一支承上启下,有战斗力的中层干部队伍;一支在学科上有创新、有能力的学科带头人队伍;一支高学历、高职称、有活力的年轻队伍。

1985年12月,情报所迎来了第一个重大科研项目:在全省率先建立国际联机情报检索电传终端,与美国DIALOG数据库联通。次年与世界三大检索库联机,实现了人机对话。

改革调整

三十年风雨激荡变化,三十年峥嵘砥砺前行。90年代初期,情报所面临科研能力不强,自主创收能力差的局面,几任所领导班子摸着石头过河,进行了各种形式的改革尝试。从而为20世纪90年代中期情报所顺利实现"深化改革,转变观念,转换机制,内强职工素质,外塑省所形象,年年事业跨大步"的快速发展目标打下了基础。全所上下对单位各项制度及考核办法进行重新修订,大胆革新。

江西省国际工业信息网成立大会代表合影

2001年,省国防情报所开始实施项目年度考核办法,每年,所领导与业务部门签订科技计划任务(合同)书,并按照科技计划任务(合同)书的要求进行年度任务执行情况检查。对已通过验收、鉴定的项目批准进行财务结算,科研经费有结余的项目,业务部门和项目组可按一定比例进行提成,部门或项目负责人根据项目组成员贡献大小进行再分配,经费分配情况上报财务归档备查。

最难以忘怀的是2005年,在情报所内部爆发了一场"地震"——改革成为这一年所里事业发展的主题。这一年,"铁饭碗"被彻底打破。所里首次实行全员岗位聘任制,在定岗、定编、定职责的基础上,通过竞争上岗,由所长聘任部门负责人签订岗位聘任责任书。这一年,管理部门减少,中层干部精简,人员分流。从结构调整、人才分流、机制转换和制度创新入手,全所开始树立职工能进能出、干部能上能下、收入能高能低的观念。

在惴惴不安中,谁也没有想到:当初打破的"铁饭碗",如今变成了"金饭碗";不搞平均制了,收入反而更多了……

情报所在科研管理方面通过不断改革分配机制,逐步建立健全了科研、人事、资产、财务、考核、薪酬等规章制度。

一是明确不同岗位的职责、权利和任职条件,实行岗位管理。制订全员岗位责任制,部门负责人、项目负责人和专业技术人员全部双向选择竞争进岗,以充分发挥科技人员的主观能动性和技术特长。

二是采取目标管理办法。年初,由所长公布科研任务分解责任书,确定主管领导和项目负责人,明确科研条件与科研经费,制订考核指标。年底,由所长对照科技计划任务(合同)书的要求进行年度执行情况检查,落实责任,明确奖惩。

三是各业务部门与各课题组实行交叉并行的组织形式,业务、设备、人员三不垄断,可相互渗透、一人多岗,鼓励竞争、优劳多酬。

四是实行内部退养制度和在职待岗制度。因年龄、学历或其他原因不适应工作需要的职工,经批准可办理内退手续。

2008年,省国防情报所针对因为旧规章制度滞后而出现的制度缺失和制度障碍现象,出台了《情报所业务部门管理改革办法(2008版)》等七项规章制度,并开始试行部门负责人每二年进行一次竞争上岗,其他员工则每二年进行一次双向选择竞岗运行机制,以充分发挥科技人员的主观能动性和技术特长。

2010年,省国防情报所根据江西省财政厅的要求实行绩效工资考核办法。该所严格执行省财政制订的绩效工资考核制度,按照公开、公平、公正的原则,对各业务部门员工的工作量和实际贡献等因素进行考核,体现多劳多得的分配原则。为解决自主创收能力较弱的问题,省国防情报所经过反复认真研究,还对业务管理进行改革,缩小了各业务部门之间因资源分配造成的创收差异,促使成熟业务与新拓展业务都得到均衡发展。

飞速发展

情报所着眼于经济、社会和国防工业自身发展的全局,组织开展涉及国防工业、科技、经济、社会发展等课题研究,国防科技情报事业得到飞速发展。30年来,情报所先后承担了大量省、部级研究项目，2002—2009年完成省科技厅下达的《江西国防工业平战资源转换数据库建设》《江西国防人力资源信息管理系统》《江西军工信息资源动态口令身份认证系统》《江西中小企业制造业信息化应用服务平台ASP建设》等工业攻关项目、重点科技计划项目共12项。其中《江西军工信息资源动态口令身份认证系统》《江西国防工业科技资源平战转换数据库》两项目均获中国国防科技信息学会颁发的"十五"优秀国防科技信息技术成果三等奖。这些课题和项目为政府及行业管理部门的管理与决策提供了帮助。

江西省兵工学会第二届理事会代表合影

情报所建立了多元特色信息服务体系，为社会各界提供丰富多样的科技信息服务。建立了"四网六库"，设立江西军工网、江西省国防科工办门户网站、江西省国防科技行业生产力促进中心信息网、中国工程技术江西信息网以及江西省科技成果数据库、江西国防人力资源数据库、江西国防工业平战转换资源数据库、江西军工科技资源数据库、江西军工科技人才数据库、江西国防工业军工产品数据库。被江西省科委首批认定为科技查新咨询科技立题及成果管理情报检索单位，服务对象覆盖全省企事业单位、高校、科研院所。与总装国防科技信息中心组建的"中国国防科技信息中心信息服务华中站"，集成了国防科技报告、会议文献、科技期刊、标准文献、声像资料、电子图书等具有鲜明国防特色的信息资源，为全省乃至华中地区大量企事业单位提供坚实的信息支撑，取得了显著社会效益。

情报所开展多项国防特色的技术服务。开展军工系统安全生产标准化评审、军贸科技英语翻译、军工项目审核以及国防专利服务。2013年,情报所取得"军工系统安全生产标准化考核评审机构"资质,制订江西省军工企业安全生产标准化评审规范,为星火军工、海虹测控、北方联创通信、经纬化工、联创电声、清华泰豪三波电机等20余家企业完成了安全生产标准化的咨询和评审工作。2013年到2015年,情报所与江西省国防工业设计院在军贸项目的建筑图纸翻译上合作,为土建、电气、暖通、给排水等建筑专业图纸资料提供翻译,并为建筑施工图国外现场交付提供口语翻译。与江西经纬化工有限公司合作,为某军贸项目提供科技英语翻译,在发动机装药、装配的初步设计、生产工艺技术文件、培训教材、技术支持等军贸项目的全过程提供英语口译和资料翻译。

三十年励精图治,三十载誉满赣鄱。省国防情报所先后获得"江西省国防科技工业先进单位"和"江西国防科工办信息化建设先进单位""省属军工系统平安单位""省直机关文明单位""国家级示范生产力促进中心"及"省级示范生产力促进中心"称号。

再创辉煌

2015年,国防科工局〔2015〕20号文、江西省政府〔2015〕2号文。情报所经过三十年的飞速发展,如今又站在了新的起点。新的起点,孕育着新的希望,新的征程,展示着新的未来。江西省国防科技情报研究所将夯实基础,壮大规模,多渠道靠大联大,整合资源,利用军工独特优势,以信息资源建设为基础,以情报研究分析为平台,提升面向政府、上级部门的决策咨询服务能力。着力"三个做大":做大平台(即国家级生产力促进中心、军工项目审核中心和高分中心),做大业务,做大规模;做到"三个加强":加强党的建设、加强基础条件建设、加强人才队伍建设;实现"四个一":打造一流环境、提供一流服务、培养一流人才、创造一流业绩。

尾　记

奉献无言、成就有声,三十年过去,弹指一挥间。江西省国防科技情报研究所经过三十年的发展沉淀,目前正走在全面快速发展的道路上,今后将继续坚持"夯实基础,提升能力,拓展业务,壮大规模,全面发展"的发展思路,努力在项目研究,课题立项,科技服务等方面全面实现提升,推动国防情报事业全面、协调、持续、健康发展。

深山里的航天梦
——江西星火航天新材料有限公司发展纪实

徐亨生

江西省九江市永修县西南部有一座云居山,原名欧山。云居山是国家重点风景名胜区,其山顶真如寺是佛教禅宗(曹洞宗)的发祥地。总面积216.5平方公里,主峰海拔969.7米。属宗教游览、休闲观光的山岳型自然风景名胜区。

在这座美丽的云居山脚下曾坐落着一个工厂——化工部星火化工厂,现已更名为江西星火航天新材料有限公司。这个工厂从20世纪70年代开始就为国防航天配套提供火箭推进剂产品,属国家定点配套生产企业。公司生产的推进剂产品质量优良,在1979年和1984年两次获得国家产品质量银质奖章,多次配套使用在我国的"神舟"系列、"天宫"及"北斗"系列发射中,为祖国的国防建设与航天事业作出了突出奉献,受到党中央、国务院、中央军委等上级部门的表彰和嘉奖。星火人正一步步实现着自己的航天梦。

下面将带您走进这座深山,看一看星火人寻梦的路。

1966年8月的一天,云居山脚下一群人的到来,打破了这座赣北深山的宁静。根据"国家三线建设领导小组"的指令,国家和江西省有关部门领导和专家联合组成选址小组,计划在江西省永修县地界建设一座火箭推进剂生产工厂。选址小组遵循"分散、靠山、隐蔽"的"三线"建设方针,跋山涉水、认真勘察,经过反复的论证,最终将厂址锁定在山高林密、沟深水长、野兽出入的云居山脚下、修水河畔的"魔港沟"。此后不久,为推进剂生产配套提供甲胺原料的工厂——燎原化工厂厂址,选定在星火化工厂15公里外的另一条靠山近水的山沟。

1966年11月,国家计委批准了化工部报送的"星火化工厂厂址选择报告"和"星火化工厂设计任务书"。

1968年11月,星火化工厂(当时称"7XX"工程指挥部)成立,从此云居山脚下的"魔港沟"辞别长久的宁静,星火化工厂的建设工程拉开序幕,吹响了战斗的号角。从那一刻开始,专家学者、热血青年、施工队伍响应祖国的号召,从大江南北、长城内外奔赴赣北的云居山,在这里集结。

首都北京化工部机关的领导来了;天津原料公司、吉林化工厂、黎明化工厂、锦西化工厂的管理人员和技术骨干也来了;还有江西省南昌市的干部、陕西化工部第六设计院的工程技术人员以及永修、修水、武宁、九江等县的退伍军人们也来了;都昌、庐山、彭泽、星子等县的建设大军都来了。

一时间,三千多名创业者汇聚"魔港沟",他们虽然来自不同的地方,操着不同的口音,有着不同的职业,但都为着一个共同的目标,那就是加快"三线"建设,早日将工厂建成,为国防再添一分力量。

第一代星火人传承大禹治水风范,筚路蓝缕、胼手胝足、艰苦创业。他们奉行先生产、后生活的理念和革命加拼命的精神,用钢钎和铁锤,在陡峭的山崖上开通了一条两公里长的公路,在飞泻奔流的溪涧上架起了三座桥梁、搬掉了20多个山头、砌起了三千多米挡土墙,开挖了60多万立方米土石方,架设了十几公里的高压输电线路,在人迹罕至、野兽出没的荒山野岭中挥洒汗水、奉献青春。

创业者的生活是艰辛的,他们就地取材,砍来毛竹、毛草盖起茅棚当住房;扎下木桩,铺上竹片当床铺。江西永修的春夏季节多雨,常常外面下大雨,棚内下小雨,使他们无法入眠。

创业者甘于清苦,以苦为荣,以苦为乐,他们激情燃烧,争先恐后、勇挑重担。

"宝剑锋出磨砺出,梅花香自苦寒来。"经过创业者们三年苦战,推进剂生产和配套装置沿着两公里的"魔港沟"顺藤结瓜,拔地而起。推进剂生产车间于1971年5月5日,投料试车并一次成功,生产出合格产品。星火人的青春和热血、智慧和汗水终于结出硕果。

1975年开始,以张荣为厂长,黄清波、马永盛、李自修、董礼川等为副厂长的领导班子开始领航星火。他们为星火文化的培育,星火精神的形成,星火作风的培养,管理制度的建设和质量意识的树立,起到了奠基作用。

在抓好企业管理的同时,还配套建起了职工家属楼、学校、医院、电影院、招待所等生活服务设施,极大地改善了广大职工的生活条件。

在20世纪70年代,星火的管理者们深思熟虑、目光远大,提出了跳出山沟的设想,在毗邻铁路和国道,距离星火厂15公里的杨家岭购买了80亩土地,这一决策为星火厂走出山沟,发展民品,走军民结合的道路,奠定了坚实基础。

星火厂与许多"三线"企业一样,当年的选址布局、生产任务、原料供应、产品销售、人员调配完全服从当时的政治需要,服从于国防建设。工厂的生产任务和原料供应严格执行国家指令性计划,工厂主要任务是保质保量按期完成军品配套生产任务。

建厂之初,当时的星火厂与燎原化工厂可以说是人才济济,来自北京大学、清华大学、北京化工大学、南京化工大学等知名大学的毕业生多达二三百名,许多大学生长期在生产一线倒班,担任岗位操作工。如何利用宝贵的人力、物力资源为国家多作奉献,这成了当时星火厂领导班子要去思考的一个重要问题。在保障完成军品生产任务的前提下,对怎样走出一条军民结合、以民养军的发展之路进行了积极的探索。

1973年,在广泛调研的基础之上,星火厂提交建设年产3000吨聚氯乙烯装置和利用副产物建设年产1万吨水泥装置的报告,并获得化工部批准。

1975年,聚氯乙烯装置和水泥装置相继建成投产。此后星火人还先后建成投产了氯化聚乙烯、碳酸氢铵和农药生产装置。1986年,氯化聚乙烯工业化试验获得化工部科技攻关二等奖。

然而星火厂的这些产品因附加值低、装置规模小,没有能够承载星火人走出山沟、快速发展、兴业报国的远大理想;于是,他们将目光投向了远方。在时任厂长夏忠良与书记黄清波的领导下,星火厂成立由总工程师刘文斋、副总工程师周桂英、严伟杰、周祥和等专家组成的专业机构,负责选择民品项目。他们开拓国际视野,查阅权威资料,展望发展趋势,经过多方论证,最终将目标锁定为有机硅产品。

有机硅被称为"工业味精",广泛用于国防、航天、航空、汽车、建筑、电子、纺织、医疗等国民经济的各个领域,与人们的衣食住行密切相关。由于有机硅生产工艺十分复杂,技术难度很大,当时世界上能够生产有机硅单体的仅有美、法、英、日等少数几个国家,且工艺成熟稳定,品种多达上万种,但已将有机硅系列生产技术列为禁止向中国转让的技术。而国内企业的生产能力仅有百吨级,生产工艺比较落后。

抉择的路口,差距意味着发展空间,新的机遇与挑战又一次光顾了星火人。星火人明白"无限风光在险峰",但是为了发展民族有机硅工业,星火人毅然决定与前景光明却风险巨大的有机硅结缘。

1979年国家石化部和江西省计委批准星火厂建设年产600吨有机硅生产装置。1980年有机硅装置及配套工程氯甲烷装置建成投产。此后经过不断革新改造,1984年达到千吨级规模,为当时国内最先进的有机硅装置。

为了加快我国有机硅工业的发展,化工部决定投入有限资金建设一套"万吨级有机硅工业性试验装置"并列为"六五"科技攻关项目。星火厂凭着强烈的愿望、良好信誉、外部环境和生产经验在竞争中胜出。

1984年,国家计委和化工部批准星火厂在杨家岭建设"万吨级有机硅工业性试验装置"。

1987年5月8日,时任江西省副省长钱家铭和化工部二局副局长戚彪等领导,前来参加了"万吨级有机硅工业性试验装置"开工典礼,这标志着星火厂拉开了第二次创业的序幕,它承载着星火人的期望与梦想。

为了有机硅装置早日建成,星火厂的干部职工投入全部的人力、物力和全部的工作热情,许多的干部职工都是吃住在工地上,夜以继日地工作着。经过全体星火人顽强拼搏、努力奋斗,终于在1991年12月,星火人翘首以待的"万吨级有机硅工业性试验装置"建成。

然而等待星火人的却并不是那"无限风光"。在此以后,星火厂进行了长达5年的试车、整改、再试车、再整改的艰难历程,为了取得试车成功,星火厂将大量流动资金投入到了试车之中。经过28次试车,探索了许多有益的数据和经验,但终因工艺技术、设备质量、资金枯竭等原因,使得星火厂陷入了前所未有的困境,负债率高达117%,银行也不再提供融资,职工工资不能按时发放,许多职工背井离乡,外出打工,有的职工不得不为当地农民打工养家。

微弱的星火面临市场经济的风雨,路在何方?星火人的梦难道真的就此熄灭了吗?

星火厂陷入困境,面临破产,这牵动着化工部和江西省领导的心。时任中国昊华化工(集团)公司副总裁兼中国蓝星化学清洗总公司总经理,现任中国化工集团公司董事长、党委书记的任建新,得知星火厂这样一家为国防建设做出过突出贡献的企业,陷入困境的消息后,向化工部领导请缨,表示愿意兼并重组星火厂,帮助该厂解困发展。他的理由有三个:一是星火厂如果破产,会使国家资产损失殆尽,曾为国防建设做出过突出贡献的职工的精神和生活都要受到极大影响;二是众多的企业债权人的利益要受重大的损害;三是国防化工和民族有机硅工业将受到重大损失。

化工部批准了任建新的请求。1996年11月12日,任建新以化工部改革与管理小组组长的身份进驻星火厂,开始了艰难和顽强的拼搏。

进厂后,任建新通过大量的调查、走访,在较短的时间里获取了大量的信息,拟定了《化工部星火化工厂再创业工程实施方案》。

再创业工程分为三个战役。

第一战役于1997年元月9日开始,星火厂烧碱、甲胺、推进剂产品、氯甲烷等老装置陆续开车,先解决职工吃饭问题;

第二战役于1997年5月9日开始,万吨有机硅系统装置开车,为星火的发展奠定基础;

第三战役为富民工程,使星火的职工增加收入,用两年时间使职工告别贫穷,逐渐富裕起来。

星火厂已面临生死存亡时,再创业工程的实施,使困苦的星火人看到了希望,心中重新燃起希望的火种,外出打工谋生的职工纷纷返厂,加入到再创业的大军中。1997年5月9日,万吨有机硅系统装置全面开车成功的那一刻,星火厂的职工知道,幸运的天平已开始向自己倾斜。由于星火厂万吨级有机硅装置的开车成功,中国首次在有机硅产品价格上有了发言权。

此后,在蓝星清洗总公司(现中国蓝星集团股份有限公司)的大力支持下,从1997

年开始先后投资20多亿元,使星火厂有机硅装置规模快速扩大,市场份额有了大幅增加,增强了企业在有机硅市场的话语权。

1999年完成年产1万吨有机硅装置扩大到2万吨,2005年再由年产2万吨扩大到3万吨;2003年年产5万吨有机硅装置建成投产,2005年由年产5万吨扩大到7万吨;2007年年产10万吨有机硅装置建成投产,标示着星火厂已拥有了20万吨有机硅生产装置,生产规模跃居亚洲第一、世界前列。

在那一年,星火厂终于实现了历史性转变,成功实现了当年提出的"军民结合、以民养军"的发展目标。

按照国防科技工业主管部门的要求,为了加强军工配套生产企业的管理,星火厂将推进剂生产装置从星火厂划出,于2007年5月,注册成立江西星火航天新材料有限公司,专业从事军品配套生产。

在中国蓝星集团股份有限公司的统一管理下,形成了以杨家岭有机硅为主体产业的江西星火有机硅厂和以老星火主要从事军工配套生产的江西星火航天新材料有限公司两家企业共同发展的格局。

2006年4月,中国蓝星集团股份有限公司全资并购法国罗地亚有机硅公司。2008年,投资80亿元,利用法方的先进技术在杨家岭江西星火有机硅厂开工建设年产40万吨有机硅一体化装置。如今在永修县已形成了以江西星火有机硅为主导产业的综合工业园区。在中国化工和中国蓝星的有力支持下,星火有机硅拓展了国际视野,逐步进入世界硅都的角色。

2009年,中国蓝星集团股份有限公司出于总体发展考虑,提出将位于老星火的军品生产装置整体迁建至杨家岭星火工业园区的规划。经过论证这一规划完全符合当前企业发展的需要,它有效地解决了军品生产装置位于云居山风景区的环境保护问题;另一方面将军品生产装置搬迁至星火工业园区后,依托江西星火有机硅厂可以进一步降低公用工程及原料运输成本,有效解决环保问题,降低管理费用,使星火航天公司有更好的发展机会。

2010年12月中国蓝星集团股份有限公司批复江西星火航天新材料有限公司军品生产装置迁建的请示,将军品生产装置整体搬迁至杨家岭的星火工业园区内。

2011年8月,在云居山脚下"魔港沟"旁已生产了40多年的机器、设备将要离开它们的"家乡",走进那片红土地上的新家。2011年11月,江西星火航天新材料有限公司完成军品生产装置全部建设任务,并于11月30日开始新装置试车,装置一次性开车成功,产品质量完全满足国军标质量标准要求。通过此次迁建实现了生产装置"脱瓶颈"改造,装置生产能力提升约40%,达到预计的建设目标。

从2012年至今天,公司的推进剂生产装置基本为满负荷生产,全力保障了国家近年来高频度发射配套供货需求,始终保持产品质量优良。从第一代星火人传承下来的那种准军事化管理已融入公司管理的方方面面,那种星火"牛"的精神在杨家岭这片红土地上继续继承与发扬。

如今星火厂战胜了一次次的困难,爬过了山顶,从云居山走出来,还山林一片宁静,也找到了一片新天地继续发展,但是将来还会有新的困难来临,需要我们这一代星火人继续面对,不断翻越,勇往直前才能取得新的胜利。

回顾星火厂近50年的发展史,自从当年在云居山脚下"魔港沟"旁建起的那一刻,星火人的心中就种下了一颗梦的种子,那是一颗"托起神舟 助飞航天"梦的种子,她凝结在每一个星火人的心中,她的根在赣北的深山里,这个梦在星火人之间一代代相传着。无论星火的孩子是留下还是走出去,只要曾经是星火人,当看到火箭升空的那一刻,心中就会情不自禁地点亮那颗"助飞航天"梦的种子。

联合创新,声音更宏亮
——联创宏声(国营第四三八〇厂)发展简述

张太忠

"有一种声音很宏亮/她源于神岗,她来自联创/如歌,如舞/如雷,如虹/用优美的乐章谱写华美舞曲/用七色的阳光绘出火红画廊/这种声音,从吉安响到了南昌/有十万工农下吉安的铿锵/似八一南昌第一枪的回响/这种声音,穿越宇宙连接天地/"神州"飞天/实现了中华千年梦想……"

这是一首宏声员工创作的诗歌,发表在2010年12月《宏声人》,这首诗讴歌了联创宏声几十年的奋斗历史,是联创宏声发展历程的真实写照。

联创宏声全称为"江西联创宏声电子股份有限公司"。其前身是1966年由第四机械工业部从南京734厂搬迁部分生产能力在江西吉安组建的三线军工企业——国营第四三八〇厂,专业从事声学产品研发与制造,主导产品是军用及民用电声器件。2000年企业改制,移师南昌市国家高新技术开发区。

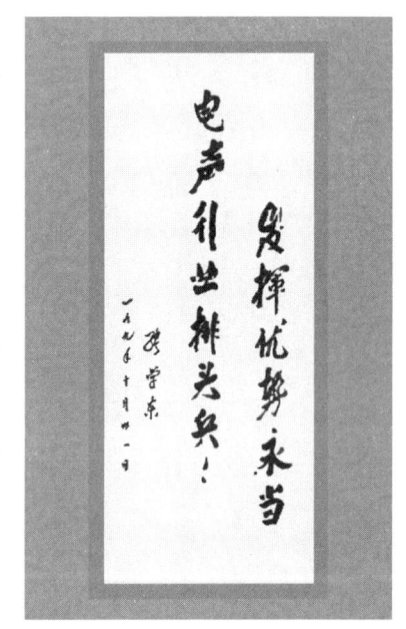

1990年10月31日,机械电子工业部部长张学东莅临工厂视察,为工厂题词:"发挥优势,永当电声行业排头兵"

联创宏声公司积极实施"坚持军品方向,发展民品产业"的战略转型,实现了持续稳定协调发展,是江西省高新技术企业、优秀企业。

长期以来,公司以客户需求为导向,为客户专业、专一、专注研发、生产(包括ODM)最值得信赖的航空及军用通信头戴、民用微型电声器件,提供最有价值的声学整体解决方案,开拓进取,业绩丰硕,被业界誉为"电声行业的排头兵"。

战备中,筚路蓝缕三线厂

联创宏声前身是国营红声器材厂(国营第四三八〇厂)。建厂时的1966年7月,根据中共中央和毛泽东主席关于备战备荒为人民,改善工业布局的战略,第四机械工业部决定将南京七三四厂电声零件和继电器生产能力迁往江西吉安市神岗山,改建成电声零件厂,工厂第二厂名为国营宏声器材厂,代号为国营第四三八〇厂。后受"文化大革命"影响,第二厂名由"宏声"改为"红声"。

当时,国家总投资194万元,设计电声生产能力19个品种,继电器5个品种,年产量12万只产品。从南京七三四厂搬迁了技术文件、设备仪器、工模量具以及技术人员、政工人员和生产工人,1967年试生产,完成产值52.8万元,销售收入98万元(含南京带来产品的销售收入)。1967年12月通过四机部的建厂验收。

工厂的最初十年,恰逢十年"文革"。工厂克服种种困难,坚持生产,为我国的国防事业做出了不可磨灭的贡献。1970年SO-460接触式送话器设计定型,标志着工厂的电声产品从仿制苏联转到自主开发迈出了坚实的一步。1971年,研发E-510型礼堂用耳机,1974年听诊式耳机定型。产品语音逼真音质好,小巧美观重量轻,相继被人民大会堂、北京科学会堂选用,还先后援外出口到数十个国家和地区。

七十年代初,四机部将研制国产精密声级计的任务下达给该厂。这是一项重要的政治任务,工厂成立了试制组、攻关组,夜以继日地奋斗。功夫不负技术人,四三八〇厂研制出了三台ND2声级计样机,经全面测试,各项技术指标都符合国际电工委员会IEC标准,按期圆满地完成任务。该项产品填补了国家环保仪器精密声级计生产的空白,为工厂生产环保仪器打开了新的市场。

春风里,谱写改革新篇章

进入八十年代,改革开放的号角吹响,工厂电声器件、继电器、声学测量仪器三大产品的生产研发齐头并进,国家工商总局批准使用"星球牌"注册商标。产品性能和质量在国内同行业中均处于领先地位,广泛应用于通讯、广播、航天、航空、交通、机电、环保、科研、教育等领域和人们的日常生活,行销全国30个省、市、自治区,并出口到美国、中东、香港等国家和地区。数十个产品获得省优、部优、国优称号,其中SHH-1型受话器、ND2精密声级计和倍频程滤波器获国家质量银质奖。1989年晋升国家二级企业和国家大二型企业,1990年荣获全国五一劳动奖状。建立了国家级企业技术中心,建设了电声企业第一条贯军标生产线。

1984年,工厂在福建厦门与厦门经济特区联合发展有限公司合资经营"宏发电声有限公司",确定以继电器作为主导产品。现今,厦门宏发公司已发展为国内继电器设计和制造的龙头上市企业,产品涵盖继电器、低压电器、温控器、电子开关、传感器等多个类别。1985年在浙江嘉兴建设电声和声学仪器的科研、生产联合体——嘉兴分厂,也取得不俗业绩。

转型期,不懈努力路漫漫

市场经济的大潮波涛汹涌,宛如破竹之势直逼国企。九十年代中期,该厂也像许许多多的国企一样,告别了国家所引导的计划经济时代,面临着市场大浪淘沙。

1999年10月,该厂被国家列入第二批债权转股权试点单位,转换企业经营机制,进行资产重组、债务重组。企业在改制过程中,工厂调整内部分厂设置,调整管理部门设置,调整三产及服务机构设置,先后设立深圳分厂、扬声器厂、宏达电子有限公司、宏光电子有限公司等独立经营分厂和合资公司,改制后的厂名叫"江西红声电子有限公司"。2000年3月,该厂与韩国庆进电子有限公司、香港易路达电子科技有限公司在南昌高新技术开发区合资兴办南昌宏声电子有限责任公司,主营扬声器产品。这家合资公司的前身就是原工厂的扬声器厂。后又进行重组,现为"江西联创宏声电子股份有限公司"。2005年成立"江西联创电声有限公司",联创电声公司开初是联创光电控股,后来发展为联创光电全资子公司。

新世纪,联创宏声尽朝晖

2007年,联创宏声接管了联创电声,江西联创电声有限公司成为江西联创宏声电子股份有限公司的全资子公司。联创电声的所有员工全部进入联创宏声,联创宏声完全接替了四三〇厂的发展使命。

2016年10月17日,我国发射神舟十一号飞行船,航天员景海鹏、陈冬佩戴公司生产的宇航通讯头戴,在轨飞行33天

2003年10月15日,中国发射神舟五号载人飞船,航天员杨利伟佩戴公司生产的宇航通讯头戴,第一次实现天地对话

联创宏声以全新的管理模式,给联创电声注入了新血液新动力,恢复了四三〇厂的活力。公司发挥电声行业排头兵的技术优势,坚持三线军工企业的神圣职责,全心全意为国防装备建设服务,实施ISO9001国际质量管理体系、ISO14001国际环境管理体系并通过第三方认证,完善了国内电声行业唯一的贯军标生产线,获得了"军用电子元器件合格供应商证书""军工电子装备科研生产许可证",通过了军用电子元器件承研承制单位资格审查。先后参与国家和军方重点工程配套,承担神舟五号、六号等

宇航抗噪声送、受话器通讯头戴的研发制造,为航天、航空、海军、装甲兵、炮兵装备提供优质的通信电声组件,特别是为航天工程"天地对话"做出了突出贡献,受到中国航天员科研训练中心、中国航天科技集团公司、国家信息产业部的表彰,受到党、国家和军委嘉奖。

联创宏声公司现有5000多名员工,在南昌、吉安、泰和、万安等地设有生产基地,在深圳、南昌、上海、北京建有研发机构。拥有专利113项,建成了国内外先进的生产、检测设备,建立了数十条自动化流水生产线,掌握了先进的制造技术,形成了年产器件类产品4.8亿只、耳机类产品1亿件和军用产品120万只的生产规模。

公司秉承"市场为统帅、技术当先锋、质量是生命、管理增效益"的企业文化理念,先后通过ISO14001环境管理体系认证、ISO9001质量管理体系认证、QC080000HSF管理体系、OHSAS18001职业健康安全管理体系认证、知识产权管理体系认证及SA8000社会责任管理体系认证。坚持"一心想着市场,全力服务用户",以客户需求为导向,高度关注电声器件市场需求,为移动通信终端、笔记本电脑生产厂商提供品质优良的系列产品,提供最有价值的声学整体解决方案,是客户信赖的供应商和合作伙伴。

诚信、团结、创新、高效,发扬军工精神做民品,以军带民,以民促军,军民融合在业界享有良好声誉。联创宏声以先进技术的高端产品装备我军威武之师,公司新型坦克帽、战神轰6头盔、武直10作战头盔等产品频频亮相部队演习和阅兵,担负起为我国国防建设而努力奋斗的神圣职责与保家卫国的光荣使命。微型受话器、扬声器、送话器、耳机、蓝牙等为移动通信和计算机配套的民用电声产品销往三星、华为、VIVO、金立、联想、酷派、TCL、中兴、比亚迪、伟创力、摩托罗拉、富士康、海信等著名IT厂家,保有稳定和不断增长的订单,受到客户和业界赞赏,是AAA级信用企业。

位于南昌市高新区瑶湖西六路的联创宏声新科技园

宏声公司开拓创新稳步发展。近来年的经济指标年均增长率达到30%。2010年销售收入2.2亿元,2011年销售收入3.07亿元,2012年销售收入3.15亿元,2013年销售收入3.62亿元,2014年销售收入超过5.84亿元,2015年销售收入7.57亿元,2016年再上台阶,销售收入11.61亿元,成为年销售收入突破十亿大关的电声企业。

以质量取胜,与用户共赢,协助客户增强产品竞争力,全心全意为客户提供优质产品和优质服务。2012 年,联创宏声入围中国电子元件百强排行榜,排位第 90 位。2016 攀升到第 60 位。2016 年还被评为中国电子元件行业成长性十强企业。

"有一种声音很宏亮/她源于神岗,她来自联创/这种声音如巍峨群山百灵荟萃/这种声音如滚滚黄河豪情万丈/无论多大的风/无论多大的浪/大浪,击不碎宏声人坚定的信念/狂风,吹不垮宏声人不灭的梦想/一步一个脚印,一岁一个起点/扬帆万里,乘风破浪/踏着奋勇的节拍我们快乐远航……"

铸剑先锋再崛起
——江西先锋机械厂发展历程

肖剑平

三线建设是当代具有战略意义的工厂大规模内迁和工业移民,影响了迁入地,影响了三线人的命运。国营9343厂(原江西先锋机械厂,现宜春先锋军工机械有限公司)走过的历程,是当年众多小三线企业的一个缩影。五十多年的岁月,并未尘封,历史的画卷,历久弥新。所幸的是,经过风雨的洗礼、岁月的冲刷,先锋没有倒下,而是在激烈的市场竞争中冲破了风云变幻的魔咒,凤凰涅槃,重塑先锋,不忘初心,继续向前。

创业维艰(1965—1969年)

1965年3月,华东局计委、华东局国防工办批准同意55式xx毫米高射炮弹厂设计任务书,投资控制在1000万元以内,职工人数800人。

1965年6月16日,中共中央批转总参谋长罗瑞卿《关于小三线建设问题的报告》,同意在第一批地方军工建设项目上增减56个项目,其中9343(高射炮弹药厂)即为增加的一个。工厂选址于江西省宜丰县芳溪人民公社袁坑口,由上海市机电一局包建包产,主包厂为上海东风机器厂,第一厂名55式xx毫米高射炮弹厂,代号9343,第二厂名国营先锋机械厂,通讯为宜丰819信箱。

1965年8月,工厂成立筹建领导小组。1966年1月成立工地党委。2月,破土动工。1967年初,设备开始安装。与此同时,重庆152厂、上海东风机器厂抽调300多名工程技术人员、工人陆续进厂,承担设备调试和生产通关。1968年底产品试产成功。1970年2月,全部建成投产。

工厂离宜丰—铜鼓公路1公里,公路边的古樟树是通往工厂的"消息树",在当时的军事地图上特别标注。整个厂子像一把展开的折扇,厂部在折扇的铆钉处。正对着厂部大楼的是一号沟,以冲压、机加、五金钢材仓库等车间、仓库为主,绵延近2000米,再向前纵深处是精度靶场,山高沟深,禁止通行。左边是二号沟,纵深2000多米,依次是汽车队汽配库房、加油站、总装车间、成品库房等。右边是三号沟,主要是机床动力车间,长度600米左右。其他围绕在厂部大楼附近的有检验大楼、驻厂军事代表室、职工食堂、招待所、家属工厂、冷冻库等。

大部分职工技术来源是四川大三线的国营152厂;产业工人主要来源于上海东风机器厂,后来还有一部分是退伍军人,以福建、江西人为主,其他地方人少,零零散散的。

建厂之初,条件十分艰苦。谈起那时的住宿条件,许多老人记忆犹新:低矮的房间旁边就是猪圈,之间隔一层木板,晚上睡觉可以很清楚地听见猪的动静。他们很快

先锋厂(宜春)厂部大楼

自己动手在距离厂部4公里的荒地里沿着山坡、水塘修起了干打垒的土坯房(家属区1、2、3村),20世纪80年代陆续建了4、5、6村,才有了二层结构的砖瓦房。

辉煌岁月(1970—1979年)

1970年初,9343厂生产的55式xx毫米高射机关炮用曳光杀伤榴弹通过国家鉴定。

1973年11月,接受五机部下达的76式海双xx毫米杀伤爆破曳光榴弹的科研试制任务。1974年8月交付国家靶场鉴定。1976年7月,产品通过设计定型,1991年生产定型。该弹的研制成功标志着工厂结束单一军品生产的历史。

1978年8月,组织技术人员研制试生产××高炮人工降雨弹;支援全省抗旱。

1978—1980年连续被五机部、江西省委省政府评为大庆式企业、先进单位。

此时工厂配套很齐全,银行、邮局、电影院、灯光球场在生产区,子弟学校、职工医院、商店、粮店、煤球店、幼儿园、足球场(露天电影场地)在家属区。生产区、生活区均有澡堂。1975年开办五七农场,生产的粮油蔬菜以供应职工家属为主。当年宜丰及周边县小三线企业有宜丰先锋厂、光明厂、二木厂、万载江工厂、一机厂和上高江专厂、江标厂等,大三线企业有铜鼓长林厂、长红厂和宜丰长青厂(俗称"三长")。各企业之间无论是生产经营的配套,还是业余文化活动的交流(球赛、晚会、各个层面的联谊活动等),来往非常频繁,职工很多互相熟悉。青年男女谈婚论嫁成功率很高,一些较近的企业往往成为"亲家厂"。

结构调整(1980—1989年)

1980、1981年,工厂军品任务为零,连续两年亏损。为摆脱困境,以适应"军转民"的新形势,积极贯彻"军民结合、平战结合"的方针,先后试制出农用打谷机和石油机械

配件 QY12 液动大钳、打捞筒、打捞蓝等民品。投资 100 余万元,建成机械加工、热处理、电镀 3 条自行车零件生产线。至 1983 年,工厂民品已开发生产出 6 个品种。

1983—1985 年,工厂军品任务逐年维持低水平,由于有民品开发,企业取得了不错的效益,连续三年被江西省政府评为经济效益先进单位。

1983 年,工厂与 9344、804 所开始研制 76 式海双 xx 毫米穿甲爆破燃烧弹,1985 年 8 月设计定型,1989 年 10 月生产定型。该弹和弹用燃烧剂及其装药结构 1990 年同时获机械电子工业部科技进步三等奖。该弹 -2 型炮弹 1991 年获得国家国防科技进步奖二等奖。

1988 年,经江西省国防科工办批准,工厂拟搬迁至江西上饶地区上饶县。1989 年 1 月 9 日,省政府批复同意 9343 厂迁至上饶县原 5318 厂厂址。5318 厂在上饶的民品基地以 278 万元有偿转让给 9343 厂,留下来的 350 多名职工成为先锋人,工厂总人数达到最高峰 1806 人。此后,工厂成立上饶分厂,生产民品。

再创辉煌(1990—2003 年)

1990 年 6 月,生产亚运会纪念章 26 万枚,1991 年生产多功能扳手 1 万套,1993 年起生产汽车变速箱外操作系统、江铃真空助力器等民品,均遭不同程度亏损。

由于搬迁工作进展不尽如人意,工厂提出改搬宜春。1994 年 1 月 21 日,江西省人民政府办公厅(1994)14 号复函同意调整搬迁宜春。

1996 年 6 月 18 日,在宜春举行新址开工典礼。总投资 4990 万元,由工厂自筹解决。1999 年 10 月开始搬迁,2000 年 6 月搬迁结束。

从 1993 年起至 1998 年,企业效益保持较高水平,职工工资逐年增加。1994 年江西省突出贡献企业,1994、1995 年江西省优秀企业,1996 年国防科技工业第二次创业劳动竞赛先进单位,1997 年江西省优秀企业。

阵痛——搬迁使企业负债达 8000 多万元,军品科研受到一定的影响,军品任务锐减,效益严重滑坡,一部分管理、技术骨干流失。至 2002 年 3 月,工人累积达 14 个月未发工资,工厂基本处于瘫痪状态。

转折——2002 年 5 月,争取到 xx 榴弹生产任务,10 月通过复产鉴定,年底完成任务。11 月份又签订了另一弹种的生产任务。当年扭亏为盈,重现曙光。

军品科研新成果——1995 年,开始自主研制 yy - xx - 2 杀伤爆破弹(xx 改进弹)。2002 年 1 月设计定型,2003 年 3 月生产定型。该项目 2004 年获国家国防科技进步奖三等奖。

2003 年 6 月,工厂研发了陆军 zz 毫米高炮多用途榴弹,2008 年完成设计定型。2004 年,zz 工程被列入国家某重点工程二期,2005 年 zz 工程条件保障建设由国家投资 2200 多万元到位。

效益与管理跃上新台阶——2002 年,工厂获得江西省优秀企业称号、工业总产值、销售收入、利润均创历史新高。

2003年6月,被总装备部列为兵器工业军品生产能力放开单位;2004年7月,通过环保达标、消防达标、安全评价达标,取得三级保密资格,并获国防科工委武器装备科研生产许可证;2004年8月,通过中国新时代体系认证中心组织的 GJB9001A-2001 质量管理体系换版认证;2007年11月,通过了总装备部审查组对工厂进行的装备承制单位资格审查;2008年9月,通过新时代认证中心的体系复审。

改革改制(2004—2011年)

2004年10月18日,组织64名女职工参演全国第五届农运会开幕式。2005年8月,工厂承办宜春市首届职业技能大赛钳工比赛项目。

先锋厂第二次团代会代表合影

职工安置(身份置换)。2005年7月24日,赣府厅【2005】41号《江西省人民政府办公厅转发省国防科工办等部门关于省属军工企业职工安置实施办法的通知》下发。

2005年11月28日,工厂第七届四次职工代表大会通过《江西先锋机械厂职工安置方案》。职工总数1642人,其中在职职工1016人,离退休职工626人,筹措资金3051万元,由工厂暂借。12月底,完成职工身份置换。

2007年12月,9343厂通过总装备部武器装备承制单位资格审查,取得装备承制资格。

成立公司(主辅分离)。2008年7月,工厂投资25%、江西省军工资产公司以先锋厂债务出资75%,注册资金4000万元,设立宜春先锋军工机械有限公司。自此,9343厂第二厂名为宜春先锋军工机械有限公司,承担原先锋机械厂的生产经营、军品科研。

2009年,9343厂研发了xx毫米碰炸榴弹,当年由总装备部批复立项。

2010年3月,公司通过了江西省保密认证委员会组织的二级保密资格现场审核,取得二级保密资格。

新火工区与靶场建设完成——2008年,为了支持宜春市政府明月山机场建设,先锋厂启动了火工区的搬迁工作。新火工区与靶场共征地210亩,2011年11月8日火工区开工建设。2012年9月完成主体工程建设,12月底交付使用。2014年3月全部完成附属工程设施建设。2016年12月26日进行竣工验收。

凤凰涅槃(2012年至今)

改革改制进一步推进——2012年,先锋公司加入江西国科军工集团。2014年6月,先锋公司随国科集团所有资产全部移交到省国资委管理,7月份完成移交。

效益与管理更上新台阶——2013年至今,公司以市场开拓和科研开发为重心,有效合同和营业收入从8780万实现了上亿水平,主要经营指标连续几年创出了历史新高,突破亿元历史性跨越,至今仍保持持续稳步的增长。

自己动手修公路

推进队伍管理长效机制建设——坚持市场化用人机制,抓好员工入口,细化并落实在岗人员考核;坚持市场化薪酬机制,根据不同岗位人才对标不同地域薪酬水平,以市场化导向完善薪酬激励措施。目前职工人数236人,其中研发人员46人(技术带头人2名),各类专业技术人员66名,拥有工程技术人员且具有本科及以上学历者54名,研究生12名。

持续推进体系效率提升,实现提质增效目标——生产制造按照集团要求围绕"两提升、两下降"目标实现扁平化管理,优化生产组织,降低采购成本,减少制造过程消耗,改进工艺工装和提升品质,厉行节约,提质增效初见成效,2017年有效节约成本及费用约 210 万。

军品科研成果丰硕——公司目前以中小口径炮弹、榴弹、训练弹等常规弹药为主的研制方向,从以陆军产品为主,向空军、海军产品领域扩展,同时开展信息化、智能化弹药及火箭弹等新领域的研究与开发,争取公司成为海陆空等多领域、多弹种、不同口径弹药和信息化弹药的研发和生产基地。

公司共投入研发费用 3945 万,近年来更是加大科研投入年费用超千万元,每年不少于 4 个预研项目,获得军方和国科集团多个项目立项以及参加军方竞标试验等。2017 年已有 1 个项目在完成军方竞标试验中,另 1 个项目已送往基地正在竞标试验。

专项工作有序推进——国科集团 IPO 工作正在推进,做为子公司做到规范运行,按照集团要求建立健全规范的管理制度;规划经营规模保持幅度增长助推集团上市。

行政机构

1. 1965 年 8 月,成立先锋机械厂筹建处领导小组。

2. 1968 年 11 月,成立先锋机械厂革命委员会(1978 年 11 月不再设立)。

3. 1978 年 11 月,统称国营先锋机械厂(9343 厂)。

4. 1993 年 5 月,统称江西先锋机械厂(9343 厂)。

5. 2008 年 7 月,分别称江西先锋机械厂、宜春先锋军工机械有限公司(9343 厂)。

6. 2013 年 10 月—2016 年 12 月,省属军工宜春片区留守事务管理处成立,办公室设先锋厂。

7. 2014 年,工厂隶属关系由江西省国防科工办转为江西省国资委(大成国有资产管理公司)。

党群组织

中共党组织。1966 年 1 月 14 日,成立先锋机械厂工地党委,隶属宜春地委。1971 年 11 月 30 日召开第一次党员代表大会,1979 年 6 月成立厂纪律委员会。后分别于 1985 年 5 月 16 日、1994 年 12 月 8 日召开第二次、第三次党员代表大会,选举产生纪律委员会。2016 年,中共宜春市委组织部同意撤销中共先锋机械厂党委,先锋厂、先锋公司所属党员移交省国资委大成公司党委,先锋党总支隶属江西国科军工集团股份有限公司党委管理。

共青团组织。1966 年 6 月成立共青团先锋机械厂委员会。1972 年 5 月 19 日,召开第一次团员代表大会,至 1996 年 11 月,先后召开六次团员代表大会,选举产生各届团委会。

工会组织。1973 年—1984 年,工会代表大会时期:分别在 1973 年 8 月、1979 年 5 月、1982 年 12 月、1984 年 11 月召开 1—4 次工会代表大会,选举工会委员会、主任、副主任。1985 年以后并入职代会,二会合一。

1981 年 1 月召开一届一次职工代表大会,此后至 2008 年 12 月召开八届一次会议最后一次换届,2011 年 1 月八届一次会议最后一次会议。

2017 年市总工会同意先锋公司成立工会组织,隶属市总工会与集团工会管理。

五十多年来,先锋人筚路蓝缕,艰苦奋斗,有过辉煌,有过低谷,紧跟时代的大潮,浩浩荡荡,不断前进。老一辈军工人,从城市到山沟,又从山沟到城市,也许一切都发生了改变,但军工情结永远不变。五十多年来,工厂以总装厂的身姿,屹立不倒,带动和盘活了江西省地方军工与之配套的兄弟企业。目前,公司军品探索一代、预研一代、在研一代、开发一代、生产一代的局面基本形成,军品科研平台建设基本到位,科研人才队伍建设全面加强,科研保障条件不断完善。随着国科集团整体上市的到来,企业将迎来又一个新的历史发展时期。

不忘初心　破浪前行
——九江中船仪表公司的昨天、今天和明天

朱雪英

江西九江，众水汇集的地方，南北交通动脉和黄金水道的交叉点，一江一湖一山，赋予九江其他城市无法企及的灵秀和魅力。在这座有着2200多年历史的美丽城市中，一个在中国导航仪表领域叱咤风云、蜚声业界的军工品牌，一个历经五十多年沧桑、奋发图强、开拓前行的老军工，一个顺应时代潮流、改革创新、不断发展的企业——九江中船仪表有限责任公司（四四一厂），沿着光辉的足迹，迎着新生的朝阳，步履坚定，正在砥砺前行的路上阔步前进。

昨天：不畏艰难创伟业，峥嵘岁月建功勋

九江中船仪表有限责任公司组建于2006年。公司前身为九江仪表厂，代号四四一，创建于1959年，是国家"一五"计划期间建设的156项重点工程之一，是中国船舶工业集团公司所属的大型综合性舰船导航仪器仪表重点生产企业。

20世纪50年代末，根据毛泽东主席建设强大海上战斗力量的指示精神和中共中央下发的包括九江船用仪表厂在内的十个厂建厂的批准文件，九江船用仪表厂在江西九江十里铺地区动工兴建。自此，自力更生兴建现代化的舰船导航仪表厂、研制生产国产化的舰船导航仪表的伟大工程拉开了序幕。第一代九仪人开始了四十多年的艰难跋涉，书写了贡献国防三线建设的光辉诗篇。

1959年12月12日，中国共产党中央委员会关于九江船用仪表厂计划任务书和厂址选择的批准文件

——1961年1月1日，原三机部通知九江船用仪表厂改名为"九江仪表厂"，同年6月，三机部命名九江仪表厂第一厂名为"四四一厂"。

——1967年12月，工厂基本建设工程全部完工。

——1982年5月4日，国家正式成立中国船舶工业总公司，九江仪表厂直属其

管辖。

从20世纪50年代末的自力更生筹建新厂,到几十年的艰苦跋涉不断建设,再到市场经济的改革大潮中几度沉浮,百转千回,历经沧桑,自强不息的老一代九仪人奋发图强,开拓进取,通过不断的科技开发和生产经营实践,形成了以舰船导航仪器仪表、精密电力计量仪器仪表、生产过程自动检测、控制仪表及系统、精密液压控制元件及系统、各类微电机、环保产品等7大类20多个系列共100多个产品,为祖国的国防现代化和国民经济建设作出了巨大的贡献。

建厂五十年来,工厂为中国造船和海军建设提供了大量的装备,产品覆盖到目前在役几乎所有型号的水面、水下舰艇,为提高海军战斗力提供了质量可靠的装备。五十多年来,工厂生产的装备多次参与国际、国家重大活动。在我国首次向太平洋发射运载火箭试验、首次发射地球静止轨道卫星的海上遥测跟踪、工程远洋调查船"向阳红10号"首航南极进行科学考察、我国首次用核潜艇发射运载火箭试验和人民海军舰队多次出访亚、非、拉、美、澳的远洋中,我国首艘大船以及海军、工程兵等多兵种多次组成的水面、水下舰艇编队的实战演习训练、海上巡逻执勤、对敌作战等方面的军事行动中,工厂生产的各种装备都处于良好的工作状态,充分发挥了使命性的功能作用,在国防装备建设中留下了浓墨重彩的一笔。

1967年,江西省军区有关负责人向全厂职工宣读中央军委组织xx艇研制大会战的特别公函

今天：改革创新谋发展，励精图治续传奇

经过五十年的不断发展，工厂已成为具有机、电液一体的产品开发、设计研制能力和铸、锻、焊、热处理、表面处理、工模具制造、精密机加工、电子装配等综合加工制造能力的大二型企业，拥有完善的工艺配套能力、严格的质量保证体系以及武器装备科研生产资质等。

但是，在改革开放市场经济大潮的冲击下，由于经营管理不善等种种原因，工厂越来越不适应市场经济发展的要求，造成企业连年亏损，资不抵债，生产经营举步维艰。2003年，工厂被列入国家军工企业政策性破产计划（国函[2003]74号文）。2006年12月，江西省九江市中级人民法院裁定宣告九江仪表厂破产。2009年4月，原九江仪表厂整体破产资产与九江中船仪表有限责任公司实行股份制改制，重组为九江中船仪表有限责任公司（四四一厂）。宁波中大导航科技有限公司作为主要投资方入主公司，并按照现代企业公司的模式成立了九江中船仪表有限责任公司（四四一厂）股东会、董事会、监事会、经理层的管理体制开始运行。新的时期、新的公司、新的机遇、新的挑战，"轻装上阵"的中船仪表人进入了崭新的发展时期。

发展是企业永恒的主题。实现公司持续、健康、快速发展，建设一流强企是所有中船仪表人的愿望。作为一个传统的导航产品专业生产企业，在改制重组后，仍然承担着许多重点工程和专项应急工程等重要军工科研生产保障任务。为了更好地完成军工保障任务，促进企业转型发展，在公司股东会、董事会的支持下，公司新的领导班子总结企业发展历史和配套地位，面对国内外风起云涌日益变化的经济形势和发展需求，确立了企业今后总体发展思路：以重组改制为契机，以体制转换与创新为突破口，以科技创新和管理转型为重点，以人才建设为基础，抢抓机遇，保军促民，全力推进企业综合实力的协调发展，实现企业相对竞争优势的提升和产品配套地位的加强，努力构建技术、质量、管理、效益型企业。

改制八年来，特别是"十二五"期间，公司以推行自主创新、实现可持续发展为主线，以提高经济效益、建设和谐企业为中心，在转换经营机制后奋发图强，对内积极开发新品，调整产业结构，对外积极开拓市场，寻求合作共赢，形成了以导航仪器仪表、精密液压元件及系统、环保系列产品、特种纤维特种织物陶瓷基及其复合材料产品等四大类为主的产品体系。在海军驻九江地区军事代表室的大力支持下，在公司董事会的坚强领导和全厂干部员工的共同努力下，圆满完成了各类型号装备保障任务，实现了经济稳步增长。公司先后三次派员参加和平方舟号医疗船远航护航任务，生产的罗经和舵在远航中运行平稳，受到海军装备部的高度赞扬和表彰。

在完成装备生产任务的同时，公司还继续承担了某型驱逐舰相关项目的研仿，多项产品涉及重点和专项应急工程。在保证水面、水下舰艇导航配套的基础上，还成功占领了陆军装甲车导航、鱼雷、水雷等水中兵器自动控制和导航市场。同时公司实行了产品多元化战略，改变了单一海装配套格局，积极参与了舰船武器、陆装产品及民品

市场竞争,在非船用军品配套领域有了较大的发展。

坚持速度、质量、效益相统一。引进现代企业管理制度模式,改革企业用工制度和薪酬制度,注重依靠科技进步和提高劳动者素质,转变经济增长方式和推进产品结构调整,做大经济总量,提高经济效益,实现公司与员工同步发展。2015年公司实现总收入同比(上年度)增长33.16%,员工收入增加8%;2016年公司实现总收入同比(上年度)增长13.2%,员工收入增加10%。

坚持军民并重、多元并进的发展战略和"做精品,坚持质量优先;争一流,满足顾客期望"的质量方针。努力研制和提供高质量符合军方要求的装备。同时充分发挥军工技术的独特优势,致力于对系列民用产品的研制、开发。公司加大了技术创新力度和资金投入,先后投入新品研发经费四千万元,用于新产品的研制、开发。一方面以提高科技开发和自主创新水平为基点,加强科技研发资源整合,培养和引进一批科研学术带头人,增强科技开发实力和产品开发能力;另一方面拓宽研发渠道,加强各种形式的技术合作和"产、学、研"联合,通过与国防科大等高等院校及科研院所合作开发技术含量高的重点项目新品,并取得多项成果。公司目前有科技人员111人,机电导航项目、液压环保项目、光学项目三大课题组,一个国家三级计量站,形成了技术研发、产学研相结合的技术创新组织架构。

公司办公楼

近年来,国家大力实施军民融合发展战略,为企业发展带来新的契机。为响应国家军民融合发展战略,拓展企业经营领域,加快公司向高科技企业转型步伐,公司加强了同国防科技大学、海军工程大学等高等院校的合作,签署了相关高科技项目的合作协议。尤其是目前与国防科大合作的"新型连续碳化硅陶瓷纤维产业化"重大项目正在全力推进,按计划在2017年9月正式投产。该项目的投产不仅进一步拓宽了公司产品应用领域,同时也为公司科学跨越发展增强了后劲。

坚持党要管党、从严治党,深入推进党的建设。公司党委认真贯彻落实党的十八大精神,扎实开展创先争优活动和"三严三实"专题教育、"两学一做"学习教育等活动。坚持以增强公司的核心竞争力为出发点,以思想建设、组织建设、作风建设、舆论引导、氛围营造和典型示范为主要内容,以公司的生产经营、产品开发、管理创新、安全稳定等中心工作为载体,不断深化形势任务教育,推进军工企业文化落地生根,在推动公司转型发展中充分发挥了党委的政治核心、党支部的战斗堡垒和党员干部的先锋模范作用,为公司发展提供了坚强的政治保证和组织保证。公司党委连续四年受到九江市直属机关工委的表彰,连续多年荣获江西省国防科技工业新闻宣传工作先进单位称号。

明天:长风破浪乘东风,军民融合谱新篇

"十三五"是我国全面建成小康社会的关键时期,也是公司转型升级、快速发展的决胜阶段。凭借党的十八大提出的建设海洋强国的战略目标和国家大力实施军民融合发展战略的东风,面对新形势、新任务、新要求,企业领导班子在保持高度自信的同时,正视自身的不足与差距,将继续立足军工企业之本,以推进企业上市,实现多元化

公司与国防科大合作第二代连续碳化硅陶瓷纤维项目调研会

发展为主攻方向,加强高新产品的研制开发,做强军品,做大民品,从品牌、规模和贡献三个方面把公司建设成为全国导航产品的龙头企业,实现公司跨越式发展。

——抢抓机遇,提高企业核心竞争力。以现有船舶配套产业为基础,继续拓展导航和液压为核心技术的应用领域;以现有军品市场为基础,大力拓展民用产品市场。以"诚信、友好、合作、共赢"的市场理念和山登绝顶我为峰的气势,不断拓展市场份额。

——创新为本,提升技术研发能力。以提高科技开发和自主创新水平为基点,拓宽研发渠道,多渠道开展智力支持系统,实现技术能力的有效提升;加强产、学、研相结合的开放式技术创新体系的建设,加快产品研发进程,促进科技成果向现实生产力转化。

——军民融合,实现公司跨越发展。以重点项目为抓手,着力在航空、航天、航海、核工业新能源等领域推动军民融合转化,着力孵化与军工核心技术联系紧密、符合战略性新兴产业方向的新项目,形成新的经济增长点。

——锐意改革,积极走混合所有制经济之路。完善适应市场竞争的、符合现代企业运作的内部经营、管理、激励、考核机制。加强基础管理,抓好质量工作和安全生产,建设资源节约型企业,提高企业运行效率和经济效益。

——人才兴企,大力实施人才战略。以人才机制、人才环境和人才资源能力建设为基础,以坚持品德、知识、能力和业绩"四位一体"为主导,以大力引进重点名校优秀毕业生为核心,培养造就一支数量适当、门类较全、结构合理、素质良好的人才队伍。加强企业人才储备,同时辅以人才跟踪培育、人才合理使用、人才有效激励等措施,为人才提供优质的平台,为企业增添发展后劲。

——强化党建,弘扬军工企业文化。落实公司党建工作责任目标,扎实推进企业党的建设,着力把党组织的政治优势转化为企业核心竞争力。以加速新老企业文化融合为依托,继承发扬军工企业优良传统;以"塑一流作风、创一流产品、育一流员工"为出发点,努力培育企业优秀文化,提升企业的核心竞争力,为企业又好又快发展提供有力的支撑和保障。

潮平两岸阔,风正一帆悬。展望中船仪表未来,前景风光无限。高新企业资质已获得认定,军民融合成果显著,企业上市筹备也在紧锣密鼓地进行;对外技术交流与合作步伐不断加快;做大做强企业实现公司集团化也在逐步实现。迎着朝阳的中船仪表人正秉承"军工报国、强军富民"的企业宗旨,践行"爱国敬业,团结奉献,开拓创新,务实高效"的公司理念,不忘初心,破浪前进,为实现公司的健康快速发展,为实现中国梦、强军梦,为国防现代化建设事业做出新的更大贡献。

江风浩荡舞台新　蓝天铸剑梦想飞
——南昌航空大学发展纪实

郭代习　周振浪

南昌航空大学是伴随着共和国的航空国防事业一起成长的高等院校,航空国防的情结深深地印在了昌航人的灵魂深处,航空国防事业的精神特质已经熔铸成为学校优秀的文化传统。60多年来,学校历经中专教育、本科教育的开创和稳步发展、向高水平有特色教学研究型大学迈进等三个时期,经历三次艰苦创业,始终立足航空、情系国防,以航空国防情结为纽带,营造独特的育人文化环境,并以航空国防精神为动力,培养造就了一大批面向基层下得去、扎根基层留得住、服务基层干得好的高素质人才,得到航空国防企事业单位、部队和社会各界的充分肯定和高度赞誉。

一、探索:中专教育时期(1952年3月—1978年3月)

南昌航空大学起源于汉口航空工业学校。新中国成立后,为了解决航空人才缺乏的问题,1951年秋,航空工业局决定在南京、北京、哈尔滨、汉口创办四所航空工业学校。1951年底,航空工业局正式决定将武汉311厂改建为汉口航空工业学校。1952年3月15日,在抗美援朝战争的烽火中,南昌航空大学的前身——汉口航空工业学校承载着发展中国航空工业的梦想诞生了!从此开启了学校第一次创业的征程。首届627名学员均是从人民解放军和志愿军干部、战士中选拔出来的现役军人。早期教师是从全国抽调的航空精英。

1952年10月9日,学校举行了庄重的第一届学生开学典礼。这一日也成为学校的校庆日。

通过汉口时期两年的艰苦初创,各项建设初步发展,以设置热加工专业为主,成为全国培养航空中等技术人才的摇篮之一。

1954年8月,学校迁至南昌,遂改名为南昌航空工业学校,开始了创建新校和全面探索以中专为主体的办学道路的艰难历程。

通过10多年的建设,至1965年,学校已发展成具有一定规模和社会影响力的中等专业学校,其间于1960至1965年试办大专。

之后,受"文化大革命"影响,学校经历了"停课闹革命",改厂、并厂、迁厂、复校办技工班的曲折过程,各方面都遭受到严重的破坏。

中专时期的 26 年,尽管受到极"左"路线的影响,学校仍然克服重重困难,取得了较大的成就,为航空工业培养了近万名技术人才,支援江西工学院以及国家新建其他航空工业学校的建设,为我国的国防建设、航空教育和经济建设作出了积极贡献。由于坚持正规办学,高标准培养人才,学校具有较高的教学水平和较丰富的办学经验,从 1958 年学校被上级主管部门确定为重点中等专业学校起,一直是部属重点中等专业学校,并逐渐形成以热工艺见长的特点,在航空院校和航空企事业单位有一定的影响,为学校升格为本科院校打下坚实的基础。

二、崛起:本科教育的开创和稳步发展时期(1978 年 4 月—1998 年 12 月)

1978 年 4 月,经国务院批准,南昌航空工业学校升格为南昌航空工业学院,实现从中专到本科的华丽转身。从此,学校的发展从中专教育时期进入本科教育时期,开始了第二次创业的历史征程。第三机械工业部下达了学院改建设计任务书。首任院长为中国航空界著名专家、强五飞机总设计师、中国工程院院士陆孝彭。

此期,学校的发展经历了本科教育的开创和初步发展和世纪末全面快速前行两个阶段。这个时期,学校努力探索新形势下办大学的新思路,逐步形成和明确"坚持方向、找准位置、深化改革、内涵发展、提高质量、办出特色"的办学指导思想,坚持把培养"德智体全面发展、面向工程第一线应用型高等工程技术人员"作为培养目标,把学校发展定位在以教学工作为中心,以工科为主,以本科教育为主,适度发展研究生教育。在专业方面逐步形成以工为主,工、管、文、理相结合,以金属材料工艺、制造工艺和测试技术为特色的格局。

1982 年,学校列入全国首批有权授予学士学位的 458 所高等学校名单。1985 年开始招收硕士研究生,1990 年获得硕士授予权。1990 年底顺利通过航空航天工业部的全面评监,1998 年通过教育部本科教学工作合格评价,学校办学水平和教育质量迈上了一个新台阶。时任教育部副部长周远清、中国航空工业总公司发来贺信。学院教学、科研及生产、基本建设等各项事业得到全面快速发展,为 1999 年学校管理体制调整后的跨越发展奠定了基础。

三、腾飞:向多科性教学研究型大学迈进时期(1999 年 1 月—现在)

1999 年 4 月,学校隶属关系由中央下放江西,实行中央和江西共建、以江西管理为主,管理体制发生根本性转变,学校发展进入第三次创业的历史阶段。这一时期,我国的高等教育进入一个新的快速发展时期,学校随之进入跨越发展时期。

几年来,学校坚持实施人才强校战略。现有教职工 2000 余人,专任教师 1280 余人,其中教授 190 多人、副教授 400 多人,占专任教师总数的 47%;具有博士学位教师 380 多人、硕士学位教师 700 多人,约占专任教师总数的 85%;博士生导师 19 人,硕士生导师 550 余人;有双职双聘中国科学院院士和中国工程院院士 5 人;国家杰出青年科学基金获得者 1 人,国家优秀青年科学基金获得者 1 人,国家百千万人才工程人选 1 人,全国"五一劳动奖章"获得者 1 人,全国优秀教师 5 人;教育部"新世纪优秀人才支持计划"两人;全国模范教师2人,全国高校优秀思想政治理论课教师1人;享受政府特殊津贴33人;中国工艺美术大师1人;江西省高校哲学社会科学领军人才1人,江西省哲学社会科学科研学术骨干1人,省(部)级学科带头人48人,省(部)级中青年骨干教师74人,江西省文化艺术学科带头人两人;"井冈学者特聘教授"两人,江西省新世纪百千万人才工程第一、第二层次人选36人,江西省"赣鄱英才555工程"人选23人,江西省教学名师17人,江西省"青年五四奖章"获得者1人,江西省十大杰出青年1人,江西省青年科学家13人。

近年来,学校大力推进基础设施建设。2002年开始建设前湖新校区,2006年9月,前湖校区建设基本完成,学校整体搬迁至前湖校区。前湖校区和上海路校区两个校区占地面积3000余亩,校舍建筑面积近100万平方米。拥有教学、科研设备34 000多台套,仪器设备总值约4.39亿元。图书资料200多万册,数字资源总量3万GB,中外文期刊2100余种,建立了国内外电子文献资料数据库32个。体育活动场地面积达12.4万平方米。学校的办学空间和条件得到了根本性的改变。2007年学校成功更名为南昌航空大学,揭开了学校历史的新篇章,标志着学校的建设和发展进入了一个新阶段。

近年来,学校重视教学质量,扎实推进内涵建设,学校始终坚持"育人为本,质量立校,特色发展,人才强校,开放办学"的办学理念,稳步提高教学质量。2008年在教育部本科教学工作水平评估中获得"优秀",标志着学校本科教学水平上了一个新的台阶。办学层次与形式更加多样,发展研究生教育,创办高等职业教育,成立科技学院,与部队联合培养国防生、士官生等。

近年来,学校重视教学工作,积极推进学科建设。5个国家级特色专业,8个省级特色专业,1个国家级专业综合改革试点项目,6个省级专业综合改革试点项目;2个江西省高水平重点学科,5个江西省重点学科和1个国防基础学科,1个国家级工程实验室,21个省(部)级重点实验室(研究中心)和省级重点基地,2个江西省"2011协同创新"中心。拥有两个国家级实验教学示范中心,9个省级实验教学示范中心;获得国家级教学成果奖两项,并在国家级教学团队、国家精品课程、国家级双语教学示范课程、国家级人才培养模式创新实验区方面均实现了突破。学校入选教育部第二批卓越工程师教育培养计划实施高校,获批6个国家级卓越工程师教育培养计划试点专业,6个江西省卓越工程师教育培养计划试点专业,3个校企联合申报的国家级工程实践教育中心。学校与中国南方航空工业(集团)有限公司联合申报的工程实践教育中心获批国家级大学生校外实践教育基地。

学校以民族振兴和中国航空航天事业不断进步为己任,坚持"立足江西、面向全国,服务地方、服务国防"的服务面向。设20个学院,60个本科专业。具有14个一级学科硕士点,覆盖了69个二级学科硕士点,并具有14个工程硕士领域和一个公共管理硕士申请硕士学位授予权。同时还与北京航空航天大学、西北工业大学、北京师范大学、湖南大学、南京航空航天大学、南京工业大学、北京航空材料研究院等高校和科研院所联合培养博士生。学校被列为江西省博士学位授权立项建设预测单位,具有推荐优秀应届本科毕业生免试攻读硕士研究生资格。2010年获批设立"江西省测试技术与控制工程研究中心"博士后科研工作站。2015年获批设立"江西省航空材料工程技术研究中心"博士后科研创新实践基地。

近年来,学校科研得到跨越式发展。近5年来,学校科研工作取得突破性进展。在国内外学术刊物上发表论文近6000篇,其中SCI、EI、ISTP检索2000余篇,CSSCI检索230余篇;获国家专利授权456件;出版论著73部、教材239余部。获批国家自然科学基金253项,国家社科基金20项。全国教育科学规划项目两项、教育部哲学社会科学重大招标项目、教育部人文一般项目、教育科技项目和优秀人才项目等20余项,承担和参与国家科技重大专项、子项目、"973""863"计划子项等近20项。承担国防科研计划项目100余项。承担江西省重大科技专项等各类省部级项目500余项。荣获国家科技进步奖5项(参与),国家级科研成果奖1项(合作)、中国高校人文社会科学研究优秀成果三等奖1项。获省部级科研成果奖54项。罗胜联教授荣获2012年何梁何利基金科学与技术创新奖,实现了我省在该奖项上零的突破。学校科研瞄准国家和区域经济社会发展特别是航空航天和国防科技工业领域中的热点和难点,服务地方行业能力不断提升。加强了与航空重点骨干企业、高等院校和科研院所的联系,主动与南昌市、宁波市、铜陵市、淄博市等科技部门展开沟通,先后与中国航空工业集团公司、中国航天科技集团公司及其下属单位等多家国防航空企事业单位签订了产学研战略合作协议,建立了战略合作伙伴关系。

学校始终以航空国防教育为载体,不断推动大学生德育工作的创新和发展。国防生培养的"昌航模式"成功获批为国家级人才培养模式创新实验区,在全国产生重要影响。教育部、中国人民解放军总政治部联合发文向全国推广我校培育国防生工作经验;学校始终坚持知行合一、注重实践的理念,精心打造实践教学体系,形成工程教学与工程训练相结合的教学模式,构筑以国家级、省级实验教学示范中心为核心的实践教学平台,强化大学生的综合工程能力训练,为航空国防事业和地方经济社会发展培养一大批"上手快、能力强"的应用型高级专门人才,形成自身人才培养的鲜明特色。建校以来,学校累计共培养各类毕业生12万余名。2015年,校友向巧当选中国工程院院士。

南昌航空大学诞生于国家航空工业初创之际,成长于国家航空工业奋斗之中,发展壮大于国家航空工业振兴之时。

从一个小小飞机修理厂基础上筹建而成的汉口航空工业学校到迁址红土地、一直是部属重点学校的南昌航空工业学校;从一个中专基础上改建而成的南昌航空工业学院到拥有现代化新校园的南昌航空大学;从努力建设一个单科性教学型院校到向着多科性教学研究型迈进的航空大学,昌航人书写的壮丽画卷,是一部致力于国家航空工业的奋斗史,是一部探索航空工业教育的创业史,是一部实现学校跨越发展的攀登史。2016年学校制定"十三五"发展规划,为学校更长远的科学发展打下了坚实的基础。

如今，南昌航空大学已经发展成为一所以工为主，工理文管经法教艺等学科协调发展又具有鲜明航空、国防特色的高等学校，并朝着工科优势突出、航空特色鲜明，国内知名、省内一流的多科性教学研究型大学的目标奋勇前进！

红土地上的中国核地学人才摇篮
——东华理工大学发展纪实

江光亮　王光世

东华理工大学（原华东地质学院）是江西省人民政府分别与国防科技工业局、国土资源部、中国核工业集团公司共建的一所具有地学和核科学特色，以理工为主，经、管、文、法、艺、教兼备的多科性大学。学校是中国人民解放军海军后备军官选拔培训基地和中国核工业集团公司、中国核工业建设集团公司人才培养基地。1956年6月，学校由原地质部第三局在山西创建，1959年9月从山西太原南迁江西抚州市。学校先后隶属于地质部、二机部、核工业部、中国核工业总公司。建校60年来，学校秉承"敦本务实、崇义奉公"校训，为国家培养了15万各类专门人才，被誉为"中国核地学人才摇篮"和"世界原子能事业的宝贵财富"，为我国核大国地位的确立和铀矿地质事业的发展、为国防科技工业和地方经济建设作出了重要贡献。

中央决策　度势而生

20世纪50年代，新中国成立不久，就受到一个超级大国的核讹诈和核威胁。为了保卫新生的红色政权，维护世界和平，1955年1月，毛泽东主席、党中央作出了"我们也要搞原子弹"的伟大决策。搞原子弹需要核原料，哪里来，自己找。为了培养铀矿地质专门人才，在周恩来、聂荣臻等老一辈领导人的关怀下，1956年6月，我国第一所铀矿地质学校——太谷地质学校，在山西省太谷县度势而生，这就是东华理工大学的前身。1956年10月16日，太谷地质学校举行了首届学生开学典礼，是日定为校庆日。太谷城就这样成为中国核地质教育事业的发祥地。太谷地质学校开设两个专业，即放射性地质和放射性物探，共招收623名学生。

学校新办，白手起家，来不及兴建校舍，就利用孔祥熙的庄园做校舍，并租用民房作宿舍、实验室和附属设施，分散在太谷县城的10条街、51个院落，课桌课凳简陋，有的是师生自制的长条凳，上课时，学生把笔记本放在膝盖上记笔记。首任校长王涛说："全校师生发扬抗大精神，自力更生，艰苦奋斗。困难把人的意志锻炼得更加坚强，艰苦激起了创业人的英雄气概，这就是核地质人的风貌。"经过一两年的培养，600多名首届毕业生陆续离校,奔赴全国各铀矿地质大队,成为原子能工业的尖兵。

随着铀矿地质勘查工作的全面展开,野外队急需一批高级技术人才,形势紧迫,创办一所铀矿地质大学已刻不容缓。1958年6月16日,经教育部批准,在太谷地质学校的基础上建立太原地质专科学校,校址由太谷移至省会太原市,学制4年,培养大学本科生,9月,招收了首届大学生224人。开学后,部分地质专业学生赴广东下庄铀矿山实习,后来采集了一批铀矿石,托运回校。学校组织师生"土法炼铀",年底前炼出了重铀酸铵产品若干公斤,用玻璃容器装好,运送北京展览。1959年2月,校长王涛、教师代表朱颖、学生代表陈光荣等6人,出席了二机部在北京召开的"跃进献礼积极分子代表大会",受到周总理、朱总司令等中央领导的亲切接见,他们感到无比的幸福和光荣。

红土地上　扎根崛起

在江西这片红土地上,抚州的相山是亚洲最大的硬岩铀矿产出地。为了贯彻"教育与生产劳动相结合"的方针,上级决定,学校由太原迁往江西抚州,改校名为抚州地质专科学校(本科)。1959年9月,顺利完成迁校任务。10月,59级新生253人到校。从此,学校在江西红土地上生根、发芽、开花、结果。

新校区247亩,原是一片坟场加烂泥地,抚州地委大力支持建校,在十分困难的条件下,调集所有的基建力量,投入学校工地建设,师生也参加建校劳动,夜以继日地工作,两年多时间,便建起4万多平方米校舍,新校园初步落成。

为了加强学校的领导力量,调来高干程平任校长,楚予民任党委副书记。1960年9月,二机部首任部长宋任穷亲临学校视察,勉励大家克服困难,办好学校。

大学新办,师资奇缺,二机部给学校分配来一批留学归国人员和重点大学毕业生,他们年轻有为,志存高远,艰苦创业,呕心沥血,全身心投入到崭新的核地学教育事业。不少教师很快崭露头角,卢存恒、单林、韩乃仁、李学礼等科研论文纷纷发表在国家级学术刊物上;由邓金贵、何钟琦、黄净白编著的《普通矿产及铀矿找矿勘探地质学》,1963年由中国工业出版社出版,成为全国高校通用教材。这批教师忠诚于党、敢为人先、无私奉献所凝聚的精神,传承、鼓舞和激励着一代又一代东华理工人。

1969年,已初具规模的学校,因为"文化大革命"的影响,奉命停办。

1978年4月,国务院批准,学校正式恢复为大学,校名为抚州地质学院,实行省部共建,以二机部为主的管理体制。

1981年6月,二机部刘伟部长、牛书申副部长一行来校视察,决定加大对学校基础设施的投入,并宣布国务院的决定:学校对外开放。为适应新形势,经教育部同意,二机部决定自1982年1月起,将抚州地质学院更名为华东地质学院。

学校在保持传统地学优势和核学科特色前提下,面向核工业保军转民和地方经济社会发展,大力调整专业结构,增设若干通用专业和新兴专业。本科专业数从复办初期的6个增加到20世纪末的19个。办学层次不断优化和提升,1985年经国家教委批准在3个专业招收研究生,1990年获得硕士学位授予权,突现了办学水平的新突破。

这一时期，产学研三结合喜结硕果。李罗照的科学发现获全国科学大会奖,李学礼的编著《水文地球化学》获部级特等优秀教材奖；梁鼎新和薛振华分获二项国家级优秀教学研究成果二等奖；"八五"和"九五"期间,完成部局科研项目46项,获省部级科技进步二、三等奖15项。学校获国家教委授予的"全国普通高等学校优秀教学成果奖励工作先进单位"称号和江西省授予的"九五期间科研管理先进单位"称号。《华东地质学院学报》获全国高校自然科学学报评比二等奖。学校的各项专业蓬勃发展,已在红土地上扎根崛起。

追求卓越　走向辉煌

进入新的世纪,学校的办学思路更加明确,领导班子思想解放,追求卓越,凝聚力量,真抓实干,以改革为动力,坚持服务行业和地方经济建设,实现学校跨越式可持续发展。在这一思想指导下,学校的发展驶上了快车道。

2001年6月30日,江西省人民政府和国防科工委共建华东地质学院签字仪式在南昌市隆重举行。国防科工委副主任、中国原子能机构主任张华祝和江西省人民政府副省长胡振鹏出席签字仪式。这是中央部委高校下放地方后进行实质性共建管理并举行正式签字仪式的第一所高校,也是国防科工委与省级人民政府举行共建高校签字仪式的第一家。此后,国防科工委、中核集团公司、国家国防科工局和国土资源部分别于2006年、2009年、2010年和2013年与江西省人民政府签约共建东华理工大学协议。

在省部共建的鼓舞下,全校师生员工精神振奋,同舟共济,以主人翁的精神和姿态投入到教学科研等各项工作,乘势而上,开拓进取,各项事业取得长足进步。学校先后与核工业地质、矿冶、核燃料循环等方面30多家大、中型企事业单位,如中国核工业地质局、中国原子能科学研究院、中核兰州铀浓缩公司等签订了联合办学、人才培养与科技合作框架协议,实现了校企全方位合作,探索出了人才培养、科研开发等多方位的共赢合作模式,不断增强服务国防需要和地方经济社会发展的能力,有力地提升了东华理工大学特色优势。

2002年1月,江西省国防科技工业学校并入,学校在南昌有了新的校区,标志着学校的发展布局迈出了战略性调整的重要一步。2003年6月,有着悠久办学历史和较强实力的抚州师范专科学校并入,使学校的学科结构进一步优化,办学实力进一步增强,办学空间进一步拓展。

2002年5月,江西省委书记孟建柱来校视察,对学校的工作给予充分肯定,他高兴地说："总的感觉你们领导班子思想解放,思想开阔,作风也扎实。"2003年4月,教育部副部长张保庆来校视察时饱含深情地说："几十年来,学校师生员工从国家大局出发,在抚州这个地方艰苦奋斗,为我们国家的核工业立下了汗马功劳,没有这个学校,原料搞不出来,搞什么'两弹一艇'？"

2003年6月,华东地质学院正式更名为东华理工学院,学校从复办初期单一的地学类院校发展为横跨工学、理学、法学、文学、管理学等多门学科,29个本科专业、9个硕士学位授予点的多科性理工科院校,为此后升格为东华理工大学奠定了基础。

2004年11月,教育部对学校进行了本科教学水平评估,评估组组长朱子彬教授在评估反馈会上说有六个没想到:一是学校自1996年合格评估以来发生了那么大的变化没想到;二是学校的办学条件如此之好没想到;三是突出的教学科研成果没想到;四是对国家贡献如此之大没想到;五是教师如此爱岗敬业没想到;六是重视教学的氛围如此浓厚没想到。这六个没想到在全国高教界引起较大反响。评估结果优良。

2005年5月,中国人民解放军海军与学校签署合作培养军队干部协议,学校成立海军后备军官学院,并于当年招收了首届海军国防生,从而跻身全国百所军队依托培养国防生的高校行列,开创了东华理工人才拥军的新篇章。

2007年4月,学校更名为东华理工大学,实现了几代东华理工人的梦想。在校党委的领导下,学校加大改革力度,办学效益不断提升,办学规模不断扩大。现有南昌、抚州两个校区,总面积2500余亩,在校生3万余人。学科建设不断上台阶,目前已拥有1个博士学位授权一级学科,1个博士后科研流动站,14个硕士学位授权一级学科,71个硕士学位授权二级学科,11个领域教育硕士,10个领域工程硕士和同等学历人员硕士学位授予权,学校是第一批本科批次招生高校。

学校的科研实力雄厚。学校现有"质谱科学与仪器"教育部创新团队一个、"铀资源勘查与铀矿产品摄技术"国防科技创新团队一个、"核资源勘查与方法研究"等五个江西省科技厅创新团队、"地球探测与信息技术"等三个江西省教育厅科技创新团队。学校拥有核资源与环境国家重点实验室培育基地、质谱科学与仪器国际联合研究中心,以及国防重点学科、国际原子能机构等14个国家级、省部级重点实验平台。近年来,学校年科研项目经费已达1.5亿以上,在江西省名列前茅。科研成果突出,其中陈焕文教授两次获江西省自然科学一等奖,并于2012年获国家杰出青年科学基金资助。

目前,学校教学科研已从铀矿勘查拓展到了铀的纯化、转化、浓缩与精制等多个环节,承担了国家973计划、国家863计划、国家自然科学基金、国防基础、核能开发、核设施退役与三废治理专项等一系列国家级科研项目,荣获国家级、省部级科技成果奖60余项。学校创新团队为核工业铀矿新技术研发与找矿重大突破做出了重要贡献,显著增加了我国铀资源储量;在高放废物地质处置研究中,开创了我国粘土岩处置库场址预选新领域;研发的辐射测量方法与系列核仪器被我国环境监测、辐射计量和海关等部门广泛选用,在日本福岛核事故辐射监测与环境评价中也发挥了重要作用。

同时,学校积极服务地方经济建设,为江西发展提供智力支持和人才支撑。我校江西省哲学社会科学重点研究基地"江西生态文明建设制度研究中心",致力于江西省生态文明先行示范区建设方面的研究基础和应用对策研究,承担了《江西生态文明先行示范区建设实施方案》的研究与编制,得到了国家六部委批复,是我省第三个上升到国家层面的发展战略规划;又如我校地处临川地区,逐渐形成和保持了一批优势明显、特色鲜明、研究实力比较雄厚的学科团队进行临川文化系列研究,江西戏剧资源研究中心2016年参与组织汤显祖逝世四百周年系列纪念活动,同时瞄准抚州基础教育和文化发展需求,做强东华理工大学抚州师范学院、临川文化研究中心和江西省戏剧资源研究中心等,努力服务江西地方经济社会发展。

学校坚持开放办学,与美国、俄罗斯、日本、澳大利亚等20多个国家的高校,科研院所和国际原子能机构建立了合作关系和学术交流联系,并互派留学人员。

现有教职员工2800余人,其中教授、副教授600余人,拥有中国工程院双聘院士,俄罗斯自然科学院外籍院士,"新世纪百千万人才工程"国家级人选、国家级杰出青年基金获得者,国际原子能机构专家委成员,"井冈学者"等一批领军人才,具有博士学位300余人,博士生导师20人。同时,学校还聘请了200多位国内外兼职教授。学校由中国工程院院士钱七虎担任名誉校长。

高楼与山水辉映,绿树与鲜花媲美。学校美丽如画的校园,先后被授予"全国绿化先进单位"和"江西省园林化单位"。她承载着深厚的文化底蕴和坚实的成才根基。60年来,学校为国家培养和输送了一大批高素质专门人才。"悠悠东华,俊采星驰,校友亮点,灿若星光":他们中有中国科学院士、国家973项目首席科学家龚健雅,国际原子能机构中方首席代表赴伊拉克核查专家郭冬发,中国科学院副院长施尔畏,清华大学长江学者特聘教授、国家21世纪学科带头人应明生,美国劳雷公司总裁方励,大唐集团公司副总经理王森,核工业北京地质研究院院长李子颖,原河南省中国银行行长、全国人大代表赵炳申,等等。

祖国山河披锦绣,东华理工谱新篇。作为军工底蕴深厚的高校,学校坚持服务行业发展和服务地方经济建设"双轮驱动"发展战略的办学思路,大力营造事业又好又快发展,学生健康全面成长,教工体面幸福生活的校园氛围,以培养志存高远,坚毅自强,知行合一,追求卓越的应用型创新人才为己任,不断提高办学水平与核心竞争力,为建设"核学科特色鲜明、地学优势突出、引领行业、带动区域、具有国际影响的特色鲜明的高水平大学"目标而努力奋斗。

五秩风雨　重舸德行
——九江职业技术学院发展纪实

在岁月的长河里,五十年如白驹之过隙,在百年树人的大计中,五十年如日之中天,基业既定,宏图将展。五十多年来,九江职业技术学院在不懈探求中奋力前行,从技校到中专再到如今国家示范性高等职业院校,成为中国职业教育发展史上具有个性与特色的组成部分,也成为我国船舶职业教育发展的生动缩影。

栈山航海　风雨征程

五十多年风雨兼程,五十多年挥洒血汗。五十多年前,一批有识之士从五湖四海汇聚浔城,开始了九江职业技术学院的创业之路。

1958年,为了加强我国国防现代化建设,加快实现船用导航仪表国产化,中国和苏联签订了"二·七"协议书,协定从1958年12月开始,由苏联帮助中国在江西省九江市筹建船用仪表厂。为了培养工厂急需的人才,仪表厂筹备处根据一机部指示,抽专人筹备技工学校。先是从老厂抽出部分老工人进技校的实习工厂,又送了一批人员到上海等地实习学习。1960年初,在外地实习的老师陆续回九江做开学准备工作,他们一方面准备教材,积极备课;一方面为学生安排教室和宿舍。2月27日,学校迎来了首批学员,即211名海军复员军人。3月14日,九江技工学校在十里铺影剧院隆重举行首届开学典礼。

广大教职工一路砥砺奋进,到1960年末,学校教职工已达141人,在校生612

原中国船舶工业总公司总经理冯直来校视察

人,达到了一机部规定的规模,师资能满足教学需要,九江技工学校已初具雏形。

九江技工学校从1960年建校起,至1999年,先后隶属于原第一机械工业部、第三机械工业部、第六机械工业部和中国船舶工业总公司。由"九江仪表技工学校"到"九江船舶技工学校""九江仪表技术学校""九江机械工业学校"再到"九江船舶工业学校",学校前后六次更名,经历了由技校到半工半读中等专业学校再到国家重点中专学校的风雨历程,一代代九船人在匡庐脚下,鄱湖之滨,栉风沐雨,不懈努力。曾经站在讲台上的年青教师如今都已白发苍苍,退休之后安享晚年;当年的学校旧貌已换新颜,濂溪河畔朗朗晨读的学生走了一批又一批。

学校大门

在这三十九年间,九江船舶工业学校经历了辉煌与低潮,经历了喜悦与阵痛,也历经风雨和沧桑,但是依然不变的是其校训所彪炳的"德行大道,技承天工"的坚持与守望。

千帆弄潮　日砺日新

1999年,全国教育工作会议提出了"大力发展高等职业教育",高等职业教育由此进入了蓬勃发展阶段。乘国家大力发展高等职业教育的东风,学校抢抓机遇,利用中央企业不再管理学校,学校划转江西省人民政府管理的契机,申报转型专科层次的高职教育。当年7月,教育部正式下文批准设置九江职业技术学院,这是学校发展史上一个重要的里程碑,也标志着学校从此进入了一个崭新的历史发展时期。

学校升格后,进行全方位改革,各项工作快速跟进。在基础设施、办学条件、师资队伍、课程建设、校园文化等反映学校综合办学实力的软硬件指标上均获得了长足发展,学校改革与发展一日千里,日新月异,发生了翻天覆地的变化。

无论是过去的"老船校",还是今天的"新职院",都被九江人所熟知和骄傲,因为不管是过去的中专教育时代,还是如今的高职教育时代,九江职业技术学院都是江西教育的一面旗帜,是国内同类学校中的强者。

翻开九江职业技术学院的历史,让人印象最深刻的便是许多"第一"和"唯一"。

2003年,学校顺利通过由教育部组织的全国高职高专人才培养工作水平评估,是江西省当时唯一一所通过评估的高职院校。

2005年,学校被国务院七部委授予"全国职业教育先进单位"光荣称号,是江西第一所获此殊荣的高职院校。

2007年,学校被国防科工委确定为首批重点建设的国防科技工业职业教育实训基地,是江西省唯一的全国仅有的15所院校之一。

2010年,学校成功跨入全国100所国家示范性高职院校行列,也是江西唯一。

2011年,学校与复旦大学、南京大学一起入选"2010年度全国高校毕业生就业工作50强",成为江西省第一所获此殊荣的高职院校。

2012年,在200所国家示范(骨干)学校的综合评价排名中,学校排名全国第八,在江西5所国家示范(骨干)学校中遥遥领先。

这样一串"第一"和"唯一",可以列很长很长的单子。"第一"是学校超强实力的体现,"唯一"则说明了鲜明的特色和不可取代。永争第一,勇做"唯一",是有着军工背景的九江职业技术学院学校精神的重要部分。这些"第一"和"唯一",来自于建设者们对学校发展的准确定位,来自于学校多年来的艰苦创业和大力投入,更来自于每一个一线教职工兢兢业业脚踏实地的辛勤工作。

掌舵护航　硕果累累

滚滚长江东逝水,穿历史名城九江而过,这一段又叫浔阳江;坐落在浔阳城的九江职业技术学院,犹如静静停泊在浔阳江上的一艘航空母舰。

走进校园,充满现代气派的体育馆、教学楼等建筑鳞次栉比、错落有致,与葱茏的绿树、芳草萋萋的草坪珠联璧合,相映成趣,融为一体,将传统与现代完美地结合起来。

老校门

现场教学

学校发展,定位是关键。近年来,面对全国各大院校竞相发展、激烈竞争的局面,学校提出了坚持"立足江西，面向全国，培养高素质技能型专门人才，服务船舶军工行业和地方经济社会发展"的办学定位，确立了"质量立校，特色兴校"的发展理念，各项工作取得了明显成效。先后获得"全国学校民主管理工作先进单位""全国职业教育先进单位""全国毕业生就业典型经验高校""全国五四红旗团委"等称号。学校连续九届被省委省政府授予"江西省文明单位"称号。

现在，学校设有7个二级学院和三个教学部，共有58个专业，形成以工科为主，以船舶工程、先进制造、电子信息为主要特色，兼有经济、管理等专业，多门类协调发展的专业体系，在服务船舶军工行业的能力上形成了明显的比较优势。

学校发展，教师是根本，学校一直高度重视师资力量建设。现在学校拥有专任教师542名，其中具有高级专业技术职务人员165人，具有博士、硕士学位人员242人，国家级教学团队2个、省级教学团队4个，初步建立了一支师德高尚、素质优良、业务精湛、结构合理的高水平师资队伍。近年来，学校荣获高等教育及职业教育国家级教学成果二等奖3项、国家精品课程3门、国家精品资源共享课3门。

有强劲的双翼，大鹏才能展翅疾飞；有强健的四肢，猎豹才能尽情奔跑；有一流的硬件水平，学校才能快速发展。多年来，学校不断加大投入，提高硬件水平。目前，学校占地面积1200余亩，分十里校区和濂溪校区，容纳在校生1.5万余人。同时，学校建有一个工业工程中心和一个生产型实习工厂，教学、科研仪器设备总值1.58亿元。学校还成为国防科技工业职业教育实训基地、江西省高技能人才培养示范基地、江西省船舶工业人才培养基地、江西省职业培训综合基地、江西省职业教育师资培训基地等。

随着投入加大，教学质量的提高，依靠科学的办学思路，学校学生职业技能的全面提升，毕业生就业率的逐年递增。九江职业技术学院毕业生以"敬业精神好、综合素质高、动手能力强、上岗适应快"的特点深受用人单位的青睐。建校50多年来，学校累计培养毕业生5万余人，大批杰出校友已成为社会的栋梁，为国家经济建设和社会发展作出了重要贡献。更有大量的毕业生活跃在中船重工企业和研究所，成为这些企业和研究所的中坚力量。

科学发展　扬帆远征

"成功的花，人们只惊羡它现时的明艳，谁知道它当初的芽儿，却浸透了奋斗的泪泉，洒遍了牺牲的血雨"，任何成功光环背后都蕴藏着缔造者的血汗，九江职业技术学院也不例外。从创办初期的军工厂学校到试办高职，再到如今的国家示范性高等职业院校，一路走来，遭遇无数困难与挫折，但广大教职员工迎难而上，激情进取，砥砺奋进，披荆斩棘，献出了青春和热血，终于成功地实现了九江职业技术学院的"三级跳"。

在国家加快构建以就业为导向的现代职业教育体系的今天，九江职业技术学院抓住历史机遇，以排名第一的成绩成为首批江西省教育厅启动的开展应用型本科人才培养的试点单位，与南昌航空大学联合培养应用技术型本科人才，学校从此揭开了本科人才培养的新篇章。

在新一轮的创新发展之路上,九江职业技术学院将继续围绕国家示范性高职院校的目标要求,争做"发展的模范、改革的模范、管理的模范",以科学发展观为统领,以人才培养模式创新为抓手,不断深化内涵建设,大力彰显办学特色,努力提高教育水平,将学校建设成具有中国特色和区域优势的高职院校,为我国船舶军工行业、江西省高等职业教育改革创新和区域社会经济发展做出新的更大的贡献,为社会培养出更好更多的高素质技能型专门人才。

苍穹圆庐,星月穿空;橡笔挥舞,蓝图绘就;坚定、执着,如同岁月弹奏铿锵的音符;豪情、气魄,如同朝霞辉映明媚的阳光。一路风雨走来,九江职业技术学院犹如一艘航行在碧波中的旗舰,在新的起点上扬帆远航。

(宣传部供稿)

在希冀和积淀中跨越
——江西省兵器高级技工学校发展纪实

李 晖

三十七年栉风沐雨,三十七年桃李芬芳。江西省兵器高级技工学校作为江西兵器工业教育培训的主渠道、主阵地,立足南昌经济技术开发区,面向赣鄱大地,始终坚持把服务地方经济和地方军工建设作为学校的中心任务,秉承和弘扬"艰苦奋斗、砥砺奋进"的优良校风,为江西地方军工和地方经济建设培育了万计的劳动者,造就了一大批第一线建设、生产、管理、服务人才。在三十七年的跋涉中,不断地书写着属于自己的辉煌与荣光。

沧桑砺洗　教育图治

历经"文化大革命"劫难后的中国大地,满目疮痍、百废待兴。1978年具有伟大历史意义的十一届三中全会胜利召开并宣告了"文化大革命"的结束。在邓小平同志的亲自主持下,高考制度的恢复和全国教育工作会议的召开,唤醒了十年浩劫的梦魇,迎来了中国教育事业明媚的春天。

定格20世纪60年代中后期,在江西的城镇山沟,已逐步形成了以航空工业为龙头,以核地质、军用船舶、兵器、民爆等多元行业组成的军工生产大格局。火热的军工生产和军工事业的发展形势,召唤着对包括高素质工人在内的技术人才的需求。正是在这样一个大的历史背景下,1978年,江西省革命委员会批准成立了包括江西省兵器高级技工学校在内的17所技工学校。学校获批后,江西省国防工办闻风而动,于同年8月抽调原江西钢丝厂党委书记姜琛、长林机械厂党委副书记李保忠等12位同志组成技校筹建处,在人员少、任务重、时间紧的情况下,开始了繁杂细致的筹建工作,省国防工办副主任高振业自始至终关注和指导着筹建工作的各项进程。

校址选择历时三个月,从各方面综合考虑,选择了位于新建县鄱阳湖水域的恒湖畔江西五七机械厂(9319厂)的恒湖靶场。该场有现成的办公房舍、有车间、有食堂、有锅炉等;改造后能够实现当年招生,来年开学的任务。在不到三个月的时间里,全校35名教职员工齐心协力,配合基建单位,将靶场的防洪楼部分改造为办公室,部分改造为教职工、学生宿舍,车间改为教室,食堂扩建和锅炉维修等基础设施的改造工作等各项开学准备工作有条不紊地进行。

1978年12月,在通过江西省劳动局组织的统一考试后,学校完成当年招生100名的任务,开设专业为车工、钳工、电工。

1979年10月,第一批来自省内各知青点的100名学生完成了数周的专业认识实习后,带着未来军工建设者的自豪,齐聚恒湖,顺利入学,结束了他们由于"文化大革命"而中断了十余年的学习生涯。1979年秋季招生达到204人,由于恒湖临时办学点的校舍及师资问题,其中的86名学生进入上高县的江西专用设备厂(9389厂)设立分校学习。

兵器技工学校校门

筚路蓝缕　艰苦创校

恒湖地区属于鄱阳湖水系,是江西省重点防范的血防区之一。当年这里的血吸虫、洪水成为两大祸害,危及师生,不利办学。1979年12月校址筛选工作继续进行。筹建处很快就将目标锁定并以48万元购买了现在的校址——原南昌赣江化工厂。厂区占地132亩,尚有十几幢陈旧的房屋、车间和仓库。站在当年的厂区内举目四望,可见房屋排列无序、残垣断壁、杂草丛生,道路崎岖不平;一条泥泞的机耕便道,连通了工厂与外界的联系,此时的师生们内心多少还有些沉浮。虽然此处一时还存在许多让人难以满意的缺陷,但国防工办及学校领导从发展的眼光看,对这里的地理位置及前景尤为称赞。它紧抵昌北大学集群,依附南昌市,交通便利顺达,远离闹市的喧嚣,是一个办学读书的好地方。

新的校址选定后,1981年的学校全体师生员工面临艰辛,但不却步,他们挥汗如雨,人拉肩扛,硬是将学校仅有的财产从恒湖搬迁到了这片充满了未知的土地。面对眼前的一切,师生员工们明白,这里又将翻开同甘共苦、艰苦创业的光荣一页。

经过两个多月的改建,新老生们上课仍然是用破旧车间隔墙改造后的教室,学生住的还是车间改造后的大宿舍,教职工们住的是干打垒的临时住房,师生共用的是破旧的工厂老食堂。当年教室外下大雨,教室内下小雨的情景依然历历于心。教职员工和学生除了上课、工作外,许多课余时间是完成相关部门布置的清理环境任务,而且实行的是包干区作业。

兵器技工学校数控实验室

1983年,当第一栋教学楼、第一栋学生宿舍、第一栋教工宿舍相继竣工后,师生员工有了一种心头喜悦和稳定感,真正觉得学校已经基本摆脱了极其艰苦的办学条件,在办学正规化的道路上,开始出现逐步上升的势头。

1984年也是值得记忆的年轮,经省人民政府批准,人民厂职工大学更名为江西国防职工大学并整体搬迁到南昌的兵器技校校内,兵器工业学校成立(1997年更名为江西省国防科技工业学校),三校共处,优势互补,资源共享,形成了江西地方军工"大职教"的格局,为江西省国防科技工业教育培训中心的成立奠定了坚实的基础。

三十多年来,几代兵校人的辛勤耕耘,如今的校园清新尚美,绿木参天,花开争艳,儒雅尽显。学校广场,彩色射灯和喷池水柱,簇拥着"天之骄子"的不锈钢雕塑,把学校的夜景装扮的分外优柔,晚风徐来,伴随着广播里美妙的音乐,身处此地,神清气爽,让人心旷神怡,流连忘返。1997年,南昌市人民政府授予学校"园林化单位"。

改革创新　脚步铿锵

变革教学模式。职业教育改革的切入点就在于教学模式的确立和教学方法的改革。改革的要务就在于要处理好理论教学与实践教学的关系。进入90年代,学校开始了教学改革的尝试,首先提出1∶2教学模式、校企合作和实现教学模块化的基本思路,最大可能地实现教学与专业技能提高的实际贴合,在模块化的教学进程中增强教学的灵活性和开放性。在确立1∶2教学模式后,对各课程都提出了明确的课时、内容的删增、实践教学等方面的要求。教学改革撼动了几十年来职业教育的根基,从根本上变革了职业教育的教学模式。

刷新考核手段。彻底改变职业教育重知识、轻技能,重理论、轻实践的教学观念,在"管用、实用、够用"的原则下,改革考试制度,冲刷一张试卷定能力、分数定前程的传统教育观念。教考分离考试制度的实施,更重要的是检验学生的理论与实践相结合的能力,反映教师在强化学生实践动手能力的教学工作实绩。另外就是把学生在实习过程中的实际操作技能,按工厂给出的鉴定作为评分的主要依据,再把校内的理论考核成绩与在企业的实践考核结合起来,最后确定学生的毕业成绩;同时就是把职业资格标准转化为教学标准,作为学生技能的考核标准,让整个考试考核过程置身在职业化的情境中,做到不仅要"对口",更要"接口",努力达到学生培养与岗位需求的"零距离"。

课程建设的切入。实现人才培养目标同样也与课程的设置及标准紧密相关。90年代初开始,学校课程建设的方向就是促成"教、学、做"一体化模式的形成。彻底抛弃"纸上谈兵"式的传统教学观念。着眼于"需要、实用、技能提高",在课程内容上根据专业需要实施大胆的增删,让学生从深奥复杂的知识堆积中解放出来,增加对课程知识的感性和理性认识。当把课程的教学过程设置在实训室和实验室后,课程建设的另一个主要任务就是实现理论和实践的模块化教学,打破了"一本书、一支笔、一张嘴"的传统教学模式。因此模块教材、模块课程设置、模块教学的可视化程度等等都需要精心编写,安排创造。

校企合作,"定单式"培养。职业教育凸显"职业"二字,校企合作办班是重要通道。自1984年开始,学校"请进来,走出去",建立校企之间、校际之间的合作办学关系。学校先后与系统内外企业及学校合作,充分利用社会和企业的教育资源,创新性的开办阶段性滚动式的办学模式,实现优势互补,利益共赢,获得了较好的效益回报。实现发展和扩大职业教育的第二个重要通道就是"订单式"培养。实现校企供需的无缝对接和专业培训更加直接的对口,有利于学生技能的提高。多年来,学校先后为江西省乡镇企业局定向培养了近600名技能操作人员,多次为江西省烟草局和江西省英岗岭煤矿系统职工开办各类培训。学校灵活的办学思想和举动赢得了社会各界的充分肯定,从而也大大地扩大了学校的社会知名度。

1995年,学校"国家职业技能鉴定站"成立后,学校监定站先后为在校学生进行车工、钳工、电工、计算机等专项技能实施鉴定,近3000名学生通过鉴定,拿到职业资格证书,"双证"合格率达到96.2%。

蕴涵内育　特色外拓

教育质量是学校永恒的主题,人才培养目标是坚定的方向。在"内涵强校,文化塑校,特色兴校,质量立校"办学思路的指引下,学校确立"瞄准市场、变革教学、提高质量、争创一流"的治学理念,坚持"招生、管理、质量、改革"并重的八字方针。实现以人才培养为中心,学历教育与职业培训并重,教育与技能培养与素质教育并重的教育思想,适应经济和社会发展的需要。以就业为导向,着力培养面向生产、建设、管理、服务第一线需要的,"下得去、留得住、用得上"实践能力强,具有良好职业道德的建设人才的办学定位,努力把学校建设成为具有教育思想现代化、办学条件现代化、教学水平现代化、师资队伍现代化、教学管理现代化的新型学校。

三十多年来,学校在职业教育的行进中不断地探索,不断地积累,在许多方面起到了一定的引领作用,从而获得省内外技工教育界的一致好评,在品牌特色创建的道路上留下了一行行深深的足迹。

1. 把专业建设和校企合作融为一体。专业建设以校企合作为平台,校企合作为专业建设提供保障。在校企合作的过程中充分发挥出课程和教材建设的创新性作用,专业设置与市场贴合,使之能够更好地培养和锻炼学生的实践动手能力。

2. 扩大和深入"订单式"培养和"定向班"办学模式的建立。在激烈的市场竞争中,把订单式、定向式培养模式做成学校的亮点。一是在生源十分紧缺的情势下,另辟蹊径,夺取生源渠道的"制高点";二是较好地解决学生的技能培养的方向问题,使学生和企业的实际需要实现"无缝对接"。

3. 生产、实习教学双轮驱动,两翼齐飞。南昌兵工机械厂作为校内实习工厂,三十多年来为历届学生的技能训练和"双师型"教师的培养,为地方军工系统职工的技能培训、鉴定都作出了积极的贡献。就其设备的完整性、工位数、对外加工的能力及工业产值等方面而言,在江西省内同类技校的校内实习基地中,堪称一流,颇具影响。工厂自1985年开始,在完成实习教学任务的同时,为国内化工企业研发生产的DJ系列高压阀门每年的生产数量高达数千台,产值达到数百万。河南省化工厅曾在其省内发文,要求河南境内的化工企业使用兵工机械厂的兵工牌高压阀门。之后,又研发出高速公路收费站的自动遮路杆系统,与企业合作生产电子秤、卫星接收天线等,产品远销省内外。实习工厂的发展壮大,多次得到江西省劳动厅和外省专家们的一致肯定。所以经常有省内外的兄弟学校和厂商前来参观和洽谈产品生产事宜。

高扬旋律　矢志弥坚

江西省兵器技工学校经过三十七年的建设和发展,已具一定的办学规模和实力。在全省技校范围内,无论在办学实力、教学质量、各类竞赛的获奖、社会声誉、示范效应标杆作用等方面都取得了较好的成绩,得到江西省劳动厅及各兄弟学校的高度肯定和评价。1995年江西省重点技校评估条件公布,学校在认真评价自身条件后,认为学校评优条件已经具备,立即组织专门力量,从资料准备、资源整合、实践教学、校园环境等方面入手,一一对照,拾遗补阙,优中做强,全校总动员打好通过全省重点技校评估这一仗。经省劳动厅组织的专家组评估确认,省劳动厅批准,1996年,学校跨入全省重点技校行列。

1998年,国家级重点技校评估条件出炉。江西省国防工办主要领导以及主管处室的领导和学校主要领导组成可行性评估小组,按照国家重点技工学校的评估要求,逐条逐句严格内审,进行自我评估,为省内和国家专家组的评估作了一次初评预习。1998年,省劳动厅组织的专家评估组对学校进行全面评估,评估组给出的评估报告中是这样评价的:"学校的办学条件,办学设施较好,多年来,我厅组织的各类大型活动基本上都安排在该校进行,该校也取得了较好成绩,在这次国家重点技校评估工作中,该校取得971分的最好成绩。评估组认为,江西省兵器技工学校已基本具备国家重点技工学校的条件。"1999年,经国家劳动和社会保障部派出的评估组评估后认为,学校符合国家重点技校要求并正式批准为国家重点技工学校并自

兵器技工学校

然成为高级技工学校。学校成功入列,标志学校已跨入了国家级技校的第一方阵。

2001年,经江西省劳动和社会保障厅批准,学校增设兵器技术学院。

提升跨越　砥砺奋进

　　三十七年足音回荡,三十七年风雨洗礼。学校从小到大,逐步走向成熟,走向辉煌,学校的每一步跨越,都浸透了众多学校领导、学校师生员工的辛勤汗水,是他们风雨兼程,共同努力的结果;每一个点滴的进步,都注满了兵校人的执着与守望。教室内"三尺讲台"上有辛勤园丁的付出,校园里"无形的讲台"上有多少员工的默默奉献。学校有教职工203人,其中教师105名,具有副高以上教师职称的29人,占教师总数的27.6%;具有"双师型"素质的教师68名,占教师总数的65%。学校占地112 000平方米,建有适应办学和教学需要的教学楼、实验楼、图书馆、学生宿舍、实习工厂、学生食堂、标准运动场地等教学基本建筑,总面积达7.5万平方米。拥有数控加工实训中心、机械成型和机械材料实验室、模具制作实训中心、电工电子实训中心,液压实验室和校内实习工厂等;学校已成立了国家职业技能鉴定站,具备对中级工、高级工以及进行技师培训和考核发证的资格。各类电化教学设备、实验实习设备、计算机、语音教室等现代化教学设施一应俱全,视频教学系统形成网络。

　　教师们为学校争得了荣誉,教材及指导书编写17篇,发表论文338篇,发明专利16项,撰写专著6部,承担省级课题9项。1982年学校获国家劳动部、国家教育工会授予的"五讲四美,为人师表"先进集体。1991年在江西全省技工学校制图竞赛中,学校荣获团体总分第一名,包揽个人一、二、三等奖。1993年,在江西全省青工奥林匹克技能竞赛(钳工)中,技校90级陈文钊同学荣获第三名,被授予技师技术职称。1994年,国家体委、教委、劳动部授予学校"全国职业学校体育工作先进单位"。1997年,国防科工委保密局授予学校"军民共建先进单位"。

　　历届毕业学生也为社会经济和地方军工建设作出了积极的贡献,他们有的成为企

业领导,有的成为地方劳动模范和技术能手,有的成功创业已经成为行业的领跑者。如78级学生齐豪担任了江西连胜科技有限公司董事长,公司与全国许多科研机构以及美国、德国、英国签订了合作伙伴关系,客户遍布全球49个国家,其研发生产的精密主动隔振、光学元件等产品,年营业额高达6000余万元,产品获国家科技部、工商总局等四部委颁发的优秀新产品奖和江西省科技进步二等奖。89级学生刘伟,创办青岛汇泰鑫丰置业有限公司任董事长,先后在新疆创业投资,主要从事钢结构、房地产咨询等领域,创造出较好的业绩。

三十七载流水似年,一段段激情难忘的记忆,一步步坚实有力的跃进,镌刻出兵器技校成长的丰碑。如今学校又站在一个新的历史起点上,带着新的梦想,伴随新的希冀,信心百倍地向着更高的目标迈进,去谱写更加辉煌的篇章。

新中国第一架自制飞机诞生始末

洪 萱

1954年8月1日,即南昌起义二十七周年之际,320厂(现洪都航空工业集团有限责任公司)收到一封毛主席亲笔签发给全厂职工的嘉勉信:

第二机械工业部转国营三二〇厂全体职工同志们:

七月二十六日报告阅悉。祝贺你们试制第一架雅克－18型飞机成功的胜利。这在建立我国的飞机制造业和增强国防力量上都是一个良好的开端。希望你们继续努力,在苏联专家的指导下,进一步地掌握技术和提高质量,保证完成正式生产的任务。

毛泽东
1954年8月1日

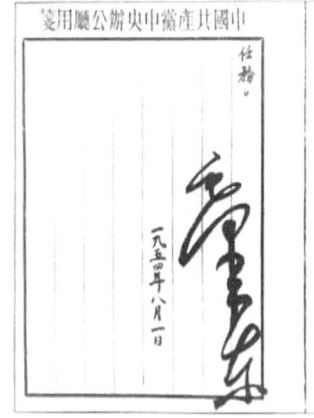

毛泽东同志为新中国第一架飞机亲笔签发的嘉勉信

消息立刻传遍全厂,320厂鼓乐震天,鞭炮齐鸣,广大职工欢欣鼓舞,高兴得如同过节一样。五十多年过去了,我们永远无法忘记当时的激动心情,无法忘记自制第一架飞机的峥嵘岁月……

来自北京的命令

320厂于1951年5月创建,到1953年底已修理5种飞机400多架。这在当时已经是相当了不起的成绩。

可是,我们共和国航空工业的决策者们眼光更远,一个让320厂自主制造飞机的决策正在帷幄中运筹……

1954年4月1日,第二机械工业部航空工业局代局长王西萍电令320厂:"根据你厂发展现状及空军建设的需要,第二机械工业部正式批准你厂提前批量生产雅克－18

型初级教练机(后命名为初教-5)的制造计划。即由原计划1955年第3季度正式生产提前至本年第3季度开始生产,保证在本年内生产10架,于'八·一'建军节及国庆节先交付两批,并初步计划明年内生产该型飞机60架。"

这道来自北京的命令,预示着我国初创的航空工业将由修理正式转入制造。这是一个历史性的飞跃。

工厂接到提前试制初教-5飞机的电令后,立刻召开紧急会议,研究和部署这一既光荣又艰巨的任务。在苏联专家指导下,计划、生产、技术等部门协同作战,很快编制出试制总进度计划。工厂党委根据部、局命令和工厂计划,响亮地提出了"为制造祖国第一架品质优良的飞机而奋斗"的号召,全厂上下紧急动员。

试制初教-5的战斗,终于打响了!

团结战斗的一百天

核对资料,检修工装。工厂首先全面校对了模线图板,并按新到厂的成套理论图纸和蓝图对模线进行总检查,由总工程师郦少安在图板上签字批准,苏联总顾问波·马道林也予以支持。这样就确定了全机零、部件的制造依据和互换协调的基础,保证了飞机性能和质量。

第二机械工业部部长赵尔陆为新中国第一架飞机雅克-18剪彩

第一架飞机庆祝大会

抢调器材,生产零件。工厂决定将库存的零备件和试制成功的部、附件,重新检验后用于整机试制,对在全面铺开整机试制之前,材料、成件进行详细平衡摸底,将保证试制成功所需的材料、成件(包括局专项调拨和工厂库存的)单独划出,另辟仓库储存。对尚缺的关键材料,列出牌号、规格、数量和进度要求,制订解决措施,指定专人,限期落实。

在零件生产中,工厂始终坚持把质量视为生命。在工艺规程编发过程中,苏联专家、工艺顾问阿·扎依采夫在检查已经下发的工艺规程时,发现遗漏了检验、分光、化学处理和特种检查等工序和热处理状态不完整等问题,提出要收回修改。尽管时间紧、任务重,但是工厂仍下令收回,并集中了140名技术人员三班突击,重新编写。

在零件试制过程中,02架机身骨架总焊接时,总工艺师高永寿发现机身部发动机安装接头处漏了热处理前的焊接工序。为了确保质量,工厂决定重新制造。由于广大职工的艰苦努力,昼夜奋战,终于夺回了生产周期,在短短的40天内,基本完成了初装所需零件制造。

顺利装配,完成试验。1954年6月9日,首架初教-5飞机开始初装,至6月28日总装结束。在这短短的20天里,装配车间的工人们攻克了一个又一个难关。

在部件装配过程中,中外翼、机身的铆接技术难度大,时间紧,任务重。车间号召全体职工坚决克服困难,完成任务。

技术上不懂,就虚心请教苏联专家,而指导装配的苏联顾问巴甫洛夫也好不藏私,倾囊相授,从钻孔、划窝、冲坑到铆接都亲自动手,给工人做示范,工人们的技术水平提高得很快,能适应生产需要。

抢抓进度也是关键,车间主任朱春芝和工艺组长裘文中身体力行,带领职工连续作战。有的工人连续工作二三十个小时不下火线,被领导硬逼着才躺一会儿。

在试制中,静力试验是最困难的。当时国内还没有哪个单位做过,也没有懂这门技术的人和可供借鉴的经验。工厂决定由从英国留学归国的设计科主任工程师张阿舟主持初教-5飞机的静力试验,并从设计、检验、工艺等部门挑选技术能手,组成了现场试验队伍。

在多次模拟之后,5月12日,01架飞机的全机静力试验正式开始,担任现场指挥的张阿舟发出加载命令,场内的人们都屏住呼吸,紧张地注视着试验的进行。试验人员有条不紊地加载、读数、测量、记录。当加载到105%—110%时,轰隆一声巨响,飞机外翼前梁破坏,全机强度完全符合设计要求。

成功了! 全场一片欢腾,工厂和上级领导向张阿舟及全体参试人员表示热烈祝贺。

至6月18日,工厂陆续完成中翼、副翼、机身及主起落架等14个部件57种设计情况的静力试验,全部达到设计要求。这次静力试验的成功,不仅为初教-5的试飞鉴定提供了科学数据,而且也为以后新机研制中的试验工作提供了宝贵的经验。

精心组织,飞向蓝天。6月30日,第一架装配好的飞机进入试飞站,开始试飞前的准备。

在静力试验、总装检查、水平测量、重心测定等全部合格的基础上,工厂拟定了试飞大纲和任务书,经总工程师审定后呈报部、局批准,并取得空军同意。

7月1日,工厂成立试飞委员会。郦少安为主任委员,驻厂总军代表唐子培、主任工程师张阿舟、试飞员段祥禄、刁家平以及工厂有关部门负责人为委员。为了保证首飞成功,试飞委员会制订必要的工作制度和有关人员的职责范围,并对机组人员进行考核。

1954年7月3日下午5时15分,第一架初教-5飞机由段祥禄、刁家平驾驶第一次升空。

在场的目击者们仰望着飞翔的雄鹰情不自禁地鼓掌欢呼。历史将永远记住这一

新中国第一架自制飞机——初教-5

幸福的时刻。站立起来的中国人民又一次感到扬眉吐气和无比自豪!

第一次升空飞行情况良好。至7月11日共飞行14个起落,13小时16分钟,完成了规定的全部试飞科目。

7月中旬,国家级试飞员黄肇廉对初教-5飞机进行飞行检查。7月20日国家试飞委员会作出最后审查的书面结论,认为第一架初教-5飞机性能符合苏联资料及技术条件要求,可作为空军航校教练机之用,可以进行成批生产。

胜利来之不易,人们尽情欢呼。7月26日,工厂在试飞站广阔的草地上,举行第一架飞机制造成功庆祝大会。

第二机械工业部部长赵尔陆、江西省主席邵式平、省委副书记白栋材均到场祝贺。此外还有航空局的苏联专家,部、局和空、海军等单位的代表。

赵尔陆部长为飞机剪彩后,3颗绿色信号弹划破长空,工厂制造的3架军绿色初教-5飞机发出轰鸣,腾空而起,并做了编队和各种特技飞行表演,全场响起了经久不息的欢呼声和掌声。

赵尔陆部长代表二机部向全厂职工致以衷心的感谢,并代表周恩来总理和二机部向波·马道林等苏联专家颁发了感谢状。中央军委、空军和省、市负责人以及苏联专家、331厂的代表也讲了话。厂工会主席周维宣布了初教-5零批生产功臣名单,其中荣立特等功的有张阿舟、刘庆福、汪有财3位同志,徐培鳞等近百名同志也立功受奖。

最后,大会在热烈的掌声中一致通过了给毛主席的致敬电,向毛主席报喜。

仅仅4天后,320厂就接到了前文提到的毛主席的亲笔签发的那封嘉勉信,全厂职工大受鼓舞,工厂很快就转入成批生产的各项准备工作。1954年8月26日,中央军委副主席、国防部长彭德怀批准初教-5飞机成批生产。

现在,祖国的蓝天已经有无数架更好的飞机在翱翔。但是,没有这"第一架",就没有今天的"无数架"。祖国航空工业的丰碑上将永远镌刻着一行金色的大字:"新中国第一架自制飞机从南昌320厂飞起!"

新中国第一架强击机的诞生
——强 5 飞机研制纪实

洪 轩

强 5 飞机是我国自行设计、研制并大量装备部队使用的第一种超音速喷气式强击机。强 5 系列飞机的研制成功,凝聚了几代航空人的心血,是中航工业洪都及相关企业、院、校、所共同努力和中国人民解放军空、海军大力支持和帮助取得的成果。

艰难起步

强击机的主要使命是支援陆军作战,利用炸弹、火箭和机炮等火力,攻击敌方炮兵阵地、坦克群、机场设施、交通枢纽、滩头阵地,以及近海舰艇。

由于现代化防空体系的完善,特别是雷达等电子设备的广泛应用,要发挥强击机的战斗效能,必须占领低空,从敌人的雷达盲区高速接近目标,出其不意地进行袭击。

强 5 的设计,参考了苏联米格 – 19 型飞机,但是为了满足强击机的要求,洪都公司提出与米格飞机不同的总体布局形式,采取:面积较大,单位面积载荷较低,后掠角稍小的后掠机翼,以提高升力和安定性;两侧进气,缩短了进气道长度,以提高进气效率;锥形机头,扩大了飞行员的前视界,以利于搜索瞄准地面目标,为水平轰炸创造条件,同时也为安装雷达和其他电子设备提供了有利的位置和空间;使整机截面积变化符合跨音速面积律的蜂腰状机身,以降低跨音速阻力;面积较大的垂直尾翼,以增加侧向的安定性;外形与座舱盖连成一体,流线较好的大背脊和绕后转轴向上开启时的活动舱盖;向前收起并旋转 87 度后平置于座舱地板下的前起落架,使飞机外形保持流线。

这些总体方面主要的布局形式为强 5 以后不断完善设计,提高飞机性能奠定了良好的基础。但是,也使少数看惯当时端头进气的米格飞机的人总觉得不顺眼,认为强 5 飞机设计"不伦不类"。

为了加快设计进程,洪都公司调整设计室的力量,除留少数设计人员负责其他飞机的研、仿制任务外,集中了大部分的力量来熟悉、消化米格 – 19 的图纸资料,要求做到"知其然而知其所以然"。至此,开始强 5 飞机的详细设计,并且将陆孝彭从第一设计所正式调到洪都公司设计室,担任强 5 飞机的主管设计师,协助设计室主任高镇宁进行工作。

设计受挫

为了加速强5飞机的设计进度，在设计的期间，洪都公司进一步加强了与相关院校的合作，南京航空学院、北京航空学院（现在的北京航空航天大学）以及西北工业大学先后派遣师生108人到洪都公司进行实习，协助洪都公司设计人员进行飞机图纸的绘制等。

在此基础上，洪都公司全体设计人员苦战75天，终于在1959年2月底发出了全套生产图纸15766多A4标准页。与此同时，洪都公司与兄弟厂、所也签订63项成件材料技术协议，并广泛开展协作任务。

但是，由于急于赶进度和设计人员经验不足等原因，经过修改后的图纸一发出，试制的生产准备工作和部分零部件制造就全面铺开，但随即发现图纸问题较多。

从1959年3月初开始，洪都公司进行了历时两个月的图纸与模线的复查工作，其中发现的问题让洪都公司不得不面对现实，实事求是地进行一次范围较大的设计更改。并于1959年6月28日正式发出暂时停止强5飞机生产试制的通知。

这次设计上反复，使刚刚成长起来的设计队伍遭受了一些挫折，但大部分设计人员并没有泄气。洪都公司广大的设计人员深深地体会到自己知识和经验的不足。

当时，苏联专家斯米诺夫以安东诺夫总设计师代表的身份来到洪都公司，帮助洪都公司仿制安2飞机。经苏联政府批准，赠送给洪都公司一些设计资料。洪都公司的广大设计人员抢时间，努力学习，为推进强5飞机的研制工作进程，积累技术力量。

从1959年2月发出图纸以后的13个月中，洪都公司通过4次比较大的设计修改后，许多重大问题得到了解决，这不仅提高了设计人员的技术水平，而且帮助洪都公司领导和广大技术人员对新机研制的复杂性和艰巨性开始有了新的认识。

1960年4月初，在洪都公司总工程师苏敏领导下，洪都公司专门成立了由副总工程师冯旭、设计室主任高镇宁、副主任陆孝彭、副总工艺师朱银大及副生产长姚一球等人组成的强5飞机试制领导小组。至此暂停试制的决定也被撤销，强5飞机又重新恢复试制。

窄缝中成长

道路的开拓本来就不可能一帆风顺。正当试制工作进入高潮时，又迎头遇上国民经济调整的风浪。航空工业战线根据国防工业委员会1960年12月召开的三级干部会议精神，决定从1961年起调整工作部署。国防工业委员会从大局出发，下令各大飞机厂正在研制的20多个型号相继停止。一机部四局和洪都公司的生产计划上再也找不到"雄鹰-302（即强5飞机）"的字样了。一纸禁令，强5飞机的试制搁浅了……

国防工业三级干部会议上的航空工业组在1960年12月31日至1961年1月19日的期间，具体研究了航空工业1961年的工作计划，部署了在全行业开展质量整风运动的问题，提出各工厂在抓整顿质量时，搞优质飞机就必须"一刀两断，不要藕断丝连",并要求洪都必须把初教6型飞机的试制列为一机部和四局"重中之重"的任务,其他的试制任务都要为重点让路或暂停进行。

于是对新研的强击机在1961年生产任务的安排和年度计划编制时,却不得不根据一机部和四局的要求,提出了插空试制的意见,并作了相应的计划安排,报四局批准后执行。

为了充分利用保留给强5试制的有限"空隙",洪都公司在具体作业安排上停止了两架份的试制,紧缩到只进行01架所缺零件的补齐和部件的初装铆接,以确保率先完成新机的静力试验工作。

1961年2月22日,洪都公司单独了成立强5试制车间,且分配了10名设计员和15名工艺员,作为试制的技术力量,集中在车间现场,处理研制的日常工作;同时为试制车间配备了几十名铆接工人组成了前机身、后机身和机翼工段,确保铆接车间可以集中力量完成初教6飞机的试造和其他任务。而强5飞机单独成立一个车间也可以免受或少受其他重点任务的冲击,有利于继续进行强5飞机的试造。

然而"好事多磨",正当强5飞机的铆接工作刚刚开始之时,却又有了新的变化。按照国防工业委员会北戴河会议精神,洪都必须确保"重中之重"——初教6飞机的研制任务完成,强5飞机的试制车间人员陆续调往初教6研制战线,铆接人员基本被调走,甚至连试制车间主任高镇宁也被调走,试制车间的编制也被撤销了。

原有120余人强5飞机的试制车间,东撤西调,最终留下的只有14人。面对着这种情况,当时的设计室副主任陆孝彭没有轻言放弃。他多次向洪都公司和上级领导提出不能停止强5飞机试制的要求。1962年初,他奋笔疾书,写了份上万字的报告,力陈试制的理由、试制成功的把握、停止试制的损失,建议洪都公司抽出一少部分人继续坚持试制工作,请求上级领导批准强5飞机的继续研制。

一架飞机从方案设计到最终飞上蓝天,这其中无论是需求认证,详细设计,还是生产试造,都是一个系统工程。一个型号的开始或终止,从某种意义上来说,它代表着组织的意志、国家的意志、时代的意志,个人只有无条件服从,绝少因为个人的意志而改变。然而,陆孝彭以一名科技工作者对党和国家的事业、军队装备发展的高度责任心,用个人坚韧不拔的行动改变了一个看似已经成为"铁的事实"的决定,也改变了一个型号的命运。

对于陆孝彭的坚持,高镇宁和冯旭等不少人也表示支持,一再向洪都公司领导反映意见,要求继续强5飞机的研制。最终,得到了洪都公司领导的支持。

洪都公司党委根据厂长冯安国的提议,决定原强5飞机铆接车间剩下的人员不再抽调,成立强5飞机试制小组,采取"见缝插针"的原则,坚持完成强5飞机的试制任务。从此,由14人组成的强5飞机试制队伍,拉开了研制中国超音速喷气式强击机的传奇序幕。

强5飞机的试制,从"插空隙安排"变为"见缝插针"以后,处境更加困难。尤其是强5飞机的试制没有列入洪都公司正式计划,试制所需的材料也得不到保证,零件加工也只能见缝插针,零件供应也基本断了。

零件加工车间把已生产制造的强5飞机零件,但尚未交付的成品、半成品,全都一股脑儿堆在库房角落里。试制小组的设计人员就在小山堆里找零件,经检查合格的就拿回来装配,未完工的半成品拿回来继续加工;能修锉的就自己动手修锉加工;还需要继续进行机械加工零件,就到试制车间的修造组用自制的土机床加工。吊车坏了找人修理,翻砂用的一项大工装出现故障,试制小组的成员就用板车拉回来,樊洁保师傅自己动手排除。有时候,遇上铆接装配急需的零件,陆孝彭等人就会到车间求援,甚至守在机床旁边,等待零件加工完毕,自己推着板车把零件拉回来。

由于试制小组里的铆接工人太少,部件铆接装配进度非常缓慢。身为主管设计师的陆孝彭就带头组织大家学习铆接技术,试制小组中的技术人员也变成铆接工人钻进飞机内部装零件,打铆钉。他们既当设计员,又当工艺员,既是生产调度员,又是铆接装配工人。尽管公司对试制小组没有计划进度要求,但试制小组的每个成员都感到自己就肩负着强5飞机的命运,任务非同寻常。

就这样,在洪都公司广大干部职工的关心、支持下,强5飞机试制中所需要的铆接装配缺件,一个又一个地在悄然之中被生产制造了出来,也使得强5飞机型架边稀稀落落的铆枪声能够持续不断。

可有时候就是如此为党为祖国航空事业的赤诚之心也并不为人所理解,就这么一丁点狭小的"插针之缝",也被有的人放大成了影响整体科研生产的大缺口。强5试制也由此进入了最艰苦的历程。

虽然,铆钉还坚持在一个一个地按序排列着,雏鹰的羽毛还坚持在一根一根地生长着,但是,在这要经费没经费,要设备没设备,要人员没人员的情况下,一万多张图纸何时才能一件一件地变成实物?十万多个铆钉何时才能一个一个的全部铆上飞机?

冬去春来,梅开两度。700多个日日夜夜,雏鹰在"窄缝"中终于"越长越大",其修长优美的体型轮廓已在装配型架上显现出来。强5飞机终于以自己顽强的生命力,引起了人们的广泛注意。

恢复研制

1962年11月30日,从北京传来了喜讯,三机部四局下发了《关于雄鹰-302机试验研究工作的批复》,并要求洪都公司在不影响当年生产任务的前提下作好第一架飞机装配及试验准备工作,于1963年上半年进行静力试验。

消息一经传出,迅速在洪都公司广大干部职工中引起了强烈的反响。从此,强5飞机的试制出现了转机,终于从"地下"转入了"地上",试制进度大大提速。

1963年6月的一天,强5飞机第一架静力试验用机终于总装完毕。飞机全长近16米,两翼展开的长度约达10米,离地高度超过4米。那呈锥形状态的机头,配上长长的空速管,俨然像一把出鞘的利剑。成50多度后掠的机翼和水平尾翼,如同高速飞翔的燕翅,威武飘逸。垂直尾翼与蜂腰般的机身联成一体,呈流线型缓缓隆起,是那么自然流畅。强5飞机在大家的簇拥下,推出了初装车间,推向了研制工作的新阶段——静力试验。

1963年10月26日,强5飞机即将进行最后一项静力试验——全机悬空加载试验。由空军副司令员曹里怀、常乾坤等组成的参观团成员、省市领导亲临试验大厅观看。

"加载开始!"

随着试验指挥员的一声令响,人们的心弦也随着载荷的增加而逐渐绷紧,眼看原来下反的机翼慢慢伸平、上翘、再上翘,厂房中再也听不见试验开始前的嘈杂音。只有试验指挥员的口令声、各加载点和观察点的报数声在不断地冲击着这似乎要凝固的空气和人们要绷断的心弦。

"加载60%""加载70%",都正常;当加载到80%之时,"啪"的一声异响不知从何处冒了出来,立即引来了人们一阵不安地躁动,直到认为全机安然"正常",又恢复了先前的平静。

"继续加载",指挥员命令着。当加载达到85%的设计载荷时,突然"轰"的一声巨响,仿佛天塌地陷一般,悬在半空中的飞机瞬间遭受破坏!

现场参观人员和试验人员都被这突如其来的巨响震慑了。斜挂在空中的两段残骸在痛苦地呻吟,扩音喇叭在滋滋地作响,人们的表情显得惊恐与呆滞。试验失败了!一时间,疑虑和失望的情绪迅速蔓延。难道这五年多来大家心血孕育的娇儿,还没有问世就要夭折胎中?

这时,副主管设计师陈正庆的一句话引起了陆孝彭的注意:"我看见在机身断裂之前,机身的腹部下面的钢索先断了。"

陆孝彭立即带领试制组成员来到试验台前,对静力试验机进行检查,经过认真排查、细致地分析,结果令人惊叹和痛心。一根模拟发动机惯性载荷直径16毫米的钢索,被不恰当地用两根直径8毫米的钢索代替,加上钢索编织质量上的问题,试验时,钢索先被拉断一根,致使机身承受弯曲力矩瞬时超载而提前破坏。可以肯定,强5飞机的设计是正确的,错误明显是出在静力试验的设备上。

试验失败已过了一个多月的时间,噩梦的阴影还笼罩着洪都上空。经过对01架强5飞机全机静力试验破坏情况认真细致的技术分析后,1963年11月16日洪都公司向三机部正式呈报了技术分析报告。

1963年12月,三机部部长孙志远和曹里怀、唐延杰一同来到洪都公司视察工作,他们专门来到强5飞机试验厂房,就在那架经过一个多月简单修复的残破机身旁听取陆孝彭对强5飞机研制情况和静力试验失败原因的汇报。上午在现场汇报了3个小时,下午在招待所又汇报了1个多小时。

听取汇报后,孙志远没有批评强5飞机静力试验的失败,而是对强5作出了继续试制的指示。

昂首蓝天

1965年6月4日,当天雨像绢丝一般,又轻又细。在樟树机场的跑道上,强5第02架原型机已经停放在机场一条银色跑道的端头。但灰沉沉的天空,笼罩着一层捉摸不透的神秘之感,令人感到十分压抑。已经到了中午12点多了,天气越来越坏,乌云在不断压过来,大家心里都没底了。

"小雨不能影响试飞!"随着曹里怀掷地有声的命令,试飞员拓凤鸣迈着坚定的步伐走向了跑道端头的飞机,熟练地进入了飞机座舱。这次强5飞机的首飞,不仅要突破试飞禁区——预起飞的挑战,还面对着更为残酷的天气——能见度的考验。

指挥员邸宝善沉着地发出了首飞命令。发动机启动了,尾喷口的巨大气流,吹散了人们心头的疑虑;巨大的轰鸣声,似乎是飞机在向人们宣告"我要上天了!"

霎时间,强5飞机就进入了高速滑行,昂首、昂首!强5飞机在呼啸中昂首离地,冒雨凌空,首飞成功了!中国自行设计制造的第一架超音速喷气式强击机——强5诞生了!

空中李向阳
——歼 12 飞机研制秘闻

李韶华

被誉为"空中李向阳"并作为中国航空博物馆馆标的中国国产歼 12 轻型战斗机，在中国空军航空博物馆公开露面之后，引起中外人士的广泛关注，这不仅是因为它解开了海外曾盛传一时的"歼 12 之谜"，更重要的是因为它在中国航空工业史上具有特殊地位。

台湾一家技术刊物曾对歼 12 的历史意义做过这样的评价："歼 12 战斗机是中国大陆空军摆脱苏联制式飞机系列设计格局以后，第一代从机体设计到部件制造完全由中国人自行完成的轻型喷气战斗机。尽管半路夭折，但是却为中国大陆，实施全面独立自主地开发其战斗机装备的研制计划奠定了良好的基础，并积累了宝贵的经验。因此，这是中国大陆航空工业发展史上的一块重要里程碑。"

歼 12 飞机在中国国内也曾是一个令人迷惑的角色。声誉不低，但终未被列入装备。距离歼 12 首次试飞 40 多年的今天，人们也许能对它进行更为客观的剖析和评价。

任务由来

1969 年 3 月，中国空军根据局部战争的需要和我国地域辽阔的特点，在向国防科工委和国防工办就国防科研计划提出的建议中，提出了研制小型轻便歼击机的设想，要求新机能短距起落，机动性好，中低空性能突出，设备简单，造价低廉，随时能飞，到处能打，能在公路起降，维护简便。

在 1969 年 4 月三机部军管会召开的工厂军管会领导干部会上，确定生产这种轻型歼击机——歼 12 飞机。洪都机械厂（现为中航工业洪都公司以下简称洪都）和沈阳飞机设计所同时接受了这项任务。

出席会议的空军驻洪都总军代表、厂革命委员会副主任朱维斌回到工厂后，立即传达北京会议精神，提出研制歼 12 飞机的要求，并将任务直接下达到设计营的总体组（当时工厂实行连营建制，设计所改为第十营）。歼 12 方案可行性论证工作在十营营长何永钧主持下,于1969年5月中旬正式开始。方案可行性论证工作主要包括:飞机战术技术要求的初步拟定;发动机选择与确定;飞机方案初步设计。

1969年7月13日,空军副司令员曹里怀到洪都厂检查工作,听取歼12飞机设计方案的汇报。根据工厂对飞机方案可行性论证工作进展较快的情况,当即做出歼12飞机研制任务由洪都厂承担的决定,并要工厂派人员去沈阳飞机设计所征求方案设计的意见,飞机研制任务点就此确定下来。

1970年3月,三机部正式下达文件,命名该机为歼击12型飞机,简称歼12,代号J12。

接受歼12飞机设计任务时,空军对飞机的战术技术指标只有两条,一是飞机总重4吨,二是飞机最大平飞M数1.5。这两条实际上是为了一个目的,即使飞机机动灵活,提高飞机中低空格斗能力。根据这种思想,洪都设计人员于1969年6月提出了初步方案。

方案选用一台涡喷六改发动机,当时也只有这种发动机可选用。机头进气,下单翼布局,估算飞机总重量4000千克。

按飞机性能侧重点不同,当时提出了两种气动布局方案:一是侧重短距离起落,机翼前缘后掠角48°;二是侧重最大平飞M数,机翼前缘后掠角52°。当时工厂对歼12飞机设计的指导思想是飞机要轻;要突出飞机的中低空格斗性能;要有良好的经济性。飞机要显示出"轻、灵、短、快"四个字的特点。轻,就是飞机重量要轻;灵,就是要机动灵活;短,就是起降距离要短;快,就是要飞得快。而要实现这四个字,关键是个轻字。因为飞机轻了就灵活,轻了在发动机推力一定的条件下,飞机的推力重量比就大,飞机机动性就好;飞机轻了就容易实现短距起落,就能抛开对大型水泥跑道的依靠;飞机轻了在同样气动力设计和发动机推力条件下,就容易实现大速度的指标。

为使飞机重量减轻,除在结构、工艺上采取措施外,在电子设备、系统、成辅件的选用上也力求简单,一些可不用的设备、成辅件原则上都不用。

飞机设计技术指标为:总重4吨;最大平飞M数1.5;最大航程1400公里;起落滑行距离不大于400米。

那时工厂十分重视外访工作。1969年6月下旬,有关人员便带着飞机设计的指导思想和初步的设计方案开始到空军和有关单位进行外访和征求意见。根据空军副司令员曹里怀的指示,工厂朱维斌等一行,于1969年7月13日还去沈阳向沈空汇报歼12飞机设计方案。沈空召集沈阳飞机厂、沈阳飞机设计研究所和沈空飞行员对飞机方案进行了分析讨论。他们认为,轻灵短快的特点符合部队希望,设计思想是正确的。最大飞行M数1.5满足作战使用要求,但希望飞机在中低空机动性好的情况下,尽量提高高空机动性,土跑道起降要解决防尘问题,飞机装二门30口径航炮但备弹量80发一门少了,希望每门带弹100发,飞机过载能力7g偏小,要求7.33g。飞机设备力求简单,飞机的操稳品质要好,座舱布局要使飞行员满意,在方案阶段应考虑解决飞机高增升装置,解决零高度救生和提高平尾的颤振速度等问题。

针对外访提出的问题，工厂立即组织力量提出改进措施。对原方案主要做了三个方面更动：一是加大机翼面积，采用前缘缝翼和双缝襟翼的增升装置，采用 4.5 个大气压的低压轮胎，按飞行员提出的要求，调整座舱布置，改进平尾操纵刚度，提高平尾颤振发散速度。

1969 年 7 月，空军副司令曹里怀和三机部军管会主任周洪波到洪都检查工作。工厂向他们汇报了经外访改进后的歼 12 飞机设计方案。曹副司令充分肯定了歼 12 飞机的设计思想和方案工作的成绩，为使方案设计落实一个"轻"字，他指示可将方案中采用二门航 30 炮，改用一门航 30，一门航 23 炮。他认为，航 23 也是炮，中了 30 炮能完蛋，中了 23 炮也照常能完蛋。

1969 年 7 月 28 日，朱维斌、陆孝彭、朱晓彪三人应国家航空工业领导小组的要求，到北京向国家航空工业领导小组汇报了歼 12 飞机的设计方案。空军副司令员曹里怀、常乾坤，海军副司令员周希汉，三机部军管会主任周洪波，六院军管会主任杨劲等听取了汇报。会上，曹里怀强调飞机要突出短距离起落性能，要把住飞机重量关，确保飞机总重轻方案，并要求六院要给歼 12 飞机模型风洞试验开绿灯、优先予以安排。

最后，常乾坤肯定了飞机设计的指导思想和主要战术技术指标，并指定了歼 12 飞机的方案，即继续搞机翼前缘后掠角为 48°的方案。

最终确定了战术技术要求，工厂按战术技术要求，开始歼 12 原型机的设计和试制。

研制过程

飞机战术技术要求和方案基本几何外形确定后，工厂设计单位立即组织各专业力量，铺开完善方案工作，进行外形定线结构打样和系统原理设计。1969 年 8 月初开始，第一轮吹风模型的模线绘制经过近两个月的努力，在 625 所当时六院九所王志远等的帮助下，试用他们的数控绘图机完成了机身、机翼、尾翼的理论模线。

有了模线样板和工厂专门成立的歼 12 飞机高低速模型加工小组，仅用两个月时间就完成了高低速全机测力吹风试验模型的制作任务。到 1969 年 12 月中旬，歼 12 飞机第一轮高低速风洞试验分别在沈阳和北大顺利完成。与此同时，全机结构打样和系统原理设计也基本上完成，成辅件电子设备选用基本落实，飞机研制工作进展顺利。但是吹风试验结果，飞机阻力比设计计算大。经过分析，工作人员认为原因是飞机部件干扰阻力和部件外形阻力大，需要对飞机外形进行跨声速面积分布规律修形。另外，经打样计算，飞机结构系统要超重，原确定的 4 吨总重，设计指标要超重到 4.4 吨，这是两个影响飞机性能的重要因素，使方案进展受到了影响。

根据这些情况，设计单位领导于 1969 年年底 1970 年初，组织召开了一系列技术问题研讨会，解决阻力问题和吹风试验中出现的其他问题。通过分析讨论和广泛征求科研院所的意见，最后于 1970 年一季度提出歼 12 飞机第一轮吹风方案的改进意见。

改进的主要内容是：加长机身并以跨声速面积律原理进行机身蜂腰修形，机翼外翼采用上反7°,压低座舱高度,修小各飞机外形鼓包。这些措施,使飞机计算零升阻力在 M 数 1.5 时降低 12%,从而在发动机地面推力为 3850 公斤的条件下,飞机有可能达到 M 数为 1.5,表明改进修形是有成效的。

1970 年 3 月 26 日,曹里怀和周洪波再次到洪都检查歼 12 飞机设计工作。曹里怀宣布,歼 12 飞机研制项目已列入国家计划,是飞机类项目的研制重点,中央领导对歼 12 飞机研制很重视。

领导对研制工作的鼓舞和技术上改进的成效,再次推动了歼 12 飞机的方案设计工作。设计单位各专业组成立了改进战斗突击队,飞机面积律修形组不到 20 天时间就拿出修形结果,到 1970 年 5 月中旬,再次修改外形,改进打样设计就胜利完成,并开始了全面生产图的设计。工厂为压缩设计周期,决定生产图全部用可晒兰的铅笔图。

在飞机总体方案确定,详细设计工作开始后,为加快研制进度,工厂于 1970 年初就着手组建歼 12 飞机试造生产线。在当时战备任务紧张的情况下,专门调整了生产准备、零件加工和铆装力量,组织了一个专门试造班子。在生产图还未设计完前,预先准备原材料、机床设备。至 1970 年 6 月 9 日,部分设计蓝图出来的情况下,工厂立即成立了由设计人员、工艺和工装设计人员、生产检验、生产工人组成的三结合新机试造单位,当时称之为六九单位。

歼 12 雄姿

六九单位主要承担工装设计、工艺规程编制、零组件加工、飞机初装的任务。六九单位集各行技术力量 100 多人。飞机设计人员、工艺工装人员、技术工人和领导干部都工作在现场。哪里出现问题,哪里就聚集有关人员研究问题,共同解决问题。整个试造车间成了一个生气勃勃的战斗集体。设计、工艺、生产技术人员和工人紧密结合,共同为试制歼12飞机而紧张繁忙地工作。厂领导亲临现场,后勤人员将饭菜送到现场,为抢时间早出飞机,许多人几天几夜不休息,连续工作。不少人困了,只在办公桌上打个盹,领导请他们回家去休息,可他们只出去将头冲下冷水,提一下精神,又回到生产岗位。

1969年,在周总理关怀下,走出"牛棚"的陆孝彭主持歼12飞机设计工作。他虽年近半百,仍经常昼夜不停地在设计、制造现场。为满足战术性能指标要求,歼12飞机不但机翼采用整体油箱,机身1号油箱和2号油箱也用整体油箱。机身整体油箱比机翼整体油箱技术难度大,可靠性要求高。在此之前虽然对强5鱼雷机机身整体油箱作过不少研究试验,有一定技术储备,但没有装机使用经验。国内设计经验不足,国外用机身整体油箱的设计报道也不多。1、2号油箱储油占了全机油量一半多,而2号油箱又是主油箱,机身整体油箱能否安全使用关系到飞机成败。陆孝彭本着对党对人民负责的精神,不辜负周总理的关怀期望,对机身整体油箱设计、研制非常重视,非常认真。从结构打样开始反复与设计员研究讨论设计方案。详细设计完成之后,仔细审查图纸,不放过每个细节,连用什么型式的铆钉,直径多大,间距多少,都要反复推敲。2号油箱部位的进气道由两股合为一股,是一个结构形状复杂的焊接件。

1970年6月,该组件制成之后即将进入整体油箱装配时,设计员发现在两股进气道交界部位,施工通路差,一旦有了渗漏难以发现,无法排除。要消除这个隐患必须更改设计,重新制造。上级领导命令要在年底12月26日毛主席生日那天,飞机首飞上天。进度很紧,延误进度责任重大。"文化大革命"期间人们都怕戴上阶级斗争新动向的帽子。作为刚"解放"不久的陆孝彭还有海外关系、"反动学术权威"的辫子,压力更大,但他没有顾及这些,也没有责怪设计员,而是主动承担责任,向领导说明情况,继而与设计员一起加班加点,更改设计图纸。进气道组件装机试飞之后,发现焊缝质量有缺陷。歼12进气道狭小,爬进爬出困难,在进气道里面工作更困难。不排除故障关系到飞行安全,为此他爬入进气道,拿着放大镜亲自查看,确定排除方法。故障排除之后,他再次爬入进气道检查排故情况。在场的人看到陆孝彭这种认真负责、一丝不苟的精神,深为感动。

工厂党委书记叶松盛、革委会主任董毅志(均为军队干部)也经常深夜到现场。当时正是南昌地区大热天,但大家都把热、累抛一边,忘我地为歼12飞机试造做贡献。到1970年10月,飞机的部件初装任务就完成了。

飞机进入总装后,人们的工作干劲更足了,设计人员和工人夜以继日地工作,仅用两个月的时间就完成了飞机总装任务。

歼12飞机原型机试造共投产3架编号为0批。01架和03架用于试飞,02架用于静力试验。01和03架于1970年底总装完毕,02架于1970年12月中旬进行静力试验。加载到设计载荷,结构无残余变形,强度满足设计要求。01架飞机选定在1970年12月26日,也就是毛泽东主席生日这个具有纪念意义的日子进行首飞。飞机在一片标语、红旗,一片口号声中升空,在一片喜庆中,获得成功。

从1969年接受研制任务到1970年飞机上天,这短短的一年半时间里,因受"文化大革命"影响,工厂部分职工下放地方,不少设计人员离开专业工作岗位去了江西省地方工厂,参加歼12飞机设计工作的技术人员还不到300人。但这些科研人员为能够再次给空军研制新型战机而振奋,他们不计报酬,努力工作,发出了16 000多A4设计图纸,101份技术文件,前后进行了全机与部件测力、测压、进气道性能,尾喷流,颤振等风洞试验5000多次,进行了37项静力试验,近50项系统模拟试验。他们采用了当时国内跨音速面积率先进技术,采取了蜂窝、泡沫塑料夹层结构和铝合金起落架等减重措施及机身机翼整体油箱设计,并在国内首次应用了CAD辅助设计技术。这些设计技术与滚焊壁板,整体化学铣切等新工艺技术,不但有效地提高了歼12飞机的质量,缩短了研制周期,还成功地控制了飞机的结构重量。在强度计算中,飞机虽然仍用苏联1953年的强度规范,但经强度设计人员用多种计算方法进行反复大量的计算,不仅准确地找出了强度薄弱区,还精确地计算出飞机破坏的载荷,使在1971年2月11日的全机破坏性静力试验中,飞机的破坏载荷为设计值的104.1%,成功地控制了飞机强度,出色地完成了歼12飞机原型机的研制任务。

北京汇报

快马加鞭未下鞍。歼12原型机01和03架通过两年改进和试飞,基本达到了设计指标,初步显露了"轻、灵、短、快"的独特性能特征,整机研制基本成功。根据这种情况,1973年5月,三机部电话通知洪都,要求歼12飞机飞抵北京,向党中央汇报研制工作。

工厂得到这一喜讯后,立即准备。1973年7月21日,歼12原型机03架飞抵北京南苑机场。9月10日,当时党中央领导和军委首长王洪文、叶剑英、李先念、纪登奎、汪东兴、华国锋、徐向前、聂荣臻等到南苑机场听取了歼12飞机研制的工作汇报,参观了歼12飞机,并观看了歼12飞机的飞行表演。

歼12飞机果然不负众望,一般超音速战斗机起飞滑跑距离需要千米左右,而歼12只在跑道上滑跑了500米就腾空而起。蓝天之上,它可以以1140米的半径转弯,爬升率可以达到180米/秒。

歼12飞机精彩的表演,让中央领导同志很高兴。其机动灵活的飞行特点引来了阵阵掌声。主持军委日常工作的叶剑英元帅赞誉歼12飞机为"空中李向阳"(当时,中国正在上演电影《平原游击队》,李向阳是《平原游击队》中的主人公,游击队队长,他带领战友们战斗在华北冀中平原,以神出鬼没、灵活机动,打得日本鬼子闻风丧胆。李向阳的英名也因之家喻户晓)。这一绰号道出了歼12飞机机动灵活的飞行特点。叶帅当场表示:"要搞一条生产线,转小批生产,先少量搞,逐步改进,二三年时间稳定生产,装备部队。"

根据中央领导的指示,三机部连续向洪都发了两个文件,一是同意在洪都厂建立歼12飞机生产线,要求具有年生产300架的能力;二是抓紧歼12飞机研制工作,要求工厂研制10架,力争在1974年底达到设计定型,到1975年通过小批生产再达到生产定型。

国家计划委员会、国务院国防工办于1974年8月12日批复同意在洪都为建立歼12飞机生产线、充实海防导弹生产线和加强科研设计试验条件投资4500万元。这是洪都建厂以来投资最大的一次重要技术改造费用,遗憾的是此技术改造计划投资没有兑现。

设计改进

按照上级指示精神,工厂开始了歼12飞机01批的设计改进和试制工作。这次试制的主要任务是,实现设计定型为转小批生产创造条件。试制安排10架份,分两次投产。前一批为01批1－6架,力争1974年国庆节前完成总装交付试飞;后4架为02批1－4架,力争1974年年底完成。

为落实01批歼12飞机研制计划,工厂于1973年6月颁发了歼12飞机试制技术总方案。总方案提出改进试制的设计原则是,巩固地保持原型机已有性能的成果,在不丢失已取得的优点情况下,针对设计性能的主要缺点和影响安全的问题加以改进,即在气动布局和结构布局基本不变的原则下,着重改善飞机加速性,提高空中射击时发动机工作的可靠性,另外,在飞机维护性选用的材料成件及飞机的制造工艺性方面,在认真吸取原型机的经验情况加以完善。

更改原则的确定和如何着手更改,当时工厂有过广泛深入的讨论,意见主要有两种:一是认为应按中央领导指示精神办,把原型机进一步试飞后设计定型,然后转入小批生产,逐步加以改进。另一种意见是,原型机试飞最大M数未达标,应加大M数,当M数达到设计指标后,再投入小批生产。工厂采纳了后一种意见,决定先进行设计更改,后投入小批生产。如何着手改,一种意见是大改,为达到M数1.5,重新设计飞机气动布局,加大机翼前缘后掠角,改变机尾翼的平面几何参数;另一种意见是小改,小改方案既不是直接按原型机投小批生产,又不主张大改,是在原型机的基础上进行提高飞机使用性能,更动不牵涉气动布局,以巩固已取得的成果,这既符合中央领导逐步改进的指示精神,又因改动工作量不大,而可以很快拿到改进成果。通过统一思想,工厂决定按小改方案着手进行设计更改。

经过进一步集思广益,设计单位提出了取消进气口的中心锥,按亚音速要求设计进口并相应修改整个内管道,按跨声速面积律要求,进一步修改飞机外形,加长后机身,修改机尾罩外形,将双缝襟翼改为单缝后退式襟翼,取消前缘缝翼,缩小襟翼滑轨整流罩,减小主起落架收藏舱整流罩,机翼外翼上反角由原来7°改为4°,活动舱盖由倾侧开启改为后翻开启,机炮后移等10项措施。

更改总方案确定后,工厂掀起了设计更改高潮并按批生产进行设计工艺生产的全面规划协调。

为落实改进设计加速01批飞机的研制,工厂于1973年12月成立了以总工程苏敏为组长的试制领导小组。

在试制领导小组和全厂职工的努力下 01 批一架于 1975 年初总装完成交付试飞，7 月 1 日首飞上天。

可由于"文化大革命"的严重干扰，01 批一架首飞后便停飞了，直到 1977 年 3 月 22 日国务院、中央军委常规装备领导小组同意歼 12 飞机主要战术技术要求，即常装 (1977)18 号文下达后，才着手准备恢复试飞，停飞时间长达一年零八个月之久。

为力争在 1977 年完成航空军工产品定型委员会下达的设计定型试飞大纲，工厂于同年 3 月成立了歼 12 飞机设计定型试飞领导小组，下设技术组、空勤组、地勤组、排故组、保卫组。

与此同时，三机部飞机局陈宝珍和洪都厂冯旭一同到福州空军司令部汇报歼 12 试飞工作。5 月初，福空副司令吴任远到洪都检查歼 12 飞机试飞工作，并指定樟树基地飞行员杨仁生到洪都与厂试飞大队李金顶、徐少臣等组成歼 12 飞机飞行小组，抓紧对歼 12 飞机的试飞。

通过一系列的安全检查和试飞准备工作，歼 12 飞机 01 批一架于 1977 年 6 月 29 日重上蓝天。

歼 12 飞机 01 批 4 架飞机，第一架做飞行性能和机炮射击试飞，第三架做操飞试飞，第四架进行特技和系统性能试飞。

试飞工作进展十分顺利，到 1978 年 3 月 10 日止，三架飞机共飞行了 135 个起落，61 小时 12 分。结果证明，歼 12 飞机性能满足要求，最大飞行 M 数、加速性、升限等指标，还好于原规定要求。同时，也发现歼 12 飞机的火力、发动机推力，尚需进一步改进。

但还未来得及做工作，这一年的 2 月，因空军装备体系调整，三机部来电话传达中央军委常规装备领导决定：歼 12 不列装。

正在这试飞取得成果，试飞工作满怀信心的时候，接到这突如其来的消息，参研人员都深感意外。工厂立即派人去空军汇报飞机试飞进展情况，力争上级取消决定，继续试飞，但未获结果。试飞工作也只好半途而废。

1979 年，总参、国务院国防工办下发了(79)368 号文，取消了歼 12 飞机的研制任务，歼 12 飞机的研制至此全面结束了，前后只生产了 6 架飞机。

技术水平

作为中国第一架摆脱苏联米格飞机系列格局后，完全自行研制的新式飞机，应该说，歼 12 的研制是成功的，经测定和试飞表明，歼 12 飞机是迄今为止世界超声速歼击机中最轻的一种飞机，其几何尺寸和最大截面积在同类飞机中都是最小的。有人总结出歼 12 的突出特点，即"轻、短、灵"。其敏捷的身影和空中的英姿至今仍印刻在所有见过它的人们的脑海中。

翻开歼 12 那 100 多架次的试飞记录，我们不难看出，在歼 12 诞生时，其性能是优越的,直至今天,那些数据也给我们研制生产自己的空中战机以信心!

歼12在海平面高度上的最大爬升率为205米/秒,而与歼12同年同时首次试飞的美国F-14战斗机也只有200米/秒,专门用于对付苏联米格-21的美国F-5E歼击机仅为160米/秒。

歼12在5000米高度上的最小盘旋半径为1140米,而中国中低空机动性能较为突出的歼6歼击机为1200米,美国专门为改善盘旋性能而研制的F-5E歼击机的盘旋半径为1080米,要知道F-5E为了取得这一效果,专门在该机机翼上安装了新的前、后缘襟翼系统。

歼12的起飞滑跑距离为500米,着陆滑跑距离为510米,而与歼12重量相当的亚音速战斗机歼5的起飞滑跑距离为590米,着陆滑跑距离为825米。超音速的歼12能做到比亚音速的歼5滑跑距离短是极其不容易的,况且,歼12还有防尘装置,可以在短土跑道上起飞,这是极其难能可贵的。

歼12的最大平飞速度在11 000米高度时为1472千米/小时,明显优于歼6;其实用升限与歼6相当,为17 410米;其高空巡航速度为740千米/小时,虽不是超声速,但也接近声速巡航了,这种性能在当时是极其优异的了。

歼12空机重量只有3.1吨,与一辆中型轿车的重量相当,正常起飞重量为4.450吨,最大起飞重量为5.295吨,装有一台涡喷-6乙型喷气式发动机,加力推力为39.72千牛,全机推重比达0.91,这在当时同样是不容易实现的。歼12之所以实现了,是因为总设计师陆孝彭等人大胆地采用了许多新结构,并创造性地采用了新工艺和新材料,如在国内歼击机设计上,首次采用跨声速面积律理论对飞机进行面积分布修形,在大后掠全动平尾上实现了直轴管梁操纵,采用了机身机翼整体油箱,在机身的进气道二侧壁大面积采用蜂窝结构和泡沫塑料填充的夹层结构,在翼面和舵面上大面积采用化学铣切整体壁板和滚焊壁板,采用铝合金起落架,还首次试用树脂基碳纤维的复合材料做进气道部分壁板单块式风挡等。这些新技术在国内当时的情况下是极富创新精神的,为中国开展轻型歼击机的研制积累了丰富经验。其中树脂基碳纤维复合材料的应用获1978年全国科学大会科研成果奖,飞机整体油箱的成功应用被三机部评为重大科研成果三等奖。

不足之处

歼12正常起飞重量为4.45吨,空机重量只有3.1吨,占据世界超声速战斗机的"最轻"冠军。由于机体重量轻,相对而言推重比较大,机动性也就相对的好。但重量轻、体积小也恰恰是歼12的致命弱点。机体轻小使得机体内空间有限,无法装载足够的燃油,航程自然很短。如它的机内燃油贮量1250千克,可带2个400升副油箱,最大航程为1385千米,这个航程属于短航程类飞机,不适应未来空战的要求。又如其机载武器,仅有1门备弹80发的30毫米口径航炮、1门备弹120发的23毫米口径航炮,另外可挂2枚红外制导的空对空导弹,就其飞行重量来看,火力不弱,但与世界各国的现代化歼击机相比,外挂两枚红外格斗空空导弹,这在超音速战斗机中算是火力较弱的了。由于有重量限制,加上其机头进气布局,歼12的电子火控设备被最大幅度地压缩了。机上没有机载雷达,战斗力大受影响。而倘若改为两侧进气布局进行设计,虽可加装先进的火控设备,但飞机重量和阻力均明显增加,其本身的机动灵活性能又将受到明显削弱。此外,歼12发动机用的是歼6飞机所用的涡喷-6乙型,但歼6歼击机装了两台这种发动机,而歼12只装了一台,故其推力明显不足,极难达到预想的设计性能。这些弱点直接导致了歼12胎死腹中。

歼12战斗机尽管由于这些明显不足及1979年2月调整装备体系而决定停止继续研制,但其仍不失为成功之作。因为,当时由于研制周期太短,没有做更多的空气动力实验和采取更多的先进气动措施,所以在气动外形方面还是大有潜力可挖的,比如最初设计有的机翼前缘开缝翼和后缘双开缝襟翼,后来由于时间问题都从简取消了,改为只设后缘富勒式襟翼。像这样的情况还有不少,故歼12还是有不少可待发扬的潜力。至于其采用一台涡喷-6乙型喷气式发动机的推力不足问题,英国著名的罗尔斯.罗伊斯发动机公司的一名专家在中国航空博物馆参观时认为,歼12是中国设计得最好的飞机,只要给它换上一台先进的涡轮风扇发动机,不仅可以解决推力问题,而且可以降低油耗近一半,从而增加一倍航程。但是,外国专家所说的这种发动机中国不能自行生产,而只能到国外购买。罗尔斯.罗伊斯公司的这名专家甚至认为,倘若果真给歼12换上油耗较低的涡扇发动机,就一定能成为在幅员较小的国家大受欢迎的飞机。

20世纪80年代初,陆孝彭总师曾向海军航空兵提出以歼12担当"岛载机",利用该型号起飞距离"短"的特点,作一些适应性的改型后,把它放到国防边疆的岛屿上,承担大陆基地歼击机航程不足而无法担当的国土防空任务。到90年代初,国内论证发展舰载机,针对歼12飞机的轻小、短距起降的特点,陆总师又极力推荐歼12改舰载机。进入"九五"规划以后,随着国外出现像F-22、JSF等先进战斗机,陆总师提出了以F-22为作战目标的新型空中优势歼击机研究蓝图,以歼12为基本型,取歼12飞机的基本特点,改进机体结构、矢量推力、相控阵雷达、空中加油装置、两余度火控计算机、1553B总线、隐身附加材料和涂料、中距主动雷达制导导弹等,作为重型四代机的配套机与补充。但这些设想都必须有待国家的发展与装备规划,而陆总的基于歼12飞机设计的基本特点而拓宽歼12技术的应用前景思想,只能成为后人的技术财富。

碧海腾蛟龙
——中国"上游"系列海防导弹研制简记

李韶华

我国有着绵延 18 000 公里的海岸线,300 多万平方公里的海疆。辽阔海域是中国人民得以通往世界,同各国人民友好交往的门户和通途。然而,100 多年来,帝国主义大多是从海上来侵略孱弱的旧中国的。

新中国诞生不久,毛泽东主席就明确指出:"为了反对帝国主义的侵略,我们一定要建立强大的海军。"

导弹,当今武器的骄子,现代尖端科技的产儿。自控,高速,远程,命中率高,杀伤力大。要保卫自己的海疆不受侵犯,必须牢牢掌握它。这是不容置疑的现实。

20 世纪 60 年代初,面对严峻的国际形势,党中央做了战略部署,国家主席刘少奇指示:要尽快拿出海防导弹,打击敌人的海空优势。

1966 年 11 月,我国首批海防导弹"上游"一号终于诞生。时值她 45 周岁之际,笔者来到研制生产该型号海防导弹的中航工业洪都航空工业集团公司(以下简称洪都)采访。当年参加"上游"系列海防导弹研制的老科技工作者讲述了许多鲜为人知的故事。现整理如下,以飨读者。

研制任务:原由国家战略部署

我国海防导弹事业创始于 1959 年初。当时,根据 1957 年中苏两国签署的新技术协定,我国引进了苏联一种岸对舰导弹和一种舰对舰导弹及生产技术,人们习惯上将之统称为海防导弹。

由于飞航式导弹与飞机技术和工艺上有许多相似之处,中央决定海防导弹的仿制任务由航空工业部门承担。前一种岸舰导弹曾安排在成都飞机厂和成都发动机厂等企业进行仿制,后因国民经济调整而停产。另一种舰对舰导弹,即"冥河"型飞航式舰舰导弹,安排在洪都进行弹体制造和总装,其末制导雷达、自动驾驶仪、引信、战斗部、固体火箭助推器、液体火箭发动机则由沈阳火箭发动机厂、北京航空仪表厂及电子、兵器、船舶工业等部门的企业作配套。"冥河"国内代号为"5081"产品,1964 年,总参正式命名为"上游"一号。该型导弹是苏联1960年初刚转入批生产的产品,具有60年代世界尖端技术水平。导弹可装备于各类轻型导弹快艇、中型护卫舰和大型战斗驱逐舰,是用作海上巡逻和进攻的一种重要反舰武器。

"上游"一号舰艇试射

1960年3月24日,一机部四局正式向洪都下达仿制任务。同年5月,第一枚"冥河"和一批资料从西伯利亚运抵南昌。导弹作为"副总理级别"的秘密,送进有几道军人门卫的库房,所有来往文件只标上神秘的代号"5081"。当时产品初、总装厂房已破土动工,原要求1961年二季度完成试制,后因国民经济计划调整,仿制进度推迟至1963年,计划1968年、争取1967年仿制定型。

仿制:从反设计开始

为做好仿制工作,洪都于1960年3月成立了包括各部门为一体的、高度保密的综合性封闭科研生产单位——40办公室。当时担任飞机设计所副所长的何文治兼任了40办公室主任。至1960年上半年,已从全厂各单位抽调约百人到40办公室,开始进行苏联原文资料的翻译、消化等仿制准备工作。工厂的设计技术人员在翻译复制资料中,发现了一些错误,进行了修改,还补充了技术资料1000多页,补齐了配套产品的装前测试技术条件。同年10月,完成了资料的翻译、复制工作。在此期间,工厂曾提出聘请8—10名苏联专家,但由于中苏关系的急剧恶化未能实现。因此,设计室的技术人员在消化原资料过程中,进行了反设计工作,以吃透苏联产品的原设计意图。如产品强度计算,是处理弹体结构生产技术问题的重要依据,苏联只给了一份静力试验任务书,且错误很多,经强度组一年多的努力,完成了30多份计算报告,为仿制生产全面铺开创造了良好条件。

40办公室基本上是一个海防导弹设计、工艺和初总装测试等专业相结合的单位。零件生产分散在全厂各有关车间,由专人负责领导。40办公室又是一个封闭型的保密单位,保密工作极其严格,做到了慎之又慎。办公室人员配有特殊通行证,无特殊通行证人员,即使是本厂职工也不得进入。办公室的技术人员人人都配保密本,所从事的一切工作都必须记录保密本中,下班时要将保密本交保密员存放保密柜,第二天上班再取出。每人的资料不许相互传阅。一次,有位技术员在计算数据时,一时疏忽,没在规定的保密本上计算,而用粉笔在办公桌面上计算,结果被发现,而受到严厉处分。抽调到40办公室人员都要进行严格政审,到40办公室干什么,当事人事先都不知晓。下班后对任何人都不许谈论工作中的事。直到"文化大革命"前,洪都本厂很多职工还弄不清楚40办公室的产品情况。直到1973年9月,40办公室才撤销。导弹设计部分并入飞机设计所,成立第一设计室。导弹初装、总装和机加也相应成为独立的车间。

当时的设计室为403分室,仅21人,大部分是中专生,仅两名大学生边翻译资料边学习导弹基本概念。不用说设计导弹,他们连导弹的面也是第一次见到。这样先进的系统大工程,一步一步从模拟开始,无异于幼儿学步,每一次前进都步履艰难。当他们知道"外援"已断,从此全靠自己努力时,人人犹如破釜沉舟的义勇军,勇敢地面对"科学巨人",展开了不屈的攻坚战。

"冥河"是世界上最早出现的一种精确制导武器,技术要求高,结构复杂。仿制这样一种高技术产品,在既无苏联专家指导,又无经验可借鉴的条件下,困难是相当大的。洪都刚刚从制造螺旋桨飞机转入制造喷气式飞机,无论技术人员的数量和素质,还是技术设备的性能,都远不能满足要求。

40办公室成立初始,首先对未接触过导弹专业的人员补充专业知识,进而系统地消化引进资料。何文治主任提出了"总结、提高、出成果"的口号,发动大家消化资料、进行反设计,掌握原设计意图。当时处于生活困难时期,大家忍着饥饿,拖着极度消瘦的身体,夜以继日地刻苦钻研,大练基本功,努力提高设计技能。

"雄心壮志,脚踏实地"是何文治为大练基本功提出的口号。当时上至室主任,下至描图员,全都参加了基本功训练。在消化资料阶段,规定了各类人员应达到的应知应会标准。

在全弹强度计算完成后,又在全体设计人员中开展了学习强度计算方法的活动。在试制工作正式展开之前,科技人员有的参加三结合攻关,有的去参加米格—19飞机的试制,或到专业相近的车间、试验室参加生产实践。试制工作展开之后,则到车间或成附件厂跟产。在试制工作中期,进一步将设计、工艺合而为一,要求技术人员既是设计员,又是工艺员。

通过上述训练,科技人员不仅提高了设计技能,掌握了一定的操作技能,而且养成了深入实际的作风,密切了同工人的关系。

攻关:扫清前进障碍

在"上游"一号产品研制过程中,广大工人、技术人员和干部依靠独立自主、自力更生精神,攻克了许多关键项目,有的还填补了国内空白。如232厂在自动驾驶仪的仿制中,很多零件形状复杂,精度要求高,他们就自制设备改进加工方法,实行"先锋"件或试验件进行摸索,克服了一个个困难。驾驶仪装配调试要经过八九个组合,对于自由陀螺斜率不稳定和不对称,以及马达发热引起漂移定向变化等问题,经反复试验分析采取措施后,保证了试制顺利进行。

在试制工作全面展开之前,洪都综合确定了玻璃钢泡沫塑料弹头罩、铝合金挤压铸造弹翼壁板、舵面、副翼蒙皮的化学铣切等8项新工艺、新技术的攻关项目,采取设计、工艺、生产相结合,干部、技术人员、工人相结合的方式,逐个突破。其中很多项目都是经过几百次、上千次的试验才攻克的,有些项目填补了国内空白。弹头罩苏联只给了一张图纸,注明罩子内层为IIC-1泡沫塑料,外层为CT911-1玻璃钢。科研人员开始对CT911是什么东西都搞不清楚。聚基乙烯泡沫塑料原材料国内很缺,工厂又没有500吨大型真空抽压机。为了解决这一难题,成立了40人攻关小组,从弄清材料配方及技术要求入手,经过300多次试验,摸索出弹头罩的成型工艺,于1963年生产出合格产品。后来又根据飞机蜂窝机头罩的经验,于1966年生产出比泡沫罩工艺更为简单、成本更低、完全符合电气性要求的玻璃钢蜂窝夹层结构的弹头罩。

弹翼壁板铝合金挤压铸造新工艺是关键的关键。壁板外廓尺寸大壁厚仅2—3毫米,这样的大型挤铸设备,国内不但没有制造过,连资料也找不到。留苏专门去学挤铸的,在苏联学习时,连挤铸机也没看到过。经多方查询,才在国外资料上找到了一张挤铸机图片。于是,研究人员先做小挤铸机,通过小的壁板模拟件试验200多次,才初步掌握挤铸冶金工艺。至1965年7月,大型挤铸机正式制造安装完毕,经过100多次试验,解决了壁板成型、尺寸、重量、机械性能及热处理校形等问题,于1966年生产出合格产品正式装弹使用。它填补了国内空白,1978年获全国科学大会奖。其他六项以及后来增加的一些新工艺新技术项目,都赶在试制投产之前予以突破,为导弹试制扫清了前进中的障碍,为仿制一次成功以及以后的成批生产,打下了坚实的基础。

仿制生产铺开以后,又遇到了很多零件加工的难关,如滑块、引射器、舵面前缘等。引射器加工制造有5个试验项目,当时仅有流量一项满足要求。开始曾认为是试验设备问题,试验设备返修4次,试验仍不符合要求。后又提高零件加工精度和光洁度,还是不行。反复试验330多次,与苏联产品对比,才发现图纸要求与苏联样机零件不一致,又经过上千次试验,终于生产出了符合要求的国产引射器。

导弹成件测试技术是攸关导弹性能的大事,成件的有限寿命又不可能给大家提供较多的练兵机会。对此,海军试验基地给了洪都很大的帮助,派出有经验的技术人员手把手地教。经过两年时间的努力,洪都人终于掌握了全弹的测试技术。

"上游"一号仿制生产中,突出重点,勤学苦练,坚持不懈的攻关活动,不仅为仿制任务顺利地完成起到了促进和保证作用,而且在实践中大大提高了设计、工艺技术水平。同时为仿制转向改型与自行设计创造了条件。

坚持质量第一,确保仿制一次成功

在引进的"宴河"资料中,有许多不明晰甚至是错误之处,对此洪都通过认真分析,或通过试验验证逐项给予订正,使试制用图样及技术资料达到完整、正确、协调、统一,保证了设计的高质量。

在产品制造方面,洪都制订了一套严格的检验制度及质量保证措施。试制一开始,工厂就提出了以开工条件严、产品定型严、检验与验收鉴定严、超差品处理严、特殊工种考核严为内容的"五严",制订了开工前的12项要求。对生产过程的控制,要求做到零件一个一个过关,关键零件三架份未全面定型前不得转入零批制造;装配车间一发弹一发弹定型,前一发发现的问题未处理之前,下一发不得开工,经五发弹试装全部合格后才算全面定型;对49项加工困难或几何形状复杂的零件,经车间检验合格后再提交中心计量站复验。并规定在试制中弹体零件不许有超差品,从而在职工中扎扎实实地树立起质量第一的思想,养成了一丝不苟的工作态度。

在实行有效的纵向指挥的同时,洪都十分注意发挥技术抓总单位的协调作用,开展横向的大协作、大联合,从而使这条导弹生产线具有极强的活力。仿制工作前期,工厂派专业人员到成附件厂跟产,一面熟悉生产过程,生产工艺,参加有关试验,掌握调试方法,了解试制中的技术关键和质量状况;另一方面向成附件厂的同志介绍导弹的总体设计思想和总体对分系统要求的技术依据,分系统在导弹上所处的环境,起的作用以及各分系统之间的联系。对正在组建仿制生产线的工厂,洪都则派专业人员帮助他们开展工作。成附件厂也及时向洪都介绍分系统的情况,积极主动解决试制工作中出现的各类问题。

海军早在1961年初,即派试验基地各专业的技术骨干来厂帮助消化资料、掌握技术,并为洪都培养出第一批操作人员和技术骨干。1964年模拟弹试验之前,工厂派彭历生和其他同志到海军试验基地学习控制系统、气动计算、弹道计算,靶场试验大纲及试验结果分析等方面的专业知识,加速了洪都掌握技术的进程。

当时国内计算机技术落后,数量不足。为了完成大量的计算工作,在上级管理部门的支持下,洪都组织20多人的会战队伍,在西安利用603所的模拟机、630所的三轴转台、西北计算中心的104计算机,用近半年的时间完成了控制系统的数字模拟、实物模拟以及大批弹道计算,摸清了"上游"一号的战术技术性能,掌握了导弹总体设计、回路设计和弹道设计的基本方法和原则。

试制:分为三个阶段进行

"上游"一号的仿制程序分为陆上发射模拟弹与海上发射混合模拟弹、遥测弹(利用进口成件组装)和全部国产定型弹的生产及靶场飞行试验三个研制阶段。

1963年10月,仿制生产全面铺开。1964年6月,第一枚静力试验产品总装完毕,8月顺利完成了全弹静力试验,为仿制产品进行模拟飞行试验奠定了良好的基础。

1964年11—12月,进行了"上游"一号陆上模拟弹飞行试验,首批三枚陆上模拟弹发射试验成功,证明助推器工作正常,弹体结构完全符合要求,为艇上飞行试验提供了有关资料。1965年8—11月,6枚艇上模拟弹发射试验取得六发五中的好成绩。

遥测弹制造难度大,技术复杂,协作面广,总装中一次成件配套有40多个单位。开始时设计人员对遥测天线匹配关系都不清楚,发射机中心频率也不知道。通过对"红旗"一号地空导弹遥测系统的了解,不断试验摸索,终于攻克了一个个难题。1966年4—7月,在海军基地进行陆对海及海对海遥测弹(混合组装弹)飞行试验,取得六发五中的好成绩。其中02批7架产品原来装苏制自动驾驶仪,为了及早考验国产成件,产品试验中临时决定,换装国产自动驾驶仪。6月26日,第一发国产遥测弹准确命中目标,打断了靶标的反射体支柱,为国产弹的正式定型试验创造了成功的条件。11月,导弹定型试验以九发八中的优异成绩顺利通过,完全满足试验大纲规定的九发六中的要求。12月,"上游"一号导弹正式定型。

经过3年多准备,3年的仿制生产,通过23发导弹的飞行试验,终于取得了提前1到2年一次仿制成功的圆满结果。1967年6月28日—7月1日,在北京召开了"上游"一号海防导弹定型会议,海军副司令员周希汉、七机部副部长钱学森等参加了会议。海军司令部向洪都发了贺信。

"上游"一号导弹的整个仿制工作从1960年3月开始准备,到1966年11月完成定型试验,历时7年。仿制期间,很多中央领导同志到洪都视察,参观了40办公室。这对海防导弹研制的广大技术人员、工人、干部给予了很大的鼓舞与鞭策。1966年初,已届80高龄的朱德委员长来到洪都视察。他抚摸着国产"上游"一号导弹,连连称赞:"好!好!"并写下了"高举毛泽东思想伟大旗帜,加紧进行国防建设,反击美帝国主义侵略"的题词。先后到40办公室视察的还有贺龙、罗瑞卿、李富春、陆定一、肖华等中央领导。

回顾"上游"一号的仿制历程,它是完全靠独立自主,在不断吃透苏联原资料的基础上进行的。通过仿制、反设计及生产实践的锻炼,一支海防导弹研制技术队伍迅速成长起来。

新的突破:成功研制"上游"一号甲

"上游"一号导弹虽然有命中概率高,质量稳定,价格便宜等特点,但也存在一定缺陷:一是它使用膜合式高度表,误差大,导弹在平飞高度100米—300米时掉高现象严重;二是它采用圆锥扫描雷达,抗电子干扰和抗海浪性能比较差。为了解决这两个问题,洪都在结构上采取一些新工艺,装上了配套单位改装的简化发动机、驾驶仪和无线电高度表。

海防导弹

1965年12月,成功制造了新中国第一批海防导弹——"上游"一号导弹

1973年10月,"上游"一号新工艺弹进行了飞行试验,结果取得三发三中的好成绩。尤其是装有经改装的无绒电高度表的第三发弹,爬高和平飞正常,掉高现象消除,

能精确地按装定 100 米的高度平飞,并直接命中活动靶船体。飞行试验证明高度表的改装方案可行,从而为实现导弹超低空飞行迈出了关键性的一步,这在国内海防导弹研制中是一项重大突破。也为"上游"一号导弹的改进设计提供了条件。

1974 年 7 月,国务院国防工业办公室正式下达改型任务。内容主要是两项:一是换装厘米波单脉冲晶体化小型雷达;二是用无线电高度表代替原来的老式高度表及垂直速度传感器。北京航空仪表厂在蒋龙潭主持下,研制出雷达高度表,并采用集成电路运算放大器,设计了模拟式计算机进行控制,显著降低了导弹飞行高度,提高了低空突防能力。1975 年进行低空摸底试验,五发三中,表明导弹在贴近海面的高度上可以正常跟踪和捕捉目标。

1977—1980 年,"上游"一号甲导弹先后进行了三次设计定型试验,均因出故障而未获通过。1981 年 2 月,三机部副部长何文治主持召开了产品故障分析及协调会议。他要求确保产品质量。成件的可靠性攸关全弹试验成败,必须采取有效措施加以解决,可靠性与弹上环境必须综合考虑,并要求在总体上改善弹上的冲击、振动环境,严格检测成附件的安装间隙。

会后,洪都围绕改善弹上冲击振动环境做了大量地面振动试验,并采取了有关措施。

1982 年四季度,背水一战的第四次设计定型飞行试验,在各有关方面的高度重视下开始了,结果以六发四中达到了定型试验大纲的要求。

1983 年 12 月,"上游"一号甲导弹设计定型会在南昌召开。经 12 月 21 日海军军工产品定型委员会第十七次全委会审议,一致同意"上游"一号甲设计定型。1984 年 3 月 27 日,国务院、中央军委常规军工产品定型委员会批准了"上游"一号甲设计定型。

"上游"一号甲的研制从 1974 年至 1983 年,历经了九年的艰辛。通过两次摸底性飞行试验和四次设计定型飞行试验,终于在广大科技人员、工人、干部坚韧不拔、攻坚克难、大力协同的顽强拼搏中取得成功。

跻身世界先进行列:"上游"一号甲实现二次降高

洪都在研究"上游"一号甲的同时,就开始了"上游"一号甲二次降高弹的研究。所谓"二次降高",就是导弹在飞向目标的过程中,先从平飞高度第一次降至较低的高度飞行;雷达捕捉目标后第二次降高至贴近海面的高度飞行,当接近目标时,导弹即直冲目标,从而实现超低空掠海飞行。1979 年 11 月 29 日,"上游"一号甲两次降高弹第一次顺利地完成了二次降高飞行,并成功地命中目标。参试人员回忆说,导弹平滑地转入 15 米高度平飞,捕捉到目标以后又及时地转入 8 米高度平飞,雷达进入盲区后,导弹向 2 米高度俯冲,直撞目标。这在国内海防导弹研制工作上,无疑开创了良好的先例,实现了一项新的飞跃。此项试验获得成功,为发展新产品做了技术储备。

换装电视制导:"上游"一号乙问世

1981年5月,海军在北京召开了导弹末制导雷达抗海浪试验结果分析会,就"上游"一号换装电视制导的任务进行具体落实。会后,三、四机部,广播电视局和海军联合发文,在批复会议纪要的同时并作为正式任务下达。同年10月,在洪都召开了第一次技术协调会议,对电视头改装方案进一步进行论证、协调、落实。

1982年6月,在北京召开了第二次技术协调会,主要研究电视导引头与弹体结构安装、电气芯线连接关系、遥测参数的分配等技术协调问题。

1983年12月,由海军主持在洪都召开了"上游"一号导弹改装电视头第三次技术协调会议。会议肯定了海防导弹采用电视导引头的必要性,要求各有关单位以严肃认真、周到细致、稳妥可靠、万无一失的科学态度做好工作。

会议期间,电视导引头与上游一号导弹初次进行了电气对接协调和总装检查,电视导引头与导弹的电气连接畅通、协调、信号极性正常。总体协调和电视导引头的过载试验均满足要求,为电视导引头正式装弹打下了良好的基础。这次会议还正式命名改装电视导引头的"上游"一号导弹为"上游"一号乙导弹。

1985了年6月22日和7月11日,"上游"一号乙导弹进行了首次飞行试验。第一发弹直接命中目标。第二发弹飞行正常,控制系统工作协调,导弹及时捕捉了目标,但在转入跟踪后,由于电视末制导的内部干扰,使导弹很快落水。整个飞行试验是成功的,达到了一发命中,一发飞行正常的试验要求。

1985年10月,由海军导弹部、电子工业部通广局、航空工业部导弹局主持,召开了电视导引头装"上游"一号导弹技术成果鉴定会。会议认为,自1981年5月由海军、三机部、四机部、广播电视总局联合下达任务以来,"上游"一号导弹改装电视导引头的工作是很有成绩的。经过四年多时间的努力,完全依靠自己的力量研制成功了我国第一代电视制导的海军战术导弹,为海军导弹提供了一种新的制导手段,有效地提高了抗电子干扰能力,为海军装备更新做出了贡献。

新的腾飞:自行研制"上游"二号舰舰导弹

"上游"二是中国自行研制的小型化超音速舰舰导弹,体积小,重量轻,速度高,抗干扰能力强。

装液体火箭发动机的"上游"二(液)从1970年开始研制,彭历生任主管设计师。其间因"文化大革命"影响,研制进程一再受阻。直至1975年,"上游"二(液)陆上模拟弹试验发射才获成功。1980年,又完成了陆上遥测弹发射试验。至此,"上游"二(液)的研制告一段落。对于小型化低空超音速导弹的飞行特性与品质,在理论上和实践上有了比较深入的了解,给后来发展新型导弹积累了经验。

1976年,根据海军对装备提出的新要求,装固体火箭发动机的"上游"二(固)的研制提上了日程。1984年8月,国防科工委将"上游"二号固体导弹列入国防科技"七五"计划。8月1日,作为工程零点,"上游"二(固)设计研制工作正式拉开帷幕。为了加强研制工作责任制,经航空部批准建立了设计师系统,彭历生任总设计师,左重、张琚、温育坤任副总设计师。1989年12月,在海军试验基地试验场,"上游"2号固体导弹以7发5中获得成功,完成了定型试验。

1991年3月,通过了国家军工产品定型委员会的审查,批准设计定型并投入批生产,正式命名为"上游"二号SY-2导弹。从此,海防导弹的家族中又增添了一名新成员。

"上游"二号从1984年8月1日研制工程零点开始,至1989年12月设计定型飞行试验成功,历时5年5个月。批生产型导弹随后进入中国海军服役,并在该弹基础上不断改进发展,形成一个包括多种型号在内的新型反舰导弹系列。

从"上游"一号仿制成功到现在的40多个春秋中,洪都在老一辈无产阶级革命家的亲切关怀下,在上级领导机关的大力支持和帮助下,广大科技人员、工人、干部,以崇高的责任感、使命感,自力更生,艰苦奋斗,团结协作,奋勇攀登,先后自行设计、改进改型15个型号的海防导弹,其中定型8个,3个获国家科技进步二等奖,4个获1978年科学大会奖,1个获1988年国家质量银质奖。这条中国组建最早的海防导弹研制生产线只用极少的经费为海军提供了80%的反舰导弹,产出值高达投入值的10倍。为发展和加强祖国的海防事业做出了重要贡献。

我国第一架民用飞机诞生纪实

李韶华

1957年12月25日《人民日报》在一版显著位置刊登题为"我国航空工业新的重大成就,第一架多用途民用飞机诞生"的新华社电讯稿。这种多用途民用飞机就是由南昌飞机厂(现为江西洪都航空工业集团有限责任公司,以下简称洪都)仿制苏联安-2的运-5飞机。

运-5飞机是我国自己制造的第一架民用飞机。这架飞机的制造成功,标志着我国民用航空的重大发展。通过这架飞机的制造,我国初步掌握了速度较高和型别较大的民用飞机技术。运-5自1958年3月成批生产到现在已五十多年了。半个多世纪以来共生产了1000多架,是我国生产批量最大、投产时间最长的运输机。它的各种改型在国民经济的各个领域中发挥了显著的作用。它的航迹遍及祖国的山南海北。运-5飞机还提供给亚欧一些国家,成为中外交流的见证。

1956年10月,洪都接到部局试制安-2飞机的命令和指示(安-2飞机是苏联安东诺夫设计局于20世纪40年代末研制成功的一种多用途民用飞机,基本型是运输机,还可作救护机、旅客机和跳伞机用。国产安-2飞机曾命名为"丰收-2",1964年11月后使用运-5的名称)。

指示要求:试制时要做到学习苏联先进经验和创新相结合,发挥独立思考独立设计能力,学会独立制造整架飞机的本领,采用新技术保证产品质量。通过试制培养一批技术力量。按国家规定安-2飞机5年总产量100架,最高年产量30架安排试造工作,要充分利用已有机床设备和生产面积。

部局决定的下达,正符合洪都职工的心愿,全厂职工精神振奋,充满喜悦,立即开始了试制的各项准备工作。决心打好打胜安-2试制这一仗。

当时,苏联成套图纸尚未到厂,为了熟悉运输机的结构工艺特点,工厂就根据民航送修的805号安-2飞机的结构说明书,参考实物安-2的飞机结构,并按同年10月份寄到的理论图确定了试制工艺原则,即采用基准孔工作法作为保证全机协调互换的方法;不使用苏联的工艺资料,自行确定工艺方案编制工艺文件,选择、设计工艺装备;工装设计按苏联航空工业标准化图册采用标准化元件,推行典型型架设计结构;所需工艺装备一次提出分批供应等。与此同时,调整了部分车间分工,编制了指导性工艺文件,开展了工艺装备标准化工作,提前进行可以做的工艺装备设计工作,绘制了理论模线。

安-2飞机正视图(中航工业洪都提供)

1957年1月底,苏联整套安-2飞机图纸技术条件到厂。从2月1日起,工厂设计科组织翻译人员和设计员投入了紧张的翻译、审核协调以及描图晒发工作中。在安东诺夫总设计师代表、苏联专家斯米尔诺夫的帮助指导下,于3月18日基本完成,4月13日全部结束。在审校和协调工作中,技术人员提出了多项建议,如提出利用雅克-11飞机冷气瓶、螺旋桨整流罩底盘和锁圈用于运-5飞机上,将安-2座舱左侧电加温玻璃改为温气加温、选用国产优质锁代替安-2旅客窗门锁等建议,得到了斯米尔诺夫的首肯和支持。与此同时,模线室50多名模线设计人员立即投入了外检及结构模线的绘制工作,至4月15日止,共绘制结构模线153平方米、218块,圆满完成了绘制任务。工艺科从2月19日至4月20日及时完成了成套工艺计划4794页的编制工作;仅以一个月的时间编制材料定额7700页;同时还组织厂工艺人员和兄弟单位来厂帮助工作的工艺人员以及北航、南航来厂实习的师生,展开了工艺文件的修订编制工作。从3月15日至5月3日,他们修订了指导性工艺文件,编制工装定货技术条件2391项,零件装配工艺规程6960份。工装设计科从3月中旬开始到5月10日止,共完成工装设计2391项。并在设计中,对一些工装结构作了改进,体现了设计人员的独创精神。

运-5试制中工装制造的特点是项目多,周期短,任务重。由于实行了平行交叉作业,各部门密切配合协作,按进度提前完工。木模样板车间,完成了大量制模工作,比较熟练地掌握了制造大型木质模型的技术。型架车间共完成装配型架和标准工艺装备143项。模夹具制造车间共完成模具2328项。工具车间完成刀量具301项。

运-5飞机零件全面试制是从4月份开始的,在此之前,不需专用工装按图尺寸即能制造的零件已提前投产。

钣金零件的制造,使用了闸压床成形钣弯型材、前缘蒙皮的前缘和标准型材的大梁零件;使用了靠模滚弯机滚制飞机蒙皮。减少了手工操作,扩大了钣金机械使用范围。机械加工件的关键是上下翼间的张线(长度4米多),运-5试制批由苏联进口。后经工装设计科设计员、车间工艺员和工人通力合作,改装了机床,设计了拉模,在成批生产时已制造出合格的张线供装机使用。钳焊零组件的制造,着重解决了座舱骨架变形问题并掌握了发动机架的焊接技术。

部件装配是飞机试制中的重要阶段。为顺利完成这一阶段的工作,工艺部门组织人员深入生产现场,及时解决装配铆接中发生的技术问题;部装车间对于关键部件关键工序采取措施固定专人负责,零件一到,不分昼夜,争分夺秒进行装配;生产调度人员和型架车间工人则全力以赴,配套零件,抢修型架故障。由于前后方紧密配合,整个装配工作进展顺利。总装配工作在苏联专家的帮助下,解决了螺旋桨平衡、排气管装配、翼间支柱安装和发动机包皮装配等问题,提前完成了总装任务。

我国第一架多用途民用飞机——安—2 运输机

1957年10月初,洪都总装出了一架作静力试验用的运–5飞机。因洪都静力试验室和设备条件的限制,于10月10日发送沈阳,委托112厂进行静力试验。全部静力试验工作共有36个项目。试验工作于10月18日开始至11月27日结束。在36项静力试验项目中,有33项达到或超过100%要求,有三项分别达到97.5%、96.5%、95%的设计载荷。经与安–2总设计师代表、苏联专家斯米尔诺夫研究后,112厂静力试验室对洪都首批部件静力试验做出了具有足够强度,符合使用条件的结论,并经112厂总工程师高方启立和驻厂总军代表的批准。

运–5的试飞工作,分为工厂试飞和国家鉴定试飞两个阶段进行。1957年12月7日,第一架运–5由陈达礼驾驶首飞成功,12月10日按工厂试飞大纲试飞合格。国家鉴定试飞于12月11日开始,19日结束,历时9天,试飞员仍是陈达礼,共飞行42个架次、27小时17分。工厂试飞和国家鉴定试飞共飞行48个架次、32小时。试飞结果证明，首架运-5飞机的飞行技术性能符合苏联资料所规定的要求。1957年12月23日，以主任委员王秉璋为首的国家临时鉴定委员会认为，运-5飞机是合格的，可以进行成批生产。

1957年12月24日，洪都召开了运-5飞机制造成功庆祝大会。国家临时鉴定委员会主任委员、空军副司令员王秉璋，第二机械工业部副部长刘鼎，江西省省长邵式平先后在庆祝大会上讲话。尔后，试飞员陈达礼驾驶新制成的运-5飞机进行了飞行表演。当飞机在蓝天翱翔时，群情激动，新中国第一架飞机诞生地，3年之后又试制成功我国第一架多用途民用飞机，洪都人感到无比的自豪和骄傲。

1958年3月，国务院军工产品定型委员会批准运-5飞机定型投入批生产。同年5月，运-5飞机在北京全国农具展览会上展出。

运-5飞机自1958年3月转入批生产后，当年即生产了90架，翌年又交付了167架，并创造了一个月总装71架、一天试飞合格29架的纪录。1962年以后运-5飞机转入稳定的正常生产，成为洪都的主要产品之一。根据民航、空军、海军及外事部门提出的不同要求，洪都相继研制了多种改进型飞机。运-5的主要型别有货运型、客运型、农业型、跳伞和空中支援型、救护型等。至1968年转产，洪都共生产基本型和各种改进型飞机728架，不仅在国内广泛使用，而且有78架出口阿尔巴尼亚、朝鲜、尼泊尔、柬埔寨等国家。

运-5转入成批生产后，工厂十分注重质量，零件、部装、总装质量均有所提高，基本解决了国家鉴定中提出的问题。1964年6月，国防科委第六研究院曾在一份有关运-5飞机报告中称：1958—1964年3月底，空军使用的113架运-5共飞行23 251小时，民航使用的260架运-5共飞行28万小时均未发生过因飞机性能、机械等原因引起的飞行失事事故。1964年，航空局批复同意运-5飞机寿命由600小时延至800小时。

1970年5月，第三机械工业部决定把运-5转到河北省石家庄市红星机械厂（现为石家庄飞机制造公司）生产。根据部对口支援的要求，洪都向石飞公司提供了全套技术资料，供应了5架份原材料、铸锻件毛坯件和部分成件，供应了成套专用工艺装备，并抽调了部分中层以上干部、技术人员和老工人共60人先后分批赴石飞公司协助工作。洪都支援石飞公司的发运工作，从1970年5月16日开始到6月16日止，共发出30个车皮。整个支援工作直到石飞公司自行生产出飞机才告结束。1987年石飞公司研制成功运-5B型飞机，1989年5月20日获得中国民用航空局颁发的补充型号合格证，1990年开始批量生产。我国生产的第1000架运-5飞机于1996年12月25日在石家庄飞机制造公司推出。

运-5飞机试制和转批生产时没有照搬苏联工艺资料，而是既吃透苏联提供的资料又不迷信资料，针对生产实际和使用中发现的问题，对原设计进行了一些改进，独立自主、自行确定工艺原则，自行编制成套指导性工艺文件和工艺规程，自行选择和设计工艺装备。这体现了对引进产品、技术进行消化、吸收、有所创新的原则。

试制中,工厂大胆使用新技术,如综合运用标准件和基准孔协调工作法,采用标准化设计工艺装备等,大大提高了工作效率。尤其可贵的是,洪都充分利用工厂已有条件,挖掘内部潜力,在没有扩大厂房面积,机床设备只增加七台的情况下,提前一个季度圆满完成了试制工作。如果说洪都仿制雅克-18飞机时全盘照搬苏联资料,是牵着手"学步",那么试制运-5时已经能够放开手自己"走路"了。

运-5飞机是一种安全可靠、性能良好、用途多样的轻型飞机,并具有经济性好、使用维护简单、安全可靠等特点,运-5不仅能低空飞行,用于农业的灭蝗杀虫、播种、施肥,森林防护灭火,地质勘查、探矿,医疗救护,民航客货运输,军队训练伞兵和跳伞运动,等等,而且加装涡轮增压器后,还能够进行高空飞行,用于探测高空大气和航空测量。如果加装水上飞行设备,又能作水上飞机使用。运-5飞机有较好的低空飞行性能,可在简易机场起降,能适应包括农林作业等多种用途的需要。这种飞机以其实用、经济安全而风靡世界,总共生产了1万多架,至今还在使用。

K8 飞机研制的前前后后

石 屏

K8 飞机从首次飞上蓝天迄今已有二十余年了,关于它的报告文学、回忆录和纪实文章已经很多。作为 K8 飞机的总设计师,我提笔写这篇文章是想侧重说明:这架飞机为什么从 1974 年空军提出研制要求到 1994 年才首批交付,其研制时间长达 20 年;K8 飞机设计试制过程中遇到了哪些困难;有哪些关键技术需要突破;乃至遇到一些什么出乎预料的艰难抉择和交锋;等等。也就是说,我在这里主要是讲述这架飞机的研制探索历程。

五年探讨(1974—1979)

1974 年 4 月 5 日,原三机部根据空军需求,向上级部门提交了《关于自行设计研制初级喷气教练机的报告》,报告中确定飞机研制定点南昌 512 厂,发动机研制定点株洲 331 厂和 608 所。

1975 年 12 月,国务院、中央军委常规装备发展领导小组批复同意此报告,要求按初喷教飞机的主要战术技术指标展开设计,这是 K8 飞机研制的起源。

1977 年,有关部门确定 331 厂测绘仿制美国通用电气公司(GE)的 J85-17A 发动机,作为初喷教的动力。1978 年 10 月 331 厂明确表示不能完成 J85-17A 测仿,为此,512 厂与 331 厂联合向三机部报告,提议引进一批 J85-17A。

1978 年 12 月,512 厂上报初喷教(L7)设计方案。但在不久的元月份 512 厂与 320 厂合并,一个月后,三机部通知 320 厂暂缓初喷教机的研制,至此,计划搁浅下来。

在这五年的时间里,设计组主要是选发动机,原有几个国产方案均未成立,后决定测仿 J85-17A,可按当时的条件和制造能力实际上是不可能做到的,单材料一关就很难攻克。因此,暂缓研制也是必然的。1978 年 10 月,我到 331 厂商议从意大利引进 J85-17A,并上报了设计方案,却没有什么回音,我只是交差了这个阶段的工作任务而已。

在这五年中,虽没有找到可用的发动机,但我们坚持研究当时国际上正在服役的 L-39、HAWK、Alpha-Jet、MB339 等教练机,熟悉了各种数据,学习了先进的设计理念和方法,同时进行国产教练机方案探讨,这为后来重新上马的设计研制工作奠定了重要的基础。当时,我们推出了三种方案,一种是参照 L-29 的方案,一种是高置平尾的尾撑方案,另外就是最后上报的是"781"方案,三个方案都是以 J85-17A 发动机为动力的。

石屏向小学生们讲授航空科普知识

四年论证(1982—1986)

教练机停研两年后,1982 年 11 月,三机部外事局与中航工业洪都协商,在原初喷气教练机的基础上,研制新一代教练机。外事局根据当时进口的可能性,建议发动机在加拿大普惠公司的 JT15D-4C 和美国通用电气公司(GE)的 J85-17A/CJ610-8A 两种型号中选择采用。

事情有了转机,陆孝彭所长当即指派我组织了由 10 人组成的方案论证组,对两种发动机、两种座舱布局(串座和并座)进行方案论证。这是一个艰难的过程,我们一方面组织与外国公司购买发动机的谈判,一方面不断向空军汇报方案,争取空军立项。

当时,我们和外国公司谈判选购发动机还是第一次,既不懂行情,又不熟悉西方发动机,实际操作起来心中无底,感到十分困难。于是我们从学习 MIL-5007D(美国军用发动机规范)开始,逐项研究规范内容。加拿大普惠公司、美国 GE 公司第一批来的商务人员,开始与我们谈判时,并不经意,但在答复不了我们按规范提出的发动机与飞机匹配问题及其他一些技术细节问题时,才意识到我们做了大量准备工作,只好回去请示。他们随即派来了专家,认真了,谈判谈得深入,每次都带回许多问题,约定下次再谈。从 1984 年谈到 1986 年,谈了两年多,期间还组织了到 GE 公司谈判、参观并签订 CJ610-8A 的技术协议(CJ610 是 J85-17A 的民用型,便于出口)。

通过这两年多的谈判,我们长了见识,积累了较丰富的谈判经验。

我们的飞机设计方案论证是面向国内外两个市场的,首先是国内市场。公司多次与空军商谈战技要求,向空军机关汇报设计方案,设计方案是依据 1975 年常规装备领导小组批准的战技指标,选用国外的发动机。但空军对购买美国发动机心存疑虑,所以一直没有认可。现在看来空军的顾虑是有远见的。

1984 年 6 月,巴基斯坦代表团来我公司考察我们设计的飞机,认可其是性能很好的教练机,采用 CJ610-8A 发动机是可靠的,希望改装电子设备,认为可以代替 T-37。可不知什么原因,代表团回国后却没有下文。

至 1986 年 7 月研制和市场开发工作没有任何进展,方案组也解散了。此时,民机竞标和民品生产掀起热潮,公司为适应市场和取得经济效益,将设计所大部分人员投入其中。教练机的研制处于低潮,连我只剩下三个专职人员,我也要安排民品工作,但我坚持留下了。

在寂寞和孤独的等待中,四年又过去了。在这段时间里,我知道国内市场条件还不成熟,空军的初教6—歼教5训练体制虽有缺点,但要淘汰一个机种,换一个新机种,涉及多方面问题,一时难以论定,况且发动机选型仍然是个问题,没有很好的办法解决,所以当时不能立项也是能理解的。

国际合作面向国际市场(1986—1987)

在争取国内立项困难的情况下,经中航技大力支持与推介,公司将目光转向了国际市场。1982—1984年期间,中航技与我公司就合作研制教练机签订了内部协议,并做了很多筹划准备工作,但当时双方都没有资本积累,一时也没有找到国外用户,也就是说,双方处在一个既无资金又无客户的困难境地。

1986年8月21日,中航技副董事长赵光琛率团赴巴基斯坦,我也随团参与,此行的任务是与巴基斯坦洽谈合作研制教练机的可能性,经过五天的商榷,我方终于与巴国防部航空项目局签订了《中巴合作研制新一代教练机总协议》,巴方同意投资600万美元。当时我带了配装JT15D-4C发动机的简单设计方案,但没有提交,我想如果有书面方案,巴方组织飞行员来讨论,那多少天也统一不了意见,于是第一天上午只做了口头介绍。但当天下午7时,巴方通知次日上午要我们去国防部听证会上作较为详细的介绍。我受命当晚起草报告稿,经反复修改誊清后已是次日清晨5点。报告由贺福康副厂长宣读,他表述了主要设计思想是提高训练效率、降低训练费用,列出的主要技术指标显示其性能优于T-37飞机,阐明了研制计划及研制阶段的划分等。报告结束后,会场响起一片掌声,巴方参会的将校们没有提问题,国防部生产秘书同意报告所述方案,指示项目局长进行协议详谈。整个协议起草以及协商都是李泽藩同志主持的,他严谨的工作作风令人敬佩。在讨论协议时,我建议不要把所说过的一系列数据写上,只写重量、最大速度,其他详细数据待在最终设计方案上确定,同时双方着手准备,下一年定时间讨论详细战技指标,巴方考虑他们有了进一步提要求的机会,立即同意了。由于中航技的前期工作准备充分,以至于只用五天就成功签订了协议。代表团不虚此行,这是一次成功的谈判。

和巴基斯坦签署了协议后,选定发动机成为燃眉之急,美国盖勒特公司的TFE731-2A涡扇发动机配装了两型教练机,我们曾几次联系均未得到回复,我向中航技采购处提出要求,中航技访问了该公司,正好该公司新任领导有开发中国市场的打算。1986年10月美国盖勒特公司商务人员到中航工业洪都介绍TFE731发动机,带上我们提的问题回去了。11月以总工程师为首的一行8人来南昌讨论,对方同意以TEF731-2A(起飞推力1588公斤)的价格提供TEF731-2A-2A(起飞推力1633公斤)。当晚吴铭望总经理和在家的公司领导听取汇报后,同意选用该发动机。

1986年10月至12月,我方先后以CJ610-8A价格昂贵,JT15D-5推力小(起飞推力1317公斤)为由,结束了两发动机谈判,并于12月上报航空部《关于L8教练机发动机选型报告》。历经三年的三种发动机选型谈判终于结束了,这是个艰难的过程(因为后来还有异议,直到飞机首飞后才真正结束)。

1987年2月,我方在美国与盖勒特公司签订了发动机技术协议和商务合同,合同规定借用三台发动机,并免费提供发动机仪表及传感器、起动发电机和液压泵。协议还规定盖勒特公司来我公司,在飞机上进行推力测定及发动机畸变试验,这是我国尚未进行过的试验。

1987年3月,航空部王昂总工程师召开K8工程工作会议,决定K8飞机列入部计划,军机局负责项目管理。

1987年4月,国防科工委批准《教8飞机作为外向型飞机立项研制》,从此确立了K8飞机首先面向国际市场的定位。

技术攻关、三年首飞、二年定型(1987—1992)

1987年5月14日—19日,巴基斯坦国防部率15人代表团来南昌,双方签订了关于高级教练机战术技术要求的协议书和备忘录,确定了飞机状态,规定1987年6月1日为工程零点,三年首飞。

此型基础/高级教练机,国内型国家正式命名教8,代号L8。国外型,为祝愿中巴合作成功,取KLAWQUELEN(克拉昆仑山)的字首取名,代号称之为为K8,中航工业洪都将其冠名为"雄鹰"。

与同时代的战斗机相比,K8算是小飞机,但飞机虽小却有不少关键技术。常言道:大有大难,小有小难,用在这里是很确切的。1986年8月以后,巴基斯坦方多次来传真,要求配装电子飞行仪表系统、塔康、仪表着陆系统、双零弹射座椅等,巴方提出K8飞机要参与国际市场竞争,所提出的这些设备,多是那时战斗机用的。这些设备当时我国没有成熟产品,和有关单位联系,准备国产。这件事潜伏了大的麻烦。

K8飞机设计工作全面铺开了,1987年8月巴基斯坦九人设计小组驻我公司参加设计所工作,我所派九名技术骨干按专业对口与其联系,及时向他们介绍情况,听取他们的建议。他们均从部队调来,都有大学学历,有维护西方飞机的经验,而我们正缺乏与外打交道的经验,第一次遇到这样的棘手情况,一时真有点应接不暇。

工作全面展开,我们的压力很大,特别是我得知中航技与巴方有个内部协议,K8研制不成功要退回投资,事关国家荣誉大局,同时也影响公司的信誉乃至生存,更增压力。让我庆幸的是公司领导班子和全体职工坚决支持K8项目,他们全力支持信任设计师系统的工作,使我颇觉欣慰。

K8设计师系统设有一名总设计师,由我担任,还有三名副总设计师,分管总体气动、结构强度、特设系统、机械系统。设计所各室主任是主任设计师。当时我们的主导思想是"只能成功,成功就是一切"!个人得失甚至健康状况都置之度外,设计人员中有的放弃了出国考察机会,有的中止了社会活动。家住南昌的副总师谢冠奇是"老胃病",每天加班到深夜,冬天骑着自行车,风里来雨里去,我们劝他晚上不要来,他坚持不下火线,以致病倒上了手术台,当时的情景真是感人。

K8 飞机是出口型飞机,二十世纪八十年代中期,我们的细节设计及工艺制造水平,与国际先进飞机比有很大差距。为进入国际市场,提升竞争力,设计方案要在提高训练效率和降低全寿命费用上下功夫,与国际同类飞机比较,总体方案上要有突出特点,使用维护性能上要有优势,总的来说就是要性能质量好,性价比高。因此 K8 教练机的研制过程是持续的技术攻关过程,几乎每个坎,都要组织攻关。K8 飞机的十大特点,就是技术攻关的结果。

1. 高低速的良好飞行品质、机动能力和良好的失速特性。
2. 尾旋特性预测及试飞。
3. 大翼展、大后退量襟翼,设计运动协调机。
4. 不脱后机身,实现机身腹下顶装发动机。
5. 操纵系统用液压控制不用冷气。
6. 飞行导航仪表综合显示。
7. 进排气系统与涡轮风扇发动机匹配。
8. 8000 小时使用寿命。
9. 具有对地攻击能力。
10. 高效率环控,有地面空调能力。
11. 共固化复合材料垂尾设计。
12. 多圆弧座舱盖修型,整体舱盖穿盖弹射。
13. 可靠性维修性设计。
14. 防滑刹车。

上列关键,现在看似平常,但在 1986 – 1987 年间其中许多项都是国内首次涉及的。这些项目遍及设计所所有专业,每一项都浸透了同志们的汗水,都有创新成果。

尾旋试飞是我国首次设定自行研制的飞机需完成的高风险试验项目,江积祥同志和有关专业人员进行了长达五年的计算及试验,先后与意大利马基公司和俄罗斯飞行研究院合作,并深入试飞现场,为完成 K8 尾旋预测及试飞做出了不可磨灭的贡献。

大翼展、大后退量的襟翼,为控制两端按同一百分比运动,设了一套运动协调机构,从木质模型试验开始到金属模型最后在飞机上试验,这个机构是个创造,显示了设计人员的智慧。

实现后机身腹下顶装发动机,使换装发动时间为 56 分钟,克服了机身大开口的强度和刚度问题及大舱门锁设计困难。这种设计也是首创。而顶装设备最后也采用了总装车间工人设计的顶装车。为了这两项设计,马启禄、白佐周和相关专业人员付出了艰苦劳动,作出了重要贡献。

8000 小时使用寿命,在我们强度专业的两代领导的努力下,达到了目标,是我国首次。共固化复合材料垂尾，经过多次试验后稳定生产，已经交付345架，这也是我国首次。我们曾将技术关键列为29项措施，经批准后实施。张彤总工程师每周定期开会检查，促进了设计、工艺、生产三结合，使问题得以及时解决，推动了攻关工作。正因如此，K8飞机获2000年国家科技进步最高奖一等奖。

1987年5月，北航杨为民教授来南昌宣传可靠性维修性设计，想找试点，我当时就决定，K8飞机要进行可靠性维修性设计，并派专业人员进行外场调研，收集有关飞机故障信息5000余条。6月聘请可靠性顾问，正式开课，组织设计人员学习，同时开展可靠性维修性设计。

1987年10月开始，K8飞机进行多次多类型实验，不断改进设计方案，最后甚至重做1:20高速模型，直至1988年8月中旬才达到了满意结果。1988年8月30日冻结外形，发出试造用全机理论图（以前的理论图供打样及工艺准备用）。为澄清放襟着陆的力矩特性及进一步验证平尾效率，决定制作1:2低速模型，在29基地的4×6米风洞进行风洞试验，1990年初完成试验。1988年8月至1989年底，先后完成了进气道、铰链力矩、载荷和其他风洞试验，为方案评审和首飞作了准备。

1987年5月至1989年完成成品选型及相关试验。

K8飞机装机成品共308项，其中引进国外成品16项，新研、改型55项，1987年5月，开始签成品合同，航空部主持成品协调会，原则是"共冒风险，共同投资，共享市场"，缓解了科研经费不足。

16项国外成品有8项免费，8项采购。当时对采用国外成品有争议，不同的意见是：国外成品多，成本增加，不为空军接受，会失去国内市场，有违两个市场的初衷。但是经过近10个月的国内调研和协商，我们认为，在国内研制不保证质量和进度，且一次性投入科研费太多，根据科工委批准出口型立项的精神，为了有利于开拓国外市场，首先要满足巴方要求，我们当机立断，终止国内已签订的部分（大部未签协议）协议，一边打样设计，一边与外商谈判。1988年全面落实了国外成品，这一举措根本上确定了K8飞机首先要面向国外市场。

1988—1989年先后在国外完成了下列试验：

发动机进气匹配试验（畸变试验）及电瓶起动试验（美国）、环控系统试验（美国）、电子飞行仪表系统联试（美国）、座椅穿舱试验（英国）、旋转天平试验（意大利）。

K8飞机设计鉴定前要完成尾旋试飞，尾旋风洞试验和反尾旋装置成为关键。1987年12月，意大利马基公司飞机总设计师巴佐基一行6人来访，商谈K8技术合作，意方主要是介绍MB-339，希望采用该机成果，并推荐采用该机座舱设计。关于尾旋试验试飞，他们不作垂直风洞试验，用旋转天平风洞试验取代，我方要求与该公司合作，进行旋转天平风洞试验及尾旋试验，双方签署了备忘录。1989年7月，在马基公司免费完成了旋转天平风洞试验。鉴于K8飞机气动设计成功，马基公司认为K8飞机是竞争对手，没有继续和我们讨论技术合作，尾旋试飞也谢绝了。鉴于这种情况，中航技与俄罗斯飞行研究院联系合作进行尾旋试飞。由于我们在国内进行了大量的大攻角风洞试验,在马基公司又进行了旋转天平试验,取得了两个试验的动导数,根据试验数据进行了大量尾旋特性计算预测,具备了与俄罗斯飞行研究院合作的条件。与俄罗斯合作方式有两种:一是请俄罗斯试飞员携带反尾旋火箭来华完成试飞;二是向俄方采购反尾旋火箭,由于中国试飞员完成尾旋试飞。总师系统认为采购火箭可能性不大,同时新研飞机进行尾旋试飞风险大,为确保安全,还是决定由俄方试飞员完成。1992年11月初俄罗斯飞行研究院副院长罗伯斯等5人来公司,由于我方准备充分,12月中旬完成尾旋试飞,为设计鉴定创造了条件。

K8 飞机问世(1990—1992)

1988年5月军机局主持召开技术评审会,我们向会议交出了31项问题及相应的29项措施。1988年9月全面开展详细设计,1989年1月31日发出设计图样,试验及试造工作并行开展。

K8 飞机

K8 空中英姿

01 架样机于 1990 年 11 月 21 日胜利首飞,12 月 5 日国防科工委、航空航天部、空军司令部、海军司令部、空军各部领导及中国银行领导观看了 K8 表演,K8 的飞行性能得到了肯定,同意讨论空军教练机立项,从此拉开了国内型(K8J)飞机的研制序幕。

1991 年 1 月 11 日中巴联合举行 K8 首飞,并举行了新闻发布会。

1992 年 12 月 11 日完成设计技术鉴定,鉴定委员会的意见是:"气动布局合理,各系统原理正确,工作可靠,功能满足要求,飞机基本性能达到指标要求,操稳性能良好,喷气教练机设计是成功的,其综合性能优于同类教练机,填补了我国基础教练机的空白。"

飞出国门(1992—1994) 五年开拓市场(1994—1999)

1992 年设计鉴定后,开始进行 K8 飞机小批生产,这时巴方提出中国空军是否有订货,我方称中国空军采购装国产发动机的 K8J(即 JL8),并由王昂副部长陪同巴方空军司令去株洲 331 厂考察了扇涡–10 的生产现场。1994 年 11 月向巴基斯坦交付首批 6 架,K8 飞机首次飞出国门。直到 1997 年,虽然有几个国家空军考察过 K8 飞机,仅有10架订货。

1997年9月在埃及进行评估飞行并作飞行表演,在埃及评估飞行,与捷克的L-139和意大利的S211A竞标,K8飞机以性能优势和价格优势获胜。

此后又从埃及出发,飞往埃塞俄比亚、肯尼亚、坦桑尼亚、莫桑比克、赞比亚和津巴布韦等六国作飞行表演,返回埃及继续评估飞行,往返行程近一万五千公里,称为"非洲万里行"。这样的远程转场作飞行表演,没有发生过故障,对K8飞机是个考验,也是一个宣传,造成了很大的影响,获得了很高的评价,为K8开拓市场创造了条件。在此期间相继有了亚洲、非洲的销售合同。

1999年12月有一个重大的进展,我方与埃及签订了合作生产80架K8飞机(此后又续订40架)并建立飞机研发中心的合同。这是我国首次输出整机生产线和设计技术。这个合同来之不易,直接原因是我们在埃及前后进行了两年评估飞行,证明了飞机性能优良。与意大利等航空制造强国竞争,其激烈场面可想而知,没有真材实料是玩不转的,这其中中航技也做了许多方面的工作,我方的合同文本及背景资料就有6箱35公斤。

执行埃及合同,对我所的技术进步起了很大的促进作用。K8飞机全部设计文件,包括图样、技术条件、试验文件以及计算报告等,都提供电子文档。全部图样均转为CAD制作,这是一项很繁杂的工作。为国外建飞机研发中心,提供研发中心办公室和试验室建设方案,为四个试验室提供配套试验设备,为设计室提供设计计算软件和全部设计资料,这也是我国首次。合作生产的技术和管理更为复杂,非万言不足以述其梗概,这些经验是公司的宝贵财富。

K8飞机是二十世纪八十年代中期设计的,与现在比,那时候的条件就简单多了。但设计人员热情很高,我们从来不通知哪个单位哪些人晚上或节日加班,但在工作忙时,各办公室晚上总是灯火通明。我们每周五下午总师碰头会,周六下午所长、总师、各室主任参加的作业会,总设计师主持,一般限2小时,但有时争论多的话,会开半天。那种争论激烈,言无不尽而又能统一意见的情景,宛如昨天。

我们经历过困难时期,面对着外部压力,我们的同志都自信自强,勇往直前。那些人,那些事总在想念中。我们缅怀那些为K8飞机研制作了重要贡献,现在已经去世的同志们,并向他们致敬!为继续在K8系列飞机改进改型的岗位上,为中航工业洪都的收获和荣誉而战的同志们鼓掌、呐喊,祝他们从胜利走向更大的胜利!

山重水复疑无路,柳暗花明又一村,我与K8同呼吸、共命运二十余载,深刻体会到这句诗正是这探索历程的生动写照。

(作者为中国工程院院士、K8/教8飞机总设计师)

不尽长江滚滚来
——新中国第一辆军用边三轮摩托车"长江750"诞生记

韶 华

长江,中国的第一大河流。自古至今,多少文人墨客赋诗著文,吟诵她,赞美她……

1957年11月,以长江命名的新中国第一辆摩托车——"长江750"边三轮摩托车,在制造新中国第一架飞机的洪都公司呱呱落地。

弹指一挥间,"长江"已年近甲子。当年的创业者,话说"长江"仍滔滔不绝……

1957年1月25日,航空工业局发出了《关于大力开展第二产品及召开第二产品协作会议的指示》,会议讨论了各厂第二产品的计划、协作和器材等问题。3月2日,第四局根据边防部队的需要,发出了《关于生产M-72型摩托车的指示》,并正式把任务下达给了洪都(发动机由331厂生产)。

5月初,工厂设计科按照苏联1954年生产的M-72型摩托车实物测绘图纸,7月中旬结束。接着,按图纸及实样进行了工艺装备的设计和制造,以及工艺资料的编写等。工厂还专门成立了一个摩托车车间(代号"50"),负责焊接、装配、试验和部分零件的制造。12月中旬,试制的M-72型摩托车完成了各项试验。工厂自行鉴定合格,随即转入成批生产,并定名为"长江750"型摩托车。这是新中国第一辆军用边三轮摩托车。

1958年10月1日,秋高气爽,丹桂飘香,整个洪城都沉浸在国庆节的喜庆之中。洪都职工驾驶着40辆刚出厂的草绿色"长江750"摩托车,排列着整齐的方阵驶过"八一"广场,参加国庆游行,并接受省、市领导的检阅。车队顿时成为英雄城的一道靓丽的风景线,所到之处,引得市民纷纷驻足观看。同年12月18日,国防部长彭德怀元帅视察洪都,对工厂生产的长江牌摩托车大加赞赏。是的,因为有了它,便有了我国第一支摩托化部队。

在原第二机械工业部举办的首届民品展览会上,长江摩托获重大民品试制奖。从此,"长江750"便享誉海内外,成为中国摩托车知名品牌。

1959年11月23日,"长江750"型摩托车改型的越野赛跑车,作为第一届全国运动会比赛用车。1960年底,洪都把摩托车生产任务转给毗邻的南昌航空工业技工学校,由校办实习工厂继续生产。1964年,"长江750"摩托车被列为部队常规装备,使摩托车的产量稳步增长,仅1964年至1966年的三年中,就生产了3789辆摩托车交付部队。由于质量过硬,功能较好,"长江750"摩托车在部队的知名度和美誉度越来越高。

20世纪50年代至70年代,长江750摩托车大量装备了部队、公安、邮电等部门。

党的十一届三中全会以后,工厂自筹资金750万对"长江750"摩托车进行了建线改造,建成年产25 000辆的生产能力。为进一步开拓市场,洪都决定对单一军用型"长江750"摩托车进行改进。1981年底,洪都便组织精干的设计、试制小组,以较快的速度试制出公安警车样车,1982年5月通过技术鉴定。1983年获全国优秀新产品"金龙奖"。该车由于采用国外七八十年代新技术,造型英武,款式大方,色调明快,蓝白辉映,使威风凛凛的公安武警战士如虎添翼,警车所至,路塞顿开,深受公安干警的欢迎。

此后,司法、检察部门的订单接踵而至。接着税务、工商等众多部门的合同纷至沓来。洪都按各自专业需要、色彩及徽标不同设计制造出不同风格的专用车。专用车型的开发,使产品销路又另辟蹊径,用户应接不暇。继新型公安警车之后,洪都先后改进改型24种新产品,成为全国工商、税务、森林防火等行业和系统专用摩托车的定点生产厂。1985、1986两年,洪都投资400多万元,建立了"长江750"摩托车总装、边车架等10条生产线,研制了60多台专机,既增加了产量,又提高了质量。"长江750"摩托车以坚固无比、操纵灵活、安全可靠、维护方便而享有盛名。其中,公安警车1985年获

1957年11月,成功制造的新中国第一辆军用三轮摩托车——长江750

省、部优质产品。1988年11月又获国家质量银质奖章。当年美国总统里根访华,为其开道的就是"长江750"摩托车。

1986年9月至1991年9月,黑龙江省文化工作站摄影记者徐力群驾驶洪都无偿提供的一辆"长江750",行程8万公里,完成了祖国绵长的海陆边境线之行的壮举,考察了40多个少数民族,收获了6万张照片和100万字的笔记。他先后在南昌、北京、香港、俄罗斯等地带办过9次摄影展,1993年11月28日,徐力群抵达洪都,转交了原国防部长张爱萍将军为洪都支持徐力群边陲万里行而书的"腾飞五大洲"的题词,并做了一场报告会,以表达他对洪都的感激之情。

在报告会上,徐力群动情地说:"我的伴侣,我的伙伴,我的兄弟——'长江750',载我走过高山、走过森林、走过沙漠、走过戈壁、走过河流、走过草原,16万里,5年行程,它忠诚地在我身边,从未离开,每当我驾着它飞驶,就精神振奋,智慧涌动。如果说成功了,一半功劳应归于'长江750'。"

1997年7月1日,香港回归祖国,举世瞩目。然而,第一批进港用的巡逻车又选中了"长江750"。

"长江"后浪推前浪,一代更比一代强。

"长江750"摩托车先后荣获江西省、航空工业部优质产品,全国"您最满意的摩托车"和国家质量银质奖、中国公认名牌摩托车等殊荣。

鹰击长空展雄姿
——L-15(猎鹰)高级教练机研制纪实

木 子

2006年3月13日下午,雪后放晴,阳光灿烂。洪都集团试飞站跑道南端,一架造型新颖的新型教练机,如一只猎鹰凝视着前方,张翼待飞。16点20分,只见两名飞行员快步跨入飞机前后舱,发动,滑行,加速,16点26分,L-15飞机离地腾空而起,直刺蓝天,爬升,转弯,盘旋,随后慢慢降低高度,16点4分轻盈着陆,稳稳地降落在跑道北头。

凝聚着洪都人汗水和心血的L-15高级教练机首飞成功了!在场的人们报以热烈的鼓掌,握手、拥抱,欣喜若狂,奔走相告,机场一片欢腾。他们把首席试飞员张景亭(试飞院试飞团团长、国家特级飞行员)、杨耀(空军第四试飞大队一级飞行员)抛了起来。

首席试飞员、指挥员与飞机总设计师张弘紧紧拥抱,热泪盈眶。在场的空军装备部和中航二集团领导,洪都集团领导与驻厂军代表和观看职工一起无比兴奋,喜悦之情写在张张笑脸上。

新机研制的成功怎不让人激动,让人喜悦。因为这是洪都人自加压力,自给动力,自主决策,自筹资金,自担风险研制的我国目前最先进的新型高级教练机啊!

为了这成功,洪都人付出了多少艰辛,流淌了多少汗水,战胜了多少困难,攻克了多少堡垒,度过了多少不眠之夜,牺牲了多少休息时间啊!

回首L-15高教机从决策立项、确定总体方案到详细设计,从零件制造到装配,从地面试验到首飞的历程,洪都人感慨万千。

1990年,洪都自筹资金走国际合作之路,将新一代基础/高级教练机K-8送上了蓝天,至今已生产外销了200多架,成为我国外贸主要机种之一。但是,面对骄人的业绩,洪都人并没有因此而满足。他们深刻认识到,在充满竞争的市场经济时代,洪都要生存,洪都要发展,就必须要有竞争力的产品。

一定要有后继机,成为洪都决策者的共识!

国际上主战武器装备不断更新换代,特别是第三代战斗机装备的节奏加快,对飞行员的训练提出了新的要求。而国际国内现役的高教机,大多是20世纪六七十年代研制的飞机,大部分将达到使用寿命,性能上不能满足培训第三代战斗机飞行员的要求。为满足新的训练要求,提高训练效率,世界各国正在开展新一代高级教练机的研制。作为我国教练机研制生产基地的洪都,作为我国航空工业的大型骨干企业的洪都,通过对国内外市场的调研和需求分析,决定自筹资金研制高级教练机,这不仅仅是洪都自身的生存与发展的需要,更是洪都人从国防建设的大局出发对自身提出的要求。1998年11月,洪都正式将高教机研制纳入公司科研计划,至2000年,洪都先后3次邀请上级机关、空海军主管部门领导、专家,研讨高级教练机市场需求、任务使命、战技指标和初步方案设想。进入21世纪,洪都集团加快了新高教的研制步伐。2001年2月,洪都集团公司正式批准立项研制;2003年1月,国防科工委批准将L-15高教机列为军贸出口产品;2004年1月中航二集团批准L-15高教机立项研制。

珠海航展上的L-15(1)

珠海航展上的L-15(2)

自L-15飞机研制工作立项以来,洪都飞机设计研究所提出了各种设计方案,共进行了三个方案的总体气动设计与论证,先后完成了四轮选型风洞试验。2003年9月,设计师系统在对多种设计方案进行论证比较后,确定以第三方案作为飞机总体气动设计方案。

总体方案确定L-15飞机为串座、中单翼、单垂尾、两侧进气,超声速,配装两台涡轮风扇发动机,飞机采用大边条、翼身融合优良的气动布局,具有大迎角机动飞行特性、高敏捷性,最大平飞M数大于1.4,采用三轴四余度数字式电传飞行控制系统和开放式数据总线航电系统,体现第三代先进战斗机的使用特点和训练要求,有良好的可靠性、维修性和综合保障性。其承担的使命和任务:一是装备于空军训练基地,用于基础改装训练和战术训练,衔接第三代战斗机的训练需要,并适当瞻顾第四代战斗机的训练需要;可完成所有基础训练和战术训练科目;二是可装备于作战部队,用于部分作战改装训练和战斗训练,可完成所规定的训练科目;三是可装备于飞行学院进行高级驾驶技术训练和部分专门训练,完成所规定的训练科目。

总体方案确定之后,洪都飞机设计研究所的科研人员便投入紧张的设计工作。全所实行每周工作6天,每天工作11小时的"611"工作制。2003年11月,他们完成了L

-15总体方案设计工作,2004年3月,基本完成了飞机初步设计。2004年6月中旬,总体技术方案通过了部级评审,冻结了技术状态,至此,L-15转入详细设计阶段。

然而,距公司初定2005年年底首飞目标只有500多天时间,在这500多天中要完成详细设计、机载成品研制、样机试造、地面试验、首飞等各项任务。时间之紧、任务之重,难度之大,不言而喻。

对此,洪都集团党委、集团公司联合作出决定,全集团总动员,全力以赴大干500天,确保2005年年底实现L-15高教机首飞。要求在L-15高教机的研制生产过程中,按照系统管理的办法,采取并行工程和项目管理等措施,工艺、制造、试飞、供应等部门提前启动L-15高教机的相关工作,确实做到精心组织,科学管理,明确责任,形成合力,抢时间、保节点。2004

飞机总装

年8月16日,洪都集团董事长、党委书记、L-15型号现场行政总指挥田民在L-15飞机研制现场办公会上强调了三条原则:一是各项工作都要给L-15飞机研制项目开绿灯;二是各项政策都要向L-I5飞机研制项目倾斜;三是各种资源都要优先用于L-15飞机研制项目。全公司立即掀起了大干500天,实现总目标的热潮。

按照高教机研制一级网络图要求,作为L-15高教机研制的龙头单位——洪都飞机设计研究所,10月份要发完结构生产图,12月份发完全部系统的生产图,完成所有详细设计。按照常规,设计一架全新飞机,从冻结技术状态到完成详细设计至少要一年时间。L-15是全新的第三代飞机,技术难度非常大,而洪都飞机设计研究所队伍比较年轻,大部分设计人员没有走过完整的型号研制过程,且在高教机关键技术上基本没有储备,要按照常规运作方法,在短时间内完成设计任务是困难重重甚至是绝不可能的。

打破常规,挑战极限。洪都飞机设计研究所从上到下,统一思想,坚定信心,采取非常措施,超常规工作,背水一战,决心变不可能为可能。

年轻的设计员发出了"让青春与高教机一起飞翔"的铮铮誓言;中年设计员不畏艰难,勇挑重担;返聘的老专家,白首不坠青云之志,无私奉献着自己的知识、技术和经验;全所职工每天加班到深夜,没有双休日、节假日,整天与电脑和图样相伴。

在苦干的同时,他们也利用新技术"巧干"。为缩短研制周期,他们采用了全数字化设计、高度并行工程技术和IMAN管理系统等先进的设计手段。在风洞试验之前,他们利用先进的CFD计算软件进行了大量的数值计算,保证了型号研制工作按程序展开。在外形设计中,他们采用UG和CATA软件构造了全机的理论数模,采用电子样机进行全局打样协调。在结构设计过程中,他们全面应用三维设计手段和并行工程,引进了 IMAN 管理系统,提高了设计质量,减轻了工艺部门的压力。在高教机研制的难点飞控系统设计当中,他们引进了控制律校核等先进软件。

苦干加创新等于成功。洪都飞机设计研究所全体科研人员终于战胜了时间紧、任务重、难度大的重重困难,在 2004 年 12 月底全面完成了详细设计,发出了全套详细设计图样,夺取了具有里程碑意义的研制节点的胜利。

从冻结技术状态到完成详细设计,洪都飞机设计研究所只用了 6 个月的时间,这在国内新机设计中是绝无仅有的。他们完成了一项几乎不可能完成的任务,他们创造了新机研制的一个奇迹。

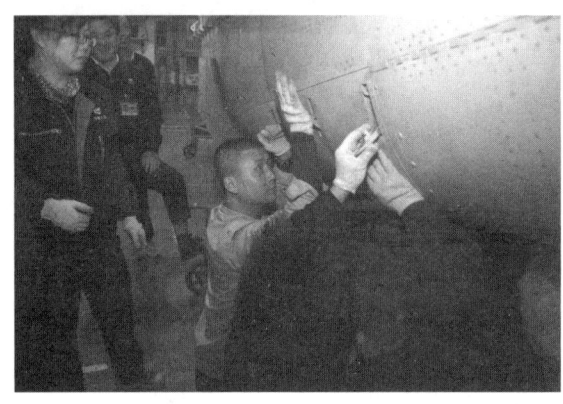

总装车间工人紧张工作

10 年前,洪都集团 JL-8 飞机研制创造了当年发图、当年试制、当年首飞的奇迹。然而,L-15 飞机是衔接第三代飞机的教练机,无论是设计难度、制造难度、试验技术难度、飞行技术难度都远远超过 JL-8 飞机。一旦在工程制造中,或在设计试验中稍有不测,都将会延误研制进度。面对 L-15 研制的严峻形势,田民强调,所有研制工作都必须围绕首飞目标展开,首飞是硬道理。集团公司各有关单位和参研人员要以临战的姿态、实战的要求、只争朝夕的精神,用倒计时的方法,克服一切困难,"细""实""严""狠";超常规工作,争分夺秒,背水一战,确保目标实现。

为实现首飞目标,现场指挥部进一步确定了研制工作的重点、难点、关键点,并提出了五项措施:进一步加强型号指挥工作,加大协调力度;进一步加强并行工程工作;进一步加强对外协作工作;进一步加强研发保障工作;进一步加强思想政治工作,弘扬"洪都精神""强五精神",在广大干部职工中树立责任感、紧迫感、危机感。与此同时,决定从供应部、制造部、工程部、飞机设计研究所等单位抽调有经验的骨干人员到型号办工作,进一步做好 L-15 飞机研制的组织、计划和协调工作。成立工装和设备制造领导小组,负责组织、协调工艺装备设计、制造工作;成立工装试造小组和零件工装、装配工作现场服务组;成立生产现场指挥部,负责组织、协调有关样机试制工作。

生产准备系统、生产系统等各条战线的研制工作全面启动。全公司围绕首飞目标层层签订"军令状",层层落实责任制,倒排计划,形成倒逼机制;深入发动全体职工拼命工作,党员突击队、青年突击队、攻关队纷纷成立,各种竞赛轰轰烈烈;掀起了大干快干、决战保节点的高潮,打响了决战"生命工程"的战斗。全公司干部职工热情高涨。

2005 年新春佳节期间,设计、工艺、工装、生产制造全线加班,加班人数达 11 332 人次,平均每天有 1400 多人放弃与家人团聚,坚守在工作岗位上。尤其是飞机设计研究所,长时间实行"611"工作制,厂领导们认为,春节期间,应该让职工们好好休息,与亲人团聚,然而,我们可爱的职工们认识到,任务不允许,时间不允许,他们以大局为重,全所近400名职工自发自主地加班,从2月10日至15日加班达1790人次。

双休日的洪都厂门依旧像正常时间上班一样敞开着,人流从四面八方涌向生产区。3月12日,星期六,受冷空气南下的影响,南昌大雪纷飞,下了一场17年来最大的春雪,气温骤降,最低温度达到摄氏零度以下,呵气成冰,路上行人稀少,可在通往洪都厂区的马路上,上班人流如织。厂房内,机声隆隆,弧光闪烁,一派热火朝天的大干景象。洪都,为了L-15的首飞目标背水一战!

在L-15飞机进入详细设计阶段的同时,工艺部门包括工装设计所、模线设计所开展并行工程,发挥"厂所合一"的优势,介入设计工作。双方共同讨论设计方案的制造可行性,通过公司园区网了解结构三维设计情况,构思工艺设计方案、工艺装备设计方案和模线样板设计方案,收到了良好效果。

为加快工艺设计进度,在详细设计还未全部完成之时,制造工程部根据现场行政指挥部的决定,于2004年12月初,就召开动员大会,提出"奋战100天,完成工艺设计任务"的要求。组织制造部、标准化处以及各个生产车间等单位的100多名工艺人员和技术人员集中办公进行工艺设计。科技大楼大会议厅便成了工艺系统大会战的阵地,每天都有上百号人在这里进行工艺审查、制定工艺方案、编制工艺分工和指导性技术文件,确定技术攻关项目,编写AO、FO指令,形成了一幅颇为壮观的"百人百日"会战图。

生产准备系统一向是新机试造的瓶颈。L-15装配工装和零件工装共计2929项,模线样板设计制造2413项,专用工、刀、量具505项。这些任务均由工装工具公司承担。按照L-15研制网络图,工装设计与制造周期十分紧张,任务繁重而艰巨。承担全部工装设计、制造任务的工装工具公司于2005年1月31日召开决战L-15工装设计与制造动员大会,董事长田民亲自到会并讲话,为工装线上的干部职工鼓劲加油。2月1日,工装工具公司向所属各单位下达了战令,明确了完成任务的时间节点和负责人,并全面实行"611"工作制,打响了L-15工装设计与制造的攻坚战。工装工具公司党工团组织也分别召开动员会,发出号召和倡议,成立各种攻关队和突击小组,全力投入到高教机工装设计与制造工作中。

作为生产准备系统第一站的工装设计所,早在2004年初就从软、硬件方面为高教机工装设计着手进行前期准备,随后,他们一方面密切与设计所联系,通过IMAN系统查找产品设计数模,进行测量,获取工装设计所需的主要交点数据,然后采用VC进行三维工装设计;另一方面,积极与车间工艺技术人员协商,讨论制定设计方案。仅有80人左右的工装设计所全体设计人员硬是在产品蓝图不齐,工艺方案尚未最终确定,设计依据不足的情况下,打破常规,奋力拼搏,2月15日完成了标准工装设计,3月15日完成了零件工装设计,4月14日又按节点提前完成了装配工装设计任务。

4月份,工装工具公司开始进入大面积工装制造阶段。64车间不仅承担了几乎所有的标准工装和装配工装的生产,还承担了一部分零件工装和试验设备的制造任务。

大批量的工装制造任务,要在短短的五六个月时间里完成,干部、职工压力巨大。面对时间紧、任务重、难度大等困难,全车间实行"711"工作制,人员"三班倒",人停机不停,加大奖励力度,最大限度调动职工积极性。结果仅用40多天时间完成了以往起码要3个月才能完成的第一项中机身油箱装配架任务,又在短短的21天时间里,奇迹般地完成了该型架的安装任务,打响了大型装配型架制造的第一炮。从第一个型架完工到6月30日交付最后一个机身合拢总装型架的4个多月时间里,车间干部职工以实现高教机首飞为己任,以参与"生命工程"为光荣,夜以继日,加班加点,甚至通宵达旦,共完成各类工装近500套,尤其是确保了八项关键大型架的按时交付。

承担高教机主要金属工装模具制造任务的61车间,采取切实有效的生产管理和考核制度,在短短的几个月时间里完成了模具1800多套,并创造了月产400多套模具的历史纪录。

负责模线设计和样板制造的模线设计所,在2月份大量图样才到的情况下,采取打破原有人员分工集中突击的办法,按节点于6月上旬完成了模线设计与样板制造任务。承担L-15所有木模和塑料模制造任务的63车间,采取任务包干、责任到人等措施,使706套模具全部按时交付。

2005年3月15日上午9时18分,L-15高教机首批四个部件正式开铆,标志着新高教从设计转入样机试造的新阶段。当洪都集团公司总经理吴方辉宣布开铆时,哒哒哒的铆枪声响成一片,在场的干部职工心情激动,欢呼雀跃。

然而,初装开铆后,由于工艺装备也正在设计、制造过程中,初装现场和各零件制造车间工艺装备短缺,影响零件配套和初装持续开铆。对此,现场指挥部及时作出以工艺装备设计、制造为中心,促样机零件配套,为初装持续、全面开铆打基础的决定。并按初装装配顺序,编制了初装零件生产进度和相应工装进度要求的计划,使工艺装备设计制造进度满足初装进度要求。同时,要求各车间凡具备生产条件的零件必须立即开工,凡急件要组织两班倒优先突击交付。在工艺装备不能及时到位的情况下,采用组合夹具、借用工装、组织技师攻关等办法千方百计完成零件生产。

于是,一场突击L-15零件生产的战斗在生产制造单位打响。机加、钳焊、钣金、机电国际、复合材料、起落架等单位,凡具备条件的都坚持24小时突击,没有条件的也千方百计创造条件上。

高教机全机零件9000多项,洪都航空股份公司钣金加工厂就占了4000多项。他们把L-15零件生产摆在首位,精心布置,周密安排,从指令编制、备料、零件生产到零件交付,一环紧扣一环,生产任务层层分解到工段个人,既加大奖励力度,又严格管理考核。有条件的及时干,没有条件的自己动手做简易模具创造条件干,周期紧的加班加点甚至通宵干。先后攻克了L-15进气道S型蒙皮、整体油箱地面实验件等关键项目。尤其是攻克了进气道焊接组合件这个难点。进气道组合件是全新设计的一个关键零部件,外形、材料、工艺方法都与以往机型不同,整个零部件在设计之初就将其定为公司大型攻关项目。钣金加工厂专门调集了各工段的精兵强将,从蒙皮拉伸加工到组装校型、焊接、爆炸成型、焊缝检测、装配试验各个环节进行攻关。在攻关进入倒计时，突击队员们从领导到工人，个个把车间当成了家，几天几夜通宵达旦，经过攻关队员的奋力拼搏和制造工程部的协调配合，终于在6月22日交付到部装厂。落锤模制造工段用4个月的时间赶制出近80套落锤模，完成了以往一年半的工作量。在突击L-15零件制造中，钣金加工厂自制简易模具近400套，为推进部装进度立下汗马功劳。

作为高教机零件制造主要单位之一的机械加工分厂，承担了1500多项零件的加工制造任务。为确保任务在四个月左右时间全部完成，他们实行"611"工作制，在关键节点和特别紧急的零件实行24小时不间断生产。分厂领导对关重难的零件亲自过问，亲手抓。平尾转轴是高教机尾翼传动系统的重要结构件，也是集团公司重点攻关项目之一。由于该零件生产加工周期长，几何外形异常复杂，尺寸精度及衔接配合要求高等一系列特性，成为机加厂高教机生产交付的"瓶颈"。攻关队员们不顾高温酷暑，昼夜奋战，每天坚持工作14小时以上，腿站酸了，眼熬红了，但谁也没有为此吭过一声。最终攻克了平尾转轴的外圆车削、锥孔加工及保证热处理变形后的形位公差尺寸等技术难点，顺利交付部装。

飞机平尾是一个主要承力结构件，具有很高的质量要求、外形要求和装配要求。L-15飞机平尾采用的是单梁式全高度蜂窝夹层结构，这种结构设计形式在全国尚属首次。复合材料制品厂将技术最扎实、经验最丰富的技师、高级技师充实到L-15复合材料平尾突击队，尤其是进入总固化阶段，工序多且复杂，好几道工序操作难度大，技术要求高，经过攻关队员连续几天通宵达旦奋战，终于制造成功并通过了静力试验。

L-15整体座舱盖骨架的研制成功更是处于国内领先地位，达到国际先进水平。以往飞机座舱盖骨架都是由几个大件组合装配而成，洪都大胆采用国内没有过的座舱盖骨架整体模锻方案。经过联合攻关，一次锻造成功。由于零件外形尺寸大，结构复杂、弧面变化多，壁薄，精度高。如何加工又是一道难关。股份公司数控机加厂攻关队，对座舱盖内架数模、结构及加工方法仔细分析，并用仿真软件进行预加工，而后制定出制造工艺方案及实施细则，在制造中采用五坐标数控高速洗、对称加工与装夹等方法控制和减少加工产生的应力变形，终于攻克了这一堡垒。

经过零件制造单位的努力，4月底，L-15高教机装机零件完成率达60%，6月上旬装机零件达96%，全面开铆条件已经成熟。

6月14日，L-15现场指挥部在飞机部装厂召开部装决战动员大会，签责任状，下决战令，目标是8月15日完成首架L-15部装任务。集团公司董事长、L-15现场总指挥田民在动员会上强调，L-15已进入部装决战阶段，各单位、各部门要充分发扬"协同作战"的精神，精心组织，团结协作，奋力拼搏，抢进度，保质量，保节点。创造一切有利的条件，制订有力的保障措施，以挑战极限的勇气，24小时连轴转三班倒，各个现场服务组、攻关队要切实发挥作用，及时迅速地协调解决生产现场技术、质量以及供应问题，切实做到解决问题不过夜，千方百计、全力以赴推进L-15高教机研制生产工作进程。

一场与时间赛跑的鏖战打响了!

由型号办、制造部、设计、工艺、质量检验、有关零件制造单位负责人组成的生产现场指挥部坐镇部装厂指挥作战。各有关单位,层层动员,狠抓任务落实。飞机部装厂为确保任务按节点完成,实行领导值班16小时制,职能组室现场工作制,重点部件工段两大班制。生产室狠抓缺件保配套,技术室现场跟踪协调技术问题。

厂房四周悬挂着"团结一心,奋力拼搏,争分夺秒,优质交付,确保L-15高教机按时首飞"等横幅标语口号;墙上、型架旁都贴有各攻关队的任务目标,时间节点,责任人姓名;醒目的倒计时电子显示器时刻在提醒人们,仿佛在说离目标越来越近,加油啊!只要一走进厂区,就会使人感到一般浓烈的决战氛围。

大大小小的型架,上下左右都是忙碌的身影,工人们或站或蹲,或趴或仰,钻孔、划窝、打铆钉,全神贯注,一丝不苟,那气钻声、铆枪声此起彼伏,不绝于耳。夜幕降临,厂房灯火通明,呈现在人们面前仍旧是一派热气腾腾的大干场面。素有"火炉"之称的南昌,七八月是持续高温季节。烈日炙烤,热浪侵扰,人们寝食不安。进入厂房犹如进入蒸笼一般,工人们稍微一动就汗流浃背,即使在鼓风机下工作,汗水仍浸透衣裳,但他们战高温、斗酷暑,仍专心工作。

由于高教机从工装制造到零件生产再到飞机装配都是实行"并行工程",增加了许多不可预测因素;由于是试制,零件与零件、零件与工装的不协调在所难免。这给组织生产提出了更高的要求。生产现场指挥部精心组织巧安排,每天检查计划落实完成情况,及时通报、协调处理问题,哪怕是不吃不睡,也要把当日任务完成。设计、制造、工装、工艺、质量部门组织的现场服务组,及时、迅速处理各种问题,人员随叫随到,不推诿、不扯皮,团结协作精神得到充分体现,执行力可谓空前绝后。

团结拼搏奏凯歌,战地捷报频频传:7月1日,前机身比原计划提前了六天顺利下架;7月5日,后机身提前五天下架;13日凌晨机身、机翼整体油箱下架;8月14日,完成了整个部装任务,比原定目标提前了一天时间。

喜讯传出,正在公司检查指导工作的中航二集团总经理张洪飚、副总经理徐占斌,以及江西省国防工办主任李贤书来到部装厂表示祝贺,为部装交付剪彩。并发表了热情洋溢的讲话,高度评价了L-15部装战役,称赞洪都人创造了一流的业绩。

8月15日,部装好的首架L-15飞机缓缓推进飞机总装厂房,生产现场指挥部也随之移师总装厂。当日下午,洪都集团就在飞机总装厂召开了L-15总装决战动员会,吹响了总装决战的进军号。为确保9月30日完成总装,L-15现场行政总指挥田民与型号生产长张杰签订了总装决战责任状,并向总装厂、设计所、供应部、特设处等9个单位下达了战令。田民在动员会上强调,总装节点要严防死守,无论困难多大,都要毫不动摇,要全力以赴,坚守目标,勇夺"9·30"总装高地的全面胜利。

其实,飞机总装厂早已抽调各系统技师、技术骨干等精兵强将,组成了特设、机械、操纵、电缆制造、成附件配套攻关队,提前做好了总装决战的准备。当总装决战动员大会之后,决战攻关队员就立即投入了紧张的战斗。为确保总装的胜利,分厂提出了分兵把守、责任到人、确保重点的要求;党支部在党员中开展"一个党员,一面旗帜"竞赛;工会则开展"决战攻关、奋勇争先"的保优质、保进度、保安全的三保劳动竞赛。

在总装决战现场,东面墙壁上的倒计时电子显示牌不停地提示人们要争分夺秒,钢架上的党旗、攻关队旗以及"使命无尚光荣、责任重于泰山""确保质量、确保安全、确保成功"的巨幅标语引人注目。飞机上下,现场服务组办公场地都是忙碌的身影。夜晚,厂房灯火通明,如同白昼。成件在安装,导管在取样,电缆在铺设,发动机、机翼在试装,整个决战现场热火朝天。他们日夜兼程,顽强拼搏,仅用十天时间完成了1000多根电缆的铺设任务,14天时间完成了飞机结构件、系列件的安装工作,奋战7昼夜完成了飞机通电调试工作。

在总装决战中,飞机的导管取样最为关键。据统计,L-15高教机的液压、燃油和动力三大系统导管共853项。承担导管取样、制造任务的钣金加工厂成立了以厂长为总指挥的攻关队,生产和技术副厂长,生产室主任轮班在总装厂坐镇指挥。导管工段分两班上机取样,24小时轮番战斗。经过十个昼夜的艰苦拼搏,9月1日凌晨2时,胜利完成了导管取样任务。凭着娴熟的技术,白天黑夜战斗,工人们在五天内便完成了数百根形状各异的导管制造任务,创造了新机试造导管取样、制造史上的奇迹。

经过44个日日夜夜的拼搏,终于攻克了决定胜负的关键战役。总装好的新高教机于9月29日下午4时披红戴花推至试飞站。

中航二集团总经理张洪飚得知这一喜讯后,在祝贺的同时,强调一定要把各项工作做细做扎实,要以确保质量来保安全,以保安全来保成功。宁可慢一点,但求好一点。

试飞站,L-15高教机接力赛的最后一棒,全公司数万职工翘首以待的新机上天的任务将在这里实现。为了L-15首飞成功,试飞站责任重大。为了确保首飞成功,他们预先筹划,编写了试飞大纲、首飞状态任务书和工艺指令,制订首飞方案,负责协调并完成了飞行员、机务人员的培训,围绕首飞所有工作绘制了网络图,成立了机械、无线电、军械、特设四个攻关队,严阵以待。L-15高教机进站后,攻关队员们按照"严肃认真、周到细致、稳妥可靠、万无一失"的要求,一丝不苟,扎实工作。2006年2月18日完成了首飞前的各项工作,使飞机处于待飞状态。

与此同时,与实现首飞密切相关的第二主战场——设计试验也在紧锣密鼓中进行。

设计试验是保证飞机按期首飞关键战线之一。因为,只有各项试验全部完成,飞机才能首飞。实现首飞,样机制造与设计试验缺一不可。在抓紧样机试制的同时,设计试验也全面铺开。

L-15首飞前设计试验项目多达103项,重大试验有全机及部件静力试验、燃油系统地面模拟试验、液压系统地面模拟试验、弹射救生系统适应性试验、全机电网络试验、航电系统S型件动态仿真试验、飞控系统铁鸟试验。其中航电系统和飞控铁鸟试验在洪都科研史上还是头一次。为完成 L-15 首飞前各系统设计试验任务,洪都现场指挥部在 2004 年 9 月就决定成立了以总工程师、L-15 现场型号办主任姚志为组长的设计试验领导小组,负责 L-15 飞机首飞前各系统设计试验组织领导工作。

2005 年 6 月 27 日,洪都飞机设计研究所召开了 L-15 高教机设计试验攻坚动员大会。所长、L-15 飞机总设计师张弘与各试验责任单位签订了设计试验责任状。各试验室将试验所涉及的工作细化,落实每项试验的试验设备、测试仪器、具体的负责人员和参加配合的人员,与此同时,采取有力措施,确保试验质量与安全。

L-15 高教机综合航电系统 S 型件综合试验是 L-15 首飞前的关键试验,该系统综合化程度之高、规模之大在洪都是史无前例的。经过科研人员 36 个日日夜夜的精心调试和测试,于 2005 年 8 月 25 日如期完成了试验任务。全机静力试验也于同年 10 月 14 日顺利完成。飞控系统铁鸟试验是洪都首次开展的关键试验,试验项目有 8 类 68 项。面对新设备、新技术,广大科研人员知难而进,迎难而上,终于在 2006 年 3 月 4 日圆满完成任务。

今天的质量就是明天的市场。为了确保 L-15 高教机的质量,自 L-15 飞机研制工作启动以来,L-15 飞机型号质量师系统从强化质量体系建设、加强外扩产品和配套成品质量控制、加强研制、设计、工艺型号的质量管理和质量控制。他们建立了厂(所)际型号质量师系统,下发了《L-15 型高级教练机研制质量保证大纲》《L-15 高级教练机质量师系统管理办法》《L-15 型高级教练机研制监督管理体系实施细则》等质量师系统纲领性文件。采取了对外包扩散件的质量控制和装机成附件的质量监控,加强质量管理控制的范围和力度,对研制的 01 架一样机和 02 架静力试验机加强过程控制,督促检查型号研制过程技术质量问题消号归零等措施,达到了以质量保安全,以安全保成功的目的。

俗话说,兵马未动,粮草先行。L-15 装机成件达 550 项,其中新研、改型产品 217 项,地面试验项目 306 项。涉及航空、兵器、航天、化工、信息产业、中科院等部门的 84 个厂、所。对于受制于人的成附件能否如期到厂,确保试验、装机顺利进行,公司领导最为担心。供应部领导采取非常措施,在抓紧 C 型件催交的同时,也抓紧装机件的配套,并列出关键缺件,逐项落实,责任到人,咬定目标不放松,排除万难保进度,齐心协力攻关键。硬是把一项项成件催运到厂,保证了 L-15 研制的顺利进行。

公司党委把 L-15 研制作为宣传思想工作的重点,分期分批组织党群部门、职能业务处室到关键单位、薄弱环节了解情况,疏通渠道,解决问题。同时结合保持共产党员先进性教育活动,号召党员在 L-15 研制工作中率先垂范,建功立业。工会组织广泛开动劳动竞赛,号召职工提合理化建议搞革新、攻关键。团委组织青年突击、攻关队,叫响"青春与高教机一起飞翔","新机上天我成才"的响亮口号。公司报纸、电视开辟专栏、专题,对新机研制进行跟踪报道。后勤服务部门把可口的饭菜送到科研生产现场,真可谓一切围绕 L-15,一切服务于 L-15。

处在新机研制一线的洪都集团领导,为了新机的首飞上天,精心组织,周密部署。

每攻打一个战役,董事长田民、总经理吴方辉、总工程师姚志等都亲临前线,作动员下战令。副总经理黄俊勇、总设计师张弘、型号生产长张杰更是夜以继日在装配、试验第一线指挥作战,协调解决问题。

L-15研制也得到了国防科工委、总装备部、空海军、中航二集团等上级领导机关的高度重视和大力支持。中航二集团总经理张洪飚多次指出,L-15飞机是集团的"希望工程",要求洪都抓紧研制,强调要确保质量,确保安全,确保成功。副总经理梁振河、宋金刚、史坚忠、徐占斌以及各部门领导多次到洪都检查指导L-15研制工作,协调解决问题。驻公司空军代表室介入了研制全过程活动。参加新机研制的各兄弟单位更是通力合作,相互配合,为首飞上天作出了重要贡献。

在L-15研制时,洪都集团自制了1:1全尺寸L-15金属模型,并先后在珠海、北京航展展出,引起了国内外的广泛关注,新闻媒体也争相进行了报道,给了洪都人极大鼓舞。

在L-15研制历程中,那一幕幕令人振奋的激战场面,那一件件催人泪下的感人事迹,令人难以忘怀。500多个日日夜夜,洪都人顽强拼搏,攻坚破难,超越自我,挑战极限,终于把视为"生命工程""希望工程"的L-15高级教练机送上了蓝天,实现了洪都人多年的夙愿。

洪都人又一次用自己的辛劳、汗水、智慧书写了洪都新的辉煌,创造了洪都新的奇迹!

历史将永远铭记:2006年3月13日这一天。

中国自行研制的第一架直升机——直11

刘 婷　王树红

1996年12月26日上午,由602所、昌河飞机工业公司研制成功的我国第一架自行研制的直升机直11,在瓷都景德镇吕蒙机场向参加技术鉴定会的代表作飞行表演,沸腾的机场彩旗飘扬,观者如潮。

伴随着螺旋桨的轰鸣声,直11离开地面腾空而起,随后,它悬停在距离地面约20米的高度,先来了一个侧飞动作。接下来直11开始做水平后退动作,随后在做原地360度旋转,一系列技术动作结束之后,直11开始盘旋上升……

11时30分,中国直升机公司、602所、昌河飞机工业公司的领导举行记者招待会宣布:我国自行研制的第一架直11型直升机顺利通过技术鉴定,可以投入批量生产。

新闻界对此作出热烈反应,中央电视台、人民日报等数十家新闻单位进行了大量的报道。

闯新路——万里风云从此始

80年代中期,已经创建二十多年的我国直升机行业,尚未走过一个自行设计研制新型号的全过程。

研制轻型机,尽快走完一个自行设计研制直升机型号的全过程,被602所确定为夯实基础,加快直升机发展总体方案中的重中之重。

90年代的第一个春天,总参、国防科工委、国家计委批准直11型机研制任务书。直11是2吨级多用途直升机,可用于教练、运输、救护、侦察、通信指挥、巡逻、治安、交通管制、护林防火、施肥灭虫、高压线巡检、旅游观光,是国防建设和国民经济建设不可缺少的机种。

航空工业领导机关提出:"以我为主,局部合作""性能适中,安全可靠,价格便宜,使用方便"的指导方针。根据我国直升机发展的特点,直11型机的研制工作还需完成"两个承上启下"(即型号承上启下、队伍承上启下)的历史任务。在既定方针的指导下,研制直11的技术路线和技术政策逐步形成。

1992年初,602所全面铺开直11的研制工作,进入详细设计、研制和试验阶段,并确定 1994 年 02 架机实现首飞的目标。

直 11 型机

直 11 武装型机

直 11 警用直升机

直 11 型机首飞成功

设计工作伊始,602 所就同时展开可靠性、维修性设计,编制了大纲,按照可靠性指标,进行"整机——系统——成品"的指标分析,把 1、2 类故障消灭在图纸上。建立了 FRACAS 系统,对 03 架机鉴定试飞中出现的故障进行分析、归类、反馈,并且对直 11 的可靠性、维修性指标确定了限定条件及考核办法。

为满足民机适航要求,602 所制定了"设计同步,试验结合,定型分步,适航跟踪"的适航方针,积极开拓适航工作新局面,促使直 11 这个市场经济条件下的新型号在军民两个市场上产生规模效益。

与新的设计思想相适应,602 所在直 11 的设计方法上进行了根本性变革,采用 CAD 技术,提高设计精度,缩短设计周期,为今后的无图设计打下了扎实的基础。

战关隘——发奋图强夯基石

静力试验是研制直升机能否试飞和定型的先决条件之一,是研制中的大型试验。1994 年 7 月 16 日深夜,一场巨大的龙卷风夹着暴雨袭击了 602 所,静力试验厂房 100 多平方米房顶被掀,待试验的 01 架机所贴的"应变片"、加载点"胶布带"被雨淋,试验系统四大设备都受到暴雨袭击。17 日清晨,602 所拿出紧急抢救方案,直升机公司发来电讯,同意抢救措施。他们迅速开展工作,经过 10 天不眠不休的奋战,27 日静力试验厂房修复,试验设备恢复正常。

1994年8月,人们翘首以待的全机静力试验的战斗打响。在同一架机上,要完成三个全机100%静力试验有一定的风险,前两个试验顺利通过,在进行两撬有前飞速度水平着陆90%设计载荷静力试验时,机身过渡段失稳破坏,实验宣告失败,数年的心血毁于一旦。

但602所人没有被挫折打败,总师系统组织力量从结构设计等方面进行复查,找出原因,提出局部加强方案,01架机恢复试验。11月30日,01架机通过了"俯冲拉起"试验,达到新机首飞基本要求,保证了12月17日直11按期首飞。

1995年5月31日上午,602所静力厂房,直11的三个全机状态的100%设计载荷试验全部获得成功,历经三年之久的全机静力试验终于画上圆满句号。

地面共振是一种危及直升机安全的自激振动现象,可导致整机分解,是否存在地面共振,对任何新研直升机都是一个极其困难而又必须在试验前要回答的问题。攻关组开始了艰苦的工作,计算、试验,得出直11型机不会发生地面共振的结论。02架机实现开车一次成功,并完成首飞前40小时的地面长试。

1995年9月,03架机主减速器两次出现质量问题,02架机在地面长试中也发现轴承剥落的问题,研制工作难以按既定程序进行,影响1996年底技术鉴定和新机交付。

602所果断提出过渡方案,鉴定试飞分两个阶段圆满完成,直11型机的飞行性能、操稳、发动机和振动、噪声等项目经受了全面考核。

1996年12月22日总参陆航局、航空工业总公司在602所召开直11型直升机技术鉴定会,12月26日,直11型机通过技术鉴定。

立功勋——群策群力谱壮歌

采访直11参研科技人员时,他们不约而同地谈起了研制直11的"难"。

"难"就难在它的研制经费不足:国外研制一架直升机基本上是按一个吨位一亿美元进行投入;而我们的直11总共加起来才投入两个多亿人民币,主机厂得到的研制费才几千万元,研制经费捉襟见肘。

"难"就难在它的技术要求高:直11装有一台涡轴-8D涡轴发动机,为单旋翼带尾桨式构型,旋翼系统为三片复合材料桨叶,机身结构上,70%部件为复合材料。这些需要大量新技术、新工艺、新材料。

"难"就难在它的研制周期短:从下达任务单到实现首飞只有四年时间,产品试制到实现首飞只有一年半时间。

"难"就难在它的成附件配套难……

但是602所和昌河飞机工业公司的科技人员并没有被这些困难所吓倒,他们以为国奉献的精神和顽强拼搏的意志奋勇向前,攻克了一个又一个的堡垒。

科研经费不够,那就把开发民品所创造的利润补贴进去。宁可工资少发、奖金少要,也要把直11送上蓝天。昌河飞机工业公司相继购进了一批先进的设计、加工、检测设备,盖起了直升机精加工厂房等科研办公场所。据统计,昌河公司先后补贴给直

11 的研制费用达一亿元之巨。

研制要求工人技术水平高,工人们就边学边干,大胆使用新工艺、新技术。并广泛应用 CAD/CAM 技术,改变以往样板模线制作技术,在国内率先采用包络板实体复合材料、操纵系统压扁拉杆等成型技术……

1998 年 7 月 6 日,天高云淡,和风习习。13 时 30 分,直 11 型机轻盈地飞入景德镇罗家机场上空,它游弋、盘旋 15 分钟后,开始自转下滑着陆。在 300 米高空,飞行员将发动机改为慢车,到 100 米高度时飞行员收油门,发动机处于停车状态,直升机靠惯性和下滑时的空气动力使三片桨叶产生的升力降落。

外行人不知道,从 300 高度进入自转状态落地,仅仅有 25 秒钟的时间,而从直升机拉平到着陆,只有短短的 5 秒钟。这对飞机性能有极高的要求,如果提距过早或晚一秒钟,就有可能造成直升机翻倒或坠毁的恶果。但是直 11 不仅完成了这一科目,而且表现非常出色。当天下午的带飞培训中连续进行了 44 架次自转下滑着陆。再次创造了国产直升机飞行史上的新纪录。直 11 再次表现出了良好的安全性。

7 月 16 日,总参陆航局副局长、特级飞行员马湘生又在景德镇直升机基地亲自驾驶直 11 进行了性能验证适应性飞行。

上午 9 时整,随着隆隆的发动机声,直升机舒展开三片桨叶,轻盈地离开地面,紧接着一个快速的螺旋式上升,动作疾如旋风,美若芭蕾。片刻,直升机又做了一个以 260 千米/小时的速度行进的俯冲跃升动作,该动作难度大、惊险异常、扣人心弦。十分钟后,直升机以一个低空 60 度角的大坡度盘旋,绕机场上空一周,随后急速上升到 80 米高度。悬停片刻后,又以一个 50 度角的"莱维斯曼"(直升机空中打坦克)的特技动作向地面急速俯冲而来,刹那间,在离地面十米左右时,又以 40 度仰角快速爬升,稍后又以 250 千米/小时的速度飞行,

随即做了一个低空水平"8"字形飞行,速度之快,转弯半径之小,令人惊叹。

飞行结束后,马湘生兴奋地说:"太好了,直 11 在机动性和加速性等方面的性能比我们预想的要好得多,可以说,国外同型号直升机能做的动作,直 11 都能做。我对直 11 充满信心,希望它能多交付部队,形成战斗力。"

承担直 11 风险科目试飞的俄罗斯飞行员韦尼尔更是赞不绝口:"直 11 型直升机的性能非常好,它完全达到国外同等直升机的水平。我为中国直升机设计研究所和昌河飞机工业集团公司制造出这样的直升机而骄傲,为自己能驾驶直 11 而感到非常荣幸。我喜欢上了直 11。"

直 11 的良好性能和它的广泛适用性,引起了国内外众多部门和媒体的极大兴趣。每次航空展直 11 都成为国内外媒体追逐的对象。英国航空杂志以《使人好奇的中国直升机》为题进行了报道,法国人民电视台记者在第二届珠海国际航展上还坐进驾驶舱采访飞行员,国内有关部门和国外一些公司都纷纷表示要大量购买。

直 11 正张开它那亮丽的翅膀,从红土地上腾空而起,飞向更加广阔的蓝天。

希望从这里起飞
——我国首架大型民用直升机 AC313 诞生记

冯上涛　崔连君

2010 年 3 月 18 日,在碧山秀水的千年瓷都景德镇直升机科研生产基地吕蒙机场,由昌飞公司和直升机研究所(602 所)自主研发的首架大型民用直升机——AC313 成功首飞!

这一项目于 2008 年"5·12"汶川地震后、当年年底正式启动,昌飞公司和直升机研究所以振兴民族航空工业为己任,发奋图强,用行动创造着奇迹,在不满一年半的时间内就填补了我国大型民用直升机研制的空白,使中国和欧、美、俄一样具备自主研制大型直升机的能力。

AC313 直升机最大起飞重量 13.8 吨,是我国第一个完全按照适航条例规定的要求和程序进行研制的大型民用运输直升机,也是我国自行研制生产的唯一一种大型直升机,整机性能达到国际一流的第三代直升机水平,实现了我国大型运输直升机整体技术水平的跨越。

这款借鉴过去型号成功经验自主研制、拥有自主知识产权、应用成熟先进技术构建直升机机体结构、航电设备及机载系统,严格按照 CCAR-29R1 的适航要求设计制造的大型民用直升机,引起了国内外的广泛关注。

中国飞龙专业航空公司于首飞当天当场签订了五架 AC313 型直升机订购合同,成为使用 AC313 大型国产民用直升机的第一家用户。这充分而有力地说明 AC313 民用直升机平台具有极大的市场潜力!

责任和需求——催生了 AC313

2008 年"5·12"汶川大地震,无数同胞的生命顷刻间消失,国家震惊,世界震惊。救援,救援,不惜一切代价救援!国人以泪洗面,中央举全国之力,竭尽所能,直升机穿梭于崇山峻岭之间,架起了"空中生命线"。

汶川地震救援中,中航工业直升机公司旗下的昌飞公司生产的直 8 型机共 10 架英勇起飞,为灾区运进了大量物资,抢救出许多受灾受伤的群众,被灾区人民亲切地称为"吉祥鸟"。

但与大显身手的国外直升机相比,凸现了国产直升机数量严重不足、性能比较欠缺等问题。当时150余架直升机参加救援,其中民用直升机只有30架,不仅数量少且运载能力差,机型不配套。我国的民用直升机以中小型为主,高原型、重载型几乎是空白,高性能大中型也不多。据统计,我国民用直升机目前保有量200多架,国产民用直升机数量只占其中极少的一部分。昌飞公司也仅有一架拥有完全自主知识产权的直11央视航拍机,活跃在国家新闻战线。

在救灾一线维护直8型机正常飞行的过程中,中航工业的干部职工,目睹和体会了灾区政府和人民对更多更优秀大型直升机的期望,以"航空报国,强军富民"为宗旨的中国航空儿女,内心更加坚定了"研制大中型先进民用直升机,赶超世界直升机发展水平"的执着信念。

2010年3月 AC313首飞

加速发展国产直升机,满足政府和民众对直升机的需求成为各方共识。在中央决策层的大力支持下,中航工业加快研制大型民用直升机的步伐。2009年6月,温家宝总理在湖南考察时指出,"让中小型飞机、各型直升机和大飞机一起,翱翔蓝天"。

重任在肩,责任在肩,行动就是无声的誓言。针对国家民用直升机现有的型号情况,适应我国救援体系建设和国民经济发展的需求,昌飞公司和直升机所开始加速自主研制步伐。从调研、论证到决策,从设计、研制到组织生产和各种试验,各个环节各个方面,都是以时不我待的精神、精益求精的态度,齐心协力同圆中国大型直升飞机梦。就是在这样的背景下,一款各项性能达到世界先进水平的全新大型民用直升机——AC313直升机脱颖而出。

创新和拼搏——成就了 AC313

在"一机多型、系列发展、军民结合、寓军于民"的思想指导下,我国直升机研制生产已经形成了比较完备的科研生产体系,目前拥有自主研制的直8、直9、直11三个平台、30多种直升机型号。其中,直8和直11两个平台都在昌飞公司生产。直8型机从二十世纪七十年代中期开始研制,历时近10年,到八十年代中期首飞成功;直11型机于1989年开始研制,历时5年实现首飞成功。进入新世纪以来,我国直升机产业发展紧紧围绕市场需求,坚定不移地走军民融合式发展道路,形成了"探索一代、预研一代、设计一代、生产一代"的产品格局。如今,昌飞已成为我国直升机科研生产基地。昌飞也迅速跨入数字化、集成化和专业化的现代化科研生产轨道,直升机的研制生产能力取得跨越式发展,其高速数控加工等技术创新能力处于国内遥遥领先的地位。

英姿飒爽

雪山展翅

这一切,为AC313的研制创造了基础条件。AC313大型民用直升机最大起飞重量13.8吨,完全依靠国内技术创新,采用数字化协同设计和制造手段,从详细设计开始,历经零部件制造、部装、总装,直至完成地面运转试验,并经适航全程跟踪目击和审查,仅用了1年多的时间,就完成了样机试制,达到首飞状态,创造了我国民用直升机研发历史上的奇迹。

追寻AC313的研制历程,我国航空儿女激情进取、大胆创新、奋力拼搏的事迹令人感动。

2008年12月23日,昌飞公司召开动员大会,认真学习中航工业AC313型机适航取证第一次领导小组会议精神,成立了AC313型机适航取证工作领导小组,公司董事长、总经理余枫亲自担任领导小组组长。

12月25日,中国航空工业集团公司在景德镇召开现场指挥部第一次工作会议。要求所属各成员单位按照重点工程管理要求,严格落实责任制,强化计划管理与督促检查,每月定期向指挥部书面报告适航取证和研制工作进展情况和下一步工作安排。

12月26日,昌飞公司在景德镇召开了AC313型机供应商大会,与成品供应商达成了"四共"原则,即共同投入、共同开发、共担风险、共享市场,从机制体制上保证了航空产品供应链的顺畅,为AC313严格按节点生产铺平了道路。

2009年元旦刚过,中航工业昌飞公司新年的第一件事就是抽调各专业的骨干成立了专门的AC313技术团队。一季度,完成了一级网络图及工艺总方案编制并通过评审;开展了短翼、尾门等新研部件设计方案图纸的工艺性审查;完成了各部件系统装配协调方案的编制和零件工艺、铆接装配工艺及总装工艺文件编制,工艺准备工作全面告捷。

第二季度,研制工作的重心转移到样机的结构件设计出图、设计图样工艺性审查、新增工装的设计制造等任务上。昌飞公司和直升机所协同作战,边设计,边生产。作为生产单位,昌飞公司主动加强与直升机所的协调,制订并坚持每周日上午厂所联合工作协调会制度,加强厂所项目科研和适航工作的信息沟通、督促各设计室按工厂研制的实际需求出图、高效及时地解决研制过程中的技术问题。

由于直升机所机型较多,为了弥补直升机所 AC313 设计力量不足,昌飞公司技术部门就派出人员协助直升机所进行工作,组织精干的工艺人员全程参与到各个设计员的设计工作中去。在协助设计的同时就考虑到包括原材料订货、工装设计制造及零组件工艺方案等并行开展工艺准备工作,最大限度地减少了设计反复,有效地缩短了生产准备周期,基本实现了样机设计与制造的无缝衔接。短短的 3 个月时间,完成了上构件、下构件、机头、总装等全部工装及模线样板设计与制造。

第三季度,工作重心转移到机身的铆接装配与试制现场工作。昌飞公司铆装车间每天召开现场工作会,动态掌握每天的工作进展,及时发现和处理遇到的问题,出现缺件现象马上与主管部门沟通,坚持小问题不过日、大问题不过夜。针对现场不同的需求,公司采用应急生产、刚性节点、看板管理、条码管理等生产管理新模式,有效地促进了机身铆接装配按预定计划顺利推进,确保了样机试制按节点交付铆装。

第四季度,工作重心转移到系统总装、成品供应、导管比试及试验、测试、首飞组织等工作上。昌飞专门安排一名副总质量师全程协助配合适航部门对 23 项重点关注成品的适航审查工作,仅用了 23 天就完成了审查,并获得了适航证。总装车间在成品供应严重滞后的情况下,创新管理、精心组织、特殊安排,顺利完成了 AC313 各系统的安装、调试和排故工作,仍按原定节点实现了直升机的总装交付。在试飞过程中,由于时间紧,地面工序、试验测试项目多,工作安排更是精确到了小时,许多工作安排到了每天的后半夜进行。2009 年底,首飞前试验项目及相关测试,放飞技术评审、适航当局首飞前的适航审查等工作全部顺利完成。2010 年 3 月 18 日成功实现首航试飞。

昌飞公司采用拉动式的生产方式,以结构铆装计划需求为牵引,有计划、有步骤地组织产品设计、工装设计制造及零件生产计划,在各方面能力有限的条件下,严格计划管理,采用时间节点倒退法,实现了大型直升机样机研制的高效率。

团队成员的拼搏精神是高效率成功的另一重要经验。为了保证进度,昌飞公司工程技术部团队成员几度从前一天的中午、工作通宵后到第二天中午才回家,困了当场打个盹,有事沟通协调当场叫醒。有位年轻技术员,前一天举办婚礼,第二天就赶来上班投入热火朝天的 AC313 研制工作。

就是依靠广大职工和科研技术人员这种忘我工作的精神,依靠采用数字化协同设计等科学的管理手段,他们仅用了一年多的时间,就完成了样机试制,达到首飞状态,创造了我国民用直升机研发过程的奇迹。

技术和性能——展示了 AC313

AC313 型机是我国第一个完全按照适航条例规定的要求和程序进行研制的大型直升机,也是我国自行研制生产的唯一一种大型直升机,填补了我国大型民用直升机生产的空白。

AC313 型机是典型的单旋翼带尾桨直升机,并列双驾驶构型,配装三台涡轴发动机,前三点不可收放式起落装置,最大起飞重量 13.8 吨,适合在海洋气候条件和其他各种复杂恶劣环境下使用,可实现野外一般场地起降,执行人员、物资的运输及搜索救援、抢险救灾等任务。

旋翼系统采用先进复合材料桨叶和钛合金球柔式主桨毂,机体为金属+复合材料结构,复合材料使用面积占全机的 50%,航空电子系统采用国际通行的数据总线,实现了数字化综合显示控制。

整机性能达到国际第三代直升机水平,突破了一系列的关键技术。

AC313 直升机以复合材料球柔性旋翼系统、发动机全权限数字化电子调节控制、大面积复合材料结构、综合化航电系统、数字化设计制造和最新适航安全性标准等为标志,实现了我国大型运输直升机整体技术水平由第二代向第三代的跨越。

由于注重使用维护细节设计、寿命可靠性设计和保障性设计,在全寿命周期使用经济性方面 AC313 比以往机型比较都取得了长足的进步。

就功能优势而言,AC313 具有安全性高、三防性能佳、空间大、运载能力强、航程长、操纵性能优、适用范围广等优点,可在 -40℃ 至 +50℃ 温度范围内正常使用,最大飞行高度可达 6000 米,能在海拔 4500 米的机场起降。

AC313 优化的机体气动外形、先进的旋翼桨叶翼型和配置,旋翼悬停效率高、尾桨抗侧风能力强,突破了我国大型运输直升机飞行性能限制瓶颈技术,具备了高原飞行能力,能更好地满足山区等复杂地区对直升机飞行性能的苛刻要求。

AC313 型直升机的横空出世,为我国直升机产业发展增添了巨大的力量,中航工业昌飞也将在丰富民用直升机产品格局的同时实现企业的转型升级。

AC313 作为中国民用直升机发展史上的一个关键环节,承载了自主研发、技术进步、满足需求的多重使命,肩负了民族工业、民族航空发展的殷切希望,必将带领更多的国产民用直升机飞向蓝天,飞向世界!

历史可以作证
——我国首制某型鱼雷快艇诞生侧记

陈庆华　整理

1966年7月,根据华东局国防工办决定,为贯彻"靠山、分散、隐蔽"六字方针,一支由上海求新造船厂11名专家骨干组成的三线军工企业——江西内河小艇厂——第9318厂(原江新造船厂前身)首批筹建组,在江西宾馆受到省委书记白栋材接见后专程从南昌出发前往九江湖口。次日,筹建小组抵达鄱阳湖与长江交汇处的湖口东北三公里处七里处。

从此,昔日野兽出没、人迹罕至的深山沟响起了筑路建厂的开山炮声和辛勤创业者的阵阵劳动号子。从大上海和祖国各地来到江西支援三线军工建设的创业者,住的是干打垒,啃的是冷馒头,喝的是池塘水,点的是煤油灯,但在这种艰苦的条件下,他们以火一样的工作热情,以钢铁一般的坚强意志,克服种种困难,硬是靠肩扛手抬,经过三年多的艰苦创业,终于在1969年底建成了当时修造船生产能力较强的三线军工厂——第9318厂。

1969年12月26日,是江新造船人值得纪念的日子,这一天,由上海求新造船厂包建的江新机械厂(国营第9318厂)正式达产,在我国内地班排艇生产线上开工建造了江新造船历史上真正意义上的第一艘钢质快艇。

1971年7月,江新机械厂(第9318厂)与上海求新厂正式脱离,并确定026系列鱼雷快艇转由国营第9318厂建造。

以下一组在江新造船历史上值得铭记的重要节点和生产周期,记录了我国第一艘钢制双管鱼雷快艇(滑行艇)的诞生:

1972年3月12日,我国首制某型"R704"钢制双管鱼雷快艇(滑行艇)正式下料开工;1973年3月20日,第一艘"R704"钢制双管鱼雷快艇建成下水;1973年12月,经过半年多的码头系泊试验、海上扩大性试航等,首艘"R704"钢制双管鱼雷快艇(滑行艇)在南海舰队顺利交付海军某部使用。

让我们掬取第一艘鱼雷快艇生产建造过程中,由江新造船人激起的朵朵"浪花",共同见证他们当年强有力的律动脉博和R704首制艇诞生的不平凡历程:

在 R704 首制艇生产一线现场，江新造船厂许多老师傅和青年工人白天拼命干，晚上加班干，打破工种界限，轻伤不下火线，甚至带病坚持工作，涌现了不少感人事迹。

为了 R704 首艇早日下水，机装车间钳工班的先进工作者、优秀共青团员、青工技术工人黄育琪，带领本班组青年突击队，连续三个昼夜 72 小时施工作业，完成了包括主机定位钻眼、拂磨垫片等繁杂工序在内的平时至少需十天才能完工的主机安装任务。铜工班的胡春道和他的工友们，让全船管系安装整整提前了九天完成。舾装班在班长黄企冲的带领下，将原计划需要三天才能完工的机舱铺设花铁板任务，仅用四个小时就突击完成。漆木车间的内装木作技师徐华来，在锯内装塑料贴面板时因连续作业而不小心把手指割开，到医务室缝了三针后，马不停蹄立刻又来上岗，与大家一道及时完成了该艇海图室的木作安装任务。薄板组已年过半百的工人张泉海，满头花发，为确保 R704 首制艇的顺利下水，把医生开的病假单藏在口袋里，隐瞒病情，带病坚持工作，并全力攻克了关键工序项目。

在 R704 首艇的生产建造过程中，工厂各相关部门和职工群众以主人翁的责任感，自力更生，开动脑筋，创造性解决了不少生产急需项目的"瓶颈"制约问题。

以前，造船零部件的氧化工作完全依靠外协来解决，既费时又费力，严重地影响了生产进度，电焊班的同志在试制过程中，决心依靠本厂实施零部件氧化。技术上不懂，他们就派人到外地参观学习；没有资料，他们就自己找；没有设备，自己制造安装；没有通风设备，他们不怕有毒气体照样干。他们克服了重重困难，最终获得了丰硕成果。经过反复的试验和检验部门的检验，氧化出来的材料符合要求，保证了生产进度按照节点进行，填补了工厂工艺技术空白。

江新造船厂建造的第一艘鱼雷快艇

当时，R704 首艇急需的航空玻璃管，供应采购人员跑遍九江、南昌等地均未能解决，也是由辅工车间的技工老师傅开动脑筋，赶制了专用模具压制出来。

更为难能可贵的是，在当时军工厂紧急启动的技改项目——镀银作业急需启动时，厂里一时进不到银板，厂办职工朱秀琴和技术科职工陈文娟把自家珍藏多年的所有银元和银质首饰全部提供给电镀生产急用。

在 R704 首制鱼雷快艇的生产配建过程中，江新造船人以高度负责的精神，始终把质量当作生命线，严把质量关。他们认为"没有质量，就没有数量，抓好质量，多快好省"。他们一旦发现问题现场解决，上午问题不拖到下午，今天问题不拖到明天；厂内解决不了的，立即请求外援。比如，船体车间坚持每月质量活动月，焊接施工前进行了培训考试，焊接过程中有记录追踪，焊接拍片合格率达98%以上，超过了部颁标准，R704首艇焊接质量稳定可靠。

工厂上下履行节约，反对浪费，大力开展节约煤、电和废钢铁回收运动，教育全厂职工节约一度电、一两铁、一寸木、一滴油，发扬"一厘钱"精神。坚持走《鞍钢宪法》道路，积极开展以高产、优质、安全、低耗为内容的社会主义劳动竞赛，该首制艇的总造价按预算计划目标控制在115万元以内。

在当年设备简陋、条件艰苦、时间紧任务重的生产形势面前，江新造船人充分调动全体干部职工的生产工作积极性和聪明才智，发扬"没有条件创造条件也要上"以及"革命加拼命"的艰苦创业和无私奉献精神，千方百计克服了原材料短缺、电力不足、生产负荷和劳动力不均衡、与外单位协作配套不畅以及长江汛期洪水影响等多重困难，边设计、边施工、边修改、边完善，硬是在上级部门规定的生产计划节点时间内，圆满完成了R704首制鱼雷快艇（滑行艇）的生产、设计、研制和建造任务，向上级首长和海军部队官兵交上了一份满意的答卷。

随着R704首制鱼雷快艇（滑行艇）的成功研制并在海军部队形成战斗力，026系列鱼雷快艇的改进型也在江新造船厂（第9318厂）相继投产，并成批量交付海军使用，部队官兵一致反应良好。

1974年3月，改进后的第一艘026水翼型鱼雷快艇正式开工建造。1976年11月，建造完工的水翼型鱼雷快艇首艇，航行试验获得圆满成功，其航速及水翼性能系全国第一，填补了国内空白（不久荣获"全国科学大会奖"）。1977年6月，改进型鱼雷快艇（026系列）水翼艇通过了由六机部、海军装备部牵头组织的部级技术鉴定，正式成批量生产建造并按计划列装部队。

1981年12月20日，国营第9318厂大批量建造的，也是最后一艘026系列水翼型鱼雷快艇点火开建，于1983年8月3日全部如期完工交付。至此，江新造船厂（第9318厂）为我国南海、东海、北海舰队以及援外任务，在近十年间，共建造完工并批量交付该系列026水翼型鱼雷快艇多达几十艘，为我国海军建设和国防事业作出了突出贡献。

此后，026系列鱼雷快艇在保持母艇高速巡航和鱼雷突击作战等特点之外，还成功加装了雷达系统、渔政系统等多项先进技术设备，各项技战术性能通过了中船总公司、总装备部的技术鉴定和使用单位的高度认可。在此基础上，026系列鱼雷快艇进一步升级为026G型高速巡逻艇和026H型高速巡逻艇。

1990年8月31日，援助非洲国家布隆迪的多艘026G型巡逻艇建造完工，并在9318厂举行了国内签字交船仪式。1990年9月14日，向布隆迪军方正式移交，该批026G型巡逻艇受到了布隆迪军方和总统府的高度评价。

1993年2月，根据上级主管部门和军方要求，江新造船厂（第9318厂）又批量开工建造了多艘026H型高速巡逻艇。1994年11月，外观优美、性能完备的多艘026H型高速巡逻艇，胜利完工交付海军驻港部队使用。

江新船厂造出新中国第一艘现代游艇

薛 华　毛颖捷 文　陈庆华 整理

由国营江新造船厂（第9318厂）自己设计制造的新中国第一艘代号"4209"的52英尺游艇，制造精良、设计新颖，即使现在看来都毫不过时。她的设计制造几乎不计成本，订单的政治意义大于经济意义。

游艇业的早期发展

几乎所有人都会认为，现代游艇生活是西方的舶来品。事实上，中国的文人墨客很早就开始享受在船上喝酒作诗、欣赏美景——清明上河图中描绘的24船之中，就有两条船是游船。只是由于明朝万历之后的"海禁"，加之近代中国工业发展远远落后于西方，游艇的制造更变成了"落后"和"空白"。

在那些被尘封的历史档案中，你可以看到由江苏常州玻璃钢船厂研制的、中国第一艘玻璃钢快艇下水是在1970年。这艘船的制造和研发在当时是绝密（20世纪60年代，海峡两岸正处于政治敏感期，我军方在金门截获台湾一艘美国政府送给台湾小型间谍艇。发现这是用当时内地从未见过的新型材料玻璃钢——学名玻璃纤维增强塑料FRP制成的，遂下令由常州玻璃钢船厂进行开发模仿）。不过，那个时期的游艇仅仅用于军事和交通运输，还无法称为真正意义上的现代游艇。在政府的安排下，成为"典型"的常州玻璃钢船扶持了包括江新造船一些同样性质的船企，当时的很大任务是对其他船厂"扶上马，送一程"。

新中国真正意义上的游艇产业伴随着改革开放，一路走过三十几年。从1979至1982年，三个项目开始了中国大陆的游艇产业。1979年，东莞玻璃钢船厂接到香港贸易公司"来料加工"项目，制造了8艘30英尺帆船，用于出口英国。

1980年开始，香港招商局与澳大利亚一家游艇公司成立合资公司，就是当时的"外外合资"公司在蛇口生产传统游艇，也同样用于出口。这种游艇速度很慢，但行驶时间长，造型方方正正，非常结实。

1982年的梦工厂

第一艘中国自己设计制造真正意义上的现代游艇诞生于1982年。

那时，费平与其他二十几名"文化大革命"后第一批恢复高考的大学生，揣着自己的造船梦，来到位于江西九江湖口的9318厂（现为同方江新造船有限公司）。当时中国船舶工业总公司（现分为中国船舶重工集团和中国船舶工业集团）驻香港分公司华联船舶贸易公司承接了四艘52英尺豪华游艇订单，中国船舶工业总公司决定由708所进行设计，9318厂施工制造。费平等大学生们有幸参与到第一艘中国自己设计制造真正意义上的现代游艇。

708所为此成立专门的设计班子，并派出考察小组到欧洲等游艇先进国家进行考察，回来后集思广益，完成了52英尺游艇最后的技术设计。这艘游艇设计新颖，甚至放到现在来看款式也不会太过时。游艇设有升降尾阱，乘船的人可以在里面钓鱼，此种设计当时在世界范围内都算是最新款。游艇没有名字，设计代号为"4209"。

技术设计完成后，交由9318厂进行施工设计和模具打造以及最后的游艇制造。这也进入了最艰难的时刻。9318厂由副总工程师王启达为技术负责人，俞绍森负责船体，杨学如负责轮机，沈乃铮负责电气，许庚生负责工艺。

这艘船的建造施工虽然都是当时国内的一流高手，但建造过程却困难重重。施工所用98%的材料国内都没有或者不符合要求，甚至连打磨用的砂纸、玻璃纤维等都要进口，通过香港华联船舶贸易公司从欧洲购买。由于交通不发达，销售方香港华联只能很久才到江西九江视察一次，提出问题之后再返回香港。

"打磨游艇表面的砂纸用的都是最好的。"当时任车间副主任的费平回忆道，"砂纸的号数越大越细腻，150号的砂纸已经很好了，后来用到了1000号的砂纸，像一张光滑的纸一样。"

9318厂当时是军工厂，管理很严。游艇制造的全部过程都封闭进行，即使本厂其他车间员工都很难见到。工作人员工作也非常辛苦，甚至有九天九夜没有睡过整觉的情况。由于是第一次制造玻璃钢模具，表面光洁度有些欠缺，费平就和两个工人一起就用手工打磨油漆，手都磨出血还继续工作。

不锈钢门窗自己从型材开始做起，栏杆的马蹄座加工抛光，游泳平台升降梯自己加工。玻璃钢的比重当时查不出来，只能自己做测试。所有将要安装到游艇上的零件都一一称重。"现在已经很少游艇公司这么精工细作了。"接受游艇业采访时，现任奥普兰游艇公司总经理的费平感慨地说。

游艇动力装置采用两台300马力Caterpillar（卡特彼勒）发动机，设计航速为18节，实际航速20节。

经过十多个月的悉心打造，该型首制艇终于在1982年制造完成。这艘艇制造精良，此后，几位台湾游艇届的元老级人物看过这艘游艇之后，都评价说在世界范围内属于中上等水平，款式比台湾制造的游艇还要先进。但是当时这批52英尺的游艇，几乎不计成本，中国船舶工业总公司补贴了几百万人民币——这单订单的政治意义大于经济意义。

作为9318厂中为数不多的摄影骨干费平，用当时很少见的彩色相机给游艇拍了照片。1982年,整个江西几乎没有冲洗照片的地方,费平只能跑到武汉去冲洗。

1983年起"4209"运经上海至香港,停泊在白沙湾游艇俱乐部的旺记船厂。由于当时内地购买内装材料也非常困难,"4209"内装是708所和9318厂派员工到香港旺记船厂完成内部装修和航行试验。

邓小平曾为"4209"乘客

该船型共制造了四艘,其中三艘由香港华联船舶贸易公司出口到国外。另外一艘被国家机关事务所购买,停泊在北戴河。夏天时,邓小平去北戴河游泳,游艇用作邓小平休息的场所。邓小平去世后,国家机关事务所将这艘游艇交给国家体委。2003年在千岛湖水上运动基地再次见到这艘具有历史意义的游艇时,保存还很好,如果主机换掉游艇还可以正常使用。这艘游艇进行修复后,可放入上海船舶博物馆中进行珍藏。

9318厂这个团队后来成立了一个研究中心,由3名老高工带领二十多名大学生继续研究玻璃钢游艇,后来建造了23米侧壁式气垫船、高速工作艇、8米全封闭式耐火救生艇等。二十多年过去了,这些当年的大学毕业生大多仍然留在游艇行业,成为中国游艇行业的中流砥柱。他们包括中国湖州澳普兰游艇制造公司总经理费平,以及重庆宝达船舶工程有限公司总经理徐伟等。

到了20世纪80年代中后期,当时中国大陆和英国谈香港回归问题,很多香港公司认为未来充满不确定性,纷纷逃离香港,这对当时9318厂出口游艇带来很大影响,中国船舶总公司对9318厂百万元的补贴也停止了。值得感慨的是,当时的技术已经很先进了,购买的设备也非常领先,如果能坚持下来,成立玻璃钢开发研究中心,那现在的研发水平一定是世界领先的。

从1979至1999年这20年间,是中国游艇产业的初期,真正的游艇制造厂不到二十家,正规的游艇俱乐部不到十家;主要产品几乎都是出口,年出口游艇总量仅1999年超过1000万美金。这也就更突显出,708所设计9318厂施工的52英尺的游艇在中国现代游艇业的发展中具有特殊的历史意义。

初教六往事钩沉

马奔超

9月3日,七架初教六飞机拉着绚丽的彩烟从天安门上空飞过,这批服役已长达半个多世纪的机型为我国飞行员的培养与训练做出了不可磨灭的贡献,借此机会,让我们一起回首那段研制期间的峥嵘岁月。

初教六从研制到定型再到批产经历了很多波折,最初,航空工业局生产部门并不赞同研制初教六,而是更多地倾向于仿制苏联的雅克-18A,但经过当时的沈阳第一飞机设计室主任徐舜寿据理力争,局领导最终同意研制新机型。从1957年四季度一直到1958年5月,第一飞机设计室完成了初步设计,1958年年初,航空工业局领导考虑到第一飞机设计室已经开始设计两种教练机,便决定喷气式的歼教一由沈阳飞机制造厂试制,初教六由洪都公司试制。

为迎接新机研制任务,洪都公司组建了新的设计室,沈阳飞机第一设计室的屠基达、林家骅等20余人也携带有关资料参与进来。因为是自行设计的一款飞机,大家没有框框约束,有了问题,当场讨论,及时解决,大家想的只是早日设计出自己的飞机。据说,那个时候设计室晚上没有熄过灯,房门没有上过锁,全体设计人员夜以继日,战高温,斗酷暑,仅一个多月时间就画出了全部图样。按照设计方案,飞机将选用捷克制造的道里斯-B气冷V型发动机和与之配套的V-411型木质螺旋桨,然而,当发图工作即将完成的时候,捷克的发动机还没有研制出来,是等待还是选用别的发动机?当时设计室总体组的钱国平等人连夜制定出了一个用国产M-11ΦP发动

初教6编队训练(陈华长摄)

机顶替捷克发动机的临时方案。M-11ΦP发动机是星形气冷式活塞发动机,与捷克的发动机在外形上有很大不同,因此选用国产发动机,飞机机头也需要重新设计,这种

改型机设计完成后被称为"红专502M"。从设计到试制成试验批飞机4架只用了72天,其中,02架飞机于1958年8月27日首飞成功。02、03架飞机本拟参加1958年国庆节的阅兵式,但由于设计尚未定型的原因,取消了计划,国庆节后,"红专502M"在北京南苑机场进行了展览。

初教6编队训练(马奔超摄)

初教6伴随保障组成员与部队官兵交流
(陈华长摄)

1958年底,向捷克订购的发动机到达工厂,于是将此发动机装在04架原型机上进行试车,结果由于飞机、发动机、螺旋桨不匹配的原因,在试车过程中暴露了很多问题。当时提出了对发动机进行改进设计的方案,但是螺旋桨的问题解决不了,发动机改进了也没有用,而合适的发动机、螺旋桨又没有,初教六的研制工作又遇到了一个关卡。

1959年8月,主管设计师叶绪仑从苏联《祖国之翼》杂志上看到了有关雅克–18A的简介,该机选用的是 АИ–14Р 发动机和 В350–д35 螺旋桨,于是提出了选用这种发动机作为初教六动力装置的设想。攻关小组进行摸底估算,制订了初步的总体方案。当得知北京航空工业学校研制的"红旗一号"飞机和北京航空学院研制的"北京一号"飞机安装的就是这款发动机和螺旋桨时,洪都公司提出希望向他们借一台发动机,他们二话没说,立即从"红旗一号"上将发动机拆下来,连同全套附件一起装箱发往南昌。经过全厂努力,新方案的改装工作很快完成,1960年7月,这款改装后的飞机由试飞员黄肇濂驾驶飞上蓝天,8月又转往阎良六院八所(飞行研究所)进行飞机性能试飞,这也是该所组建后承担的第一个新机鉴定试飞任务。飞行虽然取得了良好效果,但仍存在很多问题。此时,空军迫切需要教练机,而初教六能否成功还是个疑问,因此又产生了仿制苏联雅克–18A的想法,1960年3月,航空工业局正式向洪都公司下达了试制雅克–18A的任务,同时要求初教六试制定型。

两种飞机齐头并进,洪都公司在当时的条件下是难以做到的,从全局看,同时研、仿两种同一等级的教练机在人力、物力、财力上都是很大浪费,洪都公司当时首先执行了上级的指示,在加快初教六研制步伐的同时,进行了雅克–18A仿制的准备工作。另一方面,洪都对两种飞机的生产条件等各种因素进行了认真全面的分析研究,对为解决初教六原型机试飞鉴定中暴露出来的问题提出的设计改进措施再三论证落实,目的就是要将初教六继续研制下去。试飞员黄肇濂也奔波于空军有关部门报告初教六的试飞情况,说明初教六的设计是成功的。1961年1月,当时的空军副司令常乾坤主持召开选型座谈会,会上充分肯定了初教六的研制工作,但仍倾向于两种飞机同时研制,到2月份的时候,事情出现了转机,航空工业局告知洪都,国防工委和空军党委已经同意初教六确定为初级教练机的试制机型,至此,初级教练机的选型问题才告一段落。

1961年初,针对在试飞鉴定中出现的问题,洪都公司开始进行改进设计工作,到10月15日定型试验机的试飞鉴定工作全部结束,试飞结果证明飞机性能良好。1962年1月,国务院军工产品定型委员会正式批准初教六飞机定型,投入批生产,至此,历时四年半,耗资200多万元的初教六飞机研制工作结束。据统计,截至目前,初教六各型机共生产2000多架。

初教六为我国培养了数以万计的飞行员,1979年荣获国家质量金奖,是我国第一个获此殊荣的机种,这充分证明了我国也能自行设计出可靠耐用的机种,另外,值得一提的是初教六在国外也广受欢迎,受到亚非国家和欧美发达国家航空俱乐部的青睐。

崇仁与小三线建设

黄宗华　万义兵

崇仁的小三线建设是全国三线建设和江西小三线建设的一个缩影。江西的小三线建设起步于1964年，负责的军工建设项目占了全国地方项目的将近七分之一，为巩固国防、遏制外敌入侵、调整国家经济布局发挥了重要作用。在江西的小三线建设中，崇仁因其独特的地理位置和自然条件，成为江西小三线建设的重要区域。在国家和省里的大力支持下，崇仁的小三线建设者发扬顽强拼搏精神，在没有现代工业基础的偏僻地区建起了现代化的工厂，创造了共产党人改天换地的建设奇迹。这批小三线工厂扎根崇仁一隅，服务全国大局，同时也成为崇仁经济的重要构成部分，为崇仁的经济社会发展作出了杰出贡献。随着时代的变迁，这些企业中有的迁走转型，有的因种种原因经营困难甚至破产倒闭，但它们对崇仁产生的历史影响，在崇仁留下的坚实足迹，将永载崇仁发展进步的史册。

一、崇仁小三线建设的概况

崇仁是一块具有光荣革命传统的红色土地，在其境内发生了很多意义深远的革命历史事件，为中国革命胜利作出了重大贡献。在20世纪60年代新中国面临外部侵略的严重形势下，崇仁再立新功，成为江西小三线建设的重要区域，为小三线建设事业作出了巨大贡献。

艰苦卓绝的崇仁小三线建设　根据江西省小三线建设总体布局，崇仁县共安排了60、82迫击炮厂，60、82迫击炮弹厂，60、82迫击炮弹引信厂，手榴弹、地雷厂及木制件厂等5个项目。建设初期，包括崇仁在内的整个小三线建设严重缺乏技术人员和设计力量。每建一个工厂都是临时抽调人员，工种不全，东拼西凑。为了扭转这种局面，国家和省里采取了一些特殊办法。对上海包建包产项目，由上海方面组织了10多个单位300多人的设计队伍。江西方面，在省内动员了6个设计院，从全省11个单位抽调442人为小三线项目的建设进行突击设计。1965年11月，召开了省国防工业建设设计、施工现场座谈会，提出厂房设计标准，除特殊要求外，尽量不采用钢筋混凝土结构；宿舍造价每平方米不超过35元；厕所造价每平方米不超过20元。同时强调设计厂房要注重隐蔽。1966年6月，全省又在南昌召开了设计、施工座谈会，提出学习浙江，建设起来的工厂远看像村庄,近看像民房,进院才知道是工厂。这些措施的实施,在一定程度上缓解了包括崇仁在内的全省小三线建设的技术人员和设计力量不足的问题。

除了在技术人员和设计力量方面的严重困难外,当时的崇仁,基础设施薄弱,基建施工力量严重不足。为解决这个问题,崇仁各级政府积极支援小三线工厂,大力发动当地群众参与建设。当时,为了加快进度,实行设备安装和土建施工同步进行。由于道路不够畅通,为了设备能顺利运进厂里,往往需要工厂组织人员自带材料,请养路工人配合,加固大桥、平整公路,才能够艰难地把几台大设备运到厂里。主要设备运到了,有时又出现配件问题、装配问题、电力不足等各种难题。

就是在这种极端困难的情况下,崇仁的小三线建设工厂却以极快的速度建设起来,并且立刻投入生产。比如,江西星火机械厂(9344厂),1964年10月开始选址。1965年4月,工厂厂址选定崇仁县礼陂公社中华山下。8月,以抚州第三机械厂筹建处名义提交《9344厂设计任务书》。9月,华东局计委、华东局国防工办批复工厂设计任务书。1965年9月,9344厂组成筹建班子。10月,土建工程动工。1966年5月,公路按设计要求基本竣工(桥梁除外)。6月,家属宿舍土建基本完工。7月,厂房土建大部分完成。10月,工厂开始产品试制。又如江西第一木材加工厂(9509厂),它是省林垦部门支援地方军工建设的一个配套项目,工厂设计总投资80万元,定员224人。1966年初,9509厂厂址选定崇仁火车站对面的小山岗上。5月,工厂开始筹建。9月,工厂破土动工。即使在"文化大革命"中,工厂建设者还是排除万难,终于在1968年底完成工厂的全部筹建工作。

崇仁的小三线建设工厂从开工到投产大多只花了二三年的时间,考虑到当时的工程技术水平和既有基础设施条件,特别是有的工厂还是在"文化大革命"的混乱局面中进行建设的,能取得建设速度快、建设质量好、产品生产快的成绩,确实非常不容易。成绩的取得,与那些建设者的敬业精神是分不开的,他们克服了物质上、技术上、经费上的诸多困难,克服远离家庭、远离城市的孤独,充分发挥聪明才智和愚公移山精神,终将不可能变成可能,在延续了几千年的农业文明的崇仁土地上第一次大规模注入了工业文明的因子,在贫乏的条件中创造了建设奇迹。当然,这也离不开崇仁人民的鼎力支持,正是有了崇仁人民的拥护和支援,崇仁的小三线建设才能够在极短的时间内完成建设任务并投入生产。

成就突出的崇仁小三线建设 崇仁的小三线建设工厂一般具有较大的规模,占地面积较大,且建成后具有较强的生产能力。这些企业在建成后的相当长时间里,都实现了盈利。比如国营永胜机械厂(9353厂)是省地方军工迫击炮弹生产厂,隶属省国防科工办。9353厂由上海市包建包产,主包厂为上海彭浦机器厂。工厂第一厂名江西迫击炮弹厂,第二厂名国营永胜机械厂,第一厂名代号9353。1965年8月,9353厂开始筹建。9月,华东局计委批准江西迫击炮弹厂设计任务书,设计年产63式60毫米迫击炮弹100万发、53式82毫米迫击炮弹100万发、基本药管和附加药包100万套、硝铵炸药2000吨和手榴弹壳100万套(后转入9342厂),建设工程总投资725.7165万元(不包括利用原有设备 99.1275 万元)。1967 年,工厂建成投产。该厂分为 3 个生产区:第一生产区位于崇仁县城,占地面积 38.17 万平方米,距崇仁火车站 2 公里,为厂党委、厂部及办事机构所在地,还设有 5 个车间,主要从事铸造和机械加工。第二生产区位于崇仁县礼陂公社沧源村,占地面积 30.85 万平方米,距第一生产区约 25 公里,设有 4 个车间,主要生产火工产品。第三生产区(试验场)位于崇仁县郭圩公社下屋村,占地面积 141.55 万平方米,处于一生产区至二生产区公路线之间,负责本厂及 9344 厂迫-1 甲引信和 9327 厂 60、82 毫米迫击炮弹内外弹道性能试验。

9353 厂建成投产后,主要生产 60 毫米迫击炮弹和 82 毫米迫击炮弹。1975 年,五机部在工厂召开 82 毫米迫击炮弹专业会议,确定国内 82 毫米迫击炮弹生产厂以 9353 厂工装为依据进行生产。1984 年,工厂开始生产外贸产品 56 式 160 毫米迫击炮全备弹。除此外,9353 厂还先后研制出 82 毫米迫击炮用抛伞训练弹、82 毫米迫击炮用反跳训练弹、W85 式 60 毫米迫击炮杀伤榴弹等产品,其中 82 毫米迫击炮用抛伞训练弹和 82 毫米迫击炮用反跳训练弹为国内首创。1986 年是 9353 厂经济鼎盛年,工厂实现工业总产值 3059 万元(1980 年不变价),实现利润总额 1010.1 万元。

又如江西第一木材加工厂(9509 厂),其主要为 9353 厂、9344 厂、9342 厂、9327 厂生产各种规格军品包装箱。在试制阶段,产品主要有手榴弹、82 毫米迫击炮弹包装箱,后陆续增加 82 毫米迫击炮包装箱、60 毫米迫击炮包装箱、梯恩梯炸药包装箱、引信包装箱、69 式 40 毫米火箭破甲弹包装箱等等。1969 年—1985 年,9509 厂工业总产值 4022.96 万元,实现利润 221.57 万元,上交利润、税金 221.33 万元。投产 17 年,9509 厂生产各种军品包装箱 367 万余只。

崇仁的小三线建设工厂之所以能在如此困难的条件下取得如此大的成就,最主要的原因就是这些小三线工厂的技术人员、工人等有为国家军工事业作贡献的决心,积极探索,勇于创新,不断提高生产技艺。比如,9344 厂生产迫-1 甲引信时,沿用 40 年代苏联生产工艺。生产过程中,每班需 20 多个工人用手工在天平上称药,倒药入模,油压机压制。因粉尘飞扬,损害工人健康,压药工人称"进了压药工房就像进了鬼门关"。1970 年,为提高引信传爆管压药效率,9344 厂技术员研制成功国内第一台机械式自动压药机-EJ510A 型自动双头压药机,后又引进射流新技术,改制成功第二代液压射流式自动压药机,压药生产实现封闭操作,生产工人从 20 多人减为 2 人。又如 9343 厂在相关生产中,也采用钢制药筒代替铜药筒,降低材料消耗,使生产效率提高近 50%,材料利用率由 45% 提高至 75%,大大提高了工厂的经济效益。

艰难调整的崇仁小三线建设 1980 年后,江西军工企业在"军转民"的大趋势下,江西省属军工企业的民品开发虽然总体上取得了一定成效,但由于没有统一合理的规划,难以形成生产规模,多数民品更新换代慢,销售渠道不畅,库存积压严重,占用了大量流动资金,使再生产难以顺利进行。同时,江西省属军工企业大部分原来都处于偏僻山区,交通不便,信息不畅,同一区域的产品关联度不强,导致生产成本高、企业效益下滑甚至有的生产难以为继。随着企业经济效益连年下滑,大量人员开始以请长假、停薪留职、下岗、内退等方式流向沿海经济发达省市。其中,既有许多掌握了特种工艺的技术工人,也有许多管理人员和工程技术人员,甚至还有部分企业经营管理者,其中以工程技术人员流失的程度最为严重。崇仁的小三线企业在大环境的影响下也面临着亏损,效益不佳。在这种不利的情况下,崇仁的小三线企业中,有些积极响应党和国家的号召,面向市场,及时调整产品结构,从而实现了发展转型,从此脱离了困境,在新的时代浪潮中焕发出新的生机和活力;有些则在市场条件下遭到了淘汰。

江西星火机械厂(9344厂)原建于崇仁礼陂,1965年10月15日破土动工,1967年1月部分建设项目完成,开始试产。次年9月全部竣工,正式投产。经过近20年的发展,1984年,全厂建筑总面积达80506平方米,其中,厂房面积29326平方米。内设第一(冲压)、第二(机械加工)、第三(电镀)、第四(装配)、第五(后方)、第六(塑料)等6个车间。建厂初期有职工821人,尔后逐年增加,至1984年发展至1330人。其中有工程师21人、助理工程师19人、技师5人、技术员33人,共78名技术人员。1987年,工厂整体迁入南昌进贤城郊,开始新的创业,在科技进步上取得很突出的业绩。2005年,工厂改制后,根据军品订单逐渐减少的不利因素,工厂审时度势,制定了"新产品研发,老产品拓展"的经营战略目标,以大专院校、科研院所为技术依托,加大新产品研发力度,投入自筹资金1000多万元,对机加、装配及检验、试验设备进行了技术升级,对生产设备进行改造,满足了新产品研制对加工设备、装配环境和试验条件的更高要求,提升了科技研发能力,新产品开发取得了突破性进展。工厂相继开发了新的引信,新产品产值达1000万元。2008年,老产品拓展也取得了重大历史突破,当年创产值8000余万元的历史最高值。2008年6月,根据省国防科工办下发的《关于同意江西星火机械厂改制重组方案的批复》(赣国科工发156号),江西星火军工工业有限公司挂牌成立。2011年5月,根据省国防科工办下发的《关于推进省属军工企业组建江西军工集团有关工作的通知》(赣国科工发142号),江西星火军工工业有限公司将军品公司的股权进行了转让。

与此相对的是,有些企业在市场大潮中虽然付出了艰苦努力,却无法挽救企业的颓势,最终步入破产倒闭的结局。江西第一木材加工厂(9509厂)占地面积13.4万平方米,建筑面积3.67万平方米,其中生产用建筑面积1.59万平方米,拥有固定资产1500万元。在1991年军转民后,建立了一条年生产能力为5万辆的阿波罗童车生产线,后因产品成本高,销售情况差,资金回笼困难,"阿波罗童车"于1994年6月停产。此后,工厂基本处于停产状态。2006年12月19日,根据全国企业兼并破产和职工再就业工作领导小组办公室(2006)21号文下达《关于江西船用机械厂等201户企业破产项目的通知》和《2006全国企业关闭破产项目表》,将江西第一木材加工厂列入破产计划。2007年,企业内部为破产前期做好准备工作,2007年2月11日,成立崇仁县一木社区管理委员会。2007年6月29日,根据抚民破字第1号裁定书,宣告江西第一木材加工厂政策性破产,正式进入破产程序(破产终结于2012年11月30日)。2007年7月,由省国防科工办指定吴佳拍卖公司对江西第一木材加工厂固定资产公开拍卖。

在改革开放和社会主义现代化建设的浪潮中,星火机械厂等积极进行技术创新,提高管理水平,成功实现转型,将书写于崇仁的历史辉煌在新的时代、新的地方继续发扬光大;第一木材加工厂等在经历多种尝试和努力后被迫破产,非常遗憾,但是,它们为我国国防建设、为江西军工事业发展、为崇仁现代工业奠基所作的贡献,将永远为人民所牢记。

二、崇仁小三线建设的影响

三线建设是特殊国际环境下党和国家的应对之策。虽然存在技术水平、生产效率、产品质量等方面这样那样的问题,但它对全国经济布局的调整和落后地区的发展起到了积极作用,对遏制帝国主义和台湾当局的进犯野心发挥了重大作用。在这个历史进程中,崇仁的小三线建设同全国的三线建设一样也发挥了重要的作用,作出了重要的贡献。同时,崇仁的小三线建设对崇仁这个欠发达地区的经济社会发展产生了十分重要且深远的影响。

为崇仁提供了改善面貌的重要契机 因为有国家的订单,加上产品质量不错,崇仁的小三线企业在很长时期内都有稳定的盈利,直接或间接地促进了崇仁当地社会经济的发展。首先,小三线建设改善了崇仁县的基础设施。为了促进小三线企业的建设和发展,国家和地方都积极改善企业所在地的软硬件设施,提升企业生存环境,这也使崇仁这座内地小县城有了更多现代化的气息,促进了崇仁县城市面貌的改变。如起自礼陂街口的礼桃县公路,初为大闹钢铁运矿简易公路,路面狭窄坎坷,行车不便。1965年和1975年两次由省投资改建,加宽、平整路面,此路遂成为客货运输的通衢,属三级养护路,大大改善了崇仁当地的交通运输状况。其次,小三线建设提高了崇仁当地人的收入水平。小三线企业起初员工多是外来人口,但随着企业的发展,特别是改革开放以后,越来越多的企业从当地招收大量工人。这些小三线企业为崇仁县人民提供了大量的就业岗位,促进了崇仁县城市化进程,提高了当地人的收入水平。再次,小三线建设为崇仁县经济的繁荣与发展增添了助推器。小三线企业扎根崇仁后,规模不断扩大。以江西第一木材加工厂(9509厂)为例,1985年有职工495人,为建厂初期35人的14.14倍。随着小三线企业的发展壮大,客观上需要崇仁当地提供相应的后勤保障。崇仁的自然资源十分丰富,森林覆盖率高,矿藏资源品种繁多,有铀、钨、锡、铜、铁、煤、瓷土、石英砂、石灰石等多种矿产,正好满足了这些企业的需求。崇仁与小三线企业之间的这种良性互动促进了当地的市场繁荣,为崇仁城乡面貌的改善提供了历史机遇。

为崇仁奠定了扎实的现代工业基础 崇仁处于江西中部地区,中华人民共和国成立初期工业基础相对薄弱。在1965年以前,崇仁县的国有企业不到10家,且大多是传统企业,如1957年4月成立的许坊乡谙源村兴办小型国营煤矿、1958年创办的县医药公司中药饮片厂,这些企业不仅规模小,而且生产技术落后,还不属于现代工业的范畴。随着20世纪60年代开始的三线建设项目的先后建成、投产,如国营永胜机械厂(9353厂)、国营江西第一木材加工厂(9509厂)、星火机械厂(9344厂),这些小三线企业拥有较大的规模,配备了较强的技术力量,还具备先进的管理理念,这些企业的引入对崇仁县当地企业的发展起着引领和示范作用。经过多年的发展,崇仁县受小"三线"建设辐射和影响,其工业发展相对落后的局面得到了较大改观,形成了比较完备的工业体系。在改革开放之初,崇仁已形成以机电、有色金属、纺织服装、轻化和食品药品为主的五大县域主导产业,崇仁变压器、互感器更是享誉全省乃至全国的拳头产品,被评为"江西变电设备产业基地",是省政府调度的28个重大项目之一。作为崇仁县龙头产业的变电设备产业正是起始于"三线"建设时期。1968年创办的"崇仁电机厂",历经近半个世纪的发展,已拥有生产变压器、互感器、成套设备等相关企业近百家,自主创新研发的各类产品达35大系列2000多种规格,远销中东、欧洲、非洲等地区。2014年获批江西省首批20个省级工业示范产业集群之一;2015年成功创建目前抚州市唯一一个国家新型工业化产业(装备制造·输变电设备)示范基地;2016年被工信部列为全国第三批产业集群区域品牌建设试点。如果没有小三线建设,很难想象在崇仁这样欠发达的地区能够形成这样高科技的新型工业化企业和产业集群,这正是当年播下的种子结出的果实。

  为崇仁带来了开放的思想观念 在几千年的农业文明中,崇仁县以农业人口为主,以1964年为例,崇仁县人口总户数为39865户,其中农业户数为36008户,农业户占比90.3%;总人口156395,农村人口141172,农村人口占比90.2%。自给自足的小农经济是崇仁经济结构的主要构成,这在一定程度上也决定了崇仁当地人相对闭塞的思想。崇仁的小三线建设大多是外来援建项目,企业技术人员大多是来自其他地区。国营永胜机械厂(9353厂)建厂初期,生产技术人员大多来自上海彭浦机器厂、湖南282厂、黑龙江672厂及省内九江地区等大中城市。这些新"崇仁人"的到来,为崇仁带来了活力,不同思想在这里交汇,培育了崇仁人开放的视野。众多小三线工厂落户崇仁时,厂矿职工的吃菜问题成为难题,当地农民渐渐看到了巨大的市场需求,开始学习蔬菜种植技术,供应这些厂矿职工,这让他们突破了自给自足的传统思路,培育了他们在服务别人之时为自己谋求更大发展的市场意识。改革开放后,当这些农民到沿海打工时,发现大城市蔬菜需求量大、价格高,且市场上的蔬菜大多是"远路货",这些熟知蔬菜种植技术的崇仁农民于是萌发了走出家门跨省租地种菜的念头。最早租地种菜的崇仁县马鞍镇农民缪回春,2000年就在广东省佛山市郊区种菜,获得成功,回家盖起了洋房。在家的村民"看在眼里,急在心里,学在行动上",于是,纷纷走出家门加入外出种菜的行列。这些外出的菜农选种蔬菜时,眼睛盯着城里人的菜篮子,变"我种啥他吃啥"为"他喜欢吃啥我种啥",既丰富了当地市民的菜篮子,又增加了自己的收入。小三线建设给崇仁人带来的这种开放意识,也成为崇仁人在改革开放中、在市场经济大潮中阔步向前迈进的重要精神财富。十八大以来,崇仁开展团队招商、商会招商、协会招商、产业招商和以商招商,突出招大引强,着力引进一批科技含量高、核心竞争力强、带动能力大的项目;大力倡导崇商回归和智力返乡,鼓励在外的崇仁籍企业家、专家、学者等能人志士助力家乡建设,崇仁的对外开放水平迈上了新的台阶,一批有实力的企业已经在崇仁扎根,将为崇仁社会经济的发展作出新的贡献。

小三线建设的时代虽已经远去,但是小三线建设的历史不会因此而尘封,它的贡献将永远被人民和历史所铭记。崇仁与小三线工厂的情缘更是永远无法割裂的。小三线工厂曾作为一个新生的外来事物扎根于崇仁,在这块红色的土地上书写了荣光、创造了奇迹;崇仁人民也积极参与到这场轰轰烈烈的事业之中,为小三线工厂扎根崇仁提供了无私的帮助,而且很多崇仁当地人亲身加入小三线企业,成为军工事业的建设者。崇仁人民支持小三线建设,小三线建设倾情回馈崇仁人民,为崇仁经济社会的发展变迁作出了重要的贡献。抚今追昔,感慨万千!让我们继续发扬前辈们在崇仁小三线建设中的那样一股豪情和精神、那样一种情怀和担当,努力在建设美好家园、实现中华民族伟大复兴征程中奋勇拼搏,创造出无愧于时代、无愧于先辈的新的业绩。

记忆永恒

历史的真实,由于亲历者的生动描述,更显得弥足珍贵。

江西军工的建设史、发展史,就是由这样一个个鲜活的人物和事件组成。这其中饱含着酸甜苦辣、喜怒哀乐,折射出军工人的艰辛、才智、追求、忠诚与奉献。

兵工先驱
——忆官田中央兵工厂首任厂长吴汉杰

黄健民

吴汉杰,湖南人,中共党员,是中央兵工厂的主要创始人之一,中央兵工厂的第一任厂长,被称为人民兵工的先驱者。

1931年9月,吴汉杰奉朱德总司令的命令,在兴国白石筹办了红一方面军总部直属修械所;10月,又接受中央革命军事委员会的委派,率领几十个工人到兴国县兴莲乡官田村创办了我党、我军第一个大型兵工厂。在中央兵工厂,他认真负责,作风正派,联系群众,以身作则,深受官兵和工人的爱戴和敬重。他带领广大职工,自力更生,团结奋斗,艰苦创业,制造了大量的枪支、弹药,创造了第一等的工作成绩,为中央苏区兵工事业的不断发展壮大,为武装红军粉碎国民党军队的"围剿"、保卫和巩固中央革命根据地作出了重要贡献。

在战争年代,由于国民党的封锁,中央苏区的生活环境相当艰苦,物质也十分匮乏,工人津贴(工资)更是非常微薄。大家有时连饭也吃不饱。吴汉杰就号召和带领大家开荒垦地,种菜栽瓜,养鸡养鸭,开展生产自救。晚上领导班子开会,有时开到深夜,大家的肚子老是饿得咕咕叫,但那时纪律很严,不能公款吃喝,可个人为数不多的工资又要寄回家中养家糊口,不敢乱花,大家就只好多喝茶水聊以充饥。看到大家如此艰苦,吴汉杰就从口袋里掏出自己积存的津贴,说:"我请大家打牙祭!"出钱请大家的客,大家也就乐呵呵地笑道:"我们就是要找厂长'打秋风'啊!"

吴汉杰虽是工人出身,但尊重知识,尊敬人才,对工厂技术人员尤其照顾。他曾将上海地下党介绍来中央兵工厂的六个工程师及沈阳兵工厂的师傅,安排到厂部后面山坡上的"独立房子"住,食宿均"吃小灶",这是一种特殊照顾。但吴厂长他本人在生活上却和工人们实行平等,和大家一起吃"大食堂"的饭菜。他对同志们说:"那些新来的同志,都是刚从大城市过来的,生活太差了不习惯;况且他们个个身怀绝技,会造枪造炮,他们有资格吃饱、吃好。我们要多关心和照顾他们。"

吴汉杰不仅自己带头艰苦朴素,勤俭节省,而且还要求手下的干部们清正廉洁,一尘不染。有一次,事务科长罗朝榜接到一张公款请吃私人朋友的消费发票,罗朝榜不管当事人怎样要求,就是坚决不予报销。结果,当事人闹到吴汉杰面前请求"公断"。吴汉杰支持了罗朝榜,批评了当事人,并严厉指出:贪污公款,吃喝消费,是对苏维埃政权的破坏和犯罪! 由于他坚持原则,敢于批评,不怕得罪人,全厂职工都一致行动起来反对贪污浪费、假公济私。

吴厂长为大家办事非常热心。厂里每月发工资,都是由他亲自去解款,亲自发到职工手里,从未有过闪失和差错。那时全厂职工的工资,都是由军委兵站部拨付。他去桥头兵站部(又称后方办事处)领上千块银元的工资,只带警卫员一人。为了资金的安全,还必须当天返回,中途不得休息。

有一次,夏日炎炎,人困马乏,吴汉杰坐在马上实在太疲困了,就打起盹来,迷迷糊糊,摇摇晃晃的,一不留神,栽下马来,头部栽进泥水里,弄成一张花猴子似的大花脸。有好事者编了个"吴厂长倒栽葱"的故事,当作茶余饭后的笑料传播开来,他一点也不介意,还幽默地说:"幸亏警卫员把我从泥里拉了起来才没丧命哩!"更逗得大家笑得人仰马翻的。所以,工人们都称赞他是"一心为公,从不谋私"的好领导。

新中国成立后,吴汉杰曾任中共广东省监察委员会副书记,并写有革命回忆录,刊发在总政编印的《星火燎原》第二集上。

官田"第一锤"
——记述江南工业集团有限公司原副厂长、老红军赵俊的故事

刘可亮

兵工始祖,军工摇篮。1931年10月第三次反"围剿"后,中国共产党领导下的第一兵工厂——官田兵工厂诞生。

星火终燎原。湖南江南工业集团有幸,一粒官田的火种溅落在这里！曾经参与、见证过官田兵工厂建设与发展的原红三军团修械科科长赵俊,于1963年10月携其夫人、老红军钱家华来到湖南湘潭江南机器厂,担任副厂长、五机部驻厂观察员等职,分管过运输、材料等工作。赵厂长为江南带来了早期人民军工和老红军不畏困难、自力更生、艰苦创业的优良传统。他在工作、生活中体现出来的艰苦朴素的本色、深入群众的作风、严于律己的精神,深深地影响了六七十年代的江南人。江南兵工精神与江南"箭"文化,因此而染上了浓重的人民军工色彩。

官田第一锤

1928年秋,"黄洋界上炮声隆,报道敌军宵遁"。谁知1930年7月红军转战平江时,两门山炮坏了。7月15日,一位战士向急得团团转的彭老总推荐了老乡赵俊。技艺精湛的赵俊解了红军燃眉之急,在"复活"的山炮发出的隆隆炮声中,红军赢得了攻打长沙之战,赵俊也由此加入了红军。这是赵俊生前在接受江南集团老宣传部长杨永安采访时讲述的故事,收录在《红军炮》一文中。

1931年秋,赵俊作为红三军团的修械科科长,抵达官田。据其长子赵国安回忆,父亲生前谈及江南厂老红军刘新时曾说:"刘厂长是江西兴国人,我也在那里待过。"经查赵俊现存于江南的档案资料显示:赵俊1923年开始在长沙铁工厂学徒三年,做枪支。随后,在湘军修械局造枪支至1930年。1930年7月,他入伍参加红军,被编入红三军团修械科。1930—1932年间先后任官田兵工厂小组长、科长等职。

官田中央兵工厂创建初期,全部家当是二百多把锉刀、一百多把老虎钳子、四座打铁炉,条件可谓简陋。建厂之初,工人大都来自农民、木匠、铁匠,多数人没有修过枪,不少人甚至还没有摸过枪。有着八年从业经历,堪称造枪修枪专业人才的赵俊自然成

了工厂的骨干技术力量,揽瓷器活、带徒授艺,自是当然,由此赢得了"第一锤"之誉。据赵俊的子女回忆,父亲曾颇为自信地说:"当年凡是铁要变形的,都得找我!"

红军一个宝

1934年5月,官田兵工厂开始迁往瑞金江面。1934年9月,工厂编了一个工人师。10月,除留下100余人坚持打游击外,官田兵工厂大部分精锐分批随红军北上长征。赵俊作为修械骨干,曾闻名于红军队伍。

目前,赵家还保存着他当年走到哪里,随身带到哪里的工具——小钳台和铁锤。后来,他还告诉儿女们:"这东西方便,随便往哪里一夹,就能开始干活。我用它在战场上修复了大量军械。"

在红军的一次战斗中,赵俊将缴获的几枚废弹和臭弹成功进行修复,重新用上战场,为打赢战斗发挥了重要作用。彭德怀老总获知此事后,非常高兴,当即奖励了赵俊一个很精美的饭盒,并称赞赵俊"你真是红军一个宝啊!"作为奖品的饭盒,至今保存完好。

长征胜利后,赵俊于1935—1938年在陕北兵工厂工作,先后任修械所所长、政治指导员等;1938—1945年,在延安军工局任修械所所长、材料科科长、修理部主任、炼铁部主任和支书等职。其间,他曾亲手为朱德总司令专用的驳壳枪刻上"朱德"二字。该枪现存于中国人民革命历史博物馆。

可以说,战争年代的近二十年间,这位从官田兵工厂出发的人民军工干将,一直是我军修械技术方面的领军人物之一。

三代献兵工

赵俊在江南任副厂长职时,主要分管运输、材料等工作。工作中,他彰显出不畏困难、自力更生、艰苦创业的作风,深受职工群众爱戴和尊重。

1964年,为了解决反坦克武器材料的问题,他多次赴哈尔滨等地调研。有时在路上误餐时,他鼓励同志们克服点困难,并表示"我饿三天三夜也没问题"。经过他们的不懈努力,最终,江南红箭在珍宝岛战役中展现了威力。

赵俊牵头力倡自制25T汽车吊的事,至今仍为江南的老同志们提起。当时,有同志反映工厂起重设备少,吊装能力差。为解决这一问题,他先是去运输科调研,认为有自制汽车吊的能力,同时,了解到许民庆在这方面的技术高、能力强,可以发挥其作用。最终,在他的积极倡导和运作下,25T汽车吊自制成功了,在日后的工作中解决了很多吊装方面的难题。

工作生活中,赵俊保持着艰苦朴素的作风,且严于律己。在夫人钱家华的积极支持下,赵俊保营造了良好的家风。他们不许自己的子女有工作图轻松的思想,要求他们去一线锻炼。赵家的几个子女,赵国安从部队专业到江南厂后,一直从事注药、机修等艰苦的一线工作,直到退休;赵连安干过车工、司机、营销等工作,直到退休;赵裕安一直在职工医院工作,退休后接受返聘后仍在发挥余热;赵建安接过父亲衣钵,主攻机修钳工;女儿赵琼当过油漆工、钳工、统计员,当过抓生产的副主任,在一线干到退休;赵新则是检验工干到退休。江南发展过程中主要军、民品的生产,赵家兄妹均在一线作贡献。直到1976年赵俊逝世,子女都还工作在一线。

而今,献了子辈献孙辈,在赵俊的孙子辈中,赵翔是江南集团一分厂车工,是干主导军品零部件的得力干将;赵杰在江南集团职工医院外科工作;赵威是江南集团的一名钳工。

红色官田篇章,江南一页在延续精彩。

刘信品：七次请求终到官田

李亚明

2011年10月11日,在江西省兴国县官田中央兵工厂军工教育基地竣工典礼之后,93岁的老人刘信品,大步走进弹药科旧址,指着天井边上的一角,说:"当时,我就是在这里做子弹的底火的。"

老人的声音,带着一点因激动而发出的颤抖。尽管目光已经不那么清澈,但是,那里面饱含的深情,我们依然可以感受到。

时光回到1932年的春天。3月27日,红一军团攻下了国民党盘踞在上杭一带的民国钟绍奎部的巢穴岩,缴获了钟绍奎的兵工厂和造币厂的机器设备并运回苏区。官田兵工厂的规模得到扩大。官田兵工厂到有着比较好军械修理基础的东固(在今江西省吉安市东固镇)招工人。那个时候,东固的青壮年男子大多参加了红军。东固区委派出了由29名妇女和2个半大孩子组成的队伍,支援官田兵工厂。

当年虚岁14岁的刘信品,就是这两个半大孩子中的一个。他兴高采烈地走在这支队伍里。在被拒绝了六次之后,这一次,他终于成为一名红军战士了!

刘信品8岁时死了父母,跟着嫂子谢普秀生活。当时个子矮,身体弱,被周围人取了个绰号,叫"日本矮子"。这一次,嫂子报名去了官田兵工厂,再三争取之后,刘信品终于得偿所愿,区委同意刘信品加入这支队伍。

机会来之不易,刘信品甚是珍惜。

从东固到官田,要走两天的山路。个小体弱的刘信品,绝不示弱,一路提醒自己,不要掉队。第一天晚上,到达兴国县陈岗万寿宫,在那里住了一晚上。晚上,刘信品的脚肿得很大。就到当地百姓家里买了生姜,蘸着自己的尿,擦一擦。

第二天到达官田时,工人们鸣枪欢迎他们的到来。激动的刘信品,拖着红肿的脚,却咬紧着牙关,让自己的步子看起来更有力,不让一瘸一拐的腿影响自己的形象。休整下来时,为了让红肿的脚舒服一点,刘信品马上用冰凉的山泉水来冲脚。他的脚就这样留下了病根,一直到现在,也时不时会痛。

在官田兵工厂,东固来的这些妇女,主要分到了弹药科劳动强度比较低的子弹股。子弹股主要翻造子弹。官田兵工厂最初的时候,做不了弹壳,就用从战场上搜集来的用过的子弹壳。刘信品作为学徒,做子弹的底火,叫"火闭"。主要工作就是把用过的子弹壳的壳底敲掉,填上硝、棉花等,再把一些剪成了弹壳底部形状的铜皮装在一个耐粘的盒子里,放进风箱炉里烘,待铜皮烧红后拿出来放在一个铁模鼎子上,用尖钻锉,对准铜皮中央再用锤子敲,使铜皮中央凸起即可,做这东西很难做,一天做不了多少个。根据刘信品的回忆,开始的时候,部队反映官田兵工厂的子弹打出去后烟很大,打不准。后来经过改进,子弹比国民党的还厉害。

在官田兵工厂的日子,刘信品过着"三八制"生活:每天8小时工作,8小时睡觉,8小时学习休息。吃得比家里好,虽然作为学徒工没有工钱,但每个月的伙食费如果有结余,还能分得一点钱,到工会俱乐部去买当地老俵卖的鸡腿、豆腐乳来调节伙食。

在官田兵工厂工作了两个多月后,因为"打摆子",刘信品被送到了附近的茶岭红军附属医院治病。病好了后,刘信品被留在了医院当护工,并入了党,还被医院派出学习。

在医院期间,刘信品参加了医院编的第六预备医院,随红二军团去福建接国民党十九路军在福州组建的人民革命政府。但还未到福建,人民政府被蒋介石镇压。在经历了与福建大刀会的斗争后,刘信品他们好不容易回到江西。

第五次反"围剿"失利,医院只好转移,官田兵工厂迁往江西瑞金。身体比较弱的刘信品和一些人留了下来。大部队走后,刘信品和当时留下来的十几个人,在铜宝山住了五六个月,天天在山上躲藏,过着非人的生活。在山上,好多老俵都逃到瑞金去了,房子没有人住,他们就住在这些破屋、荒屋里。没有吃的,就去挖竹笋吃;竹笋没有了就摘野菜叶,放几粒米一起煮了吃。有时挖荞子用火烤了吃,荞子实在难吃,吃下去还会吐。

在一次下山时,刘信品他们三人被国民党区公所抓了。通过了解,知道刘信品是一个司药生,就把他接去做医务工作。在被押到黄龙民众医疗所后,有个医官范大勇将他保了出来。之后就跟着他去治病,并让刘信品作他的干儿子,被刘信品拒绝了。天天想家、夜夜梦家的刘信品,好不容易写了一封信回家,问家里要不要他回去,家里回信说要。

1935年阴历十二月二十四日,刘信品回到东固。

22岁那年,刘信品又被国民党抓壮丁去,当了兵,到湖南当了几个月。正月十九日去,五月十九日又回到了东固。也正是因为这段历史,让刘信品在后来的日子中吃了不少苦。但是,一直在家务农的老人,以乐观的精神从困难中走过。这些年,政府也对这些失散红军有了生活上的照顾。

徐盛久：从官田走出来的山歌大师

晓 宣

2011年10月11日，在官田中央兵工厂利铁科旧址门前，有人正在表演当时打铁的场景。看到此景，徐盛久老人不禁手痒痒的，上前表示自己也想动手来打铁。作为嘉宾受邀重返当年作为学徒开始打铁的地方，徐盛久的手艺没有扔，一锤一点，有板有眼，与另一个师傅配合默契，周围掌声阵阵。

徐盛久是兴国县长岗乡人。老人告诉我们，当年，官田兵工厂的一个领导跟他作为乡主席的父亲比较熟。1932年，官田兵工厂需要打铁的人，就让他父亲帮着推荐。他父亲推荐了两组人，并且让虚岁14岁的徐盛久，也跟着学打铁去了。

就这样，徐盛久成了官田兵工厂利铁科的一个打铁学徒工。

铿锵的节点，火红的炉子，燃烧着年轻人的青春。在兴国，山歌几乎是流淌在老百姓血液里的一种本能。小时候耳濡目染的山歌，在劳动的间隙，在休息的时候，就从徐盛久的口中冒出。官田兵工厂的工人俱乐部的表演，是那时徐盛久的一个爱好。对山歌的痴迷，也越来越深。

两年的兵工厂的打铁过程，四年的辗转，曾经被国民党俘虏，被释放后，徐盛久在家乡安顿了下来。20岁时，徐盛久转行，拜师学艺，开始跟随师傅朱先昭学习山歌表演，学会了一整套"跳觋"的山歌表演。

解放后，徐盛久农忙时在家务农、打铁。一到农闲时间，他宁愿放弃收入颇丰的打铁生意，也要跟着县、乡组织的各种形式山歌演唱队，到各地进行巡回演唱。在演出过程中，成为职业山歌手的徐盛久更加钻研技艺，以形成自己独特的风格。他除了通晓"跳觋"中画符念咒的全套"正坛功夫"，在山歌演唱上还能歌能舞，能男扮女装，临场发挥，加上嗓音高亢嘹亮，有板有眼，韵味浓郁，慢慢地成了远近闻名的觋公师傅。

身体硬朗的徐盛久直到70岁才放弃打铁生涯，山歌表演却怎么也放不下。在他的带动下，4个儿子、两个女儿及其孙子、曾孙一家四代都会唱山歌。

"哎呀嘞！心肝连肉肉连心，男孩女孩一样亲。""哎呀嘞，潋江河水波连波，听我唱支普法歌……发生纠纷不要慌，头脑冷静想办法，用法保护才正当。村委可以做调解，治安刑事公安帮，民事案件到法院，不要随便乱告状……"在今天，徐盛久又当起了政府新政策的宣传者,用山歌,把政策以喜闻乐见的形式送到千家万户。

2008年,徐盛久被文化部授予第二批国家级非物质文化遗产项目兴国山歌代表性传承人。在2011年10月10日的兴国庆祝人民军工创建八十周年晚会上,徐盛久老人的一曲山歌依旧清朗。

初教5：敢为航空写第一
——追忆新中国第一架飞机研制的激情岁月

张送萍　许　珊

1954年7月3日，新中国第一架飞机雅克-18（后国内命名为"初教5"，以下全文用"初教5"）从南昌某机场绿草坪丛中腾空而起，自此，开启了中国航空工业由修理到仿制再到自主研发的历史进程，也成为创立一个航空新时代的标志⋯⋯

时值初教5诞辰六十周年之际，记者多次探访洪都，倾听新中国第一架飞机诞生背后鲜为人知的故事。

与共和国荣辱与共的艰难岁月

在采访航空前辈时，他们不约而同地提到一句口号："为制造祖国第一架品质优良的飞机而奋斗！"随着老人们记忆闸门的开启，六十年前那段激情岁月鲜活起来⋯⋯

1954年4月1日，中航工业洪都接到工业部和航空工业局批准试制新中国第一架飞机——初教5的指示。接到指示后，洪都立刻召开紧急会议，研究和部署这一既光荣又艰巨的任务，并提出了"为制造祖国第一架品质优良的飞机而奋斗"的号召，上下紧急动员。

试制初教5的战斗终于打响了！

核对资料，检修工装，4月20日发完了零批生产的全套图纸；工艺部门日夜突击改编和新编工艺规程。

检修工艺装备的工作也同样艰苦，尤其是针对机身骨架样件这一关键，在苏联工艺顾问阿·扎依采夫的指导下，型架车间的同志苦战九昼夜，土法上马解决了最棘手的难题，终于提前完成了这一关键检修任务。

1954年4月9日，工厂正式向各车间下达了试制计划。在零件生产中，洪都始终坚持把质量视为生命。在编发工艺规程中，苏联专家、工艺顾问阿·扎依采夫在检查已经下发的工艺规程时，发现遗漏了检验、分光、化学处理和特种检查等工序和热处理状态不完整等问题，提出要收回修改。尽管当时时间紧、任务重，但是工厂仍下令收回，并集中了140名技术人员三班突击，重新编写。在零件试制过程中，机身骨架总焊接时,总工艺师高永寿发现机身前部发动机安装接头处漏了焊接工序。为了确保质量,工厂决定重新制造。由于广大职工的艰苦努力,昼夜奋战,终于夺回了生产周期,在短短的40天内基本完成了初装所需零件制造。

为了新中国第一架飞机的诞生

"当时的困难是现在无法想象的!"遥忆当年那项与共和国荣辱与共的艰难而光荣的使命,曾参与第一架飞机制造的叶绪仑、余传祎老人感慨万千。

当时,几间厂房是在废弃的厂房上改建的,机械加工主要集中在"八角亭"式厂房内,而飞机的修理、热处理、表面处理等挤在一个2500平方米的机棚内。由于没有图纸和资料,修理全凭经验。有些钣金件和蒙布损伤,无法更换,只能采取挖补的办法。热处理只有一个锻工出身的老师傅带两个学徒,技术员只有几个人,调度员仅有一个。生活条件更苦,职工住在简易篷里,南昌夏天蚊子特别多,许多从北方调来的技术人员一开始无法忍受。

尽管条件艰苦,然而这正是新中国航空制造业发展和壮大的起点。

1954年6月9日,首架初教5开始初装,至6月28日总装结束。在这短短的20天里,装配车间的工人们攻克一个又一个难关。在部件装配过程中,中外翼、机身的铆接技术难度大,任务紧,如机翼前缘、前后梁和座舱上壁的铆接都是装配的关键。有的职工连续工作23小时不下火线,被领导硬逼着才躺一会儿。当时的研制进度是以小时为单位推进的,那股拼搏奋进、日夜苦战的劲头,让很多人记忆一生。

在试制中,静力试验是最困难的。当时国内没有懂这门技术的人和可供借鉴的经验。工厂决定由从英国留学归国的设计科主任工程师张阿舟主持初教5飞机的静力试验,并从设计、检验、工艺等部门挑选人员组成了现场试验队伍,进行了多次模拟。5月12日,全机静力试验正式开始,担任现场指挥的张阿舟发出了加载命令,大家屏住呼吸,紧张地注视着试验的进行。试验人员有条不紊地加载、读数、测量、记录。当加载到105%—110%时,轰隆一声巨响,飞机外翼前梁破坏,全机强度完全符合设计要求。成功了! 全场一片欢腾。静力试验的成功,不仅为初教5的试飞鉴定提供了科学数据,也为以后新机研制提供了宝贵的经验。

首架飞机试飞秘密进行

历史用金色的大字镌刻在1954年7月3日这一天。下午5时15分,首架飞机在对外保密的状态下,进行具有划时代意义的紧张试飞。飞机场上,试飞员段祥禄和刁家平登上自制的初教5飞机,慢滑、中滑、快滑,腾空而起,直冲蓝天。人们欢呼,拥抱……

飞机着陆后,飞行员兴奋地说:"机件性能良好,试飞一切顺利。"

接下来的一周,飞机又进行了14个架次的飞行,飞行时间13小时16分,完成了规定的全部试飞科目。1954年7月20日,国家试飞委员会作出鉴定结论:"该厂制造的

02 号雅克－18 型飞机性能符合苏联资料及技术条件要求,可作为空军航校教练机之用,并认为可以进行成批生产。"毛主席获悉后盛赞:"自从盘古开天地,三皇五帝到如今,这是一件惊天动地的大事。"8 月 1 日,毛主席亲笔签署了嘉勉信:"祝贺你们试制第一架雅克十八型飞机成功的胜利,这在建立我国的飞机制造业和增强国防力量上是一个良好开端。"

第一架初教 5 飞机作鉴定试飞过程中,曾见证这一历史过程的熊熊(笔名)在回忆性文章《火红的年代 火红的事》中记录了一段轶事:

总设计师、航空科学家张阿舟先生(后任南京航空航天大学校长)为了体验并了解飞机空中飞行的情景,自己提出压座的要求。飞行员段祥禄看着他瘦小单薄的样子问道:"能行吗?"张阿舟回答:"没问题!"就这样,张总师上了飞机。飞机上天后,仅做了几个简单的动作便提前返航了。我们发现张总脸色蜡黄,地板、操纵台、伞袋到处都是污秽物,下了飞机后,张总师接着吐了一地。

这件事让老人家铭记了一辈子,张阿舟等老一辈航空人身先士卒、敢闯敢担当的精神激励着新中国第一代航空人投身火热的事业,而他们创造的光辉业绩也永远铭刻在共和国的史册上。

毛主席的嘉勉信极大地鼓舞了职工的生产热情,当年就生产了十架初教 5,1955 年向部队交付了六十架。到 1958 年共生产交付三百七十九架飞机,此后,被自行设计制造的初教 6 飞机所取代,完成了它的历史使命。

今天,回首甲子沧桑,曾为新中国第一架飞机诞生做出贡献的"八角亭"厂房今天仍然八幅向心,钢骨铮铮,作为中国航空工业发展养大的一个代表性缩影,它见证了共和国航空工业,从无到有,从小到大,从弱到强的历史,犹如一座丰碑,激励着一代又一代航空人投身国防,献身航空。

初教 5,敢为航空写第一! 它的诞生历程如潮一般的壮美,如火一样的热烈!

难忘的教诲
——毛主席在中南海与我握手

贺福康　口述　李韶华　整理

我于1952年6月从上海闻方记无线电工程行调至南昌飞机制造厂,在总装车间任装配测试工,当年只有17岁。1956至1958年,航空工业局在北京中南海举办了一个国防工业新产品展览,展出第一个五年计划国防工业的成果及第二个五年计划的部署。当时,这个展览是十分保密的,我有幸被工厂选派到展览馆工作,而且住在中南海。

毛主席多次来到展览厅了解情况,听取汇报,一来就是五六个小时。他十分关心航空工业的成长与发展,有时老人家工作到深夜,没有很好休息,第二天早晨又接着到我们这里来看展览,详细地了解飞机是怎样设计出来的,又是怎样制造出来的,怎样飞起来的。他还参观了中国自己制造的第一架雅克-18飞机(南昌飞机厂制造)和六五式喷气式飞机(沈阳飞机厂制造)。中国有了自己的航空工业,毛主席非常高兴。毛主席说,要破除迷信,解放思想,要自力更生,要有自己的航空工业,要从仿制开始过渡到自行设计,不能老按葫芦画瓢,要培养自己的飞机总设计师,要搞自己设计的飞机。当时毛主席问:搞设计的会不会驾驶飞机,搞飞机设计要会驾驶飞机那就好,理论与实际结合。毛主席很关心南昌飞机厂的情况,问我们厂里有多少职工,有多少女职工,干部是哪些学校毕业的,他们工作和生活情况怎样,等等。

有一次,毛主席站在国产通用机床旁,详细地了解机床结构和各系统工作原理,并对在场的人说:"我给你们讲一点哲学,讲一点辩证唯物主义。"毛主席讲生产工具的发展就是社会生产力的发展。机床运转工作的过程也有一对矛盾,焦点是被加工物与加工物之间的矛盾,主要矛盾表现在车刀这一点上,要解决矛盾就要提高速度,克服前进中的阻力,这样才会提高效率。机床要搞组合式的,连成一线,多刀多刃加工,多用途的,向半机械化、机械化、自动化进军。还有一次,毛主席看到我国自己制造的比头发还细的一个钻头,十分高兴,并叫其他中央领导来看:这就是我们自己生产的具有国际水平的钻头,谁说我们中国人不行!毛主席在视察展览时,多次讲过,干部要学一点心理学,要做思想政治工作,我们国家这么大,人口这么多,生产力这么低,我们有压力,要重视科研,发展科研,进一步发展生产力,尽快把经济搞上去。

令我最难忘的一次是,毛主席身穿白色衬衣,灰色长裤,脚穿布鞋,来到我住的房间。当时,我既激动又紧张,不知说什么好。毛主席非常平易近人,一交谈便使我无拘无束了。毛主席问我是什么地方人,长在什么地方,学什么,在哪里工作,喜欢什么,等等。我一一做了回答。毛主席当时看到我床头上有一本英文版的1947年的无线电手册,问我看得懂看不懂?我回答,有一些看得懂,有一些看不懂。毛主席说,这样吧,我用中文讲,你用英文回答。随后,毛主席就在书上用英文写下来,那本书留下了许多毛主席写的英文手迹。我当时要把这本书送给毛主席,毛主席和蔼地说,他叫秘书去买,那本书还是让我留下,并鼓励我要好好学英语,为社会主义祖国服务。

在国防工业展览工作期间,毛主席的谈话,给了我深刻的启示,给了我信心和力量,他爽朗的笑声,有力的话语,时常在我脑海里浮现。在以后的三十多年工作中,我从一名普通工人成长为一个大型军工企业的领导,与毛主席的亲切教导是分不开的。

编辑补白:贺福康1935年生,上海市人。1952年进南昌飞机厂工作。历任工长、车间主任、生产长、副总工程师、副厂长。此文是1993年为纪念毛主席100周年诞辰时笔者采访贺福康时所写。

老一代中央领导视察洪都简记

雷杰佳 整理

中航洪都自1951年成立以来,始终得到党和国家的高度重视与亲切关怀。"一五"计划实施期间,即被列入国家156个重点建设项目之中。不仅党和政府在物质建设上给予工厂大力支持及帮助,而且有多位中央领导多次亲临洪都视察指导,看望职工,给全厂职工以极大的鞭策和鼓舞,成了工厂和职工一笔弥足珍贵、值得永久留存的精神财富。现将其整理简记如下。

刘少奇视察洪都

1952年元月的一天,时任中共中央书记处书记的刘少奇同志,在江西省委领导的陪同下来到洪都视察。他先到分解车间、初装车间、总装车间,然后又专门到工厂附属技校、职工临时宿舍、食堂察看。

他在职工简易食堂,看到四周用旧木板钉成、房顶上用芦苇叶覆盖的餐厅时说:"国家暂时困难,这个方法很好。"视察的一路上,他对工厂建厂一年来艰苦奋斗、致力创业的精神和取得的成果给予了充分肯定,对整洁的厂容和职工的高昂建设热情倍加赞扬。

少奇同志在厂区视察了两个多小时,最后他又徒步来到试飞机场,兴致勃勃地登上塔台鸟瞰工厂的全貌。刘少奇同志是建厂以来,第一位来厂视察的中央领导。

朱老总三次莅临洪都

1954年4月,任中共中央书记处书记、中央人民政府副主席的朱德元帅,第一次来到洪都视察。当时,工厂成立不久,一切都在紧张的建设中,职工的工作热情十分高昂。当朱德来到职工中间,微笑着和工人握手时,工人们激动地高呼:"向朱总司令致敬!"朱德手握拳举过头顶,频频向工人们致意:"工人同志们好!大家好!"他亲切地与工人交谈,从生产到生活,一一细致地问来。当了解到工人生活无忧,生产干劲十足时,非常高兴。临别前,他欣然为工厂题词:"发扬工人阶级积极性、创造性,增强国防,保卫祖国。"

1961年8月,担任中共中央副主席、全国人大常委会委员长的朱德同志再次来到洪都。这时工厂正依靠自己的科研力量,试制喷气式飞机,进入自行设计制造喷气飞机的新阶段,他下到测试车间仔细观看了测试表演,嘱托工厂要尽快生产出自己的产品。这次视察,工厂职工艰苦奋斗、勇于拼搏、献身航空的精神,给朱德元帅留下了深刻印象。

1966年2月6日,朱德委员长第三次来到洪都视察。在试飞机场,他抚摸着银光闪闪的强5飞机,连声称赞:"好!好!"并向厂领导询问飞机的设计、结构、性能、装备和试验等情况,甚至连一些小的细节都问个明白。已年届八旬的他,还冒着严寒亲自登上飞机座舱,仔细察看。当他满意地走下扶梯又来到试飞员身旁,予以亲切问候。大家立正敬礼,齐呼:"朱委员长好!"

身经百战,德高望重的朱德元帅三次莅临洪都,高度关注国防事业发展,关心洪都厂成长壮大,关爱广大职工的深厚情怀,给洪都人留下了十分美好的回忆。

国防部长彭德怀视察洪都

1958年12月18日上班不久,国防部长彭德怀元帅来到洪都80#大楼,稍休息片刻,即在厂领导的陪同下,到工厂各车间视察。在视察过程中,他特别强调:"必须确保产品质量。为了不断提高质量,必须很好地发动和依靠群众,必须加强专职机构的工作,专职检验人员要和军代表配合好……钣金车间和初装车间应进一步研究手工操作机械化与流水作业问题……保密工作很为重要,必须加强,加强保密工作首先要政治挂帅。"每到一处,彭德怀元帅总是热情地与工人握手并亲切交谈,询问他们的工作生活情况,倾听他们的意见和想法。开始,工人们还有些拘谨,后来看到元帅笑容可掬,十分随和,也就放开了,争着与元帅握手问好,并主动回答所提出的问题,现场气氛顿时变得很是轻松和活跃。快下班了,元帅才结束了视察活动,在车上他不断向大家挥手,向欢送的工人告别。

贺龙元帅视察洪都

1961年2月,国务院副总理贺龙来到洪都视察。这时,正值三年自然灾害的困难时期,职工生活十分困难,都处于半饥饿状态中,许多职工因体弱生病或出现了浮肿,严重影响到生产任务的完成。

贺龙元帅听取汇报后,谈到职工生活问题时指示说:"你们厂里地很多,应大量种菜,到种满为止。要喂上万头猪,努力搞一年,明年自给。"这之后,工厂成立了专门机构,组织全厂职工利用工余时间参加农业劳动,同时安排部分停工的职工配合农技人员开展"一种三养"(种粮菜、养牲畜、养家禽、养鱼)工作,次年即取得了可喜成果。

据统计:这年,全厂养猪2352头,供应猪肉60 621斤。耕种地980亩,收获稻谷111 556斤、蔬菜273 215斤、青饲料111 366斤、红薯59 500、瓜类26 746斤、产牛奶59 999斤、捕捞自养鲜鱼5000斤,另外还酿造酱油270 000斤、豆制品511 999斤等。

这些农副产品极大地缓解了当时物资匮乏的状况,在一定程度上改善了职工生活,也稳定了职工思想情绪。在短短一年多时间里,取得这样的成果是很不容易的,洪都职工没有辜负贺龙副总理的关心与嘱托。

周总理在试飞机场接见工厂领导和部分职工

1961年9月19日,国务院总理周恩来途经南昌回北京,在工厂试飞机场停留片刻,由于有其他重要事务,他来不及进厂视察,专门安排在机场试飞站接见厂领导和职工代表,并与他们合影留念。更令职工高兴和欣慰的是,周总理十分关心航空生产,在这短短的时间里还针对工厂航空产品的特点,提出了"严肃认真、周到细致、稳妥可靠、万无一失"的嘱托和教导。

周总理这16字教导,一直激励和鞭策着一代又一代职工,他们一直以这16字的标准做好和检查自己的工作,不让任何一点小的瑕疵在检测中发生,确保出厂飞机的稳妥可靠,万无一失。至今在试飞站班组会上,还用这16个字作为训导词。

邵式平关心"洪都"创建二三事

李韶华

抗美援朝初期,党中央作出决策,认为要有一个强大的空军,就要建立自己的航空工业。1951年4月17日,中央人民政府人民革命军事委员会和中央人民政府政务院正式颁发了《关于航空工业建设的决定》,将空军所辖工厂,包括人员、设备、资材全部移交航空工业管理局。4月23日,航空工业管理局通知南京空军22厂(华东空军工程部所属的一个配件厂)迁往南昌,与中南军区南昌航空站合并,在南昌的原国民党第二飞机制造厂旧址上修复扩建飞机制造厂,工厂代号为321厂。从1951年5月开始,按年产500架雅克-18初级教练机制造厂规模开始建厂。这个厂现为中航工业洪都公司,以下简称洪都。

自告奋勇,兼任建厂委员会主任

江西省党政军领导对中央决定在南昌建飞机厂非常重视。1951年5月13日,南京空军22厂厂长郦少安率25人抵达南昌,并在当晚向江西省政府主席邵式平请示工作。邵主席亲自接见并高兴地表示:"要人给人,要物给物。"邵主席还语重心长地指出:"江西是革命老根据地,南昌又是八一起义的地方。武装夺取政权的第一枪在南昌打响,新中国自己制造的第一架飞机也要出在南昌。"5月17日,在邵式平主持下,建厂委员会正式成立,邵式平任主任委员,郦少安任副主任委员兼办公室主任,委员由重工业部孙志端、省军区副司令员杨国夫、省工业厅厅长刘奠武、省公安厅厅长王卓超、省财委副主任李杰庸、南昌市委市政府相关领导等组成。

一批来自江苏、湖南、四川、山东的"老军工",来自上海、南京、郑州、株洲的技术工人,以及从江西等地严格挑选的一大批解放军复员战士、手工业工人、店员和青年农民,以参加新中国航空工业建设为莫大光荣,迅速云集南昌,组成了洪都第一代创业大军。为了加快建厂速度,江西省委、省政府还从地(市)、县选调了100多名优秀干部充实工厂各级领导班子。

建厂委员会决定把抢修旧有宿舍和部分厂房,解决水、电、铁路三通作为第一期工程;把修复旧机棚,新建变电站和锅炉房,修整飞机场并新建混凝土跑道和滑行道,兴建家属宿舍 72 栋、单身宿舍 8 栋以及职工临时食堂、浴室、子弟小学等其他零星工程作为第二期工程。整个工程从 1951 年 5 月中旬开工,到 1952 年底基本完成。

当时,工厂百废待兴。几幢旧砖房仅供厂部办公使用,只有一座"八角亭"式厂房和几个被飞机炸坏的机棚,一条长 1500 米的碎石跑道。厂区内茅草丛生、飞鸟成群;生活区是稻田、水塘和荒地、坟丘;没有水,没有电,没有路……单身职工住竹筋墙简易房内,家属在农村租房居住。创业者们头顶蓝天,脚踩烂泥,吃饭在草棚,睡觉摆地铺,不分白天黑夜,抢修旧有宿舍和部分厂房,解决水、电、路"三通"问题。紧接着开始修复 6 个机棚,新建变电站、锅炉房、修整跑道等。在修建过程中,邵式平亲自指挥。建铁路专用线需要大量民工,他亲自布置。他还经常深入工地,与来自四面八方的职工亲切交谈,介绍江西的风土人情和光荣传统,勉励大家为创建祖国航空工业而努力工作。1951 年 9 月 21 日,工厂恢复性修建工作尚未全部完成,空军待修的飞机就进厂了。为了满足空军需要,创业者们在江西省政府的全力支持下,一边建设工厂,一边修理飞机,仅用四个月的时间便实现了水通、电通、道路通;建厂 148 天就开始修理飞机,至年底就修理好雅克-18 型飞机 38 架,当年交付部队 19 架。

1951 年 8 月 16 日,第一批援建洪都的苏联专家八人来到工厂;月底,第二批六人也相继到达。这些专家的任务是帮助工厂建立各项工作规章及生产管理制度、培训技术人员和工人掌握飞机修理制造技术。邵式平主席几乎每个星期都要来洪都招待所一两次,和专家们见见面,关心、询问并检查所里的接待工作,如有什么问题和困难,都及时帮助解决。

兼任工人技术学校校长

1951 年 6 月,航空工业管理局针对技术工人严重缺乏的情况,专门召开了初级技术教育会议,会上制订了《初级技术人员教育计划草案》,要求所属各厂发扬艰苦奋斗、自力更生的精神,采取边建厂、边办学的方针。同年 8 月,江西省主席邵式平在洪都建厂委员会上指出"发展工厂,必须培养技术工人,办技术学校,我来兼校长,要马上搞基建"。9 月 14 日,中共江西省委作出《关于创办江西省技术工人养成学校的决定》。同时在工厂附近征地 31.12 万平方米,新建临时校舍约 6400 平方米。10 月 10 日,江西省人民政府正式颁布指示,成立学校,由邵式平兼任校长,要求各专区做好招生工作,并按照分配的招生人数,配备干部和教师。当年,技工学校共招收学生 1336 名,于 1952 年 1 月 3 日举行开学典礼,宣布技工学校成立,邵式平出席开学典礼并讲话,1 月 14 日学校正式开课。由于工厂生产任务繁忙,技校第一、二期学员经过短期培训后就陆续进厂,投入飞机修理、零部件生产及整机制造的工作。1952 年末,时任中央人民政府副主席的刘少奇在视察工厂时还专门视察了技工学校,他赞扬学校因陋就简、克服困难、艰苦创业的精神,并勉励学校培养出更多的人才,满足国家建设的需要。后来,学校不断发展壮大,不仅为洪都也为全国航空工厂输送了大批技术工人。他们中的很多人成了技术骨干,不少人成为工厂的中层干部。

出席庆祝大会并讲话

1954年7月3日下午5时15分,洪都自制的雅克－18型教练机(国内称初教－5)由段祥禄、刁家平驾驶第一次升空,情况良好。至7月11日,完成了规定的全部试飞科目。国家级试飞员黄肇濂对飞机进行飞行检查,并于7月14日提交国家试飞委员会作最后审查。7月20日,国家试飞委员会作出书面结论:第一架初教－5飞机性能符合苏联资料及技术条件要求,可作空军航校教练机之用,可以进行成批生产。初教－5的试制成功,揭开了新中国飞机制造史的第一页,标志着中国航空工业由修理跨入制造的新阶段。为了庆祝这一成就,1954年7月26日,洪都在工厂试飞站隆重地举行了第一架初教－5飞机制造成功庆祝大会。邵式平亲临大会祝贺并发表了热情洋溢的讲话。

7月28日,新华社播发了题为《我国自制飞机成功》的新闻,轰动了全世界。8月1日,毛泽东主席亲笔签署了给洪都的嘉勉信,称"这在建立我国的飞机制造业和增强国防力量上都是一个良好的开端",勉励职工继续努力,在苏联专家的指导下,进一步掌握技术和提高质量,保证完成正式生产任务。毛主席的嘉勉信,极大地鼓舞了全厂职工的生产热情。工厂当年就生产初教－5飞机十架,交付部队八架;1955年按计划向部队交付六十架;至1958年共生产交付三百七十九架。

1958年,洪都开始自行设计、制造初教－6飞机。1961年12月18日,洪都隆重召开初教－6飞机制造成功庆祝大会,邵式平又一次亲临大会并讲话,与洪都人共享成功的喜悦。

洪都建厂初期的那些往事

苏荣富

1950年12月,国家成立了航空工业局,南京空军22厂从军队管辖转由航空工业局管辖。当时,我是22厂的职工。次年4月,航空工业局决定将22厂迁往江西南昌,组建南昌飞机修理厂。

大家听说要迁往南昌,议论纷纷。南京本地人一般都不想离开南京,上海来的人则认为,从上海到南京才刚习惯,又要到南昌去,都不太愿意。

航空工业局段子俊局长亲自到22厂来作迁厂的动员报告,针对大家当时的思想状况,他着重说明南京是沿海城市,不适宜建军事工厂的道理,又说了在南昌建厂的许多有利条件。他还风趣地说:"将来你们退休了,没事和儿孙们聊天,就可以吹牛说,我们是造飞机的老祖宗!"

段局长的动员,还是蛮鼓舞人心的,除少数几个人,全厂有261人随迁到南昌。大家将347台机床设备和1000多吨物资进行了包装,很快就分期分批从南京出发,经宁沪、浙赣铁路到达了南昌。

1951年8月1日,我们到达南昌,这天正好是中国人民解放军建军节。那时候,厂区周围除了零星的一点稻田,几乎都是荒地野草、荆棘丛生。附近的三家店,如它的称呼一样,就那么三四家卖面条、香烟、糖果之类的小店。

我们厂是军工厂,保密要求严,连厂名都不公开。外面的人大多不知道我们这里是干什么的,我们也不能告诉家人。通信也不允许写工厂地址,用5120信箱代替。

我厂的前身是1933年秋天,中国国民党政府和意大利合作兴建的"中意飞机制造厂"。1935年春建成,中意员工各半,曾经仿制过重型轰炸机和双翼战斗机,但都没进行成批生产。1937年日本发动了战争,对该厂实施毁灭性空袭。原在该厂工作的意方人员,坐在日寇的飞机上,指点日军轰炸,几乎弹无虚投,使工厂遭到了严重的破坏。

1937年冬天,工厂内迁,从南昌下赣江、出鄱阳、入扬子,溯江而上,1938年才迁到四川南川县进行重建,更名为"第二飞机制造厂"。仿制过苏式的战斗教练机,设计制造了"中运-1""中运-2"运输机,这些木质结构的飞机均未进行成批生产。

抗战胜利后,第二飞机制造厂又迁回到南昌。1948年,淮海战役国民党吃了败仗,

1953 年的飞机机身修理线，修理机型包括雅克-18、雅克-11 和拉-9

便将工厂的设备和人员陆续转移到台湾。1949 年 5 月，解放军打到了南昌，工厂就只剩下几个破烂的机棚，一座"八角亭"式的旧厂房，30 余台旧设备和一栋两层的办公楼。

要在这样的基础上建设一座现代化的工厂，并不容易。我来得晚，生活条件已有改善，有房子住，用上了自来水，可以在棚子里吃饭。而先前来的同志，睡草地，喝井水，用的是塘水，比我更艰苦。但是大家建厂热情很高，工作不分工种，不论份内份外，无论是脏活累活，有事大家一起动手。在烈日当空的高温下，我们到列车上去卸从苏联运来的设备，用葫芦、撬杠、滚筒等简易工具，将这些设备一台一台地从站台上往车间搬。我们在车间上空架设电缆，在地面安装机床，只要是建厂需要，大家都会奋力拼搏，短短的几个月就完成了开工前的准备工作。

1951 年 10 月 1 日开工修理第一架雅克 18 飞机。这架活塞式、单发动机的飞机是苏联 1946 年设计生产的双座初级教练机，最大平飞速度 246 千米/小时，实用升限 4000 米，最大航程 1000 公里，翼展 10.6 米，机重 1120 公斤。

党中央对新生的航空工业十分重视，从全国各地抽调了大批的老干部、工程技术人员和熟练工人来支援我们，他们来自株洲 282 厂、上海招商局、郑州铁路局等单位，还有的是大中专应届毕业生，同时，工厂在南昌、上海、九江、长沙等地又招募了一批新同志，到 1951 年底，全厂职工就超过了 1500 人。

我在机械加工车间（代号为 5 车间，后改为 8 车间）做磨工。在国民党留下的一座很大的"八角亭"厂房里生产。

八角亭中间有个两层的小办公楼,是旧时为便于管理人员监督工人而造的,他们坐在二楼,就可望到厂房的每一个角落。

机械加工车间,除了制作修理飞机用的机械加工零部件,还承担了起落架修理,车间按工种分为五个工段和一个直属的磨工组,我担任磨工组长。

生产进展很快,到1951年底,仅三个月的时间,就修理完成了30多架雅克18飞机。

1954年的试飞站正在试飞雅克–18飞机

我带了四个徒弟。我在向他们传授技术的同时,更向他们强调思想,首先要认清磨工是高精度的工作,马虎不得,要养成一丝不苟的操作习惯;同时,我还告诉大家磨工是零件的最后工序,出了废品,损失要比其他的工种更大。他们都是年轻人,比较听话,我也敢管理,因此,我们小组在保证质量上取得了好成绩,得到车间好评。

1952年4月,我加入了新民主主义青年团,更加积极地参与社会活动,负责出车间黑板报,教青工唱歌,带领大家参加全厂的歌咏比赛。我不懂乐谱,就自己先去学简谱,回来再教大家。我被选为车间工会委员,还是厂工会图书馆的业余管理员。同年12月,我加入了中国共产党。

1953年,我国开始实行第一个五年计划。我厂是"一五计划"中苏联援建的156个重点建设项目之一,并逐步由飞机修理厂扩建为年产500架教练机的制造厂。

为了适应工厂发展,车间要成立经济计划组,组织上任命我为组长,并从江西财专分来了两个大学生,作为小组成员。对我这个连什么是经济计划都不懂的青年工人来说,这项工作实在是太难了。不久,经济计划组又与生产调度组合并,我又担任计划调度组组长。我知道,这不是我有什么过人之处,实在是当时百废待兴,太缺人才,才使我以及像我一样出身好又略有文化的青年人遇到了机会。

那时,工厂开办了从扫盲到大、中专等学力层次的系统的业余文化教育学校。我参加了业余中专学习。白天工作,晚间去上夜校,放学回家做作业,经常到深夜十一二点钟睡觉。当时,不是我一个人这样,很多人都是如此。如果不这样,我这个调度组组长就站不住脚,连每月的生产总结都不会写,还怎么能担当重任?!

党的培养、同志们的帮助以及自身的努力,使我们这些工人出身的管理人员,逐步在"游泳中学会了游泳",懂得了一点管理知识。

1953年,我们厂除了飞机的机身骨架和中翼外,其他零部件已完全自制。我们用一架苏制的机身骨架和中翼,装上我们自制的零部件,在"五一"劳动节进行试飞,50个起落,18小时的飞行试验,证明该飞机性能良好。

在此基础上，厂党委及时作出决定，将原计划1955年第三季度完成的飞机试制任务，提前到1954年三季度，向全厂职工发出"为制造祖国第一架品质优良的飞机而奋斗"的口号，全厂职工热烈响应厂党委的号召，大家都为这个期盼已久的理想，开动脑筋，努力拼搏，实行三班制工作，做到人停机床不停……

1954年7月，新中国第一架飞机终于在我厂诞生了。7月26日，我们穿着整齐的服装，以科室、车间为单位，喜气洋洋地到试飞站去参加庆祝大会，会场里彩旗飘扬，同志们心情激昂，嘹亮的歌声此起彼伏。主席台设在飞行指挥塔的前面，台上挂着"第一架飞机制造成功庆祝大会"的横幅标语。台上就座的有中央人民政府代表、第二机械工业部赵尔陆部长和江西省邵式平省长等。这是一次激动人心的大会，当时的《人民日报》对这次庆祝大会作了这样的描述：

"剪彩仪式开始了，在掌声中，中央人民政府代表庄严地剪开了彩带。这时，信号弹升向天空，飞行员迅速地跨进了飞机座舱，马达均匀而高亢地响起来。人们像等待婴儿的诞生一样，兴奋而紧张地等待着第一批自制飞机的起飞。这时，火红色的第一架飞机昂首滑出，后面是两架油绿色的飞机并排前进，他们闪着夺目的光彩，从人群面前驶过。

飞机轻捷地滑离地面，会场上掀起了喜悦的欢呼声，欢呼声合着掌声，合着马达的轰鸣，春雷般地滚过原野。

马达声震人心弦地在天空轰鸣着，飞机急速地打着横滚，翻跃前进着，时而连续打着筋斗，时而凌空直上，隐没在高空里闪过去。这时人群里又响起了'万岁！'的欢呼声，像奔腾的浪潮一样，人们尽情地跳着，欢呼着，歌唱这一伟大的胜利。"

建厂初期接待苏联专家趣忆

杜景才　口述　　雷杰佳　整理

新中国成立不久,中国和苏联政府就签订了互助友好合作协定。根据这个协定,苏联将派出专家援助中国的工业建设。当时,洪都作为航空工厂是国家的重点援建项目之一。

1951年8月16日,第一批援建我厂的苏联专家8人,由第一副厂长孙志端陪同来到工厂,月底,第二批六人也相继到达。这些专家的任务,是帮助工厂建立各项工作规章及生产管理制度,培训技术人员和工人掌握飞机修理制造技术。当时工厂成立不久,百废待兴,加上抗美援朝交战正处激烈之际,工厂飞机修理任务极为繁忙,一时无法张罗好专家们的生活起居。而国家及上级部门对接待初次来华到厂的苏联专家,在保卫、保密及接待规格等各方面都有很高、很严格的要求。

在此困难之时,江西省政府给予了大力支持,及时调拨南昌城里风景宜人的北湖湖畔、三幢二层小别墅给专家入住,另外配备了专职厨师及服务、工作人员。听说工厂没有好的小汽车供专家组总顾问用,江西省军区陈奇涵司令员,立即将自己使用的雪佛兰,连车带司机一起拨调给工厂。专家上下班全用车队接送,前面是一辆美式敞篷中吉普开道,中为总顾问小轿车,后为一辆大客车,这种阵势,在当年汽车极为稀少的南昌街头,俨然成为一道独特而披有神秘色彩的风景。车队经过的沿途,每天都有省、市保卫局的流动人员警卫,而在中山路等重要交通道口,在车队路经时段,都必须换成特定的几个警察指挥交通,待车队过去后,再换回原来的警察,其保卫、保密工作的细致严密,可见一斑。那时,南昌也是百废待兴,电力供应不足,晚上大部分地区都是暗暗的,文娱活动比较少,为了丰富专家的业余文化生活,工厂只能在周末时安排他们到江西大旅社(现"八一"起义纪念馆)去跳跳舞。

1952年年底,随着工厂第二期工程的结束,工厂生产和职工生活等建设已初具规模。工厂决定将原航空站的一座兵营(洪都航空宾馆1#楼)进行改造装修,建成"专家招待所"(即工厂航空宾馆的前身)。当时装修的起点还是很高的,记得房间里配置的电子管收音机、吊扇等,是特地派人去上海永安公司买来的美国货,三门大衣柜、大办公桌等木家具则是用全樟木板专门定制的,质量非常好。外面,将一个大型教室改成了会议室兼文娱厅,可以放电影、打台球、开舞会。将原来一个军人食堂改成西餐厅,配齐了餐具设备,还修建了游泳池、网球场、锅炉房等。在人员配备上,省、市也给予了大力支持,如厨师由省交际处(现外事办)从庐山等地调来,司机从交通厅、局调来,医护人员从省、市医院调来;内勤警卫员(直接陪护苏联专家的)则是从省军区团以上军官的警卫员中选拔而来,有33人之多,首任警卫队长是位长征干部,副队长是抗日干部。

当时是计划体制,所里的食品全部由市里负责特供。招待所只需按照各种食品用量报送计划,市粮油公司、肉食品公司、水产公司、烟酒公司等均会择优如数供给。省、市还发出文件,要各公司订立军令状般的保证,如供应的食品有问题,出现食物中毒事件,供应公司要承担全部责任。当时,改建后的专家招待所,其软、硬件设施和条件,不仅在南昌市即便在全省也是一流的(当时江西饭店、江西宾馆还未建)。

苏联专家从南昌城里迁至工厂入住后,招待所对客房、餐厅、饮食的卫生要求是十分严格的,除了主管部门的检查,吴继周、冯安国厂长也会经常来检查,有时冯厂长还亲自带着白手套检查客房的卫生。而省政府邵式平主席,几乎每个星期都要来招待所一两次,和专家们见见面,关心、询问并检查所里的接待工作,如有什么问题和困难,都会帮助解决。在这种无言的鼓励下,全所服务、工作人员都以高度的责任心、以严谨、严密乃至有些苛求的态度做好各自的工作。

到了第二年(1954年),住所的专家已有40多人,其中带家属的有八家。要搞好这么多外宾的吃住,工作量是很大的。招待所的职工,在人员没有增加的情况下,并没有降低服务质量。他们以满腔的热情和诚挚的友爱之心,为苏联专家及其家属服务,得到了他们的尊重与认可,对我们都非常友好。有位专家夫人叫斯米尔洛娃,是位苏联卫国战争的女战士,不仅热心教我们俄语,还经常主动到厨房来教厨师做俄式菜、配制饮料,提出节约原料的建议,并在专家中,帮我们做些友好的沟通解释工作。另外,还有一对专家夫妇的故事十分有趣。原来,这对夫妇在苏联结婚已多年,一直没能生小孩,到中国来后不久夫人就怀孕了,其丈夫高兴不已,孩子还未出生,就向人打听中国生孩子的风俗习惯。孩子一满月,就自己掏钱请所里厨师帮他做中式菜办满月酒,还做了红蛋,请他所在车间的几位工人、领导和我们吃喜酒,孙志端副厂长也参加了。后来这对夫妇又生了个男孩,喜得两个孩子,乐得他逢人就夸:"中国朋友好,水好,吃得好、养人。"这几年间,先后还有几家共五六个小孩在所里诞生。

当然,因文化、生活习惯上的差异,有时会有点小磨擦,发生些意想不到的事情。记得有次是夏天中午用餐时,有位专家突然将一块好好的西瓜摔在地上,表情很是愤怒,众人都不知道咋回事。叫来翻译一问,才知这个西瓜是黄瓤的(西瓜都是专门从省农学院试验田里买来的),他认为这种颜色的瓜是给猪吃的,事情还弄到厂领导那里去了,采购员感到很是委屈,经过反复解释,才把事情平息了。

这年工厂的生产建设也进行得如火如荼,各方面的工作都有了突破性的进展。7月3日,工厂自制的02架雅克18飞机首次升空试飞,20日通过国家试飞委员会的审

中苏教师友谊长存 1958年8月16日摄于庐山（雷杰提供）

查鉴定。新中国自己制造的第一架飞机诞生了，全厂职工无比兴奋。7月26日，工厂召开了隆重的庆功大会，二机部部长赵尔陆、省长邵式平等许多党政军领导及部航空工业局苏联总顾问和在厂的苏联专家与全厂职工一起参加了大会，大会还向毛主席发出了报捷电。在这一片喜庆的气氛中，为答谢苏联专家和重要功臣，厂领导安排这天中午在招待所举行庆功宴。

同时开八十余人的西餐宴会，当时不要说在招待所，就是在省、市其规模也是够大的了。接到这项任务，招待所职工全部都动员起来，人手不够，还从工厂党、政、工、团机关借调一些男女青年，进行应急培训。最重要的还是菜单的制定，虽说是西餐，也还需要有些江西地方特色。经过反复筛选，除了一些正宗的西菜外，另外设置了两个中菜即"烤乳猪"和"三杯鸡"，不要小看这两个菜，花费的功夫和精力特别大。做这两个菜的师傅，技术在南昌是一流的。为了做好菜，他们亲自选材、买料，如乳猪、仔鸡需提前买来，用自己专门配制的饲料喂养、观察好几天，确保健康、鲜活。烧烤用的木炭则须挑每根像小木棍且发出青色的那种，黑色或烧得冒烟的决不能用，烧时还不能起灰，连小泥钵、小木炭泥炉也要仔细挑选。这两个菜要做到色、香、味、形俱佳，不但需材料优、制作技艺精，而且在掌握火候上也颇见功夫。"烤乳猪"自不必说，就这"三杯鸡"，一溜40余只小泥钵，每钵将鸡块码放好后，放入一杯酱油、一杯绍兴黄酒、一杯精磨小麻油，再用菜叶蒙住用盖盖好，放在40余个小木炭泥炉上，先后点火，一炖几个小时。鸡块不能翻动，火是不能大也不能小，轮番伺候着这些小炉子，其花费的工夫可想而知。更绝的是，厨师还精准地把握好了这个菜先后上桌的时间，在上到每位客人面前时，鸡块正好熟了，不硬不烂。师傅们说："这个菜早点熟，放一下就冷了，再热就走味或烂了，而晚点熟，就赶不上西餐上菜的顺序。"这一餐下来，其规范的西餐程式、到位的服务、出色的味道，令用餐者赞不绝口。赵部长，邵省长在场高兴地说："320厂，不但飞机造得好，菜也做得好，西餐也开得好！"苏联专家们也叹道："只听说中国菜讲究、味道好，今天算是尝到了，真美！"

辛苦的工作,得到了丰厚的回报。苏联专家们在工厂安居乐业,没有后顾之忧,一方面能把全部精力投入工厂的生产建设,另一方面又加深了相互之间的感情、增进了友谊,使专家们能积极主动、热情地帮助我们工作。如专家斯米尔诺夫,是苏联安东诺夫设计局总设计师安东诺夫的代表,在工厂设计科帮助工作,对我们非常友好。他不仅热心辅导设计人员学习业务知识、认真指导他们进行飞机和多种改型机的设计,还在回国度假时,积极争取苏联政府批准,代表安东诺夫总设计师赠送给工厂许多设计书籍、资料和部分图纸,这对当时资料、规范文件极为匮乏的工厂,开展自行设计是弥足珍贵的。可以说,招待所和接待工作人员用自己的努力,在另一条战线上大力支援了工厂的生产建设。

320厂从1951建厂时的二三百人,到1957年已迅速发展成一个八千余职工的大型飞机工厂,从只能修理飞机,发展到成批生产两种飞机。短短的时间里,取得这样的成就而没有发生重大失误,除了上级决策正确、领导精明强干、职工奋发努力外,与苏联专家在技术和管理上的帮助和指导是分不开的。但这时,中苏两党之间的矛盾,经过一段时间的摩擦终于公开爆发了,两国关系骤然恶化,苏联撕毁援助合约,宣布撤走专家,在厂的专家也接到通知回国。相处多年的朋友,一下子要分开,大家都非常难受,有些专家及家属就向我们说:"中国人很友好,为什么要这样?"表示对他们国家政策的不理解,还说要把在这里的情况告诉政府。当我们一批批送别这些专家时,大家都互赠了纪念品,流下了依依不舍的泪水。

光阴荏苒,六十多年过去了,我们厂的对外合作与交流已非昔日能比,但建厂初期,苏联专家在我们厂工作的几年里,其认真、负责的态度以及对我们热情友好的帮助,仍是应该得到我们肯定和值得怀念的。

火红的年代火红的事

熊安邦

2010年岁末,拿到下发的挂历,封面上赫然醒目的几个大字"甲子洪都"映入眼帘,我不由得"啊"了一声,洪都建厂六十年了!我们这些当年参加革命工作的同志,早已过了古稀之年,我不由想起了那个火红的年代火红的事。

六十年前,在这块红色的土地上建设飞机制造厂,这是党中央的决定。一时间,上海、南京等全国各地来的技术员和工人、复员老战士,还有全国各地名牌大学分配来厂的大学生和个别海外归来的航空科学家均汇聚在南昌。而我作为工厂初期建设的一员,也由衷地感到自豪和兴奋。

建厂初期的生产主要是修理雅克-18(1号机)、雅克-11(2号机)、拉-9(5号机)、拉-11(7号机),还有乌拉-9、乌拉-11等机型,通过一系列生产,工厂的技术能力飞速提高,初步掌握了航空制造工艺。

在苏联专家的指导下,1954年四五月间工厂造出了新中国第一架飞机雅克-18(前三点)。经过近三个月的努力,三架飞机进行了各种科目的典型试飞,排除了飞行中出现的各种故障,所有参数都符合设计要求。在一次试飞过程中,工程师张阿舟为了体验并了解飞机空中飞行的情景,要求压座。飞行员段祥禄看着他瘦小单薄的样子说:"能行吗?"张回答说:"没问题!"就这样,张阿舟上了飞机。飞机仅做了几个简单的动作便提前返航了。我们发现张阿舟脸色蜡黄,地板、操纵台、伞袋到处都是他吐的污秽物,下了飞机还吐。车间主任余子恒说:"小熊,你帮助打扫一下吧!"我责无旁贷地仔细清洗。过后,张工走到我身边,不太好意思地对我说:"对不起啊!"我说:"没关系!"机组其他同志都在一旁暗笑。此后,张工再也不提压座之事了。

1954年7月,中央派出二机部部长赵尔陆为团长的代表团进行验收,一切顺利,并决定召开全厂职工大会庆祝。7月26日那天,在试飞站老塔台前搭好简易主席台,出席大会的除赵部长外,还有江西省省长邵式平和航空四局、空海军等有关单位的领导。上午9时左右,贵宾们陆续走向主席台,厂长吴继周主持大会。赵部长亲自宣布大会开始,并为飞机剪彩。飞行员按下电钮启动发动机,三颗绿色信号弹划破长空,三架飞机在验收飞行员的驾驶下滑行至跑道,尔后腾空而起,并作了精彩的特技飞行表演。

人们欢呼,热烈鼓掌,那种热情兴奋让人一生难忘。赵尔陆部长作了重要讲话,他宣布,经中央批准,可批量生产。邵式平省长的致辞热情洋溢,群众不时报以热烈的掌声,每个人都为工厂取得这样的成就而自豪。大会最后宣读了工厂全体职工向毛主席的报捷电。7月28日,飞机试制成功的消息在《人民日报》头版头条套红报道,标题为"新中国自制第一架飞机在某地试飞成功"。8月1日,毛主席给工厂全体职工亲笔签署了嘉勉信。

8月初的一个晚上,江西军区文工团来厂进行慰问演出。随后,中央又派出华北空军文工团来厂慰问演出,节目非常精彩,我头一次欣赏"英雄们战胜了大渡河"的歌声和荷花舞、扇子舞等民族舞蹈。演出之前,带队团长宣读了《毛主席的嘉勉信》全文。后又有铁道兵文工团来慰问演出,地点在省委党校大礼堂。不久,吴继周厂长和张阿舟离开工厂去南京航空学院工作,分任学院院长和教授。

1956年,我厂又接到新任务,试制多用途飞机——丰收-2(即运5)。1957年7、8月,我厂仿制的丰收-2飞机装配完毕,至试飞站进行检测、调试、试飞,检测参数是否符合性能要求,这种飞行是要做各种动作的。记得时任检验科科长的何文治(后任三机部副部长)有一次在伴飞过程中,与张阿舟一样,也是呕吐不止。

同年9月下旬,丰收-2试制成功。中央派出空军副司令员王秉璋中将,地质部副部长何长工等人,乘坐一架新中国第一批女飞行员驾驶的伊尔-12型飞机来厂,进行鉴定验收工作。

又是在试飞站老塔台前,第二次搭起了主席台。那天天气晴朗,10时左右,宣布庆祝大会开始,王秉璋将军剪彩,试飞员启动发动机,飞机滑向跑道端头,起飞并进行了各种飞行动作表演。飞行完毕后,飞行员向王秉璋将军和何长工副部长汇报飞行情况。王秉璋和何长工宣布验收合格,可成批生产。因为国家建设、经济发展需要,飞机大批量生产。后来,丰收-2转至河北省石家庄继续生产,这种飞机因为有了市场而成为长盛不衰的机种。

1958年,二机部决定我厂生产歼-6乙(即米格-19п)。1959年2月,歼-6乙总装完成。这时,飞行员、指挥员到场熟悉情况,飞行员王玉怀(时任空军28师飞行团长,曾在抗美援朝空战中作战)飞行前要上座舱实习并滑行。我将启动电源车接好以供飞机通电。这时,王玉怀脱去外套,里面穿的竟是一套崭新的双排钮西服,我和其他的机组同志都惊呆了。"啊!你是资本家,还是解放军飞行员?"我脱口而出。他笑了笑说:"我刚从苏联军事飞行学院学习归来,领导即通知我来这儿,便服都未配好,只好穿这身衣服。"这也算是歼6-乙试飞过程中的花絮吧!

1959年11月28日,工厂举行歼-6乙试飞庆祝大会,仍然是在老地方搭起了主席台,举行了试飞典礼。中央派出空军副司令常乾坤为代表团团长,省市领导也出席了大会,首席试飞员王玉怀作了精彩的飞行特技表演。

这是我厂在二十世纪五十年代经历的三次大型飞机庆典活动,至今令我难忘。正是因为这三次生产活动所取得的成绩,工厂的综合实力得到了大幅提升,为今后的试制、设计、生产奠定了基础。

洪都的"第一"远不止"十个",仅以歼-12("空中李向阳")为例,歼-12从论证方案、设计、制造、试飞,仅仅用了一年多的时间,速度可谓神奇。

当厂领导苏敏去北京开会,三机部部长兼北空司令员李际泰同志向叶剑英元帅汇报工作时讲到歼-12,叶元帅感到吃惊,还批评苏敏,是否想入非非,夸夸其谈。苏敏说是真的,飞机已经试飞了,飞了好些起落,还在不断改进中。李际泰表示这个事情短时间说不清,需作专题汇报,于是,叶元帅决定将飞机转场至北京进行飞行汇报表演展出。

歼-12一到北京南苑机场,就有许多领导来参观询问。飞行表演那天,叶元帅带队,包括聂荣臻元帅,徐向前元帅,李先念副总理,国家计委主任余秋里,傅传作政委,曹里怀副司令,李际泰部长等等,共有90多辆轿车到达南苑机场。我生平第一次看到大红旗轿车,是三排座的,这段经历让我毕生难忘。

时光荏苒,六十年过去了。洪都有着辉煌的过去,今天,洪都人正奋发图强,相信,后人必将创造更加璀璨的未来。只希望在我活着的时候能看到南昌航空工业城的建成,能看到洪都人参与研制的C919腾空而起,翱翔祖国蓝天。

我国第一枚氢弹甩投成功的前前后后

华 华

氢弹载机的研制

我国于1964年10月16日成功地爆炸了第一颗原子弹。1966年5月9日完成了空投原子弹的试验。1967年6月17日,我国又成功试爆了第一颗氢弹。然而,氢弹要具有实战价值,就必须有一种实用有效的空中运载和投掷平台。当时,空军装备的轰-5甲和轰-6甲飞机可以承担这种特殊任务,但是由于飞行性能方面的原因,极易受到敌方拦截和地面防空系统的攻击。经过广泛调研和评估,国防科工委认为强-5强击机速度快、机动性好、低空突防能力强,最后批准采用其作为投放氢弹的研究和试验平台。

1969年11月9日,空军党委提出"做好航空兵使用核武器的各项准备工作"的报告,经毛泽东主席圈阅,周恩来总理批示同意。强-5特种武器机由南昌飞机厂负责研制,代号为"119"任务,在强-5飞机系列中称为强-5甲型。实验用小型化氢弹由核工业部九院负责,代号"狂飙一号"。

1970年4月,空司和九院派员到南昌飞机厂,商讨强-5改装、携带核弹、实现甩投的方案。经过论证和总体弹、机协调,肯定了方案的可行性。5月上旬,南昌飞机厂成立"119"小组,由空军驻厂副总军代表、厂生产指挥部领导成员徐玉和任组长,姜国宾、于登根和张金寿分别负责政治、设计和生产工作。小组有设计员13人,调度员和资料员各1人,还有一部分厂里抽调的工人,采取封闭的形式,现场设计、现场改装。为满足运载氢弹的要求,设计人员采取了几方面的改装措施:取消原有弹舱,在机腹部位设计了一个较大的凹进部分,采用半埋方式挂装氢弹;采用带有推脱装置的弹架,通过"甩投"方式保证弹机分离;加装了一个时统开关,可以发出信号,告知地面有关部门飞行员拉起飞机投掷氢弹的时间,指挥部同时计算出氢弹爆炸时间。此外,还加装了上仰甩投瞄准具、高精度弹伞延时器、专用核弹监测与控制系统、电动锁弹钩装置等。为了避免核爆产生的强光损害飞行员眼睛,还设计了座舱遮光帘,在投放核弹的同时自动关闭。

为了最大限度地加大航程,强－5甲通过改装,增加燃油携带量,其中机身内增加到2155升,机外增加到1560升,总计3715升。这样,强－5甲可以在携带氢弹的情况下,确保从试验基地飞到核试验场上空,并及时返回。经过几个月的研究改装,1970年8月1日第一架强－5甲上天。试飞表明,强－5甲性能良好,特别是起降和低空条件下攻击目标性能更好。10月底,6架强－5甲全部交付了部队。

1974年10月,空司、九院和三机部有关人员一同再次来到南昌飞机厂,与工厂共同研究强－5甲加大航程的问题。1977年3月,中央军委批准"狂飙一号"核弹研制任务书和强－5甲的主要战术要求。同年4月和8月,先后在山东潍坊和河北保定二次会议上,对方案进行技术协调并签订了有关成件的技术协议。南昌飞机厂于1977年底完成了全部改型设计任务。

甩投氢弹经过

1970年10月14日,强－5甲飞机改装结束。周总理亲自听取了汇报,并重点问道:"(氢弹)投不掉怎么办?"技术人员回答:"有三个系统,多层保险,保证可以投掉。"周总理又问:"万一投不掉怎么办?"技术人员回答:"加装了弹钩锁死装置。"周总理同意了这个措施。随后强－5甲进入基地,进行弹道测量。

1970年11月30日,由空军某师师长宋占元带队,强－5甲试验飞机进驻西北核试验基地机场。空军由参谋长梁璞指挥,下达甩投氢弹任务时指定:飞行指挥员由师长宋占元担任,首席试飞员由团长杨国祥担任,备份试飞员由大队长朱玉欣担任。核试验基地机场离罗布泊核试验场有几百千米,强－5甲要飞行几十分钟才能临空投弹。杨国祥每天驾机进行严格的投弹训练,陆续投掷了150枚与氢弹同重量、同体积、同重心的模型弹,最后又投掷了3枚与氢弹相似的遥测氢弹。经过180架次的试投训练,强－5甲基本上达到了技术要求,投弹弹着点距离靶标中心仅12米。训练任务完成后,试验部队撤离试验基地,于1971年初返回驻地待命。

一切准备工作就绪。国务院、中央军委命令:中国第一颗实战氢弹在1971年12月30日13时爆炸,即"2178任务"。

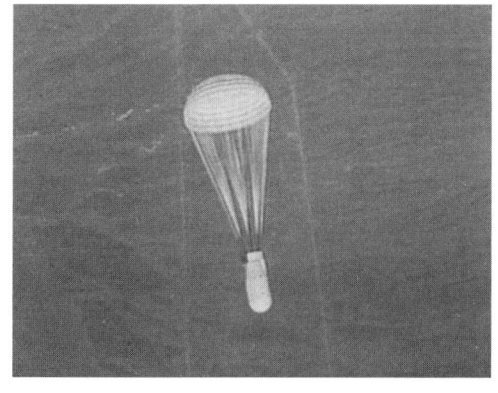

强五投氢弹

强五投氢弹

当天,试验场的全体科研人员、部队官兵都按各自责任上岗操作,严阵以待。周总理在北京指挥所里坐镇指挥,国防科委副主任朱光亚、核工业部九院副院长陈能宽、兰空司令员杨焕民、核试验基地司令员张蕴钰都在试验现场的指挥席上。

11 时 40 分,杨国祥提前到机场认真地做起飞前的各项准备工作,两次检查了携带氢弹飞机的各种仪表装置和发动机运转情况,科技人员多次检查了飞机腹部事先挂好的氢弹。杨国祥迅速敏捷地跨进机舱,等待着起飞的命令。总指挥杨焕民、国家科委副主任朱光亚等几位领导到机场亲切地一一和他握手并预祝他成功。

12 时 20 分,机场指挥员宋占元师长根据核试验指挥部的命令下令:"2178,起飞!"机场塔台升起两颗绿色信号弹。肩负着亿万人民的重托的杨国祥,深吸一口气,聚精会神地驾驶着携带氢弹的强－5 甲滑出跑道,飞机冲天而起。他加大油门,把两台喷气发动机加到最大功率,以闪电般的速度隆隆地向罗布泊核试验场冲去……

12 时 45 分,飞机已临近靶标中心,杨国祥又详细检查了各种仪表,一切正常。这时耳机里传来前方指挥员济空副司令员王定烈的声音:"2178,投弹一定要对准目标,精神不要紧张,按程序操作。"

按照设计方案,氢弹在机上装了五道保险:装上飞机,解除第一道;挂好挂钩装置,解除第二道;打开加温开关,解除第三道;打开时统开关,解除第四道;按下投弹按钮,解除第五道保险,氢弹离钩投出。时统开关有两个作用:一是向指挥和测量系统传递飞机马上拉起开始甩投的信号;二是发出一个信号,作为记时"0 秒",起动记录试验全过程的统一时间数据。

当飞机距离靶标中心 9 千米时,目标就在眼皮底下,靶标清晰可见。杨国祥按照指挥部发出的投掷命令,拉动驾驶杆,飞机快速上仰到 45 度。他用力按了投弹电钮,期待着氢弹蘑菇云的升起。

意外发生了!投掷装置没有动静,万里长空寂静无声。已经迅速转飞回来的杨国祥突然发现,氢弹没有按预先计划的那样投出去!这意外让杨国祥冷汗直冒!

经历过多次考验的杨国祥,凭借超人的飞行技能和心理素质,沉着应对,毫不紧张,迅速检查了所有电门开关,证明操作没错,然后马上向指挥塔台报告:"2178 没有投下,请求应急投!"在得到指挥员同意后,杨国祥驾驶强－5 甲来了个半滚倒转,绕了一个"8"字形,重新校正了航线,采取应急办法,再次进入投弹圈,按下了应急开关,可氢弹仍然未投出。最后,杨国祥又用超应急方法进行第三次投掷,仍然没有成功。

事不过三啊!飞机油料不多了,氢弹投不下去,怎么办?杨国祥紧张思考着。瞬间,三个方案闪过了他的脑海。一是跳伞,个人最安全,但无人操纵的飞机不知会落到什么地方;二是驾机到大沙漠中,人机同归于尽。这可以保证基地和试验场人员的生命安全,但无数科研工作者的心血将毁于一旦,氢弹投掷不下的原因找不到,国家这项研究要受到困扰,氢弹实战试验不知又要被推迟多少年;三是驾机飞回,把氢弹带回去。这方案虽非常危险,但为了国家氢弹的科学发展,杨国祥认为值得。

带着威力巨大的氢弹着陆,氢弹随时可能掉下来爆炸;着陆震动也可能引起氢弹爆炸,能行吗？杨国祥将这些危险全都考虑到了,他也考虑到尽力排除危险的可能性也存在——把保险卡销卡住,氢弹同样可能不会掉下来,着陆时可发挥自己熟练的飞行技术,轻轻落地,减少震动,同样可以防止爆炸。

杨国祥主意已定,决心带氢弹返航着陆。

现场指挥员紧急请示北京的周恩来总理。周总理指示:"告诉飞行员,一定要想办法投下去,实在不行就跳伞!"

强五投氢弹

试验指挥员的报告:"飞行员说,跳伞后果不堪设想,不同意跳,他请求带弹着陆。"

没想到周总理以前询问"如果投不下去"的问题果然发生了。听到试验指挥员的报告,周总理深知此事的严重性,如果氢弹意外爆炸,后果不堪设想,中国的核计划要推迟若干年。周总理当机立断,命令机场只留下塔台指挥员,其余人员一律撤场,生活区人员进入掩蔽体,应该相信我们飞行员的处置能力,同意杨国祥带弹着陆。此时,周总理和叶剑英元帅都进入了指挥位置,亲自掌握和处置进展情况。机场警报器响过之后,一片寂静,师长宋占元直接呼叫:"杨国祥,我在塔台上,机场能见度较好,你要沉着、冷静,检查好氢弹的保险,锁死挂钩,一定要一次落地成功!"

"明白。"

接到命令后,杨国祥沉着冷静地关掉不必要的电门开关,凭着丰富的飞行经验,准确完成每一个着陆动作,终于安全地将飞机平稳降落在跑道上,氢弹没有掉落,也没有爆炸。他创造了世界飞行史上的一个纪录。

经历了生死时刻的杨国祥,如释重负。周总理此时也舒了一口气,欣喜异常地赞扬道:"带氢弹着陆成功,这是一大奇迹,要好好总结经验。"

虽然这次氢弹投掷试验失败了,但研制试验人员很快查出失败原因,是因为氢弹投送装置变形而造成的故障,相关部门立即进行了改进。在经过几次模拟氢弹投掷试验后,再次试验准备工作就绪,向中央汇报后,周总理指示:"继续试验。"

1972年1月3日,指挥部召开会议。总指挥杨焕民问杨国祥:"老杨,你是投掷氢弹的主飞行员,周总理指示,要我听听你的意见。"杨国祥沉思片刻后说:"科学试验有成功,有失败,现在投掷氢弹系统已进一步作了改进,我认为完全可以再次进行氢弹试验。我已做好一切准备,只等党中央、毛主席、周总理的命令了。"

1972年1月7日,西北核试验基地再次进入一级战备状态。这天中午,气候骤变,朔风呼啸，戈壁风沙从西袭来，雪花飞扬，厚厚的云层覆盖着机场。风大、能见度差，给空中飞行造成极大的困难。在杨国祥跨进机舱前，总指挥再三嘱咐他说："今天气候复杂，一定要谨慎，实在不行就不要勉强。"杨国祥回答说："请首长放心，我心中有数，这对我是一次严峻的考验，我一定按计划完成任务，不辜负党和人民的希望。"

12时20分，他奉塔台指挥员宋占元的起飞命令，驾驶着携带氢弹的飞机滑出跑道腾空而起，穿过团团白云，直冲罗布泊核试验场。距离靶中心9千米时，他迅速完成一系列投掷前的准备动作，果断地按下电钮。顿时，飞机剧烈震动，他意识到：氢弹已投下了！于是急忙戴好防毒面罩，关闭座舱防护罩，加大速度向安全区飞去……

突然，一道闪光，一声巨响，天地间迅速升起了一柱滚滚的蘑菇云，我国第一颗实战氢弹爆炸成功了！

在电话机旁守候的周总理，露出了微笑，并将试验成功的消息立即报告了毛主席。

当杨国祥胜利返回机场时，人们蜂拥而至，整个核试验基地、机场人山人海一片欢腾，沉浸在自豪与欢乐的气氛之中。

杨国祥在此次任务中荣立一等功，他当时驾驶的11264号飞机现收藏在中国航空博物馆。说明牌这样写着：彝族飞行团长杨国祥驾驶投掷第一颗氢弹核武器飞机。这也标志着强–5飞机设计是非常成功的，它的优势被用在了刀刃上。强–5甲型机的生产一直持续到1979年6月结束。

L15高教机首次技术飞行二三事

田　民

2006年春节过后，我的心里常涌起阵阵难以抑制的激动，那是一种既急切又紧张的情绪。因为我知道，被我们洪都广大干部职工称之为"生命工程"的L15首飞在即。

到了3月12日，已是阳春时节，在获悉L15首飞前各项准备工作基本就绪后，空军装备部部长魏钢一行在中航第二集团公司副总经理、L15型号行政总指挥徐占斌的陪同下来到洪都视察。在接待魏钢部长一行的时候，大家最关心的就是"L15准备好了吗？什么时候首飞？"当天晚上，我们陪同魏钢部长散步回到房间时，大家还在关切L15明天能不能首飞。

3月13日上午，在滨江宾馆6号楼会议室，魏钢部长一行听取了洪都的汇报，汇报重点还是围绕L15研制及首飞的准备工作。从当天凌晨开始，南昌就下起了大雪，雪一直下个不停，汇报时窗外还是漫天飞舞的雪花，白茫茫一片。3月中旬大雪的天气在南方确实罕见，看着积雪越来越厚，我们的心都提了起来，大家都在想：这样的天气L15不可能进行首飞了。而在洪都试飞站，L15继续做着首飞前的各项准备工作，整装待命。

3月13日上午11时，漫天飞舞的雪花戛然而止，阴霾多日的天空突然放晴，一片蔚蓝，阳光灿烂，气温快速回升，积雪迅速融化，能见度居然达到了10公里以上。大家都对此啧啧称奇，真是天遂人愿。

虽然前期我们已经做了在魏钢部长视察洪都期间进行首飞的打算，但由于天气原因，能否首飞，还一直是个大问号。现在，天气突然转好，下午是否首飞立即进入了最后决策程序。

我们认为，空装首长和机关领导见证首飞，是展示L15良好性能的重要机遇，也是体现洪都发展高教机实力、信心和决心的重要机遇。中航二集团张洪飚总经理在L15完成总装转入试飞站后，已明确指示：洪都的同志在L15设计、试验、部装、总装等研制过程中已创造出了卓越成绩，转入试飞站后，不应再追求速度，而要确保质量、确保安全、确保首飞成功。徐占斌副总经理及相关部门领导也多次到现场检查指导，强调安全第一。我们也是认真落实张总指示，通过充分的试验和测试，把问题暴露在地面，确保 L15 不带问题上天。因此,我们对 L15 研制质量有信心,对首飞准备工作有把握。虽然首飞有风险,但我们必须当机立断,勇于承担。经过与班子成员和总师系统交换意见,我们决定正式向中航二集团提出首飞申请。为了后续研制和宣传工作需要,我们研究决定把这次首飞称为"首次技术飞行"。

3 月 13 日上午 11 时 30 分,中航二集团生产调度试飞部部长王志在滨江宾馆主持了 L15 首飞批准仪式。按照程序,我和公司总工程师姚志、总设计师张弘分别在首飞申请书上签了字,总经理吴方辉宣读了 L15 首飞申请书。中航二集团飞机部部长钱家祥、生产调度试飞部部长王志、质量部副部长李长江先后在首飞批准书上签字。最后,中航二集团副总经理徐占斌作为 L15 型号行政总指挥在首飞批准书上郑重签字,同意首飞。后来,我和徐总曾多次谈起此事,每次回忆起来都感慨万分。徐总说:"那次签字,一字千钧,承担了巨大的压力和责任,也承载着更多的希望和期盼。"

下午 15 时左右,陪同魏钢部长视察完科研生产现场后,我们来到洪都试飞站。在试飞站办公楼前,工作人员已用条形桌拼成了临时的观看席,由于是首次技术飞行,并没有邀请其他单位人员,也没有组织公司干部职工观看,仪式显得简洁朴素,这些丝毫没有影响到魏钢部长对见证 L15 首飞的关切和专注。徐占斌副总经理坐在魏钢部长的右手边,自 L15 初装开?以来,他几乎每月到洪都检查一次工作。观看席上还有空军装备研究院吕刚院长、总装备部航空局张若平总师、空军装备部科研订货部张文健副部长,以及空军和中航二集团机关的相关领导。

L15 首飞腾空瞬间

远远望去,L15 已停在了主跑道最南端,蓄势待发。虽然还没有涂装,可在大家眼里她是多么英姿飒爽,风采迷人,朗朗蓝天正期待着她,她也是那么急切地想飞向广阔蓝天。L15 周边还有 10 多位技术人员在做着最后的准备工作,大家都充满了期待,时间仿佛过得很慢。是啊，L15马上就要翱翔蓝天了，大家夜以继日、奋力拼搏、攻坚克难，不就等着这一天吗？现在，首飞的决心已下，就要求大家必须保持正常的心态和稳定的情绪，各项工作要按部就班，有序进行。我不时问一问工作人员的准备情况，向魏钢部长等领导汇报飞行方案和一些研制工作情况。

实际上，在等待首飞的时刻，我作为L15型号现场总指挥，心情既激动兴奋，又有顾虑和压力。航空产品首飞本身就是一件高风险的事情，在决策首飞前，要充分考虑各种因素，排除各种干扰，确保首飞安全，万无一失。在航空史上，或因技术未完全吃透，或因准备工作不充分，或因一丝细微故障等种种原因造成飞机失事，甚至项目下马的惨痛教训也是刻骨铭心的。我认为，L15首飞的主要风险还是其研制工作的特点和难点决定的。

第一，产品新。L15是自主研制、与国际水平同步的第三代超音速喷气式高级教练机，融合了多项国内最新航空技术，具有优良的总体气动布局、先进的电传飞控系统、高度综合的航电系统等特点。许多技术在国内还是首次使用：大量采用数字化设计与制造技术，大量采用了新技术、新工艺、新材料。而在此之前，我们只有二代机的研制生产能力和经验，还没有足够的研制三代机的技术储备。

第二，周期紧。为了应对国内外的竞争形势，L15的研制周期很紧。2004年1月，中航二集团批准立项，L15的研制工作全面展开，驶入了快车道。为了满足研制节点要求，采用了大量的并行工程，与承制单位、科研院所实行并行作业、异地联合研制，样机制造、设计试验、试飞培训三条战线齐头并进。2004年6月15日，飞机冻结技术状态，开始详细设计，同年12月底完成了详细设计。2005年3月15日，初装开始，8月14日完成部装交付总装，9月29日完成总装交付试飞站。每一阶段工作的完成速度在国内新机研制进度中都是绝无仅有的。

第三，风险大。L15的研制与一般军品项目国家先出资立项、部队明确订货、企业负责研制的模式不一样，她是在国家没有立项的情况下，洪都自筹资金、自主研制的项目。我们与相关科研单位是按照"共同投资、共担风险、共享收益"的原则开展合作。许多参研单位也是投入了巨大的人力、物力、财力。所以，作为主机研制单位，我们不仅要承担自身的风险，还要考虑和承担起参研单位的风险，我们是失败不起的，绝不能有半点闪失。

第四，条件有限。洪都作为国家"一五"期间156个重点建设工程和中国航空工业的奠基企业，虽然已累计研制生产教练机、强击机等多种型号近5000架飞机，但因国家战略调整，自二十世纪八十年代中期以来，得到的国家投入少，新产品型号立项少，军品订货量锐减。作为老军工企业，洪都在科研生产技术改造和能力建设方面，已经明显落后于其他主机研制单位，应有的主要试验手段也不齐备，大量需要对外订做，甚至我们的试飞跑道也不能完全满足首次技术试飞的条件。加上L15是自筹资金，研制经费有限，我们总是千方百计控制成本，尽量减少不必要的支出，相关研制保障条件也是有限的。

但同时，我也对首飞成功充满期待。

L15 研制构思始于 1998 年。洪都完成"三机一弹"研制生产后，面临后继无机、发展乏力的严峻形势，当时的领导班子组织专家、科研人员，积极探索国内外教练机发展规律、飞行员培养训练体制和国内外市场需求，提出重点发展高级教练机，实现教练机系列化，把洪都打造成国家教练机生产科研基地。自那时起，洪都就开始了 L15 的研制工作，提出了第一个总体设计方案，逐步开始关键技术攻关。多年矢志不渝、锲而不舍的努力，为 L15 研制打下了良好的基础。

2003 年 1 月，L15 获得国防科工委外贸产品立项。但由于研制资金来源不落实，L15 研制工作举步维艰。2004 年元月，我和吴方辉总经理、姚志总工程师等一行赴北京向刚由国防科工委副主任调任中航二集团党组书记、总经理的张洪飚汇报 L15 研制工作，期望得到资金、政策的支持。当时，张总非常重视，立即召集了在家的党组成员、各部门负责人听取我们的汇报，现场研究决策，当即决定支持洪都全力研制 L15，并从研制立项、研制资金、研制体系等方面给予支持。这次会议解决了许多困扰我们的问题，是 L15 研制史上非常重要的一次会议。后来，我多次听到张总在不同场合提及此事，他说："那次洪都汇报 L15，实际上开了个党组扩大会，支持 L15 研制是党组做出的第一项重大风险决策和风险投入，但是，天生我才必有用，坚信 L15 堪此大任。"

2004 年，L15 研制工作全面展开后，公司广大干部职工清楚知道研制 L15 的重大意义，我们把 L15 称为洪都的"生命工程"，大家都铆足了劲。公司领导班子团结一致，精心组织；以张弘为首的总师系统是一支科学严谨、开拓进取的团队，他们全力以赴，

毫不懈怠；洪都广大干部职工，都是严格按照"三条原则"和"五个进一步加强"的要求全力保障 L15 的研制工作。许多单位都实行"611""711"工作制，试验、工艺和生产一线，几乎是 24 小时轮番战斗。各条战线上的广大干部职工，抱定就是脱几层皮、掉几身肉也要坚决确保 L15 研制工作按时优质完成，涌现出了一大批可歌可泣、感人至深的先进事迹。

有一次，已经是深夜 12 点了，姚总告诉我，当天晚上 L15 油箱做振动试验，我到了现场，看到了许多技术人员，有年轻的、也有年长的正聚精会神地做着试验，那么专注、那么忘我。姚总说："很多试验他们都这样挑灯夜战，今晚又要一个通宵。"我看着他们疲惫的身影，不禁转过头去，眼睛湿润了。我们知道，当时，在设计、试验、工艺、制造等一线单位，有多少干部职工就是这样度过一个又一个不眠之夜。

这样一型关系洪都生存发展，研制工作又充满曲折坎坷，来之不易的飞机即将傲然出世，首飞蓝天，就像面对一个孕育足月，即将诞生的崭新生命，怎能不让人充满兴奋和期待呢？

同时，我对首飞的成功也是充满信心的。

L15 研制全过程都是严格按照研制总要求、军工产品质量管理标准和程序进行的，驻厂军代表也全程介入了研制工作，对重大技术、工艺、试验等项目，均组织专家评审，严格把关。先后通过了技术、工艺、生产总方案评审，各项试验方案评审、高滑方案评审、首飞技术质量评审、首飞放飞评审等 16 次部级评审和 51 次厂级评审。L15 的研制工作是真抓实干、脚踏实地的。

首飞前的准备工作也是过细的。为了把问题充分暴露在地面，确保首飞万无一失，L15 进入试飞站后，又进行了大量全面细致的试验工作，暴露出的刹车系统、航电系统、发动机等 40 多个问题和故障都已经解决。遗留下的飞控系统、视频摄录系统等问题，已通过充分论证不会影响首飞。机场安全方面，已经加长了 150 米保险跑道，增加了拦阻网设施，飞行、机务、场务准备就绪。中午，王志部长还专门驱车到试飞跑道上看了一圈，检查跑道及设施安全状况。一切准备工作已经尽可能充分了，完全有成功首飞的信心和把握。

伴随着我思绪万千，现场掀起了一个小小的高潮。15 时 50 分，首席试飞员张景亭、杨耀在指挥员郭彦波、副指挥员邹建国、监察员李存宝等首飞团队的组织指挥下，驾驶飞机进行了首飞前的中低速地面滑行，引起大家的欢呼。

16 时 20 分，他们再次登机。16 时 26 分，随着指挥员的一声令下，伴随着发动机的强大轰鸣声，L15 腾空而起，飞向蓝天。起飞动作干净利落，一气呵成。观看席上，大家都激动地站了起来，鼓掌叫好。按照飞行方案，经过 10 分钟左右空中飞行调整后，16 时 36 分，飞机由南向北做了第一次低空通场，飞机右盘旋后，16 时 40 分，飞机第二次低空通场，在阳光的映照下，L15 格外艳丽，尽情地向人们展示着矫健的英姿，地面上的人们则报以一阵阵热烈的掌声和欢呼声。16 时 44 分，L15 以一个标准着陆动作，轻盈、稳健地停在了试飞跑道的中间。

"首飞成功了!"顿时,现场沸腾了,人们握手拥抱,争相呼告,掌声、欢呼声、鞭炮声四起。我们都热泪盈眶,那是成功的喜悦,喜极而泣!

首飞成功后,中航二集团总经理张洪飚立即打来电话祝贺。3月17日,中航二集团办公厅《综合信息》登载了L15首飞成功后,胡锦涛总书记等中央领导、总装备部领导、国防科工委领导的重要批示。

屈指数来,L15(01架)从设计发图到成功首飞仅用了15个月的时间。L15的研制历程再一次证明,洪都干部职工是一支特别能吃苦,特别能战斗,特别能攻关,特别能奉献的队伍!凭借航空报国的理想信念、科学严谨的工作作风和与时俱进、开拓进取的创新精神,洪都人在蓝天上谱写了又一曲动人的乐章,绘就了又一幅美丽的画卷!

(作者为洪都公司原董事长、党委书记)

在 01 架 L15 高教机总装调试的日子里

熊建国

这些年,回顾中航工业洪都集团发展壮大的光辉历程,最让我难以忘怀的是 L15 高教机 01 架总装调试的那些日日夜夜。

2005 年是洪都集团科研生产的关键年。年初,公司领导果断做出 2 月底完成 L15 高教机设计评审,4 月初初装开铆,8 月 15 日前必须完成 01 架飞机的初装交付,9 月 30 日前必须完成 01 架总装任务的工作计划。

为确保 L15 高教机 01 架飞机装配质量和生产进度,不打无准备之仗,我和同事们提前查阅技术标准,熟悉工艺指令要求,以决战决胜的工作姿态迎接高教机 01 架的到来。

总装两架高教机交付试飞站

2005年8月14日下午,部装厂按计划提前1天向总装交付01架飞机。生产组办理交接手续后,在总装突击队队长的统一指挥协调下,工人用龙门吊车将飞机吊起移至千斤顶上稳稳架起。在新机试造过程中,导管取样工作是关键一环,这项工作既费力又费时。为有序进行导管取样工作,确保取样导管的质量,并尽快拿下这一战役,总装厂领导按工作量大小分人分部位负责的方法,抽调了部分有实际工作经验的技师、高级工组成了导管取样攻关队。制造部领导从钣金分厂导管制造工段借调多名有丰富工作经验的老工人协助导管取样工作,导管取样就这样轰轰烈烈全面铺开了。

那年的初秋,天气异常炎热,"秋老虎"天天"横行"。工人师傅全然不顾,顽强地工作着,他们挥汗如雨。据统计,光氮气液压系统就有600多根导管取样,是建厂以来各型号飞机导管取样数量最多的。左、右轮舱内导管数量最多,粗细长短不一,轮舱有效空间又很小,给导管取样带来很大难度。由于长时间手工弯曲式样导管,有的工人师傅手指都擦破了皮,手掌磨出了茧。

在导管取样进入关键时刻,有天晚上加班,我突然接到年近八旬的老父亲打来电话,电话里他急促地说:"建国,你母亲腰痛的老毛病又犯了,起不了床,你赶快回来,送母亲去医院吧!"这时,我急得像热锅上的蚂蚁一样团团转,真不知如何是好!一方面厂里工作正忙,我走不开;另一方面犯病的母亲又必须马上送医院治疗。万般无奈之下,我只好硬着头皮给妹妹打电话,请她和妹夫想办法快送母亲去医院。第二天一早当我赶回家中,老父亲正弯着腰端着水杯给母亲吃药。看见这一切,我心里倍感愧疚,眼中噙满了泪水……

为使导管分布均匀排列美观,避免较大规模返工,我和设计人员、工艺技术人员、工人师傅一起为一根导管的走向讨论,多次取样,努力寻找导管最佳走向和最好的固定模式。为缩短导管取样及鉴定周期,我们改变过去需整架飞机全部取样结束后再检查鉴定的工作方法,大胆采用各个击破的工作方法,将整机分为若干个部位,当某一部位导管取样结束后,我和同事立即会同设计人员、工艺技术人员、工人师傅一道进行鉴定,如有问题立刻整改,这样就为正式装机的导管制造赢得了宝贵时间。

那年的9月18日是中华民族的传统节日——中秋节,又是双休日,我和同事们放弃休息,依然坚守在高教机旁。此时的高教机01架已进入全机清洗调试阶段,需要多个系统的相互配合、协同作战,我们集中精力,丝毫不敢大意,严格按装配AO指令和技术要求逐项进行调试。有时为了验证一个数据,要不厌其烦地反复进行几次测试。每当工作中碰到故障或出现问题时,大家就围坐在飞机旁,共同分析查找原因。每次排除故障解决问题,我和工人师傅都会露出欣慰的笑容。在高教机01架试造的日子里,我们始终将质量第一的指导思想、一丝不苟的工作态度、认真负责的工作作风,贯穿于总装调试的全过程。

功夫不负有心人,在大家的共同努力和各兄弟单位的大力协作下,9月29日下午四时,总装厂房内人头攒动,锣鼓喧天,总装完毕的高教机01架披红戴花,昂首挺立在厂房北大门口。当L15高教机生产现场指挥部向公司领导、职工宣布高教机01架提

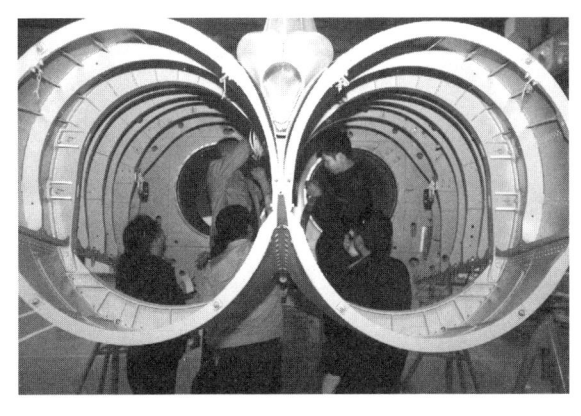

铆装机身

前1天总装交付这一重大喜讯时,厂房内响起了雷鸣般的掌声……

高教机01架总装调试的日子里,我和其他检验员工一样,天天与设计人员、工艺技术人员、工人师傅摸爬滚打在一起。在优先做好高教机检验工作的同时,我还要承担其他机型的总装检验工作。我和同事们每天工作都在12小时以上,有时还要通宵达旦。时常是工作困了就趴在桌上打个盹,饿了就吃一包方便面,乏了就用自来水冲个头洗个脸提提神,又继续投入到繁忙的工作中去。晚上回到家,双腿累得像捆绑了沙袋一样迈不开步,身子往床上一躺,便进入了梦乡。

高教机01架总装调试的44天,是我们吃苦耐劳、拼搏进取、无私奉献的44天;是我们发扬继承"强五精神""洪都精神"的44天。44个难忘的日日夜夜,已成为我一生永远难忘的记忆。

名机足迹
——猎鹰 L15 高教机的国际化之路

洪 萱

2012 年 12 月 28 日是一个因为突破而值得纪念的日子。这一天,中航技公司与某国正式签订了六架猎鹰 L15 高教机的采购合同,由此掀开了 L15 飞机开拓国际市场的新篇章。十多年翘首以盼,猎鹰终于以首个订单的突破为标志,开启了又一型国际名机的腾飞之路。

批生产考验:企业转型的关键

2013 年是猎鹰 L15 科研转批生产的关键年,从一年生产 1 架科研机到一年生产 12 架,变化的不仅仅是数字,更是一个传统二代机研制企业向三代机研制全面转型所面临的重大考验。

行业航空主机厂花了十年时间完成的转型,洪都要用三五年的时间消化急速转型期间所面临的种种难题,在超常规的发展历程中,困难与矛盾交织、思想与能力经受着考验与煎熬。

共同的情感经历与思想困惑让洪都人清醒地认识到改革难题始终绕不开也躲不过,唯有坚定不移地推进改革发展,一步一个脚印踏踏实实攻坚克难,才能赢得主动,赢得未来。

改革全面铺开,流程规范运营、管理创新成为首要任务。通过机构精简,整编优化,部门的壁垒和条块的分割得到治理;从传统的以行政管理为模式向现代的以业务运营为模式过渡;副总师作为项目牵头人协调资源,初步实现决策重心上移,执行重心下移。强化流程管理,以信息化手段固化流程,打通和优化各业务领域、层次结构之间的路径,实现工作显性化、程序化、规范化。

与此同时,为了实现能力突围,洪都加速推进制造技术振兴工程、质量提升计划、信息超越计划等一揽子细化项目覆盖了设计、工艺、制造、管理、售后的全价值链,3 条数字化装配生产线、6 大加工中心逐渐成形,科研生产管理模式逐步发生转变。

目前,洪都的运营管控系统平稳运行,计算机辅助工艺设计、集成质量系统、制造执行系统、试验数据管理系统、产品数据管理系统等十大管理创新系统有序推进,不仅逐步实现了产品数字化设计制造协同管理,而且能够集成企业各应用信息系统,形成统一工作平台,实现企业跨系统、跨部门流程的整合,促进企业管理规范化、过程标准化和流程自动化。尤其是在产品单一数据源管理、基于成熟度的并行协同研制、技术状态管理以及研制过程管理应用等方面,诞生和应用了一大批创新成果,研发进度提速,全方位积累着提高产品质量、缩短生产制造周期、降低产品全寿命成本等方面的超速跨越实力。

面对企业全面推行的变革,攻坚克难成为职工群体工作状态。为了项目早日成功,设计、工艺、工装、质量、检验部门,夜夜灯火通明;零件、部装、总装、试飞车间,到处热火朝天;人们心气高昂,星光闪耀,激动人心的场景随处可见,无数的攻坚战士冲锋一线,用智慧烙在事业转型跨越的每一个足迹。

青年职工夏荣辉带领团队打破传统,自制设备、采用机械收口,通过反复试加工一举攻克槽型件加工瓶颈,确保零件合格100%,填补了洪都公司加工此类零件的空白,为猎鹰的批生产扫除了一项技术障碍。女职工秦玲反复琢磨,巧用万能角度头,攻克了高教机支架内外工字型减轻槽加工难关,实现了在普通立铣上成功加工数铣都难以解决的难题。为了打通生产线,洪都成立了以高教机平尾转轴为代表的多个精益项目,集中优势力量专题攻关重大技术瓶颈。

"把不可能变成可能"这是洪都猎鹰高教机攻坚战上共同的感受,一颗颗洪都心在为着新洪都激情绽放。没有条件创造条件,攻坚克难的背后透射出洪都人在三代机型号研制过程中的坚韧意志与无限智慧。

赢利市场的保障:打造精品工程

一代技术的革新必然带来一代型号的转型,一代型号的升级必然带来一代文化的创新。在长期的型号攻坚实践中,洪都人形成了共同的价值取向和行为规范。如今,"制造振兴工程""三年质量提升计划""信息化赶超计划""再造新洪都""一厂三址""中国教练机基地"等企业大政方针和战略规划已经成为挂在普通职工嘴边的常用词,尤其是"打造一代名机","精品工程"等字眼,更是成为衡量职工工作质量的硬性标准。

走进装配车间,工人打铆枪时,尽量使用保护膜或用软性的物质进行隔离,不允许踩踏等,因为他们明白,表面质量的优劣也是二代机和三代机一个标志性的区别参数。尽管只是细微的变化,但"精品意识"和"精品文化"已经随着猎鹰型号的推进而深入人心。

柔性装配型架是提升猎鹰L15装配质量的关键课题研究。该型架采用数字化控制,对精度要求很高。尤其是国外采购的成附件安装成为型架装配最困难的工作。中航工业飞机型架装配钳工工种特级技能专家俞群曾经为波音飞机装配过型架,有着丰富的经验,通过俞师傅受理加工出来的零件精准无误,非常漂亮。而型架产品交付使用后,装配评价型架操作简单、精度高,而这也印证了俞师傅长久以来坚持的工作原则"塑造精品就是把'尽力做到最好'作为工作标准,并养成习惯"。

一直以来,真空平台都是"一对一"的制造模式,即每个薄壁零件都需要专门设计一个真空平台,不仅工装制造费用高,管理难度大,加上零件状态的改变,经常导致工装返修甚至报废。爱钻研的徐明带领团队自主设计并制造小型及中型通用真空平台。该真空平台通用性极强,在规定规格内,可根据零件形状灵活应用,解决绝大部分单面零件真空吸附装夹问题。尤其是通过成组拼装,可用于大规格零件的吸附加工,省去了大型专用真空平台。目前,该通用真空平台已广泛应用于猎鹰型号壁板、口盖零件加工,从根本上提升了产品质量。

开放心态,对标一流,如今的洪都放眼世界,以年产 130 多项专利彰显创新能力的大爆发,而这一切得益于型号研制背后对卓越的执着追求。

市场开拓:与世界分享好飞机

如果说"引领飞训"是中国教练机基地对国人做出的庄严承诺。那么,"与世界一起分享好飞机"则成为洪都人多年坚守的信念。

自 20 世纪 90 年代开始,以 K8 为代表的基础教练机远销多国,占领世界同类飞机 75% 的市场份额,洪都人一直致力于产品升级,凭借多年建立的独特营销模式,开拓世界高端教练机市场,让中国的飞机飞得更远。

在国际教练机市场上,客观准确地评估教练机使用效果是一直困扰教练机研发单位和用户的技术难题,直到 20 世纪末,世界上才有了用于三代机教练机训练效能评估的初步方法。

面对这一全新的技术领域,洪都公司科研人员深入研究,通过对训练部门、行业内专家、飞行员的走访调研,创造性构建了融入以人为本训练理念的,适应未来战争需求的教练机训练效能数学评估方法,并以该方法为基础,开发了训练效能评估软件。目前,该项成果在国际市场销售中产生了明显的经济效益,显著提升了教练机领域训练效能定量分析水平,达到了国内领先、国际先进的水平。基于此研究,洪都开设了训练效能仿真与论证实验室,这也是目前我国唯一的训练效能研究专业机构,它将为世界各国飞行员综合训练系统效能分析、评估与仿真提供技术支持,为综合训练系统的研制提供量化的优化依据。

从猎鹰 L15 三代机产品研发制造到高级教练机训练效能研究,洪都实现了从"干航空装备"到"生成战斗力"的观念转型,而这是洪都从机遇导向型向战略导向型转型的显著标志。相信在不久的将来,猎鹰 L15 将成为继 K8 之后又一型国际名机,而中国也将因为猎鹰 L15 而列入"国际一流飞行训练系统供应商"名册。

振翼起航：洪都的转型升级发展之路

中航工业洪都董事长、党委书记　宋承志

制造业是一国经济发展并走向强盛的基础。在第三次工业革命浪潮席卷全球的大环境下，发达国家纷纷实施"再工业化"战略，"中国制造2025"方略同期发布，努力在全球产业再分工中占领高地。而加速转型升级、深入融合信息化技术、保有核心竞争能力，是各个制造企业的共同选择。

中航工业洪都作为共和国的航空长子，六十四年的发展历程，就是一部航空制造业升级发展的缩影。在中航工业赶超世界先进水平的大格局中，洪都紧紧抓住"十二五"黄金机遇期，坚定落实中航工业"两融、三新、五化、万亿"发展战略，坚守政治忠诚，战略定力，牢牢把握"资源、技术、文化"制造三原色，转型升级，再造魂魄，启动第三次创业，走出了一条符合自身特色的科学发展之路。

价值回归：机遇内化为战略

企业发展战略作为指引组织前进的行动纲领，是决定企业经营活动成败的关键性因素。制定战略就是把机遇化成胜势的聚焦过程。2010年前后，洪都着手全面分析国际国内形势，企业内外部环境，对企业变革、创新模式、发展路径以及挑战目标等一系列重大问题进行深刻思考，谋划"十二五"的企业发展战略。考虑到国家对高技术集成为特征的战略性新兴产业的支持，国家战略任务和我军战略转型对航空武器装备的新需求和全球教练机市场的稳定需求，内部"厂所合一、机弹一体"的体制优势、技术储备，在充分梳理论证后，形成并发布了"十二五"及中长期发展战略。战略中，重点以训效、攻击、打击等多谱系产品形成核心竞争能力，突出军用航空、民用航空和非航空民品三大领域，着力打造成为国际一流飞行训练系统供应商、国内外知名的机身段一级供应商等四大供应商体系，履行"引领飞训、军民共进、惠泽员工、跨越发展"的使命。

教练机始终是初中高级同时面向用户，适应飞行员训练的不同阶段，不存在此进彼退的关系。不论是我国的国防战略新需要带来的装备变革，还是各国空军训练体制的新变革，都离不开"战斗力生成"这一核心问题，这为洪都这个专业供应商留下了巨大的市场空间。今天的洪都，已经能够站在世界前沿，提供高水平的产品和服务。为此，洪都坚定不移地突出在教练机领域的核心价值，确立了"系列发展、完善体系、军民两用，内外并重"的方针，致力于以初、中、高系列教练机为谱系、地面训练系统产品作支撑，做实"飞行训练效能体系"，实现训练人、训练法、训练物"三位一体"的综合训效功能，满足客户需求，引领世界飞训潮流，奠定中国训效基地、中国教练机基地的核心能力。

在航空零部件制造领域，坚持以 C919 项目为契机，积极打造我国机身制造 COE，形成核心竞争力，建立起主要专业门类齐全、技术先进、设备精良的零部件制造能力。

在非航空民品领域，按照"平台建设、业务支撑、抱团发展、增加内需"的发展思路，推进非航空民品机制体制改革。构建平台，组建民品子公司，通过现有产品升级，扩大现有产品经济规模，做大做强非航空民品。

机遇转换成了可行的资源与目标，洪都步入了由"机遇导向型"向"战略导向型"的新时期，也吹响了第三次创业的号角。五年来，在战略大旗的指引下，洪都一张蓝图干到底，拉开了战略落地的转型巨变进程。

思想上，对员工持续进行传递宣贯，讲清资源、技术条件、市场需求、发展动机，辩证看待有利不利因素；行动上，坚定战略定力，充分估计困难，科学统筹，一步步落实既定目标。

时至今日，精准定位的洪都价值，已经在我国装备建设的大格局中得到认可，在国际竞争中得到认可，在全体员工中得到认可。

转型之路：战略转化为战术

再伟大的战略也需要有效的落地执行，有效的战术承接。洪都领导班子充分重视战略落地过程，在人、产品、工具等要素上，稳步启动支撑战术，大力进行结构调整，配置战略资源。

在人力资源的激活与升级中，洪都畅通了六大岗位体系，实施干部员工竞争上岗；进行薪酬体系改革和员工绩效管理，突出价值贡献的导向；内外结合、高质量高频率进行干部员工的综合素质培训；坚持整肃政纪党风强化职业监督；加快结构性冗员的安置，大力引进新员工，人员的知识结构和能力结构发生了明显转变。

在结构调整中，洪都积极构建业务驱动模式，在组织结构上完成了精简整合，设定了组织绩效体系，支撑战略落地；物资采购配送分离，投资企业清理整顿，组建了海虹测控、国际机电等新的规模型价值链增值平台。

在管理工具的创新整合上，大力建设集中的运营管控平台，推进科研生产一体化建设，持续推动生产管理由调度模式向计划模式转型，实施制造主价值链的指令性计划落实均衡生产；开展管理创新课题研究，AOS 等管理工具深入运用；培育民机管理文化发展国际航空转包项目。

在思想转变上，坚持价值趋同，进行"洪都心"的培育，加速"洪都心、新洪都"文化建设，进行中航工业领导力模型的广泛运用，开展全员综合素质培训，组织干部能力提升培训,建设榜样典型表彰平台,开展思想管理,创新舆论传播模式。

在产品结构调整上,对原有的产品组合进行重新架构,形成高教机为代表的新产品组合;加快内部预研、在研型号的进度,支撑产品的谱系化发展。

能力升级:"质造"向"智造"的跃升

洪都坚持以创新驱动发展战略为统领,不断推进科技创新,掌握了一批具有自主知识产权的核心技术,实现了从"质造"到"自造"再到"智造"的跳跃。

五年来,洪都高标准规划、大投入建设,大跨步推进技术改造,实施信息化赶超计划、制造技术振兴工程、三年质量能力提升计划等一揽子方案,建成了多条数字化装配生产线,随着龙门高速五坐标铣床、数控蒙皮镜像铣等大型先进设备引进,各关键技术得到突破,企业的制造能力朝着大型化、复杂化、数字化方向发展,基本构建了一套在设计水平、制造技术、生产模式、质量管理、售后服务等全价值链领域符合三代机标准的研发生产保障体系,具备了研制与国际先进水平同等航空产品的能力。

五年来,洪都从告别纸质工艺蓝图,到 MES 的终端使用,众多关键技术得到突破,数字化自动定位、检测、机器人自动钻铆、制孔等设备的开始应用,深刻积累着这种巨变。初步建立起数字化装配工艺体系;打通了从产品设计到工艺、工装设计到工装、零件制造、装配的数字化制造工艺流程,基本具备了三代机批产的工艺保障能力。

五年来,洪都强化基础科研,以型号牵引技术,以技术推动型号,研究水平和成果转化能力提升,突破了多项关键技术和核心技术瓶颈,为型号的立项及发展奠定了扎实的基础,获省部级以上科技奖励近百项,专利申报呈井喷式增长。同时洪都开渠引智,逐步形成了以训效中心、博士后工作站、院士工作站、重点实验室等与内部专家匹配的多元化创新平台。

"十二五"期间,新洪都的能力初步成型,公司实力开始迈入行业第一梯队。科研型号加快向批产转化,三代机批产能力稳定,转包生产稳步增长,子公司平台陆续发力,参与大飞机研制的成果显现。

思维转变:工业思想下的文化碰撞

工业文明从诞生开始,就不断进化,只有掌握了工业文明的精髓才能走得更远更稳健。"十二五",正是洪都从骨子里进行这种工业文化理解与再造的过程。

我们欣喜地看到,在推进信息化与工业化的深度融合过程中,内部信息、数据的开放共享、节拍流程的显性拉动,从根本上改变着员工的工作模式,并成为大家离不开、主动用的工具。通过质量提升工程,我们完成了对全员行为模式的再调整。质量诚信的底线约束,质量标兵的示范引导,质量控制的技术实现,质量队伍的专业建设,都贯穿着新工业文明的要求。员工明白怎么在精细分工中快速协同;工艺、检验不再简单依附设计,而是以制造的精确实现来倒推流程、标准,这恰恰是未来精益制造的明灯。

同样,洪都在推进全价值链的集中管控,转移结构性冗员、大力引进新员工的过程中,都不可避免这种文化碰撞。为此,洪都坚持引导员工的思维转变与推进改革并举,从思想上、行为上、制度上进行方法论的解释、培训。

以"十二五"激情变革中的思想碰撞,点燃了洪都上下敢为天下先的豪情,在成长为更优秀的现代航空企业职业人的道路上,展示自己的力行担当,这是"十三五"大发展的宝贵财富。

振翼青云:展望新家园

展望"十三五",国家"一带一路""互联网+"战略和"中国制造2025"大幕已经开启。新一轮科技革命和产业变革与我国加快转变经济发展方式形成历史性交汇,实现制造业的升级,推进制造业的健康发展,提升产业的国际竞争力,将对传统制造模式带来颠覆式的冲击,这些都给洪都带来了新的挑战与机遇。

中航工业和江西省联合决策促成的南昌航空工业城,通过"十二五"期间的加速建设,已经走出蓝图,成为现实。一批世界水平的新厂房新设备充分顺应了未来的智造趋势,这种增量投入正迅速转化为新的竞争实力,为物理意义、能力意义、文化意义上成就新洪都、新家园,高速发展、基业常青,打下了坚实基础。

随着"十二五"积累的能量逐步释放,洪都大步走向自己的新辉煌。万众一心的洪都人,找到了价值瑰宝,找对了发展道路,有每一份发展的合力,一定会振翼高翔。让新洪都的光荣遍布未来,照亮百年洪都的辉煌大业!

中惟进取也，故日新
——中航工业直升机所的前世今生

江 滨

中航工业直升机设计研究所（中国直升机设计研究所）诞生于1969年12月15日，或许是历史的机缘，就在这一天，国产直-6直升机实现首飞。当年稍早前，航空工业领导小组会议决定组建新的直升机研究设计所，定点江西景德镇，隶属中国人民解放军第六研究院和航空工业部领导，番号为福字901部队。

建所伊始，在国家投入甚少的情况下，直升机所干部职工自己设计、自己动手，建起了初具规模的试验、试制厂房和办公楼。20世纪70年代，开展了直-6、直-7等型号的技术攻关。尽管在特殊的年代，型号研制历经曲折并最终下马，但直升机科研队伍在这一过程中成长起来了，在实践中提高了设计、试验水平，增强了技术储备，积累了宝贵的型号研制经验。

进入改革开放时期，直升机所组织编制了我国直升机发展建议书并获得国家批复。1985年底，直-8大型运输直升机首飞成功，1994年设计定型。直-8填补了我国大型直升机的空白，是我国直升机型号发展史上重要的里程碑。在直-8研制取得阶段性成果的同时，直升机所组织

直升机所研究设计的直9武装型直升机

了直-9武装直升机的反设计，开展了大量的论证研究和技术攻关。直-9武装直升机在1988年实现首飞，1995年完成设计定型，这为此后专用武装直升机研制打下了深厚的基础。直-11是直升机所第一次自行研制的轻型直升机，拥有我国自主知识产

权,1994年首飞,2000年设计定型。这一时期,直-8陆军型、直-9舰载反潜型等陆续列装,直升机行业迎来了快速发展的小阳春,直升机研制基本形成"生产一代、研制一代、预研一代"的格局和"一机多型、系列发展"的态势。

世纪之交,直-10专用武装直升机的研制拉开了国产直升机争锋世界的征程。直-10的横空出世极大地扭转了我国直升机的落后局面,将我国直升机技术水平向前推进了20年,基本实现了我国直升机技术与世界先进直升机技术接轨,达到世界第三代直升机的先进水平。此间,直升机所建起了包括国家重点实验室在内的覆盖了直升机各专业、完整配套的设计、试验手段,更为可贵的是,一批承前启后的新生科研技术骨干人才也在实践中成长起来了。

2008年,中航工业重组整合,直升机所党政班子审时度势,大力实施"两融、三新、五化、万亿"战略,确立了"引领直升机技术进步,推动直升机产业发展"的历史使命以及"打造国际一流直升机研发机构"的宏伟愿景,型号科研迈入了跨越发展的新时期。直-19专用武装直升机研制仅用了三年时间,直-8型机、直-9型机、直-11经过不断改进改型焕发出无限生机,形成了庞大的家族。无人机直升机空白得以填补,无人机技术实现重大突破。国产直升机一次次为保卫海疆、抗震救灾、重大军演、海上护航作出贡献。在国庆六十周年阅兵大典上,十架直-8直升机、十八架直-9侦察直升机、十八架直-9武装直升机组成的三个编队米秒不差地飞过天安门,展现了国产直升机的雄健英姿。

2008年汶川地震发生后,直升机所认识到发展民用直升机的重大社会意义,迅即将民机研发摆上战略日程,集成此前型号,尤其是直-10的技术创新成果,利用直-8、直-11的成熟平台,仅用一两年时间就推出了AC313大型民用直升机和AC311轻型通用直升机,此后又按照最新适航标准,获得中国民航型号合格证,完成AEG(航空器审查)工作,打开了国产民用直升机进入市场的大门。

直升机所坚持军民融合发展,深入推进国际合作。近30年来,直升机所与美、法、俄、意、加等国开展了广泛的国际交流与合作。20世纪90年代,与美国西科斯基合作研制了S-92直升机,2005年开始了与空直(原欧直)共同研制EC175/AC352直升机的历程,这是一次"共同投资、共担风险、共同研制、共享市场、共享收益"的对等合作,树立了我国航空工业走向国际的成功范例,2014年,首架EC175交付用户,标志着这款先进中型直升机正式进入市场运营。

围绕军民用直升机背景型号关键技术、基础技术、前瞻性技术的研究,直升机所重点突出直升机特色专业的技术发展和能力提升,在总体气动、旋翼、结构与强度、飞控、航电等领域取得了丰硕的科研成果。目前,直升机所拥有覆盖13吨级以下军、民用直升机常规设计、试验的手段和设施,直升机总体、旋翼系统、飞行控制系统、航空电子系统等综合设计、验证和保障能力大幅提升,构建了体系合理、功能完备、技术先进、军民兼容、效率突出、覆盖直升机全部专业、适应直升机技术创新需求的直升机研发平台,实现了研发能力手段的全面提升,核心竞争力和综合实力空前提高。

从建所至今,45年过去了,直升机所终于站到了与国际同行比翼齐飞的新高度。未来,直升机所将致力于突破大速度、新构型等直升机关键技术,具备自主研发倾转旋翼机、高速新构型直升机的能力,持续完善具有自主创新能力的直升机研发体系,发展新一代直升机系列平台,加速赶上世界直升机技术发展的步伐,早日使我国跻身世界直升机强国之列,实现直升机人的"中国梦"。

威震一树之高
专用武装直升机为陆军插上飞翔的翅膀

武装直升机是20世纪60年代开始兴起的新机种。国外武装直升机最早是用一般运输直升机改装,而后发展出专用武装直升机。从越南战争到海湾战争,从AH-1"眼镜蛇"到AH-64"阿帕奇",武装直升机的出现,逐渐褫夺了"陆战之王"坦克的光环,武装直升机因而被誉为"天空猛虎",成为现代战争立体陆战的鲜明标志。

早在20世纪80年代开始研制直-9武装直升机之初,中航工业直升机所的科研人员就已经酝酿着专用武装直升机的蓝图。经过长期的技术准备和艰辛的研制历程,中国"霹雳火"直-10终于在新世纪的曙光中横空出世。

然而,直-10的研制绝非平坦的路程,在受到国外技术全面封锁、没有原准机的情况下,直升机所与各参研单位坚持"协同集成、自主创新、重点跨越"的方针,突破了总体、气动、结构、隐身、抗弹、耐坠、信息化作战一体化综合优化设计、三大动部件地面联

直升机所原貌

合试验等一系列重大关键技术,完全依靠自主创新成就了几代直升机人的梦想,使中国直升机技术向前跨越了二十年,实现了我国直升机行业从测绘仿制、改进改型、参考设计到完全自主研发的历史性跨越。

直-10引发了国内外媒体的热议和好评,有国际知名媒体报道,"直-10是世界上最现代化和最具战斗力的武装直升机之一"。媒体引述欧美专家观点,认为"直-10在综合性能上可与美国阿帕奇相媲美,达到了世界一流水平"。

直-10以战场火力支援为主要使命任务,配装具有完全自主知识产权的先进涡轴发动机,其研制成就是如此显著:最大起飞重量,与美国AH-1W"超级眼镜蛇"以前的AH-1系列、欧洲"虎"系列、意大利A-129直升机相当,有专家认为,如果国产发动机的功率再提高一些,那么就能够迅速赶上阿帕奇;从攻击能力看,直-10具有对地和对空双重作战能力,反坦克导弹、空空导弹和机炮、火箭弹等构成了十分完整的机载武器型谱;在防护能力上,直-10采用了隐身设计,加之窄机身的面积小,雷达反射可得到有效控制。直-10的研制使我国直升机工业得到大规模改造和升级,直升机所的研发以及企业制造手段基本与世界先进水平接轨。

在直-10漫长的发展历程中,全体参研人员发扬"特别肯吃苦、特别能攻坚、特别有韧性、特别讲奉献"的精神,几代人顽强拼搏,共同奋斗,圆满完成了具有自主知识产权和国际第三代直升机技术水平的武装直升机研制,其中包括国产涡轴发动机、旋翼和传动系统、综合航电武器系统。直升机所在此过程中突破了总体气动、旋翼、综合航电等多项关键技术,制造中大量采用先进工艺和材料,这些成果大幅度提升了直升机整体研制和综合保障能力,形成了国产直升机复合材料体系,实现了中国直升机的自主研发和自主保障。

2013年11月,当直-10完成在天津国际直博会上的精彩飞行表演后,笔者走访了部分列装直-10武装直升机的陆航部队,了解直-10等在役直升机装备的使用状况。从南到北,一路都是部队官兵对直-10的交口称赞。陆航某团"风雷"飞行表演队队长李魁元大校在天津直博会上驾驶直-10精彩表演了"筋斗""螺旋升降""俯冲旋转"、莱维斯曼等飞行特技。李魁元说,直-10的确是一型世界一流的武装直升机。正是基于对直-10的信任,李魁元和"风雷"表演队的战友们才有信心飞出世界顶尖的飞行动作。陆航某团副团长说:"直-10非常不错,这么大的火力,对兵种的火力打击能力起到非常大的作用,部队承担的任务也更多样化。"

2013年4月16日,中国政府发布了《中国武装力量的多样化运用》国防建设白皮书,白皮书中提到,要加快发展陆军航空兵,提高陆军空地一体、远程机动、快速突击和特种作战能力。陆航将是未来陆军的主战兵种之一,也是实现整个陆军转型的突破口,未来陆航将往"全域机动、立体攻防"方向转型。陆军要飞起来,直升机就是陆军的翅膀。

直-10的加入增添了陆航部队的熊胆虎威,几乎与直-10相伴随,另一款专用武装直升机直-19也咆哮出场,直-19的研制实现了我国4吨级武装直升机综合作战效能质的跨越,可与直-10形成高低配置。直-10、直-19成为陆军适应新时期军事变革的重要装备、陆军航空兵的主战机种,共同促进中国陆军的战略转型和装备升级。

直-10、直-19设计定型后,即开始批产交付部队,并迅速形成战斗力。近年来,以直-10为代表的多型国产直升机出色地完成了2012年朱日和全军战略战役集训,2013年的"联合-2013""砺剑-2013""和平使命-2014""环太平洋-2014"等重大军事演习。

一树之高,国产武装直升机机群如疾风暴雨,弹无虚发,威震疆场。群峦之间、波涛之上,我军战鹰矫健,国威军威高扬。国产专用武装直升机擦亮了中国陆军的名片,为陆军插上了飞翔的翅膀,挺起了中国直升机人"航空强国、强军富民"的脊梁。

旋风振翼上青云
锻造国产民用直升机的自由之翼

2001年4月,直-11取得中国民用航空局颁发的型号合格证,虽然这是我国第一个适航取证的直升机型号,但在此后十几年里仅销售了1架。2014年,AC311直升机在珠海航展期间签订46架销售合同,此前,AC311直升机还售出10架,包括北京航翔广告有限公司、天津滨海公安局和云南驼峰飞机销售有限公司,以及昆明市公安局等用户。脱胎于直-11的AC311可谓"青出于蓝胜于蓝",国产民用直升机"滞销"的局面正在发生改变。这种改变一方面是市场形势使然,更重要的则是中航工业直升机自身努力的结果。

中国直升机市场的潜在空间受到了国际各大直升机公司的关注,彼此的竞争早已悄无声息地展开了。中航工业直升机所作为国产直升机产业的龙头,研发的直升机产品是否能够适应市场需要,关系到国产民用直升机的发展前景。自2008年汶川地震之后,直升机所就把民机研发与军机研发同步纳入战略目标,利用原有成熟的平台,迅速推出了一系列民用型号。

直升机所持续完善民机研发体系,按照"一个体系、双向覆盖"的原则,在质量管理体系基础上,严格贯彻标准和适航取证要求,规范民机研制流程,识别和细化民机设计、开发、生产和服务过程,修订完善质量手册、民机研发程序文件和管理办法。

在技术上,直升机所坚持"一个平台、系列发展"的思路,确定发展方向,制定技术发展路线图,立足自主创新,瞄准民机前沿技术,突破关键技术,不断提升民用技术能力。

市场竞争力决定着产业的前途。直升机所针对现有型号,快速推进能力升级。在AC311基础上改进升级的新型号AC311A,经过一年的攻关,于今年8月实现首飞,随后开展了高原试飞,实现了在海拔5300米地域的起降,完成了一系列高原风险科目飞行。这些高原试验,证明AC311A直升机具有优良的高原性能,2吨级国产民机性能跃上了新高度,与阿古斯塔韦斯特兰的AS350B3,贝尔的BELL206L4和BELL407等机型性能相当,而在起飞重量与使用升限等参数上还更胜一筹。

与此同时,著名的 AC313 直升机也在不断改进,继 2012 年在青藏高原创造 8000 多米升限记录之后,其高原和海洋飞行能力得到进一步加强。AC313 已取得 CAAC 型号合格证,并通过中国民航的 AEG 审查。据悉,中国飞龙公司已订购 3 架,中国海监总队也订购了两架。AC313 作为大型民用直升机,具有较大的商载能力,在海洋岛屿之间可承担繁重的运输任务。为此,直升机所近几年着力提高 AC313 的海洋性能,促使其早日飞向深海,担负起维护海洋权益的重任。AC313A 也是在原 AC313 基础上的升级型号,其安全性、舒适性、维修性都得到了显著改善。

占据国内市场主流,同时走向世界,这是中航工业直升机的民机市场目标。直升机所积极推动民机国际合作,加快融入世界航空产业链的步伐。中航工业直升机与空客直升机公司开展对等合作,共同研制的先进中型直升机 EC175/AC352 于今年实现了首架交付。2014 年,直升机所 AC352 项目团队配合主制造商完成了总装交付,并围绕客户化改进优化,更新了全部二维、三维图纸,配装国产发动机的首架机已通过详细设计评审,年底将完成首飞前的总装。去年,中法双方签订了共同研制销售 1000 架 EC175/AC352 的协议,显然,合作双方都对这型机的市场前景非常乐观,并寄予厚望。

民用直升机在国民经济建设中、社会公共服务领域的独特作用已逐渐显露,民用直升机可应用于公安执法、抢险救灾、紧急救护、线路勘探、行政公务、空中观光、航空拍摄等各种领域。

民用直升机市场的博弈归根到底是在中航工业直升机与西方发达国家直升机公司之间进行,而中航工业直升机面临的最大挑战来自于自主品牌的市场接受度。直升机所经过对市场的深入调研,为更好地服务用户需要,将全新的 3 吨级民用直升机产品列入了研发日程。

今年 6 月,中航工业正式批准 3 吨级先进双发直升机研制立项。稍后于 11 月,这款以"AC3X2"命名的直升机模型带着"改变,让我与众不同"的口号在珠海航展亮相,当直升机 AC3X2 的帷幕拉开的那一瞬,全场观众都长吸了一口气:这是一台以"中国红"为主色调、流线漂亮得如同海豚一样的直升机。中航工业直升机所民机总设计师徐朝梁介绍说,这台中法联合研制的直升机,是已经取得欧洲适航证的轻型直升机,也是中国直升机工业 60 年厚积薄发的产物。

"《山海经》里面有一种带给人们幸福的神物叫作青鸟,还有神奇的飞鱼,AC3X2 就是青鸟和飞鱼的结合,是真正给飞鱼插上了翅膀。"徐朝梁在揭幕现场说,"这台轻型直升机不仅外形惊艳,而且内设多达 10 个座位,比起常见的 7 座轻型直升机,人均能耗可以降低 25% 以上,而且可以实现客户化定制,能满足通航运输、救援、执法、公务飞行等不同需求。"

AC3X2 被誉为"最美直升机",虽然还未批量生产,急迫的客户就提出了购买的要求。根据已有的信息,AC3X2 直升机的研制可能带来国产民机研制的革命性变化,研发模式、投资模式、商业模式都将与国际接轨。

AC3X2 显现了中航工业直升机打造具有世界先进水平的民用直升机的意志,它的目标将直奔FAA、EASA等国际公认的适航通行证。直升机所的科研人员表示,这将是中国直升机工业60年厚积薄发的产物,标志着中国民用直升机产业变革迈开了大步。

扩大直升机技术效益
促进以无人机为核心的航空产业大发展

推动以无人机为核心的航空产业发展,做大做强研究所经济实力,为实现中航工业"万亿"目标添砖加瓦,这是中航工业直升机所党政确立的战略目标。直升机所注重发挥直升机技术优势,着力开发无人机、飞行训练模拟器以及直升机保障配套产品,经济规模逐年扩大,为保证研究所的持续快速发展打下了深厚的物质基础。

无人机研发实现重大突破

航空装备的无人化、小型化和智能化将是未来的发展趋势,无人直升机的市场前景非常广阔。直升机所研制无人直升机的历史已有10年,正是在这10年里,国内外无人直升机呈现出快速发展的势头。凭借数十年有人直升机的研制经验,经过数年集智攻关,直升机所在无人机关键技术上实现了重大突破,形成了无人机的自主研制能力,并达到了国内领先水平。

2004年,中航工业直升机所领导班子作出决策,组建无人直升机研究室,自筹经费研制U8无人直升机。起步艰难,从方案、设计、试制到试飞,科研人员曾一次次遭遇技术瓶颈,一次次陷入故障频发的窘境。研制无人直升机,发动机的控制、飞行时的振动、传动和旋翼系统,这些都是技术难点,尤其是传动系统的设计、加工,直升机所过去没有这方面的专业和设计经验,解决这些问题需要技术上的突破。例如飞控系统,这是无人机的核心,科研人员通过反复研究,最终掌握了设计原理,加上自主开发的集成软件,极大地提升了无人机的自动化水平,并且一步步突破了发动机控制、悬停控制、中速飞行、自动起降等一系列关键技术。

U8无人机是直升机所最早开发的平台,它的最大起飞重量为230公斤,任务载荷可达到40公斤,最大平飞速度每小时150公里,续航时间3小时,使用升限3000米,控制半径100公里,可自主飞行、自主起降。2006年10月,首架U8无人直升机交付用户,2011年6月,U8无人直升机圆满完成海拔高度1000米、2000米和3000米高原试飞,同年12月通过技术鉴定。

还在研制中的500公斤级无人直升机的最大任务载重为100公斤,最大平飞速度每小时190公里,最大巡航速度每小时120公里,续航时间6至7小时,具有良好的飞行性能、可靠性和维护性,既可人工操作也可实施自动飞行,可应用于环境监测、搜索营救、管道巡线、地质勘探、农林防护等各领域。在2014年珠海航展上,AV500无人机模型现身,预计明年可投放市场。

目前,中航工业直升机所开发的无人直升机平台基本实现了多元化,已经开发的型号平台有75公斤级、200公斤级、500公斤级和1吨级,形成了军用、警用、民用等系列化产品,多型产品分别交付了海事监管部门等军民用户。

飞行模拟器研发初见规模

从市场需求分析，飞行训练模拟设备具有非常大的发展空间。直升机所研制飞行模拟训练设备的历史可追溯到 1999 年，当时研发的主要是军机工程模拟器，之后陆续研发了任务效能系统和型号专用模拟器，这些前期工作为直升机所研制民用直升机的飞行模拟训练设备奠定了牢靠的技术基础。

2012 年，直升机所成立了所长挂帅的推进团队和技术研发队伍，自筹资金研制 S-300CBi 直升机 5 级 FTD、AC311 直升机 5 级 FTD，AC311 和 AC313 的 FFS 也相应跟进。已研制的 FFS 产品适用于军、民用型号直升机的地面飞行模拟训练，民机系列最高可达到 CCAR-60 部规定的飞行模拟机 C 级，军机系列最高可达到 GJB5449 规定的飞行训练模拟器 C 等级。

在 2014 年珠海航展展出并提供观众体验的 AC311 训练器作为 FTD 产品，受到了广泛好评。

直升机所能够自主设计直升机航电和电气系统，研发的飞行训练设备与真机匹配准确性高，加之掌握了试验、试飞、直升机设计数据等核心技术，拥有飞行数据包，因而能够准确还原飞机性能、操纵、飞行参数、发动机参数、飞行员感觉等各项内容，使得所研制的模拟训练设备能够逼近驾驶真机的感觉。

目前模拟器市场处于无序竞争的状态，但直升机所注重产品质量与服务，严格按照适航条例规范模拟器的研发，推出了一系列高品质的模拟训练设备，并与主机厂探讨联合成立客服中心，发挥各自优势，建立健全培训体系，也为模拟器的销售和应用建立稳定渠道，为用户提供一揽子解决方案。

直升机所从 20 世纪 80 年代开始主动开发民品，由最初的"找米下炊、漫天撒网"，发展到逐渐利用自主技术优势形成产品特色和经济规模。目前的产品主要有五大类，除无人机和直升机训练设备外，还有直升机加改装、机载产品以及地面保障和舰面保障产品。经过多年的不断完善，直升机保障设备已形成体系，其中电器类产品主要有随动挂架、机电管理系统、舰面电源、飞控系统、非航电电子计算机等，机械类产品主要有旋翼折叠、鱼雷转运车、座椅、格栅等，这些产品满足了陆海空三军的需要，也让直升机所实现了较好的经济效益。

未来，直升机所将遵循经济规律，做实做强航空产业，以无人机研发、制造为核心，实现无人直升机系列化、产业化发展，同时以机载、保障、集成产品、直升机训练设备为发展重点，发挥机电、航电、飞控集成产品的核心技术优势，形成优势产品，促进产业发展。

创造新速度
技术创新为国产直升机未来添动力

常规直升机受自身构型的影响，飞行速度、航程等受到较大限制。300 公里/时，几乎是常规直升机的速度极限。研制大速度、高机动性以及大航程、可满足快速反应、远距大载重等需求的高速直升机,是未来直升机发展的主要趋势之一。

中航工业直升机所已经将高速新构型直升机研制纳入了研发日程。根据发展规划,直升机所在"十三五"期间将首先突破直升机每小时400公里的限制。K-800是他们目前酝酿中的一款无人高速直升机验证平台,采用ABC旋翼,在机身前部加推进螺旋桨,以直升机模式垂直起降、悬停,螺旋桨模式飞行,起飞重量达到800kg、设计速度450km/h、机长5.12m。K-800的意义在于提供了一个验证平台,在这个平台上可对新技术、新方法进行验证,为今后更多的新构型高速直升机做准备。

我国是一个地域、领空、领海十分辽阔的国家,东西南北地形地貌、气候条件差异巨大,为保卫我国的领空、领海和领土完整,不依赖特殊场地,能够随时随地起降,并且拥有速度快、效率高、地点准、机动灵活等特点的航空器,对海洋维权、边境巡逻、反恐突袭、战地急救等都具有极其重要的意义。

倾转旋翼机正是这样一种航空器,"蓝鲸"是直升机所正在研发的一款倾转旋翼机。

"蓝鲸"为四倾转旋翼构型,商载达到20吨;巡航速度538公里/小时;航程3106公里;使用升限8615米;回旋半径大于815公里。在科研人员的构想中,"蓝鲸"采用可收放起落架,具备垂直起降和滑跑起降能力,配备四台发动机,余度设计确保两台发动机失效后还能安全飞行。采用分布式综合航电系统提升任务能力和抗干扰能力,应用光传操纵系统融合多模态任务飞行控制、智能综合驾驶舱技术降低飞行员负荷,大幅提升机体复合材料应用比例,具备故障预测与健康管理能力。

除了高速、大装载、远航程之外,与常规直升机相比,"蓝鲸"还兼具振动小、噪声小、耗油率低、运输成本低等特点。"蓝鲸"结构布局中旋翼安置在远离机身的机翼尖端,且旋翼直径较小,因此其座舱的振动水平低于一般的常规直升机,并且由于主要的噪声源——旋翼,远离座舱,因此座舱内的噪声比普通直升机小很多。科研人员分析,"蓝鲸"在150米高度悬停时,其噪声只有80分贝,仅相当于30米外卡车发出的噪声,特别适合于旅客运输。据科研人员介绍,综合考虑"蓝鲸"耗油量少、速度快、航程大、载重大等优点,其运输的成本仅为常规直升机的1/2。

倾转旋翼机因既有旋翼又有机翼,并且要实现旋翼从垂直位置向水平位置或从水平位置向垂直位置倾转,因此不仅基本综合了直升机和涡轮螺旋桨飞机的技术特点,而且还具有旋翼倾转过程中存在的许多技术特点。其结构、气动、控制等技术比一般飞机或直升机复杂得多,并拥有固定翼飞机和直升机所拥有的各种技术难点,同时还带来许多倾转旋翼机独特的技术问题。归纳起来,倾转旋翼的技术难点主要表现旋翼-机翼的气动干扰对有效载荷影响大、旋翼倾转过程中的非定常气动特性复杂、倾转旋翼机的结构设计复杂、倾转旋翼机的动力学耦合问题多等方面。

我国倾转旋翼机的研究起步晚,很多关键技术还在摸索阶段。然而在关键技术突破之外,更需要的是创新精神的绽放。直升机所肩负着促进中国直升机技术进步的重任,倾转旋翼机的设计是必然要跨过去的门槛,这个过程中更重要的还是创新精神的培养。

为激发设计人员的创新精神,直升机所于2009年设立了所长课题基金。该基金的设立旨在加强应用基础研究和关键技术攻关的支持力度,为营造良好的研究环境,鼓励原始创新,培养直升机高科技人才,促进直升机技术进步和发展。主要支持直升机旋翼研制及其技术发展中的应用基础研究和部分探索性强的应用研究,解决旋翼研制中出现的技术瓶颈,攻克关键技术,探索新思想、新概念、新原理和新方法的科学研究。所长科学基金项目主要面向具有研究能力的研究室和专业技术组以及航空高等院校、直升机相关的科研院所和企业。根据需要还可向其他指定单位开放。

近些年来,直升机所还定期举办技术创新沙龙、"新概念旋翼飞行器设计大赛"等活动,鼓励科研人员发散思维,激发创新热情,为科研人员提供了一个技术、创意交流的平台。同时,在研究室内部实施项目团队管理,放手启用思想活跃的年轻技术骨干负责项目,群策群力大胆推进技术创新。

创新是科研人员的灵魂,是科技发展的强大动力,决定了科技发展的未来。中航工业直升机所作为国内唯一的直升机研发机构,一代代直升机人矢志不渝,开发新技术,攻克技术难关,不断推动我国直升机技术水平向前发展。

流光溢彩的生活芬芳

维护职工利益　建设幸福家园

从建所至今,中航工业直升机所党政始终一手抓科研,一手抓民生,坚持"快乐工作、健康生活"的理念,使广大职工安居乐业。

职工住房和生活环境随着研究所的建设发展而不断改善。按照"高品位、创特色、上水平、求实效"的思路,直升机所重点实施"功能社区、显山透绿、景观道路、居住小区"四大工程,逐步建成了生态优美、功能完备的社区环境。

现在坐落在景德镇市岚山之麓的直升机所社区层峦叠翠,河流蜿蜒,道路宽阔,绿树成行,楼房鳞次栉比,小区花团锦簇。17 000平方米休闲广场融园林景观和人文特色于一体,5000平方米文化体育活动中心、300多平方米文化站、标准塑胶田径运动场等众多文体活动场所,让社区居民能够充分舒展身心,陶冶情操。2007年,直升机所荣获江西省首届"十大和谐社区"称号,2010年,获得"全国绿化模范单位"称号,所办老年大学多次受到省市表彰,幼儿园入列江西省幼儿教育示范单位。

直升机所健全了社区治安综治组织,建立了完备的治安防范体系和群防群治网络以及突发性事件应急机制、专兼职相结合的安全管理队伍,经常在广大居民中开展法制教育和防火、防盗、防事故发生等专项教育活动,以及群众性健康服务活动和社会公益活动,社区卫生管理得到有效落实,防火、防灾、防盗、防破坏等安全设施齐全。

丰富多彩的社区文体活动让离退休职工老有所学、老有所乐,社区创办了《居民之友》月刊,老年科协、老年体协以及老年书画、摄影、集邮等协会,为离退休职工服务的"信息平台",方便了退休职工的生活,陶冶了他们的情操,让他们充实而快乐。通过开展精神文明创建活动,社区还涌现了"全国五好家庭""全省和谐家庭"等一批先进典型。

目前,直升机所35岁以下青年职工已成为科研生产和经营管理的主力军。全心全意为青年职工服务,也是直升机所民生工作的重要内容。

各基层单位领导、专业组长、导师与刚入所新员工进行面谈,详细了解新员工学习教育经历、个人特质、专业志趣等情况,按照"人尽其才、人岗匹配"的原则,初步确定新员工的配置使用与职业发展。新员工则结合自己的特点、学习经历等,作出自我与职业分析,根据分析结果进行职业生涯规划设计,把短期目标与中长远目标、个人发展与单位发展统一起来,找到人生坐标,确立发展方向和奋斗目标。

多年来持续不断的学术论文比赛、飞行器设计大赛、思想沙龙、创新沙龙等活动放飞了青年职工的思想,增强了青年职工的创新意识。经过探索总结,直升机所建立了青年人才培养"生产线",大力推进基于学分制的全员培训体系建设,以学分制管理为纽带,创建"发展论坛""星期六课堂""青年论坛"等多个培训平台,广发开展多级技术交流,形成了所级、研究室级、专业组级"三级联动"的培训体制。落实"师徒结对",充分发挥优秀人才的"传帮带"作用。

青年专业技能水平也是直升机所培养的重点工作之一,每年定期根据青年需求不同,针对不同的专业特点,定期举办直升机英语翻译、CATIA建模设计、直升机外观设计、软件编程、五性与适航、车、铣等各项技能竞赛,以赛代练、以赛促进青年专业技能的提升。专业技能的提高,有效促进了工作效率和工作质量的提高。定期开展质量知识、保密知识、规章制度等竞赛,培养青年的质量意识、保密意识和规则意识,为更好地开展科研工作保驾护航。

2014年,直升机所荣获了集团公司先进老干部之家称号。创建"让党放心,让老同志满意"的"老干部之家"活动,是从政治上尊重、思想上关心、生活上照顾老干部的重要保证。直升机所建立了老干部信访工作制度、离退休职工接待日,所党政及时倾听老干部心声,力所能及地为离退休人员办好事、办实事。

每年定期召开离退休老同志形势报告会,党政主要领导向老同志报告研究所的重大决策以及直升机产业的发展形势,举办座谈会、情况通报会,认真听取老同志对所里改革发展的意见和建议。每逢重大节日,所领导和有关部门负责人挨家挨户到老干部家中慰问,每年重阳节,职能部门负责为全所离退休职工发放慰问品,组织开展适合老年人特点的娱乐活动,定期安排老干部外出参观,组织青年志愿者走进孤老家中,帮助解决生活上的实际困难。

为给老同志们创造舒适的学习环境,满足文化生活需要,所党政拨出专款装修了老干部学习和活动场所,改建了离退休职工活动室,活动室面积由1200平方米增加到1800平方米,增添了多种报刊、书籍等学习资料。

离退休职工管理部门配合职工医院,积极做好老干部们的健康体检工作,为他们按时报销医药费,同时免费为全所离退休职工开通了城市"120"VIP服务,为职工医院添置了救护车,为老干部提供上门就诊服务。在医疗服务方面,提高了大病统筹比例,健全了困难家庭救助和医疗救助制度。

我与直升机的情结

陈怡枢

我这一辈子与直升机结下了不解之缘。

1958年,我从南京航空学院毕业后留校任教。由于国家需要扩大飞机和直升机自行设计研发的科技队伍,1959年我离校,先后到哈飞公司、昌飞公司和中国直升机设计研究所从事飞机和直升机的研究开发、工程设计工作,参加过两型运输机、三型轰炸机和四型直升机的研发设计。六十年代前期,还参加了作为我国第一颗原子弹空投试验载机的改装设计研制工作,为我国核武器的发展尽了一份绵薄之力。

六十年代初,中印边境发生冲突,我国直升机在西藏高原飞不上去,而印度同一型号的直升机却飞得比我们高。当时我军击落了一架印军直升机,随即领导抽调我去参加对印军直升机残骸的分析和研究,以尽快改进我军现有装备的高原性能。当我第一次接触直升机,深感其技术复杂和难度大大高于固定翼飞机。我下定决心一边工作,一边刻苦学习钻研直升机技术。经过近半年的努力,我们改进了旋翼桨叶的平面外形和桨尖修型,将木质桨叶改为全金属桨叶,以增大桨叶升力和旋翼效率;还增加了废气涡轮增压器,增加发动机进气压力以提高功率。经过夜以继日地辛勤工作,我们终于研制出改进的新型样机。日后生产的这一型号直升机,提高了我军装备的战术技术性能,达到当时国际先进水平。这是我后来主动从搞飞机转到搞直升机的一个思想动力。

七十年代中期,根据我国空、海军的需求,特别是建设现代化海军的迫切要求,中央军委叶剑英元帅指示要自行开发研制出能够运送一个加强排兵力的大型直升机。根据当时我国具有的直升机研发技术水平和能力的实际,我参与了立项前全过程的分析、论证,最终中央有关领导部门采纳了我们的意见和建议,决定设计研制直8型多用途大型直升机。为了学习、消化、吸收,吃透国外的先进技术,我们对构型、材料、结构、系统、全机各项参数、性能指标进行了各项地面试验和测试,以及全面的技术试飞,获取到第一手可靠的数据资料。我们还组织了一个精干的技术骨干班子,几乎每天晚上要沟通各专业、系统设计工作进展情况,以及出现的各种预料不到的技术问题,集中大家的智慧,提出协调解决的技术途径和办法。设计员重视每一项细节设计,对推动该型号的设计研制起到关键的重大作用。根据以往型号研制的工程实践经验,我们第一次实施了绘制全机主要交点数据图,极大地促进了全机技术协调和实现全机各部件的互换。

昌河机械厂老厂门

120厂职工聚精会神加工零部件

1980年底,正当直8原型机快研制出来时,经费出现暂时困难,上级部门中止了直8型机研制经费的拨款,暂缓直8的研制工作。但是,我们研制团队并没有就此停步,而是抱着坚定的信念,以"破釜沉舟、誓夺全胜"的决心,不畏难,不退缩,节约开支,以民养军,终于设计研制出亚洲最大的航载13吨的直升机。

直8型机先后完成了军事演习、运输兵员和物资、抢救病号、抢险救灾、海防巡逻、吊运重型装备和实施水面起降等多项任务,特别在汶川大地震抢险救灾中和远赴亚丁湾海域执行反海盗护航任务中立下卓越的功勋,为国人称赞,为世人瞩目。直8型机在建国六十周年编队飞越天安门上空,接受了党和国家领导人以及全国人民的检阅;同年,我国海军和空军建军六十周年时,直8型机作为国产主要装备的直升机进行了飞行表演,获得了部队的一致好评和赞扬。作为当年主持设计研制直8型机的科技人员之一,我不禁心潮澎湃,无比激动,这是党、国家和军队对设计研制团队的最崇高的褒奖。

八十年代中期,5912工程是国家批准的专项工程,该系统工程技术十分复杂,技术难度很大。当年,航空工业部何文治副部长称:"该系统工程是我国迄今为止主机最复杂的一个机载机械、系统、电子、武器系统。"该工程项目除机械、系统工程外,主要内核是现代化电子和新型武器系统。为了优质、短期内完成该项任务,上级领导决定由我来牵头负责技术并组织实施该工程项目。

我组织和带领了一批精干的技术人员,夜以继日地工作,节假日也不休息。同时,作为技术负责人,我还要抓紧时间认真学习,扩充掌握多学科的新知识、新技术。我们团队从方案论证到工程设计、工程试验、研制跟产到全机地面试验和试飞的全过程,直至研制成功,通过国家鉴定验收,总共只用了两年多一点时间,连法国宇航公司专家都表示钦佩,认为在当时法国宇航公司有些技术水平也没有达到,而且这么短时间研制出来通过国家鉴定验收也难以做到。经部队试用、演练,与国外装备对抗结果证明,技术水平已达到当时世界同类新产品的先进水平,成为我国海军的一种重要先进装备。

老厂门　　　　　　　　　　　　直8型机首飞大会

　　工程实施不仅设计周期短,而且费用低,为国家节约了大量外汇和经费。由于该项目技术难度大,立足国内完成技术风险较大,如委托法国宇航公司做,其设计试验费就要300多万美元,而我们自己干,设计、试验费才花费了82万元人民币。

　　这个项目的实施,得到的最深体会就是:一要勇于挑起国家赋予的历史重担,敢于做前人没有做过的、具有较大风险的事,不畏艰难困苦,要有拼命三郎的勇于挑战,战胜自我的精神;二要认认真真做学问、搞设计,善于科学思维,科学筹划,要有科学理念和科学方法,来不得半点马虎和侥幸心理,在细微之处见真功夫;三要有一个好的团结集体,充分发挥团队每一个成员的聪明才智,相互学习,相互鼓励,相互促进,才会有事业的成功。通过工程实践的锻炼,团队一批技术人员成长为我国直升机技术领域的带头人和领军人物,我为此感到十分欣慰和自豪。

　　如今,我已退休了。我衷心祝愿我国航空工业更加兴旺发达,尽早实现航空强国之梦。祝愿航空人勤奋人生,贵在坚持;善于总结,勇于创新;尊重他人,依靠集团;崇尚理想,自强不息。

(作者为直升机所退休研究员)

雄鹰展翅　飞向蓝海
——中航工业直机所自主研制大型直升机 AC313 纪实

江　滨　陈　昱　方金福

2012 年 1 月 5 日,北京,人民大会堂。

上午 10 点 20 分,中航工业直升机所所长邱光荣从中国民用航空局适航司副司长殷时军手中接过了 AC313 直升机型号适航合格证,全场顿时掌声雷动,镁光灯闪烁,各路媒体记者用照相机、摄像机记录下这一重要的历史时刻。据此,AC313 成为世界上第一型取得海拔 4500 米高度 A 类适航证的民用直升机。从这一刻开始,标志着这款亚洲最大吨位的直升机型号获得了进入市场运营的通行证。

参加此次型号合格证颁证仪式的嘉宾中,有一批来自中航工业直升机所的技术队伍,他们是适航取证技术团队的代表。此时,他们心潮澎湃,激动万分。直升机所型号总师徐朝梁动情地说:"AC313 取证就像自己的孩子出生一样,为了这一天,研制团队付出的非常非常多,非常不容易。"徐朝梁介绍说,AC313 的整机性能达到了国际第三代直升机水平,填补了我国大型民用直升机研制的空白。技术团队从设计之初就把目标盯住了市场。他说:"我们就是要为中国和世界打造出具有广阔市场发展前景的先进直升机平台。"

蓝海,市场的呼唤

"蓝海"在经济学上是指未知的市场空间,迄今为止,我国直升机民用市场仍然是一片广袤的蓝海,一片有待开发的处女地。

十年前,可能没有人会预料到,汽车能够走进中国的千家万户。今天,又有谁能够预测,下一个十年之后,直升机将会应用普及到何种程度?

事实上,直升机不仅是现代战争中的主战武器装备,更是和平岁月公共事务领域广泛应用的交通运输、应急救援、科学考察、飞行员培训以及农林、海洋作业、航空观光拍摄的工具。我国陆地面积中,山地、高原、丘陵约占 75％,海拔 500 米以下地域仅占 16％,沙漠和永久积雪带占 10％。我国地形地貌的复杂特点决定了单靠陆上交通工具和固定翼飞机无法实现人员和物资的快速转移以及开展各种复杂作业;而在地形和气候复杂区域、没有机场起降的条件下,直升机往往可以发挥其独特的作用,承担各种特殊作业。我国还拥有 400 多万平方公里的海洋,海岸线长一万八千公里,沿海岛屿六千多个。在海洋管理、海洋资源开发利用、海洋环境保护、海洋工程建设、海上救助等领域,直升机同样能够承担运输、巡逻、救护、通信、勘探、旅游等各种任务。

据悉,目前世界各国民用直升机拥有量已超过 23 000 架,而我国仅有 200 余架,保有量严重不足;随着国家低空空域逐步放开,民用直升机将得到更广泛使用;汶川大地震后,国家把应急救援体系建设摆到了重要的议事日程,直升机在公共事务中的作用愈加凸显;毫无疑问,我国民用直升机市场潜在需求极大,我国直升机"蓝海"市场空间蕴藏着巨大的商机。

温总理指出:"无论是重载直升机,还是高原直升机,我们一定要让各种直升机飞上蓝天。"温总理的殷殷嘱托,为我们开辟"蓝海"市场空间指明了方向。蓝海,市场的呼唤,激励着中航工业直升机旗下的直升机所和昌飞公司科研人员和广大干部职工全力以赴,争分夺秒。只用 4 年时间,昌飞公司先后推出 AC313、AC311 和 AC310 等民用直升机,掀起了一股蓝天旋风。2010 年 3 月 18 日,13 吨大型民用直升机 AC313 在江西景德镇首飞成功,一时间,中外的目光聚焦于中国直升机。

邱光荣所长认为,首飞只是完成了一个重要的里程碑,它的意义是填补了民用直升机的型号空白,但是一个型号要走向市场、服务大众,还必须获得一张特别的通行证,这就是中国民航局按照适航标准,经过严格审定之后颁发的型号合格证。

一波三折的适航证申领

AC313 直升机是根据我国最新的旋翼类飞行器适航标准 CCAR29R1 进行研制和生产的。从方案设计、研制到试验试飞,每一个过程都严格按照相关标准进行。

据直升机所适航技术研究室负责人介绍,早在 2003 年,适航申请人代表向中国民航局提出了适航申请。当时的技术水平是建立在老直八型直升机的基础上,研究人员希望能够以直八的平台和系统状态申请型号合格证。但两次申请,均被适航当局退回,原因是以直八的状态,很多系统无法满足适航标准的要求。

"比如 CCAR29 部规定,装入发动机的每一个部件都要符合以下规定:必须是经过批准和安装在有关发动机上的,必须能利用发动机设施进行安装,必须是密封的防止污染的发动机滑油等等。每个设备、系统、功能的要求都非常严格而明晰。"徐朝梁说道。

直升机所技术人员决定另辟蹊径,严格按照 CCAR29R1 的相关要求,打造一个全新的民用直升机平台。他们为此一次次更改设计方案,包括整机外形、平台、分系统。经过充分论证,他们提出了一个全新的设计申请方案。

2007 年 12 月 29 日,适航当局终于受理了直升机所关于 AC313 直升机的 TC 证申请,并于 2008 年 5 月 27 日召开了首次 TCB 会议,成立了适航审查小组。AC313 直升机开启了适航取证之路,设计人员踏上了通往蓝海的征程。

给力的数字化设计

对直升机所来说,设计制造出符合适航需求的飞机意味着设计理念和工作模式的更新。

在型号研制中,技术人员全程采用了全数字化协同设计方法,给 AC313 直升机自上而下建立了三维飞机数字样机。在数字样机上,通过透视、剖切等方法,研发人员可以将物理样机难以呈现的细节清晰地展现出来。在此基础上进行的气动仿真分析可以将直升机复杂的流场直观地呈现在设计人员面前,便于及时发现和解决问题,大大减少风洞试验的次数,而且,强度分析的广泛使用为结构设计提供了实时定量的评估。

研发人员使用同一套产品数据开展在线协同设计,使设计结果在线呈现和共享,设计工作并行迭代,从而加速了设计进程。

数字化分析,保证了重大试验的成功,节省了经费;数字化仿真,掌握了疑难试飞科目的要素,降低了试飞风险;数字化模拟,情景再现了试飞路途的地形地貌,为 AC313 完成高原试飞奠定了基础。

不厌其烦的"首次"试验

按照最新适航标准的要求,每一个系统、每一个成品需要进行大量的相关条款的符合性验证。在民用飞机方面,许多设计员对适航条款的认识没有基础,更别提验证方法了。为此,他们查阅了大量的资料,了解国外先进的试验方法和技术手段,加以消化吸收,设计并完成了 131 项取证试验,得到了局方的认可。这些验证方法大部分在国内均是首次采用。

2008 年 12 月,首次完成燃油系统抗坠毁试验。该项试验要求抗坠毁冲击速度为 17.3m/s,属于按适航标准要求成功完成抗坠毁燃油系统坠落试验。

2011 年 2 月,首次完成主减速器 30 分钟干运转验证试验。这是自主突破该项适航取证关键技术。

AC313 首飞

雪山展翅

2011年12月，首次完成驾驶员座椅动态冲击试验。

2011年12月1日，首次完成雷电直接效应试验。这是整机大规模雷电防护设计和验证。

2011年12月11日，首次完成全复合材料尾梁静力试验。这次试验全程采用声发射等实时监控手段，是完成带预制缺陷的直升机主承力复合材料结构大型试验。

2011年12月13日，首次完成座舱骨架及风挡玻璃鸟撞试验。

此外，还首次完成了燃油系统地面模拟试验、灭火系统模拟试验、动力舱灭火系统模拟试验、闪电防护试验、综合航电设备的雷击试验等。这些试验，有力验证了AC313型机各系统完全满足适航规定要求。

填补空白的多项试飞

进行风险科目试飞和各项高难度试验，挑战直升机的极限性能，是适航取证过程的必要工程，也是保证直升机安全性、舒适性和可靠性的必然要求。按最新的适航条例CCAR-29R1，AC313必须进行严格的试飞考核，且试飞科目多，难度大，跨地域广，需进行高温、高原和高寒试飞。

AC313直升机自首飞以来，为适航取证进行了300余小时的飞行验证工作，包括风险科目试飞时间近百小时，出色地完成了适航验证常规试飞科目215个，风险试飞科目88个。风险科目包括回避区、临界决策点、不可逾越速度、大小旋翼转速、空中自转、单发故障起降、发动机空中起动（双发停车）、1.1倍不可逾越式（有\无动力）试飞试验等，而此前国内从未在大型直升机进行过这些风险科目。

2010和2011年，AC313直升机先后两次进入青藏高原开展科研试飞和适航取证试飞工作，以其优越的性能、优良的工作状态、高可靠性取得了骄人的业绩，创造了中国直升机的多项飞行记录，填补了我国航空史上的多个空白，在中国乃至世界航空史上续写了辉煌的一页。

首次进入西藏地区进行全面系统飞行测试，实现了几代直升机人飞越青藏高原的夙愿，先后辗转青海地区的共和、玉树、格尔木和西藏地区的那曲、拉萨、羊八井、日喀则等地，飞行200多小时，航程26 000多公里，获取大量高原地区复杂的地理、环境、气候及通信条件等珍贵飞行数据。

2010年9月7日，又赴青海地区高空科研试飞，试飞了3068米、3700米、4450米和4700米海拔高度，飞出了国产直升机7500米的最高升限。

2010年9月13日，从海拔2850米的格尔木起飞，沿途飞越4500米可可西里无人区、4767米的昆仑山、5000米的风火山、5231米的唐古拉山，连续飞行六小时，航程1160公里，创造国产直升机高原飞行记录。

2010年9月18日，AC313首次实现国产大型直升机飞抵海拔5200米的珠峰登山大本营，证明AC313直升机使用范围可覆盖我国全疆域。

2011年8月28日至9月30日，在青海地区完成高原适航验证试飞。分别在海拔

3068 米的共和机场、海拔 3900 米的玉树机场和海拔 4500 米野外场地开展了试飞。完成了起飞决断点（TDP）、着陆决断点（LDP）、A 类起飞距离、A 类着陆距离、自转着陆、极限高度－速度包线（H－V）、无动力不可超越速度、小面积平台起飞和着陆等风险科目的试飞，验证了不同海拔机场上不同重量的 A 类起飞和着陆性能、自转着陆性能和极限高度－速度包线。在高海拔高原地区完成 A 类性能等高风险科目试飞，在中国乃至世界上都是第一次。

2011 年 9 月 2 日，在青海共和机场，飞越 8000 米高度，创造了国产直升机升限新纪录。

2011 年 9 月 13 日，在玉树地区海拔 4500 米野外场地，在用户及适航审查代表的目击下，最多运载 29 人，再次验证了优良的高原性能。

高原缺氧，我们不缺精神

中航工业直升机所和中航工业昌飞组成的高原试飞突击队，两度奔赴青藏高原严重缺氧地区开展试飞，克服高原地区气候环境和生活条件、工作条件的各种困难，在收获高原试飞硕果的同时，也创造了直升机人的精神财富。

2011 年 9 月，试飞突击队来到了青海玉树地震灾区。玉树位于青藏高原峡谷地带，这里海拔近 4000 米，早晚温差大，常出现雨雪天气，自然环境对来自平原地区的人们来说是极其恶劣的。试飞突击队员们高原反应非常强烈。虽然地震已经发生一年多了，但灾后重建工作还在进行之中，室外处处是扬沙灰尘，室内缺水少电，物资供给困难，生活条件也极为艰苦。

9 月 12 日正值中秋佳节，这天早上，直升机所的两名工程师王青松和蒋斌病倒了，连正常行走都困难。负责后勤工作的徐京京马上带着病号去当地的板房医院挂点滴。当天下午，王青松病情稍微稳定，便不顾身体疼痛，带病前去机场工作，晚上十点半再次赶赴现场。当时气温在零度左右，风很大。到机场之后，王青松上飞机动力平台下数据，协同更换 APU 控制盒，进机舱监控飞行数据，辅助飞行员试验，下飞机与大家研讨专业问题，一直忙碌到午夜，好像自己从来也没有病过一样。

重重困难难不倒我们，高原缺氧，但我们不缺精神。AC313 党员突击队的誓词向世人庄严宣告："我们是光荣的突击队员，国之重器，使命在肩。心无旁骛，责无旁贷。一世无悔，尽智倾心。屹立东方，乐由心生！攻坚破难，冲锋在前，决战决胜，舍我其谁！坚决做到最艰苦的担子我们挑，最紧急的关头我们上，最困难的时刻我们在。戮力同心，激情奋进，创先争优，保证完成适航取证和型号研制任务，让直升机飞得更高，飞得更远！"

在高原试飞的日日夜夜，全体突击队员坚持"艰苦不怕吃苦、缺氧不缺精神"的信念，牢记直升机人"使命、责任、承诺、快乐"的核心价值观，承载着几代人的夙愿和梦想，团结拼搏，共同奋斗，圆满完成了各项任务。

他们就像高原的雄鹰，经得起大自然各种严酷的挑战。

严格审查　铸造精品

在首次型号合格审定委员会(TCB)会议上,成立了由民航华东地区管理局适航审定处、沈阳航空器适航审定中心和上海航空器适航审定中心组成的审查组。按照旋翼航空器 CCAR-29R1 等适航规章及程序的要求,审查组与中航直升机有限责任公司所属中航工业直升机所、中航工业昌飞公司以及各级供应商,经过四年的共同努力,完成了 AC313 的型号适航审查工作。

审查组工作人员每月至少有一周时间与申请人召开现场适航工作会,现场评审工程资料、目击试验和试飞等适航验证工作,讨论和解决型号合格审定的疑难问题,确定后续适航工作计划,规避工作风险。

适航代表全程监控和目击,共召开了 170 余次适航审查和工作会议,形成会议纪要 120 余份、行动项目 420 余份,审查批准 271 份条款符合性说明报告、485 份验证文件、192 份工艺规范等资料。

年近六旬的审查代表郭允龙克服高原反应带来的不适,全程跟踪和监控了高原试飞,前后共完成 313 个试飞科目和 131 项取证试验的适航审查。他的敬业精神,让人感动,也激励所有的工作人员以饱满的热情,投入到工作中去。

AC313 于 2011 年 4 月进入适航验证试飞,9 月完成高原适航验证试飞,12 月完成局方审定试飞,短时间,高效率,这和审查组工作人员以及申请方的努力是分不开的。

技术优势独领风骚

AC313 直升机的技术优势主要表现在七个方面:

一是安全性高。装有三台发动机,在一台发动机失效的情况下可以双发正常飞行;在两台发动机失效时可以就近着陆。

二是三防性能好。严格按照防盐雾、防湿热、防霉菌标准设计,适合在海洋性气候条件和其他恶劣环境下使用。

三是空间大。客舱内有效容积 23.5 立方米,高 1.83 米,普通人在其内部可以直立行走,宽敞舒适。

四是运载能力强。用于货物运输时,舱内最多可载货 4 吨,或外部吊运 5 吨。舱内可选装手动或电动绞车,地板上设有系留装置,可方便装卸和固定货物。用于人员运输时,最多可载乘员 27 人。

五是航程长。机内油箱装满油时,最大航程 900 公里;携带三个转场油箱时,转场航程可增加到 1400 公里。

六是操纵性能优。操纵系统设计巧妙,总距和操纵联动,辅以四轴自动驾驶仪,操作负荷小,飞行品质佳。

七是使用范围广。可在零下 40 摄氏度至零上 50 摄氏度范围内正常使用,飞行高度包线可以到达 6000 米,同时考虑了在海拔 4500 米机场起降的需求。

AC313达到了第三代直升机的技术水平,具有良好的安全性能和抗坠撞性能或叫适坠性能。同时还具有较好的机动性能,作为第一款获得民航合格证的国产大型民用直升机,AC313具有功能全、用途广等优势,可以执行人员和货物运输、搜索营救、抢险救灾、城市和森林消防、反恐维稳、近海石油和天然气开发、医疗救护、旅游观光和公务飞行等任务,必将在应急救援和公共事务中发挥巨大而独特的作用,为国产直升机开拓市场创造先机。

飞向蓝海的起点

AC313采用的标准是CCAR-29R1,这是民用直升机最新适航标准。按照最新适航安全性标准取得中国民航局颁发的型号合格证,这是民用直升机能够进入市场运营的标志。现在,获得型号合格证的AC313,已经成为一款名副其实的"产品"了,但要受到用户的青睐,研制人员还要开展大量的工作。

未来一段时间,我们的任务是不断改进提升AC313。民机产品要得到用户的青睐,必须做到好用、耐用、用得顺手。所长邱光荣在接受记者采访时说:"AC313取得型号合格证并不代表着结束,而是意味着新的开始,未来我们要为AC313以及整个直升机产业化发展做好充分准备。"

而今迈步从头越
——AC313 高原试飞挑战"世界屋脊"纪实

陈迪波

让国产直升机翱翔在青藏高原的广袤天空,一直是国人、更是航空人的梦想与追求。

金秋时节,丹桂飘香,这是收获时节。2010 年 9 月 18 日,我国首架大型民用直升机 AC313 继在千年瓷都景德镇成功实现首飞后,成功登陆珠峰大本营。几代航空人数十年的梦想今朝得以实现。

景德镇直升机厂所高原试飞突击队四十余人,历时四十多天,转战共和、玉树、那曲、拉萨、羊八井、日喀则、珠峰大本营,胜利完成了征战青藏高原的试飞任务。

AC313 挑战青藏高原注定是改写中国直升机历史的巨大突破,是践行和实现"航空报国、强军富民"集团宗旨的华彩篇章。

首飞——AC313 应势诞生

在 2008 年"5·12"汶川大地震的救灾过程中,直升机穿梭于崇山峻岭之间,架起了"空中生命线",发挥了不可替代的独特作用。但当时发挥主要作用的多是进口直升机。直 8 作为唯一参加抗震救灾的国产大型直升机,在救援抗灾中虽有着出色表现,但其在满载状态下的使用升限只有 4300 米,导致高原飞行能力不足,很难在川西高原发挥更大的作用。

2009 年 6 月,温家宝总理在湖南考察时指出:"让中小型飞机、各型直升机和大飞机一起,翱翔蓝天。"这是中央领导的期望,也是中航工业的重任。

应国内潜在的巨大市场以及国际同吨位直升机激烈竞争的需要,2007 年,中航工业向适航当局提出了按照 CCAR-29R1 的适航要求和相关军用标准,研制军民通用大型运输直升机。适航取证申请于当年 7 月获得受理,拉开了 AC313 研制的序幕。AC313 于 2008 年年底完成总体设计方案评审,2009 年 12 月 23 日完成科研样机试制,2010 年 3 月 18 日实现首飞。

AC313 由中航工业昌飞公司、直升机所共同研制,是我国第一个完全按照最新适航条例规定的要求和程序进行研制的大型民用运输型直升机,也是我国目前自行研制生产的唯一一种大型直升机,填补了我国大型民用直升机的空白。

该机采用单旋翼带尾桨式结构,并列双驾驶构型,配装三台PT6B发动机,最大起飞重量13吨,装有先进复合材料桨叶和钛合金球柔式主桨毂,复合材料使用面积占全机的50%,航空电子系统采用国际通行的数据总线,实现了数字化综合显示控制。该机适合各种复杂恶劣环境使用,并能够实现在野外一般场地起降,可执行人员、物资的运输及搜索救援、抢险救灾等任务。

摸底——高原试飞前精心准备

2010年7月15日,昌飞公司召开专门会议,确定积极稳妥的"景德镇本场充分准备、青海共和摸清性能、西藏各点实地验证"的高原试飞任务目标和思路,同时强调,准备工作要充分而周全,必须在确保直升机和人员绝对安全的前提下完成试飞任务。

随后,相关人员立即按进藏技术状态对AC313开展了改装、改进工作,落实技术文件、成品到位情况,制造装配零组件、安装调试各系统。经过精心组织、周密安排,工作人员于8月5日完成了气象雷达安装调试、复合材料旋翼系统换装、转场油箱加改装、管状短波天线安装、设备舱防雨改进、操纵系统调整、空调系统安装调试、到期寿命件的换件或延寿等工作。

突击队成员对AC313进行保障维护

AC313雪山展翅

AC313以完好状态交付试飞站。

为确保AC313高原试飞安全,工作人员在景德镇本场预先安排了模拟高原科目的试飞,初步掌握AC313的高原性能。昌飞公司试飞站、直升机所、陆航试飞大队密切合作、集智攻关,就高原试飞最关键的发动机高空冷热启动、悬停、升限、航程等试飞科目进行了精心组织与安排。在本场完成了11吨起飞重量6500米的连续爬升性能、3000米大速度平飞性能、转场油箱试飞、APU(6000米)及发动机(5500米)空中起动试验等试飞科目。试飞结果表明了AC313具备较好的高原性能,增强了工作人员进藏完成AC313试飞的信心。

7月23日,在科研样机完成改装、改进后,中航工业直升机分党组书记郑强,昌飞公司董事长、总经理余枫等带领试飞员及航行调度、试飞保障等有关人员,按预定的航路对青藏高原的飞行保障、人员保障、场站保障、道路交通、高原气象、温度变化、氧含量等进行前期调研、体验和协调。此次调研历时十五天、辗转一万三千公里,初步确定了"青海地区八个试飞高度起降点,在西藏地区以贡嘎机场为保障点,以那曲、羊八井、贡嘎机场、甘巴拉、林芝、珠峰大本营、珠峰前进营为试飞点"的高原试飞方案。

"充分准备、周密部署、稳妥进取、科学务实"始终贯穿高原试飞的整个过程。工作人员通过对 AC313 的本场模拟试飞及赴高原实地调研,取得的第一手真实资料,成为 AC313 高原试飞 100% 出勤率、转场航路通畅、试飞决策科学的有力保障,为完成高原试飞任务奠定了坚实基础。

试翼——青海验证实验

为挑战高原,圆满完成 AC313 高原试飞任务,厂所、试飞大队等单位 40 名有关人员组成高原试飞突击队成立。突击队成员于 8 月 18 日启程,日夜兼程提前奔赴高原试飞第一站——青海。

8 月 28 日,AC313 从昌飞公司吕蒙机场起飞,经三个航区,累计飞行 11 小时 24 分,航程近 2000 公里,于 9 月 2 日上午 11 点 05 分安全平稳降落在高原试飞第一个试飞根据地——青海省某机场。由此开始,AC313 进入了真正的高原试飞。

为确保 AC313 的飞行安全,高原试飞的每一个试飞科目都经过了充分的讨论论证,每一个试飞起降点都安排专人提前进行了实地勘察。

共和地区的试飞以海拔 3000 米的共和机场为根据地,积极稳妥地逐步提高海拔高度,分别在 3700 米、4200 米、4500 米、4700 米海拔高度的起降点开展试飞。

9 月 4 日,在距离共和机场 100 公里的海拔高度为 3700 米的试飞点,AC313 进行了发动机的冷热起动及 APU 的地面电源起动试验、发动机地面电源起动试验,进行了有地效和无地效的悬停试验,根据发动机工作情况加减配重,确定直升机在不同高度的最大有地效和无地效最大起飞重量。

9 月 4 日,在距离共和机场 240 公里、海拔高度 4200 米的苦海滩,AC313 进行单发的交叉起动试验。

9 月 7 日,在距离共和机场 280 公里、海拔高度 4500 米,距离共和机场 450 公里、海拔高度 4700 米两个试飞点,AC313 分别进行试验试飞。

在海拔高度 4500 米试飞点,AC313 进行了发动机的冷热起动及 APU 的地面电源起动试验、发动机地面电源起动试验、3 号发动机的交叉起动试验,进行有地效和无地效的悬停试验,根据发动机工作情况加减配重,确定直升机在不同高度的最大有地效和无地效最大起飞重量。

在海拔高度 4700 米试飞点,进行单发的交叉起动试验、3 号发动机的交叉起动试验。

青海摸底试飞,进一步摸清 AC313 的高原性能,取得了优异的飞行成绩,更加坚定了工作人员进藏试飞的信心和决心。

翱翔——西藏之行超越梦想

为保障高原试飞安全、高效进行,团队对每一个已确定的试飞点再次实地考察,充分把握飞行航程、沿途地势、气象等飞行环境。

9月8日,共和地区试飞保障任务顺利完成。经过短暂休整,突击队转战西藏。

9月9日,AC313顺利转场至格尔木机场,并进行高巡航下油耗测试试验。试验表明,自共和机场转场格尔木机场,AC313飞行2小时53分,耗油1.76吨,每小时耗油量为608千克。

9月13日上午10点20分,AC313加油4.3吨、12.3吨重量起飞,沿青藏公路飞越海拔高度4767米的昆仑山口和海拔高度5231米的唐古拉山口,连续飞行时间为6小时零5分,航程1160公里,经受住了复杂多变的地理气候等各种环境的考验。下午3点35分,AC313在拉萨贡嘎机场着陆,余油0.87吨。等候在场的机务人员立即对飞机进行全面检查,证明飞行状态依然良好。

同一天,试飞突击队先头成员顾不上车马劳顿,风尘仆仆地赶往珠峰大本营实地调研。在充分考虑飞机状态、高原地势、天气情况、飞行意义等多种因素后,决定让AC313飞往珠峰大本营。

9月16日,在贡嘎机场,AC313进行了悬停、侧飞、后飞等试飞科目。在该机场再次进行了发动机的冷热起动及APU的地面电源起动试验,进行了有地效和无地效的悬停。

9月17日,在海拔高度4500米的羊八井试飞点,AC313进一步进行了悬停、侧飞、后飞等性能验证飞行,进行了有地效和无地效的悬停试验。试飞结果表明,AC313全面达到高原设计指标。

9月17日,保障人员离开羊八井试飞点,车队奔赴珠峰大本营。开往珠峰大本营方向的道路九曲十八弯,车辆在蜿蜒盘旋中震荡颠簸。

9月18日凌晨,大队人马在藏民家稍作休息便继续出发,上午9时,突击队成员会师珠峰大本营。

AC313飞往珠峰大本营方向,飞越了海拔高度5400米的雪格拉山,经停海拔高度3900米的日喀则机场。

上午8点35分,AC313从日喀则机场起飞,先后飞越了措拉山、加措拉山和通拉山,海拔高度分别为4950米、5248米、5324米。

10时05分,AC313飞抵海拔高度5200米的珠峰大本营。在由远及近、从模糊到清晰的转瞬间,AC313穿越峡谷,朝着拨开云雾露出神秘面纱的珠峰展翅而飞。10时10分,飞机缓缓降落在海拔高度5200米的珠峰登山大本营,并进行了单发交叉起动试验,关闭3号发动机,冷却15分钟后交叉起动3号发动机。10时28分,AC313以9.7吨的起飞重量,以骄人的姿态逐渐飞离人们的视线,飞向拉萨贡嘎机场。

在"世界屋脊"之上,由军厂所共同组成的"直8高原试飞党员突击队"全体队员都异常激动,庄严而又豪迈地情不自禁地宣誓:"愿为直升机事业奋斗终生!"

带着胜利的喜悦,9月20日,突击队大部分人员离开拉萨前往格尔木,打响了AC313返航保障战。

9月27日,AC313成功从拉萨一站式转场直飞格尔木,次日顺利飞到青海共和。9月29日,突击队全体人员离开青藏高原,上午9时,AC313在共和机场起飞,下午3时飞抵阎良。

AC313飞越昆仑

宣誓

10月5日,在公司干部职工期盼的目光中,AC313胜利返航吕蒙机场。陆航试飞大队副大队长赵锋抑制不住异常激动的心情,对AC313的高原性能给予了高度评价。

成果——实现航空史上多个第一

历经四十多天,近两万公里的艰难跋涉,直升机试飞团队辗转奔波共和、玉树、格尔木、昆仑山、唐古拉山、那曲、贡嘎、羊八井、日喀则、甘巴拉、珠峰大本营等地,经受住了复杂多变的高原环境和体能的极限挑战,按计划顺利完成了AC313高原试飞各项飞行和保障任务。

AC313在外界气温为-23.5℃至-18℃、高度为3068米至7600米条件下,进行了各项试飞;在不同起飞重量、不同时间和温度、不同飞行高度等高原环境下,完成了发动机地面交叉启动试验,发动机地面启动试验,起飞、悬停、平飞、侧飞、倒飞性能,连续爬升性能、典型剖面任务性能、高海拔场地起降等各类试飞试验和试飞科目。

AC313以其优良的工作状态,100%的出勤率取得了骄人的成绩,充分发掘和验证了该型机的各种实用性能及内在潜力。此次AC313高原试飞累计飞行50个架次,飞行时间86小时02分,航程约12 000公里,取得国产直升机的历史性突破,创造了中国直升机的多项飞行记录,填补了我国航空史上的多个空白——

首次实现了国产直升机进入西藏地区的梦想;

首次飞越4767米的昆仑山口、5231米唐古拉山口,5400米的雪格拉山;创造了直升机一次起降横跨1160公里从格尔木到拉萨、连续飞行6小时05分的纪录;

首次实现国产大型直升机飞抵海拔5200米的珠峰登山大本营。

高原试飞验证了AC313直升机的高原性能,包括发动机、旋翼及传动系统三大关键动部件匹配性,新型复合材料旋翼桨叶的高原飞行性能,高原使用时发动机功率水平、耗油率及其起动能力,系统及装机设备高原使用适应性,验证并检测了高原试飞维护工作。

雄关漫道真如铁,而今迈步从头越。高原试飞任务的完成,开创了国产直升机进藏进行全面、系统试飞测试的先河,进一步理清了国产高原直升机研发改进的发展思路,更加坚定了我国自主研制高原直升机的信心。

忆直 8 铆接二三事

林培明

铆接装配是将直升机成千上万的零件铆成组件、部件、最后总装成机体,而机体是直升机的"基础",也是机上所有"系统"的载体。在直 8 研制中,我在铆接车间任工艺员,参与了机体铆接工作,回首直 8 研制经历的峥嵘岁月、艰难历程,至今仍记忆犹新、历历在目。

直 8 机与直 5、直 6 机不同,全机大部分为水密铆接结构,机身下部流线型船体和两侧的短翼浮筒以保证直升机的水面漂浮能力和稳定性,要求能水面漂浮 6 至 10 小时。根据图纸及技术条件规定:各部件的密封铆接要求施工时的环境温度在 15℃ 至 35℃、湿度不大于 85%,必须按密封铆接装配工艺进行。经过密封措施的机体要进行淋雨试验和水槽试验的严格验收,以保证它的水密性能。

直 8 型机研制初期,工厂资金短缺、设备落后,在原景德镇瓷厂留下的 120 厂房里,安排了机加、钣金等十多个车间,铆接车间只占了其中一小部分,生产条件可以说是极其简陋。当时的环境和条件,实施密封铆接困难重重。

为了保证密封铆接的温度和湿度要求,工厂在车间里建了一个砖砌的"密封间",用锅炉房的蒸汽满足施工的温度要求,进行机身上构件、尾斜梁、短翼浮筒等部件的铆接。但船体、尾门、铆接总装架内外在路南 2 号厂房进行。

温度较低的季节里,在几千平方米的大厂房内,仅靠厂房四周有限的暖气片来为密封铆接供暖,真是杯水车薪,根本不能保证 15℃ 至 35℃ 的环境温度要求。但直 8 机生产计划十分紧迫,又要求我们全年工作。

没条件,创造条件也要上!铆装车间领导、职工决心攻坚破难,努力完成直 8 研制任务!

车间主任季履祥动员全车间职工动脑筋、想办法解决环境温度这个关键问题,时任车间工艺室主任的丁祖寿同志,经过周密的市场考察和论证,提出了在厂房内建保温工棚的方案。工棚的骨架移植建筑工地上的脚手架结构,脚手架拆装方便、结实可靠、灵活机动,且有现成的供应渠道。骨架上铺设军绿色帆布,工棚内除了借助原来暖气片还装了若干块电加热板加温,同时用大型风扇通风调节棚内温度。于是 2 号厂房内建起几个保温工棚,分别用于总装架内外、船体和尾门等的密封铆接。最终,他们用"土办法"解决了密封铆接环境温度这一关键问题。

直 8

直 8K

90年代初,工厂为实现军民分线,路南集中建设汽车生产线,路北厂区建设飞机生产线,铆装车间路南2号厂房部分搬到路北新建的403厂房。这段"土法上马"的保温工棚结束了它的"历史使命"。

按照直8-02架机技术条件规定,经过密封措施的机体构件,需在发动机整流罩关闭的情况下,在专用的淋雨试验设备中进行全机的淋雨试验。

但当时试验设备还没有造出来。为了尽早模仿雨水对机身各部位的渗漏情况,以便检查驾驶舱、机身两侧及尾、斜梁的密封情况,检查传动平台上排泄系统的流畅性,为试验前传动平台上的孔及开口封堵提供依据,31车间领导、职工根据有关工艺文件,动用了工厂消防队的消防车给直8机体做了"淋雨试验"。

虽然这种"淋雨"与用淋雨设备试验的雨滴强度、方向、时间都不太一致,但毕竟这一举措解决了"燃眉之急",为以后正式的淋雨试验摸索了宝贵的经验和教训,尤其让工作人员认识到必须将传动平台上各种设备的开口和孔密封好或完全堵死,否则必然导致试验时"雨水"流入机体。尽管这次试验还有许多未尽人意的地方,但这种"没有条件,创造条件也要上"的精神一直鼓舞、激励着参加直8研制的人们。

水槽试验是一项机体结构的大的试验项目,装着尾梁、尾门的机身需要置于水槽中,经过10小时试验,总渗漏水量不超过0.5吨。为此,工厂建了一个简易的露天水槽,机身托架埋在水槽底部,没有行吊就用大吊车代替。

第一次水槽试验是工厂引人注目的大事,天刚蒙蒙亮,吊车就把待试验的直8机吊起,然后用活动销固定在水槽的机身托架上,水泵往水槽中放水,使水线距货仓基准线下65mm处(相当于飞机重量11吨)。车间工人、工艺、检验、领导、主管处室、设计方方面面都聚精会神注视着试验情况,大家的眼睛都紧盯着机体内表面。哪里渗出水珠,马上就在相应位置用红笔圈出标记,以便排故时再涂密封胶或更换密封胶条。关心直8机研制的人们对第一次水槽试验都表现出了极大的兴趣和热情,一批又一批到试验场地观看这壮观的场面。

随着试验的进展,渗漏的水量逐渐增多,大家边试验边讨论计量渗水量的方法。天色渐暗,坚持十个小时试验的人们还不能离开,将机身的泄水塞全部打开,放出积水,卸下机体,用吊车吊到推车上运回车间。最后,还得将机体的相关部位尤其一些重要的接头、口盖进行防锈及油封处理。从早到晚十几个小时,大家精心地进行着试验,没有人喊苦,没有人叫累。

铆装生产线

工厂测绘仿制法国"超黄蜂"直升机

经过测量和计算,本次试验的进水量没有超过0.5吨,符合设计要求。尽管经过一天劳累,但大家都特别高兴。直8研制中,第一次机体水槽试验取得了圆满成功。

除此以外,短翼浮筒必须另外进行更为严格的水槽试验,考核短翼浮筒不应有渗、漏水。作为部件生产,短翼浮筒任务必须早于全机完成,而水槽试验的场地、工装还没有制造出来。为了早日考核短翼浮筒的水密性,车间领导、工人师傅、工艺三结合攻关想办法,在工长朱寿海的带领下,他们利用工厂办公楼旁的花坛水池作为场地进行试验。为了达到浮筒甲板距水面30mm至50mm的要求,参试人员从材料库借来铅块为浮筒增重。试验时他们跳进水池中,用最简单、最原始但也行之有效的办法,完成了短翼浮筒第一次"水槽"试验。

这些艰苦创业年代一桩桩往事,我们这些亲历者和见证者,是永远铭记在心的。铆接装配,也是整个直8型机研制的缩影。正是因为这些直8的首批创业者们用忠诚、用敬业、用责任,艰苦奋斗、迎难而上,克服种种难以想象的困难,我们才迎来一个又一个丰硕成果。

直8型机从交付海军航空兵试用到遍及三军,陆、海、空、武警、驻港部队;建国60周年阅兵时,飞越天安门广场的直8机群;汶川抗震救灾,远渡重洋亚丁湾执行护航任务;更值得高兴的是,直8民机AC313圆满完成了高原试飞和适航取证试飞任务,创造了国产直升机飞跃8000米升限的新纪录,并成功进藏到达珠峰登山大本营,它实现了几代直升机人的蓝天梦想。

近年来公司直升机产能、产量大幅提升,生产效率显著增长,在产品数量、发展能力和市场开发上实现了跨越式发展。

作为老一代直升机人,我们虽然离开了工作岗位,但看到直升机事业蒸蒸日上、飞速发展,倍受鼓舞!令人欣慰,令人自豪!

忆往昔峥嵘岁月。没有直8研制之初,全厂广大职工呕心沥血、艰苦奋斗,在极其困难的条件下,顶着种种压力,以"破釜沉舟"的气概,坚持直8研制不动摇,就没有直8型机交付使用和以后直8型机的系列发展;没有当初步履维艰的坚持,没有当初坚忍不拔的奋斗和克服困难的勇气,就没有直8型机的今天,也就难有今天昌飞的辉煌和直升机事业的春天。

经过近四十年的历练和几代人的努力,今天的直8型机已是蓄势待发、展翅高翔的雄鹰,它的明天必将更加前程无量。

愿直8型机创造出更加辉煌的未来!

老伴为我当闹钟

李成坤　回忆　李静芳　执笔

老伴那时候还没老,我唤的是她的小名:丽妹子。

丽妹子是我1963年回农村老家探亲时"闪婚"来的老婆。不是我要赶时髦,实在是因为我们地质队员长年在野外与石头打交道,结识女孩子的机会少之又少。每年回家探亲时,总会有热心的亲朋好友给我介绍女朋友。可探亲的时间并不长,好不容易认识一个能"对上眼"的女孩子,却又到了归队的日子,根本没时间去花前月下,细斟慢酌,所以只能选择"闪婚"。

婚后的第三天,我与丽妹子依依不舍地告别后,便回到了工作岗位。一年一度的探亲,等待的时间实在是太过漫长,我和丽妹子都饱受着相思之苦。第二年秋天,丽妹子只身来到我所在的梅峰山下沙洲河畔,住在核工业二六一大队四工区一间铁皮房里,过上了嫁夫随夫的地质队生活。

丽妹子是一个温柔、善良、朴实、特别能吃苦的女孩子。在跟随我辗转野外的10多年里,生活环境非常艰苦,她都从来没有怨言,总是默默地支持着我的工作,除了包揽所有的家务,她还热心参加工区的义务劳动,与邻里之间处得像一家人。我们共生育了五个子女,日子过得很清苦,丽妹子也从不抱怨,而在我记忆中最难以忘怀的,是她给我当闹钟。

那时候,我负责钻机的测井测斜工作,这是一个要跟随钻机三班倒的活。因为家里既没有手表也没有闹钟,每每轮到上晚班时,我总是睡不踏实,一会打开门窗伸着脖子看"天象",一会又跑到门口探听外面的动静,生怕上班迟到。贤惠的丽妹子看在眼里,疼在心里:"你天天上班都是与钢铁、机器打交道,休息不好多不安全呀。"于是她想出了一个"绝招":"你安心睡觉吧,我来给你当闹钟。我看到别人起床了我再叫你。"妻子给我当闹钟?这是一份关心,一份体贴,一份深情,更是一种奉献!打那以后,每当我上晚班,妻子就总是坐在床边,织着永远织不完的毛线衣,做着永远做不完的针线活,熬夜等待着邻家的起床声响。打那以后,我再也不用担心迟到,我总能睡上安稳觉,总能精神抖擞地去上班,总能出色地完成工作任务,还多次被评为了先进生产者。就这样,妻子这只闹钟一直闹到我离开钻机。

如今,妻子老了,她从一个青春靓丽的女孩子变成了一个白发斑斑的老太婆,我对她的称呼也由丽妹子变成了老伴。老伴早已不必给我当闹钟了,但她坐在床头织着毛衣为我当闹钟的温馨一幕,已深深地烙在了我的记忆中,每每回想,都是那么温暖,那么甜蜜。

我的五十年地质队生活

孟竹英

题引：她们是地质队员的家属，从十八九岁小媳妇开始，就跟随丈夫来到深山荒野，过着艰苦的生活。她们除承担烦琐的家务外，还积极投身到地质队的各项劳动中，和自己的丈夫一样，她们把青春和汗水无私地献给了祖国的铀矿地质事业。

1954年春，我从家乡湖南沅江出发，辗转广西南宁到中越边境的新兴镇，在那里我和在中国人民解放军某部服役的黄福臣结了婚。1956年7月，丈夫转业到地质部第三局三〇九队的四一六队（广西来宾），我随夫前往。之后，我又随同丈夫辗转了四个省多个地质大队。如今，半个世纪过去了，我在地质队也生活了几十年，回想起一路走来的地质队生活，那真是有苦也有乐，是现在的年轻人怎么也想象不到的。

1957年，我爱人老黄刚调到江西乐安三〇九队十七分队（核工业二六一大队）时，那里山高林密，没有房子，没有路，我们租住在公溪镇普前村老乡的家里，离工区十多里。工人们上下班往返要走二十多里山路，上班要带材料，下班要带回废料，看到自己的丈夫辛苦地来回奔走，我们家属们凑到一起商量，决定在工地边自己盖房子。

孟竹英回到当年战斗过的石马山工区难抑激动之情

我们来到工区石马山，在山腰找了一片空地，砍树割草，盖了一排茅草房，隔了四间，四户人家就住下了。床是在泥地上打下四个木桩，钉上横档再钉上竹板就成了，铺的是稻草、草席。废旧的炸药箱就是最好的家具，装衣服、盛米，垒起来就是桌子，放下就是凳子。当时我大女儿还不到一岁，我母亲也跟我们一起生活，一家四口挤住在一起。烧柴山上砍,吃水山涧挑,蔬菜门前种,条件尽管艰苦,但能为自己的丈夫分忧,让他们集中精力找矿,我们家属都感到十分高兴。

那时,家属们团结一心,亲如一家。一起开荒种菜,谁家有好吃的不分你我。工地上钻机要打吊锤或转场,不要通知,我们家属都会积极参加。那时家属参加劳动都是无偿的。1958年3月,正是"大跃进"时期,大队组织家属成立"三八人民公社",投入到开荒种地的生产中。我们种水稻蔬菜、养猪牛、喂鸡鸭,干得热火朝天。还有30多位家属负责给钻机、坑道里上班的工人送饭,大家选我当了组长,我就常安排自己去山陡路远的钻机上给工人们送饭。

1962年,大队成立了家属委员会,大家推举我当了机关、车间家属委员会主任。当时,家属委员会分成小吃部、豆腐房、冰棒房、缝纫组等八个工作小组。我们全是白手起家,小吃部、豆腐房连锅盖、火钳等都要一一置办。家属委员会自负盈亏,冰棒房的制冰机要付队里的折旧费,小吃部里请来的掌勺师傅要付工资,可家属们团结一心,埋头创业,工作上没有谁会挑三拣四。开始,我们月工资只有四五元,两年后,人均月工资就能达30元,相当于当时16级助理技工的工资。我随老黄调十二分队时,除积累下几千元的固定资产外,家属委员会还盈余了两千多元,那时的两千多元钱可不是个小数,我们都全部移交给了队工会。

1965年,"四清运动"期间,大队成立家属民兵连,我担任连长,带领民兵训练,当时怀小儿子都5个月了,我还坚持趴在地上练习瞄准射击,一点都没有想到顾惜自己,只想着领导和同志信任我,就应把负责的事做好。

地质队的同志来自五湖四海,为了祖国的铀矿地质事业,大家献出了青春,连同家属的青春。1964年10月16日,我国第一颗原子弹爆炸成功,消息传来,奋战在核地质战线的人们,多少人喜极而泣。现在我都想,这样付出的青春是无悔的。我们家属们所做的工作,受到了队领导的充分肯定,1971年,我作为一名家属,还先后出席了分队和上饶地区学习毛主席著作积极分子表彰大会。1977年,我光荣加入了中国共产党。

如今,我已年过七旬,随大队搬了家,进了城,日子越过越好。我们的生活基地像花园般美丽,我们老同志商量组成了一个护院队,自命名为"夕阳红护院队",就图个老有所乐,老有所为吧。我人老了,可大家还推举我当社区的区长,能在有生之年为大家再做些事,我感到十分欣慰。

人说往事如烟,岁月无痕,可过去的许多事情却常萦绕在我的脑海,我在地质队的50年生活,现在想来还是弥足珍贵的。

作者补白:在华东核地勘单位中,广大职工家属作为一个特殊的群体,为祖国的铀矿地质事业,默默地做着奉献。她们扶老携幼,一路风尘,跟随丈夫转战在崇山峻岭,用自己的勤劳、善良,撑起了铀矿勘查的另一片蓝天,在祖国的铀矿地质发展史上留下了闪光的一页。

青春无悔天山情

徐同仪

初识新疆

新疆、新疆,一去不回乡,这是解放前我们山东老家盛传的一句顺口溜。其义是指犯了重罪的犯人要被押送到新疆漫无边际的戈壁滩上去劳动改造,即使犯人有逃逸的念头,也无法走出方圆几百里荒无人烟的茫茫荒漠,那新疆的恶劣环境和闭塞的交通不言而喻。然而,我步入社会,迈向人生事业的第一站正是从新疆开始的。

美丽巍峨的天山

1956年8月下旬,二机部到山东烟台地区招收一批学生到新疆寻找铀矿,当时风华正茂的我毫不犹豫报了名,并体检合格通过。9月初,我便告别父母,踏上了前往大西北的征程。经过半个月的长途颠簸,我们来到了新疆西南边陲城市——喀什。现在我还清楚地记得,我们坐在拉货的大卡车上,仅乌鲁木齐到喀什就坐了七天,极目远眺,尽是茫茫的戈壁、沙丘和荒漠,有时车行几个小时,方能见到几座用土垒建起来的房子。坐在车上,我一直在想,这样荒凉的地方就是我将要工作的地方吗?

我们在喀什学习了半年的地质、物探知识后,1957 年 5 月返回了乌鲁木齐五一九队,我便成了中国第二批加入核地质事业的学员,也成为首批留在新疆从事铀矿地质工作的学员。

戈壁迷路

1957 年 5 月下旬,我与十余名学员被分到离南疆 23 分队 200 里外的小队工作。那天,我们早早吃罢中饭便上路了,由于路途遥远,加之茫茫戈壁没有路,司机只得靠前车驶过留下的车辙前行。

戈壁上的天气说变就变,刚才还艳阳高照的天空,突然乌云密布,大风四起。车行约两小时,原本清晰可见的车辙,一时间全被沙土给覆盖了。看不清前行的路,汽车就如一只无头苍蝇,东闯西窜,一会向左开几百米,一会向右行几百米,折腾了几个小时仍旧在原地打转。天渐渐暗了下来,一直镇静自如的司机此时也紧张得额头渗出了汗水,我们十几个学员相拥围坐在车上,个个眼里充满了恐惧和不安。

天完全黑了,仰望天际,戈壁上的天幕好像很低,仿佛就在头顶,没有星光,夜黑得伸手不见五指;戈壁上的夜极静,除了一阵阵呼啸而过的大风发出"呼呼"声外,我都能听到坐在身旁学员的呼吸和心跳声;戈壁上的风特冷,掠过身上寒气逼人,钻入怀中心头打战。夜深了,有的学员已入睡,而我却没有一丝睡意,肚子饿得"咕咕"直叫,喉咙干得直冒烟。我禁不住思念起远在千里之外的父母及兄弟姐妹,眼泪潸然而下。

天终于亮了,风也停了,在饥寒交迫的戈壁旅途中,我度过了平生最难熬的一夜。司机再次载着我们试图前行,可一切的努力还是无济于事。时近中午,我们已饥渴难耐,司机只好凭印象带我们返回分队。车行了约 3 小时,我们终于看到远方忽隐忽现的分队房子,像见到久别的亲人一样,我们一阵欢呼。分队的顾队长因当天晚上没有看到送我们的车辆返回,便知道我们途中迷路了,此时正带着水和饭菜坐在车上前来寻找我们。或许是太过饥饿,这顿饭我吃了很多,晚上也睡得最酣。迄今忆起,当年的这顿饭、这宿觉是我一生最香、最美的一次。

冰河遇险

如果说首次参加工作遭遇迷路是对我的意志进行一次磨炼的话,那么 1958 年夏天我独自骑马涉河的瞬间,则是对我的生死考验。每每想起,都会使我的心灵感到震撼。

那年夏天,我被分在刚修好的乌库公路旁的一个大山沟里工作。那里的地形很特殊,一边是延绵突兀的群山,一边是乌库公路,中间即是一条河。进山工作,队里给每人分有一匹马,我所分得的马虽不算高大,但温驯且特通人性。

那天,操作组长分配我一人进山去检查他人跑过的线。因为时间紧,绕河进山可能当天工作完成不了,而要涉河而过,风险太大,虽说河道不宽,可正值夏天,山上融化的雪水奔流直下,水流湍急,而且透过河水,可见河中暗藏的大量滚石在随急流翻滚,以前就听当地居民讲过,此河曾发生过人马落水被河中滚石掩埋于河底而死的惨例。就在我进退两难,犹豫不决时,马突然迈开四蹄跃入河中,河水顿时淹过了马背,我下意识地用双手紧紧地搂住马脖子,双腿紧夹马身趴伏在马背上,急流涌来,马被冲得倾斜摇晃起来,它艰难地向对岸跃进着。最后,马突然奋力一挣,前蹄一抬,后蹄一蹬,腾空而起跃上了岸。上岸后,马在一旁大口大口地不停喘着粗气,分明是用完了全身的气力才得以上岸脱险的。

中午时分,正当我拿出两个馒头准备午餐时,立在我身边的马两眼深情地注视着我。忙乎了半天,其实我肚子也很饿,但我还是将两个馒头喂给了它吃。它香喷喷地咀嚼着,突然走到我的面前低下头来,将嘴凑到我的胸前,好像在对我表示感谢。回想起刚才那惊险一幕,要不是它的勇猛果敢,后果……想到这里,我的眼泪情不自禁地滑了下来。

此后,我与这匹马便有了一种特殊的感情,它成了我工作中亲密无间的"无言战友"。

情系新疆

1960年3月8日,我随分队搬离了新疆,来到浙江遂昌、常山、衢州,随后又随大队部来到了江西寻乌、瑞金等地工作直到退休。尽管在新疆仅仅工作了四年时间,还曾经受过生活没水可用的煎熬,承受过长达一个月无报纸信件可看的寂寞,遭遇过恶狼寻食幸运脱险的时刻……但留在心头的更多还是欢乐。我难忘工作途中,在茫茫戈壁上策马扬鞭一路狂奔的潇洒;工作之余,与当地百姓学跳新疆舞的喜悦;还有首次由自己发现铀矿异常点的那份自豪……

时至今日,每当我哼唱起《新疆好》《大板城的姑娘》《掀起你的盖头来》《冰山上的来客》等歌曲时,当年在新疆工作所经历的一幕幕就会在我的脑海里清晰闪现。魂牵梦绕的新疆给了我一生最为宝贵的财富,那便是认真负责的工作作风、不畏艰难的创业精神和执着坚定的理想追求。

我难忘新疆,我惦念新疆,我情系新疆!

尘封了一辈子的往事

杨远煜　口述　王卫斌　整理

20世纪50年代初，面对朝鲜战争、印度支那冲突和海峡危机构成的钳制包围，为了打破西方帝国主义的核讹诈、核垄断，抵御外来侵略，止战于未然，党中央、毛主席毅然作出了发展核工业、研制核武器的重大战略决策。随着中央一声令下，千军万马在湖南长沙和新疆乌鲁木齐秘密集结，分别组建成立了代号为"309"和"519"的地质勘查大队，然后分头奔赴祖国的天南地北，专门寻找核裂变反应所需的铀矿资源。

我作为这支特殊地质队伍中的首批成员，有幸亲历了309队从创建到改制转型，铀矿从普查、详查、揭露、勘探、提炼，到起爆"二弹"、启航"一艇"的全过程。但几十年来，我严守国家机密，对外守口如瓶，从未向人提及只言片语。直到这段历史不断见诸媒体，早已成为公开的秘密，我才打消顾虑，趁有生之年嘴巴还能说话，赶紧抖抖自己这段被尘封了一辈子的往事……

临危受命，知难而进

1934年6月，我出生于江西省瑞金县壬田乡圳头村一个贫困的农民家庭，完全靠着刻苦自学，得以如愿考入宁都师范春季班。1955年年初，我圆满完成了学业，面临毕业分配，就在这时，恰好空军某部来学校招考飞行员，通过严格的体检、政审，我和另外五个同学从1000多名应届毕业生中脱颖而出。但在赣州复检时，我因患轻微中耳炎被淘汰，只有一个兴国籍同学被录取。负责招考的首长见我们综合素质较高，不忍放手，打算把我们改派到空军地勤部队。正要把我们带走，突然又来了一群神秘人物，经过如此这般一协调，空军部队首长只好"拱手相让"。

原来，这群神秘人物是国务院第三办公室（后改为三机部、二机部）的工作人员，因受命筹建一支负责中南地区铀矿勘查的地质队伍，特地来赣南招兵买马。就这样，我们来不及跟家人打声招呼，悄悄地离开家乡，来到了湖南长沙。同年3月24日，新中国第一支铀矿勘察队伍——309地质大队宣告正式成立。

我们这批来自五湖四海的地质新兵经过两个月的简单培训后，很快就被投入到火热的寻找"争气铀"大会战中。每天肩背地质包，手拿地质锤，穿行于穷山恶水之间，出没于虎狼窝,风餐露宿,备尝艰险。几天干下来,我们娇嫩的脚底长出了一层厚厚的老茧,大腿和胳膊又酸又痛,苦不堪言。有些人实在受不了,打起退堂鼓,我咬着牙关坚持了下来。

野外勘探作业固然辛苦,但是大多数从业人员以国家安全和发展战略大局为重,勇挑大梁,敢唱主角,自觉地承担起神圣的历史使命和社会责任。各级党政对我们的工作高度重视,一路大开绿灯,给人给钱给物,有求必应。1956年4月25日,毛泽东主席发表《论十大关系》,给我们打气鼓劲:"我们现在已经比过去强,以后还要比现在强,不但要有更多的飞机和大炮,而且还要有原子弹。在今天的世界上,我们要不受人家欺负,就不能没有这个东西。"三机部宋任穷部长、主管地质工作的雷荣天副部长等领导以身作则,经常亲临矿山第一线,与我们同吃同住同劳动。刚开始,当时的"老大哥"苏联主动跟我国签订原子能合作协议,慷慨派遣大批地质专家,携带大量精密仪器设备来华,为我们提供技术指导和航测、定点等服务。

1956年年底,我所在的11分队完成了湖南、江西区域的勘探任务,挥师转战进入粤北、赣南交界的山区。分队领导见我表现好,又有点文化基础,便安排我跟苏联专家学习使用伽马探测仪。这种尖端高科技仪器相当灵敏,一旦发现放射性异常点,脉冲声立即自动响起,指示针急剧摆动,一不注意就会被烧掉。而且价格十分昂贵,听说当时全世界只有美国和苏联能够制造,我们国家用了满满一火车皮鸡蛋,才勉强换来这么一台小小的宝贝玩意。为此,苏联专家要求我们必须练就一双极速透视的眼睛和一副猿猴般矫健的身手,上级领导则再三强调"人死不要紧,仪器不能坏",命令我们要不惜以生命的代价保护它!

白天,我跟着大伙翻山越岭,一丝不苟地绘制地形地貌素描图,识别矿脉露头标志,揭露采集矿石标本;晚上,我闭门不出,埋头攻读大量专业书籍,通过理论与实践相结合,我的专业水平和操作能力突飞猛进,很快就成了半个地质专家,受到分队领导和苏联专家的好评。

1957年8月16日,我们11分队的战友们克服重重困难,率先在广东翁源下庄找到了我国第一个大型花岗岩铀矿床——后来被苏联专家正式命名为"希望矿化区"。紧接着,兄弟分队也相继找到了湖南衡阳大浦、郴州金银寨和江西上饶坑口等铀矿点,并初步探明了工业储量,从而打破了国际上关于"中国南方老地层无铀矿""花岗岩区难以形成铀矿床"之类的所谓权威定论。

1958年,三机部改名为二机部,其下属地质队伍发展到18 000多人,建立了六个区域性地质勘查队,勘查范围覆盖了全国大部分地区,探明的铀矿工业储量足以满足原子弹制造工程前期的需求。这年年底,二机部领导审时度势,在下庄主持召开了全民办铀矿现场会,由此掀起了一场声势浩大、深入持久的群众性土法采矿、炼铀热潮。矿区各地家家户户总动员,男女老少齐上阵,硬是用钢钎撬、铁锤砸、炸药炸,把矿石粉碎后,装进水缸、木桶或铁锅中用稀硫酸浸泡透,再用纱布做豆腐一般经过反复过滤、沉淀、烘干,最后提炼出制造原子弹所需的重铀酸铵原料总量达150余吨,其中80%由我们309队11分队和兄弟16分队自办或协办的炼铀厂所生产。

内外交困，上下一心

我们紧锣密鼓地在行动，一个又一个难题被化解，一道又一道难关被攻克……与此同时，国内外敌对势力也没闲着，他们互相勾结，遥相呼应，蓄意破坏、阻碍我国核工业建设、原子能事业发展进程。在广东翁源下庄茅山，一到晚上就有敌特分子不时地发射信号弹，企图给他们的同伙指示目标。曾经有一个同事在外面吃饭时，因不慎泄露了身份而被敌特盯上，差点酿成了一场大祸，理所当然遭到严刑法办。

除了天灾人祸，我们每时每刻还要承受来自大自然的威胁。云雾缥缈中，我们曾数度跟豺狼虎豹狭路相逢，好在那些家伙奉行"人不犯我，我不犯人"的政策，只要我们蹲下，并悄悄往后退，拐个弯就相安无事了。揭露队医务室原先有个上海籍女护士，估计是来了"例假"，血腥味刺激了宿舍周边的蛇，她睡觉时不及防备，竟被一条碗口粗的蛇钻进了大腿间。还有一次，我不幸滑下了悬崖，幸亏被半壁上凌空伸展的树枝藤蔓挂住了，颇费一番周折才被同事们解救脱险。

此外，由于我们长期远离城镇中心和家乡亲人，精神文化生活异常单调乏味，无以排遣，莫可名状的孤独、寂寞、空虚感时时袭上心头。苏联专家的翻译是个广西籍大龄青年，好不容易谈上了一个女朋友，并满怀好奇心跟他来了一趟矿山，但见荒山野岭上荆棘丛生，荫天蔽日；夜幕降临时，只闻山风浩荡，野兽哀鸣，吓得她第二天一大早就挥泪而别，婚事旋即告吹。这个可怜的书呆子终因心理压力过大、得不到有效的缓解，而变成了神经质，以至于每每错把绿树当美女抱在怀里，甚是缠绵悱恻，自己穿的背心、鞋子，也要标上"前""后""左""右"才分得清。后来上级领导体恤下情，分配来一批年轻漂亮的山东籍姑娘，并在茅草棚里开设了简易舞厅，每逢周末定期举办交谊舞会，此举犹如雪中送炭、久旱逢甘霖，乐得孤男单身汉们心花怒放。然而好景不长，鉴于明里暗里的小动作越来越频繁、越来越放肆，尤其是人高马大的苏联专家，每次舞会总是紧紧地抱着姑娘们又亲又摸，害得她们都不肯参加了。

姑娘们集体罢舞事小，更为严重的是，1958年7月，苏联领导人赫鲁晓夫在应邀访华期间，因别有用心的建议遭到毛泽东严词拒绝，从此心怀怨恨，反目成仇，中苏关系不断恶化。到1960年8月，苏联釜底抽薪，彻底撕毁了合作协议，撤走了全部专家和相关图纸、资料，中止了所有援建工程项目，致使我国刚刚起步的核工业建设几乎陷入瘫痪状态，原子能事业面临夭折的危险。

在前所未有的困难面前，党中央发出"奋发图强，自力更生"的伟大号召，广大地质工作者"八仙过海，各显神通"，充分发挥个人的主观能动性、创造性和集体智慧的力量，积极开展岗位练兵、技术革新运动。我曾大胆地向分队领导建议，摒弃以前苏联专家限定的走网格法普查路线，改为走直线法，并结合槽探、井探、钻探和坑探，以点带面连片计算储量，结果进度明显加快，成本也大幅下降。炼铀部门采用反应罐进行铀化学沉淀方法和6092萃取新技术，创新了工艺设备，提高了回收率。

就这样,举国上下群策群力,拧成一股绳,共同推动着我国核工业建设和原子能事业从绝地走向佳境,迅速步入良性发展的快车道。1964年10月16日下午3时,我国第一颗原子弹爆炸成功,三年后又引爆了第一颗氢弹,7年后第一艘核潜艇顺利下水试航。在此基础上,一个完整的核科技工业体系逐渐建成,为新中国的生存与发展提供了强有力的安全保障。

积劳成疾,九死未悔

1959年6月,我因成绩突出,被推荐到山西太原太古地质学校补习数理化课程,9月份参加高考,顺利考入抚州地质学院地质专业。在校期间,我们国家正遭受一场空前严重的经济危机,我因营养不良,学习任务又重,好几次晕倒在课堂上。医生说我不宜再学习了,学院只得把我送回原单位休学一年。

一年后,返校期限已到,但分队领导不舍得放我走,劝我留下,并答应给我大专文凭待遇。这一留下,我在粤北、赣南交界的原始森林中整整工作、生活了十七年,过着一种近乎与世隔绝的野人生活。由于长年累月风餐露宿,置身于恶劣的生存环境,很多同事因受核辐射、吸入过量矿尘,而患上了恶性肿瘤、矽肺、水肿和低血压等绝症,甚至丧失了生命,演绎了一幕幕舍生忘死、义薄云天的壮举。

1967年,我因患十二指胃溃疡,在湖南衡阳四一五医院做了一次开刀手术。1969年又因胃溃疡大出血,住进了广东省工人疗养院。1973年,年届不惑的我终于不堪重负,离开了工作长达十七年之久的矿山,转业到家乡的金融部门,1995年从建行瑞金市支行行长的岗位上退居二线。风风雨雨一路走来,不知不觉间我已过古稀之年,伴随而来的是越来越多的疑难杂症,其中最要命的是胃溃疡再度复发,并恶变为癌。2001年,我在广东省人民医院做了全胃切除手术,没有了胃,进食全靠牙齿细嚼慢咽,食物直接进入食道和小肠。

我们反对战争,但也不怕战争,正因为有了当年勒紧腰带搞出来的"争气弹",我们中华民族的腰杆子才真正硬了起来,着着实实扬眉吐气了一回。如今,我们国家的国际地位持续上升,综合国力不断增强,核能核技术的战略重点也转向了和平利用。作为一名曾经参与过寻找"争气铀"的老地质队员,我感到无比自豪和欣慰,虽九死犹未悔……

地质队员的幸福观
——江西省核工业地质局二六一大队找铀记

焦 鸣　胡仙德

如果我们选择了最能为人类福利而劳动的事业，那么，我们就不会被任何重负所压倒，因为这是为全人类所做出的牺牲；那时，我们感到的将不是一点点自私而可怜的欢乐，我们的幸福将属于千百万人。

——马克思

活着找铀，就是幸福

原二六一大队总工李芳谈到上大学立下"永不宣传"的誓言，谈到二六一大队所做的巨大贡献，谈到第一代相山找铀人不乏癌症与矽肺病患者，这位年逾古稀的老者发出了多多的感叹。

相山远眺

身材高大、眉目慈祥的李方，虽患疾病、老伴去世，本应在儿女身边颐养天年，但为了攻克深部找铀的难题，他和多名老地质工作者在一起，依然坚守在科研岗位。

二六一大队地调院副院长谢国发说："李总雄风不减当年，每年仍工作350天以上，从立项报告到基础资料，都是他用一双布满皱纹的大手完成的。对于年轻人而言，榜样的确比大道理管用啊！"

如此迷恋找铀，如此一种幸福观，如此精神传承，让人不禁想起"老谋子"的佳作《山楂树之恋》。剧中以主角找铀人"老三"为背景，以浙江地质七队为主角，成功策划了扩大地质工作社会影响的"造山运动"，引起了国土资源部部长徐绍史的重视，浙江七队亦被授予"地质先锋"和"全国模范地质队"的光荣称号。

中国铀都相山

"'老三'，就在这里！"这是笔者对二六一大队的第一感觉。从1957年起，奋战在深山密林中的相山找铀人，因条件异常艰苦，加之二十世纪五六十年代多采用坑探、槽探，使一些人深受危害。

斗转星移，岁月无情。"老三"坟茔越来越多，二六一队人曾称其为"第九工区"。笔者本想前去祭拜，却未能成行。可以想象，当时只有八个工区（基层单位）的二六一大队，还有400多名遗孀遗属，对"第九工区"寄托了怎样的悲情、别恨与怀念……

这一令人魂牵梦萦、面积达400平方千米的江西相山，曾是浸透烈士鲜血的中央红军苏区北大门，过去因战争成了"无人区"。自1957年航遥发现伽马异常以来，二六一大队就像"金钉子"一样，扎根在相山，创新在相山，用三代找铀人的青春与热血，在层峦叠嶂的原野奏响了悲壮而雄浑的"相山英雄曲"。

"先生产、后生活"是那个时代的特征。交通不便，三四百吨的钻探设备全凭人拉肩扛。找铀人只有一个信念："为了成就祖国原子能事业，吃千般苦、受万般难，值！"

"值"，正是地质队员幸福观的强大根基！一次，搅拌机突发故障。为了保证钻机的正常运转，一位钻工跳入碱性浓烈的池中，用七尺血肉之躯代替机器，快速搅拌着浑浊的泥浆。事后，被紫药水涂成了"黑人"的他，却不无风趣地说："两瓶紫药水换一个钻孔，值！"

曾任二六一大队党委副书记、现任调研员的曾定祥，对当年找铀人的幸福人生念念不忘："茅草屋，石板床，深山老林扎营房；抓晴天，抢阴天，毛毛细雨当好天。"而在茅草屋生娃娃，也不算什么稀罕事啦！

至于医疗条件，一位钻工被齿轮压断手指时，由于远离医院，为了争取时间，在野外工区采用消毒过的钢锯实施断指手术。如同战场救护，这血与钢、钢与命的拼杀场面，把旁观者吓晕了……

为了找铀，成与败、生与死、水与火时常纠结在一起。相山中，毒蛇猛兽出没无常。一夜之间，炊事班精心喂养的一群猪被猛虎抢食一空。至于水与火的考验，成为人们难忘的记忆。有一天，为了扑灭山火，解救村民，年轻伙伴献出了宝贵生命。有两次，猝不及防的山洪卷走了8位年轻人，待找到面目全非的遗体时，人们痛洒伤感的眼泪……

相山有难，有苦，更有甜。当年，在茅草房结婚无处买喜糖的新郎与新娘，想起了工区自产的两分钱一根的冰棒。于是，你一根，我一根，一大箱冰棒很快发完了。众人在欢天喜地中品尝着"相山结缘"带来的无限情思，品尝着找铀成就带来的无比幸福。

至于找铀成就，二六一大队在相山北部、西部，共发现了29个大、中、小型铀矿床，使之成为富可敌国的铀矿基地！

涂光炽等国内大牌地质学家纷纷来此考察，称其为"研究程度最高，找矿效果最好"的一项创举。原二机部部长宋任穷，则与找铀人吃、住、行在一起，称铀矿田为"掌上明珠，全国第一，世界少有"！

至于世界同行，先后有34个国家的专家学者前来二六一大队造访，国际地质大会则把这一举世闻名的铀矿田推荐为与会代表的地质考察路线。其间，美国能源部铀矿考察团团长帕特森发出了这样的赞叹："哦，没想到中国有这么大的铀矿田哟！"

日本动燃团资源部长桥本好一不胜感慨地说："我钦佩中国朋友，为东方有这样的世界大矿而感到骄傲！"阿尔及利亚核科研中心的本哈桑那则十分形象地比喻，"来到这里，就好似伊斯兰教徒到了圣地麦加！"

圣地在相山，牺牲在相山，幸福在相山！曾用一生痛苦铸就人类幸福的贝多芬说过"牺牲，永远把一切人生的愚昧为你的艺术去牺牲！艺术，这是高于一切的上帝！"

视找铀为历史使命，视找铀为神圣天职的二六一大队人，看重的正是成就感与荣誉感。在相山一隅，有二六一大队兴建的国家级"核地质科技文化园"。一块重达10余吨的石碑上，镌刻着遒劲有力的十个大字"全国地质勘查功勋单位"。

这，是由原地矿部、人事部、国家计委和全国总工会联合授予的光荣称号。还有核工业系统授予的"铀矿地质勘查功勋队""功勋地质队"等,连同被国防科工委命名的"国防军工文化教育基地"的独家品牌,奉献与幸福、荣誉与成就,一并成为高耸云端的不朽丰碑!

周总理曾提出"发展核工业,反对核讹诈"的伟大设想。探究找铀人的幸福追求,源自于对祖国原子能事业的无限忠诚,源自于对人类共享核能源的深切感悟。有科学预测表明,全球所发现的铀矿等相关资源,一旦实现了受控聚变反应的话,总能量将是地壳有机燃料的二十倍!难怪李芳说:"我还活着,还能找铀,这就是幸福!"

原任二六一大队队长朱永刚,英俊帅气,开朗活跃。他谈到找铀人的幸福观说:"二六一大队的找铀成就表明,我们既然选择了这份事业,就不会被任何重负所压垮,因为找铀人的幸福人生不仅属于个人,属于二六一大队,更是属于全人类!"

创新为本,铀矿说话

从朱永刚那里得知,二六一大队曾用几十年间的坚韧不拔精神和持续不断的新理论、新方法,从发现 15 米长的地表矿"903"开始,由浅入深,由表及里,由小变大,让相山接连奉献了占全国 1/3 的铀资源,让相山成为我国最大的火山岩铀矿田。

相山,造就了世人瞩目的铀矿田,造就了我国的原子能事业,也造就了世代传承、让铀"说话"的创新团队。所有的异常点仿佛经过找铀人的"点化",逐一变成了矿脉、矿床和大矿田。

美国著名心理学家西尔瓦诺·阿瑞提说:"创造过程是一个开放系统的组成部分……没有来自外部世界的信号输入,就不会发生魔术般的综合。"那么,为了"魔术般的综合",找铀人经历了怎样的煎熬?

当年,为了让"903"显山露水,钻工们上续连班、16 个小时"连轴转"。可随着钻杆的深入,接连有 5 处矿体均像倒置的金字塔一样,不是变小了、就是尖灭了。难道"903"生就与"大铀娃娃"无缘?时逢苏联专家考察,结论为:"此处未发现大断裂,成矿构造不明显,能否形成大矿值得怀疑。"

"老大哥"的话,可信不?人们各执己见,争吵了两个多月。时任大队长的高玉,一位抗日时期的老革命,勇于担当,敢冒风险,在班子会上一语定乾坤:"干!一定要把'903'整个水落石出!"

达尔文曾在总结科研经验时说:"我既没有突出的理解力,也没有过人的机智,只是在观察那些稍纵即逝的事物,并对其进行精细观察的能力上,我可能在众人之上。"而一切科研的生命线,就在于"敏锐精细的观察"+"魔术般的综合",二六一队人对相山条分缕析、重复验证的意义,也在于此啊!

于是,"拉网式"的地质填图开始了。200 多名技术骨干白天跑野外,夜晚点马灯整理分析资料,三个月找到了 2000 多个异常点和几十个成矿有利地段。随着钻探、坑探、槽探工程的快速延伸,一个个新矿点被揭露,一个个"老大难"被破解。

就在此时,苏联专家撤走了,进口钻探钢砂也没货了,加之三年自然灾害,刚看到曙光的相山又坠入了黑暗的谷底。二六一大队又该拿出怎样咬铁嚼钢的劲头？

粮食不够吃，挖葛根、找野菜；缺钢砂无法打钻，土法上马，昼夜炼制，人累晕倒了，醒来又冲了上去。山民看傻了："不要命啦？这哪里是找矿，简直像打仗！"

在艰难困苦的条件下，二六一大队不仅创造了钻机台月进尺1255米的全国新纪录，还制服了一个又一个"铀耗子"。伴随两个大型铀矿床的发现，相山迎来了周总理批准兴建的中国第一条铀矿铁路专用线——江边村专线。

找铀无止境，创新无止境。"903"的成功，让二六一队人坚定了运用成矿规律强攻"三盲"（盲岩体、盲构造、盲矿体）的决心。可当几十台钻机摆在相山北部的红卫等新工区时，几番冲锋陷阵，大"钻"出手，却未见"铀耗子"的任何踪影。

如何制服生性顽劣的"铀耗子"？时任项目技术负责人的蒋兴泉自有办法。心细如发兼"拼命三郎"的他，白天，带领技术人员测剖面、采样品，不放过蛛丝马迹；夜晚，画素描、搞研究，真是走火入魔了。

"红卫5号矿带深部会不会有控矿盲构造呢？"当设想一闪而过时，蒋兴泉兴奋不已。经过钻探验证，他们终于揭开了相山北部成矿特征的神秘面纱。

"攻深找盲"的快速推进，不仅认识了"三盲"的特殊地质条件和多元性推覆性构造，也认识了相互作用下的成矿规律。二六一队人由此率先提出了"基底断裂构造是前提，次火山岩体是基础，推覆性屏蔽是成矿条件"的系统性结论。至此，二六一大队在世界找铀史上占据了一席之地。

时至20世纪70年代，为了对付各具特色的"铀耗子"，二六一大队又在相山腹地开展"巧破覆盖、精取深部"的攻坚战。不仅成立了科技协会、科研队和几十个攻关小组，且与科研部门和兄弟单位联手攻关，加快了对相山主体岩性和成矿模式的综合研究。

颠覆性变革谈何容易！当年苏联专家的疑虑，就来自于"花岗岩无大矿"的老理儿。1964年，有人对此提出异议，后经十多年探求与验证，最终确立了其为火山岩体的新理论。加之两万个岩石标本的"魔术般的综合"，让相山有了大型塌陷式火山盆地和"双混合"成矿模式。伴随地质找铀的逐年深入，"三界面"等的赋矿新说也一一诞生，还创立了"频、近、中、多、变"的"找铀五字经"。

若从这一系统工程中随意提取一个子工程的话，其专业术语释真叫人"找不到北"。经李芳总工的指点，笔者明白了"三界面"就是墙旮旯儿，"铀耗子"就藏在两个墙面与地面形成的夹角中。

相山深处的"铀耗子"，可不是"省油的灯"。大凡新矿体的发现，均有新理论、新方法突破在先，找铀人为此付出了多少心血与汗水！用一个数据佐证：四五十年来，二六一大队总计钻探进尺230多万米！

创新，是找铀人不变的主题。至20世纪90年代初期，261大队依据成矿理念和找矿规律，沿着"自由王国"向"必然王国"一路杀来，不仅拥有"中国第一、世界少有"的铀矿田，也拥有了"人家打钻找铀，就像导弹命中一样"的好品牌！

据不完全统计,这支共和国人数最多的找铀队伍,曾获得40余次省、部和国家级技术创新奖项,还有两位"老地质"分别获得"李四光地质科学奖"和"青年地质科技金锤奖"。

著名京剧艺术家周信芳说得好:"探新、求新、创新、革新、更新,核心是一个'新'字,方法就是不断地'探求'。"二六一大队就是用持续不断的"新"字与"探求",催生了享誉中外的铀矿田,也培育了一代一代找铀人!

三代传承,"地矿立队"

"献了青春献终身,献了终身献子孙",这句无人不晓的行话,在二六一大队却成了地质队员幸福人生的代名词。

有人说,搞地质像下围棋,每个子都能创造机遇、创造未来;每个子都可做"眼",发挥无限的想象力和创造力,但须具备功底深、基础牢的前提条件。为此,二六一大队把新来大学生均派往野外一线,让其早日成为行家里手。

笔者来到相山居隆庵工区时,乘坐的是汪师傅的吉普车。从聊天中得知,汪师傅是第一代找铀人的后代,其兄弟5个和他的孩子都在同一个单位。二六一大队有多少"找铀世家"? 没人数得过来。

在狭窄的山道上边走边聊,得知这部车竟在7.5公里的山道上,五年跑了38万千米,其辛苦程度可想而知。可提起找铀人的艰辛,提起30元的野外补贴和不时被洪水冲毁的山道,汪师傅的语气不急不缓,表情不卑不亢,毫无怨天尤人之意。与心浮气躁的"愤青族"相比,真是天壤之别。

居隆庵生态环境较佳,工区身后的一汪水库,让充满阳刚的群山之巅,有了一种妙不可言的阴柔之美。"我们年轻人,有颗火热的心,革命时代当尖兵……"第一代找铀人踏歌而行,新一代找铀人又如何呢?

笔者采访"80后",却"惹"得人家掉了眼泪。27岁的许芸芸,个头不高,干练而富有灵气。她每天5时就起床,和男同志搭伴上钻机搞编录,来回要跑三小时山路,赶在10点钟回工区开展室内工作。她说:"天天如此,人人干得热火朝天!"

当问及有无对象时,生性好强的小许抹起了眼泪。大山交通不便,条件艰苦,让追求梦想的她犯难了。为了弥补"采访过失",笔者提议上宿舍看看,小许这才恢复了笑容。

在工区里转弯前行,看到一排彩钢房。两间宿舍分住着五名女地质队员,洁净的房间里不见花花草草的装饰物。小许告诉笔者,"清明节"前,满山遍野的杜鹃花会将工区装点得神清气爽。

"喜欢插花吗?"笔者问。一位女同志干脆地说:"不用啊!"小许插话说:"她的小崽才1岁多,扔在广西老家了。"

这让人想起一位叫安妮·罗的科学家,研究了全球23位杰出的生物学家,得出结论:"有一个突出的特点,就是献身于事业的那种持久而顽强的精神。"

再看拥有200人的居隆庵工区,尽管谈恋爱难,带孩子难,可女地质队员们以持久而顽强的精神,和男同志一起担当起找铀重任。像许芸芸,为2009年入队的大学生,今年已当上了地质组长。比她早两年来的庞文静、银涌兵等,更是新一代找铀人的佼佼者啊!

二六一大队副书记吕勇告诉笔者:"为了新一代找铀人的健康成长,让年轻人分赴野外一线磨砺成才的同时,大队近年又出台了一系列用人、分配的新政策,还有专业论文奖励等。每年还拿出一大笔培训经费,鼓励他们深造并考取资质证等。"

说起培养人,二六一大队有一美称叫"找铀黄埔"。笔者采访时,正逢副大队长兼总工曹寿孙被提拔为265大队长。仅在第二代找铀人中,被提拔为部级、局级和队级领导的多达二十多位。

也许是幸福人生和找铀黄埔的感召,近年来共有上百名大学生前来加盟。其中,二十多位成长为项目负责人或地质组长,对"青黄不接"的地勘单位来讲,的确可喜可贺。拥有三代传承的"人才航母",正是原子能事业的希望所在啊!

朱永刚走马上任以来,这位带有"重商崇教"印迹的浙江人果然不负众望。对资源、资产与资本的"三资融合"、对实现"地矿立队"的历史重任,他和大队领导班子一起立下了汗马功劳。

去年,在"358"大旗的指引下,他们巧用中央基金、地方基金和合作基金等3000多万元,在加大"攻深找盲"力度的同时,又把"找铀巨掌"伸向了相山东部与南部,以求拓展铀与多金属的新空间。

与此同时,得益于江西省核工业地质局的大力支持,二六一大队赢得了五个新矿权(一个铀矿、四个铜矿),创造了与多家矿权持有单位合作的奇迹。今年,二六一大队在取得新矿权的同时,还将大力拓展"三资融合"的新领域!朱永刚说:"作为一队之长,我们坚持'地矿立队'主攻方向不会变,致力于优化产业结构,提高职工收入,要把二六一大队建设成为富有朝气和活力的幸福单位!"

这是一群特殊的地质工作者,他们的工作不为人所知,他们自身不为人所识,对外人来说,他们甚至带有某种神秘感。也许你会觉得这样的生活一定很乏味,但这群扎根大山的找铀人却有着一套自己的"幸福人生"——乐观、坚忍、拼搏、奉献。正是凭着这金子般的品质和一种崇高的信念,他们才会数十年如一日,坚守大山,做出让世界同行竖大拇指的成就,为共和国原子能事业的发展奠定了物质基石!

探矿找铀 钻头为先

徐贞权

1955年春,中国决定发展原子能事业,研制原子弹。

探矿找铀就成为制造原子弹的前提工序,凿岩钻头是探矿找铀的必需工具。而当时国内凿岩钻头技术领域还是白纸一张。研制和生产凿岩钻头的紧迫任务,落在江西省核工业地质局机械研究所(原名华东六〇八队机械修配厂、国营二六〇厂)人的肩上。

凿岩钻头

江西省核工业地质局机械研究所随着我国核工业的创建应运而生。在南昌城东南的一块不毛之地,该所扎下了营盘。彭文琴——一个刚刚从专业学校毕业的年轻人、该所创建第一人,在这里清障平地,搭盖工棚,招兵买马。很快,上级从上海、沈阳等地调来了一批技术工人,分来了一批转业退伍官兵和大学生。队伍基本形成,脚跟总算站稳了。

创业者们不顾抖落来程沾染的风尘,不顾拂去额头的汗水,便马不停蹄地开始了凿岩钻头的研制攻关工作。

没有图纸没有样,创业者们自己摸索自己闯,涌现了无数动人的英模人物和先进事迹。连续30年保持劳模称号的共产党员、工人技师胡天福和曾任省人大代表的共产党员、技工虞桂生一心一意扑在攻关第一线。他们吃在工棚食堂,睡在工棚厂房,不怕苦不怕累,又动手又动脑,和其他创业者一道,打铁、翻砂,车钳一把抓,不到半年的工夫,成功地研制出了第一代具有克岩功能的金钢砂钻头。

凿岩钻头做出来了,地质队的钻机开钻了,铀矿找到了,矿山开采了,核燃料提炼出来了。1964年10月16日,我国第一颗原子弹爆炸成功了。小小钻头能够为制造原子弹有所贡献,江西省核工业地质局机械研究所的干部职工感到光荣、满足、欣慰!

探矿找铀,钻头为先。江西省核工业地质局机械研究所人从此把它认作一条死理,当着一生重任。很快,他们又研制出了第二代钻头及一系列钻探配套工具,进一步提高了钻探效率。

20世纪70年代末80年代初,江西省核工业地质局机械研究所人在研究提升钻头技术上又迈出了革命性的一步。他们追赶世界钻探先进水平,开始研制人造金刚石小口径钻头。

1977年4月11日,所主要领导苏士煜亲自挂帅,组织生产科长王相木、工程师彭文琴和工人易慈德组成"三结合"试制小组,开始攻关。这种钻头由被称为"硬中之王"的人造金单晶烧结而成。他们从开发单晶做起。他们边调研,边设计,自制3600吨压力的压机,一年的时间就攻克了单晶这一关。1978年11月2日,第一颗人造金刚石孕镶小口径钻头烧结成功。这种钻头装配的钻机,能使勘探效率提高数十倍,大大降低了勘探成本,开创了铀矿地质勘探新局面。

江西省核工业地质局机械研究所人不以此为满足,继续为提升钻头质量而不懈努力。1984年该所制造的人造金刚石钻头,单个进尺寿命高达1064米,被评为省、部双优产品。

上海市化工局支援江西"小三线"建设

安汉奎

1964年,毛主席提出了"备战、备荒、为人民"的战略方针,中央决定建设"大、小三线"。即四川、贵州为"大三线",江西、安徽为上海的"小三线"。为了加快建设"小三线",国务院决定中央拨款,由上海市承包江西省"小三线"的建设任务。为此,上海市和江西省各抽调市级领导干部,共同组成江西省基本建设第二指挥部,由上海市副市长李广仁任指挥,肖善云、牟耀东、刘俊峰、高景平、唐晓光等六人任副指挥。指挥部下设:政治部、化工组、施工组、设计组、物资组、供电组、办公室、后勤组及车队。指挥部负责承包的建设任务共二十项(厂),其中由上海化工局承包油漆、磺胺药、抗菌素和军品化工等五项(厂),其余十五项(厂)分别由冶金局、仪表局、机电一局、轻工局承包。按照中央提出的包建包产、负责到底的总要求,从配备干部、职工、设计、施工、安装、试生产直至出产品,要经国家鉴定验收合格,才算完成包建任务。

为了完成市委交给化工局承包上海江西"小三线"建设任务,1964年,化工局党委决定组织筹建班子,由副局长安汉奎及黄秉钺、高瑞栋等6人与江西省化工厅余俊仪等2人,共同组成江西省基本建设第二指挥部化工组,安汉奎任组长,具体负责5个承包项目(厂)的建设。并决定由高桥化工厂和上海溶剂厂共同负责吉安化工厂(代号9345厂),上海第三制药厂负责包建东风制药厂,上海新华树脂厂负责包建黎明制药厂。化工局成立支内组,负责全局在配备领导骨干、工程技术人员、物资、装备等方面的组织协调工作,大力支援五个包建厂完成包建任务。

东风制药厂是化工局承包的首批包建厂。上海第三制药厂前后组成筹建班子,同时又抽调领导骨干和技术骨干,培训施工人员。经过他们三年努力,一个总投资额约682余万元(含玻璃车间80万元),职工600余人,年产40吨的抗菌素厂在江西省乐平县诞生了,试生产后经国家一次验收合格正式投入生产。接着,为了生产的配套需要,又建成了东风制药厂附属的药用玻璃车间,这一车间由上海玻璃厂负责包建。东风制药厂600多名职工,均是由上海化工局负责调去的,工人均是化工局一技校、二技校的统配毕业生。

9345厂是第一批包建的军品厂。由高桥化工厂和上海溶剂厂共同包建,化工部医药工业设计院负责设计,上海市建工局负责施工和安装。这个厂的建设,由于变更设计,走过一段弯路,造成一些浪费和损失,但在各方面的努力下,总投资额为1600余万元,年产5000吨的炸药厂,还是在三年内建成,而且拿出了合格产品,受到第五机械工业部的表扬。该厂1200名职工,上海调去的职工(包括领导骨干和工程技术人员)达800余名。

第二批包建的是前卫化工厂和黎明制药厂。两个厂的产品均属军民两用品,工艺路线成熟。前卫化工厂总投资300万元,年产油漆2000吨,职工600余人。黎明制药厂主要生产磺胺,但也有氧氯化磷、乙酰丙酮、长效磺胺、片剂、磺胺眯等品种的车间。技术人员由大众药厂、向阳化工厂、信谊药厂、十五制药厂、工农兵化工厂(今彭浦化工厂)支援,工人由化工局统一调配技校学生,从1967年开始建厂,至1969年投产,全厂职工由上海调去1200人。总投资148万元。年产各类磺胺药1100余吨;片剂5亿片。

庆江化工厂(代号9355厂)是包建的最后一个厂。该厂由吴泾化工厂负责包建。该厂的建设,由于种种原因,前后变化很多,人力物力财力的浪费严重。至1969年建成投产,生产规模年产单基和双基药1500吨,总投资原定1500万元,后追加2800万元。职工1200余人,其中由化工局调去的约600余人。由于厂址造在离泰和县10几公里的山沟里,造成投资增大,遗留问题很多,特别是江西省应该配套上马的一些项目(硝、硫酸)未上去。致使9355厂投产后,生产还是困难重重。

江西"小三线"的20个项目(厂),从1964年开始分批进行建设,在1969年底就全部建成了。同年12月,上海、江西两省市正式召开了交接会,交予江西省。江西省提出有些厂需要补充一些小项目,于是,又进行了半年工作,于1970年7月,正式宣布江西省基本建设第二指挥部工作结束,撤销建制。指挥部的上海派出人员除罗兴华留下外,其余全部回上海原工作单位。上海负责包建的20项(厂),全部归江西省国防工办领导。

(撰写于1991年6月8日)

*作者安汉奎,1962年1月至1962年9月任化工局党委副书记;1962年1月至1967年1月、1978年3月至1979年5月任化工局副局长。

为了神剑出鞘

姜 励

1979年我国进行对越自卫反击战,南疆前线我军装配"电-22"引信的130毫米火箭弹大显神威,重创越军。越军电台惊呼:"中国发明了无线电引信!"使我感到自豪的是,"电-22"引信正是由上海无线电三厂包建的江西9304厂研制生产的。我和妻子都是从上海"支内"的。当时我在厂职工子弟学校任教,我妻子在厂科研所工作。当装配"电-22"引信的130毫米火箭弹初试锋芒威震敌寇的捷报在厂里传开后,我心里非常激动,就好多天利用午休时间到厂科研所寻找有关人员进行"采访"。今天当我重新翻看当年的"采访本"时,眼前潦草的字迹逐渐化为一幕幕感人肺腑、动人心弦的场景……

装配"电-22"引信的130毫米火箭弹,射程10公里,在10米高的空中爆炸,对碉堡和战壕中的敌人具有很大杀伤力,在我军的武器装备上填补了一个空白。厂里人喻称它为"神剑"。

为了铸造这把神剑,9304厂科研所的科研人员,曾几度远征环境艰苦、气候恶劣的试验基地——"三不拉"。

"三不拉"在腾格里沙漠南端。据说解放前这里"人不拉屎,马不拉尿,马步芳(军阀)不拉丁"(形容荒无人烟)因而得名。

1977年5月,亘古沉寂的"三不拉"突然骚动了三天三夜。它似乎不欢迎远道而来的访客。茫茫沙海,狂风肆虐,飞沙走石,好一副拒人千里之外的气势。

开饭了,馒头白白的,却中看不中吃,咬一口,又苦涩又粘牙——沙漠的作弄!"白馍白馍,莫要细嚼;囫囵吞馍,方为上策。"年轻的科研人员即席吟"诗",逗引得大家哈哈大笑。

晴空万里,瀚海绵绵无际。焦干的沙漠,滚烫,脚踩下去一步一个窝,一步一串白烟,空气又闷又热,划根火柴就能点着。吃过午饭蔡子钧就带领同伴出发了。肝部隐隐作痛,浑身直冒虚汗,他感到双腿软软的,飘飘的,仿佛有许多个火球包围着他,烤灼着他。可他知道,在这试验的紧要关头他是不能倒下的,他是总体组长,科研所长俞华定想拦也没拦住他。"我有病,你不也身体不好吗?"蔡子钧的耳畔总响着他对老俞说的那句话:"在我们这一代不搞出无线电引信来死不瞑目!"……他坚持着,指挥着各项测试。

沙漠的天气变幻莫测。下午5点多钟,突然狂风大作,沙砾在空中盘旋飞扬,搅得天昏地暗。风沙凶猛地扑打着人们的脸,眼睛睁不开,无法工作,该是回营的时候了。然而,却找不着归途了……

"不要慌!"蔡子钧安慰大家。尽管这样说,周围的空气仍有些紧张。

"叮当,叮当……"——驼铃队?

"嘟嘟,嘟嘟……"——喇叭声?

来了!来了!大本营派出的人骑着骆驼,开着吉普车,来了,终于找到了他们。

第一天,脾气乖戾的大沙漠就给他们开了一个恐怖的玩笑。

两天过去了,试靶的准备工作均已就绪。

沙漠的夜空深邃幽远,静得使人发怵的荒漠开始喧闹起来。篝火,火把,各种汽车前灯,交叉投射的灯光柱子像一把把利剑,划破黑暗,跳跃的火苗与闪烁的繁星互相辉映,构成了一幅奇妙的画面。夜色被压缩到远处去了。

测算炸高用的标杆,高高低低的悬挂着一盏盏红灯;远处起伏的沙丘宛如一头头蹲伏着的怪兽,好奇地窥探着这种神秘的夜。经纬摄影仪已做好拍摄准备,随时准备拍下那辉煌的历史镜头。"神剑!神剑!我是雷霆!我是雷霆!雷霆已做好准备,请开炮,请开炮!"小胡清晰、有力的呼叫声,通过无线电步话机传到炮位。一发装有"电-22"引信的130毫米杀伤爆破涡轮火箭弹,随着一声巨响,拖曳着耀眼刺目的火焰柱,呼啸着,掠过座座沙丘,在远处的半空里"轰"地爆炸了!瞬间,火光闪烁,硝烟翻滚,弹片飞迸星散,又密又匀,交织成一张偌大的火网笼罩下来;冲击波和震撼力则像脱缰的野马肆意向四周冲撞、奔突。沉睡了千年的沙漠"三不拉"剧烈地抖动着,抖动着……

拂晓,靶试结束了。又冷又累又困,他们多么想立刻倒在床上呼呼大睡一觉啊!可是不行,还得把五发瞎火弹从地下挖出来,以查找分析瞎火原因,排除隐患。这工作可得冒生命危险哩!谁知道死神什么时候向你扑来呢?

所长俞华定、总体组长蔡子钧、总装组长赵万贵和装配师傅朱德富等人,扛着锹与镐,毫无畏惧地走在前面。"要小心啊!""不要紧的!"他们互相关照着、鼓励着。

瞎火弹有的钻入地下二三米,有的钻入地下四五米,但要取出它们可就不止挖二三米或四五米了。他们分散在落弹点附近搜寻,寻到一个挖一个。

太阳像个大火球挂在头顶,像要把人烤干似的。沙土飞扬,与天空的尘埃结伙似的组成毒辣的黄沙阵,袭击着他们。

挥锹抡镐,沙坑越挖越深,沙堆越堆越高。他们轮番着干,一人干二三十分钟休息一次……这些握惯铅笔、用惯仪表的手啊,挥起镐锹来也是那么有劲哩!

"老俞,朱师傅,你们都歇着去吧!"蔡子钧关切地说。老俞和朱师傅都有伤,一个患腰痛,一个患脑震荡。那是一次赴省级靶场进行试验,途中遭遇车祸所致。俞华定摇摇头,朱师傅也摇摇头,都谢绝了。

一枚、二枚……起出第四枚瞎火弹后,天色将暗了。而第五发费了九牛二虎之力也拔不出来。天黑人乏,若再深挖,还不知要挖多久哩!他们终于想出了办法:弹尾套上钢索,汽车"呜呜"地往前开,赖在深坑中不愿动弹的第五枚瞎火弹终于被拖上来了!

俞华定舒了一口气,挺直了躯干。他突然感到头昏恶心,眼前发黑,"扑"的一声倒了下去。"老俞!老俞!"大家摇着他的肩膀喊叫着。俞华定昏厥了。大本营的军医给他采取了急救措施,他才慢慢地苏醒过来。蔡子钧望着脸色苍白的俞华定,鼻子有些发酸,眼睛湿润了……

难以忘却的记忆

王文瑛

  1966年7月4号,由陈彪、陆宽祥、张履庄三位厂领导带队,我们一行18人(同去的有黄宝生、张茂仁、蒋金宝、刘更廷、陈加通、杨力生、史鹤龄、华煜霖、徐树祥、陆锦华、贺德惠、孙永恭、朱丕华、翁渭炳、王文瑛)乘上了去江西南昌的火车。为了战备需要,华东局将江西定为华东地区小三线。为了搞好内地建设,上海义不容辞地担起了此重任。在上海市委领导下,由机电二局负责,在上海抽调有一定实力的工厂派员去那里建军工厂。上海无线电三厂在机械加工方面技术力量较强,所以也承担了包建一个配套厂的重任。而我们18人,则是三厂派出的第一批人员。

  七月的南昌骄阳似火,热浪滚滚。接待人员也很热情,当时的省委书记白栋材百忙中抽出时间接见了我们,省委有关同志作了指示,组织我们学习了有关文件,还安排我们去参观了已初具规模的第一批厂。我们参观了宜春一机和先锋厂,听他们介绍了建厂的经验和碰到的问题。我感到他们生活条件很艰苦,但克服困难的决心很大。

  我们包建的是新民机械厂,在瑞昌县一个叫双板桥的村庄。离横港镇有五公里,被群山怀抱,只有一条坑坑洼洼的小公路通往那里。进山那天,我们坐在省里千方百计调派来的小轿车内,一路颠簸着进了村。和我们同时到达的还有上海一机部第二设计院、华东设计院和上海城建设计院的十几位同志。我们一没房,二没床,当地的村支书老刘将村大队部腾出来给我们当办公地。里面放了一张方桌四条长凳。大队部的阁楼自然成了我们睡觉的地方。阁楼挺大,靠里面有一个小间,好像是刚用木板隔开的。这是为我和城建院的几个女同志准备的,外边则是男同志睡的。

  我们借着微弱的光线打扫卫生,支起蚊帐,把草席往地上一铺。一个临时帐篷就完成了。那天我们是吃好早中饭进来的,晚饭吃的是带进来的干粮,喝着泉水洞的水,将就着对付过去了。忙了一天,汗水没停过,当时的条件,连个盆都没有,更别说浴室了。只能在泉水洞外草草擦擦身体算了。

  夜深了,累了一天,大家都躺在地铺上睡了。大房间里睡了二十多个人,显得很挤,就像轮船上的五等舱。中间只留了一尺多宽的空隙,让起夜的走路。为了不起夜,后来几天晚上,我们几个女同志都不喝汤,不喝水。不知是换了新环境,还是周围传来的如雷鼾声。那一夜，我翻来覆去睡不着。稻田里，青蛙不断地"呱呱"叫着，不远处有几声狗叫声和小孩的哭声。这种只有在书中才有的场景，让我感到很新奇。正在我迷迷糊糊有点想睡时，"喔喔喔——"不知谁家的报晓公鸡叫了。紧跟着，各家各户的公鸡都叫了起来，热闹极了。新的一天开始了。

大队部办公室的后门外是厨房，一个灶头两口大铁锅。我和黄宝生、张茂仁三人前一天就已清洗干净。我们三个火头军，做了两大锅大米稀饭，酱菜是县里带来的，大家站着吃完了早饭。由于缺桌少椅，后来有很长一段时间吃饭时菜碗没处放。站着吃的菜碗放在窗檐上；坐在门外石块上吃的，有石块就放在石块上，没处放就只能放在地上或者膝盖上。来时我们就有了"天当被，地当床"的思想准备。尽管条件极差，大家也没有一声怨言，还打趣说我们比八路军解放军的战地生活要好多了。由于时间紧迫，那天吃过早饭大家一起开了个会，分配了各自的任务，除了我们三个火头军外，管财务的杨力生也留在大本营。其余的人分成两组，每组分别由设计院和我们工厂的人组成。一组由陈彪同志负责，另一组由设计二院的工程师老王带队上山看地形。规定一天分两次上山，早上六点出发，十点返回。下午四点上山，六点下山。这样既解决了吃饭问题，又避开了中午毒辣的太阳。当天下午，两支队伍就出发了。这里的山一座连着一座，连当地老乡也很少上去，根本没有路。刚开始走得不远还能原路返回，但随着时间推移越走越远，往往就找不到返回的路，即使做了标记，也会找不到，经常在原地绕来绕去，走了很多冤枉路。上午还好，还能找到方位下来，就是人多，受点累。晚上就不行了，因为工作时经常会忘了时间。天一黑，下山就愈发困难。有一次，就是因为时间耽搁了，天黑才想起下山。这一组人在山上绕了几个小时都没找到下山的路。急的我们在山下大声叫着喊着他们的名字，用大号手电筒往山上打光，想给他们指路，定方位。一直到晚上九点多，又饿又累的他们才回到大本营。山上地形复杂，树木杂乱无章。在山上，不是这个手破了，就是那个腿上拉了个口子，还有人的脸也被刮花了，甚至有人的衣服也被勾破了。但他们硬是咬着牙，轻伤不下火线。虽然避开中午上山，但上面温度还是很高，每次下山，他们都是大汗淋漓，里面穿的汗衫，都能绞出水来，而外套上则挂满了盐花，体力消耗得厉害，正是因为有他们这样的拼搏精神，才有了后来的一号沟和二号沟。

看着他们这么辛苦，我们一直想烧些可口的饭菜让他们体力恢复得快一点。我们吃的菜，都要到五公里外的黄冈镇去买，县里要求镇里每天必须保证有猪肉供应给我们。但是蔬菜只有南瓜、茄子和"无缝钢管"（空心菜）。但是黄宝生很会做菜，红烧肉大排小排炒猪肝炒腰花，换着法子轮番转，让大家吃得很香。但时间一久，渐渐地大家也都吃腻了。没办法，就拿点酱菜下饭。眼看着酱菜也快吃完了，我们没有交通工具，也无法去县里进货，只能干着急。最后还是陈彪同志求爷爷告奶奶，与上海重型机床厂（人民厂）协商给我们运来了两坛榨菜。一路颠簸，等到了我们这里，一坛已经震碎了。我像捡宝贝似的一块一块捡起来放在盆里。这些够我们维持十天半个月了。

工作条件差，生活很艰苦。大家的工作热情还是很高涨。夜深人静时也会牵挂上海的家人,那时因为通信的信箱号还没有批下来,所以我们不能与外界通信,电话也不能打。那时打电话到县里也听不清,别说打上海长途了。晚上电压低,灯光很暗,没法看书,只能一边拍着蚊子一边聊天。设计院的设计师大多爱开玩笑,说话很幽默。对几个胖子都不叫名字,就是张胖李胖的叫着。设计二院的王工是他们的总负责,有一定的资历,又年长一些,很有威信。大家都很敬重他,后来当上上海市副市长的倪天曾当时是华东设计院的青年业务骨干,人很好,工作兢兢业业,很肯帮助人。城建的汪鸿秀大姐她们三人是最早离开的。我成了这支队伍中唯一的女同志,也是年龄最小的一个。那年我还不到24周岁,他们都很关心我,照顾我,像父辈,像兄长。陈彪同志在储物间给我安了张床,还让一个当地姓周的姑娘陪着我睡。不知从哪个老乡家搬来一张两个抽屉的桌子,也放在里边。白天,这就是杨力生同志的办公桌——他终于有放钱的地方了。

艰苦的生活还在继续,大家每天都各司其职,踊跃工作着。累着,苦着,乐着。不久,设计师们的第一阶段工作结束,撤回上海搞方案和审批。我们定做的第一批床和桌椅也相继送来。在村支书老刘的协调下,淳朴的老乡把多余的房间让出来给我们住。在大队部对面山脚边,就隔开一条小小的公路,很方便。阁楼上的男同志终于有床睡了。

随着时间的推移,工程队进来了。造厂房,盖住宅,上海又源源不断地把技术人员送到这里。在全厂职工的共同努力下,克服了一个又一个难题,几年后,一个崭新的工厂矗立在岷峰山旁。

时间已过去快半个世纪了,人老了,总爱回忆过去。每每想起创业初期这一段艰辛的情景,清晰地就像发生在昨天一样,难以忘怀。

(作者曾在厂供运科,后担任厂驻上海办事处负责人)

从双板桥到妙智铺

朱富林

二十世纪六十年代中期赣北瑞昌县横港乡双板桥小山村来了一批上海的开拓者，漫山遍野地转悠，夜以继日忙忙碌碌，带来各类施工队伍勘察地形，钻井找水，凿洞开山，打孔炸石，整修道路……后来造起了工房、住宅，架起了十千伏高压输电线，迁入了机器设备，陆续从吉林、西安、上海、北京、广州等地，一批接着一批有志人士在这里聚集。以实际行动践行"备战备荒为人民""深挖洞、广积粮、不称霸"的号召，经过三年多时间，终于在山沟沟建起了一座中型军工企业——国营新民机械厂。原住民和职工互为近邻，相处和谐。职工唤原住民"江西老表"，原住民唤职工"新民人"。

时间过去了二十年，中央出台了新政策："军工厂可以上交利润返回的专项资金，异地搬迁。"新民厂职工以自己创造的财富在九江妙智铺建起了一座孪生兄弟厂——国营华声无线电厂。

我于1969年10月由北京调入新民厂，当了一名电工，跟随老师傅在山沟各车间维修机床电气。1971年3月接到会议通知，在会场坐定，才知道是列席厂部党政联席会议，张海鸿、陈彪、张履庄、陆宽详、朱秉鸿、邝世浩、俞华定等，驻场军宣队均参加。主题是"全力以赴完成五机部下达军工新产品研制任务，尽快装备部队"。会上宣布新品调研组赴多地调研，由俞华定带队，朱德富、吴德风、孙如根、李树云、叶冬茂、朱富林参加。1971年3月初在郑州、洛阳、西安、北京、上海专访部队研究所和五机部院校研究单位，收集资料和实物，摸清重点、难点、关键，于五月初回到上海，写出调研报告，研制初步规划，送厂部审批。根据部科技局实行院厂联合研制精神，北工85专业派出一位博士、一位助教和我厂技术员、工人一起，在上无三厂开始了研制工作。当时场地、仪表和宿舍都是从三厂借来的，场地是约100平方米的一个仓库（原来是存放收音机零部件的周转库），西北朝向，夏热冬冷，层高5米，光线偏暗，白天都要点灯。仪表是三厂仪表室的老旧仪表。宿舍是约20平方米职工宿舍，上下双层床铺。清理杂物，搬来桌子椅子，抬来仪表，布置就位，说干就干，不计时间不计报酬，不怕酷暑严寒，朝八晚九（上午八点上班下午九点下班），努力工作。

厂部派来朱秉鸿负责技术指导和政治思想教育。他体魄健壮，谈吐幽默，技术素质高,人生感悟深。深奥的道理,深入浅出地讲述,让你茅塞顿开,善解人意,促膝谈心,让你心结解开,轻装上阵。他身先士卒,亲临现场,掀镐,揪土,挖哑弹(瞎火弹),搬箱,扛弹,不惧安危,排除险情等场合都有朱总的身影。是我钦佩的好领导,学习的好榜样。

厂里又从各部门抽调精兵强将充实研制力量,先后调来的技术员和老师傅有蔡子均、蔡方蕃、李云海、魏乐障、李令宝、潘发翠、戴元林、王承章、王文瑛、黄宝生、李金露、赵万贵、钟有生、朱玉林、柏根宝、居传立、曹忠伟、张福根、全来娣等,加上原在上海的七位调研组成员。在上无三厂布阵开张,展开新品研发。

电子引信的工作频段属超高频范围,环境要求苛刻,需要场地空旷、开阔,周围尽量无反射的物体。南京炮兵工程学院成了电子组件全性能测试的首选协作点(有大操场,旁边是教室、仪器库房),在上海初调的电子组件等带到南京调整复试直到合格,在上海南京两地奔波的战友,夏天受尽"南京火炉的考验",骄阳灼人,酷暑难熬,默默地坚持着……

经过多次摸底试验,定于1971年9月在西安803厂草滩靶场举行首次靶试。金属零部件和电子组件随身带西安,在803厂加装火工器组成全引信。

五机部三局三处胡丰年处长亲临西安,观摩靶试。良好的靶试结果,得到了胡处长的首肯,他动情地说:"我就看好小三线厂,你们可要争气,你们的成绩极大地支持了我。希望你们再接再厉,再创好成绩。"

1974年,厂科研楼竣工,楼前开阔地竖起10米多高的杆试验装置木结构吊弹框架。叶冬茂研制成弹内自动记录仪,孙如根研制成引信屏蔽箱测试仪,部里又调拨来关键仪器,如场强计等,大大增强了测试实力,真是如虎添翼。

为加速研制进度,早出成果,部里下文件由西安212所和9304厂联合研制电-21引信。经过一年多的努力,1974年12月在吉林白城某基地通过设计定型,1975年通过生产定型,该产品荣获1978年全国科学大会奖。经过两年多由我厂单独研制的电-22引信通过设计定型,1982年电-22引信通过生产定型,该产品荣获1986年度国家科技进步三等奖。

1978年底五机部下达:"在9304厂生产电-21引信的扩大初步设计任务书。"下拨240万元的建设基金,建立一条年产5000发电子引信生产线。厂长俞华定提出在九江找一个地方建生产线,按当时的情况只能是愿望,俞华定提出在山沟土建项目尽量减少,多购置仪表,以适应今后军品和民品的电子产品生产的需要,这一招在以后的生产中解决了资金缺口的大问题。

1980年,军品生产任务骤减。上级号召"军转民",考虑到原材料的运进和产品运出成本过高,在市场竞争中缺乏竞争力,加上职工副食品供应困难,从1980年3月起连续多次向省国防工办打报告提出要求,在九江建立生产线。直到1984年6月,获提批复同意在九江建立民品生产基地。到1985年中央出台新政策:"军工厂可以用上交利润返回作为专项建设资金实现异地搬迁。"政策有了,关键是建设资金的筹措。俞华定早在 1979 年就有谋划:(1)在九江买下长征汽车修配厂作为落脚点。(2)军品民品生产线尽快打通形成生产能力。(3)利用各种途径宣传军品功能,积极寻找配用单位,增加产量,创造利润。早在 1979 年初就成立了由朱富林、蔡方蕃、杨昌盛、李令宝、吴德风五位同志组成的新品(含军品民品)生产筹备组,由朱富林任组长,在厂部办公楼设立工作点,归俞华定直接领导。他们的任务:(1)编制电-21 引信扩初设计。(2)编制电-21 引信生产工艺文件。(3)编制 BS1 收音机生产工艺文件。(4)培训电-21 引信、BS1 收音机生产线骨干和全部装配人员。(5)保证电-21 引信和 BS1 生产线畅通。经过一年多的努力,各项任务完成并在 1980 年完成电-21 引信 2000 发、收音机 8700 台的生产任务。

后来,亚冰调入 9304 厂任党委书记,对生产线的畅通极为关心,无论是收音机、电子引信生产线都是亲临现场,晚上经常和技术员一起加班加点,给我们以极大的支持和鼓励。亚书记是一位经过解放战争、抗美援朝战争考验的前辈,在炮司任过处长,在 5318 厂任党委书记的他那么平易近人,工作踏实,任劳任怨,不达目标不收兵的气概,雷厉风行的作风深深地影响着我,是我学习的表率,是我难忘的师长。

1985 年出台的"军工厂可以异地搬迁"新政策,给 9304 厂带来新的转机。考虑到我厂效益好,九江有个民品生产基地,省国防工办将我厂列入第一批搬迁名单,作为重点扶植对象,我厂搬迁驶入快车道。1987 年 8 月中旬召开"省国防工办六个搬迁单位设计复查计划调整会议",对建设资金做了新的平衡,认为 9304 厂效益好,资金有后劲,继续看好。在会议期间,草拟调整补充报告,给我厂追加建设资金,投资额从 856 万调整到 2704 万元,由邵副主任带到北京报批,又为 9304 厂搬迁九江推出强劲的一把力。

1987 年 6 月,九江基地工房主体工程封顶,住宅完工 400 户,胜利在望。

从俞华定提出搬迁主张到全厂迁入九江,"新民人"盼望了十二年,奋斗了十二年,终于圆了搬迁梦。

"新民人"是和"小三线"厂联系在一起的,新民厂又是和瑞昌县双板桥联系在一起的。"小三线"这个历史名词涵盖的特殊年代的非常情结,已经在心中打上深深烙印,随着岁月流逝,情结日益深厚,无法抹去。双板桥到现在虽还不富裕,可是我们的后辈(儿辈、孙辈)却愿意不辞辛苦地去探视。因为他们永远不会忘记他们跟随前辈(父辈、爷辈)在双板桥受过磨难,遭际劳筋累骨,他们的前辈无怨无悔,在双板桥默默地耕耘了二十七年,战斗了二十七年,为国家研制出了新产品,为自己圆了搬迁梦,从而获得了人生的至尊财富——坚忍不拔!而他们也磨炼了意志,具有强劲的生命力!

记住过去,才会珍惜今天。"新民人"正在追求更新的人生!

(作者曾在科研所工作过,后担任厂长)

我的爸爸和我的童年、我的青春

陈叶萌

我的爸爸在天堂。谁也不知道2013年9月4日的那一天会是最后一天,谁也不知道时间会戛然而止,但我依然习惯了对爸爸您诉说每天、每件事。爸爸我要对您说,您一直牵挂着的亲手创建的新民厂已在所有新民人的见证下走过了五十个春夏秋冬。此时,想要回忆的太多,想要诉说的更多更多……

1970的夏天,那年我10岁,记得已经很久很久没有和我们在一起的爸爸从江西九江回到了上海的家中,告诉我们全家要离开上海到江西九江去,我不知道江西是什么地方,爸爸告诉我是很远的地方,并且要保密不能对人家说,要说只能说代号826。也就是从那时起,我们就和826这个代号紧紧地联系在了一起。10岁的我无法理解,更无从知道,从此以后我和全家的命运将彻底改变。

在我的童年记忆里,几乎整天都看不到爸爸的身影,早上起来爸爸已走,晚上爸爸回来我已进入梦乡,但我能从周围人们的话语中感受到和了解到,我的爸爸在做什么:他是一名指挥员,也是一名战斗员,率领着数百位建设者,奋战在三线建设的第一线,夜以继日地将一台台设备安装到位,同时要解决几百号人的吃、喝、住、行等数不清的矛盾和困难,没有房子住,爸爸带领大家自己动手造房子,而当时我们自己则住在离厂较远的干打垒的土房子里。工厂建成后,爸爸又会同工程技术人员积极开发新产品,以适应国防军工的需要,生产出优质的产品,积极支援当时的援越抗美的需要,多次获得国防科工委的表彰。

难得有时候爸爸身体不适时,会有许多人到我们家中来,和爸爸一起讨论各种问题以及如何解决困难等。我印象深刻的是,有时有人往我们家送东西时,我爸爸会把人家骂走,爸爸说他是领导干部,要带头严于律己,不谋私利,勤政廉洁。那时因生活条件艰苦,物质匮乏,我记得有时工厂会发些如带鱼和肉之类的食品,印象最深刻的是每年的3月8日,全厂职工一起可以吃3.8大包,有肉包、水晶包,这个滋味如今想起来都回味无穷。

还有印象深刻的是大礼堂造好后,改善和丰富了大家的业余生活,可以看电影了,有时因跑片半夜起床,老老少少一起到大礼堂看电影,这样的场景至今还历历在目。

有时妈妈会告诉我,爸爸的工作太忙了,因为这里跟上海不一样,工厂好比一个大家庭,爸爸就是家长,什么事都要管。

我有时会问妈妈:为什么我们不在上海,要到这里来?妈妈说:为了能和爸爸在一起。为了这个理由,妈妈放弃了原本在上海水电路小学做老师的工作以及她在上海的一切,跟随爸爸来到这艰苦的山沟沟,至今无怨无悔。记得晚年的爸爸一直说,他这辈子最对不起的就是妈妈。

时光飞转,日复一日,年复一年,在我渐渐长大懂事之时,爸爸由于辛苦和过度劳累病倒了。1978年底,由于爸爸患胃癌动了大手术,离开了他无限热爱和无比牵挂的工作岗位,回到了我们的身边,也由此改变了我们一家的生活,那年我已18岁。生活的历练使我变得更加成熟、懂事,同时也有了更多的时间和爸爸在一起,了解了爸爸当年奔赴江西的缘由。五十年前也就是1966年,爸爸他受党指派到江西九江创建军工厂,并担任第一任党委书记兼厂长,在那战天斗地的岁月里,爸爸怀着一颗赤胆忠心,带领着一样满怀青春激情的、一样从上海去江西九江的热血青年们,艰苦创业,没有水吃就积极寻找水源,没有房住就自己动手造房子,克服了重重困难,白手起家,为新民厂的建设洒下汗水,无怨无悔。把人生中最美好的时光奉献给了祖国的三线建设。那里的山、那里的水,那里的一草一木都见证了那一代创业者们的可歌可泣、无私忘我的思想境界,也是那一代人留给我们的宝贵精神财富。

随着对爸爸了解的加深,我为有这样一位正直善良、平凡而优秀的爸爸而骄傲。就在生病回沪后,住在只有9个多平方米的亭子间里,无论多困难可爸爸他从不向组织伸手,从没怨言。爸爸您的真、善、美教会了我无论何时何地对待他人都要有一颗真诚的心。如果有来世,在茫茫人海中,我们还做父女。

成长的是岁月,永恒的是记忆。在1979年年底我顶替妈妈进了工厂,当了厂总机话务员。那时由于条件限制,打电话都要人工接线,特别是打长途电话要拼命地喊,否则听不到,后来工厂搬到了九江换成了程控电话,打长途再也不用叫喊了。作为新民厂这个大家庭中的一员,我和所有新民人一起见证了历史的变迁。在那些岁月里,我要感谢我的领导厂办王贤渭主任和总机班的前辈们,他们对我的爱护和帮助,让我度过了爸爸生病不在厂里那段艰苦的日子,在我的青春岁月里有你们的陪伴。经历了五十个春秋的新民厂、新民人大家一起成长,一起度过了人生之中最美好的青春时光,这份友情,这份战友、同学、同志之情将伴随我一生,愿我们珍惜生命,追求真、善、美的每一天。

(作者为新民厂第一任党委书记陈彪同志的女儿,陈彪已于2013年9月去世)

找矿员被当特务抓

尹南楚

20世纪70年代初,我们江西省核工业地质局二六五大队五分队来到金溪县找矿。那个时候,铀矿地质工作是很保密的,我们走到哪里也不能说自己是干什么工作的,由此引发了不少误会,甚至有的找矿员被当地政府当成特务抓了起来。

刚到金溪县找矿没几天,当地人民公社就接到群众报告,说村里来了一些人,穿着旧衣服,戴着破帽子,手里端着"武器",整天在山里鬼鬼祟祟地转悠,不像是好人,可能是台湾派来的特务。这还了得!都解放二十多年了,还有特务?当时正值"文化大革命"时期,整个社会都在清理阶级队伍,公社干部接到报告后不敢大意,马上派人到村里抓人。那天,我们的找矿员李子瑾完成一天的跑线工作后,背着找矿仪器下山返回驻地。当他路过村里时,正好遇上了公社派来的人,结果李子瑾就被他们当成特务抓了起来。

公社干部把李子瑾抓来后就进行审查,问他身上背的是什么武器?李子瑾犹豫了一下,说是仪器。又问他是干什么用的仪器?这个是不能说的,他当然就不说。再问他是来干什么的,这个就更不能讲了。如此一来,人家就更加怀疑了:神神秘秘的什么也不说,难道真是台湾派来的特务?公社干部发火了:不说就当成特务关起来。这下李子瑾着急了,连忙申明自己不是特务,是国家工作人员。公社干部说,既然是国家工作人员,那就把工作证或介绍信拿出来。可他既没带工作证,也没有介绍信,当然还是证明不了自己的身份。李子瑾就提议说,不相信我,那可以打电话给我们单位,单位可以证明。可电话打到驻地,却久久没人接听。这下李子瑾已没法说清楚了,最后还是被公社关了一夜。

第二天,公社干部经多方了解,得知确有地质队员在金溪县境内工作。通过与李子瑾的进一步沟通,公社干部也觉得他不像是坏人,终于把李子瑾放了。

李子瑾回到小队后,见到我们就号啕大哭,直埋怨我们昨天晚上为什么不接电话,害得他被关了一夜。我当时是小队队长,告诉他,昨晚见他未归,小队的人都出去寻找他去了,直到后半夜才归,所以没有听到电话响,并安慰他事情过去了就不要难过了,他才逐渐恢复了笑脸。

后来,我们在贵溪县工作时,还出现过找矿员无意中闯入部队空军修理所地盘,被带去盘问的事,还好都及时解释清楚了,没再发生被当特务抓的事情。

家有珍品

田智生

我家里珍藏着几枚纪念章。几十年来,我们搬了几次家,遗失了许多珍贵的东西,但却完好地保存着华北解放纪念章、全国人民慰问解放军纪念章、抗美援朝纪念章,那是父亲用鲜血和汗水换来的,里面蕴藏着一段段令人感怀的经历。2005年,父亲又获得了中国人民抗日战争胜利六十周年纪念章。每当我看到它们时,就会感受到烽火连天,热血沸腾的岁月。

1937年7月7日,日寇发动了全面的侵华战争。这时,我父亲参加了八路军。当年,他只有16岁,没有到战斗部队,而是分在了兵工厂,从此跟随兵工厂转战南北,出生入死。

1942年,日军对晋察冀边区进行秋季大扫荡。兵工厂把机器设备分解后,藏在水塘里。然后,人员"化整为零",以班为单位,打游击,与日军周旋。父亲是一名技术工人,但首先是一名军人,是一名八路军战士。他的《革命伤残军人证》,记载着负伤的经历和伤残等级:"在河北省完县与日军的战斗中,左腕部枪伤,左臂子弹贯通,二等乙级残废。"

在我读小学时,我学会了著名的歌曲《游击队之歌》,歌中唱到:"没有吃,没有穿,自有那敌人送上前;没有枪,没有炮,敌人给我们造。"父亲听了之后,感慨地对我说:"这首歌,充满了乐观主义精神,不乏浪漫的色彩,是激励斗志、鼓舞士气的精神食粮。其实,部队需要的大批武器弹药,大部分是我们自己生产的,尤其是地雷、手榴弹、炮弹等这些极易消耗的弹药,几乎全是我们兵工厂生产的,靠打仗缴获敌人的装备来补充,只是一小部分,数量有限,而且得不到保障。"父亲自豪地说:"1939年的黄土岭战役,日军独立混成第2旅团的阿部规秀中将,就是被我们制造的炮弹炸死的。我们的兵工厂为民族的解放、新中国的建立,立下了不朽的功勋!"

1978年,我进入军工企业干锻工,又脏又累,晚上还经常要加班。为此我想让父亲出面,找有关领导给我换个轻松点的工作岗位。父亲没有去讲情,却拿出几枚纪念章,他感慨地说:"你年纪轻轻,这点苦算啥?现在是和平时代,不用打仗,不用冒着枪林弹雨冲锋陷阵,与我年轻时比,你算是生活在福窝里了!"

艰苦的环境,能磨砺人的意志,能锻炼人、成就人。在父亲的鼓励下,我鼓足了干劲,刻苦钻研技术,很快掌握了技能,适应了工作。几年后,我被安排到检验员的岗位上,对产品质量进行把关。在业余时间,我爱上了写作,常有作品见报、获奖,被南昌市作家协会吸收为会员。随后,担任了企业报编辑。假如我一开始就有一个轻松、舒适的工作,我可能会安于现状,不思进取。

　　家有珍品,它们像一面面鲜红的旗帜,引领着我不停地跋涉、攀登前进……感谢父亲,给了我最好的榜样,给我了力量,让我学会了坚强!

化蝶当空舞翩跹

宋巧玲

从1965年江西省安福县陈山沟陈山林场劈山开荒的第一镰,从煤油灯、干打垒的第一盏灯火、第一声号子,她——钢丝厂在共和国的土地上走过了五十一个春秋,她的经历与共和国一样,历经苦难,自强不息,创造了属于自己的辉煌。让我们走近她,去体验她的兴衰荣辱、雨雪风霜,去感受六十年伟大祖国一隅的巨大发展变化。

(一)

记得毕业分配刚进厂时,和厂里的同学说起钢丝厂,用的一定是"你们厂";刚进厂时,很自卑,不愿让别人知道自己在这么一个效益平平的小三线厂里,拿着一份微薄的工资;刚进厂时,总是在期待,期待有那么一个机会,能从这里走出去,能有一个五光十色的人生。可不知从什么时候开始"你们厂"变成了"我们厂",也不知道为什么,一直没有离开她,想要迈开的脚步总有一些牵绊、一些不舍。

二十四年过去了,在这里恋爱、结婚、生子,在这里度过了最美、最好的青春年华,在这里付出了最多的眼泪与欢笑,我与她——江西钢丝厂,已经融为不可分割的一体。我体验着她的兴衰荣辱,我感受着她的人情世故,我享受着她的安宁和谐。

前几天,找东西时无意间看到一本十八年前的职工医疗证,好奇地打开一看,啊,1998年,我的工资才258元。

思绪被牵回到十余年前。刚成家的那一年,为了小家庭的生活能有经济保障,我狠下心每个月存了250元钱,结果那一年过得非常拮据,除了生活必需品外,其他东西都不敢奢望;当年一套3万元的房子绝大部分钱都是靠亲友借贷,有很多同事经济无力支付从而只能放弃住新房的奢望。十年后的今天,很多人却在市区购买了十几万、二十几万的商品房;短短几年的时间,职工的生活发生了翻天覆地的变化,职工收入是五年前的四倍多,跃居本地企业前茅。

(二)

不能忘记,企业陷入低谷的90年代中期,有时接连几个月开不出工资,有时仅能发出一百来元的生活费,一部分职工抛家弃子外出打工,企业一度濒临倒闭。可是,大部分职工没有离开工厂,因为企业虽然连年亏损,但仍没有停止新产品的科研试制,广大职工虽然生活受到影响,但仍然能看到希望。正因如此,几年后,具有自主知识产权的人工增雨火箭系统成为我厂的一大经济支柱,为工厂创造了可观的经济效益。

在企业刚刚摆脱困境的2003年,加快生产工房技术改造和产品更新换代的思路被提上议事日程,钢丝厂人已经深深地感受到了市场经济的无情,不具有核心竞争力的拳头产品,企业就没有本质竞争水平和抗风险能力,职工最多也只能维持温饱。领导和员工达成共识:节衣缩食,尽心尽力谋发展。

2004年,全面技术改造在工厂拉开帷幕,全年共投入1000万元用于工房改造及新产品开发,此后工厂每年都要拿出数百万元资金用于技术改造。2008年,四年的付出全面开花,在工厂的部分民爆产品被淘汰时,新开发的电、非电类产品及时跟上,企业没有因此而受到影响,产值、销售收入再创历史新高,生产经营呈现蓬勃发展的良好势头。

2005年,建厂40年的企业面临职工身份置换的历史性关口,广大职工顾全大局,相信工厂,信赖组织,使工厂的改制工作得以平稳实现,出现了生产经营、职工安置工作"两不误、两促进"的喜人局面。

2006、2007、2008……一步一个脚印,一年一个台阶,一个以民爆经营资产、军工经营资产为纽带的军民结合型企业以崭新的面貌出现在大家面前。

(三)

2005年,工厂四十周年厂庆之际,我们宣传部门的几位同志一起回到位于安福县陈山沟的工厂旧址,从那条蜿蜒颠簸长久失修的公路行进30分钟后,我终于见到了同事们经常说起的老厂,那让我周围许多人津津乐道,充满欢乐、让人留恋的老厂,曾经寄托着我许多神往的老厂。当年最繁华的地段人去楼空,只有一两个当地人在田间劳作,据说当年经常游鱼嬉戏清澈见底穿厂区而过的那条小河,还在静静地流淌,只是四周长满了杂草,一片衰败的景象……但是,从那残垣断壁中,我似乎看到了当年钢丝厂人寒冬腊月穿衬衣、打赤脚,挑沙运石、搬砖拌泥建设工厂的热情;听到了第一批产品投产成功后工人们载歌载舞的欢乐歌声;感受到了建设者们以苦为乐,投身三线的豪情壮志……

我们来到了车间、办公楼、托儿所、家属区,于宁静中寻找那份昔日的辉煌与艰辛、光荣与梦想,寻找那不忍离去又不得不离去的留恋与牵挂,寻找钢丝厂第一批建设者们付出的青春和汗水。

(四)

循着钢丝厂四十余年来沧桑变化的足迹,回首近几年来企业发展的人人事事,一幅幅浓墨重彩的山水画展现在我们面前。

从我厂第一例大病医疗保险的兑现，到全厂职工一起加入医疗、工伤保险；从人工防雹增雨火箭弹的定型，到降伏六十年一遇的干旱而进行的雨弹系统大会战，再到奥运会、全运会以及建国六十周年阅兵式的天气保障；从企业的连年亏损，水电费都不能按时缴纳到汶川大地震近百万元的捐助；从生产、生活区杂草丛生到花园式的生活工作环境；从危险、落后的生产工房到现代化、全自动的安全、高效生产线；从2001年全年总产值3000余万元到2008年突破亿元大关；从资不抵债、冗员沉重的国营企业到辅业分离，主业重组，通过技术改造，产品结构调整，实现历史跨越的新型现代企业……

江西钢丝厂经历了创业的艰辛，走过了计划经济向市场经济转变的泥泞；迎来了科学发展，和谐发展的曙光。

尾　声

随着城市化进程的逐步推进，工厂所处的地理位置再次制约了企业的发展壮大，二次搬迁任务已经提上议事日程，正如工厂领导在搬迁动员会上所说，第一次搬迁我们靠自力更生顺利完成，钢丝厂人用自己的聪明才智，勤劳双手将工厂建设得这样美好，我们的第二次搬迁和第一次不可同日而语，我们现在有更加强大的经济实力和优惠的政策支持，所以我们应该相信，我们将会建设一个更加美丽，更加科学化、现代化的企业，并使得企业取得更好的发展。

我愿和我的同事们一起用自己的辛劳与汗水和钢丝厂在市场经济的大潮中翩跹起舞，舞出人生新天地，舞出科学大发展。

二机精神放光彩

黄明凤

提起二机精神，不由得令我肃然起敬。创业的江西第二机床厂军工人用智慧、辛劳和汗水凝结起来的"勤劳、拼搏、团结、创新"精神，鼓舞、激励一代又一代的二机人，从创建二机厂到军转民二次创业再到职工自主创业无不闪烁着鲜活的光彩。

二十世纪六十年代中期，黄浦江、嘉陵江、赣江"三江"江畔的优秀儿女汇聚在井冈山脚下一个叫黄竹冲的12公里狭长的小山沟里，开始了艰苦艰难的创业。他们有的放弃了城市中的优越的生活条件，有的离别了自己的父母兄弟姐妹，有的干脆带着自己家眷，义无反顾地扎根在这块杂草丛生的土地上。他们搬运沙石修通了道路，平整土地搭起厂房和宿舍，拦溪筑坝建起自来水厂，仅用一年多的时间，一座拥有1000余名职工、设计年产15 000支枪械生产厂拔地而起，初见雏形。在恶劣的条件下，他们用手拉肩扛加滚杆，硬是把一台台几吨重的设备安装到位。

在生产过程中，他们攻克了一个个难题，靠自己力量设计制造了双头车床、铣床、磨床、六角滚筒式喷砂机、半自动打蜡机等瓶颈设备以及生产用的刀具、量具、夹模具、工装等专用器具，改进了生产中的工艺流程，如枪匣盖的锻件改为钢块冲焊结合，击火联杆、阻铁改为冲压件，游标采用精密铸造工艺，减少了加工工艺和工装消耗。在建厂不到二年时间里，靠半机械和手工操作，生产出了五支成枪，向中国共产党成立四十五周年献上了一份厚礼。

二机人勤劳、拼搏、团结、创新精神逐渐形成。他们受困于山沟，经常受洪水侵袭。他们与天斗、与水斗，保住了生产设备和物质，并且无一人伤亡。二机人在1978年至1985年的八年时间里打了一场漂亮的搬迁战，自己动手，攻克难关，打出了一口深达195米的水井，建设了自己的自来水厂，架设了电网，在荆棘丛生、满是丘陵的乱葬山上建起了一座新的功能齐全的机械生产厂。花园式的厂区和生活区建成了，令当地百姓慨叹二机人的力量与智慧。

二机厂各项事业突飞猛进，蒸蒸日上。生产搞上去了，其他事业也不甘落后，文艺队能排演《红灯记》《白毛女》等剧目，文艺队员还能跳芭蕾，并在吉安地区巡回演出，篮球队打遍吉安无敌手，棋牌高手也不断涌现屡摘桂冠，职工医院在当时能做开胸剖腹手术，中医能治疑难杂症。提起二机厂，当地政府及百姓无不啧啧称赞。

在军转民的二次创业中，二机人敢于拼搏、勇于创新，在吸纳各方优点的基础上，研制生产出系列油缸、装载机、翻斗车和转向器产品，形成了工程机械、系列转向器、枪械三大支柱产品，最高年产销量达8400余万元。在没有自动化设备情况下，他们创造了月产装载机45台、系列转向器6500套、枪械一万支的生产记录。二机人还创新了自己的生产工艺、检验技术，如扇形轴、刀具加工生产技术，枪管检验技术等。为解决枪械防霉问题，他们采用新的黑色磷化工艺取代枪械表面处理工艺，用电泳涂漆取代老式零件涂漆工艺，用镀铬电化学去油新工艺取代传统枪件除油方法，用气相缓蚀剂取代枪炮油等工艺，解决了技术难题。产品质量当时有口皆碑，"山江"牌享誉神州大地。二机厂还走出了四十余位企业家和处级以上领导干部，他们秉承二机精神为地方军工和社会发展事业作出了积极贡献。

在市场经济冲击和企业改制的浪潮中，1000余二机人，背负着企业和家庭的寄托和希望，勇敢地走出小山城，自由发展、自主创业。他们凭借技术和经验、智慧和品德赢得了用人单位的青睐，他们有的成为企业家、主管、技术骨干，有的考取了研究生、空姐、律师、教师等。他们在发达地区站稳了脚跟，打拼出了自己的基业。他们互相提携，无私帮助。他们身上无处不体现二机精神。他们个个响当当、人人了不起。虽然时代在变，观念在变，但唯一不变的是他们始终不忘二机、不忘二机精神。他们"饮水思源"，自2005年开始，二机人陆续在广东、上海、南昌、吉安等地自发地成立了二机联谊会，自筹资金，每年开展活动。目的是联络二机人情感，将二机精神发扬光大，让二机精神在二机人中一代一代传承。

二机精神已成为联系二机人的桥梁和纽带，相信二机人也必将把二机精神演绎得更加绚丽夺目。

作为二机人，我心潮澎湃。我感念二机前辈，感激他们铸就和传承的精神。我向他们致敬！

（作者为原江西第二机床厂办公室主任）

超常运作铸就历史丰碑
——亲历江西省属军工改革脱困职工安置过程

杨章跃

2005年7月至12月,仅用五个月时间一次性将省属军工25家企业、3.5万职工身份置换完毕,期间未发生大的群体性事件,可谓是国有企业改革史上的奇迹。时任江西省委书记孟建柱在省国防科工办呈报的《江西省属军工企业职工安置工作情况报告》上作出批示:"省属军工企业职工安置工作能这么平稳、有效地取得这些成绩,真不容易。"原副省长凌成兴赞扬省国防科工办在组织省属军工企业职工安置工作中"态度坚决,方法对头,工作扎实,成效显著"。本人有幸参与了整个职工安置工作全过程,现简述于下:

困难状况触目惊心

我于2003年10月从武警部队转业安置到江西省国防科工办工作,上班不久便接到一个艰巨任务,领导让我负责起草2004年全省国防科技工业工作会议工作报告。这对于刚到单位对国防科技工业基本情况一无所知的我来说,的确是勉为其难。于是,首先要做的就是深入调研,充分掌握情况。通过看材料、跑基层、听汇报、开座谈会等多种途径,对全行业的情况有了基本的了解。其中给我留下最深印象的是省属军工太困难了。

江西省国防科工办与其他省(市)国防科工委(局、办)最大的区别就是直接管理着25家省属军工企业,这些企业都是20世纪60年代中后期建设的"小三线"企业,历史上都曾经有过辉煌,但随着国家军工结构调整,加上企业自身多方面的原因,90年代中后期逐步走向衰落,大多数企业停产、半停产,成为江西省最为困难的行业之一。至2004年底,累计拖欠养老保险费、失业保险费和职工工资、医药费等各类费用2.5亿元。企业债务沉重,生产经营困难重重。其中18家企业列入关闭破产(后增加2家)。尽管省委省政府对江西省属军工的困难问题很重视,想了不少办法,但终因省属军工历史包袱太重,积累的矛盾太多,职工安置费用缺口太大,破产工作无法启动。

有什么办法能解决这个难题呢?我一直在思索着这个问题。最后想到了一个法子,利用原先在武警部队从事宣传工作时间较长与媒体比较熟悉的优势,请媒体出面帮助呼吁呼吁,看能否从什么途径争取到政策和资金支持。于是,我找到了新华社江西分社,向他们讲述了省属军工的境况,希望他们派记者了解情况。不久后,新华社江西分社记者李兴文同志联系我,说是要到我们省属军工困难企业调研。我即刻向李贤书主任、刘星副主任作了汇报,两位领导指示我全程陪同李记者下企业调研。我陪同李记者先后走访了江西惠民机械厂、江西赣江化工厂、江西第二机床厂、江西庆江化工厂五个特困企业。这一路我们的心情都十分沉重,企业和职工的困难让我们难以想象,走进一些困难职工家里,我真正感受到了什么叫一贫如洗,什么叫家徒四壁,我们常常是眼里噙满泪水完成采访的。一天李记者到二机厂退休教师龙松林家中,了解到他三个子女都有残疾或重病,还有 80 多岁的老母亲,一家七口挤在 40 平方米的房子里,全靠他每月 630 元的退休金和 100 元的低保费生活,既要维持日常生计,还要买药给儿女治病,生活非常艰苦。李记者实在看不下去,从自己口袋里掏出 200 元钱给龙松林。

二机厂职工黄来书 52 岁内退下岗在家,每月厂里只发 310 元生活费,爱人无工作,有两个小孩,大儿子患聋哑症和精神病,经常要花钱买药,儿媳妇也是聋哑人,二儿子本在南昌上职业技术学校,但由于家里经济拮据,只读了一年便辍学出外打工。买不起菜,爱人拎着篮子到菜场捡菜叶子吃。庆化厂职工肖新红,1971 年随父母从上海支内来厂,母亲无工作,父亲患高血压瘫痪在床十多年,后又患前列腺炎,先后做了六次手术,于 2004 年 2 月去世,除企业报销的医疗费外,还背了两万多元债务。每月不到 400 元的工资,既要供养母亲,还要还债,48 岁的他一直未成家。惠民厂退休职工鲁国柱,一家老小五口人靠他的退休工资生活,儿子不幸患上结肠炎和淋巴结脓肿,做了两次手术,借了三万多元债,61 岁的老伴只有每天出去捡破烂换点钱补贴家用。这样的例子实在太多了,不胜枚举。

更严重的是,企业债务如山,拖欠各种费用包袱沉重。如赣化厂负债 5162.2 万元,由于工厂地处偏僻,因已停产七年,化工设备腐蚀严重,资产变现能力极低,实际资产负债率达 500%。惠民厂负债总额 7376.8 万元,也因地理位置不佳,厂房、设备破旧,资产变现难。二机厂负债高达 23382.5 万元,加上拖欠各种费用 3288.2 万元(其中拖欠职工工资 1280 万元、医药费 130 万元、社保金 1402 万元)。因企业欠缴社保金,职工到了退休年龄办不了退休,要办理退休得个人垫付一至二万元不等的社保金。企业面临严重的生存危机,启动破产依靠其自身能力是难以实现的。

据调查了解,整个省属军工企业破产资金缺口近 10 亿元。一些困难企业活又活不成,破产又破不了,对此干部职工无不忧心忡忡,很多人反映,再这样拖下去精神都要崩溃了。

采访结束后,李记者写了两份内参,分别反映省属军工企业和职工面临的困难,均上了《国内动态清样》,中央政治局常委都作了圈阅,其中一位首长还作了具体批示,要求江西省委、省政府主要领导认真研处。记得中央首长是 2004 年 12 月 29 日作的批示,当天首长批示精神就到了省里。

第二天,即12月30日,省政府即由凌成兴副省长召集省国防科工办、省国资委、省经贸委、省财政厅、省民政厅、省劳动和社会保障厅等部门领导开会,专题研究解决省属军工困难问题。会议作出四项决定:(1)由省财政先拿出100万元解决省属军工企业职工生活困难,符合低保的应保尽保。(2)筹措2000万元资金解决出中心职工社保问题,同时筹措资金解决出中心职工的生活困难问题。(3)切实解决好列入关闭破产的省属军工企业破产启动问题,主要是解决破产企业银行债务清偿和职工安置问题。(4)元旦过后由六个部门组成联合调查组对省属军工企业困难进一步作调研,元月8日前拿出专题调查报告,报省委、省政府。

2005年元旦一过,由省国防科工办、省国资委、经贸委、省财政厅、民政厅、劳动和社会保障厅六个部门抽调人员组成的2个调查组,分别由省国防科工办副主任刘星、纪检组长罗卫带队,赴江西赣江化工厂、江西第二机床厂、江西庆江化工厂、江西惠民机械厂、江西长征机器厂等五个省属军工困难企业和核工业721矿就企业困难问题进行了深入调研。

汇总情况后,由我执笔写出了《关于江西军工特困企业情况的调查报告》(以下简称《报告》),于1月8日上报省委、省政府。《报告》真实客观地反映了被调查企业的困难情况,并提出了七条建议:(1)采取切实措施,尽快启动破产。(2)加强有关部门的协调工作,给困难军工企业破产过渡期内营造一个良好的外部环境。(3)加大对困难企业和困难职工的救助力度。(4)筹集资金统一解决职工个人垫付的社保金。(5)建立困难职工医疗救助基金,解决职工医疗保障问题。(6)妥善解决好劳服人员希望加入社保的要求。(7)建议增加特困企业的维持经费。

超常运作平稳推进

这个报告引起了省委省政府领导的高度重视,责成省国防科工办牵头,省直有关部门配合,拟定省属军工改革脱困实施方案。经过多方磋商,反复酝酿,最终确定了"职工安置一步到位,关闭破产改制分步实施"的总体思路。为搞好省属军工企业职工安置,江西省政府专门出台了赣府厅发[2005]41号文件。

41号文件充分考虑省属军工企业地理位置、人员结构、历史贡献和大部分企业列入国家军工政策性破产等特殊情况,在安置政策上给予了多方面的优惠。2002年江西省政府曾经出台了《关于深化省属国有企业改革的若干意见》(赣府发[2002]19号,简称19号文件)。41号文件与19号文件相比,至少在三个方面有突破:一是退养条件放宽,更多的职工可以办理退养。19号文件规定,距离法定正常退休年龄不足5年的职工可以办理退养,退养职工每月领取基本生活费,享受基本医疗保险待遇,到法定退休年龄办理退休,涉及养老、医疗保险的费用,由企业负担,纳入职工安置费用。41号文件将距离法定正常退休年龄不足10年的职工,即"4050"人员,以及工龄男满30年、女满25年的职工,都列入退养范围,使他们没有了后顾之忧,进了"保险箱"。二是退养基本生活费突破了19号文件政策规定。19号文件规定,退养职工基本生活费不低于下岗职工基本生活费标准,根据实际情况核定。41号文件将退养职工每月领取的基本生活费统一为270元,高于各地的下岗职工基本生活费标准,并且比"并轨"政策也要优惠。三是经济补偿金发放标准突破了19号文件规定。19号文件规定职工经济补偿金按照工作年限每满一年发给一个月的本人工资来计算。41号文件则是统一按照职工工龄每满一年发给800元来计算。这个标准超过了绝大多数职工的月工资标准,这样职工实际拿到的经济补偿金,比按照19号文件计算的数额要大。

就当时状况来讲,省委省政府在职工安置政策上对省属军工给予了特别的优惠。尤其是在江西省财力并不宽裕的情况下,一次性拿出4.3亿元资金用于职工安置,充分体现了江西省委、省政府对省属军工企业职工的特别关爱。

江西省国防科工办依据41号文件,举全办之力做好职工安置工作。在整个职工安置工作中,始终坚持以人为本,精心操作,切实做到"两个维护"、把握"三个原则"、坚持"四个依靠"、认真做好"五项工作"。

做到"两个维护":切实维护职工群众的切身利益,切实维护企业和社会的稳定。无论在政策文件的草拟、实施细则的制定、安置方案的编制,还是在实际操作中,时时处处坚持以人为本,人性化操作。如在草拟安置文件时,充分参照国家和省有关国企改革职工安置政策,确保职工的实际利益。在实际操作中,对一些企业和职工的个案问题,在不违反政策规定的前提下,进行人性化的个案处理,为职工群众解决了大量过去应该解决而没有解决的问题。维护稳定,是安置工作不容有丝毫忽视的重中之重,也是检验职工安置工作成败的试金石。省国防科工办及各企业均专门成立了维稳工作组,制订了维稳工作制度和处置突发事件应急预案,责任到人,工作到位,确保了企业和社会的稳定,整个安置工作非常平稳,未出大的不稳定事件。

把握"三个原则":一是牢牢把握执行政策不动摇这个原则。在职工安置过程中,牢牢把住政策规定这个关口,不管承受多大压力,无论工作多么艰难,在原则问题上决不退让,全省25户企业真正做到了政策统一,思想统一,标准统一,程序统一。二是坚持尊重历史、正视现实的原则。省属军工企业积淀了大量的历史遗留问题,许多沉积了多年甚至十多年的问题要在这次职工安置中一并解决,其难度可想而知。在深入调研的基础上,将历史遗留问题一个个梳理出来,并在政策的框架内逐一研究解决。调查中发现部分职工曾从事特殊工种和发生过工伤,由于历史原因,大都未作过认定,这将直接损害职工的切身利益,对这部分职工专门请省劳动鉴定委员会专家组进行了重新鉴定和认定。仅对工伤、非因工丧失劳动能力人员进行鉴定就达890多人。三是坚持公开、公平、公正原则,实行"阳光操作"。各企业将安置政策、安置方案、各种费用测算标准、安置工作的基本程序及每个职工的年龄、工龄、各种费用(包括拖欠的费用)等全部公示,不搞暗箱操作,使安置工作经得起时间的检验、历史的检验、群众的检验。

坚持"四个依靠":在整个职工安置过程中,注意紧紧依靠政策文件,依靠企业所在地党委、政府及有关部门的支持配合,依靠企业领导班子,依靠广大干部职工,积极稳妥地推进各项工作。

认真做好"五项工作"：一是深入调研，精心准备。职工安置工作开始前，由办领导带队，深入企业调研，共收集了100多个问题，针对这些问题，召开了十多次专题会议（那段时间工办主任办公会经常是不分白天黑夜，一边吃着泡面一边开会，有时开到深夜一两点钟），逐一进行分析研究，梳理了23个带有共性的问题编发了宣传提纲和问题解答，制订了安置工作细则、操作规程。

二是先行试点，推广经验。为摸索经验，选择了一个仍在正常生产经营的江西锻压厂和一个处于长期停产状态的江西第一木材加工厂试点，探索职工安置工作路子，总结经验和做法，在全省推广。

三是分类指导，责任到人。按照一厂一策，分类指导的原则，加强对企业职工安置工作的指导。将25户企业按区划分，办领导分片负责，每个企业均派出一个由机关正副处长任组长的职工安置工作指导组，具体指导企业的职工安置工作。并明确各企业完成职工安置工作的时间节点，责任落实到人。

四是深入宣传，工作到位。从安置工作一开始，紧紧抓住政策宣传这一重要环节，利用广播、报纸、电视、专栏、企业自办报刊，设立政策咨询接待室，召开政策宣讲会、座谈会等多种形式，大力宣传这次职工安置工作的重大意义，宣传党和政府关心厚爱，宣传相关政策规定，耐心细致地做好宣传解释和说服引导工作，使安置政策家喻户晓，使党和政府的关怀深入人心。如为做好南方电动工具厂职工群众的宣传疏导工作，工办机关抽调了50多名同志，由办领导带队，三人一组，机关处长、副处长担任组长，深入工厂的机关科室、车间、家属区，敲遍了厂区的每一户宿舍门，除远在外地打工的以外，与每一个干部职工面对面谈了话，宣讲政策，听取意见，解答疑问，获得了广大干部职工的理解和支持。通过细致工作，广大干部职工充分理解和接受了安置政策，并以实际行动支持企业的职工安置和军工改革脱困工作。25户企业的职代会都是一次性高票通过职工安置方案，其中20户是全票通过。

五是规范操作，稳步推进。按照"试点引路、分步实施、先易后难、先外围后南昌"的方法，严格按政策、标准和程序，精心组织，严密操作。为了规范操作，在推广试点经验的基础上，制定了统一的操作细则，做到政策统一、工作程序和操作流程统一。为提高职工安置方案一次性通过率，成立了审核组，对企业编制的职工安置方案和费用测算方案，一个单位一个单位进行初审，查原始档案、历史凭据，力求做到准确无误，25户企业的安置方案全部一次性获得职代会通过，费用测算方案也是一次性通过省财政厅、劳动和社会保障厅、国资委和省国防科工办审核组联审。

我被安排担任江西惠民机械厂职工安置工作指导组组长。惠民厂地处南昌市解放东路城南村，始建于1967年6月，原厂址在宜黄县境内，主要生产手榴弹、地雷，军转民后，工厂从事自行车脚蹬配套件和电风扇生产，1988年4月搬迁至南昌市，后兼并了南昌台钳厂。因产品缺乏市场竞争力，企业连年亏损，1997年开始工厂基本处于停产状态，工人陆续下岗，是省属军工中最为困难的企业之一。当时在册职工992人，退休人员 558 人，工厂负债总额 7376.8 万元，拖欠各种费用 2018 万元，其中拖欠职工工资 480 万元、医药费 127 万元、社保金 846 万元、抚恤金 42 万元、职工办理退休个人垫付社保金 89 万元、其他欠费 669 万元。职工困难面比较大，工厂积累的矛盾和问题比较多，加上地处南昌市，获取信息渠道较广，职工思想相对活跃，可谓是一块比较难啃的骨头。

进驻工厂后，我与厂领导反复商议工作方案，将安置政策、工作流程、费用标准等张贴公布，召开不同类别人员座谈会，与重点人员谈心谈话，登门走访，深入细致地做好宣传解释工作。多少次与职工面对面交流乃至辩论交锋，多少遍与情绪激动的年轻小伙、老伯、阿姨谈政策讲道理，最终取得广大职工群众的理解和认同，职工代表大会上，全票通过了安置方案，顺利地完成了职工安置工作任务。惠民厂也因此被省国防科工办评为"江西省属军工企业职工安置工作先进单位"。厂长邓春媛感慨地说："惠民厂多少年没有评过先进单位，没上台领过奖，没想到这次职工安置工作拿回了一块奖牌，特感荣幸。"

凤凰涅槃华丽转身

这次职工安置，破解了省属军工历史性难题，取得了显著成效。

一是解决了大量历史遗留问题，为企业卸了包袱。企业拖欠职工的工资、抚恤金、医药费、个人垫付社保金等各种费用得到了一次性清偿，企业欠缴社保金采取先挂账、"退一补一"的办法解决。记得南方电动工具厂有个职工名叫黄坚，患肝炎病多年，于 2003 年病逝，花费了 10 多万元医药费，全是他父亲黄荣宣找亲戚朋友借来的。为还债全家人省吃俭用，艰难度日。这次安置，一次性报领了 15.6 万元医药费。当时 70 多岁的黄荣宣手捧着钱，激动得老泪纵横，不住地讲："感谢党，感谢政府，这下我家有救了！"

二是职工得到了妥善安置，年轻的领取了经济补偿金，可安心自主择业，暂时失业的，可以领取失业救济金；符合退养条件的，解决了养老、医疗保险，每月还有生活费，没有了后顾之忧。

三是为企业破产改制铺平了道路，按照"职工安置一步到位，关闭破产改制分步实施"的思路，首先把职工安置这项企业破产改制中十分难做而又十分重要的工作完成了，有利于破产改制的顺利推进，关闭破产或改制重组时没有了职工安置问题，可以条件成熟一家，操作实施一家，缩短清算时限，同时也可降低破产改制成本。

四是从根本上消除不稳定的隐患。多年来，由于江西省属军工企业长期积淀的问题日益突显，企业和职工群众中不稳定因素越聚越多，群访事件时有发生。随着职工安置工作的顺利完成，这些不稳定因素也随之得到化解，从根本上解决了省属军工企业的稳定问题。

五是为省属军工企业的发展奠定了基础。职工安置后，企业没有了人事关系上的桎梏，没有了欠费等问题形成的压力，可以轻装上阵搞改制、谋发展，可以运用更加灵活的体制机制对企业进行重组和改造,以新的管理模式组织生产经营,为企业的长远发展奠定基础。

江西省国防科工办将职工安置后的省属军工企业分为三种类型进行处置。

第一种是对无产品、无资源、无保留价值的企业,如赣化厂、二机厂、南动厂、惠民厂、连胜厂、一木厂、二木厂、三木厂、江专厂、江标厂等,彻底关停,对土地、厂房、设备等资产进行处置变现,叫作"关门走人"。

第二种是有一些产品和生产设备,还基本能够维持正常生产经营的企业,如一机厂、锻压厂、新明厂、庆化厂、江工厂等,进行改制重组,有的进行股份制改造,实行多元化整合,有的引进战略投资,将生产线整体出售,解决职工就业问题。

第三种是对一些优势企业,如江西钢丝厂、江西经纬化工厂、机械化工厂、先锋机械厂等扶强做大。省国防科工办通过整合重组改制,组建了江西省属军工"四大发展平台"。一是整合省属军工国有资产成立江西省军工资产经营公司,形成省属军工资产管理、投资融资、创新发展平台;二是整合省属军工五家军品生产企业(先锋厂、星火厂、经纬化工厂、爱民厂、新明厂)与泰豪科技公司重组,组建江西国科军工集团公司,形成省属军工军品研发生产平台;三是整合民爆生产企业,组建江西民爆器材集团,形成江西民爆器材发展平台,并力推在证券市场上市;四是以江西钢丝厂的人工影响天气等特种装备为基础成立江西新余国科科技股份有限公司,形成特种装备研发制造平台。

通过一系列改革脱困、重组改制整合,江西省属军工迅速摆脱困境,犹如凤凰涅槃,重获新生,迅速驶入良性发展的快车道。2006年结束了长达10年的整体亏损局面,扭亏为盈。到2013年底,省属军工共20个关闭破产项目,10个全部终结,10个基本终结,省属军工拥有资产总额达25.92亿元。2013年实现工业总产值12.3亿元,利润1.8亿元。

我国航空工业技术工人的摇篮
——回忆中南 247 技校

梁佩云

这些年,我一直无法忘记的母校,那座航空工业技工的摇篮——中南 247 技校。那里的一草一木,一枝一叶,总让我午夜梦回,萦绕在我的心间。

1954 年,我中学毕业后考入中南 247 技工学校。8 月底,我告别父母到市里集中,然后坐船沿赣江北上来到南昌。技校派来一辆旧货车,拉着吉安专区录取招来的五十多名学生来到一片平房旁,带队的老师说:"这就是中南 247 技工学校!"我当时就傻了眼,当时,教室、宿舍、厂房、办公室都是木屋架、泥巴地、竹筋墙,食堂和会堂是竹席棚,道路铺满低凹不平的鹅卵石。

可我们就在这艰苦的环境中上课、实习、生活。

在中南 247 技校,我亲身感受了理论教学与实践操作的相互渗透、和谐统一的魅力,看到了教育与生产劳动的有机结合及其产生的伟大成果。

学校的培养目标是将学生培养成为具有社会主义觉悟,有中等文化和技术理论基础知识,能熟练掌握现代生产技能而满足航空工业建设的需要的中级技术工人。所以,学生既学习文化理论知识又学习专业技术和实际操作,即所谓能文能武,脑力劳动和体力劳动相结合。

学校从五十年代就通过实习教学开始批量生产煤气机、鼓风机、长途客车、金属切削机床。后来把本由航空工厂生产的飞机副油箱和军用摩托车也转来学校批量生产。

让大家用双手生产出机器设备,既培养了技术人才,又为国家创造了物质财富。1953—1965 年该校共完成商品产值 5531 万元,创造利润相当于国家固定资产投资的两倍,做到了经费自给有余。

1960 年前后教学生产硕果累累,年出成果实现"七个一千",即毕业学生 1000 名,招收新生 1000 名,产军用摩托车 1000 辆,造 1617 车床 1000 台,制造电动机 3000 台。为此,江西电影制片厂曾为学校拍摄了一部《勤工俭学》专题片。

学校不但培养学生的生产技能,还十分注重政治思想教育。

我清晰记得 1955 年 11 月 28 日,在学校的竹棚大礼堂内,我们全校师生员工聆听了团中央书记胡耀邦的报告。他反复向我们宣传毛主席的教导,说我们是早上八九点钟的太阳,未来是属于我们的,希望大家努力奋斗!

我亲身感受到学校思想政治教育内容丰富,形式多样,成效显著。学校坚持发扬党的优良传统,学习延安抗大精神,以抗大的"坚定正确的政治方向,艰苦朴素的工作作风,灵活机动的战略战术,团结、紧张、严肃、活泼"的三八作风作为校风,以抗大校歌作为校歌,紧密联系学生不同时期的思想、知识、心理发展的特点,循序渐进,由浅入深引导学生逐步树立正确的人生观和世界观。

学校定期请老红军老干部作革命传统报告,开展以英雄人物命名班级的集体荣誉教育,先后以卓娅、董存瑞、黄继光、刘胡兰等烈士名字命名了十七个班级。学校还充分发挥共青团组织和学生会的作用,大力开展学生的业余文化体育活动,逢年过节组织学生文艺会演,文艺慰问演出,定期举办体育比赛和运动会。还以学生为主组织了宣传委员会,承担学校的广播和校报宣传。这不仅活跃了生活,增强了体质,还培养很多能歌善舞、能写绘画的人才。我当时和同学们一起搞文艺搞宣传,深感生活在这个集体中的光荣、温馨、和谐、快乐,至今不能忘怀。

1959年建国10周年,在北京劳动人民文化宫举办了全国新技工培训展览会。我有幸受学校委派与另一位老师赴京参加筹备工作,我还被分配担任展览会讲解员。我们学校的展览内容放在展馆的第一版,是公认的"全国第一"。来参观的同志走进展馆,第一眼就看见由我校生产的长途公共汽车,他们啧啧称赞:"啊!一个技工学校竟能造出这么漂亮的汽车呀!"

中央领导李先念副总理在众多部长们的陪同下前来参观,我和其他讲解员一样,怀着幸福和激动的心情,认真给领导讲解。李先念副总理满面微笑赞不绝口,特别是看到我们南昌247技校的成就十分高兴。他说:"技工学校能有这么好的思想政治工作,培养出这么高素质的学生真了不起,值得向全国宣传推广!"我还有幸与三机部机关人员一起,参加了国庆十周年天安门广场的游行,晚上又参加国庆联欢晚会,接受了伟大领袖毛主席等中央首长的检阅,这是我一生中的最大光荣。

1960年,我们学校被评为江西省和全国的先进单位并出席全国文教群英会;1962年元月学校隆重举行大会庆祝建校10周年,邵式平省长亲临大会作了重要讲话,并题词:"坚信自己,自力更生,迎头赶上,力争超过。"还同全校师生合影。在1964年三机部召开的航空工业领导干部会上,我们学校又被推荐为部10个先进单位之一。

从建校到1969年改为工厂后的18年间,学校共培养了13 000多名学生。学生经过系统的政治、文化、技术理论学习和操作技能培训,毕业后分配到全国各地的航空工厂,深受全国航空企业的欢迎。据1965年底学校对39个工厂6176名历届毕业生的调查,工厂普遍反映学生进厂后思想素质好,技术过硬,能适应工厂的需要。

不少五十年代、六十年代的毕业生,有的被评为省、部和全国劳动模范,相当多的毕业生担任了工厂的各级管理干部和技术干部(包括厂级领导)。

洪都机械厂是新中国第一架飞机的诞生地,1954年成功制造第一架飞机时,一线技工中有70%是247技校的毕业生。

十分可惜的是,这么一所技工学校的光辉典范和为航空工业源源不断培养技术工人的摇篮,在"文化大革命"期间的1969年6月却被改掉合并了。学校的大批机床和摩托车生产线被无偿调走,18年辛辛苦苦编制的教学大纲、教学计划、数十个工种几百万字的教材,全套理化教学仪器和设备流失殆尽,无一幸存。从此,中南247技工学校消失了。

但是,247技校短短18年创新和实践的办学理念、办学精神、办学经验和办学成果是永不磨灭的;这个集体所营造的和谐、融洽、欢跃、愉悦的气氛是永存的;她培养出的10 000多名学生为祖国的航空事业所作的贡献是人们永远不会忘记的。

我、我的领导、我的师长、我的同事、我的校友,永远都会想念着她——中南247技工学校。

沧桑巨变：从小"马棚"到小"洋楼"

黄建中

在驰名中外的瓷都景德镇，有一颗璀璨明珠，她就是中国唯一的直升机设计研究所——中航工业直升机所。

在直升机所这个中国直升机"村"，曾有许多美丽的"景点"，如"桃花岛""西伯利亚""威虎山"……然而，有一个地方并不起眼，那就是"88栋"。

我在"88栋"生活了好些年，深深地体验了当年环境的恶劣和生活的艰辛。

"88栋"是一排低矮破旧的平房，据说，当年是解放军901部队的马棚。马棚并不宽敞，只有一"室"一"厨"：权作卧室的地方也就是当年战马休养生息的处所，足足有十来个平方米；在卧室前方有一窄长的走廊，摆上锅碗瓢盆，也是一个不错的"厨房"。

我没有刘禹锡的精神境界，"斯是陋室"，却"惟吾德馨"。在小"马棚"生活的那些年，我饱尝了生活的艰难和无奈：不必说像直八（指直八直升飞机）似的大蚊子、赛龙舟似的大蜈蚣，在猖獗的夏夜，冷不丁地咬你几口；也不必说那漏了补、补了漏的小"马棚"，晴天床上晒太阳，雨天棚内下小雨；更不必说那"马棚"后的"风水宝地"，还没到"雨纷纷"的清明时节，"路上行人"就"欲断魂"；单说那"电荒""水荒"，就让人伤透脑筋，不得不准备些蜡烛和水桶，以便在人们熟睡、水压慢慢升起的深夜囤积足够的"战备"用水。

可那艰辛的岁月，对我来说，却是幸福的。每天早晨，沐浴着第一缕阳光，我和爱人甜蜜地牵着女儿的小手，美美地欣赏着女儿的蹒跚学步、咿呀学语；每天下班，我总是兴冲冲地骑着花二三十块钱买来的二手"宝马"，一口气冲上"88栋"，只想第一时间看到"马棚"里的宝贝女儿；气喘吁吁的我，每每顾不得满身的疲惫，一口咬住女儿小脸上那红彤彤的小"苹果"，尽情地品尝着幸福的滋味。

这样的生活是滋润的，况且还有60多岁的老妈，每天帮我料理着家务。无论春夏秋冬，刮风下雨，一回到家里，我们就能吃到香甜可口的饭菜。一家人挤在小小的"马棚"里，心里暖乎乎的。可是有一天……那是一个晴朗的午后，女儿扶着学步车在窄小的"马棚"小道上蹒跚学步。突然，一块该死的小石头"蹭"了一下学步车，女儿径直"冲"向了棱角分明的水泥礅！娇嫩的额头被"砸"开了一道3公分长的口子，鲜血直流!

我一把抱起女儿,按住伤口,直奔医院……我暗自发誓:一定要尽快搬离这个破旧伤心的"马棚"!

可是,当时研究所的住房相当紧张,我们一下子还无法撤出小"马棚"。

而后来发生的一件事情,让我想想都后怕!"88栋"坐落在一个小山坡上,唯一通往"马棚"的是一条又陡又急的羊肠小道。一个绵绵细雨的春天,我妈带着我女儿"下山"买菜。拐弯时,我妈脚下一滑,身子重重地摔倒在地!60多岁的她,双手紧紧抱住小孙女,死死地撑在地上……

几年之后,直升机所的住房建设慢慢起步,住房紧张状况逐渐缓解,我也很荣幸地拣了一个"漏",分到了花明小区一套像模像样的住房,告别了多年的"马棚"生涯。

后面的发展更让我惊讶:从2003年开始,直升机所全面规划建设国内一流的花园式研究所,掀起了前所未有的建设高峰。短短几年时间,昔日古朴的直升机"村"一下子变成了环境优美、空气清新、充满现代气息的直升机"城"。

如今,和许多直升机所人一样,我也住进了宽敞的复式楼,过着"楼上楼下,电灯电话"的舒适生活,平时可以听女儿琴房"调素琴",陪爱人书房"阅金经";或在"无案牍之劳形"的周末,到景色宜人的休闲广场散散心,到田径运动场跑跑步,或到设施一流的职工活动中心打打球,也可在"无丝竹之乱耳"的深夜,与爱妻喝点"干红",陶醉于柔美浪漫的小夜曲……

近年来,直升机所与国内外的交流合作越来越频繁,不少北京、上海等大城市的朋友来所参观后,羡慕不已:直升机所人住的是高规格的"豪宅"、现代化的小"洋楼",过的是高品质的现代生活!我想,直升机所的住宅建设史不正是一部从小"马棚"到小"洋楼"的变迁史吗?而这种变迁不也从一个侧面反映了研究所和直升机事业的快速发展吗?

我怀念我的小"马棚"生涯,珍惜现在的小"洋楼"生活,更憧憬更加和谐美好的未来。

感悟实现江西铀矿大基地梦的"核"动力

许立扬

最近,我有幸参加了江西矿冶局组织的推进江西铀矿大基地建设文化走访活动。在6天的走访里,走访团成员循着第一代创业者的足迹,徜徉在历史、现实和未来之间。我的思想感情也随着走访活动的深入而起伏跌宕,被江西铀业地矿人的两次创业和如火如荼的大基地建设浪潮深深感动着。

我是江西铀地矿第二代,平时总以自己了解江西铀地矿人、铀地矿业而自居。通过这次走访,我发现自己对江西铀地矿人和铀地矿业所知寥寥。走访中一次又一次被江西铀地矿第一代创业者以艰苦卓绝的创业精神,实现了国防强军梦所震撼。

在20世纪50年代末期,金安铀业公司(前身为七二一矿)的第一代创业者,他们中大多数是军人,还有从国外留学归来的高级知识分子、刚从专业学校毕业的年轻学生、在大城市有舒适生活条件的工程技术人员和高技能人才。他们从祖国的四面八方汇聚到野兽出没的崇山峻岭——相山,风餐露宿,披荆斩棘,夏天顶着似火的骄阳、冬天冒着刺骨的寒风,人力推车、手工打眼、辘轳提升,用土法上马实现了党中央、国务院、中央军委提出的"早拿、快拿、多拿"核原料的目标,为保卫祖国安全、维护世界和平作出了历史性的贡献。

相山矿田开发初期,人烟稀少,交通闭塞,生产生活方式十分落后,方圆百里没有电力供应和机械作业。金安铀业公司的第一代创业者们用忠诚的目光、拼搏的激情,克服了难以想象的困难,锻造出国内最大的核原料基地。由于年产金属量最高,1970年被核工业部誉为"掌上明珠",被铀地矿业界称为中国"铀都",走出了一条艰苦创业的成功之路,将昔日荒凉的原始山区建设成现代化的新型铀矿区,绘就了一幅"炮声当歌,事业如虹"的历史画卷。

在走访过程中,前身为七一九矿的金瑞铀业公司党委书记杨明泉同志说:"江西地矿单位都有相似、厚重的发展历史,金安铀业公司是典型的代表,我们要认真梳理,从历史中挖掘出前人留下的宝贵精神财富。"

坚忍奉献精神从建设初期就已融进江西铀地矿人的血液里。在我的记忆里,初中时期,学校组织我们参观七二一矿工程师陈建华事迹展,了解到从发现他患癌症到逝世的两年多里，带病坚持工作，足迹踏遍百里矿区，撰写了近 10 万字的水文地质论文、报告和建议，绘制了一本有 6000 多个数据、93 幅图表的《水文地质综合图表》，其事迹载入中共中央书记处研究室编辑的《谱写共产主义凯歌的人们》一书。

在这次走访活动中，我又有机会接触到一批国家和部级劳动模范和先进集体，给我留下最深刻印象的就是金瑞铀业公司的"草桃背精神"。20 世纪 80 年代末期，金瑞铀业公司的前身七一九矿跟其他矿山一样遇到了生存危机，面临铀价低迷、地质储量变化、原生产矿点终产，但七一九矿党政班子不等不靠，和职工群众同吃同住在工地，随叫随到，一天在厂房工作 10 多个小时，在深山之中建起了现代的铀矿山，实现了"当年开工、当年出产品、当年见成效"的目标。这种不要国家投资，自力更生、坚忍奉献的精神被集团公司各级领导誉为"草桃背精神"。

当我走在位于群山之中的草桃背铀矿盘山公路上，望着鳞次栉比、干净整齐的工业设施，我的敬意油然而生。这里没有灯红酒绿，甚至没有一般生活设施，就是想购买日常生活用品也要到几十里之外的小村庄小店。在这样的环境条件下，日复一日地重复着平凡、枯燥的工作，却创造出这样的工业奇迹，工作在这里的员工具有多么坚强的内心世界！

江西铀地矿诞生近 60 年来，开拓创新始终伴随着几代创业者的每一个脚印，成为江西铀地矿人不断进取的精神动力。

当我们几个矿山的走访团成员走进简朴、整洁、幽静的二七〇所大院，被大院蕴含的浓厚的文化气息所吸引。大院内有从 70 年代建设的老式办公楼和职工住宅到近年建成的高层职工集资房和现代化办公楼，有茂盛的林荫树、醒目的文化宣传牌、小公园、健身场、游泳池、地下车库，它们静静地向人们诉说着发展的历程和奋斗的成果。作为铀矿山的"神探"，他们以崇山峻岭为"根据地"，南征北战，在天山南北、戈壁沙漠、茫茫草原留下了奋斗的足迹，在核地质领域取得了丰硕的科研成果，30 多年来完成 200 多项地质项目，其中荣获国家级、省部级奖项 42 项，为铀矿事业立下了"汗马功劳"。在"保军转民"的第二次创业中，勇于开拓，敢为人先，又在市场大潮中取得了骄人的成绩，曾有年创利近 2000 万元的光荣纪录。

在 20 世纪 80 年代初，由于品位较低，金瑞铀业公司用常规水冶已无法维持生存。时任副总工程师的龚延勋同志提出的堆浸试验建议得到了矿领导和上级部门的重视和支持。他们依靠自己的力量，设计、施工、制造、安装了第一个千吨级的堆浸场。试验遭到多次挫折，但他们顶着各种压力，成功完成了万吨级地表堆浸试验，取得了建设工业生产规模地表堆浸场的设计、施工和管理经验，填补了我国铀矿冶万吨级堆浸技术的空白，1990 年获国家科技进步一等奖，也为金瑞铀业公司赢得了一次难得的发展机遇。

金安铀业公司党委书记鲜和平同志说，金安铀业公司建矿五十六年来，取得了丰硕的生产、科研、管理成果，与金安铀业人勇于开拓创新是分不开的。鲜书记的话把我们带到原七二一矿水冶厂建设中期的 1973 年。当时，废矿浆排放用 4 台一般的砂泵分4个阶段输送,砂泵多、耗电量高、管理维修复杂,经常冒漏矿浆。为解决这一问题,工程技术人员在时任机修厂厂长刘清林(后曾任江西矿冶局局长)的带领下,借鉴国外马尔斯泵的原理,组织技术攻关,试制组的同志吃住在厂里,反复改装,用5个月的时间,终于在第二次试验中取得成功,制造出国内第一台大流量的"马尔斯泵",提高了水冶运行效率。

在走访的6天里,我们所到的每一个生产现场,接触到的每一个员工,都传递给我们一个强烈的信息,那就是:建设江西铀矿大基地时不我待,建设铀矿大基地是每一个江西铀地矿人义不容辞的、光荣的历史责任。

走访活动结束了,但我们的耳边还激荡着各单位在谈到大基地建设规划时的铿锵誓言,眼前还闪现着一幅幅为实现江西铀矿大基地梦想热情工作的场景。那么,激励江西铀地矿一代又一代创业者不懈努力、不断进取,实现了国防强军梦,又为实现江西铀矿大基地梦想而砥砺奋进的"核"动力是什么呢?我想所有的走访团成员心中都会有一个共同的答案,那就是"艰苦创业、坚忍奉献、开拓创新"。

勘探职工当年住的油毛毡房资料图

邹家山矿田露天矿场资料图

万水千山总是情
——忆闽北普查找矿

杨映璜

"东方欲晓,莫道君行早。踏遍青山人未老……"近半个世纪前,我曾是核工业部华东地勘局二六五大队的一名地质队员,随大队的同志们一起,踏遍无数崇山峻岭,普查找矿。时光荏苒,情缘起落,锦瑟不复,但是,在闽西北普查找矿的那些日子,依然留存在我记忆最深处……

出征闽西北

1968年初,核工业华东六〇八大队十二分队(二六五大队前身)三连奉命从浙西南调往闽西北进行普查找矿。闽西北地区属武夷山北端,是我国唯一的世界双遗产国家级自然保护区,有着多彩迷人的植被、奇趣雄伟的峰岩景观、变幻莫测的气象奇景……秀丽妩媚的自然风光令人神往,同时又因荒无人烟而让人望而却步。

地质队员手持仪器进行探矿作业

我们三连当时有两个普查班：一班班长由付克文同志担任，二班班长由我担任。在两个普查班的基础上连队组成5个踏勘小组，每个小组2—3人。出发时由连队革委会主任李连印同志作了战前动员。此去的目的是，为在大区域内选取有利成矿点而进行1:20万的踏勘，涉及范围有崇安县（现武夷山市）、光泽县等地。我任踏勘第三小组组长，组员有找矿员郑铜生同志、连卫生员罗梅盛同志。由于踏勘期间每天要步行五六十里路程，且大多要翻山越岭，不便自带被褥，所以吃住都在当地老乡家。

我们小组到达目的地后，确定了工作路线和宿营地。然而，天公不作美，第二天上山就遇上阴雨天，山陡地滑，浑身上下都沾满了泥水。沿工作线一天下来，我们也没有碰见一位老乡。傍晚时分，我们三人来到了预定宿营地点。这是一个位于半山腰的小村子，总共只有十多户人家。生产队长热情地接待了我们，并安排住在他家。山区的老百姓家境贫困，但淳朴、热情、好客。他们只是在每年的春节前杀一头猪，把肉咸制起来吃上一年。通常舍不得吃，过节或有客人到来时，才切一块咸肉放在热锅中熬点油烧笋干。平时自己都是以咸菜、辣椒为菜，以苞米、红薯为主食。即使如此，我们也顾不上许多，一个个狼吞虎咽，只要填饱肚子就好。晚饭后，我们一边烤着被雨水淋湿的衣服和鞋子，一边整理着资料。工作之余，罗医生还给当地老乡看病，深受他们的欢迎。

生产队长一家六口人，只有三床被子，却拿出一床被子给了我们。三人睡在他家阁楼上，阁楼很矮，平时用来堆放粮食和杂物。我们点上随身带来的蜡烛，整理出一块空地方后，三人便和衣而睡，因为只有一床被子只能把被子横盖在三人身上，勉强遮住上半个身子。山区的三月，阴雨绵绵，格外湿冷，我们紧挨着身子，互相取暖。由于累了一天，不一会儿就睡着了。但是，没过个把小时，我们个个都感觉到浑身奇痒。打开电筒一看，发现有许多跳蚤蹦上蹦下。于是，三人开始抓跳蚤。手指上沾点口水，一粘一个，效果不错。用指甲轻轻一掐，有的已经吸上了我们的血。俗话说"跳蚤只咬生人不咬熟人"，此话是真是假，也无从考证。到了下半夜，三人再也无力去抓了，一个个昏昏入睡。第二天，我们付给主任四角钱伙食费（每餐两角），他执意不收。我们讲这是纪律，主人只好收下。就这样，三人穿上半干半湿的球鞋和工作服，捆上绑腿，告别了生产队长，又踏上新的征途。在那"飞行"踏勘的日子里，我们每天都饱受跳蚤侵害之苦，到最后踏勘结束，回到队部的第一件事，就是用开水烫毛衣毛裤，进行全面的消杀。

记得我们进入桐木关断裂带的大峡谷时。峡谷的两岸为花岗岩地貌，水抱山流，两岸群峰耸立，万木叠翠。此处是武夷山断裂垭口，原始森林区。当地老乡为了捕猎埋了一些捕野兽的铁夹子，人要一旦踩上腿会被夹伤或夹断。于是，我们用二米来长的竹竿探路前行，这样一天下来还是会碰上二三个。出征近一周，连续阴雨，整天穿着湿鞋。汗水和雨水交织在一起，工作条件比我们想象的还要恶劣。山沟里整片整片的毛竹倒伏之后腐烂发臭，大麻蚊子成群结队地盘绕在我们头上，不肯离去，时不时地在我们身体裸露部位咬出一个又一个红包。唯一的办法就是把清凉油涂在脸上手上，这才好一些。更可怕的是在山沟中还经常受到蛇的惊吓,最多一天我们发现五条蛇。

尽管如此,我们像爱护眼睛一样爱护仪器,没有它完成不了任务。为防止它受潮,我们还用毛巾把它包裹起来。路隘苔滑,摔跤是经常发生的,但仪器探管等依旧保护完好。

踏勘的岁月,其艰苦程度不言而喻。但它的确能磨炼人,在极端艰苦的环境里培养出了人的意志和勇气。

勇攀黄岗山

我们在闽西北踏勘之后,上级决定派我们班到崇安地区黄岗山进行1:2.5万普查。由于区域内地形险恶,人烟稀少,所以,对该地区的普查,只能由外围逐渐走向纵深。

在突击海拔1900公尺的七星岩过程中,由于地段切割厉害,崖壁峭拔削立,所以,工作难度大。但断层发育对成矿有利,我们一方面要把工作做细,另一方面又要加强安全工作,要求攀登陡壁时一定要小心防滑,同时还要防毒蛇咬伤。在那些日子里,我们每天提前出发,工作结束后统一下山。七星岩又高又险,站在峰巅,举目眺望,云彩在我们脚下飘浮不定,犹如蓬莱仙境。可高山上的天气像小孩脸,说变就变,唯恐会下雨,每次我们都等人员到齐后,才赶在天黑前下到山底。但是,有一次,险情还是发生了,当剩下五分之一山路就到达山底时,出现了意外。上面一同志不小心踩翻了一块约有几公斤重的岩石,滚了下去。后面的同志"啊"的一声,滚石已将我撞上摔出去好几米。不幸中的万幸,滚石撞在我的左腰上。如果再多迈出去一步,那后果就更加严重了。同志们七手八脚地把我扶起,但站立困难。于是,先叫江景镛、胡学金同志快速下山,剩下的同志轮流背、扶我行走。近黄昏时分,先下山的两位同志借来了板车,由罗医生对我的伤稍作处理了后,躺在平板车上回到了住地。经最后确诊,我除腰部青紫、瘀血、膝盖摔破皮外,主要是肌肉拉伤,左腿行动有所不便。后来涂上老乡送来的草药和罗医生的治疗,再加上年轻力壮(当时才22周岁),躺了几天就康复了。在养伤的这几天里,同志们帮我洗衣端饭,老乡还送来鸡蛋,使我倍感亲切。但时至今日,仍留下病根,逢到天气有变,我的左腿和左腰还不时地隐隐作痛。

黄岗山外围普查任务顺利完成后,我们要搬到二十五里以外的黄岗山的核心区域大安源村。普查班的搬迁只要靠扁担。每人都有一副自己喜爱的扁担,当时叫作"扁担化"。每人挑上几十斤重的行李,沿着山路缓缓前进。一路上大家互相照顾,先到的同志返回接后面的同志。

大安源村离黄岗山工作区是最近的。但是基本上无山道可走,得爬山1—2小时。每天大家凌晨五点半起床,六点半准时出发。九月份天气比上半年好,但露水和沟水很快就把鞋子和工作服打湿,再加上地质包、仪器、地质锤、水样瓶、干粮等,每人身上背的,手上拿的都着实不少。但大家都很乐观,找矿积极性很高,每发现一个异常点都兴奋不已。当年肉食品极其匮乏,我们经常在山上采上石耳,抓些石蛙,偶尔也能抓到几条蛇带回去改善一下伙食。随着工作地段离主峰越来越近,大家的情绪高涨起来。

爬上黄岗山,呈现在眼前的是一片开阔地。大家汇聚在一起,忘记了疲劳,情不自禁地欢呼起来。我们终于登上了福建的屋脊,华南华东的最高峰。说实在的,黄岗山不仅仅需要信念、毅力和体力,更需要超常的果敢胆略和智慧。登顶是登山爱好者的向往挑战的目标,他们可选择线路,而我们找矿员只能按比例尺和规定的方向勇往直前,必须要逢崖必攀茅草必钻,艰苦可想而知。

会战黄龙岩

"红旗跃过汀江,直指龙岩上杭"。黄龙岩位于崇安县(现武夷山市)岚谷乡的东北面,海拔1780米,处于福建、浙江、江西三省交汇处。1969年,由一班长付克文同志带领全班同志在岚谷地区普查找矿。这个班特别能吃苦,特别能战斗。他们连续发现一批异常带,根据普查地质分析,该地区属火山凹地,有火山引爆砾岩,找矿远景好。可是黄龙岩普查地区有没村落,但在接近山顶的半山腰里,有一个春天,老乡采茶休息的毛竹棚,据说能住20人。连队决定集中第一、第二两个普查班的17人组成一个突击队,会战黄龙岩。那年我已任三连连长。启程前,由指导员杨德清同志进行了动员,并亲自同我们一起上山组织会战。

从岚谷到毛竹棚约有35里登山路。八月份虽是酷热的夏天,但连队还是要求每人都要带上被褥、棉衣,因为山上昼夜气温变化大。我们还从山下赶集买回来菜、油盐等食物用品。据老乡讲,山上有铁锅藏在竹棚旁边的草丛里。17位同志挑上自己的仪器及行李,沿着弯弯曲曲的盘山小道出发。在进行的过程中一个个汗流浃背,中间休息了多次。休息时,同志们还表演节目。王守华同志说快板,复旦大学毕业的上海人陈永禄同志跳独舞,一路上欢声笑语,好不热闹。陈永禄虽然毕业于名牌大学,但和我们一样,天天上山找矿,还兼水样分析,大家以苦为荣,苦中有乐。特别是基层领导,都能身先士卒,吃苦在前,与大家同甘共苦,常年带兵作战,培养出了坚忍不拔和特别能忍耐的品格,以及较强的管理协调能力。1970年,我们连队被大队授予"硬骨头三连"光荣称号。

下午3点多,我们终于来到了毛竹棚。歪歪倒倒的竹棚分上下两层,足有100平方米,但四处透风。17位同志放下行李,首先清理杂物,加固棚子,垒起火灶……

第二天就投入了艰苦工作,多条线上都发现异常。连续工作几天后,又发现矿化较好的滚石异常,我至今认为该地区找矿前景不错。但由于受当时条件所限,没有进行1:1万的普查工作。

经过整整12天的会战,我们终于圆满完成了任务。

回忆当年在闽北普查找矿,老一辈地质找矿员的精神风貌如在眼前。我们忘不了也不能忘记为了核工业铀矿事业过早离世的战友和那些疾病缠身的同志。我曾在退休欢送会上表达过自己的心情:核工业工作42年,弹指一挥间。惊回首,荆棘坎坷;再回首,泪眼蒙眬。我们这代人献出了青春,献出了子孙,甚至献出了宝贵的生命。我们不能忘记这段历史,因为这是我们宝贵的精神财富——核地质人的信心和信念。

信心来自哪里？信念是什么？信心是我们拥有一支"以山为家,以苦为荣,以找铀矿为业"的地质队伍,任何艰难险阻都挡不住我们前进的步伐。现在条件好了,但是艰苦奋斗的传家宝永远不能丢。信念是为了国家原子能事业的发展,支撑民族自强的脊梁,我们一定能多找矿、找好矿、找富矿！

武夷山桐木关大峡谷

黄岗山地貌

（作者系中核集团原人力资源部主任）

永远难忘人民厂

章荣生

五十年前,为落实毛主席三线建设的伟大号召,大批热血青年从黄浦江畔、军工对口厂来到虎头山下乌石河边,他们是人民厂的第一批建设者。随着工厂建设的需要,处于穷乡僻壤的张家铺、洞下李村又迎来了更多的上海学生、复转军人和兵团战士。

那是个艰难困苦的年代,三年自然灾害刚过,物资仍极度匮乏,交通闭塞,要在人迹罕至的山沟中披荆斩棘、开山筑路、建厂房、装设备,其艰险和付出的辛劳是常人难以想象的。那又是个政治动乱的年代,"文化大革命"风雨反复冲击着三线建设工地,在极"左"思潮影响下,许多人受到错误的审查批斗,政治运动不断,工厂几度停工停产。

那也是激情燃烧的年代,凭着"把三线建设好,让毛主席放心"的坚定信念,以百折不挠勇往直前的精神,在历经"四天五夜,打通生产线"等回合战役后,终于在1971年2月人民厂第一产品(57)生产定型并投入批量生产。

粉碎"四人帮"后,我厂广大工人、干部和工程技术人员重新焕发青春,在生产、科研和工厂建设方面不断开拓进取,成绩斐然。1978年10月人民厂第二产品(85)生产定型并批量生产。1983年3月85药筒减伸工艺项目获得国家科技进步二等奖。

历史将铭记人民厂老一辈建设者们的巨大付出和贡献!

我于1982年7月任副厂长,1984年2月继杨洪生同志之后任厂长至1995年6月(1992年9月至1995年6月宝钢集团人民机械厂),前后十三个年头。时间在历史的长河中转瞬即逝,但有几件事始终难以忘怀。

二十世纪八十年代初期,经济体制改革风起云涌,计划经济向计划和市场双轨制经济过渡,军工企业的铁饭碗不复存在,自主经营、自负盈亏、厂长负责制等一系列政策使人民厂面临巨大压力。此外,国家以经济建设为中心,军费逐年降低,工厂军品任务锐减,调整产品结构——军转民迫在眉睫。

好在历史又一次眷顾了我们,人民厂适时地抓住了军品外贸的机遇,大干快上,开发第三产品(152)。陈申君同志设计研发的152弹体螺旋装药气动控制装置为152全弹顺利投产、安全批量生产发挥了重要作用,此设计亦为同行业某大型军工厂所采用。

自1984年至1988年,人民厂依靠军品出口(主要是152),数年内为江西地方军工创造了数以亿计的外汇(在当时创汇是经济工作中的头等要务),创造了二千多万元利润。

在物质财富不断增长的同时,企业亦不断壮大,由二千余人发展到近三千人(含临时用工),企业精神文化生活亦得到较大改善,人民厂的"十免"、烹调培训班、星期天一条街、花卉展、球队、棋牌队、文艺小分队……蜚声九江和江西地方军工,人民厂军工时期的盛景当以厂庆二十周年纪念活动为集中体现。

二十世纪八十年代末期,人民厂没有了军品,而从1980年起军转民的产品——自行车飞轮、工矿配件、起爆药柱等不足以支撑人民厂庞大身躯,企业经营再度陷入低谷。在严重困难关头,广大职工一往无前,继续在军转民和新厂建设两条战线上顽强拼搏。罗秀云、石焕良同志是人民厂上氧气瓶项目的坚定支持者并做了很多实事。石焕良同志从上海以较低价买进480吨卧式水压机,解决了氧气瓶制造过程中的关键设备,此设备迄今仍在服役。杨振东、蔡瑞根等同志为氧气瓶生产设计了一批专用设备,解了工厂燃眉之急,又节省了很多资金,这在当时工厂经济十分拮据的状况下是难能可贵的。

人们不能忘记:沈连生同志带领一批老师傅安装480吨卧式水压机牌坊尾架时通宵达旦、挥锤数百,而在现场的我只能献上一支3.5元一包的红梅香烟和两只淡馒头,更谈不上夜班津贴、加班费……

人们也不会忘记:人民厂是如何从点滴信息中抓机遇,发动全厂找关系,全力以赴试样品,进而把宝钢急需的石油钻杆接头(坯)牢牢抓在手中,并通过为宝钢提供钻杆接头(坯),人民厂在企业跨地区跨行业联合重组方面做了一篇大文章——加入宝钢集团,开了江西地方军工乃至江西企业兼并重组之先河。

谈到新厂区建设,我们尤其不能忘记罗秀云同志,他为新厂区总体设计和工艺平面布置废寝忘食、呕心沥血。新厂区原设计纲领为年产第三产品(152)20万发,到1989年年底,已基本建成,原兵器工业部和江西科工办领导来厂视察后均大加赞赏。但军转民的形势不可逆转,罗秀云同志根据厂务会决定,按转产氧气瓶和钻杆接头(坯)两大主导民品对总体规划和工艺布置再次调整。截至1989年年底,新厂区累计投资7000余万元,完工建筑面积近12万平方米,生产生活设施基本配套。

新厂区建设为军转民改善职工生活环境提供了物质条件,也为其后加入宝钢集团奠定了基础。人民厂1992年9月1日举行加入宝钢集团庆典,1993年生产销售氧气瓶13万只、加上钻杆接头(坯),当年实现盈利,一举甩掉了亏损多年的帽子。

回首往事,任期内之所以能办成几件事,首先应感谢江西省政府对人民厂的关心与支持。在我厂军转民的关键时刻,蒋仲平同志(原江西省委常委、常务副省长)和钱家铭同志(原江西省副省长)为人民厂氧气瓶项目立项亲自跑劳动部找李沛瑶部长(原全国人大常委会副委员长),1992年劳动部锅炉压力容器监督局张和明副局长亲自带领原上海高压容器厂厂长陆金宝等专家学者来厂评审并一举获得通过。在新厂区建设因资金缺乏处于停顿的危急时候,1989年春节刚过,钱家铭同志在原省国防科工办主任邵长庚陪同下视察新厂区工地,在听取汇报后,当即拍板解决300万元资金,使西七幢和鸳鸯楼等住房赶在1990年年初工厂搬迁前竣工。

在加入宝钢集团一事上,钱家铭同志(时任江西省人大副主任)给予了极大关注与支持,包括邀请黎明同志(原冶金部副部长、宝山钢铁厂厂长)和朱尔沛同志(原宝山钢铁厂党委书记)1991年来江西并第一次视察人民厂新厂区,亲自参与人民厂加入宝钢集团谈判并出席我厂加入宝钢集团庆典。

在人民厂长达两年多(1990—1991年)的经济困难时期,江西省国防科工办以每次25万元左右借款给我厂,以保住工资和工厂基本运转,前后达10余次,次数多了,经办人员难免心烦,我曾和他(她)们有过戏言:"你不给钱,我就跳六楼"(工办财务处原在六楼办公),没想到此话后来传到宝钢日报记者耳朵里,竟变成"不同意加入宝钢,我就跳六楼",还见诸报端呢!

其次,要特别感谢人民厂的广大职工。这是一支能吃大苦耐大劳、特别能奉献的队伍,有一句话——少小离家老大回,献了青春献子孙,相对于他们而言,怎么都不过份。1978年三中全会后,改革开放十多年了,收入待遇还如此微薄,而付出却那么多,没有一种信念一股精神力量,不可能坚持。

人民厂的工程技术人员和一批老师傅充满智慧和创新能力,是一支攻坚克难、能打硬仗、善打硬仗的队伍,没有他们,大弹建线和氧气瓶生产线就不能上得那么快、上得那么好;没有他们,人民厂就不可能依靠自身力量在短时间内将工厂机器设备原材料等从山沟(山洞)顺利地搬迁到新厂区。

厂级领导班子科学民主决策,对全局和大事的把握处理得当也是事业有所成的重要因素。党政工密切合作,领导以身作则,政风清明,办事公正公开,这都是那个特定时期办好企业所必需的。

在结束本文前,我们高兴地看到:人民厂的下一代正继承并发扬父辈们坚忍不拔、艰苦创业、勇往直前的精神,在各自岗位上事业有成,足以慰藉老军工们之心灵。

谨以此文缅怀为人民厂事业作奉献的人们!

(章荣生,曾任人民厂副厂长、厂长及宝钢集团人民机械厂厂长,曾获江西省优秀厂长、优秀企业家等称号)

我在人民厂的日子

顾永泉　口述　潘修范　整理

我是1968年4月从上海重型机器厂来到人民机械厂（暨9333厂）的,但不是上重厂派出的第一批人员。第一批是由方萍根带队,有初本富、孙广富、忻鼎文、郑艺究、钱启柏等以基建人员为主筹建工厂的。"文化大革命"开始后,方萍根被造反派揪回上海批斗,江西厂里没人管了,当地造反派要上重厂派领导去。

那时,人民厂群龙无首,就逼着上重厂一定要派领导去。上重厂派不出干部,干部大都被揪斗,而我是工人出身,没啥可揪的,于是上重厂就派我到人民厂去了。当时我的爱人正阑尾炎穿孔开刀,两个儿子还小,但我们这代人都听组织的,只要党号召,叫你到哪里,你就去,家里的事再大也是小事,只能放下。当时的讲法是"我们离开家里远了,但是跟毛主席革命路线近了"。我要家里谅解,她也是一直支持我的。那年我40岁,时值壮年,是最做得出事业的时候。

一、奋战六十天,拿出产品

人民厂是军工厂,保密单位序列叫"9333厂",对外称"人民机械厂",与上海无线电厂包建的"新民厂"、上海锅炉厂包建的"爱民厂"组成配套厂。我担任人民厂领导小组组长。新建厂干部、职工配置要"三代红",政治上没有问题。有部分是自己报名支内的,例如:蒋定汉、周雪梅夫妇,他们都是独子、独女,也积极报名支内。上重厂派出100名干部,是根据工厂设计方案、运行要求,安排生产、技术、基建、政工等条线配套,并随着建厂的进展情况陆续去的,其中专业技术方面干部主要靠老军工对口厂支援。

20世纪60年代中期,毛主席多次指出:"现在工厂都集中在大城市和沿海地区,不利于备战。各省都要建立自己的战略后方,建设大小三线。"毛主席甚至说三线建设没有钱,把他的稿费拿出来,说道路不通就骑着毛驴去。三线建设要快上多产,三年要建成出产品,备战备荒为人民。我们当然坚决执行。

我去了以后,领导班子开始搭起来,建设开始加快。为了执行"靠山、分散、隐蔽"的三线建设工业布局原则,我们厂选址在九江市瑞昌县洪下公社张家铺山区。阳坑口外相对开阔,阳坑进去有一条稍大的山沟,左右分出许多条小山沟,分别建各车间,地形比较合适。当时101山洞已经挖了,上重厂生产的大的冲压设备还没有做出来,人民厂的人就等在上重厂。一台设备有几十吨重,超重、超长,就用接长的挂车,前面用卡车牵引来拉。驾驶员王伯祥、毛良富师傅是上重厂技术最好的驾驶员。他们在大雪纷飞的冬天,用五吨卡车拖着三十多吨的接长挂车,不顾大雪封山,一路胆大心细硬是拉了回来,还差一点翻进山沟里,我们看着都落眼泪。

上级要求人民厂生产的59式高炮炮弹药筒"以钢代铜",要千方百计早日试制出钢质药筒。等到设备逐步进场,我们提出"奋战六十天,拿出产品"。当时职工、干部为打通生产线日日夜夜奋战,我们劝大家下来休息,大家都不肯,拼命地干,真称得"全部心血扑在三线建设上",令人感动。那时101山洞还没有完全建好,试制产品的时候,上面小石头还在不断落下来。

经过全厂职工(主要是对口厂邓嵩生等技术人员、上重厂技术人员、冲压车间职工以及有关同志)奋斗,终于拿出了人民厂第一批合格的产品——钢质药筒。加上爱民厂的弹体,新民厂的引信、底火,人民厂的药筒和总装,三厂配套,这样,不到三年时间我们就完成了国家定点的"以钢代铜"59式高炮57毫米口径榴弹生产线建设任务。

二、因地制宜造"干打垒"房子

第一批同志去的时候还没造房子,他们住在张家铺农民家里,跟老百姓关系相处得特别好。当时,农村卫生条件差,"癞痢头""红眼睛"普遍,方萍根、陶崇明在上海自己掏钱买药给张家铺老百姓洗头、敷药、治病,重复多次,治好了病。为此,当地人非常感激,在外捡到毛巾肥皂还交还给厂里。

我去的时候,上级要求一把泥一把草造"烂泥加稻草"的"干打垒"房子。起初,我们也没话说。但是经过两三年时间,一场"阵头雨"一落,墙倒房塌了。我们感觉这样不行,资金浪费不说,还有安全隐患。顶着压力,人民厂开始造砖木结构房。之后,不理上面"只许造平房"的要求,造起了二层楼。再进一步,我们搞基建的同志受福建建筑队砌阳坑水沟堤坝的启发,提出就地取材,用大鹅卵石加黄沙、水泥造房子的建议。领导班子讨论后认为可行的,阳坑口外面那条河,弯弯曲曲十几里的河滩上到处是大大小小的鹅卵石,这不就是现成的建筑材料?我们发动全厂职工在星期天义务劳动,到河滩拾卵石,分各连队布置任务,开展劳动竞赛,解决了建材缺口、资金缺口问题,造起了用鹅卵石、黄沙加水泥的"干打垒"房子。上面几次来人反对,我们据理力争:毛主席讲实事求是,"小三线"建设也要实事求是。我们不多花钱,就地取材,既牢固,至少可以用十年二十年,又冬暖夏凉,有啥错呢?我们鼓励基建科同志:坚持搞我们的,不去管外面怎么说,并在建造过程中总结经验。最后不仅造了"干打垒"平房,而且造起"干打垒"楼房,造到三层楼——"联合国"家属楼。事实证明,直到现在,虽然已经过去了几十年,这些房子还立在那里,有的使用到现在。

有一件事给我印象很深:我们用"干打垒"在阳坑口里造了大礼堂。建厂之初,我们就想把职工生活安排得好一点,包括文化生活。我们认为大礼堂还是需要的。在建造中,不动用生产建设资金,请上重厂支援工字钢、角钢做大跨度结构,使我们的大礼堂中间没有立柱,不挡视线。那时极左得很,地区领导来厂里看到了,批评说:"谁叫你们这么搞的,怎么造在这个地方?拆掉!拆掉!"还要我们作检讨。我们决定:检讨归检讨,但拆是不拆的。于是,我作了检讨,但找出理由,把大礼堂保留了下来。

后来,其他厂也来学习造鹅卵石、黄沙加水泥的"干打垒"房子,我们还受到了表扬。

三、以"人民机械厂"为中心,建立一个四五千人的小城镇

我来人民厂后,逐步形成了一个设想:要以人民厂为中心,建立一个四五千人的小城市。因为按设计要求,人民厂职工编制需要二千多人,加上家属,大致在四五千人左右的规模。我考虑到大部分同志是从大城市到山沟里来的,我们应该把生活搞得好一点,让大家能够安心。我们领导班子要把关心职工生活放在重要位置上,认为人民厂的生活水平虽然跟上海不能比,但争取要比江西地方上的水平高一点,通过我们各方面的努力,要把两地生活差距尽量缩小。

因此,我们顶着极"左"的压力,造了大礼堂、俱乐部,建立了电影放映队、图书馆,把医务室升格为有十几个床位,可以做小手术的小医院,从上海招来了医生。加强行政科力量,办好食堂、浴室,逐步完善生活设施。要求后勤、运输的同志想方设法到各地采购日用百货、副食品、土特产。要求上海办事处依托大城市条件和上重厂老关系,为职工谋利益,提供方便,特别服务好春节探亲人员。在教育方面,建立托儿所和从幼儿园一条龙直到初中的子弟学校。我们从各个渠道招聘教师,例如从无锡调来蒋素芬老师,从绍兴调来余倩芸老师。余倩芸老师原来是位乡村教师,很朴素。在学校初创时,一个人教几门课,甚至一个学生她也教。她拉一把胡琴教一个学生音乐,真是一种创造。

之后我们不断发展,在教育上不断投入,一方面造起比较正规的校舍,一方面从师范学校等途径引进教师,从职工特别是"老三届"中培养教师(来人民厂的"老三届"学生很多是重点中学分来的,大都很有才,素质很高,当初因为"文化大革命"没能考大学来山沟沟,很多人才浪费了,埋没了不少人,今日想想仍然可惜得很),以后还有了高中部,使人民厂子弟学校成为一所正规的完全中学。

当时上面再三要求"先生产后生活",生活放在后面考虑。但是,我一直比较重视职工生活,尽可能让大家减少后顾之忧。现在看来,人民厂的建设格局和较高的生活水准与上海大城市派出的干部有关,同样三线厂,一些厂的生活设施不能跟人民厂比。我讲一个笑话:当时上海支内的年轻同志很聪明,买来木材自己做沙发、大橱、床头柜等家具,既方便实用,又美观大方。那时,很被一些人看不惯,扣上"资产阶级生活方式"的帽子,要搞批判。但是,他们这些人批判归批判,结果最后离开人民厂时,卡车上装的也是沙发、大橱等等,他们也看样学的,要享受的。

四、组建人民厂农场

张家铺地处山区,山多田少。考虑到当地农民本来土地已经很少了,我们不能在生产项目征用土地之外再"与民争地"。我们就建立了"五七农场"。这是由当时环境和情况决定的。(一)人民厂的副食品供应要全部靠九江、瑞昌,几千人每天吃的蔬菜也要靠外面运进来,供不应求。我们建立农场,开垦荒地种蔬菜可以部分解决蔬菜紧缺状况(全部解决不可能,能解决一部分也是好的)。(二)可以安排上海郊区、福建和其他地区农村户口家属的工作。因为按当时政策这部分家属不能招工进厂。家属工作解决不了,职工不安心,人民厂人心也不稳定。于是,我们决定以沈允元同志为首建设农场,向山要地,开荒种地。上海市领导也比较关心,派出农业专家带着种菜的农民和青菜、菠菜、卷心菜等菜籽,来人民厂辅导当地农民和我们农场员工如何种菜(原来当地老百姓没有种菜习惯,蔬菜品种也不多),这也花了一些本钱。经过几年努力,人民厂的"工农商学兵"都有了。

1971年1月,57弹通过国家鉴定,人民厂开始正式生产59式57高射炮榴弹产品,下半年批量生产逐步正常。

1972年3月,我被省工办叫到江西樟树农校去学习三个月,名为学习解放军,实质是劳动改造,什么都学,我学会了种地、插秧、养猪。还在"学习毛主席革命路线"口号下去井冈山拉练。

1975年10月我被借调去江西省工办工作。到1979年年底,正式调离人民厂。

我到省工办后任"工业学大庆办公室主任",1975年7月,我和人民厂李文英以及其他军工厂代表到北京参加"全国兵器工业学大庆会议",受到邓小平等国家领导人的接见。

回想在人民厂的工作、生活,那些日子的酸甜苦辣现在仍然难以忘记。

(顾永泉,曾任上海第一纺织机械厂党委副书记、上海重型机器厂厂政治部副主任。1968年2月,受上海重型机器厂委派到9333厂负责筹建工作,历任9333厂临时领导小组组长、江西人民机械厂革命委员会主任、常委、党委常委,57弹国家鉴定组副组长等职。1972年3月离开人民厂)

流动的不变情怀

杨柏灿

光阴如梭,岁月无痕!随着时间的流逝和年岁的增长,我的心中常常会泛起无限的感叹。转眼自己已年过半百,而伴随我度过青春年少和初学之路,令我魂梦萦绕的新民厂即将迎来建厂50周年。在这大喜的日子,我作为曾经的新民人、新民子弟,感到欢欣鼓舞、兴高采烈。

我该说些什么?似乎太多,但又不知应当从何说起。

…………

记得"文革大革命"后恢复高考的第一年——1977年,江西省的高考语文作文题目是:最难忘的时刻。有的考生这样写道:有人穿行过惊涛骇浪,有人经历过九死一生,他们都有自己最难忘的时刻……写得多好!生离死别的瞬间无疑是人生中最为难忘的时刻。

我的父辈们无论身在何处,心中始终荡漾着浓浓的新民情怀,因为那里曾经留下了他们一串串匆忙的脚印,一个个勤劳的背影:选址建厂,开山筑路,生产生活,成功失败,辉煌低谷……每个新民人都曾在那里留下了最为难忘的时刻!

我未曾有过生死瞬间的人生经历,我也不曾经历过父辈们在新民厂战天斗地的豪情满怀,无法体会他们的难忘时刻,但我也有我最难忘的时刻——改变我一生轨迹的瞬间——当我接到高考录取通知书的时刻!那一瞬间的情景虽然距今已近37年,于我而言却仍是历历在目,仿如昨日。它是那样的刻骨铭心,深深地烙印在我的心坎!

遥想1978年2月8日——那年春节的年初二上午,我正在隔壁邻居家玩乐。突然远远传来我同学(记得是戴剑青)略带激动的喊声:"杨柏灿,你的大学录取通知来了!"当我接过那薄薄的贴有8分钱邮票的江西省招生办信函的一瞬,时间似乎停止,空气也仿佛凝固了!至今忆起,我依然禁不住百感交集,浮想联翩!

想起1970年9月中旬的某一天我初到新民厂的情景。那天父亲带着我们一家以及与我们同命运的厂里其他几家人,乘船换车,沿着崎岖不平、黑咕隆咚的山路,好不容易才看到一闪一闪不甚明亮的灯光——到新民厂时几乎已经是半夜。懵懵懂懂的我就这样从浙江上虞老家来到了两眼一抹黑的江西山沟!自此,我在这四面环山的山沟里学习、生活了整整7年,从未跨出这山沟一步,度过了我人生当中青涩的时代。应当说,我在这里长大,在这里成长和成熟!

想起刚到新民厂时第一次去学校上课的情景。那天我拎着妈妈做的书包,穿着打有补丁的衣服和妈妈做的布鞋,在之后将要同班学习近7年的同学们的目光注视下,稍带胆怯地走进了陌生的教室。自此,我在这所子弟学校度过了我的小学、初中和高中生涯,与我的老师和同学们结下了深厚的情谊。陈光赞、朱伟根、杨蓉秀、朱周平、单正明、王成章、徐学军、徐富华、祁红生、朱公贤……一位位曾经教过我的老师跃然脑海;张家山、戴剑青、贾培林、朱明、顾叶平、朱志明、吴志明、陈叶萌、武玉昌、涂水兰、陶网弟……一位位朝夕相处的同学浮现眼前。

想起了恋恋不舍地离开子弟学校走上社会、开始工作的情景。那时的我心里是多么地羡慕我那些或远行上海或居家谈天说地的同学,而我则在高中毕业后一周就进入了厂里的劳动服务公司(当时还叫农场),在那里我开始了人生最初的有酬劳动:卖西瓜、爆米花、修自行车、做年糕、炼废油……现在想来有些不可思议,不能理解的事我都经历了。

想起了举国欢庆粉碎"四人帮"、百废待兴之时国家率先恢复高考的情景。当那消息传来,压抑了整整10年的学习热情犹如火山爆发一样在全社会兴起。正是这次恢复高考的举措,使我在离开学校短短的两个月后再次回到了教室,在那里开始了高考前的复习。那时我们老师的热情是那么的高涨,教学是那么的投入;作为考生的我们,学习是那么的认真,那么的刻苦,挑灯夜战,焚膏继晷,恨不得把失去的时间给抢回来。正是这次高考,使我有幸成为时代的宠儿,成为为数不多的以应届生身份考上大学、一辈子都引以为豪的"文革大革命"后首批大学生。

尤其令我难以忘怀的是在我前往瑞昌医院进行高考录取体检时的情景。由于紧张兴奋、患得患失的心情,体检测心率时无论哪位医生的听筒接触到我,我的心都犹如飞奔的骏马一般跳个不停,心率达到每分钟120次以上!为此,当时陪我去体检的朱公贤老师不得不一边在医生面前替我说好话进行解释,一边安慰我,最终帮我渡过了这一不是关的关。至今我心中一直对朱老师满怀感激之情。

我也自然想到了从我拿到大学录取通知书的一刻起,我就将告别当时带有二等公民性质的农业户口,将有可能从此告别山沟,开启新的人生航程!

……各位亲爱的朋友,看到这里,你们能理解我当时那种难以名状的心情吗?然而你们是否知道,当我兴高采烈地拿着录取通知书去向父母报喜,当我拆开信封、阅读录取通知书时,竟然沮丧不已!为何?录取我的学校居然是江西中医学院!天啊!我压根儿就没有想过学医,更没有想过学中医。当时的我仿佛经历了冰火两重天,高涨的心情一下子就掉入冰窟!我为此闷闷不乐了好几天,甚至想到了来年重考。可命运就是如此的安排,我最终还是选择了服从,未曾想到这一服从不但改变了我的人生,而且竟然改变得如此彻底!

假如我没有这录取通知书,就不可能有我后来的书海无涯苦作舟的大学生活。

假如我没有这录取通知书,就不可能有我从大学三年级开始就暗下决心,报考研究生的计划,即使历经千辛万苦、遭遇挫折也矢志不渝直至成功,终有今日。

假如我没有这录取通知书,就不可能有我日后通过国家出国人员选拔考试赴英国做访问学者的机会,成为那时被众人瞩目、羡慕乃至嫉妒的人物,二十多年前的出国深造是那么的可望而不可即;当然也无可能作为医生被派往德国从事中医医疗活动并传播中医药知识。

假如我没有这录取通知书,就不可能成为沪上科技启明星、攀登中医药科研高峰,也不可能获得上海市科技进步奖。

假如我没有这录取通知书,就不可能进入沪上大医院、穿上白大褂行使白衣天使的职责;也不可能走进电台、走上荧屏为大家宣传医药知识。

假如我没有这录取通知书,就不可能步入大学殿堂、走上三尺讲坛,向一届又一届的学生们传授中医药知识;不可能指导一个又一个的博士生、研究生。

假如我没有这录取通知书,就不可能一次又一次地面向社会作养生保健、防病治病的讲座,也不可能站在全国的学术讲坛上作学术报告。

……那么多的假如与不可能,见证着我自接到大学录取通知书一刻起的人生历程。说不上波澜起伏、功成名就,但有一点可以肯定——我是时代的弄潮儿!这些历程的源头就是1977年的高考,而我之所以能在那年如愿考上大学,就是因为我随父母来到了新民厂,进入了新民厂的子弟学校;就是因为在这所坐落在山脚下、毫不起眼却培养出无数大学生的子弟学校;就是因为在这所子弟学校里有那么一批热爱教育事业、高素质、高水平、无私奉献的教师。我未曾忘记也不敢忘记,对新民厂、对新民厂子弟学校、对那些教过我的可敬可爱的老师们,始终心存感激与感怀!

我自1978年考上大学以后,待在新民厂的时间就屈指可数,尤其是自1989年父母回到上海后,我便再没有回过新民厂。这期间我去过很多地方,做过很多工作,可是无论身在何处,无论从事什么工作,涌动在心头的新民情怀始终未变。不管是在什么场合,只要有人问起我的经历,我就会自豪地说:我是"文化大革命"后的首届大学生!也许现在的人已经很难理解我的这种心情,但只要有过跟我类似经历的人就一定深有感触。我已经不记得有多少年没看电影了,但当电影《高考1977》上映的时候,我无论如何也挤出时间去观看这个电影,心情霎时如潮水般随着影片中的情节而起伏。电视剧《历史转折中的邓小平》前面几集讲的都是邓小平复出后如何排除阻力,力主恢复高考的情景。我看了真是感慨不已,仿佛回到了1977年,我从心底里感谢邓大人,要不是他的毅然决然,难以想象自己的人生历程将会怎样?

如果有人再问我是哪所中学毕业的?我会格外自豪地回答:新民厂子弟学校!望着有点茫然的对方,我会如数家珍地向他介绍我的新民子弟学校、介绍我的老师们。

作为医生的我,在医院里为无数的病人看病,时常忙得不可开交,但只要是来自新民厂的人,无论是认识还是不认识,无论是长辈还是平辈抑或小辈,甚至不是新民人但与新民厂有关联的人,我都有一种本能的亲近感,有说不完的话、道不尽的情。只要时间允许,我会跟对方天南海北地聊个没完,而主题始终是一个:新民厂——新民人、新民事和新民厂的点点滴滴……

流逝的岁月改变了我的容貌,丰富的阅历改变了我的生活态度,不断变革的社会改变了我的人生轨迹,然而,唯一不变的还是蕴藏在我心底的新民情怀!

衷心祝愿新民厂兴旺昌盛,新民人幸福美满!

(作者为新民厂职工子弟学校七七届学生,现在上海中医药大学教授,博士生导师,上海药学会常务理事)

二机寻梦人

江政齐

（一）

国营江西第二机床厂，军工代号是：国营九七四厂，信箱号是：吉安市654信箱。她是隶属于中央第五机械工业部下的一个省属军工三线企业。

1969年岁末，地处南昌北的安义县境内大雪纷飞、寒气凛冽，飘飘洒洒一夜的大雪盖满了中国人民解放军6011部队军训农场的山峦田野。由场部各连选优拔尖推荐分配到省国防工办的95名大学生，就在这刺骨的寒风中等待着接受单位"大员"的来到。一等二等不闻声、三等四等不见人，被场部安排分配到省建、南铁口的人被接走了，被分到各地（市）口的人也被接走了，大家在焦虑的等待中目送着战友的离去。等到次年元旦后，一位衣着时髦、风度翩翩的接收大员终于打破了农场的寂静，他就是二机厂劳资科科长何钦春先生。事后，他不分青红皂白，95人全要了，两辆解放牌大卡车拉着咱们这批人，沿着南昌、丰城、新余、分宜（汽车摆渡过河）当时江西最好的沙石泥混合公路，一路颠簸、一路风尘地来到二机。因此，本人有幸耳闻目睹并亲身经历了二机追梦人酸、辣、甜、苦的全部历程。

1964年10月，经中央第五机械工业部和中共中央华东局批准，决定在江西革命老区永新县设立的一个兵工厂，也是江西"三五"时期兴建最早的一个中型国防企业。接着由江西省政府副省长黄先同志牵头并亲自带领省机械厅徐柏如厅长、省机械厅二局（军工局）程希文局长、吉安行署肖须知副专员、永新县委宋福亭副书记、工厂筹建处负责人管林庆等工程技术人员组成的考察队，来到了地处赣西南罗霄山脉的井冈山七溪岭下龙源口旁的秋溪乡考察，原拟定在龙源口大桥上方的一片空旷地带建厂，但因考虑到龙源口桥和大捷纪念塔就在附近，参观的游客人多，不利于隐蔽，该方案被否决。次日，大家头戴草帽，肩搭毛巾，脚穿草鞋，身带干粮，手拄拐杖，从秋溪靶陂村溯水沟而上，跋山涉水来到老七溪岭下的黄竹冲处，稍歇片刻后黄副省说："这里好，符合'靠山、分散、隐蔽'六字方针，工厂就建在这里吧。"黄竹冲，一个不起眼的名字，它坐落在毛泽东创建的井冈山革命根据地的永新县七溪岭脚下龙源口旁的秋溪，一条12公里狭长的小山沟。黄竹冲,有着极为优越的天然隐蔽条件和自然环境,完全符合"靠山、分散、隐蔽"方针要求,江西半自动步枪厂经反复论证落户在这里。从此,黄竹冲在福州军区的军用地图上定格。

1965年初,便开始修路架桥,平整土地。并调来了省建六处等省地县优秀施工建筑队伍600余人,盖厂房,建宿舍。同年4月为了落实中央关于"三线建设一定要搞好"的指示,时任国务院副总理的李富春同志在国家计委薛暮桥主任、华东局韩哲一书记、福州军区邓克明副司令员和五机部一位副部长、江西省委省政府领导白栋材、黄先、梁凯轩、省军区副司令员吕明清、吉安行署副专员肖须知、永新县委副书记宋福亭、江西第二机床厂厂长管林庆等人的陪同下亲自视察了在建的江西半自动步枪厂,李副总理对工厂建设的布局表示满意,并为工厂解决了基建、安装、搬迁、职工生活等多项实际问题。耙陂、老鹰涧、五里牌、月夜词、黄竹冲等一些不起眼的地名一字排开,身藏在毛泽东当年创建的井冈山革命根据地的永新县七溪岭的深山老林内一条12公里狭长的小山沟之中。

江西半自动步枪厂初建时曾定名为永新第二垦殖场,后来正式定名为国营974厂(第一厂名、军工代号),国营江西第二机床厂(第二厂名、民用代号),通信地址开始为南昌654信箱,后定为吉安市654信箱,最后再改为永新县654信箱。二机厂的第一任厂领道管林庆厂长和王福林书记为二机厂树起厂牌。从此,一场如火如荼的三线建设热潮从上到下拉开序幕,一曲动人的建设赞歌在黄竹冲上谱写。为了保密,外面的人只知道江西第二机床厂,顾名思义,都以为是造机床的。记得学校有位陈老师给在遂川的哥哥写信的信封上通信处是吉安市654信箱1分箱,结果哥哥到吉安市找弟弟,问遍路人和单位都不知这个654信箱在哪里。只好返回遂川。后来问弟弟方知单位在永新。等到20世纪80年代初,二机由山区搬迁至永新县城火车站旁时,永新当地才人人尽皆知,一说二机厂,摩的司机二话不说,直接就把你拉过去了。

要建厂造枪,就得先有厂房、有技术工人、有技术资料、有各种机械加工设备和加工材料。1965年7月,四川296厂的师傅们不远千里来到二机,之后江西派往南昌培训的青工入册。1966年3月上海石油设备厂的师傅们弃城支内加入三线队伍,同年6月一批从南昌市进厂的青工受到老职工的欢迎,9月迎来工读学校学员入册;从黄浦江、嘉陵江、赣江"三江"江畔的优秀儿女先后汇聚在黄竹冲。一千多职工,从五湖四海、从全国29个省市区汇聚黄竹冲,开始了艰难创业,从此也开始了二机人寻梦之路。他们有的放弃了城市优越的生活条件,有的离别了自己的父母兄弟姐妹,有的干脆带着家眷,义无反顾地扎根在这块群山耸立、溪水细流、杂草丛生的土地上。天晴一身灰,下雨一身泥,这是当时二机马路的真实写照,就连厂区内的马路也是职工们自己下河捞石块、运沙子、和水泥苦干一个多礼拜才铺成的。来自全国各地的"三线先驱"们,在艰苦创业的岁月中,互相帮助,互相鼓励,结下了纯朴、深厚的友情。他们带着知识、技术、精神和力量参与"三线"建设。他们搬运沙石修通了道路,平整土地搭起了厂房和宿舍,拦溪、筑坝,建起了自来水厂。在没有起重设备的条件下,他们靠手拉肩扛、靠钢管滚、撬杆撬动和葫芦吊,硬是把一台台几吨重的设备安装到位。二机厂人就是这样靠艰苦朴素、不怕苦不怕累不怕牺牲、人拉肩扛的精神把设备搬进厂房安装到位,把生产线建成。他们用辛苦、干劲和智慧,谱写了一曲、仅一年时间完成基建和设备安装的壮美赞歌。一座拥有1000余名职工、年产15 000支枪械生产厂在黄竹冲拔地而起,初见雏形。

二机厂的生产区和生活区,被安排在一条群山环抱、小溪常流、从秋溪到黄竹冲的长6公里的狭长地段。67车间(木托车间)位于冲口外"秋溪村"旁。64车间、63车间、62车间、61车间、65(热处理)车间、66(精密铸造)车间、理化化验室位于1号沟内;工具、工具库房、67车间、机修车间、68(总装)车间、靶场位于2号沟内;机修车间在3号沟;办公大楼、一食堂位于沟口上,旁设一号门岗(初期有解放军值岗)。生活区有图书馆、灯光球场、食堂、浴室、理发室、邮局、银行、商店、粮站;大礼堂(电影院)、职工子弟学校、职工医院、汽车队、三万五变电站,这些都被安置在外沟4公里之狭长地段的耙陂、五里牌、月夜寺和老鹰冲口等地段。工厂有自己的客车接送孕妇、喂奶母婴及老年人上下班;每天有一趟客车往返县城。工厂的文化生活丰富多彩:每周末放映新电影,纳入全地区跑片,工厂的文艺宣传队能演芭蕾舞剧白毛女,工厂的篮球队、象棋队在地、县很有名气。

(二)

按照上级当时的指示精神确定的"先生产,后生活"的建设次序,由于时间紧促,很多厂区内厂房都已安置妥善,但生活区的设施大多还不完全。用石子、黄泥和稻草筑成泥打垒的泥坯房,随处可见。泥房内墙粉一层石灰,你用一把螺丝刀就能随便捅一个洞,轻轻地一扒,就能扒出一个大洞来。这就是职工住的"干打垒"。与许多三线工厂一样,974厂也如同一个小社会,除了厂区和生活区,学校、医院、邮局、商店一应俱全,甚至还组建了厂区员警和消防队,医院病床就有很多张,还有专门的妇产医生,可以在厂医院生孩子,做外科手术。厂区和生活区内除了火葬场没有,小学、中学、哺奶室、托儿所、幼稚园、医院、银行、邮局、商店、小吃部、食堂、理发室等应有尽有。考虑到军工企业的保密性,厂内职工同外界的交往有限,就是外出办事,也有自己的招待所,像南昌的0911、九江的012、吉安的013等。当年缺粮少菜,厂内职工所需生活必需品都靠工厂自身解决,工厂自己派人派车出区出省外出采购,把运回来的物品卖给职工,职工到各购买店排队按需购买。

1966年,文化大革命浪潮席卷全国,二机厂也不例外,厂内职工的生活和工厂的生产秩序受到很大的影响。职工全国串联、停工停产闹革命,军工试产期延后,直至1968年第一支步枪试制成功,向北京报喜!"为有牺牲多壮志,敢教日月换新天。"来自"三江"江畔优秀儿女在工装和非标设备一时难以到位情况下,凭着自力更生、外购求援精神,自己动手,自行设计,上下联动,各方协作,夜以继日,刻苦攻关,仅用一年时间,对生产准备工作中必不可少的134台(件)非标设备自制了96台(件),自制工装4945

种。工厂自行改革了焊接铣刀硬质合金刀片的操作方法,改善了磨削大圆弧工具的办法,解决了形状复杂量具的磨削困难,解决了深孔钻刀具、弹仓装配弧形量具等四种关键工装,既节约了资金又保证了试生产顺利进行。至1968年10月,完成了"成枪"工序1406道中的1229道,完成了96种零部件中的80种主要件加工任务,并首次提交了1620支合格产品。在新的生产形势下,工厂需要增加人员扩大生产。

1968年,工厂又迎来一批四个面向的知青(66、67、68年的高中生,俗称老三届);1969年工厂从吉水、泰和、永新新增一批青工,同年迎来中国人民解放军6011部队一批优秀的转业退伍官兵;70年元旦后迎入一批从中国人民解放军6011部队军训农场推荐分配的优秀大学生;之后迎入从福建招收的青工、从兵团招收的知青和部分职工家属及子女;1971年又从寻乌招入大批青工,至1972年,工厂生产能力比设计能力提高了一倍。进入20世纪80年代后,年年都有技校、"兵专"和高校毕业生分配入厂,工厂的技术积淀更加雄厚,军品的质量数量更臻上乘。二机"军工人"就是这样以大无畏革命精神和齐心协力的聪明才智,谱写了一曲用三年时间完成工序工装和产品定型投入批量生产的动人乐章,也铸就了勤劳、拼搏、团结、创新的二机精神。

60年代末到80年代初是江西军工发展鼎盛时期,二机厂也是如此。刘俊一书记治厂十年,将二机风气发扬光大。军工任务满负荷生产,还在为音响、匕手枪、气枪和飞鱼牌自行车等民用产品做储备。20世纪60年代末70年代初,又适逢国际形势紧张之时,厂里还成立民兵团,厂长就是团长,书记是政委,厂区建制也是军事化,各个车间主任不叫主任,叫连长,车间党支部书记不叫书记,叫指那里员。在抓革命促生产口号鼓舞下,军工生产任务紧张时,全厂上下齐动员,食堂把饭菜送到车间第一线,工人三班倒,吃喝睡都在车间,"坚决突破"年产步枪三万五千支。二机人凭着在重重困难面前百折不挠的坚定意志,在种种难关面前敢于胜利的顽强精神,支持抗美援越,创下二机首次辉煌。因为生产红火,二机厂当年的奖金与福利在当地备受艳羡。奖金多的达一百多元,普通工人也可以拿到七八十元,而当地其他单位只有很少的福利待遇。更让工人们怀念的还是福利,上医院看病基本不用自己掏钱,逢年过节发鱼发肉,到了夏天冷饮、水果、冰棒都是论车拉、按人发,工人们如今还倍感自豪。

1976年6月,工厂突遭罕见的特大山洪侵袭,造成山体滑坡,公路桥梁被毁,交通受阻;供电线路电杆倒塌,供电中断;工厂机械设备被洪水浸泡,军工生产被迫停工;职工住房被淹,有的倒塌;工厂停电停水停路(道路不通),职工生活极度困难。但困难难不倒二机军工人,在上级部门的关怀和当地政府及兄弟单位大力支援下,二机人上下一条心,自力更生奋力自救,在很短的时间内就恢复了三通,使生产生活很快得以恢复并走上正轨。就是在这种艰苦创业的磨砺中,二机人建立了患难与共、关爱友善、诚真纯朴的友谊真情。

经过一场山洪的冲刷,更大山体坍塌的险情摆在了人们的面前,如果五里牌山头坍塌下来的话,那后果将不堪设想。工厂领导权衡再三,经报告上级批准,同意择址重建。从1978年至1984年,二机人经过7年苦战,终于将工厂整体搬迁至永新县城火车站旁。

一排排崭新的厂房和一栋栋漂亮的四层家属楼在此拔地而立,令人称羡。但二机厂从此也背上了沉重的债务负担。厂领导开始带领干部职工军转民,试图重塑二机新辉煌。搞装载机、翻斗车、转向器等多项民品,没有钱向银行借贷上马,工厂既出产品,也出人才。90年代初,二机厂显现出新的活力。这时的二机厂职工人数已超过3000人,就连子弟学校的在校学生人数也在千人之上,再加上千人之农场职工和家属人数,全厂人数已在6000人之外。此时新工地车间机器轰鸣,职工早晨上班、中午上下班、下午下班都是军号声嘹亮,从厂区一号门岗到家属区的水泥马路,只见人头攒动,熙熙攘攘,场景十分壮观。在工厂生产经营获得大发展的同时,工人生活也大为改善。从70年职工每月工资只有三四十元,到90年代中期每人每月可领到四五百元不等的工资,另外每人每月还有一百到几百元不等的奖金。回想起来,二机厂也算是当地最早用上闭路电视、最早用上蜂窝煤、最早烧上液化气的单位,连炉具和燃气灶,都是厂里配发。职工住的房子也是那时候分的,家具厂里全配。床、柜子、凳子、写字台一应俱全。家属住房则只收水电费和低廉房租费。因为待遇好,地方上很多都千方百计托关系将子女调进二机厂,本厂职工的子女也是优先进厂,以至于如今两代甚至三代同厂的现象并不鲜见。

从1968年第一支半自动步枪下线至1996年6月可发全工资加奖金,二机厂也算是辉煌了28年、荣耀了28年。进入90年代后期的二机厂,渐渐走上了一条下坡路,耀人的好景不再。二机厂军转民之初,虽显活力四射,但也种下了众多忧患。二机厂在搬迁和民品上马时已大举向银行举债,故此也落下了还不清的外债。90年代中期,二机厂干部职工奋力打拼,不错的生产经营业绩为二机厂赢得了"省优秀企业"的殊荣。而此时恰逢企业长工资之时,别的三线企业职工可上调四级,而二机厂的职工只能上调二级,后被别的厂戏称二机是要面皮不要肚皮,这就苦了二机厂的职工了。

1997年6月,亚洲金融风暴爆发,货币贬值、物价飞涨,影响亚洲、牵动全球。当然有脸面的"省优秀企业"二机厂也不例外,工厂生产经营受挫,民品行销不畅,工厂资金紧张,厂部不得不多次向职工摊派集资和风险金筹款,以维持工厂的正常运转。经过20年改革开放的中国,到了90年代后期,全国呈现一派繁荣的盛象。各行各业的职工都在提高工资、改善生活。可与此相反的是,二机只能给职工上调档案工资,实际发放的工资额却不能增加,职工戏称是"空调"。

从96年下半年开始,职工工资已不能按时发放,时不时错后几个月才有发。到了90年代后期,则逐渐演变为三五个月甚或半年没有工资发给职工。进入21世纪,二机厂的生产经营更是举步维艰,工厂资金链断裂,靠向银行举债和向职工集资不再可能,此时要想按月发工资那真是痴人说梦。为了甩掉包袱减轻企业的负担,2003年学校停办。初中整体转入永新县禾川中学,小学部分划入永新县城乡小学和贺子珍小学,但照样挽救不了二机的命运。二机厂被列入了军工政策性关闭破产,2005年12月,按照省国防科工办对省属军工职工安置办法的统一部署,完成了企业职工安置工作。至2010年底,二机社区移交地方政府管理。至此,二机人走完了自己征程的最后一步,画上了一个带梦的句号。

犹记雏鹰衔红旗　振翅扶摇在江西

——回忆370厂江西建厂发展始末

王振声　口述　李天龙　张译文　整理

370厂落户江西乐平，是特殊历史时期、非常形势下党中央作出的战略部署。那是在"备战备荒为人民"，"好人好马上三线"的时代号召下，怀着为中国国防军工事业奉献青春和生命的热情，几百万干部、工人、知识分子、解放军官兵，从上海、沈阳、哈尔滨、吉林、北京、青岛等工业重镇，进入大山深处，开展了艰苦卓绝的创业。这就是史称的"三线"建设。

20世纪60年代末，当时我是120厂电镀热处理车间的技术主任，忽然有一天，有两个三机部的同志到我们厂进行工艺调研，还找了一些人谈话，因为我是搞技术的，也找我谈了。起初我以为他们是来了解120厂的工艺布局，所以当他们拿出景德镇的图纸时，我还愣了一下。后来才知道，上面是打算在江西再建一个发动机厂。当时，林彪提出了"大搞直升机、大搞运输机"的"两个大搞"，三机部就把相关任务下达到120厂（中航工业哈尔滨东安发动机集团有限公司）和122厂（中航工业哈尔滨飞机工业集团有限公司），其中，120厂负责发动机厂建设（建成后代号370厂），122厂负责主机厂建设（建成后代号372厂）。同时为了完全贯彻落实毛主席的指示精神，按照"靠山、分散、隐蔽"六字方针的要求进山进洞，当时，三机部实行军管，按照航空工业领导小组决定，将两厂的厂址定在江西。这样，三机部选择了在江西建厂，具体来说是计划将发动机厂建在景德镇，将主机厂建在乐平。

三机部的同志动作很快，在临走前，就已经基本定了调子，这两个厂要由哪些车间组成，120厂哪些人要调走。但是要在江西凭空建出一个发动机厂来，首先就得搞好工艺布局，如果工艺搞不好，厂房就没法建。于是他们就跟厂里商量，最终由我带队，领着18个年轻骨干一起先期开展江西建厂的工艺布局工作。然而一个礼拜之后，三机部发来电报，要求我们到江西后将建厂地址由景德镇改为乐平。因为原计划是将主机厂（372厂）建在乐平，但122厂的专家调研后发现乐平的地貌全是山和洞，这样的地理环境对于修建飞机场是非常不适宜的，而没有飞机场的主机厂，那肯定是不行的。为此，他们紧急报告给三机部，三机部就批准了，让两个单位调换了选址，后来就变为

370厂建在乐平,而372厂建在景德镇。这也是370厂之所以取名为乐河机械厂的由来。

我们听从三机部的指示,一行19人前往江西,先是到了省里,当时省里很重视,时任江西省革委会主任的程世清接待了我们,并对我们说:"你们是大厂来的,在我们江西建三线厂,要以'一把稻草、一把泥'的精神来建厂,明天参观万里养猪场,进行教育,不要搞'大洋全'。"随后,我们就乘着大客车开往了乐平。到现场一看,原来这个场地属于一家搞枪炮的军工厂,这个厂也是刚建得差不多了,但因为"航空工业压倒一切",就让他们搬走了,于是,大家就以此为中心准备建厂。后来三机部在北京召开了"6912"会议,我与马振功参加(马振功后来曾担任370厂的厂长)。会上,我跟马振功等人代表370厂向军方汇报了工艺设计的方案,要求是不要梅岩分厂(梅岩分厂与乐平厂区不在一个地理区域),因为一个厂搞两个区,变电所、家属区、厂房都是分散的,不好转工。同时与会的372厂也不要花梅楼,理由相同。汇报完之后,空军副司令员曹里怀对我们提出了严厉的批评:"我让你们来是来搞三线建设的,贯彻毛主席指示精神,要进山进洞。你们不进山不进洞,这违背了三线建设的方针,这不行,梅岩你们370厂得要,花梅楼372厂也得要。"于是大家遵循上级的精神,以洞为中心开始了选点。在山沟里分散布点,形成"羊拉屎"的厂区布局,生产厂房、职工住房和村寨夹杂交错,从山沟往大山深处挖洞,生产车间就建在山洞里。

北京的会议结束后,轰轰烈烈的乐平三线建设也就正式吹响了号角。随后江西省革委会和省军区也提出了"四边"(边设计、边建设、边搬迁、边生产)、"三当年"(当年设计、当年施工、当年投产)的建厂目标。省里还成立了建厂领导小组,由省军区司令员杨栋梁任组长、省军区副司令员罗元炘、省革委会生产指挥部军代表肖锐任副组长;同时成立乐河机械厂建厂指挥

在江西乐河的山洞里建的厂房

部,由上饶专区革委会、军分区负责组织。可是那时的工厂还是一片工地,几乎可以说是"一穷二白"。为了完成目标,大家只得住在原来的军工厂医务所,在简陋的环境下开始玩命工作,每天晚上搞工艺设计都要干到12点,总算把整个工艺平面图做出来,给厂房设计打基础。随后便是基建大会战,当时工厂属于军事化建制,参与大会战的各路建设大军,参与大会战的广大军民,晴天一身汗,雨天一身泥,抢建生产厂房。在省国防工办、上饶专区、乐平县的全力支持下,每天仅运往工地的各种建筑材料和沙、石、砖、灰几千吨之多,大会战耗时大约5个月,历经江西的雨季和盛夏。

最后，开始搬迁，120厂抽调各类人员1300人，各类设备800台。搬迁的时候很困难，家属房没盖起来，就租附近老表的房子住，自己用竹子、席子、油毛毡搭席棚子解决，领导带头在棚里办公和住宿。厂区没有电，刚开始点蜡烛和煤油灯，后来就自己用发电机发电；做饭没有水，就到周边去挑；没有路，就发动职工和民工一起修路。大家在延安精神的感召下，发扬工人阶级艰苦奋斗的优良传统，无论是领导干部还是普通职工都加班加点，不分白昼黑夜地干，没有奖金，每人晚餐标准就是几分钱，就是一两个馒头加一碗菜汤，一个月能吃一两次肉就很幸福了。但是大家为了祖国的航空事业无私奉献，努力拼搏，可以说那五年大家是痛苦并快乐着。

根据上级要求，当时工厂承接了生产涡轴5发动机的任务。在人员刚到，工装不齐，设备不足，材料、毛坯短缺，生产条件极其简陋的前提下，工厂充分挖掘已有设备潜力，想方设法确保出发动机。在生产过程中，大家克服重重困难，没有锯床就用手锯，没有切刀就用其他刀具代替；没有车刀垫就用废旧铁皮代替，没有榫孔钻就用一般钻头焊上使用代替；热表处理时缺少各种镀槽，就用八口民用水缸当电镀槽使用，用痰盂进行阳极化；没有氮化炉就自制箱式炉，保证产品氮化处理的正常进行；缺少刀、量具，影响加工进度，就用废钢料自制鼓风机和烘炉自制所需刀、量具……最终该型发动机基本实现自制。但是由于种种原因，上级决定此发动机停产，370厂就等于没有了航空产品，没了军品，大家就只能在一段时间内生产民品车床。这是当时最困难的时期，涡轴5发动机不能生产，涡轴6发动机又没来，工厂有两年的时间基本没有任务，只能靠三机部每年给的450万元的补助。但好在过了一段时间后，三机部把新的任务交予370厂生产和维修，厂况才得以最终稳定下来。

有了新的任务，工厂开始打响研制涡轴6发动机的战役，先后组织了多个大会战。工厂首先动员设计所的全体人员，抽调了各单位的工艺人员都去设计所报到，开展了透默ⅢC6发动机的测绘设计。由于条件的限制，整个测绘设计过程中充满了诸多艰辛和困难。在具体技术问题上，做到在微观上吃透样机技术，一个问题一个问题地摸清，保证了图样和技术文件的正确、完整、协调、统一。对带叶片的整体涡轮盘、整体导向器等零件叶形的坐标尺寸确定，都反复测量了几千个点，以求图纸与实物的一致性。

那时候的图纸全部由工程技术人员手绘，在炎热的夏季，办公室连一台电扇都没有，大家在屋子里挥汗如雨，为了不弄湿图纸，手上都得缠条毛巾进行绘图。

随后组织全厂各单位冷热加工、转配试车的工艺师，开展编制工艺规程的会战，限期编制完。然后组织工装会战，工艺规程编制完，全厂统计有1800个工装（当时我们有两个车间，一个是卡模具车间，一个是刀量具车间），当时由我担任工装总指挥，1800个工装，要求半年内必须完成。

最后开展的是试车大会战，各单位派人把守，有问题及时处理，及时解决，从整个试制，到发动机的交付，从来没有产生大的质量事故。涡轴6发动机的生产，就是经历这些程序而来的。

随后，厂况逐年渐好，就开始小批量生产。厂里有3000多人，其中：120厂来了

1800人,南航毕业生分配来的500人,军人转业的500人,招的学员2次200人。小批量生产后,厂里的形势变得更是红火,有批产、有型号,军方开始了订货。厂里那时已经有十来个车间,螺钉螺帽车间、镁铝车间、电镀热处理车间、叶片车间、轴盘成绞、钣金车间、装配车间、试车车间、锻造车间、精密铸造车间等等,一个发动机厂已经基本成型了。可以说370厂既是中国三线建设的典型演绎者,也是能够完美展现这段历史印记的活化石。

1986年前后,由于种种原因,370厂从乐平搬去了常州,这是后话。

(作者简介:王振声,男,1933年5月6日生于黑龙江省巴彦县,1950年1月毕业于120厂技工学校,1951年9月任120厂热处理车间技术主任,1969年3月任"三线"建设选厂址工艺调研组组长,1970年3月首批迁至江西乐平任江西乐河机械厂生产长,1985年9月任常州兰翔机械总厂工会副主席,1993年5月退休并返聘至2009年,负责生产和调度,现居江苏常州)

小鱼雷快艇击沉蒋家大军舰
——忆击沉国民党军舰"太平"号

朱洪禧

大陆解放后,国民党政权逃到台湾。当时浙江东部沿海的主要岛屿,如上下大陈岛、一江山岛和渔山列岛等岛屿还被国民党军盘踞着。他们以大陈岛为主要巢穴并以该岛为依托,经常向温州湾、台州湾及三门湾一带窜扰,给人民群众的生产和生活带来沉重灾难。为了打击国民党反动派的嚣张气焰,华东军区海军根据上级的指示,决定使用鱼雷快艇对活动于大陈至渔山列岛和一江山岛之间的敌人舰艇实施一次狠狠的打击,力求击沉国民党中型以上舰艇一到两艘,切断敌人的海上封锁线——

秘密转移到浙东

我们接到执行任务的命令是在1954年4月份。当时艇只都驻泊在青岛,我任快艇中队政治指导员。一天突然接到上级通知,许多同志来不及与家属亲人仔细交代一下,连行李都没有带,只拿上一套换洗的衣服就匆匆出发了。

当时人民海军鱼雷快艇部队组建不久,艇只都是新中国自己建造的。这种快艇排水量为22吨,它装备的主要武器是两管450毫米鱼雷和127毫米高射机枪。其显著特点是,速度快最高航速可达52节,体积小,机动性好,杀伤威力大。

执行任务的是一个快艇中队6条艇。当天夜里,我们从青岛登艇启程,经过几天航渡,来到了舟山。到了这里,作战任务才明确下来。

艰苦待机十五昼夜

为了迷惑敌人,使鱼雷快艇编队秘密进入待机点高岛,遵照上级领导机关的指示,我们编队6条快艇在护卫艇编队的掩护下,悄悄向待机点转移。

夜幕降临以后,六艘鱼雷快艇在战斗英雄陈立富、王维福所在的护卫艇大队拖带掩护下从舟山群岛起航。我们选择的航渡路线,平时很少有船只来往,一般不会被人发现。我们在夜间航行,由于视距不良,护卫艇大,鱼雷艇小,鱼雷艇又藏在护卫艇"身"后,别人很难发现其中的"奥秘"。就这样,鱼雷艇在良好的组织下神不知鬼不觉地进入了高岛锚地。到高岛锚地后,我们又转入石浦待机点待机。

鱼雷艇作用要得到有效的发挥,需要有隐蔽地掩护和良好的保障条件,但石浦恰恰不具备这些条件,甚至连基本的生活保障设施也没有。可我们还是坚定了在这里待机的决心。正因为这里不具备鱼雷快艇生存的条件,就更容易使敌人麻痹大意。

11月3日上级通报,敌人一艘大型军舰向我们预定的战区驶来,我们接到指挥所出击的命令后,六艘鱼雷快艇像离弦之箭射了出去。但海上气象变坏,实际海情已经满足不了鱼雷发射的要求,无奈,只好放弃作战计划,战艇退出战区。

我们开始在海上待机。这时已进入初冬季节,由于鱼雷艇没有住仓而且空间又小,战士们就和衣蜷曲在战位上过夜,空间不够,大家就在甲板上再搭起一层板作床铺,天下起雨来,艇员们没有地方躲避,只好穿着雨衣,在艇上挨雨淋,寒风吹来,身上又结了一层霜,时间一长,一个个浑身冰冷。由于艇上无法做饭,吃饭成了大问题,只能派人乘上登陆艇到很远的石浦港去做饭,做好后再送到艇上来,由于风大路远,饭送到艇上已经凉透了。在这种情况下,兄弟单位石浦大队每天为我们做饭并送到艇上来,登陆艇的同志们还煮好姜汤端给我们喝,他们还把一些床铺倒出来让我们去住。

敌舰从大陈岛出来

上级给予我们半个月的待机时间马上就要过去了,如果在这个时限里还没有战机,那么编队就要撤出高岛锚地,等待下一次战机。

11月13日晚,我和副中队长铁江海焦急地守候在电话机旁。一阵急促的电话铃声响起,岸上指挥所通报说敌舰已经从大陈岛出来,要求我们立即做好战斗准备。为确有把握,我们在出击前先把158艇派出去观察海面实际气象情况。不一会儿,该艇回来报告:海面气象良好,符合鱼雷艇作战要求。

14日凌晨1时许,指挥所命令快艇出击。自从敌舰从大陈岛出来被我高岛雷达站发现之后,雷达兵就一直在盯着荧光屏上的微小亮点,记录员不断报告敌舰的方位和距离,绘图员紧接着标画在海图上,通信业务长及时准确地把敌舰活动情况通报给鱼雷快艇。

这时在岸上担任指挥员的纪智良副大队长听了记录员的报告后,发现敌舰这次活动的航线有些异常,他立即走到航海业务长面前仔细察看了一下标在图上的敌舰航迹,果然与往常不同。平时敌舰出来活动总是先由南向北巡逻一遍,然后再回到大陈岛,这一次却不是这样,而是一直向东北方向的渔山列岛开去。纪智良思索片刻就明白了敌人的意图。过去敌舰都是在晚间18时至19时出来,天亮返回大陈岛,而今天是零点以后才出来的,要赶在天亮前返回去,必须抄近路,赶时间,直接走直线返回大陈岛。想到这里,他右手向下猛地一劈,果断地命令:"抓住机会,就在它去渔山列岛的路上干掉它!"

战艇破浪航行,一会儿被推上波峰,一会儿又掉进浪谷。突然,站在艇首的前炮兵王景春报告:"右前方发现灯光!"大家顺他手指方向看,果然在右前方有一闪一闪的灯光出现,这时在海图室作业的葛绵绵也报告,在距离37海里左舷45度处发现敌舰。指挥员听到报告后立即下达了"快艇加速前进"的命令。不一会儿,敌舰呈现到我们面前。雷达兵从它的外形特征上进行了仔细辨认,惊喜地报告:"'太平'号!是敌人的'太平'号军舰!"

　　国民党"太平"号是美制护航舰,标准排水量为1520吨,设计航速为21.5节,有官兵220名。它的火力配备也比较强,有76毫米火炮4门、40毫米高射机关炮4门、20毫米高射机关炮10门,还有两组48发火箭炮。

一举击沉"太平"号

　　这时,海上4艘快艇已经距敌舰不远,我与铁江海率领的155号快艇在编队的最前面,我拿起望远镜把敌舰仔细看了看,一点不错,正是敌人的"太平"号舰。接着我把望远镜给了铁副中队长,他看了看,点点头也高兴地说:"是它,正是它!"铁副中队长一面命令电讯手向岸上指挥所报告发现敌舰,一面向艇舰队下达了"一字展开,准备战斗"的命令。紧接着,话筒里又传来了纪副大队长的命令:"按第一作战方案,开始攻击。"这时敌舰已经离我们只有六七海里的距离了,敌舰的舰桥、铁锚和雷达都可以看得清清楚楚。我与铁江海商量决定,再靠近一点打,打个有把握的仗。

　　到这时敌舰仍然没有发现我们,还在不紧不慢地向东航行,当距敌舰只有四海里的时候,铁副中队长转身命令:"各艇注意,预备——放!"随着各艇艇长的一声声口令,艇身猛地一震,八条愤怒的鱼雷呼啸而出,直扑敌舰。鱼雷攻击以后,155艇马上灵活地转了一个弯,退出了发射位置,其他后续各艇也都跟着退出了战斗。这时,早已聚集在华东军区海军作战指挥室的领导正密切注视着海上的情况,并适时下达各种作战命令。

　　随着一声巨响,敌舰驾驶台前升起一股又高又黑的浓烟。直到这时,敌人才以为是被飞机打中了,一个劲向空中乱放枪炮。

　　我们马上向岸上指挥所报告:"命中敌舰,我艇队无一伤亡。"

　　在岸上指挥所里,大队指挥员们从望远镜里发现敌舰的舰尾已经高高翘起,舰首低着头沉在水里,丧失了机动能力。过了两个小时,敌人才派出扫雷舰、护卫舰和护卫艇各一艘前来救援。一个小时之后,这三艘舰艇靠上了被我击中的"太平"号,其中一艘护卫舰慌忙系上缆绳,拖着"太平"号就往回走。

　　这时天色已大亮,国民党军舰"太平"号的字样也在太阳下显露出来,被拖带着越走越慢。7时15分,"太平"号军舰急剧下沉,那艘拖带的护卫舰见势不妙,马上把拖带缆砍断,顿时"太平"号舰尾高高翘起,头深深栽到海里,7时45分,连它那高高的桅杆也沉到了海底。

　　"太平"舰的沉没,对国民党来说是一个沉重的打击。台湾当局高层官员在24小时内召开了两次紧急会议，商讨对策。击沉"太平"号的海战在台湾被国民党称为"第一次东海海战"。"太平"舰不仅是第二次世界大战后在海战中被击沉的第一艘驱逐舰以上的战斗舰，也是世界海战史上第一艘被鱼雷快艇击沉的主力舰只。这次战斗标志着国民党的海军优势已经丧失。当时美国的报纸惊呼，"太平"号被击沉，表明新中国已有了很强的海军力量。

父亲和蓝图

胡钢巍

我父亲胡学信是江苏射阳人,工民建高级工程师,一九五五届扬州工学院工民建专业的毕业生,在学校就加入了中国共产党。毕业后被国家分配到内蒙古自治区包头市内蒙古一机厂(兵器部第617厂)一直从事人防隐蔽工程的建设工作……

记得我四岁那年,父母响应党中央和毛主席的号召,为了支援三线建设,积极投入到国家三线建设的洪流中,带着我和两岁的弟弟,从内蒙古第一机械制造厂一路风尘仆仆,坐火车乘轮船,跨黄河过长江,来到江西省省会城市南昌。到南昌后我们一家在招待所里休息了三天后,另外一家人一起坐一辆中吉普,凌晨从南昌出发,走了一天上下起伏、曲曲折折的盘山路,一路颠簸让从来没走过山路的母亲和随车同行的另一家的阿姨晕车呕吐得一塌糊涂,终于在傍晚来到位于湘赣边界的江西省铜鼓县三都乡的黄田沟,住进没有天花板从屋顶能看见星星、四壁都是裂缝的"干打垒"房子里。没有自来水,父母就挑稻田边小水沟的水用,吃的水是用大水缸将小水沟的水盛满后用明矾沉淀后做饭、烧水;晚上没有电,就点煤

1966年赴赣前留影

油灯和蜡烛照明;父母就在这样艰难的环境中带着我们开始了艰苦的工厂创业生活。从那时起,"长林"二字就已经深深地印在了我的脑海中,同时我们一家两代人的命运也就和这两个字紧紧地联系在一起了。

由于在那个特定的历史年代,三线建设的方针是"靠山、分散、隐蔽"。为了备战的需要,工厂的生产线大部分必须隐蔽建设在山洞中。因此,我父亲在长林厂建设的初期以及中期和后期,一直担负着山洞开凿、被覆以及洞室技术改造的现场施工技术和

质量监督工作。那个时候,现场施工的条件和技术装备很差,山体的地质状况又非常复杂,施工队伍的民工们用铁镐和炸药挖开山体,炸碎石头,将山洞一点一点向纵深推进。刚刚开挖出的山洞内,光线昏暗,头顶上那些犬牙交错的石头和沿着洞壁两侧流下的冰冷的山水,让人不禁感到有些毛骨悚然。父亲就是在这样的环境里,头戴安全帽、身披黑雨衣,手持一把装有三节电池的电筒,脚穿一双高筒雨靴,起五更睡半夜,辛勤工作在施工现场上。那时一听说黄田沟生产区施工的山洞内出现了塌方事故,我母亲就急得整夜睡不着觉,直到看见父亲平安回来,才将一颗悬着的心放下。

有一天晚上,父亲在工地上工作到很晚才回家,匆匆吃过饭后,又在微弱的灯光下,伏案工作起来,我怀着一种好奇心,端着板凳放在桌前蹬上去,看见父亲正拿着笔和尺子在一张半透明的大白纸上画图。我问父亲在画什么,父亲头也没抬,只扔给我两个字"蓝图"。我好生奇怪,就又问父亲:"这不是白色的吗?怎么叫蓝图呢?"父亲这时才抬起头来,笑着摸摸我的头说:"傻孩子,这张纸上画的图还要晒到感光纸上到施工现场用,那时这张图纸就变成蓝色的了,所以叫蓝图,懂吗?""是用太阳晒吗?""不,是用晒图机晒!"我似懂非懂地点了点头。

父亲经常是这样晚上带着图纸回家挑灯夜战,继续工作,早晨又带着图纸上班,在施工现场指挥建筑施工队的工人们开山放炮、筑路架桥,开凿一个山洞,被覆一个山洞,打下一片地基,盖起一片厂房。日复一日,年复一年,父亲用一颗献身三线的赤诚之心,将手中的蓝图化做一个个经久耐用,坚不可摧的山洞车间、地下堡垒,变成一间间宽敞明亮,功能齐全

长林厂建在山洞里的车间

的办公大楼、生产厂房。在那条十里长的大山沟里,从一号洞到五号洞,从五家老表的泄洪洞到罗神洞的生活水库,到处都留有父亲的足迹和流下的汗水,父亲手中的一张张蓝图,早已变成十里长沟中一个个打不烂炸不垮的坚固堡垒,一个个三线岁月无言的历史见证。

一九八七年,长林厂根据党中央、国务院"调整改造、发挥作用"的指示精神,由中央部属企业下放到江西省。厂领导为了将工厂早日搬出山沟,使企业在市场经济的浪潮中发挥更大的作用,进行了一系列的选厂址工作。最后,江西省政府决定将我厂搬迁至浙赣铁路线上的新余市。

那是一九八八年五月,父亲受工厂委派来到北京兵器工业部第五设计研究院邀请建筑设计人员到新余市进行实地勘察并参与新厂总体规划设计工作。在北京的那几

天里,父亲一直都有处于紧张的繁忙的工作之中:向五院领导汇报工厂的现状及下放后省市领导给予工厂的各种优惠政策;汇报工厂领导对新厂规划设计的初步构想;和五院的建筑设计人员一起进行新厂总体规划设计前的一系列技术准备工作……

父亲已经有十多年没有来北京了,虽然父亲很想再进一趟故宫,再去一次天坛,再游一回颐和园,尽情欣赏京城的美丽风景和改革开放以后首都的巨大变化,但这一切父亲都无暇顾及,只有将这些愿望深深地藏在心里。

在北京五院和建筑设计人员一起完成了新厂总体规划设计的技术准备工作之后,父亲就陪同五院的同志们一起来到了新余。

位于新余市城北优惠区的新厂址,原是新余市渝水区沙土乡老屋场村和毛家村的一片山坡地。这里杂草丛生,遍地荆棘。只有在山坡凹处,才能看到零星散落的几块田地。时间已到六月初,正值春末夏初之时,黄田沟里的老厂春意尚浓,而新余则已骄阳似火,天气非常炎热。五院的建筑设计人员来新余后,住在市委党校进行新厂的总体规划设计,父亲则带着厂基建处的工程技术人员扛着测量仪器和标尺从住宿地市委党校步行来到这片山坡地,开始了新厂总体规划设计前的实地勘察测量工作。

父亲每天戴着草帽,背着军用水壶和同事们一起在山坡地上仔细地对每一座山丘,每一据标注在测绘地图和随身携带的记录本上,供五院建筑设计人员参考。

为了尽快让五院的建筑设计人员早日将新厂总体规划蓝图绘制出来,父亲和他的同事们头顶烈日,连续十几天奋战在测绘工地上。当时市委党校距新厂址约有两里多的路程,而且全是山路。为了争取时间,父亲和他的同事们中午也不回去休息,吃点自己带的干粮,喝口水壶里的凉开水,然后继续工作。由于天气炎热,军用水壶里的水很快就喝光了,父亲和同事们就打一些测绘现场小河沟里的水喝……

虽然测量勘察工作非常辛苦,但是父亲的内心却非常快乐。因为他是用手中的笔在一张白纸上描绘着长林最新最美的图画;他是用心血和汗水在铺垫长林厂二次创业和未来长林振兴的基石。

大约又过了半个月后,厂址勘察测绘工作已基本结束,新厂总体规划设计工作也已初步完成。父亲和五院的建筑设计人员一起从新余回到了黄田沟的老厂。

有一天,父亲下班回家带回一大摞图纸。他兴冲冲地从里面抽出一张大图纸铺在桌面上。我们全家围过去一看,原来是一张新厂的总体平面规划蓝图。父亲兴奋地指着蓝图上的各种标记,告诉我们哪里是生产区,哪里是生活区,哪里是101#厂房、102#厂房、103#厂房和104#厂房,哪里是医院、食堂、幼儿园和学校。那天晚上,父亲凝视着桌子上那一张张蓝图,激动得很久未能入睡。没过多久,一个由五院建筑设计人员精心制作的新厂沙盘模型在厂文化山文化宫一楼展出。从白天到晚上,来参观沙盘的人们川流不息、络绎不绝。看着沙盘模型上那一幢幢漂亮的住宅楼,那一片片宏伟的厂房,还有那高耸的水塔,宽敞的道路以及道路两边的绿树,草地,人们激动喜悦的心情溢于言表。那几天,厂里从干部到职工,从大人到小孩,说的是新厂,议的是搬迁,全厂上1988年在新余新厂建设工地的照片。下就跟过节似的,热闹极了。

从此,搬出山沟、建设新厂,走出大山、迎接希望,工厂的第二次艰苦创业开始了……

父亲是第一批来到新余进行新厂建设的创业者之一。新厂初建伊始,父亲首先负责新厂基建项目施工队伍的招标遴选工作。为了高标准、高质量的建好新厂,父亲以极端负责的态度和高度的主人翁精神,对各投标施工单位的施工技术等级、资质证书以及施工技术装备都逐一进行了认真的考核甄别,从中挑选出具有高技术等级、高资质证书的建筑工程队伍参加新厂的基建项目施工。

1988年在新余新厂建设工地的照片。左一是我父亲

有一次,一个施工技术等级和资质均较低的建筑工程队包工头请父亲到市里吃饭,想参加新厂基建项目的施工竞标,希望父亲能从中帮忙,并许诺事成之后一定不会少给好处费。父亲明白了这位包工头的来意后,向他申明了工厂基建指挥部有关招标施工队伍的具体规定,回绝了包工头的邀请。几年以后,当父亲回忆起这件事时,非常感慨地对我说:"新厂建设的基建工程项目是百年大计,是关系到今后工厂能否顺利进行生产的长远大事。如果我让一个施工技术等级和资质都低劣的工程队承包了新厂的基建项目,将会贻害无穷。这样做对国家、对工厂、对后人都是犯罪呀!"

新厂建设工作开始后不久,原厂基建处负责新厂基建设计施工技术工作的副处长左莹同志调离长林厂。工厂建设指挥部的领导将左莹同志负责的工作又全权交给我父亲,让他协助基建处领导做好新厂基建设计施工的各项技术工作。父亲肩上的担子加重了,工作量加大了,但是父亲的工作待遇并没有因为个人工作量的加大和工作责任的加重而有所提高。在几十年的工作中,父亲从来不计较个人的荣辱得失,他以一个共产党员对党无限忠诚,对三线建设和工厂事业无限热爱的精神,一如既往地全身心投入到新厂的基建工程施工中,兢兢业业,尽职尽责,鞠躬尽瘁,任劳任怨,无私地奉献出自己全部的光和热。

新厂建设的初期,生活条件异常艰苦,工厂把来新余搞初期建设的同志都安排住在市委党校,那里的生活条件稍好一些。但是父亲为了更好地跟踪施工现场,及时处理建设项目施工过程中出现的各种技术和质量问题,他吃住都在工地的老表民宅中。母亲想来新余工地上照顾父亲的生活,可是由于她的腿摔断过行走不方便,因此父亲一直没有让母亲来。

当时工地的施工项目较多，为了抢时间，争速度，尽快建好新厂的宿舍和厂房，很多施工项目都是同时进行。由于各施工队伍的技术水平参差不齐，因此，已是工民建高级工程师的父亲，整天带着蓝图来往奔波服务于各施工项目的现场，进行质量监督和技术指导，而个人的生活则自顾不暇：工作紧张时来不及做饭，就吃口剩饭菜喝口凉水，衣服脏了没时间洗，就扔在包里，回家时一起带回来。每当母亲看到父亲从新余回来时那消瘦的脸庞，总是心疼地劝他年纪大了要注意劳逸结合，注意身体。父亲总是笑着对母亲说："没关系，别看我五十多岁了，在工地上还跑得动，你就放心吧。"

一九八九年九月，经过一年多的基建施工，原来的山坡地已被推平，道路也已修整出来，新的厂区已初现雏形。生活区的住宅楼地基，像雨后春笋般从红土地上冒出，生产区厂房的水泥立柱，正一根根昂首伸向着蓝天。江西省委、省政府领导在新余市委、市政府领导和工厂建设指挥部领导的陪同下，来到新厂建设工地，听取了基建处领导和父亲对新厂基建工程施工建设情况的汇报，并参观了正在施工的102#建设工地。省委领导对长林厂新余基地的基建工程施工建设起点高、速度快给予了很高的评价；对长林厂搬出山沟，进行二次创业已初见成效给予了充分的肯定。省委领导指示新余市委、市政府要多给长林厂一些优惠政策，要为长林厂的建设和发展开绿灯。省委领导同时还勉励所有参加新厂建设的同志们再接再厉、奋勇拼搏，争取早日将一个新的长林建设起来，使长林厂成为新余市机械行业的领头羊，使长林机械成为新余市继钢铁、纺织、化工之后的又一支柱产业，为新余这座新兴工业城市的经济腾飞再添一只有力的翅膀！

一九九〇年初，新厂生产区103#厂房破土动工开始兴建。该厂房设计为自动扶梯骨架焊接和总装厂房。屋顶采用先进的"空腹式网架结构"，在一万三千多平方米的厂房面积内，只允许中间有三排立柱，空间跨距达二十四米。这样不仅减少了厂房内和屋顶的水泥构件，同时更增加了厂房的透光强度，美化了厂房环境。

为了尽快掌握这一先进的施工工艺，把103#厂房建设成高标准、高水平的一流厂房，春节过后，父亲就和工厂建设指挥部以及基建处的领导一起到徐州网架厂进行了短期的考察和学习。徐州到我们老家射阳县已经很近了，但是父亲为了在短时间内尽快掌握较为全面的"空腹式网架结构"的施工技术，虽然很想回老家去探望，但还是打消了这个念头，全身心的投入考察学习……

从徐州网架厂回到新余后，父亲带着施工技术蓝图立即投入103#厂房紧张的工程施工中。由于施工工期要求紧，施工难度大，施工任务较为繁重，为了保证工程施工进度和质量，父亲和他的两个助手白天、黑夜都工作在施工现场，及时处理工程施工过程中出现的各种技术和质量问题，协调施工队伍与水、电、运输等部门的关系。到了施工紧张的关键时期，父亲和他的助手每天只能睡四五个小时。厂房的施工进度再一天一天向前推进，而父亲却显得一天比一天更消瘦了，但他依然精神饱满地日夜奔波工作在施工现场上……

经过一年的紧张施工，一座新型的厂房终于呈现在人们面前。举行103#厂房落成典礼那天，市政府、市建委和市城建局的有关领导到场剪彩祝贺。当他们徜徉在这一万三千多平方米的宽敞明亮的厂房，看到房顶之高、跨度之大、网架之多时，都禁不住发出了由衷的赞叹，称之为"渝州第一跨"。

　　时间在每天紧张繁忙的工作中悄然逝去，父亲手中的蓝图也逐渐一张张盖上了鲜红的竣工验收合格的方章，一幢幢住宅楼已拔地而起，一座座新厂房在红土地上落成。然而由于父亲长年在工地上奔波，无论是晴天还是下雨，都在野外忘我的工作，从未得到很好的休息，终于积劳成疾，身患癌症，住进了省肿瘤医院。手术后，父亲对来医院探望他的领导和同事们谈的不是他的病情，而是新厂那些尚未完成的工程施工项目，是他手中还没有竣工的那些施工蓝图……

　　一九九五年七月，父亲的病情突然恶化，在弥留之际，他内心最牵挂的是工厂的建设，最割舍不下的是在工厂山沟里进行三线建设和在新余进行新厂建设奋斗了二十多年的难忘情结。父亲把我叫到身边，叮嘱我将来要把他埋在能看到长林厂，有松柏的山坡上，让他在九泉之下也能看到那些蓝图的彻底实现……

　　敬爱的父亲已经永远地离开了我们，他手中那些尚未完成的蓝图已经在我们这一代创业者手中渐次实现，变成今天渝州大地上一座充满无限生机和活力的新型工业园区。

　　敬爱的父亲，您看到了吗？

附：企业简介

　　江西信达长林机械有限公司的前身为江西长林机械厂（国营第177厂）、江西长红机械厂（国营第297厂），原隶属于兵器工业部，1966年始建于江西省铜鼓县，开始了59式57毫米高射炮的整机生产以及WZ501步兵战车战斗总成的批量生产。1988年根据国务院三线企业"调整、改造、搬迁"的指示精神，江西长林机械厂从兵器部下放到江西省新余市，企业从江西省铜鼓县整体搬迁到江西省新余市工业区。

　　1997年6月，由长林机械厂兼并长红机械厂，组建江西长林机械集团有限公司，并于2005年成功实施债转股，组建了江西信达长林机械有限公司。

　　为贯彻新余市委市政府关于推进国有企业改革，实施"产权重组、退城进区"的战略意图，公司于2012年9月完成民营化改造并于当月启动新厂建设。2013年6月28日，电梯生产线改造工程仅用9个月便竣工投产；2013年底，新厂一期工程竣工，企业实现从城区向高新区的整体搬迁。

　　目前，江西信达长林机械有限公司拥有总资产3.5亿元，员工689人，其中各类专业技术人员72人，管理人员167人，技术工人和辅助工人450人。公司下设6个子公司，主要产品有：军工产品、电梯系列产品、立体停车设备、落地通信塔及一体化基站、油气管路不停输开孔封堵设备等。

媒体聚焦

论从史出,载史传人,媒体是历史事件的重要载体。关心江西军工的众多媒体,从纵向、横向、广角度、多侧面地载述了江西军工筚路蓝缕的创业历程,讲述了江西军工感人心魄的动听故事,向人们展示出江西军工艰苦创业、铸就辉煌的壮丽篇章。

江西军工八十年　筚路蓝缕写华章

杨章跃　崔玉平

天凉好个秋。

一场秋雨过后,暑热渐渐消退。9月的江西大地终于迎来了凉爽的秋天。

在江西赣南兴国县兴莲乡有一个名叫官田的小村庄,有段时期,这个村庄热闹非凡,游人如织。记者驱车沿着蜿蜒的乡间公路,几经曲折,来到这个一直静谧地守望着青山绿水的小村庄,一探究竟。

历史的镜头拉到80年前的10月,昔日沉寂的官田村忽然热闹起来,一支队伍驻扎进来,开始他们成天丁丁当当的敲、打、砸、锤工作。中央红军兵工总厂就诞生在这里。然而,谁也不曾想过,从开国大典上的"万国牌""骡马队",到2009年国庆60周年大阅兵时一水儿的国产新武器、新装备,就是从这个四面环山,看上去并不起眼儿的小村庄里走向全军、走向世界的。一条阅兵路,见证了新中国的成长和人民军工80年的发展历程,揭开了人民军工走向现代化的序幕……

兵工圣地　红色传承

1927年,年轻的中国共产党人在血与火的考验中认识到武装工农的极端重要性,在南昌打响了武装革命的第一枪,标志着中国共产党独立创建革命军队和领导革命战争的开始。同年的"八七"会议上,毛泽东同志又响亮地提出了"枪杆子里面出政权!"就这样,武装斗争的激昂旋律在中国革命的历程中奏响。

建设一支党掌握的人民军队是取得胜利的根本保证,而较为稳定的装备来源也关系着战争的结局。鉴于此,1931年10月,由中国共产党独立创办的第一家大型综合性兵工厂诞生在了江西兴国县官田村。它的创立,象征着党领导下的人民军工的起源,标志着中国共产党独立自主发展武器装备事业的开端。从此,人民军工同革命战争的发展和人民军队的成长紧密地联系在一起。

官田中央兵工厂,隶属中央军委、中国工农红军总司令部后方办事处领导。虽属初创,但组织机构较为完善,技术力量也相对雄厚,设有枪炮科和弹药科,共有工人300余人。1932年夏,官田中央兵工厂在枪炮科、弹药科基础上,又组建了枪炮厂、杂械厂、弹药厂，工人数量也在300人的基础上翻了近一倍。在从建立到迁往瑞金的两年多时间里，官田兵工厂共修配步枪4万多支、迫击炮100多门、山炮两门、机关枪2000多挺、翻造子弹40多万发、制造手榴弹6万多枚、地雷5000多个，为土地革命战争做出了重要贡献。

星星之火，可以燎原。官田兵工厂所积蓄的人力资源，成为日后根据地兵器生产的可贵财富；它所创造的管理和生产经验，也给以后兵器事业的健康成长提供了有益借鉴；它孕育的军工血脉，经历了岁月的磨砺后，在今天的军工战线汩汩流淌⋯⋯

"三线"建设　发展壮大

陪同采访的江西省国防科工办工作人员告诉记者，官田兵工厂的建立，为今后兵器工业的发展奠定了基础。而新中国成立后，江西国防工业是以1951年国家"一五"期间156个重点建设项目之一的洪都机械厂（现江西洪都航空工业集团公司）诞生为标志，正式起步的。

到了20世纪60年代三线建设时期，在江西的大地上，曾经有过这么一批工厂，它们远在深山，却身负重任；那里的人们虽然身处偏远，却与外界的文明有着千丝万缕的联系。这些工厂严阵以待，对外严加保密，一般都有三个名称：一个是直接对外的，例如某某机械厂；一个是用于通信联络的，例如某地几号信箱；一个是内部代号，通常为数字，例如9394厂。它们就是江西的军工企业，俗称"小三线"。

根据当时国家的战略考虑，江西地区是华东后方的战略要地，属于国家"小三线"建设的重点地区。为此，国家直接给江西投资四亿七千万元建设"小三线"。从1965年开始，江西下大力气，组织大批人力、物力、财力，投入大规模的"三线"建设。在省委的统一领导下，全省各地积极行动，就像革命战争年代支援前线一样，从各方面大力支持"三线"建设。江西"三线"建设，重点是建立兵器工业和造船工业。建设方法是采取上海市对口厂包建形式，包建厂既是产品试制单位又是筹建单位，从业务干部到技术骨干，从产品试制、工厂设计、土木建筑、设备安装、人员配备等，一直到产品投入生产，都一包到底。于是，一批上海企业内迁到了江西，一大批来自五湖四海的"又红又专"的干部职工扎根在江西的红土大地上。

20世纪60年代末70年代初，多数项目初步建成投产，并生产出一批常规武器，包括火炮、机枪、步枪、炮弹、炸药、光学瞄准器具以及各类军用快艇等。"三线"建设客观上改善了江西的工业，加强了江西的工业基础，促进了地方经济的发展。"三线"建设兴办的一些军工企业，后来逐步发展为江西的骨干企业，如江西钢丝厂、江西光学仪器厂、星火化工厂、连胜机械厂、东风制药厂等；特别是一些原来经济比较落后的老区、山区县，军工企业的建设带动了地方"五小工业"的兴起。

20世纪70年代到80年代初是江西军工发展鼎盛时期，其生产的常规武器能够满足团以下部队的基本装备。一时间，江西军工声名鹊起，江西成了重要的国防工业大省之一，并且创造了新中国军工史上的十多个第一。

历史用金色的大字镌刻着1954年7月3日这一天。新中国第一架飞机——初教五在南昌轰鸣升空,翱翔蓝天。洪都航空人写下新中国航空发展史上的第一章。毛泽东主席亲笔签署嘉勉信,称赞:"这在建立我国的飞机制造业和增强国防力量上都是一个良好的开端。"

新中国第一艘鱼雷快艇、第一辆军用摩托、第一架超音速喷气式飞机、第一架具有完全自主知识产权的军民用直升机等均诞生在江西。江西军工还为我国第一颗原子弹爆炸提供了基础核原料,为我国低纬度探空火箭的研制、南极科考、探月工程和载人航天工程等国家重大科研项目作出了积极贡献。

步入困境　艰难前行

如果说创造辉煌离不开军工精神,那么摆脱困境则更需要解放思想、勇于探索。

"还没有学会游泳,就被扔到了大海里。"江西省国防科工办的工作人员形象地比喻始于20世纪80年代初的军转民浪潮,江西军工企业一下子就从计划经济"空降"到市场经济大潮之中。由于该省军工企业多为20世纪五六十年代建设的老"三线"企业,分散在全省二十多个县市,涉及核、航空、船舶、兵器、军工电子等多个行业,且大都地处偏僻,区位优势不明显。由于国家对军品任务的削减,长期处于计划经济体制下的江西省属军工企业由于军转民步伐滞后,导致产品竞争力不强,技术优势不明显,企业效益逐年下滑。到20世纪90年代后期,绝大多数企业已资不抵债,仅省属军工资产负债率就高达160%,加上企业办社会负担沉重,处境十分困难。

记者在采访中了解到,1988年,国家实行军工结构调整后,江西永胜机械厂的军品订单彻底中断,企业试着干石材切割机、梳棉机、钢球铸件、水龙头弯头等民品。由于资金投入分散,未能培植出有竞争力的优势产品,再加上企业办社会包袱重、机制不活、人才外流等诸多因素的影响,一连十几年,企业年年亏损。

始建于1969年的江西江州造船厂,当时出于战略考虑拟研制生产代号为"09"的产品,后因国际形势发生变化,该项目尚未完全建成,就宣告下马,一时间成了"半拉子"工程。几十年来,不屈不挠的江州人一直在找出路,求生存中苦苦探寻。

赣江化工厂1998年开始停产,负债5162.2万元,由于工厂地处偏僻,化工设备腐蚀严重,资产变现能力极低,实际资产负债率达500%。

据统计,截至2004年底,江西军工企业累计涉及银行呆坏账二十三亿多元,拖欠职工养老保险费、失业保险费和职工工资、医药费等各类费用三亿多元。

凤凰涅槃　展露新姿

山重水复疑无路,柳暗花明又一村。

正当江西军工企业陷入困境的时候,2002年,国务院出台关于军工企业改革脱困的方案(国发[2002]7号);2003年,国务院又批复国资委等五部门关于军工企业改革脱困方案补充意见(国函[2003]74号),经过多方努力,江西省共三十六家军工企业列入政策性关闭破产计划,为全省军工企业的改革脱困带来了"福音"。

如何用好、用活国家政策,主动争取地方政府的支持,彻底解决好军工企业历史遗留问题,促进军工良性发展,建立起既满足国防建设需要又适应社会主义市场经济要求的国防科技工业新体系,是推动江西军工改革脱困的关键所在。

根据江西省实际情况,省属军工企业的改制,制定了"职工安置一步到位,关闭破产和改制分步实施"的策略。2005年下半年,江西省国防科工办机关全力以赴,攻坚克难,仅用五个月时间就一次性完成了二十五个企业二万职工的安置工作,确保了企业破产改制工作顺利平稳推进。

功夫不负有心人。

2006年,江西军工结束了长达十年的整体亏损局面,焕发出了新的生机和活力。"十一五"期间全省国防科技工业完成工业总产值1185.5亿元、工业增加值242.6亿元、利润16.7亿元,比"十五"期间分别增长132.4%、108.9%、908.2%。

江西省民爆行业通过整合由二十家减少到三家。整合后,全省炸药年生产能力达到17.4万吨,江西民爆业已由小而散经营,逐渐步入集团化、规模化、效益化轨道,提升了企业竞争力。

江西长江化工有限责任公司通过企业改制重组,组建了江西长江玻璃纤维有限公司和九江福莱克斯公司,实现了企业快速增长。2010年实现营业收入两亿八千四百五十万元,实现利润一千四百八十九万元。

江西永胜机械厂破产改制组建成立江西鑫安化工有限责任公司,先后筹集1300万资金建起全省首条全自动乳化炸药生产线,使产品附加值倍增。如今已形成年产炸药22000吨的生产能力。2010年,该公司实现销售收入一亿两千万元,上缴利税1500万元,实现利润一千二百多万元。

记者了解到,改制重组后的船舶工业企业均华丽转身,令人刮目相看。同方江新的前身是九江船舶工业公司所属的江新造船厂,2005年破产改制后,成为清华同方全资控股的一个新公司,被列为"十一五"期间九江沿江经济产业战略开发"金砂湾板块"工业园区重点工业企业项目。

江州联合造船有限责任公司副总经理卢恒武告诉记者,该公司于2008年5月正式成为香港主板上市公司——和成国际的子公司。改制后手持出口订单高达一百亿元。过硬的产品质量赢得了海外客户的青睐。目前,手持订单已经排到2013年上半年。

改革脱困给江西军工带来的不仅仅是甩掉了沉重的历史包袱,带来了经济总量的递增,更重要的是带来了体制机制的创新,激活了全行业的创新创造激情和活力。正如江西省国防科工办主任李贤书所说:"随着国际新军事变革的推进,在市场经济大潮冲击下,在对外开放与国际交流中,江西军工人逐步改变封闭保守的思想,大胆改革,创新创业,主动融入地方经济,主动参与国际市场竞争,在我国国防事业和地方经济社会发展中扮演着越来越重要的角色。"

项目牵引　军地融合

近年来,江西国防科技工业积极应对国际金融危机和各种自然灾害影响,以重大项目建设为抓手,着力调整经济结构,转变经济发展方式,攻坚克难,在完成军工企业改革脱困的基础上,各项建设取得突出成绩,经济持续平稳增长,一批重大项目建设初见成效。

为了进一步推动军地经济融合,江西省国防科工办把实施军民结合重大项目作为依托,经过反复调研、科学论证,确定抓好以南昌教练机、无人机、通用飞机研制生产基地,景德镇直升机研制生产基地,九江船舶及船舶配套研制生产基地,相山、赣南铀资源勘探采冶基地为重点的十大军民结合型项目建设。涉及航空、信息、核能、生物化工、船舶、民爆器材等产业,并将其融入鄱阳湖生态经济区发展战略规划。

航空工业在江西国防工业中有着举足轻重的地位,被列入江西省十大战略性新兴产业之一。"十一五"期间,江西省国防科工办将航空制造产业发展作为重中之重,尤其是以参与国家大飞机项目为契机,强力推进江西航空制造产业发展。

2009年12月23日,江西省政府与中航工业共同签署战略合作协议,双方共同投资三百亿元,高起点建设占地二十五平方公里的南昌航空工业城。洪都公司和昌飞公司凭借雄厚的基础实力成为我国大飞机项目的首批九家国内供应商之一。洪都,获得前机身和中后机身等部件的研制与生产任务,占机体结构件25%左右的份额;昌飞获得机翼扰流片等部件的研制生产任务。

2010年12月1日,洪都承担的C919大型客机铝锂合金机身等直段部段顺利下线,标志着洪都参与C919大型客机研制工作迈出坚实的第一步,是中国商飞、中航工业和江西省深化战略合作的重大成果,具有重要的里程碑意义。

2010年12月27日,景德镇航空零部件产业园举行启动仪式,首批入园企业十九家,投资总额十亿元。江西省政府和景德镇市政府从土地、规费减免、人才引进、招商引资、国际合作等方面制定了最优惠政策,支持景德镇打造一流的军民用直升机产业基地。

江西地处长江中游,拥有长江岸线一百五十余公里,同时拥有中国最大淡水湖——鄱阳湖和赣江水系,水路通畅,具有建造中小型船舶的独特优势。船舶工业是江西临江临湖产业开发的重要组成部分。江西船舶工业充分发挥现有中小船舶制造的比较优势,扬长避短,错位竞争。以做精做强为目标,努力打造"三个基地",即通过新建、扩建、技术改造,建设以江西江州联合造船有限公司、九江同方江新造船有限公司和九江银星重工船舶集团公司等骨干企业为主体的九江船舶制造基地;以中船集团所属九江船舶工业公司五厂一所的导航系统、特种装置、消防系统、耐火舱室等四大主导产品为主体的九江船舶配套基地;以江西罗伊尔游艇工业有限公司为龙头的南昌游艇产业基地。目前全省年造船能力已达100万载重吨以上。

江西又是铀资源大省,提交的天然铀产量占国内总产量的40%。而号称中国铀都的相山是我国最大的花岗岩型铀矿田,天然铀储量极其丰富。随着国家越来越重视核能开发利用,对天然铀的需求大幅增长,给江西发展铀矿产业经济带来机遇。为此,江西省国防科工办将相山、赣南铀矿产业列入十大军民结合型项目之一进行重点建设,充分整合资源做大铀矿业经济,努力实现由铀资源大省向铀矿业经济大省转变。

重大项目建设已成为江西军工经济的重要引擎。通过实施重大项目建设,充分发挥重大项目的牵引辐射作用,推动了全省国防科技工业各项建设迈上新台阶。

跨越发展 续写新篇

江西省国防科工办主任李贤书表示,2011年是"十二五"的开局之年,江西国防科技工业在"十二五"期间,坚持以建设先进的国防科技工业为主题,以转变发展方式为主线,以自主创新强化基础为主战略,以军民融合发展为主方向,着力构建军民结合寓军于民的武器装备科研生产体系,构建军民技术融合发展的国防科技创新体系,提升军工核心能力,完成武器装备研制生产任务,提高行业经济总量,构建和谐军工,全面融入鄱阳湖生态经济区建设,努力实现江西国防科技工业跨越发展。

通过五年奋斗,实现经济总量翻两番,到2015年全省国防科技工业年收入将达到一千二百亿元,年利润八十亿元。立足新起点,瞄准制高点,深化军民融合,实现经济总量和效益的快速提升。

继续实施重大项目带动战略,全面融入鄱阳湖生态经济区建设,加快发展以军民结合型产业为主导的军工经济。壮大优势产业,通过联合、并购、重组,重点培育一批年收入达五百亿元、二百亿元、一百亿元、五十亿元的军民结合型产业大企业和集团。

加速推进航空制造产业发展,把江西打造成为全国教练机、通用飞机、直升机研制生产核心基地,大飞机主要部件研发生产及试飞基地,航空国际转包生产基地,形成航空材料、航空设备、大部件、整机设计制造、国际合作转包、试飞及航空文化教育等比较完整的产业集群,成为功能较为齐全,特色更加鲜明,中部地区最大的航空产业基地。

整合现有资源,加快船舶生产企业转型升级,推进江西船舶工业规模化发展,将九江打造成全国中小型出口船舶制造基地和船用导航、消防、特种装置、耐火舱室系统等船舶内装综合性配套基地。

加快相山铀矿基地和赣南天然铀矿基地建设,走探采冶一体化发展道路,壮大铀矿经济,努力将江西的铀资源优势转化为经济优势,同时,大力拓展矿业境外勘查业务,积极推动对外经济技术合作与交流。

加快纯电动汽车、混合动力汽车的研制,实现新能源汽车产能规模化。在提高生产能力和技术水平的基础上,建成国内一流的7628无碱布、挠性覆铜板制造和供应的重要基地。

积极整合省属军工资源,组建江西军工集团,进一步推进全省民爆整合重组,尽快实现江西国泰民爆器材股份公司上市。

(原载于2011年10月10日《中国工业报》A3版纪念人民军工创建八十周年特别报道)

励精图治铸辉煌
——江西国防科技工业改革发展成就系列报道之综述篇（一）

杨章跃　黄继妍

改革开放 30 年，尤其是贯彻落实科学发展观的近几年来，江西军工发生了巨大变化。在这个变化的背后，透露出军工企业强大的凝聚力和战斗力。在各个不同历史时期，他们审时度势，与时俱进，抓住机遇，一心一意谋发展，创造了一个又一个奇迹。即日起，本报从改革脱困、军民结合、航空航天、核工业、船舶、军工电子、民口配套、民爆等各个角度对江西军工进行系列报道，全面展示他们在国防建设和经济发展中取得的辉煌成就，激励江西军工人在新的历史时期，做出新的更大的贡献。

他们曾经创造了新中国军工史上的十多个第一：制造出第一架飞机、研制出第一枚海防导弹、为我国第一颗原子弹爆炸提供铀原料……

他们也曾经历过痛苦的抉择：从计划经济"空降"到市场经济，几十家企业亏损，过着今天不知道明天的日子。

然而，他们依靠顽强不息的军工精神，解放思想，自主创新，调整产业结构，实现浴火重生。

这就是江西军工，在科学发展观的指引下，励精图治，与时俱进，开拓进取，实现了从封闭走向开放，从江西走向世界的巨大转变。

生死沉浮话辉煌　改革脱困天地宽

江西省国防科工办主任李贤书的办公室别具一格，里面摆满了各种仿真模型，"猎鹰"高教机、直 11 直升机、"神舟"载人航天器、12000DWT 多用途船……一件件似乎都在诉说着江西军工的发展历程。

1951 年，以国家"一五"期间一百五十六个重点建设项目之一的洪都机械厂（现洪都航空工业集团公司）诞生为标志，江西国防工业正式起步。60 年代三线建设，一大批军工企业从东北、上海、西北等地搬迁到江西。核工业、航空航天、船舶、兵器、军工电子五大军工快速发展起来。70 年代到 80 年代初是江西军工发展鼎盛时期，其生产的常规武器能够满足团以下部队的基本装备，国家四种直升机机型有三种在江西。一时间,江西军工声名鹊起。

如果说创造辉煌离不开军工精神,那么摆脱困境则更需要解放思想、勇于探索。

80年代初开始的军转民将江西军工企业从计划经济"空降"到市场经济。地处山区、资金短缺、人才流失、历史包袱重……前所未有的压力让军工企业陷入困境,渴望发展的呼声是如此急迫。为了生存,他们拼命开发民品,"除了棺材,几乎什么都做过"。为了发展,他们坚持改革脱困,从2003年开始,对三十五家企业实行政策性关闭破产。2005年下半年,仅用五个月的时间一次性完成二十五家省属军工企业3.5万职工的安置工作。功夫不负有心人。2006年,江西军工结束了长达十年的整体亏损局面,2007年全行业总产值达到214.3亿元,比十年前增长了267.1%;产品出口30.6亿,比10年前增长了13倍。

十年卧薪尝胆给江西军工带来的不仅仅是经济总量的递增。正如李贤书所说:"随着国际新军事变革的推进,在市场经济大潮冲击下,在对外开放与国际交流中,江西军工人逐步改变封闭保守的思想,大胆改革,创新创业,主动参与国际市场竞争,在我国国防事业中扮演着越来越重要的角色。"

集聚人才生活力　科技创新铸精品

自主创新是国防科技工业的本质属性和内在要求,是军工企业的生命线。江西军工通过留住人才、引进人才,科技创新能力大大增强。

中国航空工业第602研究所坚持"事业留人,感情留人,待遇留人,环境留人",精心打造人才培养"生产线",形成了人才辈出的"人才森林"。2008年招聘的大学毕业生均为全国排名前30位院校的毕业生,研究生占60%以上。像602所这样,江西军工企业逐渐成为人才聚集的高地,为企业创新增添了活力。江西军工企业十万多人,专业技术人才就占20%,511人才、学科带头人等中高级专业技术人才达八千多人。

江西军工军、民品起初基本是从仿制起家,90年代开始,加大自主创新研发力度。信息化的推广,让技术人员从手工画图中解放出来,仿真设计的应用大大降低了科研试制成本,而数控技术的普及应用,让复杂的加工程序变得简单。江西军工的科研试制、总装总调能力得到极大提升。

一大批自主研发的国内领先、国际先进的新产品、新技术、新工艺陆续面世,向外界展示着江西军工科技创新的实力。

洪都集团自筹资金研制生产的L15高教机成功首飞,实现了我国航空工业由二代机向三代机的跨越。602所、昌飞公司研制的直11型直升机,是我国第一个拥有自主知识产权并首次进入国内民用市场的直升机。江西钢丝厂利用军工技术创新优势开发的防雹增雨火箭弹,市场占有率全国第一,并为北京奥运和四川地震灾后重建提供气象保障服务。江西东华计量所作为国防科技工业3611计量站,经CNAS认可的校准/检测项目达二百四十九项,自行研发的科研项目达四十多项,促进了计量技术的创新和发展。

现在，全省军工企业已拥有三个国家级企业技术中心、六个省级企业技术中心及四个博士后流动工作站等一批科研基地，形成了较强的军民结合创新能力。

军民结合走新路　结构调整绘蓝图

实现江西崛起新跨越，离不开江西军工的全面升级。"江西军工经济要发展，就必须坚持军民结合，全面融入地方经济，以两个平台、三个基地建设为重点，以十大军民结合型项目为突破，全面推进军工经济的转型升级。"

近年来，江西军工企业在确保国家军品生产任务的前提下，积极主动地走入市场，融入地方经济建设，民品所占比重已逾半壁江山。各大军工的产品结构、产业结构调整推动着江西军工快速发展壮大。

江西航空，军用技术大范围地用于民品生产，通用飞机、民用直升机等20多个民用机型陆续出现，飞机制造从劳动密集型转向高附加值。如今，他们又朝着大飞机制造和航空转包方向迈进。

江西民爆，铵梯炸药、火雷管等落后产品被淘汰，乳化炸药、膨化硝铵炸药、高精度延期雷管等新产品的生产规模和销售量逐年增长。炸药生产厂家和生产点大幅缩减，但产能却翻番上扬。

江西船舶，从内河船到远洋船，从千吨级到万吨级，从散货船到集装箱船，一个个大订单的到来实现了企业效益的大幅提升。

在新的历史时期，江西军工紧跟中央、省委省政府的步伐，抓经济，抓项目，谋发展。总投资一百三十亿元的十大军民结合型项目正在紧锣密鼓地推进。在大项目的带领下，江西军工将谱写一个新的辉煌篇章。

（原载于2008年9月9日《江西日报》A3版）

凤凰涅槃展新姿
——江西国防科技工业改革发展成就系列报道之改革脱困篇(二)

杨章跃　许雪勤　崔文明

近年来,江西省国防科工办与相关企业一道,在原国防科工委和江西省委省政府的正确领导下,精心组织,扎实工作,使改革脱困工作有条不紊地稳步推进,确保了企业和社会稳定。

江西军工先后有三十五户企业(2007年新增两户)列入政策性关闭破产项目,涉及在职职工4.19万人,离退休人员2.06万人,核销银行和金融资产管理公司呆坏账准备金23.1亿元。到目前为止,已有三十一户破产终结或基本终结。多数企业通过资源整合,招商引资,改制重组,焕发了新的生机活力,全省军工企业改革脱困工作取得重大成果。年初,省国防科工办被原国防科工委授予"全国军工企业改革脱困工作先进单位"称号。

20世纪八九十年代以来,由于军工结构调整及企业负债严重、体制机制不活、市场竞争力弱等诸多深层次的原因,江西军工尤其是省属军工企业像全国军工企业一样,大多数处于停产半停产状态,军工成为特困行业。面对严峻形势,江西省国防科工办与相关企业没有坐以待毙,而是顺应形势,充分吃透政策,在原国防科工委和省委、省政府的正确领导下,精心组织,科学运作,确保了企业和社会稳定,谱写了一曲"凤凰涅槃展新姿,浴火重生换新颜"的篇章。

"山穷水尽"促"思变"

我省军工企业多为20世纪五六十年代建设的老"三线"企业,分散在全省二十多个县市,涉及核、航空、船舶、兵器、电子等多个行业,且大都地处偏远的城乡接合部,区位优势不明显。由于二十世纪八十年代国家对军品任务的削减,长期处于计划经济体制下的我省军工企业由于军转民步伐滞后,转型不成功,导致产品竞争力不强,技术优势不明显,企业效益逐年下滑。到二十世纪九十年代后期,绝大多数企业已资不抵债,仅省属军工资产负债率就高达160%,加上企业办社会负担沉重,处于十分困难的境地。

有例为证。1988年,国家实行军工结构调整后,江西永胜机械厂的军品订单彻底中断,企业试着干切割机、梳棉机、水龙头弯头等民品,由于有限的资金投入分散,未能培植出有竞争力的优势产品,再加上企业办社会包袱重、机制不活、人才外流等诸多因素的影响,一连十几年,企业年年亏损。赣江化工厂1998年开始停产,负债5162.2万元,由于工厂地处偏僻,化工设备腐蚀严重,资产变现能力极低,实际资产负债率达500%。据统计,至2004年底,江西军工企业累计涉及银行呆坏账二十三亿多元,拖欠职工养老保险费、失业保险费和职工工资、医药费等各类费用三亿多元。

穷则思变。2002年,国务院出台了关于军工企业改革脱困的方案(国发[2002]7号);2003年,国务院又批复了国资委等五部门关于军工企业改革脱困方案补充意见(国函[2003]74号),经过多方努力,全省共三十五家(2007年新增两家)军工企业列入政策性关闭破产,为我省军工企业的改革脱困带来了"福音"。

"重生"方显"柳暗花明"

破釜沉舟,方显英雄本色。如何用好、用活国家政策,主动争取地方政府的支持,彻底解决好军工企业历史遗留问题,促进军工良性发展,建立起既满足国防建设需要又适应社会主义市场经济要求的国防科技工业新体系,是推动江西军工改革脱困的关键所在。江西省国防科工办党组书记、主任李贤书告诉记者:"做好军工企业改革脱困工作,关键在于用好政策、以人为本、科学组织、精心谋划。"

江西省军工企业破产改制工作涉及面广,涉及人员多,情况复杂,在整个破产改制过程中,他们切实做到"两个维护":切实维护职工群众的切身利益,切实维护企业和社会的稳定。牢牢把握"三个原则":一是牢牢把握执行政策不动摇;二是尊重历史、正视现实;三是坚持公开、公平、公正,实行"阳光操作"。坚持"四个依靠":紧紧依靠有关军工企业破产改制政策文件,依靠企业所在地各级党委、政府及有关部门的支持配合,依靠企业领导班子,依靠广大干部职工,积极稳妥地推进各项工作。

省属军工企业的改制,根据实际状况,制定了"职工安置一步到位,关闭破产和改制分步实施"的策略,省国防科工办机关全力以赴,攻坚克难,仅用五个月时间就一次性完成了二十五个企业3.5万职工的安置工作,确保了企业破产改制工作顺利平稳推进。

无情破产,有情操作。关闭破产涉及每个职工的切身利益,在破产实施中,坚持以人为本,既严格按政策办事,又注意关心职工疾苦,最大限度地维护职工群众的利益。如721矿因分立破产不能享受异地安置政策,而绝大部分职工又确实住房困难,相当多的职工还住在棚户区。经省国防科工办和江西矿冶局协调,积极争取上级资金补助,同时地方政府落实集资建房用地和规费减免政策,问题也就迎刃而解。

"变革"催生"万树花"

改革似春风,吹绿了江西军工的老树新芽。一批企业通过破产改制重组,逐步建立起现代企业制度,焕发出新的生机和活力。如九家新组建股份公司的军工企业,改制前年产值5.9亿元,亏损6446万元。改制后年产值达到15.6亿元,利润1.7亿元。与实施改革脱困前的2002年相比,全行业2007年销售收入增长95.5%,工业增加值增长70.6%,全行业实现扭亏增盈2.87亿元。

景德镇景航锻铸公司2004年破产改制前企业高负债运行,连年亏损,改制后轻装上阵,机制灵活,2007年实现产值1.4亿元,利润1967万元。

江西永胜机械厂于2004年新组建成立鑫安化工股份公司,完全采用新机制运作,筹集1300万资金建起全省首条全自动化乳化炸药生产线,使产品附加值倍增。今年,该公司又自筹资金兴建科技含量高、安全性能好、年产12 000吨的改性铵油炸药生产线。2007年,公司实现产值五千多万元,上缴税收五百万元,实现利润两百多万元。

江西锻压厂2002年已严重资不抵债,2006年10月宣告破产,改制组建江西运良锻压有限责任公司后,2007年各项经济指标创历史最好水平,一个只有230人的小型企业,实现利税超千万元。

江西军工企业的破产重组改制,由于思路明确,工作到位,企业面貌脱胎换骨,呈现出了"枯木逢春叶更翠"的喜人景象,焕发出了蓬勃生机与活力,形成了从扭亏脱困求生存到改革创新大发展的良好态势。

(原载于2008年9月11日《江西日报》A3版)

军民结合谱新曲
——江西国防工业改革发展成就系列报道之民用产业篇(三)

高咏梅　黎秋萍

在全省学习实践科学发展观、大力推进项目建设的背景下,作为江西经济社会发展的重要组成部分,江西省国防科技工业始终坚持走军民结合的发展道路,着力推进军工体制创新和产业结构调整,充分发挥军工资源和技术优势,以打造优势产业基地、建设重大军民结合型项目为重点,推进军工经济与地方经济的融合和发展,在出色完成高新武器装备科研生产任务的同时,军工民用产业成绩卓著。

创新机制　搭建军民结合互动平台

近年来,江西国防科技工业通过不断创新体制机制,构建军民结合互动平台,科学有序地引导军工企业参与政策性关闭破产,进行改制重组和资源整合,逐步建立机制灵活、产权清晰的现代企业制度,打破军民分割格局,为民品产业发展奠定基础,注入了新的活力。

依托军工基础能力优势,2006年江西省国防科工办在南昌市高新开发区动工建设江西国防科技工业重点项目基地,占地184亩,充分聚集军工资源优势,形成集军民品研发、装备生产制造、零部件加工、人才培养和服务于一体的产业集群及具有江西军工特色的高科技重点项目基地。目前,基地的招商引资已初见成效。

江西长江化工有限责任公司通过合作组建控股公司,大力发展民品,优化产业结构,提高了企业核心竞争力。通过组建江西长江玻璃纤维有限公司,2007年7628无碱布产销量达到了2100万米,实现年产值9163万元,利润559万元。通过组建九江福莱克斯公司,联手高校,成功开发了手机无线聚酯压延光铜覆铜板,可替代进口产品,个别技术指标超过美国同类产品,2007年实现产值4018万元,利润461万元。

近年来,江西军工通过资本参股、技术协作、资产重组等多种手段,实现投资主体多元化,构建了机制灵活、管理高效的产业发展平台,对强化基础能力、提升研发能力、激发创新能力,至关重要,推动了江西国防科技工业民用产业又好又快发展,在促进富民兴赣大业,推进江西在中部地区崛起进程中,起到了举足轻重的作用。

发挥优势　推动军地经济互动融合

经过近年来的建设和发展,江西军工企业的研制手段、基础设施得到进一步改善,产品研发能力、先进制造能力、自主创新能力得到切实增强,蕴藏着军转民和加快民用产业发展的巨大潜能。在江西省"十一五"规划中,军工行业的航空、汽车和精密仪器制造业被列入六大支柱产业之中;在江西省新型工业专项规划中,汽车、飞机、船舶、军工电子及机电设备等被列入重点发展项目。

在江西军工产业中,教练机、直升机和船舶制造业是三大传统优势产业。充分利用洪都教练机的品牌优势,着力打造南昌教练机、通用飞机、无人机研制基地;利用六〇二所和昌飞公司直升机研制的技术优势,着力打造景德镇军民两用直升机研制基地;利用九江船舶工业基础较好,有着较长的沿长江黄金岸线区位优势,着力打造九江民用船舶制造基地。与此同时,江西军工在汽车、军工电源、军工电子及机电设备制造等产业上,具有自主研发和创新等方面的竞争优势。昌河汽车加强机制创新和产品结构升级,2007年在全国小排量汽车市场呈现负增长的形势下稳住了局面,全年生产销售汽车11万辆,实现工业总产值四十亿元,销售收入三十四亿元。

江西军工着力创新军民结合方式,扩大军地融合,积极参与地方区域经济开发,统筹兼顾军工经济与地方经济的发展,实现军地共赢,共同提高。以民用产业的发展壮大江西军工的经济总量,提升江西国防科技工业的整体实力,全行业年生产总值将按20%以上的幅度增长,到"十一五"末年生产总值将达到四百亿元。

落实项目　赢得民用产业新发展

以重大项目为牵引,推动军工民用产业发展,这是近年来江西省国防科技工业发展在学习实践科学发展观进程中的新思路和重头戏。

按照省委"抓经济,项目是关键,项目是载体,项目是后劲,项目是财源"的发展思路,省国防科工办把实施军民结合重大项目作为促进军工经济可持续发展的关键,着力抓好以"三个基地"建设为重点的十大军民结合型项目,从科研开发、成果转化、技术改造、资金投入等方面给予政策支持,以项目带动投资,以投资促进增长,从而达到提升江西省国防科技工业产业层次、增强核心竞争力的目的。

十大项目涉及航空、信息、核能、生物化工、船舶、民爆器材等产业,总投资一百三十亿元,建成投产后到2013年将新增销售收入三百〇五亿元,利税四十六亿元。

洪都集团拟用三至五年时间,规划建设南昌航空工业城,项目建成后,预计年新增销售收入五十亿元,利税五亿元。

昌飞公司民用直升机项目总投资五亿元,建成后将形成年产民用直升机四百五十架的能力。预计至2013年,民用直升机新增销售收入三十亿元,利税三亿二千万元。

江西省军工资产经营有限公司与江西省中弘投资发展有限公司合作开发生产6至8英寸模数式芯片项目,已于今年6月底在江西省国防科技工业重点项目基地动工兴建。该项目是目前国际最先进的高科技产品，计划投资十五亿元人民币，建成后年产值可达三十多亿元，利税六亿元。

　　十大军民结合型项目的建设，所带来的不仅仅是经济总量的急剧增长，必将提升江西国防科技工业的产业层次，扩大民品产业规模，提高江西军工的核心竞争力，推动江西国防科技工业的稳步持续发展。

（原载于2008年9月12日《江西日报》A3版）

蓝天铸剑逞英豪
——江西国防工业改革发展成就系列报道之航空篇(四)

余建华

江西航空业作为我省国防科技工业的一枝奇葩,伴随着我国改革开放三十年的伟大实践,科研基础能力得到大幅提升,自主创新水平得到不断提高,正日益发挥着推动江西国防科技工业跨越发展的"排头兵"和"领头雁"作用。

我省航空工业在直升机、教练机、通用飞机研发上在国内有比较优势。我国现有的四个直升机型号中有三个型号在我省研制生产,其中直升机重点型号的研制更是举足轻重。2006年实现首飞成功的L15高教机,具有世界先进水平,现已基本形成批产能力。航空业已成为江西国防科技工业乃至江西工业发展的重要支柱之一。

彰显航空实力

众所周知,国防科技工业始终处于科学技术发展的最前端。近年来,洪都航空工业集团公司、昌河飞机工业集团公司、中国直升机设计研究所(六〇二所)坚持以高新技术武器装备等重大科技专项为重大突破,加强原始创新、集成创新和引进消化吸收再创新,在优势领域、关键性技术等方面取得了重大突破,拥有一批自主知识产权。我省航空产业自主创新能力的大提升,较好地发挥了引领江西国防科技工业大跨越的"引擎"作用。

洪都公司自筹资金研制生产的"猎鹰"L15高教机,具有先进的气动布局、高密度的结构布局、综合的航电系统、国内最先进的电传控制系统,拥有完全自主知识产权,是同步于世界先进水平的第三代教练机。目前,洪都公司已形成初、中、高级完整的教练机体系,成为中国教练机的研发制造基地。

作为我国航空工业骨干企业和中国直升机科研生产基地的昌飞公司,目前已拥有8个平台23种机型,形成了从1吨级到13吨级的产品体系,基本覆盖了军民用两个市场的主流需求,构筑起了军机、民机和国际合作项目产业化协调发展的新格局。

六〇二所是我国唯一的以直升机型号研制和直升机技术预先研究为使命的大型综合性科研单位,享有"中国直升机摇篮"的美誉。先后承担和完成了直8、直9、直11、重点工程等 8 大系列 30 多个直升机型号研制任务和直升机关键技术的预先研究工作,在中国直升机的发展史上创造了多个第一,并已形成"探索一代、预研一代、研制一代、生产一代"的合理格局。

六〇二所、洪都公司和昌飞公司均设立了博士后流动科研工作站,洪都公司、昌飞公司还取得了国家级企业技术中心认证,这些都为我省航空产业的发展和技术进步提供了智力支撑和人才保障。南昌航空大学切实加强航空材料热加工、航空检测重点实验室和航空重点学科建设,发挥在航空焊接、航空铸造、锻压成型、表面处理和无损检测等方面的航空制造优势,与洪都公司、昌飞公司、六〇二所等单位密切合作,不断强化国防基础和工程研究,人才聚集效应不断显现。

掌控核心技术

以信息化带动技术升级,突破型号研制和批产的"瓶颈"工艺技术,大力提高集成创新和自主创新能力,是江西航空业置身国际、国内航空业大发展时代背景条件下,不断摸索和总结出来的发展模式。

昌飞公司紧跟国际先进制造技术,加大"产、学、研"联合攻关力度,有目的地引导技术创新、技术合作及技术引进,用高新技术和先进适用技术改造传统工艺,加大数字化技术的研究和应用,重点在数字化制造技术、高效数控制造技术、复合材料制造与检测技术、总装一体化集成技术和试飞、测试技术等关键领域实现新突破,尤其是数控加工技术基础能力居于国内领先水平。为推广数字化技术在国防军工行业的应用,2008 年初,国防科技工业高效数控加工技术研究应用中心已在昌飞公司挂牌运作。

洪都公司着力打造科技创新管理平台,全方位支持科技创新型企业建设,在国内首创数字化设计制造型号总信息师及总信息师体系,建立了一体化设计制造数字化平台,全面采用了数字化设计、制造、试验一体化技术,实现了 100% 工艺数字化辅助设计,提高了工艺设计效率 50% 以上和工艺设计的可靠性 80% 以上,缩短了工艺设计周期 50% 以上。洪都公司拥有自己的设计研究所,是国内唯一的"厂所合一""机弹一体"型企业,具有强大的自主创新能力。

六〇二所着力加强直升机专业发展和关键技术预先研究,突破并掌握了多种直升机的总体设计、旋翼设计技术、航空电子等关键技术,使我国直升机设计水平与世界发达国家的差距缩短了 15—20 年,实现了我国直升机研制技术逐步与世界先进直升机技术接轨的目标,直升机旋翼试验等方面的能力跻身世界先进行列。先后获得国家、省部级科技进步奖、发明奖 275 项,拥有国防专利和国家发明专利 31 项。

打造产业基地

国家大飞机专项计划和航空工业新一轮体制改革和专业化重组为江西航空业的新一轮发展提供了千载难逢的发展机遇。以重大项目为抓手,建设好南昌教练机、无人机、通用飞机制造基地,景德镇直升机研发制造基地,着力实施重大科技专项,全力推进自主创新能力建设,大力实施企业转型升级战略,这既是江西国防科技工业实现腾飞的重大机遇,也是我省航空业实现脱胎换骨的命脉所在。预计到2013年,江西航空业将实现销售收入二百亿元。

洪都公司积极参与国际航空转包和大飞机研制,迄今已出口飞机500多架,成为我国主要航空外贸企业。洪都公司教练机和通用飞机研制基地项目建成后,预计将新增销售收入近五十亿元,新增利税五亿元。

昌飞公司大力推动直11、直8型民用直升机及对外合作直升机的产业化建设,先后与美国西科斯基公司、意大利阿古斯特公司、波音公司等国际一流航空企业开展多层次、多领域的整体合作和转包生产。公司还参股重组上海西科斯基公司,在中国经济最活跃的地区上海建立民用直升机的市场开发、售后支援、维修、培训和采购基地,为扩大公司的民机市场创造良好条件。昌飞公司民用直升机产业项目建成后,将形成年产民用直升机450架的能力,预计可新增销售收入近三十亿元、利税三亿元。

(原载于2008年9月16日《江西日报》A3版)

铀矿勘采树丰碑

——江西国防工业改革发展成就系列报道之核工业篇(五)

吕 勇 张启堂

提起江西,人们总会想到:这里是中国革命摇篮井冈山的所在地,是"八一"军旗升起的地方,是中国第一个红色政权"中华苏维埃共和国政府"的诞生地。是的,在中国革命的历史画卷中,江西这块红色的土地,有着特殊而神圣的辉煌。同样,在中国铀矿地质勘查采冶史上,被誉为"物华天宝、人杰地灵"的江西,也以铀矿资源量位居全国第一而闪耀着神奇的光彩。

精彩回放:江西省具有得天独厚的铀成矿地质背景条件,在华东地区提交的约占全国1/3的铀资源储量中,江西省占90%;"十五"期间,江西提交的天然铀产量占国内总产量的40%。

沧海桑田,并不是神话。

大自然在赋予江西红色土地的同时,也赋予了丰富的铀矿资源。据江西省核工业地质局和江西矿冶局专家介绍,江西纵跨扬子准地台和华南褶皱系两个一级大地构造单元,经历了20亿年漫长的地质演化历史。区内地层发育齐全,岩浆活动频繁,地质构造复杂,成矿条件优越,矿产资源极为丰富,是我国放射性矿产勘查开发极其有利的地区。

据介绍,在过去的五十年里,担负铀矿地质勘查任务的省核工业地质局广大职工,不畏艰辛,大胆探索,在以江西为核心的华东地区,取得了令人瞩目的找矿成就。他们共发现并查明铀成矿带六条,铀矿田六处,铀矿床一百零三个和大量的铀矿(化)点。其中,在江西探明提交的铀资源储量占华东地区的90%,并找到了有"中国铀都"之称的我国最大的铀矿田相山铀矿田和我国最大的火山岩型富矿床邹家山铀矿床,以及我国最大的花岗岩型铀矿床桃山铀矿床等,使江西成为我国最重要的铀矿资源基地。

同样,担负铀矿采冶任务的核工业江西矿冶局经过数十年的艰苦奋斗,先后建设开采铀矿井三十余个,为国家采冶提交了大量的铀产品。改革开放以来,两个局的干部职工解放思想,开拓进取,积极进行产业结构和队伍结构调整,努力实现铀矿勘查和采冶的新突破。省核工业地质局在找矿任务锐减、投资严重不足的情况下,积极投身到"保军转民"的第二次创业之中,通过发展开放型经济,广聚资本,反哺主业,从而形成地勘经济与其他产业相互推动的良性发展态势。"十五"期间,该局经营性产值年平均增长27.8%;近两年,各项经济指标持续保持快速增长。经济实力的增强,有力地促进了铀矿地质勘查工作的开展。江西矿冶局以结构调整为主线,抓住军民品发展的重点,突破企业关闭破产的难点,使各项工作取得积极进展,"十五"期间,提交的天然铀产量占国内总产量的40%,为"十一五"快速发展奠定了基础和条件。

几十年来,省核工业地质局和江西矿冶局广大干部职工,用自己的智慧和汗水,在江西这片红土大地,打造出了中国第一铀矿资源大省,为江西经济社会和我国核工业发展做出了重要贡献。

前景展望:科学预测显示,江西铀资源潜力是已提交储量的3.5至5倍,在未来一个时期中,江西仍将是我国铀资源勘查开发潜力最大、前景最好的地区。

省核工业地质局和江西矿冶局通过数十年的铀矿勘查开发实践,对江西地区的铀矿成矿地质条件及成矿规律有了深刻的认识,对该地区的铀资源潜力及勘查开发方向进行了科学预测。经多种方法预测,江西省的铀资源潜力是已提交的3.5至5倍,在未来的铀矿勘查开发中,江西仍将是我国铀资源潜力最大、前景最好的地区。

一方面,全区还有相当面积的待查区没有工作过,另一方面,已经工作过的地区和矿床、矿点,工作程度差异较大,还有很大的攻深扩面的余地。例如,我国最大的赣杭火山岩型铀成矿带,带内分布七十八个盆地,只有三十个做过勘探,四十八个做过区调与普查,大部分盆地没有做过系统工作。预测该带潜在铀资源量是已探明储量的三至四倍,无论是广度还是深度,赣杭火山岩型铀成矿带的铀资源发展前景都十分广阔。

天然铀是国防建设的战略性资源,也是核电发展的基本原料。为改善我国的能源结构,国家决定大力发展核电,江西核电建设也开工在即,对天然铀的需求将大幅增长,给江西发展铀矿产业经济带来机遇。为此,整合资源做大铀矿业经济,实现江西铀资源大省向铀矿业经济大省的跨越,是江西核工业人的重大使命。省国防科工办已将中核赣州金瑞铀业公司铀矿冶工程列入江西省国防科技工业十大军民结合型项目之一进行重点建设。赣南地区蕴涵丰富的铀资源,已探明的铀矿田分布于赣南多个县区,为扩大天然铀产品产能,满足核电发展的需要,金瑞铀业公司铀矿冶工程项目计划投资六亿六千万元,采用国内先进的采冶工艺技术,项目建成后预计年新增销售收入三亿元,利税八千万元。

东华理工大学作为新中国第一所培养核地学人才的学校,近年来致力于核地学学科的研究与发展,利用"放射性地质与勘探国防重点学科实验室"等科研平台,进行核能开发和核科学理念、探测手段与技术支持的研究,为国家培养了大批核能人才。

2008年初,申报的"铀资源的井下快速勘查与测井评价技术"和"极低品位铀矿石微生物溶浸技术研究"项目获国家863计划立项,这是江西省在核能开发领域首次获得国家863计划项目,彰显了东华理工大学的科研实力。

目前,江西核工业干部职工正以饱满的热情和强烈的责任感、紧迫感,在打造南方天然铀基地中大显身手,用勤勉的双手迎接我国核电发展的春天。

(原载于2008年9月23日《江西日报》A3版)

乘风破浪正扬帆
——江西国防工业改革发展成就系列报道之船舶篇（六）

杨章跃　金国军

江西造船业历史悠久，从三国时期开始，江西就在建造战船。新中国成立后，为满足"建设一支强大的海军"需要，国家投入巨资在江西建设了一批新型造船厂和船舶配套厂。几十年来，江西船舶工业历经沉浮，在改革中浴火重生，不断发展。目前船舶工业已成为江西重要产业之一，尤其是中小型船舶建造和船用导航仪器仪表、甲板机械、船艇内装、船用消防灭火系统等具有较强实力，不少产品的产能和性能居国内先进水平。

2007年江西船舶工业完成总产值22.23亿元，同比增长32%；完成工业增加值4.28亿元，同比增长48%；利润总额1.37亿元，同比增长813%。尤其令人欣喜的是，九江同方江新造船有限公司江西江州联合造船有限责任公司和九江银星造船有限公司目前手持订单累计超过200亿元人民币，而且均来自国外市场。同方江新和江州联合从过去无米下锅到如今订单饱和的事实，充分说明了这样一个道理：改革开放是发展的必由之路。

维稳脱困求生存

江西船舶工业主要集中在九江，而九江的船舶工业自20世纪60年代诞生之日起就走上了一条求生存谋发展的艰难之路。

中船集团九江船舶工业公司党委书记、总经理陈长松告诉记者，该公司原来辖八厂一所，现在辖六厂一所，是中国船舶工业集团公司的派出机构，当时的使命是完成上级紧急下达的战备任务，不料这个战备任务还没有执行就很快解除了，使得所属企业在一开始就要自己找米下锅求生存。如江西船用阀门厂为了生存，不得不利用科研和技术优势，生产具有自主知识产权的军民两用消防设备，一直维持到现在；九江精密测试技术研究所为了生存，利用科研和技术优势承担各行业各类非标测试仪表和设备的科研开发和生产任务，等等。

进入市场经济时代，由于体制的束缚，九船公司所属企业的日子是越来越难过了，最后不得不走上"破产改制"的道路。

陈长松说,这几年来,九船公司的头等大事就是完成所辖企业的破产改制,维护企业和社会的稳定。在破产改制过程中,始终坚持以人为本,认真细致地把好破产改制的每一道关口,主要领导亲临一线,耐心做好政策引导工作,确保了破产改制顺利推进和社会稳定。

改制重组"漂亮转身"

"破产改制"不是关门走人,而是使新生的企业轻装上阵,从"求生存"走向"谋发展"。2006年江西船舶工业实现了全行业扭亏为盈,并实现船舶产品自行建造、自营出口创汇零的突破。

记者了解到,改制重组后的船舶工业企业均"漂亮转身",令人刮目相看。如同方江新的前身是九船公司所属的江新造船厂,2005年破产改制后,成为清华同方全资控股的一个新公司,目前手持船舶订单四十亿元,是前四十年的总和,已被九江市列为"十一五"期间九江沿江经济产业战略开发"金砂湾板块"工业园区重点工业企业项目。

2007年同方总部投资近两亿元对现有造船设施进行改造,建成两万吨级船舶生产线。至此,同方江新从过去生产5000T级以下船舶,转变到生产20000T以下船舶,产能实现了飞跃。目前,同方江新生产计划已排至2012年。

又如,江州联合的前身是九船公司所属的江州造船厂,于2005年12月完成破产终结,2006年10月中国瑞联实业集团有限公司收购了江船公司的全部股权,正式创建了一个全新的江西江州联合造船有限责任公司。

江州联合副总经理卢恒武告诉记者,江州联合于2008年5月已正式成为香港主板上市公司——和成国际的子公司。改制时江州造船厂手持船舶合同订单只有两亿元,目前手持订单达一百亿元。之所以差距这么大,就是因为体制不一样。改制前缺乏资金,技改不足,担保困难,有时偶尔找到担保,但审批手续复杂,待到各种章子盖下来,订单早就飞了。改制后就不一样了,技改资金充裕,担保手续两三天内就可以办妥。

为把企业做强做大,江州联合正在启动五万吨级干船坞的论证和设计工作,今年开始施工,配两台三百吨重吊机,计划2009年6月投产。届时,江州联合的年产能将提升到五十万载重吨。

抓住机遇 快速发展

江西省国防科工办党组书记、主任李贤书告诉记者,随着经济全球化的深入发展,国际贸易总量日益扩大,尤其是我国经济的高速发展,对水运量的快速增长影响较大,为船舶工业发展创造了良好的条件,尤其是一至两万吨级的中小型船舶市场需求呈持续增长趋势。江西船舶工业企业在建造中小型船舶方面积累了丰富经验,具有一定的比较优势。这就意味着,只要抓住机遇,江西船舶工业必将迎来快速发展的春天。

江西地处长江中、下游南岸,拥有长江岸线150余公里,同时拥有中国最大淡水湖鄱阳湖和赣江水系,水路通畅,具有建造中小型船舶的独特优势。

船舶工业已列为江西临江临湖产业开发的一个重大项目。为了更好地统筹发展船舶工业,江西省政府于2006年7月批准江西省国防科工办增设"江西省船舶工业管理办公室",对全省船舶工业实施归口管理。

"十一五"期间,江西船舶工业将充分发挥现有中小船舶制造的比较优势,扬长避短,错位竞争。以做精做强为目标,努力打造"三个基地":通过新建、扩建、技术改造,建设以江西江州联合造船有限公司、九江同方江新造船有限公司和九江银星重工船舶集团公司等骨干企业为主体的九江船舶制造基地;以中船集团所属九江船舶工业公司六厂一所的导航系统、特种装置、消防系统、耐火舱室等四大主导产品为主体的九江船舶配套基地;以江西罗伊尔游艇工业有限公司为龙头的南昌游艇产业基地。

至2010年,全省将形成造船能力一百万载重吨,年造船产量达一百万载重吨,产值一百亿元。全省船舶配套业实现产值二十亿元。

如今,江西船舶工业不仅在国内船舶工业市场占有一席之地,而且已经跻身国际船舶工业市场。

(原载于2008年9月24日《江西日报》A3版)

寓军于民铸精华
——江西国防工业改革发展成就系列报道之军工电子、民口配套篇(七)

李 炎　张建超

在我国军工体系"小核心、大协作"的模式和"寓军于民"战略的时代背景下,军工电子企业凭借自身特殊的专业技术优势,民营企业依靠灵活的体制机制优势,参与军工配套;具有雄厚科研实力和人才聚集优势的高等院校参与军工科研,是发展我国国防科技工业的必然要求,是促进我国国防科技工业建设蓬勃发展的一支生力军。

近年来,在江西这块人民兵工的发祥地上,泰豪科技、联创通讯公司、江西无线电厂、信达长林公司、长青电器公司、星火有机硅厂等一批军工电子和民营企业,敢闯新路,致力于民用科技向国防科技的转化,积极参与军工配套,企业实力日益发展壮大。南昌航大、东华理工、南昌大学、江西财大、景德镇陶瓷学院等一批高等院校,自觉肩负起服务国防的重任,参与军工基础研究,与江西军工企业的交流与合作不断向深度和广度发展,实现了校企双赢。

做精做细做强,军工电子深挖新市场

时光回到十多年前,当时江西军工电子企业债务沉重,生产经营困难重重,职工生活陷入困境……但它们的血液里,流淌着红土地的革命精神,天生有一股不服输、不怕难的韧劲,纷纷进行股份制改造,逐步建立了现代企业制度;它们充分挖掘自身优势,以"人无我有,人有我精"作为自己的市场定位,企业迅速扭转了困难局面,重新焕发生机。

江西联创通讯公司通过股份制改造,全面整合优良资产,进行科技创新,产品结构从电话机、程控交换机逐步发展到各种专用指挥控制设备、指控总体,并逐步介入整车装备和模拟训练等多个新兴领域,逐步跻身于军用通信指控及民用专网调度系统主流供应商行列,先后有近百个产品(项目)获得国家、省部级的奖励和表彰。

江西无线电厂是一个经历了从濒临破产到改制重组的军工电子企业。1997年,该厂资产负债率高达92%,亏损九千七百万元。1998年2月,在原电子工业部和江西省国防科工办的支持运作下,清华同方正式兼并重组该厂。江西无线电厂迅速引入同方的现代企业管理机制,研发了百余种型号的通信设备和电子信息产品,广泛应用于国防、交通、邮电、安全、金融等领域。2007年,该厂利润突破八千万元。

规模化大发展,民企参军壮大新力量

近几年,国防科技工业向民营企业敞开了大门,吸引了大量人才、技术、资金等优势资源进入国防科技工业领域,实现了国防科技与民用科技的良性互动、协调发展。泰豪科技股份公司、蓝星集团、清华同方是江西民企参军的先行者。它们依靠自身的体制机制优势,通过并购重组,融合民用关键技术与现代军工核心技术,扩大了企业的经营规模,实现企业的快速发展,成为江西军工一支活力四射的新军。

泰豪公司所属的军工产业,专业从事军工电源、通信车载指挥系统、雷达电子对抗系统、军用舰船特种空调等军品的研发和生产。军工电源已连续多年在全军军用发电机组集中采购招标会上夺得标王称号,成为我国最大的军用电源产品研发生产制造基地。电源产品还列入了联合国维和部队的产品采购订单。

星火有机硅厂在加盟中国蓝星(集团)总公司后,企业面貌发生了翻天覆地的变化,现已发展为拥有20万吨/年有机硅单体、7.5万吨/年烧碱等生产能力,部分产品出口欧美、东南亚、日本、韩国等国家和地区,形成了以有机硅系列产品为主导的较为完整的生产体系,有机硅甲基单体合成技术已达世界先进水平。

信达长林公司经过大刀阔斧的债转股和改制重组,员工总数由4770人精简到1000余人。主动加强与科研院所和军工企业合作,努力拓展军品市场和提高军品研发能力,公司自主研制的WZS01步兵战车战斗总成大量装备部队,86B式履带步兵战车获国防科工委科学技术奖,86B式履带步兵战车获兵器工业集团公司科技进步三等奖。

市场引导科研,校企联合迸发新活力

江西军工的快速发展,离不开高等院校的智力支持。近年来,我省高等院校以服务国防为己任,加强军工领域的学科研究,加强与军工企业的合作,以军工市场需求引导科研,鼎力支持国防科技工业的发展。

南昌航空大学自1952年建校以来,培养三万余名毕业生服务于国防军工单位和部队。学校注重航空重点学科建设,建有航空材料热加工和航空检测与评价等国家重点实验室。发挥在航空焊接、航空铸造、锻压成型、表面处理和无损检测等方面的航空制造工艺优势,与重点航空工业骨干企业密切合作,努力提升我国航空制造技术水平。

东华理工大学被联合国国际原子能机构指定为"铀矿地质和同位素水文学"高级培训中心,"分析测试研究中心"还被联合国国际原子能机构指定为仲裁实验室。"放射性地质与勘探实验室"被国防科工委批准为国防重点学科实验室。该校以"核学科"为优势,以"地学"为特色,发挥核资料勘察、低含量铀浸出、微色谱柱分离富集稀散元素、高放废物处理和辐射防护等方面的技术特长,为国防建设服务。

南昌大学与江西省国防科工办及所属五家省属军工企业本着"优势互补、互惠互利、相互促进、共同发展"的原则,成立了南昌大学军工研究院,充分发挥江西军工企业在军品项目、渠道及科研生产上的优势和南昌大学在科研开发、人才聚集方面的优势,提升江西军工科研能力。江西财经大学致力建设电子材料和现代通信实验室,针对军工企业的技术需求,突出电子材料、电子元器件和无线通信等方面的特色研究。景德镇陶瓷学院研制的金属陶瓷发射管、电子陶瓷器件等新产品处于国内领先水平。

党的十七大明确指出,要"建立和完善军民结合、寓军于民的武器装备科研生产体系、军队人才培养体系和军队保障体系,坚持勤俭建军,走出一条中国特色军民融合式发展路子"。我们坚信,在新时期国防科技工业建设中,江西军工电子、民口配套企业以及高等院校必将一展宏图,大有作为,创造出更为出色的辉煌业绩。

(原载于 2008 年 9 月 25 日《江西日报》A3 版)

整合重组拓新路
——江西国防工业改革发展成就系列报道之民爆篇(八)

邹丽芬　宋巧玲

素有"能源工业的能源,基础工业的基础"之称的民用爆破器材行业,由于多年来受到"规模小、布局散、产业集中度低、企业经济效益差、自主创新能力弱"等因素的制约,阻碍了民爆产业的发展壮大。2006年,随着新的《民爆条例》及《安全生产监督条例》的出台,原国防科工委民爆局对全国民爆生产企业重新规划,民爆行业的整合重组成为当务之急。

在江西省国防科工办的周密部署、精心安排下,江西民爆业按照统一生产、统一布局、统一规划的原则,掀起了整合重组的改革热潮。

以资源重组为契机——创建和谐民爆

整合壮大规模,重组提升实力。长期以来,我省的民爆生产企业点多,面广,品种少而落后,生产安全条件差,新技术、新产品的开发相对滞后,造成了用户和生产脱节的现象。

省国防科工办按照"政府引导、企业自愿"的原则,依据地理区域优势、市场供求关系,对全省民爆业的兼并、重组、联合、布局调整和统一规划。

随着整合重组的有序推进,全省民爆生产企业已从过去的二十六家减至三家。目前我省最大的民爆生产集团——江西国泰爆破器材股份有限公司于2006年挂牌成立。该企业集团以江西钢丝厂、江西机械化工厂、江西鑫安化工有限公司、赣州冶金化工厂等四家民爆器材骨干企业作为支撑,联合其余十三家民爆生产企业组成企业集团。该集团的工业总产值、销售收入占全省民爆的一半以上,各种炸药、雷管、索类火工品等产品均占全省三分之二以上,防雹增雨火箭弹占全国同类产品总量的52%。目前公司年产能已达7万吨,比原先翻了一番。

江西国泰董事长金卫平告诉记者,整合重组的目的是调整产品结构,规范内部技术、资金、人员的管理,提升江西民爆业的市场竞争力和创新能力;使企业由生产型向服务型转变,使民爆企业规模快速扩大,降低区域内的竞争强度,利于竞争环境的健康、有序、平稳发展。

根据国家政策和市场发展的需要,2008年6月,全省原有的八十五家民爆器材销售企业和生产企业集团,共同出资组建成立了集生产、销售、爆破作业、贮存、运输为一体,供应网点规模化和集团化生产经营的江西赣联民用爆炸物品销售有限公司。该公司将担负起进一步维护市场健康有序稳定发展的重任,并以实现生产和销售企业真正意义上的整合为最终目标。

2007年,江西民爆共实现生产、销售总值10.1亿元,比2002年增长82.61%,进入了健康发展的快车道。

向安全要效益——构建平安民爆

民爆行业属易燃易爆的高危行业,无论是生产、运输还是贮存等管理不当会给国家和人民生命财产安全及社会稳定造成极大危害。安全是民爆行业的永恒主题,也是重中之重。

企业"小、散、低"的局面是造成安全事故频发的根源,国防科工委为民爆行业第一次大规模整合提出了明确的时间表,至2008年底,规模5000吨以下的生产企业都将停发生产许可证,这就迫使企业必须尽快进行靠大联强,催生龙头企业,并将安全整改、安全技改作为企业生存的必然需求。

2007年,我省民爆生产企业投入技改资金六千多万元,不断提升工艺技术水平,新建生产线全部采用连续化、自动化控制生产工艺,雷管实行编码制度,关闭了十一家存在重大安全隐患的生产企业,安全生产状况有了明显改善;销售企业从2000年至2007年累计投资一亿多元改造库房仓储条件,本质安全水平显著提升。近三年来,全省民爆行业保持了安全生产的平稳态势,杜绝了重特大安全事故和死亡事故的发生。

"十五"初期至2007年底,我省工业炸药年产量由5.3万吨增至10万吨,工业雷管由6380万发增至9600万发,工业索类火工品由5730万米增至12 700万米,民爆器材产、销率达95%以上,保持了产、销两旺的持续发展态势。

以技术进步为动力——打造实力民爆

全省民爆生产企业通过大力推进科技进步,推广新技术、新工艺,产品质量和性能有了显著提高,产品结构进一步优化。成立了江西省民用爆炸物品检测中心,为全省民用爆炸物品的技术开发、质量监督检测及咨询培训等服务创造条件。有实力的企业还将投资组建工程爆破中心,直接承接工程爆破服务,使企业由单纯的生产型向服务型转化。乳化炸药、膨化硝铵炸药、高精度延期雷管等新产品的生产规模和销售量逐年增长。2007年底,全省已停止生产铵梯炸药、火雷管和导火索等落后产品。

随着技改项目的不断推进,经济规模也日益显现。江西国泰公司三条累计年产3.2万吨改性铵油炸药生产线、一条年产1.2万吨乳化炸药生产线、一条年产600万米工业导爆索生产线、一条年产三千万发导爆管雷管生产线、一条年产5万发防雹增雨火箭弹生产线已获批,预计总投资一亿多元;江西威源公司一条年产一万吨改性铵油炸药生产线、一条年产一万吨乳化炸药生产线已获批,预计投资三千多万元;江铜炸药总厂四千吨乳化炸药现场混装车已获批。以上项目竣工验收后,我省工业炸药年生产能力将达到17.4万吨,经济规模和效益将更加凸现。各生产企业利用自身技术优势,致力于相关产业的发展,如:江西钢丝厂具有自主知识产权的BL系列防雹增雨火箭弹,于2000年上市销售,八年来,其产品销往全国三十余省市区,广泛应用于抗旱、防雹、森林灭火等诸多领域,为企业带来了可观的经济效益,为我国的减灾防灾事业做出了积极贡献。该产品的成功开发和取得的可观经济效益,成为我省利用民爆技术开发相关产业的一个典型范例。

(原载于2008年9月26日《江西日报》A3版)

超　　越
——江西航空工业蓝天奏凯

杨章跃

一个举足轻重的战略性产业

一个国家航空工业的发展水平,直接反映国家政治、经济、国防、技术等综合实力,是关系国家安全和国民经济命脉的战略性产业。在当今的世界政治、经济格局中,航空工业无疑已成为衡量一个国家科学技术、国防建设和社会经济发展水平的重要标志,是一个国家大国地位的重要象征。美国波音公司的发展报告指出,飞机的出口对国民经济的发展有着巨大的推动作用,民机销售额每增长1%,对国民经济的增长拉动为0.714%。一般的国际运营经验表明,一个航空项目发展10年后给当地带来的效益产出比为1∶80,技术转移比为1∶16,就业带动比为1∶12。美欧俄等国,每年在航空工业领域都有大量贸易顺差。2000年美国民用飞机制造业总产值一千四百亿美元,拉动相关产业产值为九千亿美元,创造了一千一百万个就业机会,占到当年GDP的9%。

我国的航空工业诞生于抗美援朝战火纷飞的激情岁月,成长在新中国百废并举、兴旺发展的沃土上,崛起在改革开放的伟大时代。历经半个多世纪的发展历程,中国的航空工业从小到大,从修理到制造,从仿制到自行研制,到现在拥有科研、试验、生产、经营、销售、教育等各方面体系,形成了具有自主研制能力、相关产品配套比较齐全的工业体系,是世界少数几个能够生产系列航空产品的国家之一。航空工业已成为中国国民经济中技术密集、基础雄厚的高新技术产业,为中国经济建设和国防建设作出了重要贡献。尤其是近些年来,中国航空工业取得了令人欣喜的成就。

书写在蓝天上的凌云壮志

历史篇:自力更生、艰苦创业,成就江西航空工业大省地位

江西是中国革命的摇篮,是新中国第一架飞机的诞生地。以1951年洪都机械厂建立为标志,江西的航空工业开始起步。老一辈开拓者们自力更生、艰苦创业,使江西的航空工业由小到大,由弱到强,不断成长壮大,创造了新中国航空工业史上一个又一

个辉煌。第一架飞机在南昌飞上蓝天,毛泽东主席为此亲笔签署嘉勉信;第一枚海防导弹、第一架多用途运输机——安2运输机、第一架自行设计研制的初级教练机——初教六、第一架自行设计的超音速喷气式飞机——强五飞机、第一架农林飞机、第一架自筹资金国际合作的基础高级教练机——K8飞机、第一架具有自主知识产权的军民用直升机——直11型直升机等均由江西研制生产。洪都公司研制的K8飞机是我国空军主要的教练飞机。在2009年国庆六十周年阅兵式上,我国首批女飞行员驾驶K8飞机飞越天安门广场,英姿飒爽豪壮云天。"猎鹰"L15高教机实现了中国教练机由第二代向第三代的跨越,在2009年迪拜航展上首次飞出国门进行特技飞行表演,技惊四座,被誉为此次航展的三大明星之一。昌飞公司研制的直8运输型直升机是目前亚洲最大吨位的多用途直升机,自主研制的直11型直升机获国家科技进步二等奖。

江西航空工业的开拓者们在激情燃烧的火红年代,无私奉献,担负起了建设强大国防、振兴航空工业的历史重任,确立了江西航空工业大省地位。

发展篇:开拓创新、锐意进取,实现江西航空工业跨越发展

历史的车轮驶入新千年,世界航空产业的大融合呈不可阻挡之势,江西航空工业也进入了跨越发展的黄金时期。积极推进市场化改革,建立现代企业制度,加快自主创新步伐;同时大胆走出国门,加强与世界知名航空企业的交流与合作,承担国际航空转包生产业务,融入世界航空产业链。通过十年的快速发展,江西航空工业已形成了较为雄厚的技术、人才、设备以及航空资源优势,实现了"产、学、研"的高效融合,具备了比较完整的航空产业体系。

(一)雄厚的产业基础:江西航空工业具备较强的航空产品总体设计、试验验证、先进制造和总装总成能力,是我国教练机、无人机、通用飞机和直升机研制重要基地。拥有洪都航空工业集团公司、昌河飞机工业集团公司、景德镇景航锻铸公司和九江红鹰飞机制造有限公司等骨干企业。

(二)强大的研发实力:江西航空工业研发实力雄厚,拥有650飞机设计所、660导弹设计所、602直升机设计研究所以及南昌航空大学等科研院所和试验基地,拥有国家级企业技术中心两个,航空专业博士后工作站三个,省部级重点实验室(工程中心)十二个。

(三)精干的人才队伍:江西航空制造工业拥有一支实力雄厚的人才队伍,先后诞生了两位中国工程院院士。目前,全省航空工业系统有员工21 000余人,其中,专业技术人员8900余人,中国工程院院士一人,高级工程师、高级技师、技师2500余人,享受国务院特殊津贴131人,国家级"百千万人才工程"13人,省级"百千万人才工程"41人,国防科技工业"511人才工程"252人,省部级有突出贡献的中青年专家30人。

(四)优异的政策环境:江西省委、省政府出台了《关于创建最优发展环境的决定》,着力创建优质高效的政务和服务环境、创建宽松透明的市场和企业经营环境、创建优越的创新创业成长环境、创建公平正义的法制和社会环境。这为战略性新兴产业包括航空制造产业的发展创造了良好的公共环境条件。

2009年5月，在省领导的重视支持下，通过多方努力，大飞机项目终于落户江西。洪都集团和昌飞公司成为中国商飞公司C919大型飞机零部件国内九大供应商之一。成功入围大飞机项目，为江西航空工业的发展注入强劲动力，必将推动江西航空工业在新的起点上实现新的跨越和腾飞。

从江西近年的航空制造产业的增长情况来看，也印证了江西发展航空制造产业的区位优势。2010年上半年，江西省航空工业完成工业总产值、工业增加值、销售收入分别同比增长36.6%、20%、8.9%，增速在中部省份位居前列，发展潜力非常看好。

江西航空工业以其坚实的产业基础和技术人才优势，不断赢得国际航空制造业的青睐。近年来，江西航空国际转包生产项目呈现良好的发展态势。洪都集团、昌飞公司先后与美国的波音、日蚀公司、欧洲空客公司、意大利的阿古斯特公司建立良好的合作生产关系，建立了各类符合国际航空工业标准的研制生产线，加快赶超国际航空工业先进水平的步伐。

未来篇：展翅高飞、壮志凌云，"一基地三园区"书写美好明天

江西航空制造业作为江西省重点扶持发展的支柱产业之一，多年来都得到省委、省政府领导的重度重视。在2009年发布的《江西省十大战略性新兴产业发展规划》中，将航空制造业纳入其中，作为国家重点项目——鄱阳湖生态经济区的重点发展项目之一，制定推进航空制造产业发展的总体思路和发展目标，形成"一基地三园区"的发展布局："一基地"即南昌国家航空高技术产业基地；"三园区"：南昌航空工业城、景德镇直升机产业园区、九江红鹰飞机产业园区。努力将江西打造成为我国教练机、通用飞机、无人机、直升机研制生产核心基地，大飞机主要部件研发生产和航空转包生产重要基地，形成比较完整的产业集群，成为功能较为齐全、特色更加鲜明、中部地区最大的航空产业基地。

2009年12月23日，江西省人民政府与中国航空工业集团公司共同签署战略合作协议，并举行了南昌航空工业城开园奠基仪式。双方协议共同投资三百亿元，高起点建设占地25平方公里的南昌航空工业城。

南昌航空工业城的开工建设，标志着"一基地三园区"的远大构想有了一个良好的开端，江西航空工业正处于昂首高飞的历史新起点。

航空报国正当时。勤劳和智慧的江西航空工业人必将不辱使命，做出无愧于时代、无愧于祖国的新贡献，在祖国的蓝天上书写凌云壮志，奏响江西航空工业的蓝天凯歌！

（原载于2010年8月17日《江西日报》A4版）

金奖背后的故事
——我国自主研制的第一架初级教练机诞生纪实

李韶华

1958年8月27日,是中国航空史上一个值得纪念的日子。这一天,我国自行设计、制造成功并大量装备部队的第一种飞机——初教6飞机首飞成功。它的诞生标志着我国航空工业已从修理、仿制飞机发展到自行设计、制造飞机的新阶段。

初教6是一种安装活塞式发动机的串列双座初级教练机,主要供空、海军航校训练新飞行员,用于各种飞行科目的初级训练。设计之初,它被称为初教1(代号102号机,后被命名为"红专502"教练机),1961年投产装备空军部队时又被称之为"六一式"初级教练机,1964年总参谋部统一飞机命名时定名为初教6飞机。

初教6飞机在研制过程中经历了种种困难和挫折。初期由于发动机选型不当险遭夭折,后又遇到与雅克-18A飞机之争的冲击。但在这些困难的关键时刻,洪都的领导干部和广大工程技术人员,在上级支持下,顽强地坚持下来了。他们克服困难,一步一个脚印,不断前进,终于取得研制的胜利。

迄今为止,初教6飞机已成为我国生产时间最长、产量最多(2600多架)的机种。为我国培养了数以万计的飞行员,被誉为中国飞行员的摇篮,到目前也还是我国空、海军初级教练机的绝对主力。不仅如此,初教6还圆了许多热爱蓝天、向往飞行的航空爱好者的飞天梦。据悉,这种保持浓重二战风格的经典飞机,在国外也是许多航空爱好者追寻的珍品。美国一位痴迷飞行爱好者透露,初教6在美国相当普及,拥有一批忠实爱好者,有固定地点,二手市场相当活跃。初教6飞机不但大量装备我国空、海军部队,而且还援助了欧洲、亚洲的多个国家。

1979年,初教6荣获国家质量金质奖,成为我国第一个获此殊荣的机种。2011年我国空军新组建"天之翼"飞行表演队,该飞行表演队使用的表演飞机就是初教6。

光阴似箭,日月如梭。时值初教6飞机首飞50年之际,笔者拜访了当年曾担任初教6试制领导小组组长、洪都总工程师苏敏及该机主管设计师叶绪仓,全景回顾初教6飞机设计、制造的峥嵘岁月。他们讲述初教6飞机荣获金奖背后的故事,对于今天仍奋斗在航空战线的人来说,可从中受到鼓舞和启迪。

研制任务的由来

教练机是用来训练飞行员的飞机,通常分为初级、中级、高级和战斗教练机。初级教练机主要用于训练学员掌握初级飞行技术,速度比较低,操纵稳定性好,易于学习掌握。我国在1954年已经试制出初级教练机——初教5飞机,这是根据苏联雅克－18飞机仿制的。从1954年至1958年,共生产了初教5飞机379架,全部交付空、海军和民航使用,为培养训练新中国早期飞行员作出了贡献。但随着我国空军训练的进一步发展,空军感到,雅克－18采用后三点式起落架,与采用前三点的乌米格－15喷气教练机相差太远,从雅克－18直上喷气式教练机有困难。加之雅克－18是骨架蒙布结构,飞行设备很落后。因此,从训练体制上,空军要求改进雅克－18或者重新设计一种初级教练机,以便与歼教－1、乌米格－15等喷气教练机衔接。为此,第二机械工业部四局(即航空工业局)于1957年8月14日,正式向沈阳第一飞机设计室下达了设计一种性能超过雅克－18的前三点式起落架、全金属结构的螺旋桨初级教练机的任务。此时,雅克－18A飞机图纸已到我国,这种飞机是雅克－18的改进型,装有一台АИ－14P发动机,起落架也从后三点式变成前三点式。因此,是仿制雅克－18A飞机还是新设计一种教练机有过一番争论。

当时,航空局的生产部门对新设计一种教练机持反对意见,首先很多人不相信自己的设计能力,再者认为生产多年的雅克－18飞机的工艺装备丢掉可惜。第一飞机设计室主任徐舜寿据理力争,反复强调,虽然仿制雅克－18A的进度有可能比新初教提前,但雅克－18A机身结构用铬锰矽薄壁钢管材料国内尚不能完全供应,同时该机主要部件的承力骨架为钢管焊接结构,技术上难度也较大。而相反,我国铝厂生产的薄铝板则数量充足,所以他建议自行设计一种适合本国国情、性能优于雅克－18A飞机,能与当时世界上的初级教练机,如美国的T－34飞机相抗衡,徐舜寿的意见最终得到局领导的同意。第一飞机设计室派员到部队进行调查和征求意见之后,即着手飞机的技术设计。总体设计由林家骅、程不时负责。从1957年第四季度到1958年5月,第一飞机设计室完成了初步设计,包括完成了飞机的方案论证、总体布局、风洞试验、性能计算和结构、系统的打样设计。沈阳飞机制造厂还制作了1∶1的木质样机。按照这个总体布局,飞机各项性能,特别是飞行速度、爬升率、操纵性、飞行员视界等明显超过初教－5飞机。当时的初教1方案采用平直梯形下单翼,可收放前三点式起落架,为了改善飞机前方的视界,取掉雅克－18难看的大机头,选用了捷克斯洛伐克(以下简称捷克)制造的道里斯－B气冷式V形发动机和与其配套的V－411型木质螺旋桨。因此,早期的设计机头扁平,前视界好,外形比较美观。

1958年4月,苏联雅克设计局主任设计师马尔道文和安东诺夫设计局斯米尔诺夫等专家参加了样机审查。马尔道文特别提醒中国的设计师们要注意防止翼尖失速,为此我国设计师在机翼设计上一反雅克－18所采用的单一CLARK－YH翼型的办法,在中翼采用升阻性能好的NACA230系列翼型,在外翼采用失速性能好的NACA44系列翼型,并增加了几何扭转。

1958年初,四局领导考虑到沈阳第一飞机设计室已开始设计两种教练机,便决定喷气式的歼教1由沈阳飞机制造厂试制,活塞式的初教6由洪都试制。当时洪都厂长王实先和设计科科长高镇宁去沈阳看了初教6木质样机,了解了飞机的设计情况,表示可以接受继续研制任务。3月初洪都派了3名设计员前往沈阳参加初教6飞机的技术设计工作。5月,空军和四局共同对木质样机和技术设计进行了审查,进一步明确了战术技术要求,批准进行详细设计。同时,正式决定飞机的详细设计和试制转洪都进行。

不平凡的72天

几乎与共和国航空工业同时诞生的洪都,是"一五"期间156项重点建设工程之一,也是共和国航空工业奠基企业之一。洪都建厂初期就修理过多种飞机,并于1954年仿制成功新中国第一架飞机(雅克-18,国内称初教-5)。1957年又用一年的时间,采用自己的工艺方法成功地制造了我国第一架民用飞机(仿制苏联的 AH-2飞机,国内称运5),并在当年就转入批生产。通过修理、仿制上千架飞机的锻炼,洪都完全掌握了保证飞机气动外形和结构协调的模线样板工作法;生产所需的工艺装备都能独立设计和制造;基本上掌握了活塞式飞机的结构和各种系统的设计。

为了迎接研制新机任务,洪都按四局的决定在原设计科的基础上,着手进行设计室的组建工作。5月,正式成立轻型飞机设计室。当时,设计人员大多数是年轻人,平均年龄只有23.5岁。6月初,沈阳第一飞机设计室派屠基达和林家骅等20余人携带有关资料到达洪都,支援当时洪都刚成立的设计室进行详细设计和试制工作。四局任命洪都设计室主任高镇宁为这个型号的主管设计师,屠基达、林家骅为副主管设计师。为早日制造出自行设计的飞机,6月中旬,工厂从各单位抽调人员加强设计力量,使设计队伍一下子由40人扩充到80多人,并按专业组成了10多个小组,其中几个发图量大的小组,由沈阳第一飞机设计室的同志担任副组长,负责技术上的协调工作。详细设计从结构协调开始,一时间大块的木质层板布满了办公室,开始进行1:1的结构协调,只要条件成熟就转入发生产图纸。在进行协调工作的同时,也着手绘制理论模线。因为是自行设计,大家没有框框约束,有了问题,当场讨论及时解决,虽然工作有明确分工,但十分重视协调。两个设计室人员在一起,没有门户之见,互相帮助,取长补短,大家想的只是早日设计出自己的飞机。那时,设计室的晚上没有熄过灯,房门没有上过锁,全体设计人员夜以继日,战高温,斗酷暑,仅一个多月时间就发出了全部图纸。在这期间,沈阳第一飞机设计室主任徐舜寿、副主任叶正大曾先后到南昌指导工作。

然而,在发图工作即将完成之时,捷克的发动机还在试制,不能如期到达。怎么办?是停下来等待,还是另找出路早日把飞机送上天?总体组钱国平等人连夜制订出了一个用国产160马力的M-11ΦP发动机暂时顶替捷克发动机的临时方案,进行性能设计的设计员也很快拿出了该方案的性能计算结果。经论证,用M-11ΦP发动机的飞机性能虽有大幅度下降,但飞机仍可上天飞行,虽然不能对飞机进行全面的定量鉴定,但可以拿到定性结果,可以尽早暴露问题。综合这些情况,厂领导肯定了这个方案。于是,设计室又开始忙碌起来。由于 M-11ФP 发动机是星形气冷式活塞发动机,与捷克的"道里斯-B"气冷 V 型发动机外形上有很大不同,装了 M-11ФP 发动机的飞机机头不得不重新设计,又变成了大机头,这种改型被称作"红专502M"。经过设计力量的调整,采用设计、校对和审核连续进行的办法,终于使代用发动机的发图进度赶上了总的步调,发出了全部图纸 5177 标准页。

早已不满足于修修补补或依样画葫芦的洪都对新机的试制十分重视,列为头等大事,进行了专门研究,采取了一系列措施:成立由总工程师为组长的试制领导小组,具体负责新机试制的日常工作;成立初装铆接试制车间,由副生产长兼任车间主任;所有生产、技术科室,凡直接负责新机研制的人员都集中到试制车间办公,以便及时了解、处理试制中出现的问题。

为了加快试制进度,各部门打破常规,日夜兼程。设计部门在画完图纸后,工艺部门立即在底图上注明车间分工线路,而不再另编其他工艺计划文件。生产调度部门摒弃原来作业计划编制下达的方法和日期,直接按图纸编发各车间的零件试制任务清单,分别轻重缓急标明进度期限。为了减少制图工作量,很多在组合件或部件图纸中能够表现清楚的零件就不再另画零件图。在工艺装备的选择上,只要求保证飞机的气动外形、部件的相互协调以及一些空间尺寸的控制,因此只制造了少量必不可少的铆接型架、焊接设备和一些形状复杂钣金件的木质手打模。为缩短生产准备周期,采取主要工艺装备的设计制造与飞机设计平行交叉作业,在发出飞机理论图、绘制模线、开始制造样板工作的同时,进行型架的设计和零件的制造。样板制成后,立即进行型架的组装工作。对于那些需要工装的零组件,设计上保证先行发出飞机零组件图纸。这使在全套飞机图纸发出后,全套工艺装备很快就能完成,从而为生产准备赢得了制造周期。在零部件的制造过程中,则尽量采取画线定位和通用工量具。甚至把部分模线图板搬到试制车间,以便随时查核。钣金和钳焊车间除在本车间组织零组件的试制外,还分别调集一批技术水平较高的工人驻在试制车间,现场配制零件。有些零件的样板不全,工人和技术人员一起在模线图板上决定;需要简单模块,工人自己做一个;图纸有问题,当场研究作出决定,做好记录,使零组件制作不停顿。

在新机试制期间,洪都党委书记吴清明、厂长冯安国,除定期听取汇报、研究确定重大问题外,还不时深入试制现场了解情况。总工程师苏敏更是日夜巡视,亲自指挥。负责试制的其他领导和技术人员都在车间现场了解情况,一旦发现问题,及时和工人师傅共同商定办法。这种"三结合"的形式,使大多数问题都得到及时解决。如飞机总装时,发现前起落架撑杆与机身接头孔不同心并且碰发动机,一度成关键。车间主任与设计员、老工人一起出主意想办法,很快就攻克了这一关键,保证了总装进度。在试制过程中,这样的具体事例举不胜举。

试制期间,很多人都吃住在车间,后勤服务部门也服务到现场。大家争为试制作贡献,把困难留给自己把方便让给别人,没人"扯皮""踢皮球",更没人计较加班费、奖金、补休之类个人利益问题。

施工图设计和试制计划最初要求是五个月,在全国"大跃进"的形势下,提前为三个月,实际上由于全厂动员,昼夜苦干,只用了七十二天就完成设计并试制成试验批飞机4架。第一架初装仅用了两个星期,总装只用了七个昼夜,全部试飞准备工作一天时间就完成了。

原型机01架进行了静力试验和起落架落震试验,都达到了设计要求。02架飞机于1958年8月27日由试飞员吕茂繁、何银喜驾驶飞上了蓝天。当这架全身喷着大红色,并有两条白色闪电状条带的飞机飞过人们头顶的时候,许多为它日夜奋战的人们都抑制不住内心的喜悦而流下了激动的热泪。

原型机试制从开始详细设计到飞机上天总共才七十二天。这的确是不平凡的七十二天。今天看来,初教6是一架不算复杂的飞机,但在1958年那可是一件了不起的大事。当然,这周期之短不是偶然的,也绝不是单靠夜以继日的苦干所能解决的。它的必要而充分的基础是洪都广大干部和工程技术人员在修理、仿制飞机中积累了大量的实践经验,锻炼了设计、制造技能。短短的七十二天,其实凝结着设计人员、技术工人八年来在生产使用实践中消化、吸收这类飞机的设计制造特点所花的心血和汗水。

在这里还要提及的是119厂、514厂和沈阳橡胶三厂为飞机早日上天,曾以最快的速度高质量地分别研制了油量表、轮毂和轮胎。当时那种不讲条件、不怕困难、千方百计满足主机要求的大协作精神,给人们留下了深刻印象。

飞机上天后,沈阳第一飞机设计室人员便返回沈阳参加新的战斗了。1958年9月,按照四局的指示,洪都试制的第02、03两架"红专502M"教练机拟参加国庆节通过天安门的检阅飞行。洪都派检验科科长何文治带领汇报小组前往北京,两架原型机分别由吕茂繁、何银喜、张贵成、宋光炯驾驶飞往北京。后因飞机尚未设计定型,有些问题还有待解决。因此有关领导取消了参加检阅飞行的计划。但在国庆节后,"红专502M"和歼教1在南苑机场进行了展览,并为中央军委一些领导同志进行飞行表演。

发动机带来的挫折

1958年年底,向捷克订购的"道里斯-B"发动机和V411螺旋桨到达工厂。经阅读说明书后,才知道这是一台带有电动起动装置、浮子式汽化器和手摇变距螺旋桨的发动机,还另附一个滑油散热器。这种发动机,使用时十分不便,也不允许倒飞,作为初级教练机的动力装置显然是不合适的。但它的标称功率比M-11ФP大,因此还是把它装上了04架原型机进行试车。在试车过程中不断暴露出发动机的一系列毛病:发动机不允许倒转,螺旋桨倒扳90°,连动装置中的铜卡圈就坏,而发动机停车时自动倒转的现象经常发生;发动机上所装的火花塞,包括随带备件质量不好,在高温下经常停止跳火,致使发动机运转两分半钟后就自动停车;而在试飞过程中在最大桨矩状态下,油门只能推到一半,再往上推,发动机就出现超转现象,以致飞机无法进入大速度飞行。这时，人们才醒悟到在总体设计时忽略了飞机、发动机和螺旋桨的相应匹配问题。但一时又没有其他的发动机和螺旋桨可供选用，所以原型机无法完成试飞科目只好停飞，对飞机进行油封另做打算。

这时，新机整个研制工作已无法在工厂各部门继续下去，只有设计室留下叶绪仑、罗果隆、王世昌、吴坚4个设计员继续坚持负责初教6的攻关工作。攻关小组经过对试飞工作的总结，认为发动机起动困难和不允许倒飞的问题必须解决。于是决定与331厂联系，希望对发动机进行改进设计。至于螺旋桨与飞机不匹配，解决的办法只有更换其他型号的螺旋桨。但是合适的螺旋桨又没有，只好自行设计。然而几个设计员对螺旋桨只有一般知识，不知从何入手，且当时国内还没有螺旋桨的设计和制造单位。还好，洪都为仿制AH-2型飞机请来的苏联专家斯米尔诺夫主动介绍了用涡流理论设计螺旋桨的方法，并提供了一些俄文设计资料。为了证实这种设计方法的正确实用性，攻关小组边学边干，首先用该方法对雅克-18所使用的螺旋桨进行了设计计算推导的验证工作。计算证明该方法是正确有效的。于是攻关小组遂即进行新螺旋桨的自行设计。经过五个月的日夜苦战，螺旋桨的设计工作终于完成了。几个设计员望着一大堆亲手计算、设计出来的计算报告和图纸兴奋不已，但却并不感到轻松。因为设计完成的只是纸上的东西，不知接下来还会发生什么问题。果然，图纸晒出后，工作却久久不能推进。几经奔波，到处联系，最后还是由于当时我国没有螺旋桨的试验和生产单位，而不得不终止自制螺旋桨的尝试。

初教6的研制工作就此搁浅了。怎么办？工厂党委虽几次提出要总结经验，坚持下去，认为研制"红专502"就要有失败修改502次的思想准备。可是螺旋桨无法解决，发动机改进了也没有用，合适的发动机、螺旋桨又没有，真是到了山穷水尽的地步！

绝路逢生

正当大家一筹莫展之时，1959年8月的一天，主管设计师叶绪仑从苏联的《祖国之翼》杂志上看到了有关雅克-18A飞机的简介，从中知道该机选用的是АИ-14Р发动机和В350-Д35螺旋桨。由此得到启发，提出了选用这种发动机作为初教6飞机动力装置的设想。攻关小组经过摸底估算，搞出了初步的总体方案。这个方案特别注意了飞机、发动机和螺旋桨的匹配，同时保留了原型机已取得的成果，认真处理了已暴露的问题。当得知北京航空工业学校研制的"红旗一号"和北京航空学院研制的"北京一号"飞机安装的就是АИ-14Р发动机和В350-Д35螺旋桨时，叶绪仑专程到北京航空工业学校和北京航空学院进行实物考察。当北京航校人员得知初教6研制几经周折，仍要坚持搞下去时，深受感动，当即把发动机资料全部赠送给洪都工作人员。更为感人的是，当洪都提出希望借一台发动机时，他们二话没说，立即从"红旗一号"上将发动机拆下来，连同全套附件一起装箱发往南昌。那种只要航空事业需要不分你我、全力支持的风格至今令人难忘。

在进一步对АИ-14Р发动机了解后，飞机改型的总方案正式确定。这个方案使飞机速度可达 280 千米/小时,爬升率近 5 米/秒,其他性能都有所提高。负责初教 6 工作的四个设计人员不分白天黑夜,就连除夕之夜仍在图板上忘我地忙碌着。虽然辛苦却毫无怨言。

飞机的改装工作是在原型机 04 架上进行的,经过全厂努力,很快完成了新方案的改装工作。在新增部件静力试验合格后,04 号机于 1960 年 7 月 18 日由具有丰富飞行经验的试飞员黄肇濂驾驶再上蓝天。飞机在工厂完成了一般飞行课目后,于 8 月 20 日转往陕西阎良六院八所(飞行研究所)进行飞行性能试飞。这也是该所组建后承担的第一个新机鉴定试飞任务。所长熊焰对此非常重视,各项工作都亲自布置。8 月 26 日组成试飞小组,接着就按四局和空军科研部共同批准的科目和提纲进行性能试飞,12 月 14 日结束试飞鉴定。六院八所对 04 号飞机先后进行了飞行性能、操纵性、安定性、尾旋性能、机动性能的试飞,共飞行 108 架次、计 66 小时。12 月 28 日,三机部四局主持召开了技术鉴定会。与会人员认为:飞机最大平飞速度、最大爬升率、实用升限已经接近原定设计指标;起落性能良好;可以完成各种特技动作;总体设计上采取的措施是成功的;结构强度足够;对试飞中发现飞机存在气缸头温度过低,滑油系统散热性能不好,左、右油箱耗油不均,空中飞行有右偏航四个主要问题必须认真加以解决。同时提出了使用维护方面的 127 条改进意见。会议建议按修改后的图纸开始生产,投入使用。

选型之争

空军希望初教 6 飞机经过一二年的研制,能够迅速定型转入批生产,供应部队替代雅克－18 飞机满足训练需要。但是自行设计的初教 6 飞机在研制过程中并不能像仿制机种那样顺利。到 1959 年底,解决动力装置的改装设计刚完成,其实效如何,尚待改装飞机后进行各项飞机性能飞行试验;到 1960 年底,改装飞机试飞结果,虽性能基本良好,但存在四项故障和其他一些问题需要解决。而此时空军迫切需要教练机,初教 6 能否成功人们认识上还不一致。在这种情况下,就产生了仿制雅克－18A 飞机的想法。1960 年 1 月 11 日四局与空军工程部订货部总协议联合通知中明确"空军 1960 年需要雅克－18A 飞机 40 架,320 厂(洪都代号)应抓紧试制并生产交付。"3 月 5 日四局正式向洪都下达了试制雅克－18A 的任务,同时要求初教 6 飞机试制定型。(后因雅克－18A 资料没有按期到厂,计划调整为 1961 年上半年将初教 6 飞机定型,三季度试制雅克－18A 飞机)

两种飞机齐头并进,洪都在当时的条件下是难以做到的。而从全局看,同时研、仿两种同一等级的教练机,在人力、物力、财力上都是很大的浪费。因而在初教 6 机研制工作进入二年半之后又重新提出了所谓初级教练机的选型问题。

当时人们的普遍看法是:初教 6 飞机设计性能优于雅克－18A;就生产条件而言,初教 6 主要部件都是铆接结构,技术容易掌握,而雅克－18A 飞机主要部件的承力骨架为钢管焊接结构,掌握焊接技术和控制变形困难较大;从器材供应来看,两者所需各种成件和一般材料国内绝大部分都能解决,但雅克－18A飞机机身骨架所需的无缝钢管共64种规格,国内能供应的仅有13种,依靠国外订货,供应难以保证;从转入成批生产和开始供应飞机的时间看,雅克－18A有可能比初教6早半年;初教6是我国自行设计的飞机,对于自行设计的飞机应大力支持、优先选用;如果选定初教6飞机,定型尚无把握,以后长期使用寿命如何? 是否还会暴露其他问题? 今后若影响空海军装备则事关重大;雅克－18A飞机则是苏联已定型的机种,比较可靠,但如果选定它就有可能使濒临成功的我国自行设计的飞机从此搁浅,这是所有热爱祖国航空事业的人都不愿意看到的结局。

该怎么办? 洪都首先执行了上级的决定,在加快初教6飞机研制步伐的同时,进行了雅克－18A飞机仿制的准备工作。另一方面对两种飞机及生产条件等各种因素进行了认真全面的分析研究,对为解决初教6原型机试飞鉴定中暴露出来的问题提出的设计改进措施再三论证落实,并向上级汇报供领导决策考虑。目的就是要将初教6研制继续下去。四局对此十分重视,专派副处长王若松等人到洪都进行具体调查。调查人员通过与参研人员交谈并对具体工作进行了解后,与洪都取得了共识。1961年1月,四局副局长徐昌裕等人与洪都总工程师苏敏向三机部副部长刘鼎作了详细汇报。刘鼎当即表示:"有四个故障不算多,新设计必定会出现各种问题,相信你们有能力解决的",明确支持研制初教6。在此期间,有着三十年驾驶经验的试飞员黄肇濂也奔波于空军有关部门报告初教6试飞情况,说明初教6是个好飞机,设计是成功的。大家都认为应相信我们自己的设计力量,支持自行设计的初生儿。1月8日,四局以《关于生产初级教练机选型问题的报告》,正式提出宜选用初教6为教练机的意见,报请三机部党组、空军党委、国防工委、国防科委以及总参审批。1月16日,空军副司令员常乾坤主持召开了选型座谈会。会议充分肯定了初教6飞机的研制工作,认为应优先安排,但仍倾向于两种飞机同时研制。

1961年2月10日,四局以航总字第97号代电告知洪都:"国防工委和空军党委已同意初教6型机确定为初级教练机的试制机型。"选型问题就此解决。

改进设计

针对原型机04架试飞鉴定中暴露的问题,洪都于1961年初开始了改进设计工作。为确保这一任务按期完成,工厂明确设计室主任高镇宁、副主任陆孝彭、何永钧要全力以赴,叶绪仑继续任主管设计师,并新增加马启禄、刘治新、陈正庆3人为副主管设计师。集中了近120人组成各专业组。根据四局提出的"改进设计以后,试制成功的第一批5架飞机,必须保持原型机上已肯定的优点,彻底排除四个主要缺点,并大大改善维护修理条件,使飞机达到飞行性能好,使用安全,维护方便"的原则精神,设计修改的主要方案是:在机身1号框前加一斜框,除去原发动机罩上的起落架收放缺口,解决飞机下滑时发动机汽缸头温度低的问题;适当减少前起落架罩角,解决飞机滑行时前起落架转弯中的滞涩现象;重新设计滑油散热器并改变机上安装位置,解决滑油温度偏高问题;用调整垂尾和飞机横向重心位置两种方法作改善飞机向右偏航的试验,并在此基础上观察油耗不均的改善情况;调整纵向重心,减少襟翼面积,增加操纵系统的刚度,以改善操纵性能;参照其他机种,调整座舱布置;尽可能增加检查口盖,改善维护条件。

工厂按上述方案设计定型批飞机的图纸,进行试制的各项准备工作。同时决定将02号03号两架原型机先按方案改装成定型试验机,希望通过飞行试验,提早落实设计修改方案的效果,基本上能把飞机的设计定下来。这两架定型试验机先后于1961年的5、6月份改成。经工厂检验性飞行后,分别飞往飞行研究所,从6月1日起开始了试飞鉴定。第02号飞机进行性能试飞和电气、仪表试飞,第03号飞机主要进行四大故障的技术改进措施和无线电设备试飞,第04号飞机主要进行使用试飞。至10月15日定型试验机的试飞鉴定工作全部结束,共飞行了1800架次、612小时27分。试飞结果证明:设计更改后,气缸头温度过低和滑油散热不良的故障已经排除;右偏和耗油不均的问题原因已找到,解决措施已落实;飞机的飞行性能和使用性能都有所提高和改善;长期使用过程中未发现重大问题;飞机、发动机、各种设备及系统工作基本正常可靠。空军选派了经验丰富的两位试飞员黄肇濂和初善东,完成了全部试飞科目,证明飞机性能良好。在进行科研试飞的同时,从1961年4月5日开始,按空军军校部编写的使用试飞提纲,空军先后在第02、04号飞机上组织了飞行,共完成了航线、空域、编队、仪表、航行及攻击等飞行科目,飞了1519架次、计363小时24分。使用性试飞期间,空军还将一架刚从苏联进口的雅克－18A型飞机调到了飞行研究所与初教6进行对比试飞。结果表明:初教6飞机是比较优良的初级教练机,它具有良好的飞行性能和比较完善的特种设备,具有符合直上乌米格飞机的操纵特点。

由于采取了定型试验机先行改装试飞的措施,不仅提前落实了设计改进的效果,同时整机的鉴定也因之而至少提前了半年。

1961年9月初,聂荣臻元帅视察六院八所,听取了初教6型飞机鉴定情况的汇报,观看了飞行表演。聂帅对飞机良好的性能和飞行员高超的飞行技术加以赞扬,并指示说:"初教6飞机是自行设计的飞机,试制成功,可以解决空军初级教练机的供应问题。今后不能再依赖别人,要走自己建设的道路,要好好总结初教6的试飞试验。"

通过国家鉴定

初教6型机被确定为初级教练机的试制机型后,试制初教6便成为三机部任务中的重中之重。洪都重新成立了试制领导小组。对整个定型批飞机的试制工作,广泛采用了平行交叉作业的方法进行,做到分工负责又相互协调,抢进度而不乱"套"。9月19日,供静力试验用的01架机部装完毕后,进行了69个项目的静力试验,全部合格。02架机于11月4日总装完毕,11月9日至24日,国家鉴定委员会试飞小组对定型批第02架飞机进行了鉴定试飞。试飞结论是:"初教6飞机是一种比较优良的初级教练机。该机具有良好的飞行性能和比较完善的特种设备。并具有直上乌米格机的操纵特点","可以交部队实际使用"。同时还指出存在着陆动作复杂、飞机较重、载油量较少、高空操纵性变差等问题,需要改进。

为使定型批飞机完成后能尽快生产出后续飞机,经上级批准,洪都在定型批飞机未经国家鉴定就开始投入了10架份的零件制造。并且根据定型试验机试飞鉴定中提出的意见和定型批试制中暴露的问题,修改了689处设计,相应修改了有关工艺资料,为成批生产提供了定型的生产技术依据。

空军和三机部对定型工作非常重视,在定型批01架飞机总装完成后的第二天,即1961年9月21日,就联合有关部门联合组成技术小组对初教6飞机进行了技术审查。11月6日,技术小组向国防工委、空军党委、贺龙元帅、聂荣臻元帅、总参谋长罗瑞卿提交了"关于初教6型初级教练机试验批试飞结果及试制批鉴定工作情况的报告"。12月1日,经国务院军工产品定型委员会批准,初教6飞机国家鉴定委员会正式组成。12月15—16日,以空军副司令员曹里怀为主任委员,空军副司令员常乾坤、三机部副部长薛少卿和国防部六院院长唐延杰为副主任委员的国家鉴定委员会,在洪都对初教6飞机进行了设计定型鉴定和成批生产条件的审查,并于12月19日向国务院军工产品定型委员会上报了《关于初教6飞机设计试制鉴定报告》,提出:"飞机设计试制是成功的,它能保证质量和飞行安全,基本上是一种好飞机,能适应空、海军航空学校初级飞行训练的要求。因此,同意定型并投入成批生产。"12月18日,洪都隆重召开了"庆祝初教6飞机制造成功大会"。空军副司令员曹里怀为初教6起飞表演剪彩,并在庆祝大会上讲了话。江西省省长邵式平、三机部副部长薛少卿、海军航空兵副司令员赵汇川出席了大会并讲话。国防工委、空、海军司令部、政治部、三机部、国防部六院等单位向洪都发了贺电或贺信。

1962年1月5日,国务院军工产品定型委员会根据初教6飞机国家鉴定委员会对该机鉴定的报告正式批准初教6飞机定型,投入批生产。

几十年来,初教6飞机在使用中没有因质量问题造成重大事故。实践证明,初教6飞机设计是成功的,质量是可以信赖的。

(原载于《中国航空报》,具体时间不详)

飞向金字塔的雄鹰
——K-8E飞机背后的故事

李韶华

1999年12月27日,中国与埃及签署了合作生产80架K-8E型飞机的合同,合同包括出口飞机散件和生产线,在埃及组装整机,提供软硬件在埃及建立飞机设计研究中心等,合同总金额3.45亿美元。这是我国航空工业单机种一次出口数量最多、金额最大的国际合同,也是我国首次成套出口飞机生产线和对外输出飞机设计和制造技术。

K-8飞机是洪都航空工业集团公司、中国航空技术进出口公司与巴基斯坦共同投资开发,由洪都集团设计制造的新一代基础/高级喷气教练机,该机自1990年年底首飞成功后,已有32架销往巴基斯坦、缅甸、赞比亚、纳米比亚等国。2000年6月5日,K-8E(针对埃及的K-8改进型)首飞成功,标志着中国航空工业出口数量最多、金额最大的中埃合作生产80架K-8E飞机项目取得了阶段性成果。国务委员吴仪、全国人大常委会副委员长邹家华分别写信、题词对此表示祝贺。与此同时,来自亚洲、非洲、美洲以及太平洋地区的不少国家都有购机意向,K-8飞机外销形势看好。那么,K-8E是怎么成为中国航空外贸的"明星",成为飞往金字塔的"雄鹰"呢?

诱人的飞机表演

1997年9月15日,埃及开罗。

湛蓝的天空下,K-8飞机从跑道上一跃而起,以一个漂亮的超低空亮相进场,牢牢地吸引住了观众的视线。接着开始急速拉升,蓝天下,白云间,红、白、蓝三色相间的K-8飞机像一只矫健的雄鹰,在3000米高空中不断地翻滚、跃升和俯冲,一个个高难度特技动作完成得干净利落。飞行表演受到了埃及空军领导和非洲等国武官的由衷称赞。

中国航空技术进出口公司趁机大作宣传,将一份份翔实的材料、精美的广告宣传单送到他们的手中,使K-8飞机给大家留下了深刻的印象。

此后,K-8飞机又飞赴津巴布韦、赞比亚、肯尼亚、坦桑尼亚、埃塞俄比亚等非洲七国作飞行表演,历时二十三天,途径九个国家、十四个机场,航程 14 760 公里。其成功的表演引起了所到国政府和航空界的积极反应,各国飞行员纷纷登机实际体会操纵感觉。

1999 年 6 月,K-8 飞机飞赴法国,亮相第 43 届巴黎航展,与来自全世界几十个国家、50 多种类型的飞机同场竞技,这是中国飞机首次在欧洲上空飞行表演。K-8 飞机在航展期间,每天在规定的五分钟内,进行了高难度特技表演,其尾冲动作是其他同类飞机无法完成的,证明了 K-8 飞机无可比拟的机动性,K-8 飞机因此被列为这次航展"十大明星"之一。赞比亚、贝宁、加纳空军司令和马里空军参谋长观看了 K-8 飞机的飞行表演并与飞行员进行了认真的交谈,当即向中方表达了购买意向。

一次次表演,一次次宣传,一次次挑战,K-8 飞机引来了一个又一个客户。

五次议标　力拔头筹

中航技公司选择去埃及促销可谓用心良苦。K-8 飞机急欲"冲出亚洲",开拓市场,而埃及地处亚、非、欧交界处,地理位置及影响力首当其冲。当时,埃及极力想发展和恢复本国的航空工业,并有购机意向。盯准市场,主动促销,中航技公司在这方面做了很大努力,一批批派人出去考察市场,开演示会。

1998 年 8 月 10 日,一场别开生面的 K-8E 合作生产演示会在埃及首都开罗召开。埃方国防部阿拉伯军工组织和空军工程部、作战部、训练装备部、飞行学院将军出席,可谓高官满座。翻译程路平按照洪都集团准备的资料,从飞机结构、装配程序、零件生产、工装协调、信息管理、计算机辅助管理、质量保证系统、合作生产划分、项目进展计划和安排,一直到埃方人员的培训、设备升级等作了全面介绍。在演示结束时,程路平满怀深情地指着演讲提纲封面上的水印画"长城"和"金字塔"说:"请看,这是长城和金字塔,一个是伟大的中华民族创造的奇迹,一个是伟大的埃及人民创造的奇迹,我们都是世界上最伟大的民族。今天历史又给了我们一个机会,让我们联合起来,签订 K-8E 合作生产合同,建设发展埃及的航空工业,为我们的子孙后代再创造一个奇迹。"

精彩的演讲深刻具体,感人肺腑,引得掌声不绝。然而,合同的签订,还有一番激烈的角逐。

1998 年 10 月,埃方正式向中方发出招标书。同时也向意大利和捷克发出了招标书。一叠厚厚的标书摊在洪都航空工业集团老总的案头。

说实在的,洪都人从未接过这么厚的来自异国的标书。为此,他们开了几十次会研究讨论,将埃方的要求了解透彻之后,用图表、图形等特殊的形式制成了标书,共装了七个箱子,足有 35 公斤。在标书中,我方对 K-8E 飞机的先进性、售后服务等方面作出了较好的承诺。

1999 年 1 月,埃方对三国的标书进行了评估。同年 3 月,洪都集团被通知去议标,地点是在开罗,参加竞标的机型有意大利的 S-211A、捷克的 L-139 和中国的 K-8。

竞争是无情的,这可是赤裸裸的飞机性能、价格的大比拼。捷克的 L-139 飞机在首轮竞争中就因评估飞行情况及售后服务问题被淘汰,剩下的就是我们和强劲对手意大利了。

意大利和埃及 AOI(阿拉伯工业组织)已经有过合作基础,他们也非常重视这次合作机会。当议标进入白热化阶段,意方还增加了谈判代表团的人数。

但是中方谈判人员非常自信:"我们虽然足球踢不赢意大利,但是我们的飞机比他们强。"因为在中方人员的心里,早就有一本账。

——比价格。我们的优势在于价格适中,但是意方有备而来,出了一份令我方感到意外的价目单,于是我方在保持微利的前提下降了价。

——比质量。意方飞机制造工艺比我们领先,全机 60% 采用复合材料,重量轻,但我们的飞机性能优越,巡航速度达 800 公里/小时,海平面爬升率为 30 米/秒,而对方飞机巡航速度却仅有 760 公里/小时,海平面爬升率为 16 米/秒。

——比管理。埃方要求工装技术百分之百微机设计,全机制造采用微机管理,我方已在生产管理一体化领域研究了数年,有信心给埃方此项技术。

——比售后服务。我方在合同中明确了向埃及空军提供整个 K-8E 的售后服务。

再加上意方的致命弱点是,其生产线不在国内,不能按合同要求如期交货,这就使得谈判的天平向我方倾斜。

五六轮激烈的角逐后,我方终于在竞标中获胜。1999 年 12 月 27 日,中国和埃及签署了合同。对此,国务委员吴仪向中航第二集团公司总经理张彦仲写信表示祝贺,吴仪在信中说:"向你们表示祝贺。江总书记一直指示我们要大力开拓非洲市场,埃及是非洲的大国,你们成功地迈出了可喜的一步。望你们一定按照守约、保质、重义的原则,打出我们的信誉,为扩大我国飞机的出口、为我国航空事业的发展做出更大贡献。"

全力以赴　保质守约

看到一架架飞机飞出国门、翱翔世界,洪都人心里充满了喜悦。这标志着历史上为我国航空事业作出重大贡献的老军工企业——洪都航空集团公司在经历低潮之后,又重新焕发了勃勃生机。K-8E 工程项目是经过两年多的艰苦努力最终签订的合同,洪都人非常珍惜这个重大机遇,决心克服种种困难保证合同的顺利进行,为国争光,为中国航空工业争光。

为使 K-8E 顺利进行,中航第二集团公司和中航技公司组建了领导小组和项目办公室,洪都集团公司也组建了由公司主要领导组成的项目指挥部和由专家、管理干部组成的 K-8E 项目办公室,以确保能出色地完成任务。

K-8E 飞机是在 K-8 飞机的基础上,按埃方要求对飞机技术状态改进改型而成,不仅要调整飞机的总体布局,对前后舱仪表板和操作台重新设计,对通信系统、导航系统、仪表系统、火控系统和电气系统进行改装,还要对燃油系统、操纵系统、环控系统、液压系统、起落架系统结构进行设计改进,需要新选用、改型及新研成件计 33 项。

飞机改装难度大，时间紧，工作量多，用洪都集团总工程师程宝明的话说："改图工作量相当于全机图纸的20%，光晒图就要晒三个月。"飞机所有资料全部新编、全为英文，由于飞机状态改了，工艺也得改，公司把工作目标细化，进行层层分解，一级抓一级，个人保班组，班组保单位，单位保全局，使整个工程目标和任务落到实处。全厂干部和职工统一号令，日夜兼程，许多部门半年多来都没有节假日，连春节期间都在加班，终于使首架K-8E在6月5日首飞成功。

洪都人从来都不怕挑战。K-8飞机能够打开国际市场，除了市场定位好的因素外，关键是洪都人走出了一条"多方集资、国际合作、积极引进"的"K-8之路"。洪都集团从任务国家定、资金国家拨、市场国家包、风险国家担的"国家主导型"生产模式，转变为主意自己出、资金自己拿、市场自己找、风险自己担的"企业自主型"经营模式，把目光转向国际市场，寻求投资合作的潜在用户。

K-8E飞机的成功是洪都人的骄傲，然而他们并不满足，他们希冀的是企业沿着K-8E飞机成功的足迹，再展雄风。

K-8E，洪都人的骄傲！

中国航空工业的骄傲！

中国人民的骄傲！

作者补白：中埃合作生产80架K-8E飞机的合同，于2005年12月11日结束。该项目被中国工程院评为中华人民共和国以来重大工程成就之一。2004年中埃又签订了继续合作生产40架飞机的合同。2009年9月8日，洪都与中航技进出口有限责任公司在南昌签订了向缅甸出口K-8飞机及总装试飞建线合同。此合同是与国外合作生产成套K-8飞机技术装备的又一重大突破。

如今，K-8飞机已开发了K-8J、K-8E、K-8S、K-8P、K-8V、K-8W等多种型号，累积销售500多架，用户扩展到东南亚、中东和非洲近10个国家。2001年，K-8飞机荣获国家科学技术进步奖一等奖。2009年K-8J飞机参加了国庆六十周年盛大阅兵式，十多架飞机由我国第一代女歼击机飞行员驾驶，米秒不差通过天安门上空，接受党和国家领导人的检阅。2011年我国空军新组建了"红鹰"飞行表演队，该飞行表演队表演机就是K-8J飞机。

（原载于《国防航空》2000年第10期）

团结拼搏奏凯歌
——教八研制纪实

李韶华

1994年12月23日。

素有"教练机摇篮"之称的南昌飞机制造公司,又把我国空军急需的、航空工业总公司极为关注的新一代基础教练机(K-8的国内型,称之为基教8,在K-8系列中为K8-J)送上了蓝天。

从此,飞机家族又增添了一名新成员。

南飞人多年的夙愿终于实现了!人们欢呼着、雀跃着……

在这喜悦的时刻,回首新机研制的日日夜夜,南飞人无不感慨万千。

1990年11月,我国空军提出继承K-8科研成果,研制国内型新一代喷气式基础教练机。1992年2月,国防科工委正式批准新型教练机立项。

随后,航空工业总公司委任副总经理王昂为型号总指挥,南飞公司研究员级高级工程师、K-8飞机总设计师石屏任总设计师。从此,拉开了新型教练飞机研制的帷幕。

新型教练飞机虽以外销型K-8飞机为原准机,但除气动布局继承K-8飞机外,由于发动机换装,机载成件国产化及空军战技指标要求,飞机机身结构、环控系统、燃油系统、电源系统、液压系统都要重新研制,机翼、襟翼、副翼、平尾及起落架均要相应加强,新发图量达整机80%。

飞机设计所从方案设计、技术设计到详细设计发图,自始至终处于紧张的氛围之中。

在发图的最紧张阶段,白天自不用说,晚上整个设计大楼灯火通明。所党委还专门召开党委会、党员大会,号召共产党员发挥先锋模范作用。104室干群齐奋战,党群齐努力,率先完成发图任务,成为全所开路先锋。

一马当先,万马奔腾。1993年底,近两万张A4的图纸基本完成。

总设计师石屏重任在肩。这位年逾花甲的老科技工作者从新机研制技术方案的制订到各大系统综合技术的协调,以及重大技术问题的拍板事必躬亲,一丝不苟。为了实现党和人民的重托,近几年星期天从未休息。至于元旦、春节、五一、国庆等节日也是在办公室度过。

1994年元月4日,中国航空工业总公司要求南飞公司:务必千方百计确保新机在1994年实现首飞,1995年完成设计鉴定并开始交付部队。

从发图到上天,周期不到12个月。进度之紧,前所未有!

在不到12个月的时间里,要从模线样板开始,设计制造专用工装、毛坯准备、零件配套、初装、总装直至首飞准备,工作量大,难点多,环节多。如按常规,首飞目标必然落空!

面对现实,公司果断决定:打破常规,倒排计划,明确各个网络节点进度目标,以保节点达到保首飞目标。

3月完成模线样板;

4月完成标准工装制造;

5月完成零件工装制造;

6月完成部装工装制造,零件配套,部装开铆;

9月完成部件装配;

11月完成总装、设计试验;

12月完成首飞准备,实现首飞。

每个节点犹如一次战役,每个节点恰似田径场上的接力赛跑。

为打赢打胜每一仗,拿下首飞上天总目标,元月13日南飞公司召开了新机研制动员大会。原公司总工程师张彤在动员报告中,就研制新机的重要性、紧迫性作了精辟的阐述,就如何加快研制进度、确保首飞提出了具体要求。总经理兼党委书记李万新强调:保军是公司首要任务,确保新机上天就是保军的具体体现,全公司上下要逢山开路,遇水搭桥,要把实现新机首飞作为今年重中之重的任务。每个单位,每个干部都要为新机上天开绿灯打冲锋。如果顶着不办、拖着不办一定按纪律论处!要下定决心,义无反顾,不留余地,背水一战,完成任务,实现目标。

动员会上,公司领导态度坚决,措辞激烈,要求明确,决心似铁,令与会者精神振奋。承担研制任务的单位纷纷登台表态:决不让新机研制的航班在自己单位晚点。

一时间,确保新机上天的新闻家喻户晓。

战前动员如同进军号角,各路人马整装待发。

工艺技术部门首当其冲。

模线样板、工艺准备,按常规周期需10个月,可如今只有5个月。

为了争时间抢进度,总工艺师精心策划,巧作安排。在层层动员,深入发动的同时,把任务落实到班组、个人;大力开展立功竞赛;采用平行交叉作业,严格科学管理,按轻重缓急分阶段突击等战略战术。

确保新机首飞上天的誓言,已成为每个职工的自觉行动。整个工艺技术部门,300多号职工春节期间不能与家人相聚,争为国防作贡献,坚守在工作岗位。

团结拼搏奏凯歌,战地捷报频频传:装备处提前六天攻下"3·31"工装设计节点;模线样板室、零件加工处分别提前两天完成新机模线设计、样板制造、标准工装设计工作。

工装模具设计任务刚完,模具型架制造立刻进入高潮。

"3·31"高地如期攻下,新机研制岂能因"5·31""6·30"高地而误点!生产准备车间不负众望,瞄准节点鼓劲,顽强拼搏不畏难,同样按节点如期完成任务。尤其是新机身总装型架10多米长,整个型架所需材料达100多吨。型架车间工人在室内气温高达40多度的厂房里挥汗大干25个昼夜,攻下了这个庞然大物,更是令人钦佩!

工艺技术、生产准备首战告捷,为新机生产全面铺开创造了条件,为新机首飞上天赢得了时间。公司领导兴高采烈敲锣打鼓送去贺信和立功奖。

新机零件数量达9000多项,涉及面广、环节多。只要哪个环节脱节、卡壳,教8研制都会如同一根链条断节难以为继。

急空军所急,把新机早日送上蓝天是南飞数万职工的共同心愿。在生产准备车间大干的同时,生产车间已经厉兵秣马,按捺不住了。生准车间每完成一套工装,他们立即投入零件制造。公司领导一声令下:生产系统要进入新机研制的主角!立刻生产厂房"确保新机上天"的标语到处可见;一个个零件图号,完成时间,责任者,交接路线公之于众使人一目了然;一项项关键以战令公布限期攻克;一面面攻关队、青年突击队队旗挂在醒目位置,好一幅生产激战图。

锻造车间苦干一百多天,于5月便完成了649项锻件毛坯的繁重任务。6月上旬,8车间完成了0—9框开铆急需零件。

关键的新机进气道蒙皮,外形复杂,拉伸变形大,表面质量要求高。按常规公司的拉伸设备无法在短期内达到要求,有关部门决定赴上海加工,但加工时间较长。工人们得到这一消息,主动提出组织攻关。于是以八位钣金师傅为主体的攻关队,夜以继日,反复实践,终于获得成功,不仅节省了费用,更重要的是赢得了时间。

长达3200毫米,形状复杂,壁厚薄悬殊,工序多达520道的主梁根部和长达3275毫米,外形为双曲面,角度变形大,壁薄、工序350道的座舱口框架梁是新机两项主要受力结构复杂的大件。进度急,周期短,新工人多。由于83车间干部认真细致地抓,工人一丝不苟地干,经过两个多月的扎实工作,交验的两架主梁根部和三件座舱口框梁无一故障。

6月10日上午,新机正式开铆。初装开战,面临的第一个问题是零件不配套,缺件500多项,工装更改频繁,真乃步履维艰。对此公司采取在厂门口和电视台公布各车间零件配套情况的措施以促初装进度。铆接车间主管生产主任既指挥本车间生产进度,又协助零件车间当调度,抓缺件;抓技术的主任既做好本车间技术准备工作,又配合有关部门在车间的现场处理问题。设计、工艺、检验等现场服务组24小时为初装服务,发现问题,及时处理,保证铆接枪声不停顿。有一个晚上,型架车间党支部书记邹仕华在初装车间配合生产至11点,他回到家刚洗完澡还来不及躺下,又听到敲门声,请他回车间解决问题。为使装配工作得以继续下去,机身型架需换一个衬套。他摸黑走家串户找来工人赶制,当凌晨3点半,新衬套装上后,装配工作又恢复了正常。

座舱上的一个焊接件,晚上8点多钟将任务下达到5车间,5车间立即组织十多位工人师傅,从下料到成形、焊接、校正、检验,夜战4个多小时便交到装配现场。

后机身大蒙皮2米长、1米宽,由于模具故障需重新赶制。下午5点设计发文,供应部当即发料、去油,6点多钟送到下料车间,7点下好料,钣金车间连夜组织,次日早上开始淬火、成形、拉伸、修余量、开窗口,下午4点送表面处理,晚上氧化,第三天上午就交付使用。这么大的零件,以往要十至十五天才能完成,可如今只用了两天多时间。

为了新机的上天,南飞人日夜兼程,你追我赶。

初装战场每晚灯火通明,有三分之一的职工长时间夜以继日工作,部分职工吃住在车间。职工家属承担了全部家务劳动,她(他)们同样是为新机研制作贡献。

中秋节前夕,公司党政工团联合召开别开生面的慰问家属大会。400余名家属兴高采烈来到会场。公司领导给大家讲形势、摆任务,请家属们理解,支持亲人的工作。没想到家属们听后争先恐后踊跃发言,表示全力支持。当公司领导把家属们领到生产现场,一看那热火朝天的生产场面,无不为之感动,对工人们的那种敬业精神油然而生敬意。以往一度产生的埋怨情绪顿时烟消云散。

在初装之战中,有两位女工程师给公司领导和所有同志留下了深刻印象。她们是已退休在家的原装配车间技术组长马淑芳、喻庆翠。她们经历多机种试制,经验丰富。当总工艺师请她俩出山为新机研制再立新功时,两位大姐二话没说,未提任何报酬就上了班。她俩一直在生产现场出谋献策,及时、果断地处理问题,白天黑夜和工人一道战斗,得到大家的敬佩。

人心齐,泰山移。24小时铆枪声不断,硬是打破常规用十天时间完成了架内工序,又用十天时间完成了架外工作,这在南飞新机研制历史上前所未有。

9月30日,初装好的飞机在锣鼓声中缓缓推向总装车间,宣告历时112天的初装战役胜利结束。

新机还在初装之时,总装车间已从各工段抽调精兵强将,组成十个攻关队,并按专业系统分成二十五个小分队,严阵以待。当新机推至总装时,总装车间立即组织加班突击。

公司总工程师、新机现场副总指挥姜亮,副总工程师、新机现场指挥凌宝玉、孙道章率领指挥部全体同志从刚刚结束的初装战场立即移师总装车间,坐镇指挥。由生产处江波副处长率领的公司服务组在现场办公,随时协调处理问题。

新机是当年发图,当年制造,未按理论图制造木质样机,成附件、导管等未经事先协调。因此,大量的不协调问题将会在总装阶段暴露。这给总装带来不少麻烦。

两军相逢勇者胜,办法总比困难多。总装阶段工作量最大最难的导管取样,在设计、工艺、生产准备及各单位配合下,只用了半个月时间就完成了500多根导管的取样。3车间在没有工装设备的情况下,30多名突击队员全凭娴熟的技术,白天黑夜战斗，在一周内便完成了数百根形状各异的导管制造任务。

试验电缆、装机电缆、飞行电缆如人体神经错综复杂。安装工人钻进狭窄的舱内一蹲就是半天，麻木了的脚叫人难忍，可没人叫一声苦喊一声累。

车间还组织人员制造出升降自如、运行方便的发动机安装车，顺顺当当地把几百公斤重的发动机安装到位。

经过55个日日夜夜的拼搏，终于攻克了决定胜负的关键战役。总装好的新型教练机于11月25日凌晨1点披红戴花推至试飞站。

试飞站，新机研制接力赛的最后一棒，全公司数万职工翘首以待的新机首飞上天的任务将在这里实现。

在新机总装即将结束之际——11月24日下午2点，公司在试飞站召开"确保新机首飞上天"动员大会。总工程师姜亮亲自动员，新机现场总指挥李万新到会讲话，吹响了夺取新机研制最后一个战役的冲锋号。

其实，早在年初，公司就成立了以副总经理贺福康任组长的试飞领导小组，为确保安全首飞作了周密部署。首飞前机务工作日程安排，首飞前需进行的飞行试验工作，首飞质量控制措施，技安工作措施均已拟定。"精心组织，团结拼搏，确保新机年底上天"是他们的决心。

飞机一进试飞站，一切工作都按周总理生前所提出的"严肃认真，周到细致，稳妥可靠，万无一失"16字的要求进行着……

机务人员始终以不达目的誓不罢休的雄心壮志，按节点提前两天完成108道指令，使飞机处于待飞状态。

与此同时，与实现首飞密切相关的第二主战场——设计试验也在紧锣密鼓中进行。

新机设计试验多达57项，首飞前必完试验就有29项之多。面对这一关键，公司副总工程师、设计所所长李先达亲自担任设计试验小组组长。107室承担首飞前的液压、燃油、操纵三大试验任务。从试验设备设计发图到系统安装调试，直到三大系统试验，经全室超常规的努力，在不到一年时间便完成了按惯例需1年半时间才能完成的任务，创下了"优质""高效"的新纪录。

静力试验在年轻的高级工程师、设计所副所长兼静力试验室主任史坚忠主持下进行。由于工作细、抓得实，试验如其完成。

新机研制主战场热火朝天，轰轰烈烈。在外围的打援部队配合主攻也是功不可没。

俗话说，兵马未动，粮草先行。为了新机的上天，物资供应部从材料采购到成附件的供应可费尽了心。新机装机成件431项，其中新研成件97项，地面试验所需采购的各种成附件近700项，涉及航空、兵器、电子、化工、轻工等部门，遍布于十八个省市64个厂家。

对于受制于人的成附件能否如期到厂，确保试验、装机进度，公司领导最为担心。

担负全公司军品成件供应的成件供应处,面对新机成件项目多,涉及面广,尤其是资金紧的状况,精心组织,统筹安排,每个地区派驻专人坐镇催交。供应员踏遍千山万水,吃尽千辛万苦,费尽千言万语,与承制厂反复协商进度。关键件一到公司马上发往生产一线,经检测发现故障的立即派人送厂家排除,又肩扛手提背回公司。

公司党委把科研生产的难点作为宣传思想工作的重点,分期分批组织党群机关干部到关键单位、薄弱环节了解情况,疏通渠道,解决问题。工会号召职工提合理化建议搞革新;团员青年则喊出了"岗位靠竞争,报酬凭贡献,学习老一辈,青春献南飞"的响亮口号;公司广播、报纸、电视开辟专栏、专题对新机研制进行跟踪报道;职工食堂把可口的饭菜送到现场;职工医院组织医疗队巡回在生产线上……

处在新机研制一线的南飞公司领导,为了新机的首飞上天,精心组织,运筹帷幄。每攻打一个战役,总经理李万新、总工程师姜亮都亲自动员并跟踪督促检查。担任前线总指挥的副总工程师凌宝玉更是夜以继日在第一线指挥各路人马冲锋陷阵。

新机研制也得到了上级领导机关的高度重视和大力支持。国防科工委、空军、航空工业总公司等领导机关多次召开协调会议,并派出多位同志到现场检查指导工作,帮助解决问题。参加新机研制的各兄弟单位更是通力合作,相互配合,及时提供了装机成附件,为首飞上天作出了重大贡献!

新机研制的 300 多个日日夜夜,那一桩桩、一件件无不闪烁团结拼搏的火花;那一个个长镜头、短镜头都有着一个个动人的故事;12 月 23 日,倾注万人心血的银鹰,由空军第四飞行大队飞行员驾驶直冲蓝天。

当年发图,当年制造,当年首飞成功的目标终于实现了!

献身航空,争创第一的南飞人在我国航空型号研制史上又创造了一个奇迹!

(原载于《航空工业通讯》1995 年第 1 期)

猎鹰飞行表演风采录

李韶华

"猎鹰"(L-15)是由江西洪都航空集团自筹资金、自主研发、并具有自主知识产权的我国目前最先进的高级教练机,也是目前世界上唯一的一款双发、超声速高级教练机。01架原型机于2006年3月13日首飞成功。该机采用大边条翼身融合体的先进气动布局,三轴四余度数字式电传操纵系统,开放式数据总线技术的综合航电系统,具有优良的飞行性能、高可靠性、良好的维修性以及效费比高的特性;具有第三代战斗机的大迎角机动飞行能力和高的敏捷性。它的研制成功,对于完善我国初、中、高级教练机的研制生产体系,满足第三代和新型飞机飞行员的训练需要,竞争国际教练机市场都具有十分重要的意义。它标志着我国教练机的研制水平跨越到一个新的高度,进入了世界先进教练机行列。

如今,"猎鹰"已投入小批量生产。洪都将把它打造成继K-8之后又一型中国名机。

为让世人更多地了解"猎鹰",笔者将它问世以来的几次飞行表演实录如下,以飨读者。

首次亮相 夺目亮点

在2008年11月4日至9日举行的第7届珠海航展上,"猎鹰"03架首次以实机飞行形式登台亮相,进行飞行表演和地面展示,成为航展上的夺目亮点。尤其是试飞员邹建国、杨耀驾驶"猎鹰"03架飞机连续十多个架次精彩表演了大迎角起飞、垂直上升、连续横滚、大坡度盘旋等各种高难度动作,充分展示了飞机优异的垂直机动、水平机动、横滚机动和小速度飞行性能,受到国内外专业观众的一致好评。航展期间,"猎鹰"项目与歼-10一道被授予"中航时代杯"自主创新奖。

"猎鹰"03架飞机于2008年5月10日在南昌首飞成功。驾驶员为邹建国、杨耀。指挥员郭彦波、张景亭,监控指挥员李存保。5月11日、12日,"猎鹰"03架飞机又连续进行了多个架次的飞行,对全机各系统进行了功能检查、满油状态的检验飞行,以及机动性能的检验飞行。通过对飞行数据的分析及飞行员的评估表明,"猎鹰"03架飞机各系统工作正常,飞机对各操纵面输入后的响应特性均优于01架飞机,飞机的飞行性能明显提升。

"猎鹰"03架与2006年3月13日首飞成功的"猎鹰"01架比较,外形上几乎没有什么区别。但状态有很大的不同。一是换了发动机。01架装的是捷克的DV-2X涡轮风扇发动机,最大推力为2200千克,而03架配装的是最大推力2500千克的2台乌克兰伊夫琴科前进设计局的AI-222K-25涡轮风扇发动机,由于发动机推力加大,加速性好,给飞机的性能提升不少。另外,该发动机配置了先进的全权限数字式电子控制系统(FADEC),可有效提高发动机性能和工作可靠性,这在国内固定翼飞机领域首次实现了飞机与发动机的综合控制。飞行员可以无忧虑地操纵发动机。"猎鹰"03架是按带加力的发动机设计的,将来的加力发动机是AI-222K-25F,最大推力为4200千克。二是座舱布局更加简洁规范,更具人性化。座舱内各种电门的位置设置进行了集中布置,更便于操纵。三是起落架进行了改进。将原来为单腔缓冲器的前起落架改成了双腔缓冲器,有效地改善了飞机在滑跑过程中及着陆接地瞬间的过载特性,提高了飞机在起飞着陆过程中飞机乘坐品质。除此之外,03架针对01架在飞行试验中暴露的一些问题以及部队的信息反馈,在飞机结构、综合航电和使用维护性等方面进行了全新的优化设计和局部更改。同时通过全面贯彻经济性设计准则,降低飞机制造成本和使用维护费用,将有效提高飞机的训练效费比。根据国内外用户的需求,"猎鹰"03架在01架的基础上进行了状态和平台的完善,以实现高级教练机(AJT)状态的要求并达到可交付使用状态。

飞出国门　迪拜航展成明星

2009年11月15日,第11届迪拜国际航展上,杨耀(具有近5000飞行小时的资深飞行员、中国特级试飞员)和邹建国(空军某试飞团技术处长)驾驶05架L15"猎鹰"高级教练机进行了飞行表演。在迪拜航展上,"猎鹰"与欧洲"台风"和美国F-22一道被誉为此次迪拜国际航展的三大明星飞机,足见L15的优异性能已经被世界认可。

2009年的上半年,中航工业决定L15参加迪拜航展并作飞行表演。接到通知后,洪都便开始了航展飞行表演前的准备工作。整个L15参展团队从人员的配备、飞行表演的剖面、飞机转场的方案、空中应急情况的处置、地面机务保障设备协调以及人员食宿等问题,都准备了详细的方案,并通过相关部门的多次评审检查。从2009年10月份开始,试飞员按照迪拜国际航展飞行表演预案进行了多个架次的飞行演练,并根据飞行演练情况对L15的飞行表演动作进行了修正,目的是在确保整个飞行表演安全的前提下,要充分展示出L15优异的机动飞行特性,力争给观众呈现出最佳的观赏效果。在飞行表演剖面演练的同时,他们还针对L15的国际转场需求,对飞机的转场构型状态进行了飞行检查,进一步确认L15各系统的工作状态。

由于飞机空转至迪拜存在与多个国家的越境交涉等外交问题,其空中过境手续比较烦琐。几经讨论,最后确定了由南昌将分解的飞机空运到巴基斯坦的卡拉奇,然后在巴基斯坦重新组装后再转场到迪拜。在 L15 被空运至卡拉奇某空军基地后,先期到达的技术人员、工人紧张复装。在巴空军的积极协助下,飞行表演组一行五人(杨力平,洪都航空工业集团副总工程师;郭彦波,空军某试飞大队大队长;李存宝,歼 10 首席试飞员小组成员之一;邹建国和杨耀)于 11 月 2 日抵达巴基斯坦卡拉奇某空军基地,并于次日对 L15 进行了复装后的检验飞行,对飞行表演预案做进一步的熟悉和优化。同时,巴基斯坦空军应中方的要求,派出了两名飞行员——艾里季少校和哈桑少校,协同中方进行转场迪拜的飞行。巴空军基地包括司令、机务、空管、航空军医等在内的各方面人员对中方在转场前给予了全方位的支持和帮助。

北京时间 2009 年 11 月 11 日 13 时 39 分(当地时间 10 时 39 分),杨耀和巴空军的艾里季少校(他主要负责通信联络事宜)驾驶着 L15,从巴基斯坦卡拉奇起飞,取道印度洋、阿拉伯湾和阿曼飞抵阿联酋。起飞后不到两分钟他们就进入到海上飞行,海上飞行不像陆地飞行,它没有地标可以让你判断你的飞行轨迹是否正确,尤其是在飞机有故障的时候不能像在陆地飞行那样有处置余地,为此他们分别在巴基斯坦和阿曼选择了两个备降机场。因为他们从来没有在海上连续飞行过上千公里的经验及经历,L15 能够在没有地标的海上,沿着国际航线准确地飞行,这主要得益于机上先进的综合航电系统和充分的飞行准备。在飞行约 1 小时 10 分左右,L15 经过阿曼马斯喀特和迪拜交接点时,他们就与目的地迪拜空管中心取得了无线电联系。按照迪拜空管中心的指令,杨耀驾驶着 L15,沿着迪拜美丽的海岸线飞行。当 L15 以 260 公里/小时的速度掠过高楼耸立的迪拜市区,带着中国空军飞行员的自豪与激动完成长五边航线后,以迎角 13 度、速度 220 公里/小时的矫健身姿,轻盈地降落在迪拜机场 12—L 跑道上。后舱的艾里季少校兴奋地向杨耀表示祝贺。此时飞机上的时钟为北京时间 15 时 25 分。然后跟随着地面引导车的引导,将 L15 停在了指定的机位。在经历了 1 小时 46 分,航程 1260 多公里(其中 1000 多公里海上)的飞行,途经印度洋、阿拉伯湾、阿曼和阿联酋,L15 顺利地飞到了阿联酋迪拜国际机场。

在迪拜国际航展开幕前,按照航展组委会的规定,11 月 12 日至 14 日三天时间内,各国参加飞行表演的每架飞机,必须完成三个架次以上的飞行动作演练,以熟悉当地表演空域和进一步调整表演动作。作为 L15 试飞员,杨耀和邹建国在全体地面保障人员的鼎力配合下,按规定的时间期限,圆满地进行了 3 个架次的演练。其实在航展前进行的 3 次飞行演练,也是迪拜国际航展组委会对每架参加航展飞行表演的飞机以及飞行员技术的考核,只有通过组委会的考核后拿到飞行表演证的飞行员才能在航展进行飞行表演。

迪拜国际航展为期 5 天,从 11 月 15 日到 19 日,他们每天都按照航展组委会给定的时间,驾驶着 L15 准时起飞升空,按照既定动作进行飞行表演,每次飞行表演的时间为 7 分半钟。飞行表演的主要动作包括:起飞、上升滚转加回转、下横"8"字、小半径盘旋、小速度通场平飞、连续滚转机动、倒飞、垂直跃升转向及小航线着陆等,主要飞行动作之间的衔接均以机动转向完成。整个飞行剖面体现了 L15 良好的垂直机动性、水平机动性、横滚特性、小速度特性、倒飞特性和小航线着陆能力。表演动作中,L15表现出了优异的大迎角机动能力,在机动飞行中飞机迎角均在20度以上,最大迎角到26度,筋斗的垂直高度仅在500米左右,最小盘旋半径接近300米左右;小速度平飞过程中飞机稳定速度在200公里/小时,对应飞行迎角约在17度附近,飞机姿态稳定,响应良好。在空中以胜似闲庭信步的姿态向世界展示出它良好的小速度特性。随后的连续滚转机动、倒飞、垂直跃升、小航线着陆等动作进一步展示了L15飞机优异的高机动性和良好的操纵特性。更令人瞩目的是:L15的上述飞行表演,全部都是在机场跑道的可视范围内进行的。这在所有进行飞行表演的战斗机当中是唯一能做到的,优良的机动特性有效压缩了飞行表演区域,使表演更具观赏性。

在迪拜国际航展期间,L15优异的飞行表演吸引了无数的眼球,并获得了各界专家的较高评价。不少国家的飞行员纷纷来到L15的全任务飞行模拟器体验飞行。以致国外媒体有这样的评论:中国L15是一种高性能、低成本和多用途平台的高级教练机,它代表了中国航空工业领域的较高水准具有很强的市场竞争能力。因此可以毫不夸张地说:中国L15以它优异的性价比和精湛的飞行表演征服了迪拜国际航展。

迪拜国际航展期间,意大利的M346高级教练机也出现在航展上,包括瑞士的PC21初级／基础教练机在内,也都进行了精彩的飞行表演。与意大利的M346相比,L15的优势主要体现在高性能、低成本费用和良好的操稳特性。L15在迪拜的飞行表演,给潜在的买家留下了极其深刻的印象。以至于有的买家在看了我们的飞行表演后,就连忙到我们的展台与我们洽谈评估飞行的事宜,并同时终止了与另外一家公司的采购谈判。加拿大《汉和防务评论》2010年3月号在题为"L15教练机在迪拜航展"一文中,作者经与世界同类高级教练机比较之后认为,"猎鹰"国际市场竞争力强,潜在市场相当广泛。这充分说明,L15迪拜的飞行表演,取得了超过我们预期的效果。它为我们中国航空工业争得了荣誉和地位。

L15作为一架还未设计定型的飞机,能够在鉴定试飞阶段出色地完成重大的国际航展飞行表演任务,充分表明了L15所具备的优良性能和稳定的工作状态。

在迪拜航展,飞行表演动作包括大坡度起飞上升、下8字、大坡度盘旋、小速度通场、多次横滚、倒飞、垂直上升、小速度落地,动作紧凑,一气呵成。向在场观众及世界上关注L15飞机的朋友展示了其优异的垂直平面机动性、小半径盘旋特性、小速度平飞特性、滚转特性、负迎角平飞特性、垂直上升性能等。迪拜机场能见度非常好,飞行员可以将飞机各种性能充分地发挥出来,飞行后的感受非常好。

珠海再次亮相 观众无不叫绝

2010年11月16日,第八届中国航空航天博览会在珠海开幕。来自35个国家600余家中外航空航天厂商参展,参展的各种飞行器实物70架。在本次航展上,2010年10月刚刚成功首飞的L15教练机06架原型机首次公开亮相,进行了精彩的飞行表演。其表演中一气呵成、扣人心弦的特技飞行动作编排,酣畅淋漓地展示了飞机优异的机动性能和飞行员高超的飞行技术。

11月17日,笔者在航展现场目睹了"猎鹰"的精彩飞行表演:这天天气较好。杨耀、邹建国驾驶06架"猎鹰"共进行了四套飞行表演动作,分别是垂直机动、复杂机动、水平机动和小速度。首先是垂直机动,飞机以全加力起飞,先拉杆垂直接一个筋斗,在爬升到800米的高度时在顶点关闭加力。然后做一个大坡度的盘旋,盘旋半径是300米。然后完成一个滚转的机动转向。后面进行水平的倒飞,然后是下横8字。接下来是连续的横滚。这个转过来就是一个低速大迎角的通场。最后是一个垂直小航线着陆。

那天,他们接到塔台指令之后,将"猎鹰"滑行进入起飞跑道。在起飞线底端,发动机的轰鸣声猛然增大,前起落架在巨大推力的作用下微微有些下沉,但飞行员没有松开刹车,飞机一时蓄势待发。一刹那间,飞行员松开了刹车,发动机开启到加力状态,"猎鹰"如离弦之箭,迅速在跑道上滑行加速,大约在300米的距离上,"猎鹰"突然增大攻角,如弹射一般突然拔地而起,引起一片惊呼。只见"猎鹰"起飞之后仍在不断加大攻角,最后几乎是垂直爬升!"猎鹰"06架超过1的推重比在这里展示无余。接着"猎鹰"继续拉杆以一个令人惊讶的小半径进入垂直筋斗,其筋斗顶点距离地面还不到1800米,这么低的高度进行小半径筋斗,难度甚至超过了"八一"表演队的歼10!

完成筋斗之后,"猎鹰"矫健地改平并向右压坡度进行了一个小半径的水平盘旋以展示飞机的水平机动性。要知道,进行小半径盘旋时飞机的能量损失非常大,需要发动机提供充足的推力以补充盘旋过程的损失,否则就会掉高度甚至有进入失速的危险。而此时的"猎鹰"高度并不高,它居然没开加力!仅仅依靠发动机的标准军用推力,"猎鹰"完成了一个半径约300米的小半径盘旋,此时飞机的持续盘旋过载大约6G,如果使用加力推力,机动过载还可以进一步增大,相应的盘旋半径还会进一步降低!

相比较而言,F-16战斗机的最小盘旋半径大约为450米,L-15展示的300米半径盘旋机动能力把典型的第三代战斗机F-16远远抛在身后。作为一架教练机,能够进行这种大过载机动,说明其气动外形良好,发动机推力充足,可用攻角范围很大,具备极佳的机动性能。

完成盘旋之后,"猎鹰"向跑道东端飞去,在观众视线内敏捷地进行了180度滚转上升机动转向,将机头指向重新回到跑道方向再次准备通场,飞经观众席。只见"猎鹰"不断下降高度到大约100米高度,并调整航向和攻角,逐渐靠近观众席。突然,飞行员一压杆,飞机倒扣过来,以机腹朝天的姿态倒飞完成通场动作。

倒飞通场后,"猎鹰"在跑道西段顺势向上拉起,以大约500千米/小时的速度上升并反扣回来开始俯冲,进行了一个类似半个横8字机动的动作,并将机头指向变为沿跑道向东,然后一边横滚180度一边上升并完成了机动转弯,带着大约20度的左坡度重新回到跑道东端,准备下一个动作。

对准跑道后,"猎鹰"突然轻盈地向左侧晃动并迅速进入一连串的滚转机动之中。

现代战斗机多为沿飞机中轴对称的面对称外形,要想迅速进行转弯必须要先操纵飞机绕速度轴滚转以使主升力面法向与转弯方向一致,然后利用主升力面的升力提供机动转向所需的向心力。滚转角速率是衡量一架飞机机动能力的重要标志,从飞行表演展示的滚转机动性来看,"猎鹰"与歼10的滚转角速率不相上下。

连续滚转机动中,飞行员要承受极大的纵向过载,甚至有可能出现黑视等严重的问题。空战中,飞机的飞行高度比较高,即使出现黑视也还有比较高的距离和速度裕量。而此次在珠海的飞行中,飞行员进行连续滚转的瞬间,离地面不超过250米,稍有闪失就会导致重大事故发生。

完成连续滚转之后,"猎鹰"减速进行机动转弯,从跑道西侧再次进入观众席正前方约100米高度的空域。随着速度越来越低,"猎鹰"的发动机声越来越大,飞机的攻角也逐渐增大,只见"猎鹰"维持大约25度的攻角,在发动机推力的作用下"昂首挺胸"经过观众面前——这就是展示飞机低速大攻角飞行性能的低空小速度通场!

完成小速度通场后,"猎鹰"掉头返回跑道中部。照事先通报的飞行计划,6分钟的飞行表演时间已经接近尾声,而此时的"猎鹰"高度很低,原以为"猎鹰"要像歼10一样转弯并爬升,获得足够高度之后加入着陆航线,进行常规着陆。谁知飞行员却一直操纵飞机快速拉起,在观众面前再次进行几乎完全垂直的跃升,跃升到一定高度之后,"猎鹰"改平,并下降高度对准跑道,在逐渐接近跑道之后,"猎鹰"轻盈地雀降在跑道正中,平稳地滑行一小段距离后减速到正常滑行速度,慢悠悠地向停机坪驶去。

这次参加飞行表演的L15教练机06架原型机被定义为战斗入门型教练机。

据了解,目前在世界各国战斗机飞行员的训练体制中,一个重要的发展趋势就是扩大高级教练机的训练范围,即增加一个过渡训练阶段(又称基础改装训练阶段)。欧洲国家将该阶段的训练定义为战斗机入门训练,美国叫将其称为战斗基础入门训练。高教机训练主要还是以常规飞行训东为主,兼有一些战斗飞行训练,过渡阶段则主要以战斗动作训练为主,兼有战术动作训练。这就催生出了一种新的教练机种类—战斗入门型教练机。目前世界上普遍的做法是,为部分现役高教机配备与战斗机相近的机载电子设备和火控系统,将其升级为进行战术和武器改装过渡训练的高级教练/战斗机。像英国的"鹰"式160系列、俄罗斯雅克-130等高级教练机,都在原有高教机的基础上发展出了战斗入门型教练机。遵循这个趋势,L15在发展之初,洪都就提出了"一机多型,战教合一"的发展原则,在L15前5架原型机研制生产的过程中,为L15战斗入门型的改进打下了坚实的基础。所谓战斗入门型,就是更加侧重于飞行员战斗能力的训练。

06架L15与前5架有明显变化,主要体现在以下几个方面:

第一、加大了机身的容积,在机头位置配装了高性能的机载相控阵雷达。教练机上采用这种配置在世界范围内也是不多见的。

第二、对航电系统进行了改进设计。这里的关键是要将各种航电系统集成和综合起来,而且要稳定可靠。在设计中洪都还特别考虑了系统结构的简化、改善系统精度、提高系统的可靠性和可维修性等,以保证所有设备的完全可靠和便于维护。同时还具有较好的扩展性,可配装机载战术训练模拟系统,模拟各种飞行状态下的实战科目,如空空导弹空战、空对地攻击和电子战等。座舱显示器由原来的"一平两下"改装成"一平三下"。整个座舱的布局,整洁、大方、信息丰富,而且显示余度多,已经接近或达到三代机的人机界面水平,符合国际潮流。

第三、换装加力涡扇发动机。L15 前几架采用的是乌克兰的 AI—222K-25 发动机,这种发动机是不带加力的,这次装备的则是其改进型 AI-222K-25F,这种发动机是带加力的。前几架注重的是跨声速飞行能力,换装发动机的 06 架则更加重视超声速飞行能力。

第四、为了适应持续大过载飞行能力的推升,机体结构在满足长寿命的基础上进行了适应性更改。飞机采用高密度结构布局,采用结构损伤容限和优化设计,严格控制结构设计重量。机体结构寿命为 10 000 飞行小时或三十年,达到国际先进水平,也是目前国内机体寿命最长的飞机。另外,还大面积采用复合材料结构,全动平尾采用全高度蜂窝复合材料夹层结构,这在国内也是没有先例的。另外,机体寿命如此之长,与采用机身、机翼整体油箱,进气道与结构承力部件一体化设计以及大量采用结构整体件也是有关的。活动整体舱盖采用整体骨架数控加工,属于国内第一个最大的整体骨架舱盖。发动机舱采用超大活动舱门,可方便对发动机的维护,提高飞机的维护性能。

第五、进一步放宽静稳定性,提高了飞机的操纵性。

第六、提升武器挂载能力,载弹量可达 3.5 吨。

L-15 战斗入门型教练机同世界同类型产品 M-346、YAK-130、T-50 相比,它的一大特点是双发超声速的高级教练机,M-346 和 YAK-130 虽然是双发,但是不能超声速,T-50 虽然是超声速,但是单发。从目前世界上来看,很多用户喜欢选择双发,同时又希望选择超声速的。这也是在技术上的特色。另外一点就是价格优势,不仅价格低,使用维护费用更低,它每个飞行小时使用费用只有战斗机的 1/10 到 1/8。

实际上人们完全可以将 L15 当作一款先进的轻型战斗机。它有着典型的三代机的气动布局,采用大边条和翼身融合技术,有着良好的飞行敏捷性和大迎角高机动能力,其持续转弯和瞬时转弯角速度完全可以达到三代机的水平。配合数字式电传飞控系统和现代化的航电设备之后,L15 能够在宽阔的飞行包线内执行战斗机的各种战斗训练。

(原载于《环球飞行》2011 年第 2 期)

开凿生命通道

张启堂

编者按 6月7日,长沙路桥公司三亚绕城高速公路第2标段项目部经理高雅和工程部部长刘磊,顶着烈日来到江西省核工业地质局华东建工集团,向承担三亚绕城高速公路第5标段项目部赠送了"抢险救援、恩重情深"的锦旗,感谢他们在去年迎宾隧道塌方事故中,连续奋战40多个小时,救出8名工人的事迹。

隧道塌方,8名工人被困

在江西省核工业地质局华东建工集团第5标段项目部,高雅紧紧握住经理王忠兴的手动情地说:"今天是我们项目部八名被困工人成功获救一周年的日子,我们特意赶制了这面锦旗,再次表达单位全体员工特别是八名被救人员以及他们的家属,对你们的感恩之情。选择这个日子给你们送锦旗似乎迟了一些,但对你们的救命之恩,我们永远不会忘记。"

一席话,让大家又一次回想起去年6月那场生死大营救。

去年6月4日23时许,长沙路桥公司三亚绕城高速公路第2标段项目部正准备收工,突然,"轰"的一声巨响传来,一股强烈的气流把站在隧道口的工人胡龙发推倒在地。等从灰尘中抬起头,胡龙发看到不远处的隧道顷刻间被砾石和泥土填埋。

"塌方了!"

回过神,胡龙发想起还有八名工友被困在隧道另一端,急忙爬起来冲向隧道口,边跑边大声地喊:"塌方了!快来救人啊……"

正在施工中的迎宾隧道,设计全长为1225米。塌方处距离隧道口约215米,而塌方时工人在距离坑道口360米处施工,因此还有近105米的安全距离。

救援工作迅速展开。

救援指挥部的领导、专家和施工方对照隧道施工图纸进行了技术讨论,很快形成三个救援方案——从隧道顶部纵向挖掘、隧道洞口横向挖掘和平行隧道侧面挖掘,尽一切可能尽快地向被困人员接近。

6月5日上午,正在20多公里外荔枝沟隧道施工的第5标段项目部经理王忠兴得知迎宾隧道塌方有八名工人被困后,主动向救援指挥部请缨,自带人员设备承担平行隧道侧面挖掘任务,并向救援指挥部的领导和专家陈述了他们在隧道掘进方面的技术优势和施工实力。

王忠兴的主动请战,让救援指挥部的领导感动,而江西核地质队伍的技术优势,更获取了救援指挥部的信任。救援指挥部决定把从隧道左线向右线开凿救生通道的艰巨任务交给第5标段项目部。

接受任务后,王忠兴于当日14时30分就带领管理技术人员从荔枝沟赶到现场勘查,并根据山体岩石结构,制定了细致的爆破营救方案。随后,迅速组织36名管理人员、作业工人和后勤服务人员及五台套开挖爆破设备进场,实施救援。

3个救援方案2个受阻,开掘救生通道仅剩唯一希望

三个救援方案同时进行。然而,由于地质条件复杂,前两个救援方案分别受阻。

此时已是6月5日夜,事故发生已经整整一天一夜了。八名被困工人的生命状况牵动着所有人的心。

临时救援指挥部召开紧急会议,决定对前两项救援方案进行调整——先集中力量从隧道顶部打通一条生命保障通道,给被困人员投送水和食品,让他们保持体力。6月6日12时15分左右,长达26米多的生命保障通道终于打通,救援人员将营养液、牛奶等食物和手电投放到隧道中。通道里传来被困人员的呼救声,并告知八名被困人员全部安全。这一消息让全场沸腾了!

然而,片刻的沸腾过后,每个人的心又沉重起来。因为大家都清楚,八名工人还埋在大山之下,他们在里面多呆一分钟就多一分生命危险。此刻,开掘救生通道的希望全部寄托在王忠兴他们身上。

9次爆破打通救生通道,8名工人成功脱险

时间就是生命。王忠兴深知他们肩负的责任有多大。

其实,在临时救援指挥部对救援方案进行调整的前两个小时,即6月5日21时,王忠兴和他的工友们就开始在隧道左线里的人行通道处向隧道右线横向开钻。

6月6日深夜12时50分,救援人员引爆了96公斤的炸药,炸响了救生通道的第一炮。

坚硬的岩石被炸开后,人行通道处被炸出一个大洞口,进尺2.5米。为了加快挖掘进度,救援人员经过对岩性分析,决定把打孔的钻杆由5米换成6米。

6日凌晨6时,救援人员在进行第二次爆破时,隧道上方出现了一条裂缝。为了避免发生次生危险,爆破工作被迫中断。

8时,被困者王后强的妻子倪女士来到临时救援指挥部。她双膝跪倒在市委书记江泽林身边痛哭:请领导救救我的丈夫,他已经被埋三十个小时了。江泽林急忙扶起倪女士说:"虽然救援暂时遇到了困难,但我们一定会想办法打通通道,救出你的丈夫

和其他人。"所有在场人员无不为之动容。

王忠兴和他的工友们的压力同样也在增大。尽管他们的爆破方案包括钻杆的选择、药量的控制,都是建立在过硬的技术支撑之上,都是经过仔细测算的,但人命关天,他们不能不要求自己慎之又慎,既要想办法保证掘进正常进行,又必须做到万无一失。

为此,王忠兴带领工程技术人员又一次钻进隧道,经过反复检测,确认原定的爆破方案安全可靠,隧道上方出现的裂缝也不会出现新的险情。他们对裂缝进行素喷处理后,又开始了新一轮钻进。

为了确保掘进爆破正常进行,第 5 标段项目部的管理人员轮流在施工现场,密切观察风、水、电设备的运行情况和炸开的通道情况,指挥隧道班组选择最快、最安全的施工工艺掘进。饿了,就吃点饼干或啃块方便面充饥;累了,就靠在工具车上小睡一会。施工作业人员 24 小时两班倒轮流作业。

就这样,他们不顾各种艰难险阻,顽强拼搏,6 月 7 日 15 时 45 分,成功进行了第 9 次爆破。这一爆炸响后,终于打开了长达 30 米的救生通道。

16 时,八名被困 64 个小时的工人在救援人员的搀扶下走出隧道。那一刻,所有在场的人都流下了激动的泪水……

三亚绕城高速公路迎宾隧道塌方事故新闻发言人、三亚市交通局副局长鲁正兰在接受记者采访时说:"我们真的很感谢第 5 标段项目部的同志,通过这次抢险我们看到,江西核地质队伍不论是在精神上还是在技术上确实过得硬,特别能吃苦,特别能战斗,特别能奉献。"

其实,王忠兴和他的工友们对这些赞赏并没有在意。他们觉得这一切都是应该做的。他们甚至连受到三亚市委、市政府表彰的事也没有向上级报告,更没有向任何部门和领导反映他们为打通救援通道所花费的人力、物力、财力。救援任务完成后,他们就赶回工地,争分夺秒地投身到承建项目的施工中……

(原载于 2010 年 9 月 1 日《中国核工业报》)

一个功勋地质队的军工文化洗礼

张启堂　曾定祥　徐　杰

编者按　在庆祝我国核工业创建55周年的大喜日子里,江西省核工业地质局二六一大队传出喜讯:8月29日,该队相山核地质科技文化园圆满通过国防科技工业军工文化教育基地评估组评估,参加评估的11名专家一致向国防科技工业军工文化建设协调小组建议,授予相山核地质科技文化园"国防科技工业军工文化教育基地"称号。获此殊荣的单位在全国国防科技工业系统只有28家,核工业地质系统仅此一家。

近年来,二六一大队坚持把文化作为立队之基、发展之魂,他们不断丰富核地质文化内涵,精心打造核地质文化教育基地的过程,使人们强烈地感受到——

光荣历史,成就独特军工文化

二六一大队组建于1958年2月,现有职工3000余人。五十多年来,一代一代的二六一人立足深山,无私奉献,以"茅草房,石板床,深山老林扎营盘"的创业精神,战胜重重困难,为国家探明提交了大、中、小型铀矿床29个,使相山从一个航测异常点发展到我国目前最大的火山岩型铀矿田,成为我国重要的铀资源基地,为我国国防建设和核电发展做出了重大贡献。

五十多年风雨兼程,五十多年励精图治,核地质文化成为二六一大队干部职工的精神支柱,广大干部职工在艰苦的地质找矿、钻探科研和保军转民过程中所展现出的核地质人的精神特质和优良作风,已成为大队核地质文化的重要组成部分。五十多年来,二六一大队根据队伍自身的特点,确立了"以人为本、以业为重"的文化主题,"特别能战斗、特别能吃苦、特别能奉献"的工作标准,"艰苦创业、献身地质、勇于拼搏、开拓创新"的大队精神,"诚实做人、踏实做事"的职工核心行为准则,"地矿立队、和谐发展、富民强队"的共同愿景,形成了独具特色的核地质文化体系。

五十多年来,相山成为二六一人心中的圣山,一代一代的二六一人传承着相山精神。为了传承这种精神,二六一大队全面系统地总结历史,1987年大队就成立了军工史办公室,组织人员收集历史资料,研究分析总结,经过两年多的努力,一部二六一大队《铀矿地质工作发展史》全部完成。为了传承这种精神,二六一大队发动全队职工开展了"二六一精神研讨会""地质工作改革大讨论""弘扬三光荣精神演讲比赛""二六一精神大家谈"等活动,编辑出版了大队创建五十周年纪念文集《相山——永恒的丰碑》,书中共收集回忆文章53篇,真实记录了二六一人从走进相山,到走出相山,又重回相山的五十年风雨历程。同样,为了传承这种精神,二六一大队改造了内部有线电视网络,开通了二六一网站,创办了《核工二六一报》,在全队形成了较完善的核地质文化传播体系。

教育基地,装点大队绚烂今日

多年来,二六一大队高度重视核地质文化基地建设,将其纳入党政工作的重要议程。核地质文化教育基地,成为新时期二六一人传承相山精神的有效载体,装点二六一大队军工文化今日的绚烂。

相山核地质科技文化园被授予"国防科技工业军工文化教育基地"

2007年以来,二六一大队先后建成了以地质陈列馆、队史展览馆、相山铀矿地质成果馆、相山矿田地质实物馆等四个展馆为主体,以功勋碑、人工湖、千米钻机、野外典型矿床等四个标志性景物为配套的核地质文化教育基地设施体系。

功勋碑——二六一大队的崇高荣誉。从1987—1993年,二六一大队先后被核工业地质总局、核工业总公司、江西省人民政府、国家四部委授予功勋地质队称号,为了缅怀过去、昭示未来,二六一大队在老基地建立了由原核工业部长刘杰题词功勋碑,"铀矿地质勘查功勋队"九个大字刚劲有力,见证着历史,重现着前辈的艰辛和付出。

人工湖——乐安基地的一道靓丽风景。二六一大队乐安基地原是一片荒丘,环境很差。随着找矿事业发展,人气兴旺,为了创造美好的工作和生活环境,时任大队长孙勤,带领职工家属一锹一锄,奋战一个多月,开挖修建了一个人工湖。从此,这个"小桥、流水、亭阁、绿荫"的小湖成为二六一乐安基地的一道靓丽风景。

地质陈列馆——相山地质工作再现。地质陈列馆耗资 200 多万元,展馆面积 665 平方米,馆内矿物标本 800 余种,各类地质图表 41 张,现代化的相山矿田模型能升能降,还配有专业播音员讲解。

队史陈列馆——二六一精神的诠释。陈列馆分为光辉历程、经济发展、文明和谐和地科成果四大板块,共有 46 个展板,205 张照片,集中反映了各级领导对铀矿地质工作的关怀指导,展示了二六一大队从无到有、从小到大的发展历程,见证了经过几代二六一人的艰苦奋斗和不懈努力,

畅想未来,以更高标准建设基地

2010 年 2 月,江西省核工业地质局局长王福平首次提出要在相山建立江西核地质文化教育基地的设想,并将其纳入建设国防科技工业军工文化教育基地的计划。贯彻落实省局精神,二六一大队积极申报国防科技工业军工文化教育基地,党委主要领导亲自挂帅,责任部门分工明确,全队上下形成共识,坚持高标准,严要求,把建设国防科技工业军工文化教育基地的任务当作一项重要的政治任务来完成。

进一步加强硬件建设。在地质陈列馆增加了科普内容,在乐安基地新建了相山铀矿地质成果馆。该馆内容主要反映相山矿田的发展壮大过程,以反映找矿成果为主,以反映艰苦奋斗的精神和以前的找矿仪器、钻探实物为主。同时建立地质实物馆。收集了 4.5 万米的野外钻探岩心,全部装箱,共计 5528 箱,逐一登记建档,成为我国目前最大、保留最完整的铀矿钻探岩心标本馆。

软件设施方面,二六一大队秉承和发扬鲜明的核地质文化传统,强化精神文明创建,不断赋予传统的核地质文化以新的时代内涵。大队继 1991 年至今连续十届被评为江西省文明单位之后,2010 年职代会上,大队又提出了向全国文明单位冲刺的奋斗目标。大队十分注重用劳动模范和先进典型来影响和带动广大职工,先后涌现出了"全国劳动模范""全国五一劳动奖章""全国新长征突出手""全国优秀教师""江西省五一劳动奖章"和"全局道德模范"等二十多名全国和省市级先进模范人物。大队还建立了劳模津贴,每年都要组织劳模先进外出考察学习,在全队努力营造起"学劳模、赶先进、比成绩"的良好氛围。

(原载于 2010 年 9 月 29 日《中国核工业报》)

为昌九架起一道"彩虹"
——江西省核工业地质局二六七大队建桥小记

王光伟　叶晓辉

2011年1月7日,江西省核工业地质局二六七大队昌九高速公路跨线桥项目工地呈现一派繁忙景象。昌九高速公路跨线大桥,已经初具雏形。德安县委书记叶新林说:"昌九高速公路跨线桥工程,将结束德安县百姓进出县城必经过涵洞的历史。"

25天完成桩基施工

据德安县昌九高速跨线桥工程项目总工程师沈卫兵介绍,该工程是德安县唯一的跨越高速公路的市政工程,该项目有以下特点、难点:第一,跨度大,主跨有53米,施工难度较大;第二,跨越昌九高速公路,施工过程中不能中断交通,对施工工艺和交通安全防护要求较高;第三,工期紧,任务重,总工期只有10个月。

根据项目具体情况,九江公司昌九高速公路跨线桥工程项目总工沈卫兵带领大家积极找思路,想办法,查阅国内外桥梁施工管理资料,最后确定了施工重点并制订了专项突破方案。针对126个钻空灌注桩,根据当地的地质条件,采用了目前国内最先进的旋挖钻机成孔,桩基工程只用了25天,就全部完成桩基施工任务。

平行作业确保工期

该桥东西两侧引桥部分上部结构设计为20米后张法预应力空心板梁板,总数量达414片。空心板数量大,是影响总工期的一个重要分部工程。为了确保总工期目标的实现,项目部根据工程实际情况和施工现场条件,布置了东西区两个预制梁场,组织了两套设备,两套班子,采用平行作业法,保证了预制空心梁板的施工进度目标。自2010年10月20日开工,至目前为止已完成了250多片空心板的预制,实现时间过半,任务过半,预计2011年3月底能全部完成空心梁板的预制。

主跨(主桥)部分则采用了满堂支架大节段现浇工艺,该工艺能争取工期,保证质量,目前正进行主桥支架及模板安装,浇筑混凝土。

默默奉献的地质人

项目的顺利进行,离不开一群默默奉献的地质人。

施工员朱斌已经有 54 岁,在这个工地上是最辛苦最累的一位。在桩基施工阶段,旋挖机都是 24 小时全日制施工,而且工程进度很快,时刻都需要人去验孔,他则全程跟班,一天只能睡三四个小时,经常熬得双眼通红,同志们都很担忧他的身体,让他多休息,他说:"桩基部分是桥梁施工中的重中之重,一出问题就是大问题,我不能大意。"

高玉飞是九江公司工程测量方面的骨干,由于工程进度较快,完成一部分后,他要随时到场测量,此外,他还要兼任质检员,每次有材料进场,他都要严格检验,施工以来,他瘦了十多斤。

柏喜波是该项目工地的资料员,他还负责现场施工管理,资料整理只能抽空在晚上做,长达一个多星期他都是在凌晨三四点睡觉。

项目总工程师沈卫兵介绍,在该项目工地,大家都没有节假日,虽然离九江很近,但是都是一两个月才回家一次,都是当天去,当天就回,大家的所有心思都放在工地上。

因为有了地质人的努力,才有高速公路这道彩虹飞跃昌九。

(原载于 2011 年 2 月 18 日《中国国土资源报》)

黄陂山下,那一片坟茔

张启堂

引言 在赣南黄陂山下,静静地躺着核工业二六二大队的上百地质忠魂。为了祖国的铀矿地质事业,他们过早地倒在这片红土地上,他们的平均年龄不到48岁……

1996年1月20日,中央电视台一套播出了电视专题片《金色地平线》,其中有一段讲述二六二大队老队长王茂德和"七工区"的故事。笔者作为这部电视片的编导之一,在现场采访拍摄时看到的感人场面至今仍记忆犹新。

那天,听说我们要来采访拍摄老队长王茂德和"七工区"的事,二六二大队的职工、家属把我们团团围住。一位年过七旬的老大娘拉着我的手流着泪说:"老队长王茂德是好人哪!他心里装着全队职工。有次钻机搬家,遇到下大雨,他矿帽一戴,爬到车厢上面,把驾驶室让给我们年龄大的女同志坐。事后我才知道,他当时正患感冒发高烧,刚打完点滴,我心里那个悔呀!"

坟 茔

"埋在'七工区'的那些坟墓和老队长一样都是朝向大队部的。"面对我们的摄像机镜头,大队党委书记钱尹生也控制不住自己的情绪,动情地说:"我们大队原来的生产单位建制一共只有六个工区,后来随着死亡职工的增多,有人就说,大队的这块坟地已经快要成一个工区了,干脆就叫'七工区'吧。打那以后,我们就把这片坟地称作'七工区'。后来我们职工都把死后能葬到'七工区'当作自己的一种归宿。就是说,活着是大队的职工,死了还是大队的一员。"

"七工区",一个多么亲切感人的称呼!它寄托着全队职工家属对死者的深情和怀念，凝聚着二六二大队的牺牲和奉献。

据了解，二六二大队先后为国家探明提交各类铀矿床 27 个，其中，提交的桃山铀矿田是我国目前最大的花岗岩型铀矿田。而在桃山铀矿田的勘查施工中，他们用钢铁在坚硬的岩体打下的钻硐探总进尺相当于钻透了 154 座珠穆朗玛峰。长期超负荷的工作，很多人积劳成疾，过早地倒在了赣南老区这块厚重的土地上，他们的平均年龄不到 48 岁。

这是怎样的一种奉献啊，就个人而言甚至有些悲剧色彩；但中国的铀矿地质事业要快速发展，中华民族要不受别人欺负，谁说能少得了这种奉献呢？

在江西省核工业地质局，像这样的特殊工区还有很多。相山脚下二六一大队的特殊工区里，埋葬着为勘查相山铀矿田逝去的人们。工人陈德云长期从事坑道掘进工作，患有严重的矽肺和结核病，在明知自己的病已无法救治的情况下，仍不顾领导和同志们的劝阻，顽强地工作，直到生命的最后一刻。

在赣南瑞金谢坊镇的一个山脚下，也有一个被二六四大队职工亲切称为"八工区"的特殊工区。那里同样长眠着为中国的铀矿地质事业奉献了一生的地质忠魂。

岁月流逝。今天，这些去世者的坟头已是青草萋萋，但他们的名字，他们的精神，他们所做出的牺牲与奉献精神，将永远铭记在人们的心中！

（原载于 2011 年 8 月 7 日《江西日报》）

洪灾中更显军工本色
——江西国防科技工业2010抗洪救灾侧记

杨章跃

6月以来,江西连降暴雨,江河湖泊水位猛涨,赣江、抚河、信江、修河连连告急,汹涌肆虐的洪水冲垮堤坝,淹没城镇,村庄被围,群众被困,交通中断,电力中断,通信中断!洪涝灾害严重影响生产生活,威胁着人民群众生命财产安全,同时也检验着江西军工人的精神意志和英勇顽强的战斗风范。

在严峻的洪涝灾害面前,江西省国防科工办及所属各单位党政领导审时度势,运筹帷幄,靠前指挥,全省国防科技工业广大干部职工充分发扬军工人吃苦耐劳,敢打善拼,无私奉献的优良传统和作风,全力以赴,招之即来,来之能战,战之能胜,在抗击江西特大洪涝灾害战斗中尽显军工本色,谱写军工人的奉献之歌。

严防死守确保责任堤段无恙

位于新建县东北部鄱阳湖滨廿四联圩靶场堤段,是江西省国防科工办防洪责任堤段,总长两公里,该堤段由于处在廿四联圩的一个弯口,加上堤身土质为沙壤土,堤脚流沙较多,极易产生泡泉,属廿四联圩的重点险段。此处曾于1962年发生过溃堤,1998年也出现了重大险情。

廿四联圩圩区四面环水,堤线总长91.1千米,圩区保护面积182.24平方千米,其中耕地1.33万公顷,人口近10万。

承担靶场堤段的防洪任务,可谓任务艰巨,责任重大。

江西工办党组高度重视,把防汛抗洪工作当作当前中心任务,成立了由李贤书主任为组长的防汛抗洪工作领导小组,从机关和所属单位抽选了180名同志组成抗洪抢险应急突击队和预备队,下拨了10万元防洪专项资金,启动了防汛抗洪应急预案,在廿四联圩靶场责任堤段实行24小时巡查值守制度。李贤书主任、杨贵平副主任、刘林生巡视员等领导多次上堤察看水位和堤坝整固情况,检查防洪物质准备。巡查人员日夜轮流值守,排查险情,抢险队员严正以待,只要一声令下,随时出击。

6月26日上午11时30分左右,巡堤人员在责任堤段桩号50+660处堤脚边发现一个半径为六米的泡泉群,大量沙、水涌出,如不及时果断处置,将产生无法预测的后果。

险情就是命令,抢险就是战斗。江西工办防汛抗洪工作领导小组接到险情报告,快速反应,立即组织抢险。靶场廿四联圩防汛抗洪指挥部总指挥胡位堂、副总指挥王福建、李加次率领40名抢险队员以最快速度赶到泡泉处,展开泡泉填堵战斗。经现场分析险情特征,当即制订了抢险具体方案,采取外围先用卵石围压,形成一个大的围圈,以防止泡泉群扩大,稳定局势后,再对围圈内的小泡泉用卵石进行逐一填压的办法,防止泡泉眼中的流沙泥土大量涌出。

抢险队员们一到现场顾不上喘口气就投入了紧张的战斗,装的装、运的运、填的填,肩扛手提,滑倒了再爬起来,有的手磨破皮流血不止用嘴吸吮两下继续战斗,有的脚踝扭伤强忍疼痛不下火线。经过近五个小时的连续奋战,泡泉被堵住,险情得到有效控制,确保了廿四联圩靶场堤段安然无恙。

七昼夜鏖战力保矿山安全

持续不断的特大暴雨,使抚州成为此次江西洪灾的重灾区。位于抚州乐安县境内的金安铀业公司各生产矿井也是险情频发,公司总值班室告急电话接连不断。

6月19日深夜,公司总经理吴三毛、党委书记何勇冒雨涉险前往位于深山之中的各生产矿井了解汛情、查看险情后,决定立即启动防洪抢险应急预案。

6月20日凌晨,总值班室报告,云际矿井井口塌方,生产陷于停滞,通往山南、邹家山、沙洲的三条公路山体滑坡,交通中断,水源地塌方供水管线受损。公司立即安排100多人和机械设备清理塌方,疏通道路,保证抗洪抢险通道的畅通和云际矿井的正常。公司办公室组织供水队抢修供水管道,以保证正常供水。然而,矿区多条路面被洪水淹没60—120公分,交通再次中断,致使抢救工作严重受阻。

6月20日上午,公司领导吴三毛、何勇、王振军组织各单位骨干在全公司范围内巡查、排险,并在险情较大的山南矿井开设前线指挥部,率领公司员工全面展开矿山抗洪抢险保卫战。各级领导靠前指挥,全体员工克服交通受阻的困难,坚守岗位,组织力量对重点部位进行"筛网式"排查,及时排除险情,采取全力措施把山南矿井的损失降到最低。

抢险战斗中涌现出许多感人至深的故事。由于工地通往生活区的道路中断,一些员工冒险涉水或绕道几十公里赶到自己的岗位;有的值班岗位因接班人员一时无法到达,就自觉不下班坚守岗位两昼夜以上;有的同志一时无法回家,又怕耽误第二天上班,就在附近借宿。

山南工区区长助理冯国胜手臂受伤正在家中休养,得知矿井出现险情,二话不说,立即赶到工地,带领抢险人员下到井下,指挥排险,并到险情较重的地方查看水位,检查设备运行情况。在抗洪抢险任务最重的几天里,他不分昼夜始终战斗在一线,不顾手臂上的伤痛,身体实在吃不消时,去卫生所推针葡萄糖,又回到工地投入战斗。

经过全体员工的共同努力,抗洪抢险一线传来捷报。20日水冶厂保持正常生产;21日12时云际矿井恢复生产;21日17时矿内交通恢复通行;21日18时沙洲矿井恢复生产;22日6时邹家山矿井恢复生产……

就在生产恢复工作紧张有序进行之时。6月24日,又一轮强降雨袭击抚州,也又一次袭击了金安铀业公司所属的各生产矿井。公司领导分成东西两路再次奔赴一线,矿山抗洪抢险保卫战再次打响。

"水冶厂球磨厂房上方山体滑坡、堆浸场多处塌方并形成沟流、莲云公路多处山体滑坡、井下涌水量高达833立方米/小时、4个矿井水仓水位急剧上涨。"公司总值班室向抗洪抢险指挥部报告。

"所有作业人员立即撤离,各单位在确保安全的情况下全力以赴投入抗洪抢险。"吴三毛下达指令。

于是,全公司上下众志成城,积极应对又一轮的强降雨,各单位加强现场检查,调集设备,不间断做好各矿井排水工作,对水损的边坡、公路等地表危险点逐一勘查,采取设立警示标志、用彩条布覆盖等必要措施,避免各类事故的发生。

经过一昼夜的奋战,金安铀业公司顶住了新一轮强降雨的袭击,成功避免矿井遭受新的损失。

营造灾民温暖之家

6月21日,抚州临川唱凯堤决口,造成十几万人口无家可归。23日,根据省委"千方百计安置受灾群众"的指示,东华理工大学主动请缨,紧急启动灾民安置工作。当天,全校学生提前放假,半天就腾出3200个床位。到30日,学校已安置一万余名受灾群众,成为抚州最大的受灾群众安置区。

"洪灾无情人有情,"党委书记许从年说,"东华理工大学全体师生立即行动起来,向灾区群众伸出援手,众志成城共渡难关,克服一切困难,利用一切资源,千方百计为安置灾民排忧解难,让省委放心,让受灾群众满意。"

同学们紧急搬离时,都把被子和洗漱用品包好,留给那些素不相识的灾区乡亲,许多同学还在床头留下深情的纸条:"被子和用品虽然不是新的,但是都是干净的,请你们随便用""希望你们早日重建家园、生活幸福!"当天的校园里,处处可见学校领导、老师在安置现场奔走忙碌;满头大汗的同学背着包匆匆离开宿舍;身着迷彩的海军国防生更是不怕苦不怕累,争分夺秒打扫宿舍楼卫生,帮着入住群众引路提包,搀扶老人,奋战在安置工作最前线。

针对受灾群众实际需要,学校尽全力提供热情周到的服务。在吃方面,入校受灾群众可在食堂吃上热饭,在公寓每层楼配置1台饮水机和纸杯,喝到卫生干净的水;在住方面,他们全部住在6人间大学生标准宿舍,每人配备一套生活必需品,如毛巾、牙刷、牙膏、口杯等,并给每栋宿舍每层楼配备1名专业保洁员,全天候提供环境卫生、保洁服务;在医疗方面,专门在2号宿舍楼设立了医疗救治站,实行三班制24小时为受灾群众提供坐诊服务,七天来接诊受灾群众3000余人次。

　　此外,为丰富受灾群众的生活,学校开放篮球、足球、乒乓球、羽毛球活动场地及田径场;开设能容纳500人的电视放映室;提供时事政策方面的报刊、通俗读物等阅览室;不定期为灾民放映露天电影;制作灾民安置工作专题广播节目;为灾民举办科普知识讲座等一系列的文化娱乐活动。

　　学校领导提出:要集中人力、物力和财力,做到"五个确保",即确保入校受灾群众"有热饭吃、有衣穿、有住处、有干净水喝、有病能就医"。许多受灾群众说,住在学校里各方面的条件都蛮好,没想到学校考虑那么周到,就像回到自己家里一样方便。

　　6月24日,温家宝总理莅临东华理工大学视察受灾群众安置工作,当看到受灾群众在学校被安置的很好,生活很安心时,连连称赞:"很好！很好！"

（原载于2010年《国防科技工业》第7期及7月2日新华网等）

江西省省属军工企业 3.5 万困难职工得到妥善安置

新华社南昌 7 月 21 日电(记者胡锦武)近年来江西部分省属军工企业生产经营面临困境,职工生活困难。江西省政府通过多渠道筹措资金 8 亿多元,对全省 25 家困难省属军工企业的 3.5 万名职工进行了安置,为企业改制奠定了基础。

省属军工是江西最困难的行业,仅拖欠的社会保险、职工工资、医药费等就达到 2.5 亿元。为了实现省属军工企业改革脱困,2005 年 7 月,江西省政府对职工安置工作进行了研究部署,确立了"职工安置一步到位,关闭破产改制分步实施"的总体思路。

随后,江西在变现企业资产筹资 1.78 亿元、向省财政投资公司借款 3.26 亿元的基础上,通过多种渠道共筹措资金 8.02 亿元用于职工安置。与此同时,《江西省省属军工企业职工安置实施办法》也相应出台。按照规定,符合条件的困难职工可分别办理退养手续或一次性发给经济补偿金,企业拖欠职工的工资、医药费以及抚恤金、伤残补助金和丧葬补助金等,也将统一补发。

据江西省国防科工办有关负责人介绍,此次安置政策与过去省政府的文件精神相比有三大突破:一是退养职工的范围更广,为"4050"人员解决了退休养老、医疗等问题,等于进了"保险箱";二是退养基本生活费较高,退养职工基本生活费高于下岗职工基本生活费标准;三是经济补偿金发放标准有突破,800 元的标准高于绝大部分职工的工资,也比市、县企业改制规定的标准高。

目前,安置工作已基本就绪,被安置的困难职工生活得到改善,企业历史包袱减轻。江西赣江化工厂职工王诚树领取 1.9 万元经济补偿金后,返聘到厂里当水电工,每月能领到 600 元工资。他说,2000 年起他就成了"啃老族",靠着年迈父母每月几百元的退休金过日子,这次安置让他觉得生活有了盼头。江西机械厂厂长郭光辉告诉记者,通过安置困难职工和精简人员,提高了广大职工的生产积极性,扭转了企业长期亏损的局面,今年上半年工厂已盈利 100 多万元。

(原载于 2006 年 7 月 21 日新华网、人民网、中华人民共和国中央人民政府网等)

军企改革脱困有"车"可鉴
——访江西省国防科技工业办公室主任李贤书

马国钧

记者:从2005年7月底到2006年8月,江西省国防工办在军工企业改革脱困的工作中取得了一场重要的胜利,受到省委、省政府和国防科工委领导的高度赞扬。请您给读者介绍一下有关的情况。

李贤书:根据省政府2005年7月26日组织召开的全省省属军工企业改革脱困工作会议精神江西省属军工企业职工安置工作自2005年7月底开始启动,至2006年8月全部工作结束,历时一年,一次性全面完成省属军工25家企业、近3.5万职工(其中领取经济补偿金15312人,退养、退职5925人,离退休13335人)的安置工作,总的安置费用原预测8.02亿元,加上处理遗留问题、企业水电改造、异地安置等,预计整个安置费用将达到8.68亿元。

整个安置工作分四个阶段进行。第一阶段:主要进行调查摸底、思想发动、先行试点,制定操作规程和细则,编印宣传纲等;第二阶段:为操作实施阶段,一个企业一个企业稳步推进职工安置工作,深入进行政策宣传,做好思想政治工作,认真细致搞好费用测算,编制安置方案,召开职代会审议通过安置方案,办理解除劳动关系手续、逐个发放安置费用;第三阶段:为清理解决遗留问题阶段,这个阶段,基本完成职工身份置换和费用发放工作,并对企业和职工个别特殊问题及安置过程中遗留的问题进行了梳理和处理;第四阶段:主要与25户省属军工企业所在的七个设区市、十三个县(市)逐个商谈职工社会保险,重点是养老、医疗、失业保险问题。到目前为止,在省劳动和社会保障厅、省财政厅及企业所在市、县政府和劳动保障部门的大力支持下,25户企业职工的养老保险、失业保险和本年度的医疗保险得到了妥善解决。

记者:江西省这样集中地大规模地实施破产军工企业的职工安置工作,并且整个安置工作进展顺利,未发生大的问题,确保了企业和社会的稳定,创造了国企改革的奇迹。请您介绍江西省国防工办是如何做的? 如何评价这次军工企业职工安置工作的现实意义?

李贤书:这次职工安置工作总体上体现了"五个超常规":领导决心超常规,资金筹措超常规,政策措施超常规,上下配合超常规,具体操作超常规。我们的做法受到省委、省政府和国防科工委领导的高度赞扬。凌成兴副省长专门就此作出批示,赞扬省国防科工办在组织省属军工企业职工安置工作中"态度坚决,方法对头,工作扎实,成效显著"。

这次安置,共涉及全部省属军工25户企业、近3.5万职工,破解了省属军工历史性难题,取得了显著成效。概括起来讲,做好这项工作主要有以下几个方面的现实意义:

一是为企业减了负。由于历史和体制等多种原因,从90年代中期开始,省属军工企业的经营每况愈下,逐渐成为江西省最为困难的行业。这次职工安置,解决了企业大量历史遗留问题,卸掉了一些沉重包袱。

二是职工群众得到了实惠。由于企业不景气,职工生活陷入困境。有的年龄偏大,技能单一,加上企业地处偏僻,就业十分困难,导致生活无保障;医疗没保障更是普遍问题。这次安置,年轻的领取了经济补偿金,可安心自主择业,暂时失业的,可以领取失业救济金;符合退养条件的,解决了社保、医保,每月还有270元的生活费,没有了后顾之忧;企业拖欠职工的各种费用一次性清偿给了职工。

三是为企业下一步破产改制铺平了道路。

四是可从根本上消除不稳定的隐患。多年来,由于省属军工企业长期积淀的问题日益突显,职工生活困难重重,企业和职工群众中不稳定因素越积越多,群访事件时有发生。随着职工安置工作的顺利完成,从根本上解决军工企业的稳定问题。

五是为省属军工企业的发展奠定了基础。职工安置后,企业没有了人事关系上的桎梏,没有了欠费等问题形成的压力,可以轻装上阵搞改制、谋发展,可以运用更加灵活的体制机制对企业进行重组和改造,可以采取更加适应市场经济要求的新的管理模式组织生产和经营,为企业的长远发展奠定了基础。

我们的主要做法和体会是:

(一)省委省政府领导的重视、关心和支持,是做好省属军工企业职工安置工作的根本前提。

(二)省直各部门、地方各级政府及相关部门大力协助和支持,是我们做好省属军工企业职工安置工作的有利条件。省财政厅、劳动和社会保障厅、省国资委、民政厅、公安厅等均为这次省属军工企业职工安置工作领导小组的成员单位,他们不仅与省国防科工办的同志一道深入企业调研,研究政策措施,还帮助解决了大量靠省国防科工办自身难以解决的问题。

(三)省国防科工办党组态度坚决、组织得力,机关全力以赴、扎实工作,是省属军工企业职工安置工作得以顺利完成的根本原因。7月26日省政府召开全省省属军工企业改革脱困工作会议后,省国防科工办党组非常重视,把做好职工安置工作作为头等大事,下了最大决心,采取最得力措施,努力"把好事办好"。党组多次召开会议研究对策措施,成立了25个职工安置工作指导小组,办领导分片负责,担任片区组长,率领机关人员吃住在企业,找职工谈话做政策宣传工作,帮助企业解难题、渡难关,起到了很好的表率作用。机关全体人员发扬特别能吃苦、特别能战斗的优良传统和作风,在职工安置工作的几个月中,齐心协力,全力以赴,任劳任怨,深入企业做了大量艰苦细致的工作,多数同志几个月没休过周末假,加班加点工作,毫无怨言,确保了职工安置工作按期完成,体现了机关团结、实干、吃苦耐劳、全力以赴办大事的优良作风,受到企业领导和广大干部职工的称赞。

(四)企业领导班子思想统一,工作尽心尽责,是省属军工企业职工安置各项工作落实到位的基本保障。这次职工安置工作,是对企业领导班子能力素质的一次实际检验。在这次职工安置工作中,省属军工企业党政领导班子,思想高度一致,不折不扣贯彻执行省政府会议和41号文件精神,坚决按照省委省政府和省国防科工办党组的意图,踏踏实实做好工作,认真把安置政策原原本本宣传到位,深入细致的思想工作逐人逐户耐心做到位,操作实施一丝不苟落实到位。许多企业领导克服个人和家庭各种实际困难和问题,全身心扑到工作上,有的顾不上家里亲人病重、病危,甚至强忍丧亲之痛,有的顾不上自己身体患病,带病坚守岗位,工作不分白天黑夜,没有上下班时间,哪里有需要,我们的企业领导就出现在哪里,哪里工作任务最艰巨,领导干部就冲向哪里,充分体现了省属军工企业各级领导干部较高的政治觉悟、政策水平和善于处理棘手问题的能力。

(五)企业党政工团齐心协力,密切配合,积极发挥作用,是省属军工企业职工安置工作中企业始终保持坚强凝聚力的重要保证。

(六)依靠宣传教育赢得广大职工群众的理解和支持,是省属军工企业职工安置工作得以顺利完成的重要因素。安置工作涉及每个职工的切身利益,没有广大职工群众的理解和支持是无法向前推进的。赣府厅发[2005]41号文件出台后,省国防科工办党组及有关业务处室,认真研究,反复磋商,制定了实施细则,编制了宣传手册,组织宣传指导组,与企业党政领导班子一起深入车间、班组、职工家庭,宣传解释安置政策,教育引导职工顾全大局。通过各级做深入细致的宣传解释和教育引导工作,省属军工企业3.5万名职工绝大多数能顾全大局,理解政策,支持企业改革改制,有的还积极主动协助干部做好其他群众的工作,表现出了军工人特有的政治品质和精神境界。25户企业的职代会都是一次性高票通过职工安置方案,其中20户是全票通过。

(七)以人为本,精心操作,是按期圆满完成省属军工企业职工安置工作的关键所在。

具体讲,就是切实做到"两个维护":在职工安置中做到切实维护职工群众的切身利益,切实维护企业和社会的稳定。

把握"三个原则":一是牢牢把握执行政策不动摇这个原则。二是坚持尊重历史、正视现实的原则。三是坚持公开、公平、公正原则,实行"阳光操作"。

坚持"四个紧紧依靠":在整个职工安置过程中,我们注意紧紧依靠政策文件,依靠企业所在地党委、政府及有关部门的支持配合,依靠企业领导班子,依靠广大干部职工,积极稳妥地推进各项工作。

认真细致地做好"五项工作":

一是深入调研,精心准备。省政府召开省属军工企业职工安置工作会议后,我们即组织调研组,由办领导带队,深入企业调研,摸清情况,掌握底数,共收集了100多个问题,针对这些问题,省国防科工办召开了十多次专题会议,逐一进行剖析、研究,经与省财政厅、劳动保障厅、省国资委交换意见,共梳理了二十三个方面带有共性的问题编印下发了宣传提纲和问题解答,制定了职工安置工作细则、操作规程。

二是先行试点,推广经验。为摸索经验,我们选择了仍在正常生产经营的江西锻压厂和长期停产的江西第一木材加工厂这两个具有一定代表性的企业试点,探索职工安置工作路子,总结经验和做法,在全省推广。

三是分类指导,责任到人。我们按照一厂一策,分类指导的原则,加强对企业职工安置工作的指导。将25户企业按区划分,办领导分片负责,每个企业均派出一个由机关正副处长任组长的职工安置工作指导组,蹲点指导企业的职工安置工作。并明确各企业完成职工安置工作的时间节点,把具体责任落实到人头。

四是深入宣传,工作到位。从安置工作一开始,办领导、机关和各企业就紧紧抓住政策宣传这一重要环节,利用广播、报纸、电视、专栏、企业自办报刊,设立政策咨询接待室,召开政策宣讲会、座谈会等多种形式,大力宣传这次职工安置工作的重大意义,宣传省委、省政府对军工企业职工的关心厚爱,宣传41号文件及相关政策规定,耐心细致地做好宣传解释和说服引导工作,使安置政策做到家喻户晓,使省委、省政府的关怀深入人心。如为做好南方电动工具厂职工群众的宣传疏导工作,我们从机关抽调了51名同志分成15个工作小组,由办领导和处室领导带队,深入工厂的机关科室、车间、家属区,敲遍了厂区的每一户宿舍门,除远在外地打工的以外,与每一个干部职工面对面谈了话,宣讲文件精神和有关安置政策,听取意见,解答疑问,疏通思想,获得了广大干部职工的理解和支持。

五是规范操作,稳步推进。我们按照"试点引路、分步实施、先易后难、先外围后南昌"的方法,严格按政策、标准和程序,精心组织,严密操作。

记者:江西省国防科技工业是江西省科技资源的重要组成部分,请您谈谈江西国防科技工业对于发展江西省的经济建设的作用,以及建立"军民结合,寓军于民"体制的规划和设想。

李贤书:对于江西来说,作为一个经济上不太发达的省份,国防科技资源是占有一个十分重要的地位。在江西省的"十一五"发展规划中,经过我们的推动工作,以军工为主体的汽车产业和航空产业是作为江西省的支柱产业提出来的。在最近,江西省新型工业专项规划中,把我们的军工的几块都作为发展纲要提出来。第一,把昌河汽车作为装备工业的一个主要企业进行了规划布局。第二个就是航空工业作为重点扶持的产业,把洪都和昌河生产的强击机、直升机、小型机、小型无人飞机都明确了,包括麦道直升机民用另一个是把船舶和港口机械作为重点列入规划,提出我们九江的造船资源和设计资源进行专业化和规模化发展的规划。油轮、散货轮、集装箱轮以及机电设备、发电机组、电子元器件仪器仪表也列入重点。由于江西省经济不太发达,所以省里对这一块很重视。作为科技资源,把这几方面作为大头紧紧抓住。

如果讲科技资源,江西省没有大的科研院所,高校也比较少,所以军工集中了很大一块科技力量。尽管在经济比重上占的不是很大的,但是在科技含量上和科技的带动作用上,突出了军工科技的重要作用。

第一,在科技人力资源上,军工占的比例也是比较大的,光是航空方面的人才,我们就有一万多人。专业技术人员全省军工就有两万人。中高级的技术人员就有8600人,这应该是占有的比例是比较大的。这批资源对于江西来说是很大的一批资源一批财富。对江西经济的推动起到很大的作用。比如汽车产业,它的带动作用很大,可以带动一大批配套企业的发展,航空工业、造船工业也同样是这样,具有很好的带动作用。

第二,汽车、航空、船舶都是高技术产业,都是发挥了高技术产业的带动和拉动的作用。尤其是所有高技术的应用通常都是首先在军工开始,并且高技术的设计加工装备军工方面也是最好的最先进的,在这些方面,不仅仅对军工,也是对整个江西省地方的工业能够发挥巨大作用的。

在江西军工如何融入地方经济方面,我们一直在作积极的推动工作。比如说,我们牵线搭桥引入外部的一些投资,参与军工企业的改革,联合生产一些产品。比如江西602所在国家863计划中作的风力发电机组、江西已经具有很好的基础的电子元器件、压电陶瓷等方面,我们都积极地做了一些工作。另一方面就是我们积极做好一些军转民方面的推动,把军工企业的一些优秀的技术推向地方推向民用工业。尽管目前有一些体制方面的问题需要解决,推动起来有些难度,但是我们认为这是一个正确的方向,一步一步往下推。

我一直在考虑一个问题,江西军工企业通过剥离、分流、破产,把一些民品都分离出去了,光剩下军品,今后如何发展?军工企业如何开发民品。我们不能像过去一样,为了搞民品,就再建立一套民品线,投资建立一个新厂。如果这样,过去我们何必剥离民品呢?

对于建立"军民结合,寓军于民"体制来说,最关键的是我们需要引进资金,引进管理,引进新的观念,引进新型的企业模式,完全按照现代企业制度组建新的股份制公司,实行产权多元化。只有这样,才能真正实现转变观念转变管理,才能使新的体制良性发展,不至于再次分流破产。

在建立"军民结合,寓军于民"方面,我们正积极鼓励一些企业科研院所进入军工领域。像南昌大学、江西财经大学等院校,他们都有积极性,我们需要做好引导工作,利用地方资源为军工配套服务。像南昌大学在冷光源照明、锂离子电池、小口径弹药等方面具有优势,我们和他们共同组织了"军工技术研究院"。

我认为,地方院校聚集了大量的人才,有很多"海归派",让他们光搞教学不搞科研是一种浪费,也不能提高学校的科研水平和学术地位。就通用人才和一些领域的专业人才来说,军工企业并不占有优势,我们有条件有必要引入地方的科研院校参与军品的科研生产,通过这些产品技术使军工经济和地方经济融合。

记者:构建和谐社会、和谐军工要求政府转型,提高政府的公共服务职能。这次江西军工企业职工安置工作中,各个企业对于工办的服务质量给予了很高的评价。请您谈谈关于江西国防工办实施政府转型提高公共服务职能方面的体会。

李贤书:在全国各个工办来说,江西省工办的情况很特殊。这和江西军工发展的历史有关。在当年搞"大三线、小三线"的时候,当时的华东局建立了很多军工企业,形成了很大的军工力量。在80年代,江西工办就管理地方的军工企业,实际上是一个大集团公司。在2000年政府改革中,当时我提出把军工企业交出去,省政府及有关部门不同意。江西军工4万多人,很多都是亏损企业,一个烂摊子,谁都不接收。所以作为政府直接管企业,在全国是一个特例。这样就自然形成了一个观念,工办就是关地方军工。在2000年政府三定方案确定后,航空、航天、船舶、核工业以及民爆企业都交给我们管理后,我们重新起步,开始从微观管理向宏观管理转型。但是这是一个艰难的过程。首先,就是机关工作人员的素质问题。我们机关的人员大部分都是从地方军工企业调上来的,对地方军工比较熟悉,但是对于行业管理,对于大军工有些连观念都不清楚。这样,我们一方面转变自己的政府行业管理观念,同时也要转变"大军工"的观念;另一方面我们通过加强协调服务,从建立"绿色通道"、协助完成大军工的企业关闭破产工作等方面作为切入口,使"大军工"逐步体会到我们作为政府的公共服务职能。这方面,我们工办的转变要比其他省市更难一些。从转变过程中,提高人员的素质和实施与地方政府部门的协调上都是很难的。但是,通过这几年我们坚持不懈的努力,通过我们大量的协调服务工作,现在,大军工已经开始认可我们的工作了。例如我们为602所、洪都、昌河等大军工企业的基本建设、退税等与地方政府有关部门的协调中,为企业解决了很多实际问题。我们体会到,在解决大军工与地方政府之间的关系中,我们江西工办起到了企业或者瘠田公司不可替代的作用。在大军工企业关闭破产事务中,解决社保、医保等问题,工办的作用更是突出。

在政府实施管理中,有为才有位。政府必须为企业解决企业改革中、发展中、稳定中的一些问题。同时实施管理方面,我们的工作人员必须提高自身素质,必须了解情况掌握企业的动向,能够帮助企业解决一些问题,提出一些建设性意见,才能去的他们的信任。

政府要转变职能,就一定要转变自己的形象,我们不能总是以管理者的面目出现。作为政府首先是要体现公共服务职能,体现协调功能、服务功能。同时还要具有服务的素质和本领。

作为政府具有一些管理职能,例如民爆生产管理、军品科研生产许可审查、保密资质认证等。我们必须本着公平公正透明的原则严格办事,但是同时也要想方设法帮助企业提出要求,做好完善工作,而不是卡人家。

再一方面,我们还经常为企业争取一些政策上的支持。前几年,航空产业根本就没有列入江西省的支柱产业规划。通过我们大量的调研、说服,我们把它列了进去。例如昌河小排量汽车在省里销售,我们为其争取了减免半年养路费的政策。不仅在省里,对于军工企业与上级集团公司,我们也经常进行沟通,为他们协调项目等方面的具体问题。

(原载于《中国军转民》2006年第10期)

积极开展国际合作　促进洪都协调发展

朱伟国　彭　华

"引进来"与"走出去"是我国扩大对外开放的一项重大战略。洪都集团作为新中国航空工业奠基企业之一,在开展国际合作,全面打造中国航空外贸出口基地的进程中,积极贯彻落实"引进来"与"走出去"战略,科学管理、全力以赴,大力开展对外贸易,取得了显著成效。2006年被授予"国防科技工业国际合作先进集体"称号。

创新思路　积极对外

洪都集团按照"军民结合,寓军于民"的要求,充分发挥航空科研、技术、管理等优势,积极开发民用航空产品。面对国际国内两种资源和两个市场,洪都集团正确处理"引进来"与"走出去"的关系,及时建立了以市场为导向的决策模式,一边自筹资金先期进行型号研制,一边积极寻求外资和国际合作伙伴。这是不断扩展业务、提高市场竞争力的重要手段。

早在20世纪70年代洪都集团就以战略的眼光,预测到了国际市场对新一代基础教练机的需求,并积极开展预研工作。但迫于教练机项目长期争取不到国家的型号立项,80年代初,洪都集团首先意识到企业要发展就必须转变军工企业长期存在的计划经济模式,必须实施"引进来"与"走出去"相结合的发展战略,在依靠自身力量的基础上,积极引进外资,走对外合作之路,充分借助外力,整合内、外部资源,大力开拓国际市场。在洪都集团自筹资金研制喷气式基础教练机的初始阶段,就主动加强与中国航空产品专业化外贸企业——中国航空技术进出口总公司的合作,并把筹措资金和开拓市场的目光瞄向了国际市场,经过几轮接触和谈判,于1986年8月21日,与巴基斯坦签署了《合作研制教练机的总协议》,这是我国第一个吸引外方投资进行合作研制飞机的协议。为充分体现中巴合作的意义,双方商定以中巴交界处的喀喇昆仑山为新型教练机命名,即K8飞机,以此象征中巴友谊象喀喇昆仑山一样屹立长存。洪都集团以非凡的勇气和魄力,开辟了一条利用外资、多方集资、国际合作研制的新的航空产品国际合作之路。

立足长远　扩大合作

基础教练机的国际市场一直为西方国家所垄断,虽然我们自行研制的 K8 飞机在性能上与国外同类型飞机不相上下,但是若想从西方国家垄断的市场中撕开一个裂口,绝非易事。洪都集团与中航技总公司积极开展强力促销活动,先后参加了新加坡、巴黎、迪拜等航展的飞行表演和非洲七国巡回表演活动,其流畅的气动外形和优良的性能受到中外业界的关注,在第 43 届巴黎国际航空航天博览会上,K8 飞机一飞成名,被誉为航展"十大明星"之一。树立了 K8 飞机良好的市场形象,为扩大国际合作奠定了良好的基础。

面对竞争纷繁的世界市场,洪都集团与中航技总公司紧紧抓住埃及空军发展教练机的机遇,联手推出 K8 飞机参加埃及空军教练机项目的国际招标,面对来自全球多个国家的竞争对手,K8 飞机最终以其良好的飞行品质、具有市场竞争力的价格优势一举中标。2000 年,中方与埃及正式签署了合作生产 K8E 飞机,建立一条具有埃及本地化生产能力的飞机生产线、飞机研发中心和飞机综合后勤保障系统的一揽子合同。这在当时是我国航空工业出口飞机数量最多、金额最大的项目。该合同的签署,首次实现了我国航空产品从单一产品出口到飞机成套技术出口的历史性跨越。2005 年 12 月,中方圆满完成中埃合作生产 K8E 飞机的合同。飞机生产线达到了预期生产能力,飞机研发中心按时交付埃方并通过验收,建成飞机综合后勤保障系统并为飞机大机群提供良好、有效的服务和保障。K8E 合同的顺利执行,不仅实现了项目的经济价值,更具有重大的社会意义,向国际社会展现了中国航空工业的伟大成就,是一个创举。

创新管理　完善服务

为切实落实党和国家提出的"保质、守约、重义"的要求,洪都集团在工作实践中探索出一种行之有效的项目管理模式,有效规避了 K8E 项目由于执行时间长、涉及面广带来的各种风险。一是突破传统观念的制约,在管理方法上推广系统工程、并行工程、矩阵网络管理等现代化管理方法,对项目进行风险预测、预警分析及控制。二是在内部组织机构上,设立项目指挥部和项目办公室两极管理机制。三是在该项目上与中航技总公司建立联合办公机制,同时还建立起中埃双方定期工作会议制度,及时协调项目进程,及时解决项目执行过程中暴露出的问题,保障了项目按计划运行。

通过 K8E 项目的实施,有效促进了洪都集团传统观念的转变,推进了经营机制、管理体制和管理方法的创新并形成了具有洪都特色的项目管理模式。

鉴于 K8 飞机国际销售中存在小批量、多品种、技术状态复杂等特点,洪都集团在工作中总结出一套基本构型与用户构型相结合的 K8 飞机技术状态管理方法:采用国际民航构型版次管理方法,在技术状态管理中实现从控制、标识、记实到审核过程的统一管理程序,较好地满足了不同用户个性化需求。

根据 K8 飞机交付状态复杂、改装项目多、生产周期短的特点,洪都集团加大对制造过程中的监控力度,强化 K8 飞机的质量控制,形成质量控制全过程的闭环管理,建立了质量问题处理的快速反应机制。建立了售后服务综合后勤保证管理体系,及时对装机件的更换情况、使用寿命、服务通报等内容进行统计分析,较好地满足用户的需求。建立了售后服务备件支持系统和外场排故应急机制,对于特级、重大问题,24 小时内就能派出现场服务和排故人员,保证了飞机的高完好率和出勤率。

扩展产品　满足需求

为了使 K8 飞机顺应教练机市场的发展趋势,满足用户的不同需求,提高性价比优势,消除用户对 K8 飞机部分成品的供应风险,近年来洪都集团对 K8 飞机持续实施了一系列的成品改进改型工作。目前,K8 系列已形成了四种供用户选择的型号,不但较好地满足客户的多种需求,而且还有效提高了 K8 飞机抵御市场风险的能力。

同时,"产销研一体"的体制优势,使得在 K8 飞机国际市场拓展中,呈现出服务更加贴近用户,信息反馈更为通畅,技术协调更为便捷的明显优势,得到了市场的广泛认可。

多种营销　扩大市场

K8 飞机打入国际市场初期,以整机销售为主。随着用户数量的增加,市场需求呈现出多样化的特点。洪都集团和中航技总公司密切合作,在利用多种形式强力促销的同时,针对不同用户,采取整机销售与合作生产并进的模式,满足用户的多样化需求。如与埃及签订了包括飞机散件、飞机生产线、飞机综合后勤保障系统和飞机研发中心的 K8E 项目一揽子合同。该项目不仅实现了产品出口,更实现了成套航空产品研发中心、航空制造技术(生产线)的输出,对周边国家教练机市场也产生了巨大的影响。之后,多个国家购买了 K8 飞机,意向用户不断增加,并有引进不同规模合作生产线实现本地化生产的愿望。

随着 K8 飞机出口数量的不断增加,洪都集团敏锐地意识到大修项目将成为继 K8 整机和生产线出口之后的另一个服务领域和经济增长点。目前,洪都集团正在帮助巴方建立大修线。在此基础上,洪都集团已经开始了在埃及组建 K8E 项目大修线的准备工作。

洪都集团已经形成了 K8 飞机整机销售、合作生产、承接飞机大修和大修建线等多种模式并举的营销网络。目前,K8 系列飞机已累计出口十多个国家,取得了良好的经济效益和社会效益,"洪都"品牌得到了越来越广泛国际市场的认同。

双管齐下　拓宽领域

洪都集团在扩大航空外贸产品国际合作领域的同时,还积极开拓国际航空转包生产市场,承接国外飞机整机部件生产,这是洪都集团公司加大国际合作力度的又一项重要战略举措。为此还专门成立专职机构——航空产品转包生产办公室。与18家航空制造公司进行了接洽。经过多轮艰苦谈判，于2006年8月份正式确定美国日食公司公务飞机舱门的转包生产合同，这是洪都集团航空转包生产的一个重大突破。

（原载于《国防科技工业》2006年第10期）

从保国强军到强国富民
——国防科技工业八十年发展综述

吴月辉　余建斌　李　晨

本月的一天,江西革命老区兴国县一个偏僻的小山村里,人声鼎沸。新闻记者们纷纷支起"长枪大炮",将镜头对准一间间旧屋老楼、一沓沓发黄的纸签和尘封已久的打铁炉。94岁的刘信品老人眼角微红,80年前叮叮当当的打铁声和隆隆的枪炮声,仿佛霎时又和着风声回荡在耳际……

整整80年前,也就是1931年的10月,一支队伍来到这个赣南山区的小村子,敲、打、砸、锤,在此起彼伏的叮叮当当响声中建起我党我军第一个兵工厂——中央军委兵工厂。从此,这个叫作官田的村庄见证了一段非同寻常的革命历程,名字也被永久镌刻在人民军工的扉页,成为人民军工摇篮和发祥地的代名词。

从这里,人民军工事业开始计时;在这里,人民军工蹒跚起步。80年风雨历程,从"人民兵工"起步,到作为国家战略性产业的"国防科技工业",人民军工事业的规模不断发展壮大,内涵不断加深延伸。

如今,国防科技工业已建构起覆盖核、航天、航空、船舶、兵器、军工电子和配套等行业的现代化完整工业体系,成为国防现代化的重要物质技术基础,成为武器装备研制生产的骨干力量,成为国家科技创新体系和先进制造业的重要组成部分,更成为经济社会发展和科技进步的重要推动力量。

军工战线不负重托
武器装备成就辉煌

人民军工创造奇迹铸辉煌。

有土无疆,有国无防,频遭外侮,这是近代中国曾经的一段屈辱历史。"落后就要挨打"——这是历史的铁律。没有先进的武器装备和强大的国防,就无法捍卫国家安全、维护民族尊严。中国国防科技工业一直把为国防和军队研制生产先进的武器装备作为首要任务。

在反"围剿"斗争、抗日战争和解放战争中,人民军工生产了大量战争急需的武器装备,部分解决了我军武器匮乏、装备处于劣势的问题,有力地支援了战争。

新中国成立后,国防科技工业下决心攻克国防尖端武器——"两弹一星"。核动力潜艇等一批武器装备相继研制成功,我军拥有了多种多样、克敌制胜的护身法宝。

拥有先进的武器装备和强大的国防实力,既是中国获得和平发展环境的必要保障,也是实现大国复兴的重要基础。进入新世纪,新一代巡航导弹、歼10飞机、歼11系列飞机、新一代主战坦克、空警-2000预警机等一批新研制生产的武器装备开始列装部队。有了这些武器装备,我国国防和军队的面貌焕然一新。

80年来,国防科技工业没有辜负党和人民的重托,军工战线研制生产了一批批、一代代武器装备,在抗日战争、解放战争和历次边境防御作战中发挥了重要作用,同时满足了我军由单一陆军,发展成为包括陆军、海军、空军、第二炮兵和其他技术兵种在内的合成军队的需要。

军工核心能力建设实现跨越
构筑现代国防科技工业体系

回望国防科技工业80年的历史,一代代军工人筚路蓝缕,砥砺奋进,其意义不仅在于完成了尖端武器装备研制生产的历史使命,更在于实现了军工核心能力建设的大幅跃升和继承发展,一个专业门类齐全,科研、试验、生产手段相互配套的现代化国防科技工业体系建立起来,为国防科技工业的持续前行奠定了坚实基础。

战争年代,人民军工淬火而生,逐步形成生产规模和生产体系。从红色官田走来,一个个只能打造刀矛和生产土枪土炮的小兵工厂和修械厂,在抗日战争和解放战争后逐步发展为专业化生产、品种相对齐全的战时兵工生产体系,逐步向现代国防工业过渡。

新中国成立后,我国在非常薄弱的军工基础上起步,具备了陆、海、空三军武器装备的试验和研制生产能力,建立了一批国防科研机构、国防科技工业高等院校和武器装备试验基地,初步建设成一个比较完整的国防科技工业体系。其后,国防科技工业根据国防和军队建设需要,不断调整改革科研生产和能力建设的思路,进行了大规模的"三线军工基地建设",在内陆腹地新扩建了许多大型军工企业,实现了原子弹、战略导弹、新型战机战舰、坦克装甲和电子装备等武器的自主研制生产能力。

20世纪末以来,国防科技工业科研生产体系进一步优化,形成"小核心、大协作"的格局。我国成为世界上少数几个具有独立自主国防科技工业体系、能够研发生产从常规武器到尖端武器的国家之一。强大的国防、一流的国防所需要的强大的军工基础基本打造完成。

"十一五"以来,国防科技工业坚持任务能力结合型建设思路,以保障重大工程任务为重点,以增强持续发展能力为目标,以先进的信息技术和装备为基础,有效加强先进军工核心能力建设,武器装备的研究、设计、生产、试验能力和水平显著增强。

军工经济和企业改革创新
大幅提升经济规模和效益

军工人在不断锻造奇迹。20世纪末期,一直平稳发展的军工经济遇到前所未有的困难,国防科技工业成为全国亏损最严重的行业之一。

传统的军工企业制度与市场经济越来越不适应,只有痛下决心调整改革,才能去掉附着在国防科技工业身上的顽疾。此时的国防科技工业别无选择,毅然打响了"两大攻坚战"——其中之一就是著名的"国防科技工业调整改革脱困"。

于是,进入20世纪90年代,在完成军品生产任务的同时,国防科技工业不断适应国民经济和社会发展的新要求,注重提升综合实力和转变经济发展方式,积极探索军工经济可持续发展的新途径:

——军工企业体制机制逐步开始转变,初步建立起现代企业制度,绝大多数破产军工企业进行了重组,改制为股份合作制等多种形式的企业;

——军工企业通过债转股及辅业改制实现了投资主体多元化,大多数重点保军企业改组为国有独资公司,极大地增强了军工企业的活力,封闭的军工体系向开放转变……

通过这些改革,军工企业不断融入国际产业大循环的能力和素质普遍得到增强,经济规模和经济效益大幅提升,军工行业涌现了长安、嘉陵等一批全国知名企业,军工经济全面、协调、可持续发展的能力和后劲不断增强。

军工奇迹数据来之不易:2001年,军工全行业实现了扭亏为盈,提前实现了国务院确定的脱困目标。2010年,军工经济总收入突破1.3万亿元大关,创历史新高。军工全行业的工业总产值、工业增加值、利润总额和人均收入快速增长。2011年,中航工业、中船重工、兵器工业、兵器装备、中国电子等五家军工集团进入世界500强。

不断壮大的军工企业和军工经济,为国防科技工业的持续发展和武器装备研制水平的不断提升提供了强大的经济保障。

保国、强军、富民,在新时代,人民军工事业正走向下一个辉煌。

(原载于2011年10月21日《人民日报》)

江西红色摇篮再添新景
——官田中央兵工厂军工教育基地竣工典礼隆重举行

杨章跃　李　晨

10月11日,江西兴国县兴莲乡一个偏僻的小山村——官田村,一改往日的宁静,热闹非凡,彩旗猎猎,鼓乐喧天。由国家国防科技工业局、中国兵器工业集团公司、中国兵器装备集团公司和江西省人民政府共同主办的"官田中央兵工厂军工教育基地"竣工典礼仪式在这里隆重举行。

国家国防科技工业局副局长黄强、解放军总装备部陆装科订部副部长雷红雨少将、中国兵器工业集团公司党组书记尹家绪、中国兵器装备集团公司副总经理龚艳德及核工业、兵器、航空、航天、船舶、电子等十一大军工集团公司领导,江西省委常委、赣州市委书记史文清、江西省政府副省长洪礼和、江西省军区副政委戴勇少将、江西省委宣传部、省政府办公厅、省国防科工办、省文化厅、省旅游局、赣州市等有关部门领导,重点军工企事业单位领导和部分军工战线功勋模范代表及兴国县干部群众共300余人出席典礼仪式。江西省国防科工办主任李贤书主持仪式。

赣州市市长冷新生介绍了官田中央兵工厂军工教育基地建设情况。史文清、洪礼和、黄强、雷红雨、尹家绪、龚艳德为主题雕塑揭幕。

江西号称红色摇篮。英雄城南昌是人民军队的摇篮,井冈山是中国革命的摇篮,红都瑞金是共和国的摇篮,而兴国官田则是人民军工的摇篮。据悉,始建于1931年10月的兴国官田中央兵工厂是我党我军最早创办的第一个大型综合性兵工厂,是苏区时期规模最大、设备最全、技术最先进、人员最充实、机构最完整、实力最雄厚的兵工厂,被誉为"人民兵工的始祖""人民军工发祥地"。官田兵工厂不仅制造和修配了大量武器武装红军、支援革命战争,还培养造就了一大批技术骨干和管理人才,为我国军事工业的发展奠定了坚实的基础,为人民军工的发展、壮大和人民军工精神的形成,产生了重要而深远的影响。

为使官田中央兵工厂旧址群得到更好的保护,更好地发挥其在传承革命传统、弘扬苏区精神、凝聚行业力量、建设先进的国防科技工业中的价值和作用,近年来,部队和地方、国防科技工业系统等相关部门给予了积极的关注和支持。

通过国家国防科技工业局、中国兵器工业集团公司、中国兵器装备集团公司、江西省委省政府及省国防科工办和省市县有关部门的积极努力，特别是中国兵器工业集团公司和中国兵器装备集团公司分别出资500万元，推动基地建设，使官田中央兵工厂军工教育基地得以顺利建成竣工。官田中央兵工厂旧址群的修复，对于铭记革命历史，缅怀革命先烈，弘扬兵工精神，传承兵工文化，扩大人民兵工的社会影响，对于教育启迪后人尤其是广大青少年进行革命传统教育和爱国主义教育，对于带动地方经济、造福老区人民，都具有重要的现实意义和深远的历史意义。

洪礼和副省长在竣工典礼讲话中指出，官田中央兵工厂军工教育基地的建成竣工，是一项利于重点文物保护，利于军工精神传承，利于红色旅游资源开发，利于国防科技工业和地方经济社会发展的功在当代、利在千秋的伟大事业。他希望各单位、各部门继续给予官田军工教育基地和兴国乃至江西革命老区更多的关心关注和支持，希望兴国县委县政府加强对官田军工教育基地的建设和管理，使之真正成为国防科技工业系统军工文化教育基地，成为青少年接受革命传统熏陶的胜地，成为广大人民群众红色旅游的向往之地。

国防科工局黄强副局长说："今天，官田兵工厂军工教育基地的竣工并投入使用，这对整个国防科技工业而言，都是一件具有重要纪念意义的大事，更是一件具有深远教育意义的喜事。"

他指出，人民军工从无到有，从小到大，从弱到强，走过了一条极不平凡的道路，由最初单一从事简单枪炮维修生产的手工作坊，发展为今天拥有雄厚科研生产实力，覆盖核、航天、航空、船舶、兵器、军工电子、民口配套等行业和领域，增强了我国的科技实力、国防实力、综合国力和民族凝聚力，为中华民族的独立解放，为巩固新中国的国防，为实现中华民族的伟大复兴作出了不可磨灭的历史贡献。

中国兵器工业集团公司党组书记尹家绪在讲话中强调，近年来，中国兵器工业集团公司高举科学发展旗帜，秉承人民兵工优良传统，紧紧围绕提升自主创新能力、提高发展质量和履行社会责任三大任务，大力发展高科技兵器、海外战略资源和军民结合高新技术产业，持续推进产业结构和布局调整，实现了由传统兵器向高科技兵器转型升级，一批兵器高科技产品率先跨入了国际先进行列，一批国家级军民融合发展项目在国民经济建设中脱颖而出，兵器工业军民融合高新技术产业技术地位、市场地位和战略地位大幅提升。

中国兵器装备集团公司党组成员、副总经理龚艳德指出，伟大的人民军工精神和光荣传统始终激励中国兵器装备集团公司不断创造新的辉煌业绩。我们牢记"保军报国、强企富民"的神圣使命，成功走出了一条军民融合的光辉道路。保军能力显著提升，实现了由传统兵工向现代兵工的跃升，成功跻身世界兵器先列。民品主导产业实现跨越式发展，2010年主营业务收入达到2533亿元，名列世界500强第226为，成为一家世界级企业。

解放军总装备部陆装科订部雷红雨副部长说："官田军工教育基地的建成，必将成为一座承载人民军工光辉历史和光荣传统的不朽丰碑,永远受到后人的敬仰,永远激励着我们为加强国防和军队现代化建设、为实现中华民族的伟大复兴而努力奋斗!"

竣工典礼仪式结束后,与会领导和代表们还参观了官田中央兵工厂旧址。

(原载于《国防科技工业》2011年第11期)

融入地方经济 江西军工改革中再造辉煌

杨章跃　金国军

江西是"八一"军旗升起的地方,是人民兵工的发祥地,1931年10月,中国共产党领导下的第一个兵工厂在江西兴国官田村建立,奠定了人民兵工的基础。

新中国成立后,江西军工创造了我国国防建设上的十多个第一。如第一架飞机、第一枚海防导弹、第一艘鱼雷快艇、第一辆军用摩托车等。江西军工还为我国第一颗原子弹爆炸、第一枚远程运载火箭发射、第一颗低纬度探空火箭的研制、南极考察,以及载人航天工程等做出过重要贡献。

20世纪七八十年代是江西军工发展的鼎盛时期,生产的常规武器能够满足团以下部队的基本装备需求,国家4种直升机机型有3种在江西制造。近年来,江西军工人继承和弘扬井冈山革命传统,弘扬以"两弹一星"和载人航天精神为核心的军工精神,以科学发展观统揽全局,在改革中抢抓机遇,大胆探索,勇于进取,积极创新,使各项建设取得了长足的进步和发展。2007年全行业总产值达到214.3亿元,比10年前增长了267.1%;产品出口30.6亿元,比10年前增长了13倍。目前,军工经济已成为江西经济发展的一支生力军。

"五个超常规"促军工改革脱困

国家从计划经济转为市场经济之后,使地处山区、资金短缺、人才流失、历史包袱重的江西军工企业逐步陷入困境。为了从根本上解决省属军工企业改革脱困难题,构建和谐军工、和谐社会,江西省国防科工办在省委省政府的正确领导下,确定了"职工安置一步到位,关闭破产改制分步实施"的思路,并实施"五个超常规"举措,即领导决心超常规,资金筹措超常规,政策措施超常规,上下配合超常规,具体操作超常规,取得了我国国企改革史上少有的佳绩:自2005年7月底开始至12月底,一次性将25家省属军工企业的3.5万职工安置完毕,且整个安置工作进展顺利,未发生大的群体性事件,这在国有企业改革史上是鲜见的。

为了搞好省属军工企业职工安置,江西省政府办公厅专门出台《关于省属军工企业职工安置实施办法》(赣府厅发[2005]41号文件)。尤其是在江西省财力并不宽裕的情况下多方筹措4.3亿元资金用于职工安置。

省国防科工办成立了25个职工安置工作指导小组,机关全力以赴,深入企业做艰苦细致的工作。在职工安置过程中,全省25家企业做到政策统一,思想统一,标准统一,程序统一,不搞暗箱操作,25家企业的职代会均一次性高票通过职工安置方案。

江西省国防科工办主任李贤书介绍说,这次安置工作使历年拖欠职工的各种费用得到一次性清偿,卸掉了企业沉重的历史包袱;对企业职工身份进行了置换,使职工得到了妥善安置,年轻的职工领取了经济补偿金后安心自主择业,符合退养条件的解决了养老、医疗保险,每月还有生活费,没有了后顾之忧,暂时失业的领取了失业救济金,为企业破产改制铺平了道路。

职工安置工作完成后,江西省国防科工办全面推进省属军工企业的关闭破产和改制工作。李贤书说,破产改制绝不是把企业一破了之,一改了之,而是通过破产和改制使军工企业获得新生。如9家新组建股份公司的军工企业(含3户原中央企业),改制前年产值5.9亿元,亏损6446万元。改制后年产值达到15.6亿元,利润1.7亿元,安置职工就业2.8万余人。与实施改革脱困前的2002年相比,全省国防科技工业2007年销售收入增长95.5%,工业增加值增长70.6%,全行业实现扭亏增盈2.87亿元。

实践证明,改革是发展的必由之路。九江同方江新造船有限公司和江西江州联合造船有限责任公司在改革前是"无米下锅",改革带来了翻天覆地的变化,目前手持订单累计达到140亿元人民币;江西无线电厂曾经到了濒临破产的境地,1998年被清华同方兼并重组后,至2007年销售收入比1998年增长了20倍,利润增长了80倍,职工人均收入增长了10倍,资产负债率由1998年的92.2%降至29.8%。

构筑人才高地 增强企业核心竞争力

江西军工始终把自主创新作为企业发展的生命线,精心构筑"人才高地",使江西军工逐渐成为人才聚集的宝地,成为自主创新的大本营。中国航空工业第602研究所在吸引科技人才上狠下功夫,坚持做到"事业留人,感情留人,待遇留人,环境留人"。2008年招聘的大学毕业生均为全国排名前30位院校的毕业生,研究生占60%以上,而四年前研究生占新入所大学生的比例不到5%。九江精密测试技术研究所为了增强自主创新能力,近2年招聘的新人要求100%是研究生。近年来,通过留住人才、引进人才,使科技创新能力大大增强,从而铸造了一批精品。洪都集团自主创新研发的中国新一代超音速高级教练机——"猎鹰"03架机首飞成功,标志着江西军工又实现了一个新跨越!

昌飞公司加强管理创新、制度创新,加大人才培养力度,并最终落实到技术发展战略上,逐步形成了支撑直升机产业化发展的核心技术。通过几年来的技改投入,昌飞公司建立了一套先进的数字化制造和管理体系,大大优化了科研生产流程,提升了研发和制造能力。

江西军工军民品起初基本是从仿制起家,20世纪90年代开始,加大自主创新研发力度。信息化的推广让技术人员从手工画图中解放出来,仿真设计的应用大大降低了科研试制成本,而数控技术的普及应用则让复杂的加工程序变得简单。

如今,江西军工的科研试制、总装总调能力有了极大提升,一大批自主研发的国内领先、国际先进的新产品、新技术、新工艺陆续面世,向外界展示着江西军工科技创新的实力。602所和昌飞公司研制的直11型直升机,是我国第一个拥有自主知识产权并首次进入国内民用市场的直升机;江西钢丝厂利用军工技术创新优势开发的防雹增雨火箭弹,市场占有率全国第一,并为北京奥运和四川地震灾后重建提供气象保障服务等。

目前,江西军工企业有十万多人,其中专业技术人才占20%,"511人才"和学科带头人等中高级专业技术人才达8000多人;已拥有3个国家级企业技术中心、6个省级企业技术中心及4个博士后流动工作站等一批科研基地,形成了较强的军民结合创新能力。

结构调整　促军工经济转型升级

李贤书告诉记者,要实现江西军工经济又好又快发展,就必须调整结构,走军民结合的发展之路,全面融入地方经济,推进军工经济的转型升级。

作为我国直升机科研生产基地和航空工业的骨干企业,昌飞公司以占领直升机制造技术制高点为目标,以全球化的视野和经营战略,不断优化产业链结构,将业务向更宽和附加值更高的环节延伸,先后与西科斯基公司、阿古斯特公司、波音公司等国际一流航空企业开展多层次、多领域的整体合作和转包生产,还参股重组上海西科斯基公司,在中国经济最活跃的地区上海建立民用直升机的市场开发、售后支援、维修、培训和采购基地。目前,昌飞已拥有9个平台23种机型,形成了从1吨级到13吨级的产品体系,基本覆盖了军民用两个市场的主流需求,构筑起了军机、民机和国际合作项目产业化协调发展的新格局。

2008年7月9日,由洪都集团自行研制,适合于新时代农业发展需求的我国新型农林专用飞机——农5B飞机成功首飞,是我国农林飞机发展史上的又一个重要里程碑。

近几年来,江西军工企业在确保国家军品生产任务的前提下,积极主动地走入市场,融入地方经济建设。目前,江西军工民品所占比重已逾半壁江山,品种由改革开放前的不足20种,发展到目前的民用飞机、车辆船舶、精细化工、生物制品、五金工具、民爆器材、机电设备、工程机械、日用电子、食品加工等十大类上千个品种,推动着江西军工快速发展壮大。

江西航空的军用技术大范围地用于民品研制,通用飞机、民用直升机等20多个民用机型陆续出现,飞机制造从劳动密集型转向高附加值。如今,他们又朝着大飞机制造和航空转包方向迈进。

江西民爆正在淘汰落后产能,乳化炸药、膨化硝铵炸药、高精度延期雷管等新产品的生产规模和销售量逐年增长。

江西船舶从内河船到远洋船,从千吨级到万吨级,从散货船到集装箱船,一个个大订单实现了企业效益的大幅提升。

为了推动江西国防科技工业跨越发展,2008年初,江西省国防科工办在深入调研论证的基础上,根据江西国防科技工业的产业结构、能力基础、技术状况、发展取向,按照"转变经济发展方式,实施重大项目带动战略"的思路,确定重点抓好十个军民结合型重大项目建设。这十大项目涉及航空、信息、核能、生物化工、船舶、民爆器材等产业,总投资130亿元,建成投产后到2013年将新增销售收入305亿元,利税46亿元。

链接:江西省国防科学技术工业办公室,是主管全省国防科技工业的省人民政府直属机构。在业务上接受国家国防科技工业局、中国人民解放军总装备部的领导和指导。主要职责是:统筹规划全省国防科技工业经济的发展,做好军工单位武器装备科研生产的监督检查、协调服务和条件保障工作,负责民爆、民船、民口军工配套单位的行业管理。

几十年来,江西国防科技工业艰苦创业,奋力拼搏,从无到有,迅速成为包括核工业、航空航天、船舶、兵器、军工电子、民口军工配套、民用爆破器材等门类齐全的科研、试制、生产基地,科技实力雄厚,已成为国防建设和江西地方经济建设的一支重要生力军。

(原载于2008年9月17日《中国工业报》第4版)

揭秘中国首艘航母"辽宁舰"上的江西元素

崔连君

2012年9月25日,中国第一艘航母"辽宁舰"正式交付海军,实现了国人拥有航母的梦想,也是我国迈向海上强国的重要一步。作为我国第一艘航空母舰,"辽宁舰"的主要系统装备都是由我国自主建造和改装的。记者了解到,江西省九江中船消防设备有限公司也参与了"辽宁舰"的建造,在国内没有任何设计规范可借鉴的情况下,反复试验上百次,克服众多技术难题,为"辽宁舰"制造出消防安全系统。昨日,记者来到了九江中船消防设备有限公司(以下简称中船),为读者独家揭秘"辽宁舰"上的江西元素。

江西制造:中船制造"辽宁舰"消防设备

据了解,我国第一艘航空母舰"辽宁舰"的主要系统装备都是由我国自主建造和改装的。记者调查发现,我省中船生产的消防产品有幸为"辽宁舰"的安全保驾护航。

昨日,记者来到了中船,为读者揭秘这个有着些许神秘感的企业。

江西省中船由两家军工企业整合重组而成,是中国船舶工业集团公司旗下从事火灾探测、报警控制及灭火系统、舰船特种阀门、阀门遥控系统研制与生产的国家高新技术企业,公安部火灾自动报警及灭火系统定点生产厂家,具有国家消防工程甲级设计和壹级施工资质,并依托中船组建了江西省消防工程技术研究中心。

作为一家生产军用和民用产品的消防设备公司,中船的产品遍布军用和民用的多个领域。其中,中船自主研发生产的固定式1301灭火系统是我国唯一通过部级鉴定的舰船气体灭火系统,在军船气体消防市场中,中船占有95%以上的市场份额。在民用产品市场,公司生产的消防探测报警、灭火系统在民用建筑、汽车、铝扎、电力等行业或领域有着良好的市场信誉。一汽、二汽、长江三峡电站、中央电视台、中国科学院等大型企业或国家重点工程建设项目选用了该公司生产的消防探测报警、灭火系统。近几年,其消防灭火产品先后出口泰国、越南、印度尼西亚、也门、印度等国家。

密不透风:对职工说是造"大船"设备

如果说航母是海上的巨无霸,那航母上的消防安全系统则是时刻保证巨无霸正常运行的保镖。作为我国第一艘自主建造和改装的航母,"辽宁舰"的消防安全系统的建造当然也是重中之重,而这项重要的任务早在2008年就落到了中船的身上。

在接到了这项任务艰巨、使命光荣的任务后,厂部主要领导立即为该任务召开了专题会,对工程生产及各项保障工作进行了研究和部署,并成立了工程专项领导小组和五个专项保障小组,从质量技术、生产、保卫保密、后勤、宣传报道等五个方面全方位为工程建设提供有力保障。中船党支部的王主任告诉记者,接到任务后,考虑到该项目保密工作的需要,他们不能告知职工们真实情况,只能说,这次的任务是建造一艘大船上的消防设备。"但工人们多多少少从厂里高度重视的态度中猜测到,这项工程不一般。"

四年磨剑:试验上百次攻技术难关

肩负着重要的职责,中船开始了四年磨一剑的奋战。该厂王主任还告诉记者,在进入生产阶段后,全厂上下立即进入了紧张状态。时间紧,任务重,全厂上下严格按照时间节点要求,争分夺秒。由于该项目在国内没有任何设计规范可借鉴,四年间,为使方案满足技术指标,技术人员进行了艰苦的奋战。

管理质量和技术方面工作的莫总向记者表示,在接到这项任务后,厂部就立刻为这项工程开辟专门的绿色通道,一切以"辽宁舰"为先,集中力量研发和制造"辽宁舰"上的消防安全系统。莫总说:"厂里的技术骨干大部分都被抽调出来,集中攻坚这个项目。这四年来,这些技术人员和全厂的员工都付出了很多。为了研发出'辽宁舰'上的消防安全系统,工程技术人员在相关部门的配合下,冒着严寒酷暑,反复试验100多次进行技术验证,终于取得了成功。"

不仅在技术方面需要大量的投入,在生产方面,中船的生产任务也非常重。为了能准时完成任务,中船的职工们加班加点,始终奋战在生产第一线,各项工作相互交叉、有条不紊,生产各部门以项目第一为原则。据悉,中船在今年更是创造出月平均产值比前一年高30%的好成绩。

小心谨慎:技术骨干随舰安装调试

在克服了技术上和生产上的难关后,中船终于圆满完成了设备设计、研发和生产工作。但是这并不是任务的结束,后期的安装、调试工作也需要中船职工的配合。莫总告诉记者,在设备如期按质按量交付后,公司派出了工程技术骨干人员一直随舰安装、调试、培训、交付,并参加系泊试验。

"从接到任务到完成任务,中船攻克了技术关,完成了生产量,但这仅仅成功了一半。'辽宁舰'是我国第一艘航空母舰,任何细节都不能疏忽,在设备交付后,中船的领导和项目主管随同工程技术骨干人员奔赴大连登舰安装,做好一系列后续工作。我们看着'辽宁舰'试泊,看到中船的产品在第一艘中国航母上发挥作用,我们为中船自豪,为江西自豪。"莫总说。

交付使用：职工得知真相后激动万分

9月25号,"辽宁舰"正式交付海军,党和国家的重要领导出席交接入列仪式并登舰视察。许多人在电视上看到这一幕时,都感到心潮澎湃,而中船的老员工石某更是掩饰不住内心的自豪和骄傲。不久前他才得知,"辽宁舰"上的消防安全系统就是中船制造的。"当时下达给我们这些一线工人任务时,只是说要做一艘大船上的消防系统,我们并不知道这艘大船就是'辽宁舰'。设备交付后,我们才知道我们也为中国第一艘航母出了一份力。想不到经过我手上出去的产品有一天能用在我国第一艘航母上,我为中国自豪,为自己是一名中船的员工自豪。"石某激动地说。

曹某是厂里多年的省劳模,经他手生产的设备有很多,知道真相后,他说:"在自己的手上生产出用在航母上的消防安全设备,意义非凡。每次看到电视上播放'辽宁舰'的新闻,我都会有一种强烈的自豪感,因为这上面有咱们江西制造的设备,咱们江西人也为'辽宁舰'奉献了力量。"中船这次能够圆满完成任务,是中船这些年厚积薄发的实力体现。作为一家江西企业,能够参与到"辽宁舰"的建造工作中去,不仅仅是中船的骄傲,更是我们江西的骄傲。

(原载于2012年9月29日《江西晨报》)

中航工业昌飞：立足创新驱动加快转型升级

崔连君

中航工业昌飞是我国直升机科研生产基地和航空工业骨干企业。近年来，公司以科学发展观为统领，全面贯彻落实中航工业集团公司"两融、三新、五化、万亿"的战略部署和中直公司的发展规划，牢记"航空报国、强军富民"宗旨和"敬业、诚信、创新、超越"的理念，立足创新驱动，加快转型升级，相继把一架架直升机送上了祖国的蓝天，创造出了我国乃至世界直升机发展史上的多个第一。

创新是发展的不竭动力。通过开展卓有成效的创新工作，昌飞公司正在实现五大历史性变化：一是发展到批产。建立了四条专业化生产线、七条专用产品装配线，形成直升机多构型科研与批产快速切换的生产技术管理体系，年产各型号直升机超百架生产线基本打通。二是产业规模由年产几个亿迈向百亿。近三年来（2010—2012），公司销售收入增长了2.68 倍；利润增长了74%，基本实现年产销直升机超百架、销售收入超百亿的卓越目标。三是产品型号由单一向"家族式"系列化发展。公司目前已形成从1 吨到13 吨共多平台系列机型较为完整的直升机型谱，多个型号的研制填补了国内直升机领域的空白。四是管理方式由粗放向精益转型。全面实施管理提升与创新工程，系统应用精益工具，管理者标准化作业有效提升管理执行力。将经营指数、效率指数、财务指数、质量指数、持续发展指数等五大指数37 项指标纳入 KPI 考核，初步形成运营管控评价机制和工作模式。信息化通过中航工业集团公司 A 级达标，获制造专业第一名。五是经营方式由以军机为主逐步发展为军机、民机、对外合作"三足鼎立"。

科技创新：从技术改造到改造技术

中航工业整合重组后，中航工业昌飞于2010 年7 月召开首届科技大会，重奖了六个创新团队和十五个创新个人。其中，以陈刚为代表的条码系统开发及实施团队和为公司复合材料桨叶制造技术的发展做出突出贡献的创新个人李萌获得了十万元的重奖。之后，公司每年都重奖科技人才、管理人才。隆重表彰模范人物已成为公司的盛事，并形成了常态。

四十多年来，昌飞公司经历了从无到有、从小到大、由弱到强的发展历程，公司直升机产品研发实现了从仿制测绘到国际合作、集成创新、自主创新的重大跨越,直升机产业呈现出前所未有的良好发展态势。昌飞公司每一阶段的发展、每一个型号的发展都与技术进步、技术创新密不可分。

"九五"期间,2吨级轻型直升机直11通过混装技术鉴定并实现小批量生产交付,13吨级大型运输直升机直8A通过了国家技术鉴定,为昌飞公司直升机产业的快速发展奠定了良好的基础。"十五"初期,公司创新研制模式,通过市场化运作,共同投入、共担风险、共享市场,与辅机厂所合作,使直8型机实现了100%的国产化,有力地保障了各型直升机的生产交付。"十一五"期间,公司成功研制了具有中国自主知识产权的多个新型直升机,2010年3月18日,我国第一架大型民用直升机AC313在景德镇成功首飞,当年成功挑战"世界屋脊"青藏高原,并于2011年在青海共和创造了8000米最高升限纪录,2012年完成高寒验证试飞并取得民用型号合格证和生产许可证。全新研制的2吨级民用直升机AC311,填补了我国民用轻型直升机产品的空白,于2012年取得民用型号合格证和生产许可证,10月26日通过AEG审查,成为我国第一个通过AEG审查的直升机产品。与此同时,公司加大直8型机的改进改型,为部队提供了越来越多的优良武器装备。国庆60周年阅兵盛典,直8型机列队飞越天安门,接受党和国家领导人的检阅,举世瞩目;CA109警用直升机作为"空中卫士",为奥运会的顺利举行起到了保驾护航作用;直8型机交付驻港部队服役,忠实地履行着捍卫国防的神圣使命;直8舰载型机在亚丁湾护航中,光荣地树立起了维护大国尊严的崭新形象;直8森警灭火直升机列装大庆基地,开始护绿祖国碧水蓝天。2012年,直10型机精彩亮相珠海航展,引起世人的重大关注,标志着我国直升机研制从第2代向3代的重大跨越。

中航工业昌飞积极拓宽国际合作之路。先后与美国西科斯基公司、意大利阿古斯特公司、美国波音公司等多个国际著名直升机公司合作,拥有了S92、S76、S300C/S300CBi、CA109、波音767BCF等整机或部件合作生产项目。军机、民机和国际合作产品呈现出结构合理、协调发展的显著特点,有效地提升了公司抵御风险的能力,为公司融入世界航空产业制造链奠定了坚实的基础。

2012年,为了加强民机市场的开拓能力,成立了民机管理委员会,组建民机项目管理办公室,创建制造厂和研究所利益共享、风险共担的合作模式。

中航工业昌飞注重专业建设,在直升机核心、关键制造技术方面取得了重大突破。突破了大型先进的复合材料桨叶制造技术,取得了亚洲最大的钛合金桨毂制造技术的突破,公司完全掌握了第三代旋翼系统的制造技术,处于国内领先地位;关键部件的车铣复合加工技术的研究和应用,提高加工效率近4倍,产品质量也得到大大提升;突破了型号减重的研制关键;通过国防基础科研项目《基于切削过程仿真的数控加工工艺优化技术应用》攻关,并结合组合加工、阵列加工、套料加工、宽行加工和快速装夹定位等新工艺技术的应用,大幅度提高了有色金属件的加工效率,大型薄壁整体机加件的加工效率提升了35%,整机零件的加工效率提升了40%;建立了基于数字化的工装设计体系,工装设计实现了半智能化。在国内率先采用数字化虚拟工艺设计工具,开展可视化虚拟装配过程设计。

2011年,公司新获国家专利28项,同比增长75%;2012年,新获专利36项,获计算机软件著作权3项。一吨级先进民用直升机国际合作研发项目和S76直升机高技术产业化示范工程项目通过国家科技部验收。

近几年,中航工业昌飞产品交付数量和主要经济指标连年以超过20%的速度增长,新机科研从3年缩短到1年,直8系列改进改型从1年缩短到6个月,在出色完成目标的同时还能够在技术上取得如此重大的突破和提高,关键是中航工业昌飞特别注重技术集成与应用,在加大技术改造的同时大力改造技术,真正把"技术创新"作为转变发展方式、提升竞争优势的着力点。

管理创新:"法"与"情"相结合

管理和技术是支撑企业发展的两条腿。中航工业昌飞始终坚持管理创新和技术创新的共同发展,在创造国产系列军民用直升机核心制造技术取得重大突破的同时,探究企业制胜之路,夯实管理基础,加强管理创新,助推直升机产业跨越发展健步前行。

面对直升机产业的机遇和公司良好的发展形势,昌飞公司原董事长、党委书记余枫在全面谋划企业如何发展时,思想上强烈地意识到必须更加重视管理,要像重视和支持技术创新一样支持管理工作,否则企业就会瘸着腿往前走,肯定走不快、走不远。

昌飞公司原总经理周新民向全体干部职工强调:"随着昌飞公司产业化发展的到来,我们的任务更重,困难更多,容不得因循守旧、按部就班,传统的管理思路和模式已成为企业前进的桎梏,企业要发展迫切需要我们以管理创新练好'内功',向管理要效益,以创新求发展,通过管理创新努力提升公司的核心竞争力。"

思想是行动的先导。昌飞公司的决策层在企业发展的关键时刻开始高度共谋企业管理提升之路。首先把营造管理创新氛围作为抓实管理工作的第一环节。公司每年都精心策划组织召开管理创新大会,对公司管理工作进行了回顾,部署了公司下一步加强管理工作的重点。为营造管理创新氛围,公司坚持开展以"向管理要效益,以创新促发展"为主题的"管理创新月"活动。根据中航工业的统一安排,昌飞公司在启动新型管理工具前,都非常注重思想导入。如,在综合平衡计分卡的推进工作中,组织开展形式多样的宣传和培训活动,在积极参加中航工业培训的基础上,采取走出去引进来的方式强化知识学习和实践操作,组建公司综合平衡计分卡工作团队。

在管理创新这条道路上,昌飞公司深知其推进的过程就是与传统的习惯、既定的规则和固有惰性进行抗争的过程。再好的管理理念和工具,如果不被广大职工所接受,其效果都为零,营造良好的管理创新氛围十分重要。在公司决策层的高度重视和要求下,公司各级"一把手"认识到管理创新对企业和本单位的重要性,大家不仅自己思想到位,而且调动本单位全体职工认知、全员参与,激发广大员工接受和认同管理创新,形成"人人都是管理者"的推进氛围。公司企业管理办公室通过开展形式多样的管理创新活动,让职工接受公司的管理思路和方法,让管理深入人心,遵循和宣传"管理是效益""管理是一种严肃的爱""管理创新是生产力"的理念,并形成文化。通过营造崇尚管理创新的浓厚氛围,各种新型管理工具的使用由大家认为的"累赘"变为主动参与实践。特别值得一提的是,公司各级管理者积极开动脑筋,学习、理解、掌握行业发展和本单位工作的规律和实际后,在有意识、有的放矢地引领和推动管理创新工作中,让每个先进管理工具和方法在其适用的范围和关注的领域内,彼此融合,相互借鉴,而不是生搬硬套,有针对性地加以运用。目前,在昌飞公司不管是车间主任,还是部长,不管班长,还是室主任,工作中都注重管理,加强创新,努力创新。领导干部带头学管理、带头讲管理、带头用管理蔚然成风。

凭借着不断学习、不断创新的精神,昌飞公司致力于数字化建设,在引入国外先进理念的基础上进行原始创新,开发了完全自主知识产权的数字化集成平台,正是这一统一的数字化平台实现了基于单一数据源的系统集成,完成了昌飞公司直升机制造从模拟量传递到数字化传递的转变,成功实现了多型号直升机研发和生产任务的数字化管理。公司数字化集成平台现如今包括产品数据管理系统、计算机辅助工艺规划系统、条码管理系统和项目管理系统等,公司整个技术信息、生产管理、质量管理融为一体,全面实行数字化管理。重视管理工具的优化和应用,每一条制度对应着一个动作,强化流程和过程控制,做到循序渐进,由传统单纯的约束功能向"约束与激励"并重迈进。

以信息化手段进行管理创新已成为昌飞公司重要的管理手段,数字化集成平台的应用为昌飞的管理带来了一系列的巨大变革。在科研生产方面从材料采购到成品管理、从工时定额到全面成本核算、从车间内部到企业综合管理,计划编排、生产组织调度等都依托系统进行了创新和完善。基于信息化管理的拉式节拍生产,构建了工序过程和全局的生产运营管控体系,从计划、组织、落实、考核等方面,解决了"干什么""什么时候干""谁来干""怎么干"的问题。以可视化为载体,使过程状态浮现出来,问题一目了然。在铆装、总装和试飞等直升机产品关键环节,以站位为单元,以电子看板为手段,推行了GO实物流管理,产品质量得到稳步提高,产能提升至10年前30多倍。昌飞实现了由粗放式管理到精细化管理的逐步转变,实现了"法与情"相结合、"人找事"到"事找人"的转变。

人是企业发展的关键因素。公司建立了管理岗位、技术岗位、干部岗位三条主线的职业生涯规划,实现用工制度、干部管理制度、薪酬制度、社会医疗保险改革的重大突破。按照"板凳加长添位子,扁担加重压担子"规划干部职业生涯,设立了10个干部岗位层级和10个职级,并明确了干部岗位、岗位层级及职级的对应关系。健全完善了干部退出机制,建立了非领导职务序列与干部职务序列间的对应关系。建立了干部考核以综合平衡计分卡、专项任务、干部责任任务及年终360°测评的综合考评体系。

文化创新：以文化人铸魂强企

中航工业昌飞在中航工业集团文化和中直公司文化建设指导思想和文化建设重点的指引下，高度注重文化管理，推进文化建设，提升全员的精气神，形成了人人迸发激情、创新创造创效的氛围。全体干部职工弘扬"航空报国，强军富民""敬业诚信，创新超越"的宗旨理念，结合企业实际，打造出八大特色文化，彰显出企业文化强大的生命力。

一是深入贯彻中航工业集团公司"价值、组织、素质、机制"质量管理理念，体现强调过程和细节管理的质量文化，突显"精益理念"；二是体现强调以人为本的安全文化，突显"安全生产"的思想；三是体现强调执行力建设的管理文化，突显"计划管理"这个龙头；四是体现强调创新创效的学习文化，突显"创新是企业发展的不竭动力"理念；五是体现强调源头治理的廉洁文化，突显"为民、务实、清廉"的干部作风；六是体现强调团队特色的班组文化，突显群众文化；七是强调党建带群建的先锋文化，突显"创先争优"的作用；八是体现强调"使用户满意是我们永远的责任"的服务文化，不断提升对用户的承诺能力和售后保障水平。

公司企业文化建设坚持融入企业发展战略、融入经营管理、融入党建工作、融入精神文明建设，加快了公司管理规范化、沟通信息化、生产产业化、现场目视化、管理人本化的进程。

在中航工业"六统一"的文化统领下，公司通过开展主题教育、知识竞赛、上好一堂文化课、唱司歌比赛、撰写学习心得等，抓好集团宗旨、理念和司歌的普及，规范文化要素形象识别体系，弘扬吴大观、罗阳精神，打造昌飞特色文化，使文化内化于心，外化于行，固化于制，使广大干部职工的使命意识和责任意识进一步强化，昌飞传统精神也在创新中发展，焕发新活力。

公司通过重奖科技精英，每年举办劳模颁奖晚会，弘扬劳模文化，表彰"明星职工"，充分挖掘党员、干部和职工群众在建设精益昌飞中的闪光点，打造了一批具有昌飞特色的文化品牌和精品力作，企业文化成为昌飞发展的强大驱动力量。

公司坚持紧贴"重点工作、重要活动、重要现场"，唱响主旋律，打好主动仗。AC313首飞引起全国瞩目。珠海航展期间，直10型机的飞行表演获得国内外各大媒体关注，百度搜索"直10"条目达到数万条。

针对80后、90后青年思想较活跃，仅仅依靠金钱等物质激励，作用有限，单纯说教也达不到应有效果的现状。公司充分发挥电教信息化传播优势，拍摄了"昌飞Style""梦想青春绽放""我们班"等微电影，用身边的人饰演身边的事。影片一经播出，在青年中引起强烈共鸣和反响，激发了他们强大的工作干劲。针对管理的薄弱环节，拍摄了反映公司管理的"昌飞内参"等电视专题片，开设了"干部电视讲坛"，有效地促进了企业管理的提升。

昌飞公司积极承担社会责任，坚持每年拨出专款，对口支援新农村建设；坚持每年开展一次"捐一日工资"活动;坚持重大自然灾害发生时,及时组织党员捐款捐物,为灾区发展奉献爱心;坚持做好节能减排、保护环境、创建节约型企业活动;等等,始终把发展成果惠及广大人民群众。

文化是集体的人格。如今的昌飞公司人心思上、激情进取,正是文化的传承和创新,成就了昌飞昨天的浓墨重彩,演绎了昌飞今天的气势如虹,也必将成就昌飞明天的前程似锦。在国人追逐"中国梦"的时代召唤下,昌飞人正以打造技术先进、效益优良、持续发展客户满意、员工幸福快乐的一流航空企业为目标,着力走军民融合式发展道路,为早日实现"精益昌飞、创新昌飞、和谐昌飞、幸福昌飞"的"昌飞梦"而努力奋斗。

(原载于《企业文化纵横》2014年2月)

让人民军工的摇篮——江西重新焕发新光芒和活力

王文武

2013年10月22日上午,"华南城发展升级看江西"2013中国网络媒体行目睹了江西"航空城",我们被"航空城"气吞山河的规模和气势深深震撼着。首先江西省国防科工办主任杨贵平作了题为"深化军民融合壮大军工经济全力打造江西国防科技工业发展升级版的"全方位介绍,接着洪都公司副总经理杨力平又作了题为"参与大飞机项目建设南昌航空城为江西省航空产业及区域经济发展作贡献"情况说明,新闻发布会由中国江西网(大江网)副总编辑黄新阳主持。

据杨贵平主任介绍,江西国防科技工业具有历史辉煌、体系完整、特色鲜明、实力雄厚和作用独特等五大显著特点。而"十二五"以来,江西国防科工办党组团结带领全行业广大干部职工,始终牢记服务国防建设、推动地方经济建设的双重使命,在确保圆满完成保军任务的同时,为实现军地经济融合发展做出了不懈努力。洪都公司副总经理杨力平认为,航空产业是国家战略性产业,实施大型客机研制工程是党中央、国务院作出的重大战略部署。参与大飞机项目,建设南昌航空城是江西省委省政府在新时期实现江西中部崛起做出的一个重大战略举措。江西省委省政府对洪都公司参与大飞机项目、建设南昌航空城给予了高度关注和积极支持。2013年3月26日,省委书记强卫到任伊始就赴南昌航空城建设现场视察,并提出殷切期望:加快推进南昌航空城建设,形成产业集群效应,在做大做强航空产业的同时,更好地带动地方经济发展。2013年8月30日,省长鹿心社亲临航空城视察,对推进大飞机项目和航空城建设寄予厚望。南昌市委市政府对大飞机项目和航空城建设十分关心,省委常委、市委书记王文涛定期到航空城开现场会,及时协调解决问题。2012年10月21日和2013年9月9日,中航工业董事长、党组书记林左鸣两次考察南昌航空城建设,充分肯定了南昌航空城建设所取得的成绩,并作出了重要指示:高标准建设南昌航空城,打造成为中航工业新区建设的样板工程,2015年完成产业区主体建设。中国商飞公司董事长金壮龙多次视察南昌航空城,高度赞扬了洪都公司参与大飞机项目、建设南昌航空城所取得的成绩,充分表达了中国商飞公司支持江西省、洪都公司参与大飞机项目的坚定决心。

据了解,洪都公司作为中国航空工业的奠基企业之一,在六十多年的发展历程中,始终牢记航空报国的历史使命,坚持自主创新,先后研制了新中国第一架飞机,创下了中国航空工业史上"十个第一"的辉煌业绩。洪都公司累计研制生产了5000余架飞机,是我国教练机、强击机等航空产品器的科研生产基地,也是我国航空工业外贸出口基地。近年来,洪都公司认真贯彻中航工业"两融、三新、五化、万亿"的发展战略,积极融入国际航空产业链和地方区域经济发展圈,取得了较好的成绩。在军贸方面,走国际化合作道路研制的K8基础教练机,已销往国外数百架飞机,占同类型教练机国际市场75%的份额,不仅实现了项目的经济价值,更具有重大的政治意义,向国际社会展现了中国航空工业的伟大成就。在民机项目上,先后与众多国内知名航空制造企业开展了项目合作和开发,承担了波音747-8飞机尾段等转包生产项目。在非航空民品领域,已成功进入了GE、米其林等世界500强企业的供应链。

江西省航空产业具有良好的发展基础,已经形成比较完整的航空产业体系,同时具有参与研发、制造国产大飞机独特的区位优势。江西省委省政府十分重视航空产业的发展,将航空产业作为战略性支柱产业之一给予重点扶持。

2007年2月,国务院常务会议原则批准大飞机研制重大科技专项立项。同年6月,江西省人民政府、原中航二集团就支持洪都公司参与大飞机研制项目任务向国务院行文,得到国务院及相关部委高度重视。2008年8月,省政府专门成立了由省长挂帅、多位副省长任副组长、省相关部门、金融机构和企业集团负责人参加的大飞机项目建设推进领导小组。同年12月,省政府办公厅下发了《关于支持洪都集团大飞机项目建设及发展意见的通知》,明确支持以洪都公司为主体参与大飞机项目,建设南昌航空城。2009年3月,江西省代表团在全国人大会议上向李克强副总理进行了专题汇报,表达了江西省为中国大飞机争做贡献的强烈意愿和决心。在省委省政府的大力支持下,2009年5月,洪都公司与中国商飞签署了"C919大型客机机体结构供应商理解备忘录",成为大飞机项目前机身/中后机身唯一供应商,约占机体份额的25%,与沈飞、成飞、西飞等一起共居大飞机主供应商地位。在大飞机产业布局上,江西省搭上了首趟航班。

2009年12月23日,江西省与中航工业签署《战略合作协议》及备忘录,双方决定共同合作,积极参与大飞机研制项目,高起点规划建设南昌航空城,支持洪都公司自用机场(青云谱机场)及生产区搬迁至航空城。

2009年12月31日,以南昌航空城为核心的南昌国家航空高技术产业基地项目获得国家发改委批复。

2010年2月,江西省发改委备案批复了南昌航空城北区建设项目。2010年8月16日,江西省、中航工业参与大飞机项目的重要载体——洪都商飞公司注册成立,洪都商飞公司注册资本12亿元,其中江西省出资5.88亿元(占股49%)、中航工业出资6.12亿元(占股51%)。2011年元月,洪都商飞公司竞拍获取南昌航空城北区首块824亩建设用地。同年6月,建筑面积40 542平方米、总投资超3亿元(其中自动化装配生产线2300万美元)的洪都商飞大部件装配厂房正式开工,拉开了南昌航空城建设的序幕。

杨力平表示，参与大飞机项目、建设南昌航空城的重要意义。参与大飞机项目、建设南昌航空城，将对正处于工业化加速阶段的江西省产生强有力的拉动作用，有望打造江西在中部乃至全国的又一核心竞争力。通过这一项目，可以为江西省航空工业的发展提供突破口，还将带动新材料、现代制造、先进动力、电子信息、自动控制、计算机等领域的整体突破，建立新的高新技术产业链，从而进一步优化江西省产业结构，推动经济增长。

高起点规划建设南昌航空城，将在基础条件、科研生产能力、管理创新水平以及工艺技术水平等方面加强洪都公司基础能力，使企业的综合实力得到全面提升。同时"后发先至"的优势将使洪都公司从总体规划、流程再造到厂房设备等最大程度的支撑企业"十二五"战略目标的实现，使洪都公司在行业中进位赶超，为保障大飞机研制任务的完成和江西省航空产业的发展奠定良好基础。

规划建设南昌航空城，实现洪都公司生产线、试飞区整体搬迁，洪都老厂区近4000亩腾退土地将融入现代城市规划，进行综合开发，在商业价值的需求拉动下，重新焕发青春与活力，为地方经济发展作出更大贡献。

据了解，参与大飞机项目、建设南昌航空城阶段性成果。在江西省委省政府及相关单位的大力支持下，洪都公司参与大飞机项目、建设南昌航空城取得阶段性成果。

参与大飞机项目：在大飞机七大部段研制任务中，洪都公司承担了等直段试验件的研制任务。2010年8月等直段开铆，在3个月时间里，洪都公司突破了锂铝合金钻孔、铆接、钣金成型等多项技术难关，于11月30日顺利完成了等直段研制任务并通过技术验收，被中国商飞公司时任董事长张庆伟誉为"又创造了一个奇迹"。由于洪都公司的不懈努力，随后又承担了等直段延伸段静力试验任务。2011年12月29日，大飞机前机身工作包首件在洪都公司顺利开工，标志着大飞机项目正式转入试制阶段。2012年7月，在完成全部工况静力试验后，大飞机等直段部段运抵上海，并顺利通过中国商飞公司评审。2013年10月17日，大飞机前机身在南昌航空城大部件装配厂房正式开铆。目前，洪都公司参与大飞机研制项目正顺利向前推进，中国商飞公司主要领导多次来洪都视察时，对大飞机研制项目工作均给予了高度评价。

建设南昌航空城：截至目前，洪都公司已获取南昌航空城北区建设用地2908亩。承担大飞机研制任务的各主要生产厂房（总建筑面积17万平方米）已完成建设并投入使用，将按大飞机研制进度要求向中国商飞公司提交大飞机前机身/中后机身产品。北区二期项目（总建筑面积30万平方米）已全部完成施工图设计，将在今年年底前实现全面开工。南区一期项目（装配综合区建设）已完成可研编制，正在申请项目备案和厂房施工图设计，将于今年年底前实现开工。机场建设项目立项前期准备工作已全部就绪，中航工业、江西省人民政府将于本月底之前联合向国务院、中央军委行文申报项目立项。

最后，洪都公司副总经理杨力平深情地说，"让中国的大飞机飞上蓝天"是全国人民的梦想,建设南昌航空城是江西全省人民的梦想。无尽的梦想背后是无尽的使命与担当,江西省委省政府等各级机关对洪都集团的无限关怀和期望,将鞭策着洪都公司在实现中国大飞机梦想和南昌航空城梦想的道路上奋勇前进。

相关链接:

南昌航空城规划简介

南昌航空城位于南昌市东北部瑶湖区域,北枕赣江南支,南近昌德高速,西临瑶湖,东靠焦头河,规划面积25平方公里。按"总体规划、分步实施、高起点、大发展"的思路,将南昌航空城建设成以航空产业为主体,相关产业为依托,集航空产品研发与制造、通用航空运营与服务、航空教育与文化、运动与娱乐、休闲与居住为一体的科技进步、经济繁荣、发展持续、生态良好的现代化综合新城区。

洪都产业区:规划占地15 000亩,包括北区(零件加工区、民机装配区)、南区(装配综合区、非航空民品区、通用航空发展区)、机场区(试飞区),着力打造大飞机主力生产基地、国际航空转包生产基地、通用航空发展基地、教练机生产基地等六大基地。

航空关联产业配套区:规划占地7500亩,建立与航空产业相关的配套产业区,主要以机电产业、机载设备、专测设备等行业为主。

物流区:规划占地1160亩。充分利用赣江资源,建设一个处理能力500吨/日的码头;规划建设高速公路在航空城出入口;建设与运输相适应的仓储条件,并充分利用航空城机场,形成水陆空立体化区域性物流中心。

教育培训区:规划占地1440亩。以洪都公司现有的江西航空职业技术学院为基础,与南昌航空大学建立战略合作关系,共同组建一所航空技术学院,培养高级航空研发人才以及中、高级技师人才,并以此为依托,形成具有航空特色的文化教育产业。

生活商务区:规划占地4970亩。环湖建设生活区,满足10万人的生产和生活需要,并建立包括完善的教育(幼教、小、中学)、医疗卫生、体育活动、娱乐、餐饮、购物、住宅、金融等生活配套设施,为航空城内的入园企业提供功能齐全、配套合理、环境优美的商务区及住宅区,为航空城可持续性发展提供有力保障。

(载于2013年10月29日《广西新闻网》)

在广阔蓝天翱翔
——中航工业自主研制生产民用直升机纪实

吴齐强

又是一年菜花黄,千年瓷都春意动。

记者从位于江西景德镇的中航工业直升机设计研究所获悉,我国自主研制生产的首款大型民用直升机,已于日前获得中国民用航空局颁发的型号合格证,即将全面投放市场。13 吨的 AC313 作为亚洲最大吨位的直升机,整机性能达到国际第三代直升机水平,也是世界上第一款获得 4500 米海拔地区 A 类适航证的民用直升机。

中航工业直升机旗下的直升机设计研究所和昌河飞机工业(集团)有限责任公司用 4 年时间,先后推出 AC313、AC311 和 AC310 等民用直升机,掀起了一股蓝天旋风,覆盖 1 吨至 13 吨谱系的国产民用直升机整体产业布局已逐步形成。

自主研制　实现跨越

中航工业直升机公司副总经理、昌飞公司董事长、总经理余枫说,随着国民经济的发展,直升机在自然灾害、医疗救援、森林消防、防控治安等社会生活领域发挥着越来越重要的作用。

2008 年汶川地震发生后,国家调度了 150 余架直升机穿梭于震区崇山峻岭间,出色地完成了救灾任务。但是,这其中民用直升机只有 30 架,大部分为国外进口,国产机不仅数量少且性能不能满足高原地区飞行要求。

痛定思痛,大家形成共识:一定要加速我国自主研制直升机的步伐。

"要制造直升机并不难,关键是要设计、制造出符合适航需求的直升机。"中航工业直升机所民机技术总监、AC313 总设计师徐朝梁介绍,早在 2003 年,有关方面就向中国民航局提出了适航申请,但两次申请都被驳回,原因是当时很多系统还无法达到民用适航标准。

要与国际接轨,必须知难而进。国产民用直升机成功的背后,是舍弃和奉献,更是收获和创新。

研发团队发挥了每一个人的聪明才智。被称为"斗地主"的每周例会上,大家找问题、辩问题,智慧的火花往往在激烈的思想交锋后产生。昌飞公司的同志也参与讨论,研制双方形成了密切的合作关系。

硬骨头一块块啃,解决方案一个个找。研发、制造团队携手同心,依靠国内技术创新,采用数字化协同设计和制造手段,工艺设计及制造并行开展,缩短了研制周期;通过数字化分析,保证重大试验的成功,节省了经费;通过数字化仿真,掌握疑难试飞科目的要素,降低了试飞风险;通过数字化模拟,情景再现试飞路途的地形地貌,为AC313完成高原试飞奠定了基础……历时4年的成功研制,最终填补了我国大型民用直升机研制的空白,使我国和美国、俄罗斯、欧盟一样具备了自主研制大型民用直升机的能力。

中航工业还把目光瞄准了2吨级轻型单发直升机,开发研制了具有自主知识产权的AC311。这一吨位的直升机约占民用直升机市场份额的40%。直升机研究所副总设计师、AC311总设计师李家云自信地说,与国内外同类直升机相比,AC311不仅技术性能毫不逊色,而且具有视野开阔、美观大方、寿命可靠性高、使用维护成本低等特点,充分体现了"安全性、经济性、舒适性、环保性"设计理念。AC311先进的星形柔性旋翼系统,结构简化,重量减轻,使用成本减少,噪音降低,同时提高了悬停效率,提升了飞机舒适性,具有自主知识产权。"水滴型"的"AC311直升机外观设计",已被中国知识产权局受理专利申请。

国产直升机几个设计团队的主力军,大都是30多岁的年轻人。和丈夫同为AC313项目团队成员的文丽辉笑着说:"虽然压力非常大,工作异常辛苦,但我们一直非常愉快,因为我们能够伴随着国产直升机一起成长和进步。"

挑战极限 摘取荣誉

两年前,也在春天,大型直升机AC313在景德镇实现了首飞。

中航工业直升机所所长邱光荣认为,首飞成功标志着填补了民用直升机的型号空白,但是,一个型号要走向市场、服务大众,还必须获得一张特别的通行证,这就是中国民航局按照适航标准,经过严格审定之后颁发的型号合格证。

进行风险科目试飞和各项高难度试验取证工作,挑战直升机的极限性能,是适航取证过程的必要过程。能在祖国辽阔疆域自由地飞翔,是直升机研制者孜孜以求的梦想!

为了验证该机型在我国适用范围,2010年和2011年,AC313直升机两次进入青藏高原开展试飞试验和适航取证高原试飞,结束了我国无国产直升机在高原使用的历史。

2011年9月,试飞突击队来到青海玉树。玉树位于青藏高原峡谷地带,海拔近4000米,早晚温差大,常出现雨雪天气。当时,玉树灾后重建工作还在进行,物资供给困难,生活条件艰苦,试飞队员高原反应强烈。12日正值中秋节,这天早上,工程师王青松和蒋斌病倒了,连正常行走都困难,被送去板房医院。当天下午,王青松病情稍微稳定，便不顾身体疼痛，带病前去机场工作，晚上10点多又顶着寒风赶赴试飞现场，一直忙到午夜。

高原试飞的日日夜夜里，突击队员"艰苦不怕吃苦、缺氧不缺精神"，创造了中国直升机的多项飞行纪录，填补了我国航空史上的多个空白：

AC313共完成200多小时的高原飞行，航程2.6万公里，获取了大量高原地区的飞行数据；

首次从青海格尔木直飞西藏拉萨，创造了直升机在高原地区一次横跨1160公里，连续飞行6小时05分的纪录；

首次实现了国产大型直升机飞抵海拔5200米的珠峰登山大本营，最大巡航飞行高度5723米，证明AC313使用范围可覆盖中国全疆域；

2011年9月2日，AC313成功飞到海拔8000米的高度，创造了又一个纪录；

在近期内蒙古呼伦贝尔地区罕见的极寒天气下，AC311和AC313在海拉尔机场圆满完成了发动机启动能力验证、风险科目试飞和飞行包线拓展试飞等既定高寒地区试飞科目，验证了其在零下40摄氏度低温环境下正常使用的能力，也创造了中国大型直升机336公里/小时的最大速度纪录……

AC313直升机自首飞以来，为适航取证进行了480余小时的飞行验证工作，包括风险科目试飞时间近百小时，出色地完成了适航验证常规试飞科目215个，风险试飞科目88个。

瞄准市场　寻梦蓝天

据统计，目前世界各国民用直升机拥有量超过2.3万架，其中美国占50%，而我国仅有200多架。按照中国民航"十二五"规划，到2015年，国内至少运营450架直升机，到2020年将突破1000架。

毫无疑问，我国民用直升机市场潜在需求极大。

在激烈的市场竞争中，欧美直升机巨头在中国表现强劲。2011年，欧洲直升机公司宣布共向中国出售了160余架直升机，占我国民用直升机市场40%多的份额。新兴的中国直升机产业，面临着市场竞争的巨大挑战。

国之重器，使命在肩。"钻好每一个孔，打好每一颗钉""我的岗位请放心""为国争光，创先争优"……在中航工业昌飞公司各车间，随处可见类似的标语。市场观、客户观、成本观已经深入职工心中。铆装车间副主任熊培彬讲述了这样一个故事：1995年刚参加工作时，老工程师杨锄非在飞机交接时，看着朝夕相处一年多的飞机滑行远去，激动加难舍，泪流满面！而如今，昌飞通过持之以恒地推进数字化工程技术，企业的生产能力已是10年前的30倍。"效率提升，质量不马虎。"熊培彬说，"符合技术规范是最低标准，合格之外还要美观，我们成立的精品工程项目团队就要追求产品即精品。飞机整流罩安装允许有前三后四的误差，但是从我们这里出去的全是零误差，要的就是完美的流线型。"

昌飞科研生产网络指挥中心,可以在线实时掌控零件制造、铆装、总装、试飞进度和质量情况;实时了解关键设备运转和利用率情况,现场安全和保密情况一目了然,各型号生产线状况在此处尽收眼底。

昌飞公司持续推进数字化工程技术已近15年,2008年,成功开发出产品数据管理系统,标志着昌飞公司历经10年实现了从引进使用国外产品数据管理软件到完全自主创新开发产品数据管理系统的顺利过渡。2010年,昌飞自主开发并搭建了昌飞制造系统。这套科研生产制造系统贯穿于昌飞公司产品全生命周期的全过程管控,涵盖了生产资料采购、技术工程、生产组织、制造加工、质量控制、总装试飞、售后服务等各个阶段。

通过条码管理系统的运行,可以减少批产中80%的紧急令单、85%的设计更改贯彻不到位问题、80%的状态不符零件被误用问题及提高20%的材料采购效率等。

余枫坦言:"我们面向用户和市场的经验和理念还有差距,许多细节需要完善。因此,从综合水平来讲,我国的大型民用直升机还只是处于起步阶段。但是,国产直升机在国内市场最大的优势就是服务和保障,还有价格。在关键时候,国内无条件先期保障是国外直升机制造商不可能做到的。"

"这是中航工业几代直升机人共同艰苦奋斗的结果。"徐朝梁说,"20年前,我们没有想到国产直升机能有这么快速的发展;10年前,我们没有想到AC313能有这么宽广的舞台;未来,我们相信中国造的直升机必将走出国门,翱翔在更广阔的蓝天。"

(原载于2012年3月30日《人民日报》1版)

蓄势待发打造千亿航空产业
——专访江西省国防科学技术工业办公室主任杨贵平

田 晔

作为新中国第一架飞机的诞生地,江西省发展航空产业已有悠久的历史。江西是唯一一个同时拥有教练机和直升机研发制造的省份,江西的航空产业不仅是省战略性新兴产业的领军者,也是全国航空产业的佼佼者。在大飞机项目中,江西占有机体结构件25%的研制份额,在国产大型客机产业布局上占据先机;"一城两园区"的建设,以高新技术项目为牵引,助力江西省航空全产业链发展;江西省政府出台《关于加快通航产业发展的意见》,为通航产业提供政策指引,明确了产业发展目标。江西航空产业正处在蓄势待发、展翅欲飞的发展黄金期,将实现由航空大省向航空强省的跨越。近日,本报记者就江西省航空产业发展专访了江西省国防科学技术工业办公室主任杨贵平。

记者:作为航空大省,江西省航空产业的特点和优势是什么?针对未来航空产业发展规划有哪些?

杨贵平:江西省航空产业的特点和优势主要有以下几点:

第一、产业基础雄厚。江西航空工业具备较强的航空产品总体设计、试验验证、先进制造和总装总成能力,是我国教练机、无人机、通用飞机和直升机研制重要基地。江西省拥有洪都航空工业集团公司、昌河飞机工业(集团)公司、九江红鹰飞机制造公司3家整机制造企业和江西景航航空锻铸公司、航空凯贝公司等配套企业。

第二、产品结构完善。洪都集团先后生产了运-5多用途运输机、农5A/B农林专业飞机、初教-6、K8高教机、强5改、强5教、L7型运动教练机以及"猎鹰"L15高级教练机。中国直升机设计研究所和昌河飞机工业公司先后研制生产了Z8、Z10、Z11、AC310、AC311、AC352、AC313、无人直升机等型号直升机,已形成大、中、轻型直升机系列化多品种的产品格局。

第三、研发实力强大。江西省有两个飞机设计研究所,3所航空类大学和职业学院,两个国家级企业技术中心,3个航空专业博士后科研工作站、70个硕士点,12个省部级国家重点实验室和工程中心。江西省航空工业系统有20 000多员工、专业技术人员9000余人,先后诞生了两位中国工程院院士。

第四、空域资源较好。以南昌为例,南昌气候条件、空域条件较好,可试飞时间长,试飞空域比较广阔,机场周边及其进近管制区域无高于百米的天然障碍物。目前洪都集团正在进行试飞机场迁建,建成后能够为新研飞机的试飞提供快速响应的备件支持、便捷的转场试飞以及各类条件保障。

第五、发展环境优越。省委、省政府对发展航空产业高度重视,专门组建了产业发展推进的领导机构。另外把发展航空产业列入了江西省十大战略性新兴产业和鄱阳湖生态经济区发展规划,同时省里专门出台了支持南昌航空城建设和景德镇直升机研发基地建设的若干优惠政策措施。

江西省发展航空产业,主要依托"两大集团",即中航工业集团和中国商飞公司;建设"两大体系",一是建设以产业集群为特征,主干产业、分支产业、配套产业有机构成的现代航空产业体系,一是建设具有核心竞争优势的航空自主创新体系;打造"两大平台",即南昌航空城与景德镇直升机产业基地;抓住"一个突破口",即通用航空产业;培育"千亿产业",到2017年,力争航空产业实现年主营业务收入800亿元,到2020年,实现年主营业务收入1400亿元。

记者:江西省提出建设"一城两园区",具体的规划是什么?目前进展如何?"一城两园区"的建设对于发展其他产业有何推动作用?

杨贵平:"一城",即南昌航空工业城,其规划总面积达25平方公里,由核心区和服务区两部分组成。核心区主要建设大型商用客机大部件研发与制造厂区、教练机、通用飞机、军品研发与制造厂区、航空转包生产区、航空设备、材料及零配件加工等配套区。服务区主要建设科技、金融、信息、物流、生活等配套基础设施,为核心区产业发展服务。目前核心区的北区一期工程主要生产厂房基本完成并投入使用;南区及机场建设正逐步开展。

"两园区",一为景德镇直升机产业园区,由直升机、无人直升机和航空铸锻件生产三部分组成,总面积18平方公里。以昌飞公司现有条件为基础,开发新机型并对已有型号改进改型,完成商用大客机前缘缝翼、后缘襟翼等大部件研制任务;以直升机所为主体建设鄱阳无人机配套基地、培训和维修保障中心以及试验试飞区及相关基础设施;景航铸锻公司重点发展航空铸锻件产品。目前景德镇直升机产业园已完成规划设计,预计近期开工建设。二为九江红鹰飞机产业园区,总面积2平方公里。未来将在九江出口加工区新建总装生产区、培训中心及相关基础设施,在鄱阳湖畔姑塘镇建设试飞区,引进生产四种型号直升机和三种型号小型固定翼飞机。

"一城两园区"围绕国家航空产业发展战略,加强以大飞机零部件、先进教练机、农用飞机、无人飞机、直升机等研发与制造为主的航空产业发展,将带动信息技术、机电产业、机载设备、专测设备、新型材料等相关高技术产业和航空服务体系发展。其中航空服务体系包括建设航空院校、航空博物馆、航空主题公园等,以及教育、医疗卫生、体育活动、娱乐餐饮、购物、居住、银行等生活配套设施。

记者：江西省在发展航空产业时主要面临哪些问题和挑战？

杨贵平：江西省航空产业发展主要面临以下几个问题：第一，产业规模不大。目前江西省航空产业在国内排第四位，但在规模上我们与前三位的差距很大。第二，产业链不完整。江西省航空制造相对发达，但是上游零部件生产企业较少，下游航空服务类产业处于初期发展阶段。第三，自主创新能力不强。我们在军机上有技术优势，但是在发展民机特别是在发展大飞机上，还有很多核心技术需要攻克与突破。第四，军民融合发展不够。航空产业收入绝大部分仍然来自于军机。第五，体制机制不活。以投入为例，政府引导、企业主体、金融支持、社会资本参与的多元化的航空产业投融资体系尚未真正建立起来。

记者：您提到航空产业链不完整，目前是什么情况？江西省政府有哪些相应措施促进航空产业链的发展？

杨贵平：由于航空产业的诸多限制，下游的通用航空目前也只有洪都集团的长江通用航空公司等少数几家小规模企业提供航空服务，民营通航企业处于起步阶段，规模较小。产业链上游产品除江西景航航空锻铸公司等少数几家企业配套外，目前全省整机制造企业的配套产品基本上是从国内其他大型企业或者国外购买，上下游产业链尚未建立起来。

江西省政府为促进航空产业链发展，采取以下措施。一是在规划中明确产业链的发展内容。以南昌临空经济区为中心，打造航空物流、航空食品、航空展览、航空金融等航空服务聚集区；对于小型低端航空制造和配套项目，鼓励多点分布，相互补充，协调发展，构建"一核多点"的发展格局。二是加大招商力度，完善产业链条。紧紧围绕大飞机和教练机、直升机、通用飞机、无人机等龙头项目，加大对产业链上下游厂商的招商力度，奖励项目引进。通过相关政策激励，鼓励相关企业入驻航空产业园区。加强对江西航空产业支持政策和产业环境的宣传，提升知名度，加快形成特色鲜明的航空高技术产业聚集区。三是在促进航空产业发展意见中明确，对航空配套产业，在税收优惠、土地供应等方面，享受与航空产业同样的政策。

记者：2014年江西省将重点发展通用航空产业，并于近日出台《关于加快通航产业发展的意见》，能具体介绍有哪些重点发展的项目以及未来的规划吗？

杨贵平：江西省发展通航产业，坚持市场先行。其发展主线是，营造政策环境，整合培育市场，发展通航运营，带动通航制造，完善硬件支撑，加强人才建设，促进通航产业。目前开展的项目有：昌飞公司控股的上海各利通航江西分公司已完成注册，预计年内挂牌营业；北汽集团与江西直升机投资公司合作启动景德镇青花通航基地建设；翰星高安通航机场预计9月份获批准，于2015年启动基地建设；江西天人生态集团天祥通航公司已获民航局批复并开展通航航化作业；中航直升机研究所鄱阳无人机基地列入省重大项目并已开工建设。

我们的规划是：到2017年，获得许可的省内通航运营服务企业总数达到7家以上，新建通用机场3个，通航产业总收入达到150亿元、利税30亿元。打造以大集团、大企业为主导的通航产业集群,初步形成涵盖通航研发制造、运营服务、培训教育的完整产业链。逐步完善省内通航基础设施建设,建成的通用机场和临时起降点与现有运输机场、通用机场空域连通,初步形成省域通航运营网络。

到2020年,获得许可的省内通航运营服务企业总数达到15家以上,新建通用机场15个,通航产业总收入达到400亿元、利税80亿元。进一步完善基础设施建设,组成覆盖省内各主要人流物流集中地区、偏远山区并能与周边省份联通的通航营运网络,形成配套齐全、高效规范的现代通航产业体系,成为我国通航研发制造、运营服务、培训教育基地和通航运营网络枢纽。

记者:国防科工办对中航工业在江西的合作与发展有什么希望?

杨贵平:中航工业在赣企业是江西航空工业的主力军,为江西经济社会发展作出了突出贡献。江西航空工业的未来发展,有赖于中航工业的大力支持与帮助。希望江西省与中航工业加大力度继续推动2009年战略合作协议其他内容的落实,把南昌航空工业城、景德镇直升机研发生产基地建设好、开发好,巩固江西作为全国直升机、教练机研制生产主要核心基地,通用飞机、大飞机部件研发生产和航空转包重要基地的地位。在此基础上,进一步深化战略合作,在养老产业、"爱飞客"航空俱乐部、专用车7S广场、房车露营基地等新项目,以及创新研发平台、人才队伍建设等方面,实现新的合作,壮大产业发展规模,到2020年,把江西打造成为功能齐全、特色鲜明、中部地区最大的航空产业基地,实现江西航空产业"千亿"发展目标,为实现中航工业"两融、三新、五化、万亿"发展战略和建设富裕和谐秀美江西贡献力量。

(原载于2014年8月30日《中国航空报》第5版)

从神一到神十　江西军工助神舟飞天

黄继妍　杨章跃

6月11日,神舟十号载人飞船在酒泉卫星发射中心发射成功。在千里之外的江西国防科技工业系统广大干部职工无比喜悦和激动,因为神十的发射成功,有着江西军工的一份功劳。

"运载火箭一般需要加注好几级火箭燃料。我们生产的推进剂是一级燃料,任务就是把神十送出大气层。"江西星火航天新材料有限公司有关负责人韩东告诉记者,目前,推进剂的生产核心技术只有中国、美国、俄罗斯掌握,而星火航天是我国生产该产品的两大企业之一。从神一到神十,运载火箭所加注的推进剂都来自星火航天。为确保产品绝对可靠,星火航天精益求精,执行比国家标准更严格的企业标准,从今年起,质量体系更从"国标"升为"军标",对产品质量水平有所提高。

在直播画面上,我们看到三位航天员躺在座椅上,不管是飞船起飞、变轨,他们始终处于舒适、安全的状态。这些航天员座椅就来自中国直升机设计研究所。企业有关负责人介绍,航天座椅是钣金成型件,有6个铆接口,很容易产生间隙。企业专门组织技术攻关小组进行研究,对间隙进行控制,较好地解决了这个问题,使此次用于神十试验和飞天的航天员座椅,整体质量水平有所提高。

江西联创特种微电子有限公司拥有国内唯一一条小功率场效应晶体管国军标生产线,神舟飞船的控制线路上用到的场效应晶体管,都来自这里。场效应晶体管样品直径3厘米,甚至更小,却要经过几十道程序,花费近半年时间生产。因产品要求很高,其品质尤其出色:在宇宙中,它们可承受零下55摄氏度至零上180摄氏度的温差和高达2000G的加速度。

记者还了解到,在神十上,保证飞船"神经"通畅的空间精密导电滑环,来自六三五四研究所;航天员实现"天地通话"的送、受话器,来自江西联创电声有限公司;在地面发射测试控制设备上用到的电容器,来自江西联晟电子有限公司;中国航天员平时训练用的超重训练设备也是中国直升机设计研究所研制。随着江西军工的发展,会有更多"江西制造"助国人圆"飞天梦"。

(原载于《中国军转民》2013年第6期)

开启由军工大省向军工强省的跨越
——江西国防科技工业改革创新发展纪实

杨章跃　王光伟

江西国防科技工业以全面深化改革为统领,创新驱动,调整结构,适应经济发展新常态,全力打造发展升级版,确保军工经济快速增长,开启由军工大省向军工强省跨越新征程。

近年来,江西国防科技工业以全面深化改革为统领,创新驱动,调整结构,科学管理,全力打造发展升级版,江西军工经济逆势上扬,快速增长,实现营业收入、增加值和利润同比增幅分别达到33%、30%和48.6%,呈现规模扩张、效益提升的良好态势。

创新引领　打造升级发展强大引擎

1月9日,从国家科学技术奖励大会上传来振奋人心的消息:由中国直升机设计研究所主持完成的"直-10武装直升机"项目荣膺国家科技进步奖一等奖,这是江西省15年后又一次获得这一重大奖项。

近年来,江西省国防科工办坚定不移实施创新驱动发展战略,大力加强创新平台建设,新增五家省级重点实验室和工程技术研究中心,新增七家省级企业技术中心。大力推进国防科技工业自主创新,2014年,江西省军工行业共摘得省部级以上科技进步奖28项,中航工业洪都的智能机器人项目荣获"吴文俊人工智能科学技术"进步奖,江西省政府公布上一年度省科学技术奖获奖情况中,国防工业获奖12项,其中一等奖2项,占全省一等奖总数的二分之一。

科技创新成为升级发展的强大引擎。推动了军品科研生产任务圆满完成,一批重点型号和配套产品的科研攻关扎实推进,一批重点武器装备和配套产品及时生产交付,有力支撑和服务了我军装备现代化建设。

项目带动　构筑升级发展稳固载体

在C919大飞机项目中,中航工业洪都作为主供应商,承担了C919大型客机前机身和中后机身的研制与生产任务,约占机体份额的25%。2014年5月15日,洪都研制的 C919 大型客机前机身大部段在南昌成功下线,成为 C919 大型客机项目研制过程中交付的第一个大部段。2014 年 8 月 21 日,C919 大型客机中后机身部段也成功下线。

国产大飞机项目的推进为江西航空产业的发展注入了新的机遇与活力。为承接大飞机项目而开建的南昌航空城,总投资达 300 亿元。目前,项目一期 16.5 万平方米厂房已竣工,二期工程 10 多栋厂房基本完成主体建设。随着工程建设的提速,众多投资项目也相继落户。从今年起,这里将每年投产 600 架民用无人机,产值可达 5 至 10 亿元。

在赣江南北,一大批重大军工项目建设高潮迭起。景德镇获批直升机战略性新兴产业区域集聚发展试点,昌河飞机总装园区厂房已全面开工,直升机桨叶等配套项目已完成土地购置及厂房设计。中国直升机设计研究所鄱阳无人机配套基地项目已获立项,机库、配套服务中心等建筑已开工建设。吉林瀚星集团高安通用航空产业基地项目列入省重大项目。江西铀矿人基地、九江船舶制造及配套基地建设等稳步推进,江西民爆一批技改项目竣工投产。

大项目为升级发展提供了稳固的载体。2014 年,江西拥有自主知识产权的 AC313 直升机,通过中国民航局 AEG 审查,标志着亚洲最大吨位直升机具备投入市场运营条件。由中国直升机设计研究所研制的 AC311 直升机,在珠海航展期间签订 46 架销售合同。昌河汽车洪源新基地项目开工建设,20 多家零部件企业落户,福瑞达新产品 M50 成功下线并在井冈山隆重上市。

结构调整 激发升级发展勃勃生机

新兴产业成为引领行业发展的"发动机",航空产业表现抢眼,通航产业快速起步,我国首家国产民用直升机"驾校"——中航工业直升机景德镇通航基地揭牌成立,两家通用航空公司完成组建,两家机场正在报批,AC313 型机顺利通过中国民航局 AEG 审查;大飞机项目取得重大胜利。2014 年,航空产业全产业链实现营业收入 390 亿元。

传统行业通过产业结构调整焕发新活力。船舶行业完工 100 万吨载重量,同比增长 24%;手持订单 100 万载重吨,同比增长 60%。核工业江西矿冶局、省核工业地质局积极拓展核相关、非核产业,营收约占核工业的 85%,获得长足发展。昌河汽车推出新产品福瑞达 M50,引进 20 多家汽车零部件企业集聚发展,产值实现 19.9 亿元。民爆行业加大技改力度,推行"两线合一",提高产业集中度,优化产品结构,延伸爆破服务,实现稳健发展。

同方江新造船有限公司抓住海洋装备制造业发展机遇,集中科研力量重点开发海洋工程船,去年与中海油田服务公司顺利签下了 3 艘高技术含量、高附加值的船舶建造合同,打开了海工市场大门。近期建成下水的"中油应急 103"船,是国内领先、国际先进的多功能海工船,将全面提升我国海上溢油污染事故现场应急响应及救援能力。

开放合作　引来升级发展源头活水

近年来,江西军工开放升级取得丰硕成果,军工行业战略投资者纷纷入赣发展,如火如荼,形势喜人。

中国兵器工业集团与江西省政府签署战略合作协议,所属公司与相关单位签下4个"大单",中航工业集团与江西省政府签署深化战略合作协议,北汽集团继2013年与江西开展汽车项目合作之后,在珠海航展期间与江西省国防科工办等单位签署了总投资达60亿元的通航产业合作协议,成立北京通航江西直升机公司。瑞金高温气冷堆核电站项目获得批准,江西瑞金核电有限公司正式成立,标志着我国第四代高温气冷核电站正式落户江西。中国电科所属中电海康集团重组凤凰光学,促成中国电科集团总投资3亿元的新材料科技项目落户吉水县军民结合信息产业园、中国航天科技集团重组江西鄱湖云科技公司、中国航天科工集团开工建设南方总部大楼。

江西军工"引进来"深入推进,"走出去"也有了新发展。602所与俄罗斯签订重型直升机研制框架协议,昌兴航空装备公司与意大利K4A航空技术公司合作组建江西德利直升机公司。昌飞公司先后与美国西科斯基公司和波音公司、意大利阿古斯特·维斯特兰公司、法国透博梅卡公司等签署了直升机及零部件合作生产或转包协议。洪都集团积极参与军贸出口,K8外贸机已拥有十个国家用户,L15型机向赞比亚出口六架,交货值5.3亿元;省核工业地质局在非洲加纳、津巴布韦等国家获取26个矿权;昌河汽车拓宽出口渠道,向越南、秘鲁等国累计出口汽车6000多辆,交货值1.66亿元。

科学管理　助推升级发展效益提升

江西省国防科工业注重科学管理,节约集约,练好内功。2014年,江西省国防科工业系统各单位通过创新管理理念和模式,进一步提升了管理效益。602所全面使用信息化系统,荣获江西省企业管理现代化创新成果一等奖;5727厂引入变动成本模型,以预测成本倒闭工厂成本控制,实现降本增效1260万元;北方联创依靠科学管理提高产品质量的稳定性和使用可靠性,全年军品军检批次合格率100%,民品交验合格率100%;江西国科军工集团通过推进生产一线组织方式和作业流程变革、主辅业分离等管理创新,大幅提升经济效益,工业总产值同比增长38.8%、营业收入同比增长23%、利润总额同比增长67.6%。

(原载于《国防科技工业》2015年第3期)

推进军民融合　助力发展升级
——江西省军民结合产业发展成就与展望

杨章跃

军民结合产业体现着国防科技与新兴产业的深度融合,是加快新型工业化的重要支撑。随着军民融合发展上升为国家战略,江西省军民结合产业的发展迎来了前所未有的机遇。

众所周知,江西是全国国防科技工业较为集中的区域,军工资源丰富。江西省一直把加快军民结合产业发展,打造军工强省作为加快国防科技工业转型升级、服务地方经济发展的重要途径,坚定走军民融合式发展之路。

如今在赣鄱大地上,航空、航天、核工业、兵器、船舶、电子信息等军民结合产业发展势头强劲,承载产业发展的南昌航空工业城、景德镇直升机研发生产基地、九江船舶制造配套基地、江西铀矿冶大基地等园区建设进展顺利,军民结合产业已经踏上了发展的快车道。

高位推动,军民结合产业发展迈上快车道

在世界经济复苏乏力之时,江西军工经济却风景独好,保持高速增长。2014 年,全行业营业总收入达到 801.3 亿元,同比增长 33%,完成增加值 171.9 亿元,同比增长 30%,实现利润 41.9 亿元,同比增长 48.6%。

"军工经济快速发展,主要得益于江西省委、省政府的高位推动、科学规划,为军民结合产业的发展创造了良好环境。"省国防科工办有关负责人介绍说,省里不仅成立了江西省军民结合、寓军于民武器装备科研生产体系建设协调小组,负责国防科技工业军民融合发展的顶层设计和重大事项协调,还制订《关于推进军民融合深度发展的意见》《关于深化军民融合加速推进军民结合产业发展的意见》《关于促进北斗卫星导航应用产业发展的意见》《关于加强国防科技创新体系建设,促进军民技术融合发展的若干意见》等系列政策,编制了《江西省航空产业发展规划》《江西省航空制造产业延伸产业链发展规划》,为江西军民结合产业发展营造了良好的环境。

此外,航空产业和汽车还被列入鄱阳湖生态经济区建设规划和"十二五"发展规划

的支柱产业;汽车、飞机、船舶、电子元器件等被列入江西省新型工业专项规划重点发展项目。

截至2014年底,全省共有军民结合型企业230多家,其中上市公司四家,形成了一批以洪都集团、昌飞公司、泰豪科技为主力的龙头企业。全省持有武器装备科研生产许可证的单位68家,其中获得第一类许可的单位25家,第二类许可单位43家。全省军民结合产业发展已初步实现从单一军品向军民品并重、从计划型主体向市场竞争型主体、从单兵作战向集群发展、从军转民向军民互进的四个转变。

机制创新,构建军民结合产业发展互动平台

近年来,江西国防科技工业按照建设"小核心、大协作、开放型"先进国防科技工业体系要求,全面深化改革,积极打破军工封闭模式,突破体制性障碍和行业壁垒,实现体制机制创新,通过资本参股、技术协作、资产重组等多种渠道、多种形式,形成体制优化、机制灵活、管理高效的军民结合发展平台。

机制创新带来了军民结合产业的提质增效升级——

泰豪科技集团联合江西军工资产经营有限公司、南昌创业投资有限公司对5家省属军工企业进行重组,共同组建江西国科军工集团公司,企业科研生产能力大增,效益连年攀升。仅有200余人的子公司江西宜春先锋军工有限公司,2014年销售收入达到1.1亿元,利润突破1000万元,创造了该企业历史上的最好业绩。

景德镇景航锻铸有限公司通过改制被中航重机增资控股后,规模迅速壮大,效益显著提高,年营业收入倍增,从原来的年收入一到二亿元,增加到年收入五亿元。曾研制生产出我国第一艘鱼雷快艇的江新造船厂,是江西骨干造船企业之一。但由于传统国企的种种弊端,企业曾一度走上了破产之路,被清华同方重组后再获新生。近年来顺利渡过船市低迷的危机,在错位竞争中抢占先机,破局发展。2014年实现产值七亿元,同比增长133%,实现利润5000万元,同比增长95.4%。

军工央企入赣加快了军工经济与区域经济深度融合的步伐——

中国兵器工业集团所属公司与我省相关单位签下四个合作"大单",北汽集团继2013年与江西开展汽车项目合作之后,在去年珠海航展期间与省国防科工办等单位签署了总投资达60亿元的通航产业合作协议,成立北京通航江西直升机公司。瑞金高温气冷堆核电站项目获得批准,江西瑞金核电有限公司正式成立,标志着我国第四代高温气冷核电站正式落户江西。中国兵器北方材料研究院重组联创通信公司,清华同方重组江西无线电厂、江新造船厂,中国电科所属中电海康集团重组凤凰光学,中国航天科技集团重组江西鄱湖云科技公司,中国电科集团总投资三亿元的新材料科技项目落户吉水县军民结合信息产业园,中国航天科工集团开工建设南方总部大楼。一系列靠大联强、兼并重组,释放了企业内在发展动力,增强了竞争力,激发了军民结合市场主体新活力。

江西军工"引进来"深入推进,"走出去"也有新的发展。602所与俄罗斯签订重型

直升机研制框架协议,昌兴航空装备公司与意大利 K4A 航空技术公司合作组建江西德利直升机公司。昌飞公司先后与美国西科斯基公司和波音公司、意大利阿古斯特·维斯特兰公司、法国透博梅卡公司等签署了直升机及零部件合作生产或转包协议。洪都集团积极拓展军贸出口,K8 外贸机已拥有十个国家用户,L15 型机也开始走出国门,承接出口订单。省核工业地质局在非洲加纳、津巴布韦等国家获取 26 个矿权。昌河汽车拓宽出口渠道,向越南、秘鲁等国累计出口汽车 6000 多辆。

深度融合,为企业创新发展注入强大动力

站在军工改革的风口上,"民参军"是备受关注的一大热点。在江西,已经有不少企业,通过"民参军"实现了华丽转身。

十多年前,民企做军品有众多不可逾越的障碍,但泰豪在走向产业化时就确立了积极参与国防建设的方向,努力寻找突破口。1998 年,泰豪毅然决然,兼并了当时面临困境的地方军工企业——江西三波电机总厂,上演了一出"小鱼吃大鱼"的资产重组大戏,步入了军工产业发展征程。并以此为契机,先后进行了 6 次重大军工并购/重组,顺利跨过了"参军"的门槛。经过 16 年的发展,泰豪军工产值从当初的 1000 多万到现在的 16 亿多元,军品业务从配套到系统、整机,涉及的层面逐步深入,集团军工业务规模持续稳定增长,有效推动了企业发展,产品服务于陆、海、空、二炮等各军兵种及武警部队,并参加了国庆 60 周年阅兵、高原作战演习、中俄"和平使命"联合军演、奥运安保等重大活动。

2010 年,江西昌兴航空装备股份有限公司果断迈开"民参军"步伐。"参军"后,举全公司之力快速建立并完善了科研生产管理体系,全方位统筹规划公司的内部资源,加快科技创新和技术改造步伐。5 年多来,公司每年产品研发经费投入均达到年销售额的 5% 至 10%。如今,昌兴公司已在航空工艺装备尤其是复合材料框架成型模具等方面,形成了自己的专有技术,部分技术达到了国内领先、国际先进水平。公司不仅成功进入了中国商用飞机合作供应商目录,还与昌飞、洪都、西飞、成飞、沈飞、哈飞、上飞等十大主机厂建立了模具设计制造、型架设计制造及产品加工配套的牢固业务合作关系。

截至 2014 年,江西省参与军品配套的民口配套单位中获得军工保密资格认证的 57 家,其中 32 家获得武器装备科研生产许可证,配套领域涉及军工多个领域。全省"民参军"企业数量逐年增加,2014 年总营业收入已突破 100 亿元。

军民深度融合为企业创新注入了强大动力。目前,全省军工系统已拥有国家级企业技术中心 3 个,省级企业技术中心 19 个,省级工程技术研究中心 18 个,国防重点学科实验室两个,省部级重点实验室 12 个,博士后科研工作站 7 个,院士工作站 8 个。江西国防科技工业总体设计、总装测试、试验论证、系统集成和关键技术研究水平明显提高,攻克了一批共性和关键技术,取得了一批重大科研成果。"十二五"以来,取得省部级以上科技奖 95 项,其中,602 所研究设计的武直 10 型直升机获国家科技进步一等

奖。洪都集团公司智能机器人项目荣获"吴文俊人工智能科学技术"进步奖。2014年,全行业获省科学技术奖12项,其中一等奖占全省半壁江山,军民结合产业已初步成长为引领江西科技创新的骨干力量。

产业聚集,实现军工经济与区域经济融合发展

从参与应急救援的AC313到装备部队的"武直10",从首个国产民用直升机飞行培训基地到在婺源景区旅游"第一飞",景德镇直升机早已声名鹊起、闻名中外,真正成为引领景德镇经济社会发展的重要支撑,为景德镇贴上了航空城市的独特名片。

近年来,景德镇高新区抢抓军民深度融合发展的机遇,紧紧围绕做大做强直升机产业,依托昌飞、602所等龙头骨干,科学谋划,狠抓落实,打造军民结合(直升机)示范基地。目前,基地共有直升机示范产业企业40余家,已形成从直8到直11系列的大、中、轻型直升机,S92、S76等国际合作机型,AC313、AC311等民用直升机及无人直升机等多系列、多品种的生产格局,已形成了直升机研发、生产及配套、通航等较完整的军民融合产业体系。

目前,景德镇直升机研发生产基地建设正有序推进,昌河直升机总装园开工建设,直升机桨叶等配套项目已实质启动,602所鄱阳无人机试飞基地建设积极推进,北京通航江西直升机生产基地启动建设。该基地已被工信部授予国家新型工业化产业示范基地(军民结合),被科技部授予国家直升机高新技术产业化基地和创新型产业集聚群试点培育对象,还被国家发展改革委、财政部批准为国家战略性新兴产业区域集聚发展试点。

多年来,江西坚持"搭平台、建基地、引凤凰",统筹全省军民结合产业发展基础,积极打造南昌航空工业城,景德镇直升机产业基地,鄱阳湖无人机配套基地,九江通用飞机产业基地,九江船舶制造、配套及海工装备产业基地,江西铀矿大基地,景德镇及九江汽车产业基地,赣州卫星应用产业基地,吉水军民两用电子信息产业基地,新余人工影响天气装备基地等十大军民结合产业基地,部分产业基地基本建设成型。其中,占地25平方公里的南昌航空城北区一期项目竣工启用,北区二期大部分项目完成主体工程,南区装配综合区项目全面启动,瑶湖机场建设正在积极推动中。江西铀矿大基地建设进展顺利,相山整装勘查钻探、铀矿石矿样扩大试验、居隆庵探矿工程、大布铀矿冶工程等项目在如火如荼推进中。昌河汽车景德镇洪源新基地建设全面铺开年底建成下线,九江新基地启动建设。中船九江公司"两区一中心"建设扎实推进。

随着航空、航天、核工业、兵器、船舶、电子信息等军民结合产业基地初具规模,我省军民融合产业集群正逐步形成,成为支撑江西军工发展新的增长极。

绘就蓝图,军民结合产业发展前景广阔

奋斗目标:力争到2020年,全省军民结合产业主营业务收入突破2500亿元;主营业务收入超过100亿元的企业达到6家以上,超过10亿元的企业达到40家以上;参与

军品研制的企业达到 130 家以上；建成 10 个军民结合产业基地；形成体系完善、创新驱动、高效增长的军民结合高端产业形态。

主要任务：

一是打造航空、船舶及海洋工程、核、军用电子、北斗卫星应用、民爆、汽车、服务等八大军民结合特色产业。

二是建设南昌航空工业城、景德镇直升机产业基地、九江船舶制造及海洋工程装备产业基地、江西铀矿大基地等十大军民结合产业基地。

三是推进军民协同创新，建立和完善以总体设计和总装总成为龙头、核心系统和关键设备专业化研制为骨干、社会化协作配套为依托的军民融合创新体系，推动军民技术双向转化，促进军民科技资源共享。

四是培育壮大军民结合市场主体，积极推动改制重组，支持军工企业进行股份制改造，实现股权多元化；积极引导"民参军"，扩大民参军队伍，鼓励民口技术、资金项目参与武器装备科研生产及维修领域；坚持"引进来"与"走出去"相结合，加强与各军工集团的战略合作，着力引进军工集团在赣设立区域性总部企业，布局军民结合产业项目，积极开拓国际市场，深化国际合作。

重点举措：

一是加强顶层设计。明确把推动军民结合、加快军地经济共同发展纳入全省各级人民政府经济和社会发展规划，确保军品科研生产"绿色通道"畅通，推动军民结合产业发展。

二是发展特色产业。充分利用军工优势资源，突破军民结合重点领域的关键技术，大力发展我省航空、航天、船舶、核能、汽车、电子信息、民爆、军工服务等八大优势产业，培育形成新的经济增长点。

三是建设产业基地。统筹各地军民结合产业发展基础，推动南昌航空工业城、景德镇直升机研发制造基地、九江船舶制造及配套基地、江西铀矿冶大基地等十大园区建设，促进军民结合产业集聚发展。培育军民结合特色产业集群，打造辐射带动作用强、产业链条长的新的经济增长极。

四是完善服务体系。搭建军民结合产业发展公共服务平台，支持军民两用产品双向转化，健全军转民制度措施，集聚产业发展资源，促进军工投资多元化，推动先进适用民用技术的应用，搭建沟通交流平台。

五是加强战略合作。推进省部合作、省企合作。持续推进军工集团入赣工作，加强与军工集团的联系和沟通，引进更多好项目、大项目。推动更多军工集团与我省签订战略合作协议。鼓励军工集团区域性总部在赣落户，鼓励在赣设立高端研发机构，鼓励与地方单位开展多种形式的合作，实现共同快速发展。

（原载于《中国军转民》2015 年第 10 期）

军民品并重 集群式发展 军民互促共进
——我省军民融合发展渐入佳境

黄继妍

乔治海茵茨飞机制造有限公司在上饶县投资 50 亿元建设通航项目、海航通航集团与江西航空投资公司合资设立江西通用机场建设公司……随着一批批军民融合项目的落地扎根,江西省军民融合产业渐入佳境,呈现出军民品并重、集群式发展、军民互促共进的军民融合发展态势。

江西省是军工大省。近年来,江西省委、省政府把握机遇、统筹发展,加快实施军民深度融合发展战略,出台了一系列支持军民融合发展的重大政策举措,促进军民资源互动共享,推进军民协同创新,推动产业转型升级。目前,全省军民融合型企业达 160 多家,形成了一批以洪都集团、昌飞公司、泰豪科技为主的龙头企业,军民融合产业规模超过千亿元。民口单位正加速成为国防科技工业建设的一支重要力量。

立足军工比较优势,江西省围绕发展航空、航天、船舶、核、军民两用电子、卫星应用、民爆器材、汽车等八大军民融合产业,重点打造了南昌航空城等十大军民融合产业基地。目前,南昌航空城北区投入使用,南区 5 个厂房完成主体施工,瑶湖机场正加快建设。景德镇直升机旋翼制造总厂投入试生产,吕蒙直升机总装园投入使用,北京通航江西产业基地总装厂房竣工使用。通用航空快速发展,全省首个民间资本投资的武功山通用机场已开工建设,华夏九州、赣翔等通航公司获民航部门筹建许可,幸福航空控股公司水上飞机项目签约,江西省通用航空协会挂牌成立。九江海洋装备配套产品产业区 0 号、4 号联合厂房开工建设,江西沿江产业发展基金正式运行。昌河汽车洪源工厂 4 大主线均实现达产达标,九江新能源项目已完成土地摘牌和工程设计。高分辨率对地观测系统江西数据与应用中心正式成立,成功获批一项省域产业化应用项目。江西国泰民爆集团历经 10 年培育,成功在上交所挂牌上市。

近年来,江西省还成功实施了一批军工企业的改革重组,使民口企业与军工企业之间实现了良好的互动融合。如中国电子科技集团所属海康集团成功重组省属凤凰光学集团,北京汽车集团战略重组昌河汽车公司,北京通航公司重组江西直升机投资管理公司,清华同方公司重组了江西无线电厂、江新造船厂,江西省民营企业泰豪集团重组了省属军工部分企业,组建江西国科军工集团等。

下一步,江西省将着力构建军民深度融合发展的规划、政策、产业、工作"四个体系",抓好民参军、军转民、军民资源互动共享和技术双向转移转化"三个环节",形成体系完善、创新驱动、高效增长的军民融合现代高端产业形态。

(原载于《江西日报》2017年3月20日A2版)

英模风采

是时势造英雄,还是英雄造时势?从江西军工界涌现出的一批批劳模、精英的动人事迹来看,应该是两者皆有之,这是细心的读者从他们个人的奋斗历程中可以深切地体会到的。

江西军工的创立、发展、壮大,离不开这些勇于拼搏、敢于创新、睿智上进、忠诚事业而又甘于奉献的栋梁和功臣。

强五之父——陆孝彭

洪 轩

元帅的嘱托

中国工程院院士陆孝彭

1958年的初秋,我国北方大城市沈阳一派繁忙景象。街上车水马龙,工厂的大烟囱冒出滚滚的浓烟。一个喜讯在军内及省、市机关内传送:"军委副主席叶剑英元帅来了!空军司令员刘亚楼上将也来了!"这消息令人兴奋,使人鼓舞,这消息给北方机械重镇沈阳增添了喜庆的色彩。

元帅的光临自然会对辽宁和沈阳市的工作起到指导和推动作用。可是这次却显得不同,叶帅不仅带来了空军司令员,而且还带来了全国几乎所有的航空工业专家。从老帅那张坚毅而严肃的脸上人们可以猜想到这是一次多么不同寻常的聚会。

叶副主席来到这里确实是非同寻常的,他带来了中央军委的决定,我国要加强国防力量,发扬自力更生、艰苦奋斗的精神,自己研究制造一种新型的喷气式强击机。当前,所有的空中强国都拥有这种武器。强击机既有超音速的飞行速度,又有高效能的空战、陆战、海战的战斗力,这对于年轻的中国空军来讲,无疑是至关紧要的。

50年代我国的航空历史,在研制强击机方面几乎是零。没有图纸,没有零件,许多人连什么是喷气式飞机都没有见过一眼。要设计和制造强击机谈何容易!这个艰巨的任务交给谁呢?

元帅、将军、专家,都在苦苦地思索一个问题:人才。"他行不行?"坐在靠墙角沙发上的航空工业局副局长徐昌裕打破了寂静。

"谁？""他是谁？"大家不约而同地把头转向老徐，急切地问道。老徐目光凝视着大家，沉静了一瞬间，平缓地说："陆孝彭。"

陆孝彭这个名字对航空界来讲并不陌生。他早年毕业于中央大学航空系，是班上的高才生。后来，他赴美国留学，曾在麦克唐纳、道格拉斯飞机公司工作，参与过舰载喷气机 FD2 的设计。以后，他又在英国格罗斯特飞机公司担任过一种亚音速战斗机的总体设计。单从他的工作背景来看，他可称得上一位绝好的人才。但老徐想的不仅是这些，还有另外一个原因，而这个原因则是相信陆孝彭一定能把强击机研制成功的根本所在，那就是陆孝彭对祖国的爱。

1949 年，陆孝彭在海外听到新中国诞生的消息时，他激动地流下了眼泪。他生在旧中国，目睹了反动政府的腐败，空有一腔报国志也无法改变祖国的命运。今天，共产党领导人民推翻三座大山，建立起人民当家做主的新中国，使那些海外游子报国有门，他怎能不激动呢？他恨不得一步跨入祖国的大门。但是，被推翻了的国民党反动派政府不甘心自己的失败，他们也在网罗人才。陆孝彭巧妙地躲过特务的尾随，辗转新加坡、南朝鲜等地，历尽千辛万苦回到祖国的怀抱。

回国以后，陆孝彭将自己的才智都贡献给了年轻的中国航空事业。1952 年，他曾担任"歼教 1"飞机的主管设计师，在同行们的通力协作下，我国第一架喷气式教练机制造成功，陆孝彭也成了我国第一架喷气式飞机的设计者。

"对，就是他！"与会者异口同声，他们赞许老徐的眼光，会场上顿时活跃起来。

叶剑英同志的办公室里，人们显得格外兴奋。陆孝彭这个名字的出现，使得将帅们忘掉了几天来的疲劳。叶帅踱步走到窗前的办公桌旁。转过身来，坚定而有力地说："陆孝彭这个人选很合适，我看就这么定了吧。"显然，他是经过深思熟虑以后才下这个决心的。

不久，陆孝彭带着元帅的嘱托，带着共和国的期望，从沈阳来到了南昌，担任了强 5 飞机的总设计师。

中国的"强 5"

陆孝彭来到南昌飞机制造公司，开始了强 5 飞机的研制工作。

50 年代我国的飞机制造业，仍是一个年轻的项目。要设计强击机，一无图纸，二无资料，唯一使陆孝彭感到欣慰的是设计室里的年轻人。陆孝彭虽感困难重重，但多年来的科研实践使他产生了一种习惯性的"抗难力"，即没有克服不了的困难，没有攀登不上的山头。更何况元帅的嘱托时时地鞭策着他，激励着他去克服一切困难，去争取胜利。

陆孝彭夜以继日地翻阅着世界各国的航空资料，他认为，随着现代化防空体系的完备，强击机应能上能下，能高能低，能够从敌方的雷达盲区钻过，迅速地接近攻击目标，出其不意地对目标进行袭击，这才是我们需要的强击机！

为了完善他的设计雏形，陆孝彭把设计室里的年轻人组织起来，他们从解剖米格

19 喷气式飞机入手,了解和熟悉喷气式飞机的结构、性能。

同时,他深入飞行员当中,进行调查研究。他不耻下问,从飞行员的谈话里找到了强 5 飞机的基本性能和要求。所有这一切,都为他设计强 5 提供了有力的依据。

在这设计过程中,谁也无法说出陆孝彭究竟有多少个彻夜未眠。每一个数据,每一份图纸,他都要亲自过目,亲自核算。几万张图纸,几万个数据都浸透了陆孝彭的汗水。有时为了核算一个数据,他经常通宵达旦,助手们见他太辛苦,主动提出分担他的工作。但他深情地回答:"我自己不校阅一下,总是放心不下呀!"

400 多个日日夜夜过去了,陆孝彭熬红了双眼,熬瘦了身体,但他身边的图纸却像一座座小山一样日益增高。15 000 多幅飞机设计图终于完成了,陆孝彭头脑里想象的强 5 飞机终于出现在人们的面前。那锥形的机头,加大的后掠机翼,流线型的蜂腰机身,美观的机尾翼,活像一只腾空的银燕,跃然在纸上。

和许多事物一样,强 5 飞机的设计既有一般喷气式战斗机的性能,又有自己的特色。在设计过程中,陆孝彭注意吸收各国战斗机的优点,又勇于大胆创新。为了提高强 5 的飞行速度,他大胆地采用了跨音速面积律理论。

后来,他这一理论得到各国同行的认可和称赞。

从无到有,仅仅一年多的时间,陆孝彭和他的同伴们成功地设计出了我国第一架强击机,这是一件多么了不起的创举!

1960 年 5 月,强 5 进入了试制生产阶段。当时全厂干劲很高,大家都把强 5 当作"争气机"来干。在陆孝彭的指挥下,大家齐心合力,短短的几个月,就完成了模线设计 3000 多平方米,样板件 7000 多件,同时还完成了近千项的工艺装备。然而就在强 5 试制胜利在望时,遇到国民经济的大调整,强 5 下马了。

强 5 试制小组只剩十四人。难道强 5 真得就这么夭折了?陆孝彭奋笔疾书,一口气写了上万字的报告。厂领导被他的执着和真诚感动,决定由剩下的十四人组成试制小组,陆孝彭当组长,采取"见缝插针"的办法继续强五的试制。只有十四人,连陆孝彭在内仅有六名设计员,两名工艺员,四名工人,一名调度员,一名资料员。这就是世界航空工业领域里罕见的所有班底。

陆孝彭拼命了,试制小组的人都拼命了。大家心往一处想,劲往一处使,彻底打破分工界限,14 人既是设计员,又是工艺员、调度员;既是铆接工,又是机修工、保管工。十几个人,铆钉在一个一个地打,铆枪声虽然稀稀落落,但一直没有停下来。功夫不负有心人,1963 年 6 月,通过近两年的摸爬滚打,第一架静力试验用机终于总装完毕。

然而老天还是跟大家开了一个残酷的玩笑——静力试验失败了。原来,一根模拟发动机惯性载荷的直径 16 毫米的钢索,被不恰当地用了两根直径 8 毫米的钢索来代替,导致机身受力超载提前破坏,失败原因与飞机本身毫无关系。自己几万个数据逐一把关搞出的强 5 飞机,居然栽在小小的一根钢索上面!陆孝彭陷入极度的自责和苦闷之中,整个人如同骤然苍老了几十岁。

1964 年 1 月,原三机部孙志远部长来洪都机械厂视察工作。陆孝彭仿佛看到了希望,他抓住机会,用了一上午、半个下午的时间向孙部长汇报了强 5 从设计、试制到静力试验的全过程。强 5 再次得救! 三机部决定立即恢复强 5 试制,委托洪都机械厂再试制三架,一架做静力试验,两架进行试飞,全厂上下顿时掀起了又一轮试制高潮。

1965 年 6 月 4 日,新中国第一架超音速喷气式强击机展翅飞上了蓝天。

1966 年 6 月 10 日,强 5 的飞行实验开始了。这一天,在北京南苑机场聚集了成千上万的观众。为强 5 的设计和制造呕心沥血的叶剑英元帅来了,总政治部主任肖华来了,还有各大军区、各兵种的司令员、政委全都来了。大家都要亲眼目睹一下中国人自己设计和制造的强击机。

陆孝彭破例被邀请坐在叶帅的旁边,此时他的心怦怦跳个不停,静静地等待着银鹰翔空的时刻。

随着叶帅的一声令下,停放在机场上的强 5 战斗机,像一只矫健的银燕,在强大气流的推动下,昂首挺胸冲向蓝天。锣鼓声、欢呼声响成一片。

激动的泪花,顺着陆孝彭的面颊缓缓地流下。经过超音速试飞、低空试飞等一系列项目的考核,证明强 5 战斗机达到了世界先进水平。银鹰在天上翱翔,人们的心久久的不能平静下来。满头银发的叶帅转过身来,紧紧握住陆孝彭的手,激动地说:"谢谢你,我代表中央军委和全体指战员谢谢你!"

此时的陆孝彭,早已忘掉了自我。他感到浑身有一种说不出的喜悦和兴奋,他觉得自己像长了翅膀一样,随着强 5 战斗机在高空翱翔。在高兴的同时,他又在思考着另一个问题:什么时候我们的银鹰能够冲向世界呢?

机会终于来到了!

1983 年在巴基斯坦白沙瓦空军基地举行飞机表演。说是表演,实际上是在展示各国的空战实力。被公认为世界第一流的美国 F16 战斗机、法国的幻影 5 战斗机等都将参加表演。我国派出了自己设计和制造的强 5 战斗机与各国较量。

蔚蓝的天空托起一只只矫健的战鹰,航空高手如林,各种战斗机八仙过海,一展雄姿。按规定,各种参赛的飞机都要进行模拟空战、打地靶和飞行表演等。比赛结束后,我国的强 5 赢得了低空、超低空飞行和打地靶三个项目的第一名,它标志着我国自行设计、自己制造的强 5 战斗机进入了世界最先进的机种行列。

强 5 的诞生,标志着我国飞机制造业进入了新阶段,它大大加强了我国空防力量。1985 年,强 5 飞机被评为国家科学进步特等奖,并被载入国际航空界权威性的《简氏航空年鉴》。

人们赞叹强 5 战斗机的优良性能,更赞美为了祖国航空事业呕心沥血的陆孝彭。

蓝天魂
——记中国工程院院士、K-8/教8飞机总设计师石屏

丁建洪　许　钢

中国工程院院士石屏

2016年5月10日凌晨1时55分,一颗为航空事业奋斗了六十年的心脏停止了跳动,我们敬爱的中国工程院院士、K-8/教8飞机总设计师石屏,还惦念着雄鹰,还惦念着蓝天,却悄然走完了83年的人生旅程。消息传来,赣鄱含悲,万众掩泣。

人们还清晰地记得,2003年11月,德高望重的石屏经评委投票一致同意,进入中国工程院院士行列,迎来了人生又一春,激励他躬耕在教练机领域的前沿。

人们还清楚地记得,2002年7月,在北京人民大会堂召开的全国"杰出专业技术人才"表彰大会上,石屏饱含深情话语:"没有党和人民,就没有我石屏的一切。"

一批批的孩子们忘不了石屏爷爷讲的航空故事,那里有烽烟,有奋斗,有理想,有一片神奇的天空,有一批中国的血肉灵魂。

这一切,都是因为奉献与追求,创造与飞翔。这位平凡而普通的老人,留下的是风采和传奇。

高山仰止,景行行止。当他把全副身心都献给了蓝天上的雄鹰,把所有的智慧,都献给了祖国的航空工业,把所有对党的忠诚,都融进了祖国的国防建设时,他就像长空鹰魂,在蓝天上驰骋着壮阔的理想,向祖国和人民交上了一份满意的答卷。

一

献身祖国的航空事业来自石屏童年的梦想,并成了他一生的追求。

1934年3月,石屏出生在江西省鄱阳县一个贫苦的农民家庭,三岁的时候,父亲就离开了人世。因为家境贫寒,石屏一边放牛,一边跑到村里的私塾读书。

那时正值国难当头,昔日银帆点点、渔歌唱晚的美丽鄱湖,在日寇飞机的狂轰滥炸下,青山绿水在蹂躏中呻吟,伤痕累累,满目疮痍。望着肆无忌惮的敌机,看着荒凉的家园,无助的同胞,愤怒的石屏心里在滴血,总有一天,我要用自己造出的飞机,把你们狠狠地揍下来!……

1949年全国解放了,失学在家近两年的石屏接到了中学的通知,他享受了甲等人民助学金,10月份复学报到。重新捧起久违的书本,石屏激动得热泪盈眶——是党和人民给了他读书的机会,是党和人民给这个农家的贫苦孩子插上了实现梦想的翅膀。怀着满腔热情,风华正茂的他留下了青春闪光的足迹:16岁加入共青团,18岁成为学校团支部书记,当选为县政府常委、选送到中南团校学习,20岁加入中国共产党。

在念高中的时候,朝鲜战争爆发,志愿军因为没有自己的飞机,初期蒙受了很大损失,消息传来,石屏被深深地触动了,想起童年时的经历,他更加坚定了投身祖国航空事业的决心。两年后,石屏高中毕业,考进了南京航空学院。从此,他把全部的人生投入到新中国的航空事业中,从未回头,从未动摇,一往无前,矢志不渝。

1956年7月,石屏毕业来到了新中国第一架飞机诞生的地方——320厂(现中航工业洪都)。终于可以设计飞机了,童年的梦想、少年的理想、青年的志向终于可以实现了,石屏兴奋得彻夜难眠。

在投身安2运输机研制的一年时间里,石屏经历了许多,看到了许多,也想到了许多。与新中国航空工业同时诞生的洪都公司,解放前是国民党的一个旧飞机修理厂,遍地废墟,杂草丛生。就在这片废墟上,洪都的创业者们边生产、边建家,风餐露宿,艰苦创业,把新中国的第一架飞机送上了祖国的蓝天。洪都人众志成城、拼搏奉献的热火朝天场面,深深激励着年轻的石屏。

参加设计后不久,石屏发现,面对每天没完没了的问题,面对那么多的算式、数据和图纸,自己的知识远远不够用。

为了能够早日设计飞机,不服输的石屏一头扎进了知识的海洋。他一边工作,一边刻苦学习俄语、数学、力学等知识,加强基本功训练。强度计算是一项非常枯燥和繁杂的工作,整天坐着埋头计算,算了几公斤纸,有用的却只有几页纸,还不能有丝毫差错。个性沉稳的石屏没有产生烦躁,十分耐心。他坚信,科学来不得半点虚假,只有老老实实、严谨务实,不放过任何一个环节,才能得出正确的结论。

岁月悠悠,一晃二十多年过去了。勤奋者的脚步,追赶着蓝天的梦想。从设计员、设计组长、室主任到设计所副所长,石屏先后参与和主持了安2、初教六、东风103、强五系列改型机等多种型号飞机的仿制与研制,积累了丰富的实践经验,锻炼了出色的组织协调能力,为初教六飞机获国家质量金奖、强五飞机获国家科技进步特等奖作出了突出贡献。

二

1990年11月21日下午，K8首飞现场。

随着一声令下，K8飞机矫健轻盈的身影腾空而起，直上蓝天，带着面世的欢欣，在云中翻腾出没，尽情舒展。当K8平稳地落下地面，试飞现场响起了一片欢呼，人们拥抱着，庆贺着。面对欢乐的人群，目光始终跟随着K8的石屏百感交集，心情久久难以平静。首飞成功了。经过多少艰辛与努力，多少荆棘与坎坷，终于等到了收获的这一天。

高级教练机向来被称为培养出高水平战斗机飞行员的"摇篮"。自20世纪70年代以来，美、英、法、德、意、捷克等国都相继发展了新一代教练机，引发了世界各国教练机的更新换代，形成了一个容量巨大的国际市场。

1982年，洪都公司将目光瞄准了新一代教练机，为及早填补国内空白，专门成立了教练机方案组，年富力强的石屏挑起了方案组组长的重任。已经潜心进行了十多年教练机研究的石屏，深知新型教练机对于我国空军、对于洪都公司长远发展的重要性。新一代教练机应该是什么样子？他把眼光瞄向了国际航空科技的最前沿。通过研究比较，结合我国具体情况，石屏在《航空杂志》发表了《借助国外经验发展我国教练机》的论文，提出了"提高训练效率，降低训练费用"的研制思路、基本性能要求和适应不同国家需要的两种训练体制，得到了广泛认同。

1986年，我国决定与巴基斯坦合作研制新一代喷气式教练机。这在我国飞机研制史上还是第一次。洪都公司派团前往巴基斯坦进行洽谈。

刚到巴基斯坦，对方就通知第二天召开国防部听证会。还没有从旅途劳顿中恢复过来，石屏就连夜开始了紧张的工作。灯光从傍晚一直亮到第二天凌晨五点，石屏依然毫无倦意。他知道，这份报告关系着洪都的前途和命运，答辩成功了就意味着协议成功了一大半。迎着异国的黎明，石屏对报告又进行着仔细地推敲。

听证会开了整整一天。巴方对答辩报告十分赞赏，认为方案新颖独特，性能分析透彻，具有很强的可行性，当场就拍板，确定合作研制。一个星期就签订了投资与我方合作研制新一代教练机的协议，揭开了教练机立项研制的序幕。中巴两国交界于喀喇昆仑山脉，飞机于是取名"K8"——喀喇昆仑之鹰。

1986年10月，石屏被任命为K8飞机总设计师。1987年5月，中巴双方又签订了K8飞机的战术技术要求，提出要保证K8飞机在国际市场上有竞争能力，6月1日为工程零点，三年飞机要上天。

历史在石屏52岁的时候，把他推上了飞机总设计师的岗位。雄鹰就要在自己的手里起飞了，石屏激动不已。从事设计几十年，朝思暮想的就是要在有生之年为祖国、为人民做点事，现在任务来了，机会来了，考验来了，石屏心中充满了喜悦，充满了渴望。但他更清楚，飞机研制是一项巨大的系统工程，不亚于一场战役。K8飞机没有原准机，资金有限、时间有限，战技性能要求高，风险大，但石屏坚信："路是人走出来的，我们一定能成功。"

三

　　总设计师全面负责飞机的技术问题。人们期待着石总尽快拿出总体方案。

　　办公室的灯光彻夜不眠。总设计师石屏时而伏案疾书,时而踱步沉思。K8飞机必须全面覆盖和模拟战斗机各项飞行特性,要想在国际市场上占有一席之地,没有创新,没有独到之处,是无法实现的。他的目光追寻着灵感,脑海里一遍遍地斟酌着每一个环节。

　　总体设计方案拿出来了,人们争相传看。"高低速兼顾;良好的机动性能和失速;良好的视野和舒适的座舱环境⋯⋯"这是一个多么新颖独特的思路啊,整整十大特点,令人拍案叫绝。凡是国外先进教练机有的性能,它都有,别人没有的,它也想到了,这足以和世界一流的教练机一拼高低。

　　若干年以后,原洪都公司强五飞机总设计师、陆孝彭院士回顾起这份设计方案,抑制不住内心的喜悦,挥笔在鉴定表中写道:"K8飞机的十大特点是一个创造,应该作为飞机设计的普遍准则。"

　　有了作战方案,一场战役全面打响了。石屏就像将军一样,指挥着各方进行大兵团作战。经过深思熟虑,他列出了十项技术关键,近百项试验,排出了工作计划,组建起精干的总设计班子,集合着各专业、各系统、各部门的力量,朝着总的目标,发起冲锋。

　　1989年,飞机做第一次全机静强度试验遇到了失败。沉闷的空气笼罩着人们,大家议论纷纷,认为这是一次质量事故。这种认定对飞机研制工作的影响可就大了。主管设计人员心里十分难受。石屏也惊呆了,看着一双双期望的眼睛望向自己,他很快就镇静下来。作为总设计师,碰到挫折,重要的是鼓励大家振奋精神。

　　原因找到了。是一个加强肋失稳,造成了机翼破坏。经过缜密的分析,石屏向大家宣布,这属于科学试验中的正常偏离,不是事故,大家要冷静,实事求是,拿出加强方案,作局部加强就可以了。经过改进,飞机进行了第二次试验。那天,不少人心里仍然忐忑不安,特别是当飞机又加载到95%时,主管技术人员都不敢抬头看飞机,上一次的那声轰隆巨响给他们的印象实在是太深刻了。当加载到100%的命令发出后,全场一片寂静,时间仿佛凝固了,人们的心跳声都能听见。等卸载命令发出来,人们才回过神来,情况稳定,一切正常!不知谁喊了一句"试验成功了"!现场顿时沸腾起来了,中巴两方参研人员兴奋地互相拥抱,互相祝贺着。刚才还鼓励大家不要紧张的石屏,此时,却感到全身的衣服都快湿透了。

　　成功就是一切。为了打赢这场仗,人们奋不顾身,忘我工作,一天到晚泡在研制现场。K8千丝万缕的事务包围着石总,时间对他来说,比什么都宝贵。家庭和事业总有发生矛盾的时候,石屏总是毫不犹豫,一次又一次把天平的砝码放在了事业的一端。为了K8,石屏每天早出晚归,和家里人连话都说不上几句,生活简单到了极点。回到家里时,家人都已经熟睡。不少同志都劝石总,妻子也劝他,你要注意身体,可不能这样干,也别叫部下这么干。石屏心里清楚,不用他叫,大家都是自发地在这样干,这是一种使命,在战场上,最关键的时候,谁愿下火线?!

创新常常需要风险决策,风险决策更需要胆识。1986年秋天,第一设计方案风洞试验没有成功。公司决定设计三个方案,进行吹风选型。高低速风洞试验在北京和哈尔滨进行,按当时的条件,如果从低速到高速逐步做下来,三个方案要花大半年,会影响总体研制进度。经过分析,石屏大胆地作出了决定,打破常规,三个方案同时进行低、高速吹风试验。听到这个决定,试验单位的同志都为他捏了把冷汗,那可是从来没有人做过的。

没有先进的通信手段,也没有专用的计算工具,参研人员就靠一部长途电话,传递和处理数据。两边的同志24小时盯着试验过程,一个一个地通报、记录试验数据,进行手工计算,分析修改,处理着数以万计的数据,到后来,大家连做梦的时候都会报起数字来。试验顺利地提前完成了,石屏却整整瘦掉了一圈。

石屏的爱人张雪佩是位空气动力工程师,当时两个人都在试验现场。试验做完了,才发现已经快到年边了,家里两个孩子还在吃着食堂呢。大年三十的那天,家家户户喜气洋洋,爆竹声声,但夫妻俩却还在南归的列车上往回赶。当他们踩着家家户户的爆竹声踏进家门的时候,孩子们惊喜地扑向了父母。尽管商店都已经关了门,买不到年货,全家人粗茶淡饭、马马虎虎过了个年,但天伦之乐带来了融融春意。孩子们说,能和爸爸妈妈一起过年他们就很高兴了,吃什么都觉得香。

根据风洞试验结果,石屏提出了一个可以满足飞机性能需要的、创新的机翼方案,但是有较大的风险。相当多的同志倾向于选择流行的后掠机翼方案,一位老专家出于关心,特地提醒石屏:"你这个方案有很大的风险,也许你会因此而失败的。"改还是不改,争论了很久。沉重的压力,坠在石屏的心头。坚持照科学办事的石屏,坚决地选择了创新方案。要设计出具有国际先进水平的教练机,走老路哪里会有突破!飞机试飞出的良好技术性能,打消了人们的顾虑,原来有不同意见、表示担心的专家非常高兴,特意向石屏祝贺。

飞机的可靠性设计在我国还是刚刚起步的新鲜事物,石屏敏锐地意识到,可靠性和维修性将会与飞机性能一样,决定着飞机的竞争力。他要让K8成为我国第一架进行全机可靠性设计的飞机。这就意味着更多的困难在前面等着他。石屏不怕,只要他看准的事情,不管遇到多大的困难,碰到多少曲折,他都不会停止,不会回头。

国内的大部分飞机都是在后机身装发动机,装拆时都要脱开后机身,要花好几个小时。为了提高维修性,石屏与同志们进行了详细研究,克服结构和强度设计上的种种困难,创造性地在后机身开了一个大口盖,采用腹部顶装发动机的设计,使装卸发动机的时间缩短到56分钟,创造了国内一项新纪录。像这样的快卸式口盖在全机的134个口盖中就占了77个,使所有的故障都可以在机身的任何地方找到维修的途径,大大提高了维护的效率。

成件的引进,复合材料的应用,穿盖弹射的设计……一项项创新构成了 K8 独特的优势。1992 年 12 月,填补了我国基础教练机空白的 K8 飞机通过了设计鉴定。2001 年 K8 研制成果荣获了国家科学技术进步一等奖。英、美、俄等二十多个国家的飞行员在飞过 K8 之后,一致反映说,它的性能优良,机动性能好,横向操纵品质尤为突出。俄罗斯特技飞行员在驾驶 K8 作完尾旋和一系列特技飞行动作后说:"这是我所驾驶过的世界上最好的教练机之一。"K8 落户巴基斯坦后,表现出众,巴方一位将军大为感叹:"我们终于找到了理想的教练机。"

四

1992 年以来,K8 飞机先后参加了八次国内外航展,引起了世界的瞩目。1999 年,K8 飞机与西方几个公司的教练机在埃及进行了一次评估飞行。胜出的一方,将获得埃及空军的订单。对 K8 飞机来说,这是一次严峻的考验。结果,K8 不负众望,竞标成功。年底,埃及与中国签订了合作生产八十架 K8 飞机、输出 K8 生产线的合同,总金额 3.45 亿美元,开创了向国外输出整机生产线和设计技术的先河,改写了五十多年来一直由我们引进国外飞机和生产线的历史。

如今,K8 飞机已经销售到十多个国家,K8 系列飞机累计交付超过同类机型市场的三分之二,在国际市场上独领风骚,一批批的客人前来洽谈……雄鹰,找到了属于它的广阔天空。

1992 年,石屏又担任了空军急需的国产化新型教练机教 8 的总设计师。苦战三年,教 8 的研制取得了成功。它继承了 K8 飞机的特点,全部成品按要求选用了国产件,性能全面达到并超过战技指标。创造了航空史上当年发图、当年制造、当年上天的奇迹。1998 年飞机首批交付使用以来,由于训练效率高、使用维护方便,广受欢迎。

沉浸在飞机研制中的石屏,就像回到了二十多岁,浑身精力充沛,却又容不下一丝一毫的杂念。孩子工作、结婚,他拿不出时间去管,搬家装修,他没有心思去想,家里的事全靠妻子操持。碰上妻子出差,泡几包方便面、啃几个馒头就对付过去了。

超常的体力、脑力支出,任谁都扛不住,一直对自己身体非常自信的石屏也不例外。1993 年 4 月,石屏的妻子出差去了。常年坚持锻炼的石屏这几天一直觉得不舒服,发着低烧。他以为扛一扛也就过去了,仍然早出晚归,上班工作。这天,儿子石晓宁下班回家,发现父亲躺在床上,盖着两床被子,正在发烧,极其虚弱,边上一摊铁锈色的血迹。儿子着急了,问爸爸:"您怎么啦?"石总用微弱的声音说道:"我动不了,没想到这么严重。咳出了血,估计是急性肺炎。"这时,外面正下着倾盆大雨,雷电交加,家门口连一辆的士和黄包车都找不到。晓宁向父亲建议,"让所里派一辆车来吧",石屏一口回绝。于是父子两个披上雨衣,深一脚浅一脚地走到医院。打完点滴,已经到了凌晨 1 点多了。第二天,烧还没退下来,39 度 5,只好住院。石屏向儿子再三叮嘱,不要让单位知道,免得影响工作。

妻子最了解石屏,清楚飞机在石屏心里的份量。从南京航空学院毕业后,张雪佩在洪都的飞机设计所,在飞机研制一线,一干也是几十年。共同的事业像是强大的磁铁,吸引着他们相识、相知、相伴。40多年来,他们相濡以沫,生活上是夫妻,事业上是战友,情深意笃。石屏常常对妻子深情地说,我是风筝,你就是线,你是对我最无私的人。2001年,张雪佩因重症肝炎突然离开了石屏。弥留之际,她还挂念着丈夫和丈夫的事业。

事业上双飞的鸟儿如今形单影只,石屏悲痛欲绝,夜夜呼喊着老伴的名字……多少次他们彼此勉励过对方,要一辈子做航空事业上的比翼鸟,要亲手让更多的雄鹰飞上祖国的蓝天,可老伴却早早地离开了自己,离开了心爱的航空事业,言犹在耳,石屏心如刀割。不愿意在痛苦中消沉的石屏选择了立即上班,那里有他追求的事业,那里有老伴未竟的心愿,只有工作,才是对自己和老伴最大的安慰,只有飞机,才会让自己不再寂寞……

五

K8飞机离不开石屏,石屏更离不开飞机。人们尊敬他,爱戴他。党和人民更没有忘记他对祖国航空事业的卓越贡献和辉煌成就,给了他巨大的荣誉。他先后荣获了国家科技进步一等奖、全国劳动模范、全国杰出专业技术人才、全国优秀科技工作者、"爱岗敬业、无私奉献"全国公民道德建设先进典型、第四届航空航天月桂奖——终身奉献奖、航空工业有突出贡献专家、航空金奖、航空工业总公司劳动模范、江西省科学技术特别贡献奖、江西省劳动模范、南昌市劳动模范等多项荣誉和奖励,荣立航空工业一等功4次。

崇高的荣誉,是对奋斗者的最高奖赏。石屏却始终认为,自己只是一名普通的设计人员,虽然在总设计师岗位上做出了一点成绩,但个人的能力毕竟是有限的,是因为有了航空工业战线广大专业技术人员的团结拼搏,有了人才的兴盛,才有了祖国国防事业的辉煌成就。

光荣召唤着理想,一辈子与飞机打交道,飞机已经成为他生命中不可分割的一部分,牵动着他的每一根神经。他心里涌动着火一样的热情,老骥伏枥,尚且志在千里,为了祖国的强盛,他愿意竭尽一生,奋斗不息。

多年来,这位有着六十多年党龄的老科技工作者,为了祖国的航空事业后继有人,一刻也没有放松过自己的责任。在教练机研制生产的头十多年里,石屏有意识地把年轻人推向科技攻关的主战场,给他们压担子,下任务,带领他们到生产一线去实践,到车间直接配合生产,和工人交朋友,吸取营养,想方设法培养后起之秀。飞机研制成功了,一大批年轻人接过了他的事业,并且向着更高的领域推进,先后有六人走上了厂级领导岗位,产生了两位副总设计师、十多位所、室主任、学科带头人,有十名同志先后加入了中国共产党。这些,让石屏感到十分欣慰。他说:"我最为骄傲和自豪的是,在K8成功的同时,成长了一批'初生犊不怕虎'的后生们,他们才是中国航空事业的未来所在,希望所在!"

如今，洪都公司正在以飞行训练效能体系为核心，打造中国教练机基地。在猎鹰等新一代教练机的研制者心中，都把标杆定向了敬爱的石总，决心要让高教机成为走向世界的又一型名机，让洪都的事业代代相承。

人们归纳过石屏同志身上体现的五大精神核心：热爱航空、爱岗敬业的高尚品德，严谨务实、精益求精的科学态度，百折不挠、顽强拼搏的坚强斗志，敢于创新、勇攀高峰的进取精神，不计名利、忘我工作的献身精神。对此，石屏归结为一句话："我的一生，是忙忙碌碌、平平淡淡的一生，普通的一生，一代人的一生，无怨无悔的一生。"

近十多年，他依然心系航空前沿技术的研究，依然在讲台上为航空学子传道示范，依然作为孩子们的伙伴在心灵里播撒航空种子……

是的，无怨无悔。如洗的蓝天是航空人心中永远的情结，成为航空人生命中神圣的目标。是那辛勤的汗水，执着的追求，托起了翱翔蓝天的雄鹰；是那智慧的火花，创造的激情，点燃了生命绚烂的色彩，谱写出一曲辉煌的奋斗者之歌。

石总走了。您说，您还要见证航空工业和洪都在第一个百年到来时的成就呢，可是您走了。千万名洪都人还不肯相信您的音容笑貌已经离开了我们，可是您走了。

石总，您，一路走好！您，永远是我们洪都人的楷模、航空人的骄傲！

如海人生
——记海防导弹设计师彭历生

木 子

导弹专家航空金奖获得者　彭历生

新中国诞生不久,毛泽东主席就明确指出:我们一定要建立强大的海军。

60年代初,面对严峻的国际形势,国家主席刘少奇指示:要尽快拿出岸舰导弹,打击敌人的海空优势。

一万八千多公里的海岸线,三百多万平方公里的海疆,呼唤着我国海防导弹的诞生。

1960年,上级决定由南昌飞机制造厂(现为中航工业洪都公司,以下简称洪都)等单位仿制海防导弹,国内型号为"上游一号"。于是,代号为"40办公室"的试制单位在该厂悄悄组建。清华大学毕业的高才生何文治被委任为办公室主任。5月,一枚"上游一号"舰舰导弹的样品和第一批资料从北京陆续运抵南昌,仿制工作在对外严密封闭的状态下加紧进行。可万万没有料到,成立才几个月的试制单位,工作还未理出个头绪,就遭到意外挫折。中苏两党的论战和分歧导致了国家关系的急剧恶化。苏联中断了所有援建合作项目,海防导弹的研制也面临搁浅。

难道研制海防导弹的任务就此夭折?难道中国人靠自己就无法生产出保卫自己海防的导弹?

科学有险阻,苦战能过关。一场消化资料,掌握技术,大练基本功的反设计拉开了帷幕。

同年10月,从捷克学成回国,并获得机械工程师职称的彭历生,怀着一颗报效祖国的拳拳赤子之心,来到了南飞厂刚组建的40办公室,从此与导弹结下了不解之缘,开始了他如海的人生。

一

"上游一号"舰舰导弹属于采用火箭推进系统的第二代飞航式战术导弹中最早酌一种,技术复杂,精度要求高,是一种效费比相当高的攻击型武器,苏联也是在1959年底、1960年初刚完成试制并转入批生产的产品,具有世界60年代尖端技术水平。仿制任务下达后,工厂当即提出聘请8至10名苏联专家的要求,可现在不但没有专家,就连技术资料也残缺不全。几十个人,除了从飞机线上抽调来的有一定经验的少数同志外,其余大部分是20多岁刚从学校毕业的青年,不用说设计导弹,连导弹的面也是第一次见到。

彭历生这位喝洋墨水的山东大汉,来得正是时候。导弹,当今武器的骄子,现代尖端科技的产儿,多么需要高技术的人才驾驭啊! 当何文治得知他虽然学的是飞机设计专业,但结构力学、强度计算的功底比较好,喜出望外,分配他干强度计算工作。

强度计算是导弹仿制工作的"先行官",必须走在试造工作铺开的前面,为处理生产技术问题提供理论依据和计算结果。因此,尽快攻破强度计算难关迫在眉睫。

担任总体强度组组长的彭历生带领全组同志广泛收集国内外有关参考资料,苦心钻研,集思广益,选定了适合弹体结构的强度理论、计算方法及具体计算公式,在具体计算工作中采取分工负责集体把关的办法,最大限度地将大家的智慧发挥出来,集中起来。他带领全组同志,首先对全弹A综合试验情况载荷不平衡的问题进行了探讨。这在当时是一个急待解决的大难题。如不及时解决,不但部件强度计算载荷无法确定,而且强度计算无法开展,静力试验也无法进行。彭历生和全组同志经过半年的苦战,通过对三种平衡方案的反复分析和比较,终于选定了一种合理的方案。从而全面展开了强度分析和强度计算工作,经过一年多的艰苦奋战,靠手摇计算机,终于出色地完成了全弹的全部强度计算工作,为全弹仿制设计工作的全面展开打开了大门。

在整个强度计算过程中,共写出了三十多本近1000页的强度计算报告,解决了当时国内强度计算方面的一系列难题。在这么短的时间内,在科研手段十分简陋的情况下,从零起点,攻破了如此大的难关,不能不说是一个奇迹。

在此期间,身为组长的彭历生废寝忘食,每天的运行轨迹就是宿舍到办公室,办公室至宿舍的两点一线。当时正遇上国家三年困难时期,饿着肚子干活可他却毫无怨言。在荣誉感、使命感的驱动下,他把什么困难都抛在了脑后,心里只有一个愿望,一定要攻克强度计算的难关,也一定能攻下这道关!

为实现自己的愿望,彭历生夜以继日地工作,体重由175斤一下降到115斤,以致他爱人调来南昌时都认不出他了。

科学之路,荆棘丛生,坎坷不平。一道险关刚被攻破,过载试验测量手段的难关又挡在了前面。彭历生带领强度组的同志组成攻关小组,对过载试验的全过程进行认真分析,广泛开展试验,在一次次失败面前不退缩,不气馁,经过反复探讨,反复试验,终于受应变测量的启发,于1963年攻破了这一顽固的"碉堡"。

出色的组织能力,精深的技术业务,使彭历生走上了领导岗位。1962年底他代理主管设计师的工作,1964年5月被正式任命为主管设计师,主管总体、气动、强度、弹道回路工作,组织补充苏联未提供的关于"上游一号"导弹气动、弹道、回路等性能设计方面的资料。1965年秋,他参与领导了阎良会战,开展了全面的回路模拟和弹道计算工作,至1966年2月,先后完成了"上游一号"和"海鹰一号"的弹道计算、回路模拟计算,满足了"上游一号"导弹仿制的需要,也满足了"海鹰一号"导弹的急需,为最后确定各分系统参数和气动布局提供了充分的依据。

1966年11月,"上游二号"导弹在海军试验基地进行定型飞行试验,取得九发八中的优异成绩,提前两年一次仿制成功,填补了我国反舰导弹的空白。

几度风雨,几度春秋,在这块浸透多少人的血和汗的土地上,探索者们用自己的智慧和双手,创造了我国第一枚象征着新的希望的导弹。此后,"上游一号"换装了性能优良的末制导雷达和精度很高的无线电高度表,在国内首先实现了导弹的贴海飞行,大大提高了导弹的突防能力和抗干扰能力,从而研制成功了"上游一号"的替代型"上游一号甲",并于1985年获国家科技进步二等奖,1987年获国家质量银质奖。

二

路,创业者的路,在荆棘丛中,在乱石堆里,被信心和勇气,理想和智慧,被探索和追求的脚步踏了出来,并继续向纵深延伸、拓宽。

早在1963年底,厂里便成立了新产品论证组,彭历生主管该组工作,在不长的时间内,提出了5个新产品的设计方案。"海鹰一号"岸对舰导弹就是其中之一。1966年10月,彭历生任40办公室代理副主任,参与组织了"海鹰一号"导弹的设计研制工作。同年12月,他带队赴海军试验基地进行"海鹰一号"导弹首次靶场飞行试验。

1973年9月21日,渤海湾。我国自己设计制造的第一艘新型导弹驱逐舰,将首次发射舰用"海鹰一号"导弹。基地码头像过节一样,停泊港内的所有参试舰艇,按舰艇条令全部挂满旗,桅顶旗和舰首旗,以隆重的仪式等候中央首长检阅。

9时40分,中共中央副主席叶剑英、李德生和有关部委领导同志一起来到发射基地。

14时10分,发射海域万里晴空,碧波如镜。14时30分,随着指挥员一声令下,只见辽阔的海面上舰用"海鹰一号"导弹像一条火龙飞出发射筒,射向40公里处的固定靶。雾时间,靶船被击中,溅起了冲天的巨浪。15时30分,第二发导弹又直接命中了35公里处的遥控靶艇。叶剑英、李德生等领导同志在码头接见了参试人员,高兴地和大家握手,表示祝贺。第二天又进行了双发齐射,全部直接命中35公里处的遥控靶艇。首舰首次导弹试验,4发4中。1975年12月,舰用"海鹰一号"导弹完成了设计定型。自1983年下半年起对导弹进行改进,在1985年9月首次飞行试验中以四发四中的优异成绩一举成功,直接转入设计鉴定并于1987年开始批量生产,创造了我国研制海防导弹效费比最高的纪录。该弹由于新技术的采用,荣获1988年国家科技进步二等奖。

"海鹰一号"系列导弹的研制,是一项完整的系统工程,从1965年至1986年,历时22年,彭历生作为这一系统工程的参加者和后期的组织者及技术总负责人立下了汗马功劳。

三

1982年4月,大西洋波涛汹涌,风云突变,英阿"马岛"之战震骇世界,阿根廷用法制"飞鱼"反舰导弹,一举击沉英国"谢菲尔德"号驱逐舰。这是继1967年中东战争,埃及用苏制"冥河"舰舰导弹击沉以色列2550吨级"艾拉特"号驱逐舰以来的又一令世人瞠目的创举。

国外军事评论界惊呼:世界已进入导弹时代!人们愈来愈认识到反舰导弹在现代战争中的地位。

为了现代战争的需要,为了捍卫祖国辽阔的海疆,洪都海防导弹线的科技人员决心研制出一种体积小、重量轻、威力大、通用性强、经济效益好、抗干扰能力强的新型海防导弹。

1983年12月,北京远望楼宾馆会议室,国防科工委召开的对海武器规划会上,南飞公司副总工程师、导弹总设计师彭历生的发言掷地有声:新型导弹具有当代先进水平,上级能拨给的科研经费较少,研制时间又短,困难确实很大,但我们有把握,愿意承担风险,我们干了!

1984年8月1日,作为工程零点,新型导弹设计研制工作正式开始。彭历生被航空部任命为型号总设计师。彭历生深感责任重大。从战术技术指标、设计方案的确定到分系统设计任务书,从研制程序的几个大的阶段到质量保证措施,他都详尽思考;对重大的技术关键,他既充分发扬技术民主,又适时集中,作出正确及时的决策;结构总图、重要成件安装图,他一一审查把关。设计室、生产现场时常有他的身影,他没有星期天和节假日,就像那永不停摆的钟,忘我地工作着。在公司领导和总设计师的精心组织下,设计、工艺、冶金、特设、标准、供应、生产、后勤等各部门通力协作,到1984年12月31日,倾注着每个设计者的心血和希望的连起来长达1公里多的图纸,便全部发出,试制工作全面铺开。接着,设计人员又马不停蹄奔赴全国各地进行协调、跟产。为确保研制工作一次成功,采用了国内有关最新标准,开展了可靠性增长试验和可靠性评估工作,先后完成了五十多项大型试验,发出了九百份报告。在新型导弹设计过程中采取了八项重大技术措施,特别是在气动布局,动力装置和控制引导系统设计中采取的非常有效的措施,使新型导弹的设计质量和性能更加完美。

历经二十五个月的风风雨雨的磨砺,到1986年9月,凝聚着洪都人智慧和汗水的新型导弹,披上草绿色的弹衣,装上火车,发往发射试验基地。

在第一阶段的陆上发射试验,以四发全部成功的优异成绩,出色地完成了本来计划用 7 发导弹才能完成的试验任务,海军装备技术部发来的嘉奖贺电称赞此次试验"在海防导弹研制中获得了最佳成绩"。

1987 年金秋。第二阶段难度更大的海上发射试验又以七发五成功的好成绩,胜利完成了本来计划用九发弹才能完成的任务。

1989 年 5 月,主宰新型导弹命运的第三阶段设计定型发射试验,将在北国海湾一锤定音。

天有不测风云。第一、第二发导弹都打飞了。要达到七发五中合格要求,无疑是孤注一掷。严峻的形势,简直把每个参试人员压得喘不过气来。面对这冷酷无情的现实和沉重的心理压力,作为导弹总设计师和第一行政副总指挥,彭历生明白,下一步棋如何走将决定全局的命运。他细心研究了发射失败的可能原因,充分研究和分析了继续试验和终止试验的两种意见,冷静地综合各种因素,最后毅然而理智地作出了痛苦的,然而却被证实是正确的选择——终止试验。

此时此刻的彭历生,真正体验到了什么叫"压力"、什么叫"严峻"。俗话说,"失败是成功之母",可飞出去的两发导弹已石沉大海,留下的除了一大堆数据外,别无所有,要真正找出失败原因,谈何容易!

在这无比困难的境况下,彭历生要求全体研制人员以"眼睛向内,综合治理"、"怀疑一切"、"撒大网,抓小鱼"的精神,一丝不苟地重新检查各自的工作,不放过任何一点可疑之处,一些重点部位采取层层的"淘汰法"和一系列的可靠性增长措施,并通过各种试验,想方设法重现故障。通过无数次的试验,分析论证,最终确定采取十二条措施,确保第二次设计定型试验的成功。

别无选择的 1989 年 10 月,终于来临。

由各参研单位领导、专业人员、军代表组成的试验队伍又汇集到试验基地。面对这最后的背水一战,它意味着什么,谁都明白。

身为总设计师的彭历生,只感到一种使命感在心中激荡,这次试验似乎成了他生命中的一部分,他过问每一个细节,深入测试现场,整天整夜泡在测试阵地,开碰头会,订措施。每个参试人员都从自己做起,分析遥测参数,寻找每一个可能有的疑点,不放过一根导线,一个插头,一颗螺钉,不放过示波器上任何一点细小的不正常波动,就是导弹进了发射筒,只要有一丝一毫的怀疑,也要不厌其烦地重新打开舱口检查。

"功夫不负有心人"。发射试验终于以七发五中的成绩,使新型导弹得以定型,并于 1993 年获得国家科技进步二等奖,彭历生以其卓越的成就而荣立一等功。

四

彭历生祖籍山东腾州,1932 年 11 月生于济南,"七七"事变之后跟着父亲彭畏三进了沂蒙山区,14 岁就到鲁南军区医院参加革命工作,1950 年加入中国共产党,1954 年由北京航空学院考取留学生,到捷克军事学院学习飞机设计,1960 年毕业回国后便从事海防导弹的设计工作。四十多年来,他先后参与、主持过 15 种型号海防导弹的设计研制工作,其中定型八个获国家科技进步二等奖,四个获全国科学大会奖,一个获国家质量银质奖。

他1983年起,担任航空部科技委委员,1988年当选为中国航空学会理事,1986年获航空部"有突出贡献的科技专家"称号。1991年4月航空工业创建四十周年时又获航空工业首次最高荣誉奖——航空金奖称号。

1992年,彭历生身患重病,住院治疗长达两年之久,直到1994年初才摘掉肺癌的帽子。在住院期间,他以坚强的毅力积极配合治疗的同时,还时时惦记着他心爱的导弹。当病情稍好转,他又像一头老黄牛一样,在海防导弹的研究领域默默耕耘,辛勤劳作。退居二线后,作为导弹方面的技术总顾问,他仍然时刻关注着导弹研究,仅1995年10月到1996年12月就四次参加靶场试验,历时半年之久。他的心愿是要把党和人民给予他的智慧全部奉献给他所从事的事业。

彭历生,心系祖国辽阔海疆的安全,赢得了他如海的壮丽人生……

(原载《神剑》1997年第4期)

拳拳报国心　殷殷航空情
——记全国劳动模范、洪都集团公司党委书记张波

洪都集团公司供稿

他，生长在航空城，毕业后秉承父辈的壮志，将一身才华回报航空事业；他，而立之年临危受命，奋力一搏只为续写航空人的传奇使命。蓝天是他幸福的给养，铸剑是他耀人的梦想。二十多年来，他为了梦想而不知疲倦，前方，有等他必赴的使命，身后，有伴他一路的坚强。他，就是党的十七大代表、全国劳动模范、洪都公司党委书记和副总经理、国家某重点型号总设计师张波。

1987年的夏季，张波从西北工业大学导弹总体专业学成归来，回到了自己熟悉的航空城，开始了导弹设计研究的崭新人生旅程。

洪都公司研制过新中国第一枚海防导弹，几十年来已经研制生产了多种海防产品数千枚，在国防武器装备序列中占有一席之地，培养了一批技术专家。年轻的张波十分珍惜这种环境，他如饥似渴地学习、吸收和消化，请教专家，摸索经验，总结教训。导弹设计所也先后安排他从事了多种海防导弹的设计研究工作，进入型号和预研课题组，向他压担子，着重培养。勤奋好学的张波，在实战中很快提高了自己的专业技术水平，迅速成为导弹设计专业的技术骨干。在这段成长经历中，他还作为高徒被评为"江西省优秀师徒"。

在1999年新中国成立五十周年大阅兵的"9910"工程中，张波主持上游二号导弹

受阅装备的研制工作,由于任务完成得圆满、出色,受阅保障总指挥授予公司"设备保障先进单位"称号,张波本人也先后荣获原中航二集团和国防科工委颁发的"9910"工程个人一等功。

2000年,张波被原国防科工委任命为国家某重点型号总设计师,成为国内重点型号项目中最年轻的总设计师。面对试验手段落后、研制进度十万火急等众多压力和困难,年轻的总设计师没有退缩,肩负起神圣的使命,带领一支年轻的设计队伍,开始了艰难而又卓有成效的工作。在型号研制进入试验阶段时,由于新一代产品引入新技术、新材料,在系统试验和系统集成技术匹配方面出现了难题,为尽快找出原因,数据一出来,他就带领各专业负责人凌晨2点赶往测试站,对数据进行数理分析,研究查找故障产生的原因,提出解决方案。在后续的两个多月,他带领大家对采取的方案进行大量的数学仿真和半实物仿真,并对仿真结果进行仔细分析、详细验证,取得了良好的试验结果。

正当大家把悬着的心放下之时,型号研制试验中又出现了另一个新问题。面对压力和困难,张波作为型号总设计师,沉着冷静,不急不躁,分析故障原因,率领同志们通宵达旦地查阅设计文件,进行了设计、试验和改进方案的技术清理,成立了专题攻关组和专家顾问组,进行了几十个架次的验证试飞。通过几个月的努力,试验终于进入稳定阶段,按计划完成了上级机关下达的型号研制任务,得到部队、中航工业等各级领导机关的充分肯定。

为了型号研制成功,张波经常以超常的工作状态,影响和带动着身边的年轻人,多少个夜晚他办公室里的灯光持续至深夜;为解决研制过程中所遇到的难题,他的双脚踏遍了大江南北。当工作取得了阶段性成绩时,他总是鼓励大家:"我们要继续努力,成绩是靠大家共同干出来的。"遇到挫折挨了批评,他更多的是自己默默地承受委屈。同事间有了误会,工作中发生了摩擦,他都尽快地化解。正是在他的行动和魅力的感召下,一批年轻人挑起了大梁,担当起了重任,设计队伍青黄不接的局面被改变。他带领着设计师系统和全体参研人员奋力拼搏,攻克技术难关,倡导自主创新,填补国内同型号产品研制中多项空白;他深入研制一线,从容指挥,现场解决各类问题,在完成型号设计定型试验的同时,又以全中的优异成绩圆满地完成了导弹的批抽检任务,实现了当年一次性完成设计定型、一次性通过批抽检靶试,并成批交付部队使用的目标。

正当型号研制工作负重前行的时候,张波的肩上又压上了导弹设计所所长的重担。他深知这是公司党政对自己的鞭策和重托,是设计所干部职工的期望和信任,这副担子的意义重大。他要带领全所同志继续完成好型号研制工作,要用对党的赤诚、对事业的不懈追求回报党、回报领导和同事的信任。在大家的注目中,他牢记谦虚谨慎的教诲,明确提出了自己的工作目标:"我们要建设一个团结的班子,一支'四有'职工队伍,要按照'团结、紧张、严肃、活泼'这八字方针对待我们的工作。搞好我们所的工作,靠的是干部,靠的是党员和全所每一位职工共同的努力!"

在担任导弹设计所所长的四年多时间里,他大力改革科研体制,加强制度建设,强化行政指挥,带领所党政工团领导班子团结共进;落实党对知识分子"政治上充分信任、工作上放手使用、生活上关心照顾"的政策,一大批德才兼备的中青年技术骨干走向了领导岗位,全所干部的知识、年龄、专业结构更加趋于合理;对年轻技术人员做到事业留人、感情留人,加强技术业务培育和再教育,改善工作环境和条件,在生活上关心和帮助他们,使年轻的设计人员能够全心全意地投入到研制工作中去,促进了设计所科研生产的快速发展。

这期间,他以科学发展观为统领,加强对型号预研的管理,调整并充实了预研力量,为"十一五"型号立项奠定了良好的基础;重视发挥自身技术优势,开发出一系列民品新产品,锻炼了一支民品开发队伍,取得了可观的经济效益,在稳定锻炼科研人才上发挥了积极作用。

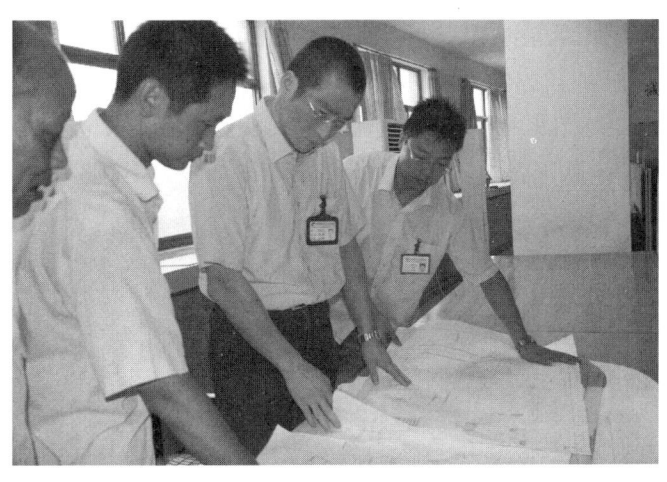

张波与他的团队在研究破解难题

为使部队能够及时掌握产品的使用要求和特性,张波带队深入部队一线,对用户进行培训,确保了国家应急作战的急需。由于他主持的某重点型号研制取得重大成功,2007年5月,中共中央、国务院和中央军委授予洪都公司"高新技术武器装备发展建设工程重大贡献奖",张波作为公司的代表,从党和国家领导人手中接过这象征着公司至高荣誉的沉甸甸金质奖牌。

除在型号研制中取得了丰硕成果外,张波还以高度的政治责任感,积极参政议政。2007年5月,张波光荣地当选为党的十七大代表,并于10月出席了在北京人民大会堂举行的中国共产党第十七次全国代表大会,为建设航空工业强国积极建言献策。

2007年12月,张波担任洪都公司副总经理。作为洪都公司导弹线的技术带头人,张波凭着强烈的事业心和高度的使命感,在工作中严谨扎实、顽强不屈,善于攻坚、勇于创新,对待技术问题和复杂事务时表现出了杰出的分析和处理能力。作为一个团队的核心,他又以其特有的亲和力、感召力充分彰显那温和而坚强的人格魅力。他大胆使用、提拔年轻人,为他们提供施展才华的舞台,已培养了一批优秀的青年骨干队伍。由于身边有一批得力干将,如今的张波,将更多的精力聚焦在型号研制的前沿技术,思索未来的发展方向。在他的带领下,公司按照"探索一代、预研一代、研制一代、生产一代"的技术路线,扎实高效地推进国防武器装备研制工作。2008—2009年的两年间,张波主持完成了四项高水平的研究成果,分别获得"国防科学技术进步奖"一、二等奖各两项。2009年,作为第一完成人,张波有五项研究成果获得国防专利。同年,又荣获江西省突出贡献人才,并当选为"新中国六十年来江西六十位最具影响力的劳动模范"。2010年,张波被中航工业聘为首席技术专家。2011年1月14日,中共中央、国务院在人民大会堂隆重举行国家科学技术奖励大会,洪都公司一项科技成果喜获国家科学技术进步二等奖,张波作为第一完成人,再次代表公司从党和国家领导人手中接过授奖证书。

　　回首来时崎岖路,也有风雨也有晴。从普通设计员到型号总师,从英俊小伙到首席专家,张波从没有停止他奋斗的脚步,虽艰辛,但无悔。而这一切,都源于他那份矢志不渝的航空情和那颗忠贞不变的报国心。

　　2012年7月,张波被任命为洪都公司党委书记。这对于长期从事技术工作的他来说是一次岗位的转换。如今他在新的岗位上不断探索,继续前行。

蓝天交响的总指挥
——记 L15 飞机总设计师张弘

洪都集团公司供稿

张弘,一个普普通通的名字,连接着的却是祖国航空事业的骄傲。一个并不伟岸的身躯,托起的却是翱翔蓝天的雄鹰。这个没有豪言壮语的汉子,用他的智慧和心血,将一部壮美的蓝天交响曲演绎得美轮美奂,响彻云霄。

一种赶超国际先进水平的全新飞机,要在仅仅两年多时间里,从设计到试制到首飞上天,这在航空界无疑是个天大的奇迹。L15(猎鹰)高教机是洪都公司自主创新、自筹资金、自主研发的新一代喷气式超音速高级教练机,她的首飞成功,总设计

张弘现场指导技术问题

师张弘功不可没。在他的指挥下,由几百名设计员组成的蓝天交响乐团,将洪都公司视为"生命工程"的 L15(猎鹰)高教机的研制战歌,演奏得波澜壮阔、气势恢弘宏。

张弘认为,梦想是支撑一个人不断向前的根本动力,因为有了梦想,原本平淡的生活才会变得富有生机,张弘的梦想就是有朝一日能够看见自己主持设计的飞机翱翔在祖国的蓝天。为了这个梦想,他甘于寂寞,甘于平淡;勤于学习,勤于研究;从未气馁,从未停歇。自他 1984 年毕业于南京华东工程学院航空自动武器专业以来,就一直在公司从事飞机设计和科研管理工作,先后主持和参加了十多种机型的研制,经验丰富,硕果累累,多项成果为国内首创。其中在某型号工程任副总设计师期间,他主持某通信系统的研制工作,采用的多项技术属国内首创,并在很短的时间内取得了重大进展,被原中航二集团和有关部门联合评定为一等奖。

在科研管理方面,张弘显示出了他独到的才能。在飞机设计研究所任副所长期间,他主持了某工程研制保障条件的建设。由于他思维超前,敢于创新,善于管理,精心组织,使飞机设计研究所多个试验室的试验能力迈上了新的台阶,特别是电磁兼容试验室通过改造后,目前已成为我国同行业中设备最先进、试验能力最强的试验室。

机遇总是青睐有准备的人。2003年,洪都公司将眼光瞄准世界前沿,着手开发新一代高级教练机——L15,并任命张弘为L15总设计师,2004年,由于新老交替,张弘又被任命为飞机设计研究所所长,两个重担几乎同时落在了他的肩上。

面对L15研制周期短,技术难度大等诸多困难,张弘临危不乱,从容应对,缜密分析,超前思考,团结班子成员,发挥了总设计师系统的集体智慧和力量,调动了全体参研人员的积极性,使各项工作有条不紊地进行。从2003年9月开始,飞机设计研究所实行"6·11"工作制,全体参研人员在张弘的带领下,每周工作6天,每天工作11个小时,于2003年11月,顺利完成了L15飞机总体方案设

张弘接受电视台记者采访

计工作;2004年3月,完成了L15高教机的初步设计。2004年6月,L15型高级教练机冻结技术状态,转入详细设计。

紧张的战斗开始了。张弘率先打破了"6·11"工作制,坚持每周7天都上班,不仅如此,他每天都是最早到,最晚才走,几乎每天工作到深夜,有时候甚至到凌晨,每天睡眠时间平均不到5个小时,能睡个好觉对他来说真的是一种奢望。出差坐飞机对于他来说,是最大的享受,因为在飞机上手机必须关掉,而此时恰恰是睡觉的大好时机。作为型号总师,又是设计研究所所长,他不仅要决策技术问题,还要处理许多行政事务,所里的同志一致公认他精力充沛,就是中午吃饭的时间,他也要处理很多文件。他的脑子整天都在飞快地转,会议一个接着一个,需要他敲定和协调的问题也是一个接着一个,他总是安排得轻重有秩,急缓有序,统筹兼顾,有条不紊。碰到技术问题,他沉着应战,带领大家逐一进行梳理,甚至通宵达旦,不解决问题决不罢休;碰到行政问题,他也要妥善解决,处理问题不过夜。2004年年底,正值L15高教机详细设计进入攻坚阶段,飞机设计研究所召开职工代表大会,前一天,张弘处理完技术问题已到半夜,才开始起草第二天大会上的所长工作报告,一直写到凌晨4点才回家,第二天,还照常上班,参加会议并作报告。

张弘的行动激励着大家,在他的感召和带领下,飞机设计研究所全体参研人员发扬不怕疲劳和连续作战的作风,仅用了六个月的时间,就完成了L15高教机的详细设计,并于2005年年初发出了全套样机试制图纸,创造了航空史上新奇迹,为实现首飞

争取了时间。

张弘说,作为型号总师和行政一把手,光带个好头是不够的,关键在于管理和创新。作为三代机的研制,一个重要特点在于学科交叉更加复杂,系统集成度更高,对分系统协同工作的要求也更加强烈,对总设计师的组织协调能力无疑是个严峻的考验。

张弘提倡以人为本,共创和谐工作环境。他温文尔雅,文质彬彬,说话和言细语,娓娓道来,对部属从不严加指责,更不妄加批评,而是和风细雨,一语中的,切中关键和要害,他的睿智和人格魅力让他不怒自威,不严自威。在工作中他非常重视培养锻炼年轻人,关心老同志,为使高教机研制工作顺利进行,还邀请已退休的厂、所领导进行座谈,请他们献计献策,广泛听取意见和建议;在大干的日子里,大家没日没夜地加班加点,他提出给全所职工家属发慰问信,使型号研制工作得到了职工家属的理解和支持;在型号研制中,他推广新技术,推行项目管理,任务落实到人,要求处理问题不过夜;在高教机进入初装、总装和首飞前要完成各项试验的日子里,他及时成立高教机现场服务组,要求设计人员在第一时间赶到现场处理暴露的各种问题,确保工序正常运转,各项试验万无一失。

自主创新一贯是洪都公司的主导思想,也是飞机设计研究所多年来坚持的生存法则。张弘认为,要使L15高级教练机具有强大的生命力,就必须与当前世界上正在研制的新一代高级教练机同步发展,突破气动、结构、航电、飞控等一批关键技术,踩在巨人肩膀上寻求新的发展。所以首先在L15的总体设计方案上,就瞄准了世界航空产品的先进水平,按照第三代和新型战斗机的训练要求,进行了全新设计,并且从设计、工艺到生产制造全面实现数字化,采用并行工程,数字化建模、电子样机协调。在设计之初,试验、工艺系统就开始介入,了解设计方案,在方案设计阶段就充分考虑工艺性问题;在详细设计阶段,成立设计与工程联合项目组,设计与工艺部门充分地协调,大大缩短了工程制造阶段的周期。这些举措在国内新机设计史上是极其罕见的,张弘和全所干部职工克服了巨大的压力和困难,经受住了严峻的挑战和考验,创造了航空史上新的奇迹,为实现首飞争取了大量的时间。

张弘认为,创新是需要勇气的,但更需要的是智慧和科学方法。电传飞控系统是L15高教机的一大亮点,然而当时在确定研制方案的时候,很多同志不赞成采用电传飞控系统,认为技术难度大,研制风险高,弄不好有可能失败。但张弘没有退缩,他认为既然要研制新机,就必须瞄准世界航空技术前沿,虽然飞控系统研制对于公司来说还是空白,而且时间也很紧,但通过科学分析还是可行的。作为总设计师,他坚持了自己的观点。他带领总师系统仅用一年的时间就建起了一个全新的飞控试验室,同时充分借鉴国内外的研制成果,完成了飞控系统的研制工作。这一创新,使L15高教机成为国内第一个采用三轴四余度数字式电传飞行控制系统的教练机,其飞控计算机和舵机采用了最新技术,一举达到了国际先进水平。另外,L15先进的综合航电系统和良好的人机界面、大边条翼身融合体布局设计等,都是国内最先进的水平,不仅达到了三代机水平,而且兼顾了第四代战斗机的设计特点和要求。

科学来不得半点虚假。作为飞机总设计师、飞机设计研究所全体科技工作者的总指挥,张弘处事非常严谨,对设计过程中的每一个环节都要求落实到位,决不允许有任何疏漏和偏差。飞控系统的在环试验,是飞机首飞前地面试验的重要环节。第一次在环模拟飞行试验结束时,飞行员依据他们平时的飞行经验,提出了一个问题,就是目前的仿真状态与真实的地面滑跑特性有所差异。虽然只是飞机的滑跑状态与飞行员的真实感受有点偏差,并不影响真正的飞行,但张弘却高度重视,他强调,我们要尽最大努力,保证飞行员在地面模拟试验中的感受与真正飞行时相吻合,这样才能保证首飞的成功。他立刻召集相关专业的同志对原始气动数据包、仿真方法进行复查,初步分析定位后,组织人员连夜攻关,经过几个昼夜的反复调试,终于在第二阶段的在环试验中,得到了首席试飞小组的认可,仿真状态完全满足仿真试验要求。飞控试验就是在这种严谨的作业中圆满完成的,在首飞成功时,猎鹰的首席试飞员、中国试飞院空军试飞团团长、国家特级飞行员张景亭向记者介绍道:"首先第一感觉就是,这个飞机非常好,和地面试验一样,没有偏差,而且比我们预想的还要好一些。说明飞机的设计和地面试验以及地面的准备工作是比较完善的。"飞行员的评价,毫无疑问是对张弘和全所科研人员最好的褒奖。

自猎鹰01架于2006年3月13日首飞后,猎鹰03、05、06架相继研制成功,飞上了祖国的蓝天。猎鹰03架飞机于2009年参加了第11届迪拜国际航展,代表中国与欧美国家的先进飞机竞技蓝天。猎鹰06架于2010年参加了第八届珠海航展,看到猎鹰的精彩表演,中航工业总经理林左鸣欣然题词"把猎鹰打造成中国又一型名机"。张弘深感自己的责任重大。他将继续带领他的研制团队,奏响蓝天的交响,让猎鹰飞机成为中国的又一型名机,为祖国的航空事业作出更大的贡献。

"铣王"马跃辉的那些事

叶景滨　陈　瑶

上讲台,播撒先进制造技术的种子;搞创新,聚合人才的正能量。

2015年4月28日,当电视中,马跃辉在人民大会堂接受李克强总理颁发"全国劳动模范"证书的镜头闪出,在家的工友们都在为他鼓掌,向精雕细琢的马跃辉获得的职业荣誉致敬。

"铣王"之路

"马跃辉1991年部队退伍,开始在分厂当一名普通铣工。那时候民品多,铣工工作量很大,他的锻炼就从那开始。他能吃苦、会钻研,很快就成了主力队员。"洪都钳焊液压附件厂老战友曾伟相回忆。

"2003年,江西省举办职业技能大赛,公司选送马跃辉参赛,我是辅导老师,在旁边看他操作。他真是太沉稳了,一招一式,功夫扎实,直接拿下了铣工第一名,分数超出第二名一大截。这下'铣工大王'的名号便叫出来了。"高级技师朱开生介绍。

随后几年里,洪都大力升级数控加工技术,分厂也引进了第一台数控铣床。马跃辉主动请战,上数控机床操作。他的学历并不高,在这个新领域,要消化一沓沓的操作说明书,真是费了不少劲,那么抽象、生硬的东西,他又是找老师,又是拿废料练手,又是啃程序,几个月里,就让机床高效运行起来,与从高级工起步的数控工人相比,也毫不逊色。

走上数控铣床,他发现了一个更大的舞台。2013年,分厂引进世界领先的两台五坐标车铣复合加工中心。这一次,分厂领导直接让他领衔。当他看到设备加工演示视频中,在程序控制下的刀具变换和铣切运动,眼花缭乱却又精准快速地完成复杂零件的制造时,既惊叹,又不服气。在等待设备到位的时段里,他和三名同事奔赴成都进行学习体验;设备安装调试过程中,他更是抓紧时间向随行的洋师傅学了20多天。两个月后,机床开始按照他的指挥自如地运行起来。

二十四年磨砺,如同一个剑术高手的成长,不同的剑,扩充着剑手的境界。马跃辉如饥似渴地学习,即便做到了重剑藏锋,还在追寻心剑的感觉。难怪,"江西省职工自学成才奖"落到他头上没有异议。

创新工作室——核聚变的能量

　　一枝独秀不是春。马跃辉关注的是整体能力提升与释放,关注数控设备的主轴利用率提升、关注人的集成。20多年里,他正式带的徒弟有13名,非记名弟子难以计数。徒弟梁欢已经是分厂最年轻的技师。他清楚师傅在考虑什么:"他一直在总结那些加工难度大、批量生产的零件加工方法,让女儿教他PPT制作、上网查找案例,动手将零件图纸、实物图片、加工思路、机床运行程序、刀具行走路径视频编进教材,在大课小课上给我们展示刀具、夹具、零件实物。不光我们爱听有用,其他机床的同事,技术组的工艺员都会来听。效果可好啦。"

　　分厂发现马跃辉身边集结了各专业的骨干人才,经过向公司申报,2013年成立了"马跃辉劳模创新工作室",12名成员,车、铣、钳、焊,各有绝活和心得,涵盖技师和工艺员,围绕马组长这个核心,开始高效运作。平时,研究工艺路线的优化,指导青工操作中的症结;遇到重要的技术攻关,十多个人一起动脑筋,出主意,做试验。

　　三代机增加了组合件应用,多工种的复合成为保证零部件质量的关键。平尾部位的焊接盒段作为组合件,一直因为焊缝长度长、点数多,产品经常过不了关。工作室进行了大量分析、试验,研究出整体机加件加焊接组合的方法,把焊缝的长度由六米减少到两米,并强化了变形矫正工艺,产品的质量和性能直线提高。

　　上讲台,播撒先进制造技术的种子;搞创新,聚合人才的正能量。劳模创新工作室,如同一个核聚变的小型反应炉,在分厂和公司的作用日渐显现。2014年年底,中航工业第一家劳模创新工作室留下了马跃辉的名字。

王冠下的担当

　　马跃辉最大的乐趣是让自己独创的技术发挥效益。他的绝活是加工槽形件、弧形件和薄壁零件,他所创造的实用加工方法,在洪都公司大力推广应用,"铣王"称号在他的担当中越加厚重。

　　马跃辉当过铣工班长,他把自己的加工方法全员普及,班组人均年工时高达六千多小时,远远领先于别的小组。

　　飞机零件液压闭锁,是第三代教练机上的重要零件,关系到批生产的稳定。但是零件表面复杂,传统工艺加工不仅工序多、时间长,而且质量难控制、次品率高。马跃辉自制液压夹具,验证后固化到加工工艺中,将原来的三十七道工序,简化为两道工序,生产周期直接由三个月缩短到两周,产品合格率达到100%。

　　马跃辉动脑很快,这3年来,主持和参与技术革新60多项,提出合理化建议240条,创造直接经济价值达110多万元。车铣复合加工中心学习团队中的工艺员李琳娜和闵路,深有感触:"跟着马师傅,学到了真本事,我们的成长也比别人快了一倍。"

　　他在加工作动筒零件时,把光洁度控制作为防渗漏的重点,为了控制缺陷,试验了许多刀具,研究了刀杆震颤的机理,专门形成分析报告,工艺审定后,发到专业厂家定制,彻底将加工质量稳定下来。

身为中航工业首席操作师,马跃辉在思考"中国制造2025"的导向下,航空制造的发展方向。"我相信,先进生产力会爆发出来,体力解放,效率提高,同时更多的智能应用、前沿技术也会考验我们。"

马跃辉热爱工作,也热爱生活。他精细地工作,也精细和谐地安排生活。会为在超市工作的妻子准备倒班时的午餐;会陪伴女儿参加课外兴趣班;会年年节节给两边老人包好饺子送过去……

大哥是这样炼成的
——记江西省劳动模范、中航工业洪都数控机加厂职工徐明

陈泽华　丁建洪

拿得出技术,带得动队伍,年轻的徐明,在同龄伙伴们得面前,自然而然成了带头大哥。

公司劳动模范、十佳青年、江西省劳动模范、技术能手、中航工业杰出青年、优秀共产党员、敬业好员工……一路走来,徐明已经工作了二十年。二十年下来,他的头发稀薄了,人更加沉稳了,在大家心目中,一副标准的邻家大哥模样。

工人大哥

在洪都数控加工厂成立的第二年,怀揣着对数控加工的喜爱,成绩名列前茅的毕业生徐明进到了厂房。当师傅把他领到普通铣床边上时,他当时就懵了,不是操作数控机床吗?师傅一句话,这是规矩,做得好,一两年后可以选拔到数控上去。徐明不多说了,卷起袖子,在普铣上动起脑筋来。

不到一年,徐明成为第一批调到数控机床上的三个人之一。"徐明是我最得意的弟子,"徐明的第一任师傅自豪地说,"他是我带过的徒弟中悟性最高、最能吃苦的一个,小伙子特别迷这活,每天别人都下班了,他总缠上来问上大半天才走。我在操作,他会认真记下每一个要领。一般人都要带三个月才能独立工作,当时他只用了一个半月就能独立工作了。"

从那时候起,大家就发现徐明爱钻的个性,越是难题,他越喜欢搞得清清楚楚。当了几年数控操作工,他把分厂加工的零件摸了个遍,弟兄们碰到问题,喊句徐明,人一到,活就理顺了。

再后来,就是担任副工长。在几十个人的大工段里,徐明依然从容应对。完成任务,没问题;带出尖兵,没问题;工时状元从这里出去,班组干部从这里出去。拿得出技术,带得动队伍,年轻的徐明,在同龄伙伴们面前,自然而然成了带头大哥。

技术大哥

2004,徐明参加江西省数控比赛获得第一名,然而,当代表省里参加全国比赛时成

绩却不行,他感到了在高效加工上的差距,而这种差距的根本,在于工艺。于是2005年年初,分厂把徐明调到技术组从事数控工艺编程和技术研究时,很多人为他仕途不顺而感到惋惜,徐明自己却高兴得很:"这是好事啊,是我提升技术的好机会!"

当时的技术员不多,又面临着一批新设备的调试、小组合件转数控加工。从操作回到理论的源头、标准的制定,徐明感到了巨大的压力。他的牛劲上来了。他放下了那些还没成形的业余爱好,一头扎进了书本里,凑到了师傅面前,恶补理论,恶补经验。那几年,技术组攻克了数控加工仿真技术、整体座舱骨架制造工艺技术等一系列困扰批产质量的重大课题。徐明也完成了从工艺设计、程序编写到高级仿真加工等本领的飞跃,从一名工艺员成长为技术组长,俨然成为分厂的技术带头人。

"十二五"期间,分厂繁重的生产任务,迫切需要解决有限设备的主轴利用率问题。人停机不停,用好每台设备。其中包含程序的合理性、设备维护响应周期、刀具供应准备、材料生产准备等一系列问题。徐明的优势是对设备的熟悉,如同对掌心的纹路一样,知道机床的脾气性格。徐明知道自己的责任。作为核心成员,每天在厂房各个部位串接协调,统计、分析、优化、组合、迭代,白天连着黑夜,与大家硬是用了不到两年的时间,将主轴利用率大幅提升了,达到了行业的领先水平。

"徐明是个不折不扣的大忙人、工作狂,在他的带领下,我们做事从不会拖拉,因为你一旦拖拉了,徐明就会督促你,帮助你一起把它做完。"不善表达的徐明,脑子里想的就是行动,再行动。

行业大哥

2014年洪都要完成C919大飞机前机身、中后机身大部段的首架交付。公司于一年前引进了亚洲第一台蒙皮镜像铣设备,以解决大蒙皮的加工问题。这个"庞然大物",运行机理特别,程序编制复杂,机器磨合调试需要透彻摸清。公司慎重考虑后,让徐明来担任蒙皮镜像铣蒙皮零件攻关队队长。

徐明心里清楚,这是件大活,棘手活。与外方的交流困难倒是小事,藏点私也理解,工作逻辑和程序模块都是第一次接触,还是第一次用的铝锂合金,要兼顾薄蒙皮和双曲蒙皮加工,能让它听话,优质完成我们的产品生产,就像摁着恐龙跳迪斯科。根本找不到可借鉴的经验,只能摸索前行。

"拼了!"徒弟李响说,"他就是个'铁人'。航空城新厂房尚在装修,漆味很浓,他都一直在现场编程调试,赶都赶不走。他说军令如山。"

但困难一直在追着他和团队伙伴们。因为各种不可预见的原因,他们一连接受了六次失败的打击。看到昂贵的材料变成了废品,懊丧的徐明直揪自己的头发,要是再多想想、多照顾其他因素就好了……没愣怔多久,徐明还是擦完眼眶边的泪水,率先打起精神,"兄弟们,重新开始,仔细,再仔细!"

他的妻子回忆,有天从航空城回到家,已经十二点多,刚躺下十多分钟,他又跳下床来,疾步而去。第二天才知道,他突然想到了问题的解决方法,连夜打电话叫醒了操作工,一起驱车回航空城上机床了。"真拿他没办法。"

第7张蒙皮成功试制出来了,精美的外形,精准的尺寸,近乎完美地展现在所有人眼前。压在胸口的巨石终于放下了,攻关大哥徐明一路看着蒙皮成功装配上C919,才放心地睡了个安稳觉。

这场尖刀项目的攻关战,让他当之无愧地成为国内"蒙皮镜像铣第一人"。它所代表的航空制造高端装备发展方向,将支撑起洪都的新装备、新项目,洪都的新希望。

如今,徐明的一天是从办公室到机床旁、从公司到航空新城、白天黑夜连着转,同事们佩服徐明的旺盛精力。徐明却说,兄弟单位很多先进人物都在为制造系统的先进生产力提升做功课,他还仅仅是在机加制造上想办法,时间紧迫啊,做不好,心不安哪。

直升机研究所的一杆旗
——记全国劳动模范吴希明

江 滨

吴希明,中航工业首席技术专家,直升机所总设计师。他曾四次荣获部级型号研制一等功,四次获得省部级以上科技成果奖,入选国家"新世纪百千万人才工程"、国防科工委511人才,荣获第15届"中国十大杰出青年""2004年度中国十大科技新闻人物",首届"航空航天月桂奖""中央企业十大杰出青年"、江西省"突出贡献人才奖"、第三届"十大井冈之子"、全国劳动模范等称号。2011年,吴希明又荣获新中国航空工业创建60周年"航空报国特等金奖"、中国航空学会首届"冯如航空科技精英奖"和国家科技部"全国优秀科技工作者"称号。

吴希明工作照

吴希明在学习笔记里曾写下这样的话:"人,不能没有一点精神;一个民族,一个国家,要存在,要发展,要振兴,不能没有精神;直升机要衔接技术断层,要超越同业的竞争者,更不能失去精神。"吴希明是我们直升机所的一杆旗,为我们树立了强大的榜样力量。

最大心愿:看见天空飞满中国人研发的直升机

1984年,吴希明从南京航空学院直升机设计专业毕业后,来到地处小城的直升机所。当时,所里的科研和生活条件都极为简陋,但他毫不犹豫地选择了留下。他的志向在航空,他的兴趣爱好让他觉得研发设计直升机远比喧哗的街市更令他沉迷。他被分配在总体研究室担任设计员。他是个帅气的高个子青年,讲话风趣,办事认真,接受力强,思维敏捷,踏实肯干。参加工作之后的最初十年里,以饱满的热情参与了直8、直9系列、直11等型号的设计,逐渐成为担当重任的技术骨干。

1995年,吴希明被派往英国做访问学者。他如饥似渴地在英国刻苦学习了一年。1996年6月,他谢绝了英国某大学向他发出的进一步深造的邀请,返回国内,回到了直升机所,回到了直升机设计师的岗位。就在回国当天,他向党组织郑重地递交了入党申请书。

在英国的经历使吴希明的人生观更加透彻了。他清楚地发现了自己的价值所在和情感所系,航空报国的信念从此深深融入了他的血脉,成为生命中自觉的航标和灯塔。吴希明说:"生命不该是一条直线,它有着属于自己的起伏。我愿把一生的激情奉献给直升机!"他告诉年轻的同志:"只有把自己的爱好和祖国的利益联系起来,才是理想! 只有把毕生的追求同人民的事业结合起来,才有实现生命价值的广阔舞台!"

在他的价值天平上,国家利益高于一切,直升机事业重如泰山。他聪明、勤奋,也有广泛的业余爱好。他在体育、文艺上颇有天赋,羽毛球打得特别棒,口琴也吹得非常好听。可是因工作的需要,这些爱好都逐步放弃了。有记者问他:"如果现在满足你一个最大的心愿,你选择什么?"他不假思索地脱口而出:"看见天空飞满中国人自己研发的直升机。"

责任和使命:勇于进取的事业追求

吴希明有着强烈的责任感和使命感,任何时候都焕发出无穷的进取力量和奋斗激情。他从不把工作当作负担,从不在困难面前气馁却步,他的心里满装的是直升机事业的壮丽图卷。为此他敢于接受严峻的挑战,勇于承担艰巨繁重的任务。

1990年代后期,直升机所承担了具有当今国际水平的某型直升机的研制任务。这是一个全新的型号,它第一次要求中国人在没有任何参考样机的条件下完全自主地进行研制;这是一个高难的挑战,它第一次向中国人的技术水准、组织能力乃至意志力发出了考问。经过多个型号磨炼的吴希明和直升机所人没有在困难面前却步,而是信心百倍地接受了任务,踏上了崎岖的征程。从该型号研制之初起,吴希明先后担任该直升机的第一副总师、总设计师。他付出了全部的才华和精力,在研制最艰难的两年里,他仅在国庆和春节各为自己放了两天假。他和全体参研人员长期坚持"6+11"工作制,每周上6天班,每天工作11个小时,咬定青山,顽强拼搏,攻坚克难,百折不挠,跨过了一个又一个急流暗滩,突破了一重又一重茫茫迷雾。每天,他脑子里时时萦绕的都是技术方案、攻关措施、工作思路和发展目标。他既当指挥员,又当战斗员,就像一面鲜红的党旗,召唤着参研人员勇往直前、斩关夺隘。

为了攻克技术难关,他经常连续工作几天几晚;为了协调解决问题,他曾经一周之内四次奔赴外地。办公室、会议室、试验试飞现场以及候车室、飞机上、宾馆里,处处是他工作的地点。他全力以赴投入到工作之中,甚至因此对妻子也打起谎来。有一天晚上,做医生的妻子要值夜班,临走前一再关照他要保证五个小时的睡眠。他答应得好好的,可是妻子一走他又干了一个通宵。第二天早上,听到妻子下班回家的脚步声,急忙把被子弄乱,造成一种自己刚刚起床的样子。他和妻子尽管都在本所工作,一年里相聚的日子还不到四分之一。

该型号的研制过程完整地见证了吴希明勇于进取的事业追求。他坚持按科学规律办事,不断推进技术创新和管理创新;他充分依靠团队的智慧和力量,最大限度地发挥型号研制全线的作用;他努力借鉴已有的经验积累和技术优势,把新技术、新材料、新工艺应用于研制实践。一份耕耘,一份收获,在重点工程研制过程中,吴希明和参研人员共同努力,创造了多项直升机发展史上的奇迹,将我国直升机研制水平向前推进了 15 至 20 年,跨入到第三代直升机的行列。他把全部的才华和满腔热血贡献给了直升机事业。2001 年,年仅 38 岁的他担任了直升机所总设计师,成为我国直升机技术研发团队的领军人物。

一丝不苟:勤奋严谨的工作作风

吴希明的成长和成就并非命运的特殊眷顾,而是他恪尽职守、不懈奋斗所结出的硕果。他甘于奉献,不计个人名利;他严谨求实,不走虚门捷径;他勤于创造,不畏艰难困苦。他 26 多年如一日地坚守自己的工作准则,勤奋钻研,精益求精,扎扎实实,兢兢业业,身体力行,率先垂范,树立了"敬业诚信、创新超越"的生动典范。

1980 年代末期,直升机所开始研制轻型的直 11 军民通用直升机,时任总体组设计员的吴希明负责直升机气动外形的设计。当时,所里花费重金从国外进口了一台计算机辅助设备,但没人会用,就连计算机中心的专业人员也束手无策。新婚不久的吴希明为了攻下这道难关,他从接收任务的那一天起就把家搬到了机房。他在一百天里,除了吃饭,其余时间都在机房和资料室度过,体重从 120 斤下降到不足 100 斤。他像着了魔似的苦思冥想,不仅学会了使用计算机,而且能够在计算机上开展设计工作。经过艰苦摸索,他终于成功地应用计算机辅助设备完成了型号全机理论外形设计。这在国内尚属首次,填补了我国直升机领域 CAD/CAM 的空白,开辟了直升机数字化设计的先河,为加速型号研制作出了重大贡献。1994 年 12 月,直 11 顺利实现首飞,我国终于拥有了完全自主知识产权的直升机,标志着我国直升机的研制从仿制到自行设计的重大飞跃。

吴希明严谨求实的科学态度给同事们留下了深刻印象。他告诫研发团队,要重视型号平台的每一个细节,所有的技术选择必须慎之又慎,最大限度降低风险。几年前,某研究室承担了替代尾桨的研制任务,在确定耐久性试验方案的时候,他反复听取技术人员和南京航空航天大学专家的意见,然后自己又思索了整整一个晚上,最后做出了正确的决策。这项工作原本可以由基层技术人员自行完成,但是在关键问题上,他坚持亲自参与把关。

某型机小批混装鉴定会召开前夕,吴希明要求把所有的报告都交给他过目。有人担心他没有时间休息,告诉他报告都得到了专业总师的认可,应该没有问题了。可是他说:"所有的报告我都要看。"一个报告往往 50 至 60 页,他看完这些报告已是凌晨。

某系统在试验中暴露了很多问题,许多试验人员的信心因此大受打击,有不少人甚至提出放弃。吴希明坚持查找问题的原因,他告诫参试人员,不要随便下结论,应该先排查,进行深入分析。他亲自组织专家进行会诊,然后提出了一套排故措施,最终保证试验按节点顺利完成。

用户对某发动机提出某系统的要求,由于此前发动机的方案已经固化,如果进行改动,难度很大。吴希明从总体布局、性能方面提出了很多具体意见,直到技术人员拿出完善的方案,最终达到了用户规定的指标要求。整个过程中,他自始至终参与方案的制定和实施,力求给出一个令用户满意的结果。

许多科研人员反映吴希明是一位坚持实事求是原则并勇于承担责任的领导。在电瓶减重的问题上,为了电池的数量,技术人员与有关方面发生了意见分歧,当时技术人员认为应该使用两块电池,而对方认为只需一块电池。吴希明肯定了技术人员的想法,为此他不得不在多种场合反复陈述自己的意见,独自承担压力。研制实践最终证明,使用两块电池的思路是正确的。

他20多年如一日地坚守自己的工作准则,不放过一个缺陷、一个疑点。有一次,某型号进行科研试飞。飞行员对飞机评价很高,只反映偶尔有点小噪音。吴希明没有轻易放过这个征兆。随后的30多个日日夜夜里,他和同事们一起查阅了几千份技术图纸,几百份计算报告,做了几十次地面试验,终于排除了这个隐患。"一个小小的噪音=30天没日没夜的工作"充分体现了吴希明严谨的工作作风和踏踏实实的科学态度。他正是凭着深厚的理论功底和敏锐的技术直觉,通过与大家充分的讨论和交流,才能够在关键时刻做出科学、严谨、合理的技术决策。

虚怀若谷的人生境界

吴希明的荣誉榜就是一本功勋簿,但他总是把成绩归功于集体,归功于全体干部职工。他谦虚谨慎、戒骄戒躁,他严于律己,宽以待人,他不端架子,不摆资历,常年坚守在工作一线,与科研人员同甘共苦,和衷共济,一步一个脚印,踏踏实实做事,赢得了广泛的赞誉和钦敬。然而在巨大的成绩和殊荣面前,他总是说:"直升机研制是集体智慧的结晶,一个人本事天大也干不出来!"

他把每一位技术人员当作智慧的来源,与大家广泛沟通交流。他知识丰富,专业面宽,尽管如此,他仍然坚持学习不辍,在工作中与科研人员深入细致地讨论问题,认真倾听来自各方面的意见。许多技术人员一致反映,即使不属于他本专业范畴的技术问题,他也能够洞察到问题的实质,往往一打开图纸,他就能敏锐地做出反应,抓住主要矛盾。然而他的学历至今仍为"本科",对此,原人力资源部副部长吴鸣彪深有感触,吴鸣彪说:"吴总完全有能力弄个博士、硕士的帽子戴在头上,但是他没有时间去提高名头,他也不在乎这种名头,他在意的是实际本领。"

吴希明常说:"我希望大家都来反对我,和我作对。"与他接触过的技术人员都有同感,不论职务资历高低,不论年龄老少,在讨论和交流技术问题时,他从不以领导和权威自居。正是在这种轻松的技术氛围下,大家能够毫无保留地各抒己见,充分发表自己的观点,也正因为如此,由他主持召开的技术讨论会总能够迸发出新的思想火花。

吴希明深知,我国的直升机水平与世界先进水平相比仍有相当大的差距,对此必须保持清醒的认识。汶川大地震给吴希明以强烈的思想震撼和心灵激荡,他说:"中国太需要直升机了!建设直升机工业强国和直升机应用大国任重道远,我们要牢牢把握时代赋予的契机,奋力追赶世界直升机先进水平,加速直升机自主发展。"他以世界眼光看技术进步,从国际空间看产业发展,与广大科研人员集思广益,制订了《2030年直升机型号发展规划》和《2030年直升机技术发展规划》,以此作为引领直升机技术进步,加速直升机产业发展的行动纲领和前进指南。

身为技术领军人物和直升机所党政班子成员,吴希明高度重视人才队伍建设和专业能力提升,他特别强调学习,认为一个人,一个组织都必须在不断学习中取得进步。他率先垂范,刻苦钻研,以严谨的工作作风和脚踏实地的工作态度带领研发团队一步步追赶着世界的步伐。

廉洁自律的高尚品德

"尽心尽力做事,踏踏实实做人"是吴希明的座右铭,也是他的真实写照。他生活朴素,时时处处用党员的标准严格要求自己,模范遵守领导干部的行为规范,他关心职工群众的切身利益,体现了高尚的道德品格,展现了魅力人格、责任人生的宽广胸襟。

吴希明把全部的心思都交给了工作,却从不在生活上讲究计较。熟悉他的同志都知道,他对待物质条件从来没有过多的要求。他抽的香烟是十元一包的普通金圣,他穿的衣服年年老一套。在试飞外场,他与科研人员一起蹲在地上吃盒饭,与大家同住一个招待所。他偶尔把出差的票据弄丢了,别人叫他补一张发票,他却说:"算了,没多少钱。"有亲戚希望他帮助解决孩子的工作问题,他推托工作太忙顾不上。

静力试验组杨丛青说:"吴总对下属的关心是真切的。"他讲述了这样一件小事,为了准备某机静力试验,杨丛青和同事们连续加班加点。有一天晚上9点,吴希明冒着大雨来到了试验现场,他关切地询问了大家的工作进展情况,然后对杨丛青说:"工作要抓紧,要严谨,但是也要注意身体,晚上不要干得太晚,叫大家早点回去休息吧。"杨丛青说,吴总的话让自己心里头感到特别温暖。

在所有科研人员的眼里,吴希明是一位具有超强亲和力的领导、同事,也是一位可以平等交流的学者、朋友。许多干部职工表示,向吴希明看齐不是口号,而是心中的理想。

专业知识面宽、工作作风严谨、平易近人、无私奉献,这是每一个了解吴希明的人对他的共识。

当前我国直升机工业的发展机遇和严峻挑战同在,国防建设和社会进步的号角召唤着我们,祖国和人民殷切的期待激励着我们,市场经济的竞争法则考验着我们,如何赢得这场世界级比赛的桂冠?吴希明为我们树立了一个榜样。

党委书记赵伟华认为吴希明是航空人的骄傲,是直升机行业的标杆,吴希明精神作为全所干部职工的一面旗帜当之无愧。日前,所党政把开展向吴希明学习的活动纳入了正在进行的"弘扬宗旨理念践行集团战略"主题教育活动,要求全体员工从身边的榜样中吸取无穷的精神力量,以坚定的信念、百倍的信心、顽强的意志和必胜的勇气,去克服一切困难,战胜一切险阻,更好地肩负起引领直升机技术进步,推动直升机产业发展的历史使命,朝着打造国际一流直升机研发机构的宏伟目标奋力开拓,勇往直前!

霜重枫愈红
——记全国劳模、中航工业昌飞公司原董事长、总经理余枫

卞荣祺　崔连君

2010年3月18日，我国首架大型民用直升机AC313在江西景德镇成功实现首飞，举世瞩目，为新世纪我国直升机产业的发展书写了浓墨重彩的一笔。

这一天，瓷都的天气风和日丽；这一天，全国的媒体翘首以盼；这一天，他的心情百感交集。看着展翅腾飞在湛蓝天际间的威武雄鹰，听着现场领导和来宾的倾情喝彩，他的眼里充盈着激动的泪水……

近年来，他所在的企业科研生产经营连年实现新跨越，品牌形象大幅提升。而他也相继获得了全国劳动模范、中航工业优秀领导干部、江西省优秀企业家等一系列殊荣。"拼搏、睿智、大气、亲和、敢于担当、勇于实践……"公司广大干部员工对他褒奖有加，熟悉直升机产业发展的各界人士对他赞溢言表。

他就是中航工业昌河飞机工业（集团）有限责任公司原董事长、总经理余枫。

余枫，研究员级高级工程师，自1983年从沈阳航空工业学院毕业分配到昌飞公司工作以来，历任工艺员、工装处副处长、副总工艺师、副总工程师兼总工艺师、副总经理兼总工程师、科技委主任，2008年2月任公司总经理，同年9月，正式担任公司董事长、总经理职务，成为昌飞掌舵人。

肩担重任　应对挑战科学决策

去过黄山的人，大都会对那里的挑夫印象深刻。"当昌飞公司的接力棒传到余枫手中时，他是带着沉甸甸的使命感挑起这副重担的。"上任伊始，有着二十六年在航空企业工作阅历的余枫清楚地认识到，昌飞经过四十年的发展，尽管综合实力和整体素

质有了显著提高,但必须承认的是,无论是企业的经济规模、技术储备,还是抵御市场风险的能力及基础管理水平,乃至销售服务及市场开拓等,与国内外一流的航空企业相比还存在较大的差距。若不尽快赶上,迅速解决这些问题,克服短板,必将极大地制约昌飞前进的步伐和发展速度。

2009年,随着中航工业直升机公司在天津挂牌成立,为我国直升机工业从预先研究、型号研制、生产交付,直至产品开发与市场销售、售后服务到全寿命跟踪,搭建起了一个统一完整的发展体系,对加速我国直升机产业化发展注入了一针"强心剂"。

2008年发生的汶川大地震给国人敲响了警钟,直升机不可替代的作用愈发显现,党和政府也对直升机产业给予了前所未有的关注。抓紧建立以政府为主导、以直升机为核心装备的国家航空应急救援体系喷薄欲出。

使命重于泰山。"强军富民"的强烈愿望在余枫的内心深处升腾。我国直升机工业的发展前景光明而远大、责任光荣而艰巨。

凭着对国内外航空产品军民品市场形势的准确洞察和科学分析,余枫认为随着国家经济建设的快速发展和国防事业的新需求,直升机产业正处在机遇和挑战并存的重大战略转型期,各型直升机的市场需求将会迅速升温。机遇千载难逢,但市场竞争也将异常激烈。有着"亮剑精神"的余枫,以一名优秀企业家所具有的豪迈胆魄和敏锐智慧,审时度势,从上任伊始,便精心制定了公司直升机中长期发展战略规划。他提出,昌飞必须紧紧抓住我国直升机产业大发展、快发展的战略机遇期,以航空工业体制改革为契机,以型号研制和产业化为重点,创新思路、开拓进取、锐意改革、科学管理,统筹军民两个市场,以军机技术为牵引,促进民机发展,努力形成军机、民机发展"H"型构架,主动融入世界经济和国际、国内航空产业链。同时,把坚持体制变革、技术进步、管理创新和提高企业核心竞争力,看作是推动公司直升机产品实现产业化发展的基础与前提。

余枫明确指出:"公司今后发展的基点要切实转移到依靠科技进步和劳动者素质的提升上来,转移到实现产品转型升级和提升品牌价值上来,不断夯实基础能力,打造核心竞争力,淘汰落后工艺,抢占价值链高端。"

思路决定出路。余枫带领公司广大干部职工,紧盯直升机制造技术的前沿,以项目为牵引,充分利用国家级技术中心、博士后科研工作站、国防科技工业高效数控加工技术研究应用中心等平台,加强自主创新,大力实施多项技术攻关和研发工作,并取得了一系列丰硕成果,仅2009年就在型号科研和掌握关键制造技术方面取得了六项重大突破,公司的直升机制造能力显著提高。

2009年,公司全年完成了四十一项公司级科研攻关课题的成果鉴定,其中九项成果通过了中航工业部级成果鉴定,成果总数比上年增加一倍以上。开展合理化建议和技术改进项目五千余项。完成专利申报并获得国家受理专利十九项。两年中,公司共有十八项科研成果分获省部级科技进步奖。

在日益全球化的当今时代,企业的竞争力主要体现在规模和发展速度上,而发展速度是决定因素。正是看到了这种大趋势，余枫把尽快提高公司产能作为他上任后的当务之急，并经常向全体干部员工灌输"加快发展速度，实现进位赶超"的观念，促使昌飞不断实现自我超越，挑战极限，追求卓越目标。继 2008 年公司首开直 8 型机当年度交付纪录，创造了公司有史以来直 8 生产交付的奇迹后，2009 年，公司又再创新高。2010 年，全年生产各型号直升机的能力初步形成。

霜重枫愈红。尽管上任仅有两年，余枫却使公司创造出了令人刮目相看的突出业绩。昌飞已成功构建起了从一吨级到十三吨级共多平台系列机型的航空产品生产格局，产品结构日趋合理，初步实现了产品型号系列化、生产布局科学化、主要型号生产工业化、国际合作多元化以及各项管理制度化，直升机产业进入了全面发展的新时期。

导入新理念　　管理创新提升能力

管理是企业发展的主题，创新是企业发展的动力。拥有现代管理思维和开拓创新精神的余枫，深知具备先进管理理念和科技创新能力，对公司实现跨越式发展将会起到十分重要的推动作用。

两年来，余枫下大气力狠抓公司内部基础管理，大胆创新管理手段，注重管理创新与技术创新相结合，全面优化企业管理流程，公司在流程再造和信息化建设等方面取得了突破性进展。

随着科研计划管理系统、PM 系统、OA 系统等先进管理平台的相继开发和推广运用，不仅为公司科研生产经营提供了强有力的保障，也使昌飞成为国内航空企业中第一个在所有型号中全面使用完全自主研发的 PDM（产品数据管理）系统的企业。

近些年，不少到过昌飞的人，都有着一个深刻的体会，那就是各种先进管理理念已在企业中广泛培育并生根开花。精益生产、条码管理、TPM、6S 管理、六西格玛、EVI 等现代管理的诸多词汇，刚性节点、断线计划、看板管理、加班进度奖等关键词，经常会出现在各类干部员工的话语中。一位多次参观考察过公司的军方首长曾感叹地说："每次来这里，都能真切感受到昌飞管理能力的飞速进步。昌飞正越来越向着现代一流的航空制造企业迈进。"

余枫始终坚持导入新的先进管理理念和工具。在他的大力倡导下，自 2008 年起，昌飞依托条码管理等系统平台，建立起了一套较为完善的流程管理信息化体系，不断加快条码管理系统在采购管理、库房管理、成本管理等方面的开发和应用。

大凡各种新鲜事物的诞生，总会遭遇到传统意识观念的抵御。条码管理的应用，也经历了最初不为人接受的艰难推进过程。公司条码管理试点单位钣金车间主任周东感言："如果没有余总的鼎力推进与坚持，我公司条码管理的开发就不可能收获今天这样的可喜成效。"如今，昌飞在所拥有的各型号直升机研制生产上，已全面采用了条码管理系统，打通了各专业数字化生产线，自主搭建并全面实施了昌飞数字化集成平台，实现了直升机研制的全过程控制，公司数字化制造与管理技术有了质的跃升，经济效益与日俱增。

"思维也要经常'格式化'。"在余枫看来,要更好地推进公司直升机产业的优化升级,就必须不断更新观念,加大创新力度,抓好现代管理工具的广泛应用。为顺应企业改革发展的需要,他全力实施"三年精益建基业"发展战略,有计划地推进综合平衡计分卡,构建以 EVA 为导向的全价值链成本工程和考核体系,并使之服务于公司的体制、机制创新和战略转型,以精益管理助推产品的转型升级,夯实公司实现大发展和快发展的根基。通过加大系统开发和运用的考核奖惩力度,强化执行力,使航空产品批生产达到了稳定有序、严格管控的状态。公司向着精益化生产方向迅速挺进。

在余枫倡导的先进理念指引下,昌飞着力强化管理、技术和机制创新,运用现代信息技术,提高经济运行质量,使公司重要经济指标大幅增长,企业规模不断壮大,产能和经济效益逐年提升,企业核心竞争力日益增强。近年来,公司主要经济指标呈倍数递增,就是很好的佐证。

在为国防科技工业和地方经济作出突出贡献的同时,昌飞的企业声誉、知名度和影响力也得以显著提升。两年来,公司直升机产品在国内的多次重大事件中亮点频现,并成为人们竞相关注的聚焦热点。交付北京公安的 2 架 CA109 直升机成功助力北京奥运会安保工作;直 11 某型机和直 8 某型机亮相 2008 年珠海国际航展并进行了精彩的飞行表演,赢得中外观众的称赞;1 架 CA109 中继航拍机交付中央电视台,获得用户好评;直 8 型机圆满完成了海军建军六十周年海上阅兵任务,还成功地进行了直升机首次"拉烟"表演;在国庆六十周年盛大阅兵上,十架直 8 两型机组成空中梯队首次飞越天安门广场,光荣地接受了祖国和人民的检阅,也在国人乃至世界上树立了中航工业昌飞的品牌和形象。

"一切都来之不易","一切又好像顺水行舟",余枫对此深有感触。在企业发展的征程上,余枫多次在公司副科级以上干部大会上以心换心地告诫广大干部:"领导干部要得到群众的拥护,要具备良好的学习能力、维护组织能力和非凡的抗打击能力。"敢于管理、敢于创新、敢于负责,是余枫治理企业的"辩证法",是余枫打造昌飞"常青树"的根本法宝,是余枫教育要求职工并带头信守的"座右铭"。

多元化拓展　推进产品转型升级

面对国内外直升机迅猛增长的发展态势,作为我国直升机行业的一支重要骨干力量和主力军,昌飞将如何应对残酷的市场挑战,一直是余枫重点思考的问题。在他看来,要使公司能够在激烈的竞争中求得生存,站稳脚跟并取得不断发展,就必须"积极贯彻集团战略,融入世界航空产业链和区域发展经济圈,苦练内功,掌握先进的航空制造技术,加快发展速度,不断提升自身实力,真正成为世界一流的航空制造企业"。

基于这一认识,余枫重点组织实施了昌飞直升机产业化发展主战略,并提出公司在全面推进直升机产业转型升级的道路上,要进一步转变观念,运用创新思维,秉承客户观、市场观等现代经营理念,对资本、技术、管理等经营要素重新优化组合,着力向"品牌价值塑造、商业模式创新、集成网络构建"的新三位一体转型升级,形成企业独特的竞争优势。

怎样才能有效培育具有长期优势的企业核心竞争力呢？余枫给出的答案是：紧盯市场、选准方向是基础；坚持自主创新、大力促进产品结构优化升级是根本；培育新的经济增长点、持续拓展对外合作、提升核心制造能力是重要保障。

在经营战略上谋求做强做大，在产品战略上谋求品牌优势，在技术战略上谋求创新进步，在人才战略上谋求开发培育……余枫正引领着昌飞朝着产业化发展方向坚实迈进。

几年来，昌飞始终注重抓好直升机市场开发与客户支援等方面工作，不断加强服务性保障工作，完善售后服务体系，全面提升解决技术质量问题的能力和在用户中的品牌信誉，使公司在实现航空项目多元化的道路上开辟出了更多新的发展领域，有效地拓展了直升机产业链价值。在加快民用型直升机研制进度的同时，瞄准国际市场，分别参与了厄瓜多尔、肯尼亚等国际采购直升机项目的投标工作。

围绕着产业结构优化升级，余枫将"军机为本、发展民机、扩大合作"确定为公司市场开发和产品结构调整的战略指导思想，要求公司在保持巩固并扩大军机市场的基础上，积极抢占准军事市场和航空产品维修业务，努力培育民机市场份额，不断将转包生产与对外合作做强做大，以全面扭转企业过度依赖军机市场的局面。

根据市场需求，昌飞制定了三年内公司40%的产品市场将成为民机和国际合作项目的发展目标，力争全面打造出几个精品式的先进直升机平台，从而为开拓军机和民机国内外两个市场提供强有力的支撑。

正是由于余枫对产品升级换代的高度重视和不懈努力，昌飞逐步形成了较为完整的直升机平台系列。其中，通过不断打造直8研制平台，使这个属于20世纪70年代的产品，被重新赋予了新的生命。直到目前，直8仍然是我国乃至亚洲吨位最大的多用途直升机。公司还利用最新技术，基本完成了对该型机的动力、航电、传动等系统的升级，使直8在系列化发展和市场开拓上都取得了长足进步。近年来，直8的市场销售始终保持着旺盛的增长势头。

经过全面升级换代，直8除继续在我国陆海空三军得到广泛应用外，还开始向我国的通用航空领域进行拓展，并步入了具有广阔市场前景的发展新天地。

余枫经常提醒和要求企业职工："要致力于成为世界一流的航空制造企业，就要具有全球化的战略视野和开放性的经营模式。昌飞要实现全面发展，就必须坚定而持续地实施对外合作和开展转包生产，这既是公司参与市场竞争的一项战略性举措，也是增强抵抗市场风险能力，提升国际形象和开辟新的经济增长点的有效途径。"

目前，昌飞正积极融入世界航空产业链，并已进入到了一个高速发展阶段，不仅呈现出S-92、S-76、CA109、A109E、S300C/S300CBi和波音767-300BCF等多个国际合作项目齐头并进的可喜局面，而且也获得了较好的经济效益和社会效益。

以人为本　文化铸魂强企

儒雅的气质、直率的个性，这或许是余枫呈现给人们的最直观印象，但当你在和他真正打过一番交道后，一定会把聪慧敏捷的思维、条理缜密的见解以及果敢坚毅的作风，毋庸置疑地与他紧密联系在一起。

"尽管有时他很严厉，但更多的时候，我们还是能感觉到他的善解人意与坦荡真诚。总之，余总可以说是个具有亲和力的性情中人。"这番出自公司职工话语中简练而质朴的表述，也许更能代表着大多数昌飞人眼中的余枫形象。作为统帅着近6000名企业职工的昌飞领军人，余枫既有着谋划企业发展决策时沉稳老练的从容与淡定，也会在繁忙工作之余，不时地表现出其诙谐率真般的豁达与温情。

在昌飞，有着一个优良的传统，那就是每届企业领导都有着深厚的"群众情结"。在他们看来，职工是企业的主人，是企业财富的直接创造者。余枫也以自己的言行模范地延续着这种宝贵的传承。

夜晚经常走进生产一线看望加班职工、酷暑下向机务人员了解飞机状态、寒风中在厂区内检查安全、节假日慰问困难职工……余枫真诚对待职工的平易近人和有情有义，广大干部职工群众深有体会。忠诚企业、关爱职工、严于律己，既是他为人处事的基本原则，也让他在职工群众中赢得了良好口碑。而始终信奉以人为本的余枫，更是深知人才对于提升企业核心竞争力所具有的重要作用。自他正式接掌昌飞帅印后，便积极倡导"构筑人才培养高地、搭建事业发展舞台"的思想，并视人才为企业的第一资本。

余枫把企业文化建设与提高职工的科学文化素质有机地结合起来，善于运用形势任务教育和思想政治教育，引导职工牢固树立"立足本职、岗位成才、担当诚信、创新超越"的观念，不断优化人才成长的人文环境。

为培养和造就一支高素质的人才队伍，打造学习型企业，余枫力主并推出了一整套完善的激励机制，把企业发展、个人成才与职工的切身利益挂起钩来，采取"技术传帮带""派出去，请进来""缺啥补啥，干啥学啥"的方式，加大对科技人才、管理人才以及优秀技术工人的奖励力度，着力营造尊重知识、尊重技能、尊重创造的氛围，不断增强干部职工尤其是青年职工的成才意识、竞争意识、创新意识和建功立业意识，有效地促使了各类技术和管理英才的脱颖而出，也为建设并提升企业核心竞争力奠定了良好的基础。

"对人才，就要如饥似渴般地加以培养和使用。"余枫大力倡导给青年人交任务、压担子，让他们在实践中增长才干，对那些素质优良、作风扎实、具有开拓精神的优秀骨干敢于予以破格重用，真正做到唯才是举，不拘一格选用人才。一大批70后、80后骨干相继走上领导岗位，担当重任。"昌飞发展后继有人"，国内外知名企业的领导和专家到昌飞考察后，都对昌飞在用人战略上表示钦佩，并挑起大拇指予以肯定和赞叹。

"要让那些人才真正成为企业员工和家属心目中的明星！"有着强烈"英雄情结"

的余枫非常重视发展、培养和树立公司的人才典型,鼓励宣传部门要大张旗鼓地弘扬模范人物的先进事迹,使他们的"名字上报纸、形象上电视、照片上橱窗、业绩上红榜"。通过多种形式的宣传与激励,公司各类技术骨干和先进模范人物从心底里感受到了被人尊重的企业文化氛围,在精神上获得愉悦感和成就感的同时,也激发其潜能,从而最大限度地发挥出自身的积极性和创造性。

此外,余枫还在不断提高职工收入的同时,较好地解决了全体在职职工和离退休人员的衣食住行与生活福利待遇问题,并在有关职工大病医疗、困难补助、开展送温暖活动等方面,都不遗余力地体现出一片真诚关爱之心。为了迅速提升昌飞的生产能力,昌飞干部职工竭尽全力,从技术改造、管理创新和加班大干等各方面努力,形成了多型号、批生产生机勃勃的良好局面。在组织生产大干中,余枫非常关心职工的身心调整,夏天组织送清凉、冬天组织送温暖活动,安排劳模出国疗休,千方百计协调一线科研生产骨干短疗,时时处处体现了人本化管理的重要思想。

以心换心聚人心。生活上的关心与政治上的信赖,极大地激发起了全体干部员工加倍努力工作的主人翁责任感和劳动热情,随之而来的是一大批以谢应煌、李军为代表的先进模范人物和各种岗位技术能手的竞相涌现。

余枫经常爱说的一句话是:"人是需要一种精神的,企业也是如此。"凭着一名现代企业家的长远眼光和价值观,余枫清醒地意识到:昌飞要建设成为世界一流的航空制造企业,就必须要打造出具有鲜明时代特色的企业文化,努力再造航空魂魄。为实现公司向文化管理的跨越,他进一步扩大企业文化建设的辐射范畴,使公司文化管理水平不断跃上新台阶。

余枫通过积极组织员工开展唱司歌活动,选拔人员参加集团公司职工运动会,开展"文化我先行,精益做表率""型号成功我成才,团队改善共成长"等主题实践活动和军品"一条龙"等多种形式劳动立功竞赛,在充分展示昌飞人精神风采,促进科研生产任务顺利完成的同时,也使干部职工对集团文化的使命、定位和品牌不仅在思想上接受、实践中执行,而且真正做到了入耳、入脑、入心,较好地促进集团战略等价值体系能够在企业落地生根。

作为国有航空企业的一名老总,余枫以强烈的政治意识、大局意识、责任意识以及高度的使命感和紧迫感,坚持科学发展,追求卓越目标,在带领公司为国家努力提供各种高新技术武器装备、完成强军富民任务的同时,还始终没有忘记自身肩负的各种政治责任和社会责任,并以此为己任,切实履行好党和国家所赋予的历史使命。

多年来,昌飞一直坚持全面推行"发展企业、富裕职工、回报社会"的核心价值观,依法按章纳税,严格执行和落实保护自然环境和可持续发展的各项法规和措施,重视加强工业卫生的管理,注重维护社区稳定,大力营造良好的生活环境,努力为构建和谐社会做贡献。

2008年,余枫充分发挥典型示范的带头作用,积极引领公司干部职工家属向汶川地震灾区捐款,昌飞累计向灾区捐款达两百余万元。从2007年起,公司每年都为定点扶贫地区提供支援,尽力改善那里的交通、医疗和办学等基础条件设施。

余枫不仅自己努力做到遵纪守法,心底坦荡,清正廉洁,而且还经常教育干部职工要作风正派,忠诚企业,培养良好的职业道德。他以自身的实际行动和人格魅力在公司广大干部员工中树立了良好的形象。

一花引得百花开,姹紫嫣红春满园。迄今为止,最让余枫倍感自豪的是,昌飞不仅有效地抵御住了市场经济大潮的强力冲击,并使自身锤炼得更加体格强健,而且还凭借企业的优良表现和可喜业绩,先后将一系列国家级殊荣实至名归。自2008年以来,公司分别荣获了"全国企业文化建设优秀单位奖""全国实施卓越绩效模式先进企业""全国厂务公开民主管理先进单位"和"中央企业党建思想政治工作研究先进集体"等多项称号。

胸怀航空志,热血铸忠魂。昌飞这艘曾处于急流险滩逆境中的航船,在余枫的引领下,又高扬起激情进取的远航风帆,不断开足马力,向着崭新而美好的发展目标奋力加速前行。

全国劳模、计算力学专家刘夏石

刘夏石，福建福州人，1937年10月出生。1958年毕业于南京航空学院（现为南京航空航天大学）飞机制造专业。刘夏石毕业后，就职于沈阳飞机制造厂飞机设计室，为中国人民解放军总字922部队上尉技术军官；1961年调到中国歼击机设计研究所；1969年后，一直供职于中国直升机设计研究所。长期从事计算力学在航空结构上的应用研究。在有限元法和优化设计的研究中取得突出的成绩。发明多于四点翘曲四边形剪切钣单元族和复合材料结构新单元与特殊单元，并应用于航空复杂结构的分析中，分别获1984年国家发明奖三等奖和1985年国家发明奖二等奖。著有《航空结构矩阵分析》《工程结构优化设计》。

刘夏石曾任七、八、九届全国人大代表，市政协副主席，市人大常委会副主任等，中国航空学会理事，中国力学学会理事，中国复合材料学会理事。主要从事新概念直升机研究，"863"高技术航天项目："受控生命生态保障系统"研究和科学艺术中心研究工作。

刘夏石的研究涉及面广，甚至将航空高科技拓展到传统艺术领域，发明了无刀痕五彩雕刻艺术；研制出高效节能无污染窑炉，可烧制民间传统窑炉无法烧制的特大型瓷器；开发出一种特殊的处理液，有效解决了瓷器釉面不着漆的问题，从而使中国传统工艺品"三宝"——北京景泰蓝、景德镇瓷器和福州脱胎漆器得以随意组合，开辟瓷、漆交融、相得益彰的艺术新天地。

他近几年的主要论著有：《特高型高效节能环保型陶瓷窑炉研制》《新技术陶瓷3红萍供氧装置及其试验研究》《水生植物及动物生态循环养殖箱》《中国直升机行业与市场经济》《赣、粤、港三省区经济开发开放的研究》。并曾荣获国家级及部队科技进步奖二十多项；被评为国家级有突出贡献科技专家；荣获全国劳模、全国五一劳动奖章；荣获江西省科技精英称号。

（直升机所提供）

硕果累累报神州
——记全国劳模、工学博士刘英卫

李韶华

刘英卫,对于广大读者来说,可能是一个陌生的名字。然而,他具有世界先进水平的飞机结构分析与优化设计的研究成果,早就扬名海内外的学术界。

研究员级的高级工程师刘英卫,是中航工业洪都公司几千名科技人员中的佼佼者。这位1967年毕业于清华大学的高才生,出身于贫苦家庭,全靠党和国家的资助,才完成大学六年的学业。他立志为国家多作贡献,早在20世纪70年代就潜心钻研,叩开了"有限元"的大门,使飞机总体强度分析基本实现了有限元素化,成为我国最早将"有限元素法"用于飞机强度计算的科技人员之一。1978年在我国首次召开的"全国有限元素法学术会议"上,他登台宣读了六篇论文,受到大会表扬。

全国劳动模范、全国五一劳动奖章获得者刘英卫

有限元素法可以准确地分析结构,但它不能直接用于设计结构。刘英卫经过反复探索、反复实践,又提出一种"同步迭代"方法,成功地攻克了应力设计中的这一关键,被航空工业部确定为重点推广的优化设计程序之一。

刘英卫在求索中深切体会到,要使我国飞机结构分析与优化设计达到世界先进水平,必须具有更深更扎实的理论作基础。经我国著名飞机设计师陆孝彭等专家、教授举荐,刘英卫以优异成绩通过了严格考试,1983年他作为全国第一位跨越硕士研究生阶梯的在职博士生,被当时的中国力学理事会会长、大连工学院院长钱令希教授破格录取。在钱令希教授指导下,他撰写的《三维形状优化设计程序》论文,1984年在法国召开的第14届国际航空科学理事大会(ICAs)上宣读;他与程耿东教授合作的《拟解析敏度分析》技术研究成果,于1986年9月在美国召开的第一届世界计算结构力学会上交流,引起了国际优化界的瞩目。他以取得多项重要科研成果的优异成绩,摘取了我国计算结构力学工学博士的桂冠,其长达十几万字的《现代飞机结构分析与优化设计》博士论文,被专家们认为达到国际前沿水平。

丰硕的成果,并没有使刘英卫陶醉、满足。应美国 ASCE 结构安全与可靠性委员会主席、凯斯大学摩塞斯教授的邀请,刘英卫于 1989 年 11 月以访问学者身份赴美国从事"结构可靠性"专题研究。赴美第一个月,他便阅读完了摩塞斯提供的 5 本厚厚的博士论文和一堆研究报告。不少新概念、新理论、新观点、新方法使他眼界大开,但也发现其中的不少疑点与不足。刘英卫就此写出了评价意见与建议。摩塞斯看后,发现眼前这位中国学者学识渊博,功底深厚,思路敏捷,所提疑点与建议颇有分量。他对刘英卫的研究能力与顽强毅力大加赞赏,立即提供了一批内部资料,供其新课题的研究。刘英卫如鱼得水,像海绵吸水般吸吮科技精华。在美两年间,他完成新课题研究共十五项,其中由美国、瑞士、加拿大产业部门提出的十个研究项目,已得到应用;五个由美国科学基金会支持的理论研究项目,顺利完成。由此他荣获"博士后研究科学家"。

研究课题一完成,刘英卫抱定为祖国效忠的初衷,谢绝了摩塞斯教授的再三挽留,于 1991 年如期回归祖国。回国后,他承担了航空工业总公司"八五""九五"规划中的结构可靠性及结构布局优化、复合材料等五项课题研究,协助航天、交通部门、中国海洋石油总公司,解决了南昌市新八一大桥、九江湖口大桥等近十座省内外大桥、航天飞行器、海洋石油平台等力学关键问题和结构可靠性问题;参与编写了《航空结构有限元指南》《飞机设计员手册》等 7 本专业书籍。此外,刘英卫还在航空总公司支持下,与美国 MSC 公司合作,开展结构可靠性技术研究以拓展 MSC/NASTRAN 的随机分析功能。1994 年元月上旬,在中国与俄罗斯联合举办的"飞机结构强度学术交流会"上,他宣读的《序列响应面法及其在飞机结构可靠性分析中的应用》新论文,受到专家的赞扬。原来这一方法对解决工程中各种随机问题具有重大意义,把序列响应面法应用于航空结构可靠性分析及研制的实用软件系统,在国内外尚属首次。

一份耕耘,一份收获。几十年来,刘英卫主持或主要参加的科研工作共获国家和部级重大科研成果 9 项,在国内外发表论文 70 多篇,其中在国际学术会议和国际学术杂志发表论文 14 篇。他为国家作出了重大贡献,党和政府也给了他应有的荣誉:1984 年至 1985 年评为南昌市特等劳模;1986 年评为航空工业部劳模;1985 年获全国"五一劳动奖章"、全国优秀科技工作者;1989 年荣获全国劳模和航空工业部有突出贡献中青年专家称号;1991 年被国务院学位委员会、国家教委授予"作出突出贡献的中国博士学位获得者称号",享受国务院特殊津贴;2011 年获得中国航空工业集团公司新中国航空工业创建 60 周年"航空报国突出贡献奖"。1994 当选中国航空学会理事,并担任江西省航空学会结构强度专业委员会主任;先后 3 次当选中国力学会理事(连续 12 年)、计算力学专业委员及江西省力学学会副理事长;1994 年起应邀担任南昌大学及南京航空航天大学兼职教授与博导。

2005年,刘英卫退休至今,在江西蓝天学院担任学术委员会副主任、机电所所长。先后主持和参加了多项桥梁、重型工程机械等工程项目的结构静、动强度分析及可靠性分析等研究工作。在国内、外发表论文多篇。此外,在主持机电所工作期间,申报并获批专利近二十项。

胸前缀满劳模奖章的人
——记洪都集团公司老劳模徐禾根

雷杰佳

在中航工业洪都创建六十周年纪念大会的特邀嘉宾席上，有一位两鬓斑白，身板健朗的老人显得格外高兴，他就是名满洪都的老劳模徐禾根。提起徐禾根，洪都老一些的职工是无人不知，无人不晓。自他1952年进厂到1955年刚一满徒，就被评为部级劳模和全国劳模。这之后直至"文化大革命"，他一年不落地连续获得了市、省和国家级的各种劳模和先进生产者称号。据不完全统计，在四十余年的工作生涯里，他先后获

徐禾根为青年员工作技术指导

得市以上各级劳模奖章四十余枚，参加了党的十大、十一大和全国政协会议以及全国"五一""国庆"观礼和省、市党代会、工代会等各项活动三十余次，真可谓荣誉等身，是位名副其实的"劳模专业户"。

徐禾根，江西南昌人，1932年1月出生。1938年，抗日战争全面爆发，为避战乱，他和母亲逃难到南昌新建县的外婆家，这是一个荒僻的小村子。不幸的是，这时外公因病身亡，父亲又远在靖安打工，家里顿失了主要劳力，年仅6岁的小禾根就不得不帮助外婆和母亲分担家事，每天要去放牛。七八岁后就会干农活，这一干就是8年。可以说，他儿时的天真和童趣都消弭在与牛为伴和做农活的辛劳中。抗战胜利后，为人打工的父亲深知"家有斗金不如一技在身"的安命之道，决定将年仅14岁的小禾根送到南昌一家叫"利言机械厂"的小店当学徒。

小禾根进店的第一天，就是为师傅摇车床。那时的车床非常落后，需人用手摇动皮带轮带动车头转。这活特别累人，不仅摇的速度要快还需均匀，否则就会受到师傅

的责骂。因为是新学徒,他不仅上班要干活打下手,下了班还要给老板师傅和师兄们做饭,一天三餐,他一大早就要起床,几乎一天到晚没有停下来休息的时候。老板每天都要求工人加班,还没有夜餐吃,一天干下来,人不仅十分疲惫,还感觉特别饿,瘦弱的小禾根经常被劳累、饥饿、瞌睡折磨得晕头转向。

苦和累他还能咬牙挺住,最让他难受的是学不到东西。说是学徒,可师傅们从来不教,像磨车刀、搭配齿轮(那时车床车不同螺蚊的零件,是经计算后,用搭配调换不同齿轮来实现的),这些技术性较强的活儿,师傅还支开他,不让看、更不让他上手。机灵的他于是就仔细地盯着看,用心的记,认真的揣摩师傅的操作,不让明看的,就站远点偷偷看,有时趁师傅吃饭或上厕所的空隙就近前去观看,还要强记、死记住。就这样,小禾根用这样的"笨"办法学到了不少技术,在师兄弟中渐露头角。好不容易熬满了三年徒,能独立干活了,可仍拿不到工钱还要为老板做三年,行规叫谢师。这样一直做到20岁,他也分文未得,也就是说,他白白给老板干了六年。

1952年,他被招进320厂,徐禾根感觉就像进了"天堂"。虽是学徒阶段还是有工资,这让他吃惊;住进了干净整齐的宿舍,这让他觉得舒适;在车间里能与领导师傅和同事们平起平坐一起干活,这让他觉得舒心;特别是每天早餐有白花花的大馒头、大包子,中晚餐有香喷喷的米饭,晚上加班还有夜宵,更是令这个年轻人高兴、满足。他深知这都是党和政府和新中国的工厂给予自己的关怀和待遇。吃过苦中苦方知甜中甜。他把这一切美好的印象都铆成了一股劲,就是工作上的干劲。他把这幸福的感觉都汇聚成一种思想,就是感恩,报党之恩、报国之恩。因此,他几乎把全部的精力都投放在工作上。此时,正值抗美援朝战火激烈之际,工厂的飞机修理任务十分繁重急迫。徐禾根也和全厂职工一样,几乎白天夜晚连轴转,天天加班加点,用他的话说:"那时浑身上下有使不完的劲,可从不感到苦和累。"

已经掌握了不少技术的徐禾根,不仅能独立操作,其学徒生涯的磨砺还使他具备了做事严谨,爱动脑子,干活讲究质量和速度的良好习惯。他把这些优秀的品质,在岗位上发挥到极致。那时生产手段落后,有不少修理品只有一个破损的样件,既没有图纸也没有工艺,全凭工人捉摸。他就自己动脑筋想办法,制定加工程序,有时遇到难题,除了请教师傅和同事,他会一连几天苦思冥想、寝食不安,不解决掉誓不罢休。因此,他干的活是又快又好,总能及时保质保量的交付,深受领导师傅和同事们的赞赏。

1955年工厂经过大规模的建设和整顿,生产管理也走上了正轨,工人生产实行了定额制。这种激励机制,更让徐禾根有了发挥才干的用武之地。他不仅苦干更讲究巧干。有一次他接到安2飞机上一个工件的制造任务,有500件之多,要得也急,他看了图纸后,就自己做了个落料模、一个弯曲模,顿时使工效提高了数倍,定额20分钟一个的工件,他5分钟就能做好,不但提前完成了任务,还保证了质量。徐禾根还有一个令人称绝的本领,他文化不高,识字不多,但看图纸特别有灵感。不论怎样复杂的图纸,他一看就明白并立即能领会工艺要求,有时还能发现问题提出修改意见,减少失误提高效率,他这种本事,连许多老设计员,工艺员都称道不已。由于他工作时效高,一年下来，竟然完成了一般人二至三年的工作量，得到了领导的赞许，引来了同事们钦佩的目光。能干、会干、肯干的青年徐禾根，当年就评为二机部劳模，并邀请赴京参加表彰会。到了北京，他参加了二机部的表彰会，接着又参加全国的庆功会，"五一"节又受毛主席和中央政府的邀请，到天安门观礼台目睹了盛大的节日游行。这些活动使他感受到了做一个新中国工人的光荣与自豪。

尤其是在"五一"节的前一天，毛主席和中央政府要宴请各界的观礼代表。这是个盛大的国宴，足足摆了一百多桌。这样宏大的场面，徐禾根和其他工人代表一样，从未见过令他们倍觉新鲜，更令他们振奋的是毛主席和中央领导要参加宴会，向代表们敬酒。当毛主席和其他中央领导步入宴会厅，全场响起了热烈的掌声，这是徐禾根第一次见到毛主席，心情十分激动，想起进厂后，自身发生的巨大变化，他不由得热泪盈眶。

北京载誉而归，徐禾根受到工厂职工们的热烈欢迎。在这巨大的荣耀面前他清醒地认识到，是党和政府以及工厂的领导与同事们的信任和帮助，才使自己从旧社会一个普通的学徒仔，成为新中国一个大型国防工厂的工人，享受了这么高的荣誉。更深知身负的责任和担当，只有用更努力更高效的工作，取得更优异的成绩，才能不辜负组织的期望，才能报答国家。他一如既往地在自己的岗位上兢兢业业地工作。当时厂里的电影院、文化宫、足球场等都建起来了，门庭若市，可年轻的他极少光顾，一门心思扑在工作上。他27岁就考评上了8级工（技术工人的最高级别），当时在全厂是凤毛麟角，工资与厂领导不相上下。

徐禾根自1955年起至1965年，连续10年都荣获了市、省、部等各级劳模称号，1965年又作为工人代表受邀到北京参加"国庆"观礼。但到了1966年，由领导者错误发动的"文化大革命"，使事情发生了变化。徐禾根成了重点批判、斗争的对象。被列出的"罪状"是"巴结领导想当官"，"假劳模"，"当权派的黑爪牙"等等。上班时就要揪出来戴高帽、挂牌子游街示众等等，什么苦都吃了。搞完这些，还要回车间上班干活。这段时间，身体上受的苦，他还能忍受；思想上的苦闷却让他倍受压抑，从不抽烟的他变成了"瘾君子"。

后来，造反派组织指定他带领三十多个知青到新干县一个偏远的农村去支农，不料这倒让徐禾根思想上得到了放松。一到村里就与村干部讨要农活，少时的磨炼，使他什么农活都会干，耙田、育苗、插秧、割禾样样活儿难不倒他，深受村民的好评。更难能可贵的是，他发挥技术特长，带领知青帮农民修理拖拉机和各种农机具，在当时缺乏技工的农村里，这真可谓是"雪中送炭""旱时送雨"啊，这一举更是大受农民欢迎，成了农民心目中的大好人。有一次，公社唯一一辆大卡车汽缸坏了，徐禾根又是跑材料，又是跑配件，硬是把它修好了，这更使他名声大振，远近不少农民都来请他修理。

粉碎林彪反革命集团后，徐禾根也得到了解放。车间军代表指定他当副连长负责管生产，他带领大家很快恢复了生产。1973年8月，他作为江西工人代表参加了党的第十次全国代表大会。

1976年"四人帮"垮台，党中央召开了全国第十一次全国代表大会，徐禾根又一次作为工人代表参加了这次会议。这之后,他担任了主管生产的车间副主任,不仅动手干活,还尽力发挥自己多年积累下来的经验和影响力,积极配合车间主任组织好全车间的生产,搞得车间生产热火朝天,不仅全面完成任务,经济效益还节节攀升。1983年,他参加了第六届全国政协会议并当上了政协委员,不减当年的雄风。

1992年,徐禾根一退休就有很多企业的老板要聘请他做技术负责人。晚年的他凭一技之长,发挥余热,继续为国民经济发展做贡献。

榔头声中的人生
——记全国劳模、洪都公司钣金工梁木森

李韶华

1995年5月1日。清晨。中华人民共和国首都——北京天安门广场。五星红旗在嘹亮、庄严的国歌声中冉冉升起。在观看升旗仪式的队伍中,一位身着红色夹克式工作服、清秀文静的中年汉子,仰望迎风飘扬的国旗,晶莹的泪珠夺眶而出。

他,就是全国劳动模范、洪都航空集团公司(以下简称洪都)钣金工梁木森。

这天上午,梁木森和出席全国劳动模范和先进工作者表彰大会的群英们,还登

全国劳动模范梁木森

上了金碧辉煌的天安门城楼。他做梦也没想到,他这么一个普普通通的工人,居然能踏进全国人民代表商议国家大事的神圣殿堂,能站在曾经是伟大领袖检阅百万军民的地方。

这晚,他躺在京丰宾馆那柔软、舒适的席梦思床上却辗转反侧,久久难以入睡。3月,出席南昌市劳模会,市委、市政府领导向劳模一一敬酒表示祝贺;4月,参加江西省劳模表彰会,省委书记吴官正讲话时,几次起立,深深地向劳模们鞠躬致意;赴京时,洪都领导给他披红戴花,组织人员敲锣打鼓为他送行;4月29日,更是他梁木森终生难以忘怀的时刻。下午一点,劳模们列队进入人民大会堂时,迎接他们的是一阵激昂振奋的锣鼓声和满目的鲜花。梁木森第一次置身于如此隆重、如此欢乐的海洋里。胸佩红花、奖章,满怀喜悦的劳模们与党和国家领导人合影留念之后,又聆听了江泽民总书记代表党中央、国务院所作的充满激情的重要讲话。此时此刻,梁木森感到无比自豪,无尚荣光。他真想大喊一声:劳动万岁!我们工人阶级是真正的主人!

作为洪都几万职工的一分子,梁木森是幸运的。然而那掌声、鲜花,那奖章、证书

可是他梁木森几十年如一日辛勤耕耘的结果,是他智慧与汗水的结晶啊!

梁木森1967年从半工半读学校毕业分配到洪都,当了一名钣金工人。从此便与榔头、橡皮、剪刀结下不解之缘。20多年来,他就像一颗闪亮的螺丝钉,牢牢地固定在钣金工这个岗位上。

叮叮当当的榔头声、噼噼啪啪的橡皮声和咔嚓咔嚓的剪刀声,单调、枯燥。在人们的眼里钣金工是苦脏累的代名词。可梁木森对那叮当、噼啪、咔嚓之声却情有独钟,爱得那么深、那么执着、那么如痴如醉。

是的,早在半工半读学校念书时,梁木森对实习老师靠一把榔头,一把剪刀,凭着手上功夫便将一块铝皮敲打成饭盒、水壶、茶杯看得入神,那放边、收边、卷边、弯边的技艺,使他对钣金工产生了浓厚的兴趣。参加工作后,他目睹老师傅像变戏法似的靠榔头敲出各种形状复杂的零件更是钦佩。他暗下决心,一定要好好学习,掌握钣金技术,为祖国的航空事业作出贡献。

理想是推动人们行动的原动力,目标是人们前进的方向点。梁木森以一股子钻劲,一股子韧劲,一股子拼劲很快敲开了钣金技术殿堂的大门,成为青年工人中的一位佼佼者。

梁木森所在的31车间二工段,主要生产飞机上的大型框架零件,品种多,批量少,零件外形复杂,技术要求高,由于机械化程度低,许多零件主要还是靠手工成形,劳动强度可想而知。

近年来,随着青年工人的增多,技术力量一时还缓不过劲来。作为一位老师傅,一名工人技师,一个共产党员的梁木森深知自己肩上担子的分量。小组那些工时紧、技术难度大的关键件、复杂件、特急件,他几乎包了。可以说他一年中的绝大部分时间都是超负荷运转的。

早上班、晚下班对梁木森来说不是偶然的,而是几十年一贯制,雷打不动。为了赢得时间多作贡献,他经常叫爱人把饭送到车间;为了赢得时间多作贡献,有时干脆就睡在车间。细心的人还经常可以看到,每当下班他都要估算着家里快开饭了才肯收工回家。

有一年,梁木森因公外出,不慎脚背扭伤,疼痛难忍,医生诊断为骨折,给他上了夹板,嘱咐休息一个月。当他听说车间里突击强五飞机上的不锈钢机尾罩正处于紧张时刻,就再也坐不住了,休息不到10天,便一瘸一拐地赶到车间参加战斗。1990年5月,梁木森因静脉曲张住院开刀,但躺在病床上的他总是牵挂着月底还有几项配套零件要完成,居然趁开刀前医生做手术准备的两天时间,溜回车间操起了榔头,直到完成了任务,才安心接受手术治疗。

1992年国庆前夕,大家都在忙着打扫卫生,准备过节,突然转场佳木斯的农五飞机告急,机上的鲸鱼形蒙皮急待更换。特急任务下到车间,落到了梁木森头上。他二话没说,很快吊来了模胎。一时找不到安放模胎工作凳,为了争取时间,他干脆将模胎放在地上,毛料放上去一比画,操起橡皮条噼里啪啦就干开了。他一会儿蹲在地上,一会儿猫着腰,一直干到10月3日把急件突击完工。都四十好几的人了,弯腰屈腿地连干三四天,这需要多么坚强的毅力啊!他两手撑着酸痛的腰,回家正想躺下休息,不巧,晚上车间又接到强五大修机隔板的按架配急件任务。为确保急件按时完成,车间决定还是请他出马。梁木森没有半句怨言,支撑着疲惫的身子赶忙来到初装车间,一干又是五六个小时。

1995年,梁木森尽管先后出席省、市、全国劳模表彰大会和一次区人代会,有效工作时间减少了不少。但他把出席会议作为动力,把荣誉作为新的起点。每次回厂后,他马不停蹄,日夜苦战,年底一结算,共完成工时8150小时,名列车间职工前茅。

一天天,一月月,一年年,梁木森就是这样视完成任务为己任,把辛勤的汗水毫不吝惜地抛洒在自己的岗位上。仅从1992年到1995年梁木森有记录可查的加班就达1100次,平均每4天就有3次加班,完成工时29 436小时,相当于11年零8个月的工作量,用他那踏踏实实的步伐跨越了2000年。

"军工产品,质量第一"在梁木森念书时就已如雷贯耳。那一件件、一桩桩因忽视质量而造成事故的教训更使梁木森刻骨铭心。注重质量这根弦在梁木森心中从未放松过。无论是生产大零件还是小零件,无论加工关键件还是一般零件,梁木森都一丝不苟认真对待,对照图纸、模具、样板,检查原材料,直到所有条件都符合工艺指令才开工。这是他的"法定程序"。

强五飞机上有个"马腿"形零件,公差仅有0.3毫米。梁木森加工这个零件时,真像大姑娘绣花那样费尽心思,不光用眼看,用手摸,而且一个部位一个部位用小钢皮尺塞进去检查间隙,直到满意为止。

梁木森加工的产品,质量全优不仅仅是因为他认真细致,一丝不苟,更重要的是他始终坚持技术革新,用科学的方法来达到确保产品质量,提高工作效率。

强五飞机一块腹板,上面有许多弯边孔,按以往的工艺加工方法是先弯边,后爆炸成形,再送去淬火,最后用手工校形。用这种方法零件淬火后变形大,用手工很难校贴模,而且零件表面榔头印迹多,质量和生产进度都要受影响。梁木森接过零件图号时,认真查找其他同志生产该零件质量差的原因,并对操作规程反复进行推敲琢磨,于是大胆地提出了先弯边后淬火,再送去爆炸成形,最后用手工校形的加工方法。实践证明,这种方法不但保证了产品质量,而且提高工效2倍以上。

K-8飞机有两项整流罩零件,外形不大,要求拉伸高度却达47毫米,而且转弯半径和上下底口边都很小。用落锤模拉伸,零件便起皱裂纹。为不影响装机,过去只好将裂纹处补一下了事,严重影响了零件外观质量。1993年,梁木森接到该整流罩的加工任务后,他又开动了脑筋,他自制了两副塑料模具,用于零件半径最小的部位加压,然后收缩横向部位,改变了原先在横向部位加压,纵向部位收缩的老办法,解决了零件起皱、破裂这个难题,拉伸高度和表面质量完全符合技术要求,攻克了一项多年未解决的技术难关。

农五飞机试造时,机翼蒙皮一直是个关键。蒙皮全部由0.3毫米的铝合金板材加工成形,洪都还没有加工超薄型板材的经验,最初的加工方法是用凸凹模将蒙皮上一条条筋槽压出来,由于应力分布不均,淬火后零件变形大,根本无法贴模。几次试验,几次报废,洪都领导十分焦急,主管农五飞机的生产长更是心急如焚。就在工厂决定送上海加工的关键时刻,工人们计算了一下,20块蒙皮,来回的运输费、包装费、加工费、出差人员的差旅费少说也要花费三四万元。再说以后批量投产又该怎么办,总不能长期求助于人吧。梁木森看在眼里,急在心里,1994年初,他主动把蒙皮的加工重任担当起来,下定决心自力更生,自己解决问题。在领导和技术部门的指导下,他和落锤工郭兵反复研究试验,办法终于找到了。他们取消凸模,在蒙皮上下铺垫十毫米厚的橡皮,又在橡皮上面加垫钢板落压成形。使筋槽压出后蒙皮仍保持平整。然而由于蒙皮太薄,如何保证淬火后不产生剧烈变形?梁木森又同热处理工段的同志一道集思广益。经多次反复试验,他们采用把蒙皮卷在圆筒式吊篮上,再用细铝丝箍牢蒙皮的土办法终于解决了一个大难题。

　　胜利总是属于那些不畏艰险,勇于攀登的人们。梁木森用自己的智慧和汗水为农五飞机按时取证立了汗马功劳,用他那长满老茧的双手在洪都钣金制造业的史册上写下了新的篇章。

　　梁木森自参加工作至今,参与生产、试制的航空产品十余种,生产交付的零件十万余件,没有出过一件废品、超差品,是一位名副其实的质量信得过的人。

　　梁木森工作勤勤恳恳、兢兢业业、任劳任怨有口皆碑。他顾大局,识大体,只讲奉献,不图索取的精神更令领导、工友们所折服、所钦佩。

　　1984年首次评上洪都劳模以后的几年里,梁木森没有评上劳模,1992年公司从工人技师中考核评聘高级钣金技师,车间里梁木森与另一位同志都达到了评选标准,但由于评选名额有限,结果另一位同志榜上有名。事后,不少人以为梁木森一定会闹情绪,想不到他一如既往,仍然是早来晚走,一心扑在工作上。在红榜无名的后面,却有他废品为零,超差品为零,年均工时达7000小时以上的闪光数字。对此,工友们无不竖起大拇指说,这才叫"过得硬"呢。

　　在商品经济的大潮中,有的人一个劲钻到钱眼里去了,无视工厂整体利益出去捞外快。说实在话,凭梁木森的本事,出去一个月挣他一二千不成问题。一些好心人也一个劲地邀他一同去搞第二职业,劝说他:"你上有老下有小,连同你爱人,一个月收入不足千元,加个班只不过几块钱。你又没有卖给工厂,何必那样去卖命,在外面干几个小时就是几十、上百元,何乐而不为呢?"然而,梁木森心中自有一杆秤,他理直气壮地说,工厂是大家庭,小家庭要服从大家庭,只有大家庭富了,小家庭才有保障。一个人的精力是有限的,晚上在外干得筋疲力尽,白天上班无精打采,如果工厂几万职工都这么干,工厂垮了倒霉的还是职工自己。再说,自己的技术也是组织上的关心培养获得的,自己是党的一分子,不能给党组织抹黑。一席话,字字落地有声。

　　的确,梁木森在工厂这个"大家"与个人"小家"的天平上,总是使天平明显向工厂这个大家倾斜,并且一次又一次地把"砝码"加在了"大家"那边。

梁木森有一个四口之家,担负赡养老人,抚养、教育孩子的重担。他的妻子一向身体不好,母亲瘫痪卧床18年之久,1994年儿子突患肝炎,父亲积劳成疾不幸去世,还有房子、子女就业……生活重担像山一样压在他的肩上。然而在工作与家庭发生矛盾时,他总是毫不犹豫地放弃小家。

1987年,梁木森的妻子患严重风湿性关节炎住进了医院,梁木森忙于工作,一连十几天未到医院露面。同房的病友便嘀咕开了,猜她可能没有成家,也可能是夫妻不和……听到这些,这位憨厚、朴实的女工一阵心酸,暗自落泪。回到家里,一肚子火向着梁木森:你眼里根本没有这个家,也根本没有我,你除了工作还是工作,搬到厂里去住算啦!深感内疚的梁木森只好用言语相慰。是的,十几年来,梁木森没有陪伴妻子、孩子上过街,更谈不上看电影、逛公园,妻子生气,他能说什么呢?

1994年3月厄运又再次降临到他的头上。几天前,梁木森发现小儿子脸色不太好,饭量明显下降。几次想带孩子去医院检查一下,由于工作忙被搁了下来。后来还是在家待业的大儿子带到医院检查才发现患了肝炎病,由于拖延了时间,使病情加重了。小儿子本来要参加复习迎接高考,现在不得不停学住院。梁木森深感自己没有尽到做父亲的责任,暗暗表示,住院期间要好好照顾儿子。可是儿子住院时间的护理工作又是由爱人和大儿子分摊。这一年的十月,梁木森的父亲又因护理瘫痪的老伴操劳过度,离开了人间。十月正是工厂大决战的关键时刻,为了不影响工作,梁木森从父亲生病到去世、火化、安葬仅补休了一天半时间。弟妹们埋怨他,亲友们责怪他,他只好低着头听着、默认着。就在安葬好父亲的当天晚上,他又操起了榔头,工作在岗位上。这天晚上梁木森心乱如麻,他想起了延误治疗使病情加重被迫停学住院的儿子,想起了父母生病没尽到孝心,想到了妻子住院一天也没有去护理,他深深感到内疚,他欠亲人们的情实在是太多太多,他再也控制不住情感的闸门了,眼泪就像断了线的珍珠洒落下来……

对工作,对生产,梁木森总是全身心地投入,对待家庭他是那样的不"负责",对待自己也同样是"苛刻"的。1993年、1994年,洪都工会先后两次组织劳模们去北京、西安休养游览。人心都是肉长的,梁师傅是多么希望有机会出去轻松一下啊!他太累了。何况西安他一次也没有去过,他多想去看看那雄伟壮丽的古代建筑群啊。然而,事有凑巧,两次他手上都有几项急需配套的零件等着交付。为了不影响生产进度,他毅然决定放弃多年的愿望,又埋头扎进了紧张的生产之中。

1993年,洪都对参加过抗洪抢险的同志进行身体检查,梁木森被查出有血吸虫病,领导、同事都为他着急,劝他尽快住院治疗。他爱人更是心急火燎,一边给他加强营养,一边要他快去医院打虫。"身体是革命的本钱"的道理,梁木森岂能不懂?血吸虫对人体的危害,他哪里不知?可眼下生产任务重,组里另一位同志也需住院治疗。为了不影响生产,他婉言谢绝同志们的劝说,让另一位工友先住院,自己留下忙生产。直到1994年10月,组织上再次安排,他才上医院接受治疗。住院期间,他人在医院,心在车间,总惦记着生产任务,一有机会便到车间转一转,了解情况。出院时,医生叮嘱因服打虫的药需在家休息十天,可他出院手续一办,便到车间上班,医生的嘱咐早忘到九霄云外。

梁木森所在车间领导,在讲述梁木森那感人肺腑的事迹时,感慨地说:"多好的工人啊,如果我们的职工都像他,国有企业何愁上不去?我们的国家,我们的企业多么需要像梁木森这样的'基石'啊!"

梁木森凭着一颗赤诚的心,凭着娴熟的技术,用榔头敲出了道道光环:他连续六年被评为洪都优秀共产党员,八次评为洪都劳模,1995年又获南昌市特等劳模、江西省劳模和全国劳模光荣称号,1996年4月又捧回航空工业总公司劳模标兵奖状。

如今的梁木森,面对那一块块金光闪耀的奖章,一本本红彤彤的荣誉证书,面对洪都发出全公司职工学习他扎根一线,苦干实干的老黄牛精神;刻苦攻关,精益求精的钻研精神;顾全大局,公而忘私的主人翁精神;敬业爱岗,不计得失的奉献精神的决定,梁木森手里挥动更欢的是榔头,脑海里回荡更响的是江泽民总书记对工人阶级的殷切期望,心里想得更多的是新时代工人阶级如何迎接新的挑战,创造更加辉煌的明天。

(原载1997年5月《劳模风范》)

"铣工王"的技术人生
——记全国技术能手、江西省劳动模范、洪都机加厂铣工龚仲斌

洪 萱

在中航工业洪都公司机械加工厂,一提到龚仲斌,大伙都会竖起大拇指发出由衷的赞叹。龚仲斌是一名青年铣工,在参加工作的19年里,他爱岗敬业,无私奉献,以一颗赤诚之心奉献在岗位上,把全部精力倾注在工作上。正因为他有火一般的工作热情和饱满的工作干劲,才使他很快成长为机加线上的青年技术骨干。他凭着过硬的技术本领,2001年在公司举办的岗位练兵比赛中独领风

龚仲斌在工作岗位上

骚,获得第一名,被公司授予"铣工王"的荣誉称号;2001至2003年共完成生产工时24 572小时,平均每年完成了近五年的工作量,被公司评为劳动模范;2002年被原中航二集团评为生产技术能手;2003年被洪都公司、共青团江西省委先后评为"杰出青年岗位能手"荣誉称号;同年又被团中央工委及国防科工委授予技术能手荣誉称号;2004年获全国青年岗位能手、全国技术能手称号;2008年获国务院政府特殊津贴。2009年获江西省第一届首席技师荣誉称号。面对接踵而来的荣誉,龚仲斌始终保持不骄不躁、谦虚谨慎的作风,一如既往地用实际行动展示自己的青春风采。

龚仲斌1992年从部队退伍分配到洪都机械加工厂,当了一名普通的铣工。航空产品的加工是一项非常复杂和精细的活儿,需要具备较高的加工技术水平。这对龚仲斌来说压力无疑是非常大的。从部队下来,龚仲斌连机床的操作性能都摸不清楚,更别提加工生产了。但他硬是凭着一股子的钻劲,不气馁,刻苦钻研。他一方面虚心向老师傅请教学习,一方面利用业余时间学习操作理论知识,查找各种工艺技术资料。他曾给自己立下一个规定:"今天遇到的问题一定要想办法解决,弄清,绝对不能让问

题过夜。"正是在自身不断的刻苦钻研下,他仅用了三个月的时间便能单独上手操作了。这对于一个刚接触机械加工的人来说,是少有的。随着航空产品科技含量的不断提升,对产业工人的要求也越来越高,传统的加工方法和工艺已越来越不能满足科技的进步。为了进一步掌握和提高自身工作的技能水平,更好地服务于公司航空产业的发展,1998年,他又以优异的成绩考上了洪都高级技术学院就读学习。通过两年的刻苦学习和实践,他的操作水平有了很大的提高。当时外面的许多公司纷纷出高薪聘请他去工作,但都被他一一婉言谢绝,毅然回到了原来的工作岗位。他把所学的知识灵活地运用到实际生产中去,为机械加工厂解决了不少的生产难题。并且他还毫无保留的将所学技术传授给青年职工,带动和影响了机加厂一大批青年团员苦学技术的良好风尚。

众所周知,机加行业是十分辛苦的行业。而龚仲斌所从事的铣工岗位更是集脏、累、险于一身的岗位。近年来公司军品任务相当繁重,而机加分厂又是十分重要的军品生产单位。为此,龚仲斌想到的是如何更好更快地完成生产任务,如何在岗位上为车间为分厂分忧解愁,尽早地把零件保质保量地交付。他所在的工段有一项军品任务,加工周期长、精度要求高、定额工时紧,且加工时须加注冷却液,很脏也很苦。每当该零件投产时,工段总会为此伤一番脑筋。龚仲斌看在眼里,便主动向工段提出请战。为了做好这份零件,他首先进行模拟加工,认真思考每一步加工方法,慎之又慎,确有把握后才开动机床。为了抢时间,赶进度,他从未休息过一个完整的双休日,经常放弃晚上的业余时间在车间加班加点,每天工作十几个小时,眼睛熬红了,腿站酸了,但他从未吭过一声。

质量是企业的生命。龚仲斌在零件加工质量上可谓是精益求精。每次加工零件前,他总是先把工艺图纸看懂吃透,完全弄懂零件的加工方法。对有疑问的,他总是虚心向老师傅们请教;在加工零件时,合理安排好工序,做到每道工序心中有数,每个尺寸测量准确。如公司某科研项目要进行底板安装,外形为 300×350 mm,要求加工成底面厚度为 2 mm,保留大小不一,且平面度要求在 0.2 mm 以内。为克服加工中易变形、尺寸难以保证等诸多难点。他反复摸索,采用多点装夹的方法,使刀具接触面变小,产生的热量迅速传递,大大降低了零件的变形概率,减少了工作误差,保证了产品的质量。龚仲斌进车间以来,从未报废过一件零件,经他加工的零件合格率达到100%。

龚仲斌在苦干的同时,还时常针对零件的复杂程度,结合操作实际,进行技术革新,解决了车间不少复杂的疑难问题。如:某型号飞机零件,原来是按画线找正法加工的,加工难度大、操作极为不便,每天产量不大且质量也不稳定。他在第一次加工该零件时,就琢磨出了一套简易的钳口铁,在能确保其加工质量的同时,每天产出的零件数比原来还增加了近三倍,保证了任务的按期交付。此项革新得到了有关领导和老师傅们的高度好评。他所在的工段主要以加工镁合金材料为主,由于镁合金材料特殊,着火点低,易导致变形、着火造成报废。为此,他对加工的毛坯、材质、工艺设计和加工程序都要反复琢磨,力图寻找出一条解决其特殊性的方法。经过多方面的实践和尝试,终于发现镁合金的特殊材质要求刀具一定要锋利,转速选择要合理,尤其要注意与钳工的密切协作。针对这些特殊情况,他在加工时提出了许多好的建议和技术革新,如工序问题的优化组合、自制装夹定位设备、钳铣定位基准统一等。通过这些建议与革新,既保证了零件的质量,又提高了工效,产生了较好的经济效益。近几年来,他共提出合理化建议130余条,创价值近10万余元。

龚仲斌的工作得到了一致肯定和高度赞许,尤其是他以一名青年党员的模范行动,带动和影响了机加厂一大批青年职工,促进了各项任务的圆满完成,用自己的实践和汗水谱写了一曲壮丽辉煌的航空诗篇。

"目标正确,结果才能正确"
——记全国"五一劳动奖章"获得者、中航工业昌飞原总经理、总工程师周新民

崔连君

他主持的昌飞航空制造技术和数字化管理,在航空工业独树一帜,成为行业数字化工程应用的典范,处于国内领先地位。

他组织的数控加工优化技术应用项目成为我国国防科技工业领域的示范工程。

……

他就是中航工业昌飞总经理、总工程师周新民。

周新民工作照

有志者,事竟成。1991年,周新民从西北工业大学机械制造设备与工艺专业毕业后,来到地处三线的中航工业昌飞工作,从车间普通的工艺员干起,一步一个脚印,踏实地走出了一条科技兴企的道路;一生一个情怀,满腔热忱地坚定了航空报国的信念。

勇挑重担 数字化建设和信息化管理引领潮头

业精于勤,行成于思。近年来,适逢直升机产业发展的大好机遇,中航工业昌飞承担的任务量大幅增长,同时面临多种直升机型号从科研向批产转型的关键时期。面对批生产组织管理经验欠缺的窘境,如何抓住发展机遇,如何迅速提升产能,作为一个国有大型企业的总工程师,周新民清晰地认识到:必须转变思想观念、创新生产组织模式、创新管理手段。

定位准确才能有的放矢。周新民从批生产管理体系、专业化生产、工程化应用、信息化管理等方面入手,首次提出在航空产品制造中采用条码技术实现单个零件的工序级管理,并组织团队开发了"基于条码的生产/质量管理系统",该系统全面应用于昌飞

公司所有型号;主持开发了科研计划管理系统,极大地加快了型号科研进度;从科研生产实际出发,对几大信息系统进行底层数据层面的集成,构造了完全自主知识产权的昌飞制造系统(CPS),将复杂的、离散的、庞大的直升机制造过程管控为"数字化集成虚拟生产线",实现了实物流、信息流和价值流的统一,使全体员工的观念和工作方式发生了根本性变化,实现了由"人找事"到"事找人"的转变。通过CPS系统在所有型号上的全面应用,建立"拉式"节拍生产的数字化制造模式,摸索出了一套科学的适合中国国情的航空工业科研生产模式。昌飞产能是十年前的六十多倍。昌飞能力、昌飞效率、昌飞管理水平受到党和国家领导人、各级机关和行业领导的高度评价。也正是在周新民的极力推动下,昌飞公司2012年通过了中航工业集团公司信息化达标A级,荣获信息化效果制造专业第一名。

自主创新　直升机制造技术跨越提升

创新是进步的阶梯。周新民非常重视航空制造技术的发展,制定了专业基础技术和型号技术的发展规划及行之有效的解决方案。围绕制约直升机型号发展和产业化发展技术瓶颈,周新民带领团队成员先后成功攻克了桨叶制造、桨毂制造、大型复合材料整体构件制造技术、系统集成等直升机技术难题,以及高效数控加工、复合材料成组固化、铆装总装批产工艺等专业技术的关键。

天下大事必先作于细。周新民高度重视基础科研工作,在他的直接参与和推动下,昌飞公司的数控加工效率提升了3倍以上,产品合格率提升到98%以上,得到了国家国防科工局和中航工业的充分肯定和高度关注;亚洲最大钛合金主桨毂和复合材料桨叶制造技术取得突破,完全掌握了第三代旋翼系统的制造技术,处于国内领先地位;大型复合材料座舱骨架和整体尾梁制造技术成功应用于型号;建立了基于重量控制的各专业工艺技术规范,直升机制造减重技术取得突破;建立了直升机总装通电系统参数库,总装一体化技术取得突破;建立了工装设计知识库,工装设计进入半智能化时代;开发了以数字化旋翼调节放大器为代表的一大批直升机航电产品和航电系统综合联试系统。周新民在技术方面的卓越成就和领导才能,缩短了我国在直升机制造领域与国际先进水平的差距。

凝智聚力　带动团队成员共同成长

得人者兴。周新民始终重视人才的培育,注重发挥团队作用,引导员工牢固树立"立足本职、岗位成才、创新超越"的观念。遇到难题,周新民善于凝智聚力,策划解决方案,将复杂问题简单化,简单问题细节化,具体工作标准化、常态化。他策划建立了数控提效精益团队、复合材料工艺优化团队、数字化创新团队、钛合金桨毂批生产线建设团队、科研生产运营管控团队……攻克了一个个关键难题,培养了一大批优秀科技人才和技术管理人才。

敬业是对职业的信仰,热忱是工作的灵魂。在直升机产业化快速发展的进程中,周新民倾注了无数的心血和智慧,他的执着、严谨、创新,影响和带动着全体昌飞人。多年来,周新民几乎没有休过一个完整的双休日。夜晚他经常深入生产一线了解现场工作动态,酷暑下坚守试飞现场协调解决关键问题,寒风中巡查厂区安全隐患,节假日慰问困难职工及家属……近几年来,在直升机批产冲刺的关键时期,周新民连续几个月吃住在昌蒙科研生产一线,现场协调工作进度,解决技术难题。周新民坚信:"目标正确,结果才能正确。"

2013年5月,周新民出任昌飞公司总经理、党委副书记,开始了他职业生涯中的新征程。

巾帼"铆枪手"
——记全国技术能手、中航工业飞机铆装钳工首席技能专家林丽

江 非 姜 楠

2012年,昌飞公司有三人被中航工业授予首席技能专家,林丽是三人中最年轻的一个,也是唯一的女性。别看她个子不高,但在工作中却技术高超;别看她很普通,但创造的工作业绩却一点儿也不普通。林丽在中航工业昌飞直升机铆装战线立足本岗,干一行、爱一行、钻一行,二十年来,对直升机铆接装配中重要部件、工序的操作技术及技术改进、创新等倾心尽智,用手中的铆枪树立了巾帼建功的典范,先后荣获"全国技术能手"、江西省"青年岗位能手"等称号。

平凡岗位中成长成才

林丽平时工作默默无闻、言语不多,和昌飞公司广大员工一样很普通,没有什么特别。她的名字被大家所熟知是源于2006年的一次比赛。凭借着过硬的本领和良好的心态,林丽经过车间、公司层层选拔参赛,最后在中航工业第二届职业技能大赛中脱颖而出,取得了飞机铆装钳工第三名的好成绩。她是那次比赛中的唯一一名女性选手,参加比赛并取得成绩使得林丽知名度大大提升。一直以来,凡是林丽参加过的一些技术比武或者技能大赛,她总是能取得好成绩。虽然名声大振,但林丽还如同以往一样谦虚有加,工作中兢兢业业,一丝不苟,年年出色地完成各项任务。

林丽学习的是飞机铆装钳工专业,从她拿起铆枪那天起,边观察边学习边实践,理论联系实际,通过日积月累,练就了一套过硬的飞机铆接装配技术,加之她有着强烈的责任心,对待工作有着一股专注的劲头,逐步成为车间铆装钳工"专才"。有一次,昌飞公司某型直升机装配进入关键阶段,由于铆接工作量较多,为保证科研计划顺利按节点完成,必须超常规工作,缩短生产周期。了解到实际情况后,林丽要求抢干任务,为了不耽误下道工序节点,大量的工作需晚上加班完成,伴随着铆枪声她忙了一个通宵。

在工作台上钻孔、铆接,重复的铆装工作虽然单调,但林丽却无任何怨言,以卓有成效地工作有力地支持了该型号的科研生产进度。当该型号以优质高效状态交付总装时,林丽的疲惫与辛劳都化为喜悦,用她常说的一句话"做好每天的每一件事是我的职责"。

一步一个脚印的林丽,先后承担了直 11 机型的中央舱门、客门、座舱地板、扭轴组件及复合摇臂的机上安装,承担了直 8 某型机动力平台的改装、直 8 型机防火墙的地面铆装及机上安装,承担了直 8 系列机型中的一段、三段平台总装,操纵箱、水平面及多项改型、改装的任务。看着车间日益增长的工作量,她还主动要求承担了某型号的复合摇臂、前机身总装等大量工作。2012 年,昌飞公司科研生产经营取得新突破,卓越完成了全年任务,林丽所在的铆装厂各项任务量创历年之最。身为铆装生产"骨干"的林丽忙在其中、乐在其中。

改进改善中攻坚破难

林丽常说:"身为技术工人,就要为车间解决技术难题。"她创新工作思路,大胆地提出用新工艺新方法解决生产难题。如在某型机前机身主起接头装配时,面临操作空间狭小,零件材料硬度高,生产周期短等问题。如何解决?林丽积极协调工程技术人员,采用超越常规的工艺方法,利用自制的铰孔工具,顺利完成主起接头的装配工作,解决了在狭小操作空间里高硬度材料接头铰孔的难题。

直 8 某型机技术攻关中,在技术文件和图纸不完善的情况下,无法用总装型架重新定位样机,这就意味着发动机支架不能准确定位安装。为了解决这一难题,林丽主动向工艺技术人员提出研制简易安装架的方法,研制架外定位工装,以样机上原发动机支架的安装焦点为基准定位架外定位工装,再按照工装定位发动机支架,这样就保证了发动机支架的安装精度和生产进度。此举不但提高了工作效率,而且缩短了生产周期,保证了科研生产按节点推进。林丽在生产过程中积极配合技术人员,提出合理化建议,工程技术人员也经常和林丽一起探讨、交流改进思想。理论与实践的交相配合,创造了一项项改进改善项目。在某型机的前机身总装中,主起接头总是会与垫板之间产生局部间隙,只能打磨垫板,劳动强度大且要反复比试。林丽通过改变以前传统的工艺方法,采用局部增加工艺垫片的措施,既减小了劳动强度又节约了时间,而且解决了容易超差的问题。在保证质量的前提下,使原来的前机身总装生产周期大大缩短,有效保证了某型机科研生产进度。

以师带徒中传授技能

林丽 1993 年参加工作,一直在中航工业昌飞铆装厂从事铆接装配工作,伴随着公司直升机的发展成长、收获。近年来,公司直升机的生产任务激增,林丽意识到仅靠自己个人水平是无法完成班组的任务,必须依靠和调动本班组团队各成员的力量才能完成任务。摆在林丽面前的难题是:精通操作的在职老师傅所剩无几,大多数是近两年进厂的新员工。面对现状、面对压力,怎么办?林丽不等不靠,不怨天尤人,而是充分挖掘班组年轻成员的潜力,工作中耐心细致地加以指导,在技术上给予支持和帮助,把自己的理论知识和实践经验毫无保留地传授给他们,手把手地教,不遗余力地做好"传、帮、带",使得青年工人敢于大胆工作。她先后与十多人"结对子",采取师傅带徒方式培养铆装方面人才,通过生产实践,一批青年职工迅速成长起来,在较短时间内就基本具备了独立工作能力,徒弟们都已成为单位里的"主力军",在工作中发挥重要的作用。在直8系列型机上一段构件总装过程中,在人员少,任务重的情况下,林丽与大家一起,在9天之内保质保量完成铆装,提前实现飞机下线。

工作以来,林丽参加过多种直升机型号的研制和铆接装配任务。虽然生产任务重,周期短,林丽并没有因此而放松对质量的要求,她严把工序过程的质量关,在每个工序中做到仔细检验,还要求其他成员与她互相检查、互相监督,树立下道工序为上道工序检查的客户观,做到有质量问题及时反馈、及时处理。针对错误"留位"问题会导致后续处理困难的特点,林丽严格按照图纸要求定位,经常与下道工序的人员沟通交流,及时改正"留位"不合理的地方,保证了产品质量,又保证了生产进度,受到了客户、军代表的高度评价。

林丽不但解决技术难题,而且大力提升质量水平。她掌握了复合材料装配中制孔、铰孔及修边等关键技术,由于个人技术精湛,经她生产的各型机零部件均能达到100%的无故障交付,整个铆装厂产品合格率因此大幅提升。

林丽工作地点位于昌飞公司吕蒙新厂区,每天早出晚归。由于经常需要加班加点,林丽放弃了许多节假日、双休日的休息。工作的繁忙,没有好好在父母面前尽孝,没有好好尽妻子责任,也没有好好陪孩子出游过,只有数不清的披星戴月。在铆枪阵阵的环境中,她每天默默无闻地重复着同样的工作,只问耕耘,不问收获。正是这种踏实的工作精神、执着的进取精神、巾帼不让须眉的拼搏精神受到了公司上下的肯定和赞扬。如今40岁的林丽本着一颗纯朴的心和对航空事业的热爱,矢志不渝,辛苦但快乐的坚守在直升机战线上,用手中的铆枪绘制着直升机发展的壮丽篇章。

技术大拿
——记中航工业昌飞装配钳工工种首席技能专家谢应煌

李 蓉

仰望蓝天,四十万中航人秉承"航空报国"的壮志雄心,呕心沥血,默默奉献,中航工业昌飞功勋劳模——谢应煌就是他们中的优秀代表。

"军品就应该是精品,要干就要干精品!"这是谢应煌经常挂在嘴上的一句口头禅。

通过在动部件装配岗位上几十年的认真探索和勤学苦练,谢应煌可以称得上是该领域的行家里手,职工们因钦佩他精湛的技艺而亲切地称之为"技术大拿"。

谢应煌在工作岗位

敬业无私天地宽

"严谨细致,追求卓越",这是谢应煌多年来不懈坚持的原则。参加工作三十多年来,谢应煌始终工作在直升机装配战线上,先后承担了直5、直8系列、直11系列直升机动部件以及高新工程、S-92等型机部分结构组件的装配任务。他爱岗敬业,始终把军工产品的"零缺陷"作为工作的标准,把打造精品、为用户提供优质服务作为自己追求的目标。

谢应煌在生产中能做到认真负责、精益求精,力争一次就把事情做好,从而实现每一道工序、每一件产品达到"零缺陷"的水准。经他手装配的百余架直升机不仅全都优质交付,而且至今仍保持着一次交检合格率100%的记录。

一次,在直8某型机主桨毂的装配过程中,谢应煌发现有两个部件的配合间隙虽然能够满足要求,但都处于极限状态。按说交付周期非常紧张,就这样交到下道工序也是顺理成章。但与直升机动部件装配打了半辈子交道的他心里清楚,这样做的后果会对于今后飞行使用的灵活性造成影响。对于以打造精品为己任的谢应煌来说，绝不允许在产品质量上打半点折扣，最终他还是决定用修锉的方法来进行精准的完善。就这样，谢应煌不顾夏日的高温，坚持用手工修锉部件尺寸，从晚上一直干到了天亮，直至将零件修配到满意为止……

精益求精终无悔

在昌飞公司全面启动重点项目——直8某型机的研制工作中，该型机主桨毂的改进改型是这个重点项目里的一项重要技术关键。在实际装配过程中，经验丰富的谢应煌发现该桨毂的一个关键要素——实际折叠角度与图纸要求角度有较大差异，细心的他向设计部门询问，说是由于测量方法不正确引起的，要求改变测量方法。凭着多年的工作经验，谢应煌断定测量方法没问题，极有可能是图纸给的角度有误。他随即又与技术人员进行周密计算，最终确定了"图纸给定的角度有误"的结论。后经设计人员反复计算，得出了相应的结论，并及时对图纸进行了校正，主桨毂装配得以顺利进行，从而确保了该型机如期实现首飞。

在各型机研制及生产过程中，谢应煌所完成的技术革新达年平均五十项以上，平均每年为公司节约成本和实现创新争效达100万余元。他曾多次受命到部队为用户排故，传授动部件使用方法和修理技巧，受到部队官兵的一致好评，从而提高了昌飞公司在全国范围内的声誉和影响。

悉心带徒传技艺

作为动部件厂装配班班长，谢应煌处处以身作则。除了提高自身的专业技能，还经常利用业余时间开展质量知识和专业技能的培训，以提高全体班组成员的技术素养。

谢应煌带领班组全体成员参与的科研课题《直8某型机主桨毂折叠角度改进》荣获公司科技进步三等奖，《直8设计定型》荣获公司科技进步奖，《直8型机尾桨毂滑油罐盖国产化技术》荣获昌飞公司科技进步三等奖，《直8某型机主桨毂试制》荣获昌飞公司科技进步一等奖。

2005年8月，谢应煌、邓必胜申报成为江西省名师带徒"优秀师徒"；2006年5月，谢应煌所在班组被中航二集团命名为"谢应煌班"；2007年7月，谢应煌班组被中国国防邮电工会、中国航空第二集团联合授牌"谢应煌班组"；2007年10月，被中国航空第二集团、江西省国防工会授牌"工人先锋号"；2008年4月，谢应煌装配班被授予"全国五一劳动奖状"；2008年5月，被全国总工会授牌"工人先锋号"；2008年12月，被中国国防邮电工会授予"工人先锋号"；2011年4月，谢应煌被授予"航空报国突出贡献奖"；2011年12月，谢应煌被聘为"中航工业装配钳工工种首席技能专家"。

谢应煌所具有的技术素质提升了昌飞公司在航空制造领域的崭新形象，也在全社会凸显了工人技师的显著地位和重要价值，在他身上所体现的时代精神，正是我们民族的脊梁，强国的根基！

杨金槐：蓝天大地铸辉煌

卞荣祺

1995年11月，杨金槐任昌飞公司总经理。2004年5月，任中国航空工业第二集团公司高级专务。1997年享受国务院特殊津贴。2000年当选为全国劳动模范。曾先后荣获全国五一劳动奖章、国家级有突出贡献专家、全国10名全心全意依靠职工办企业的优秀领导干部和中国航空企业优秀领导干部、江西省优秀企业家等殊荣。还曾任中国汽车工业协会理事、江西省航空协会副会长，并分别被清华大学、北京航空航天大学、华中科技大学、湖北大学等高等院校授聘为名誉教授。2003年当选为第十届全国人大代表。

像昌飞公司的历届前任领导一样，杨金槐在担任昌飞总经理后也十分重视军品的研制工作。为实现"两条腿走路"的发展战略，他大力推行军民品分线，有效理顺了产品的发展结构。本着"军民结合，军品第一，以民养军"的指导思想，公司先后将开发民品获得的1.4亿元利润用于军品研制和生产线技术改造，并投入近2000万元，增加了一大批国内一流的设计、检测、加工设备和厂房设施，同时将一些专业技术人才送到国外考察、培训，为昌飞公司的航空制造技术能跨入世界行列，奠定了人才和物质技术基础。正是在杨金槐的积极努力争取下，使得国家重点型号的总装定点研制最终花落昌飞，由此不仅进一步奠定了公司在国内航空制造领域的科研骨干地位，而且还大大提升了企业的科技实力和发展后劲。

根据公司当时的现实情况和国内、国际经济发展的形势，杨金槐大胆提出了"超常规发展"的思路。在这一理念的指导下，昌飞在航空产品方面克服配套艰难、关键技术岗位人员严重不足等困难，先后完成了多个型号直升机的研制，直11型机通过了混装技术鉴定,并成功地完成了直11自转下滑着陆的一级风险试飞科目;25B复合材料桨叶通过部级鉴定,开始进行装机运转,直升机交付数量成倍增长;完成了S-92直升机国际合作项目研制,并形成批产,公司基本具备了承担世界先进水平高科技航空产品的研制能力;直11型机获得了国家民航总局颁发的型号与生产许可证,开辟了进入民用航空市场的通道;首架中继航拍机交付中央电视台,在新闻领域大显身手。

在汽车产品方面,公司成功地探索出一条"一次规划、分步实施、重点突破、滚动发展"的道路。在国家没有更大投入的情况下,昌河汽车依靠自我积累,一年一个台阶,逐渐形成了规模效益。昌河汽车年生产能力由"八五"末期的2.5万辆跃升到"十五"初期的十六万辆。通过合资引进、自行开发等途径,公司产品由单一的微客系列,拓展为拥有SK410、北斗星、爱迪尔三个平台、四大系列六十多个品种的产品。

管理是企业的灵魂,名牌是企业的形象、实力和生命力之所在。杨金槐深谙个中道理。他认为,科技进步是名牌的先导,产品质量是名牌的根基,市场占有率是名牌的体现,售后服务是名牌的最终保障,企业管理是名牌的着力点和依托。为此,杨金槐上任伊始,便在企业管理上进行了多方面的探索与创新。制订了"三抓六要"的管理工作方针,即抓质量、抓营销、抓财务;向管理要质量、要产量,向管理要速度、要进度,向管理要成果、要效益。从强化管理入手,大力实施名牌战略。

杨金槐始终坚持民主科学决策,重视基础管理。在进行重大问题决策时,能够广泛地征求各方面的意见,集思广益,以充分地保证决策的科学性、准确性和前瞻性。同时,他还强调资源配置、管理制度、技术改造、产品开发的统一协调和管理,坚持依法治企,有效地规避了企业重大经营风险。

杨金槐非常注重管理工作的改革与创新,提出了"管理要创新,改善无止境"的理念,并努力在实际工作中付诸实施。他非常重视群众性的创新创效活动,比如采用ERP技术、滚动计划、库存控制、看板管理等科学方法,实现了汽车生产的系统优化和集成,使昌河汽车的生产管理水平取得了质的飞跃。几年里,公司群众性QC小组荣获了多项国家级和省部级荣誉。由昌飞下属的昌铃公司总结实践经验编撰的《改善就在我们身边》,被当时的中航二集团确定为全行业内部培训教材。昌河汽车产品质量保证体系通过了ISO9001/2000版认证,整车抽检合格率达100%。2003年,昌铃公司、合肥昌河公司首批通过了汽车行业"3C"认证(中国强制性产品认证)。

作为中国人民大学和清华大学的客座教授,杨金槐有着敏锐的政治眼光和与时俱进的良好品格。他深知"发展才是硬道理"。在他的带领下,昌飞公司坚持以市场为中心,作出了"走资本运营、资产重组之路,低成本扩张"的决策。1997年以来,公司乘党的十五大东风,抓住机遇,审慎运作,通过合资、兼并、合作等方式,优化公司的资本结构,实现了公司投资主体多元化和低成本扩张。

为全面实施"巩固大本营,开辟新天地"的发展战略,1997年7月,公司整体接收了一家破产企业,随后又跨省兼并了原安徽淮海机械厂,成立合肥昌河汽车有限责任公司;1998年,公司又以昌河品牌和零部件市场置换产权,参股东风车桥有限公司,成立了陕西东风昌河汽车车桥股份有限公司;并与全国四十九个汽车零部件厂家共同出资组建了九江昌河汽车有限责任公司;1999年初公司实行改制,成立了国有独资的集团公司;11月,成立了江西昌河汽车股份有限公司;2001年"昌河股份"股票正式挂牌上市。2002年,昌飞进一步加大改革力度,相继成立了五个汽车销售服务合资公司;昌河汽车零部件工业园基本形成规模,与台湾全兴集团合资的昌河全兴、与浙江万向集团合资的万向昌河以及昌远和昌靖两家合资公司等先后落户工业园,这些公司的年产值都在数千万元以上。

到2003年,昌飞已经形成了一个以昌河集团为母体,跨行业、跨地区、跨所有制,拥有二十多个分(子)公司的大型企业集团。公司资产总量由"八五"末期的九亿多元增加到五十多亿元。

担任公司主要领导以来,杨金槐以企业家的胆识和气魄,从企业管理、生产经营、市场营销、技术开发、资本运营等多方面进行了一系列正确的决策,使企业在解放思想、深化改革中不断开拓奋进,成绩卓著。在他的带领下,公司一直保持着健康、稳定、快速的发展势头,成为全国520户重点企业之一,列全国1000家重点大型企业的169位。企业主要经济指标年均增幅达40%,昌河汽车年产销量连续六年位居全国汽车行业前十名,公司资产总额四年间增长了四倍,连续七年综合经济效益名列全国航空企业和江西省工业企业前茅。公司先后荣获全国五一劳动奖状、全国思想政治工作先进单位、全国先进基层党组织、全国优秀企业管理奖——金马奖等荣誉。

尽管昌飞已连续多年跻身全国优强企业行列,并且公司经济效益也名列航空工业企业和江西省的前茅,但杨金槐却并没有因此而沾沾自喜,故步自封,强烈的危机感和忧患意识促使他时刻不敢有所懈怠和放松。为此,他经常利用各种机会和场合向职工讲形势,话危机,不断教育和告诫职工要克服小富即安思想,主动自我加压,迎难而上,不要让"泰坦尼克号"现象在公司发生。他由此号召职工要唱好"三支歌":唱好《国际歌》,"从来就没有什么救世主",发展昌河要靠自己;唱好国歌《义勇军进行曲》,我们"到了最危险的时候",昌飞必须加快发展;唱好《敢问路在何方》,振兴昌飞"路在脚下"。杨金槐的"危机感"深深感染着公司广大职工,勇于进取、奋力开拓、追求卓越便由此成为昌飞人的自觉行动。

作为公司一把手的杨金槐,始终坚持"两手抓,两手都要硬"的原则。在他看来,职工是企业的主体。只有一流的职工队伍,才能生产出一流的产品,创造出一流的效益,建设好一流的企业。要塑造好一流的职工关键是观念,思想新,企业兴。昌飞能够取得长足的发展,靠的就是"天时、地利、人和",人和也是生产力。而昌飞的"人和",就是坚持"以人为本",不断加强精神文明建设和思想政治工作所着力培育出的硕果,这也是"昌河魂"的核心。

多年来,杨金槐竭诚践行以人为本,全面实施"昌河凝聚力工程",积极增强企业党组织的凝聚力和战斗力;大力建设民主与集中相结合的决策体系,建立健全了党政领导联席会制度和厂务会议事制度,在制定公司大政方针、确定公司重大举措时,从不搞一言堂,而是充分发扬民主,依靠集体的智慧,从而实现了科学民主决策;坚持职工代表大会制度和厂务公开制度,对于公司每作出一项重大决策,都要在事先反复调研,广泛听取职工意见,最后提交职工代表大会讨论通过。有效实施了领导干部廉洁自律的监督约束机制,要求领导干部做到"五管住、五不",即管住自己的头,时刻不忘自己是党员干部;管住自己的手,不该拿的不拿;管住自己的脚,不该去的地方不去;管住自己的嘴,不该吃的不吃;管住自己的权,不该办的事不办。公司宣传思想工作、纪检监察工作、各级群众组织的工作丰富多彩,卓有成效,为公司的发展提供了可靠的思想保证和智力支持。

杨金槐注重企业文化建设和职工思想道德建设,不断加大精神文明建设力度,以企业良好的发展态势、职工奋发有为的精神风貌和优美舒适的工作生活环境,塑造了一个崭新的现代企业形象。在他的倡导下,公司制订了《昌河文明公约》《职业道德规范》,开展了"三个形象"(企业形象、产品形象、员工形象)大讨论,大力实施文明单位、文明楼栋、文明办公、文明窗口等群众性精神文明创建活动;全面启动了家园建设工程,通过采取拆除"小棚子"、铺设草坪、修建公园和职工文化活动中心等一系列举措,有效地净化、美化、绿化和亮化了公司生活环境。昌河园区人心稳定,职工家属安居乐业。

杨金槐多年来始终坚持全心全意依靠职工办企业的根本方针,充分发挥职工群众的主人翁作用,在公司内部建立起了干群同心、利益同享、风险共担的利益共同体,从而有效地保证了公司各项生产经营任务的全面完成。

尽管杨金槐就任公司董事长、总经理后,地位变了,权力大了,但他廉洁奉公、艰苦朴素、从严要求自己的本色没有变。他深知手中的权力是党和人民赋予的,这是为党工作、为昌河作奉献的权力。随着公司生产规模的扩大和经济效益的增长,对外业务交往日益频繁,想给昌飞生产配套产品和到公司承担建设工程的单位特别多。不少单位和个人千方百计找到杨金槐,希望从他那里得到一些关照。对此,杨金槐总是把公司的利益放在首位,违反原则的事从来不做,也从不收受别人赠送的礼品、礼金。有一次,一位商家悄悄地送给他一条金项链,并再三说明,这是朋友之间的交往。出于礼貌,杨金槐当时收下了。但当这位商家离开公司时,杨金槐委托秘书将项链还给了商家,并捎话说,只要双方有诚意,项目可以谈,但礼品不能收。那个商家听后,内心很是感动。

杨金槐始终引导公司干部职工要树立强烈的危机意识,居安思危,把富日子当穷日子过。作为总经理,他家住的是建厂初期军代表住的旧房子,拿的是和普通机关工作人员一样的综合奖。在他的提议下,公司实行了接待工作餐、自助餐。他不设专用基金、不备专车,他的办公桌已用了二十多年。杨金槐的爱人一直在公司大集体工作,曾有人把转编表送到他家,当即被他谢绝。1996年9月,杨金槐一家从住了近二十年的平房搬到刚腾出来的楼房,他自己带领爱人和孩子,用休息时间拉着平板车悄悄地把家搬完,没有动用一次公车。他父母及亲属来景德镇探亲,子女去外地上学,都是自己掏钱坐车。然而他对公司离退休的老干部和老职工却十分关心,在用车、住房和经济方面都给予充分照顾。

在公司生产经营取得巨大发展的同时,杨金槐还努力为职工家属办实事做好事,较好地改善了社区环境和生活面貌。公司先后投入 2000 万元用于精神文明硬件建设,修建了公园、广场、文化活动中心、娱乐城、医院门诊楼、商住大厦、青年公寓、田径运动场及各种休闲活动场所。公司每年兴建 300 套住房,为每户安装闭路电视和宽带网,人均住房面积达 23 平方米。昌河正是在这样强大的凝聚力下不断取得新跨越,结出新硕果。

一片丹心系直八
——记全国"五一劳动奖章"获得者赵春佑

王 敏

赵春佑,是中航工业昌飞直升机总装车间电气技师,1960年参加工作,在平凡的工作岗位上,为我国大型直升机的研制生产做出了突出的贡献。

攻关键,敢于攀登技术高峰

1983年,经国务院批准,我厂研制的十三吨级直八型直升机变缓为上,使积压在赵春佑同志心中多年的夙愿变成了现实,他憋足了劲,凭着自己二十年的电气工作经验,主动要求承担了研制直八机电气线路铺设和电气设备安装、通电调试任务。在研制初期,要保证直八机通电调制成功,必须有一套完整的地面电源系统和机上试验设备,当时一无图纸,二无资料,国内市场没有;引进,需要外汇二十万元,而且半年后才能到厂,何况当时工厂科研费用紧张,成了一时无法解决的难题,抑制了直八机研制进度。赵春佑看在眼里急在心上,毅然决定自己动手设计制造。没有图纸自己画,没有资料自己找,经过半个月夜以继日的工作、试验,成功地将一台躺在废料堆里十年之久的直六飞机上的旧发动机,改造成一台电源试验器,揭开了自力更生设计制造直八专用试验设备的序幕。

国产直八机顺利通过国家技术鉴定投入小批量生产后,他又开始了电缆定型攻坚战。他在总结前几架机上铺设电气线路试验数据的基础上,经过四个多月的奋战,完成了68张电缆制造分叉图,该图布局合理,整齐清洁,令人赞叹不已,并成功用于批生产。

闯新路,技术革新结硕果

赵春佑,技术上过硬,革新上在行。几年来,他为了提高产品质量和生产进度,先后进行四十多项技术革新实践。原在直八机上测量电压,既不直观,工作又不方便,尤其是尾舱门收放,测量电磁活门抽头有无电压,工作人员要在机上来回跑,劳动强度较大。为解决这个问题,赵春佑查阅了大量技术资料,并设计绘制出玻璃加温模拟试验器草图,上门征求工艺设计部门意见,得到了他们高度评价。为解决试制材料,除部分得到工厂解决外,其余部分都是他从废料堆中"挖潜"而来。他几乎牺牲了所有休息时间,经过两个月的紧张努力,终于试制成功直八机玻璃加温模拟实验器。

求质量,精益求精严把关

多年来,赵春佑在质量上严格要求自己,一丝不苟,精益求精,从不放过一个隐患。他现场记录十二本,达二十多万字。他是车间的"质量信得过的工人"。他干的工序被工厂质量部门确认为免检工序,1991年被授予免检印章。在直八06架总装中,有一个青工工作后发现少了一个垫圈,怀疑掉在液压辅助泵内,他协助液压工人拆泵检查,直到确信没有掉在里面,并在附近找到才放心。赵春佑严把质量关,细小问题也不放过。一次,一组员安装导线因铺设不够规整,检查员已检验通过,而他认为不合格,硬要该组员拆下来重新返工,直到规整为止。在直八04架机总装中,由于设计原因,一枚过长的螺钉将附近的导管顶出一凹坑,位置十分隐蔽,不仔细地查一点也看不出来,但他本着对工作质量负责的态度,主动向检验指出和车间汇报,后通过更换该导管和螺钉消除了隐患。

讲奉献,为人师表树榜样

赵春佑1973年入党,在工作中始终以一个共产党员的标准严格要求自己。为培养青年人,他主动让青年人担任总装电气组长,自己做组员。对待工作,他从不计较个人得失。1988、1989、1990三年,工厂奖励晋级,按理他完全够晋级标准,但他三次谦让。技术革新,工厂奖励给他300元,他只留30元,其余都分给了大家,哪怕帮他拧过螺丝的人他也未忘记。无怪车间领导对他评价是:"赵春佑最大的特点,就是技术过硬,工作干得最多,但他从来不计较奖金多少。"

赵春佑就是这样,在平凡的岗位兢兢业业地工作,奉献着自己的光和热。

袁耀辉：引领昌飞翱翔的头雁

卞荣祺

袁耀辉是原昌河飞机制造厂的第五任厂长，上任于1992年6月。1993年享受国务院特殊津贴。曾荣获江西省优秀厂长、优秀企业家、全国优秀企业思想政治工作者、中航工业有突出贡献的专家等多项荣誉称号。并当选中共第十五次全国代表大会代表。1995年5月被国务院授予全国劳动模范称号。

袁耀辉上任伊始，企业所处的形势是：直升机面临着竞争激烈的严峻形势，微型车市场更是呈现出"七国争雄"的局面。在"七国"中，有五家企业年产量已超过一万辆，而昌河车1991年的产量只有3700辆。

如此大的差距就如同一块巨石，沉重地压在袁耀辉的心头。他深知产量上不去，企业就只有死路一条。经过慎重思考，袁耀辉大胆地提出了一个雄心勃勃的"四上"目标，即直升机和汽车上质量、上批量、上水平，企业上效益。

然而，事情却并非一帆风顺。首先遇到的难题，就是一些人的"冷漠症"。袁耀辉经过仔细分析后，发现病根出在分配制度上，职工干多干少一个样，自然缺乏工作热情和进取精神。于是他果断决定进行分配制度的改革。具体举措是：拿出工资的50%与奖金、津贴等捆在一起，按职工的生产数量和质量进行二次分配，多干多得，少干少得，不干不得。

一石激起千层浪。告别了"铁工资"的职工们，呈现出空前高涨的生产积极性。由于实行了分配制度改革，职工的月收入差距从过去的几十元，一下子拉大到几百元，真正起到了奖勤罚懒的激励作用。有的车间还出现了"打工热"，一些辅助班组和二线人员甚至主动到一线找活干，自愿结成互帮对子。

其次是生产能力不足和缺少必要的生产手段。为此，袁耀辉带领干部职工采取有力措施,积极组织自行设计制造汽车模夹具;补充完善冲压、焊接、喷漆、总装设备;调整生产组织,成立专业化分厂,并推行三班制作业。

改革收到了显著成效。从1992年开始,公司连续三年迈出了三大步。当年,昌河汽车产量超过8000辆,实现利税3742万元;1993年,达到13 165辆,实现利税8629万元;1994年,汽车产量再创历史新高,首次突破了2万辆大关,实现利税1.12亿元。快速增长的经济效益,不仅使昌飞跨入了全国500家最大工业企业行列,而且还被国家技术监督部门评为"中国明星企业"。

从昌河汽车试制伊始,昌飞各届领导就把质量作为了企业的生命线。到了袁耀辉这一任,这根"生命线"被绷得更紧,也更具现实意义。

与别的企业领导大多是在产品不畅销时抓质量不同,袁耀辉采取的做法是:产品越畅销越要狠抓质量不松懈,并且为保质量宁可牺牲产量。有些人对此不理解,袁耀辉便在干部会上解释说:"汽车砸牌子,十有八九都是砸在畅销的时候。如果在畅销时就注重搞好质量,那么即使市场出现疲软,我们也能顶住压力和挑战。"

针对用户反馈的各种质量问题,袁耀辉责令质量部门先从内部"开刀",将有质量缺陷的成品车放到公司大门前"曝光",追究责任者。然后开设"质量门诊",请有关单位的技术专家前来会诊,提出整顿措施,限期攻关。

为维护质量部门的权威,袁耀辉把质量一票否决权的"尚方宝剑"授予质量部门,从法规上强化职工的质量意识。任何职能处室和生产车间一旦出现重大质量问题,就会奖金被扣,评先无缘,有的主管领导甚至还会丢掉"乌纱帽"。

1994年4月,昌河一批成品车出厂后发现有漏油现象。当时正值微车销售火爆之际,能买到车就算"幸运"了。因此用户大多没有找上门来。可是袁耀辉闻讯后却主动找上门去,他要求销售部门将这批车的"去处"调查清楚,把不合格的零部件全部更换,使用户十分感激。事后,袁耀辉对有关干部说:"昌河车的名牌来之不易,倒了牌子再树起来就更难,这个奖那个牌的得不得不要紧,关键是消费者心中的那块奖牌不能倒。"

这几年,消费者确实给了昌河车很多荣誉,像"最畅销产品""最受消费者喜爱的产品""全国用户满意产品",并且还连续四年被中汽协评为行检一等车。

作为一名代表军工企业的全国劳模,袁耀辉矢志不忘发展我国航空事业的企业根本宗旨。为了加快直升机产品的研制进度,他义无反顾地坚持用民品的效益来发展军品。他常说:"看准了的事,就要大胆去干!"

袁耀辉是从1984年开始走上公司领导岗位的。1987年任党委书记,1992年任厂长,之后是党政"一肩挑"。在"七五"期间,昌河靠民品效益投入军品技改2800万元,"八五"期间又投入11 000万元。

对此,有很多职工包括一些领导都不赞成将汽车生产创造的利润投入到直升机的研制中,认为汽车也要扩大发展。但是,在袁耀辉心中却始终坚定着这样一种信念:党和国家是叫我们干直升机的,来自五湖四海的7000多名公司干部职工正是为此走到一起来的。为了国家的利益,无论是从长远来看,还是从根本上讲,只有为我国的直升机事业多做贡献,才是航空企业的立业之本。正是在他的积极倡导和不懈引领下,工厂全面确立了"军民结合,军品第一,机车齐上,技工贸结合,全方位发展"的经营理念和企业发展总方针。

继直8首飞后,昌河在1994年12月22日又创造了新中国航空工业史上一项新的全国第一,这便是我国首架两吨级轻型直升机直11的成功诞生。从直11开始进入实际生产研制,到实现首飞仅用了一年半时间,研制速度之快,这在我国直升机研制史上是绝无仅有的。

为加速企业发展,尽快全面提高航空产品的开发制造水平,促进工厂技术和管理水平迈上新台阶,昌河开始逐步加大对外合作的发展步伐。曾先后与法国、俄罗斯等十几家国外公司就谋求相互合作展开过商洽。仅从1992年以来的两年间,工厂就与国外公司和代表团来往150余次,以此积极寻求航空领域的国际合作。

尽管在走向世界的征程中屡屡受挫,但已横下一条心的袁耀辉既然认准了这条路,便义无反顾地坚定走下去。正是凭着这样一种特有的耐力和坚持,终于使声名显赫的美国西科斯基公司向昌河抛来了"绣球"。1995年9月,昌飞公司与美国西科斯基公司正式签订了联合生产S-92直升机的合作协议,由此开辟了公司在直升机领域对外合作的新纪元。

自就任公司总经理以来,袁耀辉仅用3年时间就把昌飞公司逐步引向辉煌:公司生产经营主要经济指标都保持着65%以上的年增长速度,累计实现利税23 571万元,并在1993年、1994年经济效益跃居航空工业前三位,主机厂第一位。昌飞连续三年跨入全国最大工业企业五百强、全国经济效益最佳企业五百强,成为名副其实的"中国明星企业"。

袁耀辉上任伊始,便提出了"昌飞今后的发展建设,要坚持高起点,不低水平重复""公司要向国际一流水平靠拢"的发展原则和思路。几年来,公司累计投入技术改造资金2.75亿元,其中,军品达9000万元,从国内外购进高精尖设备80多台。建成了一条先进的直升机复合材料生产线,为公司批量研制生产直升机奠定了坚实的基础。随着各项科研生产能力的大幅提升,昌飞已逐步发展成为我国直升机科研生产基地和航空工业骨干企业。

"不重视精神文明建设,就不配当一把手。"这是袁耀辉经常挂在嘴边的一句话。由他在昌飞首倡的"主题教育活动",现已成为公司始终坚持做好职工思想政治工作的有效途径,并从1991年延续至今。诸如"国家有困难,企业怎么办?企业有困难,我们怎么办?""共产党好,社会主义好,昌河好""我与昌河共命运,命运就在我手中""发展才是硬道理"等主题。每年的主题教育系列活动内容十分丰富,涉及方方面面和多个层次。袁耀辉还亲自提出主题,进行动员,并专门举行动员讲课。由于目标明确,主题突出,该项活动收到了良好效果,并逐步形成了公司思想政治工作的一大特色,曾受到了中央领导及总公司和省市领导的高度评价和充分肯定。

袁耀辉不仅以他重塑昌河的辉煌业绩赢得了全体职工的信赖,更以他作为一个优秀共产党员的人格魅力,深深感染着公司的每一名职工家属。

为了嘉勉他在昌河改革发展中做出的突出贡献,中航总公司和景德镇市等上级领导单位先后多次给袁耀辉颁发了共逾万元的奖金,但他分文未取,全部上交公司财务。在公司召开的职代会上,职工代表曾两度一致提议给他嘉奖,均被他婉言谢绝。他真诚地说:"我所取得的成绩,是全公司职工共同奋斗的结果。没有大家的辛勤劳动,我浑身是铁也打不了几根钉。"

作为一家经济效益优良且知名度较高的国家大中型军工企业的"一把手",袁耀辉丝毫也不讲究排场。公司办公室尽管下设有小车队,可他每天上下班却不是骑自行车就是步行。1995年初,有关部门鉴于公司对外合作较多,涉外接待任务量增大,打算购置"上档次"的轿车,但当袁耀辉了解到离公司园区6公里远的二区职工通勤车仍然较为拥挤时,便毅然决定花三十多万元给职工买了两辆通勤车。

1992年以来,昌河每年以10多栋(360多套)的速度建设职工住宅楼,使千余户职工家属陆续搬入新居,而袁耀辉一家四口却仍住在一套49平方米的房子,不到上级规定的110平方米标准的一半。有一年,袁耀辉的岳母来看望女儿女婿,由于家里住不开,他只好自己住进招待所。

担任公司领导后,袁耀辉始终坚持做到不收受任何礼品礼金。一次,一名干部拎着礼品来他家请他帮忙"解决问题"。袁耀辉严肃地对他说:"我们都是党员干部,不能拿党所给予的权力做交易,更不能以此送人情。"一席话说得对方面红耳赤,临走时却把礼品仍留了下来。就在他刚走出门,袁耀辉的爱人便追了出来,硬是将礼品还给了对方。

身正不怕影子斜。一贯从严要求自己的袁耀辉具有很强的原则性,即使是对待亲人也同样是不徇私情。袁耀辉的老家在江西丰城的袁渡乡。他出生仅3个月父亲就去世了,长兄如父,是他的哥哥抚养他长大的。他上大学时,哥嫂省吃俭用,供他念书,还常给他寄些零用钱。在他担任公司领导期间,他哥的儿子师范毕业,来找他希望能分配到收入较高的昌飞公司工作。虽然此前公司也进过师范生,即使不用打招呼,公司有关部门也可能会看在他的面子上接收下来。但袁耀辉却并没有"难得糊涂",而是有些内疚地把侄子劝回了老家袁渡乡当老师。

不仅如此,袁耀辉在对待自己爱人的问题上,更是几乎有些"不近人情"。他爱人是1969年毕业于江西医学院的大学本科生,作为副主任医师的她,在公司职工医院工作20多年来,一直是技术过硬、工作勤恳的医务骨干。职工群众和单位曾多次提名推荐她担任医院副院长,每次都被袁耀辉否决了。对此,他爱人也非常体谅丈夫的良苦用心,依旧毫无怨言地履行好一名普通医生的职责,并表示不当官也要全心全意地为病人服好务。对于袁耀辉夫妇的言行,职工家属口服心服。

袁耀辉曾对身边熟悉的人感叹说:"我当公司领导要对得起事业,对得起组织和同志们的信任。但却对不起家人。这大概就叫忠孝不能两全吧!"

袁耀辉常说："打铁须得自身硬。作为企业的带头人，就必须要事事带好头，真正做出榜样来。"正是由于他的以身作则，廉洁自律，从而凝聚了巨大的人格力量，使公司上下团结一致，勠力同心，形成了强大的合力和向心力。只要不出差，袁耀辉几乎每天都要在办公室工作到晚上11点多钟。在他的影响和带动下，公司领导班子也逐渐养成了晚上办公的习惯。那些闪烁在昌河夜晚的厂部办公室灯光，就如同企业航行的灯塔，引领着昌飞的航船不断驶向更加灿烂而美好的明天。

首届李四光地质科学奖获得者——蒋兴泉

柯才　尚土

1989年10月26日下午3时50分,首都北京的全国政协礼堂。

在欢愉、明快的乐曲中,首届李四光地质科学奖的14位获奖者,胸佩大红花,列队走向主席台,接受国家主席杨尚昆等党和国家领导人的授奖。这14位获奖者中就有核工业二六一大队的总工程师蒋兴泉,他是江西四万地质工作者中唯一获得此项殊荣者。

蒋兴泉获奖归来,二六一大队举行了隆重的欢迎仪式。如今,二六一大队陈列室里依旧摆放着记

蒋兴泉(左一)领奖归来

录了当年大队长孙勤到火车站迎接蒋兴泉载誉归来情景的照片。照片上的人个个兴高采烈,那自豪又光荣的感觉即使是今天也能透过纸面、穿越时空传达给每一个参观者。

时光追溯到1962年8月,蒋兴泉从北京地质学院毕业后,选择了到赣东南山区的核工业二六一大队,从事野外铀矿地质工作。在二六一大队,他被广大职工的执着追求和无私奉献精神深深地感动着,他自觉地把自己融合到这个英雄的群体之中,决心为祖国的原子能事业贡献智慧和力量。

春去秋来,寒来暑往,他兢兢业业,忘我工作,认真分析研究相山铀矿发展的不同阶段的成因,把注意力集中在那些最关键的地质难题,为扩大矿区的工业远景献策、出力。很快,他从一名找矿员,迅速成长为地质技术员、地质组长、大队地质技术管理组组长,在参与相山北部几个主要矿床的储量计算后,他根据自己掌握的大量第一手资料,对当时勘查工作和储量计算中的一些有争论的问题,特别是结合已采铀矿山的采出量比预测地质储量多出许多的变化,对勘探程度、勘探手段、地表研究、储量计算等

一系列重大问题,大胆地提出了超越常规的看法。在队领导的大力支持下,他以大队名义,起草了《关于勘探和储量计算工作的有关问题》的报告,直接送核工业部地质局。部、局领导看了报告,认为这是一个带普遍性的问题,必须引起高度重视。于是,立即批转到各地勘局,让各地勘单位都参照执行。

相山铀矿区的勘查工作,从 50 年代末开始到 70 年代,地表及浅部矿化可找范围逐渐缩小。大队这时提出:要在确保探求储量的同时,大力加量普查,开展"破覆攻深"的新战役。

开始,大队抓住岗上英东部,接连打了几个深孔,但只见"星星",不见"月亮"。蒋兴泉负责的红卫矿区,也选择了 5 号矿带深部揭露。有人说那里含矿构造不明显,岩体对成矿不利,片岩中矿体短小、分散,不会有工业远景。蒋兴泉通过重新整理当时的地质资料,认为 5 号矿带深部可能有控岩盲构造。尽管这个认识只是推断,近乎朦胧,但必须坚持探索。通过工作,果然证实了蒋兴泉的朦胧构思,接着又在 15 号矿带再次得到验证,红卫矿区它本来的真实面目,向人们首次展示漂亮、奇特的造型:上侏罗统砂岩和变质岩组成的推覆体,使基底断裂成为盲构造;其后随火山活动的发展,花岗斑岩沿基底断裂推覆构造侵入形成盲岩体;成矿期继承性构造活动,在盲岩体中及接触带围岩中生成矿体成为盲矿床。

蒋兴泉和他的同事们在"破覆攻深"中旗开得胜。他们透过一个近乎偶然而又易被忽略的地质现象,解开了相山北部与花岗斑岩有关的很重要的成矿规律。"三盲"所展现的漂亮造型,其重大意义,不仅使红卫这个小矿点成了大型铀矿床,更在于形成"三盲"的特殊地质条件被揭示后,拓宽了大家的找矿思路……

寻找"三盲"的范围迅速扩大,延伸。

不久,湖田等几个矿床也相继传来捷报……

"三盲"的找矿突破,引起了全队上下对"小岩体控矿"进行反思。蒋兴泉并不以此为满足,在大队领导和几位技术负责人的支持鼓励下,和大家一起不断进行总结,集前人工作成果和正反两方面经验,使自己对矿田地质构造和矿田成矿规律的认识不断深化,明确提出了基底断裂构造是成矿前提,次火山岩体是成矿基础,推覆体屏蔽是成矿条件的新认识,并推出了《试论 6117 矿床"三盲"地质特征》的学术论文。这篇学术论文,在全国花岗岩型铀矿学术研讨会现场参观介绍时,引起铀矿地质学术界的强烈反响。

之后,蒋兴泉又接二连三地推出一篇更比一篇受铀矿地质界注目的学术研究论文。伴随着他在学术研究上取得的一批批成果,他确认相山地区是一个大型的塌陷式火山盆地。他对其构造控矿机理、矿体侧伏和盲矿体赋存的变化规律,提出了一套系统的看法,为成矿预测打下了坚实的基础。依照这些新的认识进行的卓有成效的成矿预测,把找矿领域从小岩体扩大和深入到整个相山盆地,使全队的工作范围扩大了近一倍。

1986 年 8 月,担任了两年大队副总工程师和代理总工程师的蒋兴泉,正式出任总工程师,他根据上级关于今后要以寻找"(品位)富、(储量)大、(经济效益)好"矿为主的精神,带领广大技术人员通过大搞科研,进一步加深了对相山铀矿田地质规律的认识。他们发现东部以碱性矿为主,一般品位较贫,效益不好;而西部北部以酸性为主,矿富效益好,因而果断地调整地质工作部署,将东部队伍转到西北部,把力量重点投入到成矿远景条件优越的地区。

蒋兴泉以强烈的事业心、责任感和严谨求实的科学态度,一步一个脚印,为相山铀矿田的开发奉献着自己的心血和汗水。在他和全队科研人员、广大职工的共同努力下,相山铀矿田实现了一年一个递进,"七·五"前四年总工作量仅为"六·五"期间的69%,新增储量却比前五年多41%,地质工作效益增加1倍以上。在新一轮找矿中,不但在矿田深部的"攻盲找富"中,使一大批已开发和等待开发的矿床储量大幅度增加,而且在矿田心脏区、边部和外围不断取得新的突破,使相山在进入90年代后,由最初的几个铀矿床、矿山,扩大成为世界瞩目的,由好几十个大、中型铀矿床构成的特大型铀矿田,先后引来30多个国家的数百名专家学者参观考察。

作者补白:李四光地质科学奖是我国地质科学界最高层次的荣誉奖。作为首届李四光地质科学奖的获得者,蒋兴泉集前人之大成,把广大地质工作者的智慧和心血,融会于他潜心研究的相山铀矿田地质特征和成矿条件及预测之中,把找矿领域从小岩体扩大和深入到整个相山盆地,在"攻深打盲"和突出找"富"的新一轮找矿中,取得了震惊国内外铀矿地质界的突破。他是我国地质行业的优秀代表,也是建国60年来江西省核工业地质局广大科研人员和干部职工的光荣与骄傲。

全国劳模、"铁人式"的工人工程师——张荣祥

张启堂

在核工业二六一大队荣誉室的"英模谱"中至今仍保留着一张老照片,照片上的人叫张荣祥,曾被大家誉为工作中的"老黄牛""铁人式的工人工程师"。这张照片是1979年,他被光荣地评为"全国劳动模范"后,大队宣传部特意为他拍的一张宣传照。

如今,这位深受全队职工尊敬和爱戴的老劳模已永远离开了我们,离开了他热爱并为之奋斗一生的铀矿地质事业。2004年,张荣祥因病去世,但他的精神,他的品格,他为铀矿地质事业作出的奉献,永远铭刻在核工业二六一大队职工的心中,激励着人们在第二次创业中不畏困难,努力奋进。

张荣祥是1957年从广东调入三〇九队(核工业二六一大队的前身)工作的。他中等个儿,面目清瘦,言语不多,踏实肯干,起初被分在车间做钳工,后来被提为班长、车间主任、副大队长,一步步脚踏实地地走上了管理岗位。几十年来,他在工作中始终保持着一股不怕吃苦的"老黄牛"精神。

建队初期,车间环境艰苦,设备简陋,生产生活物资供应短缺,张荣祥常常是吃过饭后,就泡在厂里找些事来做。加工六方螺帽是一项很普通的工作,谈不上很高的技术,但这个产品在生产一线可是紧俏货。因为加工这类小零件费时又费力,一时又加工不了多少。为了不影响找矿事业,张荣祥加班加点地赶制,灯光下,他低着头弓着身子,双手紧握扳手均匀平稳地旋转着一个个螺帽,默默地干着,常常累得腰都伸不直。

二六一大队的老职工永远忘不了张荣祥带领车间工人土法上马炼制钢砂的情景。1958年,苏联撕毁协议,停止对我国铀矿勘察的援助。钻探用的进口钢砂用完了,张荣祥听到这个消息后,二话没说,勇敢地担当起炼制钢砂的任务。

那是何等壮怀激烈的场面啊!熊熊的炉火,烤得他们头昏脑涨,手上的皮脱了一层又一层,但他们全然不顾。昼夜不停地苦干,不少人累得昏厥过去,被抬出去休息一会儿,清醒后又投入战斗。一次,一炉铁水刚刚化开,炉子的炭精棒突然断裂,眼看炉膛就要凝固,张荣祥带领几个工人,冒着高温爬上炉顶进行抢修,炙热的火炉一下子就把他们的手脚烙出了血泡,但大家咬紧牙坚持着。多少个日日夜夜,张荣祥他们就是这样,用自己的血肉之躯顽强地拼搏着,先后炼出了650多吨钢砂,保证了钻探生产的

正常进行。

张荣祥文化程度并不高,但他凭着强烈的事业心和高度的责任感,刻苦学习,潜心钻研,积极探索解决生产中遇到的各种难题。1974年,为了提高钻杆使用寿命,他查阅大量资料,啃着一本本热工学、电器学、机械等相关书籍,也不知熬了多少不眠之夜,绘制出了淬火流程工艺图。功夫不负有心人,在张荣祥的组织下,一条凝聚着心血、汗水的加工钻杆生产线完工了,钻杆通过淬火达到了预期的使用寿命,为大队节省了大量资金。钻杆高频淬火延长使用寿命的消息不胫而走,周边的兄弟单位纷纷把一车车钻杆拉来求援,二六一厂加工车间一时热火朝天,昼夜沸腾。

水泵是地质勘探的重要设备。那时队里使用的都是30年代苏联生产或仿苏的泥浆泵,这种泵体积大,笨拙,有800多公斤重,在山上搬迁需要16人抬,为减轻劳动强度,提高工作效率,张荣祥决心拿这洋设备开刀,试制一种新型螺杆泵。经过三个月夜以继日的奋战,终于探索出一套完整的研制方案,但在加工导程128毫米双头圆螺纹的定子模时,由于其形状复杂,难度大,精度要求高,连续干了十二个昼夜,四次试验都失败了,张荣祥没有气馁,他带领大家查原因,找对策,熬过了一个又一个不眠之夜,攻克了一道又一道难关,终于在1976年成功试制了新型螺杆泵。这种新型水泵只有140公斤重,为苏联制造的泥浆泵重量的六分之一,体积小,结构简单,使用方便,工人们高兴地说,"这才是我们盼望已久的志气泵"。

据不完全统计,几十年来,张荣祥围绕生产搞攻关,先后完成了65项技术革新成果,改造了170多台钻探设备,还完成了对烧结金刚石钻头和电镀金刚石扩孔器新工艺的研制。

张荣祥突出的贡献为他赢得了诸多荣誉,还曾多次受到周恩来、陈毅等党和国家领导人的接见。

作者补白:"不待扬鞭自奋蹄"是臧克家诗作《老黄牛》中的一句话。老黄牛一生在土地上辛劳,风雨无阻地劳作。我们看到,在土法上马炼制钢砂的现场,在新工艺的攻关研制环节,张荣祥迸发出火热的激情,不知疲倦地艰苦创业,刻苦攻关,从来没有怨言。从他的身上,我们品读着"老黄牛"精神。

余根密:从赣南山野走出的全国劳模

江川 朱学凤

题引:余根密是核工业二六四大队十分队的安装队长。说是队长,其实并非干部,只是一个兵头将尾的骨干称呼而已。他像地质队众多的老工人一样,没有显赫的功勋,没有惊人的业绩,只有那补了又补的工作服和那布满老茧的双手,记载着他的勤劳和艰辛。

全国劳模余根密在工作中

埋头深山数十年,余根密凭着一股力气和一颗执着奉献的心,在赣南山区的荒野里走出了一条坚定而又闪光的人生之路。1989年,被评为全国劳动模范的余根密,浑身带着山野的风尘,走进了北京人民大会堂。

1964年,24岁的余根密从部队转业来到核工业二六四大队十分队。面对满目青山,这个接受过5年部队生活熏陶的青年暗暗下决心,一定要干出个样子,当一名合格的地质工人。

　　一个初秋的夜晚,刚睡下的余根密听说钻机出了事故一骨碌爬起来,奔到工地,他和钻工们一起坚强地处理孔内事故,不料闪飞的管钳猛地打在他的右腿上,顿时鲜血涌出,疼得他眼冒金花,汗珠直冒,倒在地上。同志们用最快的速度把他抬驻地,抬上救护车。余根密却忍着剧疼,对安装队的同志叮嘱急办的事情,哪个机场要抓紧坪,哪个管子漏水要换下来……

　　一旁的同志听着听着,眼眶都湿润了。

　　"胫骨、腓骨全被打断了!"医生的诊断让余根密心急如焚,痛苦万分。

　　"没有腿,怎么能爬山打钻啊!医生,你们一定要治好我的腿呀!"余根密喊着、乞求着。

　　"多好的同志啊!"医生被深深感动了。

　　在养伤期间,为了能早点走路,腿刚刚能着地,余根密就忍着疼痛,拄着拐杖,顽强地开始锻炼。一步、两步……跌倒了,爬起来,再练……拐杖一连磨破了他的三件衬衣。伤没痊愈,他就急着出了院。

　　回到分队,领导要给余根密换个室内轻松的工作,他一听,急了,他说他是安装队长,能走就要上一线。他拄着拐杖,一瘸一拐来到工地,又和安装队的同志一起风里来、雨里去,干起了修路、坪机场、搬钻机等繁重的体力劳动。

　　一次钻机搬家,余根密伤痛发作,仍顽强坚持工作。搬迁结束后,同志们都下山了,他却疼倒在半路上。同宿舍的老刘见他久久没有回来,就去找他,才把他扶回分队。晚上,他服了点镇痛药,求老刘一定要替他保密。第二天,他又一瘸一拐投入到工作中。

　　一个冰雪封山的冬天,山上的水管被冻裂了。正在发烧的余根密闻讯,艰难地从床上爬起来,带领安装队的同志上山抢修。冰冻路滑,每前进一步,他的伤腿就钻心地疼,但想到钻机即将断水停产,他咬牙顶着。上坡时,他双腿跪在地上拖着水管往上爬;下坡时,他坐在雪地往下滑。就这样,他和同志们在冰天雪地里连续奋战了近10个小时。

　　多少个春夏秋冬,余根密就是这样以惊人的毅力忍受着伤痛的折磨,顽强拼搏在生产第一线。

　　余根密以深山为家,他把自己的青春年华无私地献给了祖国的地质事业。他也有自己的家,也有同常人一样的亲情,但他时时处处把工作放在第一位。

　　多年来,他与父母、妻子天各一方。父母的养育之恩,家庭的天伦之乐,只能用来去匆匆的探亲假去报答、去体验;只能靠鸿雁传书,去倾诉、去寄托……

　　一年夏天,余根密的妻子不幸因公负伤,引起严重的脑震荡,催老余回去的电报一连发来了两封。

　　手握电报,余根密焦急万分。他多想立即飞到妻子的身边啊!可他知道,工地上还有一座生产急需的钻塔等待安装。他默默将痛苦埋入心底,照常带着同志们上山。

"工作我派人接替,你马上给我回家!"知道此事后的分队领导给他下了命令。

余根密这才回到家中,妻子的伤稍有好转,他便将妻子托嘱给妹妹照料,又回到工作岗位。

在这以后的几年中,妻子的伤病时好时发,余根密从没影响工作。即使是在妻子因脑震荡引起下肢瘫痪,生活难以自理的时候,他仍坚守在工作岗位,只是利用一年一度的探亲假回去照顾妻子。

1988年4月中下旬,余根密先后收到家中三封电报。第一封:"父病重速归",第二封"父病危速归"。

当时,正是分队施工的紧张时刻,而分队长又去大队开工作会去了,副分队长也有事外出了。分队的工作由余根密这个支部委员全面负责。一边是组织的重托,一边是亲人的呼唤,是走?是留?余根密的心在剧烈地振荡着。最终,他忍着揪心的痛苦,一面电汇300元钱回家,一面领着职工继续奋战在工地。

几天后,第三封电报又送到余根密的手中,当看到"父病故"三个字时,这个刚强的汉子禁不住失声痛哭……

这就是作为一名普通铀矿勘查工人的余根密。

如今,余根密虽已光荣退休,回到老家安度晚年,但他山一样坚韧的性格、无私奉献的精神和品格,正鼓舞和激励着新一代铀矿地质工作者为振兴祖国的铀矿地质事业开拓进取,奋勇向前!

党旗在岗位上飘扬
——记国资委优秀共产党员、中船航仪装配调试工文维民

文维民,江西中船航海仪器有限公司热能工程设备公司工艺技术员,技师。以精益求精的工作态度,孜孜不倦的自我追求,无私奉献的高尚精神,不仅在提高技能水平上发挥重要作用,更为广大员工树立了良好的道德榜样。

一、善于学习,创先争优

自2005年加入中国共产党以来,他在领导和同事们的关怀、帮助下,坚持以邓小平理论和"三个代表"重要思想为指导,学习了习近平总书记等中央领导一系列讲话精神和胡问鸣董事长在集团公司党的群众路线教育实践活动动员大会上的讲话精神,认真学习贯彻落实党的十八届三中全会会议精神,深入落实科学发展观,以"服从领导、团结同志、认真学习、扎实工作"为准则,不断提高思想水平,积极改进工作作风,努力丰富政治理论和学习业务知识,充分发挥了岗位职能,具有较高的思想道德水平。同时,发挥党员的先锋模范作用,积极参加组织活动,开展批评和自我批评,从组织制度,作风等方面切实加强自身建设,能积极与同事交心、谈心、坦诚相见,沟通思想,党群关系融洽。主动承担高、精、急、难、重的工作任务,吃苦在前,享受在后,真正起到党员的表率作用。

二、刻苦钻研,勇于创新

产品售后服务涉及工种多,工作条件差,技术容量高,他抱着"干一行,爱一行;学一行,钻一行"的人生追求,立足本职,勤勤恳恳,凭着虚心好学,无私奉献的精神,在平凡的岗位上做出了不平凡的业绩。虽然他早已成为技术全面的机电一体化人才,也早已是这个行业的佼佼者,他的装配调试维修技术水平,不仅征服了国内客户,国外客户对他的技术也相当地佩服。但是他不满足于现状,学无止境,所以他又报考了本科,利用业余时间不断学习并充实自己,只为能更好地适应岗位需要。

在全球经济深刻调整、船舶市场有所复苏却未见根本好转,公司将面临着重大的机遇和挑战。船运市场受到整机价格下跌、配套价格上涨的双重压力,竞争更为激烈,公司民品燃烧器的市场持续低迷。我公司为威海某船厂配套的一台机械压力式燃烧

器在调试过程中出现了小伙转大火时燃烧不稳定,一直没办法解决,用户非常地不满意,公司只有派他前往,经过一系列仔细的检查,发现是由于船厂在安装燃烧器时把油枪支架撞偏了造成的,查明了原因也挽回了公司的声誉。又如山西某公司所配套的燃烧器,由于窑炉的炉膛阻力高,用户的天然气压力不稳,当产品在烘干过程中产生挥发可燃气体时,炉膛阻力会迅速升高就会导致火焰从燃烧器与窑炉的连接处窜出来,给设备和生产带来了安全隐患,为了消除这一隐患,他充分发挥自己的聪明才智,眼动、手动、脑动,他用水玻璃和高铝水泥混合填充缝隙处得以解决。他以强烈的责任心和事业心,认真,踏实工作,得到了用户的赞誉,受到用户的认可,也在业界赢得了口碑。

最近,由于九江公司整合需要,兄弟单位江西海天设备制造有限公司引进日本技术制造的锅炉和进口燃烧器需要调试,所有的资料全是英文版而且会根据现场需要更改线路、更改程序、整定数值,所使用的 PLC 可编程软件是我公司从未使用过的,没有相关的资料,难度大,领导还是决定派他前去学习,希望在后续的合同中由他完成售后服务工作。

三、爱岗敬业,勇挑重担

他始终把组织需要放在首位。哪里最困难,哪里问题最棘手,哪里条件最艰苦,哪里任务最繁重,哪里就有他的身影,从不讲条件,不计得失。由于他服务态度好,技术过硬,许多客户指名要他,他被誉为解决疑难杂症的高手。售后服务就是要站在用户的角度想问题,认真对待用户的要求,由于用户对产品的不了解,即使用户操作不当引发故障,也要耐心做好解释修复工作,自己受点委屈不算什么问题,圆满解决,用户满意接受产品才算真本事。做好工作首先要做好人,不能太计较个人得失。他从未被用户投诉过,得到的都是用户的表扬和称赞,虽然出差多地,但除了工作,从未游玩过,干完活,就回公司。

在船市低迷、陆用市场竞争激烈的市场大环境下,为认真贯彻落实习近平总书记关于厉行节约、反对浪费的重要批示精神,他在优化产品设计和工艺设计方面提出了合理化的建议,大大地降低了产品制造成本。北京某公司"中海油海南生物柴油项目"4000KW 导热油炉所配的 ZHH990 型燃烧器在调试过程中出现炉膛漏油的故障现象,导致热油炉不能正常运行,这时候出现任何的问题对我公司都会造成负面影响,公司领导决定派他前往,经他分析是由于生物燃料的密度大,雾化空气压力高,雾化角度大造成的,通过改进雾化喷嘴去改变燃烧状况,不仅圆满地解决了问题还满足了用户的工艺要求。

他参加了优化燃烧器手动控制电路质量管理小组,参加了攻克 AW 型转杯式燃烧器点火余油外协难题质量管理小组,参加了 JWD45B 型燃烧机设计,主持了 AWO5 – 11 燃烧机油计量阀体、风门凸轮调制机构及风箱的加工工艺修订和完善,负责了 SZTB – 100 型野战数字化图板现场生产工艺及技术,主持了提高野战数字化图板交验合格率质量管理小组,负责了"海博士"压载水管理系统现场生产工艺及技术。

四、团结互助，甘于奉献

他心中常怀着"一名共产党员就是一面旗帜"的信念，在工作上体现党员的先进性，在工作作风上体现党员的模范带头作用。在与同事相处时，总是以助人为乐的心态对待每个人，无论是工作上还是生活上，只要同事有困难，他都主动帮助，特别是在技术上，他有问必答，对技术从不保留，每次故障判断和处理过程结束后，都会主动讲给同事们听，以提高全体售后服务人员的技术业务水平。在他的精神感召下，同事们个个能吃苦，人人能争先。形成了相互学习，相互交流，相互取长补短的良好氛围。他深知"一花独放不是春，万紫千红才是春"的道理为了培养更多的技能工人，他毫不保留地把自己的技能，绝活传授给别人。有一年技师报考时，他动员他身边的同事积极报名参加，并把自己当年是怎样准备理论和实践考试，又是怎样去写论文和如何顺利通过答辩的经验一一介绍给同事们。

"春蚕到死丝方尽，蜡炬成灰泪始干"，是作为一名共产党员对生命价值的追求，全心全意为人民服务是我党的一贯宗旨。作为一名"老"共产党员，长期以来都恪守着"奉献不言苦，追求无止境"的人生格言。知道作为一名新时期的共产党员，在今后的学习，生活，工作中，恪尽职守，默默奉献，不求回报，他会更进一步加强学习，严于律己，时刻牢记党的教导，树立无私奉献，吃苦耐劳，爱岗敬业，扎根江航的信念和决心，继续加倍努力，提高自己的思想政治觉悟和业务技能水平，成为一名名副其实的优秀共产党员而努力！

（党委工作部供稿）

明星工人
——记中国船舶工业集团公司劳动模范、江西中船航仪高级技师李兵

李兵，江西中船航海仪器有限公司机加工人，凭着吃苦耐劳，虚心好学，刻苦钻研，锐意进取的敬业精神，从一名普通的工人一步一步成长为高级技师，他先后获得过中国船舶工业集团公司劳动模范、知识型先进职工、中国船舶工业总公司技术能手、九江市技术操作能手、九江船舶公司优秀共产党员等诸多荣誉称号，是江西中船航仪、九江船舶公司系统职工中的"明星工人"。

勤奋学习　锐意进取

从十几年前跨进459厂的第一天起，李兵就抱定"既然当工人，就一定要当个像模像样的好工人"的目标。对于技术他很有"心计"，为掌握第一手资料，他跟着老师傅一起倒班，从毛坯画线、粗加工到精加工，认真观察每一个环节。他身上经常带着一个笔记本，但凡工作中遇到的"卡脖子""搞不懂"的技术难点，或与工作密切相关的信息、资料等，他都会详细记录下来，然后通过咨询老师傅、搜集资料，对每道工序的工艺数据进行分析，积累了丰富经验。不仅如此，他还自费订阅了《金属热处理》《机械制造》等多种专业刊物，利用业余时间翻阅技术书籍，参加机电工程专业进修，以弥补基础理论知识不足。

"天道酬勤"。无论从事铣工、镗工，还是兼工艺技术员，他行行都做到最好：干铣工，他是全厂第一个只用一年时间，就以五级铣工技术水平通过转正考试的徒工；干镗工，他只用三个月时间，就能熟练驾驭精度为千分之一毫米的进口卧式坐标镗床，不到三年就以优异成绩通过镗工技师考试，成为九江船舶工业公司系统内第一个获得质量资格的青工；兼工艺技术员，他从最初的只有理论知识，到后来能把理论知识巧妙地运用到实践操作中，从对机械操作的一般性了解，到对产品的特殊性和用途的重要性的熟识，从一个普通技校生，到掌握了与科班出向比肩而立的先进技术，并磨炼成为一个足以让别人刮目相看的"金刚钻"。

刻苦钻研　勇于创新

危难之时显身手，凭的是综合实力。某研究所获得国防科技进步奖的"三轴惯性

测试转台",其核心部件的加工精度要求标准公差为ITO级(两对孔同轴度要求为0.002 mm,垂直度要求为0.002 mm),在没有责成经验的情况下,他多方查找资料,边干边摸索,通过自制外延式精密支架,使零件准确平衡的安装,自创"R表操作法""适时温度控制法",克服了高精度孔系调头加工中心偏差不易把握和温差对高精度金属尺寸的影响,确保了加工精度和加工进度。同时,他还主动请缨,参与"转台"的装配调试,15个日日夜夜辛勤劳动,"三轴惯性测试转台"装配完成,各项精度指标都符合图纸要求。从南京东南大学来厂验收的教授不相信这个结果,他要求检验员用"三坐标测量仪"复检,结果尺寸数据准确无误,教授不禁赞叹:"藏龙卧虎!在南京拥有高精度进口坐标镗床的企业多得很,可他们对加工框架类零件同轴度要求0.002 mm的精度无人敢应承,可在这偏僻的山沟里,一个年轻人却现实0.46角秒精度要求。佩服!佩服!"

一次,某研究所急需加工一个零件,要在Φ90mm的圆盘上精密地刻出720条4种长短不一的刻度线,李兵凭着高超的技艺,用了不到四小时的时间,完成了加工任务。经客户检验,刻度线准确无误。

2008年为"印胶机"国产化关键件加工工艺问题,在没有任何现成经验可以借鉴的情况下,李兵根据相关参考资料,通过试验来摸索,发现3Cr13不锈钢在热处理后的不同硬度,切削性能不一样这一特点,他决定以此为突破口,把材料先进行调质处理然后再进行切削加工,并按自编一套工艺操作流程加工,克服了因不锈钢加工粘刀产生积屑瘤,从而影响尺寸精度和表面糙度这一加工难题,又一次为公司赢得声誉。"空气轴承"是"气浮平台"中的关键件,精度要求特别高,要求轴向跳动和径向跳动均不小于0.001 mm,要达到如此的精度要求,关键是"轴套"的加工精度。李兵利用加长镗杆先后从刀具角度、切削用量及镗杆刚性等方面进行试验加工,效果不理想,经反复对比分析后,他发现造成加工精度降低的主要原因是因为镗杆加长后刚度下降,使刀具产生振动,而孔壁的微孔结构使得加工时断续切削,加剧了刀具振动,为此,他自制了一套带海绵橡皮环的减振装置,克服了振动,各项精度指标都优于图纸要求。再一次提升了江西中船航仪公司高精度零件加工能力。

立足本职　无私奉献

随着公司在精密加工名声不断扩大,前来洽谈业务的客户络绎不绝,有北京理工大学、航天一院、航天三院,天津的七○七研究所;武汉的七一七研究所、七一九研究所,南京的五二八厂,承接的外协加工任务逐年递增,2006年只有450万元,2009年猛增到800多万元。据统计,近五年来,经李兵加工所创造的经济效益近1000万元。

随着李兵知名度的提高,一些与他打过交通的私企老板把他当成"摇钱树",许以重金相聘,最高开价月薪1.5万元。但他不为所动,婉言谢绝。用他的话说:"我的荣誉是公司给的,我的技术是公司和同事们培养出来的,我只有用我有技术多为公司创造效益,才是最好的回报。"

李兵是这样说的,也是这样做的。作为一名高级技师,他深知"一花独放不是春,万紫千红才是春"的道理,为了培养更多高技能工人,他毫不保留地把自己的技能、绝活传授给别人,这些年他带十多名徒弟,其中绝大部分都已是生产骨干,他所在的"精加工组班",2006年被中国船舶工业集团公司授予"学习型班组",2009年被九江市总工会授予"工人先锋号"。这个团队,已成了江西中船航海仪器有限公司打造区域性精密加工基地的中坚力量,而作为领军人物,李兵功不可没。

(党委工作部供稿)

态度决定高度

——记江西省"五一劳动奖章"获得者、6354 所技师陈童诗

吴 恒

陈童诗同志,中共预备党员,技师,长期在 6354 所精加工段从事精密加工工作。他一贯虚心好学、善于将理论联系实际、关心集体、有很强的责任心和事业心。在没有任何技术经验可借鉴的情况下,凭着多年积累的工作经验大胆创新、勇于挑战,在为神舟飞船加工生产精密导电滑环和为海军、二炮生产加工惯导测试设备的过程中,攻克了多项技术难题,是数控精密加工行业公认的能工巧匠,使所里精密加工技术水平一直处于国内领先水平,为我国航天事业和国防事业的发展做出了一定的贡献。

因业绩突出,该同志先后获得:

——2009 年中国船舶工业集团公司颁发的"中船希望奖";

——2008 年"江西省第二届'创业杯'职业技能大赛"中,获加工中心操作工职工组第一名;

——2008 年江西省总工会授予"五一劳动奖章";

——2008 年江西省团委授予"全省岗位能手"称号;

——2008 年江西省劳动和社会保障厅授予"江西省技术能手"称号;

——2008 年 10 月代表江西省参加"第三届全国数控技能大赛全国决赛广州数控杯加工中心操作工"职工组竞赛,获第二十六名的好成绩;

——2010 年在全市"决战工业 2000 亿,建功当好主力军"竞赛中获得"优秀个人"荣誉;

——2009 年"6354 所优秀技能能手";

——2010 年"6354 所优秀技能能手";

——2011 年"6354 所优秀技能能手";

多次荣获所"劳动竞赛先进个人""质量信得过个人"等称号。

陈童诗同志于 2002 年从九江职业技术学院毕业来所到现在,在生产一线摸爬滚打已有十一个年头。十一年来,他干过车工、磨工、镗工、铣工,到现在的加工中心操作工,一直兢兢业业、任劳任怨地工作在机械加工第一线,从刚出校门的年幼学子成长为

能独当一面的加工中心操作工,一位名副其实的技能型人才。

他说"当工人就得干一行、爱一行、专一行、精一行。你干着这一行却不爱这一行,就不算是一个好工人"。他是这么说的也是这么做的。日常工作中,他几年如一日,坚持做到"五点":一是上班早一点,做好开工准备;二是班中勤一点,认真管好自己的机床,勤点检、勤维护、勤注油、勤清扫,确保机床的运作率和完好率;三是下班晚一点,清理加工现场留下的边角余料,把现场打扫干净;四是学习抓紧一点,白天向老师傅学,晚上向书本学;五是千方百计多干一点,每当遇到急、难、险、重任务时,他总是干在前,抢在先。

如果说"勤"是成功的开始,那么"钻"就是陈童诗快速进步的阶梯。

2007年,所里引进一台进口五轴加工中心,这是一种功能较全的数控加工机床,加工精度高、范围广、效率高,这就要求操作者具有娴熟的技能和丰富的精密加工经验。陈童诗和几个同事到意大利培训了短短的半个月,就开始操作了。刚开始的时候,没有人可以请教,相关的资料也全都是英文,他硬是凭借着一股钻劲,边学习边实践,很快就掌握了编程和操作方法。

多年来,陈童诗同志通过自己的刻苦钻研,解决了很多精密加工中的技术瓶颈。

为某海军基地研发的惯导测试平台是我国目前最大的转台之一,其所需核心部件大型"中空液压马达"受到西方禁运,我所科研人员自力更生,研究出拥有完全自主知识产权的大型中空液压马达,其缸体零件复杂、精度高,尤其是硬度高,由于我所没有坐标磨等设备,其精加工时切削十分困难。陈童诗同志凭借着永不服输的精神,刻苦钻研,经过多次试验,最终摸索出了以车代磨、以铣代磨的各种新型加工方法,以及科学、合理的切削参数和加工技巧,成功地解决了这个难题。此项目获得国防科技进步三等奖。

某型舰载机所需惯导测试平台,精度高,任务紧。面对其超出机床工作台行程的超大外形尺寸、难以装夹的复杂框架结构,最终精度难以保证等一系列问题,所里多次组织相关技术人员开技术攻坚会,决定将关重件精加工任务的重担交由陈童诗负责。陈童诗同志通过查阅大量资料,结合我所现有的生产能力,自主研发了一系列的工装夹具,反复试验,成功地解决了该技术难题,把别人认为的不可能变成了现实,并为所里以后解决类似问题提供了宝贵经验。

一个困扰所里多年的技术瓶颈——某新型导弹加速度表中一个重要零件的车削加工。工件壁薄如纸且精度高,装夹变形、温差变形对于很多异型件来说一直都是个难题。因为结构复杂受力不均匀,热胀冷缩等问题,产品一旦从夹具上卸掉以后就变形,致使很多尺寸都不合格了。在以往的生产过程中,不仅效率不高,质量一直不稳定。虽然不是他的职责范围,但出于责任心和对自己技术能力的信任,他主动和工段几名骨干一起,经过夜以继日地刻苦钻研,无数次的切削实验,不断的改进工艺方法,最终不仅让该零件质量有了质的飞跃,而且还大大地提高了生产效率,出色地完成了攻关任务,得到了领导及军方客户的高度赞扬,为提高军品质量和单位扩大该产品市场占有率作出了突出贡献。

某新型军用直升机上一关重零件精度要求很高,结构复杂,测量困难,工期很紧,要求零缺陷交付,一般单位无法加工。接下任务后,大家感觉压力巨大,如履薄冰。工段及时抽调陈童诗等技术骨干,进行技术攻关。陈童诗在生产过程中仔细对加工工艺进行分析,组织人员对所编加工程序互相检查和专门检查,制作了非常精巧的夹具。经过不懈努力,使得该零件顺利通过首件鉴定并投入批量生产,顾客评价说这是在所有外协方中做得最好的一个。

还有,某新型号战机的屏显,任务周期短,材料难加工;某新型艇的海水柱塞泵整体部件,关键零部件如缸体、斜轴等没有成熟的工艺可借鉴;等等。作为加工工作的主要承担者,陈童诗通过反复调整刀具、夹具参数,经过多次的切削实验后,改进了原有的工艺路线,按时按质完成了加工任务,得到了客户的高度赞扬,也为所里进一步拓展业务范围提供了技术储备。这些项目的成功承接并顺利完成极大地鼓舞了职工的士气,提升了所里在精密加工领域的知名度。

陈童诗同志坚持参与技术革新和质量改进活动,包括 QC 小组、"6S" 现场管理、合理化建议等,完成了成了多项改进成果:

——他任组长的"试制中心三精 QC 小组",小组获"九江船舶工业公司二〇〇八 QC 成果发布二等奖";

——他在 2009 年度在中国造船学会机加工学组联合召开的年会上交流的《浅谈螺旋铣孔的优点与应用》论文,被会议评为"工艺类优秀论文"。

一个职工只有心里装着单位,处处为生产着想,把困难踩在脚下,把成绩当作起点,才能与单位融为一体,才能有所作为。十一年来,陈童诗在加工时总是精打细算降成本,想主人事、干主人活、尽主人责,无私奉献。他一心扑在工作上,想尽办法降成本,增效益;他攻坚克难,解决了很多加工技术瓶颈;他服从领导分配,不计较个人得失,不计较回报。

"对于工作,他似乎有使不完的劲儿。"同事们谈起他,敬佩之情溢于言表。他在提高自己业务技能的同时,还把自己的"看家本领"和在实践中摸索总结的经验无私地传给别人,并向别人学习加工技术诀窍,在班组中形成一种传帮带的氛围。在他的带动下整个班组的加工水平都有所提高,各项工作完成得都很出色,得到了领导和用户的好评。由于陈童诗出色的能力,使得其所在工段现已成为国内一些单位专门解决疑难问题的对口单位,深得对方的信任。工段也先后获得江西省总工会、江西省国防工办及九江市总工会授予的"工人先锋号";获 2009 年度全国质量信得过班组和中国船舶行业 2009 年度质量信得过班组等荣誉称号。

精度超高的惯导测试关重部件,形状怪异的飞机屏显,壁薄如纸的导弹零件,要求不凡的各型各类多轴转台……在他兢兢业业、刻苦钻研的工作中,通过对各种先进加工方法的尝试与工艺改进,资源的充分利用,不仅提高了产品质量、生产效率,且大大降低成本,为所里的精密加工事业做出了杰出贡献;也为所里技能型人才的下一步成长提供了看得见,摸得着的标杆。

　　在成绩和荣誉的背后,陈童诗也面临很多诱惑:自己的徒弟到南方沿海同行业去发展,现已是年薪二三十万的白领管理层,而他还要倒晚班;他家里的一个亲戚在一家德国公司从业多年,邀请他去从事商务工作;在外创业的同学,希望他利用自己的技术和名气一起做公司;一些高校的任职邀请;等。每当碰到经济困难或工作不如意的时候,他也想过急流勇退,另谋高就。但是一想到十一年来的成长过程,他逐渐认识到,一滴水只有融入大海才能永不干枯。离开了这个战斗的集体和良好的成长氛围,自己在所热爱的数控领域就可能一事无成。之所以能取得今天的成绩,除了本人的努力,离不开领导的关心,师傅们的指导和同事们的帮助。面对事业的召唤,他毅然决定,留下来继续在他热爱的数控加工专业上钻研攻关,和这个充满朝气的团队共同进步,为所里精密加工技术水平一直处于国内领先水平而努力,为国防事业尽到应尽的责任,做出更大的贡献。

　　"态度决定高度",这是陈童诗同志最喜欢的一句格言,他的成长过程也许是对这句话最好的诠释。

江西军工大事记

1. [**官田中央兵工厂的创建**]1931年10月,中央军委在江西兴国县的官田村创办红军第一个大型综合性兵工厂——中央兵工厂。官田中央兵工厂的创建,揭开了人民军工发展历史的新篇章,标志着中国共产党领导的人民兵工诞生。

2. [**南昌飞机厂组建**]1951年4月23日,重工业部航空工业局通知南京空军第22厂奉命迁至南昌,与中南军区南昌航空站合并,在原国民党空军第二飞机制造厂旧址筹建南昌飞机厂,承担活塞式飞机维修任务。5月,南昌飞机厂建厂委员会成立,江西省政府主席邵式平任主任。

3. [**江西省技术工人养成学校成立**]1951年10月10日,经江西省政府批准,第一所培养航空工业技术工人的江西省技术工人养成学校在南昌成立,时任省政府主席邵式平兼任校长。

4. [**刘少奇视察南昌飞机厂**]1952年1月上旬,中央人民政府副主席刘少奇视察南昌飞机厂。

5. [**南昌飞机厂列入苏联援建156个项目之一**]1953年5月15日,中苏签订协议,确定南昌飞机制造厂为苏联援建156项建设单位之一。1955年,南昌飞机厂基本建成,完成由飞机修理厂向螺旋桨飞机制造厂过渡,1956年底全面竣工验收。

6. [**朱德视察南昌飞机厂**]1954年4月,中国人民解放军总司令朱德视察南昌飞机厂,并题词:"发扬工人阶级的积极性、创造性,增强国防,保卫祖国!"

7. [**新中国第一架国产飞机(初教5)诞生,毛泽东主席亲笔写信嘉勉祝贺**]1954年7月3日,新中国建立后制造的第一架初教5飞机,首次在南昌飞机厂试飞场升空试飞,完成预定飞行科目后安全着陆。8月1日,毛泽东主席给南昌飞机厂亲笔写信嘉勉:"……祝贺你们试制第一架雅克十八型飞机成功的胜利。这在建立我国的飞机制造业和增强国防力量上都是一个良好的开端。希望你们继续努力,在苏联专家的指导下,进一步地掌握技术和提高质量,保证完成正式生产任务。"

8. [**彭德怀批示成批生产雅克-18**]1954年8月26日,中央人民政府人民革命军事委员会副主席彭德怀批示:"同意雅克-18飞机成批生产。"

9. [**汉口航空工业学校迁至南昌**]1954年8月,根据二机部航空工业局决定,汉口航空工业学校迁至南昌,改名为南昌航空工业学校。

10. [中南309队首次进入江西对矿山、矿点进行放射性检查] 1955年4—5月,中南309队第4队(检查队)从湖南进入江西,对矿山、矿点进行放射性检查。中南309队在江西开展3年多的区调普查,发现许多好的异常点、带,其中在上饶发现了江西第一个铀矿床,进一步促进了全省铀矿普查勘探工作的发展。

11. [国家计委批准南昌飞机厂试制安-2飞机] 1956年6月9日,经国家计委主任李富春批准,二机部航空工业局通知南昌飞机厂试制安—2飞机。

12. [安-2飞机制造成功] 1957年12月24日,南昌飞机厂召开安-2飞机制造成功庆祝大会。国家临时鉴定委员会主任委员、空军副司令员王秉璋,二机部副部长刘鼎及省长邵式平等在庆祝大会上讲话,试飞员陈达礼驾驶飞机进行飞行表演。12月25日,《人民日报》在第一版以《我国航空工业又一新的重大成就,第一架多用途民用飞机诞生》为题对安-2飞机的试制成功进行了报道。

13. [我国自行研制生产的第一辆摩托车试制成功] 1957年12月,南昌飞机厂试制成功中国第一辆摩托车——长江750三轮摩托车。

14. [江西第一个铀矿冶企业建成投产] 上饶铀矿是中国最早建成投产的铀矿采冶联合企业。1958年5月31日,中共中央总书记邓小平批准二机部上报的铀矿选点方案,其中,选定在上饶建设铀矿工程(413工程处,后组建713矿)。6月,二机部决定在上饶县兴建江西第一个铀矿冶企业上饶铀矿;10月,三机部批准就矿建水冶厂。1959年第四季度,在苏联专家的指导下,矿山、水冶厂开工建设。1960年2月,露天矿初步形成采矿生产能力,3月开始试采。

15. [初教6飞机成为我国自行设计制造、装备空海军使用的第一个机种] 1957年,二机部航空局向东北某厂飞机设计室下达初教6飞机研制任务。1958年5月,二机部航空局将初教6飞机转由洪都机械厂研制。8月27日,中国自行设计的第一架初教6飞机在南昌试飞成功。1961年10月,改进后的初教6飞机完成全部试飞科目。1962年1月,国务院军工产品定型委员会批准初教6飞机设计定型,投入批生产。1963年,装备初教6飞机的活塞6国产发动机和螺旋桨试制成功,教6飞机零件和成品附件全部立足国内生产。初教6各型飞机是中国产量超千架的机型之一,也是航空工业第一架全国质量金奖飞机,获国家科技进步特等奖。

16. [中国第一架自行设计的超音速喷气式飞机研制成功] 1958年3月,根据空军刘亚楼司令员关于研制强击机的提议,二机部航空局布置东北某厂飞机设计室研究拟定设计超音速强击机初步设想。同年8月,二机部航空局决定将强5飞机研制工作转到洪都机械厂。1965年6月,强5实现首飞,同年底通过初步设计定型。该机有多种改型,强5系列飞机自1968年成批生产。

17. [九江玻璃纤维厂土法研制成功江西省第一块玻璃钢] 1958年9月,兵器工业部唯一一家被定位为开发、研制、生产非金属兵器复合材料军工企业在九江创立,代号为国营第5727厂,又名九江玻璃纤维厂。1959年4月,九江玻璃纤维厂用小土坩埚拉玻璃丝成功,9月研制成功江西省第一块玻璃钢。

18. [608 队在南昌组建] 1959 年 1 月 1 日,二机部在南昌组建 608 队,承担在江西、浙江、福建、江苏、安徽 5 省铀矿地质普查勘探任务。4 月 1 日,根据二机部三局的决定,608 队改为华东 608 队。

19. [宋任穷到 608 队视察工作] 1959 年 4 月 11 日,时任二机部部长宋任穷到 608 队视察工作。

20. [长江 750 型摩托车改越野赛跑车成为首届全国运动会比赛用车] 1959 年 11 月 23 日,根据国家体委要求,洪都机械厂生产的长江 750 型摩托车改越野赛跑车试制成功,成为首届全国运动会比赛用车。

21. [江西矿务管理局成立] 1959 年 12 月 24 日,江西省矿务管理局成立,与省和平利用原子能委员会合署办公,统一管理二机部在江西的铀矿地质、矿冶和地质专科学校等单位。

22. [彭德怀、薄一波分别视察洪都机械厂] 1959 年 12 月,国防部长彭德怀和副总理薄一波分别视察洪都机械厂。

23. [洪都机械厂承担海防导弹仿制任务] 1960 年 3 月 21 日,一机部航空工业局决定,洪都机械厂为承担仿制海防导弹任务的主制厂单位,工厂开辟一条新的生产线。

24. [省原子能研究所首次提炼出天然铀金属] 1960 年 10 月,省原子能研究所首次提炼出一小块天然铀金属。

25. [罗瑞卿、孙志远视察洪都机械厂] 1961 年 9 月 18 日,国务院副总理罗瑞卿和三机部部长孙志远视察洪都机械厂。

26. [周恩来总理接见洪都机械厂领导和部分职工] 1961 年 9 月 19 日,国务院总理周恩来经南昌回北京时,在洪都机械厂机场接见厂领导和部分职工。

27. [上饶铀矿被二机部列为矿冶系统第一线工程] 1962 年 1 月 20 日,上饶铀矿被二机部列为矿冶系统第一线工程。4 月,上饶铀矿水冶厂投料试生产,取得一次性成功。10 月铀矿山、水冶厂及其配套工程基本完成,11 月经国家验收委员会验收合格,正式投产。1964 年 10 月 16 日,我国第一颗原子弹爆炸成功,七一三矿提供了部分核燃料。

28. [抚州铀矿被列为第二批铀矿建设重点项目] 1963 年,为满足核燃料生产对铀矿石的需要,二机部将抚州铀矿被列为第二批铀矿建设重点项目。3 月,中央 15 人专门委员会第 4、第 5 次会议决定为抚州铀矿修建铁路。12 月,南昌至抚州铀矿铁路专线开工兴建,1965 年 3 月建成通车。

29. [江西省委国防工业领导小组成立] 1964 年 7 月 20 日,由省委书记白栋材、省长黄先、省军区司令员吴瑞山、政委林忠照等 7 人组成的江西省委国防工业领导小组成立,具体领导全省地方军工建设。11 月 18 日,省委成立国防工业领导小组办公室,负责全省国防工业的管理和协调工作。11 月 20 日,省委批准成立省军工局(对外称江西省机械工业厅二局),协同省国防工业领导小组办公室,负责全省地方军工厂的生产和建设管理。

30. [**四机部在江西吉安、景德镇地区选点建设电子军工企业**] 1964年,为贯彻中共中央关于加强三线地区建设的战略部署,四机部决定疏散沿海地区重点企业,先后在吉安、景德镇地区选点建厂。1964—1965年,四机部八厂一校一库建成后,初步形成以吉安、景德镇为中心的有线电和无线电工业基地。

31. [**02架强5飞机首飞成功**] 1965年1月,02架强5飞机总装完成。6月4日,强5飞机由试飞员拓凤鸣驾驶完成第一个起落,首飞成功。

32. [**江西开展小三线建设**] 1965年7月,华东局国防工业办公室下发《关于下达1965—1967年后方建设规划的通知》,江西省三年(1965—1967年)地方军工及配套建设规划项目67个,总投资30 115万元。其中军工项目23个,配套工业项目16个,交通项目19个,通信项目9个。经调整建设规划,全省实际建设地方军工及配套项目69个,国家累计投资36576万元。其中军工项目23个,配套工业项目17个,交通项目20个,通信项目9个。

33. [**内河小艇厂及配套项目建设**] 内河小艇厂是23项地方军工建设项目之一,1966年开始筹建。为加快内河小艇厂建设,在地方军工机械配套工业项目中,投资建设船用附件厂和操舟机厂。同年6月,省机械工业厅选定波阳建设江西船用附件厂。7月华东局下达内河小艇厂设计任务书,设计纲领为生产内河班用968型、排用969型侦察艇。8月17日,省委国防工办决定,将年产一万台的小汽油机厂和年产300台的操舟机厂合并建设,厂名为民机械厂,主要为内河小艇厂配套生产67式操舟机,年产规模300台。

34. [**省委强调"把国防工业建设放在第一位"**] 1965年10月11—19日,省委召开第一次国防工业工作会议,强调各级党委必须把国防工业建设放在第一位。10月起,省政府批准2市5专区(南昌市、景德镇市、宜春专区、抚州专区、九江专区、上饶专区、吉安专区)成立国防工业办公室。11月起,省委先后批准13个县、地成立三线办事机构。

35. [**朱德视察洪都机械厂**] 1966年2月6日,全国人大常委会委员长朱德视察洪都机械厂,并题词:"高兴毛泽东思想伟大红旗,加紧进行国防建设,反对美帝国主义的侵略。"

36. [**国产第一枚海防导弹"上游1号"导弹仿制定型**] 1966年12月9日,国产第一枚海防导弹"上游1号"导弹在洪都机械厂仿制定型。

37. [**中央军委和毛泽东主席批准强5装备部队**] 1968年6月,04架强5飞机和第一批01架强5飞机奉命完成4个战技术科目试飞后,空军提出用强5装备两个团建议,得到中央军委和毛泽东主席的批准。1969年12月,空军党委和航空工业领导小组批准成批生产。

38. [**9396厂成功试制班用机枪**] 1968年12月26日,9396厂试制出第一批20挺班用机枪,经寿命试验合格,达到试生产一次成功。

39. [**214工程建设**] 1969年2月14日,海军和六机部根据毛泽东主席"在长江中游另建一个核潜艇生产基地"的批示精神,决定在九江地区筹建 214 工程建设任务。10 月下旬,中国造船工业领导小组召开专门会议,初步确定在江西建设 16 个船舶工业项目,其中潜艇厂一个、导弹艇厂一个、仪表厂四个、机械加工厂十个,总投资 54 000 万元。到 1973 年底,项目土建基本完成,初具规模,形成一定的生产能力。214 工程建设的实施,奠定了江西船舶工业的基础。

40. [洪都机械厂开始试制"上游"2 号(液)导弹] 1969 年 6 月,洪都机械厂开始试制"上游"2 号(液)导弹。

41. [歼 12 飞机研制] 1969 年 5 月,洪都机械厂开始歼 12 飞机方案可行性论证,7 月开始歼 12 飞机设计工作。1970 年 6 月,完成飞机生产用设计蓝图,12 月 26 日,歼 12 飞机原型机零批 1 架试飞上天。经过两年试飞,基本达到设计要求,但最大平飞速度只能达到马赫 1.2(原设计指标为 1.5)。1973 年 7 月,歼 12 飞机飞抵北京,9 月 10 日,中央领导叶剑英、李先念、华国锋在北京某机场听取汇报并观看飞行表演后,指示歼 12 飞机逐步改进后尽快装备部队。歼 12 飞机研制历经十年,投资 4000 万元,试制生产五架,由于性能不够理想,最终未能列装部队,于 1979 年正式取消研制任务。

42. [景德镇定点建设直升机研制厂所] 1969 年 8 月初,航空工业领导小组在北京召开科研工作会议,会议确定:江西直升机厂为一套两厂(国营昌河机械厂为主机厂、国营乐河机械厂为发动机厂)。10 月,周恩来总理和军委办事组批准《关于在江西景德镇新建直升机厂的请示报告》。1970 年 1 月,省革委会召开直升机厂建设专项会议。1971 年昌河机械厂、乐河机械厂基本建成投产。1975 年底,昌河机械厂、乐河机械厂历经 5 年建设,初步形成生产能力。1969 年,航空工业领导小组决定将原 602 所和 604 所合并,负责研究设计直升机。10 月决定研究所定点景德镇建设。1970 年 10 月,直升机研究所动工兴建,到 1973 年底,建设项目基本完工。

43. [国务院确定在江西分期分批建设 13 个地方电子工业军工项目] 1969 年 10 月 5 日,国务院下达《关于江西省电子工业战略动员项目问题的批复》,确定在江西分期分批建设 13 个地方电子工业军工项目。

44. [620 单位成立] 1970 年 5 月 8 日,中央军委国防工办批复同意在江西组织"上游 2 号"导弹生产配套。6 月 20 日,造船工业领导小组办公室同意组建负责生产、管理的机构"620 单位",由海军管理。

45. [首架直 6 型机试制成功] 1970 年 5 月,昌河机械厂开始首架直 6 型机试制,9 月底完成总装。9 月 29 日,第一架直 6 型机从二区试飞坪起飞,降落在吕蒙机场,9 月 30 日,从吕蒙机场飞抵南昌,"十一"出直升机的任务宣告完成。10 月 4 日,直 6 型作为新产品参加了省革委会、省军区在洪都机械厂召开的祝捷大会。

46. [国内首创玻璃微调电容器试制成功] 1971 年 6 月 9 日,897 厂试制成功国内首创玻璃微调电容器试制成功。

47. [中国自行研制成功第一架大型直升机] 1971 年 9 月,为完成"718"工程配套的舰载直升机任务,昌河机械厂首次向航空工业领导小组和三机部提出仿制法国"超

"黄蜂"直升机建议。1973年9月,三机部召开有关会议,明确昌河机械厂测绘研制"超黄蜂"直升机,命名为直8型机。1976年3月,国务院、中央军委常规装备领导决定直8开机列装。三机部明确昌河机械厂与602研究所厂所结合,共同组成直8型机设计队伍。4月,三机部确定昌河机械厂为总设计师单位和总装厂。到1980年12月,01架机总装下架。由于当时国民经济暂时困难,直8型机由上变缓。直到1983年,国家出于国民经济建设和部队武器装备建设的迫切需要,决定加快直-8的研制。1985年12月11日首飞成功,1989年完成技术鉴定并交付中国海军航空兵使用。直-8的首飞成功,标志着中国自行研制的第一架大型直升机诞生。

48. [华东608队与省二机局合并] 1971年12月4日,华东608队与二机局合并,统称省二机局。1972年1月1日,省二机局开始办公,原华东608队各队同时启用新番号:第1队改称江西261队,第2队改称江西262队,第3队改称江西263队,第7队改称江西264队,第12队改称江西265队,第15队改称江西266队。

49. [我国首制鱼雷快艇在江新造船厂建造] 1972年3月12日,我国首制某型"R704"钢制双管鱼雷快艇(滑行艇)在江新造船厂正式下料开工。1973年3月20日,第一艘"R704"钢制双管鱼雷快艇建成下水。1973年12月,经过半年多的码头系泊试验、海上扩大性试航等,首艘"R704"钢制双管鱼雷快艇(滑行艇)在南海舰队交付海军某部使用。

50. [国内第一只陶瓷真空继电器试制成功] 1972年9月15日,897厂试制成功国内第一只陶瓷真空继电器。

51. [国产第一枚岸舰导弹"海鹰1号"设计、生产定型] 1973年12月21日,洪都机械厂研制的国产第一枚岸舰导弹"海鹰1号"设计、生产定型。

52. [第一辆CH1型"昌河"牌大客车试制成功] 1973年12月,昌河机械厂第一辆CH1型"昌河"牌大客车试制成功。

53. [9396厂研制成功新型机枪] 1974年6月17日,国家轻武器定型委员会批准9396厂研制的新机枪设计定型,命名"1974年式7.62毫米班用机枪"。

54. [省三机局、四机局、五机局成立] 1975年6月4日,省革委会决定成立省三机局、省四机局、省五机局为省直属局,归口省国防工办。

55. [第一辆"昌河"牌CH2型旅行车试制成功] 1975年10月1日,昌河机械厂第一辆"昌河"牌CH2型旅行车试制成功。

56. ["上游2号"配套产品参加飞行试验获得成功] 1975年12月,620单位组织研制的"上游2号"固体火箭发动机及装药,在海军基地参加"上游2号"模拟弹飞行试验获得成功。

57. [抚州铀矿水冶厂投产] 1976年1月3日,抚州铀矿水冶厂(一期)经国家验收合格,投入生产。

58. [265队启动第一台金刚石钻机] 1976年5月,265队启动第一台金刚石钻机,标志着省二机局机械岩芯钻探技术重大更新的开始。

59. [江西省国防工业科技情报研究室成立]1977年1月21日,江西省国防工业科技情报研究室成立并开始办公。

60. [省国防工办向全国科学大会推荐先进]1977年8月24日,省国防工办向全国科学大会推荐第一批先进集体19个(其中核工业4个、航空工业4个、电子工业1个、兵器工业6个、船舶工业4个)、先进个人36名。

61. [江西第一块石英电子手表试制成功]1977年9月13日,江西第一块石英电子手表在859厂试制成功,并在四机部举办的"7744"展览会上展出。

62. [洪都机械厂成立海防导弹总体设计研究所]1977年11月29日,三机部、八机部联合下文,批准洪都机械厂成立海防导弹总体设计研究所。

63. [国务院批准江西省两所国防高校恢复和改建]1978年4月1日,经国务院批准,恢复和增设55所高等院校,其中南昌航空工业学校改建为南昌航空工业学院;抚州地质学校恢复办大学,改为抚州地质学院。

64. [王震等视察洪都机械厂]1978年6月4日,国务院副总理王震、国务院国防工办主任洪学智、三机部部长吕东等领导视察洪都机械厂。

65. [918产品炮兵测地车通过设计定型投入小批生产]1978年7月1日,由江西航海仪器厂、九江船用机械厂、江西浔阳电子仪器厂联合生产的918产品炮兵测地车通过设计定型,投入小批生产。

66. [200瓦短波单边电台通过生产定型]1978年10月24日,南昌无线电厂试制的200瓦短波单边电台通过生产定型。

67. [260厂产出第一颗人造金刚石]1978年11月,260厂试制安装六面顶压人造金刚石合成压力机成功,生产出第一颗人造金刚石。

68. [中南209队第5队从云南调入江西]1979年3月2日,二机部决定,中南209队第5队从云南调入江西,改称江西268队,隶属江西省二机局。

69. [华东地质勘探局成立]1979年5月9日,二机部下发《关于成立华东地质勘探局的通知》:为加强华东地区铀矿地质和江西矿冶工作的领导,经二机部和江西、浙江两省协商,决定成立二机部华东地质勘探局,负责管理江西、浙江地区的铀矿地质队、260厂、地质研究所的工作。二机部华东地质勘探局成立后,省二机局负责管辖江西地区铀矿山、水冶厂、南昌矿冶机械制造厂的工作。

70. [电子工业企业管理体制进行重大调整]1980年1月17日,省政府撤销省四机局,成立省电子工业局。2月20日,省五机局全部业务并入省国防工办。撤消省四机局,四机部在江西的直属企业和抚州无线电厂、宜春无线电厂由省国防工办归口管理,地方电子企业由省电子工业局管理。

71. [省国防工办确定民品发展方向]1980年3月22日,省国防工办召开全省兵器工业企事业单位领导干部会议,作出开发自行车、缝纫机、矿山机电设备、五金工具标准件、家用电子电器等"五条龙"为民品主攻方向的决策。

72. [省国防工办命名一批"大庆式企业"]1980年4月22日,省国防工办在897

厂召开四机系统大庆式企业命名大会,713厂、897厂、740厂、999厂、800库、834厂被命名为"大庆式企业"。

73. [金华技校迁至南昌改称南昌地质技工学校] 1980年5月8日,二机部与江西省政府批复同意,金华技校迁至南昌,改称南昌地质技工学校。

74. [国防科委通令嘉奖昌河机械厂] 1980年5月14日,国防科委通令嘉奖昌河机械厂完成718工程"3型4机"改装任务。

75. [中共中央、国务院、中央军委电贺江西军工企业参加我国运载火箭研制和向太平洋海域发射成功] 1980年5—8月,中共中央、国务院、中央军委分别向5727厂、江新机械厂、江西阀门厂、746厂、713厂、4321厂、南昌柴油机厂发出贺电,上述企业的产品参加我国运载火箭研制和向太平洋海域发射成功表示热烈祝贺。

76. [省国防工业企事业单位进行重大调整] 1980年12月3日,省国防工办向国务院国防工办上报《江西省小三线军工厂调整意见》。1981年4月12日,根据国务院国防工办批复,省小三线军工厂按两种类型进行调整:第一类为军民结合型,共18个厂,保留25条军品生产线;第二类为转民型,共10个厂,保留军工代号,平时生产民用产品,只承担少量军品生产任务。省国防工办结合民品发展规划,分三类对地方军工企事业单位进行布局调整:一是将6个工厂、1个仓库下放地方,由地方政府负责调整;二是将3个工厂和4个后方医院分别进行行业内部或地方企事业单位合并,迁建至交通便利的地方;三是以企事业单位自身财力为主,将13家进山过深的企事业单位搬出山沟,易地重建。至1990年,江西地方军工布局调整任务基本完成。

77. [620单位参加"上游"2号导弹对海飞行试验取得好成绩] 1980年12月,620单位组织研制的"上游"2号(固)发动机及复合推进剂装药,参加"上游"2号导弹对海飞行试验,取得三发三中成绩。

78. [江西经纬化工厂组建] 1981年1月22日,省国防工办批复,同意9355厂"620"生产线划出组建江西经纬化工厂。

79. [江西小三线调整方案获批准] 1981年4月12日,国务院、中央军委批转国务院国防工办关于小三线调整方案。

80. [四机部在赣企事业单位移交省电子工业局管理] 1981年5月23日,省政府决定,四机部在江西的12个企事业单位,由省国防工办移交省电子工业局管理。

81. [602所建成直升机联合试车台] 1981年9月,602所建成直升机联合试车台,试车台可进行40吨级以下直升机动力装置、传动系统、升力系统、操纵系统等组合功能试验和耐久试验,能预测新机基本性能及进行旋翼动力特性试验等。

82. [省军工高校获全国首批高等学校学士学位授予单位] 1982年1月1日,抚州地质学院改称华东地质学院,列入全国首批高等学校学士学位授予单位。5日,南昌航空工业学院列入全国首批高等学校学士学位授予单位。

83. [五机部批复9323厂、9333厂改扩建大口径炮弹计划任务] 1982年6月30日,五机部批复同意9323厂、9333厂改扩建大口径炮弹计划任务书,保留57毫米高射炮弹年产 50 万发的生产纲领,原协作关系不变,轮换生产 66 式 152 毫米加榴炮弹,年生产纲领为 66 式 152 毫米加榴炮弹 10 万发。

84.[二机部华东地质勘探局改称核工业部华东地质勘探局]1982 年 8 月 16 日,二机部华东地质勘探局改称核工业部华东地质勘探局。

85.[江西省国防工办改称江西省国防科工办]1982 年 9 月 5 日,江西省国防工办改称江西省国防科工办。

86.[897 厂、4321 厂生产铝电解电容器成功用于水下发射火箭工程]1982 年 10 月 16 日,国防科工委发来贺电,祝贺 897 厂、4321 厂生产的铝电解电容器成功用于水下发射火箭工程。

87.[9446 厂生产的三牙轮钻头获日本钻井公司称赞]1982 年 11 月 6 日,9446 厂生产的三牙轮钻头,在日本利根公司及中由商社试钻时,被日本钻井公司称为"王牌钻头""东方奇物"。

88.[三机部江西三机局撤销]1983 年 8 月 11 日,撤销三机部江西三机局,原有关业务工作由江西省国防科工办承担。10 月 1 日,省国防科工办与三机部江西三机局办完移交手续后成立航空处,负责原三机部江西三机局原有业务工作。

89.[江西省召开军民结合发展民品工作会]1983 年 10 月 25 日,省国防科工办、省计委、省经委在南昌联合召开江西省军民结合发展民品工作会议,全省军工企事业单位 184 人参加会议。会议期间,举行了民品展览,展出全省国防工业四年来研制生产的民品 260 种。省长赵增益、副省长方谦和省直有关部门领导参观了民品展览。

90.[九江机械工业学校更名为九江船舶工业学校]1983 年 12 月 15 日,船舶总公司决定将九江机械工业学校更名为九江船舶工业学校。

91.["上游"1 号甲舰舰导弹通过鉴定]1983 年 12 月,洪都机械厂研制的上游"1 号甲舰舰导弹,通过海军军工产品定型委员会组织的生产鉴定,批准转入批生产。

92.[江西省二机局启用核工业部江西矿冶局名称]1984 年 1 月 1 日,江西省二机局启用核工业部江西矿冶局名称。

93.[江西省兵器工业学校建立]1984 年 4 月 16 日,经省政府批准同意,创立江西省兵器工业学校。

94.[江西省国防科技情报研究所成立]1984 年 7 月 24 日,江西省国防科技情报研究所成立,成为中国唯一的省级独立建制的国防科技情报科研单位。

95.[中国第一艘大型沿海双体客轮成功建造]中国第一艘大型沿海双体客轮"瑞昌"号在江州造船厂成功建造。1984 年 8 月 30 日,江州造船厂为"瑞昌"号举行隆重的下水仪式。

96.[赵紫阳等视察昌河机械厂]1984 年 9 月 7 日,中共中央政治局常委、国务院总理赵紫阳在国家计委副主任房维忠、劳动人事部部长赵东苑和江西省委第一书记白栋材、省长赵增益陪同下视察昌河机械厂。

97.[九江船舶工业公司成立]1984 年 9 月 10 日,经国家经济委员会批准成立中国船舶工业总公司九江船舶工业公司,作为中船工业总公司的派出机构,负责管理九江地区所属企事业单位。

98. [强五飞机参加国庆35周年阅兵式] 1984年10月1日,洪都机械厂制造的32架强五飞机与其他受阅机种编队飞过北京天安门上空,接受检阅。同日,4380厂研制生产的TMT-1型坦克通信帽及5318厂研制生产的152毫米自行加榴炮瞄准镜参加国庆35周年阅兵式。

99. ["昌河"牌微型汽车通过国家鉴定] 1984年10月中旬,昌河机械厂生产的"昌河"牌微型汽车,在黑龙江省哈尔滨通过航空工业部、中国汽车工业总公司联合组织的国家鉴定。

100. [江西省国防工会工作委员会成立] 1984年12月19日,经江西省总工会批复同意,成立江西省国防工会工作委员会,负责全省军工企事业单位的工会工作。

101. [9355厂、943厂和9327厂下放地方转民用企业] 1984年12月26日,经省政府批复同意,9355厂、943厂下放地方,分别移交九江市和新余市管理,转为民用企业。1985年1月3日,9327厂经省政府批复同意下放地方,移交九江市管理,转为民用企业。

102. [强5及其改型机获国家科技进步特等奖] 1985年10月8日,洪都机械厂研制的强5及其改型机获国家科技进步特等奖。

103. [宋平视察洪都机械厂] 1985年10月13日,国务委员兼国家计委主任宋平在江西省委书记万绍芬陪同下视察洪都机械厂。

104. [81式7.62毫米轻机枪批准生产定型] 1985年11月16日,经轻武器定型委员会批复,9396厂试生产的81式7.62毫米轻机枪生产定型。

105. [10家电子企业下放江西省管理] 1985年11月19日,电子工业部与省政府下发《关于电子工业部在赣企业改革管理体制的通知》。通知决定,改革电子工业部在赣企业的管理体制,将746厂、713厂、740厂、859厂、897厂、999厂、602厂、4321厂、834厂、4380厂等10个企业于发文之日起下放江西省,依托所在市(地)管理。

106. [乐河机械厂迁往江苏常州] 1985年11月26日,国家计委、国防科工委批复同意乐河机械厂从景德镇迁至江苏常州重建。

107. [中国第一架中型多用途型直升机试飞成功] 1985年12月11日,昌河飞机制造厂和602所共同研制的中国第一架直8中型多用途型直升机在景德镇市第一次试飞成功。

108. [江西省内第一台国际联机情报检索终端设备联机对话成功] 1985年12月25日,江西省国防科技情报研究所安装建成省内第一台国际联机情报检索终端设备,与世界上最大的国际联机情报检索系统(美国DIALOG系统数据库)联机对话成功。

109. [5727厂研制生产的双氰氨覆铜箔层压板获优质产品金奖] 1985年12月,5727厂研制生产的"三球"牌双氰氨覆铜箔层压板获国家经委质量评定委员会颁发的优质产品金奖,这是中国覆铜板产品的第一个金奖。

110. [昌河第四代汽车 CH635 型旅游车试制成功] 1986 年 3 月 12 日,昌河飞机制造厂第四代汽车"昌河"牌 CH635 型旅游车试制成功。

111. [南昌飞机制造公司仿制悬挂滑翔机试飞成功] 1986 年 5 月 14 日,南昌飞机制造公司仿制试验的悬挂滑翔机第一次试飞成功。

112. ["飞鱼"自行车受到媒体广泛关注] 1986 年 7 月 22 日,中央电视台、《人民日报》《光明日报》《经济参考》《中国日报》《工人日报》等 13 家新闻媒体组成采访团,在 9396 厂对"飞鱼"牌自行车进行专题采访报道。

113. [中外合作研制 K8 教练机] 1986 年 8 月,中国航空进出口公司与巴基斯坦签署合作研制 K8 教练机的协议书。1987 年 4 月,国防科工委批准立项研制,同年 5 月,中、巴双方签署确定战术指标,明确 1987 年 6 月 1 日为工程零点。K8 教练机是中国第一种与国外合作研制,以外销为主的教练机。

114. [我国玻璃钢游艇第一次进入国际市场] 1986 年 8 月 22 日,江新造船厂建造的家用高级豪华玻璃钢游艇在香港成交。这是我国玻璃钢游艇第一次进入国际市场。

115. [新一代艇具合一港湾扫雷艇建成下水] 1986 年 10 月 15 日,江新造船厂建造的新一代艇具合一港湾扫雷艇建成下水。同年 12 月通过鉴定,交付海军使用。

116. [我国内河船厂建造的载重量最大的船舶交付] 1986 年 12 月 28 日,江州造船厂建造的第一艘 5000 吨成品油轮交付使用,这是中国内河船厂建造的载重量最大的船舶。

117. [9345 厂下放地方管理] 1987 年 2 月 11 日,省国防科工办与九江市政府就 9345 厂交付地方政府管理正式签订交接协议书。

118. [中国第一架舰载直升机改装成功] 1987 年 12 月 2 日,602 所研制成功直升机快速着舰系留装车及改装成功中国第一架舰载直 9 型机。

119. [261 大队被授"铀矿地质勘查功勋队"称号] 1987 年 12 月 31 日,核工业部授予 261 大队"铀矿地质勘查功勋队"称号。是年,261 大队 6115 钻机创单机生产 235 天、总进尺 8498 米全国最高纪录。

120. ["超黄蜂"反潜直升机成功首飞] 1988 年 1 月 16 日,602 所负责改装设计的"超黄蜂"反潜直升机在上海成功首飞。

121. [177 厂、206 厂、297 厂下放地方管理] 1988 年 2 月 29 日,国家机械委、江西省政府下发《关于 177 厂、206 厂、297 厂下放江西省的通知》,决定将 177 厂、206 厂、297 厂下放江西省地方管理,全部转产民品,但仍可保留军工番号。

122. [核工业部江西矿冶局改称核工业江西矿冶局] 1988 年 10 月 22 日,核工业部江西矿冶局改称核工业江西矿冶局。

123. [直 9 型武装直升机首飞成功] 1988 年 10 月 25 日,由 602 所担任总设计师单位的直 9 型武装直升机在景德镇首飞成功。

124. [核工业华东地质勘探局测试研究中心成立] 1989 年 1 月 1 日,核工业华东地质勘探局测试研究中心在南昌成立。

125. [**直8通过国家技术鉴定并首次交付**]1989年4月8日,直8型机技术鉴定签字仪式暨庆祝大会在昌飞公司召开,宣布直8型机通过技术鉴定,可以小批试生产交付部队使用。直8型机填补了我国设计制造大型直升机的空白,也结束了世界上只有美、俄、法3个国家能够研制大型直升机的历史。同年8月24日,直8-04架机空转海军青岛沧口基地,首次交付部队使用。

126. [**江州造船厂建成中国第一艘海峡——岛际型快速旅游船**]1989年11月,江州造船厂建成中国第一艘海峡——岛际型快速旅游船"梅岑"号。

127. [**农5A飞机首飞成功**]1989年12月26日,南昌飞机制造公司生产的农5A飞机首飞成功。

128. [**K8-01架机首飞成功**]1990年3月,南昌飞机制造公司完成K8教练机01架机身装配,同年11月21日首飞成功。

129. [**李鹏视察南昌飞机制造公司**]1990年10月10日,国务院总理李鹏视察南昌飞机制造公司并题词"军民结合、发展生产"。

130. [**中巴合作研制的K8飞机首飞成功**]1990年11月21日,K8飞机首飞成功,航空航天工业部部长林宗棠题词"鹰击蓝天,翱翔全球"。

131. [**直8型03架机首次铰车空中吊人飞行试验成功**]1990年12月2日,直8型03架机首次救生铰车空中吊人飞行在景德镇吕蒙机场试验成功。

132. [**织女3号探空火箭在海南低纬度飞行试验首发成功**]1991年1月22日,由长沙国防科技大学、620单位、江西长征机器厂和江西经纬化工厂联合研制的织女3号探空火箭在海南低纬度飞行试验首发成功。

133. [**"上游"2号海防导弹通过设计定型投入批生产**]1991年3月,"上游"2号海防导弹通过国家军工产品定型委员会的审查,批准设计定型并投入批生产。

134. [**邹家山铀矿床成为我国第一个超万吨富铀矿床**]1992年10月,261大队提交《相山矿田邹家山铀矿床47-61线地段勘探地质报告》。至此,邹家山铀矿床成为我国第一个超万吨富铀矿床。

135. [**5727厂研制新一代头盔交付部队**]1994年5月,5727厂在总后军需装备研究所的协助下,开始新一代防弹头盔的研制工作。6月,总后军需装备研究所要求工厂必须在年底拿出300顶新一代防弹头盔交付部队试戴。5727厂科研人员刻苦攻关,日夜奋战,最终在12月23日将300顶新一代防弹头盔交付部队。

136. [**直11-02架机成功首飞**]1994年12月22日,直11-02架机在景德镇吕蒙机场实现首飞。直11型机研制从1993年7月正式启动,直11-01架机于同年11月开始总装,到02架机首飞,仅用了一年半时间。

137. [**江西昌河铃木汽车有限责任公司成立**]1995年6月1日,江西昌河铃木汽车有限责任公司挂牌运营。昌飞公司自1984年与日本铃木公司进行技术合作,经多年努力,在中国微型汽车领域已处于领先地位。

138. [602所、昌飞公司与美国西柯斯基进行S-92型直升机项目合作]1995年9

月 21 日,S-92 型直升机国际合作项目签字仪式在北京举行。中国航空技术进出口公司副总经理严天南、昌飞公司总经理袁耀辉、602 所副所长金普法、美国西柯斯基飞机公司副总裁马隆分别代表各方在协议文本上签字。602 所和昌飞公司主要承担 S-92 型机尾斜梁及水平安定面的设计制造。

139. [李鹏视察昌飞公司] 1995 年 11 月 18 日,中共中央政治局常委、国务院总理李鹏,副总理邹家华在江西省省委书记吴官正、代省长舒圣佑等陪同下到昌飞公司视察,勉励干部职工一定要把直升机和汽车搞上去。

140. [朱镕基对昌飞公司作出重要指示] 1996 年 5 月 2 日,中共中央政治局常委、国务院副总理朱镕基在华意压缩机厂召开的景德镇 8 家企业厂长座谈会上,听取了昌飞公司工作汇报。朱镕基对昌飞公司军转民、以民养军的做法给予高度评价,指示要把微型车干好,多开发几个新产品。

141. [刘华清视察昌飞公司] 1996 年 5 月 11 日,中共中央政治局常委、中央军委副主席刘华清在中航工业总公司总经理朱育理、江西省委书记吴官正、江西省军区司令员冯金茂等陪同下,到昌飞公司视察。

142. [专用武装直升机定点昌河] 1997 年 10 月,中航工业总公司发布《关于专用武装直升机主要研制单位分工定点安排的通知》,372 厂为直 10 型专用武装直升机总装单位。

143. [国产直升机首次在国际航空航天博览会上亮相] 1998 年 11 月 15—22 日,在第二届珠海航展上,由 602 所和昌飞公司研制的直 11 型和直 9B 型直升机首次在国际航空航天博览会上亮相,并作飞行表演,此举结束了国际航展无中国直升机的历史。

144. [九江昌河汽车有限责任公司成立] 1998 年 12 月 20 日,九江昌河汽车有限责任公司成立。九昌公司是由昌飞公司、陕西华兴航空机轮公司等 50 家企业和社团共同出资 64 500 万元发起成立的,其中昌飞公司出资 38 750 万元,占股比 60%。

145. [国际合作研制的 S-92 直升机成功首飞] 1998 年 12 月 23 日,由美国、中国、日本、西班牙、巴西、中国台湾共同研制的军民通用型运输直升机 S-92 在美国成功首飞。

146. [直 11 型国产定型样机实现首飞] 1999 年 1 月 25 日,昌飞公司和 602 所研制的直 11 型 04 架国产定型样机实现首飞,成为直 11 型机由混装阶段过渡到国产化阶段的一个里程碑。

147. [江西昌河汽车股份有限公司成立] 1999 年 11 月 26 日,江西昌河汽车股份有限公司成立。

148. [中国资本市场飞机整机行业第一股] 2000 年 11 月 16 日,"洪都航空" A 股(股票代码:600316)成功实现上网发行,成为中国资本市场飞机整机行业第一股。

149. [直 11 民用型直升机获得进入民用市场的准入证] 2001 年 4 月 16 日,直 11 民用型直升机型号合格证颁发仪式在北京人民大会堂举行,标志着昌河直升机获得进入民用市场的准入证。

150. [江泽民视察江西军工企业] 2001年5月31日—6月1日,中共中央总书记、国家主席、中央军委主席江泽民到昌飞公司、602所、昌河汽车公司、洪都集团和清华泰豪公司视察。

151. ["昌河股份"A股上市] 2001年7月6日,"昌河股份"A股(股票代码:600372)在上海证券交易所挂牌上市。

152. [K8飞机获得国家科技进步一等奖] 2002年2月1日,洪都集团的"K8飞机研制"获得国家科技进步一等奖。

153. [直11型中继航拍机交付央视] 2002年8月25日,中央电视台与昌飞公司直11型中继航拍机交接暨颁证仪式在北京小汤山中国航空博物馆举行。这是我国国产直升机首次进入民用航空领域,也是我国新闻媒体首次拥有自己的专用直升机。

154. [胡锦涛视察洪都航空工业集团公司和泰豪科技股份有限公司] 2003年8月31日,中共中央总书记、国家主席胡锦涛,到洪都航空工业集团公司和泰豪科技股份有限公司视察。

155. [中国第一家大型军工企业集团在境外上市] 2003年10月30日,由昌飞公司、哈飞公司、洪都集团等单位以部分资产组成的中国航空科技工业股份有限公司在香港联交所正式挂牌交易,从而成为中国第一家主营业务完成股份制改造并成功在境外上市的大型军工企业集团。

156. [省属军工企业改革脱困工作启动] 2003年9月4—5日,江西省国防科工办在南昌召开全省地方军工企业改革脱困工作会议。会议提出了江西省地方军工改革脱困的总目标,即用三年左右时间基本完成地方军工改革脱困任务。

157. [直11B型机获型号合格证] 2003年12月24日,昌飞公司研制的直11B型机获型号合格证,标志着我国自行研制的民用直升机已经进入世界先进行列,对进一步拓展民用直升机市场,促进民族直升机产业发展具有重要意义。

158. [黄菊视察洪都航空工业集团公司] 2004年5月2日,中共中央政治局常委、国务院副总理黄菊到洪都航空工业集团公司视察。

159. [直8F型直升机成功实现首飞] 2004年8月28日,由602所和昌飞公司共同研制的直8F型直升机成功实现首飞。该型机是在直8A型机的基础上改进改型,能够满足高温、高原和结冰等复杂气候地区使用要求,最大起飞重量13吨,具有运载能力强、搜救能力强、安全性好,并具有水上起降和漂浮功能等特点。

160. [602所总设计师吴希明当选第15届"中国十大杰出青年"] 2004年11月21日,第15届"中国十大杰出青年"评选揭晓,作为江西国防科技工业和我省的唯一代表,602所总设计师吴希明当选。

161. [探空一号气象火箭设计定型飞行试验获得圆满成功] 2004年11月8—19日,江西省国防科工办620单位研制的探空一号气象火箭设计定型飞行试验获得圆满成功。探空一号气象火箭是江西省属军工作为系统总体单位自行研制的第一个项目。

162. [昌河哈航汽车整合启动] 2004年11月19日,中航第二集团公司党组书记、总经理张洪飚在昌河集团公司宣布关于南北汽车整合以及对昌河集团公司领导进行调整的决定,由此拉开昌河与哈尔滨航空工业集团公司之间的汽车整合战略大幕。

163.[直11武装型机成功实现首飞]2004年12月27日上午,昌河飞机工业集团公司制造的直11武装型机成功实现首飞。直11武装型机是在直11型机的基础上改进研制的一种轻型武装直升机,通过增加武器配置和安装武器火控系统及昼夜观瞄系统,成为可进行昼夜作战,具有搜索、识别、跟踪目标及对地和一定的对空攻击能力的武装直升机。

164.[胡锦涛视察景德镇直升机厂所]2005年8月28日,中共中央总书记、国家主席、中央军委主席胡锦涛先后到昌飞公司、602所视察。

165.[半年时间一次性全部完成省属军工企业职工安置工作]2005年7月26日,省政府在江西饭店召开省属军工企业改革脱困工作会议,部署省属军工企业职工安置工作。副省长凌成兴出席会议并讲话,省长助理熊盛文主持会议。江西省属军工有18户企业被列入国家军工关闭破产建议项目、6户企业列入债转股项目。截至12月底,全省25户省属军工企业均召开职工代表大会,顺利通过了职工安置方案。

166.[江西昌河阿古斯特直升机有限公司正式揭牌成立]2005年9月19日,昌飞公司和意大利阿古斯特公司合资成立的江西昌河阿古斯特直升机有限公司正式揭牌成立。

167.[我省船舶自行建造自行出口实现零的突破]2005年9月25日,江西江洲联合造船有限责任公司、江西宇天科技有限公司作为联合卖方与德国布鲁格集团签订4艘12 000吨多用途船建造合同,合同金额8400万美元。2007年2月15日,该船建成下水。这是江西首艘自行建造、自营出口的船舶,标志着江西实现船舶出口创汇零的突破。

168.[核工业江西矿冶局铀矿山关闭破产工作全面完成]2005年12月底,核工业721矿如期发放了关闭破产职工安置费用,圆满完成了关闭破产工作。随着721矿关闭破产工作的终结,核工业江西矿冶局所属724矿、719矿、771矿、713矿、721矿五个铀矿山的关闭破产工作全部结束。

169.[世界上最大的清漂船下水]2006年4月16日,由701所自行设计,江西同方江西造船有限公司建造的300立方米"三峡清漂1号"船顺利下水。该船是国家重点环保项目,也是目前世界上最大的清漂船。

170.[省属军工结束连续十年整体亏损]2006年省属军工完成工业总产值9.4亿元,实现利润3229万元。这是自1997年以来江西省属军工首次整体盈利。

171.[猎鹰(L15)高级教练机首飞成功]2006年3月13日,中航工业洪都研制的猎鹰(L15)高级教练机首飞成功。L15高级教练机拥有完全自主产权,标志着我国教练机的研制水平上了一个新台阶。

172.[贾庆林视察昌飞公司]2006年4月20日,中共中央政治局常委、全国政协主席贾庆林在江西省委书记孟建柱、省长黄智权、常务副省长吴新雄等陪同下,到昌飞公司视察。

173. [洪都公司科研项目"微小力值检定装置"填补国内空白] 2006年5月24日，由洪都公司承研的国防科工委"十五"科研项目——"微小力值检定装置"在南昌通过中航二集团科技部组织的验收评审。

174. [首架U8无人直升机交付用户] 2006年10月，602所研制的首架U8无人直升机交付用户。2011年6月，U8无人直升机圆满完成海拔高度1000米、2000米和3000米高原试飞，同年12月通过技术鉴定。U8无人机是602所于2004年决策组建无人直升机研究室，自筹经费研制。其最大起飞重量为230公斤，任务载荷可达到40公斤，最大平飞速度每小时150公里，续航时间3小时，使用升限3000米，控制半径100公里，可自主飞行、自主起降。

175. [江西国泰民爆器材股份有限公司注册成立] 2006年12月8日，经国防科工委核准，江西国泰民爆器材股份有限公司注册成立。

176. [国内首条阳极整形加工机组生产线在洪都集团公司试制成功] 2007年4月22日，国内首条阳极整形加工机组生产线在洪都集团公司试制成功。此条国产化的阳极整形加工机组生产线，是一条超长超大型生产线，长约36米，宽约8米，高约4米。

177. [洪都集团公司第5000架飞机实现交付] 2007年6月20日上午，洪都集团公司举行隆重而简朴的第5000架飞机交付仪式，向用户正式交付第5000架飞机。

178. [直11武装型直升机通过技术鉴定预审查] 2007年8月31日，由昌飞公司和中国直升机设计研究所共同研制的直11武装型直升机，经过专家评审，顺利通过技术鉴定预审查。

179. [国防高效数控加工技术研究应用中心在昌飞公司揭牌] 2008年2月28日，国防科技工业高效数控加工技术研究应用中心揭牌仪式在昌飞公司数控加工中心隆重举行。该应用中心的成立标志着国防科技工业高效数控加工技术这一"大平台"的建立。

180. [中国首架新型农林专用飞机首飞成功] 2008年7月9日，洪都集团公司自行研制和中国首架新型农林专用飞机N5B飞机首飞成功。

181. [江西成功入围大飞机项目] 2009年5月26日，中航工业洪都和昌飞公司与中国商飞公司在上海签署理解备忘录，成为我国大飞机项目的首批9家国内供应商之一。洪都集团公司获得前机身和中后机身等部件的研制生产任务，占机体份额的25%以上。昌飞公司获得"前缘缝翼"和"后缘襟翼"等部件的研制生产任务。

182. [规划南昌航空工业城建设项目] 为与大飞机项目相配套，计划投资300亿元人民币建设占地面积为25平方公里的南昌航空工业城。

183. [江西省政府机构改革确定省国防科工办机构改革"三定方案"] 2009年6月，江西省委、省政府印发《江西省人民政府机构改革实施方案》，确定保留江西省国防科技工业办公室为省人民政府直属机构。明确省国防科工办承担国防科技工业核心能力建设、军工质量、投资审计、安全生产、民口配套、安全保密、武器装备科研生产条件保障及监管、军工电子、民用爆炸物品监管、船舶工业管理、核事故应急管理等主要职能。

184. ["官田中央兵工厂旧址群""洪都航空纪念馆和洪都少年军校"被授予首批"全国国防科技工业军工文化教育基地"]2009年10月,经中国军工文化交流协会组织评估,报经国家国防科技工业局国防科技工业军工文化建设协调小组批准,"官田中央兵工厂旧址群""洪都航空纪念馆和洪都少年军校"被授予首批"全国国防科技工业军工文化教育基地"。

185. [近年来国内汽车行业规模最大的一起并购案]2009年11月10日,中国长安汽车集团成功重组昌河汽车、哈飞汽车,成为近年来国内汽车行业规模最大的一起并购案,是国防科技工业民品领域第一次大规模、跨部门、深层次的合作。

186. [航空制造产业被列入江西省十大战略性新兴产业]2009年12月29日,江西省政府正式发布《江西省十大战略性新兴产业规划》,这是全国第一个出台的省级战略性新兴产业规划。其中,航空制造业被列入江西省十大战略性新兴产业。

187. [南昌航空工业城开园奠基]2009年12月23日,为促进航空高科技产业与区域经济融合,江西省政府与中国航空工业集团公司签订战略合作协议并举办南昌航空工业城开园奠基仪式。

188. [南昌航空产业国家高技术产业基地正式获国家批复]2010年1月,南昌航空产业国家高技术产业基地正式获国家批复。该基地将围绕国家航空产业、国家高技术产业发展战略,加强以大飞机大部件、高级教练机、系列直升机、农用飞机、无人飞机等研发与制造为主的航空产业发展,形成我国特色鲜明的航空高技术产业基地。

189. [江西省军工企业文化工作联合会成立]2010年2月5日,江西省军工企业文化工作联合会成立暨第一届会员代表大会在南昌召开,标志着全国首家地方国防科技工业系统军工文化协会组织正式成立。

190. [《关于加强国防科技创新体系建设促进军民技术融合发展的若干意见》出台]2010年4月,江西省政府办公厅转发由省国防科工办和省科技厅制订的《关于加强国防科技创新体系建设促进军民技术融合发展的若干意见》。这是全国第一部地方性加强国防科技创新体系建设,促进军民技术融合发展的政府规范。

191. [江西省属军工完成企业社区移交属地管理工作]截至2010年5月31日,江西省属军工25户企业社区移交属地管理协议全部签署完毕,标志着省属军工企业社区移交属地管理工作如期实现原定目标。

192. [我国大型民用直升机AC313型机首飞成功]AC313型机是由中航工业直升机所和昌飞公司共同研制的、我国第一个完全按照适航条例规定的要求和程序进行研制的大型运输直升机,填补了我国大型民用直升机生产的空白。2010年3月18日AC313型直升机首飞成功。

193. [江州联合造船有限责任公司制造出口化学品船被列为2009年全球重要船舶]2010年5月,由江西江州联合造船有限责任公司为德国Bernhard Schulte GmbH建造的16 500吨三类化学品船（船体编号：JZ1007），被列入英国皇家海事建筑学会公布的50艘2009年全球重要船舶之一。

194. [**泰豪科技获评"2010节能中国十大突出贡献企业"**]2010年5月27日，泰豪科技股份有限公司凭借在建筑节能方面的突出贡献，被评定为"2010节能中国十大突出贡献企业"，并同时获得"节能中国贡献奖"。

195. [**省国防科工办党组班子获省委通报表彰**]2010年5月，中共江西省委通报表彰2009年度领导班子考核的好班子和领导干部考核的优秀领导干部。省国防科工办领导班子被评为好班子，省国防科工办党组书记、主任李贤书被评为优秀领导干部。

196. [**我国首制海上油田环保船在同方江新建成起航**]2010年6月1日，由同方江新造船公司建造的我国海上油田首制探油环保船"海洋石油252"——"同方江新6号"在江西九江湖口起航。

197. [**农5B-003架在南昌实现首飞**]2010年7月20日，由中航工业洪都自主研制的新型农林专用飞机农5B-003架在南昌实现首飞。这标志着中国新一代农5B飞机的研制取得重大突破，为该系列飞机开拓国内外市场打下了基础。

198. [**江西省召开航空制造产业合作推进会**]2010年8月16日，由江西省人民政府、工业和信息化部、中国航空工业集团公司、中国商用飞机有限责任公司共同举办的江西省航空制造产业合作推进会在南昌召开。会议期间，共签约48项，吸引投资金额达124亿元人民币。与此同时，C919大型客机机身等直段开铆仪式在洪都公司大飞机装配车间举行。

199. [**江西洪都商用飞机股份有限公司揭牌成立**]2010年10月18日，江西洪都商用飞机股份有限公司在南昌市高新开发区揭牌成立。洪都商飞是洪都公司为承接大飞机项目以及推进南昌航空工业城建设等项目组建的新公司。注册资本12亿元，中航工业占股本51%，江西省政府组织省内企业出资占股本49%。

200. [**C919大型客机机身等直段部段在洪都公司下线**]2010年12月1日，C919大型客机铝锂合金机身等直段部段在洪都大飞机部装厂房顺利下线，这标志着中航工业洪都参与C919大型客机研制工作迈出坚实的第一步。

201. [**洪都公司获中国商飞公司"优秀供应商"称号**]2011年1月，在中国商用飞机有限责任公司举行的C919大型客机项目2011年研制工作会上，洪都公司获得中国商飞授予的"C919大型客机项目初步设计、联合定义（JDP）研制工作优秀供应商"称号。

202. [**《江西省航空制造产业延伸产业链发展规划》发布**]2011年3月，经省政府同意，《江西省航空制造产业延伸产业链发展规划》正式对外发布。

203. [**江西相山核地质科技园成为全国核地质首家军工文化教育基地**]2011年4月26日，江西省核工业地质局261大队相山核地质科技文化园国防科技工业军工文化建设协调小组授予"国防科技工业军工文化教育基地"，成为全国核地质系统首家军工文化教育基地。

204. [我国"援圭亚那渡船"姊妹船在同方江新建成下水] 2011年8月30日上午,国家商务部援外项目——2艘"援圭亚那渡船"中的姊妹船(KANAWAN)在同方江新造船有限公司按生产计划建成下水。

205. [国产AC313直升机创8000米升限新纪录] 2011年9月2日,由中航工业直升机所和昌飞公司共同研制的大型民用直升机AC313,在青海共和机场成功飞到海拔8000米的高度,创造了国产直升机高原试飞最高升限的新纪录。

206. [开展纪念人民军工创建80周年系列活动] 2011年是人民军工创建80周年,省国防科工办积极推动兴国官田中央兵工厂军工教育基地建设,争取到中国兵器工业和兵器装备集团公司1000万元资金投入。2010年11月工程开工,2011年9月竣工。10月11日,由国家国防科技工业局、江西省人民政府、中国兵器工业集团公司、中国兵器装备集团公司共同主办,省国防科工办和兴国县委、县政府承办,在官田隆重举行了"官田中央兵工厂军工教育基地"竣工典礼。10月20日,副省长朱虹率领我省12名军工行业代表出席了中央在北京召开的纪念人民军工创建80周年大会,并作为全国唯一一名地方政府领导在大会发言,凸显了江西作为人民军工摇篮的重要历史地位。与此同时,省国防科工办在全行业组织开展纪念人民军工创建80周年系列活动。举行"把一切献给党"主题文艺晚会,与江西日报社联合开展"国泰杯"纪念人民军工创建80周年征文评选活动,编辑出版《崛起之魂——人民军工80年纪念珍藏邮册》,组织编撰《砺剑——揭秘江西军工》纪念文集,开展表彰慰问为国防科技工业作出突出贡献的功勋模范和军工老战士活动,利用报刊、电视、网络等媒体全面宣传展示了国防科技工业特别是江西军工八十年创业历程和辉煌成就,进一步扩大了江西军工的社会影响。

207. [C919大型客机首件生产相继在中航工业洪都、中航工业昌飞] 2011年12月29日,C919大型客机铝锂合金机身工作包首件开工仪式相继在中航工业和中航工业昌飞数控机加厂举行,这标志着C919大型客机前机身研制工作取得阶段性重大成果,正式转入全面研制阶段。

208. [U8无人直升机顺利通过技术鉴定审查] 2011年12月16日,中航工业直升机所全新自主研发的U8无人直升机顺利通过技术鉴定审查。这标志着我国无人直升机发展进入一个崭新阶段,也标志着该机可以转入产业化生产,投放市场,为军民两用服务。

209. [九江两家中船消防设备企业成功整合] 2012年4月9日,经中国船舶工业集团公司批复,九江中船消防设备有限公司和九江中船长安消防设备有限公司整合为新的九江中船消防设备有限公司。

210. [昌飞公司直升机产品首次打入南美市场] 2012年7月9日,首架CZ-11直升机从景德镇出发,经上海港发运阿根廷,开创了昌飞公司直升机产品首次打入南美市场的先河。

211. [江西直升机投资管理公司挂牌成立] 2012年9月25日,江西直升机产业投资管理有限公司在景德镇正式挂牌成立。江西直投公司由江西铜业集团公司、景德镇市国有资产经营管理有限公司、江西省投资集团公司、中国信达资产管理股份有限公司等4家公司共同出资组建,注册资本为5000万元,计划总投资10亿元,其主要职能是扩大直升机产能,促进直升机产业结构优化升级,统筹直升机的研发、总装、零部件配套及国际合作等项目建设。

212. [全国首家地方军工文化产业公司在赣成立] 2012年9月29日,江西东方神剑文化产业有限公司揭牌仪式在南昌江西饭店举行。这标志着全国首家地方国防科技工业系统军工文化产业公司正式成立。公司注册资金200万元,主要从事军工特色文化旅游、咨询、培训、服务,影视制作,大型演艺、展览、形象宣传策划、经营文化产品等业务。

213. [中船九江工业有限公司成立] 中船九江工业有限公司隶属中国船舶工业集团公司,于2013年5月成立,其前身是九江船舶工业公司。九江船舶工业公司成立于1984年9月,属于中国船舶工业总公司的派出机构,负责管理九江地区八厂一所:江西江州造船厂(6214)、江西江新造船厂(9318)、九江仪表厂(441)、江西航海仪器厂(459)、九江船用机械厂(491)、江西朝阳机械厂(6301)、江西浔阳电子仪器厂(458)、江西船用阀门厂(6502)、九江精密测试技术研究所(6354)。2005年开始,根据国家有关政策,6214厂、9318厂、441厂实行政策性整体破产改制重组,相继脱离九船公司管理。458厂和6502厂合并组建九江中船消防设备有限公司。至此,九江船舶工业公司实际管理"四厂一所"。经过进行充分资源融合、结构调整,经中国船舶工业集团公司批准,成立中船九江工业有限公司,将九江公司由原来的派出管理机构转变为具有法人资格的经济实体。

214. [武直-10珠海航展首次公开亮相] 2012年11月11日,由中航工业直升机所和昌飞公司共同研制的武直-10在珠海第九届中国国际航空航天展览会上首次公开亮相,并作飞行表演,引起人们广泛关注。武直-10是我国"十一五"期间重点发展的新型军用武装直升机,它不仅填补了我军一直没有专用武装直升机的历史空白,也是继我国成功首飞歼-20战斗机之后,中国航空器发展的又一座里程碑。

215. [C919大型客机部段装配第一"枪"在南昌航空城打响] 2013年10月17日上午,C919大型客机前机身装配开铆仪式在南昌航空工业城A01大部装厂房举行。随着中国商飞公司副总经理、C919大型客机总设计师吴光辉宣布C919大型客机前机身段部件开铆,"哒哒哒……"的铆枪声响彻整个厂房,标志着前机身研制工作正式进入装配生产阶段。

216. [中国"利剑"隐身无人攻击机成功首飞] 2013年11月21日13时许,由中航工业沈阳飞机设计研究所设计、中航工业洪都制造的国产"利剑"无人作战飞机,在西南某试飞中心成功完成首飞。"利剑"的首飞,标志着中国已经实现从无人机向无人作战飞机的跨越,成为继美国、法国、英国之后,第四个拥有无人作战飞机的国家。

217. [北汽成功重组昌河汽车] 2013年11月25日下午,北京汽车集团有限公司重组昌河汽车签约仪式在南昌举行,宣告北汽重组昌河汽车成功。根据协议,北汽将持有昌河汽车 70% 股份,整个合作计划分两个阶段实施。到 2017 年末,双方共同在江西实现全产业链累计投资约 130 亿元,实现江西昌河年产销整车 50 万辆,全产业链年营业收入 500 亿元,并带动汽车服务贸易、汽车金融业的快速发展;到 2020 年末,双方共同在江西全产业链累计再投资 140 亿元,进一步扩大产业规模,建设合资新基地和自主品牌战略基地,确保实现江西昌河"百万千亿"的发展目标,即产销整车 100 万辆、实现全产业链营业收入 1000 亿元。

218. ["江西造"助嫦娥落月]2013 年 12 月 2 日 1 时 30 分,"嫦娥三号"探测器在西昌卫星发射中心成功发射,飞向太空。这次全球瞩目的嫦娥探月之旅,有江西制造的一份功劳。"嫦娥三号"运载火箭所加注的推进剂,来自江西星火航天新材料有限公司。"嫦娥三号"卫星上使用的小功率结型场效应晶体管,由江西联创特种微电子有限公司制造。地面发射测试控制设备上的电容器,来自江西联晟电子有限公司。江西军工为我国探月工程作出积极贡献。

219. [AC313 直升机通过民航审查具备投入市场运营条件]2013 年 12 月 18 日,由中航工业直升机所和昌飞公司共同研制生产的国产大型民用直升机 AC313 通过中国民用航空局航空器评审(AEG)审查,标志着这款亚洲最大吨位的直升机已具备投入市场运营条件。

220. [C919 大型客机首架机前机身部段下线]2014 年 5 月 15 日上午,由中航工业洪都研制的 C919 大型客机首架机前机身部段在南昌航空城大部件厂房顺利下线,这是大型客机项目研制过程中即将交付的首个大部段,标志着中航工业在大型客机机体部段的研制上又取得重大进展。

221. [国产首台 8000T 电动螺旋压力机落户江西]中航工业江西景航航空锻铸有限公司的 8000T 电动螺旋压力机生产线建设项目于 2014 年 5 月投入使用。该项目投资 1.7 亿元,整体设计由中国航空规划建设发展有限公司完成,其中的主设备——8000T 电动螺旋压力机是我国首台该型号国产设备。

222. [省属军工企业及资产全部移交省国资委管理]2014 年 5 月 6 日,省政府召开专题会议,决定将省属军工企业移交省国资委管理。6 月 27 日,省国防科工办和省国资委在南昌举行省军工企业移交协议签字仪式。移交企业 39 户、移交账面资产 25.92 亿元、职工 21 430 人。省属军工企业正式移交省国资委统一管理,从而结束省国防科工办直接管理省属军工企业的历史。

223. [昌河汽车景德镇新基地奠基仪式隆重举行]2014 年 7 月 14 日上午,北汽昌河汽车举行景德镇洪源基地奠基仪式。该基地建设项目,是按照北汽集团与江西省政府签署的战略合作协议精神而推进的重点工程,也是北汽集团与昌河汽车重组后第一个落地的战略项目。项目总投资 140 亿元,规划年产 45 万辆整车和 30 万台发动机。按照"统一规划,分期实施"的总体安排,分两期完成。到 2017 年底,新建年产 30 万辆乘用车、30 万台发动机厂房及生产线。到 2018 年底,再新增年产 15 万辆整车厂房及生产线。

224.[中国兵器工业集团与江西省政府签订战略合作协议]2014年7月21日,中国兵器工业集团与江西省政府签订战略合作协议。根据协议,中国兵器工业集团将加强在信息化装备、有色金属与矿产资源、汽车零部件、北斗及位置服务产业、市政工程产业以及军民结合产业在江西省的布局和深层次合作。

225.[东华理工大学宋金如教授荣登"中国好人"榜]2014年8月5日,由中央文明办主办、中国文明网承办的"我推荐、我评议身边好人"活动"中国好人榜"名单揭晓,东华理工大学应用化学系退休教授宋金如当选敬业奉献类"中国好人"。现年88岁的她是知名核元素分析测试专家,在退休后20多年里,放弃休闲娱乐时间,每天风雨无阻到实验室从事教学研究工作。从宋金如身上生动诠释了"艰苦奋斗、为国奉献、服务军工、科教报国"核军工精神,集中展现了国防科技教育战线先进人物的风采。

226.[东华理工大学夺得两项省科技成果一等奖]2014年8月8日,江西省科学技术奖励大会召开,东华理工大学荣获一等奖两项,占一等奖总数1/2,三等奖一项。其中,陈焕文教授主持完成的"直接质谱分子电离原理与方法学研究"项目荣获自然科学奖一等奖,汤彬教授主持完成"铀资源勘查与环境监测中的核辐射探测技术及系列仪器"研制项目荣获科技进步奖一等奖。

227.[许达哲赴江西军工企事业单位考察]2014年8月12—14日,工信部副部长、党组副书记、国家国防科技工业局局长许达哲率局机关有关司局领导一行7人赴江西军工企事业单位考察。12日,江西省委书记强卫、省长鹿心社在南昌会见了许达哲一行。副省长李贻煌参加会见,省政府秘书长谭晓林、省工信委主任吴晓军、省国防科工办主任杨贵平陪同会见。13—14日,许达哲一行先后考察了江西洪都航空工业集团公司、泰豪科技集团公司、昌河飞机工业(集团)公司、直升机设计研究所。

228.[中电海康集团战略重组凤凰光学]2014年8月14日,省国资委与中国电子科技海康集团有限公司战略重组凤凰光学集团签约仪式在南昌举行。

229.["智能体验、智慧生活"第四届中国智能博览会在南昌召开]2014年8月15日—17日,由中国人工智能学会和江西工信委等联合主办的2014中国智能博览会暨第四届中国智能产业高峰论坛在南昌市国际展览中心开幕。中航工业洪都作为承办单位,携智能代步机器人、智能管家机器人、大型机场割草机器人等多项智能产品参展。

230.[江西船企首次开建三维物探采集作业震源船]2014年8月18日上午,由同方江新造船有限公司首次承造的中海油服(COSL)8缆三维物探采集作业震源船——"海洋石油751"号三用工作船,在该公司船体下料间正式开工点火。这是江西省船舶行业有史以来首次开建的高技术含量最为领先的8缆三维物探采集作业震源船。

231.[研制的C919大客机前机身抵沪交付]2014年8月24日,中航工业洪都研制的C919大客机前机身顺利抵达上海正式交付。8月14日,C919大型客机101架前机身组件工作包一次性通过中国民航上海航空器适航审定中心现场审查,并获取适航批准标签。

232. [**国防科工局对口支援吉水县第一个工业项目正式奠基开工**] 2014 年 10 月 10 日，国家国防科技工业局对口支援吉水县的第一个工业项目——中电新材料科技项目在吉水县军民结合电子信息产业园奠基开工。该项目也是吉水县军民结合电子信息产业园落户的首个大型工业项目。

233. [**"最美直升机" AC3X2 全尺寸模型亮相第十届中国航展**] 2014 年 11 月 10 日，AC3X2 直升机全尺寸模型在第十届中国航展精彩亮相。AC3X2 是中航工业直升机自主研发的 3 吨级先进轻型双发民用直升机，具有座舱空间大、可靠性高、高原性能出色等特点，被媒体和观众誉为"最美直升机"。

234. [**江西省与北汽集团合作发展通航产业**] 2014 年 11 月 13 日，江西省政府在珠海航展新闻中心举行江西（景德镇）直升机产业集聚发展推介会。会上，我省与北京汽车集团有限公司签署了 4 个通航产业发展合作相关协议。其中，省国防科工办主任杨贵平与北汽集团卫华诚副董事长签署了通航产业战略合作协议。

235. [**中航工业洪都 K8S 飞机大修建线项目完成试飞交付**] 2014 年 11 月 18 日，中航工业洪都 K8S 大修建线项目完成试飞并交付用户。K8S 大修建线项目是洪都公司在国外建立的第三条 K8 飞机修理线。

236. [**中航工业集团与江西省政府签订深化战略合作协议**] 2014 年 12 月 8 日，中国航空工业集团与江西省政府签订深化战略合作协议。这是继 2009 年双方签署战略合作协议后又一重要合作协议。根据协议，中国航空工业集团将继续支持我省航空产业发展，同时在非航空产业方面，也将给予项目布局。

237. [**中航工业直升机景德镇通航基地揭牌暨飞行培训开班**] 2014 年 12 月 27 日上午，中航工业直升机景德镇通航基地揭牌暨飞行培训开班仪式在景德镇吕蒙机场举行。它标志着江西具备了通航运营能力，并拥有我国第一个国产民用直升机驾驶员执照培训基地，成为我国第一个国产民用直升机"驾校"。

238. [**直升机所无人直升机研制十年破茧成蝶**] 2014 年，直升机所无人机发展迎来 10 周年。10 年里，无人机研制团队克服小型无人机总体设计、跷跷板式旋翼设计、传动系统设计、活塞发动机控制、自主飞行控制系统设计以及无人机试飞等一系列技术难题，走出了一条自主创新的发展道路，已开发的型号平台有 75 公斤级、200 公斤级、300 公斤级、500 公斤级和 1 吨级，形成了军用、警用、民用等系列化产品。

239. [**江西省军工控股集团有限公司成立**] 2016 年 1 月 20 日，江西省军工控股集团有限公司在南昌挂牌成立。军工控股集团是对原江西省军工资产经营有限公司进行更名，剥离非军业务及人员，整合省属国有军工业务及资产而组建的。

240. [**东华理工大学汤彬教授团队荣获国家科技进步二等奖**] 东华理工大学汤彬教授团队主持完成的"面向铀矿与环境的核辐射探测关键技术、设备及其应用"项目荣获 2016 年度国家科技进步二等奖。

241. [**高分辨率对地观测系统江西数据与应用中心揭牌**] 2016 年 2 月 25 日，高分辨率对地观测系统江西数据与应用中心正式揭牌。该中心依托省国防科技情报研究所设立,由省国防科工办负责建设管理、组织协调和业务指导。国家国防科技工业局副局长吴艳华和江西省副省长李贻煌出席仪式并为中心揭牌。

242.[北汽集团与江西省战略合作向纵深发展取得阶段性重大成果]2016年5月16日,北汽昌河九江工厂"三车两发"项目厂房主体工程竣工暨N100发动机点火活动在北汽昌河九江基地隆重举行。17日上午,北汽昌河汽车研发中心奠基动工。紧接着,北京通航江西直升机总装厂房竣工仪式暨江西赣翔通航公司揭牌活动隆重举行。三大项目的顺利推进,标志着北汽集团与我省战略合作向纵深发展取得阶段性重大成果。

243.[《江西省国防科技工业"十三五"发展规划》发布]2016年6月,省国防科工办和省发改委联合发布《江西省国防科技工业"十三五"发展规划》。"十三五"期间全省国防科技工业将全面实施"创新驱动"和"军民融合"发展战略,提升核心能力,做大经济总量,推进科技进步,深化军民融合。到2020年,军工经济实力明显提升,基本建成地方先进国防科技工业体系,实现由军工大省向军工强省的迈进。同时,省国防科工办还组织编制了航空、船舶、民爆、核地质、核矿冶和军民融合、科技创新、人才发展等行业(领域)发展规划,形成了一套完整规划体系。

244.[AC313直升机完成"空中应急漂浮系统充气试验",应用范围可覆盖我国全疆域]2016年7月6日,国产大型民用直升机AC313在江西景德镇吕蒙机场圆满完成了一类风险试飞科目"空中应急漂浮系统充气试验",首开国产直升机应急漂浮试飞先河,填补了国产大型直升机应急漂浮系统研制的空白。

245.[江西省通用航空协会在南昌正式成立]2016年7月9日,江西省通用航空协会成立大会在南昌召开。省政府副省长李贻煌为协会揭牌。

246.[国科军工成功中标陆军竞争性装备采购2X、12X项目]2016年7月14日,在陆军装备部召开的2X项目开标评标会上,江西国科军工集团承研单位九江国科以实物竞标、专家评审及综合评分均第一成功中标。该项目是国科军工集团成立以来首个参与装备竞争性采购的整弹项目,也是陆军改革后的首个竞标项目。12月22日,国科军工集团又以高分成功中标12X项目。这两个项目成功中标,标志着国科军工集团在高效毁伤和磁电复合探测技术领域已进入国内先进行列,有力彰显了国科军工研发水平和综合能力。

247.[江西省政府与中航工业集团签署通航产业战略合作框架协议]2016年8月15日下午,中航工业集团和江西省政府在南昌举行通航产业战略合作框架协议签约仪式。省委副书记、代省长刘奇,中航工业集团党组副书记、总经理谭瑞松等见证签约,省政府副省长李贻煌与中航工业集团副总经理李本正分别代表双方签字。

248.[中航直升机万里行起航仪式在南昌瑶湖森林公园举行]2016年8月16日,AC311A直升机型号合格证(TC)颁证暨中航直升机万里行起航仪式在南昌瑶湖森林公园举行,标志着国产AC311A直升机通过了中国民航局型号合格审定,飞机设计满足保证安全的基本要求,获得参与民用航空运输的"入场券",同时拉开了国产 AC 系列直升机 AC311A、AC311 展翅亮风姿的序幕。

249. [我国首制、亚洲最领先物探采集作业支持船——"海洋石油 771"号高端海工船完工交船]2016 年 8 月 18 日,由同方江新造船为中海油服(COSL)成功建造,我国首制、亚洲最为领先的物探采集作业支持船——"海洋石油 771"号高端海工船,举行命名交船仪式。该船具有领先的混合推进 PTO/PTI 模式系统,配备有先进的 DPI 动力定位功能,可与物探作业船同步伴航。

250. [中航工业幸福控股与南昌高新区管委会签订发展水上飞机通航产业战略合作协议]2016 年 8 月 24 日上午,中航工业幸福航空控股有限公司与南昌高新区管委会举行《关于发展水上飞机通用航空产业的战略合作协议》签约仪式。

251. [刘奇代省长主持召开全省航空产业发展座谈会]2016 年 8 月 31 日,省委副书记、代省长刘奇在省政府会议中心主持召开全省航空产业发展座谈会,听取省国防科工办以及省工信委、省发改委汇报,并与 8 位专家、企业家座谈交流,共谋航空产业发展。

252. [L15 高教机亮相南非防务展引发国内外媒体热议]2016 年 9 月 14 日至 18 日,第九届南非防务展在比勒陀利亚 WATERKLOOF 空军基地举行,中航工业洪都生产的 L15 高教机以及 K8 飞机亮相此次展会,其中,L15 高教机首次在非洲大陆进行飞行表演,成为本次展会的一大亮点。

253. [新余国科股份公司全力做好 G20 峰会气象保障]根据 G20 峰会气象保障的要求,新余国科公司在最短时间内保质保量地准备好 1900 枚 BL－1 发防雹增雨火箭弹、2000 枚机载焰弹等气象保障物资,先后开展了多次人工影响天气作业,有效地保障了峰会期间天气,公司的产品质量优异,服务周到,受到了 G20 峰会组织领导小组气象保障部门的高度评价。

254. [江西国防科技参与国防科工局对口支援吉水县第二次会议召开]2016 年 10 月 28 日上午,省国防科工办在吉水县组织召开江西国防科技工业参与国防科工局对口支援原中央苏区吉水县工作领导小组第二次会议。会上,东华理工大学、南昌航空大学与吉水县政府签署了合作协议;省国防科工办、中航工业洪都、直升机所分别捐赠 100 万元、一架初教六飞机和直 10 武装直升机 1∶1 模型,支持吉水县国防科技工业主题公园建设;江西大成国资管理公司捐赠吉水县金滩镇古塘村民生资金 15 万元。

255. [直 11WB"鸢"侦察攻击直升机亮相珠海航展,受到国内外广泛关注]2016 年 11 月 1 日至 6 日,在珠海第十一届中国国际航空航天博览会上,由中航工业昌飞和直升机所共同研制的直 11WB"鸢"式侦察攻击直升机霸气亮相,受到国内外广泛关注,不但促进了国内军方客户的后续订单,而且有 13 个国家对直 11WB 直升机的表现产生了浓厚的兴趣。

256. [国泰集团首次公开发行股票并在上交所成功上市]2016 年 11 月 11 日,江西国泰集团首次公开发行股票并在上海证券交易所成功上市,成为 13 年来首支在上海证券交易所主板市场上市的江西企业。国泰集团本次公开发行股票5528万股,发行价格6.45元/股。国泰集团的上市是江西省属军工企业重组和资本证券化发展的成功实践。

257. [AC352、AC311A等民用直升机研发取得丰硕成果] 2016年,以AC352、AC311A为代表的民用直升机研制取得丰硕成果。11月17日,2吨级轻型直升机AC311A继获颁中国民航(CAAC)型号合格证之后又通过AEG评审,标志着该型号可投入市场运营,成为继AC313、AC311之后,放飞蓝天的国产AC家族新成员。12月20日,中型多用途直升机AC352成功首飞,填补了中国民用直升机7吨级的空白,成为国产直升机家族中的一颗新星。

258. [瑶湖机场开工仪式在南昌航空城举行] 2016年11月24日,瑶湖机场建设项目开工仪式在南昌航空工业城南区隆重举行。瑶湖机场建设项目是南昌航空城建设的核心工程,是实现中航工业洪都生产和试飞区整体搬迁的关键。瑶湖机场开工建设,标志着南昌航空城的配套得到完善,并为中国商飞公司第二总装厂的落户奠定了坚实基础。

259. [同方江新院士工作站被授"全国示范院士专家工作站"] 同方江新造船有限公司院士工作站从全国2000多家工作站和服务中心中脱颖而出,被评为2016年全国"示范院士专家工作站"。12月2日,江西省科协副主席彭玲华等领导为同方江新授牌。

260. [乔治海茵茨投资50亿元通航产业项目落户上饶县] 2016年12月9日,省国防科工办牵头引进的乔治海茵茨飞机制造有限公司项目与上饶县人民政府正式签约,拟投资50亿元,建设通用航空轻型飞机制造基地、江西省通用航空机场网络建设投建及运营管理总部基地、江西省通用航空运营管理中心、航空器维护保养中心及航空飞行培训中心等项目。

261. [省政府与中船集团签署战略合作协议] 2016年12月23日,江西省人民政府与中国船舶工业集团公司在南昌签署全面战略合作框架协议。江西省政府省长刘奇、国防科工局副局长徐占斌等领导见证签约,省政府副省长李贻煌与中船集团总工程师陈志立分别代表双方签字。

262. [2016江西军民融合产品·技术·资本合作推进会在南昌召开] 2016年12月23日,2016江西军民融合产品·技术·资本合作推进会在南昌前湖迎宾馆举行。大会由江西省人民政府、国家国防科工局、江西省军区共同主办。刘奇、毛伟明、陈兴超、郑为文等省领导,国防科工局及国家有关部委、军队、11个中央军工集团、中国商飞公司、中国物理工程研究院、高等院校、省内外企事业单位、省直有关部门和地市政府等有关方面的代表共计1000余人出席大会。大会累计落实签约项目213个、签约金额699.5亿元,为军地双方搭建了军民融合信息交流平台、对接合作平台、政策宣贯平台和对外开放平台,推动建立了政府主导、军地协同、需求对接、资源共享的军民融合发展新机制。

263.[**我省成功推出"军民融合信贷通"产品**]为有效解决中小企业融资难困境,推动军民融合产业快速健康发展,省国防科工办积极与中国建设银行江西省分行和江西省再担保股份有限公司沟通,共同努力为军民融合中小企业提供信贷服务的一款金融产品"军民融合信贷通",并在2016江西军民融合产品·技术·资本合作推进会大会上正式签约落地。

江西省国防科学技术工业办公室关于授予饶伟生等80名同志功勋模范奖和突出贡献奖的决定

赣国科工发[2011]359号

全省国防科技工业各单位：

今年是人民军工创建80周年，1931年10月，我党我军创办的第一个综合性兵工厂"中央兵工厂"在江西兴国官田村创立。他的创立开辟了人民军工的先河，揭开了人民军工事业的新篇章。在中国共产党的领导下，人民军工已经走过了八十年波澜壮阔的光辉历程。回顾所走过的八十年峥嵘岁月，江西军工涌现了无数可歌可泣的先进事迹和忘我工作、无私奉献的先进人物。正是一代又一代军工人不断适应时代要求，立足岗位，顽强拼搏，为建设先进的国防科技工业做出了突出贡献，谱写了一曲精忠报国、不辱使命、创业图强的恢宏凯歌。

为了表彰先进、树立典型，进一步弘扬"自力更生、艰苦创业、精益求精、无私奉献、忘我牺牲"和"把一切献给党"的伟大军工精神，不断激励军工人进一步增强责任感、使命感和危机感，激发全行业干部职工热爱军工、建设军工、献身军工的无限热情，为建设先进的国防科技工业，实现江西国防科技工业跨越发展作出新的更大贡献。经各单位推荐申报、省国防科工办党组研究决定，授予饶伟生等80名同志"功勋模范奖"和"突出贡献奖"。

一、功勋模范奖(38名)

1. 饶伟生(江西省核工业地质局二六一大队)
2. 刘义雄(江西省核工业地质局二六三大队)
3. 江诗新(江西省核工业地质局二六四大队)
4. 安文新(江西省核工业地质局二六六大队)
5. 周传喜(江西省核工业地质局二六八大队)
6. 王海塔(中核抚州金安铀业有限公司)
7. 张道鸽(中核抚州金安铀业有限公司)
8. 陈正球(中核赣州金瑞铀业有限公司)
9. 柳金玉(九江船舶工业公司国营第四五九厂)

10. 甘晋蜀(中国船舶工业集团公司第六三无四研究所)
11. 余永峰(九江船舶工业公司四九一厂)
12. 祝建华(同方江新造船有限公司)
13. 梁木森(江西洪都航空工业集团有限责任公司)
14. 石 屏(江西洪都航空工业集团有限责任公司)
15. 徐禾根(江西洪都航空工业集团有限责任公司)
16. 龚仲斌(江西洪都航空工业集团有限责任公司)
17. 孙滨生(昌河飞机工业集团有限责任公司)
18. 唐景峰(昌河飞机工业集团有限责任公司)
19. 杜明华(女)(昌河飞机工业集团有限责任公司)
20. 王虹宇(江西昌河汽车有限责任公司)
21. 吴希明(中国航空工业第六〇二研究所)
22. 刘福令(中国航空工业第六〇二研究所)
23. 陈 元(国营第五七二七厂)
24. 杨志明(同方电子科技有限公司)
25. 曾 涌(江西联创通信有限公司)
26. 李贤书(江西省国防科工办机关)
27. 雷国昇(江西省国防科工办机关)
28. 郑宗文(江西省国防科工办机关)
29. 曾焕友(江西机械化工厂)
30. 李萱怀(江西庆江化工厂)
31. 陈志跃(江西新明机械有限公司)
32. 周 翔(江西星火机械厂)
33. 曾庆光(南昌市南方社区管理委员会)
34. 张启楼(宜春第一机械厂)
35. 陈共孙(江西永胜机械厂)
36. 顾妙珍(女)(江西连胜机械厂)
37. 刘学曰(江西钢丝厂)
38. 彭作伦(江西钢丝厂)

二、突出贡献奖(42名)：

1. 余根密(江西省核工业地质局二六四大队)
2. 陈然志(江西省核工业地质局)
3. 路振升(核工业江西矿业局上饶七一三社区)
4. 吕立才(核工业江西矿业局赣州七一九社区)
5. 吴月英(女)(核工业江西矿业局抚州七二一社区)
6. 章枝华(女)(核工业江西矿业局抚州七二一社区)

7. 刑序安(九江船舶工业公司江西船用阀门厂)

8. 张松庆(九江船舶工业公司国营第六三〇一厂)

9. 彭历生(江西洪都航空工业集团有限责任公司)

10. 王卫东(江西洪都航空工业集团有限责任公司)

11. 吴 全(昌河飞机工业集团有限责任公司)

12. 杨锄飞(昌河飞机工业集团有限责任公司)

13. 曹维坊(江西昌河汽车有限责任公司)

14. 蒋新桐(中国航空工业第六〇二研究所)

15. 刘夏石(中国航空工业第六〇二研究所)

16. 吴锡泉(中国航空工业供销江西有限公司)

17. 刘建立(江西景航航空铸锻有限公司)

18. 易茂林(江西景航航空铸锻有限公司)

19. 温刚百(国营第五七二七厂)

20. 程道明(江西联创通信有限公司)

21. 苏 敏(江西省国防科工办机关)

22. 李岐山(江西省国防科工办机关)

23. 刘国山(江西省国防科工办机关)

24. 宗安华(江西省国防科工办机关)

25. 程仁海(江西机械化工厂)

26. 彭正德(江西庆江化工厂)

27. 钱长城(江西经纬化工厂)

28. 赵国荃(江西爱民机械厂)

29. 赵鹏远(南昌市南方社区管理委员会)

30. 刘仁发(江西长征机械厂)

31. 邱才瑞(江西长征机械厂)

32. 许永鹤(江西标准件厂)

33. 蒋锡昌(江西先锋机械厂)

34. 文辉金(女)(江西先锋机械厂)

35. 张文川(宜春第一机械厂)

36. 李世其(江西第二机床厂)

37. 刘日海(江西第二机床厂)

38. 柳 政(江西爱民机械厂)

39. 印连荣(江西钢丝厂)

40. 唐才朝(江西专用设备厂)

41. 徐信军(江西东华计量测试研究所)

42. 童贤保(江西东华计量测试研究所)

希望以上受表彰的老同志在为军工奉献而感到骄傲和自豪的同时,继续为军工事业献计献策、发光发热,在岗的同志要以荣誉为动力,再接再厉,再创佳绩。全省国防科技工业战线的全体工作人员都要以受表彰的同志为榜样,学先进、赶先进、争先进,为建设先进的国防科技工业作出新的更大贡献。

江西省国防科学技术工业办公室

二〇一一年十一月八日

后记

编纂出版《砺剑——江西军工的辉煌历程》是 2011 年纪念人民军工创建 80 周年时提出的,2012 年开始着手收集资料,历经几年的艰辛工作,终于化茧成蝶,即将付梓面世。尽管费时稍长,人们期待已久,但作为编者,仍有一种"瓜熟蒂落"之欣慰,难平欣喜激动之心情。

人民军工从江西兴国官田走来,86 年的创业之旅,86 年的砺剑之路,铸就了共和国崛起之魂。在编辑整理书稿的过程中,编者眺望人民军工 86 年创业历史长河,细细咀嚼那一桩桩神秘诱人又耐人寻味的历史事件,抚摸那一颗颗盛装着"国家利益和责任"的激情而滚烫的心灵,体味到一代代军工人"献了青春献终身,献了终身献子孙"的博大情怀和"国家利益至上"的责任担当。编者常常为此泪湿衣襟,夜不能眠。

《砺剑》揭开了江西军工 80 多年披沥风沙的神秘面纱,向你讲述一个个未曾听闻的精彩故事,展示军工人默默无闻的奉献精神和为富国强军所作出的巨大贡献,揭示一桩桩你想探知的江西军工的过往、现在和未来。该书分为四大部分,以不同的视角,从不同的侧面,用翔实生动的史料或参与者的亲身经历,记述了江西军工 80 多年栉风沐雨的不凡历程。书中既有各级领导的亲切关怀,也有一线职工的艰苦奋战;既有鲜为人知的军工揭秘,也有令人惊叹的历险故事;既有企业创建发展的艰难苦旅,也有个人伴随事业成长的心路历程;既有企业成功的壮大与辉煌,也有劳动模范、知识精英证明自己人生价值的奋斗与成就;既有军工人为国家、为事业作出奉献的担当与豪迈,也有他们在这艰辛征程中催人泪下的友情亲情。仔细阅读、体味其中的许多章节,可以深切地感知到江西军工事业发展过程中的成功与挫折、经验与教训、先进与落后、迟缓与快捷、折腾与渐进。这些都是非常宝贵的精神财富,我们应以科学的发展观、先进的现代理念予以甄别,并不断总结、不断改进,以便为今后的发展打下更好的基础,尽快实现由军工大省向军工强省的跨越。

《砺剑》从资料收集到整理编辑成书,自始至终得到各级领导特别是江西省国防科工办领导和机关的重视和支持,得到全行业各单位的大力支持和帮助;江西人民出版社为本书的出版给予了大力支持。省人民政府原副省长、省人大原副主任洪礼和为本书作序并题写书名,省国防科工办原党组书记、主任李贤书,中国国防科技工业文化交流协会常务副理事长兼秘书长苏青云,中国军工文化专家委员会首席专家、《军工文化》杂志总编姚远对本书的编纂出版给予了极大关心支持和具体指导,在此一并表示感谢!本书由杨章跃负责全面统筹整理,余建华、张启堂、李炎、周振浪、曹捷生分别负责部分章节的审改校验,李韶华、徐贞权、田智生、王光伟、余珍如等同志参与了书稿整理校验工作,对他们付出的辛勤劳动表示衷心感谢!

尽管所有参与《砺剑》书稿整理编辑的同志做了大量工作,尽了很大努力,但由于时间跨度长、涉及面广,书稿的代表性、广泛性尚有欠缺,加之编者水平有限,书稿难免存在疏漏和不足,敬请谅解并指正。

《砺剑》编辑组
2017 年 9 月

图书在版编目(CIP)数据

砺剑:江西军工的辉煌历程/杨章跃主编.—南昌:江西人民出版社,2017.8(2018.9重印)
ISBN 978-7-210-09387-9

Ⅰ.①砺… Ⅱ.①杨… Ⅲ.①军工企业-企业史-江西 Ⅳ.①F426.48

中国版本图书馆 CIP 数据核字(2017)第 110622 号

砺剑:江西军工的辉煌历程

杨章跃　主编

特约编辑:王治川
责任编辑:陈世象
封面设计:章雷

出　　版	江西人民出版社
发　　行	各地新华书店
地　　址	江西省南昌市三经路 47 号附 1 号

学术出版中心电话:0791-86898330
发行部电话:0791-86898815
邮　　编:330006
网　　址:www.jxpph.com
E-mail:swswpublic@sina.com　web@jxpph.com

2017 年 8 月第 1 版　2018 年 9 月第 2 次印刷
开　　本:787 毫米×1092 毫米　1/16
印　　张:47.5
字　　数:1000 千字
ISBN 978-7-210-09387-9
赣版权登字-01-2017-362

版权所有　侵权必究

定　　价:298 元
承 印 厂:南昌市红星印刷有限公司
赣人版图书凡属印刷、装订错误,请随时向承印厂调换